行政法

——基礎理論與實務

2024 增訂7版

蕭文生 著

五南圖書出版公司 印行

增訂七版序 | PREFACE

　　除2023年8月15日行政訴訟堅實第一審新制上路外，2023年6月至2024年6月期間，行政法制並無重大之法律修正，算是近年來最穩定發展之一年。法律雖無重大修正，但行政與司法實務及學術發展仍然繼續往前邁進，豐富我國行政法的多元內容。

　　本書將2024年6月底前重大法令之增訂與修改、憲法法庭判決、法院裁判、行政機關令函以及學術理論之重要發展盡可能皆融入本書之內容，亦盡可能修正本書錯誤或語意不清之內容，希望能夠繼續使讀者認識我國行政法實際上真正之面貌。

　　本書之增修，除由衷感謝五南圖書出版公司專業工作團隊之大力協助外，我的一群助理，中正法研所的胡慈珮、林家葳、邱唙翌、溫冠羽同學的辛勞校稿，在此一併致謝。本書雖一再校閱，仍不免有疏漏或不足之處，尚祈各界先進不吝指正與提供建議。

蕭文生 謹誌

2024年7月於嘉義

自序 | PREFACE

　　行政法係具體化之憲法，行政法與一般人民日常生活息息相關，人民基本權利是否受到充分保障，行政法法制健全與否，居於關鍵地位。惟行政法體系與內容十分龐雜與豐富多元，無論是一般人民、對法律有興趣者或習法者，並不容易完整認識、了解或掌握行政法之內容。此外，行政法處理國家與人民間之權利義務關係，而此項法律關係隨著國家任務改變、行為形式多元以及人民權利意識之高漲，呈現持續不斷的變動。再加上行政法之發展在我國落後民法、刑法甚多，不但法典化工作遲延，相關論述著作亦遠遠不及。在此情形下，學習行政法成為艱難辛苦的挑戰。

　　隨著行政法法典化工程完成、行政法相關著作推陳出新、重要國家司法考試將行政法納入必考科目以及國家與人民法律地位發生重大改變後，行政法逐漸成為法律領域之顯學。由於行政法乃新興法律領域，許多問題可能是第一次出現、無通說見解、法律規定不完整、法院判決尚未處理等因素，使得行政法的內容，不但觀點是百家爭鳴，外國學說、外國法律規定，甚至外國司法實務皆成為解決我國行政法問題之良方。雖然此種發展不斷豐富我國行政法之內容，但也逐漸造成行政法不好親近、行政法與現實生活離得太遠、行政法沒有正確標準答案的迷濛印象。

　　本書係以作者於中正大學法律系法學組開設行政法總論課程所使用之上課教材為基礎，目的在使讀者能夠認識我國行政法法制目前之現狀，除行政法法律規定外，以行政機關實務、司法判決以及國內出版之教科書與期刊論文為主。因此，學術上艱深的爭論議題、外國法制之內容，僅在必要時，才會成為本書之內容。希望行政法能夠貼近日常生活、容易有臨場感，使學習行政法成為相當有趣之事。

　　本書得以順利付梓，應該感謝所有教導、幫助以及鼓勵我的眾多師長與志同道合的朋友，特別是在大學時期廖義男教授開設的行政法課程，讓我

領略行政法之有趣與廣闊。當時並沒有符合現代行政法法制發展的教科書，廖義男教授辛苦整理的上課資料成為最珍貴的行政法寶典。此外，翁岳生教授引薦我進入德國慕尼黑大學Prof. P. Badura門下，Prof. P. Badura在我學習過程中的支持與鼓勵，才使我有機會踏入學術研究之路，在此致上無盡之謝意。中正大學在我回國後提供優良的教學與研究環境，使我能在如詩如畫的校園與和樂氣氛下，不斷精進自己，在此一併致謝。

本書寫作過程相當冗長與繁雜，家人之支持與體諒乃是本書問世之重要關鍵，母親張月雲女士、愛妻則音與械庭、械旂兩位小朋友在本書寫作過程中之體諒與寬容，在此銘感五內。

感謝歷年來中正大學法律系法學組修讀行政法總論課程之同學，使我有機會能夠在行政法領域不斷進步；中正大學法研所的林冠廷、楊凱傑、林怡伶、鄭至柔、段禾芸、賴靖宜、鄭景勻、洪蘭萍、杜怡涵同學以及我的專任助理彭惟欣小姐辛勞付出，乃是本書付梓不可缺少之助力。五南出版公司對本書編輯校訂投入之心力與協助，在此由衷感激。本書雖經一再審閱，仍不免有疏漏或不足之處，尚祈各界先進不吝指正。

蕭文生 謹誌
2017年8月於嘉義

簡 目 | CONTENTS

第一篇　行政法原理原則

第二篇　行政組織法

第三篇　行政作用法

第四篇　行政救濟

詳 目 | CONTENTS

第一篇　行政法原理原則

第二篇　行政組織法

第三篇 行政作用法

第一篇
行政法原理原則

行政法基本上可分為四大部分，原理原則、組織、作用與救濟。四大
部分並非全然獨立而彼此間毫無關聯，其僅是基於學習方便目的所
為之分類。在現實生活中所發生涉及行政法之事件，常常是必須綜合運用
四大部分之知識，才能得出正確解決方案。

行政係國家權力之一環，因此，首先必須明瞭行政概念、發展與分類
以便能與其他國家權力相區分並更進一步了解行政之內容。相對於傳統民
法與刑法，行政法算是相當年輕，為能全面認識今日行政法之現狀，行政
法發展之說明乃是不可或缺。如何處理行政事件，行政法法源扮演關鍵角
色，隨著時代發展，行政法法源出現不同之風貌。依法行政原則乃是行政
法之核心，其內容與範圍重大影響行政與其他國家權力間之關係以及行政
必須遵守之基本原則。裁量與不確定法律概念係行政適用法律時，凸顯本
身並非僅是單純執行法律工具之重要特徵，此項獨特之地位，成為法院審
查行政行為時，必須面對的困難問題。人民與國家間行政法法律關係之建
構已與以往有所不同，如何確立主觀公權利是否存在以及如何處理傳統的
特別權力關係，成為行政法發展之指標。

第一章 ┃ 行政概念、發展與分類

第一節　行政概念

第一項　行政概念三分法

　　行政乃是跨領域之概念，不同專業學門對行政概念之理解有所差異，法律學門的行政概念可從三方面加以理解[1]：

一、組織意義行政

　　行政是客觀可見之有形組織，例如，行政院及其所屬各機關（內政部、教育部等）、國立大學、嘉義縣政府及民雄鄉公所等。組織意義行政，易於理解，較無爭議。惟組織觀點僅能提供靜態行政概念，行政如何跟人民產生互動無法從組織觀點來理解。

二、行為面

（一）形式意義行政

　　組織意義行政從事之行為，不論是公權力或私經濟行為，皆為形式意義行政。例如，國立大學具有公權力性質的退學處分以及私經濟行為性質之提供宿舍、餐飲服務皆屬形式意義行政。形式意義行政之意義易於了解，缺點在於，範圍過於廣泛，例如，公立大學提供宿舍、餐飲行為，與一般認知之行政並不一致。

（二）實質意義的行政

　　從行為本質討論行政意義，履行行政任務、具有公權力性質的行為才屬於

---

[1] 李建良，行政法基本十講，增修12版，2022年9月，第54-55頁；陳敏，行政法總論，10版，2019年11月，第1-2頁；莊國榮，行政法，修訂9版，2023年9月，第1-2頁。

實質意義行政。國立大學所為具有公權力性質之退學處分屬於實質意義行政，提供餐飲行為則屬於私經濟行為，並非實質意義行政。

　　組織跟形式意義行政在認定上比較容易，實質意義行政則較為困難。實質意義行政從行為本質出發，不屬於組織意義行政者，其行為亦可能屬於實質意義的行政。立法、司法、監察機關均非組織意義下的行政，立法機關主要係制定法律、審查預算，其行為亦可能為實質意義行政。例如，人民至立法院旁聽，在院會舉行時，鼓譟破壞秩序，立法院院長行使警察權，將鬧事人民架離現場，警察權之行使並非立法行為，而屬於實質意義行政。其與一般生活中警察維持社會秩序的行為，在本質上一樣[2]。在此情形下，實質意義行政之範圍比形式意義行政更廣[3]。

　　實質意義行政一方面擴大形式意義行政之範圍，將立法、監察、司法的行政行為納入；但另一方面亦排除本屬於形式意義之行政行為，例如，私經濟行為被排除在實質意義行政之外。

第二項　行政之意義

　　對於法律概念的定義，通常有兩種方式，兩種方式各有優缺點。第一種是積極定義概念，例如，民法第66條第1項規定，不動產謂土地及其定著物；第二種是消極反面定義概念，例如，民法第67條規定，動產係第66條所稱不動產以外之物。早期採取消極方法定義行政，一般稱為除外（扣除）說。

　　除外說主張，不屬於立法、司法之國家權力為行政，我國則加上監察、考試。憲法第63條規定立法權，第77條、第78條規定司法權，第90條規定監察權，第83條規定考試權之權限，惟有行政院職權未規定，此正是除外說的體現[4]。當行政與立法產生權限爭議時，依據除外說，除憲法明定歸屬立法權之權限外，其他未規定者，皆屬行政之範圍。

---

[2] 人民依法庭旁聽規則申請到法院旁聽，申請被駁回時，駁回行為亦屬實質意義行政。監察院依公職人員財產申報法對義務人科處罰鍰，亦屬於實質意義行政。

[3] 行政程序法第3條第2項規定，「下列機關之行政行為，不適用本法之程序規定：一、各級民意機關。二、司法機關。三、監察機關。」本項規定之行政行為即屬實質意義之行政。

[4] 亦有將考試權視為行政權之一，除立法、司法與監察以外之國家行為為行政，陳新民，行政法學總論，新10版，2020年7月，第3頁；陳敏，前揭書，第3頁。

　　除外說理論與規定之原因與現代國家權力發展有關，早期國家權力並無權力分立，不論東方或西方，國家權力都集中在一個人身上。但由於國民主權、民主國家與權力分立之發展，無論是透過革命或是和平改革，首先將立法權自國王或君主移出，接下來是司法權出走，國王或君主最終保留行政權（現今掌握行政權者爲總統或內閣總理）。當國王或君主被迫將權力分出時，爲維護本身權益，分出去的權力皆是列舉，未列舉者仍屬國王或君主權限。非列舉給立法、司法、監察及考試之國家權力，則屬行政所有。行政之定義，簡單又明確。

　　除外說最大之缺點在於，並未說明行政之意義，因此無法知悉行政與其他國家權力之區分爲何；此外，除外說在爭議領域並無法明確認定特定國家行爲究竟屬於何項國家權力[5]，例如，外交行爲歸屬行政或立法？審計歸屬立法、監察或獨立於三權之外。

　　傳統上除外說雖是有力見解，但卻無法帶來滿意的答案。因此亦有嘗試從正面去定義行政[6]。例如：行政具有多樣性，附條件或單純目的的選定均來自他律，但仍許行政作成部分自我規劃或自我參與，以保障公共事務的實施與形成。從此項定義裡可以得出兩項重點：行政是他律，不論是多樣性附條件或其他選定均來自他律，此爲依法行政所要求；但行政也不是機械式地轉換法律規定，行政有規劃、裁量的權力，例如，興建捷運，行政機關應遵守大眾捷運法等相關規定，但實際上在何處設立捷運站，則留給行政規劃及決定。行政一方面受法律拘束，另一方面又享有自己的決定空間。惟正面定義充滿許多不確定法律概念，且每一種定義皆難避免定義者主觀之價值，因此無法成爲可操作之定義。

　　由於消極或積極的定義都有爭議，因此以描述行政特徵代替定義行政之方式成爲另一種選擇。行政特徵眾多，但以下列特徵最爲重要[7]：

---

[5]　此外，司法院釋字第328號解釋指出之統治行爲，究竟屬於何項國家權力亦無法明確歸類。

[6]　H. J. Wolff，引自，盛子龍、吳庚，行政法之理論與實用，增訂16版，2020年10月，第4-5頁；陳新民，前揭書，第2頁。

[7]　其他有關行政特徵之描述，李惠宗，行政法要義，8版，2020年9月，第3-5頁；盛子龍、吳庚，前揭書，第5-8頁；莊國榮，前揭書，第3-4頁。

一、行政作用在追求公共利益，且主要以個案為主

　　立法和司法也是追求公共利益，但方式並非完全相同。立法機關制定一般抽象規定，以多數決來追求公共利益；法院透過裁判解決糾紛追求公共利益；行政機關則是主要透過行政處分、行政契約、行政計畫等行政作用追求公共利益。三者都是在追求公共利益，但使用的手段並非相同，行政與立法原則上可以從手段上區分，立法是制定一般、抽象之法律，行政則主要以處理具體個案來追求公共利益。惟法院亦以個案審判追求公益，司法與行政應如何區分呢？

二、行政與司法在個案中之地位不同

　　司法是中立的第三人，以解決兩造糾紛為主；行政在行政程序中並非第三人而是程序當事人之一。一般而言，司法程序是三面關係，包括原告、被告及法官；行政原則上是雙面關係，行政機關及當事人。司法機關不得積極主動審判，適用不告不理原則，司法是仲裁者，無人向法院尋求救濟時，法院不得主動作出判決。行政則具有積極性，原則上依職權進行行政程序並作出決定。

三、行政與司法功能不同

　　司法原則上處理過去產生之糾紛；行政機關不但處理過去、現在之爭議與任務，甚至還規劃未來，政治性格與前瞻性較強。

　　行政、立法、司法皆屬國家權力之一環，彼此會有相似之處，但從特徵之描述，可進一步理解各權力之核心內涵，並以此判斷國家行為是立法、行政或司法。

第二節　行政的歷史沿革與未來發展

　　行政概念、範圍與各國憲法以及政治、經濟、社會制度與條件，關係密切，行政涉及國家與人民間之關係，政治理念介入行政發展乃是不可避免。每個時代對於行政之認知及範圍皆有所差異，人民對於國家的想像或對於國家的期待也不同，因此必須了解行政之發展，才能了解行政包含範圍為何。

行政之發展與權力分立制度息息相關[8]，權力分立制度則與國家興起與發展緊密相連。歐洲在15世紀時，國家概念雖隱約存在，但並非重要，歐洲當時並不存在現代意義下的國家。神聖羅馬帝國只是名義上存在，眾多諸侯和貴族才是真正的統治者；此外，羅馬教廷不但是重要宗教力量，在政治上亦有巨大影響力。此種歷史現象，在發生百年宗教戰爭後，產生重大變化。宗教戰爭可分為，基督教徒跟異教徒的戰爭，例如，著名的十字軍東征；另一種則是傳統的羅馬教皇（天主教）與新教（尤其是基督教）不同教派之間的戰爭。

在持續百年宗教戰爭中，不但羅馬教廷受到影響，各地諸侯貴族亦被捲入，戰爭結束後，宗教力量弱化，諸侯貴族力量亦幾乎消耗殆盡。戰爭前許多人民是農奴或奴隸，生命跟安全依靠貴族諸侯保護；宗教戰爭後，以往保護他們的貴族、諸侯甚至教廷皆自顧不暇，人民生命安全受到重大危害。此時，成立另代替傳統上提供人民生命安全保障的諸侯、貴族或宗教之新組織，變成眾所期盼之事。國家，遙遠的傳統符號逐漸被喚醒，強大羅馬帝國、英明皇帝成為救世唯一希望，強大的國家才是人民真正依靠。宗教戰爭後，國家概念開始復興，經過百年戰爭的人民認為只有國家富強，人民才能安居樂業，國家富強成為社會共識，在這種趨勢下，「專制國家」逐漸踏上歷史的舞臺。

人民不希望再有戰爭，但如果戰爭發生，則希望強大的國家可以保護他們，因此，建立強大軍隊抵抗外侮，內部建立完整警察體系，維持國內秩序，成為最重要的國家發展目標。此時的行政概念包含所有國家事務，外交、軍事、財政、審判、立法等，為了富強，國家得要求人民無限制的犧牲與奉獻。國家一方面要求人民提供勞務從軍，且為了籌措財源，除向人民徵稅外，任何可能獲利的行為國家皆有興趣；國家經營商船、瓷器工場、買賣鹽鐵、經營國際貿易，國家不僅是單純的統治者，還是非常成功的企業經營者。專制國家的任務在於，對外抵抗外來侵略，對內保障國內秩序。國家內部須要良好的警察體系，警察在專制國家的原始意義是良好的管理、良好的社會秩序[9]。

專制國家時代後期，逐漸開放農民自耕，給予人民特定的遷徙自由，也能經營部分商業，人民逐漸享有私有財產，國家與人民間產生財產糾紛之情形日益增加。傳統上專制國家之行為，皆是為國家興盛而為，即使侵害人民權益，

---

[8] 在東方歷史上這部分比較不發達，今日所講的權力分立制度，主要是源自歐洲制度。行政法之行政概念，亦大都源自歐洲，因此，以下之介紹以歐洲發展為主。

[9] 陳敏，前揭書，第20頁。

並無賠償責任。但國家與人民間涉及買賣或其他私法財產之行為時，國家地位是否仍然是行使高權之國家，逐漸產生爭議。為解決此類問題，逐漸發展出國庫理論[10]。國庫理論將國家人格一分為二：行使公權力的國家不會犯錯，因此沒有損害賠償問題；非行使統治權的國家私經濟行為，國家係以國庫身分出現與人民建立私法關係。國庫並不涉及統治權行使，國家與人民間之關係就如同人民與人民間的來往，基本上是平等的。國家與人民有私法糾紛時，可以透過國庫代替國家與人民進行賠償或補償的交涉。國庫理論將國家人格分為行使公權力的行政以及與人民平等往來的國庫。

專制國家隨著歷史的發展慢慢地開始轉變，18世紀末，專制國家受到自由主義與理性主義重大批判。自由主義認為，社會發展不應由上而下，應由下而上，國家必須尊重每個人的自由意志；理性主義認為，每個人皆具有理性，如果讓人人自由思考，皆會做出最符合理性、對自己最有利的決定。最能凸顯自由、理性主義者為經濟學家提倡的自由競爭，每個人都會為自己利益作最好打算。如果每個人都可以自由作決定，將會產生對自己最有利的結果，在這種情況下，國家社會也會得到最大的利益。因此，國家毋庸介入各種不同的生活領域，也不須再扮演全面照顧人民的角色，國家的任務應限縮在：抵抗侵略與消極保障公共秩序。國家概念，從國家什麼都要管的專制時代，轉變成國家只要消極作好秩序維護即可。警察仍然存在，但國家應是夜警國家，行政範圍大幅縮小。為限制行政權，逐漸發展出權力分立與依法行政等概念，國家各項權力應相互限制，單一權力不得獨大；行政須有法律依據始能限制人民自由權利（法律保留）。

19世紀萌芽，進入20世紀後，工業革命發展的結果，原本生活在農村的人民因為工作機會慢慢遷往大都市，讓大都市面臨前所未有的挑戰。積極設計、提供適合眾多人口居住的環境與條件，成為當時國家重大之挑戰。此時人民希望國家——尤其是大都市的行政——能夠積極主動創造適宜人民居住之環境，換句話說，夜警國家的行政理論無法處理人口都市化、集中化所帶來的問題。影響國家行政概念的另一項重大的因素，是20世紀所發生的兩次世界大戰，尤其是在歐陸，第二次世界大戰前人民在自由、理性理論下所累積之財富、所享有之自由權利瞬間化為灰燼。幾乎一無所有的人民要如何在自由、理性理論下站起來呢？缺乏國家協助，人民連基本生活都有困難，又如何能與其他人自由

---

[10] 有關國庫理論，陳敏，前揭書，第672-677頁。

競爭呢？人民需要國家提供各式各樣救助、紓困措施或各種福利事項，才能在戰後繼續存活。

在這種情況下，人民所要求的不是消極行政，而是國家給付行政的大量擴張，在此情形下，人民生活無可避免的逐漸受到國家行政全面的影響。二次世界大戰後人民希望的是大有為政府，行政介入所有領域，不僅是政治領域，社會、經濟、文化甚至基本的生活領域等都可見到國家之影響力。國家全面介入人民的生活，對於行政的概念產生重大影響。國家透過國營事業以及各式各樣不同的行政組織照顧人民的生老病死，大有為政府概念興起，逐漸從夜警國家，變成以給付行政為主之大有為政府。

大有為政府型態盛行幾十年後，人民經濟生活逐漸富裕，社會上開始檢討國家角色是不是應逐漸改變，最明顯的趨勢則是國營事業民營化的爭論。經濟自由主義興起，主張國家要儘量減少干預市場運作，國營事業要民營化，國家任務應減少，僅限於必要任務，例如，制定法律與維護競爭秩序即可。小而美的政府理論開始流行，國家只要履行最低限度之任務即可，其他交給民間。由於任務減少，行政組織亦開始精簡，從龐大的大有為政府行政慢慢轉型為小而美的行政。

小而美政府的潮流在恐怖主義興起、新興疾病，例如，SARS流行後，趨勢又有變化。國際恐怖主義氾濫，讓人民覺得無助並處於不安狀態，在保護生命與國家安全前提下，國家開始逐漸廣泛介入人民生活；新興疾病不斷出現，使得人民健康屢遭威脅，國家重新成為解決問題之良方。再加上氣候變遷所帶來的極端氣候異常，不斷威脅人民之生命財產，無助的人民又開始期待國家關愛的眼神。對國家的想法，又開始轉變，小而美的政府能夠解決問題嗎？

從上可知，人民與國家間之關係不是靜態，也不是停滯不前，隨著時代發展，行政範圍有各式各樣不同變化。行政的範圍可能很廣，可能很窄，無法一概而論。在21世紀，行政面對許多以往沒有出現過的挑戰，尤其是兩個因素最為明顯。第一個挑戰是電子化，電腦、網路成為人民生活之核心，衝擊國家與人民間的關係。電子化時代之行政如何處理大量且變化快速的資訊，將是一大挑戰[11]。隨著全球數位轉型之發展，國內資通訊技術進步，網路基礎建設更

---

[11] 我國法制面對此趨勢在個別法令已有相關對應規定，例如專利電子申請及電子送達實施辦法、關稅法第10條及第10條之1、政府採購法第33條及貿易法第15條之1等。但仍缺乏普遍性之規定。有關德國聯邦行政程序法面對電子通訊科技發展之修正，傅玲

為普及，國民生活與工作型態轉變，加上政府與企業為加強施政或工作效率，促使數位應用服務推陳出新，陸續推出各種創新之電子文件及電子簽章解決方案，供企業或消費者選擇適用。為因應數位時代之經濟活動及社會發展，2024年5月15日修正公布電子簽章法，該法立法要旨在使「電子文件、電子簽章」與「實體文件、實體簽章」具同等功能，故實體文件及實體簽章足生法律效力者，其以電子形式為之，自應與該實體文件或實體簽章發生同等效力，不得僅因其電子形式而否認其法律效力。但另一方面，如何將科技設施提供之輔助法制化，使其融入正當法律程序之一環，透過新科技改變政策形成與行政決定作成之過程，是值得關注的議題。尤其透過大數據與開放數據，智慧型政府經常能作出更為迅速適當的行政決定，例如，透過大數據之蒐集與分析高速公路車流狀況，能夠及時提供用路人路況並提供適當之行進途徑[12]。第二個挑戰則是國際化，全球化、國際化浪潮襲擊每一個國家，國與國間之關係更加密切，彼此依存度愈來愈高。國家行政事務，不再是單純國內事務，許多涉外因素介入，例如，外籍配偶、食品安全、農業議題、貿易爭議等，傳統上以解決國內事務為主之行政概念，面臨困難度加倍的涉外因素重大挑戰。

第三節　行政分類

行政可從許多不同觀點分類，以下介紹三個最常見的分類。

第一項　直接國家行政與間接國家行政

直接國家行政與間接國家行政以行政行為之主體為區分標準。

靜，電子通訊科技對於行政程序法之影響──以德國聯邦行政程序法為觀察對象，東吳公法論叢，第10卷，2017年8月，第461-500頁；謝碩駿，論行政機關以電子方式作成行政處分：以作成程序之法律問題為中心，臺大法學論叢，第45卷第4期，2016年12月，第1773-1849頁，有詳盡介紹。

[12] 有關大數據與開放數據所帶來資料保護之議題，蕭文生，工業4.0對行政法發展影響之初探，董保城教授七秩誕辰祝壽論文集，教育、掄才與法治，2022年2月，第196-197頁。

一、直接國家行政

國家行政事務由國家機關直接執行者，稱為直接國家行政，例如，國防部執行國防事務，外交部辦理外交事務。

二、間接國家行政

國家將其行政任務交由其他行政主體處理者，稱為間接國家行政，例如，經濟部將工廠管理及輔導事務委由直轄市政府或縣（市）政府辦理[13]。此外，國家任務亦得交由私人執行，例如，汽車定期檢驗原由公路主管機關為之，但車輛過多，公路主管機關人力物力無法負荷，得委託民間汽車廠或修車廠執行定期檢驗工作[14]，此亦屬間接國家行政。

直接國家行政與間接國家行政涉及國家任務交由何者執行較為適當之問題，國家將本身任務交給地方自治團體、人民執行時，必須有法律授權；無法律授權，國家不得將本身任務移轉給他人。

第二項　公權力行政和私經濟行政

公權力行政與私經濟行政以行政行為之本質為區分標準。

一、公權力行政（高權行政）

公權力行政係指國家基於統治主體地位適用公法規定所為之行政行為。公權力行政的特徵在於，國家與人民間處於上對下、不對等的地位，國家原則上得透過片面單方行為，創設、變更、廢止與人民間的法律關係。最常見的公權力行政手段為行政處分，向人民課徵租稅、對於人民違法行為科處罰鍰等，皆屬公權力行政。

---

[13] 工廠管理輔導法第5條規定，中央主管機關得委任所屬機關、委託或委辦其他機關（構）辦理本法所定之事項。

[14] 公路法第63條第3項規定，汽車修理業、加油站具備完善之汽車安全檢驗設備，經公路主管機關查驗合格發給證照者，得受委託為汽車定期檢驗。

二、私經濟行政

　　私經濟行政（國庫行政）係指國家立於與人民平等的地位，以私法行為追求各種行政目的之行政行為。行政權基於其主動性、積極性，對行政目的之實現本有手段選擇自由，其中以私法手段實現者之行政私法行為，與同為私法性質的行政營利行為與行政補助行為共同構成所謂「國庫行政」[15]。

　　私經濟行政有各種不同的分類方法，一般分成三種[16]：

（一）行政輔助行為

　　行政機關執行行政任務時，必須有足夠的人力和物力資源。人力部分，以通過國家考試的公務員以及私法契約聘僱人員來滿足。行政機關需要的物力資源，例如，辦公廳舍、各式各樣的辦公文具、各種資訊、電腦設備等。國家原則上並非以強制方式，而是透過私法行為取得執行行政任務中所需物力資源，例如，以買賣契約獲得所需設備，或向人民租賃辦公室使用。取得物力資源的行為方式，稱為行政輔助行為。行政輔助行為，與一般人民相互間從事買賣、承攬、租賃的行為在本質上並沒有差別，國家在市場上尋求價格最低、品質服務最好的商品或服務，行政輔助行為乃最傳統的私經濟行政。

　　行政輔助行為隨國家任務改變，在性質、數量上產生重大變化。早期國家行政輔助行為主要集中在行政機關履行任務時本身所需的物力資源，種類不多且數量有限。但隨著國家任務增加，尤其是給付行政種類愈來愈多後，國家所需物力資源，不再是純粹行政機關所需，而是主要提供給人民使用，例如，國家興建醫院、公園、博物館等，目的在照顧人民健康及文化生活所需；國家興建道路、高速公路、捷運等，提供人民通行方便以及促進經濟發展。此類物力資源需要非常大量的經費支持，與以往僅供行政機關本身所用物品之經費大相逕庭。傳統上純粹供行政機關本身需要物品所發展出來的行政輔助行為開始產生不同面貌，無論在質或量上與以往皆有顯著不同。

---

[15] 最高行政法院94年度裁字第1861號裁定。

[16] 李惠宗，前揭書，第6-7頁；吳志光，行政法，修訂12版，2023年2月，第3-4頁；林錫堯，行政法要義，修訂4版，2016年8月，第4-5頁；盛子龍、吳庚，前揭書，第10-12頁，將之區分為四種，除文中所指三種類型外，尚包括「參與純粹之交易行為」，例如，進口大宗物資出售以穩定物價，為維持匯率穩定而參與外匯市場之操作；陳新民，前揭書，第20-32頁亦區分為四種，除文中所指三種類型外，將雙階理論獨立出來做詳細討論。

　　行政輔助行為之經費在國家整體財政預算裡面扮演之角色愈來愈重要，國家對於興辦公共工程逐漸開始加入政策性因素。例如，興建體育場館時，推動新能源政策，鼓勵使用再生能源，要求體育館要有利用太陽能的設備；道路鋪設要求使用再生瀝青，以減少資源浪費。許多公共工程附帶著環保政策、能源政策等。雖然國家並未使用強制力，但透過行政輔助行為，亦能夠快速有效貫徹政策理念。行政輔助行為之功能開始轉變，不再僅是純粹滿足需要，而是附加各式各樣的行政目的。

　　透過市場上商品或勞務相互競爭，國家可以取得最佳的物力資源。規範市場商品、服務競爭，主要是私法規範。但在給付行政發達之後，許多物品只有國家是買主，國家在很多領域成為需求的獨占者，例如，道路建設或軍用品；此外，行政輔助行為所涉及之金額動輒以億起跳，在這種情況下，各式各樣的弊病逐漸出現，以契約自由為基本價值之私法規範，無法應付已產生質變與量變之行政輔助行為。1998年5月27日，總統公布政府採購法（1999年5月26日施行），對於政府採購行為採取更詳細及嚴格之規定。政府採購法公布施行之後，行政輔助行為從適用民法之私法行為，有一大部分轉而適用政府採購法，政府採購法則是公法性質的法律。行政輔助行為，雖然在本質上仍是一種獲得物力資源的方式，但因為性質的改變——夾雜政策的目的，以及金額大量增加，在適用政府採購法後，定位與以往已有不同。在政府採購招標、審標、決標階段產生之爭議，屬於公法上爭議，其訴訟事件應由行政法院審判[17]。在訂約、履約階段則屬私法關係，如有爭議，屬私權糾紛而非公法爭議，行政法院無審判權，應由普通法院審理[18]。

（二）行政營利行為

　　行政營利行為係指行政機關從事行政行為之目的，主要在追求營利，係以利潤為導向的國家行政行為[19]。在專制國家中，國家開設瓷器工廠，生產及販售瓷器，即屬於典型的營利行為。許多未民營化前的國營事業，在一定程度上亦被歸類為行政營利行為，尤其是國營事業在市場上與其他的民營事業提供相同之商品或服務從事競爭時，營利特徵更為明顯。行政營利行為並不排除附隨

---

[17] 最高行政法院97年5月份第1次庭長法官聯席會議（二）。

[18] 最高行政法院93年2月份庭長法官聯席會議（二）。

[19] 最高行政法院93年度裁字第1709號裁定指出，設立營利事業、從事營利活動，以增加國家財政資源，即屬行政營利行為之重要類型。

的行政目的，早期台糖公司與台鹽公司亦負責穩定糖價與鹽價。

惟行政營利行為容易產生與民爭利以及國家濫用資源從事不公平競爭的不良印象，隨著國營事業民營化逐漸落實，行政營利行為亦逐漸減少。

（三）行政私法行為

行政私法行為在19世紀中後期出現，主要是在給付行政發達後出現之行為模式。行政私法行為係指行政機關為達成行政目的，以私法型態履行其行政任務的行政行為。換句話說，行政機關透過私法的方式──私法組織或私法行為──履行行政任務，例如，以經營公用事業方式滿足人民水、電等生活基本需求。

國家履行行政任務時，得選擇以公法或私法作為實施之手段，以私法手段實現者即所謂「行政私法行為」，與同為私法性質之行政營利行為與行政輔助行為，共同構成私經濟行政行為。行政私法行為因無涉公權力行使，故不適用行政程序法之規定，雙方如就該法律關係有爭議，應適用相關民事法規，由一般法院以民事訴訟程序審理之，行政機關不得以行政處分就爭議事項為決定而命相對人服從。例如，農委會（現為農業部）為辦理收購公糧稻穀業務，訂定「收購公糧稻穀作業要點」據以向農民收購公糧稻穀，農民係依其自由意願決定是否依規定繳售公糧，政府並無強制其繳售之公權力；農委會農糧署各區分署核定公糧收購數量僅係確認農民可繳售之數量，俾利後續資金、倉容等調度作業，並非行政處分，收購公糧稻穀應可認係農委會以私法手段實現行政上任務之行政私法行為[20]。

行政私法行為最基本之問題在於，行使公權力的行政機關，為何可利用私法形式來完成行政任務，而非僅限於公法形式？

行政私法行為之前提在於，行政機關履行行政任務時，除法律另有規定外，基本上可以自由選擇以公法或私法形式來完成（形式選擇自由）[21]。司法院釋字第540號解釋理由書指出，國家為達成行政上之任務，得選擇以公法上行為或私法上行為作為實施之手段。其因各該行為所生爭執之審理，屬於公法

---

[20] 法務部民國103年1月29日法律字第10303501340號。惟農委會農糧署南區分署民國108年8月19日農糧南儲字第1081159327號則指出，政府辦理公糧收購具照顧農民收益，穩定市場價格及國家安全存糧效益，且農會或公糧業者基於受託業務執行，甚至無償提供倉庫作公糧稻穀收儲使用，具公益目的。

[21] 法律明文規定行政機關履行行政任務之方式時，行政機關則無選擇自由。

性質者歸行政法院，私法性質者歸普通法院。最高行政法院99年度判字第786號判決指出，行政機關有行為形式選擇的自由，亦即行政機關為達成其行政目的，原則上享有選擇行為形式之自由，無論是以公法行為或私法行為，或是併用不同種類之行政行為，包括以行政契約代替原應作成之行政處分，均屬合法。例如，自來水的提供屬於給付行政的一環，但我國目前分別由台灣自來水股份有限公司和臺北自來水事業處[22]（直屬臺北市政府之一級事業機構）履行此項行政任務。前者是私法上的公司，後者則屬於公法組織。台灣自來水股份有限公司與人民的關係是私法關係；國家選擇公法組織時，與人民間的法律關係，有可能是公法，亦有可能是私法關係。

　　選擇私法形式履行行政任務，基本上考慮兩項因素：首先，人事任用問題，選擇公法組織，人員任用受到公務員任用法和其他相關法律限制，來源較為有限；利用私法組織，可以選擇更多元的人力，較有彈性，尤其是給付行政在許多方面需要經營專才，例如，自來水、瓦斯、電力等之供應，一般公務員可能無法完全勝任。此外，一般公務員薪俸採取俸給法定主義，固定且相較民營企業較低，是否能夠吸引適當之專業經營人才，亦是問題。

　　另一個考慮的重點是政治原因，採行公法組織很難避免政治力介入，無論是來自行政或立法，經營決策難免受到重大影響。私法組織之決策比較能夠客觀且即時面對市場上變化，避免許多無謂紛擾，且私法組織相較受到預算法、會計法及審計法等拘束之公法組織享有更寬廣的財政靈活度。

　　惟行政私法行為亦常受到批評，以公法型態履行行政任務時，傳統之指揮監督體系非常完整，容易貫徹行政機關之意志；但私法組織，以台灣自來水股份有限公司為例，公司主要決策必須經過董事會決議，即使公司董事長亦無法自由為之，因此，貫徹行政機關意志，常常必須召開董事會後才能完成，不但在時間、程序上有所拖延，效率上亦常常緩不濟急。此外，一旦採取私法型態，利潤之追求便無法避免，營利目標、市場競爭成為最重要的考量點，行政任務的履行會將逐漸變成附隨、次要目的，而背離行政私法行為追求行政目的之初衷。

　　行政行為必須受到監督，無論來自上級機關或同級議會，負責體系十分完

---

[22] 臺北自來水事業處供水範圍涵蓋臺北市全部及新北市三重、中和、永和、新店4區以及汐止區7個里，並在三重、中和、板橋、蘆洲、淡水、關渡及汐止等地，與台灣自來水股份有限公司之管網連通支援轄區外地區用水。

整；私法型態，特別是股份有限公司，其負責對象為全體股東，而非僅是設立公司的行政機關，當然更不是上級監督機關或同級議會，遑論向人民負責的機制。行政機關僅能透過其所派往私法組織之代表影響私法組織運作，並無法直接指揮監督私法組織。在此情形下，負責體系易陷入混亂，對於實際負責私法組織營運者，議會或上級機關缺乏直接有效之監督機制。

因此，行政機關雖享有形式選擇自由，但其決定不得恣意，仍應遵守合目的性裁量之要求，選擇最適當之形式。一旦作出選擇之後，行政機關與人民間法律關係之處理就會有不一樣之思維及模式，蓋所適用法律、執行手段及救濟管道等，皆會有所差異。

(四) 私經濟行政與行政法

私經濟行政行為，不論是行政輔助、行政營利或行政私法行為，行為最終的主體仍是國家，國家並未消失，僅是換一個面貌出現。在私經濟行政，人民與國家間並非完全平等，行政任務與行政目的、公共利益間之關係仍舊十分密切[23]。拘束公權力行政的行政法一般原理原則是否亦適用於私經濟行政行為呢？針對此問題有三種不同的見解：

1. 私經濟行政行為適用行政法上的一般原理原則

私經濟行政行為只是國家利用私法外衣履行行政任務，即使組織或行為方式採用私法型態，人民仍能感受背後的國家力量。在此情況下，私經濟行政行為並未喪失國家行為之本質。私法組織型態之公營事業雖然與人民間適用民法的規定，但公營事業適用與行政機關相同的預算法、會計法、審計法令；公營事業中負責經營決策之人員，例如，董事長、總經理，亦適用公務員服務法。若私經濟行政行為不受行政法一般原理原則拘束，行政法一般原理原則將被排除於大量的行政行為之外。私經濟行政並無免除適用行政法上一般原理原則之理由。行政機關出租國有土地之財產管理行為，在行政法上係屬於私經濟行為，雖不屬公法法律關係，惟仍有平等原則之適用；且因與公益具有直接或間

---

[23] 法務部民國100年8月24日法律字第1000018165號指出，國家機關選擇其行為方式，究為公權力行政或私經濟行政，非無選擇自由，且常為達其「行政任務」及「行政目的」，從事私經濟行政；而國家機關之「行政任務」及「行政目的」常涉及「公共利益」。故私經濟行政之態樣雖屬私法行為，其爭訟需依民事訴訟途徑解決，然不能以國家機關的行為態樣及爭訟途徑，遽認與「增進公共利益者」完全無涉。

接之關係，故均應考量公益[24]。

2. 私經濟行政行為不適用行政法上的一般原理原則

既然賦予行政機關自由選擇形式的權限，行政機關選擇以私法型態履行行政任務時，表示行政機關認為私法型態比較能夠實現行政目的，此時即應尊重行政機關決定；如仍必須繼續適用行政法上的一般原理原則，私法形式所帶來的優點將會被掩蓋。例如，一方面希望國營事業在利用財政資源時能有較大彈性，亦即給予較多之契約自由；但另一方面卻又要求適用平等原則來限制締約對象之選擇，此將重大妨害企業經營之自由。因此。既然賦予行政機關形式選擇自由，則不應再強制要求適用行政法上的一般原理原則，否則無異違背形式選擇自由之本旨。

3. 依個別類型分別判斷

一致性答案過於簡陋，三種不同私經濟行政行為，應分別檢視是否應適用行政法上的一般原理原則。

行政營利行為主要特徵是營利，即使有行政目的亦只是附屬，因此，行政營利行為主要適用規範自由市場競爭之法律，例如，公平交易法。營利行為與國家公權力並無太大直接關聯，即使行政營利行為濫用權力，公平交易法或一般法律相關規定已有充分規定來限制或防止，因此，行政營利行為，基本上不適用行政法上的一般原理原則。

行政私法行為之典型特徵在於行政任務，行政目的之達成是最重要的；允許行政機關透過私法形式履行行政目的，只是適當手段之考量，手段並不能凌駕行政目的，更不能違反目的，即使組織、人事、財政上行政機關享有自由彈性的運用空間，但行政私法行為仍應受到行政法上一般原理原則的拘束，蓋國家力量完全顯現在行政私法行為中。一般而言，行政私法法律關係內，國家與人民間之關係並非處於平等地位。

行政輔助行為則較為複雜，當採購金額達到一定金額或類型特殊而適用政府採購法時，適用政府採購法中所規定之行政法一般原理原則；行政輔助行為金額較小，不適用政府採購法，而以民法及其他相關私法規定作為依據時，則無須受行政法上一般原理原則所規範。

司法院並未對所有的私經濟行政行為類型作出決定，僅於司法院釋字第

---

[24] 法務部民國103年1月29日法律字第10303501370號。

457號解釋中指出，中華民國人民，無分男女，在法律上一律平等；國家應促進兩性地位實質之平等……，國家機關為達成公行政任務，以私法形式所為的行為……，是典型的行政私法行為，要遵循憲法第7條規定。司法院認為本案所涉及的雖是私法契約行為，但仍受憲法平等原則之規範。從此號解釋中可以得知，行政私法行為應遵守憲法基本權利中平等原則之規定[25]。由此亦可推論出，行政私法行為亦應遵守行政法上的一般原理原則。至於行政營利行為和行政輔助行為是否受行政法一般原理原則之拘束，司法院尚未表示意見。

第三項　干預行政與給付行政

以行政機關行為對人民產生有利或不利影響區分干預行政與給付行政。

一、干預行政

干預行政又稱侵害行政，係指行政機關透過命令、禁止方法對人民自由、權利加以限制或侵害的行政行為，通常並得以強制方法加以貫徹。干預行政行為可能為法律行為或事實行為。傳統且典型的侵害行政，例如，課徵租稅、裁處罰款或命拆除違建，干預行政主要目的在維持社會秩序和增進公共利益。

二、給付行政

給付行政係指國家提供人民特定的商品、服務、金錢或其他利益的行政行為。給付行政提供之內容相當多元化，除直接給予人民利益，例如，津貼、補助等外，改善基礎設施或照顧基本生活需求而予人民利益者，例如，興建公園、設置老人住宅等，亦屬於給付行政之一環。給付行政行為可能為法律行為或事實行為。

干預行政原則上透過公權力行政為之，主要是片面單方強制方式，最常見的手段是行政處分；給付行政是對人民有利的行為，得透過公法方式或私法方式完成。司法院釋字第472號及第473號解釋認為，以公法方式來建構的全民

---

[25] 司法院釋字第727號解釋理由書亦指出，國家機關為達成公行政任務，以私法形式所為之行為，亦應遵循憲法第7條之規定。

健保制度，屬於給付行政；對於人民經營事業遭遇不可預期衝擊而有紓困必要時，國家提供資金供事業度過艱困期之行政補助行為，一般認為係以私法契約來完成給付行政措施。在給付行政領域，國家與人民間之法律關係，可能是公法或私法關係，無法一概而論，必須依相關法令判斷之。

此項分類涉及法律保留適用問題，行政行為屬干預行政時，首先必須考慮的並非行政目的適當與否，而是有無法律依據；如無法律依據，則不得為任何干預行政行為；給付行政是對人民有利之行為，傳統上認為並不適用法律保留原則[26]，只需有法定預算及行政內部之處理規則即已足夠。但隨著國家與人民關係愈來愈複雜，給付行政是否完全不適用法律保留原則，引起熱烈的討論[27]。

另外一項區別實益在於，人民針對干預行政與給付行政措施之行政救濟類型並不同。針對干預行政，例如，亂丟廢棄物而遭受罰鍰處分時，人民應提起訴願、行政訴訟，撤銷罰鍰處分。針對給付行政，例如，申請補助遭拒絕時，撤銷拒絕處分，並無法達成申請人之目的，申請人希望取得的乃是同意補助之處分，因此，應提起課予義務訴願或課予義務訴訟，要求受理訴願機關或法院命行政機關作出其所需要之同意決定。

惟國家行政行為並非全然皆能如此明確區分，行政行為亦可能兼具兩種性質，例如，行政機關對精神病患的強制收容治療。從強制收容來看，人民的人身自由受到限制，是典型的干預行政；但從治療來看，又是國家照顧人民的給付行政行為。國家行為兼具兩種性質時，應如何處理呢？行政行為兼具兩種性質時，應依具體行政行為之性質，分別適用不同之要求；惟行政行為雖兼具兩種性質，在外觀上卻屬於同一密不可分之行為，例如，對精神病患不採取強制收容行為，根本無法提供治療服務，從保護人民自由、權利觀點來看，兼具雙重性質之行政行為，應一體適用干預行政行為應遵守的要求。

---

[26] 最高行政法院99年度裁字第2214號裁定指出，身心障礙福利機構之經濟補助，屬給付行政措施，內政部依身心障礙者權益保障法第3條第3款之規定，本於中央主管機關權責考量補助經費之有限性，訂定內政部推展社會福利補助作業要點、內政部97年度推展社會福利補助項目及基準規定，並無違法律保留原則。

[27] 本項問題將在第四章有詳細討論。

第二章 | 行政法之發展

第一節　行政法之歷史

　　行政法是公法的一部分，與憲法關係密切，憲法受各國政治、經濟、社會、文化發展影響頗深。憲法不發達的國家，行政法發展當然會受到阻礙。

　　德國行政法學家Otto Mayer於1895年撰寫了一本名為「行政法論」的教科書，該教科書主要研究法國行政法上的理論與實務，蓋在19世紀歐洲大陸，法國屬於行政法發展較為先進的國家。該書迄今已經超過了一百二十年，但書中很多內容，例如，行政處分、營造物的概念，在當時已經非常完整，對於今日行政處分、營造物制度之建構，仍具有相當影響力。一百二十年前Otto Mayer寫的教科書與我國行政法的發展有何關聯呢？

　　中華民國建立前，現代意義的憲法、行政法基本上在傳統帝制中是不存在的。民國建立後，希望透過對國家全面性改革，提升整體國力。由於地緣及語言關係，當時取法對象為日本。日本在明治維新後，以極短的時間邁入世界強國之林。日本明治維新主要參考對象為歐洲19世紀的強盛國家：普魯士（後來統一德國最重要的推手），普魯士的制度成為統一後德國的重要依據。日本明治維新參考普魯士制度，我國又參考日本制度，間接繼受的結果，使得我國法制之發展受到德國重大影響。

　　從1912年開始一直到1927年之間，行政法的發展非常緩慢。雖然從民國元年開始形式上已有中華民國存在，但國家卻陷於長期割據紛擾，政治局勢非常不穩定，戰亂不斷，根本無法建立有效的統治，憲法與行政法毫無生根苗壯機會。中華民國法制建設的第一個重要時期，則是1927年至1937年間，我國重要的成文法典－民法，由國民政府於1929年制定公布；刑法則更早於1928年制定公布。

　　這段期間行政法之發展主要成果有二，首先，1934年翻譯日本非常有名的學者美濃部達吉（みのべ たつきち，1873年5月7日～1948年5月23日）之著作，其係日本明治維新時期到第一次世界大戰間日本最著名的法學家，不論在

公法或私法領域皆有很多重要的著作。1934年美濃部達吉所寫的行政法教科書被翻譯成中文。該教科書則參考1895年Otto Mayer的著作。該翻譯著作成為國內研究行政法非常重要的參考來源。除翻譯著作外，當時亦有國人撰寫行政法本土教科書[1]，此類教科書亦提供行政法發展重要助力。可惜的是，發展腳步正要大步邁出時，1937年7月7日爆發的對日抗戰阻礙法制建設之前進。對日抗戰八年期間，不但人民日常生活受到重大影響，國家整體法制建設也嚴重倒退，行政法當然無法倖免於難。抗戰結束不久，再度爆發國共內戰，內戰更使得已經奄奄一息的法治瞬間成為泡影。雖然有新的憲法制定公布，但隨即進入動員戡亂、戒嚴時期，憲法被束之高閣，行政法也進入黑暗期。國民政府遷臺後，由於戒嚴之故，憲法、行政法幾乎沒有舞臺，從1937年到1970年，行政法的發展幾乎是停滯不前，對憲法、行政法的研究停留在二次世界大戰前之水準。

歐洲在二次大戰中，受到非常嚴重的破壞，許多基礎建設幾乎被摧毀殆盡，人民的日常生活幾乎無以為繼。戰後重建工作非常艱辛，幸有賴馬歇爾計畫的協助以及歐洲人民不斷努力，經濟慢慢開始復甦，生活也逐漸走入正軌。1960年以後，經濟不但復原，更展現出比二次世界大戰前更好的活力。經濟穩定成長後，社會開始對現行制度加以批評，尤其是對政治、社會及經濟制度，逐漸產生反抗現狀的思想及行為，並重新思考人民與國家間之關係。人民自主意識慢慢抬頭，國家法律規範、社會主流價值成為批判的對象。社會上劇烈的變動直接反映在憲法以及行政法各種理論與實務之發展。由於憲法與行政法是處理人民跟國家間法律關係最重要的依據，國家與人民間關係要重新定位，當然是以憲法與行政法之改革為主。

二次世界大戰後，西方社會重新思考國家與人民間之關係，不管是戰勝國或戰敗國皆如此，但由於德國在二次世界大戰中扮演主要角色，因此回應也最為複雜與深入。德國戰敗所產生的難題並不是那麼單純，非僅是單一面向，例如，純粹經濟上、心理上、尊嚴的問題，而是整個國家、社會層面在二次世界大戰中所出現的全面糾葛困境。例如，對第三帝國的功過、對戰爭、對個人行為之清算，皆存在複雜的情緒。德國戰敗帶給德國及德國人民之創傷並非僅透過經濟成就即能弭平，而是需要更多道德、心理、社會等層面之重建。尤其是

---

[1] 詳見，陳新民，行政法學的拓荒者─淺介幾本我國早年的行政法教科書，公法學箚記，1993年10月，第263-275頁。

國家與人民間之關係，絕不能再重蹈第三帝國之覆轍，人民不應僅是國家統治權之客體，人民更不是國家遂行其意志之工具，而是國家主人，基本權利之主體。

德國面臨的另一個難題則是法制銜接爭議，1933年至1945年期間，所制定及公布的部分法律中，例如，涉及種族歧視或戰時國家運作之法律，固然極具爭議而有違人權保障之精神。但仍有許多法律不涉及爭議而屬一般國家運作所需，戰後不可能立即將十二年來所制定公布的所有法律全部廢止。在制定基本法後，法制上便呈現一個矛盾複雜的現象，新的憲法跟舊的、有效法律，特別是舊行政法的與新憲法之衝突以及兩者間如何適用之爭議。

1960年代我國經濟仍處於落後狀態，人民生活仍然相當貧窮，對外關係十分封閉。在此困難時刻，政府仍提供公費，幫助留學生到國外學習，藉由此機會開啓接觸國外行政法的機會。爲何我國行政法制會受德國法較大影響呢？

藉由國家公費之助到歐洲留學之法界前輩[2]，感受到與臺灣完全不同的法治文化，相對於臺灣當時仍處於戒嚴的封閉社會，在德國與奧地利卻屢屢發生人民勝訴的行政訴訟與憲法訴願案例，國家與人民間之關係已不可同日而語。學成歸國後，基於現實情勢考量，當然不可能完全引進德國與奧地利相關制度，因此，首選的乃是，介紹新興理論與制度，除翻譯重要著作外，則是撰寫比較我國與德國與奧地利制度之文章，並提供建議[3]。留學回國後，許多人進

---

[2] 例如，施啓揚院長、翁岳生院長、城仲模副院長、吳庚大法官等。

[3] 例如，施啓揚，西德聯邦憲法法院的法規審查制度，社會科學論叢，第18期，1968年7月，第225-256頁；西德保障基本權利的憲法訴願制度，Maunz著；Sigloch著；Bleibtreu, Schmidt著；Klein著，施啓揚譯，憲政思潮，第4期，1968年10月，第72-84頁；施啓揚，我國司法院大法官會議與西德聯邦憲法法院的幾點比較，政大法學評論，第4期，1971年6月，第121-128頁。翁岳生，西德聯邦公務員懲戒制度之研究，思與言，第5卷第5期，1968年1月，第21-30頁；翁岳生，西德行政法院之組織及其裁判權之研究，社會科學論叢，第22期，1973年9月，第263-312頁；翁岳生，西德法官之任用資格、任用方式及其身分保障，法律評論，第39卷第10期，1973年10月，第2-7頁；翁岳生，西德1976年行政手續法，國立臺灣大學法學論叢，第7卷第2期，1978年6月，第59-105頁。城仲模，奧國行政罰制度析論，國立臺灣大學法學論叢，第6卷第2期，1977年6月，第119-166頁；城仲模，德國行政命令詮要，憲政思潮，第43期，1978年9月，第150-156頁。吳庚，德國行政訴訟制度概述，法律評論，第33卷第11/12期，1967年12月，第2-8頁；吳庚，奧、德、瑞、法、義五國行政救濟制度，吳庚譯，憲政思潮，第44期，1978年12月，第1-21頁。

入學校教育體系，從事思想的傳播跟新思維的引進，我國行政法的研究逐漸與國際社會接軌，使得行政法之發展邁開重要的一步。

留學回國之學者，後來有機會進入國家體系，尤其是進入司法院，開啓行政法發展的另一階段。早期大法官的解釋主要涉及國家機關爭議以及憲法疑義的解釋，人民聲請釋憲制度並不存在。1980年代我國經濟快速起飛，國家跟人民之間的關係亦逐漸受到重新檢驗。除立法機關制定、修改必要法律來應付此項變動外，大法官亦扮演調整國家跟人民法律關係的重要角色。

以兩號司法院解釋作爲例證，首先，特別權力關係之調整，以往公務員、軍人、學生、受刑人與國家間是處於絕對不對等的特別權力關係，兩者間並不適用法律保留原則，彼此之爭議亦無法由法院作最終之裁判。自司法院釋字第187號及第243號解釋（1984.5.18）後，大法官開始介入特別權力關係並引進德國在二次世界大戰後發展出的基礎關係與管理關係理論，認爲涉及基礎關係之爭議，例如，學生退學、公務員免職[4]而喪失身分時，適用法律保留原則並可向法院尋求救濟。

對於人民權利保障相當重要的解釋爲司法院釋字第275號解釋（1991.3.8），早期認爲，行政罰之處罰並不以行爲人故意或過失爲前提，故意、過失僅適用於以倫理道德爲依據的刑事犯；行政罰所依據者係基於行政、技術、管制目的之法律，與放諸四海皆準的刑事自然犯並不同。惟大法官認爲，行政制裁，尤其罰鍰，跟刑法罰金皆是對人民財產權的侵害。對人民制裁皆應以有責爲出發點，而無區分行政或刑事制裁之必要。司法院釋字第275號解釋認爲，行政制裁，除法律有特別規定外，仍應以故意或過失爲必要，以確保人民自由權利受到充分保障。

由於大法官解釋具有拘束全國各機關及人民的效力，透過大法官解釋，立法者有義務修改或制定法律、司法機關與行政機關必須依大法官解釋的意旨適用法律，人民跟國家間的法律關係開始產生具有規範效力的變化。惟大法官的解釋畢竟主要還是針對個別具體法律或個案，雖有拘束的效力，但相對於民法、刑法、訴訟法、商法，行政法還是欠缺體系性的法典。

行政法的發展最後階段，稱之爲行政法法典化階段，透過法典化工作，可以讓行政法整體發展更爲快速。1980年制定的國家賠償法是行政法早期比較重要的法典化工作。憲法第24條規定，凡公務員違法侵害人民之自由或權利者，

---

[4] 司法院釋字第243、382號解釋。

除依法律受懲戒外，應負刑事及民事責任。被害人民就其所受損害，並得依法律向國家請求賠償。爲使人民能夠實現憲法第24條保障之權利，憲法施行後立法者應盡快履行此項立法委託。惟當時認爲，民法第186條本來就有公務員侵權行爲責任的規定，沒有必要制定新的法律。但民法第186條所規定者爲公務員個人之責任，而非國家責任，與憲法要求並不符合。此外，國家早期的財源並不充分，無力編列相關預算，國家賠償法之制定一直無法完成。一直到1980年國家賠償法才制定公布，並於1981年施行。

　　國家賠償法法典化的工作，並沒有延伸到其他行政法領域。第二個法典化的領域始自1994年，中間相差十四年。此次法典化主要部分是行政組織法，1994年行政組織法的突破涉及地方自治。從國民政府遷臺以後，臺灣1950年就已經有地方選舉，但是當時實施地方自治的法源，與憲法規定之要求存在極大衝突。當時實施地方自治的法源，係根據臺灣省各縣市實施地方自治綱要。該綱要由臺灣省政府訂定，行政院核定；但憲法所要求實施地方自治之程序並非如此，憲法對於地方自治的保障非常具體詳細，依憲法規定，實施地方自治必須由立法院先制定省縣自治通則，再由省跟縣制定省、縣自治法來實施省、縣自治。當時實施地方自治的法源跟憲法上的規定並不符合。雖然在臺灣不斷有地方行政首長、地方議員之選舉，但是實施地方自治的法源有強烈違憲之虞，因此爭議不斷。一直到1994年憲法增修條文制定後，停止憲法有關實施地方自治部分規定之適用且賦予立法院制定省縣自治法跟直轄市自治法的權限後，違憲之爭議才暫告一段落。1994年所制定的省縣自治法與直轄市自治法，以及1999年後續所制定的地方制度法，成爲行政組織法典化工作之里程碑[5]。

　　1994年行政組織法改革啓動之後，許多新的行政法法典，從提出法律草案，到立法三讀以及總統公布陸陸續續完成。最重要的成果是在1998年到1999年間修正及制定五部影響行政法發展重要的法典。這五部法律中有三個涉及到行政救濟法，包括訴願法、行政訴訟法跟行政法院組織法，從內容大幅度變更來看，與其說修改不如說是重新制定；另一是行政執行法之重新修正；最後則是制定被認爲是類似行政法總論的行政程序法。五部重要行政法法律修正或制定後，行政法法典化的工作漸入尾聲。2005年2月制定公布行政罰法後，行政法之法典化工作終於告一段落，我國行政法法制邁入另一個新的紀元。

5　除地方制度法外，陸續完成之中央行政機關組織基準法、中央政府機關總員額法以及行政院組織法之修正，皆爲行政組織法帶來重大變革。

第二節　行政法的分類

行政法之分類相當多元，以下僅介紹重要分類：

一、普通（一般）行政法與特別行政法

普通行政法又稱行政法總論，適用於行政法各論領域的原理原則規定，無論在警察法令、環保法令、建築法令皆適用，例如，行政程序法、行政罰法等。特別行政法，亦稱為行政法各論，乃適用於個別行政領域之行政法，例如，戶籍法、廢棄物清理法、都市計畫法等。

區分之意義在於，普通行政法之規定具有補充適用性質，特別行政法如有規定，則適用該規定；特別行政法未規定時，則補充適用普通行政法之規定。

二、外部法與內部法

外部法係處理行政機關與人民間關係或處理行政主體跟行政主體間關係之法，例如，嘉義縣與中華民國間關係主要由地方制度法規範。外部法所包含領域主要在行政作用及行政救濟。外部法主要的規範工具為法律，亦即涉及人民權利義務、涉及不同法律主體間的權利義務。必要時，在法律明確授權下，亦得以法規命令規範之。

內部法主要涉及到國家內部體系之運作，國家是公法人，需要行政機關為意思表示與受意思表示，由於國家任務龐雜，基於分工合作必要，國家設立各種不同的機關來執行國家任務，共同完成憲法與法律之付託。內部法主要涉及國家內部各機關權限分配、權限行使以及公務員任用等問題，屬於行政組織領域。傳統上行政組織運作並非以法律為主要依據，而是以行政機關所制定的行政規則或行政首長所為指示為基礎。例如，文書流程管理作業規範、法務部矯正署少年觀護所辦事細則等。當然行政組織領域亦不排除法律規範，但密度與範圍遠遠不如外部法。外部法與內部法所重視的事項並不同，外部法強調法律保留原則，內部法重視的是行政一體與指揮監督。

第三節　公法與私法之區分

第一項　前　言

　　公權力行政與私經濟行政之區分，突顯公法與私法之存在，但為何會產生法律二元化體系呢？法律二元化體系並非絕對必然，屬於海洋法系國家，例如，英國、美國，屬於法律一元化體系，並無公私法區分[6]。為何我國採取二元化法律制度，而非一元化呢？主要的理由是歷史因素與繼受法制之故。我國法律早期主要是受日本影響，日本則受歐陸影響，歐陸為何會產生法律二元化制度呢？

　　公法與私法二元化區分的結構可以回溯到2000年前的羅馬帝國。羅馬帝國是歐洲，甚至人類發展史上重要的里程碑，羅馬帝國國境橫跨歐、亞、非三大洲。2000年前羅馬帝國的法律制度已經很發達，羅馬人將法律分成兩種：規範羅馬帝國內帝國人民的法律以及規範不屬羅馬帝國人民的法律。兩種法律內容不同，帝國人民與非屬帝國人民之法律待遇乃是不平等的，在羅馬時代法律的二分法即已存在。羅馬帝國法律二分法之制度一直流傳在歐洲大陸，一直演進到現代，轉變成為公法和私法的區分。

　　惟公法與私法的區分在現代社會是否仍有存在必要，逐漸受到質疑。一方面法律的數量及種類愈來愈多，性質愈來愈複雜，例如，智慧財產權雖然涉及私法上人民智慧財產權歸屬、權利使用等問題，但主管機關扮演的角色卻又愈來愈重要，私益與公共利益之衡平日益受到重視，智慧財產權法究竟是公法還是私法，易起爭執。此外，區分公法或私法的理論並無法提供簡易操作之標準，以至於容易陷入爭議，而無法取得共識。因此主張廢除法律二元化體系之聲音不斷。惟以我國法制現狀來看，區分公法與私法仍有其必要性與實益[7]。

6　因此並無所謂普通法院與行政法院之分別，惟為處理行政事務，普通法院並不排除設置專業的行政法庭。

7　有關公法與私法之區分及其他相關問題，蕭文生，公法與私法之糾纏，行政事件裁判研究與評析Ⅱ，2021年4月，第1-44頁。

第二項　公法與私法區分實益

公法與私法區分之實益可從下列兩點觀之[8]：

一、公法與私法所依據的原理原則不同

私法和私法行為主要依據契約而來，私法領域最重要的是當事人的自由意志，契約自由是私法最高指導原則；公法領域主要原則是依法行政，個人的意思並不重要。私法以契約自由為基礎，當事人地位平等，私法關係重視當事人間的意思合致；公法較常見的是國家以單方片面之決定來處理國家與人民間之關係。公法領域主要是強制規定；私法領域任意性規定較為常見[9]。

由於所依據之原理原則不同，影響具體行為所適用之法律，例如，行政程序法適用於公法領域，私經濟行政行為基本上不適用行政程序法。行政行為被判斷是公法或私法，將影響行政程序法之適用。私法關係基於契約自由、基於當事人地位平等，因此私法關係受到破壞時，例如，發生債務不履行，由於雙方當事人地位平等，爭議由地位中立的法院來作決定；但公法關係不然，人民不遵守行政處分要求時，例如，逾期未繳納罰鍰，雖然人民亦能向法院尋求救濟，但依行政執行法規定，在法院作出確定終局裁判前，行政執行署得以行政處分作為執行名義，對人民之財產強制執行。

二、救濟途徑不同

公法爭議主要是透過訴願、行政訴訟解決；私法關係一般是由普通法院依民事訴訟法來處理，訴訟途徑不同。

行政機關代表國庫出售或出租公有財產，並非行使公權力對外發生法律上效果之單方行政行為，並非行政處分，而屬私法上契約行為，當事人對之有所爭執時，應依循民事訴訟程序解決。財政部國有財產局綜理國有財產事業，就個別國有財產所為之出租、出售行為，係代表國庫為國有財產之管理或處分，無關公共事務之目的，並非行使公權力對外發生法律上效果之單方行政行為，

---

[8] 李建良，行政法基本十講，增修12版，2022年9月，第116-119頁；林錫堯，行政法要義，修訂4版，2016年8月，第7-8頁；莊國榮，行政法，修訂9版，2023年9月，第11-12頁。

[9] 當然這只是原則，公法也有任意性的規定，私法也有強制性的規定。

非行政處分。行政機關代表國庫處分官產，係私法上契約行為，人民對此有所爭執，無論主張租用，抑或主張應由其優先承購，均應提起民事訴訟以求解決，不得藉行政爭訟程序請求救濟[10]。

第三項　公法與私法區分理論

區分公法與私法有四種常見的理論[11]：

一、利益說

利益說以法律規定保護公益或私益，作為區分標準。例如，環境法規、警察法規屬於保護公益的法律，依照警察法規所為之行為，屬於公法行為；民法、商事法主要處理私人跟私人之間利益衝突，屬於保護私益之法律。從法律保障的利益作為區分公法與私法之依據。

利益說在早期是非常重要的理論，但目前利益說遭受到重大的挑戰，首先，公益和私益雖然在很多情況下可以明確區分，但在更多情形下是無法截然劃分的；公共利益並非抽象存在而是許多私益的集合，現代國家以保護人民權益為其目標，國家行為最終目的應該是保障人民自由權利，公益只是中間過程而已。例如，警察法是公法，追求維護公共秩序的公共利益，但警察法規難道完全沒有保護個人利益、個人安全之目的嗎？在很多情形下，法律毋寧是同時保護公益與私益，因此，界定僅保護公益或僅保護私益，有實際上之困難。在此情形下，利益說的區分效果愈來愈不顯著，但其並非完全無任何功能，區分效果減弱的利益說，仍能發揮初步篩選的功能。

---

[10] 最高行政法院100年度判字第1488號判決。最高行政法院112年度抗字第34號裁定亦指出，國有財產管理機關依耕地放租辦法規定程序辦理國有耕地放租，而代表國家與申租人訂立租賃契約，為國家對於非公用財產以出租方式為收益之私法行為，並非行使公權力對外發生法律上效果之單方行政行為，即非行政處分，故申租人與國有財產管理機關間因國有耕地放租與否所生之爭議，當事人應循民事訴訟程序請求救濟，行政法院並無審判權。

[11] 李惠宗，行政法要義，8版，2020年9月，第8-9頁；吳志光，行政法，修訂12版，2023年2月，第11頁；盛子龍、吳庚，行政法之理論與實用，增訂16版，2020年10月，第25-26頁；林錫堯，前揭書，第8-9頁；陳新民，行政法學總論，新10版，2020年7月，第40-42頁；陳敏，行政法總論，10版，2019年11月，第33-35頁。

二、權力說（從屬說）

公法關係是上對下的權力關係，人民從屬於國家；私法基於契約自由，當事人地位平等。有權力一方得作成片面、單方具有拘束力的決定，而不用考慮相對人的意見，則屬公法。私法關係基於平等與私法自治，必須基於雙方當事人意思合致才能適用的法律，稱之為私法。從地位觀點區分公法與私法，不失為有效的方法。

但私法關係中亦存在從屬問題，例如，民法親屬編有關父母對子女行使親權之規定[12]，子女與父母間，並非全然平等關係；受監護人跟監護人間亦存在一定程度之從屬關係。勞雇雙方之勞動契約，是在勞雇雙方平等地位下，基於自由意志所簽訂之內容，還是由雇主單方確定契約內容，勞動者只享有是否締約之自由呢？私法關係中當事人地位之平等性在許多領域中僅是理論，在實際生活中，當事人不對等地位有時甚至比公法關係更明顯。無論是在金融服務或電信通訊消費，消費者所面對的並非是地位平等之服務供應者，而是無論在專業、法律、財政資源上都享有絕對優勢的大型企業，最能凸顯兩者間不對等地位的則是定型化契約之出現。

另一方面，行政契約之出現亦打破公法領域僅有上對下法律關係的模式，行政契約之成立並非由行政機關片面單方為之，而是必須基於契約雙方當事人之合意，雙方地位平等則是契約前提。例如，行之有年的醫學院公費生養成制度，醫學院公費生與國家簽定行政契約，國家負有免除公費生在學期間學雜費用之義務並給予每月一定數額之津貼；公費生在畢業後，負有前往醫療資源較缺乏地區服務之義務。是否負擔義務，取決於當事人之自由意志。

權力說之觀點原則上是正確的，惟隨著時代發展，其涵蓋面逐漸產生不完整之現象，因此發展出另一種理論。

三、主體說

主體說認為利益說、權力說採用的實質認定標準過於抽象、無法解決所有問題，因此主張改採易懂、無爭議的形式認定標準。法律關係的任何一方只要是國家、行政機關就是公法關係。至於行為的實質內涵為何，並非重要。公法

---

[12] 民法第1084條第2項規定，「父母對於未成年之子女，有保護及教養之權利義務」。民法第1085條規定，「父母得於必要範圍內懲戒其子女」。

和私法關係很容易區分，法律關係的當事人全部都是私人，就是私法；只要有國家、行政機關介入則是公法關係。

此項理論雖能提供簡單明確之操作標準，但在邏輯上則有許多矛盾之處，例如，傳統之私經濟行政行為，特別是行政輔助行為中的買賣、租賃、承攬契約，傳統上其所適用的法律為民法規定，依主體說之看法，因行政機關介入，彼此間之法律關係成為公法關係。惟適用相同內容之法律條文，純粹私人間是私法關係，行政機關使用則成為公法關係，法律條文性質因人而異，使得法律秩序運作易陷入混亂與不確定。主體說雖具有明確好用功能，但並非目前多數見解支持的學說。

四、新主體說

目前區分公法與私法常用的德國學說是新主體說，新主體說以法律由何者適用作為基本出發點。無論國家、行政機關或私人皆可適用者為私法，民法中關於買賣、租賃規定，人民、國家均可適用，民法不會因國家使用而變成公法；法律僅國家或行政機關適用者，則為公法，例如，警察法規。公法制定的目的本來就是提供國家使用。從適用法律者的範圍來看，公法是特別法，適用的人數相對而言較少；民法是普通法，任何人皆適用之。

公法僅限國家、行政機關才能使用，因此行政輔助行為適用政府採購法者為公法行為，適用民法者為私法行為；交通法規、警察法規所規定之罰鍰處分，僅能由國家對人民科處，屬於公法行為。新主體說將公法和私法間的關係認定成特別法與普通法的關係，公法為私法的特別法。

第四項 判斷公法或私法之程序

在爭議案件中判斷私法或公法關係並非先從上述四種理論著手，首先，應探求法律有無明文規定，法律如已有明文規定，則無引用上述理論之必要。例如：將物品交由鐵路局運送，但在運送過程中因綑綁不當以致於物品摔落造成損害時，應如何主張權利呢？鐵路運送是由鐵路局經營，鐵路法第46條第1項規定，「旅客或物品運送契約，因鐵路機構承諾運送而成立」；第55條第1項規定，「運送物遇有喪失毀損之賠償，依民法之規定；但其請求權依前條之規定」。從上述規定可以得知個案中人民與鐵路局間之法律關係為私法關係。

法律條文未明確規定時，可從法律所使用之文字推論是否間接可以得出

法律關係之性質，例如，規定收取規費之文字，則傾向認定具有公法性質。零售市場管理條例係於2007年7月11日公布施行，依經濟部96年12月14日經商字第09600661490號函、97年6月5日經商字第09700560260號函，該條例就市場攤（舖）位與攤商之關係定為使用關係而非租賃關係，並以「使用人、使用費」代替原「承租人、租金」之概念，故零售市場管理條例公布施行後已將市場攤（舖）位之使用關係定為公法關係[13]。

　　法律無明文規定且無法藉由法律所使用之文字推論出法律關係之性質時，再依上述四種理論綜合判斷之[14]。

第五項　司法實務見解

　　有關公法與私法之爭議亦常見於司法實務，惟我國司法實務所採用之標準卻非單一，並無一致性之見解，係依個案而採用不同之標準。

一、採權力說者

　　最高行政法院22年判字第17號判例指出，國家在公法上對於人民為權力服從關係，於一定限度內固可使用其強制力，在私法上則與人民處於對等地位，苟或對於人民歷久為事實上管領之不動產而與之發生所有權之爭執者，即屬私法關係，應由該管法院受理審判，要不可遽以行政處分或命令強行處理。最高行政法院99年度判字第786號判決指出，私立機構、團體依補助作業要點申請補助，乃是基於與國家上下隸屬關係之人民地位，向主管行政機關之所為之申請，主管行政機關對該申請之准駁，乃就公法上具體事件所為之決定而對外直接發生法律效果之單方行政行為，屬行政處分。最高行政法院109年度裁字第991號裁定認為，需用土地人澎湖風管處就系爭土地始終均無徵收計畫，亦未進行徵收程序，系爭契約即非用以替代徵收行政處分而屬私法上之買賣契約。澎湖風管處並未以優越之公權力地位與鍾武田等人簽訂系爭契約，且自契約標的之觀之，其約定內容僅發生私法上權利義務變動之效果，並未涉及人民公法上之權益或義務，澎湖風管處亦未因此負有作成行政處分或其他公權力措施之義

---

[13] 法務部民國109年3月13日法律字第10903505010號。
[14] 林錫堯，前揭書，第10頁認為，行政機關明示之意思、司法解釋或判例等司法實務見解，亦應優先於學說理論。

務，其契約目的僅在使澎湖風管處取得系爭工程用地，且契約內容之約定事項並無顯然偏袒行政機關一方或使其取得較人民一方優勢之地位，就賦稅負擔亦與私法上買賣契約相同，系爭契約與私法上買賣契約關係並無本質上之差異，抗告人對之有所爭執，自應循民事訴訟程序解決，行政法院並無受理訴訟權限。臺北高等行政法院高等庭112年度訴字第586號裁定指出，行政機關代表國庫出售或出租公有財產，並非行使公權力對外發生法律上效果之單方行政行為，即非行政處分，而屬私法上契約行為，非在行政法院審理權限之內。臺北市市場處系爭標案係提供地下街場地，以收取租金方式供廠商進駐經營，為代表國庫出租公有財產，而基於準私人之地位所為之國庫行為。依政府採購法第2條規定及立法說明，系爭標案並非政府採購法規範之採購行為。

司法院釋字第540號解釋理由書指出，國民住宅條例係為統籌興建及管理國民住宅，以安定國民生活及增進社會福祉之目的而制定，並由政府機關取得土地興建及分配住宅，以解決收入較低家庭之居住問題，其具體之方法係由政府主管機關取得土地、籌措資金並興建住宅，以收入較低家庭為對象辦理出售、出租、貸款自行建築或獎勵民間投資興建。除其中獎勵民間投資興建之國民住宅，承購人與住宅興建業者屬於單純之私法關係，並無疑義外，主管機關直接興建及分配之住宅，先由有承購、承租或貸款需求者，向主管機關提出申請，經主管機關認定其申請合於法定要件，再由主管機關與申請人訂立私法上之買賣、租賃或借貸契約。此等契約係為推行社會福利並照顧收入較低國民生活之行政目的，所採之私經濟措施，並無若何之權力服從關係。性質上相當於各級政府之主管機關代表國家或地方自治團體與人民發生私法上各該法律關係，尚難逕謂政府機關直接興建國民住宅並參與分配及管理，即為公權力之行使。至於申請承購、承租或貸款者，經主管機關認為依相關法規或行使裁量權之結果不符合該當要件，而未能進入訂約程序之情形，既未成立任何私法關係，此等申請人如有不服，須依法提起行政爭訟，係另一問題（雙階理論）。

惟最高行政法院105年度判字第273號判決指出，國宅之配售，依司法院釋字第540號解釋意旨，已由國宅主管機關代表國家或地方自治團體與承購人訂立買賣契約者，此等契約非行使公權力而生之公法上法律關係，如涉爭執，為私權關係之民事事件。在未訂買賣契約之前，以配售國宅代替核發重劃區內建物所有人之拆除補償費，則係國家以高權地位對遭受公權力侵害之人民所為補償方式之一，用行政裁量決定何人取得國宅之承購權，則承購權之核配及撤銷均係因公權力措施直接對外發生法律效果之單方行政行為，如有違法或不當，

致損害人民之權利或利益者，自得提起訴願。

二、採利益說者

最高行政法院95年度判字第1137號判決指出，契約之目的既在執行大甲溪之砂石採取整體改善計畫，核與公益及公共服務有重要關係，自屬行政契約，因該契約所生之法律關係，自應循行政訴訟之程序解決。最高行政法院94年度裁字第470號裁定認為，抗告人與花蓮縣政府於1988年11月16日簽訂「合作開發光華工業區協議書」。綜觀系爭「協議書」全部內容，乃花蓮縣政府依據當時有效施行之獎勵投資條例第三章「工業用地取得」規定（含其施行細則），計畫開發工業用地為工業區，而依該條例第60條及相關規定與抗告人達成協議，訂立系爭「協議書」，委託抗告人以合作方式，共同辦理「光華工業區」之開發工作，並約定雙方工作範圍及權責劃分（依約定內容，相對人工作及權責為本條例第55條、第63條；抗告人為本條例第60條及其施行細則第93條之規定事項）、工作程序（含開發完成後土地售價之擬訂及收入價款之處理，並將本條例第63條、第64條規定事項訂定為契約內容）。由上雙方訂立之系爭「協議書」所依據法律「為獎勵投資，加速經濟發展」公益性質之獎勵投資條例，訂約整體目的及約定之給付內容與效力綜合判斷，系爭兩造所協議合致訂立之「合作開發光華工業區協議書」應屬公法契約（行政契約）。

三、司法院最新解釋

（一）司法院釋字第772號解釋

財政部國有財產局（於中華民國102年1月1日起更名為財政部國有財產署）或所屬分支機構，就人民依國有財產法第52條之2規定[15]，申請讓售國有非公用財產類不動產之准駁決定，屬公法性質，人民如有不服，應依法提起行政爭訟以為救濟，其訴訟應由行政法院審判。國有財產法第52條之2之立法旨意，係鑑於政府辦理土地總登記時，因當時資訊不發達，人民未必熟悉法律，

---

[15] 國有財產法第52條之2規定，非公用財產類之不動產，於民國35年12月31日以前已供建築、居住使用至今者，其直接使用人得於民國104年1月13日前，檢具有關證明文件，向財政部國有財產局或所屬分支機構申請讓售。經核准者，其土地面積在500平方公尺以內部分，得按第一次公告土地現值計價。

以致甚多人民世代居住之土地被登記爲國有，而形成占用國有土地之情形，爲解決該等人民之問題，才增訂上開規定，讓人民得以申請讓售其已長期居住使用而經登記爲國有之土地。國家實施土地總登記，將上開土地登記爲國有，爲國家統治權之行使。系爭規定許人民向國家申請讓售已登記爲國有之土地，具有強烈之政策色彩，國有財產署審查確認是否合於系爭規定，以決定是否准駁，爲公權力之行使。再佐以申請讓售國有土地事件之雙方當事人，必然係國家與一般人民之關係，一般人民間不可能成爲該法律關係之權利義務主體；另一方面，申請人暨所申請讓售之不動產若均符合規定，主管機關即應准許其申請，並以法律規定之計估方法決定讓售價格，並不適用私法上契約自由原則。國有財產署依系爭規定爲准駁與否之決定，核係對外直接發生法律效果之單方行政行爲，爲行政處分，而非國庫行爲，具有公法性質。

（二）司法院釋字第773號解釋

　　未辦理繼承登記土地或建築改良物之合法使用人就其使用範圍，對財政部國有財產署或所屬分支機構所爲之公開標售，依土地法第73條之1第3項前段[16]規定行使優先購買權而訴請確認優先購買權存在事件，性質上屬私法關係所生之爭議，其訴訟應由普通法院審判。土地法第73條之1第1項至第3項前段及第4項規定所規範之優先購買權之要件而言，判斷主張其爲合法使用人者，是否確爲合法使用人而有優先購買權，須審究其在法律上有無使用之正當權源，諸如有無物權法上之合法占有權源或債權法上之租賃或借貸等關係。此等爭議所涉者，乃私法法律關係之存否，所生之效果亦僅在確認主張有優先購買權之人得否替代得標人而爲買賣契約之買受人。故由系爭規定所規範之優先購買權之要件及所生效果觀之，均涉及私法法律關係而應依民法有關規定判斷，與公權力之行使無涉，足見主張有優先購買權之人所提起之確認優先購買權存在之訴訟，性質上屬私法關係所生之爭議。

（三）司法院釋字第787號解釋

　　退除役軍職人員與臺灣銀行股份有限公司訂立優惠存款契約，因該契約所生請求給付優惠存款利息之事件，性質上屬私法關係所生之爭議，其訴訟應由普通法院審判。

---

[16] 土地法第73條之1第3項前段規定，依第2項規定標售土地或建築改良物……合法使用人……就其使用範圍……有優先購買權。

本號解釋為大法官就審判權爭議所為之最後一號解釋，憲法訴訟法施行後，憲法法庭不再處理審判權之爭議。為利統合普通法院與各專業法院間應遵循之審判權爭議解決規範，參酌德國立法例，將審判權爭議解決之相關規範訂於法院組織法第7條之1至第7條之11，其他各專業法院則藉其所屬組織法準用法院組織法規定（行政法院組織法第47條、懲戒法院組織法第26條、智慧財產及商業法院組織法第44條、少年及家事法院組織法第50條）準用之。

臺北高等行政法院111年度訴字第825號判決指出，「徵收契約」，依德國學說認為除包含德國建設法第110條及第111條有關開始正式徵收程序以後，由徵收人與被徵收人，於徵收機關前，就徵收程序或徵收補償為全部或一部之合意外，尚包含有在未開始正式徵收程序前（但緊鄰開始進行正式徵收程序）或徵收程序進行中但不在徵收機關前，且為避免徵收程序之進行或終結，由雙方當事人所締結之契約，例如：買賣土地契約等。故徵收契約之內容應包含未開始徵收程序或開始徵收程序但未終結前，由雙方當事人，就徵收程序（是不是開始進行徵收程序或徵收開始之要件是否具備等）或徵收補償所締結之合意。我國土徵條例第11條第1項之「協議價購」應屬廣義之徵收契約，其與徵收程序之發動有緊密關連，若不依其契約標的及目的將之歸入行政契約，似有違該契約本質及目的所具有的公權力色彩。且協議價購係規定於土徵條例中，其目的旨在緩和土地強制徵收之強迫性，解為替代徵收之行政契約應屬適當。故因協議價購所生爭議，提起行政訴訟應由行政法院管轄（103年度高等行政法院法律座談會提案七研討結果參照）。

四、最高行政法院庭長法官聯席會議

法律關係為公法或私法關係，在審判時亦常有不同見解，最高行政法院昔日則召開庭長法官聯席會議來解決爭議。

（一）最高行政法院104年度6月份第1次庭長法官聯席會議（二）——利益說

依國有財產法第52條之2之立法緣起，係因臺灣光復後辦理土地總登記時，已長期供建築居住使用之土地，其直接使用人不諳法令而未申辦登記，致基地經登記為國有，反成無權占有，極不公平，為回復其權利，特設明文以為依據。其規範目的在於私權回復，尚非基於公益之考量。原財政部國有財產局（自102年1月1日起改制為財政部國有財產署）基於私法契約自由，依本條規定，代表國庫讓售非公用國有土地予直接使用人，係基於準私人地位所為之國

庫行為，屬於私法行為，直接使用人如有爭執，應提起民事訴訟以求解決。本決議與司法院釋字第772號解釋見解不同。

（二）最高行政法院102年10月份第2次庭長法官聯席會議 —— 權力說

民國85年2月5日公布國軍老舊眷村改建條例（下稱眷改條例）第5條第1項規定，原眷戶享有承購依本條例興建之住宅及由政府給與輔助購宅款之權益，乃法律直接賦予具有原眷戶資格者之公法上權益。此項公法上權益以具該條項所稱之「原眷戶」資格為其要件。所稱「原眷戶」，依同條例第3條第2項規定，係指領有主管機關或其所屬權責機關核發之國軍眷舍居住憑證或公文書之國軍老舊眷村住戶。其資格之取得，實由於主管機關配住而來，此配住關係為行政機關基於管理財物之國庫行政而發生，係私法關係，非公權力之作用。原眷戶領有眷舍居住憑證，享有承購住宅及輔助購宅款之權益，並非行政機關行使公權力所創設，無授益行政處分之存在。如原眷戶違反法令出租或頂讓所配住之眷舍予第三人，主管機關或其所屬權責機關收回該眷舍，係終止該配住宿舍之私法關係。其進而註銷眷舍居住憑證及原眷戶權益，前者乃為私法作用，自無廢止授益行政處分之問題。後者係因該受配住眷舍者已不符眷改條例第3條第2項所稱「原眷戶」之要件，而予以註銷原眷戶權益，雖屬侵益處分之作成，然非授益處分之廢止，無行政程序法第124條之適用。

（三）最高行政法院99年度12月份第1次庭長法官聯席會議 —— 不明確

中央各機關學校國有眷舍房地處理辦法或嗣後發布及修正之中央各機關學校國有眷舍房地處理要點，係行政院為推行輔助中央公教人員購置住宅政策，有效處理中央各機關學校國有眷舍房地所訂定之法規；眷舍合法現住人於一定期間內遷出者所為一次補助費之發給，乃有利該等房地騰空標售事項之進行，對合乎條件者所為具獎勵性質之給與，而於中央公務人員購置住宅貸款基金項下列支；可知，此一次補助費之發給，並非本於任職獲准配住房屋之使用借貸關係而生，乃各機關學校基於法規規定所為對外直接發生法律效果之單方行政行為，而其所為否准發給之決定，性質為行政處分，因此而生之爭議自屬行政法院權限之事件。

第三章 | 行政法法源

　　行政法法源區分為成文法源和不成文法源，行政法剛開始發展時，不成文法源比較重要；行政法法典化工作完成後，成文法源取代不成文法源的地位。

第一節　行政法之成文法源

　　成文法源有四種，憲法、法律、國際法、行政命令，四種類型係以中央法規範之體系為準。地方自治法規可否成為行政法法源，取決於行政範圍為何。行政包含中央行政與地方自治行政時，地方自治法規當然是行政法之成文法源。

第一項　憲　法

　　行政當然要遵守憲法規定，早期認為行政法法源為憲法個別具體條文規定，例如，行政院的組成員——院長、副院長、各部會首長、政務委員在憲法上有明文規定，制定行政院組織法時，不得違背憲法有關行政院成員的規定。

　　司法院釋字第499號解釋認為，除了不能牴觸憲法具體規定外，亦不能牴觸憲法所依據之原理原則和精神。憲法原理原則係憲法規範秩序存立的基礎，任何國家行為都不能加以牴觸，即使修憲者亦不能加以修憲變更，例如，憲法第1條民主共和國原則、憲法第2條國民主權原則、人民權利的保障以及權力分立與制衡原則。權力分立並非憲法條文明確規定，但卻是國家所有權力，包括行政機關，必須加以遵守的原理原則。

第二項　法　律

　　對行政法而言，最重要的法源為法律，法律意義十分紛歧，一般而言，區分為形式意義的法律與實質意義的法律。

一、形式意義的法律

　　憲法第170條規定，本憲法所稱之法律，謂立法機關通過，總統公布者。此為形式意義之法律，由於定義明確，基本上並無太大爭議。

二、實質意義的法律

　　除形式意義的法律外，行政機關所制定的法規命令、地方自治團體所制定的自治條例及其他自治的行政主體所制定的章程亦屬於實質意義的法律[1]。法律內容為一般、抽象規定，針對不特定多數人，不特定多數個案；法規命令、自治條例和其他自治行政主體所制定之章程亦具有相同性質，屬於實質意義的法律。行政法法源所稱的法律僅指形式意義的法律。

　　中央法規標準法第2條規定之法律用語共有四種，法律名稱為法、律、條例或通則，每種名稱皆有其獨特內容、使用領域。

（一）法：全國性、一般性及長期性的法規範，例如，民法、刑法、公司法等。

（二）律：與法規範適用的時間、地點有關，國家處於緊急狀態或有軍事衝突時所用，例如，戰時軍律。

（三）條例：指規範地區性、專門性、臨時性事項，其適用的範圍限於一定地域，適用的對象為部分人民，適用事項為臨時性。例如，臺灣地區與大陸地區人民關係條例適用於國家統一前；貪污治罪條例適用於公務員。

（四）通則：指同一種事務共同適用的原則，例如，地方稅法通則。

　　以上四種用語，法、律、條例、通則各有其獨特性，不可混同使用。但隨著時代的進步，出現相當有爭議的法律類型，此類法律規定主要是來自條例，因條例為地區性、臨時性、專門性、非針對全體人民的法律，部分條例明顯係針對少數不特定多數人且可反覆使用。例如，貪污治罪條例，其適用對象係具有特定身分者，但仍屬針對不特定多數人反覆使用，亦即只要是公務員皆可適用。

　　條例中引起爭議者，例如，基隆河整治條例，其適用對象僅為基隆河，

---

[1] 吳志光，行政法，修訂12版，2023年2月，第20-21頁；莊國榮，行政法，修訂9版，2023年9月，第18-19頁。

其他河流並未包括在內，該條例於基隆河整治完成後，即不再適用。此種針對特定對象之法律，是否容許存在呢？司法院釋字第391號解釋將法定預算稱為「措施性法律」[2]，大法官雖未明白承認措施性法律為合憲，但既無宣告法定預算違憲，則無疑間接承認措施性法律之存在。贊成者以此為依據，主張基隆河整治條例之合憲性。

反對者則認為，不應專為特定對象（整治基隆河或整治淡水河）制定法律，要整治河流則應制定河流整治條例，而非限於特定河流。法律適用範圍僅限於特定對象，違背法律的特性，將會造成法律秩序的崩壞。

我國憲法對法律概念僅作形式定義，措施性法律在合憲情況下所制定，亦即立法院三讀通過，總統在一定期限內公布，雖和傳統法律的一般性不同，但基於國會自主、權力分立之考量，措施性法律在形式上並無問題[3]。但針對特定對象，特別是個案法，其在形式上雖符合憲法第170條規定，仍屬於法律。但是否合憲，則屬另一項問題[4]。惟如僅針對特定人制定限制其自由、權利之法律，依德國基本法第19條第1項規定，則屬違憲之個案法律。惟司法院釋字第793號解釋理由書進一步指出，法律固以一般性、抽象性規範為常態，惟如以特定人為規範對象，或以一般抽象性方式描述規範特徵，但實際適用結果，僅單一或少數對象受該法律規範者，均屬特殊類型之法律，如其目的係為追求合憲之重要公共利益，且其所採取之分類與規範目的之達成間，存有一定程度之實質關聯性，即非憲法所不許。

第三項　國際法

國際法範圍相當廣泛，何者得作為行政法之法源呢？

---

[2] 立法院每年皆會三讀通過行政院提出之預算案，預算案通過後稱為法定預算，各機關再依法定預算去分配額度。法定預算為針對每一會計年度，國家財政所需之收入及支出所通過之數字，是以當年國家收入及支出為標準，故不能反覆使用。法定預算為立法院通過總統公布之數字，授權國家機關在會計年度中可支出多少錢，雖和傳統的民法、刑法、商事法完全不同，但依憲法第170條規定仍為法律，故大法官特別稱之為「措施性法律」。

[3] 盛子龍、吳庚，行政法之理論與實用，增訂16版，2020年10月，第35-36頁。

[4] 司法院釋字第520號解釋理由書中指出，立法院通過興建電廠之相關法案，此種法律內容縱然包括對具體個案而制定之條款，亦屬特殊類型法律之一種，即所謂個別性法律，並非憲法所不許。

一、國際組織公約

國際組織公約可略分為全球性及地區性國際組織制定之公約，前者例如，聯合國制定的公民與政治權利國際公約、經濟社會文化權利國際公約、消除對婦女一切形式歧視公約等。後者例如，歐洲人權公約、美洲人權公約等。國際組織公約，特別是聯合國制定之公約，屬於明確之法源，締約國有遵守公約規定之義務。惟自我國退出聯合國後，此項法源之重要性已大幅降低。

二、條　約

條約主要由國家與國家間雙向所締結，但亦可能由多數國家共同締結。司法院釋字第329號解釋理由書指出，總統依憲法之規定，行使締結條約之權；行政院院長、各部會首長，須將應行提出於立法院之條約案提出於行政院會議議決之；立法院有議決條約案之權，憲法第38條、第58條第2項、第63條分別定有明文。依上述規定所締結之條約，其位階同於法律。憲法所稱之條約，係指我國（包括主管機關授權之機構或團體）與其他國家（包括其授權之機關或團體）或國際組織所締結之國際書面協定，名稱用條約或公約者，或用協定等其他名稱而其內容直接涉及國防、外交、財政、經濟等之國家重要事項或直接涉及人民之權利義務且具有法律上效力者。

條約締結法第3條第1項規定，本法所稱條約，指國際書面協定而有下列情形之一者：（一）具有條約或公約名稱。（二）定有批准、接受、贊同或加入條款。（三）內容涉及人民之權利義務。（四）內容涉及國防、外交、財政或經濟上利益等國家重要事項。（五）內容與國內法律內容不一致或涉及國內法律之變更。

三、行政協定

行政協定係指行政機關與其他國家行政機關所簽訂之書面文件，行政協定是否為行政法法源，迭有爭議。條約經立法院通過後產生與法律同等效力，可以拘束所有國家機關。行政協定為行政機關與行政機關間簽訂，一般並不需要送立法院審議，行政協定雖拘束行政機關，但無法拘束簽約當事人以外的機關，特別是立法機關。司法院釋字第329號解釋理由書指出，無須送立法院審議之國際書面協定，以及其他由主管機關或其授權之機構或團體簽訂而不屬於

條約案之協定，應視其性質，由主管機關依訂定法規之程序，或一般行政程序處理。

條約締結法第3條第2項規定，本法所稱協定，指條約以外，內容對締約各方均具有拘束力之國際書面協定。換句話說，不論其名稱為Agreement（協定）、Arrangement（協議或辦法）、Accord（協定）、Protocol（議定書）、Memorandum of Understanding（了解備忘錄）、Statute（規約或規章）、Modus Vivendi（臨時協定）、Exchange of Notes（換文）、Exchange of Letters（換函）、Final Act（蔵事議定書）、General Act（一般議定書）、Agreed Minutes（議事錄）等，只要其內容對締約各方均有拘束力（bindinglegal effect）均屬協定。

四、公約施行法

由於我國並非聯合國會員國，本無遵守聯合國公約之義務，惟為提升我國人權水準並與國際人權接軌，我國採用制定施行法之方式將國際人權規定內國法化，亦即將國際公約之規定轉化成我國國家法律之一部分，成為相當特殊之法制現象，例如，公民與政治權利國際公約及經濟社會文化權利國際公約施行法（2009年4月20日公布，2009年12月10日施行）、消除對婦女一切形式歧視公約施行法（2011年6月8日公布，2012年1月1日施行）、兒童權利公約施行法（2014年6月4日公布，2014年11月20日施行）、身心障礙者權利公約施行法（2014年8月20日公布，2014年12月3日施行），各施行法第2條皆規定，公約所揭示保障人權之規定，具有國內法律之效力。

第四項　行政命令

在行政實務運作過程，法律是最基礎的規範，但由於法律較為抽象，行政機關為應付複雜多變的個案，除法律外，常常仰賴更具體的行政命令。法律在憲法有明文定義，命令雖在憲法中出現，但卻無明文定義，因而對於命令的概念與範圍常產生爭議。每個國家、每個時代對於命令之用語皆有不同理解，命令在我國日常用語中甚至指具體的要求，與法律上的命令概念並不相同，在此情況下，命令概念之釐清乃是複雜困難之事。在實證法中，憲法、中央法規標準法、行政程序法對命令的理解亦不相同，例如，緊急命令是否為命令呢？從效力判斷，緊急命令效力高於法律，不可能是命令，但其不僅使用命令名稱，

又是由行政機關所爲。緊急命令性質爲何,則有爭議。

行政命令與法律相同,皆是一般、抽象規定,針對不特定多數人、不特定多數個案所訂定;兩者形式最大的差異在於,法律由立法機關所制定,行政命令則是行政機關所訂定。實質上之差異主要涉及法律保留之範圍。

一、行政命令名稱

法律用語在中央法規標準法規定四種名稱,法、律、條例跟通則,命令在中央法規標準法第3條也規定七種名稱,規程、規則、細則、辦法、綱要、標準以及準則。中央法規標準法規定的四種法律名稱,一般認爲應屬列舉;中央法規標準法第3條規定之七種命令名稱,一般認爲並非列舉,而是例示規定。在行政實務上,仍可發現其他作爲命令之名稱,例如,注意事項、作業要點等。

二、行政命令的分類

行政命令得依不同標準分類,以下介紹三種常見的分類:

(一)緊急命令與具體化法律的行政命令

行政命令第一種分類爲緊急命令以及具體化法律的命令。具體化法律的命令比較常見,由於法律十分抽象,需要命令更詳細具體化以便爲行政實務所用,法律的施行細則,就是具體化法律的命令;緊急命令則屬例外情形,蓋國家法秩序內具有法位階的體系,憲法最高,接下來是法律、命令,以及各種許多不同的國家具體行爲。依法位階體系,命令應在法律位階之下,但緊急命令效力卻高於法律。

在國家遇到緊急危難或處於戰爭狀態時,憲法授權行政機關得發布緊急命令,以維持國家秩序。例如,九二一地震發生後,總統發布民國88年9月25日總統緊急命令(九二一震災)。緊急命令基本上是由行政機關頒布,無論是內閣或總統,皆未改變緊急命令爲行政命令之性質。緊急命令之效力爲何能高於法律,甚至替代法律呢?緊急命令是憲法特別規定的一種制度,緊急命令效力源於憲法,憲法的效力高於法律,因此,緊急命令的效力高於法律,在處理九二一地震的緊急命令中,很多法律是被暫時停止適用的,例如,政府爲安置受災戶,興建臨時住宅並進行災區重建,得簡化行政程序,不受都市計畫法、區域計畫法、環境影響評估法、水土保持法、建築法、土地法及國有財產法等

有關規定之限制。中央政府為迅速執行救災、安置及重建工作，得徵用水權，並得向民間徵用空地、空屋、救災器具及車、船、航空器，不受相關法令之限制。衛生醫療體系人員為救災所需而進用者，不受公務人員任用法之限制。緊急命令來自憲法的授權與具體化法律的命令有很大的差別，但緊急命令真的是行政命令嗎？

　　緊急命令由行政機關所訂定，依法位階體系，高於法律者，一般而言只有憲法，緊急命令並非真的命令，緊急命令應是憲法的一部分。只有憲法可以變更法律的效力，命令不可能高於法律。緊急命令不能以外在「命令」兩個字斷章取義，認為是行政命令。緊急命令具有憲法位階，之所以稱為緊急命令，表示其並非一般行政命令，只有在國家遭遇重大危難時，緊急命令才有存在之必要。緊急命令並非行政命令，而是憲法的一部分，只有憲法才能停止、變更法律的效力，望文生義是不對的。

　　緊急命令的法源雖是憲法，但憲法來自制憲機關制定、修憲機關所增修或大法官對憲法的解釋，行政機關所制定的緊急命令，並非憲法的一部分。依據憲法所制定的法規範應該是法律，緊急命令不是憲法，而是法律的一種特殊形式。從法位階來看，憲法優於法律，應無疑問。但在法律層次，就時間來看，有後法優於前法的原則；從規定事項的一般性來講，有特別法優於普通法的情形。如果把緊急命令當作是法律，以後法優於前法、特別法優於普通法的概念，還是可以解釋緊急命令的效力，優於一般的法律。且緊急命令雖然初始由總統及行政院發動，最終仍必須要送立法院追認，憲法僅暫時性的允許行政機關應急，最終還是要由立法院追認。立法院未追認，緊急命令即失效。因此，緊急命令是否繼續存在的最後決定者，乃是立法機關。既然最終決定者是立法機關，立法機關所通過者即是法律。因此，緊急命令效力高於法律之原因，並非因其具有憲法地位，而是以後法優於前法、特別法優於普通法的觀點，來停止、變更法律之適用。

（二）授權命令與職權命令

　　依中央法規標準法第7條規定，區分授權命令（亦有稱為委任命令）跟職權命令。授權命令係指基於法律的授權所制定的命令。換言之，行政機關必須有法律的授權才能制定授權命令；行政機關基於本身法定職權所訂定者，則稱為職權命令。區分兩者之標準在於有無法律授權，職權命令及授權命令內容為何，中央法規標準法並未明確規定。形式上另一項差異在於，授權命令必須要發布才能生效，發布通常是刊登於政府公報或是新聞紙，向大眾告知；職權命

令，不需要發布，只要下達即足，下達主要涉及行政機關內部之流程，例如，內政部所制定的職權命令，只要下達給警政署，即可發生效力。

在國家法治尚未發達前，涉及限制人民自由權利的許多規定，並無法律授權，而由行政機關基於法定職權所定。以往基於現實實務上考量，相對地寬容行政機關在無法律授權下，訂定限制人民自由權利的職權命令。此項行政實務明顯地不符合憲法第23條規定之要求。行政程序法制定時，認為此種情形應該加以改變，行政程序法第174條之1規定，本法施行前，行政機關依中央法規標準法第7條訂定的命令，須以法律規定或以法律明列其授權依據者，應於本法施行後二年內，以法律規定或以法律明列其授權依據後修正或訂定；逾期失效[5]。

惟2021年8月19日行政院院會通過之行政程序法部分條文修正草案，修正條文第157條之1及第157條之2增訂職權命令之意義、得規範之事項及準用行政程序法相關條文之規定，職權命令似有可能復活之跡象。

（三）法規命令與行政規則

行政程序法施行後，行政程序法中的行政命令分類成為最重要的方式。行政程序法將行政命令分為法規命令及行政規則。授權命令與職權命令係基於中央法規標準法而來；法規命令與行政規則係基於行政程序法而來，在討論行政命令分類時，不得將兩者混淆。

為避免產生中央法規標準法未對授權命令與職權命令定義之缺點，行政程序法第150條第1項規定，法規命令係指行政機關基於法律授權，對多數不特定人民就一般事項所作抽象之對外發生法律效果之規定。法規命令之重點有三，法規命令須有法律授權，無法律授權即無法規命令；法規命令所針對者為一般人民，對人民有拘束力；法規命令對外發生法律效果；法規命令仍為一般抽象規定而非具體之決定。此外，行政程序法第150條第2項規定，法規命令之內容應明列其法律授權之依據，並不得逾越法律授權之範圍與立法精神。

判斷是否為法規命令，可先從形式上觀察，法規命令第1條之規定，通常表現方式為「本辦法依據某某條法律所制定」。若有此之規定，則可據以認定其為法規命令。例如，空氣污染防制費收費辦法第1條規定，本辦法依空氣污

---

5 行政程序法第174條之1原規定應於行政程序法施行後一年內為之，之後修正為二年，以應實際需要。

染防制法第16條第2項規定訂定之；大學法施行細則第1條規定，本細則依大學法第41條規定訂定之。

行政程序法第159條第1項規定，行政規則係指上級機關對下級機關，或長官對屬官，依其權限或職權為規範機關內部秩序及運作，所為非直接對外發生法規範效力之一般、抽象之規定。行政規則之重點有三，行政規則不需要法律特別授權，僅須依機關權限或長官職權即可訂定；行政規則所針對者並非人民，而是下級機關或屬官；行政規則無直接對外之效力，其對於人民無直接拘束力；行政規則仍是一般抽象規定而非具體之決定。行政規則，例如，全民健康保險論病例計酬支付作業要點；公路法第75條規定逾期不繳納汽車燃料使用費罰鍰基準。

行政規則及法規命令在法律授權、針對對象、對外法律效果上並不同，然其二者皆為行政機關所制定之一般抽象法規範。

第五項　自治規章

憲法、法律、國際法、命令，此為傳統的行政法法源。地方自治較發達之國家，除中央法規之外，另有地方法規，其亦屬於行政法之法源。1999年公布的地方制度法，將地方法規分成自治條例及自治規則。自治條例須由地方立法機關通過，例如，臺南市議會、嘉義縣議會等並由各該地方行政機關公布，例如，臺南市公民投票自治條例；自治規則則由地方行政機關訂定並發布，例如，臺北市政府、嘉義縣政府等，無須經由地方議會通過，例如，嘉義縣急難救助金申請辦法。地方議會通過之自治條例效力優於自治規則。

地方法規與中央法規在形式上有重大區別，中央法規通常不會附上實施中央法規公法人之名稱，例如，行政程序法不會稱為「中華民國行政程序法」，民法不會稱為「中華民國民法」。但地方法規一定要冠上地方自治團體之名稱，例如，臺北市攤販管理自治條例，蓋並非僅臺北市訂定攤販管理自治條例，其他地方自治團體亦可能有類似之條例。

中央法規與地方法規何者具有優先效力，一向有爭議。地方制度法第30條第1項及第2項規定，自治條例與憲法、法律或基於法律授權之法規或上級自治團體自治條例牴觸者，無效。自治規則與憲法、法律、基於法律授權之法規、上級自治團體自治條例或該自治團體自治條例牴觸者，無效。地方制度法第30條第4項規定，第1項及第2項發生牴觸無效者，分別由行政院、中央各該主管機關、縣政府予以函告。

惟爲保護地方之自治權，地方制度法第30條第5項規定，自治法規與憲法、法律、基於法律授權之法規、上級自治團體自治條例或該自治團體自治條例有無牴觸發生疑義時，得聲請司法院解釋之。

地方制度法中第30條所列「函告無效」之行政行爲，實務見解認爲，該行爲係依地方制度法第30條規定之授權，行使法規審查權限所爲，並非就具體個案事實而爲，與行政處分要件不同，應非屬行政處分性質（最高行政法院103年度裁字第1310號裁定）；另有認爲予以函告無效時，因標的爲自治條例或自治規則，非爲自治事項具體個案，而係對於不特定多數人反覆發生規範效力之一般抽象性規範，非針對具體事件，故應非屬行政處分[6]。

憲法訴訟法施行後，基於憲法訴訟法第83條規定，行政法院改變立場，行政院基於中央監督機關的立場，依地方制度法第30條第4項規定函告直轄市議會所通過的自治條例無效，亦係自治監督機關針對地方自治團體之特定對象，就其議決通過的自治條例有無牴觸憲法、法律或基於法律授權之法規的具體事件，所爲對外直接發生使自治條例無效之法律效果的單方行政決定，應屬行政處分無誤，且屬對地方自治團體自治立法權限予以限制的負擔處分[7]。

第二節　行政法之不成文法源

行政法之不成文法源在行政法法典化後，雖然重要性逐漸降低，但不同的不成文法法源變化差異頗大。

第一項　習慣法

行政法尚未法典化前，習慣法爲重要之不成文法源。習慣法之建立一般認爲必須具備二要件：一爲客觀上慣行，必須出現反覆適用的情形；二爲主觀認知該慣行具有法之拘束力。習慣法在我國最著名之例子爲公用地役權，最高行政法院106年判字第2號判決指出，公用地役權並非法令明文規定之權利，乃相沿成習依慣例所形成之一種公法上之關係，經由行政法院判例及司法院解釋之

6　法務部民國104年9月14日法律字第10403511680號。

7　最高行政法院111年度抗字第6號裁定。此外，其亦指出，地方制度法第30條第5項規定，自憲法訴訟法施行後，無繼續適用之餘地。

承認而加以確認[8]。

　　習慣法於現代社會並不容易形成，蓋慣行認定不易，客觀上認定慣行是否存在，在時間及反覆適用問題上，很難有共識。此外，在多元社會，主觀看法常常不一致，主觀上法之確信，不易建立。因此習慣法從相當重要而至今逐漸沒落，甚至未來可能完全消失。至於行政慣例本身係行政機關處理某類事務反覆之慣行，與習慣法不同，並無法之確信，並非行政法之不成文法源。

第二項　判　例

　　判例與行政法院庭長法官聯席會議之決議為我國傳統上行政法重要之不成文法法源。

　　惟2019年1月4日修正公布之法院組織法刪除第57條規定，其理由為，現行判例係將最高法院裁判中之法律見解自個案抽離，而獨立於個案事實之外，成為抽象的判例要旨，使其具有通案之法規範效力，冀能達成統一終審法院法律見解之目的，但此與權力分立原則未盡相符，且法院組織法修正增訂大法庭制度，已可達到終審法院統一法律見解之目的，故現行判例選編及變更制度自無再予維持之必要，因此予以刪除。此外，為確保法律適用一致，促進法律續造之作用，如民事庭、刑事庭各庭就相同事實之法律問題見解歧異，將影響裁判之安定性及可預測性，使下級審及人民無所適從；另就具有原則重要性之法律問題，縱使尚未出現見解歧異之裁判，亦應賦予最高法院於涉及該問題之首件裁判作成前有統一見解之機會，以發揮法律續造之功能，故應於審判權之作用內，建立適當裁判機制，法院組織法第51條之1規定，最高法院之民事庭、刑事庭為數庭者，應設民事大法庭、刑事大法庭，裁判法律爭議。大法庭之裁判未來將成為重要之不成文法源。至於判例與決議未來之命運，法院組織法第57條之1第1項及第2項規定，最高法院於中華民國107年12月7日本法修正施行前依法選編之判例，若無裁判全文可資查考者，應停止適用。未經第1項規定停止適用之判例，其效力與未經選編為判例之最高法院裁判相同。決議制度於大法庭制度施行後，當然廢止，不待明文規定。大法庭制度實施後，因判例、決議之見解已不具通案拘束力，縱使該等法律見解經法官於確定終局裁判援用，

---

[8]　最高行政法院104年度裁字第622號裁定亦指出，公用地役關係乃私有土地而具有公共用物性質之法律關係，雖未見諸法律明文，但久為我國法制所承認。

仍難認與命令相當。然因考量本次修法將最高法院統一見解機制作重大變更，各界均需適當之時間適應調整，為避免「人民聲請解釋憲法之權利遭限縮」之疑義，法院組織法第57條之1第3項規定，於本次修正條文施行後三年內，人民於大法庭制度施行後所受確定終局裁判援用之判例、決議，發生牴觸憲法之疑義者，得準用司法院大法官審理案件法第5條第1項第2款之規定聲請解釋憲法。2019年1月4日修正公布之行政法院組織法亦刪除第16條規定，並於第15條之1規定，最高行政法院設大法庭，裁判法律爭議。行政法院組織法第16條之1規定亦與法院組織法第57條之1有相同之內容。

大法庭制度於2019年7月4日正式上路。最高行政法院於2019年9月12日以最高行政法院108年度裁提字第1號提案予大法庭裁判事件，開啟大法庭程序以統一法律見解之序幕。2020年1月10日之最高行政法院108年度大字第1號裁定成為我國最高行政法院大法庭第一個裁判法律爭議之裁定[9]。

惟大法庭裁定僅對提交案件有拘束力，不及於其他訴訟案件，此與判例選編、決議是最高審級法院在具體個案之外，以司法行政作用表示法律見解，具有法規範般的通案拘束力不同[10]。提案庭依據大法庭裁定之法律見解作成確定的終局裁判，成為最高審級法院之「先前裁判」，各審判庭對於受理之案件，除擬採與該「先前裁判」不同之見解，須再次開啟徵詢、向大法庭提案等程序外，均應採取與「先前裁判」相同之見解，以確保各庭之間橫向法律見解之一致；並可經由審級救濟之方式，達成縱向法律見解之統一。各法院審理個案參考最高審級法院「先前裁判」之見解時，引用該法律見解即可，不以記載案號為必要[11]。

第三項　司法院大法官解釋（憲法法庭判決）

第三個不成文法法源為司法院大法官解釋，大法官解釋之效力在憲法、司法院大法官會議法以及現行司法院大法官審理案件法並未明文規定。司法院釋字第185號解釋指出，大法官解釋具有拘束全國各機關及人民的效力，透過司法院釋字第185號解釋使得大法官解釋的效力明確化，全國各機關當然包括行

---

[9] 至2024年5月24日止，共有14號經最高行政法院大法庭統一法律見解之裁定。
[10] 行政法院組織法第15條之10規定，大法庭之裁定，對提案庭提交之事件有拘束力。
[11] 最高法院111年度台上字第592號刑事判決。

政機關，因此大法官解釋成為行政法重要的不成文法源。2019年1月4日公布之
憲法訴訟法第38條第1項規定，判決，有拘束各機關及人民之效力，將憲法法
庭判決效力明文化。

第四項　行政法一般原理原則

　　除習慣法、判例跟大法官解釋外，另外一項重要的行政法不成文法法源
稱為行政法一般原理原則。行政法一般原理原則在行政程序法未制定前扮演重
要的角色，在不成文法源中居於核心地位；行政程序法制定後，行政程序法第
5條至第10條規定，將以往在行政法院裁判以及行政法學說發展出來重要的一
般原理原則都歸納進來。行政法的一般原理原則有一大部分是昔日的不成文法
法源，在行政程序法施行後，成為行政程序法的一部分，當然也變成成文法法
源。但並非所有行政法一般原理原則皆被收納於行政程序法，仍有部分原則為
不成文法源，例如，公益原則、期待可能性原則等仍屬於不成文法源。

一、公益原則

　　「公益原則」為行政法上之重要原則，公益係指組成社會各分子事實上利
益，經比較交互影響過程所形成之理想狀態總合，即由特殊私益與公共利益共
同組成之整合概念。適用公益原則，必須從具體事件中各方利益之比較及其交
互影響，加以探討，求其平衡完備而無所偏廢[12]。行政機關之作為應為公益而
服務，倘若背離公益，則將失其正當性。最高行政法院95年度判字第1239號判
決（ETC案）指出，就本件BOT案而言，公益固應包括用路人之權益、建置營
運公司的營運利益及政府維持高速公路收費系統永續不斷的財政利益，而不限
於用路人的最小負擔。但本件九大評審項目中，既然僅有「電子收費使用者費
用負擔」一項，配分150分，只占總分2000分的百分之七點五，直接攸關用路
人權益，其他項目，則較偏向主辦機關及申請人（即將來建置營運公司）之利
益考量。所以在公共利益之整合上，自應於協商程序著重用路人權益考量，始
能平衡各方利益，補滿公共利益的缺口，而使甄審結果符合公益。
　　最高行政法院111年度上字第744號判決指出，司法對於具有判斷餘地之行

---

[12] 最高行政法院100年度判字第2002號判決。

政決定，基於司法審查之侷限性，由功能角度出發，應為有限之審查。依實務向來之見解，所稱有限之審查範圍包括：1.～6.行政機關之判斷，是否違反相關法治國家應遵守之原理原則，如平等原則、公益原則等。

此外，最高行政法院亦常以公益作裁判之重要考量點，例如，主管教育行政機關受理私立學校就董事會改選、補選董事之核定，為主管教育行政機關本其監督私立學校之法定職權，所為具高度公益目的之行政行為[13]；行政機關就申請公開之文件是否屬於政府作成決定前之思辨過程文件之認定，其公開是否於公益有必要，乃至於公開之方法，應依具體個案為事實認定，並衡量「申請人之資訊公開權」與「主張排除公開之利益」二項法益之輕重，以為決策。而行政機關對此法益輕重之衡量是否合法，法院本應職權調查證據而為基礎事實認定外，並應判斷其衡量及決定是否存有瑕疵[14]。

公益原則不僅適用於公權力行政，行政機關之私經濟行政行為亦受公益原則之拘束。行政機關出租國有土地之財產管理行為，在行政法上係屬於私經濟行為，雖不屬公法法律關係，惟仍有平等原則之適用；且因與公益具有直接或間接之關係，故均應考量公益。行政機關將經管之公共設施用地與民眾簽訂租賃契約，屬財產管理行為，因租約屆滿承租人逾期返還所生之違約金爭議，自當依民法有關規定處理，並受平等原則及公益原則之拘束[15]。

二、期待可能性原則[16]

最高行政法院102年度判字第611號判決指出，行政罰領域內，行為人如欠缺期待可能性，亦可構成阻卻責任事由。雖認定行為人有故意或過失，亦具備責任能力，但仍容許有某種阻卻責任事由之存在，無期待可能性即屬之，縱行政罰法或其他法律未明文，亦當容許此種超法定之阻卻責任事由之存在。至何

---

[13] 最高行政法院105年度判字第662號判決。

[14] 最高行政法院105年度判字第572號判決。更多例子請見，黃源銘，基礎行政法25講，修訂7版，2015年10月，第127-128頁。

[15] 法務部民國103年1月29日法律字第10303501370號。

[16] 法務部民國102年5月3日法律字第10100132220號甚至指出，期待可能性原則已逐漸被認為係公法上獨立之原則，且具有憲法層次之效力。基於此原則，所有國家行為（包括立法），對人民而言，必須具有期待可能性；如依當時之客觀事實，無法期待當事人遵守規範，則該規範即不具期待可能性。有關此項原則，詳見，林錫堯，行政法要義，修訂4版，2016年8月，第86-89頁。

種情形始可認行爲人欠缺期待可能性，原則上宜視個案情節及相關處罰規定認定之。凡行政法律關係之相對人因行政法規、行政處分或行政契約等公權力行爲而負有公法上之作爲或不作爲義務者，均須以有期待可能性爲前提。公權力行爲課予人民義務者，依客觀情事並參酌義務人之特殊處境，在事實上或法律上無法期待人民遵守時，行政法上義務即應受到限制或歸於消滅，否則不啻強令人民於無法期待其遵守義務之情況下，爲其不得已違背義務之行爲，背負行政上之處罰或不利益，此即所謂行政法上之「期待可能性原則」，乃是人民對公眾事務負擔義務之界限[17]。現有石業公司經營之棄土場面積遼闊，於該址傾倒廢棄物之廠商爲數甚多，且歷經十餘年之久，致現場之事業廢棄物，彼此交疊，實難區隔何者爲被上訴人之事業廢棄物，主管機關復未指明傾倒位置及清理方式，本件客觀上根本不可能達成清除廢棄物改善的目的，爲原審確定之事實，則被上訴人主張其無法依限改善，尚非有可歸責性，即屬有據。主管機關命被上訴人於100年9月2日以前改善完成，不啻強人所難，欠缺期待可能性，被上訴人屆期未改善，尚難認其主觀上具有故意，縱有過失，亦因無期待可能性，阻卻其責任，自不應處罰。

在科處人民行政罰時，期待可能性原則扮演重要角色。旅行社接待少數語言旅客，如經公開招募程序仍無合格導遊可接待因而違反旅行業管理規則第23條規定，主管機關是否應予處罰，宜審酌旅行業或行爲人是否客觀上欠缺期待履行該義務可能性而決定[18]。

此外，最高行政法院101年度判字第1065號判決亦指出，行政法律關係之相對人因行政法規、行政處分或行政契約等公權力行爲而負有公法上之作爲或不作爲義務者，均須以有期待可能性爲前提，即所謂行政法上期待可能性之原

---

[17] 最高行政法院107年度判字第336號判決、最高行政法院109年度判字第95號判決；法務部民國106年4月21日法律字第10603503430號見解亦同，並認爲行政罰法雖無明文規定，我國學界與行政法院係承認「欠缺期待可能性」爲行政法上阻卻責任事由之一。

[18] 法務部民國104年7月28日法律字第10403508470號指出，依發展觀光條例第32條規定，執行導遊業務人員應經考試及訓練合格始得執業；旅行業管理規則第23條第1項規定，綜合旅行業及甲種旅行業接待或引導國外觀光旅客，應依來臺觀光旅客使用語言，指派或僱用領有外語導遊人員執業證之人員；違反前揭規定者，依發展觀光條例第59條及第55條第3項之規定，由主管機關予以處罰。惟依來函所述，韓國、印尼、越南、泰國等國之來臺旅客人數高度成長，而具有相應語言能力之導遊執業人數，除韓語有152人外，其餘語言僅10人至35人，均有供給不足之情形。

則。國家通訊傳播委員會命南桃園有線電視股份有限公司以適當方式排除黨政軍間接投資南桃園有線電視股份有限公司之結果，惟日月光公司係一上市公司，任何人，包括勞保局及退撫基金等政府機關，皆可經由公開集中交易市場自由買賣該公司之股票，並無需經日月光公司之同意或主管機關，甚至國家通訊傳播委員會之許可，而現行法更未賦予國家通訊傳播委員會或南桃園有線電視股份有限公司任何足以否決或排除勞保局、退撫基金或上市公司投資決定之權力或有效措施，並無任何「防止之可能性」，客觀上並無任何方法可以排除。原處分限期命南桃園有線電視股份有限公司應為一定之作為義務，顯已違背明確性原則，且客觀上欠缺期待南桃園有線電視股份有限公司得依處分內容改正之可能性，亦有違反行政法上期待可能性原則之情事。原處分命南桃園有線電視股份有限公司於一年內以適當方式排除系爭間接投資，有違反行政行為明確性原則及期待可能性原則。

最高行政法院106年度判字第585號判決認為，本件被上訴人（台灣中油股份有限公司）為國營事業，經濟部則為其目的事業主管機關，具有任免被上訴人之重要人員、訂定被上訴人之管理制度、檢查及考核被上訴人之業務等職權（國營事業管理法第8條第1項第3款至第5款規定參照），且經由經濟部指派或任用之被上訴人代表人，與經濟部間之關係，為公法關係（司法院釋字第305號解釋參照），應受代表行政院之行政院人事行政總處及經濟部的指揮監督，則其等所為之104年8月13日函釋及104年8月18日函釋，被上訴人之代表人如不遵守，除可能遭經濟部依「經濟部所屬事業機構人員考核辦法」第14條、第5條等規定予以懲處，或依公務員懲戒法移送懲戒，甚至可能以觸犯貪污治罪條例之圖利他人罪嫌移送檢方偵辦，以遂行其「行政一體」之指揮監督職權。此際，實難以期待被上訴人捨行政院人事行政總處104年8月13日函釋及經濟部104年8月18日函釋而不由，反去遵守勞動基準法第55條及第57條之規定。易言之，在行政院人事行政總處104年8月13日函釋及經濟部104年8月18日函釋之拘束下，強令被上訴人履行前揭勞動基準法第55條及第57條所課予之行政法上義務，實屬欠缺期待可能性，而無可非難性，自不應對其加以處罰。

第四章 │ 依法行政原則

依法行政原則在行政法是最重要，也是最常被提起的原則。憲法雖在第80條規定法官依法獨立審判、第88條規定考試院考試委員依法獨立行使職權，但憲法有關行政之規定中卻無依法行政的直接規定。憲法依法行政的依據，並非規定在憲法有關行政院的部分，而是在監察院職權的規定。憲法第97條第2項規定，監察院對於中央或地方的公務人員，認為有失職或違法情事，得提出糾舉或彈劾案；如涉及刑事，應移送法院辦理。換句話說，中央或地方的公務人員違法或失職時，監察院得發動其職權。公務員如不願意被糾舉、彈劾，則不應為違法或失職行為。如何不失職、不違法，最好的方法就是依照法律規定而為。由此推論，憲法間接要求行政機關要依法行政[1]；當然間接推論的明確性並不如憲法第80條之明文規定，但至少提供一項間接依據。

在法律層面，行政程序法第4條規定，行政行為應受法律及一般法律原則之拘束，乃是最重要的依法行政規定。依法行政跟依法律行政，雖然只有一字之差，但兩者並不相同。此處之法律非指形式意義之法律，而是指所有行政法之法源，包括成文法源與不成文法源。成文法源，憲法、法律、條約與命令等；不成文法源，包括習慣法、司法院解釋與行政法一般原理原則等。

在依法行政概念下，行政機關不只是受到法律拘束，亦受一般法律原則拘束；一般法律原則，包括比例原則、平等原則及信賴保護原則等。依法行政原則內容可分為法律優位原則、法律保留原則及遵守一般法律原則。

第一節　法律優位原則

法律優位原則，亦有稱法律優越原則，本原則源自法規範金字塔理論。在國家法秩序內存在各式各樣效力不同的法規範，憲法效力優於法律，法律優於命令，命令優於行政機關個別行為。法律優位原則係指行政機關所有的行為，

---

[1] 陳新民，行政法學總論，新10版，2020年7月，第89頁。

不論是法律行為或事實行為，只要歸屬行政機關的行為，都不能與法律牴觸。換句話說，法律優位原則適用於所有行政行為。此處之法律係指憲法第170條所定，立法院通過，總統所公布者。法律優位原則消極要求，行政機關的行為不得牴觸法律，因此亦有稱法律優位原則為消極的依法行政[2]。

法律優位原則要求行政行為不得牴觸法律，但行政行為牴觸法律時，其法律效果並未有一致性規定。憲法第172條規定，命令與法律牴觸者無效。中央法規標準法第11條亦規定，法律不得牴觸憲法，命令不得牴觸憲法或法律，下級機關訂定之命令不得牴觸上級機關之命令。

惟行政行為具有多樣性，包括行政命令、行政處分、行政契約、事實行為等。憲法僅規定命令與法律牴觸者無效，至於其他行政行為牴觸法律時，憲法並無明確規定。憲法既然未規定，理論上則由立法者針對各種不同狀況，具體規定行政行為違法時之法律效果。

第二節　法律保留原則

法律保留原則係指，行政機關作成行政行為時，必須要有法律上依據；行政行為無法律依據，則不得為之。法律保留原則賦予行政機關找尋法律作為行政行為依據之義務。法律保留原則亦稱為積極的依法行政原則[3]。憲法已將某些事項保留予立法機關，須由立法機關以法律規定，在法律保留原則下，行政行為不能以消極不牴觸法律為已足，尚須有法律明文規定為依據。沒有法律規範或法律授權，行政機關即不能合法地做成行政行為。惟並非所有行政行為均適用法律保留原則。

法律保留對行政機關的要求相較於法律優位原則更加嚴格，此項原則極大化的結果，可能導致行政機關成為純粹執行法律的工具。

---

2 盛子龍、吳庚，行政法之理論與實用，增訂16版，2020年10月，第73頁；陳敏，行政法總論，10版，2019年11月，第158頁指出，法律優位原則亦要求行政機關對現行有效之法律，必須予以適用（適用之強制）。
3 李惠宗，行政法要義，8版，2020年9月，第33頁；盛子龍、吳庚，前揭書，第75頁；陳敏，前揭書，第159頁。

第一項　法律保留原則之發展

　　產生法律保留原則的原因很多，其與法治國原則（特別是權力分立）、民主國原則與人權保障發展有密切關係[4]。專制國家慢慢瓦解過程中，人民一開始取得之立法權範圍相當有限，最重要的是租稅與徵收土地之同意權。經過不斷發展，立法權的範圍逐漸擴充，對於人民其他自由、權利之侵害，基本上亦須取得人民代表同意。

　　傳統上認為，國家行為在違背人民意志下才會產生侵害，國家行為如果得到人民同意，則不存在侵害；在人民同意下，並未違背人民自由意志，當然也沒有賠償問題。國家如何取得人民同意呢？人民同意，可以用法律替代，蓋法律是人民的代表——代議士所制定。代議士所為之同意，等同於人民同意。因此有法律作依據時，國家行為限制人民自由、權利，則不存在侵害行為；既然沒有侵害行為，當然就沒有賠償問題。換言之，法律保留原則之目的在排除國家行為的違法性，並確保立法機關權限。法律保留在早期亦稱為侵害保留，憲法第23條規定乃是最典型的侵害保留規定，亦即限制人民自由權利，須以法律為之。

　　但行政行為不只有侵害行政，另有給付行政。早期認為給付行政並不適用法律保留原則，國家發給人民津貼、補助，並非侵害行為，事前當然不用取得人民同意。法律保留原則初始僅限於侵害保留，在國家行為大都屬干預行政時，基本上並無爭議。但是隨著國家任務擴張，國家與人民的關係產生重大改變，給付行政行為愈來愈多，給付行政行為不適用法律保留原則之觀點逐漸受到挑戰。特別是人民申請國家津貼、補助而遭國家拒絕時，是否亦屬於另一種型態之侵害行為，而應由法律加以規定呢？此外，早期給付行政的項目不多，金額也有限，並非國家行政大宗，對國家整體財政運作影響不大。但隨著每一次選舉的舉行，給付行政項目愈來愈多，不斷推陳出新的福利措施，令人眼花撩亂，此種現象在短期內似乎對人民有利；但此涉及國家財政資源運用與分配問題，國家財政收入是有限的，給付行政內容與項目愈多，愈會排擠其他政務支出。國家財政資源的運用與分配涉及國家權力分立制度的核心問題，亦即由行政機關單獨決定或由代表人民的立法機關作最終決定。法律保留僅限於侵害保留的觀點逐漸受到質疑，給付行政亦應適用法律保留；基於國民主權以及議

---

[4] 詳細說明，陳敏，前揭書，第163-165頁。

會獨大想法，甚至要求所有行政行為都應該適用法律保留。

　　給付行政開始發達，傳統侵害保留開始產生變化，法律保留適用範圍的擴大成為明顯趨勢。以法律保留適用範圍大小來看，範圍最大者稱為全部保留，亦即所有行政機關行為都須有法律依據，主張全部保留的國家在以往比較明顯的是奧地利，奧地利因為受到Hans Kelsen的影響，奧地利憲法規定，任何行政機關的行為，都需要法律作依據[5]。惟全部保留並非主流見解，多數認為應是一部保留，侵害保留沒有爭議，至於其他領域是否適用法律保留則無一致性之答案。

第二項　法律保留原則在我國的實踐

　　憲法第23條規定為我國處理法律保留問題最重要的依據，惟憲法第23條僅涉及侵害保留問題，無法全面涵蓋。一般而言，法律保留可以從兩個方向討論，一是中央法規標準法規定；一是司法院釋字第443號解釋理由書發展出來的層級化法律保留體系。

一、中央法規標準法第5條

　　中央法規標準法第5條規定四種法律保留的情形：

（一）憲法或法律有明文規定應以法律定之者

　　憲法規定應以法律定之者，例如，憲法第61條規定，行政院之組織，以法律定之。行政院組織屬於法律保留範圍，行政院組織與侵害保留並無任何關聯，換句話說，並未限制人民自由、權利，但仍適用法律保留，由此可見，我國法律保留範圍，並非僅限於侵害保留。法律明文應以法律定之者，例如，中央行政機關組織基準法第4條規定，一級機關、二級機關、三級機關與獨立機關之組織以法律定之。

（二）關於人民之權利義務者

　　人民權利義務之意義及範圍究竟為何，並不明確。從文義解釋來看，只要有關人民權利義務皆包括在內，當然不限於侵害保留，給付行政亦在內。換句話說，凡是涉及人民權利義務事項都適用法律保留。惟國家行為與人民權利義

---

[5]　盛子龍、吳庚，前揭書，第76頁。

務皆有直接或間接關係，文義解釋觀點接近全面保留，將帶給行政實務許多無法解決的問題。因此，中央法規標準法第5條第2款規定應僅是重複憲法第23條規定，所謂關於人民權利義務，係指涉及限制或侵害人民自由權利，或者賦予人民義務，此時適用法律保留[6]；至於賦予人民權利或免除人民義務，並不適用。換句話說，涉及人民自由權利之限制，或賦予人民義務，當然要有法律依據；至於對人民有利的部分，則依中央法規標準法第5條第4款規定處理。

（三）關於國家各機關之組織者

國家機關早期主要透過行政體系內部制定之組織章程來設置，但立法者認為，國家機關基本組織，應由法律規範。中央法規標準法第5條第3款規定的國家各機關範圍為何？例如，所得稅由財政部負責稽徵，財政部下設台北國稅局、高雄國稅局、北區、中區與南區國稅局，南區國稅局再設嘉義市分局、民雄稽徵所等，上述眾多機關是否皆屬本款之國家各機關？如果任何國家機關，不論層級，其組織皆須適用法律保留，則行政體系之僵化與欠缺彈性，將使得國家無法及時應付瞬息萬變之任務；早期，國家各機關組織是採取非常廣義的概念，法律保留適用的範圍也相當大，造成許多爭議[7]。憲法增修條文第3條第3項授權以法律就國家機關之組織為準則性規定。現行中央行政機關組織基準法第2條第2項將國家機關分為四級，一級機關為院，二級機關為部、會，三級機關為署、局及四級機關。一、二與三級機關之組織以法律定之。四級機關則以規程為之。以國稅的徵收來看，財政部跟台北國稅局等的組織應以法律定之，其他下級機關則以組織規程為之。

（四）其他重要事項，應以法律定之者

何謂其他重要事項呢？一般常以憲法學之「重大性理論」或「重要性理論」加以解釋[8]。換句話說，所涉及事項，影響人民範圍愈廣，對於人民權利影響愈重大，對人民利益影響愈長遠，則愈要以法律為依據；所涉及事項影響人很少，對人民利益影響輕微，影響時間很短，此時則無須以法律規定。此項理論並無法提供直接具體的決定依據，只能依照實際個案決定。對於人民有利的國家行為，是否適用法律保留，則依本款規定判斷。給付行為影響層面廣，

6　林錫堯，行政法要義，修訂4版，2016年8月，第37頁。
7　甚至機關內人員之數目、職位官等職等也詳細具體規定。
8　有關重要性理論，請見，BVerfGE, 34, 165/192; 47, 46/78。

對人民利益影響大，對人民影響時間長遠，則適用法律保留；給付爲臨時性，涉及人民數量也不多，對人民利益影響也不大，此時給付行政不適用法律保留。

此外，與人民權利義務無關，亦可能屬於本款之事項，司法院釋字第299號解釋理由書指出，中央民意代表之待遇或報酬，無論名稱爲何，均涉及人民之納稅負擔，且爲國家之重要事項，應視其職務之性質，分別先以法律規定適當之項目與標準，始得據以編列預算支付之。司法院釋字第334號解釋指出，爲維護國家財政之健全，國家全部舉債之上限，宜綜合考量以法律定之。

二、司法院釋字第443號解釋理由書

法律保留範圍亦可從司法院釋字第443號解釋理由書所建立的層級化法律保留體系觀察。司法院釋字第443號解釋理由書中指出，憲法所定人民之自由及權利範圍甚廣，凡不妨害社會秩序公共利益者，均受保障。惟並非一切自由及權利均無分軒輊受憲法毫無差別之保障；關於人民身體之自由，憲法第8條規定即較爲詳盡，其中內容屬於憲法保留之事項者，縱令立法機關，亦不得制定法律加以限制。憲法第7條、第9條至第18條、第21條及第22條之各種自由及權利，則於符合憲法第23條條件下，得以法律限制之。至何種事項應以法律直接規範或得委由命令予以規定，與所謂規範密度有關，應視規範對象、內容或法益本身及其所受之限制而容許合理之差異。剝奪人民生命或限制人民身體自由者，必須遵守罪刑法定主義，以制定法律之方式爲之；涉及人民其他自由權利之限制者，亦應由法律加以規定，如以法律授權主管機關發布命令爲補充規定時，其授權應符合具體明確之原則；若僅屬於執行法律之細節性、技術性次要事項，則得由主管機關發布命令爲必要之規範，雖因而對人民產生不便或輕微影響，尚非憲法所不許。關於給付行政措施，其受法律規範之密度，自較限制人民權益者寬鬆，倘涉及公共利益之重大事項者，應有法律授權之命令爲依據之必要。

依司法院釋字第443號解釋之見解，可區分爲干預行政之法律保留及給付行政之法律保留。

（一）干預行政之法律保留

1.憲法保留

憲法規定之內容基本上相當抽象，但憲法中亦有條文規定內容非常具體

者，例如，憲法第8條規定之人身自由保障。人身自由依憲法第23條規定並非不得限制，理論上應由立法者依其立法裁量決定限制之事項。但我國憲法對於人身自由保障非常重視，並非全然交由立法者決定。憲法第8條詳細規定了限制人身自由的重要事項，例如，逮捕拘禁期間二十四小時的規定、僅法院得審問處罰等，立法者不能任意改變。如果立法者認為二十四小時不夠警檢辦案之需，希望延長至三十六或甚至四十八小時，立法者無法透過修改刑事訴訟法規定來實現，除修憲外別無他途。憲法保留是對於人民自由權利最高層級的保障。

2. 絕對法律保留（國會保留）

涉及生命剝奪、身體自由限制時，必須由法律親自規定，稱為絕對法律保留或國會保留。例如，有期徒刑、無期徒刑之科處，必須明定於法律，不能授權行政機關或司法機關自為決定。

除此之外，針對於其他重大事項，大法官亦有認為應適用絕對法律保留者，例如，司法院釋字第210號解釋理由書指出，人民有依法律納稅之義務，為憲法第19條所明定，所謂依法律納稅，兼指納稅及免稅之範圍，均應依法律之明文。司法院釋字第367號解釋理由書亦指出，憲法第19條規定，人民有依法律納稅之義務，係指人民僅依法律所定之納稅主體、稅目、稅率、納稅方法及租稅減免等項目而負繳納義務或享受減免繳納之優惠，舉凡應以法律明定之租稅項目，自不得以命令作不同之規定，否則即屬違反租稅法律主義。司法院釋字第491號解釋理由書指出，中央或地方機關依公務人員考績法或相關法規之規定，對公務人員所為免職之懲處處分，為限制其服公職之權利，實質上屬於懲戒處分，其構成要件應由法律定之，方符憲法第23條規定之意旨。公務人員考績法第12條第1項第2款規定各機關辦理公務人員之專案考績，一次記二大過者免職，公務人員考績法第12條第2項復規定一次記二大過之標準由銓敘部定之。此項免職處分係對人民服公職權利之重大限制，自應以法律定之。司法院釋字第723號解釋理由書亦指出，消滅時效制度之目的在於尊重既存之事實狀態，及維持法律秩序之安定，與公益有關，且與人民權利義務有重大關係，不論其係公法上或私法上之請求權消滅時效，均須逕由法律明定，自不得授權行政機關衡情以命令訂定或由行政機關依職權以命令訂之，始符憲法第23條法律保留原則之意旨。

3. 相對法律保留

除了生命、身體自由重大法益外，其他人民自由、權利，例如，財產

權、居住自由、遷徙自由等之限制，原則上也必須以法律規定，但可以藉由授權明確性原則授權行政機關以法規命令詳細規範。換句話說，原則上由法律規範，必要時，得以法規命令規範，此稱爲相對的法律保留。例如，司法院釋字第402號解釋指出，對人民違反行政法上義務之行爲予以裁罰性之行政處分，涉及人民權利之限制，其處分之構成要件與法律效果，應由法律定之，法律雖得授權以命令爲補充規定，惟授權之目的、範圍及內容必須具體明確，然後據以發布命令，方符憲法第23條之意旨。司法院釋字第426號解釋指出，特別公課亦係對義務人課予繳納金錢之負擔，其徵收目的、對象、用途自應以法律定之，如由法律授權以命令訂定者，其授權符合具體明確之標準，亦爲憲法之所許。司法院釋字第659號解釋理由書亦指出，國家爲增進公共利益，於符合憲法第23條規定之限度內，得以法律或經法律明確授權之命令，對職業自由予以限制。司法院釋字第724號解釋理由書指出，人民團體理事、監事之選任及執行職務，涉及結社團體之運作，會員結社理念之實現，以及理事、監事個人職業自由之保障。對人民之上開自由權利加以限制，須以法律定之或經立法機關明確授權行政機關以命令訂定，始無違於憲法第23條之法律保留原則。憲法法庭111年憲判字第19號判決指出，長期（6個月以上）出國者得辦理停保，自返國之日應復保，返國復保後應屆滿3個月，始得再次辦理停保，除涉及人民受憲法保障管理自身健康風險之自主決定權與財產權外，亦因影響全民健保制度之公平性，與其整體財務之健全發展，而堪認定屬攸關公共利益之重大事項，且觀其具體內容，亦顯非執行法律之細節性或技術性事項，因此應有法律或法律具體明確之授權爲依據，始符憲法第23條法律保留原則之要求。

最高行政法院106年度判字第417號判決指出，出賣人究應於何時辦竣戶籍登記始符排除課稅之規定，已涉及應否課稅之要件，並非僅屬細節性或技術性事項，自應以法律或法律具體明確授權之命令定之。財政部102年4月10日函釋非經特銷稅條例授權，其性質屬上級機關爲協助下級機關認定有無自住事實之參考，係屬行政規則，該函釋自已違反法律保留原則及租稅法律主義。

4. 不適用法律保留

執行法律的細節性、技術性的次要事項，得由主管機關以發布行政命令方式，做必要的規範；縱使對於人民權益產生輕微的影響，亦非憲法所禁止，此時並不適用法律保留。專科以上學校教師資格審定辦法及教師資格審定複審作業程序要點（2012年12月25日期滿而當然廢止）係教育部爲執行教師法第9條第1項、第10條及教育人員任用條例第14條第4項規定之教師資格審查時，所爲

應遵循之認定程序等技術性、細節性之規定，俾保障送審教師之權利及維護學生之受教權。雖專科以上學校教師資格審定辦法第37條（目前為第43條）規定於該當該條各款之要件時，得於特定期間內拒絕受理該申請人之升等申請，性質上容或對於教師升等權利產生些許不便及輕微影響，然與教師資格即工作權之取得無關，且為維護專科以上學校教師素質與教學、研究水準要求之必要，應未逾越上開法律授權目的及範圍，故無違反憲法第23條規定之法律保留原則[9]。

主管機關為執行食品（安全）衛生管理法禁止原子塵或放射能污染之含量超過安全容許量之食品或食品添加物輸入之規定，再參酌食品及相關產品輸入查驗辦法第4條第2項規定，於公告同時規定報驗義務人自日本輸入食品，需於「輸入食品及相關產品申請書」中製造廠代碼欄位，依公告附件即「日本47都道縣府中英文名稱對照表」，填報繁體中文之產地資料，而成為產品有關資訊，僅對報驗義務人造成不便，影響輕微，可認為是執行法律之細節性及技術性規定，自無違反法律保留原則[10]。

（二）給付行政之法律保留

司法院釋字第443號解釋理由書亦附帶論及給付行政適用法律保留之問題，其指出給付行政受法律保留規範並不像干預行政一樣嚴謹，並認為給付行政措施涉及公共利益重大事項者，應有法律或法律授權之命令為依據。換句話說，給付行政涉及公共利益重大事項時，應適用法律保留原則且係相對法律保留。至於何謂重大公共利益事項，大法官並未說明，此時或可藉由重大性理論加以判斷。此外，司法院釋字第614號解釋指出，憲法上之法律保留原則乃現代法治國原則之具體表現，不僅規範國家與人民之關係，亦涉及行政、立法兩權之權限分配。給付行政措施如未限制人民之自由權利，固尚難謂與憲法第23條規定之限制人民基本權利之法律保留原則有違。惟如涉及公共利益或實現人民基本權利之保障等重大事項者，原則上仍應有法律或法律明確之授權為依據，主管機關始得據以訂定法規命令[11]。司法院釋字第707號解釋理由書亦指

---

[9] 最高行政法院99年度判字第961號判決。
[10] 最高行政法院107年度判字第91號判決。
[11] 司法院釋字第658號解釋理由書指出，公務人員退休年資之多寡，係計算其退休金數額之基礎，故公務人員退休年資之起算日、得計入與不得計入之任職年資種類、如何採計、退休後再任公務人員年資採計及其採計上限等有關退休年資採計事項，為國家

出，基於憲法上法律保留原則，政府之行政措施雖未限制人民之自由權利，但如涉及公共利益或實現人民基本權利之保障等重大事項者，原則上仍應有法律或法律明確之授權爲依據，主管機關始得據以訂定法規命令。教師待遇之高低，包括其敘薪核計，關係教師生活之保障，除屬憲法第15條財產權之保障外，亦屬涉及公共利益之重大事項。有關教師之待遇事項，自應以法律或法律明確授權之命令予以規範，始爲憲法所許。

給付行政如未涉及公共利益或實現人民基本權利之保障等重大事項，則不適用法律保留，行政機關自得以命令規定之，例如，文化部輔導數位出版產業發展補助作要點、教育部獎勵大學校院推動國際化補助計畫要點等。

三、學說上的討論

國家侵害行爲適用法律保留，基本上並無爭議[12]，給付行政是否適用法律保留，則爭議性頗大。判斷給付行政是否適用法律保留，首先應先釐清，國家給付行爲是否已有法律依據，例如，社會救助已有社會救助法規定，如已有法律依據，則無討論適用法律保留的必要[13]。

行政機關在沒有法律依據下，是否得作出給付行政行爲，有三種不同的見解：

（一）給付行政不需要法律依據

不需法律依據並非表示得自由任意爲之，雖不以法律依據爲必要，但至少要符合兩個條件：第一，法定預算，無法定預算無給付行政。第二，行政機關內部要制定一般抽象的行政規則，作爲人民申請或是行政機關依職權分配的依據。換句話說，給付行政縱然不需法律作依據，但並非不需任何的規範，仍需要有法定預算及行政機關內部自定的行政規則作爲給付行爲的依據。

對公務人員實現照顧義務之具體展現，對於公務人員退休金請求權之內容有重大影響；且其有關規定之適用範圍甚廣，財政影響深遠，應係實現公務人員服公職權利與涉及公共利益之重要事項，而屬法律保留之事項，自須以法律明定之。

[12] 最高行政法院98年度判字第210號判決。

[13] 即使給付行政事項未涉及公共利益重大事項，立法者亦未被禁止以法律規定之，給付行政法律化有愈來愈明顯之趨勢。

（二）給付行政須有法律依據

　　法定預算僅規範行政機關與立法機關彼此間的關係，法定預算係立法機關授權行政機關執行任務時，使用特定經費的權限。法定預算的法律關係只存在於國家機關間，並無對外效力，人民不得依法定預算向行政機關請求。法定預算雖是措施性法律，但措施性法律與法律保留要求的法律不同，法律保留的法律係涉及國家與人民間的權利義務，具有對外效力。給付行政須有法律為依據，法定預算及行政規則並不足夠。

（三）依給付行政行為的性質，判斷是否應以法律作依據

　　上述兩種見解過於簡略，是否適用法律保留，應依給付行政行為性質而定，並無一致性之答案。給付行政行為性質可分成兩類[14]，第一類指國家為達成社會、經濟或文化等政策目的，長期對於眾多人為給付，且此種給付是屬於行政機關日常行政事務者，應有法律作依據。例如，國家基於推廣文化活動目的，補助許多藝文團體或藝文活動，此乃屬文化部門之經常性業務，此時應以法律為依據。第二，應付突發性、臨時性的自然或人為災害所為之給付行政行為，例如，SARS肆虐時，其並非屬法定傳染病，因此是否補助SARS病患即有爭議。由於SARS乃新興疾病，立法者根本沒辦法事先預估此種情形產生，因此要求法律保留，無異強人所難。為使行政機關能夠應付此類突發狀況，不適用法律保留。

四、行政法院判決

　　給付行政是否適用法律保留，學說有不同見解，惟行政法院卻採取相當一致性之見解，認為給付行政基本上並不適用法律保留原則。例如，濟助金制度（清潔人員執行職務死亡濟助基金管理要點）乃主管機關就清潔人員於執行職務中發生死亡事故時，於法定給與之外，增加清潔人員福利之政策性補助措施，主管機關自得本其權責就適用之對象與範圍，為必要及限定性之分配。行政院環境保護署考量清潔隊員執行公務意外死亡撫卹偏低，為加強照顧其值勤時之安全保障，乃訂定管理要點，此係屬給付行政措施，其受法律規範之密度，應較限制人民權益者寬鬆，故無以法律或法律授權之命令為依據之必要[15]。

---

[14] 陳敏，前揭書，第175頁。
[15] 最高行政法院99年度判字第617號判決。

　　申請（國科會）學術之獎勵、補助，事屬給付行政，並非人民為維護其人性尊嚴生活中所不可或缺事項，又非涉重大之公共利益，自非應以法律或法律所授權之命令始得限制之事項；非涉及公共利益或基本人權之給付行政措施，既得逕以行政命令為之，則該行政命令之內容自得涵蓋作成給付或取消給付之要件[16]。

　　軍公教人員年終工作獎金（慰問金）並非公務人員俸給法所定之俸給，此觀公務人員俸給法第3條及第5條規定甚明，而係一種授與公務人員利益之給付行政，關於給付行政措施，其受法律規範之密度，自較限制人民權益者寬鬆，而給付行政措施如未限制人民之自由權利，尚難謂與憲法第23條規定之限制人民基本權利之法律保留原則有違[17]。

　　需地機關為順利執行徵收而取得用地，於法律所定之補償以外，加給被徵收土地所有權人或其他利害關係人獎勵、救濟等名目之給予，為給付行政之性質，如未涉及公共利益或實現人民基本權利之保障等重大事項者，尚非法所不許（經濟部核發獎勵金及救濟金要點）[18]。

　　公費留學考試簡章乃教育部為培育國家人才，提供有意至國外深造之我國學生經濟支援，透過公費留學委員會之集思廣益，基於職權所訂定，核其性質屬給付行政範疇，係以預算法為據，並非涉及公共利益之重大事項者，自與法律保留原則無違[19]。

　　公有土地劃編原住民保留地要點（劃編要點）第3點第2項第1款及公有土地增劃編原住民保留地審查作業規範（審查作業規範）第4點第2項第1款規定雖未以法律為之，惟劃編要點旨在輔導原住民取得其使用之公有土地權利，屬給付行政之範疇，而審查作業規範則屬行政機關之內部作業規則，尚未違反法

---

[16] 最高行政法院98年度判字第103號判決，有關本判決之評析，蕭文生，國科會獎勵、補助專題研究計畫決定與法律保留原則─評最高行政法院98判字第103號判決，法令月刊，第61卷第3期，2010年3月，第18-32頁。

[17] 最高行政法院97年度裁字第4956號裁定；最高行政法院103年度判字第151號判決指出，退休（伍）軍公教人員年終慰問金之發給，係因應退休（伍）軍公教人員農曆春節需要，所增發之慰勉性給與，自61年起（除63年外），由行政院逐年訂頒相關發給規定。即各年度「軍公教人員年終工作獎金及慰問金注意事項」，於春節前一個月施行。

[18] 最高行政法院101年度裁字第2206號裁定。

[19] 最高行政法院104年度裁字第1134號裁定。

律保留原則[20]。

第三節　行政法一般法律原則

　　本節說明行政程序法第5條至第9條規定之行政法一般法律原則，第10條之裁量權行使規定則於第五章介紹。

第一項　明確性原則

　　行政程序法第5條規定，行政行為之內容應明確。明確性原則要求行政機關的相對人在客觀上，必須能夠理解行政行為的內容為何。行政行為的內容不明確，相對人無從遵守，亦無從救濟[21]。行政行為內容是否明確並無放諸四海皆準之標準，應自個案之事實加以判斷[22]。此外，是否明確並非以行政機關觀點判斷，而是以行政行為相對人之觀點為準。是否明確，以行政處分為例，判斷之基礎在於事實、適用法條、涵攝過程及法律效果是否明確[23]。事實明確涉及與行政行為有關之人時地物，適用法條明確涉及個案中具體適用之法律規定，涵攝過程明確涉及行政行為說理之過程與內容，法律效果涉及行政行為規制之內容。

　　有關事實之明確，高雄高等行政法院93年度簡字第308號判決指出，行政處分之內容應明確，至少要達到令人理解以及執行可能之程度；行政機關所作

---

[20] 最高行政法院107年度裁字第29號裁定。

[21] 李惠宗，前揭書，第108頁指出，明確性原則之直接目的，在使人民對自己之行為之所調適；間接地防止國家公權力之濫用。最高行政法院106年度判字第61號判決指出，行政處分之作用，原在於使抽象之法律規定具體化，其內容自須明確，使相對人得以清楚認識對其為如何之要求，相對人始能正確履行其義務，在相對人不自動履行時，行政機關始得以行政執行之手段強制實現其內容，行政程序法第5條即規定，行政行為之內容應明確。

[22] 最高行政法院98年度判字第1132號判決。

[23] 惟亦有對明確性標的有不同見解，最高行政法院111年度上字第714號判決指出，行政程序法第5條規定行政行為之內容應明確，於行政機關作成行政處分之情形，係指行政處分應明確表示處分機關、相對人及所規制之法律效果，使處分相對人得以立即知悉其規制內容。如行政處分規制內容明確，僅係處分所依據之事實上及法律上理由未記明或記載不完全，尚不構成違反行政程序法第5條規定情形。

之行政處分，其目的、意義及內容要清楚可辨。對受處分之相對人而言，應可使其清楚認識，係由何一行政機關，就何一事件，對其為如何之要求、給付或確認。如此，相對人始能正確履行其義務，而據該行政處分為行為；同時方適合作為行政機關事後強制執行措施之基礎，進而實現其內容。主管機關於發現有未經許可採取土石，依法律規定限期令該行為人辦理整復及清除其設施時，應先就其應行整復清除其設施之範圍為明確之認定，再令行為人辦理整復及清除之設施，進而才能於行為人未遵期辦理時，對其按日連續處罰至遵行為止。苟行為人應辦理整復之規範未經明確認定，僅概括以某地號鄰近土地作為整復之範圍，尚難認其限期整復之行政處分內容業已明確。臺北高等行政法院98年度簡字第274號判決亦指出，書面之行政處分，除決定本身以外，亦須說明其事實、理由及法令依據。原處分就原告違章事實之地點、時間均未記載，無從特定所處罰之違章行為，已欠缺處分之明確性，致原告無從就此為有效之攻擊及防禦。

有關適用法條明確，最高行政法院99年度判字第611號判決指出，解聘處分僅載依教師法第14條、教師法施行細則第16條第2項及教育人員任用條例第31條、第33條規定解聘上訴人，惟法定解聘事由有多款[24]，該處分未明確指出

---

[24] 原教師法將解聘、停聘或不續聘之法律效果規定於同一條條文，為使規範明確，教師法於第14條、第15條及第16條規範終身不得聘任為教師、一年至四年不得聘任為教師及僅在原服務學校不得聘任為教師。又因原停聘規定不完整，致生實務執行之疑義，為更臻明確，分別於第18條、第21條及第22條加以規範。現行教師法第14條第1項規定，教師有下列各款情形之一者，應予解聘，且終身不得聘任為教師：1.動員戡亂時期終止後，犯內亂、外患罪，經有罪判決確定。2.服公務，因貪污行為經有罪判決確定。3.犯性侵害犯罪防治法第2條第1項所定之罪，經有罪判決確定。4.經學校性別平等教育委員會或依法組成之相關委員會調查確認有性侵害行為屬實。5.經學校性別平等教育委員會或依法組成之相關委員會調查確認有性騷擾或性霸凌行為，有解聘及終身不得聘任為教師之必要。6.受兒童及少年性剝削防制條例規定處罰，或受性騷擾防治法第20條或第25條規定處罰，經學校性別平等教育委員會確認，有解聘及終身不得聘任為教師之必要。7.經各級社政主管機關依兒童及少年福利與權益保障法第97條規定處罰，並經學校教師評審委員會確認，有解聘及終身不得聘任為教師之必要。8.知悉服務學校發生疑似校園性侵害事件，未依性別平等教育法規定通報，致再度發生校園性侵害事件；或偽造、變造、湮滅或隱匿他人所犯校園性侵害事件之證據，經學校或有關機關查證屬實。9.偽造、變造或湮滅他人所犯校園毒品危害事件之證據，經學校或有關機關查證屬實。10.體罰或霸凌學生，造成其身心嚴重侵害。11.行為違反相關法規，經學校或有關機關查證屬實，有解聘及終身不得聘任為教師之必要。

究係依據何條項規定，自有違行政處分明確性原則。適用法條不明確、法律效果亦不明確者，主管機關或執行機關就義務人作成限期清除、處理廢棄物處分，併具有將義務人依規定而抽象存在之義務予以具體化之確認性質，除應引據廢棄物清理法第71條第1項為「限期」以及後續「告誡」之依據外，就義務人究竟依何規定必須清除處理廢棄物，以及如何清除處理，依行政程序法第96條第1項第2款規定，即應標示明確，茲可得而確定義務之依據、內容及範圍，否則，即有失於行政行為明確性原則[25]。

　　有關適用法條明確以及涵攝過程明確，高雄高等行政法院92年度訴字第1157號判決指出，行政處分應記載理由及法令依據，乃現代法治國家行政程序之基本要求，……處分理由之記載，必須使處分相對人得以知悉行政機關獲致結論之原因，其應包括以下項目：（一）法令之引述與必要之解釋。（二）對案件事實之認定。（三）案件事實涵攝於法令構成要件之判斷。（四）法律效果斟酌之依據（於有裁量授權時）等。具體個案之行政處分在說理上是否完備而符合上開要求，應為實質上判斷，不得僅因處分書上備有「理由」或「說明」欄之記載，即謂已盡處分理由說明之法律義務。行政機關對人民所作成之行政處分，並未於該處分書內指明人民違反水利法之具體理由及違反水利法何條具體法令，自難謂已盡處分理由說明之義務，核其處分顯有違反明確性原則，係有瑕疵，自應由行政法院將訴願決定及原處分均予撤銷，由原處分機關依法另為適法之處分。

　　有關法律效果明確，最高行政法院102年度判字第725號判決指出，行政程序法第5條規定，行政行為之內容應明確，係要求行政行為應具明確性，俾人民知悉在何種情況下行政機關可能採取何種行為，人民何者當為或不當為，違反法定義務時之法律效果如何等等，俾使人民有預見可能性而有所遵循。綜合建築法第33條、第35條及第36條規定，主管建築機關欲依建築法第36條規定駁回其申請者，應先依規定進行審查，其次再將申請人申請事項不合規範之處詳為列舉，一次通知申請人令其改正，並清楚告知應改正之時程或不改正之法律效果，如此，申請人才能認識其究竟違反何等法定義務，及有無可歸責之事由。若主管建築機關函覆申請人補正之文件，未表明補正緣由，或未明白列舉應補正事項、應補正之期限或不補正之法律效果，即逕依建築法第36條駁回其申請案件，則其駁回處分顯有違行政程序法第5條之行政行為明確性原則。

---

[25] 最高行政法院106年度判字第286號判決。

最高行政法院101年度判字第981號判決指出，國家通訊傳播委員會命永佳樂有線電視股份有限公司限期改正方式係命應爲「以適當方式予以排除」之改正措施，卻未具體指明所謂「適當」方式排除係指何意及何種方式，難謂符合行政行爲之內容應明確之規定[26]。

第二項　平等原則

　　行政程序法第6條規定，行政行爲，非有正當理由，不得爲差別待遇。平等原則並非行政法特有之規定，憲法第7條規定，中華民國人民，無分男女、宗教、種族、階級、黨派，在法律上一律平等。平等原則指相同事件應爲相同處理（等者等之），不同事件應爲不同處理（不等者不等之），違反平等原則的情形有兩種：相同事件爲不同處理，不同事件爲相同處理。平等原則並非禁止差別待遇，但必須存在合理正當之事由。

　　平等原則，並非絕對、機械式之形式上平等，而係保障人民在法律上地位之實質平等，爲因應具體案件事實上之需要，自得授權立法及行政機關，基於憲法之價值體系及立法目的，斟酌規範事物性質之差異，爲合理之差別待遇或不同處置[27]。行政程序法關於平等原則的規定方式與憲法並不相同。行政程序法第6條規定，行政行爲，非有正當理由，不得爲差別待遇。重點並非是否存在差別待遇，而是有無正當理由。司法院釋字第485號解釋理由書中指出，憲法第7條所定的平等原則係保障人民在法律上地位平等，並非不得做任何的差別待遇。法律得依事物之性質，就事實狀況之差異及立法目的而爲不同的規範。事物之本質，應就事物內在價值及其所欲達成之目的判斷之。同理，行政機關得依個案，依實際事實狀況之差異與法規目的而作出不同正當合理之決定。

　　平等原則所拘束者爲行政行爲，因此行政機關爲達成公行政任務，雖有形

---

[26] 最高行政法院101年度判字第1065號判決指出，行政處分之內容應具備明確性，此係自行政處分之具體化抽象法規範的功能衍生而來，要求行政處分之內容必須清楚、明白，俾相對人得以知悉國家所課予義務或給予權利之內容，進而知所應對進退。如命相對人應爲「必要之改正措施」，而未指明如何改正，即有違背明確性之要求。國家通訊傳播委員會僅命南桃園有線電視股份有限公司於收到處分之日起一年內對於黨政軍持股以「適當方式」予以排除之改正措施，卻未具體指明應如何改正，及所謂適當方式係指何意及何種方式，原處分此部分內容顯已違背明確性原則。

[27] 司法院釋字第571號解釋。

式選擇自由，但不論依公法形式或私法形式之行政行為，均應遵守平等原則之要求。此外，無論是給付行政或干預行政行為皆同[28]，課稅更應注重納稅義務人平等負擔之要求。

國家考試機關提供閱卷委員就申論式試題之參考答案及評分標準，參照典試法第19條第3項規定，典試委員及命題委員命題時，……申論式試題應附參考答案或計算過程及評分標準，供閱卷委員評閱試卷之參考。其係供閱卷委員評閱試卷時所參考，作為閱卷委員在適用不確定法律概念行使判斷餘地時，統一其評閱判斷應考人試卷時答案是否正確，以及試題對應答案應給分範圍之判斷準則，雖不直接對外發生法律效果，但基於禁止恣意原則與平等原則，除有正當理由外，閱卷委員閱卷時仍應依循參考答案與評分標準為評分[29]。

由於平等原則之抽象理論在具體個案中並無法提供明確之操作標準，因此，以下以行政法院處理過之個案為例，說明實際適用之情形。

一、符合平等原則之差別待遇

（一）入學、考試資格之限制

最高行政法院97年度判字第1124號判決指出，警察任務為依法維持公共秩序，保護社會安全，防止一切危害，促進人民福利（警察法第2條），亦即維護社會治安為警察之主要任務，對體能自有較高之要求。身高為體能要求重要項目，對將來可能擔任警察之女性要求身高160公分以上，衡諸現在國民之身體狀況，亦非不合理。入學簡章設定女性考生身高160公分以上之入學條件，與警察大學設校培養警察專門人才與研究高深警察學術之目的，具有實質關聯性，尚不得指其違反憲法第7條及第159條之平等原則規定[30]。

針對消防警察人員女生160公分以上之要求，臺北高等行政法院108年度訴字第1272號判決則採取不同之見解，其認為考試資格或及格之差別待遇標準，

---

[28] 陳新民，行政法學總論，新10版，2020年7月，第103頁。

[29] 最高行政法院109年度判字第282號判決。

[30] 有關此判決之評析，蕭文生，身高作為入學門檻之合法性—評最高行政法院97判字第1124號判決，法令月刊，第60卷第10期，2009年10月，第1477-1491頁。國家考試亦有相同規定，臺北高等行政法院101年度訴字第1268號判決（公務人員特種考試一般警察人員考試身高165公分以上之限制）；最高行政法院102年度裁字第614號裁定認為未違平等原則。

是否為達成考選適當公職人員之重要公共利益所必要,且未逾利益衡平之狹義比例原則而有實質關聯,而屬憲法所要求之公平合理考試制度,應基於經科學檢驗而合於經驗與論理法則的論據,不得基於個人或群體一般主觀的刻板印象或價值偏好。限制非原住民身分女性身高不及160公分者,不能完成考試程序,不能取得消防警察之公職任用資格,此項限制規定藉由身高限制,一概排除身高未達標準者,就不能應考試、從事消防警察公職,剝奪其平等擔任公職的機會,而不探究捨棄身高的限制,藉由適當的組織與任務安排,就得使整體消防勤務對外執行,達到消防緊急救災所需之效能,在公共利益之追求與所限制人民基本權利、公政公約保障參政權利的利益衡量上,也有失均衡而違反比例原則。惟最高行政法院109年度上字第928號判決則指出,自消防警察勤務內容來看,消防警察工作任務具有一定程度的危險性、機動性及不確定性,堪認具備一定標準之體格、體魄與耐力是有效執行消防警察任務的必要條件。基於消防警察在救災、救護工作上,為便於使用器材、設備、車輛,或為從事跨越障礙之緊急救災、救護任務,因而設定女性160公分之身高限制,有助於消防警察遂行其救災、救護任務目的之達成,保衛人民生命、身體及財產安全,確實具備重要之公共利益。身高為體格要求之重要項目,對將來可能擔任消防警察之女性要求身高160公分以上,衡諸現在國民之身體狀況,尚屬合理。因而廢棄臺北高等行政法院108年度訴字第1272號判決,並駁回人民在第一審之訴。惟憲法法庭113年憲判字第6號判決指出,就女性身高所設之體格檢查標準,適用於消防警察人員類別之範圍內,其所設之身高標準,排除女性應考人之群體比例明顯高於男性,使女性應考試服公職權受不利之差別待遇,與憲法第7條保障平等權之意旨不符。最高行政法院109年度上字第928號判決違憲,廢棄並發回最高行政法院。可惜的是,憲法法庭並未直指核心爭議,亦即是否得以身高作為差別待遇之正當理由。

平等係指實質上之平等而言,為因應事實上之需要及舉辦考試之目的,就有關事項,如某些需要考量服公職之效能年限等因素時,對於應考人之年齡等條件予以適當之限制,要難謂與平等原則有違。國家考選調查人員之重點,非僅為應考人之體能及體格是否良好,仍須藉由筆試及口試,以確保錄取者具備一定程度之相關知識;且因調查人員之養成需要一定之期間,為使國家花費金錢與時間培訓之專業調查人員,能自年紀尚輕之階段即開始為國服務,考試院因而對該項考試之應考人員年齡設定上限(調查人員報考年齡30歲之限制),

應屬合理[31]。

（二）公務員法

退休公務人員公教人員保險養老給付得以優惠存款，亦係政府早期為照顧一般公教人員退休生活而建立之政策性福利措施。故優惠存款要點之適用對象，係銓敘部依制度之本旨，於符合整體公益衡平原則，並兼顧退休公務人員之實質權益保障，就不同待遇類型人員之退休與在職所得多寡加以斟酌後所為規定，其規定並無違背行政程序法第6條[32]。

依公務人員俸給法第2條第5款、第5條第1款之規定，「加給」係指本俸、年功俸以外，因所任職務種類、性質與服務之不同而另加之給與；「職務加給」則係對主管人員或職責繁重或工作具有危險性者加給之。何等職務之工作具有危險性，可支領刑事鑑識危險職務加給，法律既已授權考試院會同行政院訂定之，本非行政院海岸巡防署海洋巡防總局得自行認定支給。不同之職務本不應為同等之加給，亦非所有刑事鑑識人員均得支領危險職務加給，上訴人不符合領取危險職務加給之資格，亦未能釋明或證明與其相同職務之人員均有領取危險加給，則上訴人主張危險職務加給表於修訂時未將上訴人所屬機關納入，而為區別對待，有違憲法第7條所保障之平等權，尚非可採[33]。

警察係為維護國家秩序而存在，上自國安方面、下至地方區域秩序之維護，其任務至多且廣，無所不在，且最貼近人民，警政署為使人民易於區辨，且建立警察之形象以表徵國家之威信，並彰顯警察之紀律，乃基於主管機關之立場，訂頒警察儀容要求事項，除特殊勤務者外（如刑事警察等），對於員警之服裝儀容為基本要求，固因男女性別而有些許之差異規範，然並未溢出男女生理差異之範疇，又豈能以「性別歧視」視之。男警不得蓄長髮之規範目的與性平法係為保障性別工作權之平等，貫徹憲法消除性別歧視、促進性別地位實質平等之目的不同，自難將之與性平法為比較，當事人主張警察儀容要求事項違反性平法等規定，進而主張原處分違反性平法及平等原則，委無足取[34]。

---

[31] 臺北高等行政法院101年度訴字第228號判決；最高行政法院101年度裁字第1875號裁定。

[32] 最高行政法院96年度判字第1549號判決。

[33] 最高行政法院96年度判字第1223號判決。

[34] 最高行政法院108年度判字第22號判決。

（三）勞工保險條例

　　勞工保險殘廢給付標準表分等級之目的，乃在於就不同之病情及程度，給付不同等級，以維實質之平等，故雖同為下咽癌術後患者，惟因個案術後恢復情形不同，所遺存障害之程度亦不同，給付等級自有差異，自不得比附援引[35]。

（四）學歷採認

　　國外學歷送審作業須知對於以美國、日本、德國、俄國、西班牙等國學歷送審教師資格者，與以菲律賓學歷送審之限制不同，乃主管機關為保障人民在法律上地位之實質平等，斟酌規範事務之差異而為合理之區別待遇，與行政程序法第6條之規定，並無違背[36]。

　　鑑於臺灣地區與大陸地區教育學制及課程不一，2003年10月29日修正公布之臺灣地區與大陸地區人民關係條例第22條規定，授權教育部擬訂採認辦法，就大陸地區高等學校之研究及教學品質進行認可，並公告認可名冊，俾據以辦理採認大陸地區學校學歷。兩岸人民關係條例第22條第1項規定，鑑於兩地區教育學制及課程之實質差異，為避免本國生受教權益受損，及保障國人健康安全等因素，所為之特別規定，其目的洵屬合理正當。學歷採認辦法及學歷甄試作業要點明訂，1992年9月18日至2010年9月3日前赴大陸地區高等學校就讀之碩士以上學歷採認基準，申請人除需選考專業科目進行筆試測驗外，於筆試及格後尚須提交於大陸地區學校畢業之學位論文，依所屬學術領域歸類，送交該領域之專家學者進行實體審查通過後，方能獲得由教育部核發之相當學歷證明等，以認定其具國內同級同類學校相當之學歷。學歷採認辦法第11條及學歷甄試作業要點第8點第2款規定，以申請人前往大陸地區就學係於兩岸人民關係條例修正生效「前」或「後」為分類標準，有不同「學歷認可程序」之差別待遇，係基於政府針對大陸高等學歷採認政策開放與否已有所改變，該分類標準與政策目的達成亦有合理關聯[37]。

---

[35] 最高行政法院96年度判字第213號判決。

[36] 最高行政法院93年度判字第794號判決。

[37] 最高行政法院102年度判字第137號判決（大陸地區學歷檢覈及採認辦法）。

二、不符合平等原則之差別待遇

人事評議委員會決議就相同程度、甚至違犯情節較為輕微、不良影響較低之酒駕事件，未審酌被上訴人酒後駕車之情節輕重，且無正當理由卻作成對被上訴人最嚴屬之不適服現役考評結果，顯已失衡，亦有違反平等原則及比例原則之違法[38]。

國家通訊傳播委員會對於臺視及華視似從未作成與本件相同內容的附款，亦未作成要求渠等注意或改善之行政指導，卻以上訴人與中天電視公司之間有節目互播行為，節目不夠多元化，而作成系爭附款，要求其廣告、業務部門與節目部門均須獨立，應獨自設立自有攝影棚，並不得與中天電視公司有節目聯合招攬之情事；並應在三個月內成立倫理委員會，且每三個月定期在網站公布委員會對節目內容自律之報告；中國電視事業股份有限公司（主頻、新聞臺、娛樂綜藝臺）各頻道應各自設置獨立節目編審人員，並於三個月內提出內部流程管控機制之改善計畫。上訴意旨指摘系爭附款課予上訴人其他電視臺所無之義務，已違反平等原則，亦非無據[39]。

三、不法平等

平等原則，不僅是法律上的重要原則，在傳統思想與文化中，亦深植人心，「不患寡，而患不均」，就是最好的例證。但現實生活中，平等卻有許多不同看法，其中以不法平等最難解決。例如，攤販違法擺攤被開罰時，一定會抱怨，還有很多人違法擺攤，為什麼只抓我，不公平，警察大小眼；舉目皆違建，為何只拆我的房子而不拆其他人，明顯違反平等原則，違建應該全部拆除才對。類似的觀念與爭議可用不法平等來說明。最高行政法院92年度判字第684號判決指出，行政機關行使職權時，未依法為之，致誤授予人民依法原不應授予之利益，或就個案違法狀態未予排除，而使人民獲得利益，該利益並非法律上所保護之利益。因此，其他人民不得要求行政機關比照各該案例主張權利，人民不得主張不法的平等[40]。最高行政法院98年度判字第470號判決亦指

---

[38] 最高行政法院103年度判字第241號判決。

[39] 最高行政法院102年度判字第256號判決。

[40] 陳新民，前揭書，第105頁指出，人民不得主張不法平等，旨在避免一個違法行為可以援引「錯誤的平等觀」，而產生一連串更多的違法行為，使得法律秩序受到範圍更

出，行政自我拘束的前提，須該行政先例屬合法者，行政機關始不得任意的悖離，稅捐合法公正核定，爲稅捐稽徵機關之職責，人民並無要求稅捐稽徵重複錯誤的請求權[41]。

一般而言，不法平等有兩種類型：（一）行政機關行使職權，未依法爲之，致誤授予人民依法不應授與之利益，例如，最高行政法院95年度判字第193號判決指出，平等原則應適用於保障人民合法之權利，當事人尙不得依違法之行政處分主張適用平等原則。上訴人所援引之同地段257號土地之個案，其核准不課徵土地增值稅之處分，因違反相關法律規定，顯爲具有瑕疵之行政處分，上訴人自不得援引該具有瑕疵之行政處分，主張依平等原則，請求本件亦應爲相同具有瑕疵之行政處分，蓋此實已違反平等原則之實質意義。（二）行政機關未排除個案違法狀態而使人民獲得利益，該利益並非法律上所應保護之利益，其他人民不能要求行政機關比照處理，亦即人民不得主張不法之平等[42]。最高行政法院93年度判字第1020號判決指出，行政機關若偶因審核作業之疏失，致使人民因個案違法之瑕疵狀態未排除而獲得利益時，該利益並非法律所應保護之利益，他人自不能要求行政機關比照該違法案例授予利益。

第三項　比例原則

比例原則係從德國公法學引進，重點在於行政機關所採取的行政手段，與行政機關所欲達成的目的間，要符合比例。換句話說，行政機關爲履行行政任務，追求公共目的，得對人民的自由權利加以限制，但不能爲追求公益而對於侵害人民權利自由的程度與範圍毫無限制。如何一方面追求公共利益，另一

廣之侵犯。

[41] 最高行政法院93年度判字第1392號判決亦指出，憲法之平等原則要求行政機關對於事物本質上相同的事件作相同的處理，乃形成行政自我拘束，惟憲法上的平等原則係指合法的平等，並不包涵違法的平等。故行政先例必須是合法的，乃行政自我拘束的前提要件，憲法之平等原則，並非賦予人民有要求行政機關重複錯誤的請求權。

[42] 最高行政法院97年度判字第910號判決。最高行政法院111年度上字第138號判決另指出，信賴保護原則係指行政處分雖有瑕疵，但相對人或關係人對其存續已有信賴，而行政機關之事後矯正，將因此增加其負擔者，即不得任意爲之之謂。如行政機關有怠於行使權限，致使人民因個案違法狀態未排除而獲得利益情形，並非行政機關所爲行政處分之存續使人民產生信賴，自無信賴保護原則之適用，亦無基於信賴保護原則進而主張不法平等之餘地。

方面讓人民自由權利受到限制的程度減到最低，必須藉由比例原則來檢驗。比例原則最早起源於德國各邦的警察法，警察法俗諺謂不能用大砲打小鳥，此正如同東方諺語之「殺雞焉用牛刀」。從警察法的比例原則開始，在德國逐漸將比例原則擴充到一般行政法。二次世界大戰後，再將比例原則提升到憲法的層次，任何國家權力皆必須遵守比例原則。

我國大法官在解釋憲法第23條規定的「必要」概念時，引進德國法的比例原則，以比例原則來拘束立法者[43]。此外，在不同的行政法各論，例如，集會遊行法第26條[44]、社會秩序維護法第19條[45]，亦出現了比例原則的規定。行政程序法第7條的引進，使得比例原則成為所有行政機關必須遵守的基本原則。行政程序法第7條規定，行政行為，應依下列原則為之：（一）採取之方法應有助於目的之達成。（二）有多種同樣能達成目的之方法時，應選擇對人民權利損害最少者。（三）採取之方法所造成之損害不得與欲達成目的之利益顯失均衡[46]。

---

[43] 司法院釋字第436、452、462、471、476、487、490、507、510、515、528、544、580、623、637、646、654、682、718號及第732號等解釋。

[44] 集會遊行法第26條規定，集會遊行之不予許可、限制或命令解散，應公平合理考量人民集會、遊行權利與其他法益間之均衡維護，以適當之方法為之，不得逾越所欲達成目的之必要限度。

[45] 社會秩序維護法第19條規定，處罰之種類如左：1.拘留：一日以上，三日以下；遇有依法加重時，合計不得逾五日。2.勒令歇業。3.停止營業：一日以上，二十日以下。4.罰鍰：新臺幣300元以上，3萬元以下；遇有依法加重時，合計不得逾新臺幣6萬元。5.沒入。6.申誡：以書面或言詞為之。勒令歇業或停止營業之裁處，應符合比例原則。

[46] 從行政程序法第7條所使用之文字來看，比例原則似乎僅適用於干預行政；惟給付行政亦應適用比例原則，司法院釋字第485號解釋指出，鑑於國家資源有限，有關社會政策之立法，必須考量國家之經濟及財政狀況，依資源有效利用之原則，注意與一般國民間之平等關係，就福利資源為妥善之分配，並應斟酌受益人之財力、收入、家計負擔及須照顧之必要性妥為規定，不得僅以受益人之特定職位或身分作為區別對待之唯一依據；關於給付方式及額度之規定，亦應力求與受益人之基本生活需求相當，不得超過達成目的所需必要限度而給予明顯過度之照顧。法務部民國106年9月6日法律字第10603512410號亦指出，行政機關採行給付行政措施時，仍應注意比例原則以及由此而衍生之給付禁止過多原則，亦即與事物本質無關之恣意給付，或過多之給付係屬裁量之濫用，且同時違反平等原則。

一、適當性原則（適合性原則）

國家採行之措施必須能實現行政目的或至少有助於目的之達成，並且為正確之手段，亦即在目的與手段關係上必須是適當的。基本上符合此項原則並不困難，行政機關通常皆能選擇能達成目的之方法，否則根本無法順利完成任務。比較有爭議的情形在於，行政機關對於法律目的之認知是否正確。錯誤的目的認知當然會導致手段選擇的錯誤。惟立法目的之探求有時並非容易，特別是立法理由僅記載「政黨協商通過」之文字時，行政機關必須綜合所有當時立法資料才能作出正確判斷。

二、必要性原則（最小侵害原則）

必要性原則係指有多種能同樣達到目的之方法時，應選擇對人民權利損害最小的方法。例如，面對違法集會遊行，舉牌警告要求解散，使用警棍或是其他物理的力量強制解散，甚至出動水車驅散、施放催淚彈等皆可達成目的。此時，在能達成相同目的時，不得選擇最有效、最快的方法，而是應選擇對人民權利損害最小的方法。土地徵收是國家取得土地所有權最後不得已之手段，土地徵收僅在無其他方法可資利用時始可，若得以其他較輕微侵害財產權人權利之方式達成時，例如，以公有土地互易可取得土地之利用，或以物之負擔或行政契約、聯合開發捐贈方式可代替土地徵收等，則土地徵收有違比例原則而為法所不許[47]。

經指定為古蹟後，古蹟及座落之土地所有權人之財產權均受到相當之限制與剝奪，因此，該指定之處分應符合比例原則，亦即在古蹟指定之行政程序中，選擇對人民權益損害最少之方法為之。上訴人（圓通禪寺）為一宏揚佛法之道場，其一再主張東西廂房並非與大雄寶殿同時興築，而是大雄寶殿建築完成若干年後，東廂房興築之目的本為因應寺務日增繁雜而增建，作為上訴人辦公室及圖書館之用，西廂房則為常住法師們生活住居之處所，指定古蹟之法律效果，造成東西廂房之使用限制，影響其道場設置之目的，似將損及普羅大眾權益，逾越國家為了達到保存文化資產之公益目的[48]。

必要性原則基本上要求，對人民損害較少的方法無法達成目的後，才能採

---

[47] 最高行政法院99年度判字第355號判決。
[48] 最高行政法院107年度判字第362號判決。

取侵害較大之措施。最高行政法院93年度判字第288號判決指出，違反少年福利法第19條第1項、第3項之行為，依同法第26條第2項規定，其制裁方式分為罰鍰及勒令停業、歇業或吊銷執照。依該條第2項前段規定處罰鍰，仍無助於維護社會秩序及善良風俗之目的時，始有依後段規定勒令歇業等處分之必要。

　　至於方法是否能達成同樣目的，並非容易判斷，一般而言，行政機關享有一定程度之判斷餘地，惟若一開始採取並非較小侵害方法時，行政機關應有說明理由之義務。

三、狹義比例原則

　　狹義比例原則係指採取之方法所造成之損害不得與欲達成目的之利益顯失均衡，強調手段與目的之間要成比例，不能為達成很小之目的，而造成人民過大損害。國家所採取行為對人民權利侵害愈深，則該行為所欲維護目的必須更重要，否則手段與所追求之目的，不成比例而違法。狹義比例原則要求行政機關在不同利益間作權衡考量。「符合比例」之方法，係指該方法之不利益，與達成目的之利益相權衡，不失合理之比例關係。換言之，除該行政處分須最適合於行政目的之要求，並不得逾越必要之範圍外，尚須與所欲達成之行政目的間保持一定之比例，始足當之[49]。僅部分未作農業使用，就該部分追繳應納稅款，即足以達成人民對列管之土地繼續作為農業使用之行政目的，殊無需就全部之土地追繳稅款，否則造成人民之損害，顯然大於繼續作為農業使用之行政目的，自違行政法之比例原則[50]。覆審決定在被害人對被害可歸責程度尚屬輕微情形下，裁量決定不予補償二分之一之金額，過度剝奪被上訴人此部分二分之一之受補償權利，手段與所要達成目的（就被害人對被害有可歸責事由不予補償）（見保護法第10條之立法理由）之利益顯失均衡，其裁量權之行使，違反比例原則，自屬違法，非僅屬不合妥當性之問題而已[51]。

　　雖然比例原則在行政程序法已細分成三項子原則，但在司法實務上仍有許

---

[49] 臺中高等行政法院92年度訴字第534號判決因而認為，原告所有系爭土地，面積僅0.0218公頃，且原告係為改善土質以利農作而有此行為，若有違法，其情節亦屬甚為輕微，被告機關於裁處罰鍰時未予審酌，為最高額之處罰。核其所為處罰，其所欲達成之行政目的，有違比例原則。

[50] 臺中高等行政法院89年度訴字第50號判決。

[51] 最高行政法院99年度判字第684號判決。

多判決並未細分，仍籠統以違反比例原則作為理由認定行政行為違法（甚至直接引用憲法第23條之規定），例如，最高行政法院99年度判字第639號判決指出，國軍飲酒駕車處分規定，該規則不分任何情節輕重，僅以酒醉達一定程度一律記兩大過並經人評會審查不適服現役，未就有無肇事、有無致他人損害、影響軍紀是否重大及犯後態度等情節，作不同處罰之程度或賦予執法者依情節裁量之餘地，該規定自有違憲法第23條所定之比例原則而無從適用；最高行政法院90年度判字第2465號判決指出，法律既明定罰鍰之額度，授權行政機關依違規之事實情節為專業上判斷，就各案分別為適當之裁罰，此乃法律授權主管機關裁量權之行使。如主管機關未依各案違規之事實情節分別為適當之裁罰，一律依罰鍰之上限裁罰，縱令其罰鍰之上限未逾越法律明定得裁罰之額度，仍有違比例原則，與法律授權主管機關行政裁量之目的不合，係行政裁量權之濫用。被告依前開法條裁罰原告總計有四件，被告未說明裁量理由，不分頻道節目，廣告則數之多寡，一律各科處最高罰鍰3萬元（折合新臺幣9萬元），與比例原則有違。軍中既將智慧型手機列為管制物品，須先申請核准方得攜帶入營，且智慧型手機之熱點分享亦屬於管制之範疇，須經核准方得開啟使用，倘軍事學校學生未經核准擅自攜帶智慧型手機進入學校，並開啟熱點分享之功能使用，即屬未依規定使用通信、資訊設備，學校經查證屬實，自得予以懲處。惟學生雖有違規情事，然校方未考量學生該次違規動機，亦未斟酌其事後已有悔過之意，復未審酌此舉並未造成洩密或導致他人受有損害等情，遽認違規學生累犯過失，遽處以最重之記大過二次處分，即有違反行政程序法第7條比例原則及第9條有利不利一律注意原則[52]。

第四項　信賴保護原則

行政行為必須與時俱進，否則無法適應快速變化的環境，因此行政行為之修正、變更、撤銷或廢止乃是常見現象；但人民對於國家既有法律秩序之信賴亦必須加以重視，兩者間之衝突如何調和，乃是信賴保護原則之任務。信賴保護原則不僅是行政法重要原則，亦是憲法法治國原則下的基本原則。

---

[52] 高雄高等行政法院108年度訴字第445號判決。

一、司法院相關解釋

司法院釋字第525號解釋理由書中指出，法治國爲憲法基本原則之一，法治國原則首重人民權利之維護、法秩序之安定及誠實信用原則之遵守。人民對公權力行使結果所生之合理信賴，法律自應予以適當保障，此乃信賴保護之法理基礎，亦爲行政程序法第119條、第120條及第126條等相關規定之所由設。行政法規（包括法規命令、解釋性或裁量性行政規則）之廢止或變更，於人民權利之影響，並不亞於行政程序法所規範行政處分之撤銷或廢止，故行政法規除預先定有施行期間或經有權機關認定係因情事變遷而停止適用，不生信賴保護問題外，制定或發布法規之機關固得依法定程序予以修改或廢止，惟應兼顧規範對象值得保護之信賴利益，而給予適當保障，方符憲法保障人民權利之意旨。

司法院釋字第717號解釋理由書亦指出，信賴保護原則涉及法秩序安定與國家行爲可預期性，屬法治國原理重要內涵，其作用非僅在保障人民權益，更寓有藉以實現公益之目的。人民對依法規而取得之有利法律地位或可合理預期取得之利益，於客觀上有表現其信賴之事實，而非純爲願望或期待，並具有值得保護之價值者，其信賴之利益即應加以保護。法規變動（制定、修正或廢止）時，在無涉禁止法律溯及既往原則之情形，對於人民既存之有利法律地位或可得預期之利益，國家除因有憲政制度之特殊考量外，原則上固有決定是否予以維持以及如何維持之形成空間，惟仍應注意人民對於舊法有無值得保護之信賴及是否符合比例原則。授予人民經濟利益之法規預先定有施行期間者，在該期間內即應予較高程度之信賴保護，非有極爲重要之公益，不得加以限制；若於期間屆滿後發布新規定，則不生信賴保護之問題。其未定有施行期間者，如客觀上可使規範對象預期將繼續施行，並通常可據爲生活或經營之安排，且其信賴值得保護時，須基於公益之必要始得變動。凡因公益之必要而變動法規者，仍應與規範對象應受保護之信賴利益相權衡，除應避免將全部給付逐予終止外，於審酌減少給付程度時，並應考量是否分階段實施及規範對象承受能力之差異，俾避免其可得預期之利益遭受過度之減損。

司法院釋字第781號解釋指出，信賴保護原則所追求之法秩序安定，以及現代國家面對社會變遷而不斷衍生之改革需求，必須依民主原則有所回應，兩者同屬憲法保護之基本價值，應予調和。又任何法規皆非永久不能改變，受規範對象對於法規未來可能變動（制定、修正或廢止），亦非無預見可能。立法

者為因應時代變遷與當前社會環境之需求，在無涉法律不溯及既往原則之情形下，對於人民既存之權益，原則上固有決定是否予以維持以及如何維持之形成空間。然就授予人民權益而未定有施行期間之舊法規，如客觀上可使受規範對象預期將繼續施行，並通常可據為生活或經營之安排，且其信賴值得保護時，須基於公益之必要始得變動。且於變動時，為目的之達成，仍應考量受規範對象承受能力之差異，採取減緩其生活與財務規劃所受衝擊之手段，始無違信賴保護原則與比例原則（司法院釋字第525號及第717號解釋參照）。

二、行政程序法第8條後段

行政程序法第8條規定，行政行為，應以誠實信用方法為之，並保護人民正當合理之信賴。行政程序法第1條亦強調，保障人民權益，增進人民對行政之信賴，係行政程序法之立法目的。由此可見信賴保護原則在現代國家之重要性。最高行政法院98年度判字第172號判決指出，信賴保護原則係指人民因相信既存之法秩序，而安排其生活或處置其財產，嗣後法規或行政處分發生變動，不得使其遭受不能預見之損害[53]。換句話說，信賴保護原則為行政法上為避免剝奪人民「既得權」之一般法律原則[54]。

信賴保護原則，涵蓋之對象，包括行政機關之授益處分、解釋函令以及其他行政行為；當人民因為信賴行政機關之處分、決定或解釋函令的有效存在，並根據該等處分、決定或解釋函令而就具體生活關係或經濟活動為安排時，此一人民因信賴所形成之利益，即應受到法律保護。惟若行政機關未為任何行政行為，行政機關即無於其後為變更或變更之標的，且人民亦無從據以產生信賴而安排具體生活關係或經濟活動，自亦無主張信賴保護之可言[55]。

適用信賴保護原則，一般認為應具備三要件：信賴基礎、信賴表現及信賴值得保護。

（一）信賴基礎

主張信賴保護時，在客觀上必須存在一項行政行為作為信賴基礎。有爭議

---

[53] 最高行政法院94年度判字第1309號判決亦指出，信賴保護原則係指人民因相信既存之法秩序，而安排其生活或處置其財產，嗣後法規或行政處分發生變動，不得使其遭受不能預見之損害。倘無法規或行政處分之變動，自不生主張信賴保護原則問題。

[54] 最高行政法院100年度判字第1092號判決。

[55] 最高行政法院92年度判字第1901號判決。

的是，該項行政行為是否應具備法律上之拘束力，才能成為信賴基礎。例如，行政機關在新的工業區招商說明會中信誓旦旦提出進駐廠商數量之願景，從事餐飲業的廠商信賴政府的說明，進駐工業區營業，但後來招商成果遠遠不及當初預估十分之一，針對願景說明得否主張信賴保護原則呢？

可作為信賴基礎之國家行為包括，抽象信賴基礎，例如，法規命令、行政規則，以及具體信賴基礎，例如，行政處分等。要求國家行為必須具有法效性始能成為信賴基礎者，例如，最高行政法院98年度判字第948號判決及最高行政法院100年度判字第1092號判決指出，信賴基礎，即行政機關表現在外具有法效性之決策。要求相對寬鬆者，最高行政法院92年度判字第449號判決指出，有信賴基礎之存在；即行政機關必須有一個表示國家意思於外之外觀，或是一事實行為存在。最高行政法院101年度判字第699號判決指出，必須有一表示國家意思之行政行為存在，以為信賴之基礎。

作為信賴基礎的國家行為原則上必須對於人民行為有拘束力，人民才須依此項國家行為對未來生活加以規劃；如僅是一種宣示、呼籲、建議或願景之描述，其對人民之行為並無強制力，人民是否遵循，可自由評估決定，例如，是否進駐工業區乃是經營風險之考量，行政機關並無強制人民進駐之權限，因此招商說明會提出之願景並非信賴基礎[56]。

（二）信賴表現

須人民因信賴該行政行為而為具體之信賴行為，因此產生權利之變動或財產上之支出，嗣後行政機關欲除去此項信賴基礎，人民之權利或利益將因之而受有損害。換句話說，人民基於國家法效性決策宣示所形成之信賴，實際開始規劃其生活並付諸實施或因運用財產致財產產生變動，此等表現在外之實施行為則為信賴表現[57]。主張信賴保護者，須有客觀上具體表現信賴之行為，且無信賴不值得保護情事，始足當之；至純屬願望、期待而未有表現其已生信賴之事實者，則欠缺信賴要件，不在保護範圍[58]。此外，於行政行為屬提供金錢給付之情形，須就受益人有無因該金錢之給付而耗用之，或作成不能回復或難於回復之財產處置。若僅消極受領給付，而非積極為行為者，即難認有信賴表

---

[56] 李惠宗，前揭書，第138頁認為，具有誘導性的行政指導亦得成為信賴基礎，雖然行政指導理論上並不具拘束力。

[57] 最高行政法院98年度判字第948號、最高行政法院100年度判字第1092號判決。

[58] 最高行政法院96年度判字第1496號判決。

現，自無信賴保護原則之適用[59]。最後，信賴基礎與信賴表現間應具有因果關係[60]。

（三）信賴值得保護

信賴必須在客觀上值得保護，亦即在客觀上存在值得保護之信賴利益時，始得主張信賴保護原則。惟何種情況下，信賴值得保護呢？由於正面的定義相當困難，一般採用負面認定之方式。行政程序法第119條規定，行政處分受益人有左列情形之一者，其信賴不值得保護：1.以詐欺、脅迫或賄賂方法，使行政機關作成行政處分者。2.對重要事項提供不正確資料或爲不完全陳述，致使行政機關依該資料或陳述而作成行政處分者[61]。3.明知行政處分違法或因重大過失而不知者。如有上述三種情形之一，不得主張信賴保護。

除上述適用於具體個案之判斷標準外，大法官特別指出行政法令不適用信賴保護原則之情形，司法院釋字第525號解釋理由書指出，有下列情形之一時，則無信賴保護原則之適用：1.經廢止或變更之法規有重大明顯違反上位規範情形者。2.相關法規（如各種解釋性、裁量性之函釋）係因主張權益受害者以不正當方法或提供不正確資料而發布，其信賴顯有瑕疵不值得保護者。3.純屬法規適用對象主觀之願望或期待而未有表現已生信賴之事實者，蓋任何法規皆非永久不能改變，法規未來可能修改或廢止，受規範之對象並非毫無預見，故必須有客觀上具體表現信賴之行爲，始足當之。

三、保護方式

保障信賴利益之方式，亦即主張信賴保護之法律效果常見者有三[62]，使行

---

[59] 最高行政法院99年度判字第891號判決。

[60] 最高行政法院92年度判字第449號判決。

[61] 最高行政法院98年度判字第1294號判決指出，原判決以被上訴人因信賴上訴人免稅之處分而辦理後續之過戶程序有信賴表現，被上訴人辦理本件增值稅之申報過程，均委由專業地政士依相關行政作業之要求程序辦理，並未有詐欺、脅迫、賄賂之行爲，或提供不正確資料或爲不完全之陳述，更遑論被上訴人亦無明知行政處分違法或因重大過失而不知行政處分違法之情事等由，據以認定本件並無行政程序法第119條所列各款之信賴不值得保護之情形云云，固非全然無見。

[62] 李惠宗，前揭書，第140-142頁；林錫堯，前揭書，第71頁，皆認爲信賴保護之法律效果主要區分爲，存續保護及財產保護。

政法令或具體行政行為繼續有效；針對人民利益所受之損害，採取合理之補救措施，特別是損失補償；訂定合理之過渡條款，提供人民更多調整之時間，俾減輕人民損害，以符合憲法保障人民權利之意旨。

四、參考案例

（一）不適用信賴保護原則——最高行政法院107年度判字第60號判決

上訴人雖主張渠等停泊愛河水域已數十年，應得主張公用地役權，並因對內河航行規則第23條規定產生信賴基礎，復有停泊數十年之具體信賴表現，應受信賴保護而得以繼續停泊。惟依現行法律，公用地役權應僅限於陸地，並無水上之公用地役權，且公用地役權之作用在於通行，上訴人請求在愛河沿岸水域停泊，顯與公用地役權之宗旨相違。再內河航行規則第23條規定，非謂通行之船舶可任意停泊於航道水域任何處所，亦非針對愛河水域所為規範，客觀上不足以使人產生可不受限制停泊於愛河水域之信賴基礎。又愛河管理條例於103年9月4日公布施行，高雄市政府交通局於104年3月間始對上訴人裁罰，足認已有相當過渡期間，況上訴人並未具體主張有何實際開始規劃其生活或財產之變動，並付諸表現在外之具體實施行為，難謂對外已有信賴表現行為，自無信賴保護原則之適用。

（二）適用信賴保護原則——最高行政法院106年度判字第527號判決

財政部91年3月8日台財關字第0910550152號函釋係就進口貨物行之多年歸列稅則號別不適當案件，以行之多年稅則號別，已形成法秩序，為避免造成人民不能預見之損害，海關擬改列該稅則號別（變更法秩序），應報財政部核定，由財政部依行政程序法第159條第2項第2款暨第160條第2項規定以令發布之，並登載於財政部公報，改列之稅則號別並自發布令之日起生效，符合行政程序法第6條及第8條規範意旨及行政自我拘束原則，以避免人民遭受不能預見之損害，保障人民正當合理之信賴，並維持法秩序之安定，自得援用。

第五項　誠實信用原則

誠實信用原則，係指行政行為應以誠實信用之方法為之，誠實信用原則，是公法與私法（民法第148條）所共通之基本原理。高雄高等行政法院92年度訴更字第8號判決指出，誠信原則係指每個人對其所為承諾之信守，而形

成所有人類關係所不可缺之信賴基礎。也就是在善良思考之行為人間，相對人依公平方式所可以期待之行為。一般皆以類型化方式來處理誠實信用原則適用的問題。依目前行政法院之判決可分為四類：禁反言、禁止權利濫用、權利失效以及其他類型。

一、禁反言原則

最高行政法院判決101年度判字第774號判決指出，司法院釋字第527號解釋理由書，固將禁反言釋示為一般法律原則，但我國專利法並無明文規定禁反言之原則，於我國專利侵權鑑定實務，則將專利侵權鑑定要點第三章第二節第6點「禁反言」列入，成為專利侵害訴訟中解釋申請專利範圍之原則。該原則係為防止專利權人將在申請過程的任何階段或任何文件上，已明白表示放棄之某些權利，事後在專利權取得以後或是在專利侵害訴訟當中，再行重為主張已放棄部分，即專利權人對專利要求的解釋應當前後一致，因禁反言原則本質上在禁止行為人主張前後反覆，以建立法秩序之安定，並保護相對人或第三人基於信賴行為人主張而構建之相對利益。禁反言原則之禁止反覆觀念，與行使權利、履行義務，應依誠實信用原則相通。專利權人將在申請過程的任何階段或任何文件上，主張某項技術為先前技術者，則在比對系爭專利是否具專利要件時，自得依專利權人上開文件之主張，逕認該項技術為先前技術，毋庸再為舉證，以禁止專利權人反覆，並保護相對人或一般公眾基於信賴專利權人主張而構建之相對利益。禁反言或誠實信用原則，於專利有效性之訴訟，亦應有其適用。

臺北高等行政法院92年度訴更一字第114號判決指出，禁反言原則原係專利侵權訴訟實務上用以限制專利權人均等原則主張之重要原則。私法領域有關行使權利、履行義務，應依誠實及信用方法之誠信原則，於公法領域亦應有其適用。禁反言原則禁止專利權人之主張前後反覆，以維護既有法秩序之安定及利害關係人之權益，與行政法誠信原則禁止反覆之法律原理相通，禁反言原則非僅限適用於私法專利侵權訴訟，於公法專利行政爭訟程序亦應適用。

二、禁止權利濫用

高雄高等行政法院93年度訴字第380號判決指出，誠信原則是權利內容的限制，行使權利違反誠實信用者，乃逾越其權利之內容，構成濫用；權利之行

使不合誠信原則，即非合法行使，不發生行使權利之效力。

　　權利濫用，係指外觀上徒具權利行使之形式，實質上違背法律之根本精神，亦即與權利之社會作用及其目的相背馳者而言。其判斷應採客觀標準，觀察一切具體情事，尤應綜合權利人因權利行使所能取得之利益，與他人及國家社會因其權利行使所受之損失，比較衡量以定之[63]。

三、權利失效

　　關於權利行使在時間上之限制，除消滅時效與除斥期間外，實務上以「誠實信用原則」為基礎，另創設出「權利失效」制度，所謂「權利失效」，係指實體法或程序法上之權利人長時間不行使權利，使義務人根據此一事實及其他有關情況，認為權利人將不再行使該權利，則該權利雖未消滅，亦不得再行使，否則即有違誠實信用原則。其適用之對象包括請求權、形成權、抗辯權與支配權等一切權利。至於權利人不行使權利之期間長短，視權利之種類、內容及重要性而有不同[64]。權利失效在民法上亦被認為源自誠信原則，以權利人不行使權利已達相當之期間，致義務人產生權利人將不再行使其權利之正當信賴，並以此作為自己行為之基礎，而依一般社會通念，權利人嗣後如又對之行使權利，有違誠信原則者，始足當之。倘權利人僅長時間未行使權利，別無其他足致義務人產生將不再行使其權利之信賴，並據此信賴作為嗣後行為之基礎，而應予保護情形者，即難認有權利失效原則之適用[65]。

四、其他類型

　　原告就系爭房屋有出租行為，其自1996年起，每年均有申報綜合所得稅，此有被告移送原處分機關之1996年起之綜合所得稅申報書附在原處分卷可證，則稽徵機關於原告申報其租賃所得時即已知悉其有系爭銷售勞務之情事，基於政府一體之原則，被告即應儘速通知原處分機關辦理稽核，通知原告辦理營業登記，並申報營業稅，實不應於知悉時不為處理，相隔多年之後，再追溯累積各期漏稅金額予以處罰，而有違背誠實信用之方法，並損及納稅義務人正當合

[63] 最高法院108年度台上字第1752號民事判決。
[64] 臺中高等行政法院97年度訴字第509號判決。
[65] 最高法院109年度台上字第609號民事判決。

理之信賴，亦難期待人民思及應向被告查詢是否爲營業稅課徵範圍，稽徵機關在知悉原告未辦理營業稅出租房屋時，即予處理，原告在未受通知應辦營業登記前，自難謂其有何故意或過失[66]。

　　處分機關如果違反其所爲限期改善處分的存續力及構成要件效力（行政程序法第110條第3項規定），不待其自己所定的期限屆滿，使處分相對人能依限儘速改善，反而便宜行事，於改善期限屆滿前即以處分相對人未完成改善而予以處罰，即不符合殯葬管理條例第73條第1項所定須「屆期仍未改善」始得按次處罰的構成要件，也違反行政程序法第8條所定的誠信原則及信賴保護原則[67]。

第六項　有利不利一律注意原則（行政程序法第9條及第36條）

　　行政程序法第9條規定，行政機關就該管行政程序，應於當事人有利及不利之情形，一律注意。凡有關行政程序資料及一切情形，爲求實質眞實發現，達成行政程序最終目的，均應予以同等注意。不利當事人之情形而有疑問者，倘不能爲不利之證明者，即不得爲不利之認定。本條規定與行政程序法第36條規定多所重疊，行政機關爲處分或其他行政行爲前，自應於當事人有利及不利之情形，一律注意，並斟酌其全部陳述與調查事實及證據之結果，依論理及經驗法則認定事實。如處分對當事人不利，應將其得心證之理由完整告知當事人，始符合行政程序法第1條規定所揭示之公正、公開與民主原則並增進人民對行政之信賴之立法目的。

　　行政程序法第36條規定，行政機關應依職權調查證據，不受當事人主張之拘束，對當事人有利及不利事項一律注意。勞工保險局爲妥愼查明爭點，已將全案之病歷、診斷證明書及慈濟醫院大林分院職業醫學科醫師之工廠訪視報告等資料，先後送請多位專科醫師提供醫理見解，嗣再經勞委會職業疾病鑑定委員會鑑定決定，勞工保險局依職權調查證據，對原告有利及不利事項均予注意，並依查得之證據作爲審核依據，並無不合[68]。行政機關應依職權調查證據，不受當事人主張之拘束，對當事人有利及不利事項一律注意，乃行政程

---

[66] 臺北高等行政法院92年度訴字第995號判決。

[67] 最高行政法院112年度上字第356號判決。

[68] 臺中高等行政法院100年度簡字第139號判決。

序法第36條所明定，臺北縣政府無視原告上開陳述有語義不明、與事實未符情事，未予詳加查證，逕依現場取締紀錄所載，以原告於稽查當日曾表示有「排放污水」，作為認定本件原告違章行為成立之依據，於法未合[69]。

　　上訴人（昌溢股份有限公司）主張系爭計畫於通過審查當時，即係因符合法律、興建、營運等政策需求，且將禮廳、火化、納骨均集合於園區內完成，不致衍生外部環境問題。上訴人已承諾開發行為必須符合各類興建、營運法規，以及環境影響評估等需求，故於上訴人尚未辦理環境影響評估之情況下，被上訴人（新北市政府）仍執此而空言稱興建、營運有環境污染之虞，故廢止較符合公益云云，已有認定事實不憑證據之違誤。況且系爭計畫案提升整體殯葬環境「質」與「量」之措施，並非不能帶來環境改善與興利之結果等語，是否可採，攸關廢止原審核通過處分之公益是否超過續予維持之利益，原審未予調查釐清，徒憑臆測開發興建過程將有污染為由，認定維持原審核通過處分對公益將有危害，而就系爭計畫案完成後對整體社會帶來之益處隻字未論，核與行政程序法第9條有利不利一體注意原則相悖，其判決理由亦屬不備[70]。

---

[69] 臺北高等行政法院98年度訴字第477號判決。
[70] 最高行政法院107年度判字第308號判決。

第五章 ┃ 裁量與不確定法律概念

　　行政機關並非附屬於立法機關的執行組織，亦非機械式、自動轉化法律規定。法律以文字表現，文字則有某種程度之不明確，因此法律需要解釋。由於法律制定與修改並不容易，在制定過程中需要利益衡平與妥協，制定法律之程序繁瑣，因此立法者僅能以抽象文字涵蓋最多案例，故法律文字之抽象性有其必要。甚至有些法律用語，例如，「善良風俗」、「公共秩序」等，法律文字並未曾改變，但五十年前的善良風俗和現在或五十年後善良風俗的內容則會有所差異。

　　法律針對特定行為有時規定許多不同的法律效果，例如，在指定清除地區亂丟廢棄物，依廢棄物清理法第27條及第50條規定處新臺幣1,200元以上6,000元以下之罰鍰，賦予行政機關依據廢棄物種類、廢棄物所造成之污染程度等因素，決定個案中具體之罰鍰額度。

　　解釋法律構成要件，乃探求法律規定之真意，常涉及不確定法律概念的問題；裁量則是構成要件該當或法律規定要件實現時，行政機關選擇是否讓法律效果發生，或從多種法律效果中選擇一種或多種法律效果。簡言之，不確定法律概念涉及構成要件之解釋，裁量則涉及法律效果之選擇。空氣污染防制法第67條規定，違反第32條第1項各款情形之一者，處新臺幣1,200元以上10萬元以下罰鍰；其違反者為工商廠、場，處新臺幣10萬元以上500萬元以下罰鍰。依前項處罰鍰者，並通知限期改善，屆期仍未完成改善者，按次處罰；情節重大者，得令其停止作為或污染源之操作，或令停工或停業，必要時，並得廢止其操作許可證或勒令歇業。此乃典型的行政法條文，條文中存在非常複雜的問題。工廠煙囪排放廢氣不符合法律規定標準時，行政機關面臨第一個問題，法律規定科處10萬元以上500萬元以下之罰鍰，究竟應處罰多少呢？10萬、20萬，或是100萬？此涉及裁量問題。排放的廢氣，造成附近居民呼吸不順暢甚至送醫時，是否屬於情節重大呢？如何判斷是否情節重大，則屬於不確定法律概念問題。符合情節重大時，得命其停止作為或污染源之操作，或命停工或停業，此時又涉及裁量問題。最後，是否為必要時，則屬於不確定法律概念之解釋；必要時，得廢止其操作許可證或勒令歇業，此時又涉及裁量問題。

第一節 裁 量

第一項 裁量之意義

　　裁量係指行政機關依據法律授權，在法律構成要件該當或法律規定要件實現時，決定是否讓法律規定的法律效果產生或選擇發生何種法律效果的決定。例如，空氣污染防制法第67條規定，違反第32條規定且情節重大者，可令其停工或停業。違反行為情節重大且符合構成要件時，主管機關決定，是否要讓法律效果產生，稱為決定裁量。行政機關決定使法律效果發生後，則進行第二個步驟，亦即選擇停工或停業，換句話說，行政機關從不同法律效果中，選擇特定之法律效果，稱之為選擇裁量[1]。法律規定之決定裁量與選擇裁量二者可能同時兼具。惟亦有法律規定僅有決定裁量者，例如，舊醫療法第81條規定，「醫療機構有左列情形之一者，得撤銷其開業執照。」換言之，主管機關在該條規定之情況下，僅能決定是否要讓法律效果產生。

一、何時有裁量權（裁量行政）

　　行政機關行使裁量權係基於法律授權，因此裁量權並非行政機關固有權限。惟法律條文中甚少明確規定「裁量」授權，如何判斷行政機關擁有裁量權呢？一般而言，法律是否賦予行政機關裁量權，可經由法律條文之用語與解釋得知[2]，首先，法條使用「得」字之用語者，例如，情節重大者，「得」令其停工或停業，一般表示行政機關有裁量權[3]。

---

[1] 林錫堯，行政法要義，修訂4版，2016年8月，第271頁。

[2] 李惠宗，行政法要義，8版，2020年9月，第154頁；莊國榮，行政法，修訂9版，2023年9月，第58-59頁。

[3] 最高行政法院102年度判字第397號判決指出，依（舊）保險法第149條第2項規定作成之行政處分，其性質除係「管制性不利處分」外，亦屬裁量處分。主管機關於保險業不遵行其依保險法第149條第1項所為之處分時，得就其情節，依同條第2項規定選擇適合達成所欲管制目的之手段，作成必要之措施或處分。保險法第149條第1、2項規定，保險業違反法令、章程或有礙健全經營之虞時，主管機關除給予以糾正或命其限期改善外，並得視情況為下列處分：1.限制其營業或資金運用範圍。2.命其停售保險商品或限制其保險商品之開辦。3.命其增資。4.命其解除經理人或職員之職務。保險業不遵行前項處分，主管機關應依情節，分別為下列處分：1.撤銷法定會議之決議。

　　其次，法律條文使用「得不」之用語者，亦表示行政機關有裁量權。例如，中華民國專屬經濟海域及大陸礁層法第15條規定，在中華民國大陸礁層從事海底電纜或管道之舖設、維護或變更，其路線之劃定，應經中華民國政府之許可；其許可辦法，由行政院定之。中華民國政府為探勘、開發、管理、養護大陸礁層之非生物資源或定居種生物資源，或為防止、減少、管制管道造成之污染，得不為前項之許可。換言之，「得」是行政機關享有積極權限，「得不」是行政機關享有消極不予核准之權限，故法律規定中出現「得」或「得不」之用語時，表示行政機關有裁量權。

　　惟須注意的是，裁量權係針對法律效果，故僅在法律規定針對法律效果時，始有裁量權存在。法律規定雖然出現「得」之用語，但其並無附隨任何法律效果規定時，此時並非屬裁量權之授與[4]。例如，空氣污染防制法第48條第1項規定，各級主管機關「得」派員攜帶證明文件，檢查或鑑定公私場所或移動污染源空氣污染物排放狀況、空氣污染蒐集設施、防制設施、監測設施或產製、儲存、使用之燃料成分、製造、進口、販賣含揮發性有機物化學製品成分，並令提供有關資料。條文中之「得」字僅是賦予行政機關從事特定行為之權限，與裁量無關。

　　第三，法律效果規定有「上下限」情形者（一定範圍），例如，空氣污染防制法第65條第2項規定，違反第14條第1項或依同條第4項所定之辦法中有關禁止或限制交通工具使用之管理規定者，處交通工具使用人或所有人新臺幣1,500元以上3萬元以下罰鍰。

　　第四，法律用語有「或」字者，亦表示裁量權之存在（手段選擇），例如，空氣污染防制法第65條第1項規定，公私場所違反第14條第1項或依同條第4項所定辦法中有關採取緊急防制措施之管理規定者，處新臺幣2萬元以上100萬元以下罰鍰；其違反者為工商廠、場，處新臺幣10萬元以上2,000萬元以下罰鍰；情節重大者，並得令其停工或停業。

　　第五，涉及特許事業時，最高行政法院102年度判字第481號判決指出，彩券的發行屬基於法律之國家保留事項，國家掌有彩券的發行專屬權，教育部就申請人年度發行計畫之核准非僅「許可」營業，而係「特許」營業，自有其裁

　2.解除董（理）事、監察人（監事）職務或停止其於一定期間內執行職務。3.其他必要之處置（現行條文已不相同）。

[4] 盛子龍、吳庚，行政法之理論與實用，增訂16版，2020年10月，第101-102頁。

量權限，法律性質上係屬裁量處分。

二、羈束行政

　　行政機關享有裁量權所為之行政，稱為裁量行政；行政機關無裁量權所為之行政，稱為羈束行政。法律之規定，於其構成要件實現時，僅賦予單一之法律效果，行政機關須依規定為之，否則即為違法者，係羈束行政[5]。至於羈束處分則指凡有法規規定之特定構成要件事實存在，行政機關即應為特定法律效果之行為[6]。

　　行政機關在何種情形下無裁量權呢？一般而言，有兩種情形[7]：第一，當法律規定出現「應」或「須」用語時，屬羈束行政；換言之，構成要件該當後，行政機關無裁量權，必須讓法律效果實現，例如，建築法第81條第1項規定，直轄市、縣（市）（局）主管建築機關對傾頹或朽壞而有危害公共安全之建築物，應通知所有人或占有人停止使用，並限期命所有人拆除；逾期未拆者，得強制拆除之。

　　第二，法律規定使用「不得」之文字者，屬消極之羈束行政。例如，藥師法第8條第1項規定，有下列情形之一者，不得發給執業執照，已發給者撤銷或廢止之。換言之，行政機關在藥師法第8條第1項規定之情形發生時，不得核發執照而無任何裁量可能性。

　　依建築法第25條、第35條規定意旨[8]，行政機關對於人民建造執照之申請，除非其申請有不合建築法規定或基於該法所發布之命令或妨礙當地都市計畫或區域計畫有關規定者外，依法即有核發建造執照義務，臺北市都發局核發

5　法務部民國100年5月11日法律字第1000009867號。

6　法務部民國105年4月25日法律字第10503507120號指出，醫療機構開業執照之核發，倘申請人提出申請、備具法定文書資料，經主管機關審查符合法定要件時，主管機關即應發給開業執照，其性質應屬羈束處分。

7　陳敏，行政法總論，10版，2019年11月，第184-185頁。

8　建築法第25條第1項規定，建築物非經申請直轄市、縣（市）（局）主管建築機關之審查許可並發給執照，不得擅自建造或使用或拆除。但合於第78條及第98條規定者，不在此限。第35條規定，直轄市、縣（市）（局）主管建築機關，對於申請建造執照或雜項執照案件，認為不合本法規定或基於本法所發布之命令或妨礙當地都市計畫或區域計畫有關規定者，應將其不合條款之處，詳為列舉，依第33條所規定之期限，一次通知起造人，令其改正。

之建造執照，性質上屬羈束處分[9]。

依關務人員人事條例第7條規定[10]，延長試用後仍不及格者，應予解職，係屬羈束處分，行政機關並無裁量之餘地[11]。

行為時臺北市建國假日商場輔導管理辦法（1999年10月1日廢止）第19條第1項第5、6款規定，有輔導管理辦法第19條第1項第5、6款情事者，主管機關「應」廢止其經營許可，此廢止處分係羈束處分而非裁量處分[12]。礦業法第18條第1項第5款規定，申請設定礦業權有下列情形之一者，主管機關應駁回其申請，並同時通知原申請人：……五、申請設定礦業權經主管機關審查後，通知礦業申請人限期繳納之勘查費、當期礦業權費、執照費及登記費，屆期不繳納。有上述情事者，主管機關「應」駁回申請人之申請，並無裁量之餘地，為羈束處分[13]。

第二項　裁量瑕疵

一、行使裁量權之限制

法律規定不同法律效果主要原因在於，法律為一般抽象規定，必須用最精簡、抽象的文字盡可能包含各種不同的個案可能性。行政機關於個案中執行法律時，必須依據各種不同情形做適當決定，例如，考慮行為人動機、行為人受非難程度或行為所造成之損害等。裁量權的賦予使行政機關能夠針對個案不同情形，作出符合個案正義之決定。此外，不同之事應為不同之處理，裁量權之賦予使得行政機關在為差別待遇時，能夠具有正當理由[14]。

---

[9] 最高行政法院102年度判字第453號判決，此外，使用執照之核發亦為羈束處分（最高行政法院95年度裁字第1272號裁定）。

[10] 關務人員人事條例第7條規定，依第5條第1項第1、3、4、5款規定，初任人員須經試用一年，試用成績及格者，予以實授；其成績特優者，得縮短為六個月；不及格者，報請銓敘機關分別情節延長其期間，但以六個月為限；延長後仍不及格者，停止其試用，並予解職。

[11] 最高行政法院100年度判字第1584號判決。

[12] 最高行政法院100年度裁字第1911號裁定。

[13] 最高行政法院96年度判字第1463號判決。

[14] 臺北高等行政法院91年度簡字第1022號判決指出，法律所以賦予行政機關裁量權限，乃因法律的功能在抽象、概括地規範社會生活事實，立法技術與效能皆不容許法律對

　　賦予行政裁量權並非謂行政機關得任意自由決定，其乃是法律授權下，行政機關追求個案正義的手段。行政程序法第10條針對裁量權規定了特別的限制，行政程序法第10條規定並非排除行政程序法第5條至第9條一般法律原則的適用，而係指行使裁量權時，除遵守第10條規定外，其他的一般法律原則亦有適用。行政程序法第10條規定，行政機關行使裁量權，不得逾越法定之裁量範圍，並應符合法規授權之目的，此稱爲合義務性裁量[15]。換言之，裁量權的行使受到兩項限制，第一、不得逾越法定裁量權之範圍；第二、應符合法規授權之目的。裁量權行使逾越了法定裁量權範圍或是不符合法規授權的目的時，稱爲裁量瑕疵或裁量錯誤。行政行爲具有裁量瑕疵，究竟屬於違法行政行爲或不當行政行爲，傳統上有不同看法。早期認爲裁量權並非法律授予行政機關之權限而屬行政機關固有權限，因此，具有裁量權的行政機關所爲之行政行爲並無違法問題，最多僅是適當與不適當的問題，蓋行政機關行使其固有裁量權，並無違法爭議。裁量瑕疵僅是行政責任而非法律責任。對裁量瑕疵提起救濟，僅能提起訴願，蓋訴願是針對違法或不當處分，法院僅審查違法處分，故不得提起行政訴訟。惟後來認爲，行政程序法規定裁量權之行使限制，因此，逾越法規授權範圍或不符合法規授權目的時，即屬違反行政程序法第10條規定，爲違法行爲，不僅是適當與否的問題。行政訴訟法第4條第2項規定，逾越權限或濫用權力之行政處分，以違法論；行政訴訟法第201條規定，行政機關依裁量權所爲之行政處分，以其作爲或不作爲逾越權限或濫用權力者爲限，行政法院得予撤銷[16]。換言之，行政機關行使裁量權所爲行政處分逾越權限或濫用權力

　　特定類型的生活事實從事過度詳盡的規制，加以生活事實之演變常非立法當時所能預見，故必須保留相當彈性俾以適用。職是之故，授予行政機關裁量權之目的即在於使行政機關於適用法律對具體個案作成決定時，得按照個案情節，在法律劃定之範圍爲適當之處分，使其罰過相當，而無輕重失衡之情形。此不但爲行政機關之權力，亦爲其義務。

[15] 最高行政法院109年度判字第349號判決指出，行政裁量權之行使，雖享有一定程度之裁度推量空間，但非毫無界限。依法治國原則，仍須受到法的制約，不可以逾越法定的裁量範圍，也不可以違背法規授權之目的，即所稱合義務性裁量。

[16] 最高行政法院92年度判字第1511號判決指出，行政訴訟法第4條第2項規定逾越權限或濫用權力之行政處分，以違法論。依裁量權所爲之行政處分，有逾越權限或濫用權力情事者，依行政訴訟法第201條規定，行政法院得予撤銷。此之所謂「裁量逾越」或「裁量權濫用」之違法，應包括依法應加裁量而怠於裁量之情形在內。

時[17]，行政法院得加以撤銷；法院僅能撤銷違法行為，故逾越權限或濫用權力基於裁量瑕疵所造成時，屬違法行為。由此可知，裁量權瑕疵不僅是適當與不適當問題，而是合法與違法問題。

二、裁量瑕疵之類型

行政程序法尚未施行之前，裁量瑕疵的問題已被廣泛討論，大致上分為三種類型，行政程序法第10條規定在形式上雖僅指出兩種——逾越法規授權範圍與不符合法規授權目的，但學術理論與法院判決則再細分三種裁量瑕疵類型。行政裁量事項，在立法者授權範圍內，行政機關有其自由形成空間，法院僅得依一般法律原則，享有有限度之審查權限，審查裁量有否違法情事。裁量違法可分為「裁量怠惰」、「裁量逾越」與「裁量濫用」三種下位類型[18]。

（一）裁量濫用

行使裁量權不符合法規授權目的、以不適當的方式行使裁量，特別是考慮無關聯的動機與目的行使裁量權（不當聯結禁止），屬於裁量濫用之情形。

授與行政機關裁量權之意義在於，行政機關於適用法律對具體個案作成決定時，得按照個案情節，在法律授權範圍內擁有相當的自由決定權限。裁量權並非全無限制之自由或任意為之，行政機關行使裁量時，必須受法律授權目的之拘束，而且必須與個案情節有正當合理之聯結，否則亦屬裁量瑕疵而違法。

1. 不符合法規授權目的之案例

(1) 司法院釋字第423號解釋

空氣污染防制法第23條第1項規定，交通工具排放空氣污染物，應符合排放標準。空氣污染防制法第43條第1項對違反前開規定者，明定其處罰之方式

---

[17] 最高行政法院95年度判字第1115號判決指出，行政機關為行使法律所授與裁量權，在遵循法律授權目的及範圍之內，充分考量應考量之因素，以實踐具體個案正義，並顧及法律適用的一致性，符合平等對待原則，以實踐具體個案之正義，又能實踐行政的平等對待原則。行政法院以行政程序法第10條、行政訴訟法第4條第2項及第201條等規定為基礎，對於行政機關依裁量權所為行政處分，以其作為或不作為是否逾越權限或濫用權力，應盡其司法審查之職責。行政機關行使裁量權，其結果逾越法定裁量範圍者，為逾越權限；其過程不符合法律授權之目的者，為濫用權力。

[18] 最高行政法院101年度判字第60號判決；臺北高等行政法院96年度訴字第2962號判決；陳新民，行政法學總論，新10版，2020年7月，第312-314頁。

與罰鍰之額度；空氣污染防制法第43條第3項並授權中央主管機關訂定罰鍰標準。法律既明定罰鍰之額度，又授權行政機關於該範圍內訂定裁罰標準，其目的當非僅止於單純的法適用功能，而係尊重行政機關專業上判斷之正確性與合理性，就交通工具排放空氣污染物不符排放標準者，視違規情節，依客觀、合理之認定，訂定合目的性之裁罰標準，並可避免於個案裁決時因恣意而產生不公平之結果。主管機關於中華民國82年2月15日修正發布之交通工具排放空氣污染物罰鍰標準第5條，僅以當事人接到違規舉發通知書後之「到案時間及到案與否」，爲設定裁決罰鍰數額下限之唯一準據，並非根據受處罰之違規事實情節，依立法目的所爲之合理標準。縱其罰鍰之上限並未逾越法律明定得裁罰之額度，然以到案之時間爲標準，提高罰鍰下限之額度，與母法授權之目的未盡相符，且損及法律授權主管機關裁量權之行使。

(2) 高雄高等行政法院92年度訴字第161號判決

原告無照架設砂石篩選機和挖掘坑洞作爲砂石場之污水沉澱池，有盜採砂石之嫌，屏東縣政府依違反區域計畫法案件原定恢復原狀期間爲七日，嗣爲加強取締，經縣長指示一經查獲一律限於一日內恢復原狀，原告不服，求爲撤銷，經訴願後提起訴訟。行政機關行使裁量權，不得逾越法定之裁量範圍，並應符合法規授權目的，爲行政程序法第10條所明定，此乃要求行政機關須合乎法規義務裁量之規定。蓋行政機關既被賦予裁量權，卻不斟酌個案情節之不同，而怠於行使裁量權，疏忽追求個案正義，自有悖法規授權主管機關裁量之目的，而構成裁量瑕疵。法律縱對改善期限未設規定，賦予行政機關裁量之權，倘其任意裁量，致所定期限爲客觀上不可能完成改善者，則以該裁量爲基礎之行政處分即難謂非違法。原告係違法於農地設置砂石場，並盜採砂石，屏東縣政府僅給予原告一日之恢復原狀期間。原告之違規情節非僅挖掘坑洞作沉澱池，尚有架設砂石篩選機作砂石場使用，依卷附照片顯示，現場除有砂石篩選機外，尚有經營砂石場所使用之鐵皮屋、貨櫃屋等，足見砂石篩選機之設置既須耗費時日，其拆卸顯非一日所能完成。原告既要填平土地坑洞，又要拆卸砂石篩選機，衡諸常情，如要恢復系爭土地原貌，尚非得於一日之內完成。屏東縣政府未斟酌原告違反農地使用管制之規模，亦不論原告客觀上有無於一日內恢復回狀之可能，即處以限期一日內恢復原狀之處分，自不符合法律授權裁量之意旨，難謂非出於恣意而屬裁量濫用，依上所述自構成裁量瑕疵之違法。

(3) 最高行政法院102年度判字第611號判決

廢棄物清理法第53條第1款之規定，係對於貯存、清除、處理或再利用有

害事業廢棄物違反廢棄物清理法規定者加予處罰，如經限期改善，屆期仍未完成改善者，其處罰方式為「按日連續處罰」。「按日連續處罰」之目的，乃在藉由不斷處罰，促使行為人履行其公法上義務，其規範目的並非對過去義務違反之制裁，而係針對將來義務履行所採取之督促方法。惟其所定期限，須視個案具體情形，合理審酌。亦即就該案情形，其所定期限，衡諸一般經驗法則，屆期有實現改善之可能者，方符立法意旨。法律縱對改善期限未設規定，賦予行政機關裁量之權。倘其任意裁量，致所定期限為客觀上不可能完成改善者，則以該裁量為基礎之行政處分即難謂非行政訴訟法第1條第2項之違法。

主管機關依廢棄物清理法第53條規定，以100年8月18日函裁處被上訴人罰鍰30萬元，並就堆置於現有石業公司土地之事業廢棄物於文到三日內提出清除處置計畫書及限期於100年9月2日前改善完成，清除9,240噸廢棄物。被上訴人於100年8月23日接獲，扣除被上訴人提出清除處置計畫書之日數三日，及上訴人審核清除處置計畫書之日數十四日，早已逾上訴人所定應於100年9月2日以前改善完成之期限。主管機關100年8月18日函未明確記載被上訴人應改善清除之數量，亦未指明傾倒位置及清理方式，衡諸一般經驗法則，屆期顯難有實現改善之可能。對於應改善之內容，究為停止違規行為、或係清理廢棄物、使受污染環境復原或為其他應遵行之事項，或係四者兼具，均付闕如，則主管機關究欲督促被上訴人履行如何之公法上義務顯有不明，其執以作為本件連續處罰之依據，自與連續處罰之目的在於督促將來義務之履行有所不符。主管機關以不當之限期改善期間及不明確之改善內容為據，兼以傾倒現場確屬交疊混雜，已難以區隔何者為被上訴人所傾倒之廢棄物，其命於100年9月2日以前改善完成，依一般經驗法則，屆期顯難有實現改善之可能，其遽為本件連續處罰之原處分，有違連續處罰之立法目的，自有行政訴訟法第201條所定權力濫用之違法。

2. 不當聯（連）結禁止

行政程序法第10條規定之目的在於，闡明行政機關行使裁量權，一方面受法律授權之拘束，不能逾越法律規定之範圍，另一方面其內部之動機亦受有限制，不得以與事件無關之動機，即與立法目的無涉之要素為行政裁量之基礎，若逾越此範疇，則為裁量權之濫用，即有違法性之問題，行政法院始得加以審

查[19]。行政法所謂「不當聯結禁止」原則，乃行政行為對人民課以一定之義務或負擔，或造成人民其他之不利益時，其所採取之手段，與行政機關所追求之目的間，必須有合理之聯結關係存在，若欠缺此聯結關係，此項行政行為即非適法。汽車行車執照須在一定期限內換發，主要目的在於掌握汽車狀況，以確保汽車行駛品質進而維護人民生命、身體、財產法益；罰鍰不繳納涉及者為行政秩序罰之執行問題，故換發汽車行車執照，與汽車所有人違規罰鍰未清繳，欠缺實質上之關聯，故二者不得相互聯結，道路交通安全規則第8條有關罰鍰繳清後始得發給行車執照之規定，有悖「不當聯結禁止」原則[20]。

（二）裁量逾越

裁量逾越係指裁量結果逾越法律所規定之裁量範圍，一般分為逾越法律所處罰的上限以及行政機關科處人民法律未規定的處罰種類，裁量逾越的情形在實務上較為少見，一般而言，行政機關並不會逾越裁量之範圍[21]。

（三）裁量怠惰

裁量怠惰（裁量懈怠）[22]，可分為三種類型：

第一種，裁量權行使之結果沒有達到法律規定的下限，例如，依廢棄物清

---

[19] 最高行政法院91年度判字第833號判決。

[20] 最高行政法院90年度判字第1704號判決。

[21] 最高行政法院94年度判字第1800號判決指出，裁量決定結果必須維持法規範圍內，若不注意此要求，則可能構成裁量逾越，屬裁量錯誤，為司法審查之範圍。

[22] 臺北高等行政法院91年度訴字第4965號判決指出，裁量權並非全無限制之自由或任意為之，行政機關行使裁量時，必須受法律授權目的之拘束，而且必須與個案情節有正當合理之聯結，否則即屬裁量瑕疵，行政行為亦因此違法。裁量瑕疵主要有三種類型：「裁量怠惰」、「裁量逾越」、「裁量濫用」。行政訴訟法第4條第2項規定，逾越權限或濫用權力之行政處分，以違法論，第201條規定，行政機關依裁量權所為之行政處分，以其作為或不作為逾越權限或濫用權力者為限，行政法院得予撤銷，雖然僅就「裁量逾越」與「裁量濫用」做規定，惟基於舉重以明輕之法理，解釋上尚應包括「裁量怠惰」之瑕疵類型。……主管機關對建築物所有權人及建築物使用人一律從重裁處高罰30萬元，惟本件行為人係建築物使用人之故意行為，但原告僅係建築物所有權人，原告所負之責任應僅係未注意行政法上「都市計畫範圍內建築物之使用，不違反本法或各級政府依本法所發布之命令」義務而違反之過失責任，原告與建築物使用人二者之惡性有別，原處分未考量與上開與事物性質相關之因素為正確之裁量，即逕科原告與建築物使用人同樣之最高罰鍰30萬元罰鍰，乃消極不行使裁量權，顯係「裁量怠惰」之裁量瑕疵。

理法第50條規定，在指定清除地區亂丟廢棄物，處新臺幣1,200元以上6,000元以下罰鍰，在個案中僅科處新臺幣1,000元罰鍰，則屬裁量怠惰。

第二種，不行使法規授與之裁量權為裁量怠惰，最高行政法院102年度3月份第2次庭長法官聯席會議決議指出，財政部以98年12月8日臺財稅字第09800584140號令修正發布之稅務違章案件裁罰金額或倍數參考表（下稱倍數參考表），係作為下級機關行使裁量權之基準。其中針對98年5月27日修正公布所得稅法第114條第1款前段罰則規定之裁量基準：「扣繳義務人未依所得稅法88條規定扣繳稅款，已於限期內補繳應扣未扣或短扣之稅款及按實補報扣繳憑單：（一）應扣未扣或短扣之稅額在20萬元以下者，處0.5倍之罰鍰。（二）應扣未扣或短扣之稅額超過20萬元者，處1倍之罰鍰。」就應處一倍之罰鍰部分，為法定最高額度。稅捐稽徵機關如據以對應扣未扣稅額超過20萬元之過失行為裁罰，因其較諸故意行為應受責難程度為低，非不得依倍數參考表使用須知第4點，將裁罰倍數予以調低，以示有別，而符合法規授權裁量之意旨。倘逕以一倍之罰鍰，未具體說明審酌應處法定最高額度之情由，可認為不行使法規授與之裁量權，而有裁量怠惰之違法。

第三種情形則係以消極方式行使裁量權，換句話說，並未針對具體個案行使裁量權，而依一般抽象標準行使裁量權，例如，依廢棄物清理法第50條規定，在指定清除地區亂丟廢棄物，處新臺幣1,200元以上6,000元以下罰鍰，但依個案逐一判斷十分辛苦，因此採用下列標準：早上8點到12點違規，一律科處1,200元，下午1點到6點一律1,800元，晚上7點到12點一律2,400元，由於處罰金額皆在法定範圍之內，因此並無逾越裁量權範圍或未達裁量權下限之違法問題。但如此行使裁量權是否合法適當？政府為執行特定法規或政策，常常會以違法一律科處最高罰鍰作為宣示與手段，例如，為保護兒少身心健康，縣（市）政府取締違法讓青少年進入的賭博性電玩遊藝場時，常宣示「自當天起，對違法業者一律科處法定最高罰鍰」，作為決心之展現。針對違法行為，不論情節，一律科處法定最高罰，如此行使裁量權是否合法適當呢？有認為行政機關已行使裁量權，其裁量結果則是一律科處最高罰鍰，行政機關已宣示政府取締決心，人民仍然違法，其可受非難程度重，一律科處法定最高罰鍰並無裁量怠惰。但亦有認為，裁量是針對具體個案事件，且是針對已發生的個案，未來發生的具體個案內容為何，並不明確，因此，裁量權行使之對象並不包括未來個案。行政機關就所有現在與未來可能之個案規定一律科處法定最高罰鍰，對於未來個案而言，乃是一種裁量懈怠，蓋行政機關根本未對該個案行使

裁量。此外，主管機關於裁處罰鍰時，固有其裁量之權限，惟就不同之違法事實裁處罰鍰，若未分辨其不同情節，自不符合法律授權裁量之旨意，其裁量權之行使，即出於恣意而屬裁量怠惰，所爲處分即屬違法[23]。

三、裁量（減）萎縮到零

　　法律賦予行政機關裁量權所開啓的決定空間，可能在個案特殊事實情況或特殊結構下又重新被縮小，甚至在例外情形下，在許多可能的裁量決定中僅有一項決定被認爲合法適當時，亦即選擇該項決定始無裁量瑕疵時，稱爲裁量萎縮至零，行政機關雖然享有裁量權，但卻必須做出該項特定之決定[24]。

　　裁量萎縮至零乃是例外情形，承認裁量萎縮至零必須遵守嚴格的標準，否則法律賦予行政機關之決定空間將無法受到尊重且行政權與司法權之功能會受到不當混淆，行政權應盡之責任反而移轉至法院。行政機關在法律賦予裁量權之情形下，可能因特殊事實狀況的發生，使其非採取某一特定措施不可，否則將無法達成任務，此即所謂「裁量減縮至零」之情形。導致裁量減縮至零之因素，取決於具體個案之特殊情況，例如生命、自由或健康等重要法益受到嚴重之危害時，可構成裁量之減縮[25]。

　　最高行政法院102年度判字第58號判決指出，緩起訴處分所命支付一定金錢之負擔，既屬受緩起訴處分者應遵守或履行之內容，且屬對受緩起訴處分者所有財產之拘束，則因同一行爲受緩起訴處分而附隨有支付金錢負擔之受罰者，此支付金錢之負擔即難謂與該受罰者另受行政罰時之資力無直接關聯。行政罰法第18條規定之立法理由爲求處罰允當，參酌行政罰法之主管機關法務部曾以98年12月1日法律決字第0980049815號函，就裁處罰鍰時得否減除行爲人因緩起訴處分之支付金錢負擔一節，所爲得斟酌行政罰法第18條第1項規定，於法定罰鍰金額範圍內裁量減輕罰鍰額度等語之見解，應認就同一行爲已受緩

---

[23] 最高行政法院90年度判字第1807號判決。

[24] 盛子龍、吳庚，前揭書，第106頁；林錫堯，前揭書，第280-281頁；李震山，行政法導論，修訂12版，2022年2月，第265-266頁；陳敏，前揭書，第196頁；莊國榮，前揭書，第66-67頁。有關裁量萎縮至零之問題，蕭文生，裁量萎縮至零與怠於執行職務──最高法院103年度台上字第711號民事判決，法令月刊，第66卷第3期，2015年3月，第1-22頁。

[25] 最高行政法院105年度判字第125號判決。

起訴處分而附有支付金錢負擔之受罰者，另爲行政罰之裁處時，關於該受罰者是否因緩起訴處分所應履行之金錢支付而影響其資力，屬裁處罰鍰時應予審酌之事項，即裁罰機關應就此情狀予以審酌之裁量權已減縮至零，始符行政罰法第18條第1項之規定意旨。

　　最高行政法院107年度判字第137號判決指出，最高行政法院107年1月份第2次庭長法官聯席會議決議雖認爲，民國66年7月14日制定公布土地稅法第4條第1項第4款規定「土地所有權人申請由占有人代繳者，主管稽徵機關得指定土地使用人負責代繳其使用部分之地價稅或田賦」，此規定並未有指定代繳之實體要件，核屬裁量規定，稽徵機關是否准予指定，應依「合義務性裁量」決定之。惟依立法過程資料顯示，其所謂「占有人」，始終係指「無法律上原因，而占有使用者」，因慮及如逕由稽徵機關指定非法占有人代繳，恐被誤解爲政府承認其有使用權利，乃將法文制定成「土地所有權人申請由占有人代繳者」，且由於地價稅係對特定財產本體的潛在收益能力課稅，認定其租稅主體時，自應以實質經濟事實關係及其所生實質經濟利益之歸屬與享有爲依據，而無權占有人非法占有他人土地，已不符法秩序，其享有使用土地之經濟利益，如不負擔地價稅，亦與公平正義有違，稽徵機關於此情形之裁量減縮至零，應指定無權占有人代繳。

四、行政裁量與司法審查

　　雖然裁量權係由法律所賦予，惟其行使仍屬行政行爲，因此受司法審查。行政訴訟法第201條規定，行政機關依裁量權所爲之行政處分，以其作爲或不作爲逾越權限或濫用權力者爲限，行政法院得予撤銷。行政機關裁量權之行使，須在法令授權範圍內始爲合法，如有逾越裁量權限或濫用裁量權力而爲行政處分者，不論其爲積極的作爲或消極的不作爲，均屬違法，在此情形下，行政法院始得加以審查及撤銷，以限制行政法院之職權，並確保行政機關裁量權之合法行使。

　　最高行政法院99年度判字第684號判決指出，基於權力制衡原則，行政法院對行政行爲得進行司法審查。只是在權力分立下，行政法院對行政行爲僅能作合法性審查而不及於妥當性審查，對於立法機關賦予行政機關之裁量權限，亦僅限於其有逾越權限及濫用權力之情事時，始能認爲其違法。最高行政法院109年度判字第82號判決指出，行政機關行使裁量權，並非不受任何拘束，其裁量權之行使，除應遵守一般法律原則（如誠實信用原則、平等原則、比例原

則）外，亦應符合法規授權之目的，並不得逾越法定之裁量範圍（行政程序法第4條、第6條、第7條、第8條、第10條參照）。

第二節　不確定法律概念與判斷餘地

第一項　不確定法律概念

　　不確定法律概念涉及法律構成要件的解釋，不確定法律概念是法律內含的特質，除了數字、地點外，大部分的文字都有多義性，既然文字有多義性，法律規定即存在某種程度的不確定性，因此，不確定法律概念存在於各法律領域。不確定法律概念並非純粹的學術用語，司法院釋字第399號解釋理由書指出，姓名條例第6條第1項就人民申請改名，設有各種限制，其中第6款規定命名文字字義粗俗不雅或有特殊原因經主管機關認定者，得申請改名。命名文字字義粗俗不雅者，主管機關之認定固有其客觀依據，至於有特殊原因，屬一種不確定法律概念，尤應由主管機關於受理個別案件時，就具體事實認定之，且命名之雅與不雅，繫於姓名權人主觀之價值觀念，主管機關於認定時宜予以尊重。

　　一般而言，不確定法律概念可分成兩種[26]：經驗性概念或描述性概念係指一般人可以透過知覺、經驗了解概念之內容，例如，公眾得出入場所、白天、夜間等；規範性或評價性概念係指無法用知覺、經驗去了解之概念，而是具備規範性的內容，必須依賴價值判斷作出決定，例如，公序良俗、情節重大、社會安全、違反校規重大等。不確定法律概念之適用應由何者作最終解釋呢？裁量指法律授權行政機關做合法適當之選擇，僅在產生裁量瑕疵時，法院才會介入。不確定法律概念係屬於構成要件解釋問題，並無選擇問題；是否違反善良風俗，答案僅能是違反或沒有違反其中之一，不確定法律概念之解釋，只有一種是正確的。不確定法律概念涉及法律解釋適用，最終決定機關，原則上是法院而非行政機關；惟不確定法律概念常涉及許多複雜之主觀、客觀評價事實，雖然原則上法院享有最終決定權，但在例外情形下，法院仍須尊重行政機關之

---

[26] 李惠宗，前揭書，第164-165頁；吳志光，行政法，修訂12版，2023年2月，第73頁；陳敏，前揭書，第199-200頁。

判斷，一般稱爲行政機關之判斷餘地[27]。

　　惟必須特別注意的是，法律適用之流程一般會經過四個階段，一、確定個案中重要事實以及可能牽涉的法規；二、以一般解釋法律方法闡明法律構成要件內容；三、以涵攝方法判斷個案事實是否該當法律構成要件；四、確定個案中具體的法律效果。判斷餘地僅存在於將個案中具體重要事實涵攝於不確定法律概念規定的構成要件，亦即第三階段，並不包括涵攝前重要事實之認定、對於不確定法律概念的抽象解釋（法規解釋）與法律效果之選擇。最高行政法院111年度上字第555號判決指出，並非關於醫師懲戒的所有事項，都一律尊重行政機關的判斷而認其有判斷餘地，若屬於懲戒事實認定及法律的抽象解釋，及有無遵守法定程序，給予當事人應有之程序保障等，本就屬於行政法院進行司法審查的核心事項，行政機關自無判斷餘地可言。

第二項　判斷餘地理論

一、理論依據

　　行政機關享有判斷餘地之原因可歸納如下[28]：第一，法律既然無法詳盡列舉不確定法律概念內涵，行政機關作爲適用法律機關，自可解釋不確定法律概念之內容，法院應給與適度尊重，蓋此時並不存在預先已確立的遵循標準[29]。

---

[27] 判斷餘地係德國學者O. Bachhof於1955年提出之概念，O. Bachhof, Beurteilungsspielraume, Ermessen und unbestimmter Rechhtsbegriff im Verwaltungsrecht, JZ1955, S. 97f；有關此項理論及其他支持判斷餘地之理論，參陳新民，前揭書，第305-307頁。

[28] 林錫堯，前揭書，第282-285頁；陳敏，前揭書，第212-213頁指出，計畫決定亦屬於判斷餘地事項。此外，亦有認爲具有高度政策性之決定，亦屬於判斷餘地事項，莊國榮，前揭書，第72-73頁。

[29] 類似情形亦存在計畫決定，但有認爲屬計畫形成自由而與判斷餘地不同，司法審查應以利益衡量理論爲依據，傅玲靜，都市計畫之計畫形成自由及其司法審查密度—以德國法制爲觀察比較之對象，興大法學，第27期，2020年5月，第1-60頁。最高行政法院109年度上字第684號判決亦指出，都市計畫決定是以達成未來目標爲目的，爲帶有預測性、創造性之規劃行爲，與傳統行政機關面對已發生或是目前待解決之個案，依據法令從事，而立即呈現成果之行政行爲有別。立法者多以訂定目標性、指示性之框架規範，至於計畫目標之設定，以及如何達成該目標或應如何具體化履行該任務，則交由行政機關以自我負責方式規劃。基此特性，行政機關對於達成目標之規劃，自具手段綜合性及可選擇性，而對計畫內容享有一定範圍之形成自由，無形成自由之規劃

第二，不確定法律概念的判斷各界看法未必一致，此時應由專業行政機關判斷之，法院雖有最終決定權，但法院並非無事不曉、無所不能，在專業領域內應尊重專業判斷，判斷餘地於焉而生[30]。尤其是法律規定特設之專業委員會，例如，土地法第155條之標準地價評議委員會或公平交易委員會所為之決定。第三，行政決定所依據之事實，事後不可能再重複，即使法院也無法提供完全救濟，例如，考試涉及專業判斷且所依據之事實，一般而言，無法重新展現於行政法院之前；作成考試決定時，並非僅就當事人為單獨觀察，而需與其他應考人一併觀察評量，故在此情況下，行政法院之審查受到嚴格限制，考試機關享有判斷餘地；公務員之人事考評，涉及公務員之資格、能力與績效評價，行政法院之審查亦有限制，其情形如同考試決定。第四，涉及行政機關之預估或風險決定，例如，空氣污染防制法第14條第1項規定，因氣象變異或其他原因，

即無計畫可言。惟該計畫性行政行為之公權力行使，並非因此不受節制，仍應受到立法者事先設定之指示及事後之司法審查，加以控管，以保護人民權益。在計畫決定自由與相對之下會壓縮該形成自由之控管界限，由立法者界定。司法則在計畫決定所追求之目標是否合法、合理必要，及實現目標的手段上有無逾越立法者設定之界限，牴觸法律設定之指導原則，或違反其上位計畫，並應符合一般得為法源之行政法一般原則，及其程序上有無踐行法律規定之正當程序，確保公眾及其他機關意見之實質參與而得展現不同立場或利益等進行全面合法性審查。復因都市計畫之規劃者在進行規劃及計畫決定時，必須綜合考量前述各項需求及政策、財政等各種複雜因素，權衡受到計畫決定影響且相互牽動之各方公私利益，評估各種可行性，而為適切之比較衡量。故行政機關享有之計畫形成自由，必須建立在計畫內容形成過程中對於可能受計畫決定影響之利益及對達成計畫目標手段必要性進行比較衡量，使各方公私利益於計畫內容處於衡平狀態，從而形成計畫決定，而為計畫形成自由之合法界限。由於計畫行為之特性，立法者對於行政機關如何實現計畫目標，及應如何具體化及實現該目標所涉及各方立場與不同利益間應如何調和、權衡，採取開放態度，將此具有高度政策、行政與專業之評估與判斷，授權行政機關有形成計畫內容決定之規劃高權，故司法機關對行政機關計畫形成自由應遵守之利益衡量原則，僅能有限度的審查利益衡量過程及利益衡量結果有無瑕疵，包括未為衡量、衡量不足、衡量評價錯誤及衡量不合比例原則等違反利益衡量原則情事。除該決定有前述違法情事及利益衡量瑕疵情形外，應予尊重。

[30] 最高行政法院107年度判字第111號判決指出，對於開發行為是否對環境有「不良影響」或「對環境有重大影響」，乃屬不確定法律概念下行政機關之判斷餘地，且又因屬高專業性之判斷，司法機關本於司法自制之精神，更是不同專業所限，自不宜過於介入，否則畫虎類犬，法院須基於客觀及科學之證據始能推翻行政機關專業之判斷，自屬當然。

致空氣品質有嚴重惡化之虞時，各級主管機關及公私場所應即採取緊急防制措施；各級主管機關應發布空氣品質惡化警告，並得禁止或限制交通工具之使用、公私場所空氣污染物之排放及機關、學校之活動。由於人類預見能力不足且用以推論之經驗法則亦有限，故預估之不確定性無法難免，法院亦無法替代主管機關作成決定，此時應有判斷餘地之存在。

但亦有反對判斷餘地理論之看法，訴訟權係指人民於其權利或法律上利益遭受侵害時，有請求法院救濟之權利，基於有權利即有救濟之憲法原則，人民權利或法律上利益遭受侵害時，必須給予向法院提起訴訟，請求依正當法律程序公平審判，以獲及時有效救濟之機會。特別是，任何人因公權力侵害其權益時，得向法院提起救濟，且此項救濟必須是有效的權利救濟途徑。為能達成有效保障權利之目標，法院基本上有義務從法律及事實上觀點，全面審查公權力決定。如果法院必須受到行政機關所確定的事實以及評價所拘束，則有效權利保護將淪為空談[31]。因此全面性審查涵蓋行政行為適用法律的所有階段，包括事證、物證的調查、事實說明、法律構成要件的解釋、事實涵攝於法律構成要件的過程以及法律效果的選擇等。法院對於行政機關的決定，無論在事實面及法律面皆應作全面審查，不確定法律概念之解釋與適用並非例外，並無判斷餘地存在之空間。

一般認為，法院應全面審查不確定法律概念的解釋與適用，僅在少數例外情形，才適用判斷餘地理論[32]。首先，法律如有明文規定承認判斷餘地時，則無爭議，目前我國法制並未有此情形。德國限制競爭法第71條第5項第2句規定，整體經濟情形及發展之評價不受法院審查；通訊傳播法第10條第2項第2句規定，市場由德國聯邦網路局（Bundesnetzagentur）在其所享有的判斷餘地範圍內確定之。如法律無明文規定，是否存在判斷餘地，必須就法規範規定行政作出決定的結構與過程，加以全面性解釋並在得出充分明確結果下，加以確認，換句話說，必須存在實質理由而非僅是形式認定。如何透過法律解釋明確得知是否存在判斷餘地，乃是法官認事用法的一部分，為保障人民訴訟權，法院有義務詳細說明行政機關在個案中享有判斷餘地以及法院必須尊重之理由。決定性的重點在於，法律規定是否給予充分明確的決定標準，使行政機關能在

---

[31] BVerfGE, 103, 142/156.

[32] 詳細說明，蕭文生，專業（家）委員會與判斷餘地——最高行政法院105年度判字第40號判決評析，行政事件裁判研究與評析II，2021年5月，第135-138頁。

遵守依法行政原則下作出決定以及使法院有能力依法律規定加以審判。

二、司法實務

　　不確定法律概念與判斷餘地並非僅是學術上討論之議題，司法實務亦有不少論述：

（一）司法院解釋

　　司法院釋字第382號解釋理由書認為，受理學生退學或類此處分爭訟事件之機關或法院，對於其中涉及學生之品行考核、學業評量或懲處方式之選擇，應尊重教師及學校本於專業及對事實真象之熟知所為之決定，僅於其判斷或裁量違法或顯然不當時，得予撤銷或變更。司法院釋字第682號解釋理由書指出，考試主管機關有關考試資格及方法之規定，涉及考試之專業判斷者，應給予適度之尊重，始符憲法五權分治彼此相維之精神。司法院釋字第684號解釋理由書認為，受理行政爭訟之機關審理大學學生提起行政爭訟事件，亦應本於維護大學自治之原則，對大學之專業判斷予以適度之尊重。司法院釋字第784號解釋理由書亦指出，即使構成權利之侵害，學生得據以提起行政爭訟請求救濟，教師及學校之教育或管理措施，仍有其專業判斷餘地，法院及其他行政爭訟機關應予以較高之尊重，自不待言。憲法法庭111年憲判字第12號判決指出，教師評鑑委員基於教師評鑑辦法施行細則第5條至第7條所定之標準，根據其個人學識經驗所為專門學術上獨立公正之智識判斷，具有高度之專業性及屬人性，故為維護評鑑之客觀、公平及評鑑會委員所為之學術評價，評分適切性之問題，具判斷餘地，法院及其他行政爭訟機關應予以較高之尊重。

　　此外，雖應尊重專業判斷，但法院並非絕對不能介入，司法院釋字第553號解釋理由書指出，法條使用不確定法律概念，即係賦予該管行政機關相當程度之判斷餘地，地方自治團體處理其自治事項與承中央主管機關之命辦理委辦事項不同，前者中央之監督僅能就適法性為之，其情形與行政訴訟中之法院行使審查權相似；後者得就適法性之外，行政作業之合目的性等實施全面監督。本件既屬地方自治事項又涉及不確定法律概念，上級監督機關為適法性監督之際，固應尊重地方自治團體所為合法性之判斷，但如其判斷有恣意濫用及其他違法情事，上級監督機關尚非不得依法撤銷或變更[33]。憲法法庭111年憲判字

---

[33] 至於審查密度，依司法院釋字第553號解釋理由書看法，應斟酌：1.事件之性質影響審

第12號判決亦指出，如教師評鑑委員之評分有違法或顯然不當情事時，並不排除其接受司法審查之可能性，法院及其他行政爭訟機關審查關於大學教師評鑑事件時，尚得據以審查其是否遵守正當法律程序，或其評鑑是否以錯誤事實爲基礎。倘該判斷有恣意濫用及其他違法之情形時，非不得予撤銷或變更。

（二）行政法院

　　行政法院實務亦基於各種不同理由承認判斷餘地之存在，但同時亦指出行政法院得審查之範圍。不確定法律概念，行政法院以審查爲原則，但對於具有高度屬人性之評定（如國家考試評分、學生之品行考核、學業評量、教師升等前之學術能力評量等）、高度科技性之判斷（如與環保、醫藥、電機有關之風險效率預估或價值取捨）、計畫性政策之決定及獨立專家委員會之判斷，則基於尊重其不可替代性、專業性及法律授權之專屬性，而承認行政機關就此等事項之決定，有判斷餘地，對其判斷採取較低之審查密度，僅於行政機關之判斷有恣意濫用及其他違法情事時，得予撤銷或變更，其可資審查之情形包括：1.行政機關所爲之判斷，是否出於錯誤之事實認定或不完全之資訊。2.法律概念涉及事實關係時，其涵攝有無明顯錯誤。3.對法律概念之解釋有無明顯違背解釋法則或牴觸既存之上位規範。4.行政機關之判斷，是否有違一般公認之價值判斷標準。5.行政機關之判斷，是否出於與事物無關之考量，亦即違反不當聯結之禁止。6.行政機關之判斷，是否違反法定之正當程序。7.作成判斷之行政機關，其組織是否合法且有判斷之權限。8.行政機關之判斷，是否違反相關法治國家應遵守之原理原則，如平等原則、公益原則等（司法院釋字第382、462、553號解釋理由書參照）[34]。

　　行政法院判決出現許多承認判斷餘地之案例，以下分四種原因舉例說明。

查之密度，單純不確定法律概念之解釋與同時涉及科技、環保、醫藥、能力或學識測驗者，對原判斷之尊重即有差異。又其判斷若涉及人民基本權之限制，自應採較高之審查密度。2.原判斷之決策過程，係由該機關首長單獨爲之，抑由專業及獨立行使職權之成員合議機構作成，均應予以考量。3.有無應遵守之法律程序？決策過程是否踐行？4.法律概念涉及事實關係時，其涵攝有無錯誤？5.對法律概念之解釋有無明顯違背解釋法則或牴觸既存之上位規範。6.是否尚有其他重要事項漏未斟酌。

[34] 最高行政法院95年度判字第1239號判決、最高行政法院99年度判字第639號判決、最高行政法院111年度上字第280號判決。

1. 基於第一種原因享有判斷餘地之案例

專利法第19條及第20條第1項規定對於何謂「高度創作」、「可供產業上利用」，係以不確定法律概念予以規範，固應尊重主管機關相當程度之判斷餘地。惟主管機關之判斷所根據之事實，是否符合論理法則或經驗法則，原審法院有衡情斟酌之權，如經斟酌全辯論意旨及調查證據之結果，認為主管機關判斷專利舉發事實所憑之證據，有顯然疏失，而為主管機關據為判斷之基礎者，其所為之處分即有適用法規不當之違法[35]。

保險事故是否職業傷病導致，常涉及醫理專業領域，是否為職業傷病，審查核定之法定權限在於勞動部勞工保險局，除非勞動部勞工保險局審查程序違法，或其審查結果與一般正常人認知差異過大，法院均應予以尊重。是否為職業傷病職權之行使，涉及專業性、經驗性之判斷，基於法院審查能力有限，及司法、行政權分立之原則，法院原則上承認行政機關就此等事項之決定，有「判斷餘地」[36]。

2. 基於第二種原因享有判斷餘地之案例

(1) 地價評議委員會

地價評議委員會之成員，依地價評議委員會組織規程第4條之規定包括議員代表、地方公正人士、對地價有專門知識之人士、建築師公會代表、銀行公會代表及地政、財政、工務或都市計畫、建設及農林機關主管等。顯見有關地價之判斷，係經由委員會所作成，而其特性在於經由不同屬性之代表，根據不同之見解，獨立行使職權，共同作成決定，應認享有判斷餘地[37]。在判斷餘地範圍內，行政法院只能就行政機關判斷時，有無遵守法定秩序、有無基於錯誤之事實、有無遵守一般有效之價值判斷原則、有無夾雜與事件無關之考慮因素等事項審查，其餘有關行政機關之專業認定，行政法院應予尊重[38]。

---

[35] 最高行政法院94年度判字第208號判決。

[36] 最高行政法院106年度裁字第1876號裁定。

[37] 最高行政法院108年度裁字第825號裁定指出，地評會係屬具有相當獨立性之專家委員會，其就區段地價所為之評議判斷，係依法定程序以合議制方式作成。其特性在於由具有相當專業性及多元代表性之委員，針對涉及多元價值及其比重之估計、取捨及權衡等足以影響地價調查估計之各種因素，綜合專業意見及多元價值之表達與討論後，獨立行使職權，共同作成決定。基於尊重其專業性及法律授權之專屬性，應承認地評會就此等事項所為之決定，有判斷餘地。

[38] 最高行政法院100年度判字第1178號判決、最高行政法院97年度判字第1099號判決；

(2) 環境影響評估審查委員會

主管機關所屬環境影響評估審查委員會，以合議制方式判斷是否符合「對環境有重大影響之虞」，其成員依法其中專家學者不得少於委員會總人數三分之二，具有專業判斷性質。專業判斷除有判斷濫用或判斷逾越或違反正當程序外，合理性之專業判斷原則上當予以尊重。惟專業判斷過程中若有應考量之因素而未考量之情事，或有不應考量之因素而予以考量之情事，均屬判斷濫用。甚至，諸多考量因素，對於其中某一項因素特別予以加重其考量之分量比例，而與該專業領域所共通各分量比例形成顯然之差異性，且沒有正當理由者，即違反比例原則或平等原則，亦屬判斷濫用，於法即有未合，該專業判斷自不得仍予以尊重。若以權宜之計，而凌駕於應考量因素之上，形成應考量之因素而未能予以適當之考量，仍屬判斷濫用[39]。

(3) 民間公證人任免委員會

民間公證人遴選、研習及任免辦法第5條第1項（現為民間公證人遴選研習及任免辦法第4條）規定，司法院設民間公證人任免委員會……，置主任委員一人，由司法院副院長兼任；委員十五人，除由司法院指派秘書長、副秘書長、民事廳廳長、人事處處長兼任外，餘由司法院遴聘考試院代表一人、臺灣高等法院法官、全國公證人公會聯合會、律師全聯會推派代表、學者專家、社會公正人士各二人兼任之，以辦理遴選、審查及任免事項。關於申請遴任者是否具有同辦法第8條所稱「品德欠佳」之情況，就品德欠佳之不確定法律概念，應認民間公證人任免委員會本於其公正專業立場，得訂立「判斷標準」以進行判斷，並應認其具有相當之判斷餘地，行政法院原則上應予尊重[40]。

最高行政法院99年度判字第789號判決亦指出，土地公告地價及公告現值之評定，涉及市場調查等專業知識，法令上設有超然獨立之「地價評議委員會」進行查估評定，因而原判決以苟無足資證明其評定之程序有明顯違法之事證，其有關地價之判斷應予以尊重。最高行政法院93年度判字第1693號判決認為，地價評議委員會，係由專家學者及各種團體之代表組成，為一合議制之機關，其成員依法皆具有類似鑑定事實之專業能力，且能反映不同之社會多元理念，並依照法定程序獨立行使職權，苟其評議之程序並無違法，認定事實亦無違背法令及一般原則，則該委員會對法律解釋或涵攝所得之具體結果，自應予以尊重。

[39] 最高行政法院100年度判字第1022號判決、最高行政法院107年度判字第758號判決、最高行政法院111年度上字第127號判決指出，環評審查委員會之審查結論具有專業判斷性質，法院對此專業判斷之審查，原則上當予尊重，承認其判斷餘地。

[40] 最高行政法院94年度判字第1683號判決。

(4) 公立國民小學校長遴選委員會

國民教育法施行細則第14條後段所稱「校長不適任」，以及臺南市公立國民小學校長遴選委員會組織要點第17點所謂「情況特殊」，均屬不確定法律概念，系爭遴選委員會自有判斷餘地；委員會委員中認為上訴人於校長任期中，與教職員針鋒相對，不尊重老師，影響教學，應離開校長職位較妥適，此有會議紀錄可稽。校長為一校之首長，具有領導統御之能力為首要要件，教育人員任用條例第3條規定甚明，故該委員會委員考量上訴人與教職員無法相處，認上訴人已構成臺南市公立國民小學校長遴選委員會組織要點第17點「情況特殊」要件，議決不同意上訴人續任土城國小校長，應予改聘等情，並無判斷違法或顯然不當之違誤。該遴選委員會本於專業及對事實真相熟稔所為之決定，法院自應尊重[41]。

(5) 都市更新及爭議處理審議會

關於都市更新事業計畫、權利變換計畫之審議，依都市更新條例第16條、臺北市都市更新及爭議處理審議會設置要點第2點、第3點第1項等規定係由學者、專家、熱心公益人士及機關代表組成審議會，並以合議制方式為之，其審議判斷有賴法定程序及具各項專業之委員予以把關，法院故而承認其判斷餘地，於審查合法性時給予一定程度之尊重[42]。

(6) 藥害救濟審議委員會

關於藥害救濟及給付金額之審定，已經立法交由主管機關被上訴人遴聘醫學、藥學、法學專家及社會公正人士擔任所組成之「藥害救濟審議委員會」審議之，故本件爭點涉及專業之醫療判斷，在「判斷餘地」範圍內，除非專業機關於判斷時，有「未遵守法定程序」、「基於錯誤之事實」、「未遵守一般有效之價值判斷原則」、「夾雜與事件無關之考量因素」等顯然違法之情形外，其專業認定自應受法院尊重[43]。

---

[41] 最高行政法院94年度判字第1503號判決。

[42] 最高行政法院105年度判字第406號、最高行政法院105年度判字第380號判決；最高行政法院104年度判字第449號判決亦指出，都市更新事業計畫之審議及有關爭議之處理，係由具有都市計畫、建築、景觀、社會、法律、交通、財經、土地開發、估價或地政等專門學識經驗之專家學者、熱心公益人士及機關代表所組成，乃經由不同屬性及專業之代表，並以合議制及公開方式獨立行使職權，共同作成決定，該審議判斷應認享有判斷餘地。

[43] 最高行政法院105年度裁字第840號裁定。

(7) 不當勞動行為裁決委員會

　　勞動部依勞資爭議處理法第43條規定組成之裁決委員會，其委員均係來自勞動部以外之熟悉勞工法令或勞資關係事務之專業人士，渠等行使職權不受該部指揮，具有獨立地位，為獨立專家委員會，並踐行調查程序且以多數合議決方式為裁決決定。基於裁決委員會裁決決定之不可替代性、專業性及法律授權之專屬性，應認其裁決決定有判斷餘地，行政法院應採取較低密度之審查[44]。

　　惟亦有最高行政法院指出[45]，裁決委員會所為的裁決決定，並不當然享有判斷餘地。行政法院對行政機關就不確定法律概念所為的判斷，原則上應予審查，但對於行政機關就具有高度屬人性的評定（如國家考試評分、學生的品行考核、學業評量、教師升等前的學術能力評量等）、高度科技性的判斷（如與環保、醫藥、電機有關的風險效率預估或價值取捨）、計畫性政策的決定及獨立專家委員會的判斷，則基於尊重其不可替代性、專業性及法律授權的專屬性，而承認行政機關就此等事項的決定，有判斷餘地。然而，並不是所有不確定法律概念形式上合乎上述判斷因素的事件，都應該一律尊重行政機關的判斷而認有判斷餘地，仍應視其性質而定。例如，不涉及風險預估、價值取捨或政策決定的事實認定及法律的抽象解釋，本來就屬於行政法院進行司法審查的核心事項，行政機關自無判斷餘地可言，而且不因為它是經由獨立專家委員會所作成的行政處分，而有所不同。本件宜蘭教師工會是以宜蘭縣政府有工會法第35條第1項第5款所定雇主「不當影響、妨礙或限制工會之活動」及違反團體協約法第6條第1項規定「對於他方所提團體協約之協商，無正當理由者，不得拒絕」的不當勞動行為，向勞動部申請裁決。由於宜蘭縣政府是否確實有上述行為的事實認定，以及上開規定的法律解釋，並非不能經社會通念加以認定及判斷，並可由司法審查予以確認，而且不致牴觸司法的功能及界限。宜蘭縣政府提起本件訴訟後，行政法院既然有對原裁決決定的適法性為終局判斷的權責，審判時就應該參酌各種情狀作事實調查與法律解釋及適用。原裁決決定縱然是由裁決委員會所作成，上述事項也沒有判斷餘地可言。

　　不涉及風險預估、價值取捨或政策決定之事實認定及法律之抽象解釋，本

---

[44] 最高行政法院105年度判字第40號判決。有關此判決之評論，蕭文生，專業（家）委員會與判斷餘地—最高行政法院105年度判字第40號判決評析，行政事件裁判研究與評析Ⅱ，2021年4月，第127-182頁。
[45] 最高行政法院108年度判字第88號判決。

即屬行政法院進行司法審查之核心事項,行政機關自無判斷餘地可言,亦不因其係經獨立專家委員會所作成之行政處分,而有不同[46]。終止勞動契約是否有工會法第35條第1項第1款及第5款所定雇主不當勞動行為之事實認定,以及上開規定之法律解釋,非不能由社會通念加以認定及判斷,並可經司法審查而予確認,且不致牴觸司法之功能及界限,不當勞動行為裁決委員會所為的裁決決定,並不當然享有判斷餘地[47]。

(8) 衛生福利部所設預防接種受害救濟審議小組

衛生福利部所設預防接種受害救濟審議小組縱使對疫苗醫藥風險與危害因果關係之推估,基於其高度科技性,具有判斷餘地,但其適用法律構成要件涵攝事實關係時,如有出於錯誤之事實認定或不完全之資訊時,行政法院仍得予以撤銷或變更[48]。

(9) 會計師懲戒委員會及覆審委員會

會計師法設置結構上為合議制之機關──懲戒委員會及覆審委員會,使其成員具有類似鑑定事實之專業能力,且能反應不同之社會多元理念並依照法定程序獨立行使職權,上開委員會對法律解釋或涵攝所得之具體化結果,乃至於自訂之懲戒裁量基準以一體適用於應付懲戒案件,行政法院應予尊重[49]。

---

[46] 此項見解在環保事件亦有適用,最高行政法院111年度上字第684號判決指出,行政法院對行政機關就不確定法律概念所為的判斷,原則上應予審查,但對於行政機關就具有高度屬人性的評定(如國家考試評分、學生的品行考核、學業評量、教師升等前的學術能力評量等)、高度科技性的判斷(如與環保、醫藥、電機有關的風險效率預估或價值取捨)、計畫性政策的決定及獨立專家委員會的判斷,則基於尊重其不可替代性、專業性及法律授權的專屬性,而承認行政機關就此等事項的決定,有判斷餘地。然而,並不是所有不確定法律概念形式上合乎上述判斷因素的事件,都應該一律尊重行政機關的判斷而認有判斷餘地,仍應視其性質而定。例如不涉及風險預估、價值取捨或政策決定的事實認定及法律的抽象解釋,本來就屬於行政法院進行司法審查的核心事項,行政機關自無判斷餘地可言,而且不因為它是經由獨立專家委員會所作成的行政處分,而有所不同。本件所爭執之系爭聯外道路、水泥建物及地磅之面積是否應列入系爭處理機構開發案之範圍?乃屬不涉及風險預估、價值取捨或政策決定的事實認定問題,本即屬於行政法院進行司法審查之核心事項,行政機關自無判斷餘地可言。

[47] 最高行政法院108年度判字第430號判決、最高行政法院109年度判字第208號判決、最高行政法院110年度上字第410號判決。

[48] 最高行政法院106年度判字第355號判決。

[49] 最高行政法院106年度判字第396號判決。

(10) 文化景觀審議會

「文化景觀」、「表現人類與自然互動具有文化意義」、「具紀念性、代表性或特殊性之歷史、文化、藝術或科學價值」、「具時代或社會意義」、「具罕見性」等，均係屬不確定法律概念，具專業性且涉及文化價值判斷。系爭宿舍群得否指定爲文化景觀之文化資產，依規定應由專家組成審議委員會，本於專業素養爲判斷，法院對該判斷應予尊重[50]。

(11) 學院教師評鑑委員會

教師評鑑制度有助於學術研究與教學品質之維持，大學教師評鑑之審查，係就教師之專業學術能力及成就作評量，關係大學教師素質與大學教學及研究水準。大學教師評鑑，乃大學爲維持基本學術水準必需之人事自治權限。學院教師評鑑辦法施行細則第8條規定，就受評者之教學、研究、服務三項成績綜合考評，以平均達70分者爲通過評鑑；平均未達70分者，爲未達評鑑標準或爲不適任。學院教師評鑑委員會就具體個案對受評者所爲成績綜合考評判斷，有高度專業性，及屬人性，有其判斷餘地。對於院評鑑會之考評結果，如無出於錯誤之事實認定或錯誤之資訊、違反一般公認之價值判斷標準、違反法定正當程序、判斷之行政機關組織不合法、違反不當連結之禁止或違反平等原則等情事，其決定應予尊重[51]。

(12) 海事評議小組

海事評議小組係由專家及具資望之社會公正人士組成，且其決定須經一定程序，具有合議制之性質，應承認其就船員違反規定是否「情節較重」之決定有判斷餘地，除其判斷係出於前述恣意濫用、消極怠惰或其他違法情事外，法院爲審查時，應予尊重[52]。

---

[50] 最高行政法院107年度判字第630號判決。文化領域內其他審議組織，法院通常亦認定有判斷餘地，例如，最高行政法院107年度裁字第1637號裁定、最高行政法院107年度判字第523號判決（古蹟審議委員會—是否屬具保存價值之古蹟認定，具有高度專業性、技術性判斷，於具體案例事實涵攝時，爲行政判斷餘地領域內之事項）；最高行政法院109年度判字第70號判決、最高行政法院109年度判字第56號判決承認古蹟歷史建築紀念建築聚落建築群史蹟文化景觀審議會就「具歷史文化價值」、「表現地域風貌或民間藝術特色」、「具建築史或技術史之價值」、「具歷史建築價值」等不確定法律概念之專業判斷具有判斷餘地。
[51] 最高行政法院106年度判字第628號判決。
[52] 最高行政法院108年度裁字第471號裁定。

惟行政法院並非認為所有委員會皆具有判斷餘地，以下三案例則否認之[53]：

(1) 性平會，性別平等教育法之性侵害或性騷擾行為，法律規定要件明確，即便其中「性騷擾」屬評價性之不確定法律概念，不涉專業性質之判斷，而得由行政法院為全面審查。臺北高等行政法院99年度訴字第2220號判決認為，依性別平等教育法第6條第5款、第21條、第30條第2項、第35條等規定，性平會係屬學校應設之法定權責組織，其就校園性侵害或性騷擾事件所為之調查報告，具有不可替代性、專業性及法律授權之專屬性，自享有專業判斷之餘地。臺北高等行政法院認性平會就性侵害或性騷擾事件所為之調查報告，具有專業性，享有專業判斷之餘地云云，已有誤解，合先敘明[54]。最高行政法院107年度判字第615號判決、最高行政法院110年度上字第394號判決則指出，人民對行政機關根據不確定法律概念所作成之行政決定，提起行政爭訟時，基於憲法保障人民基本權利及訴訟權之精神，行政法院自得對該行政決定之合法性，為全面之審查。法院基於行政訴訟之職權就事實之認定調查原則，必須充分調查為裁判基礎之事證以形成心證，依性平法第35條第2項規定，法院對於相關事實之認定，只是「應審酌」各級性平會之調查報告，而不是受其拘束，法院就該調查報告之審酌，仍應踐行證據之調查及全辯論意旨以形成心證，並於判決理由中，就事實認定之結果，敘明得心證之理由。有關性平會之調查報告相關事實認定部分，與不確定法律概念之解釋與涵攝無涉，應由法院依職權調查證據後予以判斷，並無尊重行政機關判斷餘地問題[55]。

(2) 犯罪被害人補償審議委員會，「因犯罪行為被害而死亡者之遺屬或受重傷者，得申請犯罪被害補償金。」「有下列各款情形之一者，得不補償其損失之全部或一部：……斟酌被害人或其遺屬與犯罪行為人之關係及其他情事，

---

[53] 此外，最高行政法院111年度上字第278號判決亦認為，內政部依內政部海岸管理審議會設置要點所設海審會之決議，並無判斷餘地可言。

[54] 最高行政法院101年度判字第592號判決。

[55] 臺北高等行政法院109年度訴字第765號判決亦指出，性別工作平等法所稱「性騷擾」，屬不確定法律概念之規範概念，而此不確定規範概念之解釋及涵攝，係對於具體個案事實所為之評價，尚非屬具有高度屬人性之評定、高度科技性之判斷（如與環保、醫藥、電機有關之風險效率預估或價值取捨）、計畫性政策之決定或獨立專家委員會之判斷。故國防部空軍司令部依國軍性騷擾處理實施規定第15點規定組成之申訴會，就性騷擾事件所為決定之合法性，行政法院得為全面之審查。

依一般社會觀念，認爲支付補償金有失妥當者。」分別爲犯罪被害人保護法第
4條第1項、第10條第2款所明定。而所謂「依一般社會觀念，認爲支付補償金
有失妥當者」，係屬於適用法律時單純對不確定法律概念之解釋，且係排除申
請犯罪被害補償金之要件，又非屬於行政機關之判斷餘地事項，行政法院就上
訴人適用上開規定而否准被上訴人之申請，固得予以審查[56]。

(3) 國軍審議懲罰案件召開之評議會，關於行爲粗暴、言行不檢或藉機之
構成要件，雖係不確定法律概念，惟陸軍裝甲第五六四旅對此法律概念如何的
解釋及具體化，並不當然存在判斷餘地。行爲是否粗暴、言行是否不檢或是否
藉機飲宴餐敘，不是科技事項、具高度屬人性質、預測性之判斷，也不是考
試、測驗的評分，或能力、品性的考核事項，本件由權責長官指定相當階級及
專業人員組成的評議會，亦非屬由法律設置獨立行使職權之合議機構。原判決
認爲這樣含有價值判斷之不確定法律概念，基於高度紀律性要求，且由評議會
合議行使職權，應承認國軍機關對此「行爲粗暴、言行不檢或藉機」法律概念
事項之決定，有判斷餘地，即有未洽[57]。

3. 基於第三種原因享有判斷餘地之案例

(1) 任用資格

受審查人是否敬業、品德操守是否優良、辦案品質、開庭態度及案件是否
有不當延滯均屬不確定法律概念；不確定法律概念之事實認定有無錯誤或是否
顯然違反一般評價標準而達違法程度，因其屬於法律解釋及適用之法律問題，
高等行政法院得加以審查；高等行政法院就涵攝該不確定法律概念之基礎事實
是否認定錯誤，或該不確定法律概念之涵攝是否顯然違反一般評價標準而達違
法程度，如已按其依職權調查證據之結果，詳述其得心證之理由，即難謂有
判決不適用法規及理由不備之違法，行政訴訟法第133條前段、第189條足資參
照。審查意見係審查委員本於其學識素養與經驗所爲之智識判斷，具有高度之
專業性與屬人性，如無判斷逾越或判斷濫用之情形，即難指之爲違法[58]。

(2) 職務調動考評

依公務員服務法第2條、公務人員任用法第2條及第26條之1第1項規定，機
關首長在合理及必要之範圍內，基於內部管理、領導統御及運作需要，就公務

---

[56] 最高行政法院95年度判字第866號判決。
[57] 最高行政法院109年度判字第349號判決。
[58] 最高行政法院99年度判字第893號判決。

人員之職務調動,本係機關長官固有之權限,復以極具專業性及紀律性要求之地政人員,接受職務調動義務當較一般公務人員爲高。是否適任某項特定職務,主管長官除應本專才、專業、適才、適所之旨外,並應就公務人員個人之工作表現、品行操守、學識能力等各方面考核評量。類此考評工作,負高度屬人性。除是類考評違反相關人事法令規定,具有法定程序上之瑕疵、對事實認定有違誤、未遵守一般公認價值判斷之標準、有與事件無關之考慮牽涉在內及有違反平等原則等情事外,主管長官有對部屬所爲職務調整之判斷餘地,應予尊重[59]。

(3) 公務人員考評

公務人員之考核涉及受考人之學識、能力、操守及工作態度,故需由其主管依其平日之表現長期爲觀察,非僅單憑書面資料即得爲之,故公務人員之考評實具有高度屬人性,行政機關所爲之決定具判斷餘地,法院原則上尊重其判斷並採取較低之審查密度,僅於行政機關之判斷有恣意濫用及其他違法情事時,始予撤銷或變更[60]。教師年終考績考核事件,涉及高度屬人性之人格評價,且教學、訓輔、服務、品德生活及教育行政之品質優劣,涉及教育專業領域知識,由教育專業人員組成之考核會考核,符合功能最適理論。基於尊重考核評定者及考核會之專業性、不可替代性及法律授權之專屬性,應承認其考核之決定有判斷餘地[61]。

---

[59] 最高行政法院94年度判字第1961號判決。

[60] 最高行政法院108年度判字第22號判決。最高行政法院111年度上字第681號判決亦指出,公務人員之人事考評,具高度屬人性,因而單位主管或機關首長對所屬公務人員績效、品行、能力、工作態度等事實爲如何評分,承認行政機關就此等事項之決定,有判斷餘地。

[61] 最高行政法院108年度裁字第787號裁定。最高行政法院106年度判字第522號判決亦指出,教師是否已盡其應盡之傳道、授業及解惑義務,學生之受教權是否受到充分之保障,往往因師、生、親間彼此認知不同而衝突,故應有公正客觀之監督機制爲平時考核、年終考核及認定是否該當解聘、停聘、不予續聘或資遣等要件。故教育主管機關亦因而訂頒相關法令設置教師成績考核委員會及教評會。教師平日之行爲舉止是否堪爲學生表率、其教學是否認眞得以勝任其傳道、授業及解惑義務,並非僅憑單一事件即得判斷,須經相當時日之觀察、了解始足以爲之。然事實之觀察及判斷卻又往往因角度或看法不同而有差異,因而教師是否足以勝任現職之判斷,具高度屬人性。教師成績考核委員會對於有關教師成績考核及教評會對於教師是否無法勝任現職而符合資遣等要件事實之認定,具有判斷餘地。

(4) 考試決定

應考人試卷之評閱及考試成績之評定，係閱卷委員基於法律之授權，根據個人學識素養與經驗所爲專門學術上獨立公正之智識判斷，具有高度之專業性與屬人性之評定，則法院爲司法審查時，基於尊重其不可替代性、專業性及法律授權之專屬性，而承認行政機關就此等事項之決定，有判斷餘地，對其判斷採取較低之審查密度，僅於行政機關之判斷有恣意濫用及其他違法情事時，得予撤銷或變更[62]。換句話說，判斷餘地並非指考試決定整體過程與內容，而是限於源自考試的特殊評價。

考試特殊的評價係指考題困難度的評估、判斷應試者（考量其受教育、專業訓練類別）在合理程度下令人可期待的知識及能力表現，應試者答題理由的可信度、敘述的品質、評價個案考試題目的比重、答題錯誤的份量以及基於一般要求所爲之成績評價，最終整體的評價亦包括在內[63]。並非所有與考試相關之事務皆享有判斷餘地，而是限於源自考試的特殊評價，考試內容是否逾越考試範圍，屬於法院得審查之範圍，考生是否具備應考資格，亦同。

考試或類似考試決定，無論出題或答案的評分，涉及考試特有專業學術評價，屬主考者或評分者的專業學術與參與考試累積的經驗，以及考試的情境重現不能。兩者在行政訴訟中均不能重構，行政法院自無從對其進行審查。基於機會均等原則，評分是在所有應考人之間對比的情境下所作成的決定。行政法院的司法審查僅得對於提起撤銷訴訟當事人（應考者）之具體個案進行審判，原告若要求係一個對比範圍以外的機會，是有違平等原則。行政法院若准提起撤銷訴訟者，個別獲得重新評分，無異將原告從整個對比關聯中抽離出來，意味著，剝奪了其他沒有提起訴訟的應考者之機會均等權利。現行典試法第23條規定，係考試主管機關考選部鑑於國家考試之評分涉及高度學術性、專業性與屬人性判斷，如全面開放應考人閱覽、抄錄、影印或攝影試卷，將導致考試結果不安定或影響學者專家參與試務工作之意願，典試法修正條文，明定排除應考人抄錄、影印或攝影試卷等規定，此乃爲行使考試權而對於抄錄、影印或攝影資訊公開權利之必要限縮[64]。

---

[62] 最高行政法院109年度判字第282號判決。

[63] Decker, Beck'scher Online-Kommentar VwGO, §114, Rn. 36a.

[64] 最高行政法院96年度判字第329號判決。

(5) 考績評定

服務機關對公務人員考績評定為高度屬人性事項，判斷餘地是不可避免的，因為也沒有辦法取代。最高行政法院104年8月份第2次庭長法官聯席會議承認考績被考列丙等之公務人員，得提起行政訴訟後，行政法院審理此類案件，重要的是，在論及尊重判斷餘地前，仍必須審查服務機關辦理考績業務是否有對事實認定違誤、是否遵守一般公認價值判斷之標準、有無與事件無關之考量牽涉在內、以及是否違反平等原則等一般公法上原理原則等情事，以糾正機關逾越法律界限的缺失，不能空有行政訴訟之救濟管道，而以尊重判斷餘地之名，使公務人員無法獲得實質的權利保障[65]。

4. 基於第四種原因享有判斷餘地之案例

(1) 媒體多元減損、言論集中化之預測評估判斷

行政事件之性質，涉及未來預測性或風險評估，而主管機關又是獨立機關時，處分機關就特定事實對未來會發生如何結果之預測或風險之評估，是否合理可支持；及在此預測或評估下，行使裁量權採取防制行為而添加附款，方法（手段）及目的間是否具有合理關聯性而訴訟時，司法應為低密度之審查，法院不得以自己之預測評估取代獨立機關之預測評估，俾符合機關功能最適原則。

國家通訊傳播委員會所為核准本件董監事申請案之變更，跨媒體實質所有權移轉之結果，可能造成媒體多元減損、言論集中化之預測評估判斷，徵諸國家通訊傳播委員會所蒐集之外國研究文獻資料，在上述股權結構特殊、同一企業集團跨媒體所有及已有之言論集中化現象下，具有合理性而可支持，原判決予以維持，亦無不合[66]。

國家通訊傳播委員會於裁量決定是否許可中廣換發廣播執照時，基於廣播電視法第8條有關電波頻率之分配應力求普遍均衡之規定，及行政院核定之第11梯第1階釋照規劃案，考量日後客、原兩會完成全國性廣播電臺規劃時，收回系爭頻率供客、原兩會設置之廣播電臺使用，在原處分添加系爭附款，保留將來得廢止原處分許可使用系爭頻率部分之權限，核屬獨立機關對於未來發展估測作成之專業判斷，司法應採取低密度之審查，法院不得以自己之預測取代

---

[65] 最高行政法院106年度判字第99號判決。
[66] 最高行政法院105年度判字第313號判決。

獨立機關之預測，惟於國家通訊傳播委員會之判斷有出於錯誤之事實認定或不完全資訊、與事物無關之考量、違反一般公認價值判斷標準、法定正當程序或相關法治國家應遵守之原理原則等違法情事，始得予以撤銷或變更[67]。

惟最高行政法院111年度上字第738號判決指出，法律之抽象解釋，本屬行政法院進行司法審查之核心事項，行政機關並無判斷餘地可言。且並非獨立機關所為一切決定均享有判斷餘地，關於國家通訊傳播委員會對節目內容是否妨害公共秩序或善良風俗之判斷，僅為一般法律適用過程，無涉判斷餘地。

(2) 核能運轉

核能發電廠之設置與運轉必須依據各該當時科學與技術水準下，對於因核能電廠之設置與運轉可能引起之損害採取必要的防制措施時，始能發給許可，參照德國實務界與學界主流見解，均肯認行政機關就核能發電廠之設置與運轉等許可行政行為有判斷餘地之適用。本件核二廠一號機於第22次定期大修後運轉（即機組臨界、機組併聯）之原處分，核亦與高度科技專業性之風險評估，且又屬複雜之風險判斷類型，主管機關有判斷餘地[68]。

(3) 環境危害

重大開發案對環境往往影響深遠，對環境造成危害具有持續性及累積性，其危害程度之判斷具有風險評估（風險預測）特性，唯賴法定之環境影響評估程序及環評委員會內具各項專業委員予以把關，法院對此部分之判斷，亦給予一定程度之尊重。環評委員會對申請變更環境影響說明書或評估書內容之審查，可說是環境影響評估之延續，亦是有賴法定程序及具各項專業委員予以把關，法院對此部分之審查，亦給予一定程度之尊重並降低審查密度，對環評

---

[67] 最高行政法院109年度上字第742號判決。

[68] 臺北高等行政法院102年度訴字第201號判決。最高行政法院109年度判字第91號判決亦指出，核二廠1號機組因大修停止運轉後，台灣電力股份有限公司申請再起動，行政院原子能委員會所應審酌的台灣電力股份有限公司是否已完成大修計畫內工作項目，暨大修作業期間發現之異常事件與安全相關結構、系統、組件及設備維修或檢測之品質不符事件，依台灣電力股份有限公司提出之檢修、監測方案及安全影響評估報告，是否足以確保機組設施功能正常及安全運轉等不確定法律概念之評估，此涉及對未來事實之預估及風險決定，應承認行政院原子能委員會就此等高度科技性事項所為之估測決定，有判斷餘地，法院應採取較低之審查密度。

委員會關於環境影響評估審查之尊重,而承認其判斷餘地[69]。

5.撤銷基於判斷餘地之行政決定

　　行政法院在部分判決中亦曾撤銷基於判斷餘地之行政決定,例如,最高行政法院106年度判字第355號判決指出,衛生福利部所設預防接種受害救濟審議小組雖對疫苗醫藥風險與危害因果關係之推估,基於其高度科技性,具有判斷餘地。惟依據臺北榮民總醫院之出院病歷摘要(見申請案卷第449頁)內病史一欄之記載:「脊椎穿刺及腦脊髓液檢查均無任何感染的證據或跡象」(原文:Lumbar punctureand CSF study turned out negative for evidence ofinfection nor malignant cell......),然審議小組卻將ADEM發病歸因於○○○自身感染所導致,屬有失誤。○○○接種H1N1疫苗前,眼皮紅腫係因麥粒腫,而與接種疫苗後被診斷為亞急性甲狀腺炎等所伴隨的長期眼皮浮腫不同。審議小組委員並無詳細明查○○○病程發展及就診病歷,僅藉○○○之家族病史來做推測,歸因於患者因自身免疫力較低或有家族病史導致ADEM發病,藉以排除和疫苗有關,屬有失誤。縱使○○○有自體免疫性疾病的家族病史,抑或其本身具有此特異體質,但自體免疫性疾病乃可因某些和免疫機制相關的誘發因子(如H1N1疫苗)之作用而發作,雖無從證實○○○罹患亞急性甲狀腺炎為施打疫苗所致,但根據臨床免疫機轉,仍應無法排除和疫苗有關,足見審議小組委員漏未斟酌有利於被上訴人的事證(上開臺北榮民總醫院之出院病歷摘要及檢驗報告),致其判斷出於錯誤之事實認定或不完全之資訊。

　　最高行政法院109年度判字第529號判決指出,公立高中以下學校依教師考核辦法對所屬教師所為之成績考核及平時考核獎懲具高度屬人性,且教師教學、訓輔、服務、品德生活及處理行政事務之品質優劣,涉及教育專業領域知識,行政法院受理此類行政爭訟事件,對於學校本於專業及事實真象之熟知所為之判斷,應予以適度之尊重,而採取較低之審查密度。惟如學校對於教師之成績考核或獎懲決定,有判斷出於錯誤之事實認定或不完全資訊,或有與事物無關之考量,顯然違反平等原則及違反一般公認之價值判斷標準,而有判斷濫用者;或組織不合法、未遵守法定正當程序、未予當事人應有之程序保障等顯然違法情事者,行政法院應予以審查,並依法撤銷之。教師考核辦法規定學校應組成考核會之目的,旨在透過民主合議機制,就教師成績考核及平時考核

---

[69] 最高行政法院105年度判字第329號判決。

獎懲為公正客觀之評量，又為兼顧民主、多元、參與原則，除法定當然委員會外，其餘委員由本校教師票選產生，且委員每滿3人應有1人為未兼職行政職務教師。若考核會票選委員選舉程序不合法，依該選舉結果組成之考核會組織即非適法，學校經由非適法組織之考核會進行初核或復議程序，對所屬教師所為成績考核或懲處決定之行政處分，自未符教師考核辦法第9條第1項、第14條第1項規定之正當行政程序要求，即構成行政處分之瑕疵，應予撤銷。

第六章 | 行政法法律關係、主觀公權利 與特別權力關係

第一節　行政法法律關係

　　行政法法律關係，係近期發展的概念[1]，以往國家與人民間的法律關係，主要是透過行政機關以行政處分方式建立。隨著行政法法典化完成及國家執行行政任務方式多樣化後，國家與人民間之法律關係，不再僅是透過行政處分創設、變更或消滅。依行政程序法規定，行政機關得以行政契約來創設行政法上權利義務；人民在日常生活中亦得藉由事實行為與國家發生法律關係。因此，傳統以行政處分為核心建立人民與國家間法律關係的模式，已不再具有獨占地位[2]。

　　行政法法律關係並非僅是學術理論用語，最高行政法院101年度判字第951號判決指出，公法上法律關係，係指特定生活事實之存在，在兩個以上之權利主體間所產生之公法上權利義務關係，或產生人對權利客體間之公法上利用關係；其成立有直接基於法規規定者，亦有因行政處分、行政契約或事實行為而發生者[3]。公法上法律關係之成立有直接基於法規規定者，若係因法規規定，當然直接在兩個以上之權利主體間產生公法上權利義務關係，或直接產生人對權利客體間之公法上利用關係者，即為公法上法律關係，不待行政處分予以形成。

---

[1] 早期行政法理論並未有所討論，有關行政法法律關係之說明，賴恆盈，行政法律關係論之研究—行政法學方法論評析，國立政治大學法律學系博士論文，2002年。

[2] 吳志光，行政法，修訂12版，2023年2月，第87頁指出行政法法律關係之建構必要性在於，取代傳統以行政處分為中心的行政法體系。

[3] 最高行政法院110年度抗字第207號裁定、最高行政法院110年度抗字第177號裁定則指出，行政法上法律關係之成立有直接基於法規規定者，亦有因行政處分、行政契約或事實行為而發生者。法規、行政行為及事實均非法律關係之本身，故皆不得以其存否為確認訴訟之標的。

第一項　行政法法律關係之建立

人民與國家可以透過以下幾種方式形成行政法法律關係[4]：

一、經由法律規定直接形成

法律係一般抽象規定，針對不特定多數人，不特定多數個案，在通常情形下，法律須由行政機關適用後，才會對人民權利義務產生影響。理論上而言，法律無法直接創設、變更、消滅人民與國家間之法律關係，但在例外情形下，無行政機關介入，經由法律規定亦可直接產生行政法法律關係。例如，舊全民健康保險法第11條之1規定，符合第10條規定之保險對象，除第11條所定情形外，應一律參加本保險（此規定已刪除修正），亦即採用強制納保的義務。強制納保義務係透過法律規定所建立，不需由行政機關再作成行政處分，亦即符合法律規定，即產生強制納保義務。免稅法律規定直接使符合要件者產生免繳納稅捐之義務，例如，政府機關或其委託之學術團體辦理各種考試及各級公私立學校辦理入學考試，發給辦理試務工作人員之各種工作費用，依所得稅法第4條第1項第24款規定，免納所得稅。人民與國家間得直接透過法律規定產生行政法法律關係，惟此種方式較為少見。

二、經由行政處分

此種方式不論是由人民主動促成，例如，申請建築許可或津貼；或由國家主動依職權發動，例如，科處罰鍰，皆屬之。以行政處分形塑人民與國家間之法律關係是最常見之方式。

三、經由行政契約

行政契約係國家與人民基於平等地位，依自由意志創設彼此間之權利義務關係。例如，中央健康保險署與特約醫院所簽訂之全民健康保險特約醫事服務

---

[4] 李建良，行政法基本十講，增修12版，2022年9月，第240-243頁；陳新民，行政法學總論，新10版，2020年7月，第65-66頁；莊國榮，行政法，修訂9版，2023年9月，第86-88頁；林錫堯，行政法要義，修訂4版，2016年8月，第122-126頁，指出共八種發生行政法法律關係之事由。

機構契約，即屬行政契約。

四、經由事實行為形成

除上述方式外，亦得經由事實行為產生行政法權利義務關係。例如，開車上高速公路，係利用公共設施，而產生繳納使用規費之義務。

第二項　行政法法律關係之特點

行政法法律關係與經由契約所生之私法法律關係主要有下列差異：

一、兩者追求目的不同，私法契約關係係依私法自治、契約自由原則，人民得依自己意志形成法律關係以解決雙方間之爭議，或形成私法上的交易秩序。行政法上人民與國家間產生權利義務關係之原因，主要係追求公共利益。行政機關行使公權力追求公益時，亦須注意人民權利之保障。私法上權利義務關係，著重於私人間私法自治與契約自由；行政法上權利義務關係，一方面追求公益，另一方面則是人民權利之保障。

二、權利取得方式不同，私法法律關係中係藉由契約取得權利、負擔義務，行政法律關係中行政機關與人民的權利義務原則上是依法律規範產生[5]。私法法律關係著重雙務性，權利與義務常是相對的；行政法法律關係則常見單務性，換句話說，權利與義務並非一直是相對的，行政機關之義務並非一定等同於人民之權利。

第二節　人民主觀公權利

權利係特定人對特定人的請求，公法上權利係指主觀權利，主觀係指人民得依自己意思為請求，亦即人民得依公法規定，尤其是行政法，向行使公權力

---

[5] 法務部民國106年9月1日法律字第10603512060號指出，行政法上權利義務或法律地位是否可由他人承繼，先應視相關法規內容而定，法規未特別規定者，則應視該權利義務或法律地位是否具有高度屬人性（一身專屬性）而定。其具有一身專屬性者，不得移轉；不具一身專屬性者，性質上雖可移轉，惟仍須有繼受之「要件事實」，亦即發生繼受之法律原因，始得移轉。

之行政機關請求作為或不作為之權利[6]。

主觀公權利為人民依據公法得主張之權利。權利具有二個面向,一個是個人所關心之實質利害(不限於經濟利害,也包括情感、宗教、社會關係等利害),另外一個則是此等利害由法律出面保證其實現,此即權利之法規範基礎。在主觀公權利之判斷上,有關「權利」之法規範基礎特別重要。因為公部門行使公權力時,具有實質優越地位,其任何微小作為都會對社會大眾帶來全面性之影響,因此人民各方面之實質利害很容易感受到被侵犯(例如,政府實施教改措施對全體家長所帶來之不便),但如果隨意容許人民提起訴訟,要求法院審查行政作為之合法性,不僅行政所關心之社會集體利益容易受到少數人牽制,法院亦難以負荷此等數量之訴訟,因此一定要求該等實質利益有憲法或特定實證法出面保證其會實現,這樣的實質利害才能被認定為主觀公權利。此等權利之法規範是否存在,即是受理行政訴訟之法院首須審查者(即使引用保護規範理論作為主觀公權利之法規範基礎,還是一樣必須找到特定之法規範為權利基礎)[7]。

第一項　主觀公權利之要件

在依法行政原則下,如何判斷法律是否賦予人民主觀公權利,亦即人民何時具有此項請求權存在呢?須符合三個要件[8]:

一、須有法律直接規定為請求之依據

主觀公權利原則上不得經由行政契約或行政規則創設,其須有法律直接規定為請求依據。須有法律直接規定為依據主要指下列兩種情形:

(一)由法律規定本身文義直接得知,法律已明確規定特定人得享有權利,或對符合法定條件而可得特定之人,授予向行政主體或國家機關為一定作為之請求權者,例如,公務員有向國家請求薪俸之權利或是請求退休金

---

[6] 最高行政法院95年度判字第207號判決指出,公法上之請求權係指依法規或一般行政法原則,可請求為有利給付之特定行為之主觀公權利。

[7] 最高行政法院97年度裁字第3686號裁定、最高行政法院95年度裁字第2660號裁定。

[8] 陳新民,前揭書,第66-67頁;陳敏,行政法總論,10版,2019年11月,第269-271頁。

之權利，在相關法律中有「依法請求……」規定時，就法條文義即可得知有主觀公權利之存在。

（二）無法由法條文義直接得知者，法律並無「依法請求……」規定，僅規範國家義務時，則該如何判斷是否存在主觀公權利呢？例如，國家有維持治安義務，國家維持治安義務之目的是追求公共利益。人民在路上行走時，皮包被歹徒所搶，事後得否向國家主張，國家有維持治安的義務，因此國家須派警察保護其安全？早期見解認為，國家義務與人民主觀公權利是不同的兩件事。國家有維持治安義務，治安良好所產生人民安居樂業的效果，僅是反射利益。國家有建設交通義務，國家關建道路而導致道路兩旁房價上漲，該利益係屬反射利益，亦即人民並無請求國家關建道路的權利。國家義務與人民主觀公權利並非相對存在。

國家義務係為公共利益或為保障人民權利存在呢？國家義務何時得轉換成為人民主觀公權利呢？學術與實務逐漸發展出保護規範理論[9]。對人民而言，法律所規定的國家義務究竟是單純的反射利益或是人民得主張的主觀公權利，保護規範理論可提供判斷之標準。換言之，法律規範所追求的目的僅是公共利益，則縱使國家依法有義務存在，對人民而言，國家履行義務所產生之利益僅是反射利益；法律規範所追求的利益除公共利益外，亦包含個人權益保障時，在一定條件下，國家義務將轉化成人民得請求之主觀公權利。國家義務是否等同於主觀公權利並無法一概而論，必須從法律制定目的及保障法益判斷之。

司法院釋字第469號解釋認為，法律規定是否僅是行政機關義務，抑或兼具人民權利的保障，不能單純從形式上法律所使用的文字來了解。換言之，法律條文雖未規定人民請求權，不得直接即認定人民無請求權存在，須從法律所追求之整體目的判斷之。法律規定的內容非僅授予國家機關推行公共事務的權限，法律規範之目的同時亦係保障人民生命、身體及財產等法益，且對主管機關應執行職務行使公權力之事項規定明確，該管機關公務員依此規定對可得特定之人負有作為義務已無不作為之裁量空間時，則人民有主觀公權利。法律規範保障目的之探求，應就具體個案而定，如法律明確規定特定人得享有權利，或對符合法定條件而可得特定之人，授予向行政主體或國家機關為一定作為之請求權者，其規範目的在於保障個人權益，固無疑義；如法律雖係為公共利益

---

[9]　詳見司法院釋字第469號解釋。

或一般國民福祉而設之規定，但就法律之整體結構、適用對象、所欲產生之規範效果及社會發展因素等綜合判斷，可得知亦有保障特定人之意旨時，該法律則屬於保護規範，人民即得主張主觀公權利。

惟如法律規範之目的係在保障一般人之公共利益，且經綜合判斷結果亦不足以認為有保障特定人之意旨，則該法律不屬於保護規範。最高行政法院112年度抗字第268號裁定指出，停車場法第16條規定依其立法理由，旨在期土地有效利用，鼓勵民間投資興建停車場，以加速停車場之興建，解決都市停車問題，增進交通流暢，改善交通秩序等公眾利益為依歸。規定之規範目的均非在保障特定人之利益，非屬保護規範。

二、得行使主觀公權利的主體範圍（請求權人）得自法律規定中加以確定

主體範圍本身須客觀、可確定，亦即得藉由法律解釋和客觀標準確認行使主觀公權利之主體範圍。若自法律中無法明確得知何人是權利主體，則無從判斷何者得主張權利。僅有利益存在而無法確認權利主體時，則非屬主觀公權利，主觀公權利係得行使之權利，應有具體之權利人與義務人存在。

人民或團體得依行政程序法第152條第1項規定，以書面敘明訂定目的、理由等項向主管機關提出訂定、修正或廢止法規命令之建議。受理提議之行政機關應視其提議內容，依行政程序法第153條規定予以處理或答覆；惟原提議者對於答覆，無論滿意與否，因對其權益並無直接損害，僅屬反射利益，不得聲明不服[10]。

三、得透過訴訟途徑貫徹之

有權利，有救濟，人民有主觀公權利，應有救濟途徑，確保人民主觀公權利受侵害時，得藉由法院訴訟程序強制國家履行義務。若無法藉由法院訴訟程序強制國家履行義務，則屬反射利益，非主觀公權利。人民享有之利益係因為行政行為間接對一般民眾附加產生的事實上利益，亦即行政目的原僅考量公益，但卻同時為人民創造了利益，但該利益並不在原本的行為考量範圍內，此即為反射利益。最高行政法院106年度裁字第1857號裁定指出，被徵收土地之

---

[10] 最高行政法院93年度裁字第385號裁定。

鄰地所有人，雖因行政機關執行土地徵收之結果，而得通行被徵收之土地，惟此僅係行政機關執行公法結果之反射利益。

最高行政法院109年度判字第299號判決指出，我國行政訴訟法基本上係以保障主觀公權利為其功能取向，以落實憲法第16條保障人民訴訟權，使人民權利受侵害時，均得依法定程序提起訴訟接受公平審判。行政訴訟既屬保障人民主觀權益之救濟程序（行政訴訟法第1條參照），則除法律有特別規定而例外開放之公益訴訟外，行政訴訟法上其他訴訟種類，均以原告有主觀公權利受損害為前提，方有提起訴訟而利用此程序救濟其權利之訴訟權能。

第二項　承認主觀公權利之案例

環評審查會對應實施環境影響評估之開發行為，所作之無須進行第二階段環境影響評估之審查結論，開發行為之當地居民具有法律上利害關係，得對該環境影響評估審查結論，提起撤銷訴訟，即具原告適格。環境影響評估法第5條第1項及第8條為保護規範，有保護開發行為當地居民之目的。

環境影響評估法第16條及其施行細則第37、38條規定，旨在確保環評法所規定之開發行為應事前進行環境影響評估之機制，避免以事後變更環說書或評估書內容，規避應進行之環境影響評估程序。由環境影響評估法施行細則第37、38條規定可知，開發單位依環境影響評估法第16條第1項申請變更環說書或評估書內容，而涉及環境保護事項之變更者，有必須重新進行環境影響評估、應提出環境影響差異分析報告或檢附變更內容對照表三種情形。如應重新進行環境影響評估者，即有應進入第二階段環境影響評估之可能。因此環評審查會對開發單位依環境影響評估法第16條第1項申請變更環說書或評估書內容，核准變更內容對照表者，即無須重新進行環境影響評估，更不可能進入第二階段環境影響評估，開發行為之當地居民，對此核准變更內容對照表（即無須重新進行環境影響評估）之處分，亦應認具有法律上利害關係，得提起撤銷訴訟即具原告適格。環境影響評估法第16條第1項結合其施行細則第38條，亦為保護規範，有保護開發行為當地居民之目的[11]。

礦業法第31條之展限規定，並非僅在單純授予礦業權者利益之規定，亦非只在保護公共利益，而有兼及保護礦區及其附近居民等可得特定範圍之個人利益之保護規範。原住民族基本法第21條第1項規定，亦為兼具保障該規定所列

---

[11] 最高行政法院100年度判字第1601號判決。

特定範圍原住民族及部落之個別原住民權利之保護規範[12]。

第三項　否認主觀公權利之案例

　　建築法第1條規定，為實施建築管理，以維護公共安全、公共交通、公共衛生及增進市容觀瞻，特制定本法。違章建築處理辦法第9條規定，人民檢舉違章建築，檢舉人姓名應予保密。從建築法及其相關法令之整體結構、適用對象、所欲產生之規範效果及社會發展因素等綜合判斷，純係為公共利益而為規定，並未賦予人民申請行政機關作成拆除他人違章建築之行政處分之權利。行政機關未依人民之檢舉對違章建築之取締、拆除，僅係反射利益受有影響，尚非得據以行政爭訟對之表示不服[13]。

　　公法上具有公用地役關係之既成巷道，係行政機關基於行政目的，依法對私人財產賦予限制之關係，一般不特定民眾利用具公用地役關係之巷道通行，僅係其反射利益，對該土地並無任何權利，故具有公用地役關係之既成巷道，僅行政主體基於行政目的得為主張，一般不特定人民並無向行政機關請求將其他私人所有之土地認定為具有公用地役關係之既成巷道之公法上權利[14]。土地徵收，係國家因公共事業之需要，對人民受憲法保障之財產權，依職權經由法定程序予以剝奪。又國家為興辦交通事業，徵收私人土地開闢道路供不特定公眾通行使用，該不特定第三人通行道路之利益，係屬公法執行結果之反射利益，應為事實上之利益，並非法律賦予該第三人享有通行使用道路之主觀公權利或法律上利益[15]。

　　「文化景觀」此一文化資產，係由直轄市、縣（市）政府依其普查或個人、團體提報具文化景觀之內容及範圍，經依法定程序審查後，符合文化景觀登錄基準者，即予登錄、公告並報中央主管機關備查；登錄後文化景觀有滅失或減損其價值而應廢止之情形者，則由直轄市、縣（市）主管機關依登錄之程序予以廢止。縣（市）主管機關是否作成文化景觀登錄處分或廢止該登錄處

---

[12] 最高行政法院108年度上字第894號判決。
[13] 最高行政法院95年度裁字第550號裁定；最高行政法院92年度裁字第957號裁定亦指出，行政機關對違章建築之取締與拆除，而使鄰近人民獲得附隨之利益，僅屬反射利益，並非建築法規所直接保障之法律上利益。
[14] 最高行政法院95年度裁字第80號裁定。
[15] 最高行政法院106年度裁字第1857號裁定。

分，端視依據法定程序審查之結果，均屬主管機關之職權，個人、團體之提報僅在促使縣（市）主管機關審查程序之發動，法令並未授予提報之個人、團體有向主管機關請求爲文化景觀登錄或廢止登錄之公法上權利[16]。

大學法第9條第1項規定，新任公立大學校長之產生，應於現任校長任期屆滿十個月前或因故出缺後二個月內，由學校組成校長遴選委員會，經公開徵求程序遴選出校長後，由教育部或各該所屬地方政府聘任之。依此規定，得報請教育部聘任新任校長者，僅限於該公立大學，法規範所保障之特定人即該公立大學。公立大學內部個別之組成員，並無請求教育部聘任新任校長之權利，經綜合判斷結果，亦難認其得據以各別主張主觀公權利受侵害而具訴訟權能[17]。

依憲法第2條、第17條、第136條及公投法第1條前段規定，明揭公投法之制定，依據憲法主權在民之原則，人民透過創制或複決方式進行公民投票，本質上爲國民主權之參政權行使之「權力」，與人民主觀公權利之基本「權利」有別。公投法所規範之公民投票行爲，目的在補充民主代議制度功能之不足，著重在國民多數意見之呈現，而非呈現國民個人法益之保護，故無法結合「保護規範」理論，而導出「投票權人依公民投票法而享有爭執舉辦公民投票決定行政作爲之主觀公權利」[18]。

醫療法第62條、第67條第1項、第68條規定旨在課予醫院應建立醫事檢驗品管制度、善盡病歷製作之責，強化醫事人員執行業務之責任規範，目的均在提升並保障一般人民之就醫品質，非在賦予人民請求行政機關作成行政行爲之公法上權利。依上開規定之整體結構、適用對象、所欲產生之規範效果及社會發展因素等綜合判斷，均爲達到促進醫療事業之健全發展，合理分布醫療資源，提高醫療品質，保障病人權益，增進國民健康之公益目的，非在保護特定範圍人民的個別利益，人民因該規範之執行而獲取之利益，僅爲反射利益，並未因此取得請求行政機關履行行政行爲之公法上權利[19]。

自傳染病防治法第1條、第2條、第3條、第5條第1項、第20條第1項、第27條第1項、第4項、第5項、第28條、第29條第1項、第30條第1項、第3項、第36條、第48條第1項、第51條、第58條第1項第1款規定可知，傳染病防治係主管

---

[16] 最高行政法院107年度判字第148號判決。
[17] 最高行政法院107年度裁字第2006號裁定。
[18] 最高行政法院109年度判字第299號判決。
[19] 最高行政法院109年度裁字第1735號裁定。

機關本於杜絕傳染病發生、傳染及蔓延，以維護全國人民健康、生命之職責，於傳染病發生時，依職權採行必要之感染管制防疫措施，包含預防接種、傳染病預防、流行疫情監視、通報、調查、檢驗、處理、檢疫、演習、分級動員、訓練及儲備防疫藥品、器材、防護裝備等措施，以瞭解傳染根源、傳染途徑，並杜絕疾病交叉傳染與擴散。依上開規定之整體結構、適用對象、所欲產生之規範效果及社會發展因素等綜合判斷，係為公共利益而為規定，並未賦予人民申請主管機關購買疫苗及疫苗之預防接種之公法上權利，亦即人民並無向主管機關訴請購買疫苗及疫苗之預防接種之法律上依據，主管機關未購買疫苗及未為人民預防接種，人民僅係反射利益受有影響而已，難謂權利或法律上利益受有損害[20]。

第三節　人民公法上之義務

第一項　義務之種類

　　人民公法上義務基本上可分為兩種類型：
　　一、基本義務，基本義務係憲法規定國民相對於國家應承擔的義務，例如，納稅、服兵役，受國民教育之義務。
　　二、一般法律義務，人民依照法律規定所承擔之義務。例如，戶籍法第6、14條規定出生或死亡皆要辦理登記，第16、17條規定遷出遷入亦要辦理遷徙登記，此即是法律上義務。
　　人民公法上義務得依人民本身資格或身分不同，區分一般人民義務與特定人民義務。特定人民義務一般稱為特別權力關係。

第二項　特別權力關係

一、發生原因

　　特別權力關係係指特殊人民跟國家間的特殊義務關係。特殊人民有四

---

[20] 臺北高等行政法院110年度訴字第623號判決、最高行政法院110年度上字第590號判決。

種：軍人、公務員、受刑人及學生[21]。人民與國家產生特別權力關係的原因如下[22]：

（一）基於法律規定：例如，人民依兵役法規定有服兵役義務而成為軍人；基於受義務教育規定，人民有受國民教育之義務而成為學生。

（二）基於自由意志：例如，人民通過國家考試而成為公務員。

（三）基於法院判決：人民因法院確定判決入監服刑而成為受刑人。

四種人民與國家產生特別權力關係之原因在於，國家發展初期，軍人與公務員代表國家，軍人對外、公務員對內實現統治目的，軍人及公務員與國家間的關係比一般人民與國家間的關係更密切，國家對於軍人、公務員予以特別規制而產生特別權力關係；受刑人基於法院判決進入監獄，與國家產生特別密切之關係，基於管理目的，受刑人在監獄中須受特別管理，與一般人民並不相同。受義務教育的學生，其與國家未來發展息息相關，國家對於受義務教育的學生有實施管教的權力，因而產生特別權力關係。

二、特別權力關係之特徵

特別權力關係下之人民與一般法律關係下之人民有何不同呢？基本上有以下三點[23]：

（一）義務不確定性（概括支配關係）

一般人民與國家間本來就存在不對等關係，特別權力關係下之人民與國家間之不對等更為嚴重。例如，一般人民所負之義務通常特定而具體，但公務員、軍人與國家間，負有服不定量勤務的義務。服不定量勤務義務係指公務員與軍人對於國家有服勤務義務且該義務是無固定的數量與範圍，亦即國家有概括性命令的權力，得隨時要求公務員與軍人受到勤務義務之拘束[24]。

---

[21] 除上述四種情形外，亦有認為營造物關係屬特別權力關係，陳敏，前揭書，第226頁。

[22] 陳新民，前揭書，第71頁。

[23] 吳志光，前揭書，第88頁；林錫堯，前揭書，第183-184頁；陳新民，前揭書，第71-72頁；陳敏，前揭書，第226-227頁。

[24] 有關服不定量勤務之義務，司法院釋字第785解釋理由書指出，公務員服務法第11條第2項以及公務人員週休二日實施辦法第4條第1項規定，明文排除業務性質特殊機關所屬公務人員享有一般公務人員常態休息之權利，然並未就該等機關應實施之輪班、

（二）特別權力關係中不適用法律保留原則

國家基於行政目的的必要性，在無法律依據下，得依照內部規則限制特別權力關係下人民之自由權利。對於特別權力關係人民的規範，一般稱爲特別規則，國家透過特別規則維持內部秩序之運作。例如，基於國防安全，不須有任何法律依據即得檢查軍人書信。在特別權力關係有內部懲戒制度，例如，學生、公務員之記過制度，內部懲戒制度之目的在於，貫徹國家意志，使行政體系上下一體運作順暢，實施懲戒措施不須有法律依據。

（三）特別權力關係中之爭議僅能透過行政體系內部程序加以救濟

由於特別權力關係下之人民與國家間關係是依照特別規則運作，特別規則屬內部法，國家對特別關係人民所爲之措施並不會產生對外效力，因此無法主張外部的法律救濟途徑，僅能依內部的救濟程序救濟之，例如，申訴、異議程序，亦即僅能向原機關或上級機關提出救濟，法院並無介入之可能性。

三、特別權力關係之發展

特別權力關係爲國家追求富強下所產生之理論，國家富強需要文官清廉、武官愛國。軍人與公務員乃是國家富強的主要工具，雖然軍人與公務員本質上亦是人民，但其地位被工具性格所掩蓋，既然是工具，則無法主張人權；受刑人，屬於因違法行爲入監之人，侵害他人人權在先，破壞了國家法秩序，其人權自應受到更大限制；學生是未成年人，無法主張人權之適用。特別權力關係在19世紀形成，20世紀初發揚光大。

第二次世界大戰後，人權保障成爲重要之趨勢，特別關係下之人民亦屬一般人民，雖其與國家有更爲密切關係存在，其仍適用憲法人權保障之規定。換言之，在特別權力關係下之軍人與公務員不再僅是國家工具，而是受到基本人權保障之人民，因而出現將特別權力關係完全廢除之主張。惟另有認爲，特別權力關係仍有存在必要，不須全部廢除之，畢竟有些特別權力規範事項僅是單

輪休制度，設定任何關於其所屬公務人員服勤時數之合理上限、服勤與休假之頻率、服勤日中連續休息最低時數等攸關公務人員服公職權及健康權保護要求之框架性規範。就此類業務性質特殊機關所屬公務人員之保障而言，相較於一般公務人員，不符合憲法服公職權及健康權之保護要求，於此範圍內，與憲法保障人民服公職權及健康權之意旨有違。

純管理事項。若要求須有法律依據,甚至得向法院尋求救濟,將造成國家內部管理之困難,因此僅須修正特別權力關係下不合憲法要求之事項,不須全部廢除之[25]。

　　特別權力關係從德國開始發展,德國學界對於特別權力關係的存廢提出基礎關係理論與管理關係理論作為處理的依據[26]。基礎關係涉及特別權力關係的發生與消滅,例如,公務員身分的取得與喪失,學生退學、開除學籍等。管理關係係指行政機關為了達到特定行政目的,對於特別權力關係之人所做之特別要求,例如,公務員考績、學生服裝儀容的規定。特別權力關係區分成兩種關係之實益在於,第一,涉及基礎關係時,適用法律保留原則,亦即涉及身分地位之得喪變更時,須有法律依據,例如,學生退學、公務員撤職或免職皆須有法律依據。第二,基礎關係得透過外部法院訴訟加以救濟;管理關係不適用法律保留原則,亦不得提起法院訴訟程序救濟。整體而言,以基礎關係與管理關係之區分作為完全廢除或完全保留特別權力關係之中間途徑。

　　不可否認的是,管理關係與基礎關係有時並無法明顯區分之,公務員撤職、免職涉及基礎關係;將公務員辦公地點由二樓調至地下室,是單純的管理關係。但公務員之調職,例如,公務員本來任職嘉義縣政府民政處,後來被平調至嘉義縣政府民雄戶政事務所,平調對於官等、職等、薪俸並無任何影響,理論上不涉及基礎關係,蓋公務員之身分地位無任何改變。惟調職是否對公務員利益沒有任何影響呢?將公務員調往偏遠地區服務時,將對其家庭生活產生重大衝擊;對公務員記大過,雖然公務員身分沒有立即變動,但記大過會影響考績,考績又會影響公務員考績獎金之多寡以及未來升遷之考核。因此,涉及基礎關係或管理關係,在個案中有時會引起重大爭議。

　　此外,德國特別權力關係理論另一項重大改變,則是德國聯邦憲法法院1972年3月14日之刑事執行判決,德國聯邦憲法法院認為,受刑人亦享有基本權利保障,其通訊自由之限制,須依法律或基於法律為之,不得以管理規則為之[27]。

---

[25] 詳見翁岳生,論特別權力關係之新趨勢,行政法與現代法治國家,6版,1987年4月,第138頁以下。

[26] C. H. Ule, Das besondere Gewaltverhältnis, VVDStRL, 1957, S. 133ff.

[27] BVerfGE, 33, 1有關刑事執行之判決,本案中譯,蕭文生,西德聯邦憲法法院裁判選輯(一),司法院,1990年10月,第248頁以下。

　　除身分得喪變更之基礎關係外，德國聯邦憲法法院提出重要性理論（Wesentlichkeitstheorie）[28]，主張凡國家行為涉及人民基本權利重大事項時，即使沒有身分上得喪變更，仍須適用法律保留原則，亦得利用法院訴訟程序救濟之。例如，依傳統見解，降級對公務員的身分並無得喪變更的效果，其非屬基礎關係，不得提起訴訟救濟之；然而，降級使得公務員依法請求的俸給減少，況且其未來升遷管道亦可能受到限制，對人民服公職的權利有重大影響。在重要性理論下，對於公務員降級事項，須有法律規範為依據，被降級之公務員亦得向法院尋求救濟。

四、我國特別權力關係之演變

（一）公務員

　　我國特別權力關係理論亦受到德國學說與實務影響，特別權力關係之突破，首先是針對國家與公務員間之特別權力關係。司法院釋字第187號解釋涉及核發公務員退休金事項之爭議，公務員申請退休金，須取得原機關服務證明，積極證明服務年資長短，或消極證明未曾請領退休金。早期公務員核發服務年資申請之准駁，法院認為是行政內部人事處分，公務員不服時，僅能提出申訴，不得向法院提起救濟。司法院釋字第187號解釋理由書指出，公務人員依法辦理退休請領退休金，乃行使法律基於憲法規定所賦予之權利，應受保障。其向原服務機關請求核發服務年資或未領退休金、退職金之證明，未獲發給者，在程序上非不得依法提起訴願或行政訴訟。司法院釋字第266號解釋指出，公務人員基於已確定之考績結果，依據法令規定為財產上之請求而遭拒絕者，影響人民之財產權，參酌司法院釋字第187號及第201號解釋，尚非不得依法提起訴願或行政訴訟。司法院釋字第312號解釋亦指出，人民之財產權應予保障，憲法第15條定有明文。此項權利不應因其被任命為公務人員，與國家發生公法上之忠勤服務關係而受影響。公務人員之財產權，不論其係基於公法關係或私法關係而發生，國家均應予以保障，如其遭受損害，自應有法律救濟途徑，以安定公務人員之生活，使其能專心於公務，方符憲法第83條保障公務人員之意旨。公務人員退休，依據中央公教人員福利互助辦法或其他機關自行訂定之福利互助有關規定，請領福利互助金，乃屬公法上財產請求權之行使，如

---

[28] BVerfGE, 34, 165/192; 47, 46/78.

遭有關機關拒絕，將影響其憲法所保障之財產權，自應許其提起訴願或行政訴訟，以資救濟。

　　真正對公務員特別權力關係有重大突破的是司法院釋字第243號解釋，其涉及公務員依據公務人員考績法所為之免職處分，是否得向法院提起救濟之爭議。考績係長官對下屬工作之評量，早期見解認為考績屬於行政體系內部人事處分，公務員不服時僅可提起申訴，並無對外向法院請求救濟的權利。司法院釋字第243號解釋理由書指出，因公務員身分受行政處分得否提起行政爭訟，應就處分之內容分別論斷，中央或地方機關依公務人員考績法或公立學校教職員成績考核辦法，對公務員所為之免職處分，直接影響其憲法所保障服公職之權利，在相關法律修正前，受處分之公務員自得行使憲法第16條訴願及訴訟之權，於最後請求司法機關救濟。免職處分已使公務員身分發生得喪變更，故應有向法院提起救濟的機會。惟司法院釋字第243號解釋理由書中認為，依公務人員考績法僅記大過之處分，並未改變公務員之身分關係，不直接影響人民服公職之權利，不許以訴訟請求救濟。免職涉及公務員基礎關係，得向法院提起救濟；記大過涉及管理關係，不得向法院提起救濟。司法院釋字第243號解釋亦以是否涉及基礎關係或管理關係判斷得否向法院提起救濟。

　　受重要性理論影響，司法院釋字第298號解釋認為，足以改變公務員身分或對於公務員有重大影響之懲戒處分，受處分人得向掌理懲戒事項之司法機關聲明不服，由該司法機關就原處分是否違法或不當加以審查，以資救濟。換句話說，除足以改變公務員身分之行為外，對於公務員有重大影響之懲戒處分，亦得向法院提起救濟，例如，停職處分並未使公務員喪失身分，但停職對公務員屬重大影響，得向法院提起救濟，蓋已影響公務員之重大權利。司法院釋字第323號解釋指出，各機關擬任之公務人員，經人事主管機關任用審查，認為不合格或降低原擬任之官等者，於其憲法所保障服公職之權利有重大影響，如經依法定程序申請復審，對復審決定仍有不服時，自得依法提起訴願或行政訴訟，以謀求救濟。司法院釋字第338號解釋指出，公務員對審定之級俸如有爭執，亦得提起訴願及行政訴訟。由以上相關解釋中可知，除涉及身分改變得向法院提起救濟外，停職處分、任用資格、級俸等，皆可成為訴願及行政訴訟救濟標的，亦即基礎關係與管理關係的區分雖然仍存在，但依照重要性理論作適度修正，擴大公務員得提起訴願及行政訴訟之可能性。

　　司法院釋字第491號解釋理由書指出，公務人員之懲戒乃國家對其違法、失職行為之制裁，此項懲戒為維持長官監督權所必要，自得視懲戒處分之性

質，於合理範圍內，以法律規定由長官爲之。中央或地方機關依公務人員考績法或相關法規之規定，對公務人員所爲免職之懲處處分，爲限制其服公職之權利，實質上屬於懲戒處分。其構成要件應由法律定之，方符憲法第23條規定之意旨。記兩大過免職處分係對人民服公職權利之重大限制，自應以法律定之。記兩大過免職考績處分之構成要件適用絕對法律保留，不得授權主管機關定之。

最後，司法院釋字第785號解釋開啓公務員全面性權利救濟之機會，其認爲本於憲法第16條有權利即有救濟之意旨，人民因其公務人員身分，與其服務機關或人事主管機關發生公法上爭議，認其權利遭受違法侵害，或有主張權利之必要，自得按相關措施與爭議之性質，依法提起相應之行政訴訟，並不因其公務人員身分而異其公法上爭議之訴訟救濟途徑之保障。公務人員保障法第77條第1項規定並不排除公務人員認其權利受違法侵害或有主張其權利之必要時，原即得按相關措施之性質，依法提起相應之行政訴訟，請求救濟。惟各種行政訴訟均有其起訴合法性要件與權利保護要件，公務人員欲循行政訴訟法請求救濟，自應符合相關行政訴訟類型之法定要件。至是否違法侵害公務人員之權利，則仍須根據行政訴訟法或其他相關法律之規定，依個案具體判斷，尤應整體考量行政機關所採取措施之目的、性質以及干預之程度，如屬顯然輕微之干預，即難謂構成權利之侵害。

最高行政法院亦依循司法院見解，來處理公務員與國家間之法律關係。公務員與國家間具有特別權力關係，因該特別權力關係所生公法爭議，得否提起行政訴訟，依司法院歷次相關解釋及最高行政院相關判決（參照司法院釋字第187、201、243、266、298、312、323、338號解釋及最高行政法院85年度判字第1036號判決）均認爲，須足以改變公務員身分關係，或於公務員權利有重大影響之處分，或基於公務員身分所產生之公法上財產上請求權，始可依公務人員保障法所定復審程序請求救濟，並提起行政爭訟。若未改變公務員身分之記大過、記過處分、考績評定、機關內部所發之職務命令或所提供之福利措施，爲公務人員保障法第77條第1項所指之管理措施或工作條件之處置，僅得依公務人員保障法所定申訴、再申訴程序尋求救濟[29]。

公立學校係各級政府依法令設置實施教育之機構，具有機關之地位，公立學校聘用教師從事學術研究、教育工作，實具有公法法律關係性質，公立學校

---

[29] 最高行政法院96年度裁字第2005號裁定。

教師之法律地位應等同公務人員，與公立學校間具有公法上勤務關係，為特別權力關係之範疇。教師對公立學校之措施，如有不服，得否提起行政訴訟，自應以該措施是否足以影響其教師身分，或是否對其有重大影響以為斷；苟該措施並未影響其教師身分，或未發生重大影響者，則應認屬公立學校內部之管理行為，而非對外發生法律效果之行政處分，自不得對之提起行政訴訟。依大學及專科學校教師年功加俸辦法第2、3條規定評定是否給予教師年功加俸，依同辦法第4條規定，係按年遞晉一級，有如經考試任用，銓敘有案之公務人員年終考績一般，並不涉及教師身分之變更，亦非屬有重大影響之懲戒處分，其性質並非行政處分，純屬相對人之內部管理行為，自不得對之提起行政訴訟[30]。惟年功加俸如涉及基於公務員身分所產生之公法上財產上請求權，應無不許其提起行政訴訟之理由。

　　早期對於公務員考績處分，尤其是年終考績丙等，行政法院原則上認為，公務員不得向其提出救濟，此項見解備受爭議。最高行政法院104年8月份第2次庭長法官聯席會議（二）決議改變傳統看法，認為憲法第18條所保障人民服公職之權利，包括公務人員任職後依法律晉敘陞遷之權（司法院釋字第611號解釋）。公務員年終考績考列丙等之法律效果，除最近一年不得辦理陞任外（公務人員陞遷法第12條第1項第5款），未來三年亦不得參加委任升薦任或薦任升簡任之升官等訓練（公務人員任用法第17條），於晉敘陞遷等服公職之權利影響重大。基於憲法第16條有權利即有救濟之意旨，應無不許對之提起司法救濟之理[31]。

　　司法院釋字第785號解釋後，最高行政法院亦依循司法院見解，最高行政法院109年度判字第350號判決指出，行政機關依考績法第6條第1項、考績法施行細則第13條第3項、第16條第1項規定對所屬公務人員懲處申誡，對公務人員之考績、考績獎金、名譽或升遷調動等權利或法律上利益產生不利之影響，係

---

[30] 最高行政法院96年度裁字第1399號裁定；最高行政法院96年度判字第1757號判決亦指出，公立學校聘用教師從事學術研究、教育工作，為公法法律關係，其教師與學校間因具有公法上勤務關係，亦屬特別權力關係範疇；公立學校教師雖非公務人員任用法所稱之公務人員，但其與所服務學校間之身分關係，因與公務人員相類似，故司法院關於公務人員因身分而受處分，得否提起行政訴訟之解釋，於公立學校教師亦應比照適用。

[31] 有關本項決議，蕭文生，年終考績丙等之救濟——評最高行政法院2015年8月份庭長法官聯席會議決議（一），月旦裁判時報，第47期，2016年5月，第5-11頁。

屬侵害公務人員權益且具行政處分性質之措施（行政法院於司法院釋字第736號解釋公布後，參酌該解釋意旨所作成之108年度3月份第1次庭長法官聯席會議〈關於公立高級中學以下學校教師申誡懲處案〉決議意旨參照）。因此，申誡雖爲行政機關之管理措施，惟其性質爲行政處分，自得循序提起行政訴訟。

最高行政法院109年度上字第901號判決指出，行政機關對於公務人員依法令申請出境所爲核准或同意之決定，屬具有直接解除法令限制公務人員遷徙自由效力之行政處分，並非僅對公務人員有利之管理措施或工作條件的處置。任職或服務機關對於公務人員依法申請出境至特定地區不予核准或同意，既對申請人之遷徙自由限制已屬重大，即難謂對其影響僅屬顯然輕微之干預，公務人員如認機關駁回其依法申請之決定違法侵害其權利者，自得依行政訴訟法第5條第2項規定提起課予義務訴訟，並應先經相當於訴願之復審程序。

最高行政法院111年度上字第435號判決指出，檢察官年終職務評定經評定爲「未達良好」者，不予晉級或給與獎金，對受評檢察官影響非顯然輕微之干預，已足以影響其權益，參照司法院釋字第785號解釋意旨，受評檢察官本得依法對此不利之行政處分，循序提起復審或行政訴訟以資救濟。

（二）學　生

司法院釋字第382號解釋指出，各級學校依有關學籍規則或懲處規定，對學生所爲退學或類此之處分行爲，足以改變其學生身分並損及其受教育之機會，自屬對人民憲法上受教育之權利有重大影響，此種處分行爲應爲訴願法及行政訴訟法上之行政處分。受處分之學生於用盡校內申訴途徑，未獲救濟者，自得依法提起訴願及行政訴訟。司法院釋字第382號解釋理由書進一步說明，人民因學生身分受學校之處分，得否提起行政爭訟，應就其處分內容分別論斷。如學生所受處分係爲維持學校秩序、實現教育目的所必要，且未侵害其受教育之權利者（例如記過、申誡等處分），除循學校內部申訴途徑謀求救濟外，尚無許其提起行政爭訟之餘地。學生所受者爲退學或類此之處分，則其受教育之權利既已受侵害，自應許其於用盡校內申訴途徑後，依法提起訴願及行政訴訟。

退學或類似退學之處分，亦即改變學生身分事項是否適用法律保留以及適用何種法律保留呢？屬絕對法律保留者，須有法律直接規定；或得由行政機關依法律授權訂定之。司法院釋字第563號解釋認爲，學生之學習權及受教育權，國家應予保障（教育基本法第8條第2項）。大學對學生所爲退學或類此之

處分，足以改變其學生身分及受教育之權利，關係學生權益甚鉅（司法院釋字第382號解釋）。大學依其章則對學生施以退學處分者，有關退學事由及相關內容之規定自應合理妥適，其訂定及執行並應踐履正當程序。大學法第17條第1項規定，大學爲增進教育效果，應由經選舉產生之學生代表出席校務會議，並出席與其學業、生活及訂定獎懲有關規章之會議。同條第2項規定，大學應保障並輔導學生成立自治團體，處理學生在校學習、生活與權益有關事項；並建立學生申訴制度，以保障學生權益，係有關章則訂定及學生申訴之規定，大學自應遵行。有關大學生退學處分之法律保留與公務員免職不同，在大學法中採相對法律保留，亦即大學法授權各大學在學校的章程中訂定即可。大學學生退學有關事項，1994年1月5日修正公布之大學法雖未設明文。但爲維持學術品質，健全學生人格發展，大學有考核學生學業與品行之權責，其依規定程序訂定有關章則，使成績未符一定標準或品行有重大偏差之學生予以退學處分，屬大學自治之範疇；立法機關對有關全國性之大學教育事項，固得制定法律予以適度之規範，惟大學於合理範圍內仍享有自主權。

司法院釋字第684號解釋[32]修正傳統見解，全面開放大學生救濟之可能性，其指出大學爲實現研究學術及培育人才之教育目的或維持學校秩序，對學生所爲行政處分或其他公權力措施，如侵害學生受教育權或其他基本權利，即使非屬退學或類此之處分，本於憲法第16條有權利即有救濟之意旨，仍應許權利受侵害之學生提起行政爭訟，無特別限制之必要。在此範圍內，司法院釋字第382號解釋應予變更。人民之訴願權及訴訟權爲憲法第16條所保障，人民於其權利遭受公權力侵害時，得循法定程序提起行政爭訟，俾其權利獲得適當之救濟（司法院釋字第418號、第667號解釋），而此項救濟權利，不得僅因身分之不同而予以剝奪。惟大學教學、研究及學生之學習自由均受憲法之保障，在法律規定範圍內享有自治之權（司法院釋字第563號解釋）。爲避免學術自由受國家不當干預，不僅行政監督應受相當之限制（司法院釋字第380號解釋），立法機關亦僅得在合理範圍內對大學事務加以規範（司法院釋字第563、626號解釋），受理行政爭訟之機關審理大學學生提起行政爭訟事件，亦應本於維護大學自治之原則，對大學之專業判斷予以適度之尊重（司法院釋字第462號解釋）。

---

[32] 有關司法院釋字第684號解釋，蕭文生，送給大學生的禮物VS.大學的震撼彈—評釋字第684號解釋，月旦裁判時報，第8期，2011年4月，第76-85頁。

司法院釋字第684號解釋之重要性與所帶來之改變，可從行政法院見解之變更得到驗證。傳統見解如最高行政法院96年度裁字第1699號裁定，其指出各級學校與學生間具有特別權力關係，因該特別權力關係所生之公法爭議，實務原持保留態度認不得提起行政訴訟，嗣司法院大法官對此漸採放寬態度，在某些情形下，同意相對人得提起行政訴訟。至於是否得提起行政訴訟一般係參酌司法院釋字第382號解釋，以學校對於有關學生之行為是否為行政處分，端視其性質而定，如屬發生對人民憲法上受教育權利有重大影響之法律效果者，應認其為行政處分，若僅屬實現教育目的所必要，未達侵害學生受教育權利者，因欠缺直接對外發生法律效果之法效性，尚非屬行政處分，即無許其提起行政爭訟之餘地。記大過處罰，係為維持學校秩序、實現教育目的所必要，未侵害受教育之權利。核其性質，並非行政處分，除循學校內部申訴途徑救濟外，當無提起行政訴訟之餘地。

司法院釋字第684號解釋以後，行政法院受理的案型則變得豐富多元，例如，針對單科成績評定，高雄高等行政法院100年度訴字第558號判決指出，大學教師對於學生所為之各單科成績評定，如該學生不及格學分數已達該校學則所規定之退學標準，而受退學處分者，因涉及學籍之喪失，即得對之提起行政爭訟救濟，由法院審查該退學處分是否符合學則所定之退學要件。……關於大學對學生各單科成績之評定部分，核屬涉及學生受教育權之事項，固應許受教育權受侵害之學生提起行政爭訟，而得為行政法院審查之訴訟標的。然學生成績之評定乃達成教育目的之必要手段，其性質為教師對學生學習成果之合理評價，無論係學期中各階段學習成果考評或學期總成績，皆根據教學目標，就學生學習表現之情形，予以分析和評斷，自應尊重授課教師之專業判斷[33]。大學對學生申請學分抵免之審核，因影響學生畢業學分之修習及學位之取得，核屬涉及學生學習自由之事項，故應許權利受侵害之學生提起行政爭訟，而得為行政法院審查之訴訟標的。大學對學生所為否准抵免學分處分既已侵害學生學習自由，顯係行政處分無疑[34]。基於「特別權力關係」逐漸被揚棄式微，及憲

---

[33] 臺北高等行政法院100年度訴更一字第91號判決亦指出，學業成績的評定，行政法院自當尊重授課老師及學校本於專業及對事實真相之熟知所為之決定，僅於其判斷或裁量違法或顯然不當時，始得予撤銷或變更。

[34] 高雄高等行政法院101年度訴字第147號、高雄高等行政法院104年度訴字第154號判決。

法第16條訴訟權所衍生之「有權利即有救濟」之原則，大學對學生所為記過處分，留下污點紀錄侵害其人格權，得救濟管道有漸鬆綁趨勢，自應准其提起行政訴訟[35]。

　　司法院釋字第684號解釋雖賦予學生於受教育權或其他基本權利受侵害時，應許權利受侵害之學生提起行政爭訟，但卻未賦予學生積極請求提供特定課程之權利。最高行政法院102年度判字第416號判決指出，被上訴人學程實施辦法第4條前段規定雖規定，為鼓勵學生多元學習、培養多方面專長以提升競爭力，各學院得整合本校教學資源，設置跨領域之學程，但此僅為原則性之規定，各系（院）仍得斟酌是否設置跨領域之學程。上訴人尚不得本於此規定請求被上訴人提供學生於本科系以外課程修習之義務。教育基本法乃對於保障人民學習、受教育之權利、確立基本教育方針、健全教育體制為原則性之規定，並未具體賦予人民請求為如何教育之權利。

　　中小學生是否得主張適用司法院釋字第684號解釋呢？李震山大法官於司法院釋字第684號解釋協同意見書中主張，司法院釋字第684號解釋不應排除中小學生之適用，訴訟權之保障屬於人權，大專學生及其他學生皆應享有。惟最高行政法院104年度裁字第487號裁定認為，司法院釋字第684號解釋意旨，係就大學對學生所為非屬退學或未改變學生身分，惟已對其受教育權或其他基本權利造成侵害之行政處分或其他公權力措施，肯認受侵害者得提起行政爭訟。至國民中小學對學生所為公權力措施，如未侵害學生受教育權利，依司法院釋字第382號解釋理由意旨，僅得循學校內部申訴途徑謀求救濟，無從援引司法院釋字第684號解釋理由而提起行政爭訟[36]。

　　惟司法院釋字第784號解釋變更司法院釋字第382號和第684號解釋之見解，其指出，本於憲法第16條保障人民訴訟權之意旨，各級學校學生認其權利因學校之教育或管理等公權力措施而遭受侵害時，即使非屬退學或類此之處分，亦得按相關措施之性質，依法提起相應之行政爭訟程序以為救濟，無特別限制之必要。各級學校學生基於學生身分所享之學習權及受教育權，或基於一般人民地位所享之身體自主權、人格發展權、言論自由、宗教自由或財產權等憲法上權利或其他權利，如因學校之教育或管理等公權力措施而受不當或違法之侵害，應允許學生提起行政爭訟，以尋求救濟，不因其學生身分而有不同。

---

[35] 臺北高等行政法院102年度簡抗字第26號裁定。
[36] 最高行政法院103年度裁字第1748號裁定、最高行政法院103年度裁字第1353號裁定。

至於學校基於教育目的或維持學校秩序，對學生所爲之教育或管理等公權力措施（例如學習評量、其他管理、獎懲措施等），是否侵害學生之權利，則仍須根據行政訴訟法或其他相關法律之規定，依個案具體判斷，尤應整體考量學校所採取措施之目的、性質及干預之程度，如屬顯然輕微之干預，即難謂構成權利之侵害。即使構成權利之侵害，學生得據以提起行政爭訟請求救濟，教師及學校之教育或管理措施，仍有其專業判斷餘地，法院及其他行政爭訟機關應予以較高之尊重。

司法院釋字第784號解釋後，行政法院亦改變見解，臺灣花蓮地方法院108年度簡字第54號行政訴訟判決指出，對於中學生所爲之記警告、小過、大過等懲處，縱未改變學生身分或損害其受教育之機會，仍可能影響其德育成績而損及其受教育權，亦可能侵害原告之名譽權、人格權，揆諸司法院釋字第784號解釋之意旨，仍應容許原告提起行政爭訟，以求救濟。

惟臺北高等行政法院高等庭112年度訴字第198號判決另指出，國民小學編班、調班等處置有其客觀且隨機之形成機制，基於常態編班之原則，並無人爲操控之可能，其處置本身顯非學校單方作成，亦未直接對學生產生任何有利或不利之法律效果，至多僅能認屬學校之管理措施，而非屬行政處分。

（三）軍　人

軍人與國家特別權力關係之突破爲司法院釋字第430號解釋，其認爲軍人負有作戰任務，對軍令服從之義務，固不能與文官等同視之。惟軍人既屬廣義之公務員，與國家間具有公法上職務關係，倘非關軍事指揮權與賞罰權之正當行使，軍人依法應享有之權益，自不應與其他公務員，有所差異。現役軍官依有關規定聲請續服現役未受允准，並核定其退伍，如對之有所爭執，既係影響軍人身分之存續，損及憲法所保障服公職之權利，自得循訴願及行政訴訟程序尋求救濟。此外，司法院釋字第443號解釋指出，限制役男出境係對人民居住遷徙自由之重大限制，兵役法及兵役法施行法均未設規定，亦未明確授權以命令定之。行政院發布之徵兵規則，委由內政部訂定役男出境處理辦法，欠缺法律授權之依據，該辦法第8條規定限制事由，與前開憲法意旨不符，應自本解釋公布日起至遲於屆滿六個月時，失其效力。換句話說，對軍人自由權利之限制，應適用法律保留原則。司法院釋字第459號解釋理由書指出，兵役體位判定，係徵兵機關就役男應否服兵役及應服何種兵役所爲之決定而對外直接發生法律效果之單方行政行爲，此種判定役男爲何種體位之決定行爲，不問其所用名稱爲何，對役男在憲法上之權益有重大影響，應爲訴願法及行政訴訟法上之

行政處分。受判定之役男，如認其判定有違法或不當情事，得依法提起訴願及行政訴訟。

行政法院亦依循司法院釋字之見解，來處理軍人與國家間之法律關係。最高行政法院100年度判字第690號判決指出，傳統之所謂特別權力關係理論，固認爲軍人、公務員、學生與國家或其他行政主體間，僅屬內部關係，爲規範其行爲，國家或行政機關得發布「特別規則」，不受法律保留原則之拘束。然自二次大戰後，學理上已普遍放棄上述理論，凡涉及基本權之重要事項，應受法律保留原則之支配，亦即採所謂重要性理論。軍人服役年伍關退伍給與，就軍人於軍事學校受訓期間之年資是否採計，自屬對退休權利有重大影響之事項，相關之行政規則或職權命令，應有法律之依據及授權爲限。

除法律保留原則之適用外，軍人是否亦得尋求法院救濟其權益呢？軍人爲廣義之公務員，與國家間具有公法上之職務關係。故若未改變公務員或軍人身分之記大過、記過處分、考績評定、機關內部所發之職務命令或所提供之福利措施，僅係機關內部之管理措施或工作條件之處置，並非行政處分，一般公務員僅得依公務人員保障法所定申訴、再申訴程序尋求救濟；軍人則僅得依陸海空軍懲罰法及其相關規定提起申訴或申覆，尚不得對之提起行政訴訟。故對軍人之懲罰，除就影響軍人身分之存續、損及憲法所保障服公職之權利者，得循訴願及行政訴訟程序尋求救濟外，應依陸海空軍懲罰法有關懲罰之規定辦理[37]。

惟最高行政法院109年度上字第1118號判決指出，軍人負有保衛國家安全對外作戰任務，對軍令有絕對服從之義務，其與國家間之關係與一般人民不同。軍事懲戒制度乃軍隊紀律管理及控制之機制，係維持軍紀之重要工具，是爲維護軍紀，鞏固戰力，兼顧人權保障，導正陸海空軍現役軍人之違失行爲，定有陸海空軍懲罰法。陸海空軍懲罰法就不同的懲罰種類明定不同的救濟方式；其中記過未在列舉得依法提起訴願、行政訴訟之規範範圍。惟軍人受核處記過之懲罰，於累計記大過三次合致撤職要件，經作成撤職決定時，就該撤職決定之行政爭訟，作爲事實基礎之累計記大過三次，乃撤職決定之實質內涵，倘爲撤職基礎之各該記過處分，如因陸海空軍懲罰法第32條第1項規定，致無法直接以其爲程序標的提起行政爭訟，則於後續撤職處分訴訟中，行政法院自應一併審查爲撤職基礎之各該記過決定的合法性；縱令該等「記過」之內部管

---

[37] 最高行政法院104年度裁字第671號裁定，本案涉及核定申誡乙次之懲處之救濟。

理措施，曾另踐行行政內部救濟程序（例如申經國軍官兵權益保障會作成審議及再審議決議），或由上級機關所作成（例如本案之106年1月10日懲罰令），均無礙受理重大影響軍人身分撤（軍）職處分之法院，對此構成該撤職處分要件事實之審查，如此方得落實對受處分人訴訟權之保障。

在司法院釋字第785號解釋開放公務員廣泛向法院尋求權益救濟後，最高行政法院111年度上字第82號判決指出，軍人為廣義之公務員（司法院釋字第430號解釋參照）或公務員之一種（司法院釋字第781號解釋參照），與國家之間具有公法上之職務關係，於涉及軍人因其身分與其服務機關或人事主管機關發生公法上爭議，認其權利遭受違法侵害之事件，司法院釋字第785號解釋理由書之意旨亦應有其適用。依國軍考績作業規定第8點第8款、空軍考績作業規定第8點第8款、陸海空軍軍官士官考績績等及獎金標準第7條第2款規定，軍人受記大過之懲罰，將對軍人之考績、獎金或升遷調動產生不利影響，核屬影響其權利之具體措施，且非顯然輕微之干預，自得依法向行政法院提起撤銷訴訟，以落實有權利即有救濟之憲法原則[38]。

（四）羈押被告與受刑人

羈押被告與受刑人受到特別權力關係的限制相當廣泛，例如，受刑人書信檢查，書信檢查理論上應適用法律保留原則，蓋其涉及人民秘密通訊的自由[39]；此外，羈押被告與受刑人權益遭受侵害時，除內部救濟管道外，是否允許向法院提起救濟呢？此類問題存在不少爭議。

在羈押被告部分，司法院釋字第653號解釋指出，羈押法第6條及同法施行細則第14條第1項之規定，不許受羈押被告向法院提起訴訟請求救濟之部分，與憲法第16條保障人民訴訟權之意旨有違[40]。羈押法第6條係制定於1946年，

---

[38] 相同見解，最高行政法院110年度上字第752號判決。最高行政法院111年度抗字第335號裁定亦指出，志願役期將滿而擬申請續服現役之預備軍官，如於最近一年至三年內受有品德類記過處分，即不符志願留營之甄選條件，對其軍人身分之存續將產生不利影響，則該記過處分應認係屬影響其權利之具體措施，且非顯然輕微之干預，依前揭說明，其自得依法向行政法院提起撤銷訴訟，以落實有權利即有救濟之憲法原則。

[39] 舊監獄行刑法第66條規定，發受書信，由監獄長官檢閱之。如認為有妨害監獄紀律之虞，受刑人發信者，得述明理由，令其刪除後再行發出；受刑人受信者，得述明理由，逕予刪除再行收受。

[40] 司法院釋字第653號解釋理由書指出，刑事被告受羈押後，為達成羈押之目的及維持羈押處所秩序之必要，其人身自由及因人身自由受限制而影響之其他憲法所保障之權

其後僅對受理申訴人員之職稱予以修正。羈押法施行細則第14條第1項則訂定於1976年，其後並未因施行細則之歷次修正而有所變動。考其立法之初所處時空背景，係認受羈押被告與看守所之關係屬特別權力關係，如對看守所之處遇或處分有所不服，僅能經由申訴機制尋求救濟，並無得向法院提起訴訟請求司法審判救濟之權利。司法實務亦基於此種理解，歷來均認羈押被告就不服看守所處分事件，僅得依上開規定提起申訴，不得再向法院提起訴訟請求救濟。惟申訴在性質上屬機關內部自我審查糾正之途徑，與得向法院請求救濟之訴訟審判並不相當，自不得完全取代向法院請求救濟之訴訟制度。是上開規定不許受羈押被告向法院提起訴訟請求救濟之部分，與憲法第16條規定保障人民訴訟權之意旨有違。

此外，司法院釋字第720號解釋理由書指出，羈押為重大干預人身自由之強制處分，受羈押被告認執行羈押機關對其所為之不利決定，逾越達成羈押目的或維持羈押處所秩序之必要範圍，不法侵害其憲法所保障之權利者，自應許其向法院提起訴訟請求救濟。羈押法第6條及同法施行細則第14條第1項之規定，不許受羈押被告向法院提起訴訟請求救濟之部分，業經司法院釋字第653號解釋，以其與憲法第16條保障人民訴訟權之意旨有違，宣告相關機關至遲應於該解釋公布之日（2008年12月26日）起二年內，依該解釋意旨，檢討修正羈押法及相關法規在案。惟相關規定已逾檢討修正之二年期間甚久，仍未修正。為保障受羈押被告不服看守所之處遇或處分者之訴訟權，在相關法規修正公布前，受羈押被告對有關機關之申訴決定不服者，應許其準用刑事訴訟法第416條等有關準抗告之規定，向裁定羈押之法院請求救濟。2020年1月15日總統華總一義字第10900004111號令修正公布羈押法全文117條；並自公布日後六個月施行。原羈押法第6條刪除並增訂第十一章陳情、申訴及起訴規定，允許羈押被告向法院提起訴訟請求救濟。

有關受刑人假釋問題，司法院釋字第681號解釋文指出，最高行政法院民國93年2月份庭長法官聯席會議決議：「假釋之撤銷屬刑事裁判執行之一環，為廣義之司法行政處分，如有不服，其救濟程序，應依刑事訴訟法第484條之規定，即俟檢察官指揮執行該假釋撤銷後之殘餘徒刑時，再由受刑人或其法定代理人或配偶向當初諭知該刑事裁判之法院聲明異議，不得提起行政爭訟。」

利，固然因而依法受有限制，惟於此範圍之外，基於無罪推定原則，受羈押被告之憲法權利之保障與一般人民所得享有者，原則上並無不同。

及刑事訴訟法第484條規定，受刑人或其法定代理人或配偶以檢察官執行之指揮為不當者，得向諭知該裁判之法院聲明異議。並未剝奪人民就撤銷假釋處分依法向法院提起訴訟尋求救濟之機會，與憲法保障訴訟權之意旨尚無牴觸。惟受假釋人之假釋處分經撤銷者，依上開規定向法院聲明異議，須俟檢察官指揮執行殘餘刑期後，始得向法院提起救濟，對受假釋人訴訟權之保障尚非周全，相關機關應儘速予以檢討改進，俾使不服主管機關撤銷假釋之受假釋人，於入監執行殘餘刑期前，得適時向法院請求救濟。

此外，司法院釋字第691號解釋理由書指出，假釋與否，關係受刑人得否停止徒刑之執行，涉及人身自由之限制。現行假釋制度之設計，係以受刑人累進處遇進至二級以上，悛悔向上，而與假釋要件相符者，經監獄假釋審查委員會決議後，由監獄報請法務部予以假釋（刑法第77條、監獄行刑法第81條）。作成假釋決定之機關為法務部，是否予以假釋，係以法務部對受刑人於監獄內所為表現，是否符合刑法及行刑累進處遇條例等相關規定而為決定。受刑人如有不服，雖得依據監獄行刑法規定提起申訴，惟申訴在性質上屬行政機關自我審查糾正之途徑，與得向法院請求救濟並不相當，基於憲法第16條保障人民訴訟權之意旨，自不得完全取代向法院請求救濟之訴訟制度（司法院釋字第653號解釋）。受刑人不服行政機關不予假釋之決定，請求司法救濟，自應由法院審理。然究應由何種法院審理、循何種程序解決，所須考慮因素甚多，諸如爭議案件之性質及與所涉訴訟程序之關聯、即時有效之權利保護、法院組織及人員之配置等，其相關程序及制度之設計，有待立法為通盤考量決定之。在相關法律修正前，鑑於行政機關不予假釋之決定具有行政行為之性質，依照行政訴訟法第2條以下有關規定，此類爭議由行政法院審理。

假釋爭議依司法院釋字第681號與第691號解釋得向法院尋求救濟外，受刑人其他自由權利受限制時，應如何處理，素有爭議。最高行政法院102年度判字第514號判決認為，刑法對於刑罰之具體執行方法並未規定，而係由刑事訴訟法與監獄行刑法加以規範，監獄依監獄行刑法對於受刑人通訊與言論自由所為管制措施，就剝奪人身自由或生命權之刑罰而言，乃執行法律因其人身自由或生命權受限制而連帶課予之其他自由限制，連同執行死刑前之剝奪人身自由，均屬國家基於刑罰權之刑事執行之一環，其目的在實現已經訴訟終結且確定的刑罰判決內容，並未創設新的規制效果，自非行政程序法所規範之行政處分，受刑人不得循一般行政救濟程序提起訴願及行政訴訟。受刑人僅得向最終監督機關法務部申訴或陳情，尚不得提起行政訴訟，請求撤銷該管制措施，或

請求被上訴人作成無條件准許其發信之處分，或依行政訴訟法第6條第1項後段規定提起確認已執行而無回復原狀可能之行政處分或已消滅之行政處分為違法之訴訟。

惟司法院兩號釋字對受刑人之傳統特別權力關係產生重大改變，首先是開放受刑人得向法院尋求救濟之司法院釋字第755號解釋。該號解釋指出，法律使受刑人入監服刑，目的在使其改悔向上，適於社會生活（監獄行刑法第1條參照）。受刑人在監禁期間，因人身自由遭受限制，附帶造成其他自由權利（例如，居住與遷徙自由）亦受限制。鑑於監獄為具有高度目的性之矯正機構，為使監獄能達成監獄行刑之目的（含維護監獄秩序及安全、對受刑人施以相當之矯正處遇、避免受刑人涉其他違法行為等），監獄對受刑人得為必要之管理措施，司法機關應予較高之尊重。如管理措施未侵害受刑人之基本權利或其侵害顯屬輕微，僅能循監獄及其監督機關申訴程序，促其為內部反省及處理。唯於監獄處分或其他管理措施逾越達成監獄行刑目的所必要之範圍，而不法侵害其憲法所保障之基本權利且非顯屬輕微時，本於憲法第16條有權利即有救濟之意旨，始許受刑人向法院提起訴訟請求救濟。修法完成前，受刑人就監獄處分或其他管理措施，認逾越達成監獄行刑目的所必要之範圍，而不法侵害其憲法所保障之基本權利且非顯屬輕微時，經依法向監督機關提起申訴而不服其決定者，得於申訴決定書送達後三十日之不變期間內，逕向監獄所在地之地方法院行政訴訟庭起訴，請求救濟。其案件之審理準用行政訴訟法簡易訴訟程序之規定，並得不經言詞辯論。其經言詞辯論者，得依同法第130條之1規定，行視訊審理。

司法院釋字第755號解釋後，陸續有不同之地方法院行政訴訟庭作出有趣之判決，例如，確認法務部矯正署綠島監獄命原告唱軍歌、答數、向後跳、向左右轉之管理措施違法及確認法務部矯正署綠島監獄否准原告向行政院衛生福利部、中央研究院提出陳情書信之管理措施違法[41]。申訴決定及原管理措施關於否准原告於民國107年5月14日投稿中國時報，及否准原告於民國107年3月26日投稿東森新聞之部分均撤銷[42]。

此外，有關法律保留，司法院釋字第756號解釋指出，法律使受刑人入監服刑，目的在使其改悔向上，適於社會生活（監獄行刑法第1條參照），並非

---

[41] 臺灣臺東地方法院106年度簡字第18號行政判決。
[42] 臺灣臺東地方法院107年度簡字第30號行政判決。

在剝奪其一切自由權利。受刑人在監禁期間，除因人身自由遭受限制，附帶造成其他自由權利（例如，居住與遷徙自由）亦受限制外，其與一般人民所得享有之憲法上權利，原則上並無不同。受刑人秘密通訊自由及表現自由等基本權利，仍應受憲法之保障。除為達成監獄行刑目的之必要措施（含為維護監獄秩序及安全、對受刑人施以相當之矯正處遇、避免受刑人涉其他違法行為等之措施）外，不得限制之。受死刑判決確定者於監禁期間亦同。對憲法所保障人民基本權利之限制，須以法律或法律具體明確授權之命令定之，始無違憲法第23條之法律保留原則；若僅屬執行法律之細節性、技術性次要事項，則得由主管機關發布命令為必要之規範（本院釋字第443號解釋參照）。系爭規定三明定：「受刑人撰寫之文稿，如題意正確且無礙監獄紀律及信譽者，得准許投寄報章雜誌。」係對受刑人憲法保障之表現自由之具體限制，而非技術性或細節性次要事項，監獄行刑法既未具體明確授權主管機關訂定命令予以規範，顯已違反憲法第23條之法律保留原則。換句話說，如欲額外對受刑人人身自由之限制以及附帶造成其他自由權利（例如，居住與遷徙自由）限制以外之其他自由權利加以限制，則適用相對法律保留，須有法律或法律明確授權之法規命令為依據。

2020年1月15日總統華總一義字第10900004131號令修正公布監獄行刑法全文156條；並自公布日後六個月施行。本次修正主要理由有三：首先，鑑於監獄係透過剝奪受刑人之自由使其與社會隔離，以達應報、嚇阻、防衛社會及教化矯正，降低再犯之功能。受刑人除因監獄行刑而減少部分自由權利以外，並不因此完全喪失憲法上所保障之基本人權，尤其依公民與政治權利國際公約第10條第1項規定，自由被剝奪之人，應受合於人道及尊重其天賦人格尊嚴之處遇及同條第3項前段規定，監獄制度所定監犯之處遇，應以使其悛悔自新，重適社會生活為基本目的。顯見國際社會對於受刑人人權之重視。第二，司法院釋字第756號解釋理由書指出，有關受刑人之憲法保障基本權，並非全數被剝奪，除了入監服刑之人身自由以及附帶其他自由權利受限制之外，受刑人所得享有之憲法上權利與一般人民所得享有之基本權利並無不同，仍受憲法之保障，顯見受刑人除了身體自由受到禁錮之外，其他基於人格尊嚴所享有之思想自由及憲法上之基本權均應受到保障，除了維護監獄秩序及安全等考量，於必要之情形下，得於受刑人基本權加以限制之外，不得無故加以限制或剝奪。第三，為符合司法院釋字第755號解釋意旨，增訂陳情、申訴及起訴相關規定，保障受刑人申訴及司法救濟權利（第90條至第114條）。

　　為符合限制書信之法律保留原則，監獄行刑法第74條規定，受刑人寄發及收受之書信，監獄人員得開拆或以其他適當方式檢查有無夾藏違禁物品。前項情形，除法律另有規定外，有下列各款情形之一者，監獄人員得閱讀其書信內容。但屬受刑人與其律師、辯護人或公務機關互通之書信，不在此限：1.受刑人有妨害監獄秩序或安全之行為，尚在調查中。2.受刑人於受懲罰期間內。3.有事實而合理懷疑受刑人有脫逃之虞。4.有事實而合理懷疑有意圖加害或騷擾他人之虞。5.矯正機關收容人間互通之書信。6.有事實而合理懷疑有危害監獄安全或秩序之虞。監獄閱讀受刑人書信後，有下列各款情形之一者，得敘明理由刪除之：1.顯有危害監獄之安全或秩序。2.教唆、煽惑他人犯罪或違背法規。3.使用符號、暗語或其他方法，使檢查人員無法瞭解書信內容。4.涉及脫逃情事。5.敘述矯正機關之警備狀況、舍房、工場位置，足以影響戒護安全。前項書信之刪除，依下列方式處理：1.受刑人係發信者，監獄應敘明理由，退還受刑人保管或要求其修改後再行寄發，如拒絕修改，監獄得逕予刪除後寄發。2.受刑人係受信者，監獄應敘明理由，逕予刪除再行交付。前項刪除之書信，應影印原文由監獄保管，並於受刑人出監時發還之。受刑人於出監前死亡者，依第81條及第82條第1項第4款規定處理。受刑人發送之文件，屬文稿性質者，得准其投寄報章雜誌或媒體，並準用前五項之規定。發信郵資，由受刑人自付。但受刑人無力負擔且監獄認為適當時，得由監獄支付之。

　　為保障受刑人之權利救濟，監獄行刑法第93條第1項規定，受刑人因監獄行刑有下列情形之一者，得以書面或言詞向監獄提起申訴：1.不服監獄所為影響其個人權益之處分或管理措施。2.因監獄對其依本法請求之事件，拒絕其請求或於二個月內不依其請求作成決定，認為其權利或法律上利益受損害。3.因監獄行刑之公法上原因發生之財產給付爭議[43]。監獄為處理申訴事件，應設申訴審議小組，置委員九人，經監督機關核定後，由典獄長指派之代表三人及學者專家或社會公正人士[44]六人組成之，並由典獄長指定之委員為主席。其中任一性別委員不得少於三分之一（第95條）。

---

[43] 非因監獄行刑（立於一般人民地位）而對監獄提出之請求（例如，依政府資訊公開法請求提供資訊），如有不服，則依訴願法規定提起訴願後，向高等行政法院提起訴訟，並非依申訴程序救濟。

[44] 學者專家或社會公正人士，可包括法律、心理、社工、醫事及其他相關專業領域人士。

　　為期受刑人之訴訟權能受到妥適保障，參酌聯合國囚犯待遇基本原則第33條第1項規定，被拘留人或被監禁人或其律師應有權向負責管理居留處所的當局和上級當局，必要時向擁有覆審或補救權力的有關當局，就所受待遇，特別是受到酷刑或其他殘忍、不人道或有辱人格的待遇提出請求或指控，監獄行刑法第111條第1項規定，受刑人因監獄行刑所生之公法爭議，除法律另有規定外（例如，刑事訴訟法第484條），應依監獄行刑法提起行政訴訟。監獄行刑法第111條第2項規定受刑人得以提起撤銷訴訟、確認訴訟及給付訴訟（課予義務訴訟及一般給付訴訟）之要件，受刑人依監獄行刑法提起申訴而不服其決定者[45]，應向監獄所在地之地方法院行政訴訟庭提起下列各款訴訟：1.認為監獄處分逾越達成監獄行刑目的所必要之範圍，而不法侵害其憲法所保障之基本權利且非顯屬輕微者，得提起撤銷訴訟。2.認為前款處分違法，因已執行而無回復原狀可能或已消滅，有即受確認判決之法律上利益者，得提起確認處分違法之訴訟。其認為前款處分無效，有即受確認判決之法律上利益者，得提起確認處分無效之訴訟。3.因監獄對其依本法請求之事件，拒絕其請求或未於二個月內依其請求作成決定，認為其權利或法律上利益受損害，或因監獄行刑之公法上原因發生財產上給付之爭議，得提起給付訴訟。就監獄之管理措施認為逾越達成監獄行刑目的所必要之範圍，而不法侵害其憲法所保障之基本權利且非顯屬輕微者，亦同。

　　假釋則因司法院釋字第691號解釋之故，另訂救濟程序，監獄行刑法第121條第1項規定，受刑人對於第120條廢止假釋及第118條不予許可假釋之處分，如有不服，得於收受處分書之翌日起十日內向法務部提起復審。假釋出監之受刑人以其假釋之撤銷為不當者，亦同。由於行政機關不予假釋之決定具有行政行為之性質，監獄行刑法第134條第1項規定，受刑人對於廢止假釋、不予許可假釋或撤銷假釋之處分不服，經依監獄行刑法提起復審而不服其決定，或提起復審逾二個月不為決定或延長復審決定期間逾二個月不為決定者，應向監獄所在地或執行保護管束地之地方法院行政訴訟庭提起撤銷訴訟。

---

[45] 為兼顧司法訴訟經濟及效益，避免訴訟時間較長，受刑人權益之補救緩不濟急，監獄行刑法明定先採內部申訴救濟程序方式，不服申訴決定得再向法院提起訴訟救濟。受刑人依監獄行刑法得提起之所有訴訟類型均以申訴為前提，與一般行政訴訟僅限於撤銷訴訟、課予義務訴訟採訴願前置主義不同。

第二篇

行政組織法

行政組織法可分成四部分討論，行政主體、行政機關、公務員及公物。

　　行政主體以往並未受到重視，早期行政主體僅指國家，大學法修正過程中討論公法人概念後，行政主體議題始受到重視。行政主體係由憲法或法律創設，為執行行政任務的公法上權利主體，行政主體在法律上能享受權利負擔義務[1]。不論在公法或私法領域，權利義務皆有最終歸屬者，權利義務最終歸屬者，與形式上享受權利負擔義務的組織並非總是一致，例如，嘉義縣（行政主體）的財產，原則上由嘉義縣政府管理，但嘉義縣政府並非嘉義縣財產之所有權人，嘉義縣政府所管理的財產，真正所有權人是嘉義縣。行政主體因具備法律人格，故在組織及財政獨立性與行政機關不同。

　　行政機關是討論行政組織法最重要的一部分，其受到重視之理由與法人本質有關。不論公法人或私法人，在法律上具有獨立人格，在權利義務歸屬上很重要。惟行政主體與自然人不同，必須有組織對外代表行政主體為意思表示或受意思表示，對外代表行政主體的組織，稱為行政機關。行政主體是法律上權利義務歸屬主體，行政機關則是行為主體，人民透過行政機關與行政主體建立權利義務關係。行政主體係抽象存在，須仰賴特定組織始能對外參與法律秩序。惟行政機關仍係組織型態，組織必須仰賴公務員始能作出具體行政行為，因此，行政主體、行政機關、公務員構成整個行政組織法最重要的範疇。

　　最後則是公物，公物概念以往並不發達，隨著給付行政發展，人民與國家間透過公物形成非常多元複雜的法律關係，例如，人民是否得自由利用道路，是否免費、平等利用各式各樣公共設施，皆是公物法範疇；公物利用會涉及國家賠償問題。

---

[1] 陳敏，行政法總論，10版，2019年11月，第926頁；莊國榮，行政法，修訂9版，2023年9月，第338頁。

第七章 ┃ 行政組織法之基本結構

第一節　行政主體

　　行政主體包括三種類型：第一，國家，在國家法秩序中，國家是最原始的行政主體[2]。第二，其他公法人，為何在國家之外，尚需要其他公法人呢？理論上，國家應自行處理國家事務，換言之，在國家體系下，所有事務都應由國家所設立之機關處理。惟考慮人力、經費、或事務熟悉程度差異，必要時，國家得將任務交由其他行政主體負責。換言之，國家任務得交由國家所設立的機關履行，亦可將任務交由另一在法律上具有獨立人格的行政主體為之，例如，憲法保障地方自治，地方自治團體在自治事項得自行決定，然其同時亦接受中央政府委託辦理中央政府事務。隨著時代發展，行政主體不再僅限於國家與地方自治團體二者，其他公法人，例如，昔日之農田水利會或行政法人亦是行政主體。

　　第三，行政任務的執行本應由國家自己為之或國家將任務交由其他公法人為之，然而隨著時代發展，民間所擁有的資源與能量日漸增加，傳統「受委託行使公權力之團體或個人」之制度亦重新受到重視。受委託行使公權力之人或團體產生之背景，係基於國家部分事務屬技術性事項，公權力性質較不濃厚，且人民擁有的相關設備與資源完善，此種事項若皆由國家為之，將造成人力資源的負擔與浪費，例如，車輛檢驗工作，由國家交通監理機關全部負責時，國家須在全國各地設置監理機關檢驗車輛，如此將造成國家財政重大負擔。因此交通監理機關乃將車輛檢驗的權限委託民間汽車或修車場，人民到民間汽車或修車場檢驗車輛時，其所為之檢驗行為與通過檢驗之認定如同交通監理機關親自所為。受委託行使公權力之個人或團體，其在公權力授權範圍內所為之行為等同委託機關之行為（受託人為自然人時，則兼具行政主體與行政機關之性質）。

---

[2] 李惠宗，行政法要義，8版，2020年9月，第79頁；林錫堯，行政法要義，修訂4版，2016年8月，第94頁；陳敏，前揭書，第928頁；莊國榮，前揭書，第338頁。

　　行政主體概念雖已發展一段時間，但仍易與行政機關產生混淆，例如，最高行政法院95年度裁字第829號裁定指出，中央造幣廠係依中央銀行法第13條第3項之授權規定，由中央銀行訂定中央造幣廠組織規程設立，爲行政主體[3]，並非依公司法設立之私法人。其人員係依中央造幣廠組織規程之公法法規派用，非依民法規定僱用，是其派用之人員與相對人間應屬公法關係，非私法關係。

　　行政主體所爲之行政事務具有多樣性，其或在公法領域內，以統治者地位，行使公權力；或在私法領域內，以國庫地位，從事私法活動。行政主體與人民間之法律關係究係公法或私法關係，應依事務之性質定之[4]。

第二節　行政機關

第一項　行政機關之定義

　　行政機關是行政組織法的核心重點，行政機關係行政主體對外與人民發生法律關係的主要媒介，因此行政機關常被誤認爲與行政主體同一。早期對於行政機關概念並無一致性的規定與見解。行政程序法施行後，行政機關在法律上有明確定義[5]。行政程序法第2條第2項規定，行政機關是代表國家、地方自治團體或其他行政主體表示意思，從事公共事務，具有單獨法定地位之組織。依行政程序法第2條第2項規定，行政機關不只限於憲法中「行政」的範圍，亦即並非僅限於行政院及其所屬各機關才是行政機關。凡是符合行政程序法第2條第2項規定者，皆是行政機關。換言之，考試院亦是行政機關。此外，並非中央政府所屬者才是行政機關，對外代表地方自治團體或其他行政主體之機關，

3　中央造幣廠爲中央銀行轉投資生產事業機構，主要任務爲經營流通硬幣及紀念幣之鑄造、銷燬、回籠硬幣整理及承接印信、勳獎章鑄製等業務。中央銀行法第13條第3項規定，貨幣之印製及鑄造，由中央銀行設廠專營並管理之。依中央造幣廠組織規程第2條規定，中央造幣廠直隸中央銀行。中央造幣廠組織規程第22條亦規定，中央造幣廠各級人員之職等及員額另以編制表定之。由上述規定觀之，中央造幣廠並非行政主體，最高行政法院在此似乎誤用行政主體之概念。

4　最高行政法院94年度裁字第1693號裁定。

5　此外，中央行政機關組織基準法第3條第1款規定，機關係指就法定事務，有決定並表示國家意思於外部，而依組織法律或命令設立，行使公權力之組織。

亦是行政機關。

　　此外，行政程序法第2條第3項規定，受託行使公權力之個人或團體，於委託範圍內，視爲行政機關。

第二項　行政機關之要件

一、行使公權力之組織

　　行政程序法第2條第2項規定以從事公共事務來代替傳統行使公權力的概念，但二者之實質內容並無不同。行政機關最大的特色，係其行使公權力。國家或是地方自治團體，所創設的組織，主要以行使公權力爲目的，但亦有非以行使公權力爲主要目的者，例如，台灣電力股份有限公司、台灣中油股份有限公司等國營事業。判斷是否爲行政機關，須先確定其是否爲行使公權力的組織。

二、須具有單獨法定地位

　　行政機關係代表行政主體對外爲有效的意思表示或接受意思表示，因此須具有單獨對外能力。是否具有單獨法定地位得以三個要件判斷[6]：（一）須有獨立的預算與人事編制，如何判斷該組織是否有獨立的人事與預算編制，在實質上應以該組織是否有單位預算以及編制表來判斷。此外，亦可從形式上判斷，該組織裡面有無獨立的主計單位以及人事單位。該組織本身無獨立的主計單位及人事單位，則不具有單獨法定地位的組織。例如，大學內的教務處是重要的校內組織，然其無人事單位及主計單位，則教務處不是行政機關；嘉義縣政府教育處無人事單位及主計單位，非屬行政機關。嘉義縣環保局有獨立的人事單位及主計單位，屬行政機關。（二）須有單獨的組織法規，組織法規稱爲某某組織法或某某條例者，是屬法律的層級；稱爲某某組織規程者，屬於行政命令層級，行政機關必須有獨立的組織法規，用法律的形式或法規命令形式皆可。在地方自治團體則以自治條例爲之[7]。（三）依印信條例所頒發的關防或

---

[6]　李惠宗，前揭書，第79-80頁；盛子龍、吳庚，行政法之理論與實用，增訂16版，2020年10月，第172頁；陳敏，前揭書，第934頁。

[7]　警察機關主要是以組織編制表來代替組織規程。

大印[8]，換言之，該組織對外須有一個能代表該組織的信物，但並非任何的官章皆屬之，例如，大學教務處的處章，僅是行文時的表徵，並非所謂的關防和大印。組織具備獨立的人事跟預算編制、單獨組織法規、以及根據印信條例頒發的關防或大印，才屬於具有單獨法定地位的機關。

最高行政法院91年度裁字第462號裁定指出，單獨法定地位之組織係指具有單獨之組織法規、獨立之編制和預算以及依印信條例頒發之印信。

三、須有特定的管轄權

行政機關代表行政主體對外，但行政機關並非完全代表行政主體，基於專業分工要求，行政主體原則上具有多數行政機關來代表行政主體對外為各種不同的行為，例如，中華民國設有五院，行政院下又分成不同部會，行政主體藉由許多行政機關來協助行政主體對外，行政機關只有在其管轄範圍內始可代表行政主體。換言之，行政機關必須在法律上所賦予權限內始能代表行政主體。行政機關是否具有特定管轄權，原則上由組織法或其他行政法規判斷之。

第三項　不屬於行政機關之案例

醫師懲戒委員會僅為主管機關之內設單位，其組織及其處理程序等辦法均由中央主管機關訂定，而非由法律所規定。醫師懲戒委員會或覆審委員會均無獨立之編制或預算，亦無關防，僅為任務編組之單位[9]。

里僅為鎮、縣轄市及區以內之編組，並未具備自治團體要素，里之組織設村里辦公處，置里長、里幹事，並無自主之組織權，亦無自主之財政權，里所處理之事務，應受鄉鎮縣轄市長之指揮監督。里並非具有單獨法定地位之組織，自非行政機關[10]。

---

[8] 印信條例第6條第1項規定，中央及地方機關之印信，其首長為薦任以上者，由總統府製發；為委任者，由其所屬主管部、會或省（市）縣（市）政府依定式製發。第2項規定，經總統府製發印或關防之機關首、次長，得製發職章，未經總統府製發印或關防之特任、特派、簡任、簡派官員有應用職章之必要者，得由總統府予以製發。但薦任以下者，得分別由其所屬中央主管部、會或省（市）政府依定式製發。第3項規定，永久性機關發印，臨時性或特殊性機關發關防。

[9] 最高行政法院98年度判字第429號判決。

[10] 最高行政法院95年度判字第299號判決。

　　銓敘部退撫司僅屬銓敘部之內部單位，無行政訴訟主體之能力[11]。地價及標準地價評議委員會，係直轄市或縣（市）政府依內政部訂頒之地價及標準地價評議委員會組織規程所設置，其委員及工作人員均屬兼任，並無專職人員，亦無獨立預算，自係直轄市或市縣政府因任務編組所設內部單位，而非具有單獨法定地位之行政機關[12]。

　　駐荷蘭代表處係外交部依外交部駐外代表機構組織規程所設立；駐荷蘭代表處自身無獨立預算；駐荷蘭代表處對外行文時所使用者，並非依印信條例所頒發之大印或關防，其非行政法上所稱之行政機關，其所為之書函應認係外交部所為[13]。

第四項　行政機關之案例

　　犯罪被害人保護法第14條第1項規定，地方法院及其分院檢察署設犯罪被害人補償審議委員會，掌理補償之決定及其他有關事務。同條第32項規定，……審議委員會均置主任委員一人，分別由……地方法院或其分院檢察署檢察長兼任；委員六人至十人，由檢察長遴選檢察官及其他具有法律、醫學或相關專門學識之人士，報請法務部核定後聘兼之；職員由檢察署就其員額內調兼之。地方法院及其分院檢察署所設犯罪被害人補償審議委員會自屬依法得代表國家表示意思，掌理補償之決定及其他有關事務之行政機關[14]。

　　行政機關係獨立之組織體，得以本身之名義作成決策表示於外，並發生一定之法律效果；機關基於分工原則所設立之內部單位則非獨立之組織體，無單

---

[11] 最高行政法院94年度裁字第260號裁定。
[12] 最高行政法院93年度判字第113號判決。
[13] 臺北高等行政法院90年度訴字第6924號判決。
[14] 最高行政法院93年度判字第1501號判決、最高行政法院94年6月份庭長法官聯席會議決議；最高行政法院95年度判字第42號判決亦認為，實務上為避免政府財政過度負擔，及基於充分利用現有人力之考量，亦有由相關機關支援其他機關之人員編制，或由相關機關代為編列其他機關預算之情形，尚難因該其他機關之人員編制及預算未完全獨立，而否定其為行政機關。各地方法院及其分院檢察署犯罪被害人補償審議委員會及各高等法院及其分院檢察署犯罪被害人補償覆審委員會之設置，依犯罪被害人保護法第14、15、20條之規定，具有單獨法定地位，且得代表國家受理被害人補償金之申請及調查，並作成准駁之決定，是該審議委員會及補償覆審委員會自屬行政機關，應有當事人能力。

獨法定地位，僅分擔機關一部分之職掌，一切對外行為原則上均應以機關名義為之，始生效力。公立學校係各級政府依法令設置實施教育之機構，具有機關之地位[15]。

第三節　內部單位

行政機關之概念並無法完全涵蓋或說明行政組織內部各種不同的組織類型，行政主體以行政機關分工，行政機關內部亦會分成不同組織，行政機關內部的分工組織稱為內部單位。行政機關透過法律、法規命令或自治條例設置，內部單位得由行政首長在合法授權下為之或依法規設置之。換言之，內部單位不須由法律或法規命令直接規定，可透過授權方式讓行政機關首長依其職權決定。依中央行政機關組織基準法第23條規定，機關內部單位分為：一、業務單位，係指執行本機關職掌事項之單位。二、輔助單位，係指辦理秘書、總務、人事、主計、研考、資訊、法制、政風、公關等支援服務事項之單位。

第一項　業務單位

執行行政機關具體任務之組織，例如，教育部高等教育司、內政部民政司、縣（市）政府的教育處、農業處等皆屬於業務單位。

第二項　輔助單位

協助行政機關首長或者協助業務單位推動事務的輔助（支援）單位，例如，人事室、主計室、行政處、資訊處等，一般稱為幕僚單位，主要是扮演內部協調、提供意見的功能，例如，教育部法制處、嘉義市政府行政處。

機關之內部單位，對外固無以自己之名義獨立行使職權，惟就其職權所為之處分，應視為係其本機關所為之行政處分。雖原分配列管者為聯勤司令部財務署，惟財務署乃聯勤司令部負責管理眷舍之內部單位，准予將房舍分配予○○○之行政處分，縱為聯勤司令部財務署所作成，亦應視為聯勤司令部所為

---

[15] 最高行政法院94年度裁字第2016號裁定。

之行政處分[16]。

　　行政機關與內部單位區分的實益有二：第一，涉及受理訴願機關的認定，行政機關得獨立對外為法律行為，針對縣（市）政府環保局行政處分提出訴願時，係向其上級機關提起，亦即向縣（市）政府提起訴願。但針對內部單位對外之行為，例如，縣（市）政府民政處之行為，由於其並無獨立對外權限，民政處之行為在法律上歸屬於縣（市）政府，因此必須向內政部提出訴願[17]。第二，涉及國家賠償義務機關，針對行政機關，例如，人民與縣（市）政府警察局間發生國家賠償爭議時，必須先協議，協議不成後，以警察局為被告，提出國家賠償訴訟。如果涉及內部單位，例如，人民與縣政府農業處發生國家賠償爭議，此時並非向縣政府農業處要求協議，而是向縣（市）政府要求協議，與縣（市）政府協議不成時，再以縣（市）政府為被告提出國家賠償訴訟。

第四節　行政機關之分類

　　行政機關分類之標準眾多，以下僅介紹兩個重要的分類，首先，區分中央行政機關與地方行政機關，此分類標準是以行政機關之歸屬為依據。另一則是以行政機關作成決定的方式區分為獨任制和合議制行政機關。

第一項　中央行政機關與地方行政機關

　　中央行政機關係指由中央政府設置之行政機關，主要係行政院暨其所屬各機關，例如，內政部、教育部、財政部、衛生福利部食品藥物管理署、內政部營建署等；中央行政機關雖主要設置於中央政府所在地，亦可設置於地方，例如，經濟部水利署第三河川局設於臺中市霧峰區。地方行政機關係指由地方自

---

[16] 最高行政法院101年度判字第84號判決。

[17] 最高行政法院104年度判字第234號判決指出，繳款書全銜（抬頭）為「高雄市岡山本洲產業園區服務中心維護費繳款書」；收款銀行戶名「高雄市政府經濟發展局產業園區開發管理基金」；處分書（繳款書）首長署名、蓋章項下記載「本洲產業園區中心負責人」，並蓋用該中心負責人姓名章，岡山本洲服務中心乃高雄市政府所屬之一級機關經濟發展局的內部單位，則無論從形式上或實質上觀之，繳款書均屬經濟發展局之行政處分無疑，對之如有不服，應向高雄市政府提起訴願。

治團體所設置之行政機關，包括直轄市政府暨其所屬各機關、縣（市）政府暨其所屬各機關及鄉（鎮、市）公所，例如，臺中市政府都市發展局、嘉義縣政府環保局等。

第二項　獨任制與合議制機關

一、獨任制機關

　　行政機關作成決定的方式由行政機關首長單獨決定者，稱為獨任制，行政首長作成最終決定，因此亦由行政首長單獨負最終的責任，例如，財政部長、經濟部長。獨任制行政機關並非表示行政事務全部皆由行政首長一人完成，而是指行政機關執行任務的結果，最終由行政首長負責。基於行政一體的要求，獨任制是一般行政機關設置的基本原則，行政機關原則上是獨任制而與立法機關為合議制不同。獨任制機關有許多優點，例如，能夠迅速處理行政任務及效率高，獨任制加上行政一體的指揮關係，使行政機關有能力去處理大量的行政事務且責任明確[18]。但獨任制機關亦有缺點，例如，行政首長能力與視野有限，無法全盤考慮各式各樣不同意見，在行政事務較單純時，獨任制機關可以勝任，但涉及複雜專業之行政事務時，由行政首長單獨負責是否能顧及到各方觀點，不無疑問。此外，獨任制下機關首長好惡的主觀因素扮演重要角色，容易有政治考量且較易產生偏頗情形，行政中立原則易受到挑戰。

二、合議制機關

　　行政機關作成決定並非由機關首長單獨為之，而是透過委員會以合議方式共同作成決定者，稱為合議制機關。合議制機關不僅是形式上由委員一起開會，一起作成決定，尚有下列幾個要求：（一）合議制通常是透過委員會組織來運作，成員彼此間地位平等權力共享。委員會主席如有最終決定權，甚至有否決權，則非合議制機關。（二）合議制機關內部原則上透過多數決方式作成決定。

　　目前，我國重要的合議制機關，運作時間最久者為公平交易委員會。公平交易委員會有九位委員，主任委員、副主任委員及其他七位委員，雖然有三種

---

[18] 陳敏，前揭書，第936頁。

不同名稱，但每位委員在執行公平交易法任務時，地位平等、權力相同，並無上下隸屬關係，主任委員並無否決權[19]。公平交易委員會所為之決定，必須有二分之一以上委員出席，二分之一以上委員同意始能決議，主任委員既無否決權亦無異議權，委員會做出之決議即使主任委員不認同，仍然必須接受多數委員所為之決議，不能更改且須執行之。除公平交易委員會外，中央選舉委員會以及國家通訊傳播委員會亦屬合議制之機關。

獨任制是行政機關基本建置原則，合議制機關的設置係行政機關所處理的事務涉及較專業且複雜的事務，基於防止政治力介入的考量，且有些事項之處理需要多元意見討論，甚至妥協，因此須有合議制之存在。合議制的缺點為：（一）較無效率，須有委員二分之一出席，多數意見作成決定，因此若委員人數不足無法開會，甚或無法形成多數意見時，便無法做出決定。（二）合議制是共同決定，負責體系易有爭議。在獨任制中由機關首長負責；但在合議制，雖然主任委員是對外代表，但其並無否決權，其仍須依照多數決議執行之，責任政治不易凸顯[20]。

第五節　行政機關彼此間之關係

不同行政機關間並非完全毫無關聯，在行政一體體系下，機關相互間有屬於平行機關者，例如，內政部與外交部；亦有上級與下級機關，例如，行政院與內政部、內政部與警政署。上下機關或平行機關間，存在多元且複雜的關係。

第一項　行政一體之上下級機關間關係

在行政一體下，上下級機關間以指揮與監督關係最為重要。

一、指揮關係

指揮關係指上級機關對於下級機關享有指揮權限的關係，指揮關係可以分

---

[19] 李惠宗，前揭書，第178頁。
[20] 陳敏，前揭書，936頁。

成二種類型，一般指示，例如，裁量權行使或是法律概念解釋之一般指示（透過行政規則），換言之，抽象而非具體個案的指示。個別指令，上級機關在下級機關處理個案的時候，直接給予明白具體指示。指揮原則上是事前指揮，指揮關係是上級機關對下級機關的固有權限，無待法律規定，下級機關必須服從上級機關之指揮。但基於特殊考量設立之獨立機關，並無此種指揮關係[21]，例如，公平交易委員會依法獨立行使職權，不受行政院指揮。

二、監督關係

基於行政一體原則另外產生監督關係，指揮與監督在法律上之意義不同，指揮是事前指示，下級機關尚未作成決定前，要求其為特定行為；下級機關完成行為後，上級機關對下級機關的事後檢查或審查，稱之為監督。指揮是事前，監督是事後。監督方式與名稱在實務上差異性頗大，例如，核定、備查、審核、視察、變更、撤銷、廢止等。

監督分成兩類：（一）法律監督，上級機關事後審查下級機關行為是否合法，包括形式合法性及實質合法性，又稱為適法性監督。（二）專業監督或適當性監督，上級機關事後審查下級機關行為，除審查是否合法外，另審查是否合目的，其結果是否適當。兩種類型是否存在於所有上下級行政機關間呢？依據依法行政原則，上級機關有權對下級機關為監督，即使是享有依法獨立行使職權的機關，上級機關雖不能事前指揮，但不代表不能事後監督。有疑問的是何種監督。原則上，不管是獨立或一般機關，只要是組織意義下的下級機關，上級機關之法律監督必然存在。但針對獨立機關，只限於形式合法性之監督；專業監督，原則上，僅存在於一般的上下級行政機關間，依法獨立行使職權的機關不受專業監督。

此外，另有勤務監督[22]概念，專業監督與法律監督是針對下級機關的行為，下級機關在行使職權執行任務時，審查其行為是否合法適當，屬行為監督。勤務監督涉及到下級機關人力物力的使用或配置是否合法適當，其涉及人與物的關係，例如，環保署對於縣（市）政府環保局，購買垃圾焚化爐設備的監督。

---

[21] 莊國榮，前揭書，第350頁。
[22] 陳敏，前揭書，第941頁。

　　行政法院亦採納上述三種監督方式，最高行政法院96年度判字第368號判決指出，教育部本於其職責，對於業務執掌範圍內事務，對其下級機關應予以監察、督促。行政監督之內容，可分為法律監督、專業監督與勤務監督三類。行政監督之實行方式則有，視察、訓示、認可、撤銷、停止、主管爭議之裁決、強制處理或代為處理、備案或備查及核定等九種方式。對於屬於大學自治之事項如涉及不確定之法律概念，應賦予大學相當程度之判斷餘地，教育部之監督僅能就適法性為之。大學依學位授與法頒授碩士學位既屬教育部之委辦事項，則教育部除就適法性監督外，仍得對行政作業之合目的性等實施全面性監督。

第二項　平行機關間關係

　　指揮監督存在於上下機關間，但行政機關與行政機關間亦存在平行關係，例如，內政部跟財政部間，平行機關間不存在指揮監督關係。惟平行關係並非表示在法律上無任何關聯，國家分設各機關之目的是透過機關間共同合作完成行政任務，平行機關間主要是合作關係，可分為協力行政和職務協助。

一、協力行政

　　行政機關作成決定前，依據法律規定必須徵求其他機關意見、會商其他機關或取得其他機關同意，始能作出有效決定時，稱為協力行政[23]。行政任務依管轄權規定、人力物力配置主要由個別行政機關完成，但有時基於各種考量，法律認為單一機關決定並不妥適時，必須在取得其他機關的協助後再作出決定。例如，礦業法第67條規定，凡專用於海域石油礦、天然氣礦探勘或開採之機器、設備及材料，免徵進口關稅。前項機器、設備及材料之類別，由主管機關（經濟部）會同財政部定之。換言之，行政決定並非單一行政機關獨自完成，而是由多數機關共同決定。

　　協力行政中較特殊的是，多階段行政處分之作成，多階段行政處分者，係指行政處分之作成，依法規之規定，須有二個以上行政機關各本於其職權分階

---

[23] 陳敏，前揭書，第942-943頁，例如，空氣污染防制法第34條第1、2項規定，交通工具排放空氣污染物，應符合排放標準。前項排放標準，由中央主管機關會商有關機關定之。

段參與。因而有「先階段行為」、「後階段行為」之分，且「先階段行為」有拘束「後階段行為」之效力。「先階段行為」之種類不一，例如，先行決定、同意、核准、許可等，視法規規定而定；「先階段行為」之性質，可能是內部行為（單純表示意見而不具對外性或規律性，其對外之意思表示，由後階段行為之機關表示；對後階段行為提起行政爭訟時一併審查其合法性），此際具有行政處分性質者乃屬最後階段之行為，亦即直接對外生效部分；亦可能是行政處分（具有獨立性，依法應向相對人為之，單獨為行政爭訟之客體），例如，法規明定其他機關之參與行為為獨立之處分，或其參與行為（許可或同意），依法應單獨向相對人為之者，則亦視為行政處分[24]。

惟一般所稱多階段行政處分主要指前階段行為屬於非行政處分之情形，在多階段行政處分，雖有複數之行政行為存在，惟於最後階段直接向人民作成之行政行為，才具備行政處分之性質，即直接對外發生法律效果部分。其他階段行為純係行政內部行為，不構成行政處分。人民對多階段行政處分如有不服，固不妨對最後作成行政處分之機關提起訴訟，行政法院審查之範圍，則包含各個階段行政行為是否適法，且原則上應對各個階段行政行為之權責機關進行調查，始符合正當程序原則[25]。

（一）多階段行政處分之案例

直轄市、縣（市）政府辦理九二一震災震損集合住宅必要性公共設施修復補強工程補助及施工抽查作業要點第5點之規定，符合該要點資格之集合住宅區分所有權人，得於工程招標前，以社區管理委員會名義檢具相關文件（包括經當地直轄市、縣市政府或各鄉鎮、市、區公所認定核發之半倒或全倒依程序改判為半倒證明），向當地直轄市、縣（市）政府提出申請補助，直轄市、縣（市）政府於審查核可後，應檢具規定之文件報經內政部營建署審查同意，再函復集合住宅社區管理委員會准予補助。社區管理委員會申請九二一震災震損

---

[24] 法務部民國100年4月14日法律字第1000003521號。最高行政法院106年度判字第431號判決亦指出，多階段行政處分係指行政處分之作成，須有二個以上機關本於各自職權共同參與而言，此際具有行政處分性質者乃屬最後階段之行為，亦即直接對外生效之部分，至於先前階段之行為僅屬內部參與行為，並非行政處分。惟如法規明定其他機關之參與行為係獨立之處分，或其參與行為，依法應單獨向相對人為之者，則可認為屬於行政處分。

[25] 最高行政法院91年判字第2319號判例；最高行政法院93年度裁字第1347號裁定。

集合住宅必要性公共設施修復補強工程補助款，需經兩個具有垂直監督關係的機關本於各自職權共同參與，乃典型的多階段行政處分，直轄市、縣（市）政府固然可以自行依職權審查後決定不予補助，惟如於審查後認應予補助，則尚須報請上級監督機關內政部營建署同意，始能正式作成核准的行政處分函，答覆申請人[26]。

行為時所得稅法第17條第1項第2款第2目第1小目規定：「按第十四條至第十四條之二及前二條規定計得之個人綜合所得總額，減除左列免稅額及扣除額後之餘額，為個人之綜合所得淨額：……二、扣除額：納稅義務人就左列標準扣除額或列舉扣除額擇一減除外，並減除特別扣除額：……（二）列舉扣除額：1.捐贈：對於教育、文化、公益、慈善機構或團體之捐贈總額最高不超過綜合所得總額百分之二十為限。但有關國防、勞軍之捐贈及對政府之捐贈，不受金額之限制。」文化藝術獎助條例第28條規定，以具有文化資產價值之文物、古蹟捐贈政府者，得依所得稅法第17條第1項第2款第2目及第36條第1款規定列舉扣除或列為當年度之費用，不受金額之限制。前項文物、古蹟之價值，由目的事業主管機關認定並出具證明。規定之所以授予目的事業主管機關認定文物、古蹟價值並出具之捐贈價值證明書，俾供捐贈者列報綜合所得稅列舉扣除之用，立法目的當在倚重目的事業主管機關對於文物、古蹟價值評估之專業，得作為稅捐稽徵機關「核實課稅」之基礎。此種多機關協力始作成終局處分之設計，學說上謂之「多階段行政處分」，亦即須經其他行政機關或行政主體之同意，在行政內部予以協力，始能合法作成之行政處分。由於此等行政處分，係在最後階段才作成對外具法律效果之行政行為，故具有行政處分之性質者，應僅為最後階段之行為，至於先前階段之行為屬於機關內部彼此間意見的交換，原則上並非行政處分。對於多階段之行政處分，僅最後對外所作成之行政行為，該當於行政處分之要件，當事人亦僅得就此提起行政訴訟。在此前提下，受訴法院對於各階段機關所作之行為，係一併審查其整體行為之合法性，並非僅就該對外生效的最後階段行為進行審查而已（最高行政法院91年判字第2319號判例），必要時，應命作成前階段行為之機關為參加，以釐清事實，正確適用法律。本件上訴人就94年度所得稅系爭文物捐贈扣除額列報之複查決定適法與否為爭執，法院自應就系爭文物捐贈價值認定一併審查其整體合法性，要無區別各階段機關之行為為各自獨立行政處分，而割裂審查之可能；也無以

---

[26] 最高行政法院98年度判字第304號判決。

前階段行政處分未經爭訟而確定，以致後階段行政機關，乃至法院均受前階段行政處分存續力拘束之餘地[27]。

（二）非多階段行政處分之案例

一行政處分（後行政處分）之作成，雖以其他行政處分（前行政處分）之存在及內容為前提要件，由於前行政處分本身為獨立之行政處分，人民得對前行政處分單獨提起行政爭訟，該後行政處分非屬多階段行政處分。作農業使用之農業用地及其地上農作物之贈與，經依遺產及贈與稅法第20條第5款前段不計入贈與總額（另見農業發展條例第38條第2項前段），嗣稅捐稽徵機關以受贈人自受贈之日起五年內，未將該土地繼續作農業使用且未在有關機關所令期限內恢復作農業使用，而依同款中段規定補徵贈與稅者（另見農業發展條例第38條第2項中段），該有關機關之令受贈人於期限內恢復作農業使用，係課受贈人以公法上作為義務，為行政處分。稅捐稽徵機關嗣後之補徵贈與稅處分，雖係以該令期限內恢復作農業使用處分之存在為前提，然後者既為另一獨立之行政處分，受贈人得單獨對之提起行政爭訟，該補徵贈與稅處分非屬多階段行政處分[28]。

徵收土地應由中央主管機關核准之，所謂中央主管機關係指內政部，分別為土地徵收條例第2條、第14條所明定；被徵收土地之地價補償，依土地徵收條例第30條規定由直轄市或縣（市）主管機關決定、公告、發給。是徵收處分與徵收土地之補償，乃二個獨立之行政處分，而非多階段行政處分[29]。

二、職務協助（行政協助）

機關間以相互協助方式使機關適當完成職務者，稱為職務協助。機關執行職務[30]，因法律或事實上原因無法單獨順利完成時，為履行任務，得請求其他機關協助，此種情形與協力行政不同。協力行政基於法律明確規定，屬長期性

---

[27] 最高行政法院103年度判字第670號判決。

[28] 最高行政法院97年度判字第94號判決。

[29] 最高行政法院91年度判字第1040號判決。

[30] 最高行政法院93年度裁字第747號裁定指出，行政協助係指基於行政一體之機能，機關於執行本身職務時，得向其他機關請求提供行政上之協助。若機關並非執行本身之職務，而係請求他機關依法為特定內容之行為，因受請求之機關為拒絕之意思表示，自得依行政訴訟法第8條之規定，逕行提起給付訴訟。

質，法律未修改前，協力行政持續存在。職務協助是臨時性、輔助性、補充性性質，例如，拆除違建過程，相關法律並未規定警察必須到場幫忙維持秩序，警察係基於主管機關事實上的原因無法單獨完成本身任務，因此臨時性的加以協助。換言之，職務協助是居於輔助地位，職務協助並非取代其他機關完成任務[31]，拆除違建，警察僅在主管機關執行任務遭遇抵抗時，才協助之，拆除違建之工作仍由主管機關為之。職務協助基本上必須於個案中為之，其不得作為衡平其他機關長期缺乏人力物力資源之用。

　　行政程序法第19條第1項規定，行政機關為發揮共同一體之行政機能，應於其權限範圍內互相協助[32]。行政主體設置各式各樣不同的機關，每個行政機關都有其任務，且配備專業人員以及必要的資源，但在法律的歸屬上仍是屬於同一行政主體。拆除違建之任務，形式上看起來是主管建築機關的權限，但實際上是縣（市）政府的權限，為讓縣（市）的整體利益獲得確保，形式上雖然有許多行政機關執行行政任務，實際上行政任務係為了公法人及成員利益存在。行政機關無法執行職權，不但表示行政機關未盡其職責，同時將傷害行政機關背後的行政主體，最後則是由所有縣（市）民承擔後果。因此行政主體內部全體機關必須認知，行政機關乃是一體，雖然有權限劃分，但並非表示無互助關係存在，行政主體所有行政機關對外須共同完成行政主體的任務[33]。

　　由於職務協助是輔助性質，職務協助必須由需要協助的機關主動為之，例

---

[31] 法務部民國100年10月3日法律字第1000019531號指出，行政程序法第19條指不相隸屬之機關間，基於請求，由被請求機關就屬其職權範圍，而非屬其職務範圍之行為，提供補充性協助之輔助行為，並不生管轄權移轉之情形。受請求協助機關之協助行為，應僅止於調查事實或執行之部分行為，倘請求機關將主要行為，移轉予被請求機關，已構成權限移轉，則為「委任」或「委託」，故行政協助與委託之發生管轄權移轉者，顯然有別。

[32] 行政程序法第19條係行政協助之一般性規定，另有許多特別法規範行政協助，例如，所得稅法第112條第3項規定，本法所規定之停止營業處分，由稽徵機關執行，並由警察機關協助之。水下文化資產保存法第32條規定，水下文化資產管理保護及違法事項之處理，主管機關得請求海岸巡防機關協助。食品安全衛生管理法第42條之1規定，為維護食品安全衛生，有效遏止廠商之違法行為，警察機關應派員協助主管機關。

[33] 林錫堯，前揭書，第118頁指出，行政協助應限於行政機關相互間，且限於公法上行政行為，不包括私法行為。有關職務協助之適用領域是否限於公權力行政，蕭文生，職務協助或其他方式之協力合作—最高行政法院105年度判字第310號判決評析，月旦裁判時報，第114期，2021年12月，第17-20頁。

如，拆除違建，須由建築主管機關請求協助，警察才能到場，警察並不能主動協助。換言之，職務協助基本上是被動性質，主管機關本身是否能獨自完成任務、需不需要幫忙，主管機關本身最爲了解，是否需要職務協助應由執行任務的行政機關自行決定。職務協助是發生在平行的行政機關間，行政程序法第19條第2項規定，行政機關執行職務時，有下列情形之一者，得向無隸屬關係之其他機關請求協助。機關間有上下隸屬關係時，上級機關享有指揮監督權限，無須藉助職務協助制度[34]。由於職務協助須是被動的，行政程序法第19條第2項使用「請求協助」用語表示職務協助的性質。在何種情形下得請求協助呢？行政程序法第19條第2項規定六種得請求協助的情形：（一）因法律上之原因，不能獨自執行職務者。（二）因人員、設備不足等事實上之原因，不能獨自執行職務者。（三）執行職務所必要認定之事實，不能獨自調查者。（四）執行職務所必要之文書或其他資料，爲被請求機關所持有者。（五）由被請求機關協助執行，顯較經濟者。（六）其他職務上有正當理由需請求協助者。

行政程序法第19條所指之協助，係在機關具有第19條第2項事由，不能獨立完成職務時，請求其他機關提供其職權上合法之臨時性、局部性、輔助性的協助，而非將該機關之職權全權委之其他機關，例如，常見警察機關派員於其他機關進行行政調查時，在場協助維護秩序，即爲適例。國防部政治作戰局循政府採購法第40條規定意旨訂立系爭協議書，將屬於其任務之眷村改建工程，委由具有專業能力之內政部營建署辦理，自非提供臨時性、局部性、輔助性協助之行政互助可比[35]。

職務協助的種類，可能是單純的事實行爲，例如，請求警察到場維持秩序、提供場所；亦可能是重要的鑑定報告，例如，檢察機關請求刑事警察局協助指紋鑑定工作。此外，提供設備、人員亦屬職務協助。由於職務協助的範圍非常廣泛，基本上並未限制何種協助類型，只要不違反法律規定即可。

對於職務協助之請求是否能夠拒絕呢？以往認爲不能拒絕，蓋其乃是完成行政主體任務所必要。惟每個機關都是專業分工，專業分工的設計基本上應能使每個機關自行獨立完成任務，僅在例外情形下，才需要其他機關協助。行政程序法第19條第4項規定，被請求機關於有下列情形之一者，應拒絕之：

---

[34] 林錫堯，前揭書，第119頁指出，行政協助不以屬同一行政主體爲限，不同行政主體之行政機關亦得協助。

[35] 臺北高等行政法院106年度訴字第266號判決。

（一）協助之行為，非其權限範圍或依法不得為之者[36]。（二）如提供協助，將嚴重妨害其自身職務之執行者。被請求機關是否依法得為協助行為，應以被請求機關應適用之法規為判斷基準。被請求者提供協助將嚴重妨礙本身任務執行，亦即產生義務衝突時，由於職務協助是附帶性任務，當主要任務跟附帶任務有所衝突時，應以主要任務為主。除此之外，行政程序法第19條第5項規定，被請求機關認有正當理由不能協助者，得拒絕之。

行政程序法雖賦予被請求機關拒絕權限，但被請求機關的拒絕須有理由且應以書面通知請求機關。請求機關對被請求機關的拒絕理由有異議時，依行政程序法第19條第6項規定，得由其共同上級機關決定之，無共同上級機關時，由被請求機關之上級機關決定之。由共同上級機關決定之，譬如縣（市）政府環保局請求縣（市）政府警察局協助，警察局無法提供協助或本身任務執行會因提供協助而受到妨礙時，環保局可以透過縣（市）政府決定警察局是否提供職務協助。縣（市）政府經考量後，得基於上級機關立場直接命令警察局協助，藉由此種方法解決機關間的爭議。

行政機關因行政程序法第19條規定，對他機關為協助之行為，被請求機關對其行政協助行為之合法性應負責任，被請求機關之行政協助行為如係外部行為且已直接對人民發生作用，因錯誤、逾越權限、違反法律強制或禁止規定或其他原因而構成違法，該違法之行政協助行為應可獨立構成國家賠償責任，且以被請求機關自己為賠償義務機關[37]。

職務協助之費用應由誰負擔呢？請求警察機關到場維持秩序，出動警察人員的費用以往法律並沒有明確規定，常常發生糾紛。行政程序法第19條第7項規定費用分擔的原則，被請求機關得向請求協助機關要求負擔職務協助所需費用。負擔金額及支付方式，則由請求協助機關及被請求協助機關以協議定之；若協議不成時，由其共同上級機關定之。換言之，環保局要求警察局幫忙協助任務執行，警察局派出人員所需的各種費用原則上由環保局負擔。至於費用多寡、如何給付等相關問題得由環保局與警察局協議定之。雙方協議不成時，由共同上級機關，即縣政府決定負擔的金額與給付的方法。

行政協助適用情形為行政機關相互間不涉及權限移轉之職務協助，不論請

---

[36] 行政程序法第19條第1項職務協助之前提要件當以請求機關所請求之行政行為係屬被請求機關之權限範圍內為必要。

[37] 法務部民國100年10月7日法律字第1000020637號。

求協助之機關與被請求協助之機關間係屬同一行政主體（國家、地方自治團體等），或非屬同一行政主體，均有其適用。行政協助者，係指平行或不相隸屬之行政機關間，基於請求，由被請求機關就屬其職權範圍（又稱權限，乃指管轄權之權利義務內容）而非屬其職務範圍（乃指行政機關依法應達成之目標）之行為，提供補充性協助。所稱「隸屬關係」者，不以行政體系內直接上下隸屬關係者為限，包括就該待辦事項有指揮、監督關係者在內，蓋如就該事項行政機關相互間有指揮監督關係，已屬指示權範疇，被指示機關或人員，即應依指示辦理，而無須藉由行政協助制度處理；惟倘超越指示權範圍之事項，例如，事務監督機關就非屬其監督事項請求他機關之協助，則屬行政協助[38]。

第六節　管轄權

第一項　管轄權之意義及種類

國家行政事務複雜多元，基於促進行政任務執行之專業性與效率、效能等考量，於行政權領域採取專業分工方式，將特定之行政任務劃定由某一行政主體或行政機關執行，使該行政主體或機關享有管轄權，依法擔負執行特定行政任務之職責[39]。

管轄權是指特定事務，例如，環保事務、文化事務等，由何組織享有處理之權限。管轄權通常有兩個層次，第一層次的管轄權涉及不同行政主體間，例如，外交權限究竟是屬於中央或地方。第二層次的管轄權涉及同一行政主體內部應由何行政機關處理，亦即行政機關與行政機關間的權限分配。

不同行政主體間管轄權分配問題，原則上屬憲法範圍。行政法所談的管轄權，主要是指行政機關與行政機關間之權限分配，亦即具體行政任務究竟應由何機關執行。例如，防洪治水任務，是經濟部或內政部之權限。管轄權未規範明確，將造成部分行政任務，沒有行政機關負責處理；或有些行政任務許多機關爭著處理之亂象。

一般而言，行政機關之管轄權可分為事務管轄與土地管轄：

---

[38] 法務部民國103年8月22日法律字第10303509590號。
[39] 最高行政法院109年度大字第2號裁定。

一、事務管轄

　　事務管轄係指依行政事務種類所為之權限劃分，通常係依各機關之組織法或專業性之實體法規定之[40]，例如，環保、外交、內政、教育事務等，亦即以特定行政任務作為管轄權區分標準。事務管轄可以是列舉規定，亦可能是概括規定或兩者兼具。

二、土地管轄

　　土地管轄係指於事務管轄所及之地域範圍內，依地域劃分行政機關之權限，亦即行政機關可以行使事務管轄之地域範圍，例如，國稅徵收由財政部負責收取，財政部下設臺北國稅局、高雄國稅局、北區國稅局、中區國稅局及南區國稅局。財政部中區國稅局具有收取國稅的事務管轄權限，其土地管轄包括苗栗縣、臺中市、南投縣、彰化縣及雲林縣。財政部中區國稅局雖有收取國稅的事務管轄，但無收取臺南市國稅之土地管轄。土地管轄可能僅涉及單一行政區，例如，嘉義縣政府環保局的土地管轄，僅限嘉義縣縣境內；但亦可能包括複數行政區，例如，財政部中區國稅局之土地管轄包括苗栗縣、臺中市、南投縣、彰化縣及雲林縣。

　　土地管轄與事務管轄雖然是兩個不同概念，然其有先後關係，原則上須先有事務管轄，才會有土地管轄。例如，嘉義縣政府環保局，其事務管轄是環保事務，土地管轄則是嘉義縣。

　　作成行政處分之機關必須屬於在地域管轄及事務管轄上之有權官署，原本無管轄權之機關所為行為，除非因委任或委託之關係，從上級或平行之機關獲得授權，否則即屬有瑕疵之處分行為。法律上強制遵守機關之權限劃分，一方面是為貫徹憲法上權力分立原則，另方面係為維護人民審級救濟之利益，蓋行政機關一旦違反管轄之劃分，則行政爭訟之審級救濟必陷於紊亂[41]。

---

[40] 最高行政法院109年度大字第2號裁定指出，依司法院釋字第535號及第570號解釋意旨，行政機關須有合於法律保留原則意旨之行為法為授權依據，方享有行使具干預性之公權力措施的事務管轄權。

[41] 最高行政法院109年度判字第196號判決。

第二項　管轄法定原則

　　早期認為，管轄權是行政機關內部分工範圍，國防屬於中華民國公法人的管轄權，國防應由國防部或是其他部會管轄，與人民權益並沒有直接關聯。因此，管轄權不須由法律規定，行政機關內部自行決定即可。惟管轄權分配並非如此單純，機關設置皆有其目的，且配置不同的人力與物力資源，若行政任務由不適當機關負責，任務無法順利執行，將影響人民自由權利之實現，因此管轄權不能由行政機關內部自行決定而應由法律定之。

　　行政程序法第11條第1項規定，行政機關之管轄權，依其組織法規或其他行政法規定之[42]，此稱為管轄法定原則。行政法規限於法律或法律所授權的法規命令，行政機關不能透過自行訂定的行政規則或與其他行政機關簽訂契約或以其他方式共同創設管轄權。游離輻射防護法、天然放射性物質管理辦法或消費者保護法均無由前者主管機關與後者目的事業主管機關共同會銜作成行政處分規定，是以行政機關自不得自行創設共同會銜作成處分之管轄方式，故不論係認二者間具有特別法與普通法關係而應擇一優先適用，抑或認應併行適用而分別處分，均係由該管主管機關單獨作成行政處分，並非共同會銜作成處分[43]。

　　管轄權既然依法規規定定之，理論上不應有衝突情形。惟依不同法規規定，發生多數機關皆享有管轄權時，原則應由單一行政機關行使管轄權。行政程序法第13條第1項規定，同一事件，數行政機關依行政程序法第11條及第12條規定均有管轄權者，由受理在先之機關管轄；不能分別受理之先後者，由各該機關協議定之；不能協議或有統一管轄之必要時，由其共同上級機關指定管轄。無共同上級機關時，由各該上級機關協議定之。為避免行政任務無人處理或遲延，行政程序法第13條第2項規定，第1項機關於必要之情形時，應為必要之職務行為，並即通知其他機關。

　　此外，管轄權產生爭議時，無論是積極爭議（多數機關認為有管轄權），或是消極爭議（機關皆認為自己無管轄權），則依行政程序法第14條規

---

[42] 組織法規，例如，內政部組織法第1條規定，內政部掌理全國內務行政事務；內政部組織法第8條之4規定，內政部設入出國及移民署，掌理有關入出國及移民事務；其組織，以法律定之。其他行政法規，例如，海洋污染防治法第5條第1項規定，依海洋污染防治法執行取締、蒐證、移送等事項，由海岸巡防機關辦理。

[43] 法務部民國108年5月15日法律字第10803502270號。

定判斷之。行政程序法第14條規定，數行政機關於管轄權有爭議時，由其共同上級機關決定之；無共同上級機關時，由各該上級機關協議定之。前項情形，人民就其依法規申請之事件，得向共同上級機關申請指定管轄，無共同上級機關者，得向各該上級機關之一爲之。受理申請之機關應自請求到達之日起十日內決定之。在前二項情形未經決定前，如有導致國家或人民難以回復之重大損害之虞時，該管轄權爭議之一方，應依當事人申請或依職權爲緊急之臨時處置，並應層報共同上級機關及通知他方人民。對行政機關依本條所爲指定管轄之決定，不得聲明不服。

第三項 管轄恆定原則

管轄權不但不能由行政機關任意創設，亦不能任意變更，此稱爲管轄恆定原則。行政機關不能透過行政規則變更管轄權，行政機關與行政機關間亦不能透過協議、契約變更管轄權，行政機關與人民間也不能以協議、契約變更管轄權。就積極面而言，管轄權賦予行政機關從事任務的權限；從消極面來看，行政機關只能在此權限範圍內處理事務。行政機關權限和人民權利不同，從積極面來看，行政機關的權限表示，行政機關具有法律賦予的權力；從消極面而言，行政機關也僅享有該項權限。人民可以從事法律未禁止的行爲，但行政機關只能執行法律所允許的權限。國家禁止人民爲一定行爲，國家須負起舉證責任，證明禁止規定合憲；行政機關的行爲是否合法，首先要判斷的是其有無管轄權，管轄權是否存在，行政機關必須積極證明法規依據，僅在法規規定權限範圍內，行政機關才能做出合法的行爲。

管轄恆定原則之用意除貫徹行政機關應依法執行其法定職權外，尚有保障人民權益之作用，不致因不諳機關權限分工及行政程序而遭受不利益。管轄權恆定原則之涵義有二：一、行政機關之權限不受其他機關之侵越。二、行政機關不得擅自變更自己之權限，將之移轉予其他機關[44]。

第四項 管轄恆定原則之例外

行政程序法第11條第5項規定，管轄權非依法規不得設定或變更。依反面解釋，有法規規定時，則得變更之。換言之，管轄權並非不能變更，但須有法

---

[44] 法務部民國95年6月8日法律字第950019248號。

規爲依據。法規包括憲法、法律、法規命令、自治條例、依法律或自治條例授權訂定之自治規則、依法律或法規命令授權訂定之委辦規則等有關委任事項之「行政作用法規」。如無法規依據，不得擅自委任，以確保「管轄權恆定原則」。組織法一般係規範行政機關內部運作，以適用於機關內部爲多，而作用法則以對外施行爲主，其所規定者厥爲具有實踐性質之「職權」，大都具有干預性質，是權利或權力之性質，需有法令具體授權基礎[45]。

管轄權的變更一般可以分爲三種不同的類型。

一、緊急管轄權的成立

爲了避免行政任務遲延履行，造成公共利益的危害，行政程序法第12條第4款規定緊急管轄權。行政程序法第12條第4款規定，不能依前三款規定訂其管轄權或有急迫情形者，依事件發生之原因定之。

二、介入權

介入權係指行政機關在法規規定下，介入其他行政機關的管轄權[46]，介入範圍包括土地管轄跟事務管轄。就介入層級可區分爲水平介入與垂直介入。

（一）水平介入

水平介入指平行行政機關間的權限介入，例如，警察爲了維護公共秩序及社會安全，得在其所屬的轄區外，執行捉拿逃犯、阻止犯罪等任務，此即一般通稱之越區辦案。爲尊重其他轄區警察的管轄權，在越區之前有通報義務，但情況緊急時，不在此限[47]。

（二）垂直介入

垂直介入係指上級機關親自執行下級機關的任務，此與指揮監督權不同，指揮監督權不須有法令另外明文規定，但無法令特別規定，上級機關不得親自執行下級機關的權限。垂直介入中最著名，也最有爭議的例子，則是法院組織法第64條，其規定檢察總長、檢察長得親自處理所指揮監督之檢察官之事

---

[45] 最高行政法院109年度上字第861號判決。

[46] 陳新民，行政法學總論，新10版，2020年7月，第162頁指出，介入權應有法律明文規定始可行使之。

[47] 陳敏，前揭書，第962頁。

務，並得將該事務移轉於其所指揮監督之其他檢察官處理之。該規定涉及檢察
一體運作，檢察長認爲檢察官在偵查過程，出現不適當情形時，得將案件移轉
給其他檢察官或由檢察長自己來偵查。

　　在中央與地方間或不同層級地方自治團體間亦有垂直介入之規定，地方
制度法第76條第1項規定，直轄市、縣（市）、鄉（鎮、市）依法應作爲而不
作爲，致嚴重危害公益或妨礙地方政務正常運作，其適於代行處理者，得分別
由行政院、中央主管機關、縣政府命其於一定期限內爲之；逾期仍不作爲者，
得代行處理。但情形急迫時，得逕予代行處理。例如，清理廢棄物依法屬於鄉
（鎮、市）任務，嘉義縣民雄鄉公所不爲廢棄物清理而危害公益時，嘉義縣政
府可命其於一定期限內清理完畢；民雄鄉公所逾期仍不作爲，則嘉義縣政府得
代行處理。代行處理係指由縣政府派人將垃圾清理完畢，代行處理完畢之後，
所支出之代行處理費用仍是由鄉公所支付；鄉公所拒絕支付時，則從每年縣政
府分配給鄉公所之補助中扣除之。換言之，法律賦予行政機關權限的目的即是
執行行政任務，行政機關不執行行政任務且危害公益時，其權限規定不再牢不
可破。

三、權限授予

　　法規明文規定下，行政機關得將本身部分權限移轉給其他機關，權限授予
可以分成三種。

（一）委　任

　　行政程序法第15條第1項規定，行政機關得依法規將其權限之一部分，委
任所屬下級機關執行之。委任是上下隸屬機關間之權力移轉關係，下級機關
不得拒絕上級機關委任。爲確保人民權益，行政程序法第15條第3項規定，前
二項情形，應將委任或委託事項及法規依據公告之，並刊登政府公報或新聞
紙[48]。

---

[48] 公告與刊登政府公報或新聞紙乃權限移轉之生效要件，此無論在委任、委託或行政委
　　託皆然，未經公告與刊登政府公報或新聞紙，自不生權限移轉之效力，陳敏，前揭
　　書，第967-968頁。最高行政法院94年度判字第419號判決指出，行政程序法第15條第3
　　項係規定公告「並」刊登政府公報或新聞紙，權限之委任縱有法規之依據，仍須踐行
　　公告程序，商業行政委任辦法未經依行政程序法要求之程序公告，臺北市商業管理處
　　作成原處分有欠缺管轄權限之瑕疵。

　　委任係指有隸屬關係的上下級行政機關間之授權，因委任涉及權限之變更，自須有其法規之依據。法規包括憲法、法律、法規命令、自治條例、依法律或自治條例授權訂定之自治規則、依法律或法規命令授權訂定之委辦規則等有關委任事項之行政作用法規[49]。行政機關如欲將部分權限委任所屬下級機關執行，須有個別作用法之具體法規依據。公告係指行政機關向公眾或特定之對象宣布時使用，至其公告之方式如何？法律尚乏明文規定，依現行實務之做法，有將應公告之事項張貼於機關之布告欄者、有刊載於政府公報或新聞紙者，亦有刊載於行政機關之資訊網站者，如能達到使相關民眾知悉之方式，於法即無不合。參照行政程序法第156條第1項規定，行政機關為訂定法規命令，依法舉行聽證者，應於政府公報或新聞紙公告。因此，刊登於政府公報或新聞紙自屬行政程序法中踐行公告程序之一種方式[50]。行政機關如未依據行政程序法第15條規定辦理委任，特別是未踐行法定程序，即不發生授與權限之效力。

　　訴願法第8條規定，有隸屬關係之下級機關依法辦理上級機關委任事件所為之行政處分，為受委任機關之行政處分，其訴願之管轄，比照第4條之規定，向受委任機關或其直接上級機關提起訴願。交通部將旅館業等級評鑑事項委任交通部觀光局時，旅館業等級評鑑以受委任機關（交通部觀光局）為原處分機關，如有不服交通部觀光局之處分，則向交通部提起訴願。

　　機關委任在行政實務中不乏其例：

1. 經濟部委任經濟部水利署所屬各水資源局及河川局

發文單位：經濟部
發文字號：經水字第10502614610號
發文日期：民國105年10月24日
資料來源：行政院公報第22卷201期44690頁
相關法條：行政程序法第15條（104.12.30）
　　　　　水利法第97條之1（105.05.25）
要　　旨：公告委任本部水利署所屬各水資源局及河川局辦理水利法第97條之1規定，核發土地使用現狀未違反水利法規定之證明文件並列冊管制五年。

---

[49] 最高行政法院109年度上字第861號判決。
[50] 最高行政法院93年度判字第1257號判決。

主　　旨：公告委任本部水利署所屬各水資源局及河川局辦理水利法第97條之1規定，核發土地使用現狀未違反水利法規定之證明文件，並自中華民國105年10月24日生效。

依　　據：一、水利法第97條之1。
　　　　　二、行政程序法第15條。

公告事項：委任本部水利署所屬各水資源局及河川局辦理水利法第97條之1第1項及第3項規定，核發土地使用現狀未違反水利法規定之證明文件並列冊管制五年。

2. 勞動部委任勞動部勞動力發展署

發文單位：勞動部

發文字號：勞動發訓字第1050509065號

發文日期：民國105年8月18日

資料來源：行政院公報第22卷157期35346頁

相關法條：行政程序法第15條（104.12.30）
　　　　　職業訓練師甄審遴聘辦法第2條之1（105.07.14）

要　　旨：依據職業訓練師甄審遴聘辦法第2條之1等相關規定，公告自105年9月1日起委任勞動力發展署辦理職業訓練師資格審定、審查及發證事項。

主　　旨：公告委任本部勞動力發展署辦理職業訓練師資格審定、審查及發證事項，並自中華民國105年9月1日實施。

依　　據：一、職業訓練師甄審遴聘辦法第2條之1。
　　　　　二、行政程序法第15條第1項。

公告事項：一、職業訓練師甄審遴聘辦法業以105年7月14日勞動發訓字第10505068981號令修正發布。該辦法第2條之1規定：「中央主管機關得委任所屬機關辦理職業訓練師資格審定、審查及發證事項」。

　　　　　二、本部爰依前開規定，自105年9月1日起委任本部勞動力發展署辦理職業訓練師資格審定、審查及發證事項。

3. 行政院農業委員會委任林務局及水土保持局所屬各分局辦理水土保持
   計畫審核監督辦法第5條第3、4項所定事項

發文單位：行政院農業委員會

發文字號：農水保字第1051856319A號

發文日期：民國105年5月5日

資料來源：行政院公報第22卷84期19386-19387頁

相關法條：行政程序法第15條（104.12.30）
　　　　　水土保持計畫審核監督辦法第3、5條（103.12.25）

要　　旨：依據行政程序法第15條第1項等規定，公告委任林務局及
　　　　　水土保持局所屬各分局辦理水土保持計畫審核監督辦法第
　　　　　5條第3、4項所定事項，並自105年5月1日生效（原行政院
　　　　　農業委員會民國101年10月8日農水保字第1011862524號公
　　　　　告自105年5月1日停止適用）。

主　　旨：公告委任本會林務局及水土保持局所屬各分局辦理「水土
　　　　　保持計畫審核監督辦法」第5條第3、4項所定事項，並自
　　　　　中華民國105年5月1日生效。

依　　據：一、水土保持計畫審核監督辦法第5條第3、4項。
　　　　　二、行政程序法第15條第1項。

公告事項：一、委任本會林務局審核及監督管理該局及所屬林區管理
　　　　　　　處自行興辦且符合水土保持計畫審核監督辦法第3條
　　　　　　　所定種類及規模之簡易水土保持申報書。
　　　　　二、委任本會水土保持局所屬各分局審核及監督管理中央
　　　　　　　機關自行興辦且符合水土保持計畫審核監督辦法第3
　　　　　　　條所定種類及規模之簡易水土保持申報書。但前點情
　　　　　　　形、跨越二以上分局所轄行政區域或本會委託中央各
　　　　　　　目的事業主管機關審核及監督管理者，不在此限。
　　　　　三、本會101年10月8日農水保字第1011862524號公告，自
　　　　　　　中華民國105年5月1日停止適用。

（二）委　託

　　行政程序法第15條第2項規定，行政機關因業務上之需要，得依法規將其

權限之一部分，委託不相隸屬之行政機關執行之。不相隸屬行政機關（平行機關）間之委託無強制性，成立委託關係須雙方同意，原則上以行政契約建立委託關係[51]。

最高行政法院96年判字第1916號判例指出，行政機關將其權限之一部分，委託其他機關執行，即應將其委託事項及法規依據公告之，並刊登政府公報或新聞紙。若未踐行上開程序，自難認已發生授與權限之效力。

此外，最高行政法院96年判字第1916號判例另外指出，有管轄權之機關除依行政程序法第18條規定喪失管轄權外，不因其將權限之一部委任或委託其他機關辦理，而發生喪失管轄權之效果。縱其未將委任或委託之權限收回，仍得自行受理人民之申請案並為准駁之決定。惟此項看法將造成管轄權積極之爭議，蓋同時存在二機關享有管轄權，是否妥適，不無疑問。

訴願法第7條規定，無隸屬關係之機關辦理受託事件所為之行政處分，視為委託機關之行政處分，其訴願之管轄，比照第4條之規定，向原委託機關或其直接上級機關提起訴願。勞動部公告委託經濟部加工出口區管理處執行區內事業單位聘僱外國人從事就業服務法第46條第1項第1款規定專門性或技術性工作許可業務時，許可業務以委託機關（勞動部）為原處分機關，如對之有所不服，應向勞動部之上級機關，即行政院提起訴願。

機關委託在行政實務中亦有不少例子：

1. 文化部委託中央研究院

發文單位：文化部
發文字號：文授資局物字第11330026772號
發文日期：民國113年3月14日
資料來源：行政院公報第30卷4期
要　　旨：委託中央研究院辦理國定曲冰考古遺址之監管保護，期間自中華民國113年1月1日起至113年12月31日止。
主　　旨：公告委託中央研究院辦理國定曲冰考古遺址之監管保護，期間自中華民國113年1月1日起至113年12月31日止。
依　　據：一、文化資產保存法第48條第2項。
　　　　　二、行政程序法第15條第2項、第3項。

---

[51] 陳敏，前揭書，第965頁。

2. 勞委會授權經濟部加工出口區管理處所屬勞動檢查中心執行該處所轄
各加工出口區及園區之勞動檢查業務

發文單位：行政院勞工委員會

發文字號：勞檢1字第1010151344號

發文日期：民國101年12月24日

資料來源：行政院公報第18卷250期51424頁

要　　旨：依據勞動檢查法第5條，102年1月1日至102年12月31日期間，授權經濟部加工出口區管理處所屬勞動檢查中心執行該處所轄各加工出口區及園區之勞動檢查業務。

主　　旨：本會自中華民國102年1月1日至102年12月31日期間，授權經濟部加工出口區管理處所屬勞動檢查中心執行該處所轄各加工出口區及園區之勞動檢查業務。

依　　據：勞動檢查法第5條第1項。

公告事項：經濟部加工出口區管理處勞動檢查中心執行經濟部加工出口區及園區（含楠梓加工出口區、高雄軟體園區、高雄航空貨運園區、楠梓加工出口區第二園區、高雄加工出口區、臨廣加工出口區、成功物流園區、臺中加工出口區、中港加工出口區、屏東加工出口區）之勞動檢查業務。

3. 公告辦理東、南沙地區之重要軍事設施管制區之檢查、管制事宜等相
關業務之受託機關（國防部委託海巡署）

發文單位：國防部

發文字號：國作聯戰字第1000000602號

發文日期：民國100年2月25日

資料來源：行政院公報第17卷40期6287頁

要　　旨：按行政院海岸巡防署與國防部協調聯繫辦法第10條第1項之規定，公告國防部委託行政院海岸巡防署辦理東、南沙地區之重要軍事設施管制區之檢查以及管制事宜等相關業務。

主　　旨：公告本部委託行政院海岸巡防署辦理東、南沙地區之重要
　　　　　軍事設施管制區之檢查、管制事宜等相關業務。
依　　據：一、行政院海岸巡防署與國防部協調聯繫辦法第10條第1
　　　　　　　項。
　　　　　二、行政程序法第15條第2項。
公告事項：本部依規定委託行政院海岸巡防署辦理東、南沙地區之重
　　　　　要軍事設施管制區之檢查、管制事宜等業務。

（三）委　辦

委託與委任發生在同一行政主體內部，不同行政主體間，尤其是國家與地方自治團體間或不同層級地方自治團體間的權限授予，稱爲委辦[52]。地方制度法第2條第3款規定，委辦事項指地方自治團體依法律[53]、上級法規或規章規定，在上級政府指揮監督下，執行上級政府交付辦理之非屬該團體事務，而負其行政執行責任之事項。委辦依法律、上級法規或規章規定時，具有強制性質，地方自治團體不得拒絕[54]，但依財政收支劃分法第38條規定，得要求委辦機關撥付經費[55]。

平均地權條例施行細則第2條第4款前段規定，有關縣（市）政府辦理公共設施完竣地區範圍之勘定，其業務劃分，原應由縣（市）政府建設局、工務局或農業局（科）辦理。爲因應實際作業需要，縣（市）政府得依同條款後段規

---

[52] 法務部民國102年6月3日法律決字第10203505770號指出，行政程序法第15條規定係指行政機關依據法律、法律具體授權或概括授權訂定之法規命令，將涉及公權力行使之權限移轉所屬下級機關或同一行政主體（公法人）不相隸屬之其他機關。經濟部委託新北市政府、基隆市政府及桃園縣政府代管淡水河及磺溪二水系流經之轄區，涉及不同行政主體間之權限移轉，非屬行政程序法第15條規定之範疇，性質上似屬地方制度法第2條第3款所稱之委辦事項。

[53] 建築法第27條規定，非縣（局）政府所在地之鄉、鎮，適用建築法之地區，非供公眾使用之建築物或雜項工作物，得委由鄉、鎮（縣轄市）公所依規定核發執照。鄉、鎮（縣轄市）公所核發執照，應每半年彙報縣（局）政府備案。

[54] 陳敏，前揭書，第966-967頁。

[55] 財政收支劃分法第38條規定，各級政府事務委託他級或同級政府辦理者，其經費由委託機關負擔。

定,將辦理公共設施完竣地區範圍之勘定權限,委由鄉(鎮、市)公所執行,其性質應屬地方制度法第2條第3款所稱之委辦事項[56]。

委辦學理上區分為團體委辦及機關委辦,團體委辦係指原屬國家或其他上級地方自治團體的行政事務,基於行政效率或為便利達成行政目的等其他正當理由,將其委由下級地方自治團體執行,係以具公法人地位之地方自治團體為委辦對象;機關委辦則係直接指定下級地方自治團體之特定行政機關為受委辦機關,而非以地方自治團體為委辦對象。機關委辦應屬例外情形,宜儘量避免,以維護地方自治團體之自治組織權限。

最高行政法院103年2月份第1次庭長法官聯席會議決議指出,建築師法第3條規定,本法所稱主管機關:在中央為內政部;在直轄市為直轄市政府;在縣(市)為縣(市)政府。地方主管機關條款係我國立法上以最高行政機關代替行政主體之習慣,故其規範意義應解為直轄市與縣(市)公法人本身,僅在表明相關地方自治團體有其管轄權限,而不應認其係限定直轄市政府或縣(市)政府為主管機關,故無論是自治事項的確認或委辦事項的規定,其均屬地方自治團體之權限,從而取得團體權限之地方自治團體,得基於自主組織權,決定其內部執行機關。高雄市既依上開規定取得建築師懲戒之團體權限,並依該市政府組織自治條例將此權限劃歸所屬工務局辦理,則甲不服該停業處分,自應以高雄市政府工務局為被告[57]。法律所定地方主管機關為直轄市政府之規定,並非專指直轄市政府該機關,而是規範直轄市該地方自治團體有管轄權,基此團體管轄之概念,直轄市應以何名義對外執行法律規定之事務,及應設哪一機關辦理該項業務,為直轄市地方自治團體之自治權。此種由地方自治團體基於自主組織權,透過組織法規將管轄權設定予所屬下級機關,將權限交由下級機關辦理,乃依據行政程序法第11條第1項規定所為權限劃分,被劃歸權限之機關即因而取得處理事務之權限,毋庸再依行政程序法第15條第1項規定,透過權限委任始得行使有關職權[58]。

訴願法第9條規定,直轄市政府、縣(市)政府或其所屬機關及鄉(鎮、

---

[56] 行政院民國92年1月8日院臺規字第0920080558號。

[57] 相同見解,最高行政法院111年度上字第26號判決。法務部民國103年2月19日法律字第10303501490號亦指出,法律規定地方主管機關為直轄市政府、縣(市)政府之事項,如其性質能確定屬自治事項或團體委辦事項者,直轄市、縣(市)自治法規得明訂其主管機關為直轄市政府、縣(市)政府之所屬一級機關。

[58] 最高行政法院111年度上字第569號判決。

市）公所依法辦理上級政府或其所屬機關委辦事件所為之行政處分，為受委辦機關之行政處分，其訴願之管轄，比照第4條之規定，向受委辦機關之直接上級機關提起訴願。經濟部委辦新竹市政府辦理「再生能源發電設備設置管理辦法」相關業務時，該相關業務以受委辦機關（新竹市政府）為原處分機關，如對之有所不服，應向新竹市政府之上級機關，即經濟部提起訴願。

委辦在行政實務中亦有不少例子：

1. **經濟部公告委任經濟部能源局及委辦新竹市、雲林縣、嘉義市、臺南市、高雄市、屏東縣及澎湖縣政府辦理「再生能源發電設備設置管理辦法」相關業務**

發文單位：經濟部

發文字號：經能字第10603800450號

發文日期：民國106年1月17日

資料來源：經濟部

　　　　　行政院公報第23卷13期3754頁

相關法條：行政程序法第15條（104.12.30）

　　　　　地方制度法第2條（105.06.22）

　　　　　再生能源發電設備設置管理辦法第2條（104.07.03）

要　　旨：依據再生能源發電設備設置管理辦法第2條第2項等規定，公告自106年1月1日起委任經濟部能源局及委辦新竹市、雲林縣、嘉義市、臺南市、高雄市、屏東縣及澎湖縣政府辦理「再生能源發電設備設置管理辦法」相關業務（原經濟部民國105年7月6日經能字第10504603170號公告自106年1月1日起不再適用）。

主　　旨：公告委任本部能源局及委辦新竹市、雲林縣、嘉義市、臺南市、高雄市、屏東縣及澎湖縣政府辦理「再生能源發電設備設置管理辦法」相關業務事項，並自106年1月1日生效。

依　　據：一、再生能源發電設備設置管理辦法第2條第2項。

　　　　　二、行政程序法第15條第1項及第3項。

　　　　　三、地方制度法第2條第3款。

公告事項：一、於新竹市、雲林縣、嘉義市、臺南市、高雄市、屏東縣及澎湖縣轄內，有關「再生能源發電設備設置管理辦法」裝置容量不及100瓩屋頂型太陽光電發電設備之同意備案、查驗、設備登記、撤銷、廢止、查核及其他相關業務，委辦當地直轄市、縣（市）政府辦理。

　　　　　二、非屬前點委辦範圍之「再生能源發電設備設置管理辦法」有關再生能源發電設備之同意備案、查驗、設備登記、撤銷、廢止、查核及其他相關業務，委任本部能源局辦理。

　　　　　三、前二點裝置容量之計算，應注意再生能源發電設備設置管理辦法第4條第2項及第3項合併計算之規定。

　　　　　四、本部105年7月6日經能字第10504603170號公告，自本公告生效日起不再適用。

2. 行政院環境保護署委辦臺中市政府辦理轄管河川水區劃定及水體分類訂定

發文單位：行政院環境保護署

發文字號：環署水字第1030108612A號

發文日期：民國103年12月24日

資料來源：行政院公報第20卷248期48236頁

相關法條：行政程序法第15條（102.05.22）

　　　　　地方制度法第2條（103.01.29）

　　　　　水污染防治法第6條（96.12.12）

要　　旨：依據水污染防治法第6條第2項、地方制度法第2條第3款、行政程序法第15條第3項等規定，公告行政院環境保護署委辦臺中市政府辦理轄管河川水區劃定及水體分類訂定等事項。

主　　旨：公告本署委辦臺中市政府辦理轄管河川水區劃定及水體分類訂定等事項，並自即日生效。

> 依　　據：水污染防治法第6條第2項、地方制度法第2條第3款、行政
> 　　　　　程序法第15條第3項。
> 公告事項：臺中市轄管河川——溫寮溪之水區劃定及水體分類訂定，
> 　　　　　本署委辦臺中市政府辦理。

3. 行政院農業委員會委由地方政府辦理轄內面積未滿十公頃休閒農場之籌設展延等事項

> 發文單位：行政院農業委員會
> 發文字號：農輔字第1110023018B號
> 發文日期：民國111年5月25日
> 資料來源：行政院公報第28卷第96期
> 要　　旨：公告委辦各直轄市、縣（市）政府辦理轄內面積未滿十公
> 　　　　　頃休閒農場之籌設展延、變更經營計畫書、廢止籌設同意
> 　　　　　文件，及停業、復業、歇業、廢止許可登記證等事項。
> 主　　旨：公告委辦各直轄市、縣（市）政府辦理轄內面積未滿十公
> 　　　　　頃休閒農場之籌設展延、變更經營計畫書、廢止籌設同意
> 　　　　　文件，及停業、復業、歇業、廢止許可登記證等事項。
> 依　　據：一、休閒農業輔導管理辦法第44條之1。
> 　　　　　二、地方制度法第2條第3款及第14條。
> 　　　　　三、行政程序法第15條第3項。
> 公告事項：一、旨揭事項之委辦溯自中華民國一百十一年一月一日
> 　　　　　　　起。
> 　　　　　二、旨揭申請面積未滿十公頃休閒農場，不包括由直轄
> 　　　　　　　市、縣（市）政府申請籌設之休閒農場。

（四）委任（託）後再委任（託）之禁止

行政機關因業務上之必要，例外得變更管轄權，例如，委任或委辦、委託、行政委託、法規變更公告移轉管轄權等方式，均得依法定程序變更行政機關之管轄權。行政機關須依法規規定為委任或委託等權限之移轉，且權限移轉

本身屬例外規定，故爲委任或委託等行爲後，解釋上不得爲再委任或再委託等權限之再次移轉[59]。

第七節　組織權

第一項　組織權之歸屬

　　組織權涉及行政主體與行政機關設置、變更與裁撤之權限。行政主體是公法人，涉及行政主體的設置、變更和裁撤，應有法律依據，甚至憲法依據，因此行政主體的組織權原則上由憲法或立法機關作最終決定。例如，地方自治團體之合併，不論是吸收合併，或是新設合併，皆涉及行政主體消滅存廢問題，須有法律依據。地方制度法第7條第1項規定，省、直轄市、縣（市）、鄉（鎮、市）及區之新設、廢止或調整，依法律規定行之。

　　行政機關的設置、變更和裁撤，是由立法權或行政權作最終決定呢？依中央法規標準法第5條第3款規定，國家各機關組織依法律定之，傳統上認爲，國家機關組織權亦歸立法院所有。由於立法程序較爲冗長，國家機關組織權全部歸立法權時，行政院無法及時設置新的行政組織以應變新事務，將造成行政組織的僵化、缺乏彈性，並造成行政組織如須變動就必須修法的結果。爲了解決行政組織僵化的問題，1997年憲法增修條文第3條第3項規定，國家機關的設置及總員額得以法律作準則性規定，立法院因而制定中央行政機關組織基準法，以折衷解決組織權歸屬問題。

　　在憲法增修條文規範下，組織權是由行政院與立法院共享之，亦即由立法機關作原則性、準則性的規定，再由行政機關依具體情形作具體決定，一方面讓法律保留在組織權有一定功能，同時讓行政機關能針對事實上需要，彈性靈活的變動行政組織，以適應新的任務[60]。

---

[59] 司法院釋字第524號解釋理由書指出，法律授權主管機關依一定程序訂定法規命令以補充法律規定不足者，該機關即應予以遵守，不得捨法規命令不用，而發布規範行政體系內部事項之行政規則爲之替代。倘法律並無轉委任之授權，該機關即不得委由其所屬機關逕行發布相關規章。

[60] 詳細情形見第八章討論。

第二項　組織行為之性質

　　傳統上行政組織法被認爲是國家內部事務之法，亦即是否設置、變更、裁撤行政組織與人民權益並無直接相關。但組織權的行使眞的與人民權利義務無關嗎？行政主體間的合併問題，例如，臺中縣與臺中市合併，原臺中縣縣民必須更改身分證件、門牌號碼、住址等，行政主體的變更事實上對人民的生活會產生重大影響。裁撤迷你小學，傳統上認爲是行政組織內部事務組織權之行使，但是裁撤迷你小學，對人民受教權立即產生重大影響。傳統上組織權的行使認爲是國家內部事務，例如，涉及內部法，基本上係基於公共利益考量，不會直接影響人民之自由和權益，人民對於行政機關之組織措施並無向法院提出救濟之可能性[61]。

　　惟最高行政法院100年度判字第899號判決指出，行政機關所爲裁併學校之決定，雖涉兩學校間行政組織暨行政事項之多項變更，惟該裁併決定已影響及變更該等學校所有學生與學校間之受教權義關係，尚非僅單純行政組織之變更而已。裁併學校之行政組織行爲，應認已對外即對學生發生法律效果，而爲行政處分，且因裁併決定係對該校所有在學學生發生法律效果。此項判決值得贊同，至於裁撤迷你小學是否合法，則屬另外問題，應依相關法律判斷之[62]。

---

[61] 行政機關內部組織的組織行爲，例如，機關搬遷、內部單位職掌之變更、將班級重組並併入同校其他班級，並不直接對外產生法律效果，雖會帶來事實上之不方便，但無救濟可能性。

[62] 高雄高等行政法院97年度訴字第929號判決亦指出，行政機關所爲裁併學校之決定，雖屬行政機關之組織行爲，惟受裁併者無論其所在是否偏遠，因均變更該校所有學生與學校之關係，裁併學校之行政組織行爲，應認已對外即對學生發生法律效果，自爲行政處分，且因裁併決定係對該校所有在學學生發生法律效果，應認係可確定範圍之一般處分，要無疑義。在學關係，始於學校接受學生入學，終於學生因轉學、退學或畢業等原因離校，涵蓋學生與學校在學之整體法律關係，裁併學校之決定，係將原有學校消滅，裁併學校決定足以消滅學生與就讀學校原已存在之在學關係，裁併之組織行爲，已對學生發生法律效果，益足認裁併決定爲行政處分。有關此項問題，蕭文生，裁撤迷你小學—行政組織行爲之性質，月旦法學教室，第16期，2004年2月，第20-21頁。陳敏，前揭書，第965頁則指出，裁撤學校之決定，涉及所有學生及家長，同時兼具抽象及具體性質，宜認爲行政處分中之一般處分。

第八章 | 國家直接行政

　　國家任務並非一定由本身設立之機關執行，國家可利用其所設立之行政機關執行其任務，亦可將任務交由他人執行。以何種方式為之較佳，依照每個國家傳統運作模式、面積大小、任務繁雜而作不同設計。國家任務之執行可區分為國家直接行政和國家間接行政。國家直接行政係指，國家任務由國家所設立之機關行使，以我國為例，國家任務交由行政院及其所屬各機關執行時，為國家直接行政；國家間接行政則指，國家任務並非由國家機關而係交給其他行政主體或私人執行，例如，委由地方自治團體或其他公法人辦理。

第一節　國家直接行政之憲法依據

　　憲法對於中央政府是否可設立機關執行任務有所規定，憲法第107條規定，下列事項由中央立法並執行之：一、外交。二、國防與國防軍事。三、國籍法及刑事、民事、商事之法律。四、司法制度。五、航空、國道、國有鐵路、航政、郵政及電政。六、中央財政與國稅。七、國稅與省稅、縣稅之劃分。八、國營經濟事業。九、幣制及國家銀行。十、度量衡。十一、國際貿易政策。十二、涉外之財政經濟事項。十三、其他依本憲法所定關於中央之事項。外交與國防事項，除由立法院制定法律規範外，外交與國防事項由行政院所屬外交部與國防部執行。此為國家直接行政之規定，即由中央機關親自執行任務。憲法第108條規定，下列事項由中央立法並執行之，或交由省縣執行之：一、省縣自治通則。二、行政區劃。三、森林、工礦及商業。四、教育制度。五、銀行及交易所制度。六、航業及海洋漁業。七、公用事業。八、合作事業。九、二省以上之水陸交通運輸。十、二省以上之水利、河道及農牧事業。十一、中央及地方官吏之銓敘、任用、糾察及保障。十二、土地法。十三、勞動法及其他社會立法。十四、公用徵收。十五、全國戶口調查及統計。十六、移民及墾殖。十七、警察制度。十八、公共衛生。十九、振濟、撫卹及失業救濟。二十、有關文化之古籍、古物及古蹟之保存。上述事項之立法權歸中央所有，教育制度、公用事業、銀行事項，須由中央制定法律規範，

惟執行部分，可由國家執行或交由省縣執行之。由國家執行，則是國家直接行政；交由省縣執行，則為國家間接行政。除憲法第107條和第108條外，憲法第111條規定，除第107、108、109條及第110條規定列舉事項外，如果有未列舉事項，此時以「均權」作為權限分配方式，亦即事務有全國一致者屬中央，有全省一致者屬省，有一縣之性質者屬縣，如有爭議由立法院解決之。事項於憲法中並未明確規定時，即依上述之標準判斷。

憲法除五院外，另設有總統、國民大會，故在理論上憲法有七個不同組織。立法院、司法院，雖亦有實質行政行為，但並非其主要任務，其權力核心內容仍為立法權、司法權。至於國民大會，已無形化。監察院，具有部分西方三權分立下屬於國會權限，例如，調查權、彈劾權，其本身亦從事部分行政任務，例如，公職人員財產申報等。惟我國為五權分立之國家，一般均將監察院獨立於行政權外。因此，憲法五院中屬於國家直接行政者為行政院及考試院。總統因其性質較為特殊，一向有不同見解。憲法規定之國家機關可分成：

一、不屬國家直接行政範圍：立法院、司法院、監察院、國民大會。

二、屬於國家直接行政範圍：考試院、行政院。

三、有爭議：總統。

第二節　行政院

行政院為最典型且最重要之國家直接行政機關，行政院由許多下級機關組成，關於行政院之構成員，憲法第54條僅謂院長，副院長，各部會首長及不管部會政務委員，有關行政院之實際組織，則須參考行政院組織法規定。

第一項　2010年2月3日前之行政院組織法

行政院院長、副院長、秘書長及副秘書稱為行政院院本部，為行政院核心成員，其下為各部會，除此之外，另置政務委員五人至七人。行政院組織法裡除行政院本部外，其他機關之設立方式，有五種不同途徑：

一、行政院組織法第3條

行政院組織法第3條列舉傳統的八部二會，即教育部、經濟部、國防部、

外交部、法務部、財政部、交通部及內政部，2個委員會爲僑務委員會跟蒙藏委員會。

二、行政院組織法第5條

行政院組織法第5條規定，行政院設主計處、新聞局。主計處與新聞局與傳統八部二會成立法源不同。

三、行政院組織法第6條

行政院組織法第6條規定，爲處理特殊事務，行政院可組成特別而對外之委員會，例如，國科會、勞委會、體委會、衛生署及環保署等。

四、行政院組織法第14條

行政院組織法第14條規定，行政院爲處理特定事務，得於院內設各種委員會，例如，行政院法規會、行政院訴願委員會等。

五、依照特別法設立

中央銀行法第1條規定，中央銀行爲國家銀行，隸屬行政院。公平交易法第25條規定，爲處理公平交易法有關公平交易事項，行政院應設置公平交易委員會。

依照上面五種方式，行政院總共有39個部會（2006年統計數字），相較於其他國家顯然過多，因此在政府改造過程中，針對行政院組織加以調整。2004年公布中央行政機關組織基準法，其主要目的在建立中央行政組織之共同規範。該法之依據爲憲法增修條文第3條第3項規定，國家機關之職權、設立程序及總員額，得以法律爲準則性規定。由於我國對於國家機關之法律保留太過嚴苛，爲讓行政組織之設計享有某種程度彈性化，以應付多變之任務，特增修此規定，使國家各機關可依照基準法而做彈性運用，不須每次於職權與組織有所變動時，均須立法者之介入。

中央行政機關組織基準法於2008年、2010年及2022年修正，依中央行政機關組織基準法第2條第2項規定將機關層級分爲四級，行政院爲一級機關，其所屬各級機關依層級爲二級機關、三級機關、四級機關，以財政部爲例，財政部爲二級機關，北區國稅局爲三級機關，財政部北區國稅局桃園分局爲四級機

關。中央行政機關組織基準法第3條規定四種不同組織類型：（一）機關，係指有決定法定事務並表示國家意思於外部，而依組織法律或命令設立行使公權力之組織，例如，國防部。（二）獨立機關，係依據法律獨立行使職權，自主運作，除法律另有規定外不受其他機關指揮監督之合議制機關，例如，公平交易委員會、中央選舉委員會及國家通訊傳播委員會。（三）機構，係指處理技術性或專門性業務之需要，劃出部分權限及職掌，而另成立隸屬之專責機關。例如，教育部體育署。（四）單位，係指基於組織之業務分工，於機關內部所設立之組織，例如，教育部高等教育司。

　　國家組織於法律保留最重要之突破在於中央行政機關組織基準法第4條，該條規定，下列機關之組織以法律定之，其餘機關之組織以命令定之：（一）一級機關、二級機關及三級機關。（二）獨立機關。以國稅徵收為例，財政部北區國稅局之組織仍須以法律定之（財政部各地區國稅局組織通則），但財政部北區國稅局桃園分局之組織則以命令為之即可（財政部各地區國稅局各分局組織準則）[1]。

　　中央行政機關組織基準法對於行政院組織影響最為重大者，乃是其對行政機關數量嚴格限制，中央行政機關組織基準法第29條第2項規定，部之總數以14個為限。第31條第1項規定，行政院基於政策統合需要得設委員會。第2項規定，第1項委員會之總數以8個為限。第32條第2項規定，相當二級機關之獨立機關總數以3個為限。

第二項　新行政院組織法之架構（2010年2月3日後）

　　經過激烈的討論與複雜之妥協[2]，新的行政院組織法於2010年2月3日公布並於2012年1月1日施行，距離最近一次修正已超過三十年（1980年6月29日公布）。最新一次於2023年4月26日修正公布第3條條文，2023年7月18日行政院以院授人組字第11220012571號令發布定自2023年8月1日施行。

　　行政院院長、副院長、秘書長及副秘書為行政院核心成員。行政院組織法

[1] 行政院與考試院2004年提出之中央行政機關組織基準法草案內容將法律保留限於一級與二級機關，立法院審議時將法律保留擴至三級機關。三級機關是否仍有必要仍以法律為之，實有討論空間。

[2] 有關行政院組織法之立法與評析，蕭文生，行政院組織改造歷史回顧與評析，中正法學集刊，第37期，2012年11月，第51-116頁。

第10條規定，行政院院長綜理院務，並指揮監督所屬機關及人員。行政院院長因事故不能視事時，由副院長代理其職務。行政院組織法第12條第1項規定，行政院置秘書長一人，特任，綜合處理本院幕僚事務；副秘書長二人，其中一人職務比照簡任第十四職等，襄助秘書長處理本院幕僚事務。此外，行政院組織法第5條規定，行政院置政務委員七人至九人，特任。政務委員得兼任第4條委員會之主任委員。行政院組織法第12條第2項規定，行政院置發言人一人，特任，處理新聞發布及聯繫事項，得由政務職務人員兼任之。此為行政院本部之建置。

行政院組織法第3條規定，行政院設下列各部：一、內政部。二、外交部。三、國防部。四、財政部。五、教育部。六、法務部。七、經濟及能源部。八、交通及建設部。九、勞動部。十、農業部。十一、衛生福利部。十二、環境資源部[3]。十三、文化部。十四、數位發展部。

此外，行政院組織法第4條規定，行政院設9個政策統合委員會：一、國家發展委員會。二、國家科學及技術委員會。三、大陸委員會。四、金融監督管理委員會。五、海洋委員會。六、僑務委員會。七、國軍退除役官兵輔導委員會。八、原住民族委員會及九、客家委員會。

行政院依行政院組織法第9條規定，設下列相當中央二級獨立機關：一、中央選舉委員會。二、公平交易委員會。三、國家通訊傳播委員會。

除部、委員會與獨立機關外，行政院依行政院組織法第6條規定，設行政院主計總處及行政院人事行政總處；依行政院組織法第7條規定設中央銀行以及依第8條規定設國立故宮博物院。

此外，行政院組織法第14條規定，行政院為處理特定事務，得於院內設專責單位。此類專責單位於行政院處務規程明訂，例如，行政院消費者保護處、行政院法規會、行政院國土安全辦公室等。

行政院之組織於新法修正後仍有29個，相較以前雖已有減少，但是與其他國家比較數量仍然偏多，應有再調整之必要。

除上述中央行政機關組織基準法與行政院組織法所規定之行政院部會層級組織之數量外，促進轉型正義條例第2條規定，本條例主管機關為促進轉型正義委員會，不受中央行政機關組織基準法第5條第3項、第32條、第36條及行

---

[3] 2022年5月5日行政院院會通過之第二波組織調整相關修法，將環境保護署改制為環境部，農委會改制為農業部；行政院原子能委員會調整為獨立機關核能安全委員會。

政院組織法第9條規定之限制。促進轉型正義委員會隸屬於行政院，爲二級獨立機關。政黨及其附隨組織不當取得財產處理條例第2條規定，行政院設不當黨產處理委員會爲本條例之主管機關，不受中央行政機關組織基準法規定之限制。行政院實際部會層級之組織又跨過30大關，總計31個。此項發展似乎與組織精簡之時代趨勢有所背離。此外，中央行政機關組織基準法第1條規定，爲建立中央行政機關組織共同規範，提升施政效能，特制定本法。未修改中央行政機關組織基準法與行政院組織法規定，逕以促進轉型正義條例、政黨及其附隨組織不當取得財產處理條例排除中央行政機關組織基準法與行政院組織法之適用，背離中央行政機關組織之共同規範，造成法制上之混亂，在立法技術上誠屬可議[4]。

惟司法院釋字第793號解釋理由書指出，憲法增修條文第3條第3項及第4項規定係授權立法者得以準則性法律，就國家行政體制之建構爲框架性規範，並使各機關之組織、編制及員額之決定，得於該等法律框架下爲之，以收國家機關總體規劃布建之效。上開規定，係於立法者以法律建構個別行政組織之權限外，增加其就行政組織之一般性、框架性立法權限，但並未因此而剝奪立法者制定單獨組織法或兼含組織法規定之法律之權限，亦非謂立法者制定關於行政組織之法律時，若未遵循同屬法律位階之準則性法律規定，即構成違憲。立法者基於其職權，本非不得於作用法中爲具組織法性質之規範，故其本於政黨及其附隨組織不當取得財產之調查及處理須特別立法之立法政策，衡酌爲達黨產條例所規範目的之整體法規範需求及效能，於政黨及其附隨組織不當取得財產處理條例第2條第1項明文規定黨產條例主管機關之組織，不受組織基準法之相關限制，自與憲法增修條文第3條第3項及第4項規定尚無牴觸。

司法院釋字第793號解釋之結果，不但使得中央行政機關組織基準法之喪失準則性法律之功能，亦使得我國中央行政機關，特別是部、會、獨立機關之數量不再容易計算與得知，喪失使人民一望即知之透明化要求，且形式上易產生法律與法律規定間之衝突。行政院2021年3月25日第3744次院會決議通過

---

[4] 中央行政機關組織基準法係依據中華民國憲法增修條文第3條第3項「國家機關之職權、設立程序及總員額，得以法律爲準則性之規定。」及第4項「各機關之組織、編制及員額，應依前項法律，基於政策或業務需要決定之。」之規定制定之。中央行政機關組織基準法被認爲具有憲法位階，因此也衍生出促進轉型正義條例、政黨及其附隨組織不當取得財產處理條例是否違憲之爭議。

行政院組織法條文修正草案，新設數位發展部，草案第3條仍維持14個部。惟草案第4條增加國家科學及技術委員會，使行政院之委員會成為9個（2022年1月19日總統華總一義字第11100003361號令修正公布行政院組織法第3、4、15條條文；施行日期，由行政院定之）。這就造成矛盾現象，部的數目與中央行政機關組織基準法第29條規定一致，但委員會之數目卻與中央行政機關組織基準法第31條規定不同。惟同一日通過之中央行政機關組織基準法條文修正草案，同時修正第31條，將行政院得設委員會之總數從8個變更為9個（2022年1月19日總統華總一義字第11100003371號令修正公布中央行政機關組織基準法第19、31、39條條文；施行日期，由行政院定之）。可見行政院亦意識到上述問題，在立法技術上有所改善，避免產生法律條文相互間之矛盾。促進轉型正義委員會與不當黨產處理委員會，即使其並非屬常設，而係具有特殊任務，當時亦可依相同方式與程序為之，如此一來，不但可以減少不必要之紛爭，確保中央行政機關組織基準法準則性法律之性質，更能使社會大眾能夠容易知悉行政院部、會、獨立機關設置之情形，應是較正確之做法。

第三節　考試院

　　考試院在憲法五權分立體系上與行政院分立，惟如從三權分立及考試院實質上所從事之任務觀之[5]，考試院為實質之行政機關。

　　考試院院本部包括考試院院長、副院長、依憲法之規定獨立行使職權之考試委員、秘書長。考試院組織法第3條第1項規定，考試院考試委員之名額，定為七人至九人。考試院院長、副院長及考試委員之任期為四年（考試院組織法第3條第2項）。考試院組織法第8條規定，考試院院長綜理院務，並監督所屬機關。考試院院長因事故不能視事時，由副院長代理其職務。考試院組織法第9條規定，考試院置秘書長一人，特任，承院長之命，處理本院事務，並指揮監督所屬職員。秘書長應列席考試院會議。依考試院組織法第6條規定，考試院設考選部、銓敘部與公務人員保障暨培訓委員會。考試院組織法第7條規定，考試院設考試院會議，以院長、副院長、考試委員及第6條各部會首長組

---

[5] 中華民國憲法增修條文第6條第1項規定，考試院為國家最高考試機關，掌理左列事項，不適用憲法第83條之規定：1.考試。2.公務人員之銓敘、保障、撫卹、退休。3.公務人員任免、考績、級俸、陞遷、褒獎之法制事項。

織之，決定憲法所定職掌之政策及其有關重大事項。前項會議以院長為主席。考試院就其掌理或全國性人事行政事項，得召集有關機關會商解決之。

考選部掌理全國考選行政事宜，辦理各種國家考試，包括各類公務人員以及專技人員考試。銓敘部掌理全國公務員之銓敘及各機關人事機構之管理事項，包括公務人員任免、陞降、遷調及轉調之銓敘審定事項等。公務人員保障暨培訓委員會掌理關於公務人員保障事件之審議、查證、調處及決定事項以及公務人員考試錄取、升任官等、行政中立及其他有關訓練事項等。

第四節　總　統

總統是否為國家直接行政機關一向有爭議。傳統上認為行政機關以執行行政任務為主，早期對總統是否為行政機關存有不同見解。由總統職權觀之，其應非純粹之行政機關。總統有權行使性質接近司法權之大赦、特赦；立法院通過之法律須經總統公布始生效力，總統為政治性格較強之機關，故應為統治機關而非行政機關。

此項見解於增訂憲法增修條文後產生相當大變化，憲法增修條文第2條第4項規定，總統為決定國家安全有關大政方針，得設國家安全會議及所屬國家安全局，其組織以法律定之。總統依該規定於三個領域享有最終決定權：外交、國防及兩岸關係。行政院雖設外交部、國防部及大陸委員會，但實際決策者為總統。1997年憲法增修條文公布後，行政院長之產生不須經過立法院同意，由總統直接任命。因此，行政院雖然仍須對立法院負責，惟行政院長之人事權歸總統所有，故行政院亦對總統負責。

綜上所述，總統已具有行政機關之性質[6]，惟其與傳統行政機關並不完全

6　司法院釋字第627號解釋理由書亦指出，總統依憲法及憲法增修條文所賦予之職權略為：元首權（憲法第35條）、軍事統帥權（憲法第36條）、公布法令權（憲法第37條，憲法增修條文第2條第2項）、締結條約、宣戰及媾和權（憲法第38條）、宣布戒嚴權（憲法第39條）、赦免權（憲法第40條）、任免官員權（憲法第41條）、授與榮典權（憲法第42條）、發布緊急命令權（憲法第43條，憲法增修條文第2條第3項）、權限爭議處理權（憲法第44條）、國家安全大政方針決定權、國家安全機關設置權（憲法增修條文第2條第4項）、立法院解散權（憲法增修條文第2條第5項）、提名權（憲法第104條，憲法增修條文第2條第7項、第5條第1項、第6條第2項、第7條第2項）、任命權（憲法第56條，憲法增修條文第3條第1項、第9條第1項第1款及第2款）

相同，因其僅在特殊情況下處理具體行政事務。依照中華民國總統府組織法第1條規定，總統依據憲法行使職權，設總統府。中華民國總統府組織法第9條規定，總統府置秘書長一人，特任，承總統之命，綜理總統府事務，並指揮、監督所屬職員。總統府置副秘書長二人，其中一人特任，另一人職務比照簡任第十四職等，襄助秘書長處理事務。中華民國總統府組織法第2條規定，總統府設下列各局、室：一、第一局。二、第二局。三、第三局。四、機要室。五、侍衛室。六、公共事務室。中華民國總統府組織法第14條之1規定，總統府設法規委員會，辦理法制業務，所需工作人員就本法所定員額內派充之。

此外，中華民國總統府組織法第15條第1項規定，總統府置資政、國策顧問，由總統遴聘之，均為無給職，聘期不得逾越總統任期，對國家大計，得向總統提供意見，並備諮詢。資政不得逾三十人，國策顧問不得逾九十人（中華民國總統府組織法第15條第2項）。中華民國總統府組織法第16條規定，總統府置戰略顧問十五人，上將，由總統任命之，對於戰略及有關國防事項，得向總統提供意見，並備諮詢。中華民國總統府組織法第17條規定，中央研究院、國史館、國父陵園管理委員會隸屬於總統府，其組織均另以法律定之。

等，為憲法上之行政機關。總統於憲法及憲法增修條文所賦予之行政權範圍內，為最高行政首長，負有維護國家安全與國家利益之責任。

第九章 | 國家間接行政

　　國家間接行政係指國家並未親自執行本身任務，而基於各種考量，將任務交給他人執行。國家間接行政之重點在於國家移轉任務予他人執行過程時，亦移轉執行任務所需之公權力。國家將業務委由私人或其他團體處理之現象，一般稱為業務委外。業務委外與國家間接行政並非同義詞，業務委外隨同公權力移轉者為國家間接行政；業務委外亦有純粹私法關係，與公權力移轉無關者，例如，清潔工作委外。

第一節　產生之原因與憲法依據

第一項　產生之原因

　　國家不論大小，中央政府之行政部門，原則上集中於首都，但所掌管任務之地域範圍不僅限於首都，例如，農業部掌管全國農林漁牧及糧食行政事務，超級寒流來襲使得嘉義、臺南養殖的虱目魚凍死，漁民向農業部請求補助，進行方式有兩種可能：（一）所有漁民集中到農業部申請。（二）農業部將補助的權限下放給縣（市）政府或鄉（鎮、市）公所執行。此時應該選擇何種方式，可從二方面觀察：

一、何種方式對人民之權利保障較為有利

　　嘉義、臺南漁民集中到農業部申請，費時且交通不便；於所在地之縣（市）政府或鄉（鎮、市）公所辦理，處理較快且易於查證。

二、組織觀點

　　農業部可於各縣（市）或鄉（鎮、市）成立派出機關，亦可達到與委由縣（市）政府或鄉（鎮）公所執行相同結果，但成立眾多派出機關從人事及預算觀點，並不合比例。

農業部親自執行補助任務，不但要花費不合比例之人力物力，有時亦會讓申請之人民無法獲得及時補助，因此，委由地方自治團體處理，是較佳之選擇。

第二項　憲法上的依據

憲法第108條規定由中央立法並執行或由省（縣）執行之事項，換句話說，事實上有需要時，可交由省（縣）執行。任務仍為國家之任務，惟其可視情況，親自執行或交由省（縣）執行。第108條規定之「或交由省（縣）執行」為國家間接行政之憲法依據。

第二節　國家任務的變動

國家間接行政與國家直接行政均涉及國家任務之執行，其隨國家任務多寡而不同，份量亦有差異。

給付行政興起造成國家行政任務增加，任務增加組織隨之變大，人力物力需求就會增加。給付行政在第二次世界大戰後興盛，但在人民生活逐漸穩定後，國家是否有必要繼續大量提供給付呢？國家任務會隨著時代需要而增加或減少，任務減少，國家組織隨著精簡，反之亦然。

第一項　國家任務去國家化

國家把任務從其負責範圍內分離出來，移轉給人民負責，國家僅基於一般監督者角色關心任務之執行，該任務脫離國家，不再屬於國家的任務，例如：

一、石油之供給

早期認為國家應提供價格穩定之油品，交由私人會產生任意漲價獲取暴利之弊端，但相較歐美等國，大部分石油公司均為私營，亦不見油價飛漲情形。臺灣將石油任務從國家分離，開放市場交由人民來執行，中油公司民營化後，國家可以不用再直接管理。國家可依石油管理法規定，要求每個經營石油的公司均須儲備不低於六十天之安全儲油，國家不再需要直接提供石油給人民，亦可確保油品供應無虞，直接供應油品之任務脫離國家。

二、電信產業

早期認為電信涉及國家安全，國家要管制資訊，且由國家提供電訊服務，價格穩定且通話品質好，故電信產業應由交通部電信總局獨占。目前則開放電信服務事業，由人民經營相互競爭，服務品質均更上層樓。

第二項　國家任務執行之改變

在國家間接行政領域，任務仍由國家負最終之責任，但執行則由國家以外之他人為之。任務並未脫離國家，僅是執行不再由國家親自為之。

例如，SARS未發生時，主流趨勢認為公立醫院，包括署立醫院，應該全部開放民營化由人民經營；但SARS發生後，民營醫院無意願收留SARS病患，最終由公立醫院承擔。現代醫院體系常以利潤為導向，國家完全脫離提供醫療服務，可能會產生無法預料之問題。惟此類任務以傳統行政體系來執行，可能會面臨兩個問題：

一、人力來源窄化，以公務員身分聘任署立醫院醫師，將涉及公務員任用資格取得之問題。

二、行政體系內嚴格的俸給、預算、審計制度，無法給付相當於一般私立醫院之薪俸；此外，醫療器材之更新，容易僵化，市場競爭力不足。

任務由國家傳統官僚體系執行顯有困難時（教育、文化體系中也有許多類似問題），例如，博物館或交響樂團之經營，國家是否可以完全脫離經營博物館、樂團之任務呢？國家畢竟仍有推行文化政策之任務，但國家博物館、樂團交由國家經營，同樣會面臨兩個問題：一、一般公務員可能沒有這方面專長，由非專業人士帶領，實際運作會產生問題。二、傳統行政體系預算要預先編列，公務體系之預算運作，無法應付臨時性的任務，例如，從拍賣會中購買古物。惟國家不能沒有文化政策，在傳統行政體系無法發揮功能下，為確保任務履行，人事、組織、財政之彈性需求無法避免；另一方面國家仍對任務之執行負最終責任。因此發展出國家間接行政之類型，任務仍屬於國家，但交由其他組織執行，其他組織主要為其他公法人及受委託行使公權力的人或團體。

國家雖將任務交由他人執行，但並非謂國家毫無責任。例如，須為選任結果負責，國家須監督受國家委託之人執行任務時，是否合法適當，國家從原來

之執行責任轉換成監督責任。

第三節　間接行政類型Ⅰ──地方自治團體

　　國家將任務交給其他公法人執行，最重要且最普遍之類型則是地方自治團體，亦即憲法第108條規定之「或交由省縣執行」。

　　地方自治團體何以成為協助執行國家任務之組織呢？地方自治團體雖在法律上享有獨立之法律人格，但仍為國家之一部分，兩者在法律上雖彼此享有獨立之法律人格，但並非毫無關聯。中央政府所設置之行政組織僅是國家組織之一部分，例如，國防雖是中央立法並執行事項，但並非所有國防相關事項皆須由國防部親自執行，例如，徵兵通知可委由鄉（鎮、市）公所送達。地方自治團體具有雙重身分，於辦理自治事項時，獨立自主，有立法權、行政權；執行中央任務時，亦即辦理委辦事項時，則變成國家間接行政的一環。

第一項　地方自治團體之意義

　　地方自治團體係指在國家領域內，劃定一定之區域，由該地區人民所組成之公法人。其特色有：

一、地方自治團體有一定的管轄區域

　　一般將管轄區域稱為行政區，例如，臺北市、嘉義縣、社頭鄉等。

二、地方自治團體有一定之構成員

　　臺北市之構成員為臺北市民、嘉義縣之構成員為嘉義縣縣民、社頭鄉之構成員為社頭鄉鄉民。構成員之認定通常以設籍，亦即戶籍設於何處，即為該地方自治團體構成員。人民在中華民國至少會有兩種身分，一為中華民國國民，一為地方自治團體成員，例如，中華民國國民與臺北市民；鄉（鎮、市）構成員，則可能有三種身分，以戶籍設於社頭鄉為例，其為中華民國國民、彰化縣縣民和社頭鄉鄉民。地方自治即透過構成員以民主方式決定地方事務。

三、地方自治團體在法律上為享受權利、負擔義務之主體

地方自治團體為法律上主體，為公法人[1]，其在法律秩序內與國家並非同一法律人格，而是互不隸屬之獨立主體，得享受權利、負擔義務。

第二項　地方自治之實施

地方自治乃憲法保障之制度，憲法明確規定實施地方自治之基本條件，包括中央地方權限的劃分、地方自治實施之程序等。在制憲時，國內存在許多發展情形不一的省和縣，因此無法以統一模式規範其自治。依憲法規定，必須由立法院先制定省縣自治通則，再由省召開省民大會制定省自治法、縣召開縣民大會制定縣自治法後實施省縣自治。尤其在省之部分，憲法規定省長須由人民直接選出（憲法第113條第1項第2款），省長由省民直選，並非1994年省縣自治法制定時之創舉。國民政府撤退來臺時，臺灣並無直轄市之建置，只有臺灣省，若依憲法規定由臺灣省民選出省長，與由國民大會選出之總統，兩者民主正當性之高低可能容易產生政治風暴。此外，依當時客觀環境來看，亦無制定省縣自治通則之必要，因此地方自治無法依憲法規定之程序與方式為之。惟在戡亂戒嚴時期，基於下列原因，仍然實施縣級以下之地方性選舉：

一、臺灣實施地方自治並非1950年國民政府遷臺後始有，1946年臺灣即有省議員選舉，其係依國民政府當時所制定之法律來選舉。

二、1950年國民政府撤退來臺原本預計僅是暫時性，主要目標仍在反攻大陸，中央政府並無多餘人力物力管理地方，故其認為由臺灣人民自己管理地方事務即可。

在動員戡亂、戒嚴時代，雖然有地方選舉，但並非依照憲法規定方式實施地方自治。1950年臺灣省政府頒定「臺灣省各縣市實施地方自治綱要」，作為縣（市）層級實施地方自治之法源；省的層級，行政院另外頒定「臺灣省政府合署辦公細則」，將省之最高首長由省長轉變成省主席，省主席由行政院任命而非由人民直選；鄉（鎮、市）於憲法中並無地方自治團體地位，臺灣省政府頒定之「臺灣省各縣市實施地方自治綱要」將之納入，成為實施地方自治之團體。

---

[1] 除地方自治團體外，昔日我國另一著名公法人為農田水利會。

　　雖然地方選舉一直持續進行，但地方自治法源之性質存在極大爭議。尤其臺灣省各縣市實施地方自治綱要與臺灣省政府合署辦公細則，皆爲行政命令，並不符合憲法之要求。此一問題一直到1994年，依1992年憲法增修條文規定制定省縣自治法與直轄市自治法後，憲法上之疑慮才逐漸消除。惟因立法倉促，內容與臺灣省各縣市實施地方自治綱要和其他當時適用之相關行政法規並無太大差別。1997年修憲將省精簡，配合憲法精神，1999年將省縣自治法與直轄市自治法合併成地方制度法，地方制度法爲目前實施地方自治最重要之法律依據[2]。

第三項　地方自治團體之類型

　　國家只有一個，地方自治團體之類型數量則非單一，有不同層級和類型。地方自治團體應有多少層級，依每個國家之土地面積、人民、社會需求及歷史發展不同而有所差異。地方自治團體依地方制度法第3條第1項規定共有三個層級：1.地方劃爲省、直轄市。臺灣省並未消失，仍有省主席和省諮議會，但省並無自治功能，地方之第一個層級爲省和直轄市[3]。2.第二個層級，直轄市下無地方自治團體，於省層級下劃分爲縣和省轄市。縣，例如，嘉義縣、彰化縣；省轄市，例如，新竹市、嘉義市。3.第三個層級，於縣下劃分爲鄉、鎮、縣轄市[4]。以嘉義縣爲例，有民雄鄉、大林鎮、太保市。

　　依地方制度法第2條第1款規定，省政府爲行政院派出機關，省爲非地方自治團體。地方制度法第5條第1項規定，省設省政府、省諮議會。地方制度法第8條規定，省政府受行政院指揮監督，辦理下列事項：1.監督縣（市）自治事項。2.執行省政府行政事務。3.其他法令授權或行政院交辦事項。地方制度法

---

[2] 最近一次修正爲2022年5月25日。

[3] 地方制度法第4條第2項規定，縣人口聚居達二百萬人以上，未改制爲直轄市前，於第34、54、55、62、66、67條及其他法律關於直轄市之規定，準用之。此稱爲準直轄市。

[4] 我國另設置直轄市山地原住民區，地方制度法第83條之2規定，直轄市之區由山地鄉改制者，稱直轄市山地原住民區（以下簡稱山地原住民區），爲地方自治團體，設區民代表會及區公所，分別爲山地原住民區之立法機關及行政機關，依本法辦理自治事項，並執行上級政府委辦事項。山地原住民區之自治，除法律另有規定外，準用本法關於鄉（鎮、市）之規定；其與直轄市之關係，準用本法關於縣與鄉（鎮、市）關係之規定。例如，臺中市和平區。

第9條規定，省政府置委員九人，組成省政府委員會議，行使職權，其中一人為主席，由其他特任人員兼任，綜理省政業務，其餘委員為無給職，均由行政院院長提請總統任命之。地方制度法第11條規定，省諮議會置諮議員，任期三年，為無給職，其人數由行政院參酌轄區幅員大小、人口多寡及省政業務需要定之，至少五人，至多二十九人，並指定其中一人為諮議長，綜理會務，均由行政院院長提請總統任命之。地方制度法第10條規定，省諮議會對省政府業務提供諮詢及興革意見。

第一個層級裡，直轄市較為重要，直轄市最重要之組織有二：1.行政組織，即直轄市政府。2.民意機關，即直轄市議會。

一、直轄市政府組織

直轄市政府中最重要的有四：

（一）直轄市市長（地方制度法第55條第1項）

直轄市政府置市長一人，對外代表該市，綜理市政，由市民依法選舉之，任期四年，連選得連任一次。直轄市市長為直轄市政府最高首長。

（二）副市長（地方制度法第55條第1項後段）

直轄市市長下有兩名副市長，襄助市長處理市政；人口在二百五十萬人以上之直轄市，得增置副市長一人，職務均比照簡任第十四職等，由市長任命，並報請行政院備查。副市長不需有公務員任用資格，性質為政務官，市長與副市長是直轄市政府裡最重要之行政職位。

（三）秘書長（地方制度法第55條第2項）

秘書長為直轄市政府裡最高之常任文官，由直轄市市長依公務人員任用法任免。

（四）所屬一級機關首長或一級單位主管

除主計、人事、警察及政風主管或首長，依專屬人事管理法律任免外，直轄市政府一級單位主管或所屬一級機關首長均比照簡任第十三職等，由市長任免之。直轄市之一級機關首長不需具備公務人員任用資格，如同行政院之內閣，故通常稱直轄市政府為小內閣。直轄市首長之人事權相當大，依其人口之

多寡，可以任用29個至32個一級單位主管或一級機關首長[5]。

　　一級機關首長中有四人是例外，即主計、人事、警察和政風，警察局局長、政風室主任，市長無法直接任免，必須依照專屬人事管理法律來任免，警察局局長必須依照警察人員人事條例來任免，而依該條例內政部警政署署長扮演決定性之角色。由於臺北市警察局局長為臺北市政府組織成員，故有認為條文規定不當，應由臺北市長負責任免。惟主計、人事、警察和政風在我國向來是一條鞭制度，具有一定獨立地位，地位獨立之優點在於不受地方行政首長之干預，故主計、人事、警察以及政風由國家透過一條鞭制度來統一管理。

　　除上述四項重要組織外，直轄市轄區廣大，無法完全靠直轄市政府一級機關完成所有任務，故直轄市裡再分成區，並設區公所，區並非地方自治團體，僅係直轄市內部之行政組織。區置區長一人，由直轄市長依法任命，非由人民選出。區長本身須具有公務人員任用資格，承市長之命綜理區政，並指揮監督所屬人員（地方制度法第58條第1項）。地方制度法第58條第4項規定，直轄市之區由山地鄉改制者，其區長以山地原住民為限。區以下，設里跟鄰，里長是由里民依法選舉，任期四年，連選得連任，里長受區長之指揮監督，辦理里公務及交辦事項。鄰長是直轄市行政組織裡最基層之單位，鄰長產生方式有兩種，由里長就該鄰戶長中挑選出一人來擔任，此為較常見之方式；另一種方式，由里長在各鄰召開戶長會議決定鄰長人選。

二、縣政府與省轄市政府組織

　　縣政府跟省轄市政府之成員類型與直轄市政府差異不大，但地方首長之人事權卻相當懸殊。

（一）縣（市）長（地方制度法第56條第1項前段）

　　縣（市）政府置縣（市）長一人，對外代表該縣（市），綜理縣（市）政，並指導監督所轄鄉（鎮、市）自治。縣（市）長由縣（市）民依法選舉之，每屆任期四年，連選得連任一屆。縣（市）長為縣（市）政府最高首長。

---

[5] 地方行政機關組織準則第11條第2項規定，直轄市政府一級單位及所屬一級機關，人口未滿二百萬人者，合計不得超過29處、局、委員會；人口在二百萬人以上者，合計不得超過32處、局、委員會。

（二）副縣長或副市長（地方制度法第56條第1項後段）

縣（市）長下置副縣（市）長一人，襄助縣（市）長處理縣（市）政，職務比照簡任第十三職等；人口在一百二十五萬人以上之縣（市），得增置副縣（市）長一人，均由縣（市）長任命，並報請內政部備查。副縣（市）長不需有任何公務人員任用資格，性質為政務官，縣（市）長與副縣（市）長是縣（市）政府裡最重要之職位。

（三）秘書長（地方制度法第56條第2項前段）

縣（市）政府裡位階最高之常任文官，須具有公務人員任用資格，昔日稱為主任秘書，目前改稱為秘書長，由縣（市）長依公務人員任用法任免。

（四）一級單位主管或所屬機關首長

早期因省跟直轄市同級，省長跟直轄市長皆有任免政務官之權，而縣（市）低一級，因此縣（市）長並無任免政務官之權。省縣自治法與直轄市自治法合併成地方制度法後，因省已經虛級化，縣（市）與直轄市在實質上並無位階之分，因此在制定地方制度法時，規定縣（市）政府一級單位主管中三人得由縣（市）長依機要人員之方式任用，依照人口比例最多可達5個，其餘均須具有公務人員任用資格。由組織人事權觀之，縣（市）長權限顯然小於直轄市市長，故有應放寬縣（市）長人事權限之要求。惟當時考試院與行政院人事行政局持不同之立場，其認為放寬後，政務官人數及人事費用將暴增，且整個公務機關倫理跟公務員士氣會受到非常大的衝擊，而持反對之立場。

相較以往之規定，目前已逐步放寬，地方制度法第56條第2項規定，縣（市）政府一級單位主管及所屬一級機關首長，除主計、人事、警察、稅捐及政風之主管或首長，依專屬人事管理法律任免，其總數二分之一，得列政務職，比照十二職等，其餘均由縣（市）長依法任免之。縣（市）政府依其人口之多寡，得設置13個至23個一級單位及所屬一級機關[6]。

---

[6] 地方行政機關組織準則第15條第2項規定，縣（市）政府一級單位及所屬一級機關，除主計、人事及政風單位依專屬人事管理法律設立外，依下列公式計算之數值及第三項規定定其設立總數：〔各該縣（市）前一年12月31日人口數÷10,000×80%〕+〔各該縣（市）前一年12月31日土地面積（平方公里）÷10,000×10%〕+〔各該縣（市）前三年度決算審定數之自有財源比率之平均數×10%〕。地方行政機關組織準則第15條第3項規定，依前項公式計算所得數值，縣（市）政府得設立之一級單位及所屬一級機關總數如下：一、數值未滿2者：不得超過13處、局。二、數值在2以上，未滿5

三、鄉（鎮、市）公所組織

鄉（鎮、市）之行政機關爲鄉（鎮、市）公所，鄉（鎮、市）長對外代表鄉（鎮、市），對內綜理鄉（鎮、市）政，由鄉（鎮、市）民依法選舉之，任期四年，連選得連任一次。鄉（鎮、市）長原則上並無任免政務官之權。但人口在三十萬人以上之縣轄市，得置副市長一人，襄助市長處理市政，以機要人員方式進用，或以簡任第十職等任用（地方制度法第57條第1項）。地方制度法第57條第3項規定，鄉（鎮、市）公所除主計、人事、政風之主管，依專屬人事管理法律任免外，其餘一級單位主管均由鄉（鎮、市）長依法任免之。

第四節　間接行政類型 II ── 其他公法人

第一項　公法人概念之引進

公法人早期係單指國家，以往地方自治在法制上並非處於合憲狀態，地方自治團體此種公法人類型並未受到重視。此外，並非每個國家均有公法人概念，公私法區分之國家始有公法人概念。基於上述原因，早期公法人概念在我國並不發達。經過三個階段演變，公法人才逐漸受到重視：第一階段，1980年代修改大學法時，當時公立大學爲教育部所屬機關，在人事、財政與學術發展上受到教育部監督，學界討論之重點在於，是否參照歐美國家發展趨勢，將大學法人化，使其脫離國家官僚體系之上下監督關係，讓大學自由發展，特別是將大學規定爲公法人，以便提升大學在國家內之地位，有獨立法律人格，並符合學術自由的要求。惟當時公立大學大部分經費來自教育部，改制成公法人後，教育部對大學人事、財政等事項之影響力將大爲縮減，立法機關之監督權

者：不得超過14處、局。三、數值在5以上，未滿9者：不得超過15處、局。四、數值在9以上，未滿14者：不得超過16處、局。五、數值在14以上，未滿30者：不得超過17處、局。六、數值在30以上，未滿46者：不得超過18處、局。七、數值在46以上，未滿52者：不得超過19處、局。八、數值在52以上，未滿59者：不得超過20處、局。九、數值在59以上，未滿67者：不得超過21處、局。十、數值在67以上，未滿76者：不得超過22處、局。十一、數值在76以上者：不得超過23處、局。地方行政機關組織準則第15條第4項規定，第2項所稱自有財源比率，指各該年度歲入扣除補助及協助收入後占歲出之比率。

限亦會隨之減弱，因此並不被當時立法機關接受。但大學爲高等教育及研究機構，與一般行政機關在本質上有所差異，大學與行政機關應作不同對待。基於上述二點因素，在制定大學法過程中，雖未引進公法人制度，但在大學法第1條第2項規定，大學應受學術自由之保障，並在法律規定範圍內，享有自治權。第二階段，1997年修憲造成臺灣省虛級化之結果，憲法增修條文僅規定省主席以及省諮議會議員不再由省民選舉，省不再是地方自治團體。惟省是否仍爲公法人？亦即屬於非地方自治團體性質之公法人，仍有爭議。省如仍爲公法人，表示其在法律上具有獨立法律人格，可享受權利負擔義務，省所有之財產，不必移轉予中央政府。司法院釋字第467號解釋認爲，1997年7月21日公布之憲法增修條文第9條施行後，省爲地方制度層級之地位仍未喪失，惟不再有憲法規定之自治事項，亦不具備自主組織權，自非地方自治團體性質之公法人。惟符合上開憲法增修條文意旨制定之各項法律，若未劃歸國家或縣市等地方自治團體之事項，而屬省之權限且得爲權利義務之主體者，於此限度內，省自得具有公法人資格。司法院釋字第467號解釋雖給予臺灣省成爲公法人之可能性，但現實生活中則無法律賦予臺灣省公法人之地位。

除地方自治團體性質之公法人外，我國在實證法中亦存在其他公法人，例如，農田水利會。1963年12月10日修正公布之水利法第12條第2項規定，第1項農田水利會爲公法人，其組織通則另定之。1993年2月3日公布修正之農田水利會組織通則第1條第2項規定，農田水利會爲公法人。

第三階段，2000年政黨輪替後，進行政府組織改造，因公法人概念並非任何國家均有，故參考日本法制，引進行政法人概念。其理由在於：一、行政法人可避免公法與私法區分之爭議。二、政府組織改造係以行政領域爲主，不包括立法、司法部門，公法人概念包含立法與司法領域，以行政法人之概念，較能說明改造範圍。行政法人概念係參考日本，日本約從1990年即開始推動政府改造，利用行政法人概念，改造特定行政組織，例如，博物館、公立大學、研究機構等[7]。公法人與行政法人概念並非互相排斥，公法人之範圍較廣，行政法人僅涉及行政權內部改造；二者之目的均將傳統官僚體系下之行政機關，改造成法律上具有獨立權利能力之權利主體。

此外，2014年1月29日修正公布之地方制度法第83條之2規定，山地原住民

---

[7] 有關日本行政法人，劉宗德，日本公益法人、特殊法人及獨立行政法人制度之分析，法治與現代行政法學：法治斌教授紀念論文集，2004年5月，第381-413頁。

區為地方自治團體，地方自治團體指依地方制度法實施地方自治，具公法人地位之團體。2015年12月1日修正公布之原住民族基本法第2條之1第1項規定，為促進原住民族部落健全自主發展，部落應設部落會議。部落經中央原住民族主管機關核定者，為公法人。

第二項　公法人之類型

公法人基本上係建立在公私法區分上，故無公私法區分之國家亦無公法人之概念。公法人主要流行於歐洲大陸，特別是德國。一般德國的教科書均將公法人分成三種，這三種類型所追求目的、內部組織、運作模式並不完全相同，分別為公法社團法人、公法財團法人及公法上營造物法人[8]。

一、公法社團法人

（一）意義及特徵

公法社團法人亦有稱公法團體法人，係指國家創設，由構成員所組成，具有權利能力之公法人。其特徵如下：1.公法社團法人須經由國家創設，此亦為其他公法人之要件。基本上，國家創造公法人係透過兩種方式，直接以法律創設或間接由行政機關依據法律規定創設。不論採取何種方式，設置公法人均須有法律依據[9]。2.有內部構成員，構成員之地位、權利義務及公法社團法人之組織均須於法律明確規定。公法社團法人之重點在於人，公法社團法人之構成員原則上是強制加入[10]，只要符合法律構成要件即成為當然成員。公法社團法人所作成之決定，基本上必須由構成員直接作成決定或由構成員選出之代表作成，此為自治之表現。構成員在公法社團法人扮演核心之角色。3.在法律上享有獨立法律人格，公法社團法人在法律上享有獨立法律人格，可享受權利負擔義務，此亦為所有公法人之特色。4.在法律上享有一定之公權力，設立公法人

---

[8] 陳新民，行政法學總論，新10版，2020年7月，第139-146頁；有關德國公法人之討論，詳見，李建良，論公法人在行政組織建置上的地位與功能——以德國公法人概念與法制為借鏡，月旦法學雜誌，第84期，2002年5月，第50頁以下。

[9] 公法人直接依法律取得法律人格，無須向主管機關或法院登記，此與私法人不同，吳志光，行政法，修訂12版，2023年2月，第119頁。

[10] 吳志光，前揭書，第116頁。

之目的在於執行公共任務，故國家須賦予公法社團法人一定之公權力。公法社團法人之公權力爲法律直接賦予，非因其他行政機關委託而取得。

（二）類　型

一般將公法社團法人分爲地域團體法人及身分團體法人：

1. 地域團體法人

具有一定管轄面積作爲行使公權力領域之公法社團法人爲地域團體法人，地方自治團體爲典型公法社團法人之地域團體法人[11]。地方自治團體之決定必須直接或間接來自地方自治團體之居民；直接透過地方自治團體居民行使創制權、複決權；或透過地方自治團體人民選出地方行政機關首長（如縣長）；選出地方民意機關代表（如縣議員），由其代表地方自治團體居民行使自治權。

2. 身分團體法人

身分團體法人係指由具有同一身分、職業、地位、特徵或共同利害關係之人，依法律規定程序與條件組成之公法社團法人。我國最著名之身分團體法人爲農田水利會，水利法第12條第2項規定，第1項農田水利會爲公法人，其組織通則另定之。司法院釋字第518號解釋指出，農田水利會爲公法人，凡在農田水利會事業區域內公有、私有耕地之承租人、永佃權人，私有耕地之所有權人、典權人或公有耕地之管理機關或使用機關之代表人或其他受益人，依農田水利會組織通則第14條規定，均爲當然之會員。農田水利會雖屬公法人，與地方自治團體相當，但仍有所不同，爲身分團體法人，在法律授權範圍內，享有自治的權限，其成員是強制加入，在法律授權範圍享有自治權。

惟2018年1月3日修正公布之農田水利會組織通則第40條第1項規定，自本通則2018年1月17日修正之條文施行之日起，停止辦理會務委員及會長之選舉，各農田水利會第四屆會務委員及會長之任期均至2020年9月30日止。其立法理由指出，爲因應農業環境變遷且降低直選體制之選舉負效益，爲能達到強化農業水資源利用、擴大對農民服務範圍、強化組織專業經營等目標，將農田水利會由現行公法人改制爲公務機關。2020年7月2日，立法院三讀通過農田水利法。2020年8月12日，農委會制定行政院農業委員會農田水利署暫行組織規

---

[11] 除此之外，原住民族基本法第2條之1第1項規定，爲促進原住民族部落健全自主發展，部落應設部落會議。部落經中央原住民族主管機關核定者，爲公法人。

程，2020年10月1日起整合農田水利會與農田水利處，合併爲行政院農業委員會農田水利署，自此農田水利會不再是公法人[12]。

除農田水利會之外，我國是否尚有其他身分團體公法人存在呢？公法人制度較爲興盛之德國，存在許多身分團體法人，例如，律師公會、醫師公會等，專門職業組織在德國法制爲典型之公法社團法人，且係屬於身分團體法人。我國相關法律，例如，律師法並未規定律師公會爲公法人。專門職業人員所組成之公會（如律師公會）是否爲公法人？就此學說上有不同見解，採取肯定說者認爲[13]，律師法第11條第1項規定，擬執行律師職務者，應依本法規定，僅得擇一地方律師公會爲其所屬地方律師公會，申請同時加入該地方律師公會及全國律師聯合會，爲該地方律師公會之一般會員及全國律師聯合會之個人會員。除律師法第12條第1項規定之情形外，地方律師公會對入會之申請，應予同意。律師法第19條規定，領有律師證書並加入地方律師公會及全國律師聯合會者，得依本法規定於全國執行律師職務。強制入會部分與公法上社團法人成員強制加入之性質相同。此外，律師法第73條規定律師應付懲戒之事由，第76條規定有權得移付律師懲戒委員會審理之機關與團體，懲戒一般屬於公法關係之表現。

採反對說者認爲[14]，此類同業公會業務之執行，並非以公權力加以執行；公法社團法人之特徵爲國家所創設，律師公會非由國家創設，與公法人要件不符。律師法第51條第1項規定，每一地方法院轄區設有事務所執業之律師三十人以上者，得成立一地方律師公會，並以成立時該法院轄區爲其區域。此外，懲戒權並非由律師公會行使，律師法第78條規定，律師懲戒委員會，由高等法院法官三人、高等檢察署檢察官三人、律師七人及學者或社會公正人士二人擔任委員；委員長由委員互選之。律師公會之法人資格並非由法律直接創設，係依民法規定經向主管機關登記並依法向法院辦理設立登記，始取得社團法人資

---

[12] 農田水利會組織通則第1條第2項農田水利會爲公法人之規定、水利法第12條第2項農田水利會爲公法人，其組織通則另定之規定，於2020年並未刪除。2023年11月29日公布之水利法始刪除第12條之規定。農田水利會公法人改制成行政機關引發許多政治與法制上之爭議，詳見，憲法法庭111年憲判字第14號判決。

[13] 陳新民，前揭書，第139頁。

[14] 陳敏，行政法總論，10版，2019年11月，第1007頁；莊國榮，行政法，修訂9版，2023年9月，第341頁。

格[15]。

司法實務則認為，臺北律師公會係職業團體，為私法人，抗告人被所屬職業團體臺北律師公會之退會所生爭執，非屬公法關係之爭議，行政法院無審判權[16]。而中華牙醫學會及中華民國牙醫師公會全國聯合會性質上應屬人民團體法第七章所規定之職業團體，為私法人[17]。

至於農會與漁會，以農會為例，雖然農會法第2條規定，農會為法人，但農會為私法組織之人民團體，農會法未直接賦予農會公權力，其公權力係因行政機關委託所賦予，此點與公法人之要件有所不符[18]。農會法第8條第1項規定，鄉（鎮、市、區）內具有農會會員資格滿五十人時，得發起組織基層農會，農會並非由國家所創設。公法人之法律人格，原則上只要法律通過或行政機關依據法律創設，公法人即取得法律人格，其人格之取得無需經過法院，亦無須報備，創設行為一旦完成，人格即自然取得。農會則否，其須先向主管機關報備，最後再向法院辦理，始得取得法人資格。

二、公法財團法人

（一）公法財團法人之意義及特徵

公法財團法人係指，國家或其他公法社團法人，為達成特定公共目的，以財產捐助行為所設立具有權利能力之法人。其特徵如下：1.公法財團法人之重點並非人之集合，而係財產之集合，故其注重財產如何妥善使用以達成公共目的[19]。2.公法財團法人可由國家或公法社團法人創設，惟均須有法律之依據。3.公法財團法人係依據財產捐助者所擬訂之章程運作，財團法人成立後，董事會或理事會依據法律規定，雖得修改財團法人章程，惟其有範圍之限制，亦須

---

[15] 2020年1月15日修正公布之律師法第52條第1項規定，地方律師公會為社團法人。其主管機關為所在地社會行政主管機關；目的事業主管機關為所在地地方檢察署。其立法理由指出，本項規定地方律師公會為社團法人（法定社團法人），故依人民團體法規定（如人民團體法第8條至第10條規定），地方律師公會雖仍須向主管機關申請許可設立並請主管機關核准立案，惟經核准立案後，其無須依人民團體法第11條向該管地方法院辦理法人登記。

[16] 臺北高等行政法院90年訴字第6634號裁定；最高行政法院92年度裁字第372號裁定。

[17] 最高行政法院95年度裁字第1933號裁定。

[18] 農會法第4條第1項第19款規定，農會任務如左：19.代理公庫及接受政府或公私團體之委託事項。

[19] 莊國榮，前揭書，第342頁。

取得主管機關同意。公法財團法人運作取決於章程規定,章程須有一些基本內容,例如,財團法人設立目的係由捐助者決定,董事會或理事會事後不能變更捐助目的。公法財團法人具公益性,財產不能作為營利之用,章程須明訂財產用途。此外,章程必須規定財團法人基本組織及其董事或理事資格及產生方式以及董事會或理事會運作基本規定,例如,開會最低出席人數、決議最低門檻等。

(二)是否存在公法財團法人

我國現行制度存在公法社團法人並無爭議,但是否存在公法財團法人,則有不同看法[20]。國家設置特殊法人之目的,如係在分擔行使以秩序行政為主體的公權力,則該特殊法人之性質應係公法人。反之,倘目的在分擔給付行政,所設置之特殊法人,其定性即不必然限於公法人,毋寧民法上之公益財團法人,乃至公司等私法人型態,亦為可能的組織選擇形式。公視基金會,其提供人民文化給付,惟因給付不具強制性,其組織就無採公法財團法人型態的絕對必要,現制採的係民法的財團法人型態,而非公法財團法人[21]。

以下以財團法人海峽交流基金會(海基會)、國家文化藝術基金會(國藝會)、財團法人二二八事件紀念基金會為例說明之[22]。有認為海基會屬於公法財團法人,私法財團法人係依民法規定創設,海基會係依照臺灣地區與大陸地區人民關係條例所設,該條例性質屬公法,海基會係依據公法成立。海基會對外行使各種文書認證、協助人犯遣返等行為,具有公權力性質,故其為公法財團法人。但亦有認為,海基會創設依據雖係臺灣地區與大陸地區人民關係條例,但海基會所擁有之財產並非全由國家捐助,私人捐助亦在內[23]。海基會之

---

[20] 陳新民,前揭書,第145頁指出,我國常見之公法財團頗多是以公基金之名義出現,例如,依公路法第28條所設立之公路建設基金;依漁業法第56條設立之漁業獎勵基金。

[21] 法務部民國107年10月3日法律字第10703514310號。

[22] 其他國家依公法或基於法律授權成立之財團法人,工業技術研究院、中央通訊社等,雖皆明定為財團法人(工業技術研究院設置條例第2條、中央通訊社設置條例第2條),但並未明定為公法或私法財團法人。陳敏,前揭書,第1012頁,指出工業技術研究院、中華經濟研究院皆係依設置條例設立,用以達成特定行政目的之財團法人,似可認為為公法財團法人。

[23] 1991年3月,由政府及部分民間人士共同捐助成立的財團法人海峽交流基金會正式成立,其中政府捐助16億元,各界捐助5億4,300萬元,合計法定基金總額為21億4,300萬元。

成立非純粹國家高權行為，係由國家與私人共同設立，其與典型公法財團法人成立方式不同。海基會並非依據法律規定而自然取得法律人格，其法律人格係依民法規定向法院登記後取得，與公法財團法人取得法律人格方式不同。此外，海基會雖行使公權力，惟其係陸委會依臺灣地區與大陸地區人民關係條例第4條規定，委託海基會而來，海基會本身不具有公權力，其屬於受委託行使公權力之團體[24]。

值得討論的是國家文化藝術基金會，文化藝術獎助條例第19條規定，為輔導辦理文化藝術活動，贊助各項藝文事業及執行本條例所定之任務，設置財團法人國家文化藝術基金會。國家文化藝術基金會設置條例第2條規定，本基金會為財團法人，其設置依本條例之規定；本條例未規定者，適用其他有關法律之規定。國家文化藝術基金會設置條例第2條條文並未明確指出國家文化藝術基金會為公法或私法上財團法人。國家文化藝術基金會設置條例第4條規定，該基金會之基金以新臺幣壹佰億元為目標，其來源依文化藝術獎助條例第24條規定，除鼓勵民間捐助外，並由主管機關編列預算捐助，在十年內收足全部之基金。創立基金新臺幣20億元，由主管機關編列預算捐助之。

國藝會設立目的在於對文化工作者與文化活動提供經濟上之輔助，該會任務依國家文化藝術基金會設置條例第6條規定為：1.輔導辦理文化藝術活動。2.贊助各項文化藝術事業。3.獎助文化藝術工作者。4.執行文化藝術獎助條例所定之任務。國藝會拒絕人民提出之補助申請時，由於給付行政仍屬公權力之行使，人民對其否准之決定，仍可提起行政爭訟。由於國藝會具有上述特質，現行法制上，公法上財團法人應以國家文化藝術基金會作為代表。惟文化藝術獎助條例第24條規定，國家文化藝術基金來源為：1.文建會編列預算。2.文化建設基金每年收入中提撥。3.國內外公私機構、團體或個人之捐贈。4.本基金之孳息收入。5.其他有關收入。從上述規定可知，國藝會之財產並非純由國家所捐贈。

司法實務則認為，國家文化藝術基金會乃經由文化藝術獎助條例之法律委託，行使文化藝術事業之獎助等之公權力團體，故依行政程序法第2條第3項，於法定任務範圍內，視為行政機關，而得於該法定任務範圍內為行政處分[25]。依此見解，國家文化藝術基金會為受委託使公權力之私人或團體，並非公法財

---

[24] 李惠宗，行政法要義，8版，2020年9月，第84頁；陳敏，前揭書，第1012頁。
[25] 臺北高等行政法院102年度訴字第491號判決。

團法人[26]。

另一個值得討論的是財團法人二二八事件紀念基金會（以下簡稱紀念基金會），二二八事件處理及賠償條例第3條第1項規定，第1條所定事項，由行政院所設財團法人二二八事件紀念基金會辦理。落實歷史教育，由教育部、文化部及原住民族委員會共同辦理之。二二八事件處理及賠償條例第1條規定，為處理二二八事件賠償事宜，落實歷史教育，釐清相關責任歸屬，使國民了解事件真相，撫平歷史傷痛，促進族群融合，特制定本條例。依二二八事件處理及賠償條例第3條之1規定，紀念基金會辦理：1.二二八事件真相調查、史料之蒐集及研究。2.二二八事件紀念活動。3.二二八事件之教育推廣、文化、歷史或人權之國際交流活動。4.已認定受難者之賠償。5.受難者及其家屬回復名譽之協助。6.弱勢受難者家屬之生活扶助。7.釐清相關責任歸屬。8.其他符合本條例宗旨之相關事項。

為充分落實政府照顧二二八事件受難者及其家屬權益，並使條例規定符合憲法第16條人民有請願、訴願及訴訟之權之意旨，二二八事件處理及賠償條例第3條第3項規定，申請人不服紀念基金會決定時，得依法提起訴願及行政訴訟。符合二二八事件處理及賠償條例第2條及第13條規定之申請人應備妥申請書表及相關證明文件，親自送達或掛號郵寄紀念基金會辦理。提起訴願係針對行政機關之行政處分，紀念基金會之決定在法律上為行政處分且其並非受委託行使公權力之團體時，該財團法人應可認為係公法財團法人[27]。

我國雖於2018年8月1日公布財團法人法，惟依財團法人法第2條第1項規定，該法所稱財團法人，指以從事公益為目的，由捐助人捐助一定財產，經主管機關許可，並向法院登記之私法人。因此即使該法所稱之政府捐助之財團法人亦屬私法人，依財團法人法第2條第2項規定，其包括：1.由政府機關（構）、公法人、公營事業捐助成立，且其捐助財產合計超過該財團法人基金總額百分之五十。2.由第1款之財團法人自行或第1款之財團法人與政府機關（構）、公法人、公營事業共同捐助成立，且其捐助財產合計超過該財團法人基金總額百分之五十。3.由政府機關（構）、公法人、公營事業或第1款及第2款財團法人捐助之財產，與接受政府機關（構）、公法人、公營事業或第1款

[26] 李惠宗，前揭書，第84頁指出，國家文化藝術基金會缺乏對人民行使公權力之權限，非公法財團法人。
[27] 吳志光，前揭書，第122頁。

及第2款財團法人捐贈並列入基金之財產，合計超過該財團法人基金總額百分之五十。4.由第1款、第2款及第3款之財團法人自行或第1款、第2款及第3款之財團法人與政府機關（構）、公法人、公營事業共同捐助或捐贈，且其捐助財產與捐贈並列入基金之財產合計超過該財團法人基金總額百分之五十。

三、公法營造物法人

公法營造物法人係國家或其他公法人，爲持續達成特定行政目的，集合人跟物所創設者，其重點爲人與財產之結合。公法營造物法人有下列特徵：（一）營造物法人無構成員，無成員自治之問題。（二）營造物法人雖擁有財產，但財產係營造物運作所必要，財產非爲特定受益人而存在。營造物法人重視的是利用關係，營造物設置目的在於提供人民利用。給付行政發達以後，國家透過營造物法人提供服務，讓人民享用國家資源，例如，博物館、美術館及圖書館營造物法人。

我國目前並無公法營造物法人，但行政實務存在相當多的營造物，給付行政發達後，傳統行政機關體制無法應付各式各樣給付行政任務，因此創設營造物提供人民利用。營造物之重點在於其與利用人間之利用關係，利用規則原則由營造物或營造物法人自行制定，利用人幾乎沒有參與之權利[28]。至於營造物利用關係，依不同之性質可爲公法關係，例如，機場利用關係；私法關係者，例如，公立醫院與病患之關係[29]。

四、公法人類型之選擇

公法社團法人、公法財團法人及公法上營造物法人雖皆是公法人，但無論在設置目的、運作方式等皆有顯著不同。公立大學改制爲公法人，有多種選擇可能性。如認爲大學內最高權力機關爲校務會議，則公法社團法人爲正確選擇；如大學最高權力機關爲董事會，則應選擇公法財團法人。如認爲公立大學是國家爲提供完善大學教育，集合人（教師職員等）與物（圖書館之書與體育館運動器材等）所創設者，則應選擇公法上營造物法人。惟大學自治僅能在有

---

[28] 例如，國家圖書館閱覽服務規定第33點，本規定經館務會議通過後實行。

[29] 陳敏，前揭書，第1037頁；盛子龍、吳庚，行政法之理論與實用，增訂16版，2020年10月，第177-178頁。

構成員之公法社團法人才能實現，公法財團法人及公法營造物法人並無自治問題。

第五節　行政法人

第一項　行政法人之意義與優點

　　行政法人並非屬於我國行政法傳統上之制度，而是在2000年政黨第一次輪替後，因推行政府改造而躍上舞臺。其係源於1980年代以來之新公共管理思潮，在英國肇始並逐漸盛行於世[30]。

　　行政法人係指藉由法律之創設，於傳統行政機關外，成立公法性質之獨立體（法人），行政法人性質上亦為公法性質之法人。其目的在於讓不適合由行政機關推動之公共任務，由一個與政府保持一定距離之行政法人處理，一方面引進企業經營精神，使業務推行更專業化、更有效率，而不受限於行政機關有關人事、會計等制度之束縛；另一方面，政府仍可確保公共任務之實施。

　　採用行政法人有二個優點：（一）行政法人之人事、財政自主空間較大。行政法人非行政機關，不適用機關與機關間指揮監督關係。在人事制度、經費運用上，亦可保留相當多之彈性，既非行政機關，故可以聘用不具公務人員任用資格之人，在挑選人才方面比較自由。經費運用上比較自主，除部分經費必須依照國家預算、會計、審計法規外，其餘不受限制。（二）現代社會裡，許多行政任務必須由不同機關或地方自治團體共同合作。這些任務不適合交給一個機關執行，此時可以組成行政法人，來協助事權統一。

　　行政法人設置之目的為執行國家任務，故縱使行政法人有較大獨立自主空間，仍須受國家監督，惟此種監督僅限法律監督。

　　我國推行行政法人最大爭議在於，須先制定一般性法律，而後再以個別法律規定不同類型之行政法人，或直接制定個別類型行政法人之法律。以博物館為例，須先制定行政法人法後，再依照該法制定博物館行政法人法，或僅制定博物館行政法人法即可。一般認為先制定行政法人一般性規定，再考量個別行政人特殊需要，制定個別法律之做法較為完善。惟引進行政法人制度涉及行

---

[30] 有關行政法人的理念及英美德日行政法人之發展，黃錦堂，行政法人論，行政組織法論，增訂2版，2021年4月，第234-257頁。

政機關、立法機關各種不同利益考量，不易有共識。我國採取雙頭進行方式，一方面推出行政法人法草案，其為通則性、一般性規定；另一方面，挑選較無爭議之國立中正文化中心，作為個別行政法人之立法草案。國立中正文化中心設置條例於2004年1月20日公布施行，但一般性之行政法人法則遲至2011年4月27日才公布施行。

　　行政法人法立法前，立法院通過國立中正文化中心設置條例，該條例第2條規定，本中心為行政法人，其監督機關為教育部。因該條例通過，行政法人正式成為法律制度，國立中正文化中心成為我國第一個行政法人。惟本條例於2015年6月10日公布廢止，中正文化中心納入國家表演藝術中心。

　　中正文化中心設置之目的在使人民能夠享受較高層次之文化活動，經營上涉及許多專業，雖不以營利為目的，但仍須做企業化經營。藝術無國界，許多表演藝術人才面臨國際競爭，缺乏較活潑彈性之方法因應，可能無法找到適當專業人才或現有專業人才會流失。延攬專業人才涉及資格問題，中正文化中心原屬教育部下級機關，人才尋覓會因公務員任用資格之要求，遭遇重大困難。

　　中正文化中心所涉及之公權力相當薄弱，因此將其當作行政法人之試驗。國立中正文化中心設立之目的，依中正文化中心設置條例第1條規定，為營運管理國家戲劇院及國家音樂廳，以確立其國家級表演藝術中心之定位，提升國家文化藝術形象、創造國際競爭優勢，並推廣表演藝術及社會藝術教育活動，提升國民文化生活水準。

第二項　行政法人法

　　中央行政機關組織基準法第37條規定，為執行特定公共事務，於國家及地方自治團體以外，得設具公法性質之行政法人，其設立、組織、營運、職能、監督、人員進用及其現職人員隨同移轉前、後之安置措施及權益保障等，應另以法律定之。換句話說，中央行政機關組織基準法第37條規定明定應制定通則性法律作為創設行政法人之一般性規範基礎。

一、行政法人之定義

　　行政法人法第2條規定行政法人之意義，行政法人指國家及地方自治團體以外，由中央目的事業主管機關，為執行特定公共任務，依法律設立之公

法人[31]。行政法人最大爭議點在於，何種特定公共任務可交由其執行。為避免外界對行政法人之設立可能無限擴張及對現有文官體系可能造成重大衝擊之疑慮，行政法人法第2條第2項規定，第1項特定公共事務須符合下列規定：（一）具有專業需求或須強化成本效益及經營效能者。（二）不適合由政府機關推動，亦不宜交由民間辦理者。（三）所涉公權力行使程度較低者[32]。惟「專業需求」、「強化成本效益」及「經營效能」皆為相當不確定之法律概念，故中央目的事業主管機關有相當大的判斷空間。其判斷之標準為不適合由政府機關及民間機關辦理，且有專業需求、企業化經營；涉及人民自由權利之程度較為輕微者，可由行政法人執行。行政法人無社團法人、財團法人及營造物法人之分。

　　行政法人負有執行公共任務、強化成本效益及經營效能之責，其組織建構已跳脫傳統行政機關科層體制之概念，為確保其公共任務之履行，實現社會責任，監督機關應對行政法人之營運（業務）績效予以評鑑。為評鑑行政法人之績效，並期評鑑結果更具公正性與客觀性，行政法人法第16條第1項規定，監督機關應邀集相關機關代表、學者專家及社會公正人士，辦理行政法人績效評鑑。行政法人公共任務之實施效能及權責是否相符，須有績效評鑑機制作為衡量依據。行政法人之績效評鑑，除可評核其營運與效能及目標達成情形，作為監督機關未來核撥經費之參據外，亦可透過評鑑機制對於行政法人之營運給予指導，以確保其所負責之公共任務能適切實施並具有效能。行政法人法第17條規定評鑑之內容為：（一）行政法人年度執行成果之考核。（二）行政法人營運（業務）績效及目標達成率之評量。（三）行政法人年度自籌款比率達成率。（四）行政法人經費核撥之建議。

---

[31] 行政法人係依法律設立，以執行特定公共事務，且其預算亦需國家挹注。因此，將行政法人定位為公法人。行政法人執行公共事務，其性質上仍屬行使公權力之範疇，應適用行政程序法規定；其如以行使公權力之行政主體地位，而與人民發生公法關係，人民對行政法人之處分如有不服，自得依訴願法及行政訴訟法規定，請求救濟；另依國家賠償法第14條規定，行政法人準用該法之規定。

[32] 涉及高度公權力行使者，例如，警察、軍事、監獄等，應由國家親自為之，不得另設行政法人執行，莊國榮，前揭書，第344頁。

二、行政法人法之特點──組織、人事、財政自主

行政法人裡較爲重要之組織有二，一爲理事會或董事會（行政法人法第5條第1項）。理事會或董事會之成員原則上由監督機關聘任（同法第5條第2項）；另外，組織規模較小或任務特性之需要，得不設理事會或董事會，設首長一人（同法第5條第1項但書），例如，圖書館館長。另一個爲監事會（同法第5條第3項）。

爲期行政法人得以有效運作，並賦予其人事及財政一定程度之自主性，行政法人應審酌其任務、性質及其需求等因素，擬訂其內部人事管理、會計制度、內部控制、稽核作業及其他規章，提經董（理）事會通過後，報請監督機關備查（行政法人法第4條第1項）。因行政法人仍肩負執行特定公共事務之使命，行政法人法第4條第2項規定，行政法人就其執行之公共事務，在不牴觸有關法律或法規命令之範圍內，得訂定對外發生效力之規章，並提經董（理）事會通過後，報請監督機關備查。所謂規章，其性質乃類似於爲提供特定公共服務目的之公營造物（如圖書館、博物館等）爲規範其對外營運之細節，以及與利用人間之權利義務關係所訂定之「利用規則」。規章與法規命令有別，無須有法律之授權，亦與僅規範其內部秩序及運作、非直接對外發生法規範效力之行政規則不同。

人事自主依行政法人法第20條規定，行政法人進用之人員，依其人事管理規章辦理，不具公務人員身分，其權利義務關係，應於契約中明定。依憲法第86條及公務人員任用法規定觀之，稱公務人員者，係指依法考選銓定取得任用資格，並在法定機關擔任有職稱及官等之人員。公務人員在現行公務員法制上，乃指常業文官。行政法人進用之人員不具公務人員身分，係指不適用公務人員考試、任用、服務法令；惟仍屬刑法、國家賠償法所稱公務員。行政法人與新進人員之法律關係，應符合行政法人建制之目的，其進用之人員依其人事管理規章辦理，其權利義務關係，應於契約中明定。行政法人在人事上之重點爲其可任用不具公務員資格之人員，且二者間之權利義務關係非由法律規定，而係透過契約約定，行政法人在用人方面享有較大之彈性。

財政自主方面，行政法人除接受政府機關核撥經費外，亦有自主財源，爲明權責，行政法人法第35條第1項規定，政府機關核撥行政法人之經費，應依法定預算程序辦理，並受審計監督。自主財源部分則適用行政法人法第32條規定之會計制度並基於確保行政法人財務報表之公正性及專業性，應委請會計

師進行查核簽證。惟依預算法第41條第4項規定，政府捐助基金累計超過百分之五十之財團法人，每年應由各該主管機關將其年度預算書，送立法院審議。行政法人為公法人，自應較私法人受到更高密度之立法監督，行政法人法第35條第2項規定，政府機關核撥之經費超過行政法人當年度預算收入來源百分之五十者，應由監督機關將其年度預算書，送立法院審議。但如此一來財政自主性之保障將大打折扣。此外，為使行政法人之運作更具彈性，行政法人法第37條第2項規定，行政法人辦理採購，僅於符合政府採購法第4條之規定，即以個別採購案認定，行政法人接受政府補助辦理採購時，其補助金額占採購金額半數以上，且補助金額在公告金額以上者，始適用政府採購法。

三、行政法人法公布施行後成立之行政法人

行政法人法公布施行後，陸續制定法律並成立下列行政法人：
1. 國家運動訓練中心──國家運動訓練中心設置條例（2014年1月22日）。
2. 國家災害防救科技中心──國家災害防救科技中心設置條例（2014年1月22日）。
3. 國家表演藝術中心──國家表演藝術中心設置條例（2014年1月29日）。
4. 國家中山科學研究院──國家中山科學研究院設置條例（2014年1月29日）。
5. 國家住宅及都市更新中心──國家住宅及都市更新中心設置條例（2018年8月1日）。
6. 文化內容策進院──文化內容策進院設置條例（2019年1月9日）。
7. 國家電影及視聽文化中心──國家電影及視聽文化中心設置條例（2019年12月31日）。
8. 國家太空中心──國家太空中心設置條例（2023年1月1日施行）。
9. 國家資通安全研究院──國家資通安全研究院設置條例（2023年1月1日施行）。
10. 國家運動科學中心──國家運動科學中心設置條例（2023年8月1日施行）。
11. 國家原子能科技研究院──國家原子能科技研究院設置條例（2023年9月27日施行）。

行政法人原則由中央政府所設立，惟行政法人法第41條第2項規定，經中央目的事業主管機關核可之特定公共事務，直轄市、縣（市）得準用本法之規定制定自治條例，設立行政法人。2016年6月30日高雄市專業文化機構設置自治條例制定施行，該自治條例第2條規定，高雄市專業文化機構為行政法人；其監督機關為高雄市政府。2017年1月全國第一個由地方政府監督設立的行政法人高雄市專業文化機構成立，將高雄市立美術館、高雄市立歷史博物館及高雄市電影館合併為一行政法人。2017年2月9日臺南市美術館設置自治條例施行，該自治條例第2條規定，臺南市美術館為行政法人；其監督機關為臺南市政府。2017年9月1日依高雄市立圖書館設置自治條例成立高雄市立圖書館行政法人。2019年9月2日依苗栗縣苗北藝文中心設置自治條例成立苗栗縣苗北藝文中心行政法人，為國內非六都首例文化藝術類型行政法人。2020年4月1日依臺北市臺北流行音樂中心設置自治條例成立臺北流行音樂中心行政法人。2020年依桃園市社會住宅服務中心設置自治條例成立桃園市社會住宅服務中心行政法人。2021年依新北市住宅及都市更新中心設置自治條例成立新北市住宅及都市更新中心行政法人。2021年12月依臺北市住宅及都市更新中心設置自治條例成立臺北市住宅及都市更新中心行政法人。

第六節　受委託行使公權力之私人或團體（行政委託）

第一項　意義與適用領域

受委託行使公權力之私人或團體係指受國家或地方自治團體委託，授予公權力並以自己之名義執行且完成行政任務之私人或團體。受委託之私人或團體，其本質仍為私人，不因行使公權力而變成國家機關，僅在受委託之範圍內被視為行政機關。行政程序法第16條第1項規定，行政機關得依法規將其權限之一部分，委託民間團體或個人辦理。依農業金融法第7條及行政程序法第16條第2項規定，行政院農業委員會委託中央存款保險股份有限公司辦理受農會漁會信用部委託處理資訊機構之業務檢查事項。

現今行政委託之實例與日俱增，從傳統典型的飛機機長及船舶船長執行警察權（民用航空法第45條及船員法第58條、第59條），一直到現代秩序法及各種安全法規領域，例如，民營汽車製造廠或修理廠代辦汽車檢驗（公路法第63條第3項）、商品檢證（商品檢驗法第4條第2項），乃至於財政及基礎建設領

域，例如，固定污染源空氣污染防制費之徵收（空氣污染防制費收費辦法第8條第1項）或公路及附屬停車場之興建及收取費用（公路法第14條第1項及第21條第1項）。依大眾捷運法第52條規定，本法所定之罰鍰，由地方主管機關處罰；經限期繳納，屆期未繳納者，依法移送強制執行。第50條第1項或第50條之1規定之處罰，地方主管機關得委託大眾捷運系統營運機構人員執行之。依現行法上甚至允許將執行罰鍰之處分委託私人（臺北大眾捷運股份有限公司）為之。自上述規定可知，可由法律直接委託私人執行公權力或由行政機關依據法規，透過一定方式委託私人執行公權力。

此外，司法院釋字第382號解釋理由書亦指出，公立學校係各級政府依法令設置實施教育之機構，具有機關地位。私立學校係依私立學校法經主管教育行政機關許可設立並製發印信授權使用，在實施教育之範圍內，有錄取學生、確定學籍、獎懲學生、核發畢業或學位證書等權限，係屬由法律在特定範圍內授與行使公權力之教育機構，於處理上述事項時亦具有與機關相當之地位。

第二項　要　件

受委託行使公權力之制度須符合下列要件：

一、公權力之來源為國家或地方自治團體，授權之對象為私人。國家將公權力委由地方自治團體辦理，行政機關與行政機關間之權力移轉，皆不屬受委託行使公權力之情形。私人指自然人及私法人，由於受委託行使公權力者係以自己名義行使公權力，基本上以具行為能力及權利能力為前提[33]。私法人性質之公營事業本身並不行使公權力，國家或地方自治團體亦得授予公權力，使其成為受委託行使公權力之人[34]。

二、公權力移轉為重要之特點，並與單純業務委由民間辦理之行為相區分。權限委託指涉及公權力行使之權限移轉，如不涉及公權力行使之權限移轉，例如，清潔環境、電腦程式設計與輸入等[35]，則不屬之。就認可實驗室所

---

[33] 陳敏，前揭書，第1019-1020頁指出，無權利能力之非法人團體，得否為公權力受託人，尚有待商榷。

[34] 吳志光，前揭書，第126-127頁。

[35] 林錫堯，行政法要義，修訂4版，2016年8月，第107頁。法務部民國112年7月12日法律字第11203508340號指出，行政委託係以行政機關就事項具有權限為前提，且以公權力行為為限，如不涉及公權力行使之權限移轉，則不屬之。受託人所為者，如僅屬

得執行業務之性質及內容觀之，該實驗室得以自己名義辦理檢驗業務，並獨立對外行使公權力（行政處分），且有法規依據，並將法規依據及委託事項公告者，始屬行政程序法第16條規定之權限委託；如受託人所為者，僅屬內部性之技術性檢驗，其檢驗結果僅供行政機關參考，最後准駁之行政處分，仍由行政機關為之，則非對外行使公權力之行為（而係行政助手），不屬行政程序法第16條規定之權限委託[36]。

行政法上之權限移轉，其權限係指涉及對外行使公權力之事項者，依水土保持計畫審核監督辦法第26條第3項規定委託相關機關、機構或團體辦理檢查，性質上屬偏向專業參與之技術協助，雖有執行上之獨立性，然並無名義上之獨立性，相關行政處分仍由主管機關為之，未涉及對外行使公權力事項之權限移轉，無行政程序法相關規定之適用[37]。

權限委託係指涉及公權力行使之權限移轉，如不涉及公權力行使之權限移轉，則不屬之。專業團體對於牙體技術人員類科考試中「實地考試」之「牙體解剖型態雕刻」、「全口活動義齒排列」等二科目，係以自己名義獨立對外行使公權力（如成績評定），自屬權限委託，應依行政程序法第16條規定辦理；如受託人所為者，僅屬內部性之庶務性、技術性事項，尚無獨立對外行使公權力之行為，則應屬行政助手之性質，非屬行政程序法第16條規定之權限委託[38]。

公權力授予之方式可分為直接依法律規定授予以及以行政行為授予，前者，例如，民用航空法第45條規定，航空器在飛航中，機長為負責人，並得為一切緊急處置。私立學校依學位授予法第3條第1項規定授予學士、碩士、博士學位。私人直接依法律規定行使公權力，無待行政機關授權。

以行政行為授予者，通常透過行政契約方式為之[39]，例如，公路法第63條第3項規定，汽車修理業、加油站具備完善之汽車安全檢驗設備，經公路主管機關查驗合格發給證照者，得受委託為汽車定期檢驗。汽車委託檢驗實施辦法

內部性之事務性、技術性工作，不涉及公權力行使之權限移轉者，則非屬行政程序法第16條之委託，而屬行政助手性質。

[36] 法務部民國97年10月8日法律字第0970031256號。

[37] 法務部民國99年10月18日法律字第0999041988號。

[38] 法務部民國99年4月15日法律字第0999013426號。

[39] 行政機關同時委託許多私人行使公權力時，例如，委託汽車定期檢驗，通常簽訂之行政契約屬於定型化契約，莊國榮，前揭書，第349頁。

第10條規定，辦理汽車定期檢驗，由公路監理機關與受委託辦理檢驗單位簽訂合約辦理。受委託辦理單位辦理出廠年份未滿十年及十年以上之汽車定期檢驗所需費用，分別按汽車檢驗費三分之二及五分之四分配，並直接由汽車檢驗費中扣抵。但辦理出廠年份十年以上之自用小客車當年度第二次檢驗所需費用，由收取之汽車檢驗費全數扣抵之。

　　前項由公路監理機關與受委託辦理檢驗單位簽訂之合約書內至少應載明下列事項：（一）委託檢驗項目及範圍。（二）檢驗紀錄、收取費用等規定。（三）受理檢驗之車輛數。（四）檢驗費用之結算及逾期之處罰款之處理方式。（五）檢驗單位違規之處罰。（六）委託檢驗期間（汽車委託檢驗實施辦法第10條第2項）。

　　老人福利法第8條第1項規定，主管機關及各目的事業主管機關應各本其職掌，對老人提供服務及照顧。提供原住民老人服務及照顧者，應優先遴用原住民或熟諳原住民文化之人。為呈現福利服務輸送方式多元化樣貌，即福利服務輸送可藉由行政機關或民間團體自行辦理，或由行政機關以補助民間團體等方式辦理，老人福利法第8條第2項規定，前項對老人提供之服務及照顧，得結合民間資源，以補助、委託或其他方式為之；其補助、委託對象、項目、基準及其他應遵行事項之辦法，由主管機關及各目的事業主管機關定之。惟內政部補助或委託辦理老人服務及照顧辦法第9條規定，內政部委託辦理老人服務及照顧事項案件，應依政府採購法及相關規定辦理。政府採購行為主要涉及私經濟行政，行使公權力之委託契約應適用行政程序法第138條規定而非政府採購法之規定。

　　三、受託者以自己之名義行使公權力。受委託行使公權力者，受託者於授權範圍內獨立自主依自己意思執行公權力。私人在執行公權力過程並非基於輔助者之地位，其本身即為行使公權力者，受委託民間汽車或修車廠檢驗車輛後，所蓋合格章並非公路局監理機關的合格章，而是某某汽車廠、某某修車廠之章。

　　行政助手與受委託行使公權力不同，行政助手係指私人協助行政機關行使公權力，惟其非以自己之名義為之，亦不具獨立性，受行政機關或公務員之指揮監督。行政助手為行政機關手足之延伸，並非受委託行使公權力之私人。行政機關指定認可實驗室執行檢驗，如就認可實驗室所得執行業務之性質及內容觀之，該實驗室得以自己名義辦理檢驗業務，並獨立對外行使公權力（例如：為行政處分），且有法規依據（即委託實驗室行使公權力之依據），並將法規

依據及委託事項公告者，始屬行政程序法第16條規定之權限委託。如受託人所為者，僅屬內部性之技術性檢驗，其檢驗結果僅供行政機關參考，最後准駁之行政處分，仍由行政機關為之，則非對外行使公權力之行為（一般稱之為行政助手），不屬行政程序法第16條規定之權限委託[40]。

　　高雄市政府環境保護局係執行空污法之地方主管機關，其所屬稽核人員自有權依法執行法令所賦予之職權。實施稽查之態樣與方法係親自執行或依法委託其他機關代為行使，均為法之所許。本件之稽查採樣係由高雄市政府環境保護局所屬稽查人員全程指揮、監控祥威公司之人員協助進行，並非由祥威公司人員單獨執行採樣及確認採樣點，該公司無獨立之權限與地位，不直接與第三人發生法律關係，亦為原判決所是認，且為兩造所不爭。原判決據以認定祥威公司人員所為僅為協助行為，性質上應為高雄市政府環境保護局之輔助人力，屬高雄市政府環境保護局手足延伸之行政助手，核屬有據[41]。

　　行政助手和受委託行使公權力之人或團體區別之實益在於法律效果之歸屬。後者因係以自己之名義行使公權力，法律效果屬於受委託行使公權力之個人或團體；行政助手因無獨立處理能力，其行為產生之法律效果不歸屬於行政助手，而歸屬於行政機關。

　　依法指定或委託會計師辦理對金融機構及發行人檢查或查核作業，金融控股公司法第52條、銀行法第45條、票券金融管理法第45條、信用合作社法第37條、保險法第148條、證券交易法第38條、第38條之1及證券投資信託及顧問法第101條等均有明文規定，主管機關得指定專門職業及技術人員為檢查或查核作業。其檢查或查核作業，係以權限委託或行政助手方式為之，均無不可。主管機關對金融機構及發行人之檢查或查核作業，如以權限委託方式指定或委託會計師辦理各該規定之檢查或查核作業事項，涉及公權力行使之權限移轉，自有行政程序法第16條第1項及第2項規定之適用。公權力移轉之委託方式究應以行政契約或行政處分為之，由行政機關斟酌委託事項及相關法規規定而定。行政助手係指受行政機關之指揮監督，從事活動，且非以自己名義獨立行使公權力，以協助完成行政職務者。若指定或委託之會計師係在金融監督管理委員會監督下以行政助手之方式，對金融機構及發行人實施檢查或查核作業，此與

---

[40] 法務部民國97年10月8日法律字第0970031256號。
[41] 最高行政法院102年度判字第616號判決。

行政程序法第16條規定之情形迥然有別,自無該條之適用[42]。至於如何甄選出該行政助手(指定或委託之會計師),以輔助主管機關擔任對金融機構及發行人進行檢查或查核作業?有無政府採購法之適用?端視主管機關與擔任行政助手之民間團體或個人所定之契約性質為何而定,倘認為係純粹屬於私法關係上勞務採購,適用政府採購法並無疑義;反之,若屬於行政程序法第137條規定之行政契約,除法規另有規定應準用政府採購法外,應無政府採購法之適用。換句話說,行政機關與行政助手間所定契約性質,或屬於私法契約上「勞務採購」,適用政府採購法規定,或屬行政契約,端就其具體契約內容而定,非謂以「行政助手」方式協助完成行政職務者,即均係行政契約性質[43]。

主管機關依保險法第149條第5項規定,委託其他保險業、保險相關機構或具有專業經驗人員擔任清理人者,該私人或私法性質之團體,因受委託而得以自己名義,進而獨立執行受委託之停業清理相關業務處置者,對該受停業清理處分之保險者而言,於此受委託範圍,即屬受委託行使公權力之行政機關,而非僅居於履行輔助人地位輔助主管機關以自己名義從事停業清理處置之行政助手[44]。

另有以私法契約羅致私人之制度,其係指國家機關透過締結私法契約之方式,將一定之行政任務委託民間業者處理或執行之,私人業者在受委任之範圍內,並非在行政機關指示下逐步進行施作,而是本其專業獨立施工,執行該私法契約之義務。例如,私人營造廠受國家之委託,修築高速公路、民間拖吊業者協助警察執行違規車輛拖吊業務[45]等。此制度之特色在於,因國家與私人係透過私法契約委託私人提供協助屬私法關係,得委託民間之人執行之內容,並不具有對外行使高權行為之性質,而與「經授權行使國家高權之私人」不同;另一方面因該業者係本於自己之權力獨立從事公務,故亦與「行政助手」非獨立行使公務有別。

四、行政委託須有個別之法律授權,例如,公路法第63條第3項、學位授

---

[42] 法務部民國95年9月8日法律字第0950033384號。

[43] 法務部民國108年10月29日法律字第10803515350號、法務部民國108年12月5日法律字第10803517770號。

[44] 法務部民國112年7月12日法律字第11203508340號。

[45] 民間拖吊業者協助警察執行違規車輛拖吊業務亦有認為屬於行政助手,陳新民,行政法學總論,新10版,2020年7月,第148頁。有關此問題,蕭文生,拖吊違停車輛產生之損害賠償責任,台灣法學雜誌,第270期,2015年4月,第85-90頁。

予法第3條第1項等。行政程序法第16條第1項規定並非授權依據。行政程序法第15、16條規定之權限委任、委託，係指涉及對外行使公權力之權限移轉，得爲委任、委託之法規依據包括憲法、法律、法規命令、自治條例、依法律或自治條例授權訂定之自治規則、依法律或法規命令授權訂定之委辦規則，並應就委任、委託事項具體明確規定，不宜以概括規定爲之，亦不得爲權限之全部委任或委託[46]。

　　五、行政程序法第16條第2項規定，前項情形，應將委託事項及法規依據公告之，並刊登政府公報或新聞紙。國家將權力移轉給私人行使必須要公告周知。

第三項　限　制

　　並非任何公權力均能移轉，公權力之核心任務，例如：國防、警察、司法事務，一般認爲應由國家親自爲之，不得委託私人行使[47]。但亦有逐漸鬆動之趨勢，例如，監所管理。

第四項　費　用

　　行政程序法第16條第3項規定，第1項委託所需費用，除另有約定外，由行政機關支付之。委託所需費用係指民間團體受託執行公權力所支出之人力、物力等成本費用。至於是由行政機關直接支付給受託人，或由受託人行使公權力時所收取之費用中扣抵[48]，則依法令規定定之。

第五項　監　督

　　國家將任務委託私人行使後，其執行責任轉化成監督責任，監督方式依事

---

[46] 法務部民國96年12月14日法令字第0960700882號。

[47] 吳志光，前揭書，第129頁；李震山，行政法導論，修訂12版，2022年9月，第85頁指出，此類事物所涉及保護之法益屬重要或私人顯無能力執行，應保留國家親自執行。

[48] 汽車委託檢驗實施辦法第10條第1項規定，辦理汽車定期檢驗，由公路監理機關與受委託辦理檢驗單位簽訂合約辦理。受委託辦理單位辦理汽車定期檢驗所需費用，按汽車檢驗費五分之四分配，並直接由汽車檢驗費中扣抵。但辦理出廠年份十年以上之自用小客車當年度第二次檢驗所需費用，由收取之汽車檢驗費全數扣抵之。

件之性質不同，包括法律監督與專業監督。監督分爲兩個階段，移轉給私人行使前，須審查受託人是否符合法律要求之資格；受託人於行使公權力時，國家依法對於任務執行享有檢查、督導之權[49]。

第六項　救　濟

行政程序法第2條第3項規定，受委託行使公權力之個人或團體，於委託範圍內，視爲行政機關。受託人於行使公權力過程中對人民造成損害時，在受託範圍內，受託人所造成之損害屬國家賠償範圍，而非民法上侵權行爲。聲請國家賠償時，國家賠償法第4條第1項規定，受委託行使公權力之團體，其執行職務之人於行使公權力時，視同委託機關之公務員。例如，汽車檢驗過程中，修車廠之人員視爲監理機關人員，如發生損害時，應向公路監理機關提起國家賠償，而非向汽車檢驗場提出國家賠償。國家賠償法第4條第2項規定，前項執行職務之人有故意或重大過失時，賠償義務機關對受委託之團體或個人有求償權。執行車輛檢驗人員有故意或重大過失時，賠償義務機關即監理機關於賠償後，可向汽車檢驗廠求償。

除國家賠償外，如對受委託行使公權力之私人之決定不服時，應向何機關提出訴願呢？訴願法第10條規定，依法受中央或地方機關委託行使公權力之團體或個人，以其團體或個人名義所爲之行政處分，其訴願之管轄，向原委託機關提起訴願，對於民營汽車製造廠或修理廠代辦汽車檢驗之決定不服時，應向監理機關提出訴願。

---

[49] 汽車委託檢驗實施辦法第11條第1項及第2項規定，公路監理機關對於受委託辦理檢驗單位應作定期或臨時檢查。公路監理機關得依前項定期或臨時檢查之優劣調整其汽車定期檢驗每條檢驗線之車輛數。

第七項　行政實務

一、汽車檢驗

民國95年8月16日高雄市監理處高市監一字第0950019855號

要　　旨：公告95年度高雄市監理處委託本市19家汽車修理業及8家加油站辦理汽車定期檢驗業務，受委託辦理單位檢驗所需費用，由汽車檢驗費中扣抵。

主　　旨：公告95年度本處委託本市上正汽車股份有限公司等19家汽車修理業及桂林加油站股份有限公司等8家加油站辦理汽車定期檢驗業務。

依　　據：行政程序法第16條、公路法第63條及汽車委託檢驗實施辦法第10條。

公告事項：一、95年度高雄市監理處委託辦理汽車定期檢驗單位一覽表。
　　　　　二、自95年9月1日起祥全汽車修理廠有限公司變更星期六受理檢驗時間為上午08：00至17：00止。
　　　　　三、公告地點：高雄市政府公報、冊列27家受委託辦理汽車定期檢登記處、本處公告欄、南區分處。

二、重大醫療事故通報、醫療事故專案調查及醫療事故民眾自主通報之相關業務

民國113年5月3日衛生福利部衛部醫字第1131663135號

要　　旨：公告本部自中華民國113年3月26日至113年12月31日期間，委託財團法人醫院評鑑暨醫療品質策進會辦理重大醫療事故通報、醫療事故專案調查及醫療事故民眾自主通報之相關業務。

主　　旨：公告本部自中華民國113年3月26日至113年12月31日期間，委託財團法人醫院評鑑暨醫療品質策進會辦理重大醫療事

故通報、醫療事故專案調查及醫療事故民眾自主通報之相關業務。

依　　據：一、醫療事故預防及爭議處理法第34條至第36條。

二、重大醫療事故通報及處理辦法第10條。

三、行政程序法第16條。

公告事項：一、維運重大醫療事故通報系統，並收受、審查及處理醫療機構之通報。

二、組成專案小組，辦理醫療事故專案調查。

三、維運醫療事故自主通報系統，並收受、審查及處理民眾之通報。

資料來源：行政院公報第30卷第82期

三、委託辦理移動污染源空氣污染防制費之申報審查、通知及發油量現場查核業務

民國113年5月3日環境部環部空字第1131025079號

要　　旨：公告本部自公告日起至113年12月31日止，委託環興科技股份有限公司辦理移動污染源空氣污染防制費之申報審查、通知及發油量現場查核業務。

主　　旨：公告本部自公告日起至113年12月31日止，委託環興科技股份有限公司辦理移動污染源空氣污染防制費之申報審查、通知及發油量現場查核業務。

依　　據：一、空氣污染防制法第4條及空氣污染防制費收費辦法第8條。

二、行政程序法第16條第2項。

資料來源：行政院公報第30卷第83期

第十章 | 公務員法

　　行政機關透過公務員和人民往來，公務員制度健全與否攸關國家運作是否順暢以及國家與人民關係之發展。

第一節　公務員概念

第一項　憲法上公務員概念

　　憲法對於公務員的用語並不一致，主要出現三種用語，公職人員、公務員及公務人員[1]。公職人員概念較廣，司法院釋字第42號解釋指出，憲法第18條所稱之公職涵義甚廣，凡各級民意代表、中央與地方機關之公務員及其他依法令從事於公務者皆屬之。在憲法中使用公務員者，例如，憲法第24條、第77條；使用公務人員者，例如，憲法第85條、第86條、第97條第2項及第98條等，並無統一之用法。憲法並未對公務員或公務人員概念加以定義。

第二項　法律上公務員概念

　　由於不同法律對公務員或是公務人員的定義不同，因此理解公務員之意義與範圍，須從個別法律定義著手。目前並沒有共通的公務員概念，雖然考試院與行政院一直希望制定一般性的公務員基準法，將目前混亂的公務員概念作整合，但迄今並未立法通過。

第三項　學術上定義之公務員

　　學術上對公務員的定義雖有不同看法，但基本要件並無太大差異，公務員是指國家（地方自治團體、其他公法人）所任用，並且與國家（地方自治團

---

[1] 此外，另有官吏（憲法第28條、第75條等）一詞。

體、其他公法人）發生公法上職務及忠誠關係之人[2]。以下分三點說明之：

一、公務員必須經過任用程序

　　任用乃成為公務員必經之程序，經由選舉的民意代表、地方政府首長並非學術上之公務員。是否經過任用程序，銓敘機關審定資格是重要特徵。銓敘涉及公務員職等、官等及俸給等之認定，未經任用程序則非屬學術上之公務員。

二、公法上職務關係

　　公務員跟國家間所發生的法律關係稱為公法上職務關係，司法院釋字第396號解釋指出，公務員因公法上職務關係而有違法失職之行為，應受懲戒處分者，憲法明定為司法權之範圍。

　　司法院釋字第433號解釋理由書亦指出，國家為公法人，其意思及行為係經由充當國家機關之公務員為之。公務員與國家間係公法上職務關係，國家對公務員有給予俸給、退休金等照顧其生活及保障其權益之義務，公務員對國家亦負有忠誠、執行職務等義務。為維護公務員之紀律，國家於公務員有違法、廢弛職務或其他失職行為時，得予以懲戒。司法院釋字第618號解釋指出，公務人員經國家任用後，即與國家發生公法上職務關係及忠誠義務，其職務之行使，涉及國家之公權力，不僅應遵守法令，更應積極考量國家整體利益，採取一切有利於國家之行為與決策。司法院釋字第785號解釋指出，公務人員與國家間雖具有公法上職務關係，但其作為基本權主體之身分與一般人民並無不同。

　　公法上的職務關係與私法上僱傭關係或勞動關係有何不同呢？（一）公務員任用以公共利益為出發點，國家執行公共任務，必須設立機關，機關需要公務員來作實質行為，公務員與國家間法律關係是以公共利益為出發點。僱傭契約是以私人利益作出發點，追求雙方最大利益，兩者追求之利益與執行之任務不同。（二）公務員執行之任務，有許多並非追求經濟上利潤而是具有其他目的，例如，戶政人員辦理戶籍登記，以民間立場觀之，並不具經濟價值，但卻是國家長遠發展不可或缺之資訊。換句話說，並非所有國家任務皆能以經濟價

---

[2] 盛子龍、吳庚，行政法之理論與實用，增訂16版，2020年10月，第203頁與最高行政法院101年度裁字第2138號裁定稱為「忠實關係」。

值觀點看待，公務員所從事者稱為「職務」。職務係指「職位」與「任務」，代表公務員之地位與其職掌。

公務員履行職務，即得向國家要求符合公務員地位的生活保障，公務員所要求者並非酬勞，酬勞具有經濟上的對價關係。公務員享有的是法定俸給請求權，公務員俸給取決於身分及地位，而非取決於工作量的多寡或工作績效。公務員俸給並非透過契約約定而是法定，一般稱為「俸給法定主義」，公務員並無與行政機關談判俸給的空間。

三、忠誠關係

司法院釋字第618號解釋指出，公務人員經國家任用後，即與國家發生公法上職務關係及忠誠義務，其職務之行使，涉及國家之公權力，不僅應遵守法令，更應積極考量國家整體利益，採取一切有利於國家之行為與決策。

公務員與國家間為忠誠關係，換句話說，公務員對國家負忠誠義務，忠誠義務表示公務員對國家效忠，遵守憲法與法律規範，並且嚴守行政中立。忠誠義務如何履行呢？除另有特別規定外，公務員與國家間的忠誠關係，主要規定於公務員服務法。忠誠關係，簡單言之，即公務員要盡所有力量採取對國家有利的行為；也要盡一切力量避免對國家不利的行為[3]，其所作所為都要以國家利益為優先。

第二節　一般法律對公務員之定義

法律上公務員定義依其不同領域，而有廣狹不同。最廣義之公務員係指依法令從事於公務之人員，例如，國家賠償法第2條；廣義之公務員，指公務員服務法第2條第1項所稱之公務員，包括受有俸給之文武職公務員及其他公營事業機構純勞工以外之人員；狹義之公務員，指公務員懲戒法所稱之公務員，包括政務官、民選行政首長及民選代表；最狹義之公務員，指公務人員任用法第5條所任命之人員，包括簡任、薦任及委任官等之人員[4]。

---

[3] 盛子龍、吳庚，前揭書，第204頁。
[4] 法務部民國101年1月18日法律決字第1000028022號；李惠宗，行政法要義，8版，2020年9月，第189頁。

第一項　最廣義公務員概念

國家賠償法第2條第1項和舊刑法規定，公務員係指依法令從事於公務之人員，不論公務員是基於選舉、派用、任用、聘用或僱用；是否編制內的人員都在所不問；且不以行政機關的人員為限，只要是依法令從事於公務，即為該法的公務員。例如，各級民意代表、各機關的雇員、工友、司機等。最廣義的公務員概念，與個人身分無關，而是著重行為性質。2005年2月2日刑法修正，刑法第10條第2項規定，稱公務員者，謂下列人員：1.依法令服務於國家、地方自治團體所屬機關而具有法定職務權限，以及其他依法令從事於公共事務，而具有法定職務權限者。2.受國家、地方自治團體所屬機關依法委託，從事與委託機關權限有關之公共事務者。刑法對公務員定義已經改變，除依法令從事公務外，尚須具有法定職務權限，刑法公務員的定義已不再屬於最廣義的公務員概念。

第二項　廣義公務員概念

公務員服務法第2條規定，公務員服務法適用於受有俸給之文武職公務員及公營事業機構純勞工以外之人員。第1項適用對象不包括中央研究院未兼任行政職務之研究人員、研究技術人員[5]。依其規定可區分為：

一、受有俸給之文武職人員

本類型公務員之重點在於俸給，文武職人員只要受有俸給均屬公務員服務法之公務員。行政機關所用之契約服務人員及日薪人員非屬公務員服務法第2條之公務員；聘用人員亦不屬公務員服務法第2條之公務員。司法院釋字第308號解釋指出，公立學校聘任之教師係基於聘約關係，擔任教學研究工作，與文武職公務員執行法令所定職務，服從長官監督之情形有所不同，公立學校聘任

5　基於中央研究院為國家最高學術研究機構，其性質及地位，與其他各機關（構）所屬學術研究機構並不相同，又該院研究人員及研究技術人員之進用，係以學歷及學術能力為考量，主要工作著重於學術研究，無上命下從、受長官指揮監督之情形，與一般公務員係執行公權力之性質截然不同，其之管理則應由中央研究院本於學術自治，訂定相關準則。

之教師不屬於公務員服務法第24條（現為第2條）所稱之公務員。惟兼任學校
行政職務之教師，就其兼任之行政職務，則有公務員服務法之適用。

二、公營事業機構純勞工以外人員

　　司法院釋字第92號解釋指出，公營事業機關服務人員均適用公務員服務法
為該法第24條（現為第2條）所明定，其代表民股之董事、監察人既係公營事
業機關之服務人員，自亦不能除外。惟司法院釋字第101號解釋指出，司法院
釋字第92號解釋所稱公營事業機關代表民股之董事、監察人，應有公務員服務
法之適用者，係指有俸給之人而言。公務員服務法第24條規定所稱公營事業機
關服務人員，並不含公營事業機構之純勞工；所謂純勞工係指適用勞動基準法
且非該法第84條所稱之公務人員兼勞工身分之公營事業人員[6]。2022年6月22日
修正公布之公務員服務法第2條將之修正為公營事業機構純勞工以外之人員。

第三項　狹義公務員概念

　　舊公務人員保險法第2條規定，本法所稱公務人員，為法定機關編制內之
有給人員。法定機關編制內有給之公職人員，準用本法之規定。1999年公務人
員保險法修正為公教人員保險法，將保險對象擴增為：一、法定機關編制內之
有給專任人員。二、公立學校編制內之有給專任教職員。私立學校法規定，辦
妥財團法人登記，並經主管教育行政機關核准立案之私立學校編制內之有給專
任教職員。該法所稱公務員為，法定機關編制內之有給專任人員。除此之外，
公教人員保險法第45條規定，法定機關編制內有給之民選公職人員及外國人任
第2條所定職務者，準用本法之規定。

　　惟亦有認為公務員懲戒法之公務員為狹義公務員概念[7]，公務員懲戒法對
於該法公務員概念並未明確定義，司法實務上認為懲戒對象有：一、政務人
員。二、法定機關任用或派用之有給專任人員。三、公立學校校長、兼任行政
職務之教師。四、公立學術研究機構兼任行政職務之研究人員、公立社會教育
機構專業人員。五、公營事業機構經國家或其他公法人指派在該機構代表其執

---

[6]　法務部民國95年11月8日法檢字第0950040182號。
[7]　李惠宗，前揭書，第189頁，公務員懲戒法之公務人員，包括政務官、民選之行政首
　　長與民意代表亦包括之。

行職務之人員。六、民選地方首長。七、軍職人員[8]。

第四項　最狹義公務員概念

　　公務人員任用法雖然未明文規定公務人員之定義，但公務人員任用法施行細則第2條第1項規定，本法所稱公務人員，指各機關組織法規中，除政務人員及民選人員外，定有職稱及官等、職等之人員。第2條第2項規定，前項所稱各機關，指下列之機關、學校及機構：一、中央政府及其所屬機關。二、地方政府及其所屬機關。三、各級民意機關。四、各級公立學校。五、公營事業機構。六、交通事業機構。七、其他依法組織之機關。必須該人員的任職機關是在上述七種機關之一，並具有職稱、官等跟職等，才是公務人員任用法所稱之公務人員。

　　所謂職稱係指職位上的名稱，如科長、司長。官等跟職等是公務人員任用重要之表徵，官等係指任命層次及所需基本資格條件範圍之區分，我國公務人員分成三種官等：簡任、薦任跟委任。簡任官是公務人員最高等級，接下來是薦任官，最後是委任官。四等書記官僅高中畢業就可報考，屬於委任官等；公務人員高考，須大學畢業始得報考，屬於薦任官等。除官等外，職等係指職責

我國文官體制

官等	委任					薦任				簡任				
職等	1	2	3	4	5	6	7	8	9	10	11	12	13	14
說明	初考		普考（四等特考）			高考三級（三等特考）	高考二級		高考一級					最高職等

8　公務員懲戒參、懲戒法庭懲戒對象，https://www.judicial.gov.tw/tw/cp-110-57275-16415-1.html，司法院，第5頁，http://www.judicial.gov.tw/work/work03，最後瀏覽日，2024年5月25日。

程度及所需資格條件之區分，職等分成一到十四職等，以第十四職等為最高職等。委任為第一至第五職等；薦任為第六至第九職等；簡任為第十至第十四職等。公務人員位階最高者為簡任十四職等，中央部會的常務次長即為簡任十四職等。政務次長與部會首長是政治任命，為特任官，無官等職等問題。不同職等間再分為不同級，例如，薦任為第六到第九職等，但每一個職等再分四到七級。

第三節　公務員類型

公務人員任用法區分公務人員為普通職公務人員及特別職公務人員。前者係指依公務員任用法規定任用之人員，一般係通過高普考任用；後者係指依特別法律任用之人員，一般係通過特考任用。

公務人員任用法第32條規定，司法人員、審計人員、主計人員、關務人員、外交領事人員及警察人員之任用，均另以法律定之。司法、主計、審計、外交、關務、警察人員為第32條所指之特別職公務員。規定之目的在於確保任用之特殊專業資格，因此另以法律規定上述人員之任用，例如，司法人員人事條例、關務人員人事條例、警察人員人事條例、審計人員任用條例。公務人員任用法第32條但書規定，但有關任用資格的規定不得與本法牴觸，高考三級為大學畢業可以報考，司法人員三等特考，亦須大學畢業始可報考，考試通過後之官等職等原則上亦相同。

公務人員任用法第33條規定，教育人員、醫事人員、交通事業及公營事業人員之任用，均另以法律定之。教育人員適用教育人員任用條例、交通人員適用交通人員任用條例等。公立學校聘任教師，擔任教學及研究工作與普通公務員依法律或命令執行職務有別，惟公立學校聘任之教師，亦係受有國家俸給之人員，其俸給雖與一般公務員依公務人員俸給法支給之俸給不同，但依司法院釋字第92、101、113號解釋意旨，公務員服務法之適用，並不以依公務人員俸給法支給俸給者為限，公立學校聘任之教職員既自國家受有俸給，應屬特別職之公務員（公務人員任用法第33條明文規定教育人員之任用，另以法律定之者，即因其為特別職公務員之故。如完全不屬公務員範圍，即不必作此規定）[9]。交通事業機構與交通行政機關係分屬不同任用體系，現職人員分別

---

[9] 最高行政法院91年度判字第2282號判決。

依各該相關法令審定資格並核敘俸（薪）級。公務人員任用法第33條相對於公務人員任用法第32條規定，少了但書有關任用資格的規定不得與本法牴觸之規定，其主要原因在於司法、主計、審計、外交、關務、警察跟國家的公權力息息相關，因此在資格上不能牴觸公務人員任用法之規定。教育人員、醫事人員、交通事業及公營事業人員，因其公權力之性質較爲薄弱，只須其他法律另有規定即可，在資格上不須與公務人員任用法爲相同規定，換句話說，立法目的主要使此類人員之任用資格較爲寬鬆或依不同途徑取得資格[10]。

第四節　公務員選拔之原則

公務人員是國家公權力象徵，依憲法規定，成爲公務員，必須參加考試。公務員考試必須遵守兩個基本原則：

第一項　機會平（均）等原則

憲法第18條規定保障人民有應考試服公職的權利，透過憲法第7條規定，更保障人民享有平等應考試服公職的權利。換言之，每一個人都有相同機會參加國家考試。惟憲法制定之初，由於當初大陸地區各省市發達情形並不相同，憲法第85條規定，公務人員之選拔，應實行公開競爭之考試制度，並應按省區分別規定名額，分區舉行考試。非經考試及格，不得任用。本條的重點在於按省區分別規定名額，其目的在於希望透過此方式，讓每一個省市都有考試及格的公務員。

惟政府撤退來臺灣後，由於憲法第85條規定，考試按省區分別規定名額，產生相當不公平的現象。憲法增修條文第6條第3項規定將憲法第85條有關按省區分配名額的分區舉行考試之規定停止適用。公務員考試依照應考人的考試成績、專業能力來決定錄取與否。

公務人員考試，以往存在極具爭議的加分規定。爲確保考試公正公平，公務人員考試法第2條規定，公務人員之考試，以公開競爭方式行之，其考試成績之計算，不得因身分而有特別規定。其他法律與本法規定不同時，適用本法。換句話說，不得以特別法規避公務人員考試法規定。目前加分僅限於公務

---

[10] 盛子龍、吳庚，前揭書，第206-207頁。

人員考試法第24條第2項規定，亦即後備軍人參加高等暨普通考試、特種考試退除役軍人轉任公務人員考試之加分優待，以獲頒國光、青天白日、寶鼎、忠勇、雲麾、大同勳章乙座以上，或因作戰或因公負傷依法離營者爲限。

此外，部分考試規則，特別是特考部分，規定應考資格之限制，有年齡、身高、體重、體能測驗等，例如：

一、公務人員特種考試：法務部調查局調查人員考試之報考資格爲年滿18歲以上，30歲以下。

二、公務人員特種考試：警察人員考試、一般警察人員考試，男性不及165.0公分；女性不及160.0公分者，爲體檢不合格。

三、公務人員特種考試：海岸巡防人員考試，體重（公斤）除以身高（公尺）的平方，小於18或大於31者，爲體檢不及格。

四、公務人員特種考試：移民行政人員考試之體能測驗，以心肺耐力測驗1,200公尺跑走測驗之（其及格標準，男性應考人爲5分50秒以內，女性應考人爲6分20秒以內）。體能測驗雖不計入本考試總成績，但體能測驗未通過者，則無法應口試。

上述限制涉及平等應考試服公職的權利，必須受到考試機會平等原則之審查。即使基於考試目的及用人機關特別需求，有必要對應考人資格加以限制，亦必須因應社會變化，隨時加以調整。

第二項　公開競爭原則

憲法第85條規定必須以公開競爭方式選拔公務員，公務人員考試法第2條規定，公務人員之考試，以公開競爭方式行之。此無論是以筆試、口試或其他方式進行皆相同。公開競爭之目的在避免任意晉用私人，確保考試結果之公正。

第五節　公務員資格

除考試及格之外，成爲公務員之要件，可分爲必須具備之積極要件與不得具備之消極要件：

第一項　積極要件

一、國　籍

　　公務員對國家負有忠誠義務，故其必須具有我國國籍，亦即中華民國國民才能擔任中華民國公務員。早期國籍法施行細則規定，國籍法施行前後，中國人取得外國國籍，若仍任中華民國公職者，由該管機關查明撤銷其公職。我國並不允許外國人，甚至具有雙重國籍的人擔任公職，以避免發生忠誠衝突問題。2001年6月20日修正公布之國籍法對於此項問題作局部修正，國籍法第20條規定，中華民國國民取得外國國籍者，不得擔任中華民國公職。其已擔任者，除立法委員由立法院；直轄市、縣（市）、鄉（鎮、市）民選公職人員，分別由行政院、內政部、縣政府；村（里）長由鄉（鎮、市、區）公所解除其公職外，由各該機關免除其公職。

　　惟為考慮實際需要，國籍法第20條規定五種例外情形：

（一）公立大學校長、公立各級學校教師兼任行政主管人員與研究機關（構）首長、副首長、研究人員（含兼任學術研究主管人員）及經各級主管教育行政或文化機關核准設立之社會教育或文化機構首長、副首長、聘任之專業人員（含兼任主管人員）。公立學校教師兼任行政主管，例如，教務長等。公立各級學校未兼任行政主管之教師、講座、研究人員、專業技術人員依國籍法第20條第3項規定並不屬於公職。

（二）公營事業中對經營政策負有主要決策責任以外之人員。例如，技術人員或公營事業派駐海外的人員。

（三）各機關專司研究設計工作而以契約定期聘用之非主管職務。

（四）僑務主管機關依組織法遴聘僅供諮詢之無給職委員，目的在避免僑界有心為國服務者無法擔任，使得僑務工作推展遭受重大阻力。

（五）其他法律另有規定者。

　　為維護國家安全並求周延，國籍法第20條第1項第1款至第3款之人員，以具有專長或特殊技能而在我國不易覓得之人才且不涉及國家機密之職務者為限。此外，聘任外國人必須經過該管主管機關核准，例如，具有雙重國籍者擔任公立大學校長，程序上必須經教育部核准；公營事業之技術人員則需經經濟部或財政部核准。

　　中華民國國民兼具外國國籍者，擬任國籍法第20條所定應受國籍限制之

公職時，應於就（到）職前辦理放棄外國國籍，並於就（到）職之日起一年內[11]，完成喪失該國國籍及取得證明文件。惟如未及於就（到）職前辦理放棄外國國籍，則不得於就（到）職後補辦放棄外國國籍。

二、行為能力

　　公務員代表國家對外爲意思表示及受意思表示，公務員應有行爲能力，始得有效爲之。舊民法第12條規定滿20歲爲成年，才有完全行爲能力，理論上要滿20歲才適合擔任公務員。雖公務人員初等考試滿18歲即可報考，亦即高中畢業即有報考資格，但經過考試及格、訓練、銓敘後再任用時，實際上大都已滿20歲。2021年1月13日修正公布之民法第12條規定，滿18歲爲成年，2023年1月1日施行後，未來即不再有爭議。

第二項　消極要件

　　除具備積極要件外，擔任公務員必須不具備消極要件，消極要件主要規定於公務人員任用法第28條。

　　公務人員任用法第28條規定歷經多次修正，最近一次於2022年5月25日修正公布。公務人員任用法第28條第1項共列舉十一種消極要件之事由，包括：一、未具或喪失中華民國國籍。二、具中華民國國籍兼具外國國籍。但其他法律另有規定者，不在此限。三、動員戡亂時期終止後，曾犯內亂罪、外患罪，經有罪判決確定或通緝有案尚未結案。四、曾服公務有貪污行爲，經有罪判決確定或通緝有案尚未結案。五、犯前二款以外之罪，判處有期徒刑以上之刑確定，尚未執行或執行未畢。但受緩刑宣告者，不在此限。六、曾受免除職務懲戒處分。七、依法停止任用。八、褫奪公權尚未復權。九、經原住民族特種考試及格，而未具或喪失原住民身分。但具有其他考試及格資格者，得以該考試及格資格任用之。十、依其他法律規定不得任用爲公務人員。十一、受監護或

---

[11] 銓敘部民國98年5月19日部銓五字第0983063976號指出，由國籍法第20條第4項「一年內取得喪失外國國籍證明」之緩衝期規定立法意旨觀之，係屬申請程序上之放寬規定不宜擴張解釋，故中華民國國民兼具外國國籍者擔任公職時，於任職期間職務有所異動，或因辭職、撤職等因素卸職而再於緩衝期內任其他公職者，該一年緩衝期之計算宜溯及起算，以避免發生重新起算之規避取巧行爲。

輔助宣告，尚未撤銷[12]。

第1項第2款具中華民國國籍兼具外國國籍者，無法完成喪失外國國籍及取得證明文件，係因該外國國家法令致不得放棄國籍，且已於到職前依規定辦理放棄外國國籍，並出具書面佐證文件經外交部查證屬實，仍得任用為公務人員，並以擔任不涉及國家安全或國家機密之機關及職務為限（公務人員任用法第28條第2項）。

公務人員於任用後，有第1項第1款至第10款情事之一者，或於任用時，有第1項第2款情事，業依國籍法第20條第4項規定於到職前辦理放棄外國國籍，而未於到職之日起一年內完成喪失該國國籍及取得證明文件，且無第2項情形者，應予免職；有第11款情事者，應依規定辦理退休或資遣。任用後發現其於任用時有第1項各款情事之一者，應撤銷任用（公務人員任用法第28條第4項）。為確保公權力之有效性、維護法律秩序安定及保障人民權利，撤銷任用人員，其任職期間之職務行為，不失其效力；業已依規定支付之俸給及其他給付，不予追還。惟為杜絕雙重國籍者隱匿其情事而擔任公務人員，於被查獲後僅撤銷公務員資格時，應追還其所得（公務人員任用法第28條第5項）。

此外，公務人員任用法第4條規定，各機關任用公務人員，應注意其品德及對國家之忠誠，其學識、才能、經驗及體格，應與擬任職務之種類職責相當。如係主管職務，並應注意其領導能力。前項人員之品德及忠誠，各機關應於任用前辦理查核。必要時，得洽請有關機關協助辦理。其涉及國家安全或重大利益者，得辦理特殊查核；有關特殊查核之權責機關、適用對象、規範內涵、辦理方式及救濟程序，由行政院會同考試院另定辦法行之。一般公務員依公務人員任用法施行細則第3條第2項規定，公務人員任用法第4條第2項所稱品德及忠誠之查核，指擬任機關於擬任公務人員前應負責切實調查，並通知其填送服務誓言及於擬任人員具結書具結確無本法第28條第1項第1款至第7款所定不得任用之情事；具中華民國國籍兼具外國國籍，依規定應於到職前辦理放棄外國國籍者，須於到職時另行具結，並於到職之日起一年內完成喪失該國國籍及取得證明文件。

至於涉及國家安全或重大利益者，依涉及國家安全或重大利益公務人員特殊查核辦法第3條第2項規定，各機關擬任人員經特殊查核，有前項各款[13]情

---

[12] 原第9款規定，經合格醫師證明有精神病者，不得任用為公務員，遭到刪除。

[13] 涉及國家安全或重大利益公務人員特殊查核辦法第3條第1項規定，依第2條規定應辦

事之一者，各機關應審酌其情節及擬任職務之性質，交由人事甄審委員會審查，報請機關首長核定；認有危害國家安全或重大利益之虞者，應不得任用爲第2條[14]所定職務，但可擔任第2條以外之職務。品德與忠誠考核亦屬於消極要件。

第六節　公務員任用資格之取得

公務人員任用法第9條第1項規定，公務人員之任用，應具有左列資格之一：一、依法考試及格。二、依法銓敘合格。三、依法升等合格。

第一項　依法考試及格

公務人員任用法施行細則第8條第1項規定，公務人員任用法第9條第1項第1款所稱依法考試及格，指依公務人員考試法規及公務人員任用法施行前考試

理特殊查核職務之查核項目如下：1.動員戡亂時期終止後，與曾犯內亂罪、外患罪，經判決確定或通緝有案尚未結案者有密切聯繫接觸者。2.未經許可或授權，曾與外國情治單位、大陸地區或香港、澳門官方或其代表機構聯繫接觸者。但國際場合必要接觸且事後即循規定程序報備者，不在此限。3.曾受到外國政府、大陸地區或香港、澳門官方之利誘、脅迫，從事不利國家安全或重大利益情事者。4.1992年9月18日臺灣地區與大陸地區人民關係條例施行後，原爲大陸地區人民，經來臺設籍定居者。5.原爲外國人或無國籍人，依國籍法規定申請歸化者；原爲我國國民依國籍法規定回復國籍或撤銷喪失國籍者。6.本人或本人在臺灣地區三親等以內之血親、繼父母、配偶、配偶之父母，於1987年11月2日開放赴大陸探親後，曾在大陸地區或香港、澳門連續停留一年以上者。7.本人、三親等以內之血親、繼父母、配偶或配偶之父母，曾在外國、大陸地區或香港、澳門擔任其黨務、軍事、行政或其政治性機關（構）、團體之職務者。8.在外國居住，並已符合取得申請該國國民之資格；曾因具有外國國籍或居留權，在外國享有教育、醫療、福利金、退休金等福利；尋求或取得外國公職之身分；曾服外國兵役者。9.曾犯洩密罪經判刑確定，或通緝有案尚未結案者，或違反相關安全保密規定，受懲戒處分、記過以上行政懲處者。10.最近五年有酗酒滋事、藥物成癮或其他精神疾病，有具體事證者。

[14] 涉及國家安全或重大利益公務人員特殊查核辦法第2條規定，本辦法所稱涉及國家安全或重大利益公務人員，係指擔任附表表列職務一覽表之公務人員。各機關新增、刪除或修正須辦理特殊查核之職務，由各主管機關報請總統府、國家安全會議或主管院會同考試院核定公告後辦理之。

法規所舉辦之各類公務人員考試及格。透過考試取得資格，乃是取得公務人員任用資格最普遍方式。早期國家考試的類型非常混亂，爭議不斷，經過了1996年、2001年對公務人員考試法全盤修正後，公務人員考試逐漸體系化。目前公務人員考試已經簡化成三種等級，依公務人員考試法第6條第1項規定，公務人員之考試，分高等考試、普通考試、初等考試三等。高等考試按學歷分爲一、二、三級。公務人員考試法第6條第2項規定，爲因應特殊性質機關之需要及照顧身心障礙者、原住民族之就業權益，得比照前項考試之等級舉行一、二、三、四、五等之特種考試。因此公務人員考試可分爲普通職及特別職公務人員考試。

一、普通職公務人員考試

（一）高等考試

高等考試依照學歷可分爲高考一級、高考二級、高考三級，依公務人員考試法第13條第1款規定，公立或立案之私立大學研究院、所，或經教育部承認之國外大學研究院、所，得有博士學位者，得應公務人員高等考試一級考試。高考一級及格取得的任用資格是薦任九職等，爲目前公務員任用資格最高階之考試。公務人員考試法第13條第2款規定，公立或立案之私立大學研究院、所，或經教育部承認之國外大學研究院、所，得有碩士以上學位者，得應公務人員高等考試二級考試。高考二級及格取得之任用資格爲薦任七職等。公務人員考試法第13條第3款規定，公立或立案之私立獨立學院以上學校或經教育部承認之國外獨立學院以上學校相當學系畢業者，或普通考試相當類、科及格滿三年者，得應公務人員高等考試三級考試。高考三級及格取得之任用資格爲薦任六職等。

（二）普通考試

公務人員考試法第14條規定，公立或立案之私立高級中等學校以上學校相當類科畢業者，或初等考試及格滿三年者，得應公務人員普通考試。普考及格取得之任用資格爲委任三職等。

（三）初等考試

初等考試爲取得公務人員任用資格位階最低的一種考試，公務人員考試法第15條規定，凡國民年滿18歲者，得應公務人員初等考試。初等考試並無學歷上限制，初等考試及格取得之任用資格爲委任一職等。

二、特別職公務人員考試

公務人員考試法第16條規定，公務人員特種考試各等級考試應考資格，分別準用第13條至第15條關於高等考試、普通考試及初等考試應考資格之規定。例如，司法特考之司法官必須通過三等特考考試（等同高考三級），司法特考之書記官則為司法四等考試（等同普考）。

第二項　依法銓敘合格

公務人員任用法施行細則第8條第2項規定，公務人員任用法第9條第1項第2款所稱依法銓敘合格，包括在公務人員任用法施行前依下列法規經銓敘機關審查合格，或准予登記人員具有合法任用資格者：一、依公務人員或分類職位公務人員各種任用法規及各該機關組織法所定任用資格審查合格者。二、依聘用派用人員管理條例實施辦法第2條甲、乙兩款第1目及第3條甲、乙、丙三款第1目審定准予登記者。三、依其他法規審查合格認為與銓敘合格有同等效力領有銓敘部證書者。

第三項　依法升等合格

公務人員任用法施行細則第8條第3項規定，公務人員任用法第9條第1項第3款所稱依法升等合格，包括依下列法規取得升等任用資格或存記，得分別具有各該官等、職等職務之任用資格者：一、公務人員任用法施行前依公務人員考績法或分類職位公務人員考績法取得升等任用資格或存記，具有簡任或薦任相當職等職務之任用資格者。二、1997年6月4日公務人員考績法修正施行前依規定取得簡任存記或公務人員任用法修正施行前依公務人員任用法第17條第2項規定取得簡任任用資格，具有簡任第十職等職務之任用資格者。

第七節　任用公務人員以外之公務人力類型

在行政機關實際執行行政任務之人，除任用人員外，還包括派用人員、聘用人員、約僱人員、臨時人員及派遣人員。公務人員任用法第36條規定，臨時機關與因臨時任務派用之人員，及各機關以契約定期聘用之專業或技術人員；

其派用及聘用均另以法律定之。派用人員適用派用人員派用條例,聘用人員則適用聘用人員聘用條例之規定。約僱人員與臨時人員並無法律規範,目前依行政院暨所屬機關約僱人員僱用辦法以及行政院及所屬各機關學校臨時人員進用及運用要點辦理。派遣人員為近年來新興之人力類型,目前亦無法律規定,而是依行政院運用勞動派遣應行注意事項辦理。最後則是公務人員任用法第11條規定之機要人員。

第一項　派用人員

派用人員派用條例第2條規定,派用人員之設置,以臨時機關或有期限之臨時專任職務為限,其性質、期限、職稱及員額,臨時機關應於法定組織中規定;有期限之臨時專任職務,應列入預算。針對臨時機關的設立或任務本身有期限時,以派用方式而非任用方式來獲得所需之公務人員。派用人員派用條例第3條規定,派用人員分為簡派、薦派、委派三等;其職務等級表,準用公務人員任用法第2條規定。派用人員比照任用公務人員之官等職等,其權利義務與任用公務人員基本上相同。

派用人員依其等級而有不同資格要求,除已經考試及格或銓定而享有任用資格外,派用人員資格認定主要以學歷為主,具博士學位者得派簡派人員,具碩士學位者得派薦派人員,具專科以上學位者得派委派人員。派用人員在早期出現的情形比較多,但隨著我國公務機關體系逐漸完備之後,派用人員已經愈來愈少。2015年6月17日公布廢止派用人員派用條例。

第二項　聘用人員

各機關應業務需要,依聘用人員聘用條例第2條規定得依契約定期聘用聘用人員。所謂應業務需要,以發展科學技術,或執行專門性之業務,或專司技術性研究設計工作,非本機關現有人員所能擔任者為限。聘用人員依聘用人員聘用條例第3條規定,指各機關以契約定期聘用之專業或技術人員。專業或技術人員,指所具專門知能堪任上述各項工作者而言。

聘用人員跟行政機關間的法律關係是契約關係,聘用人員無官等職等問題,聘用契約應記載下列事項:一、約聘期間。二、約聘報酬。三、業務內容及預定完成期限。四、受聘人違背義務時應負之責任。聘用人員係基於聘約內

容執行職務，與行政機關成立之聘約關係，性質上屬公法契約，其契約關係之成立，本質上仍屬雙方間意思表示之合致，關於聘約內容之事項，無由一方基於意思優越之地位，以單方行為形成之。行政機關與聘用人員間依聘約所生之權利義務，依雙方約定僅至聘期屆滿之日為止，到期聘約當然終止並向後失其效力，無須行政機關於聘約到期時另為停聘之意思表示，且行政機關於聘用人員聘約期限屆滿，亦無續聘義務[15]。

聘用人員聘任條例第7條規定，聘用人員不適用各該機關組織法規所定簡任職或薦任職各項職務之名稱，並不得兼任有職等之職務。各機關法定主管職位，不得以聘用人員充任之。

第三項　約僱人員

依行政院暨所屬機關約僱人員僱用辦法第2條規定，約僱人員之僱用以所任工作係相當分類職位公務人員第五職等以下之臨時性工作，而本機關確無適當人員可資擔任者為限，其範圍如下：一、訂有期限之臨時性機關所需人員。二、因辦理臨時新增業務，在新增員額未核定前所需人員。三、因辦理有關機關委託或委辦之定期性事務所需人員。四、因辦理季節性或定期性簡易工作所需人員。約僱人員之僱用期間，以一年為限，但業務完成之期限在一年以內者，應按實際所需時間僱用之。其完成期限需要超過一年時，得依原業務計畫預定完成之時間，繼續每年約僱一次，至計畫完成時為止；其約僱期限超過五年者，應定期檢討該計畫之存廢。

約僱人員之僱用應訂立契約，其內容如下：一、僱用期間。二、擔任工作內容及工作標準。三、僱用期間報酬及給酬方式。四、受僱人違背義務時，應負之責任及解僱原因。五、其他必要事項。約僱人員之僱用，依行政院暨所屬機關約僱人員僱用辦法第7條規定，以採公開甄審為原則。國家與約僱人員所簽訂之僱用契約屬於私法契約。交通部臺灣區國道高速公路局依據行政院暨所屬機關約僱人員僱用辦法進用國道高速公路收費站收費員，兩者簽訂之交通部臺灣區國道高速公路局所屬各收費站通行費進用約僱人員勞動契約書，係依據勞動基準法成立之私法上勞動契約。行政機關就私法僱傭契約終止而應給付人民之離職給與數額為若干，所生爭議，屬私法紛爭，應循民事訴訟途徑解決，

---

[15] 最高行政法院99年度判字第725號判決。

不得提起行政訴訟[16]。

第四項　臨時人員

　　行政院及所屬各機關學校臨時人員進用及運用要點第2點第1款規定，臨時人員係指機關非依公務人員法規，且以人事費以外經費自行進用之人員。同要點第3點第1款規定，臨時人員得辦理之業務，以非屬行使公權力之臨時性、短期性、季節性及特定性等定期契約性質之工作。行政院及所屬各機關學校臨時人員進用及運用要點第6點規定，臨時人員之契約期間依勞動基準法規有關定期契約之規定辦理。同要點第8點規定，各機關進用臨時人員，以公開甄選為原則。國家與臨時人員所簽訂之僱用契約屬於私法契約。擔任公立學校臨時人員職務係基於私法之勞動關係而工作，並無參與公立學校組織運作權限。臨時人員請求公立學校應發給系爭期間之服務證明書，為本於私法僱傭契約衍生之爭執，純屬私法上法律關係之事件，為民事訴訟範圍，自應向普通法院訴請裁判，非屬行政爭訟事項[17]。

第五項　勞動派遣人員

　　行政院運用勞動派遣應行注意事項第2點第1款規定，勞動派遣指派遣事業單位指派所僱用之勞工至機關提供勞務，接受各該機關指揮監督管理之行為。行政機關並非與派遣勞工簽約，而是與派遣事業單位簽約並由其提供行政機關所需之人力。運用派遣勞工之業務領域為：一、有關事務性、重複性及機械性等行政服務工作。例如：公文傳遞、環境清潔、事務機器設備維護、公務車輛駕駛、圖書出借、文書繕打、翻譯或校對、資訊、總機、倉儲管理及業務資料彙整登錄等事務。二、有關一定事實之蒐集、查察或檢查協助工作。例如：停車場計時人員等事務。三、專案性協助工作。例如：非屬醫療行為之照護服務、教養輔導、展場規劃或導覽服務等工作。四、具期限性計畫之協助工作。例如：各機關科技專案計畫之協助工作。五、其他經主管機關認定非屬核心業務且適宜委託民間辦理，不涉及公務安全、機密或執行公權力之業務項目（注

---

[16] 最高行政法院104年度裁字第1453號裁定。
[17] 最高行政法院101年度裁字第524號裁定。

意事項第3點第1款）。惟由於行政機關運用勞動派遣迭生爭議，行政院所屬各機關於2021年1月1日起，不再運用勞動派遣，行政院運用勞動派遣應行注意事項業於2021年2月1日停止適用。

　　由上述說明可知，行政機關內部人力之使用十分龐雜，無法一目了然，且適用法規不但各異，法律位階亦相差懸殊，相關人員之權利義務亦不盡相同，易導致無法區分身分以及同工不同酬之爭議[18]。

第六項　機要人員

　　公務人員任用法第11條規定，各機關辦理機要職務之人員，得不受第9條任用資格之限制，換句話說，機要職務並不需具備依法考試及格之資格，當然亦無銓敘、升等之問題。機要人員係襄助機關長官實際從事機要事務相關工作，因此機要人員跟機關首長的命運是相連的。公務人員任用法第11條第2項規定，前項人員，機關長官得隨時免職。機關長官離職時應同時離職，換句話說，機要人員並沒有任期的保障。雖然機要人員不需具備依法考試及格之資格，其仍是公務人力之一環，公務人員任用法第11條之1規定，各機關辦理進用機要人員時，應注意其公平性、正當性及其條件與所任職務間之適當性。至於各機關機要人員進用時，其員額、所任職務範圍及各職務應具之條件等規範，由考試院定之。依各機關機要人員進用辦法第3條第1、2項規定，各機關進用之機要人員員額，最多不得超過五人。總統府及行政院如因業務需要，其進用之機要人員員額，最多分別不得超過十八人及十人。機要之職務範圍依各機關機要人員進用辦法第4條第1項規定，應以機關組織法規中所列行政類職務，襄助機關長官實際從事機要事務相關工作，並經銓敘部同意列為機要職務

---

[18] 針對此一問題，審計部民國99年10月5日台審部一字第0990005428號函指出，各機關內部非正式人員計有約聘僱人員、臨時人員、勞動派遣人員、勞務承攬人員、依相關法令採其他人力進用之替代措施等，並針對約聘僱人員、約僱人員、臨時人員及派遣人員分別訂定「聘用人員聘用條例」及其施行細則、「行政院暨所屬機關約僱人員僱用辦法」、「行政院及所屬各機關學校臨時人員進用及運用要點」及「行政院運用勞動派遣應行注意事項」以資規範，除「聘用人員聘用條例」及其施行細則外，餘各項辦法（要點）均僅規範行政院及所屬機關，至行政院以外各中央政府機關則未予規範，仍有不足，敬請就前揭各項辦法（要點、注意事項）考量訂定各機關適用之一致性規範，或通函大院以外機關視其職權性質及行政管理需求，衡酌訂定適切內部管理之行政規則，以為前揭各該人員進用與管考之準據。

爲限。但不得以首長、副首長、主管、副主管、參事及研究委員職務進用。機要分爲簡任職務機要人員、薦任職務機要人員以及委任職務機要人員,各有不同資格之要求,並非任何人都可以擔任機要人員(各機關機要人員進用辦法第5條至第7條規定)。

第八節　任用限制

第一項　人員限制

公務人員任用法第26條第1項規定,各機關長官對於配偶及三親等以內血親、姻親,不得在本機關任用,或任用爲直接隸屬機關之長官。對於本機關各級主管長官之配偶及三親等以內血親、姻親,在其主管單位中應迴避任用。迴避進用規定之立法意旨係爲避免機關長官循私任用以及因各級主管實際負責單位內人員之管理事宜,損及長官及單位主管立場,進而影響機關業務之推動或內部和諧。所謂機關長官及各級主管長官,分別係指機關首長及各級單位主管。上述規定不僅適用於任用人員,聘用人員、約僱人員、臨時人員及機要人員,基於人事法制之一致性,仍應適用公務人員任用法第26條有關迴避任用之規定。

機關依聘用人員聘用條例進用之聘用人員與國家間成立行政契約,並非勞動基準法適用對象,行政程序法有關行政契約之規定,其無效事由係規定於行政程序法第141條、第142條,違反公務人員任用法第26條迴避進用規定,如不符合行政程序法第141條、第142條之無效事由,且該聘任契約亦無另外約定違反公務人員任用法第26條迴避進用規定之效力,則該聘任契約似非無效[19]。

應迴避人員,在各該長官接任以前任用者,不受公務人員任用法第26條第1項規定之限制。惟其他非依公務人員任用法任用之臨時性人員,在原聘僱契約期間屆滿後,自不宜再予繼續聘僱,以貫徹迴避任用之規範目的。

第二項　時間限制

除人員任用限制外,公務人員任用法第26條之1第1項規定各機關首長任用

---

[19] 法務部民國99年11月30日法律決字第0990700813號。

或遷調人員之時間限制，以避免其於卸任前乘機大量安置私人，影響公務人員權益。公務人員任用法第26條之1第1項規定，各機關首長於下列期間，不得任用或遷調人員：一、自退休案核定之日起至離職日止。二、自免職、調職或新職任命令發布日起至離職日止。三、民選首長，自次屆同一選舉候選人名單公告之日起至當選人名單公告之日止。但競選連任未當選或未再競選連任者，至離職日止。四、民意機關首長，自次屆同一民意代表選舉候選人名單公告之日起至其首長當選人宣誓就職止。五、參加公職選舉者，自選舉候選人名單公告之日起至離職日止。但未當選者，至當選人名單公告之日止。六、憲法或法規未定有任期之中央各級機關政務首長，於總統競選連任未當選或未再競選連任時，自次屆該項選舉當選人名單公告之日起至當選人宣誓就職止。地方政府所屬機關政務首長及其同層級機關首長，於民選首長競選連任未當選或未再競選連任時，亦同。七、民選首長及民意機關首長受罷免者，自罷免案宣告成立之日起至罷免投票結果公告之日止。八、自辭職書提出、停職令發布或受免除職務、撤職、休職懲戒處分判決確定之日起至離職日止。九、其他定有任期者，自任期屆滿之日前一個月起至離職日止。但連任者，至確定連任之日止。惟為考量公務推行之順利，公務人員任用法第26條之1第4項規定，第1項規定期間內，機關出缺之職務，得依規定由現職人員代理。

公務人員任用法第26條之1規定機關首長不得任用或遷調人員期間之立法目的，主要係在合理規範機關首長卸任前之用人權，以避免機關首長更動時，乘機大量安置私人，影響機關人事安定。參酌該條文之規範精神，機關首長於任用法第26條之1不得任用或遷調人員之期間，亦不得新進用臨時人員[20]。

違反公務人員任用法第26條之1第1項有關特定期間不得任用人員之規定，任用案應予撤銷並溯及既往失其效力[21]。

第九節　公務員身分之變更及消滅

公務人員進入公務體系之後，其身分會因特定原因變更或消滅。

---

[20] 行政院人事行政局民國97年2月5日局力字第0970002293號。
[21] 銓敘部民國99年12月7日部法三字第0993274846號。

第一項 公務員身分之變更

公務員身分變更係指公務人員於在職期間，其原有職位發生變動，但公務人員身分繼續存在，可分為：

一、轉　任

轉任係指某一類別公務人員，轉為擔任另一類別之公務人員，公務人員任用法第16條規定，高等考試或相當高等考試以上之特種考試及格人員，曾任行政機關人員、公立學校教育人員或公營事業人員服務成績優良之年資，除依法令限制不得轉調者外，於相互轉任性質程度相當職務時，得依規定採計提敘官、職等級；其辦法由考試院定之。司法院釋字第504號解釋理由書指出，基本任用資格相同且性質相近、官職等級相當之公務人員，得相互轉任，為暢通人事交流、廣攬專業人才及鼓勵公務人員士氣所必須，惟其資格、範圍應有明確之規定，且年資、官等、職等之提敘，亦應予以保障。行政、教育、公營事業人員相互轉任採計年資提敘官職等級辦法即係依公務人員任用法第16條規定之授權所訂定，旨在促使行政、教育、公營事業三類不同任用制度間，具有相同基本任用資格且官職等級相當之專業人員相互交流，以擔任中、高級主管。轉任非經公務人員同意，不得為之[22]。

二、調　任

調任係指不變更公務人員之類別，而由一職位改擔任另一職位。調任後的官等職等可能有變化，調任分為三種：（一）平調，職等、官等不變，例如，主管職降成非主管職，例如，縣政府簡任十一職等之局長，平調為參議，兩者官等、職等相同，差異在於局長有主管業務，而參議沒有。（二）升調，職等、官等變高，例如，從六職等科員升調為七職等科長。（三）降調，職等、官等變低，例如，薦任七職等科長，因為被記大過被降為六職等科員，降調對公務員的權益影響重大。降調涉及公務員重大權益，故得提出行政爭訟，升調通常無救濟實益。平調後，官等、職等均無變更，並無侵害公務員權益，無法向法院提起訴訟。由主管人員調任為非主管人員，雖使該公務人員因此喪失主

---

[22] 陳敏，行政法總論，10版，2019年11月，第1106頁。

管加給之支給，惟主管加給，係因主管人員所擔任主管「職務」之性質，依法給予之加給，並非本於公務人員身分依法應獲得之俸給，故應認上述情況之職務調任，因未損及公務人員之身分、官等及俸給等權益，僅屬行政機關之內部管理事項，並非行政處分，該公務人員雖得循保障法關於申訴及再申訴之程序以為救濟，但並不得提起行政訴訟請求救濟[23]。

　　現職人員調任主要依據為公務人員任用法第18條，公務人員任用法第18條第1項規定，現職公務人員調任，依下列規定：（一）簡任第十二職等以上人員，在各職系之職務間得予調任；其餘各職等人員在同職組各職系及曾經銓敘審定有案職系之職務間得予調任。（二）經依法任用人員，除自願者外，不得調任低一官等之職務。自願調任低官等人員，以調任官等之最高職等任用。（三）在同官等內調任低職等職務，除自願者外，以調任低一職等之職務為限，均仍以原職等任用，且機關首長及副首長不得調任本機關同職務列等以外之其他職務，主管人員不得調任本單位之副主管或非主管，副主管人員不得調任本單位之非主管。但有特殊情形，報經總統府、主管院或國家安全會議核准者，不在此限。

　　機關首長負有機關業務之推動及成敗之責，機關首長在合理及必要之範圍內，基於內部管理、領導統御及業務運作需要，調動所屬人員之職務，本屬機關首長固有之權限。關於公務人員是否適任某項特定職務，主管長官應本於專才、專業、適才、適所之旨趣，並應就公務人員個人之工作表現、品行操守、學識經驗及能力等各方面，本於公平客觀之原則以決定之。機關首長對於所屬公務人員職務之調任，涉及裁量權之行使，若其裁量結果未逾越法定裁量範圍外，且經審酌個案相關情節，尚符合比例原則、平等原則及法規授權目的之方法（行政程序法第6條、第7條及第10條參照），自不能遽認為違法[24]。

三、停　職

　　具有公務員身分者，可能在一段時間內無法執行公務員職務，此稱為停職，公務人員非依法律，不得予以停職（公務人員保障法第9條之1第1項）。停職可分為當然停職與先行停職。公務員懲戒法第4條規定，公務員有下列

---

[23] 最高行政法院102年度判字第564號判決。
[24] 最高行政法院110年度上字第389號判決。

各款情形之一者，其職務當然停止：（一）依刑事訴訟程序被通緝或羈押。（二）依刑事確定判決，受褫奪公權之宣告。（三）依刑事確定判決，受徒刑之宣告，在監所執行中。公務員懲戒法第5條規定，懲戒法庭對於移送之懲戒案件，認為情節重大，有先行停止職務之必要者，得通知被付懲戒人之主管機關，先行停止其職務。主管機關對於所屬公務員，依第24條規定送請監察院審查或懲戒法院審理而認為有免除職務、撤職或休職等情節重大之虞者，亦得依職權先行停止其職務。是否情節重大，應審酌被付懲戒人違反行為之情節，以及其繼續執行職務對於公務秩序所生之損害或影響是否重大，而難以期待其妥適執行公務等情予以具體認定。

被停職之公務員雖未喪失公務員身分，但停止職務之公務員，在停職中所為之職務上行為，不生效力（公務員懲戒法第6條）。公務人員俸給法第21條規定，依法停職人員，於停職期間，得發給半數之本俸（年功俸）。

一般公務員相關法律所規定之停職，乃停止公務員職務，並非懲戒或懲處公務員之處分，係為調查公務員行政責任、刑事責任時，所必要之附屬性暫時措施，並非藉由停職處分以達懲戒或懲處公務員之目的[25]。停職處分係限制公務人員服公職權利之行政處分，屬於限制或剝奪人民自由或權利之行政處分[26]，停職對於公務員權益影響重大，如不能按時受領俸給、不受考績、不能晉級，因此對之得提起行政訴訟。

四、留職停薪

公務人員任用法第28條之1第1項規定，公務人員因育嬰、侍親、進修及其他情事，經機關核准，得留職停薪，並於原因消失後回職復薪。依公務人員留職停薪辦法第2條規定，留職停薪係指公務人員因育嬰、侍親、進修及其他情事，經服務機關核准離開原職務而准予保留職缺及停止支薪，並於規定期間屆滿或留職停薪原因消失後，回復原職務及復薪。除另有特別規定外，留職停薪期間以二年為限，必要時得延長一年（公務人員留職停薪辦法第6條）。公務人員留職停薪辦法第11條規定，留職停薪人員於留職停薪期間仍具公務人員身分，如有違反公務員服務法或本辦法規定之情事，各機關應依相關法令處理。

---

[25] 最高行政法院103年度判字第620號判決。
[26] 最高行政法院99年度判字第218號判決、最高行政法院98年度判字第1350號判決。

第二項　公務員關係之消滅

喪失公務員身分之事由，可分爲兩種：

一、事實上原因

公務員死亡、喪失國籍或任期結束等，例如，民選首長四年的任期結束，不再連任或競選連任失敗，公務員關係消滅。

二、法律上原因

因法律上原因導致公務員關係消滅者，常見者可分爲下列數種：

（一）資　遣

資遣亦係對服務一定期間，符合規定條件人員，按其任職年資計算給與，以慰勉其在職辛勞之制度，與退休之性質相近。公務人員退休資遣撫卹法第22條第1項規定，公務人員有下列各款情事之一者，應予資遣：1.機關裁撤、組織變更或業務緊縮時，不符本法所定退休條件而須裁減之人員。2.現職工作不適任，經調整其他相當工作後，仍未能達到要求標準，或本機關已無其他工作可予調任。3.依其他法規規定應辦理資遣者[27]。資遣人員之資遣給與，依公務人員退休資遣撫卹法第42條規定，準用第28條及第29條所定一次退休金給與標準計給。

（二）免　職

公務人員考績法第12條第1項第2款第2目規定，各機關辦理公務人員專案考績，於有重大功過時行之，一次記二大過者，免職。公務人員考績法12條第3項規定，非有左列情形之一者，不得爲一次記二大過處分：1.圖謀背叛國家，有確實證據者。2.執行國家政策不力，或怠忽職責，或洩漏職務上之機密，致政府遭受重大損害，有確實證據者。3.違抗政府重大政令，或嚴重傷害政府信譽，有確實證據者。4.涉及貪污案件，其行政責任重大，有確實證據者。5.圖謀不法利益或言行不檢，致嚴重損害政府或公務人員聲譽，有確實證據者。6.脅迫、公然侮辱或誣告長官，情節重大，有確實證據者。7.挑撥離間

---

[27] 公務人員任用法第28條、公務人員請假規則第5條。

或破壞紀律，情節重大，有確實證據者。8.曠職繼續達四日，或一年累積達十日者。此外，依公務人員考績法第7條第1項第4款規定，年終考績獎懲丁等者，免職。

此外，公務員懲戒法第11條規定，免除職務，免其現職，並不得再任用為公務員。不得再任用為公務員係指發生公務人員任用法第28條規定之效果。

（三）撤　職

公務員懲戒法第12條規定，撤職，撤其現職，並於一定期間停止任用；其期間為一年以上、五年以下。公務員之職務及身分自撤職生效時起消滅。撤職並未剝奪公務員之任用資格，惟受撤職者如欲回任公職，乃屬再任或復用之問題，且其雖具任用資格，並非當然取得任用或復用之權利，亦即公務人員於分發任用後，如經撤職，是否得回任公職，為機關之職權，且機關依法有裁量權。

（四）退　休

依公務人員退休法第3條規定，公務人員退休，分自願退休、屆齡退休及命令退休。公務人員退休撫卹資遣法第3條規定，本法適用於依公務人員任用法及其相關法律任用，並經銓敘審定之人員。前項人員退休、資遣或撫卹之辦理，除本法另有規定外，以現職人員為限。所謂經銓敘審定之人員係指，經銓敘部依據公務人員任用法律審定資格或登記者，或經法律授權主管機關審定資格者。現職人員，指上述人員於辦理退休、資遣時，具有現職身分並依公務人員俸給法律核敘等級及支領俸（薪）給之有給專任人員（公務人員退休資遣撫卹法施行細則第2條）。

（五）辭　職

雖然公務人員受到憲法服公職權以及各種不同法律保障，但人民享有自由意志來決定是否擔任或繼續擔任公務人員，辭職是公務員關係消滅常見的一種原因。公務人員辭職時，任職機關可否拒絕？辭職何時生效？素有爭議，有認為公務人員辭職命令生效日期（即公務員辭職發生該辭職效力之日期），應以機關發布之日為準，惟另有規定者從其規定[28]。為解決此項爭議，公務人員

---

[28] 銓敘部民國73年7月21日台楷甄五字第3514號函，引自最高行政法院103年度裁字第1410號裁定。換句話說，公務人員辭職仍須機關核准，未核准前，公務員仍有服務之義務，陳敏，前揭書，第1112頁。

保障法第12條之1規定，公務人員之辭職，應以書面爲之。除有危害國家安全之虞或法律另有規定者外，服務機關或其上級機關不得拒絕之。服務機關或其上級機關應於收受辭職書之次日起三十日內爲准駁之決定。逾期未爲決定者，視爲同意辭職，並以期滿之次日爲生效日。但公務人員指定之離職日逾三十日者，以該日爲生效日。

　　至於准予公務員辭職之處分，係公務員協力（即經其請求）之行政處分。其雖與免職處分同樣發生結束公務員職務關係之法律效果，然係出於公務員本身之請求，與免職處分非出於公務員之請求不同。免職處分係違反公務員個人之意願而結束公務員職務關係，公務員職務關係之結束，非其所希望發生。准予辭職處分則係符合公務員個人之意願，公務員職務關係之結束，係其希冀之結果。因而，准予辭職之改變公務員身分關係，既是符合其個人意願，爲其希冀之結果，即不能認該准予辭職處分係剝奪或限制人民自由或權利之行爲，而應依行政程序法第102條規定，作成前給予人民陳述意見之機會[29]。

第十節　公務人員權利義務

　　公務人員的權利義務，隨著公務人員相關法制不斷修改以及制定新法，呈現複雜且多變之面貌。以下僅說明公務人員重要權利保障與義務之規定。

第一項　公務人員權利

一、身分保障

　　憲法第81條規定，法官爲終身職，非受刑事或懲戒處分，或禁治產之宣告，不得免職。非依法律，不得停職、轉任或減俸。此外，憲法也規定部分公職人員之任期，例如，立法委員與總統任期爲四年。惟對於一般公務人員任期，並無特別規定。憲法第18條規定人民有服公職之權，限制人民擔任公職，甚至剝奪公務員身分，僅得依憲法第23條規定爲之，換句話說，僅在法律所規定之原因、適用法律所規定之程序，才能讓公務人員喪失身分，例如，依據公務人員任用法、公務員懲戒法以及公務人員考績法等。

---

[29] 最高行政法院96年度判字第1156號判決。

除身分受到保障外，公務人員之官等及職等，同樣受到法律保留的保障。即使是機關首長亦無法任意調整、變更公務人員的官等與職等。公務人員的官等職等，除有法定原因並經法定程序，不得調整或變更。

二、俸給請求權

公務人員有向國家請求給付一定金錢的權利，此即俸給請求權[30]。俸給高低主要反應公務人員之官等職等，與工作時間多寡無關。俸給目的在使公務人員及其家屬過著符合公務員身分的生活水準，以體現國家對公務員生活照顧之義務[31]。

（一）俸給法定主義

俸給多寡，並非透過契約，而是透過公務人員俸給法決定，一般稱為「俸給法定主義」。公務人員的俸給與其公務員的身分密不可分，公務人員不可事先放棄俸給請求權，國家有義務照顧公務人員生活。至於事後如何處理從國家領取之俸給，國家並不會干涉。事先放棄俸給請求權在法律上並不發生效力，僅具政治宣示意義，國家仍有給付義務[32]。

依公務人員俸給法第19條第1項規定，各機關不得另行自定俸給項目及數額支給，未經權責機關核准而自定項目及數額支給或不依規定項目及數額支給者，審計機關應不准核銷，並予追繳。此外，公務員俸給適用一人不得兩俸制度，司法院釋字第464號解釋指出，陸海空軍軍官服役條例第27條附表「附註」四之（二）之5，關於退休俸支領之規定，旨在避免受領退休俸（包含其他補助）之退役軍官，於就任由公庫支薪之公職時，重複領取待遇，致違一人

---

[30] 司法院釋字第455號解釋亦指出，國家對於公務員有給予俸給、退休金等維持其生活之義務。

[31] 盛子龍、吳庚，前揭書，第217頁。

[32] 盛子龍、吳庚，前揭書，第217頁；惟法務部民國98年3月30日法律字第0980004970號則指出，公務人員之身分及基於身分之請求權應予保障，非依法律不得剝奪，其所應得之法定加給，非依法令不得變更，公務人員保障法第9條、第15條分別定有明文。所謂之剝奪或變更，並不包含拋棄，法定加給既屬公法上財產請求權，非如人身自由絕對不可拋棄，如無其他法律禁止公務人員拋棄法定加給之請求權，則其自願性拋棄上開權利，自無不可。法務部民國100年9月7日法律字第1000017636號亦指出，公務人員之俸給係屬公法上財產請求權，倘目前我國法制並無明文禁止拋棄其俸給請求權時，應得自願拋棄之。

不得兩俸之原則，加重國家財政之負擔。該附表所稱之擔任「公務員」，係指擔任「有給之公職」之意，不問其職稱之如何，亦不問其待遇之多寡，均屬之。

（二）俸給的類型

公務人員俸給法第3條第1項規定，公務人員之俸給，分本俸（年功俸）及加給，均以月計之。公務員之俸給並非僅是單一種類，可分為三種不同之類型：

1. 本　俸

公務人員俸給法第2條第1款規定，本俸係指各職等人員依法應領取之基本給與。本俸以官等與職等為基礎，官等與職等愈高，本俸愈多。本俸原則上會隨著每一年的考績升等（晉級）而增加。

2. 加　給

公務人員俸給法第2條第5款規定，加給係指本俸、年功俸以外，因所任職務種類、性質與服務地區不同，而另加之給與。加給分成三種：職務加給、地域加給、技術或專業加給。

(1) 職務加給

公務人員俸給法第5條第1款規定，職務加給係指對主管人員或職責繁重或工作具有危險性者加給之。換言之，依照職務的性質不同而給予不同的加給。例如，擔任主管職務者，領取主管加給。職務加給應衡酌主管職務、職責繁重或工作危險程度訂定，簡任十四職等擔任第一級別主管可領取37,350元新臺幣主管加給（全國軍公教員工待遇支給要點附表5—公務人員主管職務加給表）。

(2) 地域加給

公務人員俸給法第5條第3款規定，地域加給係指對服務邊遠或特殊地區與國外者加給之。地域加給應衡酌服務處所之地理環境、交通狀況、艱苦程度及經濟條件訂定。例如，外交部派駐國外之人員則依派駐地點不同領取不同之地域加給；到離島地區任職，可獲得7,700元至9,790元新臺幣不等之地域加給（全國軍公教員工待遇支給要點附表7—各機關學校公教員工地域加給表）。

(3) 技術或專業加給

公務人員俸給法第5條第2款規定，技術或專業加給係指對技術或專業人員加給之。技術或專業加給涉及各種不同之技術及專業，所需之專業程度、資格

條件各有不同，有涉及極細節性、技術性之事項者，無法鉅細靡遺皆於法律中訂定，法律得授權主管機關以命令定之，俾利法律之實施。公務人員俸給法第18條第1項規定，本法各種加給之給與條件、類別、適用對象、支給數額及其他事項，由考試院會同行政院訂定加給給與辦法辦理之。技術或專業加給應衡酌職務之技術或專業程度、繁簡難易、所需資格條件及人力市場供需狀況。

臺中高等行政法院94年度訴字第389號判決指出，公務人員原支給之專業加給，係以激勵現職人員為核發意旨，地域加給係服務處所因地理環境、交通狀況、艱苦程度及經濟條件等因素，對於任職人員於該服務處所服勤，所為之津貼，均具有服勤工作始應支給之特性，須以有「擔任職務之事實」為要件，如實際上未能服勤工作，自不得發給專業及地域加給。

專業加給之給與，旨在對具有專業之公務人員，為體念其致力於該工作之專業知識及技能而設，係以激勵現職專業公務人員為核發意旨，倘因故而未參與服務，自不能享受該加給之權利。公務人員因刑案而未實際參與工作者，無論其種類為停職或免職，其縱屬專業人員，於該期間既未致力服務工作，即無核發具有激勵現職人員性質之專業加給之餘地[33]。

3. 年功俸

公務人員俸給法第2條第2款規定，年功俸係指各職等高於本俸最高俸級之給與。領取年功俸的公務員主要是官等和職等無法再往上調整，國家透過給予年功俸之方式來鼓勵在職的公務員，例如，薦任第九職等本俸分五級，年功俸分七級。年功俸於考績後一次發給。公務人員考績法第7條第1項第1款規定，年終考績獎懲依左列規定：甲等：晉本俸一級，並給與一個月俸給總額之一次獎金；已達所敘職等本俸最高俸級或已敘年功俸級者，晉年功俸一級，並給與一個月俸給總額之一次獎金；已敘年功俸最高俸級者，給與二個月俸給總額之一次獎金。

（三）其他金錢給付

除了本俸、加給和年功俸外，公務員從國家所領到的金錢給付還有其他類型，例如：加班費[34]、教育補助費、生育津貼等。

---

[33] 最高行政法院110年度上字第326號判決。
[34] 公務人員保障法23條規定，公務人員經指派於上班時間以外執行職務者，服務機關應給予加班費、補休假、獎勵或其他相當之補償。

三、退休金請求權

　　為保障公務員退休後生活，公務員有向國家請求退休金之權。1993年1月20日公務員退休法修正公布後，自1995年開始我國公務員退休制度從恩給制改成年金制。公務人員退休法第14條第1項及第2項規定，公務人員退休撫卹新制自1995年7月1日起實施。經過二十年後，國家政經情勢、財政狀況與社會氛圍等情事與以往差異甚大，再加上選舉議題發酵，龐大之公務人員退休金支出，也成了熱烈討論與攻防之焦點。在引起社會激烈抗爭與對立後，公務人員退休資遣撫卹法於2017年6月27日經立法院三讀通過，並於2017年8月9日經總統公布，自2018年7月開始適用[35]。

（一）退休金制度

　　一般而言，公務人員退休金在法制上有兩種不同設計：

1. 恩給制度

　　人民通過國家考試，國家透過任用程序任命公務人員，使其執行公共任務，國家有照顧公務人員之義務。照顧義務範圍不僅限於任職時之薪俸請求權，公務人員退休後，照顧義務仍繼續存在[36]。公務人員俸給既由國家全部負擔，其退休後照顧義務所需經費當然全部亦由國家負擔。早期公務人員退休金由國家負責，此一制度稱為恩給制度，即國家施予恩惠給予退休金。因此，公務人員不必事先繳納費用，退休後即可領取與職等官等相符的退休金。惟隨著國家任務的改變，公務人員愈來愈多，國家財政負擔面臨重大挑戰，恩給制度逐漸不符合現代退休制度發展之趨勢，年金制度成為主流。

2. 年金制度

　　恩給制下公務人員退休金，由政府負擔，且事先未預儲準備，累積至公務人員退休時，始於當年編列預算支付。由於退休公務人員人數逐年增加，預算編列困難，以人事費中分配解決，致使現職人員待遇及退休給付，均無法調整提高。因此由政府與公務人員共同撥繳費用建立退休撫卹基金，成為重要之改

---

[35] 相關憲法爭議，請見司法院釋字第782號解釋。
[36] 此項照顧義務之目的除保障公務人員退休後之生活外，另外一項目的在使公務員任職時不用憂心退休後之生活，避免任職時因憂心退休生活而在任職期間為謀私利而無法履行對國家之忠誠義務。退休金與俸給相同，皆必須能夠使公務人員及其家屬過著符合公務員身分的生活。

革。年金制度係指國家與公務人員共同合作，來保障公務人員退休後的生活。

公務人員退休資遣撫卹法亦採用年金制，公務人員退休資遣撫卹法第7條第1項規定，退撫基金，由公務人員與政府共同按月撥繳退撫基金費用設立之，並由政府負最後支付保證責任。至於退撫基金費用，依公務人員退休資遣撫卹法第7條第2項規定，按公務人員本（年功）俸（薪）額加一倍百分之十二至百分之十八之提撥費率，按月由政府撥繳百分之六十五；公務人員繳付百分之三十五。

（二）退休方式

公務人員退休資遣撫卹法第16條第1項規定，公務人員之退休，分自願退休、屆齡退休及命令退休。

1.自願退休

公務人員退休資遣撫卹法第17條第1項規定，公務人員有下列情形之一者，應准其自願退休：(1)任職滿五年以上，年滿60歲者。(2)任職滿二十五年者。年滿60歲之自願退休年齡，對於擔任具有危險及勞力等特殊性質職務者，公務人員退休資遣撫卹法第17條第3項規定，應由其權責主管機關就所屬相關機關相同職務之屬性，及其人力運用需要與現有人力狀況，統一檢討擬議酌減方案後，送銓敘部核備。但調降後之自願退休年齡不得低於50歲。

此外，公務人員退休資遣撫卹法第17條第2項規定，公務人員任職滿十五年，有下列情形之一者，應准其自願退休：(1)出具經中央衛生主管機關評鑑合格醫院（以下簡稱合格醫院）開立已達公教人員保險失能給付標準（以下簡稱公保失能給付標準）所訂半失能以上之證明或經鑑定符合中央衛生主管機關所定身心障礙等級為重度以上等級。(2)罹患末期之惡性腫瘤或為安寧緩和醫療條例第3條第2款所稱之末期病人，且繳有合格醫院出具之證明。(3)領有權責機關核發之全民健康保險永久重大傷病證明，並經服務機關認定不能從事本職工作，亦無法擔任其他相當工作。(4)符合法定身心障礙資格，且經依勞工保險條例第54條之1所定個別化專業評估機制，出具為終生無工作能力之證明。公務人員退休資遣撫卹法第18條規定，公務人員配合機關裁撤、組織變更或業務緊縮，經其服務機關依法令辦理精簡並符合下列情形之一者，應准其自願退休：(1)任職滿二十年。(2)任職滿十年而未滿二十年，且年滿55歲。(3)任本職務最高職等年功俸最高級滿三年，且年滿55歲。

2. 屆齡退休

公務人員退休資遣撫卹法第19條第1項規定，公務人員任職滿五年以上，且年滿65歲者，應予屆齡退休。第1項所定年滿65歲之屆齡退休年齡，於擔任危勞職務者，應由其權責主管機關就所屬相關機關相同職務之屬性，及其人力運用需要與現有人力狀況，統一檢討擬議酌減方案後，送銓敘部核備。但調降後之屆齡退休年齡不得低於55歲（公務人員退休資遣撫卹法第19條第2項）。

3. 命令退休

公務人員退休資遣撫卹法第20條第1項規定，公務人員任職滿五年且有下列情事之一者，由其服務機關主動申辦命令退休：(1)未符合第17條所定自願退休條件，並受監護或輔助宣告尚未撤銷。(2)有下列身心傷病或障礙情事之一，經服務機關出具其不能從事本職工作，亦無法擔任其他相當工作之證明：a.繳有合格醫院出具已達公保失能給付標準之半失能以上之證明，且已依法領取失能給付，或經鑑定符合中央衛生主管機關所定身心障礙等級為重度以上等級之證明。b.罹患第三期以上之惡性腫瘤，且繳有合格醫院出具之證明。第20條第1項第1款及第2款人員受監護或輔助宣告或身心傷病或障礙係因執行公務所致（因公傷病）者，其命令退休不受任職年資滿五年之限制（公務人員退休資遣撫卹法第21條第1項）。公務人員退休資遣撫卹法第21條第2項規定，因公傷病，指由服務機關證明並經審定機關審定公務人員之身心傷病或障礙，確與下列情事之一具有相當因果關係者：(1)於執行職務時，發生意外危險事故、遭受暴力事件或罹患疾病，以致傷病。(2)於辦公場所、公差期間或因辦公、公差往返途中，發生意外危險事故，以致傷病。但因公務人員本人之重大交通違規行為以致傷病者，不適用之。(3)於執行職務期間、辦公場所或因辦公、公差往返途中，猝發疾病，以致傷病。(4)戮力職務，積勞過度，以致傷病。

（三）退休金給與方式

公務人員退休資遣撫卹法第26條第1項規定，退休金之給與種類分為：1.一次退休金。2.月退休金。3.兼領二分之一之一次退休金與二分之一之月退休金。公務人員依第1項第3款兼領月退休金之退休金，各依其應領一次退休金與月退休金，按比率計算之（公務人員退休資遣撫卹法第26條第2項）。

1. 一次退休金

公務人員退休資遣撫卹法第27條第1項第1款規定，於本法公布施行前退休之公務人員，其退休金以最後在職經銓敘審定之本（年功）俸（薪）額為

計算基準，並依下列規定計算基數內涵：(1)退撫新制實施前年資之給與：一次退休金以最後在職同等級人員之本（年功）俸（薪）額加新臺幣930元爲基數內涵；退撫新制實施後年資之給與：以最後在職同等級人員之本（年功）俸（薪）額加一倍爲基數內涵。公務人員退休資遣撫卹法第27條第1項第2款規定，於本法公布施行後退休之公務人員，其退撫新制實施前、後年資應給之退休金，依下列規定計算基數內涵：(1)退撫新制實施前年資之給與：a.一次退休金：依附表一所列退休年度適用之平均俸（薪）額，加新臺幣930元爲基數內涵。b.退撫新制實施後年資之給與：依附表一所列各年度平均俸（薪）額加一倍爲基數內涵。

2. 月退休金

公務人員退休資遣撫卹法第27條第1項第1款規定，於本法公布施行前退休之公務人員，其退休金以最後在職經銓敘審定之本（年功）俸（薪）額爲計算基準，並依下列規定計算基數內涵：(1)退撫新制實施前年資之給與：月退休金以最後在職同等級人員之本（年功）俸（薪）額爲基數內涵，另十足發給新臺幣930元。退撫新制實施後年資之給與：以最後在職同等級人員之本（年功）俸（薪）額加一倍爲基數內涵。公務人員退休資遣撫卹法第27條第1項第2款規定，於本法公布施行後退休之公務人員，其退撫新制實施前、後年資應給之退休金，依下列規定計算基數內涵：(1)退撫新制實施前年資之給與：b.月退休金：依附表一所列退休年度適用之平均俸（薪）額爲基數內涵；另十足發給新臺幣930元。(2)退撫新制實施後年資之給與：依附表一所列各年度平均俸（薪）額加一倍爲基數內涵。

至於退休公務人員支領月退休金者，其公保一次養老給付之優惠存款利率（以優存利率），依公務人員退休資遣撫卹法第36條第1項規定，自中華民國107年7月1日至109年12月31日止，年息百分之九。自中華民國110年1月1日起，年息爲零。

3. 退休金領取方式之選擇

退休金領取方式依退休事由而有不同之規定，公務人員退休資遣撫卹法第30條第1項規定，公務人員任職年資未滿十五年而依本法辦理退休者，除本法另有規定外，應支領一次退休金。公務人員任職滿十五年而依第17條第2項或第19條至第21條規定，辦理退休者，除本法另有規定外，其退休金由公務人員依第26條所定退休金種類，擇一支領（公務人員退休資遣撫卹法第30條第2

項）。

公務人員依第18條規定辦理退休者，依下列規定支領退休金：(1)任職滿二十年者：a.年滿60歲，得依第26條所定退休金種類，擇一支領。b.年齡未滿60歲者，得依第31條第4項規定，擇一支領退休金並以年滿60歲爲月退休金起支年齡。(2)任職滿十五年而未滿二十年，且年滿55歲者，得依第31條第4項規定，擇一支領退休金並以年滿65歲爲月退休金起支年齡。(3)任本職務最高職等年功俸最高級滿三年且年滿55歲者：a.任職年資超過十五年者，得依第31條第4項規定，擇一支領退休金並以年滿65歲爲月退休金起支年齡。b.任職年資未滿十五年者，應支領一次退休金（公務人員退休資遣撫卹法第30條第3項）。

公務人員退休資遣撫卹法第31條第1項規定，公務人員任職滿十五年，依第17條第1項規定辦理退休者，符合下列月退休金起支年齡規定，得擇領全額月退休金：(1)中華民國109年12月31日以前退休且符合下列規定之一者：a.年滿60歲。b.任職年資滿三十年且年滿55歲。

(2)中華民國110年退休者，應年滿60歲，其後每一年提高1歲，至中華民國115年1月1日以後爲65歲。公務人員任職滿十五年，依第17條第2項規定辦理退休者，年滿55歲，得擇領全額月退休金（公務人員退休資遣撫卹法第31條第2項）。公務人員任職滿二十五年，依第17條第6項規定辦理退休者，年滿55歲，得擇領全額月退休金；於中華民國110年後退休者，其後每一年提高1歲，至中華民國115年1月1日以後爲60歲（公務人員退休資遣撫卹法第31條第3項）。

（四）退休金所得替代率

公務人員退休資遣撫卹法第37條第1項規定，本法公布施行前退休生效者之每月退休所得，於本法公布施行後，不得超過依替代率上限計算之金額。第1項替代率應依退休人員審定之退休年資，照附表三所定替代率計算，任職滿十五年者，替代率爲百分之四十五，其後每增加一年，替代率增給百分之一點五，最高增至三十五年，爲百分之七十五。未滿一年之畸零年資，按比率計算；未滿一個月者，以一個月計（公務人員退休資遣撫卹法第37條第2項）。至於公務人員退休資遣撫卹法公布施行後退休生效者之每月退休所得，依公務人員退休資遣撫卹法第38條第1項規定，亦不得超過依替代率上限計算之金額。第1項替代率應依退休人員審定之退休年資，照附表三所定替代率計算；

任職滿十五年至第三十五年者，照前條第2項規定辦理；超過第三十五年者，每增加一年，增給百分之零點五，最高增至四十年止。未滿一年之畸零年資，按比率計算；未滿一個月者，以一個月計（公務人員退休資遣撫卹法第38條第2項）。

（五）退休金之確保

舊公務人員退休法第26條規定，請領退休金、撫慰金、資遣給與之權利，不得作為扣押、讓與或供擔保之標的。惟最高法院97年度台抗字第348號民事裁定指出，公務人員請領退休金之權利不得扣押，固為公務人員退休法第14條所明定，惟該條文所稱請領退休金之權利，係指退休人員尚未領取之退休金，對其退休前任職之機關得請求領取之權利，係屬一身專屬權利，故不得扣押之。惟退休金經領取後，則請領退休金之權利即因已行使而不存在，因此將領取之退休金存入銀行或郵局，與將其他收入之金錢存入銀行或郵局相同，均已變成其對存款銀行或郵局之一般金錢債權性質。此種對存款銀行或郵局請求付款之權利，殊難謂係公教人員請領退休金之一身專屬權利，除有其他不得強制執行之情形外，尚難以其為公務員退休金而謂不得強制執行。

公務人員退休資遣撫卹法第69條第1項規定，公務人員或其遺族請領退撫給與之權利，不得作為讓與、抵銷、扣押或供擔保之標的。但公務人員之退休金依第82條規定被分配者，不在此限。退撫給與之領受人，得於金融機構開立專戶，專供存入退撫給與之用（公務人員退休資遣撫卹法第69條第2項）。第2項專戶內之存款不得作為抵銷、扣押、供擔保或強制執行之標的（公務人員退休資遣撫卹法第69條第3項）。

（六）請求權時效

公務人員退休資遣撫卹法第73條第1項規定，公務人員或其遺族請領退撫給與及優存利息等權利，應於行政程序法所定公法上請求權時效內為之。依行政程序法第131條規定，公法上請求權，請求權人為人民時，除法律另有規定外，因十年間不行使而消滅。

（七）新任公務人員退撫制度

2017年8月9日公布之公務人員退休資遣撫卹法第93條規定，中華民國112年7月1日（2023年7月1日）以後初任公務人員者，其退撫制度由主管機關重行

建立，並另以法律定之[37]。考量2013年7月1日以後初任公務人員退撫制度與現行制度之退撫基金切割，致現行退撫基金將因新進人員改適用新制度，而不再有新進人員之提撥收入，將面對提早用罄問題，為保障現職人員及已退休公務人員領取退撫給與之權益，2022年12月16日修正公布之公務人員退休資遣撫卹法第93條第2項規定，第1項退撫制度之建立，致退撫基金用罄年度提前之財務缺口，由政府依退撫基金財務精算結果，自第1項退撫制度實施之日起，分年編列預算撥款補助之。

四、保險撫卹請求權

公務人員保險法自施行以來，其間陸續增辦私立學校教職員保險、公務人員眷屬疾病保險暨退休公教人員及其眷屬疾病保險等，使公保體系的被保險人及其眷屬均已納入保險的範圍。此外，為健全公保制度，改善財務結構，配合全民健保之實施，銓敘部根據中華民國精算學會提出之精簡報告，基於精簡保險法規與整合保險制度暨契合保險原理與追求經濟效益等理由，並考量公務人員保險與私立學校教職員保險之主管機關、承保機關及權利義務均相同，於1999年將公務人員保險法修正為公教人員保險法，並將私立學校教職員保險條例、公務人員眷屬疾病保險條例有關規定予以納入。依公教人員保險法第3條規定，本保險之保險範圍，包括殘廢、養老、死亡、眷屬喪葬、生育及育嬰留職停薪[38]六項。公教人員保險之保險費率為被保險人每月保險俸（薪）給百分

---

[37] 考試院已通過公務人員個人專戶制退休資遣撫卹法草案，新的退撫給與給付制度從確定給付制改為確定提撥制，將退休金的準備改為個人專戶制，不再統一參加公務人員退休撫卹基金。確定給付制（Defined Benefit, DB）係指員工於退休時，雇主按約定退休辦法支付定額之退休金或分期支付一定數額之退休俸，至於平時雇主與員工提撥之退休準備金與退休給付之金額並無必然之關係，實際退休金數額取決定與員工薪資水準及服務年資有關。例如，我國現行軍公教人員之保險及退撫制度。確定提撥制（Defined Contribution, DC）係指雇主或員工於在職期間提撥一定數額之退休準備金，交付信託人保管運用孳息，至員工退休時將累積的退休準備金和運用孳息總額給付退休員工，實際退休金數額取決定於提撥退休準備金及其運用孳息之累積。例如，我國現行勞工退休金、私立學校教職員退撫儲金。

[38] 民國98年7月8日第3條修正立法理由指出，因應少子女化情形日益嚴重，配合政府鼓勵生育政策，以及行政院勞工委員會參酌多數國家的辦理情況而擬於就業保險法增列勞工育嬰留職停薪津貼項目之前例，並考慮政府一體等因素，爰於本保險增列「育嬰留職停薪」項目，以期達到鼓勵生育之目的。

之四點五至百分之九（公教人員保險法第8條第1項）。公教人員保險法第9條規定，公務人員之保險費，按月繳付，由公務人員自付百分之三十五，政府補助百分之六十五。公務人員在保險有效期間，發生殘廢、養老、死亡、眷屬喪葬、生育或育嬰留職停薪六項保險事故時，予以現金給付；其給付金額，依下列規定：（一）養老給付及死亡給付：按被保險人發生保險事故當月起，前十年投保年資之實際保險俸（薪）額平均計算（以下簡稱平均保俸額）。但加保未滿十年者，按其實際投保年資之保險俸（薪）額平均計算。（二）育嬰留職停薪津貼：按被保險人育嬰留職停薪當月起，往前推算六個月保險俸（薪）額之平均數百分之六十計算。（三）殘廢給付、生育給付及眷屬喪葬津貼：按被保險人發生保險事故當月起，往前推算六個月保險俸（薪）額之平均數計算。但加保未滿六個月者，按其實際加保月數之平均保險俸（薪）額計算。公務人員加保年資滿一年以上，養育3足歲以下子女，辦理育嬰留職停薪並選擇繼續加保者，依公教人員保險法第35條第1項規定，得請領育嬰留職停薪津貼[39]。

　　公教人員保險法第39條規定，因戰爭變亂或因被保險人或其父母、子女、配偶故意犯罪行為，以致發生保險事故者，概不給與保險給付。

五、休（請）假權

　　公務員服務法第13條第2項規定，公務員連續服務滿一定期間，應按年資給予休假。公務員因事、照顧家庭成員、婚喪、疾病、分娩或其他正當事由得請假（公務員服務法第13條第3項）。公務人員請假規則第7條第1項規定，公務人員至年終連續服務滿一年者，第二年起，每年應給休假七日；服務滿三年者，第四年起，每年應給休假十四日；滿六年者，第七年起，每年應給休假二十一日；滿九年者，第十年起，每年應給休假二十八日；滿十四年者，第十五年起，每年應給休假三十日。公務人員因轉調（任）或因退休、退職、資遣、辭職再任年資銜接者，其休假年資得前後併計（公務人員請假規則第8條第1項）。

---

[39] 留職停薪津貼，自留職停薪之日起，按月發給；最長發給六個月。但留職停薪期間未滿六個月者，以實際留職停薪月數發給；未滿一個月之畸零日數，按實際留職停薪日數計算（公教人員保險法第35條第2項）。育嬰留職停薪津貼，按被保險人育嬰留職停薪當月起，往前推算六個月平均保險俸（薪）給百分之六十計算（公教人員保險法第12條第1項第2款）。

　　同一機關或單位同時具有休假資格人員在二人以上時，依公務人員請假規則第9條規定，應依年資長短、考績等第或職務性質，酌定順序輪流休假。

　　公務人員請假規則第10條第1項規定，公務人員休假得以時計；每年至少應休假日數，由總統府、國家安全會議及五院定之。休假並得酌予發給補助。確因公務或業務需要經機關長官核准無法休假時，酌予獎勵。最高行政法院99年度判字第1350號判決指出，休假補助並非強制性必須之給與，係得由政府衡酌業務需要、財源、經費等狀況決定是否發給補助及如何予以補助，性質係一種額外福利，並非公務人員法定固定給與，亦非可自由支配現金給與，屬於國家與公務員間內部行政管理事項，行政院本於行政裁量，自得以行政規則加以規範。主管機關為執行公務人員請假規則第10條第1項規定，自得訂定細節性、技術性之補充規定。

　　公務人員有忠於執行職務之義務，即使在休假期間亦然，公務人員請假規則第17條規定，公務人員在休假期間，如服務機關遇有緊急事故，得隨時通知其銷假，並保留其休假權利。

六、結社權

（一）公務人員與工會

　　公務人員有無組成工會權利，一向有不同見解：

1. 肯定說

　　公務人員對國家雖負有忠誠義務，與國家間為公法上職務關係，但並不表示國家與公務人員間不是實質僱傭關係。公務人員是一種職業類型，僅任用的方式比較特別，公務人員亦是人民，人民有結社自由，公務人員當然得行使結社自由，組成工會。

2. 否定說

　　公務人員與國家關係在形式上雖與僱傭關係類似，但是實質上並不相同，公務人員負有忠誠義務、服勤務的義務。勞工結社的目的是相互團結，向雇主爭取勞動條件。但公務人員之俸給適用法定主義，服勤時間亦有規定，並無自由決定勞動條件之空間，工會並無存在之必要。人民和人民間之僱傭關係係透過契約成立，公務人員並非透過契約，而係透過任命行為與國家建立法律關係，基於特別權力關係，國家與公務人員間屬於上對下的關係，並非相互平等的當事人，故早期通說皆認為公務人員不得成立工會。

（二）公務人員協會

由於公務人員係公共服務之提供者，其服務品質之良窳及工作效率之提升，攸關全體國民之權利與福祉，唯有保障憲法所賦予公務人員結社的基本權利，讓公務人員組織團體，進而爭取相關權益並激勵工作士氣，始能更有效率從事為民服務工作。惟公務人員與國家間係基於公法上之職務關係，依法行使權利、履行義務。與勞工與雇主間之勞雇關係不同，因此，公務人員不宜與勞工相同適用工會法組織工會，而應另定專法以為規範[40]。2002年制定公務人員協會法，賦予公務人員結社自由，公務人員協會法第1條規定，公務人員為加強為民服務、提升工作效率、職務及權益，改善工作條件，促進聯誼合作，得組織公務人員協會。為確保公務人員協會之法律地位及保障其獨立運作，公務人員協會法第3條規定，公務人員協會為法人。換句話說，公務人員協會因與公共利益關係密切，具備公益性社團之屬性，賦予公務人員協會公益性社團法人之地位，得依法行使權利、履行義務。公務人員協會之組織分為，機關公務人員協會及全國公務人員協會。機關公務人員協會包括：1.總統府、國家安全會議、五院之機關公務人員協會。2.各部及同層級機關之機關公務人員協會。3.各直轄市、縣（市）之機關公務人員協會。

1. 公務人員協會之功能

公務人員協會之功能主要有三：

(1) 建議事項

由於公務人員係公共服務之提供者，其服務品質之良窳及工作效率之提升，攸關全體國民之權益與福祉，而公務人員組織團體之目的，主要在以團體之力量，維護會員之權益與改善其工作條件，公務人員協會法第6條規定，公務人員協會對於下列事項，得提出建議：a.考試事項。b.公務人員之銓敘、保障、撫卹、退休事項。c.公務人員任免、考績、級俸、陞遷、褒獎之法制事項。d.公務人員人力規劃及人才儲備、訓練進修、待遇調整之規劃及擬議、給假、福利、住宅輔購、保險、退休撫卹基金等權益事項。e.有關公務人員法規

---

[40] 此外，公務人員執行職務與公共利益及國家安全息息相關，尚不宜參照工會法之規定，賦予公務人員完整之勞動三權，如果將本法定位為工會法之特別法，不但與勞工組織之相關法規無法明確劃分，且與公務人員並非勞工之基本概念亦有未合。公務人員依公務人員協會法所組織之團體，應與勞工依工會法所組織之團體有所區隔，公務人員協會法不但非屬工會法之特別法，並應完全排除工會法之適用。

之制（訂）定、修正及廢止事項。f.工作簡化事項。

(2) 協商事項

公務人員協會法第7條規定，公務人員協會對於下列事項，得提出協商：a.辦公環境之改善。b.行政管理。c.服勤之方式及起訖時間。惟若法律已有明文規定者、依法得提起申訴、復審、訴願、行政訴訟之事項、為公務人員個人權益事項者或與國防、安全、警政、獄政、消防及災害防救等事項相關者，則不得提出協商。

(3) 其他辦理事項

公務人員協會法依第8條規定，公務人員協會得辦理下列事項：a.會員福利事項。b.會員訓練進修事項。c.會員與機關間或會員間糾紛之調處與協助。d.學術講座之舉辦、圖書資料之蒐集及出版。e.交流、互訪等聯誼合作事項。f.接受政府機關或公私團體之委託事項。g.會員自律公約之訂定。h.其他法律規定事項。

2. 自由加入

基於結社自由之保障，公務人員並未被強制加入公務人員協會，而是得依其自由意志決定是否加入。公務人員參加公務人員協會後，如基於感受不到參加協會之利益或認為協會與其成立之目的已不相符等原因，則可依其意願退出協會。公務人員協會法第9條規定，公務人員得依本法組織及加入機關公務人員協會。為確保公務人員協會發起、籌組或加入公務人員協會之公務人員及公務人員協會會務人員之權益，公務人員協會法第49條規定，各機關不得因公務人員發起、籌組或加入公務人員協會、擔任公務人員協會會務人員或從事與公務人員協會有關之合法行為，而予以不利處分。公務人員確因發起、籌組或加入公務人員協會及因擔任公務人員協會職務遭受機關不公平之待遇致權益受損時，可依公務人員保障法等相關法規尋求救濟與保障。

3. 罷工權

公務人員依法執行職務攸關國家安全及社會公共利益，我國公務人員與國家間之公法上職務關係，有別於勞工與雇主間之勞雇關係。雖然公務人員協會法給予公務員結社之權利，但公務人員協會法第46條規定，公務人員協會不得發起、主辦、幫助或參與任何罷工、怠職或其他足以產生相當結果之活動，並

不得參與政治活動[41]。

第二項　公務人員義務

　　公務人員雖享有許多權利，惟伴隨而來的亦是許多義務。公務人員義務規定散見於各種不同法律，最常見者爲公務員服務法。公務員服務法自1939年10月23日公布施行後，歷經4次修正，最近一次於2000年7月19日修正施行。爲因應司法院釋字第785號解釋之要求，應於3年內針對業務性質特殊機關所屬公務人員勤休方式，設定符合憲法服公職及健康權保障意旨之框架性規範，並配合時代需要及社會環境變遷而爲適當調整公務員職務上義務，俾期公務員服務法相關規範更臻合宜。考試院於2021年11月29日函送公務員服務法修正草案至立法院審議。公務員服務法修正草案，合計修正25條，增訂1條，刪除3條。2022年6月22日總統華總一義字第11100050751號令修正公布公務員服務法全文27條；並自公布日施行，但第12條施行日期，由考試院定之。考試院於2022年8月1日以考試院考臺組貳一字第11100055001號令發布定自2023年1月1日施行。

　　公務員服務法第23條規定，公務員違反本法規定者，應按情節輕重，分別予以懲戒或懲處，其觸犯刑事法令者，並依各該法令處罰。

　　公務人員義務可能是直接來自法律規定、法規命令、行政規則或首長個別的指示，因此不同行政機關的公務人員所負義務並不完全相同。公務人員主要之義務有下列幾種：

一、忠誠執行職務義務

　　公務員服務法第1條規定，公務員應遵守誓言，忠心努力，依法律命令所定，執行其職務。相對於公務員服務法第3條規定以下的具體義務，忠誠執行職務義務之規定，具有一般條款之性質，可作爲其他義務之法律依據。

---

[41] 公務人員協會法第46條規定立法理由指出，世界各先進國家之立法例，在美、英、德、法、日等國中，除法國於其國家公務人員法第10條明定，公務人員得依有關法律規定之範圍行使罷工權；英國對公務人員之爭議權或罷工權，法律上未明文禁止，但依敕令，參加爭議行爲者，應受懲戒處分；美國部分州如明尼蘇達州、賓州、夏威夷州等州以制定法方式賦予公務人員罷工權（此乃各州自行立法例，並未普及全國，聯邦相關法律，不准公務人員罷工）外，其餘各國，均明文禁止公務人員之罷工權。

二、服從義務

行政體系運作依賴行政一體功能之發揮，指揮監督則是行政一體是否能夠實現之關鍵。下級機關及屬官必須服從上級機關或長官之指示，才能使龐大之行政體系有效率運作。服從義務成為公務人員基本義務之一。

（一）不同長官命令之效力

行政體系為龐大層級化及官僚化結構，不同層級長官所下的命令不同時，例如，縣（市）政府教育處的課員，當面臨課長、教育處長、縣長下達不同命令時，應該服從誰之命令呢？公務員服務法第4條規定，兩級長官同時所發命令，以上級長官之命令為準，課長與處長命令不同時，以處長命令為準；處長與縣長命令不同時，以縣長命令為準。此外，行政體系有各式不同之專業分工，除主管長官外，公務人員亦會面對其他長官，公務員服務法第4條後段規定，主管長官與兼管長官同時所發命令，以主管長官之命令為準。主管長官與兼管長官之區別，應視兩長官命令所示事項，按諸法令孰為主管與兼管者定之[42]。

（二）違法命令之處理

行政實務上最棘手的問題在於，長官命令違法時，是否仍存在服從義務？例如，驗收公共工程的課員，認為公共工程品質不符合契約規定，惟其上級長官卻要求必須讓該公共工程通過驗收，此時該課員應如何處置呢？舊公務員服務法第2條僅規定，長官就其監督範圍以內所發命令，屬官有服從命令的義務。在文義上並未區分合法或違法命令，因此違法命令是否必須服從，學說上有以下不同之見解：

1.絕對服從說

長官在其監督範圍內所發布的命令，無論合法或違法，屬官即有服從義務。公務人員制度發展初始，公務人員必須絕對效忠君主，絕對服從則是效忠之具體表現。惟隨著依法行政要求的落實，公務人員必須依法行政，長官命令違法時，公務人員如仍必須服從，則與依法行政原則有所牴觸，因此逐漸發展出相對服從說。

---

[42] 李惠宗，前揭書，第204頁指出，此處之長官係指作用法的長官，而非組織法的長官。

2. 相對服從說

　　基於依法行政原則，長官命令合法，屬官必須遵守；長官命令違法，則屬官應拒絕服從。此說在理論上相當正確，惟在實務運作時，卻有重大無法克服之問題，即長官命令合法與否，應由何者認定？長官命令合法與否由屬官決定時，將嚴重破壞指揮監督體系與行政倫理且造成行政體系無法正常運作。因而發展出第三種學說，即陳述意見說。

3. 陳述意見說

　　屬官無權判斷長官命令合法與否，屬官接到長官命令時，縱使認為長官命令違法，不得立即拒絕服從，而必須向長官陳述意見。長官所下的命令可能未經深思熟慮，透過陳述意見機會，讓長官再一次審查其命令是否合法。經過屬官陳述意見後，長官撤回命令，則不再有服不服從問題；長官如仍堅持己見，則屬官有服從義務。透過陳述意見兼顧行政一體及服從義務，為相對服從說之修正理論。我國舊公務員服務法第2條規定，長官就其監督範圍以內所發命令，屬官有服從之義務。但屬官對於長官所發命令，如有意見，得隨時陳述，則採取此項理論。

　　屬官陳述意見後，長官如堅持己見，屬官仍認為命令違法時，依陳述意見說看法，屬官仍須服從長官命令。

4. 命令違法之態樣區分說

　　刑法第21條第2項規定，依所屬上級公務員命令之職務上行為，不罰。但明知法令違法者，不在此限。公務人員明知此項命令是違法卻仍執行時，將受到刑事制裁。不遵守長官命令，違反舊公務員服務法第2條之服從義務；但遵守長官命令，將可能受刑事制裁。此說認為，服從違法命令將受到刑事制裁者，應拒絕服從。

5. 向上級長官陳述說

　　屬官對於長官命令之合法性有所懷疑而為陳述意見時，實際上難以使長官改變自己之命令，陳述意見只是一個形式，基本上無法發揮功能。故此說認為，屬官認為長官命令違法時，應向長官之直接上級長官陳述意見。例如，課員認為課長命令違法時，並非向課長陳述意見，而是應向課長之上級長官（即處長）報告，由處長審查命令合法與否。如處長認為課長命令違法，處長撤回命令時，則不再有服從義務問題；處長認為課長命令合法時，課員原則上須服從，除非該命令構成刑法上犯罪行為，或者損害人性尊嚴時，始得不予遵守。

　　舊公務員服務法第2條與刑法第21條第2項規定內涵並不一致，使得違法行為之責任歸屬常發生疑義，為保障公務人員權益，公務人員保障法第17條第1項規定，公務人員對於長官監督範圍內所發之命令有服從義務，如認為該命令違法，應負報告之義務；該管長官如認其命令並未違法，而以書面署名下達時，公務人員即應服從；其因此所生之責任，由該長官負之。但其命令有違反刑事法律者，公務人員無服從之義務。公務人員有正當理由認長官之命令違法，而提出報告者，受報告之長官如堅持其命令未違法，以書面再次下達時，公務人員即應無異議服從，其因此所生之責任，由該長官負之。長官之命令有違反刑事法律者，公務人員則無服從之義務。為避免長官規避責任，故意不用書面下達命令，公務人員保障法第17條第2項規定，該管長官非以書面署名下達命令者，公務人員得請求其以書面署名為之，該管長官拒絕時，視為撤回其命令。透過此項規定，不但保障公務員之權益，亦能兼顧公務人員服從義務與所負責任之衡平並維護責任體系之透明。

　　2022年6月22日修正公布之公務員服務法第3條規定，公務員對於長官監督範圍內所發之命令有服從義務，如認為該命令違法，應負報告之義務；該管長官如認其命令並未違法，而以書面署名[43]下達時，公務員即應服從；其因此所生之責任，由該長官負之。但其命令有違反刑事法律者，公務員無服從之義務。第1項情形，該管長官非以書面署名下達命令者，公務員得請求其以書面署名為之，該管長官拒絕時，視為撤回其命令。自此公務員服務法與公務人員保障法規定之內容相同。

三、公務員保密義務

　　公務員在執行職務過程中，常會接觸政府機關機密，公務員服務法第5條第1項規定，公務員有絕對保守政府機關（構）機密之義務，對於機密事件無論是否主管事務，均不得洩漏，退職後亦同。

---

[43] 鑑於現行電子通訊普及，書面除傳統實體紙本外，長官以電子郵件或通訊軟體等形式下達足資表達命令內容之各種型態，均屬之。長官如以電子郵件或通訊軟體等非傳統紙本形式下達命令，雖未經長官以其他方式簽具，惟透過電子郵件或通訊軟體等電子通訊仍得知悉係由何人下達，例如，透過通訊軟體之帳號名稱或電子郵件顯示之郵件地址及寄件人等即可得知，無論以何種形式下達之命令，倘已得足資辨識下達者，均可認定為本條所稱之署名範圍。

政府辦理招標採購工程之主管假借權力，圖使特定公司獲得工程承攬權之利益，而洩漏國防以外應秘密之評選委員名單予有意投標承攬工程之公司人員，影響評選決定，除觸犯刑法第132條洩密罪外，並有違公務員服務法第4條第1項有關公務員有絕對保守政府機關機密之義務[44]。

公務員有絕對保守政府機關機密之義務，對於機密事件無論是否主管事務，均不得洩漏，退職後亦同。被付懲戒人係高雄縣政府警察局旗山分局圓潭派出所警員，與旗山鎮一里長熟識，且平日交好，亦曾相約前至不特定之特種行業消費，被付懲戒人明知臨檢勤務之執行地點、時間方式，均屬公務上應機密事項，為中華民國國防以外應秘密之消息，不得加以洩漏[45]。

此外，公務員行使公權力係代表國家而非個人，因此，公務員服務法第5條第2項規定，公務員未經機關（構）同意，不得以代表機關（構）名義或使用職稱，發表與其職務或服務機關（構）業務職掌有關之言論。

四、保持品味義務

公務人員是公權力象徵，其行為應為人民表率，透過公務員個人生活上優良表現能提高人民對公權力之信賴。公務員無論在上班或下班時間，都必須遵守保持品味義務。舊公務員服務法第5條規定，公務員應誠實清廉，謹慎勤勉，不得有驕恣貪惰，奢侈放蕩，及冶遊賭博，吸食菸毒等，足以損失名譽之行為。本條規定訂定時間較早（1939年）且大量使用不確定法律概念，因此在適用上常生爭議。雖然品味保持義務之內容充滿不確定性，但其屬於規範公務員外在行為的一般規定，其具體內容會隨著時代不同，而有所差異。

被付懲戒人係臺南市警察局分局警員，前於臺南縣警察局偵查員任內，基於概括之犯意，持用行動電話，就臺灣或美國職業棒球之比賽輸贏結果，連續向經營職業棒球賽簽賭站下注數千元至數萬元不等，並且多次在公眾得出入之場所與他人對賭財物。核其所為，除觸犯刑法外，並違反公務員服務法第5條公務員應謹慎，不得有賭博，足以損失名譽之行為之規定應依法酌情議處[46]。

法官將製作尚未完成之錯誤民事判決原本，以電子檔上傳書記官指示先掛主文，並親自持交報結，有違公務員服務法第5、7條規定公務員應誠實，謹慎

---

[44] 公務員懲戒委員會100年鑑字第12010號議決書。
[45] 公務員懲戒委員會99年鑑字第11646號議決書。
[46] 公務員懲戒委員會95年鑑字第10736號議決書。

勤勉，執行職務，應力求切實、不得無故稽延[47]。

　　警察於值勤時間出入不正當場所及小吃店飲酒餐敘，與公務員服務法第5、10條規定有違，即公務員應誠實謹慎，不得有放蕩，足以損失名譽之行為，及未奉長官核准，不得擅離職守，故因予以懲戒處分[48]。

　　檢察官與其承辦案件之被告共同飲宴，並受贈茶葉。嗣後於知悉法院合議庭亦認該案可適用認罪協商規定，竟變更起訴之犯罪事實及起訴法條。核其所為，自有損害檢察官職務被信任之行為及司法形象。又其已結婚，卻與其他女子發生婚外情，並生有一子，亦違反公務員服務法第5條規定不得有放蕩、足以損失名譽行為之旨，應予懲戒[49]。

　　考量公務員保持品位義務應隨社會環境變遷與時俱進，現行條文第5條有關「驕恣貪惰，奢侈放蕩及冶遊、賭博、吸食煙毒」等用語較為抽象；另考量公務員因係代表國家執行公權力，其行為本不得損害公務員名譽，公務員如有違反行為義務時，依現行條文第22條規定應受懲戒或懲處處分，2022年6月22日修正公布之公務員服務法第6條規定，公務員應公正無私、誠信清廉、謹慎勤勉，不得有損害公務員名譽及政府信譽之行為。

五、不得圖利與不得損害他人之義務

　　公務員服務法第7條規定，公務員不得假借權力，以圖本身或他人之利益，並不得利用職務上之機會，加損害於人。

　　公務員負責督導審核工程聯合開發權益分配、出租售及經營管理等事務，卻基於間接圖利特定公司之不法利益，假借職務上之機會行使偽造私文書、使公務員登載不實公文書之犯意聯絡，而共同犯有對於主管事務圖利罪等罪，違失事證甚明，除觸犯刑罰法律外，亦違公務員服務法第5、6條公務員應謹慎，及不得假借權力，以圖他人之利益之規定，自應予以懲戒[50]。

　　公務員因辦理油料管理核銷請款等業務，保管有公務車臨時加油卡，竟為私人使用，以私人車輛持卡進行加油，並於核銷時竄改紀錄及帳目列於其他公務車車牌號碼之帳下，以謀油料為己私用，同時違犯對主管事務圖利罪及變造

---

[47] 公務員懲戒委員會101年鑑字第12293號議決書。
[48] 公務員懲戒委員會102年鑑字第12463號議決書。
[49] 公務員懲戒委員會104年鑑字第13014號議決書。
[50] 公務員懲戒委員會105年鑑字第13843號議決書。

準私文書罪，並與公務員服務法第5、6條公務員應誠實清廉、不得假借權力以圖本身之利益等規定有違，應予議處[51]。

六、執行職務應力求切實義務

公務員服務法第8條規定，公務員執行職務，應力求切實，不得畏難規避，互相推諉或無故稽延。

監獄典獄長對特定在監受刑人核准多次特別接見，又以不實事由遴調該名不具遴調資格之受刑人至該監工藝坊，充任視同作業人員，其行為自與公務員服務法第5、7條公務員應謹慎、執行職務應力求切實之規定有違[52]。

觀護人任職期間，辦理安股觀護業務，未依規定撤銷假釋、緩刑，或怠於執行保護管束案件，有違公務員服務法第5、7條所定公務員應勤勉，不得有怠惰，足以損失名譽之行為，及執行職務，應力求切實，不得無故稽延之旨[53]。

七、禁止收受饋贈、禁止享受不正利益

公務員服務法第17條規定，公務員不得饋贈長官財物或於所辦事件收受任何饋贈。但符合廉政相關法令規定者，不在此限。由於現行公務員廉政倫理規範就公務員收受或贈與財物已訂有合理規範，因此有但書之規定[54]。公務員亦不得利用視察調查等機會，接受招待或饋贈。但符合廉政相關法令規定者，不在此限（公務員服務法第18條）。被付懲戒人係港務局技正，奉命前往蘇澳檢丈漁權，接受船商招待，有違公務員服務法第18條規定，應降一級改敘[55]。

公務員服務法第22條規定，公務員對於左列各款與其職務有關係者，不得私相借貸，訂立互利契約，或享受其他不正利益：（一）承辦本機關（構）或所屬機關（構）之工程者。（二）經營本機關（構）或所屬事業來往款項之銀

---

[51] 公務員懲戒委員會104年鑑字第13000號議決書。

[52] 公務員懲戒委員會105年鑑字第13694號議決書。

[53] 公務員懲戒委員會101年鑑字第12416號議決書。

[54] 公務員懲戒委員會73年鑑字第45353號議決書指出，被付懲戒人負責河川管理及河防構造物之設置等業務。商人甲申請某溪流採石權，順利獲准，於1982年2月春節、端午節、中秋節先後至被付懲戒人住處致贈禮卷新臺幣5,000元及禮品，表示謝意。核與公務員服務法第16條規定有違，應降一級改敘。

[55] 公務員懲戒委員會59年鑑字第4096號議決書。

行錢莊。（三）承辦本機關（構）或所屬事業公用物品之營利事業。（四）受有政府機關（構）獎（補）助費。

八、申報財產義務

　　規定財產申報義務之目的在於澄清吏治，希望透過申報制度，讓公務員財產變動狀況能夠透明化，接受監督。公務員俸給為法定主義，透過財產申報義務，可知悉公務員財產之變動，避免不法利益之產生。1993年7月2日公布公職人員財產申報法，同年9月1日正式施行。最近一次於2022年6月22日總統華總一義字第11100050771號令修正公布第6、8、20條條文。

（一）申報義務人

　　有關財產申報義務人之範圍，理論上全部公務人員皆應申報財產，均有義務讓財產透明化。惟公務員人數眾多，且有不同之身分、地位，權力大小差異極大，故實務上僅針對特殊公務人員要求申報財產。公職人員財產申報法第2條第1項規定，下列公職人員，應依本法申報財產：1.總統、副總統。2.行政、立法、司法、考試、監察各院院長、副院長。3.政務人員。4.有給職之總統府資政、國策顧問及戰略顧問。5.各級政府機關之首長、副首長及職務列簡任第十職等以上之幕僚長、主管；公營事業總、分支機構之首長、副首長及相當簡任第十職等以上之主管；代表政府或公股出任私法人之董事及監察人。6.各級公立學校之校長、副校長；其設有附屬機構者，該機構之首長、副首長。7.軍事單位上校編階以上之各級主官、副主官及主管。8.依公職人員選舉罷免法選舉產生之鄉（鎮、市）級以上政府機關首長。9.各級民意機關民意代表。10.法官、檢察官、行政執行官、軍法官。11.政風及軍事監察主管人員。12.司法警察[56]、稅務、關務、地政、會計、審計、建築管理、工商登記、都市計畫、金融監督暨管理、公產管理、金融授信、商品檢驗、商標、專利、公路監理、環保稽查、採購業務等之主管人員；其範圍由法務部會商各該中央主管機關定之；其屬國防及軍事單位之人員，由國防部定之。13.其他職務性質特殊，經

---

[56] 司法警察主管人員，應指實際執行業務時具有「司法警察權」主管人員而言，故警察機關偵查隊拘留所小隊長、保安警察大隊小隊長及各分局警備隊小隊長，倘執行業務時屬相關規範具有司法警察權之主管人員，自應依法申報財產。法務部民國100年4月22日法政字第1001103563號。

主管府、院核定有申報財產必要之人員。此外，其他公職人員經調查有證據顯示其生活與消費顯超過其薪資收入者，該公職人員所屬機關或其上級機關之政風單位，得經中央政風主管機關（構）之核可後，指定其申報財產（公職人員財產申報法第2條第4項）。

　　行政法人與國家及地方自治團體同為行政主體，非屬政府機關或學校、署立醫院等公營造物，亦與由各級政府設置或控有過半數股份，以從事私經濟活動為目的之公營事業機構有別。行政法人為公法人，非私法人，故任職行政人之人員及擔任董、監事者，與公職人員財產申報法第2條第1項第5、6款及第12款等款所定應申報財產者不符，自毋庸申報財產[57]。

（二）申報期間受理機關

　　公職人員財產申報法第3條第1項規定，公職人員應於就（到）職三個月內申報財產，每年並定期申報一次。同一申報年度已辦理就（到）職申報者，免為該年度之定期申報。

　　由於職位不同，受理申報機關亦依義務人而有所不同，公職人員財產申報法第4條規定，受理財產申報之機關（構）共3個：1.第2條第1項第1款至第4款、第8、9款所定人員、第5款職務列簡任第十二職等或相當簡任第十二職等以上各級政府機關首長、公營事業總、分支機構之首長、副首長及代表政府或公股出任私法人之董事及監察人、第6款公立專科以上學校校長及附屬機構首長、第7款軍事單位少將編階以上之各級主官、第10款職務列簡任第十二職等以上之法官、檢察官之申報機關為監察院。2.前款所列以外依第2條第1項各款規定應申報財產人員之申報機關（構）為申報人所屬機關（構）之政風單位；無政風單位者，由其上級機關（構）之政風單位或其上級機關（構）指定之單位受理；無政風單位亦無上級機關（構）者，由申報人所屬機關（構）指定之單位受理。3.總統、副總統及縣（市）級以上公職候選人之申報機關為各級選舉委員會。

（三）申報項目

　　由於財產種類眾多，公職人員財產申報法第5條規定應申報項目，包括：1.不動產、船舶、汽車及航空器。2.一定金額以上之現金、存款、有價證券、珠寶、古董、字畫及其他具有相當價值之財產。3.一定金額以上之債權、債

---

[57] 法務部廉政署民國102年11月22日廉財字第10205034170號。

務[58]及對各種事業之投資[59]。所謂一定金額，依公職人員財產申報法施行細則第14條第1項規定係指：1.現金、存款、有價證券、債權、債務及對各種事業之投資，每類之總額為新臺幣100萬元。2.珠寶、古董、字畫及其他具有相當價值之財產，每項（件）價額為新臺幣20萬元。

應申報財產並不限於義務人所有，公職人員財產申報法第5條第2項規定，公職人員之配偶及未成年子女所有之第1項財產，應一併申報。成年子女之財產並不包括在內。判斷何人為申報人之子女，因公職人員財產申報法並無特別規定，應回歸民法之相關規定辦理；申報人配偶之子女除申報人已收養該子女外，依民法第970條規定，與申報人僅生直系姻親之關係，非申報人之子女，申報人配偶之子女因非公職人員財產申報法第5條第2項所稱之子女，自非屬公職人員財產申報法應申報財產之範疇[60]。

此外，為杜絕公職人員利用職權遂行利益輸送或牟取私利，確保政務人員清廉形象，政務人員其本人、配偶及未成年子女之所有不動產及上市（櫃）股票應強制交付信託，使全民皆能監督其財產狀態。2008年10月1日增訂特定公職人員財產應實施強制信託規定，公職人員財產申報法第7條第1項及第2項規定，總統、副總統、行政、立法、司法、考試、監察各院院長、副院長、政務人員、公營事業總、分支機構之首長、副首長、直轄市長、縣（市）長於就（到）職申報財產時，其本人、配偶及未成年子女之下列財產，應自就（到）職之日起三個月內信託予信託業：1.不動產。但自擇房屋（含基地）一戶供自用者，及其他信託業依法不得承受或承受有困難者，不包括在內。2.國內之上市及上櫃股票。3.其他經行政院會同考試院、監察院核定應交付信託之財產。前項以外應依本法申報財產之公職人員因職務關係對前項所列財產具有特殊利害關係，經主管府、院核定應依前項規定辦理信託者，亦同。

---

[58] 債務，指應償還他人金錢之義務，公務人員財產申報法第5條第1項第3款及施行細則第13條分別定有明文。揆其立法原意，係認債務雖為消極財產，惟申報人或其配偶、未成年子女負有清償之責，為避免藉由減免債務之方式給予公職人員不法利益，或與第三人合謀創造虛偽債務以遂行或隱匿不法，故亦應申報，與如欠稅、欠繳罰鍰等公法上之債務，係被動未履行公法上之給付義務者有間。法務部民國99年11月12日法政字第0999046107號。

[59] 公職人員財產申報法施行細則第13條規定，對各種事業之投資，指對未發行股票或其他有價證券之各種公司、合夥、獨資等事業之投資。

[60] 法務部民國101年9月17日法廉字第10105017140號。

公職人員財產申報法第8條規定，立法委員及直轄市、縣（市）議員於依第3條第1項規定申報財產時，其本人、配偶及未成年子女之第7條第1項所列財產，應每年辦理變動申報。

（四）不依法申報之法律效果

公職人員財產申報法第12條第1項規定，有申報義務之人故意隱匿財產為不實之申報者，處新臺幣20萬元以上400萬元以下罰鍰。公職人員財產申報法第12條第3項規定，有申報義務之人無正當理由未依規定期限申報或故意申報不實[61]者，處新臺幣6萬元以上120萬元以下罰鍰。其故意申報不實之數額低於罰鍰最低額時，得酌量減輕。公職人員財產申報法第12條第1項「故意隱匿財產為不實之申報」與同條第3項「故意申報不實」，係屬兩種不同之申報不實類型，其構成要件不同，前者為有申報義務之人不欲使財產狀況為他人知悉，所進行財產移動、掩飾或藏匿之行為，直接或間接導致申報結果不實，因而認其惡性較後者單純申報不實之行為更大，故前者之法定最高罰鍰額度定為新臺幣400萬元，遠較後者新臺幣120萬元為重[62]。此外，財產申報法第12條第3項的規範目的在於真實揭露財產，以利公眾檢驗，確立公職人員之清廉作為。因此，不僅是短漏報及未申報財產達一定金額的行為態樣具有可罰性，溢報財產及短漏報債務達一定金額，也足使公眾對申報義務人的資力及信用狀況認識錯誤，而具有可罰性。短漏報、未申報債權與溢報債務均有減少財產總額的作用，並無短漏報、未申報財產之可非難性重於溢報財產的必然。溢報財產及短漏報債務固屬虛增財產總額，但一旦虛增財產總額，將致隔年申報財產時有隱匿財產之空間，並致隔年財產申報不實之風險提高[63]。

臺北高等行政法院97年度簡字第451號判決指出，對於違反據實財產申報義務者之處罰，限於故意，而不及於過失，一則避免處罰逾越立法規範目的，二則避免過苛而欠缺期待可能性。

所謂故意，臺北高等行政法院100年度簡字第645號簡易判決指出，公職人員財產申報法要求公職人員申報財產之規範目標，最低限度即是要求擔任特定職務之公職人員，其個人、配偶及未成年子女之財務狀況可供公眾檢驗，進而

---

[61] 臺北高等行政法院100年度訴字第154號判決指出，故意申報不實，係指已辦理財產申報，但申報內容因申報人故意短報、漏報、溢報或虛報而不正確者。

[62] 最高行政法院109年度判字第303號判決。

[63] 臺北高等行政法院111年度簡上字第167號判決。

促進人民對政府施政廉能之信賴，公職人員若未能確實申報財產狀況，即使其財產來源正當，或並無隱匿財產之意圖，無論其申報不實係基於直接故意或間接故意，均符公職人員財產申報法所稱故意申報不實行爲之故意要件。

依公職人員財產申報法所處之罰鍰，受理機關爲監察院者，由監察院處理。受理機關（構）爲政風單位或經指定之單位者，移由法務部處理。受理機關爲各級選舉委員會者，由該選舉委員會處理（公職人員財產申報法第14條）。

九、兼職限制

（一）舊公務員服務法之規定

公務員雖未如法官般，享有憲法上終身職保障，惟公務員之身分地位透過法律規定，某種程度上亦類似終身職。國家給予公務員如此完整之保障，當然可要求公務員於執行職務時，應竭盡所能完成所交付之任務。「盡其所能」難以實質定義，惟至少從形式上而言，盡其所能至少指公務員必須要專職[64]，公務員服務法第13條第1項規定，公務員不得經營商業或投機事業。但投資於非屬其服務機關監督之農、工、礦、交通或新聞出版事業，爲股份有限公司股東，兩合公司之有限責任股東，或非執行業務之有限公司股東，而其所有股份總額未超過其所投資公司股本總額百分之十者，不在此限。本項規定旨在防杜公務員利用職務營私舞弊，有辱官箴，影響公務及社會風氣。立法意旨係以公務員兼職即有影響公務及社會風氣之虞，不以具體發生營私舞弊結果爲必要[65]。

公務員於拍賣網站上買賣，倘具有規度謀作之性質（如藉架設網站買賣物品，以獲取利益之營利目的），尚難謂非公務員服務法第13條第1項所稱「經

---

[64] 除此之外，公務員服務法第13條第1項規定，公務員不得經營商業或投機事業。銓敘部民國98年8月17日部法一字第09830862321號指出，公務員服務法第13條所定之「經營」係指本人實際參加規度謀作業務之處理而言；至「投資」則僅限於所投資之事業，非屬其服務機關所監督，僅爲股份有限公司股東，或非執行業務之有限公司股東，且投資之股份總額未超過其所投資公司股本總額百分之十之情形。

[65] 懲戒法院懲戒法庭111年度清字第11號懲戒判決另指出，公務員經營商業，其行爲成立公務員懲戒法第2條第2款之非職務上之違法行爲，且足使民眾對公務員有不專心公務、國家公務紀律鬆散之不良觀感，致嚴重損害政府信譽，自應受懲戒。

營商業」之範疇，公務員仍不得為之[66]。

由於經濟模式不斷創新，經營商業或投機事業之範圍逐漸產生不明確，例如，現行街頭藝人係由各地方政府自行管理，尚無專屬管理法規，公務員公餘時間於經各地方政府同意之場地，以現場表演或創作方式展現自身技藝並獲取報酬，尚無違公務員服務法第13條第1項規定。公務員無論係自行以街頭藝人身分或與他人約定以街頭藝人身分從事藝文活動，均須與其本職工作或尊嚴未有妨礙，始得為之[67]。

公務員將個人肖像一次性授權他人使用獲致正常利益，且未掛名代言人或參與相關商業活動，非屬公務員服務法第13條第1項經營商業之範疇，其經權責機關（構）以策略聯盟方式指派參與之相關商業活動者，亦同。肖像之授權不得概括授權予他人取得再授權利用之權利[68]。

公務員服務法第14條第1項規定，公務員除法令所規定外，不得兼任他項公職或業務[69]。原則上要求公務員專職，如要兼職，則必須要有法律或法律授權之法規命令允許始可為之。立法目的在於，期使公務員一人一職，以專責成，不兼任他項公職或業務，俾能固守職分，避免影響公務之遂行。銓敘部民國108年11月25日部法一字第1084876512號函釋略以：「一、公務員服務法第14條規定要件及適用情形之認定標準如下：（一）法令部分：……。（二）公職部分：……。（三）業務部分：經綜整司法院以往就業務之個案所為解釋、公務員懲戒委員會（於2020年7月17日改制為懲戒法院）及法院等相關判決，包括醫師、律師、會計師等領證職業，以及其他反覆從事同種類行為之事務。（四）其他：1.依司法院釋字第71號解釋意旨，無論是否為通常或習慣上所稱之業務，祇須與本職之性質或尊嚴有妨礙之事務，公務員均不得為之。2.非

---

[66] 銓敘部民國94年6月13日部法一字第0942453773號電子郵件，轉引自懲戒法院懲戒法庭110年度清字第102號懲戒判決。

[67] 銓敘部民國109年9月30日部法一字第10949780641號。

[68] 銓敘部民國110年8月18日部法一字第11053781671號。

[69] 銓敘部民國109年7月2日部法一字第10949459241號指出，經權責機關（構）認定為任務編組或臨時性需要所設置之職務，非屬公務員服務法第14條所定公務員不得兼任他項公職或業務之情形。依職業訓練法、技術士技能檢定及發證辦法、技術士技能檢定作業及試場規則等規定，取得監評人員資格並接受術科測試辦理單位遴聘擔任監評工作者，係屬經權責機關（構）認定為任務編組或臨時性需要所設置之職務之情形，公務員兼任技能檢定之監評人員，當不受公務員服務法第14條規定限制。

屬公務員服務法第14條所定公務員不得兼任他項公職或業務之情形，包括：
(1)經權責機關（構）認定為任務編組或臨時性需要所設置之職務。(2)反覆從事同種類行為之事務，係屬具社會公益性質者。(3)從事同種類行為之事務，係不具『經常』及『持續』性者。(4)公務員於公餘時間因從事或參與社會公益性質之事務而依各該專業法規辦理相關事宜〈如執業登錄、加入公會等〉者。」

　　業務係指以反覆同種類之行為為目的之社會活動，換言之，只要以經常、持續之行為為同一目的社會活動即屬之。至於兼任業務之時間是否在公餘時間，與是否兼任業務係屬二事[70]。

　　惟由於現代社會對於專職、兼職或業務之概念已有所轉變，遂產生許多新的爭議，例如，汽車駕駛人駕駛營業汽車營業，或以駕駛汽車為職業者，均為職業駕駛人，須領有職業駕照始得為之，且該職業駕照須定期經主管機關審驗。該等職業駕駛人（含Uber、多元化計程車等）不論自行駕駛營業汽車營業或受雇擔任駕駛工作，均屬公務員服務法第14條第1項所稱之「業務」，故除法令所規定外，公務員尚不得兼任之[71]。

　　法令允許兼職，屬於例外情形，不得因而造成兼職公務員法定俸給之改變，公務員服務法第14條第1項後段之規定，其依法令兼職者，不得兼薪及兼領公費。惟交通費、出席費並不在此限。

　　公務員服務法第14條第1項規定係基於公務員忠誠義務及執行職務義務所衍生之限制。公務員兼職並不因係違法兼職，致為兼職原因之聘用契約，當然失效；其因兼職執行職務所為事實行為，亦無從加以去除，或視為不存在。公務員兼職違反公務員服務法第14條第1項規定，僅得依公務員服務法第22條規定，按情節輕重予以懲處，尚不得因此即否認兼職公務員依受聘約定所完成業務之執行效果[72]。

　　為更進一步規範公務員兼職事宜，公務員服務法第14條之2規定，公務員兼任非以營利為目的之事業或團體之職務，受有報酬者，應經服務機關許可。機關首長應經上級主管機關許可。前項許可辦法，由考試院定之。本條立法理由在於，公務員兼任公益或非營利之事業或團體之職務，為避免其違背本身職

[70] 懲戒法院懲戒法庭110年度清上字第10號懲戒判決。
[71] 銓敘部民國108年10月2日部法一字第1084860352號。
[72] 最高行政法院106年度判字第98號判決。

務，應訂定辦法加以規範，如此可避免行政機關為逃避國會監督而私設公益或非營利團體的現象。公務員兼任非營利事業或團體受有報酬職務許可辦法第3條規定，所謂非以營利為目的之事業或團體，指非以營利為目的之公營、私營或公私合營或合於民法總則公益社團及財團之組織或依其他關係法令經向主管機關登記或立案成立之事業或團體而言。受有報酬，指兼任前項職務受有金錢給與或非金錢之其他利益而言。兼職對本身職務之執行不免有所影響，公務員兼任非營利事業或團體受有報酬職務許可辦法第5條規定，公務員之兼職有下列情形之一者，服務機關或上級主管機關應不予許可：（一）對本職工作有不良影響之虞者。（二）有損機關或公務員形象之虞者。（三）有洩漏公務機密之虞者。（四）有營私舞弊之虞者。（五）有職務上不當利益輸送之虞者。（六）有利用政府機關之公物或支用公款之虞者。（七）有違反行政中立規定之虞者。（八）有危害公務員安全或健康之虞者。（九）與本職工作性質不相容者。

此外，公務員服務法第14條之3規定，公務員兼任教學或研究工作或非以營利為目的之事業或團體之職務，應經服務機關許可。機關首長應經上級主管機關許可。本條立法目的，旨在兼顧公務員本職業務之遂行，並適度合理規範其參與教學或研究工作或非營利組織事務之界線，採行許可機制，以尊重首長監督權，避免首長與屬員間產生不愉快。許可係指禁止一般人為之的特定行為，對於特定人或關於特定事件，解除其禁止，使其得以適法為之。公務員未經服務機關許可，兼任教學或研究工作或兼任非營利事業或團體之職務，無論是否受有報酬，亦不問於上班或下班時間，均有違公務員服務法第14條之3規定[73]。

一般而言，每周兼任教學時數以四小時為限[74]。例如，法官到大學法律系擔任審判實務課程之授課教師。此外，國科會（現為科技部）研究計畫係屬公務員服務法第14條之3規定所稱研究工作，故公務員兼任研究計畫主持人應經服務機關或上級主管機關許可[75]。

---

[73] 懲戒法院懲戒法庭111年度澄上字第1號懲戒判決。

[74] 銓敘部民國55年3月30日台銓為參字第04057號函釋，公務人員擔任學校兼課教員，應由主管機關認可，其所兼之課，以一星期四小時為限。

[75] 銓敘部民國99年12月10日部法一字第0993279936號。

（二）新公務員服務法之規定

1. 公務員服務法第14條

由於公務員兼職規定在實務上屢生爭議，新公務員服務法就此有大幅度之修正。公務員服務法第14條第1項規定，公務員不得經營商業。本規定旨在防杜公務員利用職務營私舞弊，有辱官箴，影響公務及社會風氣。此立法意旨係以公務員兼職即有影響公務及社會風氣之虞，不以具體發生營私舞弊結果為必要[76]。惟禁止公務員經營商業，目的係為避免公務員官商兩棲，或因求私利而影響公務之情事發生，為明確商業範圍，公務員服務法第14條第2項規定，經營商業，包括依公司法擔任公司發起人或公司負責人、依商業登記法擔任商業負責人，或依其他法令擔任以營利為目的之事業負責人、董事、監察人或相類似職務。但經公股股權管理機關（構）指派代表公股或遴薦兼任政府直接或間接投資事業之董事、監察人或相類似職務，並經服務機關（構）事先核准或機關（構）首長經上級機關（構）事先核准者，不受第1項規定之限制。由於舊法對於公務員違反經營商業並無緩衝期限設計，致生公務員於就（到）職時雖已無實際參與經營或支領報酬，惟其經營商業狀態須依相關法規辦理解任登記等一定程序，始得解除經營商業之效力，而有就（到）職時即違反規定之情事。公務員服務法第14條第3項規定，公務員就（到）職前擔任前項職務或經營事業須辦理解任登記者，至遲應於就（到）職時提出書面辭職，於三個月內完成解任登記，並向服務機關（構）繳交有關證明文件。但有特殊情形未能依限完成解任登記，並經服務機關（構）同意或機關（構）首長經上級機關（構）同意者，得延長之；其延長期間，以三個月為限，惟於完成解任登記前，不得參與經營及支領報酬。

修正後公務員服務法第14條第1項、第2項前段規定與修正前第13條第1項前段規定兩相比對，修正前、後規定關於公務員不得經營商業之旨雖未有變更，但修正後第14條第2項增訂關於經營商業之範疇、第4項增訂公務員所任職務對營利事業有直接監督或管理權限者，不得取得該營利事業之股份或出資額。修正前則無此等規定。現行公務員服務法就公務員單純持有不具有直接監督或管理公司之股份或出資，且未參與經營之情形，已不予限制。依商業登記法第10條第1項規定，本法所稱商業負責人，……在合夥組織者，為執行業務

---

[76] 懲戒法院懲戒法庭111年度清字第36號懲戒判決。

之合夥人。公務員依商業登記法擔任商業負責人，始屬經營商業範疇，倘僅爲單純投資之合夥人，未實際參與經營者，即非屬之。持有不具有直接監督或管理合夥組織之出資，且未實際執行業務，僅爲單純投資之合夥人，因修正後已非屬經營商業之範疇，自屬有利於被付懲戒人之規定，參酌公務員懲戒法第100條第2項所定應依最有利於被付懲戒人規定之意旨，自不生違法問題[77]。

　　舊公務員服務法第13條第1項但書規定公務員得於一定持股比率範圍內，投資非屬其服務機關（構）監督之營利事業；反之，該營利事業受其服務機關（構）監督者，公務員自應受到高度之利益迴避規範。考量公務員投資禁止規定除爲避免其利用職務之便進行不法投資行爲外，亦應合理兼顧公務員之理財自由，且現行已有公職人員財產申報法、公職人員利益衝突迴避法之相關規範；公司法對各種商業舞弊情形亦多有防範規定，公務員服務法第14條第4項規定，公務員所任職務對營利事業有直接監督或管理權限者[78]，不得取得該營利事業之股份或出資額。至於公務員對該營利事業不具有監督管理權限者，其持有之股份或出資額比率雖不受限，惟仍不得因持有股份或出資額而違反第1項及第2項規定。公務員如於就（到）職前已有禁止投資之情事，應給予其合理之處置時間，公務員服務法第14條第5項規定，公務員就（到）職前已持有第4項營利事業之股份或出資額，應於就（到）職後三個月內全部轉讓或信託予信託業；就（到）職後因其他法律原因當然取得者（包括依法繼承、接受贈與或股票分紅等），亦同。

2. 公務員服務法第15條

　　爲使公務員一人一職，以專責成，俾能固守職分，避免影響公務之遂行及有礙其職權之行使，公務員服務法第15條第1項規定，公務員除法令[79]規定

---

[77] 懲戒法院懲戒法庭111年度清字第27號懲戒判決。懲戒法院懲戒法庭111年度清字第35號懲戒判決亦指出，現行公務員服務法就公務員單純持有不具有直接監督或管理公司之股份或出資，且未參與經營之情形，已不予限制。公務員單純違反修正前公務員服務法第13條第1項但書投資限制之行爲，因修正後已無投資比例限制，自屬有利於被付懲戒人之規定，參酌公務員懲戒法第100條第2項所定應依最有利於被付懲戒人規定之意旨，不生違法問題。

[78] 所任職務直接監督或管理，係指公務員之任職機關（構），爲營利事業之目的事業主管機關，且其職務對該營利事業具有監督、管理、准駁或裁罰等權限之承辦人或各級審核人員。

[79] 法令係指法律（法、律、條例、通則）、法規命令（規程、規則、細則、辦法、綱

外，不得兼任他項公職；其依法令兼職者，不得兼薪。舊公務員服務法第14條第1項所稱之業務，參酌司法院就業務之個案所為解釋及法院等相關判決，係指醫師等相類似領證職業，以及其他反覆從事同種類行為之業務，為期明確，公務員服務法第15條第2項規定，公務員除法令規定外，不得兼任領證職業[80]及其他反覆從事同種類行為之業務。但於法定工作時間以外，從事社會公益性質之活動或其他非經常性、持續性之工作，且未影響本職工作者，不在此限。公務員服務法第15條第3項規定，公務員依法令兼任前二項公職或業務者，應經服務機關（構）同意；機關（構）首長應經上級機關（構）同意。

公務員兼任教學或研究工作或非以營利為目的之事業或團體職務，應經服務機關（構）同意[81]；機關（構）首長應經上級機關（構）同意。但兼任無報酬且未影響本職工作者，不在此限（公務員服務法第15條第4項）。教學係指公務員於學校、補習班、訓練機構或民間公司等場域傳授專業知識或生活技能等；研究工作係指公務員實際從事具研究性質之工作，包括擔任某項計畫所列職務（例如計畫主持人、協同計畫主持人、顧問等）。非以營利為目的之事業或團體職務係指非以營利為目的之公營、私營或公私合營或合於民法總則公益社團及財團之組織，或依其他關係法令經向主管機關登記或立案成立之事業或團體職務，惟未包含經該事業或團體認定為任務編組或臨時性需要所設置之職務。報酬係指公務員因從事本職以外之職務或工作，所獲得之常態性或一次性給付（例如，通告費等），但屬從事該項職務或工作所應支出之必要費用（例如，交通費、實報實銷之住宿費、餐費等），則不屬之。

公務員於法定工作時間以外，從事社會公益性質之活動或其他非經常性、持續性之工作，且未影響本職工作者，雖未禁止；公務員兼任教學或研究工作或非以營利為目的之事業或團體職務，無報酬且未影響本職工作者，雖無須經服務機關（構）同意。惟依公務員服務法第15條第5項規定，公務員應報經服務機關（構）備查；機關（構）首長應報經上級機關（構）備查。

近年來政府為鼓勵藝文活動多元發展，培養民眾參與藝文活動，促使藝術

要、標準或準則）、組織法規（組織法、組織條例、組織通則、組織規程、組織準則、組織自治條例、編制表及依中央行政機關組織基準法訂定發布之處務規程、辦事細則）、地方自治團體所定自治條例及與上開法規處於同等位階者。

[80] 領證職業係指具有專屬人員管理法規、需具備相關資格條件始得從事有關事務，如申請執業登錄或加入公會等，並受主管機關監督之職業。

[81] 新法將舊法規定之許可修正為同意，即事前或事後徵得機關（構）同意皆可。

文化融入民眾生活，豐富公共空間人文風貌等目的，應運而生許多新興表演文化之型態，其表演內容含括運用實體或數位方式以音樂、戲劇、舞蹈、魔術、民俗技藝、詩文朗誦、繪畫、手工藝、雕塑、行動藝術、使用非永久固定之媒材或水溶性顏料之環境藝術、影像錄製、攝影或其他與藝文有關之創作活動，考量表演人係以自身技藝知能，透過藝術表演活動，表達創作理念，公務員於法定工作時間以外，展演上開活動並獲取適當報酬，應認屬其私領域之行為，不宜過度干預。此外，公務員本可處分自有房屋、物品等個人財產，或將其運用自身知識產能為基礎而形成之智慧財產權、個人肖像權授權行使，獲取合理對價，公務員服務法第15條第6項規定，公務員得於法定工作時間以外，依個人才藝表現，獲取適當報酬，並得就其財產之處分、智慧財產權及肖像權之授權行使，獲取合理對價。

考量公務員身分不因上下班時間而有所不同，是公務員如有依法令兼職以外之行為，當不得與其本職性質有所妨礙（如對本職工作有不良影響、有損機關或公務員形象、有營私舞弊之虞、與本職工作性質不相容等）外，亦不得有損公務員名譽或政府信譽，公務員服務法第15條第7項規定，第2項、第4項及第6項之行為，對公務員名譽、政府信譽、其本職性質有妨礙或有利益衝突者，不得為之。

綜合整理公務員服務法第15條規定之同意、備查適用情形，同意適用於下列五種情形：依法令兼任公職、依法令兼任領證職業、依法令兼任其他反覆從事同種類行為之業務：兼任教學或研究工作以及兼任非以營利為目的之事業或團體職務。備查則適用於下列四種情形：(1)於法定工作時間以外，從事具有社會公益性質之活動而兼任領證職業，且未影響本職工作。(2)於法定工作時間以外，從事具有社會公益性質之活動而兼任反覆從事同種類行為之業務，且未影響本職工作。(3)於法定工作時間以外，從事非經常性、持續性之工作，且未影響本職工作。(4)兼任無報酬之教學或研究工作或非以營利為目的之事業或團體職務，且未影響本職工作。惟有下列七種情形，則免經備查：(1)於法定工作時間以外，從事具有社會公益性質之活動而兼任其他反覆從事同種類行為之業務且無報酬，亦未影響本職工作。(2)於法定工作時間以外，從事具有社會公益性質之活動而非經常性、持續性，亦未影響本職工作。(3)於法定工作時間以外，從事非經常性、持續性之工作且無報酬，亦未影響本職工作。(4)於法定工作時間以外，從事屬一次性之工作，亦未影響本職工作。(5)兼任屬一次性之教學或研究工作或非以營利為目的之事業或團體職務，亦未影響本

職工作。(6)兼任無報酬之教學或研究工作或非以營利為目的之事業或團體職務且具有社會公益性質，亦未影響本職工作。(7)兼任無報酬之教學或研究工作或非以營利為目的之事業或團體職務且非經常性、持續性，亦未影響本職工作[82]。

（三）公營事業機構對經營政策負有主要決策責任者以外人員及公立學校兼任行政職務教師

公營事業機構係國家或地方政府基於各種政策目的發揮經濟職能所經營，為發展國家資本，促進經濟建設，便利人民生活，並增加國庫收入之事業機構。公營事業機構人員本係從事商業營運以充實國庫，其職務性質與一般公務人員本有不同，為使公營事業機構具有競爭力，應鬆綁人事法規之牽制，以因應公營事業機構發展之需要。惟公營事業機構中對於經營政策負有主要決策責任之人員（例如，董事長、總經理等職務），掌控公營事業機構之經營政策方向，為避免渠等因另經營商業而有利益衝突之虞，或因兼職分心旁騖而影響公營事業經營績效，故其經商禁止及兼職事項仍有一體適用公務員服務法第14條、第15條規範之必要。

公立學校教師係依學歷及學術能力進用，其工作任務在於教學及研究，不因兼任行政職務後對其本職應從事之教學及研究有所差異。教育部訂定之公立各級學校專任教師兼職處理原則，對於教師從事與教學或研究專長領域相關教學及研究有關之經商及兼職，較公務員服務法規範寬鬆。是現因兼任行政職務期間須受公務員服務法有關經商及兼職限制，已影響其兼任行政職務之意願，導致現職教師多有不願兼行政職務之情形，不利公立學校推動學校行政事務，考量兼任行政職務之教師雖另負行政工作職責，惟仍應盡教學義務與學術研究責任，其從事與教學或研究專長領域相關教學及研究有關之事務，允宜回歸公立各級學校教師所適用之相關行為準則，或由各級學校主管機關就兼任行政職務之教師經營商業、執行業務及兼課、兼職等相關事宜，因應不同教育階段及不同學術與教學專長教師之情形，另定辦法予以合理規範。

基於上述考量，公務員服務法第26條第1項規定，公營事業機構對經營政策負有主要決策責任者以外人員及公立學校兼任行政職務教師不適用第14條及第15條規定；其經營商業、執行業務及兼課、兼職之範圍、限制、程序等相關

---

[82] 銓敘部民國112年7月7日部法一字第11255919391號。

事項之辦法,由各該主管機關定之。

十、旋轉門條款

　　早期認為公務人員喪失公務人員身分後,應允許其毫無限制享有職業自由。惟公務人員於任職期間,接觸許多機密並享有公權力,為避免公務人員於離職後憑恃其與原任職機關之關係,因不當往來巧取私利,或利用所知公務資訊助其任職之營利事業從事不正競爭,並藉以防範公務人員於在職期間預為己私謀離職後之出路,而與營利事業掛鉤結為緊密私人關係,產生利益衝突或利益輸送等情形,2006年我國引進「旋轉門」制度。公務員服務法第16條規定,公務員於其離職後三年內,不得擔任與其離職前五年內之職務直接相關之營利事業董事、監察人、經理、執行業務之股東或顧問。所謂離職係指公務員退休(職)、辭職、資遣、免職、調職、停職及休職等原因離開其職務,而離開前之職務與營利事業有直接相關者[83]。與「職務直接相關」者,指:(一)離職前服務機關為各該營利事業之目的事業主管機關,且其職務對各該營利事業具有監督或管理之權責人員,亦即各該營利事業之目的事業主管機關內各級直接承辦相關業務單位之承辦人員、副主管及主管,暨該機關之幕僚長、副首長及首長,各級地方政府亦同。(二)離職前服務機關與營利事業有營建(承辦本機關或所屬機關之工程)或採購業務關係(包括研訂規格、提出用料申請及實際採買)之承辦人員及其各級主管人員。(所稱各級主管人員係指各級直接承辦相關業務單位之副主管及主管,暨該機關幕僚長、副首長及首長)[84]。經理係指依民法、公司法及商業登記法規定,除經理外,尚包括總經理、副總經理、協理及副經理。至於顧問係指擔任營利事業「顧問」職稱者。

　　為貫徹旋轉門條款,舊公務員服務法第22條之1規定,離職公務員違反本法第14條之1規定者,處二年以下有期徒刑,得併科新臺幣100萬元以下罰金。臺灣臺北地方法院88年度訴字第1698號刑事判決指出,被告原係民航局飛航標準組器材檢定科科長,職司航空器及航空器材標準之研訂、適航檢定給證、航空器「修造場」標準之研訂給證、機務查核、航空器之試飛與航空器特種適航證書申請給證等事項,具有監督及管理航空公司之權責,渠於1998年1月16日

---

[83] 銓敘部民國97年5月19日部法一字第0972917700號。
[84] 銓敘部民國85年7月20日台中法二字第1332483號。

退休後，至華航公司擔任顧問一職，職司飛機「修護專業」指導，協助「修護品保法規」之規範與編撰，並指導「修護品保制度之執行」等業務，渠先後二項業務內容明顯直接相關，被告自民航局離職後三年內，擔任與其離職前五年內之職務直接相關之營利事業顧問，核其所為，係犯公務員服務法第14條之1、第22條之1之罪。

旋轉門制度本身基本上爭議不大，但我國規定之旋轉門時間前後長達八年且職務相關為不確定法律概念，適用範圍之認定常生爭執。司法院釋字第637號解釋理由書指出，公務員服務法第14條之1規定限制離職公務員於一定期間內不得從事特定職務，有助於避免利益衝突或利益輸送之情形，且依上開規定對離職公務員職業自由之限制，僅及於特定職務之型態，尚非全面禁止其於與職務直接相關之營利事業中任職，亦未禁止其自由選擇與職務不直接相關之職業，公務員對此限制並非無法預見而不能預作準備，據此對其所受憲法保障之選擇職業自由所為主觀條件之限制尚非過當，與目的達成間具實質關聯性，乃為保護重要公益所必要，並未牴觸憲法第23條之規定，與憲法保障人民工作權之意旨尚無違背。惟公務員服務法第14條之1之規定，係採職務禁止之立法方式，且違反此項規定者，依同法第22條之1第1項規定，處二年以下有期徒刑，得併科新臺幣100萬元以下罰金，攸關離職公務員權益甚鉅，宜由立法機關依上開法律規定之實際執行情形，審酌維護公務員公正廉明之重要公益與人民選擇職業自由之均衡，妥善設計，檢討修正，併此指明。

雖然司法院釋字第637號解釋認為舊公務員服務法第22條之1規定之內容有檢討修正必要，惟2022年6月22日公布修正之公務員服務法第24條規定並未改變舊公務員服務法第22條第1項規定之內容，亦即仍規定，離職公務員違反第16條規定者，處二年以下有期徒刑，得併科新臺幣100萬元以下罰金。

第十一節　公務人員之保障

1996年制定公務人員保障法，提供公務人員權利保障之特別制度，1996年所制定之公務人員保障法共有35條，該法實施八年後，於2003年作大幅度之修正，條文從35條變成104條，最近一次修正公布於2022年6月22日。公務人員保障法第2條規定，公務人員身分、官職等級、俸給、工作條件、管理措施等有關權益之保障，適用本法之規定。本條立法理由指出，公務人員應受保障之權

益項目甚多，本條所列僅係例示而已，例如，請領福利互助金之爭執，雖非本條明列之實體項目，但仍可循本法所定救濟程序處理解決。換句話說，公務員得提起復審者，應不限於涉及公務人員身分、官職等級、俸給，凡公務人員執行職務與國家間產生之法律爭議，基於公務人員保障法係為保障公務人員權益所制定，公務人員保障暨培訓委員會為公務人員權益救濟之專責機關，其相對於一般受理訴願機關，由於在人事行政、文官制度等法學相關學識領域享有更高專業，皆應允許公務人員利用立法者特別為公務人員設計之復審制度。僅在並非基於公法上職務關係所產生之公法爭議，公務人員才與一般人民相同，利用訴願來救濟本身之權益。

第一項　適用對象

公務人員保障法第3條規定，公務人員保障法所稱公務人員，係指法定機關（構）及公立學校依公務人員任用法律任用之有給專任人員[85]。基本上係指依法任用，且定有官職、等級之常任文官，政務人員及民選公職人員並非公務人員保障法之適用對象。此外，公務人員保障法第102條第1項規定，下列人員準用公務人員保障法之規定：一、教育人員任用條例公布施行前已進用未經銓敘合格之公立學校職員。二、私立學校改制為公立學校未具任用資格之留用人員。三、公營事業依法任用之人員。四、各機關依法派用、聘用、聘任、僱用或留用人員。五、應各種公務人員考試錄取參加訓練之人員，或訓練期滿成績及格未獲分發任用之人員[86]。

公務人員保障法第102條之準用規定，係依其性質而為適當之引用相關條文規定，俾可類推適用於性質相同或相似之事項，故準用時自應依其性質而於法條原意下，為適當之調整，並非一成不變，且亦無法一一列舉，例如，公務人員保障法有關之安全衛生保障項目、工作條件、管理措施及有關程序保障之救濟程序相關條文，於各該類準用對象，即均可援用；又如聘用、聘任之解

---

[85] 法務部民國102年1月4日法律字第10103110030號指出，監察院擬配合駐衛警察隊組織調整需要，將現職小隊長調整職務為隊員，涉及駐衛警察與機關間僱用關係私權事項，自不生行政處分相關程序與效力問題，亦無公務人員保障法申訴等救濟程序適用。

[86] 經考試錄取占機關編制職缺參加學習或訓練人員，雖仍未依法任用，惟其於該期間仍有執行公務之行為，為保障其權益，準用公務人員保障法規定。

聘、停聘即與正式任用之公務人員之免職、停職相當，援用時即不應拘泥於法條用語，應改稱為解聘、停聘，而不可稱為免職、停職，以適應其性質。

第二項　公務人員之實體保障

實體保障規定於公務人員保障法第9至第24條，包括第9條公務人員身分及基於身分之請求權之保障，第9條之1不得任意停職之保障，第13條經銓敘審定之官等職等、第14條經銓敘審定之俸級、第15條依其職務種類、性質與服務地區，所應得之法定加給，應予保障。此外，第16條規定，公務人員之長官或主管對於公務人員不得作違法之工作指派，亦不得以強暴脅迫或其他不正當方法，使公務人員為非法之行為；第18條規定，各機關應提供公務人員執行職務必要之機具設備及良好工作環境；第19條規定，公務人員執行職務之安全應予保障；第22條第1項規定，公務人員依法執行職務涉訟時，其服務機關應延聘律師為其辯護及提供法律上之協助；第23條第1項規定，公務人員經指派於法定辦公時數以外執行職務者為加班，服務機關應給予加班費、補休假。但因機關預算之限制或必要範圍內之業務需要，致無法給予加班費、補休假，應給予公務人員考績（成、核）法規所定平時考核之獎勵，以及第24條規定，公務人員執行職務墊支之必要費用，得請求服務機關償還之。

涉訟輔助係保障公務員於執行職務時，不用擔心因而引發事後之訴訟而能勇於認事。惟臺北高等行政法院100年度簡字第15號判決指出，依法執行職務，並非僅指公務人員所執行之職務係屬法定權限範圍為已足，尚須其執行職務之行為符合法令規定為必要；「法令」係指法律、法規命令、行政規則等一般性、抽象性之有法拘束力之規範。若公務人員怠忽職守或執行職務之手段、方法或程序違反法令規定，即非屬依法執行職務，其因而涉訟者，自不符合涉訟輔助之要件。

公務人員因公涉訟輔助辦法第5條第1項規定，公務人員保障法第22條第1項規定之涉訟，指依法執行職務，而涉及民事、刑事訴訟案件。第2項規定，前項所稱涉及民事、刑事訴訟案件，指在民事訴訟為原告、被告或參加人；在刑事訴訟偵查程序或審判程序為告訴人、自訴人、被告或犯罪嫌疑人。公務人員因公涉訟輔助辦法第14條第1項規定，輔助延聘律師之費用，於偵查、民刑事訴訟每案每一審級，其輔助總金額不得超過前一年度稽徵機關核算執行業務者收入標準之二倍。上開輔助，係指偵查程序或每一審級輔助延聘律師之費

用,又所稱涉及民事、刑事訴訟案件,包含偵查階段或審判階段(含一、二、三審及發回更審),均為該法之效力所及,故該涉訟人員於上開各該偵審階段均得分別或合併向服務機關請求輔助[87]。

第三項　救濟途徑保障

公務人員保障法所定公務人員權益救濟制度,屬行政救濟制度重要之一環。公務人員保障法第4條規定,公務人員權益之救濟,依公務人員保障法所定復審、申訴、再申訴之程序行之。公務人員提起之復審、再申訴事件,由公務人員保障暨培訓委員會審議決定。公務人員保障法適用之領域為公務人員身分、官職等級、俸給、工作條件、管理措施等有關權益之保障,上述所列僅係例示,例如,請領福利互助金之爭執,雖非本條明列之實體項目,但仍可循公務人員保障法所定救濟程序處理解決。公務人員權益之救濟,可分為復審及申訴、再申訴程序。

一、復　審

復審程序規定於公務人員保障法第25條至第76條。公務人員保障法第25條第1項規定,公務人員對於服務機關或人事主管機關(原處分機關)所為之行政處分,認為違法或顯然不當,致損害其權利或利益者,得依公務人員保障法提起復審。非現職公務人員基於其原公務人員身分之請求權遭受侵害時,亦同[88]。提起復審之前提在於,公務人員因原處分機關之行政處分[89],致其權

---

[87] 公務人員保障暨培訓委員會民國99年9月28日公保字第0990012965號。

[88] 此外,為免割裂有關公務人員權益爭執事項之救濟程序,公務人員保障法第25條第2項規定,公務人員已亡故者,其遺族基於該公務人員身分所生之公法上財產請求權遭受侵害時,亦得依公務人員保障法規定提起復審。

[89] 臺中高等行政法院96年度訴字第101號判決指出,復審之提起以行政處分為標的,行政處分,除參照行政程序法第92條第1項規定,係指行政機關就公法上具體事件所為之決定或其他公權力措施而對外直接發生法律效果之單方行政行為外,並以司法院歷次相關解釋之意旨為得提起復審之範圍,亦即係以足以改變公務人員身分關係,或於公務人員權利有重大影響之處分,或基於公務人員身分所產生之公法上財產請求權遭受侵害,為得提起行政爭訟之標的。

益受損，例如，免職處分等[90]。一般而言，涉及公務人員與國家間之基礎關係時，得提起復審。此外，公務人員保障法第26條規定，公務人員因原處分機關對其依法申請之案件，於法定期間內應作為而不作為，或予以駁回，認為損害其權利或利益者，亦得提起請求該機關為行政處分或應為特定內容行政處分之復審。前項期間，法令未明定者，自機關受理申請之日起為二個月。

依公務人員保障法第30條第1項規定，復審之提起，應自行政處分達到之次日起三十日內為之。復審無理由者，保訓會應以決定駁回之。原行政處分所憑之理由雖屬不當，但依其他理由認為正當者，應以復審為無理由。復審事件涉及地方自治團體之地方自治事務者，保訓會僅就原行政處分之合法性進行審查決定（公務人員保障法第63條）。公務人員保障法第65條規定，復審有理由者，保訓會應於復審人表示不服之範圍內，以決定撤銷原行政處分之全部或一部，並得視事件之情節，發回原處分機關另為處分。但原處分機關於復審人表示不服之範圍內，不得為更不利益之處分。前項發回原處分機關另為處分，原處分機關未於規定期限內依復審決定意旨處理，經復審人再提起復審時，保訓會得逕為變更之決定。對於依第26條第1項提起之復審，保訓會認為有理由者，應指定相當期間，命應作為之機關速為一定之處分。保訓會未為前項決定前，應作為之機關已為行政處分者，保訓會應認為復審無理由，以決定駁回之（公務人員保障法第66條）。

復審決定應於保訓會收受原處分機關檢卷答辯之次日起三個月內為之；其尚待補正者，自補正之次日起算，未為補正者，自補正期間屆滿之次日起算；復審人係於表示不服後三十日內補送復審書者，自補送之次日起算，未為補送者，自補送期間屆滿之次日起算；復審人於復審事件決定期間內續補具理由者，自最後補具理由之次日起算。復審事件不能於前項期間內決定者，得予延長，並通知復審人。延長以一次為限，最長不得逾二個月（公務人員保障法第69條）。

公務人員保障法第91條第1項規定，保訓會所為保障事件之決定確定後，有拘束各關係機關之效力。原處分機關應於復審決定確定之次日起二個月內，將處理情形回復保訓會。必要時得予延長，但不得超過二個月，並通知復審人及保訓會（公務人員保障法第91條第2項）。

---

[90] 公務員年終考績考列丙等依最高行政法院104年8月份第2次庭長法官聯席會議（二）決議亦得提起復審。

針對復審決定，公務人員保障法第72條第1項規定，保訓會復審決定依法得聲明不服者，復審決定書應附記如不服決定，得於決定書送達之次日起二個月內，依法向該管司法機關請求救濟，亦即得向高等行政法院提出訴訟。此外，公務人員保障法第94條規定，復審事件經保訓會審議決定，除復審人已依法向司法機關請求救濟者外，於復審決定確定後，如有適用法規顯有錯誤者、決定理由與主文顯有矛盾者、決定機關之組織不合法者、依公務人員保障法應迴避之委員參與決定者等事由，原處分機關或復審人得向保訓會申請再審議。申請再審議應於三十日之不變期間內為之。前項期間自復審決定確定時起算。但再審議之理由知悉在後者，自知悉時起算。再審議之申請，自復審決定確定時起，如逾五年者，不得提起（公務人員保障法第95條）。

二、申訴與再申訴

申訴與再申訴程序規定於公務人員保障法第77條至第84條，公務人員保障法第77條第1項規定，公務人員對於服務機關所為之管理措施或有關工作條件之處置認為不當，致影響其權益者，得依公務人員保障法提起申訴、再申訴。一般而言，涉及公務人員與國家間管理關係時，得提起申訴與再申訴。公務人員保障法第78條規定，公務人員僅得對於個案提起申訴，對抽象工作條件，則不得依公務人員保障法提起救濟。提起申訴，應於管理措施或處置達到之次日起三十日內，向服務機關為之。服務機關以管理措施或有關工作條件之處置之權責處理機關為準。

服務機關對申訴事件，應於收受申訴書之次日起三十日內，就請求事項詳備理由函復，必要時得延長二十日，並通知申訴人。逾期未函復，申訴人得逕提再申訴。不服服務機關函復者，得於復函送達之次日起三十日內，向保訓會提起再申訴。再申訴決定應於收受再申訴書之次日起三個月內為之。必要時得延長一個月，並通知再申訴人。

服務機關所為之管理措施係指機關為達行政目的所為之作為或不作為，除屬復審範圍事項以外，包括機關內部生效之表意行為或事實行為等，均屬管理措施範圍，例如，機關長官或主管所為之工作指派、請假准許與否、休假日數之核給、不改變公務人員身分關係之記一大過、記過、申誡懲處、考績評定或

機關長官所發之職務命令等均屬之[91]；服務機關有關工作條件之處置，例如，服務機關是否提供執行職務必要之機具設備、良好之工作環境、安全及衛生完善措施之提供等均屬之。公務人員對其服務機關所為具體之管理措施或有關工作條件之處置，如認有不當致影響其權益者，即得依申訴程序就具體個案提起救濟。公務員是否能獲准公假或其獲准之公假日數若干，乃直接關聯其是否應於請假日執行職務或執行職務日數之長短，服務機關所為決定顯係直接對其是否於確定或可得確定之期日執行職務為規制，其規制的對象應非公務員作為個人權利領域之權利主體，而係公務員作為職務執行者及行政之手足，該規制措施不具對外效力，並非行政處分，亦非足以改變公務員身分關係或於公務員權利有重大影響，又未直接對其基於公務員身分所生之公法上財產請求權造成侵害，僅屬內部管理措施，並非公務人員保障法第25條第1項規定復審之標的，亦無法對之提起行政訴訟，僅得依公務人員保障法第77條至第84條規定，提起申訴、再申訴[92]。

有關調任問題，最高行政法院101年度裁字第2153號裁定指出，經依法任用之人員，在同官等內調任低職等職務，若僅調任低一職等職務，而仍以原職等任用、敘原俸級，考績時並得在原銓敘審定職等俸級內晉敘，因此種職務調任，並未改變該公務人員之公務員身分關係，亦不影響該公務人員原來之俸級及嗣後之晉敘，自未損及公務人員之身分、官等及俸給等權益，僅屬行政機關之內部管理事項，對於此管理舉措，該等公務人員雖得循公務人員保障法相關規定提起申訴及再申訴之程序以為救濟，但不得提起行政訴訟請求救濟。

最高行政法院104年8月份第2次庭長法官聯席會議（一）決議指出，甲由主管人員調任為同一機關非主管人員，但仍以原官等官階任用並敘原俸級及同一陞遷序列，雖使其因此喪失主管加給之支給，惟基於對機關首長統御管理及人事調度運用權之尊重，且依公務人員俸給法第2條第5款規定，主管加給係指

---

[91] 最高行政法院101年度裁字第2153號裁定指出，免除行政兼職，或機關長官、主管所為不同區域或職務之調任、工作指派所提供之福利措施等，亦屬公務人員保障法第77條第1項所指之工作條件或管理措施，非屬行政處分，公務人員僅得依申訴、再申訴程序尋求救濟。換句話說，未改變公務員身分關係或對其憲法所保障服公職之權利未有重大影響，亦未損害公務人員之公法上財產請求權之內部工作條件或管理措施，基於訴訟資源合理分配及公務機關內部管理之必要，不論對之以何種形式之行政訴訟種類提起行政訴訟，均非法所許。

[92] 最高行政法院97年度裁字第1325號裁定。

本俸、年功俸以外，因所任「職務」性質，而另加之給與，並非本於公務人員身分依法應獲得之俸給，故該職務調任，未損及既有之公務員身分、官等、職等及俸給等權益，不得提起行政訴訟請求救濟。

申訴與再申訴決定之作成，依公務人員保障法第84條規定，準用復審程序之規定。惟公務人員保障法第84條並未準用公務人員保障法第72條之規定，公務人員保障暨培訓委員會為再申訴事件之最終審理機關，公務人員保障暨培訓委員會作出再申訴決定時，事件即告確定，不得對再申訴決定再提起行政訴訟。

惟司法院釋字第785號解釋理由書指出，公務人員與國家間雖具有公法上職務關係，但其作為基本權主體之身分與一般人民並無不同，本於憲法第16條有權利即有救濟之意旨，人民因其公務人員身分，與其服務機關或人事主管機關發生公法上爭議，認其權利遭受違法侵害，或有主張權利之必要，自得按相關措施與爭議之性質，依法提起相應之行政訴訟，並不因其公務人員身分而異其公法上爭議之訴訟救濟途徑之保障。公務人員保障法第77條第1項所稱認為不當之管理措施或有關工作條件之處置，不包括得依復審程序救濟之事項，且不具行政處分性質之措施或處置是否不當，不涉及違法性判斷，自無於申訴、再申訴決定後，續向法院提起行政訴訟之問題。況上開規定並不排除公務人員認其權利受違法侵害或有主張其權利之必要時，原即得按相關措施之性質，依法提起相應之行政訴訟，請求救濟。公務人員保障法第77、78、84條，與憲法第16條保障人民訴訟權之意旨尚無違背。各種行政訴訟均有其起訴合法性要件與權利保護要件，公務人員欲循行政訴訟法請求救濟，自應符合相關行政訴訟類型之法定要件。至是否違法侵害公務人員之權利，則仍須根據行政訴訟法或其他相關法律之規定，依個案具體判斷，尤應整體考量行政機關所採取措施之目的、性質以及干預之程度，如屬顯然輕微之干預，即難謂構成權利之侵害。且行政法院就行政機關本於專業及對業務之熟知所為之判斷，應予以適度之尊重，自屬當然（司法院釋字第784號解釋參照）。換言之，針對管理措施或工作條件提起申訴或再申訴後，於符合行政訴訟法各訴訟類型之合法要件與權利保護要件時，自可提起相關行政訴訟。

三、最新發展

就公務員身分受行政處分得否提起行政爭訟，傳統上認為，應就處分內

容分別論斷，如該行政處分足以改變公務員身分關係，或於公務員權益有重大影響之處分，或基於公務員身分所生之公法上財產請求權遭受損害，可提起行政爭訟；至於未改變公務員身分關係，或對其憲法所保障服公職之權利未有重大影響，亦未損害公務員之公法上財產請求權之措施，核屬公務人員保障法第77條第1項所指之工作條件或管理措施，公務員僅得依申訴、再申訴程序尋求救濟，即使該管理措施等實質上具有行政處分之性質者亦然。此項見解在司法院釋字第785號解釋作成後，受到重大衝擊與挑戰。最高行政法院109年度判字第350號判決指出，行政機關依考績法第6條第1項、考績法施行細則第13條第3項、第16條第1項規定對所屬公務人員懲處申誡，對公務人員之考績、考績獎金、名譽或升遷調動等權利或法律上利益產生不利之影響，係屬侵害公務人員權益且具行政處分性質之措施（最高行政法院於司法院釋字第736號解釋公布後，參酌該解釋意旨所作成之108年度3月份第1次庭長法官聯席會議〈關於公立高級中學以下學校教師申誡懲處案〉決議意旨參照）。因此，申誡雖為行政機關之管理措施，惟其性質為行政處分，自得循序提起行政訴訟。本案上訴人均對本件申誡處分提起申訴、再申訴程序遭駁回，踐行與訴願程序相當之復審程序，應認行政機關業已完成自我省察之機制，自毋庸再行復審程序。最高行政法院109年度裁字第613號裁定亦指出，公務人員休假制度應受憲法第18條服公職權之保障，亦屬憲法第22條所保障健康權之範疇。而公務員服務法第12條授權訂定之公務人員請假規則第7條規定，公務人員提供一定年度之服務，即得享有一定之休假日數。因此，公務員服務機關就所屬公務員為核給休假日數之認定，為確認公務員得享有休假權利之日數，具確認性之行政處分之性質。公務員對之如有所不服，自得對之提起訴訟。

　　惟並非針對所有人事行政管理措施皆得提起復審與行政訴訟，具有警察機關職務任用資格者，仍須依警察人員陞遷相關法規之規定辦理升補缺額，其任用與否，係屬用人機關權責，相關法令並未賦予該等人員陞任遷調特定職缺之公法上請求權。警察機關對於所屬人員在請調作業上是否予以列冊存記，性質上僅為其「職務遷調」之前置作業程序，此並未改變公務員身分關係，亦未對其所屬人員之憲法所保障服公職權利有重大影響，也未損害公務人員之公法上財產請求權之措施，且相關法令既未賦予警察機關對於所屬人員陞任遷調特定職缺之公法上請求權，則依舉重以明輕之法理，對其職務遷調之前置作業之列冊存記與否行為，即難謂對該申請人之權利或法律上之利益造成侵害，此核屬公務人員保障法第77條第1項所指之服務機關所為之管理措施或有關工作條件

之處置,申請人如有不服,自應循申訴、再申訴程序以資救濟[93]。

各機關基於業務需要,選送公務人員全時進修,須公務人員經服務機關甄審委員會通過,並經機關首長核定,公務人員並無請求服務機關選送其參加全時進修之公法上權利,服務機關對於是否選送公務人員參加全時進修所為決定,屬其內部之管理措施,未經核定選送之公務人員僅得提起申訴、再申訴,不得再提起行政訴訟以為救濟[94]。

在司法院釋字第785號解釋公布以及最高行政法院109年度判字第350號判決作成後,公務人員保障暨培訓委員會於2020年10月7日公告,調整公務人員保障法所定復審及申訴、再申訴救濟範圍。參照司法院釋字第785號解釋意旨,以現行法制有關「行政處分」之判斷,並未以權利侵害之嚴重與否為要件,公務人員保障法第25條所稱之「行政處分」,應與行政程序法第92條規定「指行政機關就公法上具體事件所為之決定或其他公權力措施而對外直接發生法律效果之單方行政行為」為相同之認定。依公務人員考績法規所為之獎懲、考績評定各等次、曠職核定等(詳如人事行政行為一覽表,請見附件一),均有法律或法律授權訂定之規範,且經機關就構成要件予以判斷後,作成人事行政行為,已觸及公務人員服公職權等法律地位,對外直接發生法律效果,核屬行政處分,應循復審程序提起救濟。公務人員保障暨培訓委員會歷來所認應依申訴、再申訴程序提起救濟之相關函釋,與上開一覽表不合部分,自即日起不再援用。亦即公務人員保障暨培訓委員會改變傳統區分復審與申訴、再申訴標的之方法與結果,例如,申誡以上之懲處原為管理措施改列為行政處分、年終考績考列乙等原為管理措施改列為行政處分、核定指名商調原為管理措施改列為行政處分。至於將主管人員調任同官等、官階(職等)及同一陞遷序列之非主管職務、核定現職人員之進修(全時/公餘/部分辦公時間)、編排值班(勤、日、夜)表仍維持為管理措施。

最高行政法院112年度抗字第415號裁定指出,純屬行政機關內部管理措施或工作條件之處置妥當性與否,而對於公務人員權利之干預顯屬輕微,難謂構成權利之侵害。機關首長基於內部管理、領導行政機關經通盤最終考量,以調任令將抗告人調任該校同官等、職等、陞遷序列○○,仍敘原俸級,並未損及抗告人既有之公務員身分、官等職等及俸給等權益,亦無違公務員任用法

---

[93] 最高行政法院109年度裁字第1387號裁定。
[94] 最高行政法院111年度抗字第42號裁定。

第18條之規定。該職務調任對抗告人公務員身分及因該身分所產生之權益不生影響，乃屬機關首長內部管理、領導統御及業務運作需要所爲同一陞遷序列之職務調動，難謂構成權利之侵害，抗告人對此同一陞遷序列之職務調動，於依公務人員保障法第77條第1項規定，提起申訴、再申訴後，復對之提起行政訴訟，其起訴即屬不備合法要件，且不能補正，應依行政訴訟法第107條第1項第10款規定以裁定駁回之。

第十二節　公務員責任

　　憲法第24條規定，凡公務員違法侵害人民之自由或權利者，除依法律受懲戒外，應負刑事及民事責任。被害人民就其所受損害，並得依法律向國家請求賠償。公務員違法行爲，依憲法規定產生三種不同之責任：行政責任、刑事責任及民事責任。

第一項　公務員行政責任

　　公務員行政責任區分爲依照公務員懲戒法所爲之懲戒責任及依照公務人員考績法所爲之考績責任（懲處責任）。行政懲處權與司法懲戒權在我國制憲時原即已雙軌併行，司法院歷來解釋亦皆承認行政懲處及司法懲戒均得作成免職或類似效果之決定。憲法法庭111年憲判字第10號判決指出，人事權爲行政權所不可或缺之核心權力。公務員之任命爲人事權之起點，免職爲終點，兩者俱爲人事權之核心事項。基於行政一體及責任政治原則，機關長官就其所屬公務員應有一定之指揮監督權限，始足以遂行任務並達成行政目的。特別是就有任用資格要求之文官而言，如果用人機關對於績效不佳或有違法失職情事之不適任公務員，無從依法定程序予以汰除，勢必影響行政效能，甚至妨礙行政目的之實現。相較於任用權，免職權顯更能發揮指揮監督之實效，而爲憲法行政權所不可或缺之固有核心權限，公務員平時考核之獎懲，係用人機關爲指揮監督及汰除不適任者，所應具備及踐行之機制。由於平時考核係依據公務員於平時之各項表現，予以評斷，而公務員之主管人員及機關長官通常也最清楚並知悉機關運作需求與各該公務員之工作、操行、學識、才能及表現。因此，關於同一考績年度中，其平時考核獎懲互相抵銷後累積已達二大過之免職事由，不論是在組織或程序上，行政部門應屬功能最適之決定機關，而更適合爲第一次之

判斷。與行政機關相比，法院固具法律專長，然就各項行政業務之推行則未必如行政機關熟悉；況法院之主要功能均係在提供外部的事後救濟，且限於合法性審查，而無法及於妥當與否之合目的性審查。故不論是就組織、程序或專業能力而言，行政機關至少應爲行使免職權之主要機關，法院實難以、也不適合完全取代行政機關及其長官，就是否免職逕爲第一次決定。

憲法法庭111年憲判字第9號判決指出，懲戒與懲處兩種制度，係承繼中華民國訓政時期法制，自始即爲不同制度，且於憲法施行後繼續雙軌併行。不論是依制憲意旨或修憲規定，均無從認定憲法第77條規定蘊含「懲戒一元化」原則，且不容許行政機關行使具有免職效果之行政懲處權。換句話說，憲法第77條所定公務員之懲戒，在解釋上，應不包括行政懲處，亦非要求必須由法院擔任公務員懲戒及懲處之第一次決定機關。現行懲戒與懲處制度，其事由固有重疊，然其目的及效果則均有別。就目的而言，懲戒爲國家對於公務人員違法、失職行爲之制裁（公務員懲戒法第2條規定參照）；而懲處爲國家綜覈公務人員於從業上之名實、信賞必罰，就其表現優劣，進行考評（公務人員考績法第2條規定參照）。就效果而言，現行公務員懲戒法所定之免除職務，其效果除免其現職外，並有不得再任用爲公務員之效果；其所定之撤職，除撤其現職外，並有於一定期間停止任用之效果（公務員懲戒法第9條、第11條及第12條規定參照）。而公務人員考績法所定之免職，則僅有免其現職之效果，而無根本剝奪公務員資格之效果。

懲戒與懲處雖屬兩種本質不同之制度，惟憲法法庭111年憲判字第9號判決指出，公務員懲戒法第2條所定之懲戒事由，與公務人員考績法第6條第3項所定得考列丁等免職之四款事由、第12條第3項所定專案考績一次記二大過免職之八款事由間，難免有所重疊。而用人機關就同一事由究應依公務員懲戒法移付懲戒，並由懲戒法院作成司法懲戒處分之第一次決定，或依公務人員考績法逕爲行政懲處，再由行政法院提供事後之司法救濟，不僅在規範面欠缺共同之選擇標準可資遵循，各機關之實務做法也不盡一致。就上述公務員權益保障或有不夠完整之處，有關機關宜適時檢討修正相關法令，適切區別懲戒與懲處事由；或就同時該當司法懲戒及行政懲處事由之情形，明定此二程序之關係，以避免或減少用人機關恣意選擇程序及受懲處公務員之雙重程序負擔。

有關懲戒與懲處制度之規定，兩者比較如下：

一、執行機關不同

（一）懲戒責任

公務員懲戒責任主要由懲戒法院[95]掌理，公務員懲戒法第24條第1項規定，各院、部、會首長，省、直轄市、縣（市）行政首長或其他相當之主管長官，認為所屬公務員有公務員懲戒法第2條所定情事者[96]，應由其機關備文敘明事由，連同證據送請監察院審查。但對於所屬薦任九職等或相當於薦任九職等以下之公務員，得逕送懲戒法院審理。監察院認為公務員有公務員懲戒法第2條所定情事，應付懲戒者，依公務員懲戒法第23條規定，應將彈劾案連同證據，移送懲戒法院審理。

被付懲戒人有公務員懲戒法第2條情事之一，並有懲戒必要者，應為懲戒處分之判決；其無公務員懲戒法第2條情事或無懲戒必要者，應為不受懲戒之判決（公務員懲戒法第55條）。

（二）考績（懲處）責任

公務人員考績法第14條第1項規定，各機關對於公務人員之考績，應由主管人員就考績表項目評擬，遞送考績委員會初核，機關長官覆核，經由主管機關或授權之所屬機關核定，送銓敘部銓敘審定[97]。但非於年終辦理之另予考績

---

[95] 公務員懲戒委員會更名為懲戒法院，懲戒法院組織法（2020年6月10日）第2條規定，懲戒法院置院長一人，特任，綜理全院行政事務，並任法官；法官九人至十五人。第4條第1項規定，懲戒法院設懲戒法庭，分庭審判公務員懲戒案件，其庭數視事務之繁簡定之。但法律另有規定者，從其規定。

[96] 公務員懲戒法第2條規定，公務員有左列各款情事之一者，應受懲戒：1.違法執行職務、怠於執行職務或其他失職行為。2.非執行職務之違法行為，致嚴重損害政府之信譽。

[97] 最高行政法院107年9月份第1次庭長法官聯席會議決議指出，公務人員之考績乃就其任職期間之工作、操行、學識及才能表現，本諸「綜覈名實、信賞必罰」之旨所為之考評，係為維持主管長官指揮監督權所必要，屬於服務機關人事高權之核心事項。又依公務人員考績法第14條第1項前段、第16條及同法施行細則第13條第4項、第20條第1項規定，公務人員考績案雖須送銓敘部銓敘審定，惟銓敘部縱發現有違反考績法規情事，應退還原考績機關另為適法之處分，而無權逕行變更；且公務人員之平時考核獎懲，毋庸送銓敘部銓敘審定。再依最適功能理論，服務機關對於所屬公務人員之任職表現最為清楚，由其應訴最為適當。足徵公務人員之考績權限應歸屬於服務機關，銓敘部則有適法性監督之權限，其就公務人員考績案所為之銓敘審定，核屬法定生效要件，並於服務機關通知受考人時發生外部效力。從而，公務人員如單就年終考績評

或長官僅有一級，或因特殊情形報經上級機關核准不設置考績委員會時，除考績免職人員應送經上級機關考績委員會考核外，得逕由其長官考核。考績責任由機關考績委員會[98]初核，機關長官覆核，主管機關核定後，最後送銓敘部銓敘審定，程序相當多層。如果機關長官與考績會之意見不同，行為時考績法施行細則第19條第1項規定，機關長官如對初核結果有意見時，應交考績會復議；機關長官對復議結果，仍不同意時，得加註理由後變更之。我國公務人員考績之評定，原則上雖由考績會透過民主化合議機制作成，惟為貫徹機關長官領導統御，最終決定權仍屬機關長官[99]。

二、原因不同

（一）懲戒之原因

舊公務員懲戒法第2條規定，公務員有下列各款情事之一者，應受懲戒：1.違法。2.廢弛職務或其他失職行為。司法院釋字第433號解釋理由書指出，為維護公務員之紀律，國家於公務員有違法、廢弛職務或其他失職行為時，得予以懲戒。懲戒權之行使係基於國家與公務員間公法上之權利義務關係，與國家對人民犯罪行為所科處之刑罰不盡相同，懲戒權行使要件及效果應受法律嚴格規範之要求，其程度與刑罰之適用罪刑法定主義，對各個罪名皆明定其構成要件及法律效果者，亦非完全一致。對懲戒處分之構成要件及其法律效果，立法機關自有較廣之形成自由。公務員懲戒法第2條及第9條雖就公務員如何之違法、廢弛職務或其他失職行為應受何種類之懲戒處分僅設概括之規定，與憲法

定不服，原則上應以服務機關為被告；如對銓敘部基於掌理公務人員敘級、敘俸職權所為考績獎懲結果（晉級、獎金、留原俸級）之銓敘審定不服，則應以銓敘部為被告。

[98] 公務人員考績法第15條規定，各機關應設考績委員會，其組織規程，由考試院定之。

[99] 最高行政法院106年度判字第99號判決指出，法院於審查考績評定合法與否時，於機關長官同意考績會評定時，審查重點在於考績會之組織、程序及判斷是否合法；但如終係因機關長官不同意考績會復議之結果，而以加註理由方式變更復議結論時，法院所審查之重點，即不在於考績會初核、復議階段，而在於機關長官逕予變更之決定是否合法。機關長官行使上開考績決定權，有義務將其考績判斷所運用之資料及過程表明，至少應達到公務人員權利救濟機關（包括法院）可為審查其是否係基於妥當事實，以及其變更考績會決定之具體理由此一程度，否則難免流於恣意之弊，此乃考績法施行細則第19條第1項規定要求機關長官逕予變更考績時，須加註理由之原因。

向無牴觸。

　　惟懲戒處分之目的在於對公務員之違法失職行為追究其行政責任，俾以維持公務紀律。公務員之違法失職行為，其情節輕重有別，如機關首長行使職務監督權足以維持公務紀律，自無一律移送懲戒之必要，因此新公務員懲戒法第2條規定，公務員有下列各款情事之一者，有懲戒之必要者，應受懲戒。此外，公務員職務外之違法行為，應否受懲戒，在原有規定適用上，迭生疑義。考量公務員懲戒法法之制定旨在整飭官箴，維護政府信譽，參酌德國聯邦公務員法第77條第1項規定，區分職務上行為與非職務上行為，公務員違法執行職務、怠於執行職務或其他失職行為[100]以及公務員非執行職務之違法行為，致嚴重損害政府之信譽，有懲戒之必要者，應受懲戒。換句話說，公務員非執行職務之違法行為，須致嚴重損害政府之信譽時，始得予以懲戒[101]。至於違法卻未嚴重損害政府信譽之行為，則排除於懲戒事由之外，以避免公務員於私領域之行為受過度非難。至於公務員非執行職務之違法行為，是否致嚴重損害政府之信譽，係以其違法行為是否將導致公眾喪失對其執行職務之信賴為判斷標準[102]。公務員服務法第13條第1項規定旨在防杜公務員利用職權營私舞弊，有

---

[100] 公務員懲戒委員會106年度鑑字第13941號判決指出，被彈劾人自○○○所收受之金額，並非正常社交禮俗標準之餽贈或其他利益，答謝款項高達30萬元，桃園地院第一審判決認定其係犯利用職務機會詐取財物罪，處有期徒刑八年。被彈劾人於任職期間，涉犯貪污治罪條例之罪並經法院第一審為有罪判決，屬於公務員懲戒法第2條第1款所定之失職行為，除觸犯刑罰法律外，並有違背公務員服務法第5條「公務員應清廉」及第6條「公務員不得假借權力以圖本身或他人之利益」等規定，故為維持公務紀律，自有予以懲戒之必要。懲戒內容為撤職並停止任用一年。

[101] 公務員懲戒委員會106年度鑑字第13973號判決指出，被付懲戒人身為法院書記官，竟於酒後駕車肇事，經測得其呼氣酒精濃度達每公升1.12毫克，影響道路交通安全，屬非執行職務之違法行為，並嚴重損害政府機關之信譽，自有懲戒之必要。核其所為，除觸犯刑法外，並有違公務員服務法第5條所定，公務員應謹慎之旨。懲戒內容為降二級改敘。懲戒法院懲戒法庭110年度清字第63號懲戒判決亦認為，被付懲戒人酒後駕車行為（酒測值達0.35mg/L），除觸犯刑罰法律外，並有違公務員服務法第5條所定公務員應謹慎之旨，所為係屬公務員懲戒法第2條第2款所規定非執行職務之違法行為。其行為將導致公眾喪失對其職位之尊重與執行職務之信賴，而嚴重損害政府之信譽，為維持公務紀律，自有予以懲戒之必要。

[102] 公務員懲戒委員會108年度清字第13220號判決指出，被付懲戒人違反公務員服務法第13條第1項公務員不得經營商業之規定，雖屬公務員懲戒法第2條第2款所定非執行職務之違法行為，但其行為足以讓人民有公務員不專心公務，國家公務紀律鬆散之不良

辱官箴，影響公務及社會風氣。此立法意旨係以公務員兼職即有影響公務及社會風氣之虞，不以具體發生營私舞弊結果爲必要。只要公務員違反公務員服務法第13條第1項前段規定，應認有懲戒之必要，且亦足認其因此致嚴重損害政府之信譽，而應受懲戒[103]。雖然公務員兼職規定有所修正，公務員行爲有違現行公務員服務法第14條第1項規定，公務員不得經營商業者，其行爲成立公務員懲戒法第2條第2款之非職務上之違法行爲，且足使民眾對公務員有不專心公務、國家公務紀律鬆散之不良觀感，致嚴重損害政府信譽，自應受懲戒[104]。

　　公務員違反行政法上義務之處罰及民、刑事責任，均以故意或過失爲其責任條件，現代國家基於「有責任始有處罰」之原則，對於違反公務員法之究責，亦應以行爲人主觀上有可非難性及可歸責性爲前提，公務員懲戒法第3條規定，公務員之行爲非出於故意或過失者，不受懲戒。

（二）考績原因

　　公務人員考績，依公務人員考績法第3條規定主要分爲：1.年終考績：係指各官等人員，於每年年終考核其當年一至十二月任職期間之成績[105]。2.另予考績：係指各官等人員，於同一考績年度內，任職不滿一年，而連續任職已達六個月者辦理之考績。3.專案考績：係指各官等人員，平時有重大功過時，隨時辦理之考績。公務人員考績法第5條規定，年終考績應以平時考核爲依據。平時考核就其工作、操行、學識、才能行之。前項考核之細目，由銓敘機關訂定。但性質特殊職務之考核得視各職務需要，由各機關訂定，並送銓敘機關備

觀感，嚴重損害政府之信譽，爲維護公務紀律，自有予以懲戒之必要。懲戒內容爲申誡。公務員懲戒委員會107年度清字第13116號判決指出，被付懲戒人參加機關所辦之研習活動，利用異性同事因聚餐飲酒，酒醉未醒，乘機爲性交之行爲，所爲觸犯刑法妨害性自主罪，屬公務員懲戒法第2條第2款所定之非執行職務之違法行爲。核被付懲戒人所爲，除觸犯刑法外，並有違公務員服務法第5條所定，公務員應謹愼、不得有放蕩足以損失名譽之行爲之旨。其行爲將導致公眾喪失對其職位之尊重與執行職務之信賴，嚴重損害政府之信譽，爲維持公務紀律，自有予以懲戒之必要。懲戒內容爲撤職並停止任用二年。

[103] 公務員懲戒委員會109年度清字第13362號判決。

[104] 懲戒法院懲戒法庭111年度清字第36號懲戒判決。

[105] 公務人員考績法第4條第1項規定，公務人員任現職，經銓敘審定合格實授至年終滿一年者，予以年終考績；不滿一年者，如係升任高一官等職務，得以前經銓敘審定有案之低一官等職務合併計算，辦理高一官等之年終考績；如係調任同一官等或降調低一官等職務，得以前經銓敘審定有案之同官等或高官等職務合併計算，辦理所敘官等職等之年終考績。但均以調任並繼續任職者爲限。

查。年終考績分為甲乙丙丁四等，甲等晉本俸一級，並給與一個月俸給總額之一次獎金；乙等晉本俸一級，並給與半個月俸給總額之一次獎金；丙等留原俸級；丁等則予以免職。

公務人員考績法第6條第3項規定，除公務人員考績法另有規定者外，受考人在考績年度內，非有左列情形之一者，不得考列丁等：1.挑撥離間或誣控濫告，情節重大，經疏導無效，有確實證據者。2.不聽指揮，破壞紀律，情節重大，經疏導無效，有確實證據者。3.怠忽職守，稽延公務，造成重大不良後果，有確實證據者。4.品行不端，或違反有關法令禁止事項，嚴重損害公務人員聲譽，有確實證據者[106]。

除年終考績外，依公務人員考績法第12條第1項規定，各機關辦理公務人員平時考核及專案考績，分別依下列規定：1.平時考核：獎勵分嘉獎、記功、記大功；懲處分申誡、記過、記大過。於年終考績時，併計成績增減總分。平時考核獎懲得互相抵銷，無獎懲抵銷而累積達二大過者，年終考績應列丁等。2.專案考績，於有重大功過時行之；其獎懲依下列規定：一次記二大功者，晉本俸一級，並給與一個月俸給總額之獎金；一次記二大過者，免職。專案考績不得與平時考核功過相抵銷。

公務人員考績法第12條第3項規定，非有下列情形之一者，不得為一次記二大過處分：1.圖謀背叛國家，有確實證據者。2.執行國家政策不力，或怠忽職責，或洩漏職務上之機密，致政府遭受重大損害，有確實證據者。3.違抗政府重大政令，或嚴重傷害政府信譽，有確實證據者。4.涉及貪污案件，其行政責任重大，有確實證據者。5.圖謀不法利益或言行不檢，致嚴重損害政府或公務人員聲譽，有確實證據者。6.脅迫、公然侮辱或誣告長官，情節重大，有確實證據者。7.挑撥離間或破壞紀律，情節重大，有確實證據者。8.曠職繼續達四日，或一年累積達十日者。

公務人員職司國家公務之執行，所作所為攸關其任職之政府機關形象與效能，因此國家藉由考試制度界定公務員之能力外，品格操守之要求更不在話

---

[106] 憲法法庭111年憲判字第9號判決指出，考績丁等者免職，係為汰除不適任公務員，以貫徹行政一體，發揮行政效能，其所追求之目的自屬重要公共利益。於體系解釋上，用人機關於受處分公務員具有符合法規所定「品行不端，或違反有關法令禁止事項，嚴重損害公務人員聲譽，有確實證據者」或公務人員考績法第6條第3項第1款至第3款規定之明顯不適任事由時，始得予以考績丁等而免職，法規限制手段與上述目的之達成間，顯具有實質關聯，不違反憲法第18條規定保障人民服公職權之意旨。

下，故以公務人員考績法等相關規定予以考核，無非希望公務人員能奉公守法，無行為不檢致嚴重損害政府或公務人員聲譽之行為。本件原告竟自86年至96年間在辦公處所，利用公務之便而騷擾女性同仁，長達十年之久，自屬言行不檢，且嚴重損害政府或公務人員聲譽，被告於調查後，舉行考績會議並給予原告充分陳述意見機會後，據以認定原告之行為該當公務人員考績法第12條第3項第5款之規定，而為一次記二大過處分免職，並於免職處分未確定前，先行停職之處分，核依首揭規定並無不法[107]。

司法院釋字第491號解釋另指出，對於公務人員之免職處分既係限制憲法保障人民服公職之權利，自應踐行正當法律程序，諸如作成處分應經機關內部組成立場公正之委員會決議，處分前並應給予受處分人陳述及申辯之機會，處分書應附記理由，並表明救濟方法、期間及受理機關等，設立相關制度予以保障。

三、責任種類不同

（一）懲戒處分

公務員懲戒法第9條規定，公務員之懲戒處分如下：1.免除職務（免其現職，並不得再任用為公務員）。2.撤職（撤其現職，並於一定期間停止任用；其期間為一年以上、五年以下）。3.剝奪、減少退休（職、伍）金[108]。4.休職（休其現職，停發俸（薪）給，並不得申請退休、退伍或在其他機關任職；其期間為六個月以上、三年以下）。5.降級（依受懲戒人現職之俸（薪）級降一級或二級改敘）。6.減俸（依受懲戒人現職之月俸（薪）減百分之十至百分之二十支給；其期間為六個月以上、三年以下）。7.罰款（金額為新臺幣一萬元

---

[107] 臺北高等行政法院97年度訴字第1858號判決。

[108] 公務員於任職時涉有違失行為，嗣發覺時業已退休（職、伍）或資遣而離職者，依公務員懲戒法第1條第2項規定，亦應受懲戒。惟依現行條文規定，如予撤職、休職、記過、申誡等懲戒處分，因其已不在職，懲戒效果有限，即使予以降級、減俸，依公務員懲戒法第21條規定，亦僅於其再任職時執行，而未能有效處罰已離職公務員之違失行為，亦不能對現職公務員達到懲儆之預防效果。德國聯邦公務員懲戒法，對離職人員之退休金，設有一部或全部限制支付之機制，為使離職公務員之懲戒具有實效，參酌德國聯邦公務員懲戒法第5、11及第12條規定，於公務員懲戒法第9條第1項第3款規定剝奪、減少退休（職、伍）金之懲戒處分種類。

以上、一百萬元以下）[109]。8.記過（得為記過一次或二次）。9.申誡。前項第
3款之處分，以退休（職、伍）或其他原因離職之公務員為限。第1項第7款得
與第3款、第6款以外之其餘各款併為處分。第1項第4、5、8款之處分於政務人
員不適用之。此外，停職則屬於暫時性懲戒處分，除停職外，公務員因案於公
務員懲戒委員會審議程序進行中，依原公務員懲戒法第8條規定，不得資遣或
申請退休[110]、退伍。其經監察院提出彈劾案者，亦同。所謂審議中係指自以案
件繫屬於公務員懲戒委員會之日起，至終局議決之日止者[111]。參考公務人員退
休資遣撫卹法第24條第1項第6款規定及配合公務員懲戒法第96條第1項、第2項
懲戒處分生效時點之修正，公務員懲戒法第8條第1項修正為，公務員經依第23
條、第24條移送懲戒，或經主管機關送請監察院審查者，在不受懲戒、免議、
不受理判決確定、懲戒處分生效或審查結束前，不得資遣或申請退休、退伍。

（二）懲處處分

公務人員考績法規定之懲處種類則為，申誡、記過、記大過以及免職。

四、懲戒、懲處權行使期間

（一）懲戒權行使期間

國家對公務員違法失職行為應予懲罰，惟為避免對涉有違失之公務員應否
予以懲戒，長期處於不確定狀態，懲戒權於經過相當期間不行使者，即不應再
予追究，以維護公務員權益及法秩序之安定。舊公務員懲戒法第25條第3款規
定，懲戒案件自違法失職行為終了之日起，至移送公務員懲戒委員會之日止，
已逾十年者，公務員懲戒委員會應為免議之議決。惟司法院釋字第583號解釋
指出，公務員懲戒法概以十年為懲戒權行使期間，未分別對公務員違法失職行
為及其懲戒處分種類之不同，而設合理之規定，與比例原則未盡相符，有關機

---

[109] 現行條文關於財產權之懲戒處分種類，僅有減俸一種，惟自1986年至2014年6月30日
止，僅有十一人受減俸之懲戒處分，實效有限。為達到對公務員輕度至中度違失行為
懲戒之效果，參照德國聯邦公務員懲戒法第5、7條規定，於公務員懲戒法第9條第1項
第7款訂定罰款之懲戒處分種類，且適用範圍包括現職及退休（職、伍）或其他原因
離職人員，相較於剝奪、減少退休（職、伍）金之懲戒處分，其適用範圍較廣。

[110] 公務員懲戒委員會民國94年2月23日台會議字第0940000299號指出，公務員懲戒法第7
條之文義解釋，本條僅規範「自願退休」，而排除「命令退休」之適用。

[111] 公務員懲戒委員會民國89年10月13日台會調字第02832號。

關應就公務員懲戒構成要件、懲戒權行使期間之限制通盤檢討修正。參酌德國聯邦公務員懲戒法第15條「因時間之經過禁止爲懲戒措施」規定，按擬予懲戒處分之種類，依其輕重訂定不同之行使期間，並保障公務員之權益，新公務員懲戒法第20條第1項及第2項規定，應受懲戒行爲，自行爲終了之日起，至案件繫屬懲戒法院之日止，已逾十年者，不得予以休職之懲戒。應受懲戒行爲，自行爲終了之日起，至案件繫屬懲戒法院之日止，已逾五年者，不得予以減少退休（職、伍）金、降級、減俸、罰款、記過或申誡之懲戒。免除職務及撤職係屬較嚴重之懲戒處分，如公務員應受免除職務及撤職處分，即已不適宜繼續擔任公務員；退休公務員如應受剝奪退休（職、伍）金之懲戒處分，其違失情節亦較嚴重。爲免因違失行爲完成後，至案件繫屬於懲戒法院之時間過長，懲戒法院無法爲上述懲戒處分，參酌德國聯邦公務員懲戒法第15條規定，未設行使懲戒處分之期間限制。行爲終了之日，依公務員懲戒法第20條第3項規定，係指公務員應受懲戒行爲終結之日。但應受懲戒行爲係不作爲者，指公務員所屬服務機關或移送機關知悉之日。換句話說，將懲戒處分行使期間之起算時點，區別作爲及不作爲之行爲態樣而異其標準。公務員懲戒法第20條第3項但書所稱知悉，應指服務機關確實知悉公務員不作爲違失之情形。

最高行政法院110年度上字第445號判決則指出，揆諸行政實務，公務員違失行爲未經發覺即告期滿者，不以不作爲之違失行爲爲限，作爲之違失行爲亦時常事後才被發覺，何以作爲犯以行爲終了即起算行使期間，不作爲犯須以機關知悉始起算行使期間？非以客觀的行爲終了起算，純粹以服務機關是否知悉此一主觀因素作爲起算標準，如機關自我檢視功能不彰，長時間未能查知公務員不作爲違失，形同無限期地延長懲戒處分行使期間，公務員應否受懲戒將長期處於不確定的狀態，有違法律秩序之安定與和平。區別作爲及不作爲的行爲態樣，異其懲戒處分行使期間之起算標準，尚無正當、合理差別待遇之理由。衡酌不作爲犯係違反作爲義務，依此類型之性質應以自行爲義務免除（消滅）時起算時效，公務員懲戒法第20條第3項但書規定之適用，基於合目的性及合憲性之解釋，應限縮於不作爲的違失行爲持續中之情形。倘若不作爲之違失行爲在客觀上已終結，行爲既已終了，即應起算懲戒處分之行使期間。亦即公務員懲戒法第20條第3項但書規定僅適用於公務員不作爲之違失行爲尚未終了，即爲服務機關所知悉之情形，以督促服務機關於知悉公務員不作爲型態的違失行爲後，能積極處理。如公務員不作爲之違失行爲，於服務機關知悉前已經終了，亦即該公務員已無作爲義務時，就應起算懲戒處分的行使期間，不再以服

務機關知悉時起算。

（二）懲處權行使期間

懲處權行使期間在公務人員考績法中原本並未規定，司法院釋字第583號解釋指出，免職之懲處處分，實質上屬於懲戒處分，為限制人民服公職之權利，未設懲處權行使期間，有違維護公務員權益及法秩序安定之旨。為貫徹憲法上對公務員權益之保障，有關公務員懲處權之行使期間，應類推適用公務員懲戒法相關規定。此外，司法院釋字第583號解釋亦要求公務人員考績法有關懲處權行使期間之規定應通盤檢討修正。

五、救濟途徑不同

（一）懲戒處分

懲戒處分之判決，依公務員懲戒法第55條規定，被付懲戒人有第2條情事之一，並有懲戒必要者，應為懲戒處分之判決；其無第2條情事或無懲戒必要者，應為不受懲戒之判決。公務員懲戒案件之審理制度現已變更為一級二審制，為保障當事人上訴之權利，公務員懲戒法第64條規定，當事人對於懲戒法庭第一審之終局判決不服者，得於判決送達後二十日之不變期間內，上訴於懲戒法庭第二審。但判決宣示或公告後送達前之上訴，亦有效力。惟為發揮糾錯及權利保護功能，並避免上訴浮濫，公務員懲戒法就懲戒法庭第二審係採法律審，公務員懲戒法第66條規定，對於懲戒法庭第一審判決之上訴，非以判決違背法令為理由，不得為之。判決不適用法規或適用不當者，為違背法令[112]。有下列各款情形之一者，其判決當然違背法令：1.判決懲戒法庭之組織不合法。2.依法律或裁判應迴避之法官參與審判。3.懲戒法庭對於權限之有無辨別不當。4.當事人於訴訟未經合法辯護、代理或代表。5.判決不備理由或理由矛盾，足以影響判決之結果。

懲戒法庭第二審認上訴為無理由者，應為駁回之判決。原判決依其理由雖屬不當，而依其他理由認為正當者，應以上訴為無理由（公務員懲戒法第76條）。懲戒法庭第二審認上訴為有理由者，依公務員懲戒法第77條第1項規定，應廢棄原判決。

由於再審係屬特別救濟程序，為避免輕易動搖確定判決之效力，公務員懲

---

[112] 第2項規定概括之違背法令，須與原判決有因果關係者，始得據為上訴之理由。

戒法第85條規定再審之例外事由。再審係對於原確定判決聲明不服之方法，有無再審理由，原法院知之較詳，調查亦較容易，公務員懲戒法第87條第1項規定，再審之訴，專屬爲判決之原懲戒法庭管轄。

（二）懲處處分

懲處處分之救濟傳統上依懲處種類不同而有所差異，涉及申誡與記過時，因未影響基礎關係，其救濟管道爲申訴和再申訴；懲處處分涉及免職時，則得向公務人員保障暨培訓委員會提出復審，對復審結果不服時，可再向臺北高等行政法院提出行政訴訟。惟依最新發展趨勢，申誡、記過、免職皆屬侵害公務人員權益之行政處分，皆得向公務人員保障暨培訓委員會提出復審，對復審結果不服時，可再向臺北高等行政法院提出行政訴訟。

六、責任競合

（一）懲戒與懲處競合

懲戒屬於法律面之責任，懲處或考績係行政體系內部之行政責任，兩者關係如何呢？例如，公務員已依照考績法之規定懲處，可否再送交懲戒法院懲戒？早期認爲二者構成要件不同，作成處分之機關不同，處罰種類亦有所差異，故無一事不二罰之情形，因此得予併罰。惟僅有一違法行爲，同時送懲戒及懲處，且處罰二次，似有過苛之虞。因此已經作成考績處分，又另送懲戒法院懲戒時，則原來之考績處分應自動喪失效力。

未依公務人員考績法規定懲處，而以公務員違法情節重大，送懲戒法院懲戒，懲戒法院未議決懲戒時，可否再依公務人員考績法予以懲處呢？只要不是重複處罰應即可爲之，惟懲戒法院畢竟爲司法機關，懲戒法院認爲不符合懲戒法撤職之情形時，則不得以考績法作出免職之懲處處分，但可記過和申誡。

我國有關公務人員之懲戒，係採雙軌併行制，一方面由懲戒法院執行懲戒，另一方面可由公務機關之行政監督執行獎懲[113]。

此外，一事不二罰爲現代法治國家之基本原則，公務員有應受懲戒之行爲者，得經由監察院彈劾或主管機關移送懲戒法院懲戒，惟同一行爲應不受重複懲戒，公務員懲戒法第22條第1項規定，同一行爲，不受懲戒法院二次懲戒。由於公務員懲戒係採取刑（行）懲併罰原則，公務員懲戒法第22條第2項

---

[113] 最高行政法院98年度判字第809號判決。

規定，同一行爲已受刑罰或行政罰之處罰者，仍得予以懲戒。其同一行爲不受刑罰或行政罰之處罰者，亦同。換句話說，公務員應受懲戒之行爲受免刑、無罪、免訴、不受理之判決，或經不起訴、緩起訴處分者，仍得予以懲戒。至於有關司法懲戒與行政懲處競合之情形，新修正之公務員懲戒法第22條第3項規定，同一行爲經主管機關或其他權責機關爲行政懲處處分後，復移送懲戒，經懲戒法院爲懲戒處分、不受懲戒或免議之判決確定者，原行政懲處處分失其效力。換句話說，司法懲戒效力優於行政懲處。

（二）行政責任與刑事責任的競合

公務員行爲同時滿足行政責任跟刑事責任之法律構成要件時，該如何處理呢？基本上有兩種理論：1.吸收主義，因刑事責任原則上比行政責任重，故刑事責任吸收行政責任，僅須依刑事責任論處即可。2.併罰主義，行政責任和刑事責任各有其不同之目的，二者應分開處理，一般又稱爲刑懲並行，亦即刑事責任、懲戒和懲處責任並行，刑事責任由法院處理，行政責任由懲戒法院或機關考績會處理。

我國一向採取併罰主義，公務員懲戒法第22條第2項規定，同一行爲已受刑罰或行政罰之處罰者，仍得予以懲戒。公務員懲戒法第39條第1項規定，同一行爲，在刑事偵查或審判中者，不停止審理程序。但懲戒處分應以犯罪是否成立爲斷，基於訴訟經濟及證據共通原則，懲戒法庭認有必要時，得裁定於第一審刑事裁判確定前[114]，停止審理程序。

第二項　公務員民事責任

公務員行使公權力，侵害人民自由權利時，早期依民法第186條規定處理。國家賠償法公布施行後，則依國家賠償法規定由國家負損害賠償責任。至於非屬行使公權力之公務員私人行爲，則依個案情形依民法第28條或民法第188條相關規定處理。

---

[114] 爲免懲戒案件因刑事案件久懸未結致生延宕，而無法對公務員之違失行爲產生即時懲儆之實效，並考量我國刑事訴訟程序已透過強化交互詰問制度，充實堅強的第一審，是同一行爲於第一審刑事判決後，已有充分之證據資料，可供懲戒法庭加以審酌。

第三項　公務員刑事責任

相較於一般人民，公務員之刑事責任有二個特殊之點，其餘與一般人民相同。

一、職務犯：僅具有公務員身分者始能滿足犯罪構成要件，為身分犯之一種，例如，刑法第130條規定，公務員廢弛職務釀成災害者，處三年以上十年以下有期徒刑；第131條規定，公務員對於主管或監督之事務，明知違背法令，直接或間接圖自己或其他私人不法利益，因而獲得利益者，處一年以上七年以下有期徒刑，得併科100萬元以下罰金。

二、準職務犯：此種犯罪類型任何人均得為之，惟公務員係公權力之象徵，故犯此類犯罪時，須加重其刑。刑法第264條規定，公務員包庇他人犯本章（第二十章鴉片罪）各條之罪者，依各該條之規定，加重其刑至二分之一。

第十一章 │ 公　物

第一節　公物概念

　　公物在行政法領域之定位有不同看法，有認為屬原理原則部分，大部分認為屬組織部分[1]，甚至早期教科書根本不談公物。惟隨著時代進步，公物在人民日常生活中出現的頻率愈來愈高，公物概念也漸漸受到重視。

　　以限制人民自由權利為主的干預行政時代，公物並非重要。給付行政開始發達後，國家提供各式各樣不同給付給人民，除金錢、服務外，也提供各式各樣不同公物供人民使用，例如，公園或運動場等，公物是時代產物。

　　公物概念廣狹不一[2]，最廣義之公物係指國有財產法第4條規定之公物，國有財產法第4條規定，國有財產區分為公用財產與非公用財產兩類。公用財產包括：一、公務用財產，各機關、部隊、學校、辦公、作業及宿舍使用之國有財產均屬之。二、公共用財產，國家直接供公共使用之國有財產均屬之，例如道路、公園等。三、事業用財產，國營事業機關使用之財產均屬之。但國營事業為公司組織者，僅指其股份而言。非公用財產，係指公用財產以外可供收益或處分之一切國有財產（又稱為財政財產）。廣義之公物則指公務用財產及公共用財產，廣義公物之所有權人不以國家為限，私有公物亦屬之。狹義之公物則指公共用財產。

　　公物原則上是由國家設置，國家在此指國家、地方自治團體或其他公法人。目前最常見、也最常利用的公園、道路、橋樑等，都屬於公物，公物所有權原則上歸國家所有。惟行政主體得依法律規定或以法律行為，對私人之動產或不動產取得管理權或其他物權，使該項動產或不動產成為他（私）有公物，以達行政之目的。此際該私人雖仍保有其所有權，但其權利之行使，則應

---

[1] 李惠宗，行政法要義，8版，2020年9月，第233-246頁；吳志光，行政法，修訂12版，2023年2月，第160-168頁；盛子龍、吳庚，行政法之理論與實用，增訂16版，2020年10月，第195-201頁；陳新民，行政法學總論，新10版，2020年7月，第177-186頁。

[2] 李惠宗，前揭書，第234頁；吳志光，前揭書，第160頁。

受限制，不得與行政目的相違反[3]。最著名之私有公物爲既成道路（公用地役權）[4]，司法院釋字第400號解釋認爲，公用地役權有其必要，蓋所有權人收回自用後，其他人民將喪失對外聯絡的道路。既成道路既然必要，土地所有人提供土地給大眾使用而使自身權益受損，國家對於土地所有權人應給予補償。

排水溝雖在原告私有土地內，但同時亦供附近居民共同使用，爲既成排水溝，且因共同使用，逾二十年以上，已因時效完成而有公用地役關係存在，即已成爲他有公物中之公共用物，原告雖仍有其所有權，但其所有權之行使應受限制，自不得任意將其填塞，妨害其排水功能，違反供公眾使用之目的[5]。原告所有土地，在二十餘年前，即已成爲農路，供公眾通行，應認爲已因時效完成而有公用地役關係之存在，該農路之土地，已成爲他有公物中之公共用物。原告雖有其所有權，但其所有權之行使，應受限制，不得違反供公眾通行之目的。原告擅自將已成之農路，以竹柱、鐵線築爲圍籬，阻礙交通，意圖收回路地，自爲法所不許[6]。

第二節　公物種類

第一項　人工公物與自然公物

透過人爲力量創造出人工公物，例如，博物館、橋樑。自然公物係自然環境產生之公物，例如，高山、海岸、河川等等。人工公物爲國家所創設，人民對之有平等使用權利，國家不能任意排除人民使用。但自然公物有所不同，對

---

[3] 最高行政法院95年度判字第365號判決。

[4] 行政法院45年判字第8號判例指出，行政主體得依法律規定或以法律行爲，對私人之動產或不動產取得管理權或他物權，使該項動產或不動產成爲他有公物，以達行政之目的。此際該私人雖仍保有其所有權，但其權利之行使，則應受限制，不得與行政目的相違反。土地成爲道路供公眾通行，既已歷數十年之久，自應認爲已因時效完成而有公用地役關係之存在。此項道路之土地，即已成爲他有公物中之公共用物。原告雖仍有其所有權，但其所有權之行使應受限制，不得違反供公眾通行之目的。原告擅自將已成之道路廢止，改闢爲田耕作，被告官署糾正原告此項行爲，回復原來道路，此項處分，自非違法。最高行政法院95年度判字第365號判決、最高行政法院107年度判字第176號判決見解亦同。

[5] 行政法院77年度判字第2076號判決。

[6] 最高行政法院95年度判字第441號判決。

於自然公物的利用，部分是自由的，部分須先經過許可，例如，進入特定高山領域，需要辦入山證。人工公物與自然公物在國家賠償責任上有不同之考量與限制，課責程度有所不同。

第二項　供民眾使用公物與供行政機關使用公物

一、供民眾使用的公物

供民眾使用的公物可分為三種[7]：

（一）公共用物

公共用物是最普遍的公物，其設置目的即是為供人民平等自由使用，事先也不需獲得許可，且原則上是無償使用，重點在於民眾得自由平等、不需允許、無償使用，例如，一般的道路（不包含高速公路）、橋梁、公園或是開放性的運動場。

（二）特別用物

特別用物與公共用物最大的差別在於，利用特別用物須經主管機關許可，特別用物並非可自由利用的公物，例如，進入特定高山地區需辦理入山許可證，特定高山為特別用物。

（三）營造物公物

營造物係行政機關結合人與物，持續提供人民一定的服務，以達成特定行政任務。「物」即所謂公物，圖書館營造物之公物即是館藏之書籍、雜誌、光碟等。博物館營造物之公物為館藏之古董、字畫等。營造物公物的利用有須事先許可，亦有自由使用之情形。營造物公物之利用有可能是無償，例如，到公立圖書館辦理借書，雖然必須事先辦理借書證，但借書則是無償的；亦可能是有償的，例如，到博物館欣賞字畫、玉器，需要付費購買門票。

二、供行政機關使用公物

供行政機關使用公物，目的主要是維持行政機關公務運作，例如，行政機關辦公處所所使用之的家具、資訊設備等。供行政機關使用的公物並未完全排

---

[7] 吳志光，前揭書，第162-163頁；陳新民，前揭書，第180-182頁。

除一般人民的利用，人民洽公時，當然可以利用行政機關所設置的桌椅。供行政機關使用公物主要是維持行政機關的運作，其並非一般行政法關注之重點，而屬於國有財產法或政府採購法領域。

第三節　公物之特徵：與民法上「物」之區別

行政法公物和民法之物應如何區別呢？公物是基於行政目的而設，民法之物則是基於私人利益考量所定。除此之外，有下列區別：

第一項　行政法上的公物，原則上是不融通物

公物原則上不能成為買賣交易標的，不在自由市場上流通，為不融通物。公有公物為不融通物[8]，私有公物仍屬於私人財產，即使具備供公眾使用目的，法律上並未禁止所有權人從事交易。但私有公物基本上不具市場交易價值，雖然理論上私有公物可以移轉，但所有權移轉過後，供公眾使用之目的並未改變。因此，除非基於稅法原因或其他特殊考量，私有公物之交易應屬罕見。

第二項　取得時效規定之適用

民法之物，原則上適用取得時效規定，公物是否適用取得時效規定，見解不一[9]。最高法院認為，公有公用物或公有公共物（前者為國家或公共團體以公有物供自己用，後者提供公眾共同使用，以下統稱為公物），具有不融通性，不適用民法上取得時效之規定。在通常情形，公物如失去公用之型態（如城壕淤為平地），不復具有公物之性質，固不妨認為已經廢止公用，得為取得時效之標的。然例外的，其中如經政府依土地法編定之公用道路或水溝，縱因人為或自然因素失去其公用之型態，在奉准廢止而變更為非公用地以前，難謂已生廢止公用之效力，仍無民法上取得時效規定之適用[10]。

---

[8] 國有財產法第28條規定，主管機關或管理機關對於公用財產不得為任何處分或擅為收益。但其收益不違背其事業目的或原定用途者，不在此限。

[9] 詳見，林錫堯，行政法要義，修訂4版，2016年8月，第596-597頁。

[10] 最高法院72年台上字第5040號判例。

第三項　強制執行與否

　　強制執行法第122條之3規定，公法人管有之公用財產，爲其推行公務所必需或其移轉違反公共利益者，債權人不得爲強制執行[11]。關於前項情形，執行法院有疑問時，應詢問債務人之意見或爲其他必要之調查。至於公法人管有之非公用財產及不屬於第122條之3第1項之公用財產，依強制執行法第122條之4規定，仍得爲強制執行，不受國有財產法、土地法及其他法令有關處分規定之限制。

　　私有公物雖得執行，但不得妨礙原來公用之目的。民法之物，原則上得成爲強制執行之標的。

第四項　是否適用徵收

　　徵收係基於公益，對人民財產之侵害，其對象基本上爲私人所有之物。公物基本上不得成爲公用徵收對象[12]。如需使用公物，一般皆經法定程序辦理撥用，無須以徵收手段爲之；惟私有公物如符合土地法第220條規定，仍得例外徵收[13]。

第四節　公物之成立

　　物何時會成爲公物呢？道路修建完成，但仍用水泥樁擋住，未開放使用，人民騎機車闖入後摔傷，責任種類取決於道路之性質。一般而言，道路、公園修建完成，博物館、圖書館落成開放前，通常會有剪綵儀式，此項儀式涉及物轉換成公物之過程。公物之重點在「提供公用」，何時可認定國家有提供公用之表示呢？「自然公物」跟「人工公物」適用不同的提供公用表示方法。

---

[11] 立法理由爲，公法人經管之事務，多涉及社會公眾之利益，若對其管有公用財產之強制執行，影響其公務之推行或執行其財產損及公共利益者，則社會公共利益之維護猶重於債權人私權之實現。

[12] 陳新民，前揭書，第179頁；盛子龍、吳庚，前揭書，第198頁。

[13] 盛子龍、吳庚，前揭書，第198頁；土地法第220條規定，現供第208條各款事業使用之土地，非因舉辦較爲重大事業無可避免者，不得徵收之。但徵收祇爲現供使用土地之小部分，不妨礙現有事業之繼續進行者，不在此限。

　　自然公物係本來就存在，除國家明文禁止或限制利用表示外，國家不用額外再為提供公用之表示，人民即可開始利用。透過事實上利用關係，即可發生利用公物之法律關係。人工公物係國家創設供民眾使用，國家必須告知人民，何時國家願意提供公物供民眾使用。常見之情形則是透過行政機關之事實行為，使人民知悉公物之存在以及提供公用之表示，例如，新關建馬路、新興建博物館，透過剪綵、揭幕行為來表示公物設置完成，開放給人民使用。因此，道路即使在外表上看起來已興建完成，但如未透過揭幕、剪綵儀式提供公用時，仍非公物；博物館、圖書館雖然已興建完成，但尚未開放使用，亦非公物。

　　私有公物亦得透過事實行為成立，著名例子為公用地役權（既成道路），司法院釋字第400號解釋認為必須符合下列要件，始可成立公用地役權：一、既成道路必須是供不特定的公眾通行所必要，並非基於通行便利而已。大法官採取嚴格解釋，既成道路必須是唯一對外聯絡的道路，如果仍有其他通行的可能性，則不得主張公用地役權。惟亦有認為，除唯一對外聯絡道路情形外，使用其他的道路顯然沒有期待可能性時，例如，費時過久，亦符合此要件[14]。二、公用地役權成立之初，所有權人未反對。所有權人一開始反對，則不會形成公用地役權。惟既成道路往往要經過很長的時間才成立，要如何舉證所有權人一開始未反對，極易產生爭議。三、經過年代久遠而未曾中斷，惟究竟須經公眾通行達若干年代，始足取得公用地役關係，司法院釋字第400號解釋理由僅謂「應以時日久遠」，並未指明確切年代。因此應類推適用民法第772、769條及第770條規定，為認定公用地役關係取得時效之年限[15]。亦有較抽象認為，年代久遠雖不必限定其期間，但仍應以時日長久，一般人無復記憶其確實之起始，僅能知其梗概（例如，始於日據時期、八七水災等）為必要[16]。最高行政法院104年裁字第622號裁定亦指出，公用地役關係此種公物關係之成立，見諸司法院釋字第400號解釋理由所示，係特定事實而發生，非因政府機關之處分而創設之，但政府機關得以一定行為列編管理，並於特定事實

---

[14] 最高行政法院100年度判字第851號判決指出，通行所必要，雖不必類如無此通路即不能與公路聯絡，要須無此通路，則欲到達此通路所達到之公路，在客觀上顯然不便，不合社會生活所需要者始可。

[15] 最高行政法院92年度判字第1124號判決。

[16] 最高行政法院90年度判字第2283號判決。

不復存在，公物喪失其原有功能時，基於法律明確之要求，以明示方法予以廢止。

　　此外，公物亦可透過法律行為表達提供公用之意，例如，行政程序法第92條第2項後段規定，有關公物之設定、變更、廢止或其一般使用者，亦適用行政程序法有關行政處分之規定。陸橋之設置係供不特定之公眾使用，包括因物之公法性質或公用關係而權利義務受影響之人，此種設定應屬行政程序法第92條第2項後段所定物之一般處分[17]。

第五節　公物之消滅

　　公物之消滅可基於事實上原因，例如，橋梁崩塌、湖泊乾涸，以至於無法再提供公用。亦可能基於法律上原因，例如，體育館因有傾倒之虞而封閉，禁止人民利用。行政主體固得依法律規定，對於私人財產取得他物權，使該私人財產成為他有公物，但此項公物關係，亦得由行政主體為廢止之意思表示而消滅（公用或公用廢止），行政法院53年判字第157號判例可資參照[18]。有公用地役關係存在之巷道，行政主體非不可為廢止之行政處分[19]。公用地役關係之廢止當屬行政程序法第92條第2項第2段所規定「有關公物之設定、變更、廢止或其一般使用」之對物一般處分。此種對物處分不以人，而以物為其相對人，但在人與物接觸，而必須接受物法之規制後果時，即間接對人發生效果。本件原處分因臺中市黎明自辦市地重劃而廢止系爭2既有巷道，本質即為對物之一般處分，非不得對之提起行政救濟，只是必須與該路段土地有所接觸，而受原處分規制者，始應認係原處分之相對人（或利害關係人），也必須因受此規制而權利或法律上利益受有損害時，始能認其具備權利保護要件而得提起行政救

---

[17] 最高行政法院96年度裁字第1587號裁定（設置陸橋行為之法律性質）。

[18] 行政法院77年度判字第669號判決。

[19] 最高行政法院93年度判字第596號判決。最高行政法院108年度判字第387號判決指出，經行政機關認定具公用地役關係之現有巷道，並非一成不變，如因地理環境或人文狀況改變，喪失其原有功能；或已無繼續供公眾通行之必要時，參之司法院釋字第400號、第255號解釋意旨，主管機關自得依職權或依申請廢止之，方符合憲法保障人民財產權之意旨。至有無繼續供公眾通行之必要，應求土地所有權、當地居民通行權及公眾通行之社會功能需求三方衡平，此乃客觀之事項，與主觀認知無涉。

濟[20]。

此外，公物之公用並非不可爲一部之廢止，主管機關得以「禁葬」之對物一般處分廢止公墓繼續供作公墓使用[21]。

第六節　公物利用關係

第一項　利用關係之種類

最高行政法院111年度上字第571號判決指出，根據公物法的一般原則，民眾爲交通目的利用市區道路時，因合乎原提供公用之目的，爲「一般使用」，無須事先取得公物管理機關的同意；然於原提供公用目的外之使用時，如辦理婚喪喜慶、設攤從事商業活動等，構成公物的「特別使用」，由於已逾越道路通常使用的範圍，影響或妨礙第三人就公物的一般使用，基於社會秩序的維護，須經申請獲得主管機關許可後，始得在許可條件下爲公物的特別使用。公物利用關係除一般利用與許可（特別）利用外，尚有特許利用。

一、公物一般利用（普通利用）

任何人皆可在不妨礙他人同時利用公物下，以合乎公物設置目的方式，自由平等地利用公物，稱爲公物一般利用。合乎公物設置目的乃是一般利用的重點，例如，道路供人民通行之用，公園讓人民休息之用，圖書館讓人民閱聽圖書資訊之用，此乃公物本身設置目的。任何人皆可自由平等爲公物一般利用，原則上不需要許可，此乃最常見的公物利用關係。

上訴人（私人）並非系爭土地所有權人，亦非系爭公物（既成道路）之主管機關，只是公物利用人。公物利用，利用人只是在不相妨害之情況下得平等自由使用公物以增進其生活便利，並未賦予利用人權利，使其得對抗公物主管機關或第三人，亦即就系爭道路之土地是否成立公用地役關係，上訴人只享有反射利益，並無法律上之利益，即無提起本件確認訴訟之確認利益，其上訴人之當事人適格即有欠缺。退一步言，縱認公物的一般利用並非一概可視爲「權

---

[20] 最高行政法院104年裁字第622號裁定。

[21] 最高行政法院99年度判字第1021號判決。

利」或「法律上利益」，而是應在一定的構成要件下始予承認其具有權利之性質。應視公物於居民日常生活的重要程度予以個案救濟，例如，對某道路的使用，其鄰近居民之訴訟利益或權利必大於其他偶爾自由使用之居民，故關於公物之一般利用，究屬權利或法律上利益或僅屬反射利益，應以利用者對該公物利用之依賴程度而定[22]。

行政機關認定私人所有之土地為具有公用地役關係之現有巷道（或稱既成巷道），係行政機關基於行政目的，依法對私人財產賦予限制之關係，私人所有之土地因長期供公眾通行，而發生公用地役關係之既成巷道後，其所有權雖不因而消滅，但其所有權之行使應受限制，即不得違反供公眾通行之目的；一般不特定民眾利用具公用地役關係之巷道通行，僅係反射利益之結果，非本於其權利或合法利益所生，尚無請求行政機關將其他私人所有土地認定為具有公用地役關係既成巷道之公法上權利，亦不得主張對於具有公用地役關係之既成巷道有任何權利或法律上利益。基於憲法對於人民行動自由之保障，國家應修築道路以供通行，而人民則有利用公用道路交通往來之權利，惟人民之行動自由，並不包括請求國家修築或維持特定道路之權利在內[23]。

二、許可利用

利用公物目的與公物原來設置目的不同時，必須取得主管機關同意，稱為許可利用[24]。例如，道路本是供通行之用，但在道路兩旁舉辦婚喪喜慶、設攤從事商業活動或舉辦路跑時，由於已逾越道路通常使用的範圍，影響或妨礙第三人就公物的一般使用，並非一般利用而是許可利用，基於社會秩序的維護，利用人依法必須向主管機關申請許可，始得在許可條件下為公物的特別使用[25]。公園本來是供休憩之用，如果要在公園辦慈善園遊會，事先必須取得許

---

[22] 最高行政法院93年度判字第1251號判決。

[23] 最高行政法院100年度判字第433號判決。

[24] 司法院釋字第806號解釋理由書指出，街頭藝人之藝文活動，固因使用街道等公共空間，逾越通常使用範圍，構成公物之特別使用，基於社會秩序之維護，而須納入管制，並經許可，始得為之。莊國榮，行政法，修訂9版，2023年9月，第362頁，稱之為特殊使用；林錫堯，前揭書，第603頁稱之為特別使用；陳敏，行政法總論，10版，2019年11月，第1068頁稱之為特別利用。

[25] 最高行政法院111年度上字第571號判決指出，該項許可屬行政程序法第92條規定的行政處分。此一許可處分，對於得使用道路長期設攤營業的攤商而言，屬授益行政處

可。未經許可,不得為與公物原來設置目的不同之利用。道路交通管理處罰條例第82條第1項第9款規定,未經許可在道路舉行賽會或擺設筵席、演戲、拍攝電影或其他類似行為,除責令行為人即時停止並消除障礙外,處行為人或其雇主新臺幣1,200元以上2,400元以下罰鍰。

許可利用常見之爭議在於,人民是否有權要求行政機關一定要給予許可或是行政機關享有裁量權?一般利用是任何人皆可自由平等使用,不需許可。但許可利用,例如,主管機關可否因為交通繁忙,拒絕在馬路上辦理結婚宴客之申請;或人民有權請求主管機關一定要給予許可?公共用物之許可利用,行政機關是否准許,行政機關固非無裁量之餘地,然亦非得任意自由裁量,而應審酌該公用物之性質、設置之目的,及申請人申請使用之內容、時間及申請人是否有其他之選擇等因素,作為衡酌是否准許之裁量依據[26]。此外,裁量權之行使當然受到行政程序法規定之原理原則所限制,例如,平等原則、比例原則等。

三、特許利用

特許利用,乃公物管理機關在特定之公物上,為特定人設定公法上之特別利用權,使其得繼續占有使用,並得排除他人利用之謂[27]。在許可利用之情形,許可在公園舉辦慈善園遊會,但並未禁止其他人進入公園,許可利用並未排除他人利用公物。但特許利用是排他、獨占的利用,例如,特許A電視臺在高山某處建立轉播站,轉播站設立後任何人在該處皆不能再設置轉播站。人民對特許利用並無請求權。

第二項　公物利用法律關係之性質

公物利用之法律關係為何,並無法一概而論,取決於個案中具體適用之法

分:然對周邊住戶及其他合法商家的通行自由、營業及適宜住居等權益可能造成侵害,而有負擔(侵益的性質)。

[26] 最高行政法院96年度判字第259號判決;李惠宗,前揭書,第241頁亦指出,許可利用基本上雖可認為係自由裁量,但並非毫無限制。林錫堯,前揭書,第605頁指出,行政機關享有裁量權,利害關係人僅享有無瑕疵裁量請求權。

[27] 最高行政法院93年度裁字第1596號裁定;陳敏,前揭書,第1073頁;莊國榮,前揭書,第363頁,均稱之為特別使用公物。

律規定。公物利用關係之性質為公法或私法均有可能，法規規定不明確時，應就主管機關採取之作為形式定之，換句話說，以核准或提供使用者，應歸為公法關係。本件上訴人係就臺南縣六甲鄉公所核准參加人在臺南縣六甲鄉公所管理之系爭農路土地下埋設涵管一事為爭執；此種准許涵管埋設於農路下性質應屬公物之特許利用，且臺南縣六甲鄉公所就許可參加人在系爭農路土地下埋設涵管，又係以核准方式提供使用，有臺南縣六甲鄉公所2002年3月14日所建字第0910001415號可參，此公物利用之性質應屬公法關係[28]。

一、公法關係之公物利用

公物使用關係之性質，縱有收取費用之情事，亦非必然屬私經濟關係；地方政府機關核准使用公有土地，其核准行為究係基於公權力作用所為之行政行為，抑係本於雙方意思合致所為之私經濟行為，應視個案內容及所依據之法令而定。

臺南市市有財產管理自治條例第1條規定，臺南市政府為統一管理市有財產，特制定本自治條例。同條例第47條規定，利用公有土地、道路、建物設置停車場、堆積場、貨場或裝置油管、瓦斯管、電纜、電塔、電訊、灌溉設備或鋪設軌道、裝設廣告物而使用者，除法令另有規定或政府機關使用經本府同意者外，應計收使用費。前項使用費除法令另有規定外，得比照一般非公用土地租金標準計收繳庫。臺南市政府依前開規定同意上訴人利用下水道附掛有線電視纜線之行為，性質上顯非基於與上訴人意思合致之私法上行為，而係本於行政主體之公權力所為決定之行政行為，自應屬公法性質，且其間所生之公物利用關係，應歸屬於公法關係[29]。

臺北市政府工務局公園路燈工程管理處依臺北市公園管理自治條例、臺北市政府所屬各機關場地使用管理辦法、公園申請使用須知等相關法令規定准許申請使用公園之申請人使用，並基於公園設立目的、環境安寧及公共資源有限性等考量，限制使用之目的、期間及方式，該等行為應係基於公權力作用所為之行政行為，其間所生之公物利用關係，應歸屬公法關係[30]。

---

[28] 最高行政法院93年度裁字第1596號裁定。
[29] 最高行政法院96年度判字第2083號判決。
[30] 臺北高等行政法院109年度簡上字第44號判決。

二、私法關係之公物利用

　　行政機關將其公有眷舍配予所屬人員居住，係以國庫之地位將公物無償提供使用，其間成立者係屬私法上之使用借貸契約關係。抗告人究有無與相對人間存在宿舍使用借貸契約，係屬私法上之權利義務關係，如生爭執，應依民事訴訟程序訴請普通法院裁判[31]。

三、爭議案件：中油利用道路埋設油管

（一）私法關係

　　最高行政法院91年度裁字第286號裁定，按公物管理機關就公物之使用，於無礙公用之目的時，固可依使用人之申請，而准予對特定物繼續使用，並得排除他人之利用，公物管理機關對是項許可（或特許）之利用，於不違反公益之情形下，基於使用者付費之原則，並不妨與使用人成立私法上之利用關係。公物管理機關對使用人因就該公物利用而收取使用費用，核其性質，乃屬私經濟關係之行為。公物管理機關與使用人間如因使用費用之收取而生糾紛，即屬一般民事紛爭，應循民事訴訟程序以求解決，不得藉行政爭訟請求救濟。

　　中油公司前於1989年間向高雄市政府申請挖掘道路埋設輸油管○○○鎮○○○路至民權路等市有土地埋設永久性油管共十一支，經高雄市政府核發「道路挖掘許可證」，許可中油公司挖掘道路埋設輸油管線，有使用臨海工業區公共設施申請書及高雄市政府所屬工務局養護工程處挖掘道路許可證等影本可證，且為高雄市政府所不爭。惟縱有前開行政處分，仍不因此而影響高雄市政府得以該市有土地管理人之地位，與中油公司成立私法上之土地利用關係，並據此而向中油公司收取使用費用之私法上權利。

　　高雄市政府依據高雄市市有財產管理規則第63條及高雄市市有地裝置埋設管線計收使用費作業原則，核算中油公司土地使用費乃係基於私法關係向中油公司催繳土地使用費之意思，僅發生私法上之效果，中油公司對之如有爭執，應依民事訴訟程序訴請普通法院裁判，不得依行政爭訟方法提起訴願及行政訴訟。

---

[31] 最高行政法院94年度裁字第427號裁定。

（二）公法關係

　　最高行政法院91年度裁字第334號裁定，中油公司主張，高雄市政府同意中油公司使用其市有土地埋設管線，因市有土地屬於公物，且與公眾依一般方式使用該市有土地（例如道路通行）情形不同，依使用關係之成立及使用之性質，高雄市政府與中油公司間之公物利用關係應屬於特許使用。縱對中油公司收取費用，非必然屬私經濟關係。高雄市政府片面向中油公司課徵土地使用費，顯以高權地位所為之單方決定，中油公司始終無以私法上對等當事人之地位參與協商或締約，則高雄市政府向中油公司所徵收土地使用費，應屬公法關係。中油公司自得對之提起訴願及行政訴訟。

　　法院理由如下：1.地方政府機關核准公營事業團體使用公有土地，其核准行為究係基於其公權力作用所為之行政行為，抑係本於雙方意思合致所為之私經濟行為，應視個案內容及所依據之法令而定。2.高雄市政府核准中油公司挖掘公路埋設輸油管之許可行為，性質上顯非基於與中油公司意思合致之私法上行為，而係本於行政主體之公權力，就具體事件所為對外直接發生法律效果之單方行政行為，自屬行政處分。高雄市政府於為核准中油公司免費使用公路土地埋設輸油管之行政處分後，另訂定計收使用費作業原則，據以向中油公司發函收費，均為其單方之意思決定，未容中油公司任何意思之參與，自屬就本件具體事件為另一對外發生法律效果之單方行政行為，性質屬訴願法第3條規定之行政處分，中油公司自得對之提起訴願及行政訴訟，以謀救濟。

（三）最高行政法院91年7月份庭長法官聯席會議決議（一）

　　市有道路屬於公有土地，中油公司使用該道路埋設管線，與公眾依一般方式使用該市有道路（例如道路通行）之情形不同，應屬「特許使用」。惟公物使用關係之性質，縱有收取費用之情事，亦非必然屬私經濟關係；凡地方政府機關核准公營事業使用公有土地，其核准行為究係基於公權力作用所為之行政行為，抑係本於雙方意思合致所為之私經濟行為，應視個案內容及所依據之法令而定。

　　本件高雄市政府前訂有高雄市市有財產管理規則，該規則第63條規定，凡利用公有土地，道路……裝置油管、瓦斯管、電纜、電訊……，除法令另有規定外，應計收使用費。前項使用費應比照租金標準並解繳市庫。惟高雄市政府當時係依行政院函釋予以免收中油公司土地使用費，高雄市政府核准中油公司挖掘公路埋設管線之許可行為，性質上顯非基於與中油公司意思合致之私法上

行為，而係本於行政主體之公權力，就具體事件所為對外直接發生法律效果之單方行政行為，自屬行政處分。高雄市政府嗣於1997年間依管理規則第63條規定，另訂頒高雄市市有地裝置埋設管線計收使用費作業原則，並據以發函向中油公司徵收自1998年1月1日起之土地使用費，亦為單方之意思決定，而未容許中油公司任何意思之參與，自屬就本件具體事實為另一對外發生法律效果之行政行為，性質上即為訴願法第3條第1項之行政處分。中油公司對上揭處分如有不服，自得對之提起訴願及行政訴訟，以謀救濟，受訴法院即應為實體上審理（最高行政法院91年度裁字第334號裁定參照）。

基於對道路之公共用物，依公物之性質開放通行，固為行政程序法第92條第2項之一般處分；如屬應經主管機關許可，人民得作特殊使用者，則為行政程序法第92條第1項之普通行政處分，公物管理機關以特許方式核准特殊使用，其間之公物利用關係，應歸於公法關係。公物利用關係與營造物利用關係間，有頗多相似之處，參酌屬營造物之公有市場，有關機關原以租賃方式，出租與民眾使用，改制前行政法院55年判字第10號判例，即認其利用關係純屬私法上之權利義務關係，嗣有關機關於69年間將營造物利用規則即市場管理規則，予以修改以核准使用代替承租，以核准許可書代替租約，不收租金而徵收年費，採撤銷使用許可，而非解除契約作為終止利用關係，則公有市場與利用人間變更為公法關係，改制前行政法院70年度判字第855號判決，亦認可此項利用關係為公法關係，因而如有爭執自可依法提起行政訴訟。本件事實應認為屬公法關係，較符合行政法之理論與實務。

第三篇

行政作用法

行政行為係人民與國家發生行政法法律關係之主要媒介，行政行為之形式隨著行政任務多元與複雜以及可選擇方式的多樣化，呈現與以往完全不同之面貌，也增加了行為定性之困難。另外一方面，為應付多變的個案情況，使行政能更具彈性處理行政事務，行政行為作成之程序及方式基本上是自由的；惟程序及方式之要求隨著人民權利保障之要求，逐漸受到重視，正當（法律）程序成為顯學。

本篇首先介紹行政程序法中規定之一般行政程序，包括行政程序法之適用範圍、行政程序之當事人、行政程序之進行以及人民參與行政程序之權利。接著說明行政程序法規定之重要行政行為類型以及其相關問題，包括法規命令與行政規則、行政處分、行政契約、行政指導[1]。此外，事實行為不生法律效果，在以往行政訴訟制度不發達時，鮮少加以討論。惟事實行為仍有可能影響人民權益且引進新的行政訴訟類型後，有必要將事實行為獨立成章，詳細說明。

行政罰與行政執行係特殊之行政作用，行政執行雖已有長遠歷史，但法制相當不完備，2001年1月1日施行的行政執行法全面翻修以往之規定，建立有效之行政執行制度。行政罰雖存在已久，但並無統一的一般性規定，且與刑法規定之關係亟待釐清，2006年2月施行的行政罰法為近年來我國行政法法典化的工作，暫時畫下休止符。行政罰法之實施帶給傳統行政罰體系重大衝擊，其衍生許多困難而亟待解決之爭議。

為促進行政程序之民主化與透明化，並滿足人民知的權利，增進人民對公共事務之了解、信賴及監督，資訊公開成為不可或缺之一環。行政程序法、政府資訊公開法與檔案法分別規定人民請求公開、閱覽資訊之權利，人民因而得依其不同情形，向國家請求提供資訊。

---

[1] 迄今為止，行政院尚未依行政程序法第164條第2項授權訂定行政計畫之擬訂、確定、修訂及廢棄之程序規定，實際上並無實施行政計畫之案例；行政程序法有關陳情之規定，主要是抽象原則之說明，行政機關處理人民之陳情，係依其所訂定之作業規定。兩者雖規定於行政程序法，基於上述原因，因此，本篇並未納入。

第十二章 | 行政程序

　　行政程序係指行政機關作成行政處分、締結行政契約、訂定法規命令與行政規則、確定行政計畫、實施行政指導及處理陳情等行為之程序。行政程序主要規範於行政程序法，制定行政程序法之目的在於，使行政行為遵循公正、公開與民主之程序，確保依法行政之原則，以保障人民權益，提高行政效能，增進人民對行政之信賴（行政程序法第1條）。

第一節　行政程序法之適用範圍

第一項　原　則

　　行政程序法第3條第1項規定，行政機關為行政行為時，除法律另有規定外，應依本法規定為之。法律包括經法律授權且授權內容具體明確之法規命令[2]。最高行政法院92年度判字第1021號判決指出，行政程序法為普通法之性質，如其他法律就同一事項另有特別規定者，自應優先予以適用[3]。同一事項土地徵收條例另有特別規定，自應優先適用該特別規定。土地徵收條例第49條對於應辦理撤銷或廢止徵收要件，另有特別規定，應優先適用。如非屬土地徵收條例規範對象或未予規定情形，始有行政程序法相關規定補充適用餘地[4]。

---

[2]　法務部民國89年3月23日法律字第009373號。

[3]　最高行政法院108年度判字第82號判決。有認為行政程序法並非僅是普通法性質，而是基本（準）法性質，換句話說，其他法律必須有較行政程序法更完整、嚴格之規定，才可以排除行政程序法之適用，林明鏘，行政法講義，修訂4版，2018年4月，第384頁；吳志光，行政法，修訂12版，2023年2月，第319頁。換句話說，行政程序法係提供最低水準之程序保障。有關此項爭議，李震山，行政法導論，修訂12版，2022年9月，第284-285頁。

[4]　法務部民國103年6月19日法律字第10300113240號；法務部民國108年5月17日法律字第10803506180號。

行政法人為依法律設立之公法人，其具有單獨法定地位之組織，如其所執行之特定公共任務，涉及公權力之行使，則屬行政程序法所稱之行政機關，所為公權力之行使，除法律另有規定外，應適用行政程序法相關規定[5]。

行政機關所為之行為係屬公權力行使之範疇，方有行政程序法之適用。自辦市地重劃區籌備會屬民間團體，其為辦理重劃會成立大會及會員大會等通知作業，非屬行政程序法規範之範疇[6]。

專利法雖未明文規定當事人於行政程序進行中之卷宗資料更正請求權，惟行政程序法第3條第1項規定，行政機關為行政行為時，除法律另有規定外，應依本法規定為之。因此，行政程序進行中，行政程序法第20條規定之當事人自得依行政程序法第46條第4項規定申請更正。當事人得依行政程序法第46條第4項規定申請更正者，雖限於關於其自身記載之錯誤，然就專利權讓與登記之卷宗資料而言，如其錯誤係關於專利權之讓與人或先前受讓人之記載時，因專利權人已繼受前手權利，自亦得檢具事實證明請求相關機關更正，以保障專利權人權益，並維持專利專責機關所保有資料或卷宗內容之正確性[7]。

第二項 除外規定

一、機關除外

行政程序法第3條第2項規定，下列機關之行政行為，不適用行政程序法之程序規定：（一）各級民意機關。（二）司法機關。（三）監察機關[8]。各級民意機關包括立法院、直轄市、縣（市）議會及鄉（鎮、市）民代表會。

此三種機關，屬列舉規定之性質。本項機關除外之規定，僅限不適用行政程序法之程序規定，蓋該等機關本身已有職權行使之法律規定，例如，監察法、立法院職權行使法等，且亦得自訂程序之相關規定；惟該等機關無程序機制相關規定時，並不當然排除適用行政程序法之程序規定。該機關所為之行政

[5] 法務部民國95年2月9日法律字第0950000038號。
[6] 法務部民國111年5月17日法律字第11103506730號。
[7] 最高行政法院109年度判字第242號判決。
[8] 監察院掌理之公職人員財產申報事項，並無排除行政程序法適用之理由，盛子龍、吳庚，行政法之理論與實用，增訂16版，2020年10月，第557-558頁。

行為，仍應適用行政程序法之實體規定，凡行政行為皆屬實質意義之行政範圍[9]。

二、事項除外

行政程序法第3條第3項規定，下列事項，不適用本法之程序規定：（一）有關外交行為、軍事行為或國家安全保障事項之行為。（二）外國人出、入境、難民認定及國籍變更之行為。（三）刑事案件犯罪偵查程序。（四）犯罪矯正機關或其他收容處所為達成收容目的所為之行為。（五）有關私權爭執之行政裁決程序。（六）學校或其他教育機構為達成教育目的之內部程序。（七）對公務員所為之人事行政行為。（八）考試院有關考選命題及評分之行為。前述事項，須依個案判斷其排除適用之必要性，且僅限不適用行政程序法之程序規定。蓋彼等事項本身經常已有法律規定，例如，刑事訴訟法、監獄行刑法、典試法等，或基於特殊性無法按既定程序規範進行。行政程序法中程序規定以外之規定，並未被排除適用。

外交行為應以涉及高度政治性、機密性的國家利益者始足當之，適用時應作狹義解釋，即應限於對外交涉事項，而非泛指外交行政之一切事項。外交行為係指屬於國家主權行使、與國家安全保障有關且具高度政治性、機密性或急速因應之行為，並非所有外交及有關涉外事務均屬之，而不受行政程序法程序規定之規範[10]。

國家安全保障事項之行為係指具有高度機密性或必須急速因應，而直接以維護國家安全之生存、發展或免於威脅為目的，致不宜適用行政程序法所定程序規定之下列行為：（一）國家安全體制之運作行為。（二）國際多邊事務及衝突處理之行為。（三）有關大陸事務之行為。（四）有關國防政策之行為。（五）有關重大財經及影響國家安全之科技研發成果之保護行為。（六）國際恐怖主義之控制行為。（七）國家安全情報工作與特種勤務之策劃與執行行為。（八）攸關國家生存之環境保護行為。（九）維護國家資訊安全之行為。

---

[9] 最高行政法院92年度判字第1021號判決指出，行政程序法第3條第2項第2款規定之意旨僅指司法機關不適用行政程序法之程序規定，但有關實體規定仍有其適用。法務部民國95年12月26日法律決字第0950700948號指出，司法機關之行政行為不適用行政程序法之程序規定，以取其性質特殊之故。惟仍適用行政程序法之實體規定。

[10] 法務部民國89年10月20日法律字第037139號。

（十）國際人道援助之行爲。（十一）其他有關保障國家安全之行爲[11]。

犯罪矯正機關或其他收容處所爲達成收容目的所爲之行爲不適用行政程序法程序規定之理由在於，客觀上難以實施公開透明程序，且犯罪矯正機關或其他收容處所爲達成收容目的所爲之行爲，形式上雖是行政機關之行政行爲，但其作用乃在執行法院之裁判，並以感化教育、施以禁戒或強制治療等方法防止再犯罪爲目的，性質特殊，應屬於刑事法領域，因此不適用行政程序法程序規定。其他收容處所係指基於犯罪矯正以外之其他目的（例如，預防犯罪、調理治療），而由國家實施「強制收容」（被收容人之自由因收容而受到限制）的處所。例如：保安處分執行處所（感化教育及強制工作處所、監護、禁戒及強制治療處所）、少年觀護所、煙毒勒戒所、中途學校、精神醫療機構、警察機關爲拘留違反社會秩序維護法之人而設置的留置室或拘留所等。依家庭暴力防治法、性侵害犯罪防治法、兒童及少年性交易防制條例等所設立之中途之家、緊急庇護中心、短期收容中心處所等，應視其性質、收容目的是否具強制性質或係依法院裁定之司法行爲以決定是否排除行政程序法之適用[12]。此外，關於受刑人保外醫治事項，屬爲達成收容目的所爲之行爲，不適用行政程序法程序規定[13]。

有關私權爭執之行政裁決程序，例如，公害糾紛調處，其已有公害糾紛處理法爲處理依據，不適用行政程序法之程序規定[14]。

學校或其他教育機構爲達成教育目的之內部程序，一般係指涉及學校管理事項之程序，例如，上下課時間之決定、作業指定與批改與考試日程安排等；如涉及基礎關係事項，例如，研究所考試之錄取與否之決定，仍適用行政程序法[15]。行政程序法第3條第3項第6款規定係仿自日本行政手續法第3條第1項第7款之規定，日本行政手續法之所以排除此類程序行爲，依其立法理由乃基於傳

---

[11] 法務部民國91年5月22日法令字第0910019582號。

[12] 法務部民國90年3月1日法律字第049752號。

[13] 法務部民國90年7月10日法矯字第020858號。

[14] 盛子龍、吳庚，前揭書，第559頁指出，私權爭執經行政裁決後提起民事訴訟者，例如，耕地三七五減租條例第26條，不適用行政程序法，並無問題。但私權爭執經行政裁決後仍依行政爭訟程序救濟者，應適用行政程序法。陳敏，行政法總論，10版，2019年11月，第798頁指出，行政裁決之性質爲行政權之行使，適用行政程序法原無特別困難，似無排除適用之必要。

[15] 李惠宗，行政法要義，8版，2020年9月，第89頁。

統特別權力關係學說，認為基於學校與學者間之關係，有別於行政與國民之一般關係，為教育之必要，性質上不適合一般行政手續，從而對於事前決定之行政程序，不受法律保留原則之拘束，不適用行政程序法之程序規定。惟現今學說及實務已逐漸揚棄特別權力關係理論，行政程序法第3條第3項第6款規定排除行政程序法之程序規定，已無堅強之理由。學校內部之程序行為，除顯然輕微外，均宜適用行政程序法之正當程序規定為宜。記過1次及申誡2次之處分，因涉及對人民之考績、獎金、名譽權及人格權產生不利之影響，其干預程度已非屬顯然輕微，對外直接發生法律效果，人民既得對原處分提起行政爭訟，亦應適用行政程序法中正當法律程序之相關規定，以保障當事人之訴訟權益[16]。

對公務員所為之人事行政行為亦不適用行政程序法之程序規定，惟司法院釋字第491號解釋指出，對於公務人員之免職處分既係限制憲法保障人民服公職之權利，自應踐行正當法律程序。因此，改變公務員身分或對公務員權利或法律上利益有重大影響之人事行政行為或基於公務員身分所產生之公法上財產請求權遭受侵害者，仍應依行政程序法之規定為之[17]。

考試院有關考選命題及評分之行為，考選命題應嚴格保密，考選評分則涉及高度主觀評價，應尊重典試委員及閱卷委員之專業判斷，已有典試法相關規範，不適用行政程序法之程序規定。

第二節　行政程序之當事人

行政程序之當事人係指在行政程序關係上享有權利義務之自然人、法人、團體或機關，乃相對於主導行政程序之行政機關。

第一項　當事人之範圍

行政程序法第20條規定，行政程序法所稱之當事人為：（一）申請人及申請之相對人，例如，建照之申請人。（二）行政機關所為行政處分之相對人。（三）與行政機關締結行政契約之相對人。（四）行政機關實施行政指導之相對人。（五）對行政機關陳情之人。（六）其他依本法規定參加行政程序之

---

[16] 最高行政法院111年度上字第67號判決。
[17] 法務部民國95年9月21日法律決字第0950032539號。

人。是否爲當事人，並非依據實體法上之法律地位，而是依據程序法上之形式要件[18]，如人民提出申請，符合法規之形式要件，行政機關依法應開始行政程序，則該人民即爲當事人，至其申請在實體法上有無理由（有無請求權）則非所問。

其他依本法規定參加行政程序之人，主要指因程序之進行將影響第三人之權利或法律上利益者，行政機關得依職權或依申請，通知其參加爲當事人（行政程序法第23條）。行政程序法第23條規定旨在保障得參加人之權利，聽取其意見，使行政行爲對其發生拘束力，並求程序經濟，避免矛盾之決定，因此，行政程序法第23條之適用，自以行政機關作成行政行爲（行政程序法第2條第1項）之程序時始適用之[19]。例如，實施土地重測時，就數筆相連土地，應於一次行政程序中全部重測並登記，各該相連土地之所有權人皆爲當事人[20]。惟因行政程序之進行，其權利或法律上利益將受影響之第三人，並非當然即係該程序之當事人，縱其申請爲當事人，亦須經行政機關受理其申請，調查屬實，通知其參加爲當事人，始成爲該行政程序之當事人[21]。

此外，由當事人委任或行政機關選定之代理人（行政程序法第24、27條）、偕同當事人或代理人到場之輔佐人（同法第31條）、爲調查事實及證據所必要之有關之人（同法第39條）、於機關所訂期間內就法規命令草案陳述意見之任何人（同法第154條）、爲行政計畫確定裁決之目的而參與公開聽證程序之多數不同利益之人及多數不同行政機關（同法第164條第1項）等，亦屬之。具有當事人地位者，始得享有行政程序法所定屬於當事人之各種權利[22]。

第二項　當事人能力

當事人能力係指得參與行政程序成爲當事人之法定資格，行政程序法第21條規定，有行政程序之當事人能力者如下：（一）自然人。（二）法人。（三）非法人之團體設有代表人或管理人者。（四）行政機關。（五）其他依法律規定得爲權利義務之主體者。是否具備當事人能力，行政機關應依職權審

[18] 林錫堯，行政法要義，修訂4版，2016年8月，第559頁；陳敏，前揭書，第800頁。
[19] 法務部民國105年3月30日法律字第10503505950號。
[20] 李惠宗，前揭書，第270頁。
[21] 臺北高等行政法院102年度訴更一字第108號判決。
[22] 法務部民國96年8月7日法律字第0960024953號。

查。

公司係依公司法組織、登記、成立之社團法人，於法令限制內，有享受權利負擔義務之能力。分公司屬本公司管轄之分支機構，其僅為本公司整體人格之一部，並無獨立之權利能力，故非行政程序法第21條第1項第2款規定之法人。除個別法律（例如，營業稅法、空氣污染防制法）另有規定者外，具有法人人格之本公司始有行政程序之當事人能力[23]。

公寓大廈管理委員會屬非法人團體設有代表人或管理人者，依行政程序法第21條規定，有行政程序之當事人能力[24]。

第三項　行為能力

行為能力係指得有效從事或接受行政程序行為，或委任代理人從事或接受行政程序行為之資格。行政程序法第22條第1項規定，有行政程序之行為能力者如下：（一）依民法規定，有行為能力之自然人[25]。（二）法人。（三）非法人之團體由其代表人或管理人為行政程序行為者。（四）行政機關由首長或其代理人、授權之人為行政程序行為者。（五）依其他法律規定者。是否具備行政程序行為能力，行政機關應依職權審查。

無行政程序行為能力者，依行政程序法第22條第2項規定，應由其法定代理人代為行政程序行為。

自然人之行政程序行為能力，建立在行政實體法行為能力之基礎上，行政實體法之行為能力概念源自民法，因此，民法規定有行為能力之自然人，有行政程序行為能力，此包括限制行為能力人依民法第77條但書、第83條至第85條規定視為有行為能力之情形。限制行為能力人申請戶籍謄本之行為，是否屬民法第77條但書所定「純獲法律上之利益，或依其年齡及身分、日常生活所必需者」須視該行為之具體情形，依社會客觀標準個別認定之[26]。

---

[23] 法務部民國102年12月26日法律字第10203514540號。
[24] 行政院農業委員會民國103年10月22日農授水保字第1030236374號。
[25] 以往依民法規定滿20歲為成年，方有完全行為能力，2023年1月1日生效的民法第12條規定，滿18歲為成年，行政程序行為能力要求之年齡亦隨之降低。
[26] 法務部民國99年7月29日法律決字第0999030975號。

第四項　代理人與輔佐人

　　行政程序法第24條第1項規定，當事人得委任代理人。但依法規或行政程序之性質不得授權者，不得為之。本項規定之規範之目的在於表明，在行政程序進行時，任何當事人皆可親自從事程序行為，亦可請求他人協助為程序行為，尤其是有權在行政程序進行的任何階段，在其所確定的時間點，委任他人為代理人，在行政程序進行中隨時提供協助。此項權利，並非義務，在其他行政救濟程序中亦廣泛地被承認，例如，訴願法第32條或行政訴訟法第49條。委任代理人之權利使得當事人能夠透過具有（法律）專業知識者之協助，與行政機關維持適當之互動。除主要有助於當事人之利益外，特別是透過委任代理人，相對於資源豐富之行政機關，當事人在行政程序中能享有武器平等與公平之相對力量；合適的代理人亦能有助於行政程序之順利進行。

　　法律規定當事人有親自參與義務或具有高度屬人性質（例如，有關個人能力、資格或其他類似事件的考試或審查）的程序行為時，則不允許當事人委由第三人代理行政程序行為。個別行政程序，是否屬依其性質不得委任代理人為之，應由各該程序規範之主管機關，衡諸該等行政程序之事務本質後本於權責審認之[27]。依法規明文規定禁止代理者，例如，舊戶籍法施行細則第24條第1項規定，請領國民身分證，應由當事人為之（現行戶籍法第60條第1項規定，初領或補領國民身分證，應由本人親自為之）。本規定之立法意旨係為避免國民身分證遭冒領，故國民身分證應由當事人親自申請並領取，本規定應屬行政程序法第24條第1項但書之「依法規不得授權者」。至於何謂依其性質不得授權之行政程序，則非明確，一般而言，涉及個人能力、資格或其他類似事件的考試或審查程序，亦即與行政機關依事物本質對於高度屬人性質的個人資格、能力或其他類似事件的審查程序，皆屬之[28]。例如，全民健保特約醫療契約之訂定，為證明具有醫療能力，醫療院所負責人依慣例皆須由本人親自為之，不

---

[27] 法務部民國112年11月15日法律字第11203512410號。

[28] 陳敏，前揭書，第838頁指出，各種考試程序不得選任代理人。惟吳庚、盛子龍，前揭書，第563頁認為本項但書恐係錯誤移植外國法條所致，因為理論上沒有行為程序中不能代理之行為，法規若果有禁止代理之規定，其合法性亦有疑問。吳志光，前揭書，第324頁亦指出，此項但書應係翻譯錯誤的立法代理權之授與應及於行政程序全部程序行為，理論上除身分行為（例如，結婚登記）外，並無行政程序中不能代理之行為。

得委任代理人[29]。

代理人係指於代理權限內，以本人名義爲意思表示或受領意思表示，而直接對於本人發生效力之人（民法第103條）。行政程序代理人則指當事人不親自爲行政程序行爲，委任第三人以當事人名義，代理當事人爲行政程序行爲或受行政程序行爲之人，因此，程序代理人必須是自然人[30]。代理人在其權限範圍內進行之行爲，被視爲當事人之行爲，該行爲之效果歸屬於當事人本人。

行政程序代理人之人數應予限制，否則多數程序代理人行爲不一致時，易導致行政程序之延滯，對當事人產生不利之影響。行政程序法第24條第2項規定，每一當事人委任之代理人，不得逾三人。所有代理人皆由當事人有效委任，亦即在內部及外部關係皆係有效時，基本上皆應能有效代理當事人爲程序行爲，其程序行爲對其他當事人及行政機關亦應皆有效，以確保行政程序之順利進行。至於因而產生對於當事人之不利益，則由當事人承擔，蓋此項不利益係由當事人本身之行爲所產生。

行政程序代理人之資格法規並無特別限制，無須具有專門職業之執業資格或具備專業知識者，當事人得自由選擇其所信賴之人[31]。

行政程序代理權的具體內容理論上應依當事人與代理人所簽訂的委任契約而定。惟行政程序法第24條第3項規定，代理權之授與，及於該行政程序有關之全部程序行爲。但申請之撤回，非受特別授權，不得爲之。此項行政程序代理人的法定權限內容，能夠保障行政程序當事人之權益並促進程序之順利進行。

行政程序代理權之欠缺將影響基於行政程序代理權所爲之程序行爲以及相關程序之進行，因此，基於公共利益之要求，有必要明確確認程序代理權是否存在，以使行政程序順利進行並確保行政任務之履行。行政程序法第24條第4項規定，行政程序代理人應於最初爲行政程序行爲時，提出委任書。除法律另有特別規定外，行政程序法並未規定代理權之授與應以特定方式爲之，換句話說，並無書面之要求，以口頭方式或透過默示行爲亦得授與代理權[32]。

---

[29] 蔡茂寅、李建良、林明鏘、周志宏，行政程序法實用，4版，2013年11月，第78頁。此外，若社會福利受領人之資格認定或公務員之人事行政程序（如考績申訴），似宜認其性質上不宜委託代理人進行。

[30] 吳庚、盛子龍，前揭書，第563頁。

[31] 吳庚、盛子龍，前揭書，第563頁。

[32] 陳敏，前揭書，第838頁。

　　為使程序代理人能夠繼續維護當事人，特別是繼承人程序上之權利，以避免產生權利保障之漏洞，行政程序代理人之代理權並不因本人死亡或喪失行政程序行為能力而消滅，此稱之為代理權恆定原則，行政程序法第26條規定，代理權不因本人死亡或其行政程序行為能力喪失而消滅。法定代理有變更或行政機關經裁併或變更者，亦同。惟此並非謂程序代理權授與後將一直有效，在一定情形發生時當然會消滅，例如，程序代理人死亡、程序代理人喪失行政程序行為能力或程序代理人向本人或行政機關放棄代理權等。

　　除代理人外，輔佐人可協助當事人為行政程序行為，亦可協助行政機關瞭解事實，行政程序法第31條第1項規定，當事人或代理人經行政機關之許可，得偕同輔佐人到場。輔佐人係當事人或代理人經行政機關許可，偕同到場，輔助當事人或代理人為程序行為之人，輔佐人與代理人不同，其並非代替當事人，而係與當事人偕同出現。行政程序法第31條對於輔佐人並未有特別資格上的要求，僅允許行政機關依行政程序法第31條第3項在一定條件下，禁止輔佐人陳述。行政程序法第31條第4項規定，輔佐人所為之陳述，當事人或代理人未立即提出異議者，視為其所自為。亦即將輔佐人之陳述擬制為當事人或代理人所自為，而與當事人或訴訟代理人自為之陳述具有同一效力。因此，輔佐人必須為具有行政程序行為能力的自然人。理論上輔佐人應是當事人或代理人足以信賴之人，但此並非必須具備，實務上較常出現的輔佐人則為親屬、具有緊密關係之人或學者專家。

第三節　行政程序之進行

第一項　程序之開始

　　行政程序法第34條規定，行政程序之開始，由行政機關依職權定之。但依本法或其他法規之規定有開始行政程序之義務，或當事人已依法規之規定提出申請者，不在此限。行政程序之發動，原則上是由主管機關依職權主動為之，當事人之申請原則上僅是促其發動之原因之一。惟當事人依法規提出申請者，例如，依政府資訊公開法申請提供資訊，行政機關即應開始行政程序。

　　當事人依法向行政機關提出申請者，除法規另有規定外，得以書面或言詞為之。以言詞為申請者，受理之行政機關應作成紀錄，經向申請人朗讀或使閱覽，確認其內容無誤後由其簽名或蓋章（行政程序法第35條）。管理外匯條

例第11條前段僅規定，旅客或隨交通工具服務之人員，攜帶外幣出入國境者，應報明海關登記。其並未限定報明之方式，故解釋上不限於以書面爲之，尚包括口頭申報，此觀行政程序法第35條前段規定「當事人依法向行政機關提出申請者，除法規另有規定外，得以書面或言詞爲之。」及依關稅法第23條第2項及第49條第3項授權訂定，與攜帶外幣出入國境有關聯性之行爲時入境旅客攜帶行李物品報驗稅放辦法第7條第3項（現爲第7條第5項）規定「經由綠線檯通關之旅客，海關認爲必要時得予檢查，除於海關指定查驗前主動申報或對於應否申報有疑義向檢查關員洽詢並主動補申報者外，海關不再受理任何方式之申報」自明[33]。

　　撤回屬於廣義的申請事項，提出撤回之申請者亦應踐行相同之程序，除以書面爲之外，如以言詞爲撤回者，受理之行政機關應作成紀錄，經向申請人朗讀或使閱覽，確認其內容無誤後由其簽名或蓋章，始生撤回之效力[34]。

　　此外，行政機關對於人民依法規之申請，除法規另有規定外，應按各事項類別，訂定處理期間公告之（行政程序法第51條第1項）。未依行政程序法第51條第1項規定訂定處理期間者，其處理期間爲二個月（同法第51條第2項）。

第二項　調查事實及證據

　　行政行爲之合法及適當性，均應建構在正確基礎事實上，行政機關欲認知事實之存在與否及事實狀態，有進行相關資訊蒐集之必要。行政程序法第36條規定，行政機關應依職權調查證據，不受當事人主張之拘束，對當事人有利及不利事項一律注意。換句話說，行政機關爲調查確定事實所必要之一切證據，應依職權調查事實，並決定調查之種類、範圍、順序及方法，不受當事人提出之證據及申請調查證據之拘束。惟當事人於行政程序中，依行政程序法第37條規定，得自行提出證據外，亦得向行政機關申請調查事實及證據。但行政機關認爲無調查之必要者，得不爲調查，並於第43條之理由中敘明之。

　　認定事實應依證據，無證據不得以擬制方式推測事實，此爲依職權調查證據認定事實之共通法則；行政機關需依職權調查證據以證明違規事實之存在，始能據以作成負擔處分，行政機關對於作成處分違規事實之存在負有舉證責

---

[33] 最高行政法院107年度判字第538號判決。
[34] 最高行政法院98年度判字第103號判決。

任，不得因受處分人未提出對自己有利之資料，即推定其違規事實存在[35]。

此外，行政機關調查事實及證據，必要時得據以製作書面紀錄（行政程序法第38條）；行政機關基於調查事實及證據之必要，得通知相關之人陳述意見（同法第39條第1項）、得要求當事人或第三人提供必要之文書、資料或物品（同法第40條）[36]；就專業事項，行政機關得選定適當之人爲鑑定（同法第41條第1項）[37]；爲了解事實眞相，行政機關得實施勘驗（同法第42條第1項）[38]。

行政機關實施調查後，爲處分或其他行政行爲時，應斟酌全部陳述與調查事實及證據之結果，依論理及經驗法則判斷事實之眞僞，並將其決定及理由告知當事人（行政程序法第43條）。行政程序法第43條規定係對行政機關於行政程序中進行調查證據，其證明力之規定。論理法則，係指理論認識及邏輯分析之方法；經驗法則，則指人類本於經驗累積歸納所得之法則。行政機關依全部意見陳述及調查證據之結果判斷事實之眞僞，仍應受經驗法則及論理法則之拘束。論理解釋乃不拘泥於法條文字之字句，而以法秩序之全體精神爲基礎，依一般推理作用，以闡明法律之眞義，爲法律之解釋方法之一。法律解釋與事實判斷爲不同之概念，行政機關解釋法律，並不限於論理解釋，仍可探求各種解釋方法適用具體個案[39]。

---

[35] 臺北高等行政法院102年度訴字第1414號判決。

[36] 法務部民國103年2月25日法律字第10303502350號、法務部民國108年12月12日法律字第10803516360號指出，行政程序法第40條規定，僅係規定當事人於行政程序上之協力負擔，並未課予當事人配合調查之協力「義務」，故當事人未配合調查時，行政機關不得依上開規定實施強制調查，而須有其他法律依據，始得爲之。

[37] 最高行政法院106年度裁字第337號裁定指出，醫師依檢察機關囑託所作之有關死亡原因意見書，係屬鑑定性質，與行政處分迥然不同。死亡原因鑑定意見之是否可採，純屬囑託鑑定之司法機關證據取捨、認定事實之職權行使事項，尚難因囑託機關爲不利於當事人或利害關係人之認定，而遽認該死亡原因鑑定意見爲行政處分。

[38] 法務部民國103年8月18日法律字第10303509440號指出，行政程序法第42條規定，係行政機關爲了解事實眞相，得對待證事實有關人、地、物實施勘驗，並未課予當事人配合調查之協力義務，故當事人未配合調查時，行政機關不得依上開規定實施強制檢查，而須有其他法律依據，始得爲之。

[39] 法務部民國100年5月6日法律決字第1000011926號。

第四節　參與行政程序之權利

　　人民參與行政程序之權利，包括閱覽卷宗、聽證及陳述意見。閱覽卷宗係指為確保在行政程序中，得作有利於自己主張，要求閱覽與本身案件有關卷宗之權利；聽證是公開及言詞辯論之正式程序，具有加強溝通、促進參與、提高效能、防止行政機關專斷等功能；陳述意見是指行政機關於作成侵害人民權益處分前，當事人有要求陳述意見之權利，行政機關則有義務給予陳述意見之機會。此外，行政實務上亦常舉行公聽會，提供人民表達意見之機會，因此，一併說明之。

第一項　申請閱覽卷宗之權

　　為能使人民了解行政程序進行之情形，掌握案情資料，主張或維護其法律上利益之必要，有向行政機關申請閱覽、抄寫、複印或攝影有關資料或卷宗之權利，此為武器平等原則之落實，使人民與政府間資訊地位平衡。行政程序法第46條第1項規定，當事人或利害關係人得向行政機關申請閱覽、抄寫、複印或攝影有關資料或卷宗。但以主張或維護其法律上利益有必要者為限。當事人係指行政程序法第20條規定所列之人，利害關係人係指因行政程序進行之結果，其權利或法律上利益將受影響而未參與為當事人之第三人。得申請之期間，係指行政程序進行中及行政程序終結後法定救濟（包括行政程序法第128條規定申請行政程序重新進行者）期間經過前；如已依法提起訴願、行政訴訟或申請行政程序重新進行者，有關申請閱覽卷宗等事項，應依各該程序之有關規定辦理[40]。

　　行政機關對於當事人或利害關係人之申請原則上應予同意，惟行政程序法第46條第2項規定，行政機關對前項之申請，除有下列情形之一者外，不得拒絕：（一）行政決定前之擬稿或其他準備作業文件。（二）涉及國防、軍事、外交及一般公務機密，依法規規定有保密之必要者。（三）涉及個人隱私、職業秘密、營業秘密，依法規規定有保密之必要者。（四）有侵害第三人權利之虞者。（五）有嚴重妨礙有關社會治安、公共安全或其他公共利益之職務正常

---

[40] 法務部民國94年11月2日法律字第0940700652號。

進行之虞者。行政機關拒絕當事人或利害關係人申請時，必須說明具體理由。

行政決定前之擬稿或其他準備作業文件係指函稿、簽呈或會辦意見等行政機關內部作業文件。外國人與我國國民結婚，駐外館處面談當事人之影音資料，其上並無顯示機關作成決定前之內部意見，非屬行政決定前之擬稿或其他準備作業文件，於行政程序進行中受理當事人申請面談之影音資料之行政機關，似不得逕以該款為由拒絕提供[41]。

第二項 聽證程序

聽證程序係採公開且具言詞辯論模式之正式程序。聽證主要功能在藉由程序發現真實，確保行政機關作成公正決定，保障並實現當事人權利，同時建立現代行政在人民與機關間基本信賴關係。藉由聽證程序，當事人之意見與觀點成為闡明事實之重要手段，尤其在裁決時，使行政機關免於作出有瑕疵之行為，並讓不同之利益衝突在程序中經由辯論、妥協而得以消解，增加人民對行政機關之信賴。聽證程序在現代社會中屬於具有民主合法性之程序。

一、適用聽證程序之情形

行政程序法第54條規定，依行政程序法或其他法規舉行聽證時，適用本節規定。其他法規係指其他法律、法規命令或職權命令規定依行政程序法舉行聽證者而言，不包括行政規則[42]。行政處分作成前，給予當事人就重要事實表示意見之機會，藉以避免行政機關之恣意專斷，保障當事人之權益。但若規定任何行政處分作成前均應舉行聽證，恐對人力、財力造成不必要之浪費，而影響行政效率，行政程序法第107條規定，行政機關遇有下列各款情形之一者，舉行聽證：1.法規明文規定應舉行聽證者。2.行政機關認為有舉行聽證之必要者。

依其他法規應舉行聽證者，例如，土地徵收條例第10條第3項規定，特定農業區經行政院核定為重大建設須辦理徵收者，若有爭議，應依行政程序法舉行聽證。放射性物料管理法第8條第3項規定，主管機關於收到前項申請後三十日內，應將申請案公告展示；其公告展示期間為六十日。個人、機關或團體，

---

[41] 法務部民國102年2月23日法律字第10200515850號。
[42] 法務部民國102年6月7日法律字第10203505190號。

得於公告展示期間內以書面載明姓名或名稱及地址，向主管機關提出意見；主管機關應舉行聽證。依其他法規得舉行聽證者，例如，再生能源發展條例第9條第1項規定，中央主管機關應邀集相關各部會、學者專家、團體組成委員會，審定再生能源發電設備生產電能之躉購費率及其計算公式，必要時得依行政程序法舉辦聽證會後公告之，每年並應視各類別再生能源發電技術進步、成本變動、目標達成及相關因素，檢討或修正之。農村再生條例第8條第2項規定，農村再生總體計畫之擬訂，應辦理公開閱覽，必要時得舉行聽證會。

　　行政程序法第155條規定，行政機關訂定法規命令，得依職權舉行聽證。是否舉行聽證，由行政機關依職權決定之。惟司法院釋字第753號解釋理由書卻指出，全民健康保險醫事服務機構特約及管理辦法之內容，關係全民健保制度之永續健全發展及保險醫事服務機構之權利義務至鉅，主管機關應依行政程序法以公開方式舉辦聽證，使利害關係人代表，得到場以言詞為意見之陳述及論辯後，斟酌全部聽證紀錄，說明採納及不採納之理由作成決定。現行全民健康保險醫事服務機構特約及管理辦法訂定程序應予改進，併此指明。

二、聽證程序之規定（行政程序法第54條至第66條）

　　聽證程序十分複雜，僅簡要說明其重點。

（一）通知及程序之進行

　　行政程序法第55條第1項規定，行政機關舉行聽證前，應以書面記載必要事項，並通知當事人及其他已知之利害關係人，必要時並公告之[43]。行政機關為使聽證順利進行，認為必要時，得於聽證期日前，舉行預備聽證[44]（行政程序法第58條第1項）。聽證，由行政機關首長或其指定人員為主持人，必要時得由律師、相關專業人員或其他熟諳法令之人員在場協助之（同法第57條）。主持人應本中立公正之立場，主持聽證（同法第62條第1項）。

　　聽證開始時，由主持人或其指定之人說明事件之內容要旨（行政程序法第60條）。當事人於聽證時，得陳述意見、提出證據，經主持人同意後並得對機

---

[43] 通知或公告與聽證期日間應預留多少時間供參與者準備，行政程序法並無明文規定，應由舉行聽證機關是事件之性質及公告方式決定之。

[44] 預備聽證之功能在於簡化及釐清爭點，避免正式聽證程序冗長，提高文書及證據之可信度。

關指定之人員、證人、鑑定人、其他當事人或其代理人發問（同法第61條）。當事人認為主持人於聽證程序進行中所為之處置違法或不當者，得即時聲明異議。主持人認為異議有理由者，應即撤銷原處置，認為無理由者，應即駁回異議（同法第63條）。主持人認當事人意見業經充分陳述，而事件已達可為決定之程度者，應即終結聽證（同法第65條）。

（二）言詞進行原則

鑑於公開聽證可藉公眾參加之監督，維持聽證之公平與客觀，且公開為言詞辯論較符合保障人民權益、擴大民眾參與之立法目的，行政程序法第59條第1項規定，聽證，除法律另有規定外，應公開以言詞為之。惟有下列各款情形之一者，主持人得依職權或當事人之申請，決定全部或一部不公開：1.公開顯然有違背公益之虞者，例如，公開有害於善良風俗與公共秩序。2.公開對當事人利益有造成重大損害之虞者，例如，公開將嚴重影響當事人名譽、信譽或經濟利益等權利或利益。

（三）聽證紀錄

聽證紀錄為行政機關作成決定之重要依據，行政程序法第64條第1項規定，聽證應作成聽證紀錄並為必要記載事項，包括到場人所為陳述或發問之要旨及其提出之文書、證據，及當事人於聽證程序進行中聲明異議之事由及主持人對異議之處理。其記錄方法，除傳統書面記載外，得以錄音、錄影輔助之（行政程序法第64條第3項）。預備聽證程序，亦應作成紀錄（同法第58條第3項）。

（四）聽證效果

行政機關作成經聽證之行政處分時，除依行政程序法第43條之規定外，並應斟酌全部聽證之結果，但法規明定應依聽證紀錄作成處分者，從其規定，該行政處分應以書面為之，並通知當事人（行政程序法第108條）。

經聽證之行政處分，不服者，其行政救濟程序，免除訴願及其先行程序（行政程序法第109條）。鑑於聽證程序不論是在事實調查程序及政策思辨，及至最後作成決定之嚴謹程度，皆不下於訴願及其先行程序，故倘已經過聽證程序，對該決定仍有不服者，即不必重複再經過此種行政程序，以符程序經濟原則及提高行政效能[45]。免除宜解釋為「應」免除，並非「得」免除。當事

---

[45] 法務部民國103年11月13日法律字第10303511880號。

人不服經聽證作成之行政處分，若未逕行提起行政訴訟，而仍提起訴願或爲其先行程序之行爲，顯已違反行政程序法第109條規定之意旨，其所爲即係對依法不屬訴願救濟範圍之事項提起訴願，依訴願法第1條第1項及第77條第8款規定，受理訴願之機關自應爲不受理之決定[46]。

第三項　陳述意見程序

一、應給予陳述意見之情形

　　陳述意見係指特定當事人就案情有關之事實及法律等問題陳述意見，行政機關負有聽取陳述之義務，可使行政機關免於專斷。依行政程序法規定，在一定條件下，原則上應給予陳述意見之機會，其方式得以言詞或書面爲之。行政程序法第102條規定，行政機關作成限制或剝奪人民自由或權利之行政處分前，除已依第39條規定，通知處分相對人陳述意見，或決定舉行聽證者外，應給予該處分相對人陳述意見之機會。但法規另有規定者，從其規定[47]。

　　限制或剝奪人民自由或權利之行政處分係指積極地變更人民既有之自由或權利現狀，創設使其減損或喪失之法效果，因此，凡維持人民自由及權利現狀之處分，無論係對於人民申請案件所爲拒絕授益之處分或就人民之自由及權利現狀而爲確認處分，均非屬限制或剝奪之行政處分之範疇[48]。大專院校教師升等未通過[49]、檢察官申請復職被否准[50]均屬維持現狀，僅未增加申請人有利之法律效果，毋庸強制給予處分相對人陳述意見機會[51]。惟亦有少數見解認爲，

---

[46] 法務部民國90年5月8日法律字第015874號。

[47] 最高行政法院106年度判字第538號判決指出，著作權集體管理團體條例第25條第2項之規定，爲行政程序法第102條之特別規定。主管機關已用書面通知已申請審議之利用人及訂定使用報酬率之參加人陳述意見，並透過網站公告通知其他同一型態之利用人參與程序及陳述意見，即已依法踐行通知行政處分相對人陳述意見之義務。

[48] 最高行政法院106年度判字第2號判決。最高行政法院104年度判字第96號判決亦指出，限制或剝奪人民自由或權利之行政處分，係指對人民自由或既存權利爲限制或剝奪。

[49] 最高行政法院100年度判字第113號判決。

[50] 最高行政法院101年度判字第82號判決。

[51] 有關此項見解之批評，吳志光，前揭書，第340-341頁。蕭文生，陳述意見之機會—最高行政法院106年度判字第2號判決評析，月旦裁判時報，第89期，2019年11月，第5-15頁。

否准作成授益處分之申請亦屬於限制或剝奪人民自由或權利之行政處分，依憲法第18條規定，人民有應考試、服公職之權，行政機關駁回人民服公職之申請，業已限制人民選擇服公職之自由，自屬行政程序法第102條限制或剝奪人民自由或權利之行政處分，依行政程序法第102條規定，原則上應給予處分相對人陳述意見之機會[52]。

此外，環評係事先就開發行為對於環境可能產生影響之程度及範圍，由政府主管機關基於專業所進行之風險分析及評定，性質上為行政機關於開發行為前所實施之評估程序及專業審查，開發行為之應否實施環評，非對人民自由權利之積極限制或剝奪，並無適用行政程序法第102條規定之餘地[53]。

二、得不給予陳述意見之情形

得不給予陳述意見之機會規定於行政程序法第103條。行政機關之行政決定有下列情形之一，得不提供陳述意見機會，若行政機關仍給予陳述意見機會，對相對人之權益保障，自屬更為完備：（一）大量作成同種類之處分[54]。（二）情況急迫，如予陳述意見之機會，顯然違背公益者。（三）受法定期間之限制，如予陳述意見之機會，顯然不能遵行者。（四）行政強制執行時所採取之各種處置。（五）行政處分所根據之事實，客觀上明白足以確認者。（六）限制自由或權利之內容及程度，顯屬輕微，而無事先聽取相對人意見之必要者。（七）相對人於提起訴願前依法律應向行政機關聲請再審查、異議、復查、重審或其他先行程序者。（八）為避免處分相對人隱匿、移轉財產或潛逃出境，依法律所為保全或限制出境之處分等。

惟對於（二）至（八）等情形，行政機關應於行政決定作成時或作成後，於行政處分或適當之通知中負記明理由之說明義務，並於嗣後之行政爭訟程序中負舉證責任，否則行政機關恣意認定有前述事項，將實質地剝奪人民之陳述權。因此，若行政機關怠為上述說明，應認為該行政處分係有瑕疵，而得撤銷之。

---

[52] 最高行政法院98年度判字第732號判決。

[53] 最高行政法院109年度判字第363號判決。

[54] 法務部民國90年2月27日法律字第003667號指出，大量作成同種類之處分係指快速大量作成同種類之處分，為求時效，難以一一踐行給予陳述意見機會之程序而言，例如：以電腦大量印製之稅單或罰單。

三、陳述意見方法之通知

行政機關作成限制或剝奪人民自由或權利之行政處分前，給予相對人陳述意見之機會時，應以書面記載下列事項通知相對人，必要時並公告之：（一）相對人及其住居所、事務所或營業所。（二）將爲限制或剝奪自由或權利行政處分之原因事實及法規依據。（三）應於陳述書上記載事實上及法律上陳述。（四）提出陳述書之期限及不提出之效果。（五）其他必要事項等事項（行政程序法第104條第1項）。

四、意見陳述方法

行政處分之相對人或利害關係人，原則上應以書面之陳述書爲之，且應於陳述書爲事實上及法律上陳述（行政程序法第105條第1、2項）。

五、逾期陳述之效果

不於期間內提出陳述書者，視爲放棄陳述之機會，即發生失權效（行政程序法第105條第3項），期間係指於經合法通知或經公告後之一定合理期間內，若有違背，將導致行政處分作成程序之瑕疵。

第四項　公聽會

公聽亦屬於行政機關作成行爲時，廣泛蒐集意見之程序，但並非針對特定事件之當事人。土地徵收條例第10條第2項規定，需用土地人於事業計畫報請目的事業主管機關許可前應舉行公聽會，聽取土地所有權人及利害關係人之意見。其立法意旨係爲落實司法院釋字第409號解釋，於徵收計畫確定前，聽取土地所有權人及利害關係人之意見，俾公益考量與私益維護得以兼顧，且有促進決策之透明化作用[55]。

公聽會除法規明定外，公聽會並無法定程序且公聽紀錄通常不具法律拘束力，因此不及聽證程序嚴謹[56]。例如，文化資產保存法第37條第3項規定，主

---

[55] 最高行政法院104年度判字第364號判決。
[56] 最高行政法院101年度判字第514號判決指出，公聽會之程序及其法律效果如何，行政程序法或相關行政法律固無明文，惟行政機關基於法規舉行公聽會時，除主管機關於

管機關於擬定古蹟保存區計畫過程中,應分階段舉辦說明會、公聽會及公開展覽,並應通知當地居民參與。環境影響評估法第12條第1項規定,目的事業主管機關收到評估書初稿後三十日內,應會同主管機關、委員會委員、其他有關機關,並邀集專家、學者、團體及當地居民,進行現場勘察並舉行公聽會,於30日內作成紀錄,送交主管機關。

舊都市更新條例第19條第2項規定,應舉辦公聽會,其目的僅在於聽取民眾之意見,無論是更新單元範圍內之土地、建物所有權人等相關權利人或一般民眾,在都市更新事業計畫擬訂後,尚得以書面提出意見;並審諸都市更新程序係採取多數決,公聽會程序既僅在於聽取民眾意見,更新單元範圍內之所有權人尚不因未參與該公聽會,對其權利產生損害或重大影響[57]。

何時應舉行聽證或公聽,原則上立法者享有一定之裁量空間[58]。惟司法院釋字第709號解釋理由書指出,憲法上正當法律程序原則之內涵,應視所涉基本權之種類、限制之強度及範圍、所欲追求之公共利益、決定機關之功能合適性、有無替代程序或各項可能程序之成本等因素綜合考量,由立法者制定相應之法定程序。都市更新之實施,不僅攸關重要公益之達成,且嚴重影響眾多更新單元及其周邊土地、建築物所有權人之財產權及居住自由,並因其利害關係複雜,容易產生紛爭。為使主管機關於核准都市更新事業概要、核定都市更新事業計畫時,能確實符合重要公益、比例原則及相關法律規定之要求,並促使人民積極參與,建立共識,以提高其接受度,都市更新條例除應規定主管機關應設置公平、專業及多元之適當組織以行審議外,並應按主管機關之審查事項、處分之內容與效力、權利限制程度等之不同,規定應踐行之正當行政程序,包括應規定確保利害關係人知悉相關資訊之可能性,及許其適時向主管機關以言詞或書面陳述意見,以主張或維護其權利。而於都市更新事業計畫之核

法律授權訂定之法規命令,已就公聽會應辦之細節性、技術性事項予以明訂外,應斟酌舉辦該公聽會事件之具體性質,決定受通知陳述意見之當事人或利害關係人及學者專家、相關社會公正人士,並將舉行公聽會之事由、日期與地點在相關處所公告或刊登政府公報、新聞紙,使一般人民亦能知悉、參與表示意見,達成舉辦公聽會之實質效果。「公聽會」乃行政主管機關作成行政決定前,廣泛蒐集民意,以資參考之制度,屬諮詢之性質。

[57] 最高行政法院100年度裁字第1582號裁定。

[58] 公聽會與聽證兩者之性質及法律效果有所不同,因此,法規明文規定應舉行聽證者,不得以公聽會代替。

定，限制人民財產權及居住自由尤其直接、嚴重，都市更新條例並應規定由主
管機關以公開方式舉辦聽證，使利害關係人得到場以言詞為意見之陳述及論辯
後，斟酌全部聽證紀錄，說明採納及不採納之理由作成核定，始無違於憲法保
障人民財產權及居住自由之意旨。

第五節　針對行政機關於行政程序中所為之決定或處置之救濟

　　行政機關於作成完全及終局之實體決定前，在行政程序進行中所為之各種
程序行為或決定，為準備行為，因欠缺完全、終局之規制效力，不得對其獨立
進行行政爭訟，而應與其後之終局決定，一併聲明不服，以避免行政程序因程
序行為之爭訟而延誤，或因程序行為及本案決定併行二救濟程序，致發生不能
調和之歧異[59]。行政程序法第174條規定，當事人或利害關係人不服行政機關
於行政程序中所為之決定或處置，僅得於對實體決定聲明不服時一併聲明之。
但行政機關之決定或處置得強制執行或本法或其他法規另有規定者，不在此
限。本條立法目的即是為謀行政效率，避免因當事人或利害關係人動輒對行政
機關之行政程序行為聲明不服，尤可防止當事人濫用程序行為之爭訟，阻礙行
政程序之進行，並減輕行政機關與行政法院之負擔[60]。適用行政程序法第174
條規定之前提在於，本案繫屬於行政程序，例如，行政程序中當事人或利害關
係人為主張或維護其法律上利益之必要，而依行政程序法第46條規定向行政機
關申請閱覽、抄寫、複印或攝影有關資料或卷宗，此項申請閱覽卷宗請求權
係屬程序權利，申請人對行政機關之決定如有不服，依行政程序法第174條規
定，僅得於對實體決定不服時一併聲明，不得單獨請求救濟。此外，當事人如
不服上級機關就駁回申請迴避之決定所為覆決，或聽證機關所為之聽證處置，
亦僅得於對實體決定聲明不服時一併聲明之[61]。
　　依建築法第36條規定，主管建築機關收到起造人申請建造執照或雜項執照
書件後，應於法定期間內審查完竣，倘認為不合建築法相關法令或妨礙當地都

---

[59] 最高行政法院108年度裁字第1641號裁定、最高行政法院109年度裁字第768號裁定。
[60] 法務部民國109年2月7日法律字第10903502150號。
[61] 法務部民國101年8月30日法律字第10100149480號。

市計畫或區域計畫相關規定者，應詳列其不合條款之處，一次通知起造人，令其於法定期限內，依照通知改正事項改正完竣送請復審，屆期未送請復審或復審仍不合規定者，主管建築機關得駁回其申請案。更正期限函主要在於說明建築法第36條之改正期限，仍依附於系爭建照原訂之建築期限內，亦即重申申請人應於系爭建照竣工日前改正完竣申請復審並完成變更設計申請之核定，乃主管建築機關為推動行政程序之進行，所為之指示或要求，僅屬程序行為[62]。

依建築法第70條第1項規定可知，建築工程完竣後，起造人會同承造人及監造人申請使用執照，由主管建築機關，於規定期限內派員查驗完竣，如符合規定者，發給使用執照；不相符者，乃一次通知其修改後，再報請查驗。故申請人之申請目的係請准核發使用執照，如該申請因尚未符合規定，而由該主管建築機關通知修改事項後再為報驗，因該主管建築機關就此申請，係依規定通知申請人修改，尚待申請人再報請查驗後始為准駁決定，則該通知修改之補正通知乃主管建築機關為核發使用執照與否之決定前，為推動該行政程序之進行所為之準備行為，固具有規制性質，除申請人認其已符合申請要件，毋庸補正外，尚非完全、終局之規制，當事人或利害關係人不服，僅得於對實體決定聲明不服時一併聲明之[63]。

經主管機關核定之計算負擔總計表為重劃會辦理重劃土地分配之依據，主管機關對之應為實質審查，所為核定係屬行政處分。關於重劃會於辦理重劃土地分配設計前，應由重劃會經會員大會通過後，提出重劃前後地價，送請直轄市或縣市主管機關提交地評會評定後，由理事會將之列入計算負擔總計表，用以計算市地重劃區計算公共用地負擔、費用負擔、土地交換分配及變通補償之標準，地評會對重劃前後地價為評定，須經實質審議，由公權力為必要之監督；惟地評會所為重劃前後地價之評定，係重劃會提出計算負擔總計表送請主管機關核定之中間程序行為，就此多階段行政行為，有所不服，僅得對終局之行政行為予以救濟，並對中間程序行為，一併予以審查，以為救濟[64]。換句話說，自辦市地重劃地區土地所有權人對地評會所評定之重劃前後地價不服，應以主管機關就重劃會所送計算負擔總計表之核定處分為程序標的，提起行政爭

---

[62] 最高行政法院108年度裁字第898號裁定。

[63] 最高行政法院110年度抗字第62號裁定。

[64] 最高行政法院109年度判字第291號判決。

訟，以為救濟，主張據以作成計算負擔總計表之重劃前後地價評定違法[65]。

　　行政機關於行政程序中所為之決定或處置之程序行為是否定性為行政處分，並不影響行政程序法第174條規定之適用[66]。申請人主張有不應歸責於申請人之事由，依行政程序法第50條第1項規定，申請回復原狀者，依同條第2項規定，應同時補行期間內之行政行為。行政機關以無回復原狀要件之合致，作成逾法定不變期間提出申請效果之決定時，受此不利益決定之當事人倘以其確有申請回復原狀之事由而不服時，依行政程序法第174條規定，僅得於對實體決定聲明不服時一併聲明之；不得以行政機關未許可回復原狀之申請為行政處分，而單獨對之提起撤銷訴訟[67]。

　　當事人或利害關係人對行政機關之實體決定（行政處分）提起行政救濟，一併就其於行政程序中所為之決定或處置聲明不服者，受理機關即應審究該程序決定或處置之適法性，如於法有違，並影響實體決定之結果者，即應依適法應有之程序決定或處置，撤銷原實體決定[68]。

　　如限制當事人針對程序行為單獨提出救濟而造成當事人無法回復之損害時，則應有例外規定，行政程序法第174條但書規定，但行政機關之決定或處置得強制執行或本法或其他法規另有規定者，不在此限。行政機關之程序行為得強制執行者，例如，行政機關在行政程序中行使強制調查權，要求納稅義務人出示帳冊、憑證供查核，或命當事人容忍調查人員進入當事人之居所或營業場所進行實地調查或勘驗[69]。上述程序行為已課予當事人作為、不作為或忍受義務，符合行政處分之要件，並得依行政執行法相關規定強制義務人履行義務。上開程序行為即使透過對實體決定聲明不服時，得一併聲明之，但對於強制調查權之行使有無違法侵害當事人權益，特別是營業自由、居住自由等，並無法提供即時有效之救濟，因此，有允許當事人對之單獨提起救濟之必要。

---

[65] 最高行政法院109年度判字第359號判決。

[66] 最高行政法院108年度裁字第898號裁定。

[67] 最高行政法院107年度判字第347號判決。

[68] 最高行政法院109年度判字第212號判決。

[69] 吳庚、盛子龍，前揭書，第600頁。

第十三章 | 法規命令

第一節　法規命令之意義

　　行政程序法第150條規定，法規命令係指行政機關基於法律授權，對多數不特定人民就一般事項所做抽象之對外發生法律效果之規定。法規命令可分成三個部分來說明：

第一項　基於法律授權

　　行政機關在法律的授權下才能制定法規命令，無授權即無法規命令，是否為法規命令，須先確定是否有法律授權。大學評鑑辦法第1條規定，本辦法依大學法第5條第2項及私立學校法第57條第6項規定訂定之，大學評鑑辦法為法規命令。

　　為維護國家安全、社會安定及國民健康，對於載運客貨進出口通關之運輸工具所屬業者，其應具備之資格、條件，通關及執行運輸業務應遵守之程序規定，證照之申請、登記及變更等事項，有規範以應實際之需要，關稅法第20條第3項乃授權財政部制定法規命令規範之。財政部亦在上開授權下制定運輸工具進出口通關管理辦法。惟該辦法在法律無准許再委任之情形下，於第34條規定，「海運運輸業得申請海關核准使用自備封條，自行加封所載貨櫃。前項海運運輸業者申請自備封條自行加封之條件，由海關擬訂後公告之」。亦即將海運業者使用自備貨櫃封條，加封於所載貨櫃之條件及相關管制措施再委任下級機關訂定。財政部關稅總局亦因而訂定「海運運輸業者使用自備貨櫃封條應行注意事項」，以資規範運輸業者自備封條之條件、應遵守之規定、管制之方法及程序，違反管制規定之法律效果等事項。該注意事項對外（人民）發生一般性、普遍性之抽象適用效力，非僅發生內部效力之行政規則，內容又涉及對人民營業之管制，具法規命令之實質，卻非基於法律之授權，與行政程序法第

150條所規定法規命令訂定之程序不相符合[1]。

　　法律是否有授權行政機關制定法規命令，其判斷因法領域而有不同要求。在刑法領域，司法院釋字第680號解釋理由書指出，立法機關以委任立法之方式，授權行政機關發布命令，以為法律之補充，雖為憲法所許，惟其授權之目的、內容及範圍應具體明確。至於授權條款之明確程度，則應與所授權訂定之法規命令對人民權利之影響相稱。刑罰法規關係人民生命、自由及財產權益至鉅，自應依循罪刑法定原則，以制定法律之方式規定之。法律授權主管機關發布命令為補充規定時，須自授權之法律規定中得預見其行為之可罰，其授權始為明確，方符刑罰明確性原則（本院釋字第522號解釋參照）。其由授權之母法整體觀察，已足使人民預見行為有受處罰之可能，即與得預見行為可罰之意旨無違，不以確信其行為之可罰為必要。

　　至於其他法領域，司法院釋字第765號解釋理由書指出，立法機關以法律授權行政機關發布命令為補充規定時，其授權之內容、目的、範圍應具體明確，命令之內容並應符合母法授權意旨。至授權之明確程度，固不應拘泥於授權條款本身所用之文字，惟仍須可由法律整體解釋認定，或可依其整體規定所表明之關聯意義為判斷，足以推知立法者有意授權行政機關以命令為補充，始符授權明確性之要求。

第二項　針對人民

　　法規命令針對多數不特定人民，對人民產生拘束力，而非僅是產生行政內部效力。

　　行政實務上不乏有行政機關依法律授權訂定，但非對不特定人民就一般事項所作抽象之對外發生法規範效果之規定，例如，行政院農業委員會依行政院農業委員會組織條例第25條規定授權，訂定行政院農業委員會辦事細則；依大學法第36條授權訂定之各大學組織規程；依電子遊戲場業管理條例第5條第3項授權訂定「電子遊戲場業同一營業場所認定基準」等。中央研究院評議會會議規則雖係依中央研究院組織法第10條第4項規定訂定，惟其並非對不特定人民就一般事項所作抽象之對外發生法規範效果之規定，故不屬行政程序法第150條第1項所稱之法規命令[2]。

---

[1] 最高行政法院98年度判字第1013號判決。

[2] 法務部民國105年5月6日法律字第10500562960號。

第三項 一般事項之抽象規定對外產生法律效果

　　一般抽象係指針對不特定多數人、適用於不特定多數個案。抽象性之規定，包含現在及將來之所有使用購物用塑膠袋及塑膠類（含保麗龍）免洗餐具之不特定人民而為之反覆性、多次性規範，自與針對具體事件所為之決定或其他公權力措施之行政處分或一般處分之概念有別[3]。

　　經濟部工業局所屬工業區一般公共設施維護費費率，係依產業創新條例第53條第2項規定辦理，由管理機構擬訂、報由經濟部核定。其內容涉及人民權利義務事項，係直接對外發生規範效力之一般、抽象規定，規制的對象即區內取得租購土地或廠房建築物之使用權或所有權之各使用人，範圍在客觀上並非封閉，而係具開放性、有繼續擴增可能，具反覆實施之作用，性質上應屬行政程序法第150條第1項所稱之法規命令[4]。

　　惟有疑問的是，法律已是一般抽象規定，為何尚須另外的一般抽象規定，立法機關為何不自行制定呢？其理由有三：

一、法律制定程序過於冗長，無法滿足現實需要

　　法律須經立法院三讀通過，總統公布，立法程序及時間繁瑣耗費過大，故授權行政機關訂定法規命令，以因應事務彈性化需求。此外，亦可減輕國會之負擔[5]。

二、法律是基礎性、根本性規定，無法完全因地制宜

　　法律具有一體性及整體性的特徵，無法完全顧及地區差異性，故授權行政機關因地制宜，訂定不同規範。例如，建築物耐震度乃是建築安全重要事項，各地所須標準皆相同時，當然得以法律直接規定之。惟臺灣各地地震的頻率跟強度有所差異，以法律直接規定將無法考量各地差異，故授權由行政機關制定法規命令以適應不同地理環境之要求。

---

[3] 臺北高等行政法院92年度停字第46號裁定。
[4] 最高行政法院109年度判字第339號判決。
[5] 陳新民，行政法學總論，新10版，2020年7月，第254頁。

三、專業要求

　　法律經由立法程序制定，立法程序常伴隨多元意見，在多元色彩下制定之法律主要經由妥協及辯論過程產生，有時無法顧及專業要求。例如，從事噪音管制必須明定噪音頻率對人體產生傷害的範圍，此類事物不宜交由立法者以妥協方式決定，而須授權具有專業能力之行政機關制定。空氣污染之管制，何種物質對人體有害；何種物質對人體無害，無法由法律全部具體規定，而授權由行政機關依其專業性判斷之。

第二節　授權明確性

　　早期認為法規命令有法律授權即可，至於授權目的、內容、範圍並未嚴格要求。惟憲法第23條規定，人民自由權利之限制應以法律為之，立法機關若任意將屬於自己權限事項交由行政機關，將產生違反憲法第23條規定之疑慮。限制人民自由權利應由法律規定，不可將實質上限制人民權利的權限移轉給行政機關，如此將違反權力分立原則，亦違反人民基本權利之保障。法律授權是必要的，但立法機關不能利用授權來減輕自己責任，憲法第23條規定並未禁止以法律授權行政機關訂定限制人民自由權利之規範，惟授權目的、範圍、內容要明確（授權明確性原則）。行政程序法第150條第2項規定，法規命令之內容應明列其法律授權之依據，並不得逾越法律授權之範圍與立法精神。

　　司法院釋字第367號解釋指出，法律得授權行政機關訂定命令，惟須將授權的內容、目的、範圍明列之。換言之，若欠缺授權內容、目的或範圍，依司法院釋字第367號解釋，該授權法律本身違憲，行政機關根據違憲法律授權，所訂定出之法規命令亦是違憲的。

第一項　授權明確性之要求

　　法規命令因其法律授權程度之不同，可區分為法律具體授權之法規命令與法律概括授權之法規命令。法律具體授權之法規命令係指授權訂定法規命令之法律明確規定授權之目的、內容、範圍；此類法規命令之效力，實質上等同法律，但不得逾越或牴觸母法之規定。法律概括授權之法規命令僅得就母法之

規定做細節性、技術性之規定（例如：施行細則），不得增加法律所無之規定[6]。

一、概括授權

司法院釋字第367號解釋指出，授權明確性原則之要求在概括授權與特定授權有所不同。法規命令本身涉及技術性、細節性的事項而非直接涉及人民自由權利時，得為概括性授權。概括性授權在很多法律條文常見，例如，大學法第41條規定，本法施行細則，由教育部定之。施行細則之內容為細節性、技術性執行法律所必要的規定。

對於人民違反行政法上義務之行為予以裁罰性之行政處分，涉及人民權利之限制，其處罰之構成要件及法律效果，應由法律定之，方符憲法第23條之意旨。故法律授權訂定命令，如涉及限制人民之自由權利時，其授權之目的、範圍及內容須符合具體明確之要件；若法律僅為概括之授權者，固應就該項法律整體所表現之關聯意義為判斷，而非拘泥於特定法條之文字。惟依此種概括授權所訂定之命令，只能就母法有關之細節性及技術性事項加以規定，尚不得超越法律授權之外，逕行訂定裁罰性之行政處分條款[7]。

勞工保險爭議事項審議辦法，由中央主管機關擬訂，報請行政院核定之，勞工保險條例第5條第3項有明文規定。惟何謂「勞工保險爭議」、其審議程序如何、審議決定之性質如何，有無救濟途徑以及如何救濟，勞工保險條例均未設明文規定，而概括授權「由中央主管機關擬訂，報請行政院核定之」。依此種概括授權所訂定之命令，只能就執行母法有關之細節性及技術性事項加以規定，不得超越法律授權之外，逕行訂定涉及限制人民之自由權利之條款[8]。

二、特定授權

直接涉及人民自由權利時，授權內容、目的、範圍皆須明確，此又稱特定授權，例如，大學法第35條第2項規定，政府為協助學生就讀大學，應辦理學生就學貸款；貸款項目包括學雜費、實習費、書籍費、住宿費、生活費、學生

---

[6] 法務部民國112年11月16日法律字第11203511710號。
[7] 司法院釋字第402號解釋。
[8] 臺北高等行政法院91年度訴字第4960號判決。

團體保險費及海外研修費等相關費用；其貸款條件、額度、權利義務及其他應
遵行事項之辦法，由教育部定之。

審查法規命令是否合法時，須經兩階段，首先，審查授權法律是否存在以
及授權法律本身是否符合授權明確性原則。接著審查法規命令本身是否逾越法
律授權範圍與立法精神。有法律授權之法規命令並不表示當然合法，授權行政
機關制定法規命令的「法律」本身可能因違反授權明確性而違憲，因而導致法
規命令違憲；授權法律本身合憲，法規命令逾越法律授權範圍跟立法精神時，
法規命令則違反法律而無效。

至於法律授權是否具體明確，應就該授權法律整體所表現之關聯意義為判
斷，非拘泥於特定法條之文字[9]。惟有關刑法授權明確性之要求則較為嚴格，
司法院釋字第680號解釋理由書認為，立法機關以委任立法之方式，授權行政
機關發布命令，以為法律之補充，雖為憲法所許，惟其授權之目的、內容及範
圍應具體明確。至於授權條款之明確程度，則應與所授權訂定之法規命令對人
民權利之影響相稱。刑罰法規關係人民生命、自由及財產權益至鉅，自應依循
罪刑法定原則，以制定法律之方式規定之。法律授權主管機關發布命令為補充
規定時，須自授權之法律規定中得預見其行為之可罰，其授權始為明確，方
符刑罰明確性原則（司法院釋字第522號解釋參照）。其由授權之母法整體觀
察，已足使人民預見行為有受處罰之可能，即與得預見行為可罰之意旨無違，
不以確信其行為之可罰為必要。

三、逾越授權之法規命令類型

法律授權且符合授權明確性原則，法規命令仍可能因為逾越法律授權範圍
而無效。常見之第一種類型為，法規命令增加了法律所未規定之制裁方式，例
如，法律僅規定科處罰鍰或停業，行政機關制定的法規命令中，不但有罰鍰，
甚至有沒入規定；不但有停業規定，還有歇業規定。人民自由權利之限制只能
由立法者為之，縱使行政機關認為處罰方式不足、處罰種類強度不夠，亦不能
在法規命令中增訂處罰方式，否則將違反憲法第23條規定，逾越行政程序法第

---

[9] 司法院釋字第734號解釋理由書。司法院釋字第765號解釋理由書則指出，授權之明確
程度，固不應拘泥於授權條款本身所用之文字，惟仍須可由法律整體解釋認定，或可
依其整體規定所表明之關聯意義為判斷，足以推知立法者有意授權行政機關以命令為
補充，始符授權明確性之要求。

150條第2項規定法律授權的範圍。

　　保險法第177條規定，代理人、經紀人、公證人及保險業務員管理規則，由財政部另訂之。主管機關固得依此訂定法規命令，對保險業代理人、經紀人及公證人等相關從業人員之行為為必要之規範。惟對上述人員違反義務之行為，除已於保險法第167條之1明定罰則外，授權法條並未就其應予處罰之構成要件與法律效果為具體明確之規定。財政部於1993年11月4日依據授權法條修正發布之保險代理人經紀人公證人管理規則第48條第1項第11款規定，代理人、經紀人或公證人違反財政部命令或核定之保險業務規章者，除法令另有規定外，財政部得按其情節輕重，予以警告、一個月以上三年以下之停止執行業務或撤銷其執業證書之處分。各該警告、停止執行業務或撤銷其執業證書之處分，均屬裁罰性行政處分，已涉及人民權利之限制，應以法律或法律具體明確授權之法規命令為依據，方符憲法保障人民權利之意旨。管理規則第48條第1項第11款於超越法律授權之外，逕行訂定對從業人員裁罰性行政處分之構成要件及法律效果，顯與憲法保障人民權利之意旨不符[10]。

　　第二種逾越法律授權類型則係法規命令中增加法律並未規定的處罰要件，例如，法律規定僅列舉了三種行為違法而應受處罰，但由法律制定時間較早或修改較為困難，無法應付新的違法類型，行政機關在法規命令中增加一種、兩種或多種以上，法律本身未規定的違法行為。行為違法之處罰，屬於立法者專屬事項，法律未規定處罰時，不得於法規命令中另定處罰規定。

　　涉及人民權利之限制，其處罰構成要件與法律效果，應由法律定之；法律若授權行政機關訂定法規命令予以規範，亦須為具體明確之規定，始符憲法第23條法律保留原則之意旨。營造業管理規則第31條第1項第9款，關於「連續三年內違反本規則或建築法規規定達三次以上者，由省（市）主管機關報請中央主管機關核准後撤銷其登記證書，並刊登公報」之規定部分，及內政部74年12月17日台內營字第357429號關於「營造業依營造業管理規則所置之主（專）任技師，因出國或其他原因不能執行職務，超過一個月，其狀況已消失者，應予警告處分」之函釋，未經法律具體明確授權，逕行訂定對營造業者裁罰性行政處分之構成要件及法律效果，與憲法保障人民權利之意旨不符，自本解釋公布之日起，應停止適用[11]。

---

[10] 司法院釋字第402號解釋。
[11] 司法院釋字第394號解釋。

第三節　法規命令之訂定

第一項　實質要求

　　訂定法規命令須符合形式上及實質上要求。法規命令實質上必須合法，法規命令不能牴觸法律，法律不能牴觸憲法，法規命令不能牴觸法律或憲法。憲法第172條規定，命令與憲法或法律牴觸者無效。訂定法規命令，首要考慮法規命令是否牴觸憲法或法律。此外，法規命令是行政機關所訂定，行政體系適用行政一體原則，因此，除了不能牴觸憲法、法律外，下級機關所制定的法規命令亦不能牴觸上級機關所制定的法規命令。內政部所訂定的法規命令，不能牴觸行政院所訂定的法規命令。行政程序法第158條第1項第1款規定，法規命令牴觸憲法、法律或上級機關之命令者，無效。此外，行政程序法第158條第1項第2款規定，無法律之授權而剝奪或限制人民之自由、權利者，無效。

第二項　形式要求

一、訂定法規命令的行政機關必須是法律授權所指定的機關

　　只有被授權機關本身才能制定法規命令，且原則上不得再授權他人。土地法第37條第2項規定，土地登記之內容、程序、規費、資料提供、應附文件及異議處理等事項之規則，由中央地政機關定之。因此僅中央地政機關有權訂定土地登記規則，中央地政機關不得再授權其所屬機關或下級機關訂定，亦即禁止再授權。

　　司法院釋字第524號解釋理由書指出，法律授權主管機關依一定程序訂定法規命令以補充法律規定不足者，該機關即應予以遵守，不得捨法規命令不用，而發布規範行政體系內部事項之行政規則為之替代。倘法律並無轉委任之授權，該機關即不得委由其所屬機關逕行發布相關規章[12]。

　　法律授權訂定法規命令之機關常是單一機關，但亦可能涉及多數機關。例

---

[12] 最高行政法院98年度判字第1013號判決指出，法律授權主管機關依一定程序訂定法規命令以補充法律規定之不足者，主管機關即有遵守之義務，若法律無轉委任之授權，不得委由所屬機關逕行發布相關規定，此為法律保留原則之另一層意義。

如，空氣污染涉及國民健康問題，但污染源卻十分多元，空氣污染防制雖然主要與環境保護有關，但涉及移動式污染源，例如，車輛排放廢氣，與交通部有關。空氣污染防制法第36條第1項規定，交通工具排放空氣污染物，應符合排放標準。第1項排放標準，由中央主管機關會商有關機關定之（空氣污染防制法第36條第2項前段）。行政院環境保護署並無法單獨訂定排放標準，交通工具之有關機關爲交通部。交通工具排放空氣污染物之排放標準，則由環境保護署會商交通部定之。

此外，制定法規命令必須遵守相關法定程序，制定法規命令需要上級機關核准者，例如，稅捐稽徵法第50條之5規定，本法施行細則由財政部擬訂，報請行政院核定後發布之。行政院不爲核定時，行政程序法第158條第1項第3款規定，法規命令其訂定依法應經其他機關核准而未經核准者無效。故財政部訂定稅捐稽徵法的施行細則，未獲行政院核定而發布之施行細則無效。此爲上下隸屬關係機關間訂定法規命令之特別規定。

至於平行機關間之協力合作，例如，管理外匯條例第11條規定，旅客或隨交通工具服務之人員，攜帶外幣出入國境者，應報明海關登記；其有關辦法，由財政部會同中央銀行定之。財政部並未會同中央銀行而單獨訂定辦法時，該法規命令是否有效呢？行政程序法第158條規定僅規定須上級機關核准而未核准之法規命令，無效。平行機關間未協力合作時，法律效果爲何，並未規定。行政程序法第158條規定係明示其一排除其他，凡未經核准之情況爲無效。平行機關未會同、未共同發布，僅屬於程序瑕疵，並非無效，財政部應盡快請中央銀行會同或同意即可。惟訂定法規命令需要上級機關核准，係一項程序要求，需要其他機關會同訂定也是程序要求，規定核准或共同訂定程序之理由在於，單一機關無法單獨完成訂定法規命令之任務，故會同或共同的功能與核准功能並無二致，應核准而未核准之法規命令既然無效，應會同而未會同、應共同發布而未共同發布者，與應核准而未核准者應做相同處理而無效。

司法院釋字第672號解釋理由書指出，管理外匯條例第11條規定，外幣申報之有關辦法，由財政部會同中央銀行定之，係授權主管機關共同就申報之程序、方式及其他有關事項訂定法規命令，其訂定並應遵循中央法規標準法及行政程序法之相關規定。惟財政部令，既未以辦法之名稱與法條形式，復未履行法規命令應遵循之預告程序，亦未會銜中央銀行發布，且其內容僅規定超過等值1萬美元者應報明海關登記之意旨，對於申報之程序、方式等事項則未規定，與管理外匯條例第11條之授權意旨、行政程序法第154、157條及中央法規

標準法第3條等規定不符,應由有關機關儘速檢討修正。大法官在此並未明確具體明確指出未會銜中央銀行發布之法律效果為何,而僅要求儘速檢討修正,似乎肯認未會同、未共同發布,只是程序上瑕疵,仍屬有效[13]。

以往訂定法規命令完全由行政機關主導,行政機關不訂定法規命令時,法制上並無後續處理規定。法律雖授權行政機關訂定法規命令,但通常不會規定何時應完成。雖然理論上應該信賴行政機關會儘速訂定法規命令,使法律能夠順利執行,然而行政機關有時亦會有怠惰的情形。在這種情況之下,依行政程序法第152條規定,除行政機關自行草擬法規命令外,亦得由人民或團體來提議、訂定,換言之,行政機關不訂定法規命令時,人民可以透過自己力量提議訂定法規命令。惟人民提議僅是促使行政機關發動訂定程序而已[14],提議正當,行政機關即著手研擬草案;行政機關認為無此必要時,須以書面理由通知原提議人。

二、法規命令應詳細明列授權依據

從形式上認定法規命令最簡單的辦法為觀察法規範第1條規定,法規命令會明列授權依據,例如,山坡地建築管理辦法第1條規定,本辦法依建築法第97條之1規定訂定;電視節目分級處理辦法第1條規定,本辦法依廣播電視法第26條之1第1項及衛星廣播電視法第28條第3項規定訂定之。強制明列法律授權,目的有二,首先,強迫行政機關說明權限並同時檢驗法規命令是否合乎法律授權;第二,人民可以了解法規命令產生依據並判斷法規命令有無逾越法律授權。明列授權依據,不僅是形式上要求,亦具有保障人民自由權利之意義。

---

[13] 有關司法院釋字第672號解釋之評析,詳見,蕭文生,旅客攜帶外幣出入國境之限制─評司法院釋字第672號解釋,台灣法學雜誌,第150期,2010年3月,第173-178頁。

[14] 最高行政法院93年度裁字第385號裁定指出,人民或團體固得依行政程序法第152條第1項規定,以書面敘明訂定目的、理由等向主管機關提出訂定、修正或廢止法規命令之建議。受理提議之行政機關應視其提議內容,依同法第153條規定予以處理或答覆;惟原提議者對於答覆,無論滿意與否,因對其權益並無直接之損害,僅屬反射利益而已,不得聲明不服。

三、預告程序

　　訂定法規命令必須經過預告程序，行政程序法第154條規定，擬訂法規命令時，除情況急迫顯然無法事先公告通知之外，應於政府公報或新聞紙公告載明下列事項：（一）訂定機關之名稱，其依法應由數機關會同訂定者，各該機關名稱。（二）訂定之依據。（三）草案全文或其主要內容。（四）任何人得於所定期間內向指定機關陳述意見之意旨[15]。行政機關除為前項之公告外，並得以適當之方法，將公告內容廣泛周知。法令草案公告後，人民得依照公告內容向主管機關表達意見。

　　行政院秘書長民國97年1月28日院台聞字第0970081304號函指出，依行政程序法第151條第2項、第154條及行政院公報發行要點等規定，行政院所屬各機關辦理法規命令草案預告程序時，應將該草案刊登於行政院公報。法務部民國89年3月20日法律字第007928號函指出，法規命令應踐行預告程序者，不以中央法規標準法第3條所列七種名稱之法規命令為限；行政機關基於法律明確授權，以中央法規標準法第3條所定七種以外之名稱（例如，公告），對多數不特定人民就一般事務所作抽象之對外發生法律效果之規定者，不論是否涉及人民權利義務，均屬法規命令，其發布前仍應踐行行政程序法規定之預告程序，將草案刊登於行政院公報。

　　行政程序法並未規定預告期間長短，行政院秘書長民國112年10月23日院臺規長字第1125021127號規定有關各機關研擬法律及法規命令草案之預告期日及刊登規定事宜：三、法規命令草案應至少預告60日。但情況急迫，顯然無法事先預告者，得免預告；有下列情形之一者，得另定較短期間，並應於草案內容公告時，一併公告其理由：（一）為遵行國際條約、協定或國際組織之決議、為維護公共利益之必要、為避免發生安全、衛生或環境保護等相類之緊急問題，有儘速施行之必要。（二）法規內容係授予民眾利益或對民眾權益無實質性影響。（三）單純文字修正。（四）配合其他法規修正或廢止。（五）與貿易、投資或智慧財產權無關且已依法踐行諮商利害關係人意見之程序。（六）其他為配合重大政策經主管機關審認有必要之情形。四、法律及法規命

---

[15] 例如，行政院農業委員會公告「原住民族採取傳統領域土地森林產物管理規則」，草案公告日期：中華民國105年7月27日，公告文號：農林務字第1051741325號，行政院公報第22卷141期，預告終止日：中華民國105年8月31日，訂定依據：森林法第15條第4項規定。

令草案之預告，應公開於機關網站，及依公共政策網路參與實施要點相關規定辦理，其中法規命令草案之預告並應刊登於行政院公報。

法規命令未經預告程序而發布者，其法律效果為何？一向有爭議，法務部民國88年12月30日法律字第000686號指出，法規命令未踐行行政程序法第154條預告程序者，其效力如何，有無效說及有效說，無效說認為行政程序法第158條第1項第1款規定，法規命令牴觸法律者，無效。所謂法律當然包括程序上規定。行政機關訂定法規命令之預告程序，行政程序法第154條定有明文。故行政機關訂定之法規命令未踐行預告程序，應構成行政程序法第158條第1項第1款規定而無效。

有效說認為，依法務部陳報行政院之行政程序法草案第93條第3款原規定，「有左列情形之一者，法規命令無效……三、違反第九十條（行政程序法第154條之預告程序）及第九十二條（行政程序法第157條）之規定者。」惟經行政院院會審查通過送立法院審議之行政程序法草案並未採納，且公布之行政程序法第158條亦未將其列為無效原因，顯係有意排除[16]。依立法過程觀之，解釋上僅能認為程序上之瑕疵，尚不致該法規命令歸於無效[17]。

司法院釋字第672號解釋理由書指出，管理外匯條例第11條規定，外幣申報之有關辦法，由財政部會同中央銀行定之，係授權主管機關共同就申報之程序、方式及其他有關事項訂定法規命令，其訂定並應遵循中央法規標準法及行政程序法之相關規定。惟上開財政部令，既未以辦法之名稱與法條形式，復未履行法規命令應遵循之預告程序，亦未會銜中央銀行發布，且其內容僅規定超過等值1萬美元者應報明海關登記之意旨，對於申報之程序、方式等事項則未規定，與管理外匯條例第11條之授權意旨、行政程序法第154、157條及中央法

---

[16] 臺北高等行政法院95年度訴字第2455號判決亦指出，行政程序法第158條規定，就不合乎同法第154條之法規命令，並未認定為無效，依立法過程觀之，顯係有意排除，解釋上僅能認為程序上之瑕疵，尚不致使該法規命令歸於無效。

[17] 此外，未踐行預告程序，人民無法及時提供意見，其程序雖不無瑕疵，然與法規命令之效力無關。法規命令是否發生效力，仍應依其發布、施行及生效三階段加以判斷。法規命令於草擬階段縱未踐行預告程序，只要其嗣後已依相關規定發布，並不因其草擬時之程序有欠完備，而影響其效力。盛子龍、吳庚，行政法之理論與實用，增訂16版，2020年10月，第262頁亦認為，行政機關發布命令而未履行預告程序，應不影響命令之效力。陳新民，前揭書，第263頁亦指出，本條規定僅是訓示規定，行政機關未履行預告程序，並不造成法規命令無效。

規標準法第3條等規定不符，應由有關機關儘速檢討修正。

　　大法官雖明確指出財政部未遵守行政程序法第154條規定，但卻未直接表示法規命令未遵守行政程序法第154條規定之法律效果，殊爲可惜。僅以「應由有關機關儘速僅討修正」一語帶過，對於行政程序法第154條規定之效力產生極大負面之影響。行政程序法第154條規定既然使用「應於政府公報或新聞紙公告」之文字，行政機關即應受拘束而有義務爲之，如考量預告制度對人民自由權利之重要性，違反行政程序法第154條規定發布之法規命令應具有重大瑕疵，明顯違反法律使人民有參與法規命令擬訂機會之意旨而無效。

四、發　布

　　法律經總統公布後，原則上自公布後第三日產生效力，法規命令產生效力的時點則有所不同。行政程序法第157條第3項規定，法規命令之發布應刊登政府公報或新聞紙。法規命令對多數不特定人民具有拘束力，自應對外發布，使人民知悉與遵行。政府公報係指具有公報形式性（含以機關名義發行之）、定期性（包括按季、按月或按週發行者）、對外性及開放性之文書。至於是否僅以刊登於「全國性政府公報」爲限，而不得僅刊登於「單一地方政府公報」，行政程序法並未另作限制。有司法實務見解認爲，無論係地方政府公報或全國性政府公報皆具備有政府公報之特性，法規命令之發布，經刊登於地方政府公報，亦符合行政程序法所定之發布程序（臺灣臺南地方法院104年度簡字第37號行政訴訟判決、臺中高等行政法院110年度訴字第145號判決）；但亦有認爲中央機關發布之法規命令僅刊載於地方政府公報者，不符合行政程序法之法規命令有效成立之基本要件（臺灣臺北地方法院103年度簡更一字第1號行政訴訟判決）[18]。因此，不得僅於各行政機關之網站公布，以免影響該法規命令效力[19]。政府公報或新聞紙，係屬文書（紙本），網際網路並非文書（紙本），自非屬政府公報或新聞紙。法規命令僅在網站上公告，未刊登政府公報或新聞

---

[18] 法務部民國111年7月20日法律字第11103509340號。
[19] 民國100年3月30日法務部法律決字第1000000424號。最高行政法院95年度判字1935號判決指出，依中央法規標準法第7條、行政程序法第157條第3項、第160條之規定，法規命令及行政規則，只要符合發布或下達之程序，以適當方法令眾人廣爲周知即屬合法有效，並未強行規定應清查並通知與該法規或行政規則有關之每一當事人，亦無當事人如未獲知該法規命令或行政規則，其權利義務即得不受拘束之規定。

紙，不能認已踐行發布程序，欠缺法規命令之生效要件，尚未發生效力[20]。配合智慧政府之推動，2021年8月19日行政程序法部分條文修正草案第2條之1第3項規定，政府公報應以紙本或登載網際網路之方式發行；如以紙本及登載網際網路方式發行者，其發行時間或內容不一致時，均以先發行者爲準。第2條之1第4項規定，政府公報僅以登載網際網路方式發行者，應確保公告事項及刊載事項之真實性、完整性、持續性及可查閱性，並應保存足資證明已爲發行之紀錄。法規命令發布後是否即產生效力，則涉及立法機關與行政機關互動問題。

第四節　法規命令與立法機關

立法機關授權行政機關訂定法規命令，行政機關訂定、發布法規命令後，是否應告知立法機關呢？中央法規標準法第7條規定，各機關依其法定職權或基於法律授權訂定之命令，應視其性質分別下達或發布，並即送立法院[21]。行政命令有送立法院備查之義務，一方面尊重立法機關的授權；另一方面也突顯行政機關的專業與權限。送備查僅是單純的告知程序，法規命令一經發布即生效，送立法機關備查，只是事後通知，對生效時點不會有影響。

惟隨著立法機關與行政機關關係改變，除上述備查制度外，實務上發展出來三種不同的制度，對法規命令生效與否以及生效時點產生重大影響。

第一項　事前同意

被授權制定法規命令的行政機關，在發布法規命令前，須將制定完成之法規命令，送立法機關，立法機關同意法規命令內容後，行政機關才能發布，未經立法機關同意的法規命令，不得發布。菸害防制法第4條第4項規定，菸品健康福利捐應用於全民健康保險之安全準備、癌症防治、提升醫療品質、補助醫療資源缺乏地區、罕見疾病等之醫療費用、經濟困難者之保險費、中央與地

---

[20] 最高行政法院104年度4月份第1次庭長法官聯席會議（一）、最高行政法院109年度判字第339號判決。

[21] 其他類似規定，環境影響評估法第5條第2項規定，第1項開發行爲應實施環境影響評估者，其認定標準、細目及環境影響評估作業準則，由中央主管機關會商有關機關於本法公布施行後一年內定之，送立法院備查。

方之菸害防制、衛生保健、社會福利、私劣菸品查緝、防制菸品稅捐逃漏、菸
農及相關產業勞工之輔導與照顧；其分配及運作辦法，由中央主管機關及財政
部訂定，並送立法院審查。農民健康保險條例第28條規定，住院診療給付範圍
如左：一、診察（包括檢驗及會診）。二、藥劑或治療材料。三、處置、手術
或治療。四、膳食費用三十日以內之半數。五、農保病房之供應以公保病房為
準。前項第1款至第3款及第5款費用，由被保險人自行負擔百分之五。但以不
超過中央主管機關規定之最高負擔金額為限。被保險人自願住較高等病房者，
除依前項規定負擔外，其超過農保病房之費用，由被保險人負擔。第2項及第
27條第2項[22]之實施日期及辦法，應經立法院審議通過後實施之。

第二項　立法追認或事後同意

　　立法追認或事後同意制度在憲法中亦有規定，憲法第43條規定，國家遇有
天然災害、癘疫，或國家財政經濟上有重大變故，須為急速處分時，總統於立
法院休會期間，得經行政院會議之決議，依緊急命令法，發布緊急命令，為必
要之處置。但須於發布命令後一個月內提交立法院追認，如立法院不同意時，
該緊急命令立即失效。行政法也有事後同意制度，貿易法第5條規定，基於國
家安全之目的，主管機關得會同有關機關，報請行政院核定禁止或管制與特定
國家或地區之貿易。但應於發布之日起一個月內送請立法院追認。立法院事後
同意，禁止或管制命令繼續有效；事後不同意，從作成決議當日起，原禁止或
管制行為失效。事後追認制度，法規命令一經發布即生效，但因事後不同意而
效力被排除。事前同意制度，未經事前同意，法規命令無法發布生效。事前同
意和事後同意，基本上都是針對個案，因此必須有法律明確規定。

第三項　立法否決

　　備查制度中，法規命令一經發布即開始生效，事前同意是立法機關同意後
始生效力，事後同意於立法機關不同意時，法規命令喪失效力。立法否決設計
之精神在於，立法機關收到行政機關送來的法規命令後，在一段期間內，未為

---

[22] 農民健康保險條例第27條規定，門診給付範圍如左：1.診察（包括檢驗及會診）。
　　2.藥劑或治療材料。3.處置、手術或治療。前項費用，由被保險人自行負擔百分之
　　十。但以不超過中央主管機關規定之最高負擔金額為限。

積極否決時，法規命令繼續有效。法規命令一經發布即生效，但立法機關在一段時間內，得透過積極的決議否決行政機關所制定的法規命令。立法否決與立法追認不同，未為追認，則喪失效力；立法否決則是，未為積極否決，法規命令繼續有效。立法否決制度適用於所有的法規命令，立法院職權行使法第60條規定，各機關依其法定職權或基於法律授權訂定之命令送達立法院後，應提報立法院會議。出席委員對於前項命令，認為有違反、變更或牴觸法律者，或應以法律規定事項而以命令定之者，如有十五人以上連署或附議，即交付有關委員會審查。

立法院職權行使法第61條第1項規定，各委員會審查行政命令，應於院會交付審查後三個月內完成之；逾期未完成者，視為已經審查。但有特殊情形者，得經院會同意後展延；展延以一次為限。第62條第1項規定，行政命令經審查後，發現有違反、變更或牴觸法律者，或應以法律規定事項而以命令定之者，應提報院會，經議決後，通知原訂頒之機關更正或廢止之。第62條第2項規定，第61條第1項視為已經審查或經審查無前項情形之行政命令，由委員會報請院會存查。第3項規定，第1項經通知更正或廢止之命令，原訂頒機關應於二個月內更正或廢止；逾期未為更正或廢止者，該命令失效[23]。

---

[23] 立法否決最著名之例子為2015年12月9日公告修正的勞動基準法施行細則第23條有關刪除勞工七天國定假日之規定，經立法院審查廢止。勞動部於中華民國105年6月21日以勞動部勞動條三字第1050131239號令發布：104年12月9日修正發布，並自105年1月1日施行之勞動基準法施行細則部分條文，依行政程序法第8條、第48條及立法院職權行使法第62條規定，自105年6月21日起失效；另自105年6月21日起，適用104年12月9日修正發布，並自105年1月1日施行前之勞動基準法施行細則條文。

第十四章 ｜ 行政規則

第一節　行政規則之意義

　　行政規則之用語在早期並不普遍，傳統上使用中央法規標準法職權命令之概念，但職權命令學理和臺灣當時法制的實際情形並不完全符合。理論上雖有授權命令和職權命令區分，但何種事項應由授權命令規定，何種事項應由職權命令規定，並不明確。早期限制人民自由權利的規定，許多並非基於授權命令，而是由職權命令規定，此種現象並不符合憲法第23條規定。制定行政程序法過程中，希望改變此現象。行政程序法第174條之1規定，行政程序法施行前，行政機關依中央法規標準法第7條訂定之命令，須以法律規定或以法律明列其授權依據者，應於本法施行後一年內，以法律規定或以法律明列其授權依據後修正或訂定；逾期失效[1]。

　　為避免重蹈覆轍，行政程序法第159條明定行政規則之定義，行政規則係指上級機關對下級機關，或長官對屬官，依其權限或職權，為規範機關內部秩序及運作，所為非直接對外發生法規範效力之一般、抽象之規定。行政規則可分成三個部分來說明。

第一項　行政機關依其權限或職權訂定

　　訂定行政規則不須法律特別授權，此乃行政規則與法規命令基本上之差異。在形式上，法規命令第1條明列法律授權依據；但在行政規則第1條不會明列法律依據，而是說明訂定目的，例如，全民健康保險醫療院所藥價調查不實申報未申報及申報錯誤處理要點第1條規定，行政院衛生署中央健保局為執行全民健康保險藥價基準第四章柒「不實申報或未申報之處理方式」及醫療院所

---

[1] 惟各機關為配合行政程序法施行，而修正以符合法律保留原則或增列法律明確授權之法律案，恐難於期限內完成立法程序，為使行政事務賡續順利進行，2001年12月28日將「一年」之緩衝期間修正為「二年」，以應實際需要。

申報錯誤情形，特定訂本要點。公平交易委員會對於令為刊登更正廣告案件之處理原則第1條規定，公平交易委員會為處理事業違反公平交易法第21條第1項或第4項規定案件，如何為刊登更正廣告之處分，特訂定本處理原則。

第二項　針對者為下級機關或屬官

行政規則係在行政一體體系內，就規範機關內部的秩序和運作，對下級機關或屬官所做的規定。法規對於人民有拘束力，行政規則對屬官或下級機關有拘束力。

上級對下級機關不以組織法上具有隸屬關係者為限，凡業務監督機關就監督事項所函頒或發布之行政規則，被監督機關即屬下級機關，該行政規則自有拘束被監督機關之效力（例如人事、銓敘等主管機關就其業務監督事項發布之行政規則，司法機關亦適用之）[2]。

第三項　非直接對外發生法規範效力之一般抽象規定

行政法區分為內部法及外部法，行政規則僅發生對內法律效果，是典型的內部法，對人民並無拘束力。

法規命令與行政規則的共同點在於，第一，皆由行政機關所制定，一般常以「行政命令」來泛稱這兩種概念。第二，兩者為一般抽象規定，皆是針對不特定多數的下級機關、屬官和不特定多數的個案，並非針對具體個案。

第二節　行政規則類型

行政規則內容非常多元，立法者在制定行政程序法時，希望將行政規則類型化。行政程序法第159條第2項規定，行政規則包括下列各款之規定：1.關於機關內部之組織、事務之分配、業務處理方式、人事管理等一般性規定。2.為協助下級機關或屬官統一解釋法令、認定事實、及行使裁量權，而訂頒之解釋性規定及裁量基準。雖然行政程序法第159條第2項規定行政規則二種類型，但一般將行政規則再細分為三種不同類型：規範行政內部事項的行政規則、解釋

2 法務部民國102年12月3日法律字第10203513000號。

性行政規則及裁量基準行政規則。

第一項　規範行政內部事項的行政規則

　　機關內部的組織、職務的分配、業務處理的方式[3]、人事管理等，屬於本類型行政規則之規範內容。例如，行政機關人員上下班規定、上班時間的服裝儀容、行政體系內部公文處理流程或人事管理的請假規定等。本類型的行政規則主要涉及行政機關內部事務，與人民並無直接的關聯性。

　　文書流程管理作業規範（本規範）係用以規範公文時效管制及檢核作業，以提高公文處理效能，俾能與文書處理手冊相互搭配銜接適用，本規範係上級機關對下級機關依其權限用以規範所屬機關內部秩序及運作（公文時效管制及檢核作業），及機關內部事務之分配與業務處理方式，而未直接對外發生法規範效力之一般性、抽象性規定，且經行政院以民國101年10月24日院授研檔（企）字第1010011409號函下達行政院所屬各部會行處局署，可認係行政程序法第159條第1項及第2項第1款所規定之行政規則[4]。國家通訊傳播委員會廣播電視節目廣告諮詢會議設置要點、廣播電視節目廣告諮詢會議處理建議作業原則屬於國家通訊傳播委員會依行政程序法第159條規定就機關內部組織及業務處理方式所訂頒的行政規則，而非直接對外發生法規範效力的一般、抽象性規範[5]。

第二項　解釋性行政規則

　　在行政上下一體體系中，為協助下級機關統一解釋法令、認定事實，上級機關會訂頒解釋性行政規則[6]。經濟部97年6月5日經工字第09702064830號函

---

[3] 法務部民國100年4月25日法律決字第1000009631號指出，國史館國史研究獎助作業要點係為鼓勵撰寫中華民國史與臺灣史相關著作，以培養國史研究人才之目的而訂定（要點第1點），其內容係屬關於獎助金之發給及其作業事項，性質上屬機關內部業務處理方式之規定，為行政程序法第159條第2項第1款之行政規則。

[4] 法務部民國102年1月7日法律字第10103106980號。

[5] 最高行政法院111年度上字第915號判決。

[6] 法務部民國99年12月15日法律字第0999050561號指出，行政院主計處組織法第1條明定貴處掌理全國歲計、會計及統計事宜；行政院主計處處務規程第9條第1款第19目復規定「預算法之研究、核釋及預算制度之研究改進事項」為行政院主計處第一局掌理

釋：「凡公司依據新藥公司股東投抵辦法、新藥公司研發支出投抵辦法、新藥公司發行認股權憑證要點，申請審定為生技新藥公司，且經經濟部核發生技新藥公司審定函者，即屬生技新藥條例第3條第2款所稱之生技新藥公司。」核係經濟部本其主管權責，對生技新藥條例所稱生技新藥公司定義所為之解釋性行政規則，符合生技新藥條例立法意旨，未增加法律所無之要件或限制，應得予適用[7]。

主管機關基於職權因執行特定法律之規定，得為必要之釋示，以供本機關或下級機關所屬公務員行使職時之依據。法律中有以不確定之法律概念規定者，主管機關基於執行法律之職權，於未逾越法律之規定，自得就此等不確定之法律概念，訂定必要之解釋性行政規則，以為行使職權、認定事實、適用法律之依據。食品衛生管理法乃管理食品衛生管理安全及品質，維護國民健康之衛生法規，由於社會及經濟之變遷，立法者對於食品之標示、宣傳或廣告內容是否涉及醫療效能，無法針對各類食品之標示、宣傳或廣告一一規範，因此，於食品衛生管理法第19條第2項以「醫療效能」之不確定法律概念加以規範，行政院衛生署公告之「食品廣告標示詞句涉及虛偽、誇張或醫藥效能之認定表」，係衛生署為認定食品之標示、宣傳或廣告是否違反食品衛生管理法第19條第2項所稱之「醫療效能」所為之函釋，以供衛生署或下級機關所屬公務員行使職權時之依據，該認定表屬解釋性之行政規則[8]。

內政部函頒之私有出租耕地租約期滿處理工作手冊，係主管機關內政部為協助下級行政機關利於耕地三七五減租條例第19條規定之執行，依行政程序法第159條第2項第2款規定，所訂立作為認定事實準則之行政規則[9]。

辦理國軍老舊眷村改建注意事項乃國防部本於主管機關之職權，依國軍老舊眷村改建條例之立法意旨，為協助其下級機關及屬官統一解釋眷改條例內涵

事項，是以，行政院主計處基於上開法規所定職權，因執行預算法之規定，自得為必要之釋示，以供各機關遵循。

[7] 最高行政法院109年度判字第14號判決。
[8] 最高行政法院95年度裁字第529號裁定（高麗真珠草食品案）。2017年3月16日衛授食字第1061200468號令修正發布「食品標示宣傳或廣告詞句涉及誇張易生誤解或醫療效能之認定基準」，惟由於內容有許多爭議，2019年6月12日衛生福利部衛授食字第1081201549號令訂定發布「食品及相關產品標示宣傳廣告涉及不實誇張易生誤解或醫療效能認定準則」，2020年8月4日再修正第4條條文。
[9] 最高行政法院106年度判字第231號判決。

及認定事實所訂頒之行政規則[10]。

　　中藥販賣處理原則乃衛生福利部基於藥事法主管機關之職權，為使下級機關對於該法第103條第2項後段所稱領有經營中藥證明文件，並修習中藥課程達適當標準，得繼續經營中藥販賣業務之中藥從業人員，應如何認定，有一統一標準，而制定之行政規則[11]。

　　內政部97年11月3日內授中戶字第0000000000號令：「有關戶政機關受理性別變更登記之認定要件，重新規定如下，自即日生效：……。二、申請男變女之變性者，須持經2位精神科專科醫師評估鑑定之診斷書及合格醫療機構開具已摘除男性性器官，包括陰莖及睪丸之手術完成診斷書。」其性質屬行政程序法第159條第2項第2款規定，為協助下級機關統一解釋法令、認定事實而訂定之行政規則，其第2款卻要求男變女之變性者，必須施行摘除男性陰莖及睪丸等性器官之變性手術後，始得行使戶籍法第21條所定性別變更登記請求權，對於性別變更登記之申請，增加法律所未規定之義務，違背憲法第23條規定之法律保留原則，且違反比例原則而嚴重侵害性別變更登記申請人之身體權、健康權、人性尊嚴及人格權[12]。

第三項　裁量基準行政規則

　　裁量基準與裁量權行使息息相關，行政機關行使裁量權時，除了顧及個案正義外，尚須注意行政程序法第6條平等原則之要求。為顧及個案正義與平等原則要求，行政機關訂定裁量基準供下級機關遵守。最高行政法院93年度判字第1596號判決指出，行政機關為行使法律所授與裁量權，在遵循法律授權目的及範圍之內，必須實踐具體個案正義。惟顧及法律適用的一致性，符合平等原則，乃訂定行政裁量準則作為下級機關行使裁量權之準據，既能實踐具體個案之正義，又能符合平等原則，自非法所不許。內政部民國91年3月13日台內移字第0910067916號令修正發布之裁罰基準表（目前適用者為內政部民國104年7月10日台內移字第10409532602號令修正發布之裁罰基準表），分別就違反入出國及移民法第55條至第59條（目前為第75條至第77條、第81條至第84條）

---

[10] 最高行政法院112年度上字第114號判決。
[11] 最高行政法院111年度上字第762號判決。
[12] 最高行政法院110年度上字第558號判決。

之不同情節，訂定不同之處罰額度，復就違反入出國及移民法第59條（目前為第78條至第80條、第85條）各款不同之情形規定不同之裁罰基準，其除作原則性或一般性裁量基準外，另有例外情形之裁量基準，與法律授權目的尚無牴觸[13]。

現行行政實務上相當著名之裁量基準則為「稅務違章案件裁罰金額或倍數參考表」[14]，最高行政法院94年度判字第2059號判決指出，「稅務違章案件裁罰金額或倍數參考表」之訂定目的，係租稅主管機關為統一法令適用，及下級稽徵機關決定違章案件處罰金額時，有較具體之標準可供依循，並避免相同案件處罰數額因機關、承辦人員之不同而有高低差異，其法律性質屬於裁量性行政規則。倘該倍數參考表無裁量違法之情事，稽徵機關依據該標準所為之裁罰決定，應認為其屬於合法之裁量決定。

其他裁量基準，例如，最高行政法院99年度判字第876號判決認為，「違反水污染防治法嚴重污染案件罰鍰額度裁量基準」係行政院環保署基於主管機關之職責，為對違反水污染防治法之嚴重污染案件，裁處罰鍰時，能合於比例原則，而依行政程序法第159條第2項第2款規定所訂定之行政規則，乃環保署本於其上級行政機關之地位，就關於構成違反水污染防治法嚴重污染案件之違章處罰，為簡化執行機關之個案行政裁量，而頒布之「裁量性準則」行政規則。

---

[13] 最高行政法院98年度判字第1416號判決指出，行政機關基於法律授權裁量之意旨及行使裁量權之需要，而訂定裁量基準時，其除作原則性或一般性裁量基準之決定外，仍應作例外情形時裁量基準之決定，始符合立法者授權裁量之意旨，以達具體個案之正義。立法機關制定法律之目的，乃在於實現正義公平。立法機關立法授權行政機關行使裁量權的功能之一，係在避免因普遍的平等所造成具體個案的不正義；亦即追求具體個案的正義。裁量基準或裁罰標準，乃基於行政平等原則之實踐要求，但其僅是抽象的類型化標準，必須容許事務本質上無法適當歸入類型的個案特殊情形的存在，而予以不同的處理。

[14] 法務部民國97年2月20日法律字第0960043586號指出：「稅務違章案件裁罰金額或倍數參考表」，核其性質係屬行政程序法第159條第2項第2款所稱裁量基準之行政規則（最高行政法院95年度判字第629號判決），是其裁量基準縱有變更，既無變動相關之法律規定（加值型及非加值型營業稅法），自不生法律變更而須比較適用新舊法之問題，無「從新從輕原則」之適用。惟因有效下達之行政規則，具有拘束訂定機關及其下級機關之效力（行政程序法第161條），故此際裁罰機關應依據新修正之裁罰基準而為裁罰。

第三節　行政規則之訂定

　　相對法規命令，行政規則的訂定程序較為簡單，法規命令應經預告程序，人民亦可提案制定之，但行政規則對人民的自由權利並未直接產生影響，因此並無預告制度，亦未賦予人民提議權。

　　最高行政法院94年度判字第517號判決指出，教師法第29條第2項規定，教師申訴評議委員會之組成⋯⋯；其組織及評議準則由教育部定之。依此規定，訂定教師申訴評議委員會組織及評議準則，係屬教育部主管之事項。至於直轄市或縣、市政府雖得依其權限或職權在不牴觸教師申訴評議委員會組織及評議準則之前提下，另訂教師申訴評議委員會評議準則。惟其性質僅屬行政程序法第159條第2項第1款所定規範內部秩序之行政規則，無須踐行行政程序法第154條所定之預告程序。

　　由於法規命令對人民自由權利產生直接影響，行政程序法第157條規定，法規命令必須發布並刊登政府公報或新聞紙。行政規則僅拘束下級機關與屬官，因此行政規則的生效方法並非發布並刊登政府公報或新聞紙，行政規則生效的方法為下達給下級機關或屬官，下達通常透過行政機關內部的公文流程。行政程序法第160條第1項規定，行政規則應下達下級機關或屬官。有效下達的行政規則具有拘束訂定機關、下級機關及屬官的效力（行政程序法第161條）。行政規則若已有效下達者，係以該函到達各機關之日起發生拘束之效力。為避免行政規則下達各機關之時間不一，致生適用疑義，於訂定行政規則時，衡量個案所需緩衝時間，據以於分行函或刊登政府公報之分行函中明訂特定生效日期[15]。

　　相較於規範行政內部事項的行政規則，裁量基準與解釋性行政規則與人民權益的關聯性較強。行政程序法第160條第2項規定，行政機關訂定前條第2項第2款的行政規則應由其首長簽署，並刊登於政府公報發布之[16]。換句話說，

---

[15] 法務部民國97年4月17日法律字第0970010749號。

[16] 人事管理事項之行政規則並無發布規定之適用，最高行政法院99年度判字第617號判決指出，清潔人員執行職務死亡濟助基金管理要點所涉者為機關人事管理事項，性質上非行政程序法第159條第2項第2款規定之解釋性或裁量基準性之行政規則，尚無因下級機關之適用而間接對外發生效力之餘地，亦無行政程序法第160條第2項規定「應由其首長簽署，並登載於政府公報發布」之適用。

解釋性與裁量基準行政規則，除下達外，仍應發布並刊登政府公報或新聞紙。「政府公報」不包括行政機關於網路上之電子公報，亦不包括電子公布欄；網路上之電子公報或電子公布欄，既不得視為行政程序法第160條第2項之發布程序，亦不得代替下達程序[17]。此外，於網際網路發布亦不屬於登載於政府公報發布之情形[18]。

行政程序法第160條第2項規定解釋性與裁量基準行政規則應刊登政府公報並發布之目的為何？法規命令之發布是生效要件，行政規則之生效要件為下達。發布在行政規則之功能為何？

針對此項問題，法務部民國88年12月30日法律字第000686號函指出，行政機關訂定行政程序法第159條第2項第2款之行政規則，應由其首長簽署，並登載於政府公報發布之。如未登載於政府公報，其效力如何部分，有無效說、有效說及未生效力說。無效說主張，行政程序法第160條第2項規定，行政機關訂定前條第2項第2款之行政規則，應由其首長簽署，並登載於政府公報發布之。行政規則如未登載於政府公報，係違反法律規定，應屬無效。

有效說認為，行政程序法第160條第1項規定，行政規則應下達機關或屬官。第161條規定，有效下達之行政規則具有拘束訂定機關、其下級機關及屬官之效力。基於行政規則之內部法性質，一旦有效下達，即生效力。行政程序法第160條第2項之發布，僅具有公示意義，尚非行政規則之生效要件[19]。如應發布而未發布，並不影響行政規則之效力。未生效力說主張，行政程序法第160條第2項規定，行政機關訂定第159條第2項第2款之行政規則，應由其首長簽署，並登載於政府公報發布之。「登載於政府公報發布」係此類行政規則之生效要件，其未經登載於政府公報發布者，自未生效力。

發布乃程序上要求，使人民知悉行政規則的存在，行政規則只要有效下達即生效力，即使未發布，該行政規則仍然拘束下級機關跟屬官。行政法院判決原先並未直接處理此項問題，但並未否認行政規則之效力。最高行政法院93年度判字第1054號判決指出，行政機關為配合2000年7月19日總統令修正公布證券交易法第178條提高罰鍰金額標準為「新臺幣十二萬元以上六十萬元以下罰

---

[17] 法務部民國97年4月17日法律字第0970010749號；法務部民國100年4月28日法律字第1000010476號。

[18] 法務部民國100年3月30日法律決字第1000000424號。

[19] 吳志光，行政法，修訂12版，2023年2月，第318頁稱之為訓示規定。

緩」之規定，乃自行訂定違反證券交易法第25條規定之裁量基準（事後申報處罰標準），其性質固與行政程序法第159條第2項第2款之「裁量性行政規則」相當，依行政程序法第160條第2項規定，應由其首長簽署，並登載於政府公報發布之。惟該處罰標準若未依規定登載於政府公報發布之，雖可能發生能否拘束下級機關及所屬公務員之爭議，然尚非不可作為本件裁罰標準之參考[20]。

　　最高行政法院97年度判字第664號判決則進一步認為依未發布之行政規則所為之處分並未違法，其認為，會計師違規案件依證券交易法第37條第2項規定處分標準參考原則係行政機關為顧及法律適用之一致性及公平性，本於職權所訂定行政裁量參考原則，作為下級機關行使裁量權之準據。該參考原則，雖未依行政程序法第160條第2項規定由行政機關首長簽署，並登載於政府公報發布，而有瑕疵，然行政程序法第160條第1項、第161條規定之下達，係指下達下級機關或屬官，該參考原則既已有效下達行政機關所屬人員，並於依證券交易法及相規定作成處分時，行使裁量權之基準，上訴人主張參考原則不得作為本件處分之依據，並無足採。

　　最高行政法院104年度判字第239號判決則對此項問題作明確決定，其認為，法規命令具有創設性，與法律有同一效力，其未遵行發布程序者，不生效力。法規命令未依行政程序法第157條第3項規定，刊登政府公報或新聞紙者，不生效力。行政程序法第159條第2項第2款解釋法令之解釋性行政規則，一者其屬上級機關對下級機關，或長官對屬官所為非直接對外發生法規範效力之一般、抽象規定，再者其係闡明法令原意，其解釋是否正確而得適用，繫於該法令是否應作如同該解釋性行政規則內容之解釋，該解釋性行政規則並不具創設性，法官不受其拘束。只是下級機關或屬官受其拘束，依該解釋性行政規則作成與人民有關之行政行為，對人民有所影響，為使人民有所預見，行政程序法乃要求於下達下級機關或屬官生效後，應登載於政府公報發布。惟此解釋性行政規則之發布，並非其成立或生效要件，解釋性行政規則未依行政程序法第160條第2項登載於政府公報，並不影響其效力[21]。

---

[20] 黃源銘，基礎行政法25講，修訂7版，2015年10月，第395頁認為，自程序正當性來看，機關既未踐行法定要件，該裁罰性行政規則，自不生效力。
[21] 最高行政法院108年度判字第21號判決見解亦同。

第四節　行政規則之對外效力

　　依行政程序法第159條規定，行政規則並無直接對外效力，但行政規則並非沒有拘束力，行政程序法第161條規定，行政規則拘束訂定機關、下級機關及屬官。

　　雖然行政規則沒有直接對外效力，惟在行政實務卻常見下列爭議：上級機關訂定裁量基準作為下級機關個案裁量時之參考，例如，裁量基準規定亂丟廢棄物者，初犯處罰最低罰鍰1,200元，執行職務之公務員雖認為行為人為初犯，但卻處罰6,000元罰鍰。此時，行為人可否主張，應依裁量基準規定處罰1,200元。要求下級機關或屬官遵守行政規則之義務，可否轉換成人民請求行政機關遵守裁量基準之權呢？換句話說，產生行政規則是否具有對外效力之疑問，針對此問題，有不同主張。

　　有認為行政規則並無間接對外效力問題，直接與間接效力之區分相當困難，不易有共識。法律既已明確規定，行政規則沒有對外效力，解釋法律規定不得明顯違反立法者的意志。

　　有認為行政規則雖沒有直接對外效力，但並未自始排除間接對外效力。上級機關雖訂定裁量基準，下級機關或屬官不遵守時，僅產生內部的行政責任。但對人民而言，行政規則既經發布，人民因而能期待，行政機關會依行政規則行使裁量權。如何使行政規則具有間接對外效力，有兩種方法說明[22]，首先，行政自我拘束說，其認為行政程序法第159條第1項規定行政規則沒有直接對外效力，此點並無爭議。惟行政機關依據行政規則經過長期且持續執行，此時會產生行政慣例。行政規則與行政機關依照行政規則持續不斷執行所產生的行政慣例，兩者並不相同。行政規則無直接對外效力，但行政慣例結合行政程序法第6條禁止差別待遇的規定，人民有權要求行政機關應依行政慣例為之。行政機關在無正當理由下，違反長期行政慣例，將違反行政程序法第6條規定，因而違法。行政機關必須受其本身長期行政慣例拘束，透過行政慣例結合行政程序法第6條的平等原則，人民得依據行政自我拘束理論，要求行政機關遵守裁量基準。基於行政規則所產生的行政慣例加上行政程序法第6條規定形成的行

---

[22] 林錫堯，行政法要義，修訂4版，2016年8月，第213-216頁；陳敏，行政法總論，10版，2019年11月，第566-568頁。

政自我拘束原則，行政機關應一律平等的對待所有相同案件。

　　第二種理論爲信賴保護說，其認爲裁量基準依現行規定應發布，人民應能信賴行政機關會依照已發布的行政規則來處理日後所發生的相同案例。行政機關未遵守自己所訂定之行政規則時，將對人民的信賴產生侵害，人民可請求損害賠償。損害賠償方法之一則是恢復原狀，恢復原狀則要求行政機關依照自己所訂的行政規則來處理。

　　行政規則是否具有對外效力，應區分不同類型的行政規則，涉及機關內部事項之行政規則，應無對外效力問題。函釋之性質僅屬行政程序法第159條所定之行政規則，與經立法院通過、總統公布之法律，或由法律授權行政機關制定之法規命令此等直接對外發生法律效果之法規不同，不足作爲訴請辦理徵收補償之法源依據[23]。惟最高行政法院110年度上字第735號判決指出，國家通訊傳播委員會廣播電視節目廣告諮詢會議設置要點及廣播電視節目廣告諮詢會議處理建議作業原則屬於國家通訊傳播委員會依行政程序法第159條規定就機關內部組織及業務處理方式所訂頒的行政規則，雖然爲非直接對外發生法規範效力的一般、抽象性規範，然國家通訊傳播委員會廣播電視節目廣告諮詢會議設置要點及廣播電視節目廣告諮詢會議處理建議作業原則明確規範召集諮詢會議的時機、組成諮詢會議的方式、召開會議的法定門檻、作成處理建議的審議方法及表決門檻等，經由國家通訊傳播委員會長期適用，建立起規律的行政實務，如無合理理由，自不得對相同事件爲不同於該行政實務的處理，從而產生行政自我拘束之效果。如國家通訊傳播委員會就特定涉及違反兒童及少年保護、公序良俗、內容分級或其他違法情節的節目或廣告內容，以悖於國家通訊傳播委員會廣播電視節目廣告諮詢會議設置要點及廣播電視節目廣告諮詢會議處理建議作業原則的規範內容爲處置，未維持其長期遵循的行政實務，即屬無正當理由爲差別待遇，違反平等原則，所爲的行政行爲即屬違法。

　　解釋性行政規則係行政機關依照職權對法律規定內容所爲之釋示，法律規定之最終解釋由法院爲之，法院並不受解釋性行政規則拘束；人民亦可自行主張法律解釋之內容，而毋庸引用解釋性行政規則。解釋性行政規則是否具有對外效力之爭議實益不大[24]。惟法院亦有認爲其具有間接對外效力。高雄高等

---

[23] 高雄高等行政法院91年度訴字第315號判決。

[24] 莊國榮，行政法，修訂9版，2023年9月，第187頁更指出，解釋性行政規則無間接對外效力。

行政法院91年度簡字第166號判決指出，環署廢字第17988號、第36356號等函釋，係以闡明法規之含義為主旨，性質上屬於解釋性行政規則，原則上固僅對內發生效力，然解釋性行政規則既為行政實務所依循，行政機關如無正當理由，自不得對相同之事件，為不同於該行政實務之處理，從而構成行政自我拘束原則。

裁量基準行政規則則是爭議所在，最高行政法院97年度裁字第4106號裁定指出，行政程序法第6條規定，行政行為，非有正當理由，不得為差別待遇。行政機關依其行政規則（包括行政函釋），經由長期之慣行，透過平等原則之作用，產生外部效力，人民得據該行政規則向行政機關為請求。行政訴訟法第5條規定，行政機關對人民依法令申請之案件，予以駁回或於法定期間之內不作為，致損害其權利或法律上利益，人民得提起課予義務訴訟。該條規定所稱之「法令」，除法律或法規命令外，尚包括因行政慣行及平等原則作用，而有外部效力之行政規則。

行政機關依其行政規則（包括行政函釋），經由長期之慣行，透過平等原則之作用，產生外部效力，人民得據該行政規則向行政機關為請求。國防部民國69年5月30日正歸字第7499號令頒之國軍眷村重建、眷宅餘額分配作業規定及83年分配作業補充規定，雖屬行政規則，然權責機關長期基於該等規定，配售眷宅於相關人，基於行政慣行及平等原則，已產生外部效力，符合該分配作業規定所訂得申請配售眷宅資格要件者，對權責機關有申請配售眷宅請求權，其所為之申請，乃屬依法申請之案件。而此項請求權既屬權利，即屬於國家賠償法第2條第2項所稱人民之權利範圍[25]。

有關解釋性規定及裁量基準之行政規則外部效力之問題，最高行政法院106年度判字第492號判決指出，上級機關或長官對下級機關或屬官為統一解釋法令、認定事實及行使裁量權，而訂頒之解釋性規定及裁量基準之行政規則，雖非直接對外發生法規範效力之一般、抽象之規定，然依行政程序法第6條規定，行政行為，非有正當理由，不得為差別待遇，行政機關依其行政規則，經由長期之慣行，透過上開平等原則之作用，產生外部效力，對行政機關產生拘束作用，行政行為如違反該行政規則，亦屬違法。

---

[25] 最高行政法院102年度判字第687號判決亦持相同看法。

第五節　行政規則之適用問題

第一項　基本原則

　　行政規則雖於下達下級機關或屬官時生效，惟其何時開始適用，則相當複雜。行政內部事項之行政規則於下達後生效並開始適用，並無爭議。裁量基準則為行政機關行使裁量權之依據，除非另有規定，應自下達之日起生效適用。

　　解釋性行政規則以闡釋法規之意義為目的，效力附屬於法規，故應自法規生效時起予以適用，亦即溯及至法規生效日起適用。惟解釋性行政規則在行政實務上常有變更，應如何適用前後內容不同之解釋性令函，向來有不同之見解。司法院釋字第287號解釋認為，行政機關基於法定職權，就行政法規所為之釋示，係闡明法規之原意，性質上並非獨立之行政命令，固應自法規生效之日起有其適用。惟對同一法規條文，先後之釋示不一致時，非謂前釋示當然錯誤，於後釋示發布前，主管機關依前釋示所為之行政處分，其經行政訴訟判決而確定者，僅得於具有法定再審原因時依再審程序辦理；其未經訴訟程序而確定者，除前釋示確屬違法，致原處分損害人民權益，由主管機關予以變更外，為維持法律秩序之安定，應不受後釋示之影響。財政部中華民國75年3月21日台財稅字第7530447號函說明四：「本函發布前之案件，已繳納營利事業所得稅確定者，不再變更，尚未確定或已確定而未繳納或未開徵之案件，應依本函規定予以補稅免罰」，符合上述意旨，與憲法並無牴觸。換句話說，原則上以案件是否確定為準，但在前之解釋如違背法律，損害當事人權益時，案件即使確定，仍得適用後解釋，以便能獲得救濟。

第二項　特別規定

　　司法院釋字第287號解釋雖然得作為解釋性函令內容不同時之一般處理依據，惟仍必須注意是否存在法律特別規定，如法律有特別規定時，則應優先適用[26]，例如，稅捐稽徵法第1條之1第1項規定，財政部依本法或稅法所發布之解釋函令，對於據以申請之案件發生效力。但有利於納稅義務人者，對於尚未

---

[26] 盛子龍、吳庚，行政法之理論與實用，增訂16版，2020年10月，第269頁指出，基於尊重立法者之考量，宜優先適用新制定之法律條文。

核課確定之案件適用之。稅捐稽徵法第1條之1第2項規定，財政部發布解釋函令，變更已發布解釋函令之法令見解，如不利於納稅義務人者，自發布日起或財政部指定之將來一定期日起，發生效力；於發布日或財政部指定之將來一定期日前，應核課而未核課之稅捐及未確定案件，不適用該變更後之解釋函令。

第十五章 ｜ 行政處分

　　行政處分爲外來語，係由德國行政法學家Otto Mayer研究行政上各種不同行政行爲，譯自法文（acte administratif）用語，將之稱爲行政處分（Verwaltungsakt）[1]。行政處分之重要性表現於幾個面向[2]，首先，行政處分本身具有強制執行的特性，行政機關作成行政處分後，人民不遵守行政處分內容時，在符合一定條件下，行政機關可以透過自己的組織來強制執行，以貫徹行政處分的要求而不需經由法院確定判決。其次，行政處分爲典型公權力行爲，除法律所規定特定無效原因外，行政處分縱使違法仍然有效；但相對地，亦賦予人民請求撤銷違法行政處分的權利，違法有效行政處分經撤銷後，喪失效力，人民始無繼續遵守行政處分之義務。第三，行政處分具有存續效力，行政處分當事人和利害關係人，在法定期間內未對行政處分提起救濟，救濟期間經過後，縱使該行政處分違法，當事人仍受拘束。訴願法針對行政處分的訴願期間，規定爲三十日，目的在於使法秩序早日安定。

第一節　行政處分之意義

　　自行政程序法第92條第1項以及訴願法第3條第1項規定，可得知法律對行政處分之定義。行政程序法與訴願法規定存在極小差別，行政程序法以「行政機關」，訴願法則使用「中央或地方機關」爲規範主體。行政處分是法律上所創造的名詞，行政機關在作成行政處分時，通常不會向當事人直接表示，其所爲者係行政處分，其外在名稱通常爲罰鍰、許可或駁回申請等；因此必須由行

---

[1] acte administratif原指行政機關一切法律行爲，無論是依公法或私法爲之；惟Verwaltungsakt在德國僅限於公法上之行政行爲。陳新民，行政法學總論，新10版，2020年7月，第285頁。

[2] 陳敏，行政法總論，10版，2019年11月，第307-308頁；有關行政處分之重要性，詳參，蕭文生，行政處分之變種與異形—擬制行政處分與形式行政處分，臺北大學法學論叢，第73期，2010年3月，第31-32頁。

政機關行為之內容、本質、影響等，綜合判斷其是否合乎法律上所定義之行政處分，而非僅以外在名稱為依據。

第一項　行政處分之要素

行政程序法第92條第1項規定，行政處分係指行政機關就公法上具體事件所為之決定或其他公權力措施而對外直接發生法律效果之單方行政行為。一般將行政處分必須具備之概念要素區分為：第一，行政處分為公法上意思表示；第二，行政處分為行政機關所為之行為；第三，行政處分是公權力決定或其他公權力措施；第四，行政處分是單方行政行為；第五，行政處分是針對公法上具體事件所為的行政行為；第六，行政處分是具有對外直接發生法律效果的行政行為。此六個要件各有其不同範圍和適用情形，試分述說明如下：

一、公法上意思表示

行政處分以意思表示為基本構成要件，屬於法律行為。不具備意思表示、單純動作或僅是認知表示者，非行政處分。是否為公法上意思表示，實務上爭議不大。然20世紀中葉以後，行政機關許多行為並非皆由公務員親為，行政機關運用機器設備、自動化裝置來替代公務員行為，此類行為是否得視為公法上意思表示即產生爭議。例如，交通警察以手勢所為之交通指揮行為，為法律行為並無疑義，但設置紅綠燈來指揮交通，紅綠燈之指示是否為法律行為，即存有爭議。蓋只有自然人才會有意思表示，機器並非自然人無法為意思表示。惟藉由科技設備所表達出來的意見，如紅綠燈指示等，並非設備本身之意思表示，而是設置者的意思表示，紅綠燈所表達者乃設置者之意思表示，換句話說，透過科技設備所作成之行政行為，亦是法律行為。現行法上雖無明文直接承認此一觀點，然從行政程序法第96條第1項第4款規定，以自動機器作成之大量行政處分，得不經署名，以蓋章為之。可認為行政程序法間接承認由機器作成的行政行為是行政處分，例如，核定稅額通知書。此外，德國行政程序法第37條規定亦明定得以電子方式作成行政處分。

二、行政機關所為之行為

行政處分是由行政機關所為之行為，依行政程序法第2條第2項規定，行政

機關並非以組織觀點、而係以功能觀點認定，凡代表國家、地方自治團體或其他行政主體表示意思，從事公共事務，具有單獨法定地位之組織，皆屬行政機關。立法院並非行政機關，但立法院院長動用警察權時，即可認為具有行政機關地位。具私法人性質之公營事業，一般而言，並非行政機關。惟若其受委託行使公權力時，在受委託範圍內，則視為行政機關。

三、公權力措施

　　行政處分係公權力措施，亦即針對公法上事項所為之行為。公權力措施通常係指行政機關基於統治權所為之命令及強制等手段。是否為公權力措施，判斷重點在於公法與私法區分問題，基本上行政處分所展現者為公法上具有上對下之關係，但並不以侵害行政為限。

　　國家或其他行政主體，為達成特定之公共目的，對私人所為有財產價值之給與，包括由行政機關或透過特定金融機構以較一般金融機構為優惠之條件貸給款項，其中行政機關對當事人之貸款申請所應具備條件之審核決定，屬公法上之行政處分，當事人對於是否給與貸款之審核決定如有不服，自得提起行政爭訟，請求權利保護[3]。

四、單方行政行為

　　行政處分是單方行政行為，行政處分係由行政機關自行單方片面決定，單方片面決定是公權力的典型特徵；換言之，行政機關在作成行政處分時，毋需取得相對人同意，例如，科處人民罰鍰。行政處分雖是單方行政行為，但並不表示人民在行政處分作成過程中沒有扮演任何角色；行政處分得依職權而為，如科處罰鍰；行政處分亦有以人民事先申請為前提，例如，人民申請建築執照後之許可或駁回。單方行政行為是行政處分的重要特徵，亦是與行政契約最大的差異點。行政契約是行政機關與人民合意的表現，行政處分則不需要相對人的合意，縱然有的行政處分作成需當事人申請，然申請跟要約最大的不同處即在於，要約須得相對人承諾，要約內容須雙方合意，契約始能成立。

　　須經相對人同意的行政處分，係指行政機關為行政處分時，應有相對人之

---

[3]　最高行政法院94年度判字第1303號判決。

同意方生效力,例如,公務員同意任命[4]、許可公立學校學生畢業之處分[5]。同意並不影響行政機關單方作成之行政處分,同意係生效要件而非成立要件。此處之同意與契約法上之承諾並不同。

五、具體事件

行政處分是針對公法上具體事件所為,亦即針對特定人(單獨或複數皆可)與具體事實,此乃行政處分和法規命令、行政規則、法律等一般抽象規範最大之不同。

具體事件乃指行政處分係規制個別事件之行政行為,其內容之事實關係必須具體明確。如其內容係抽象性之規範,而含有反覆實施之作用者,即非行政處分。例如,災區重建非都市土地變更審議小組於2003年3月11日所作成「2003年3月底後,不再辦理法規申請案件審議」之決議及各公告,均非對於抗告人申請之具體案件為准駁之意思表示。原裁定以其並非行政處分,不能為確認無效之對象,以抗告人提起此部分之訴訟為不合法,自無不合[6]。

國家公園計畫經依國家公園法第7條規定核定後公告實施,或依同法施行細則第6條第1項本文定期通盤檢討所作必要之變更,固有拘束國家公園區域內有關之開發或建設計畫、都市計畫及非都市土地使用編定之法規效力。惟因國家公園計畫並非係就個別具體事件之處理,而係對於一定區域內各項重要設施以及土地使用所為之整體規劃,其並未直接限制該一定區域內人民之權利、利益或增加其負擔,其並非行政處分而係屬法規性質,人民即不得對之提起撤銷訴訟[7]。

直轄市或縣(市)徵收主管機關單純就抵價地比例核定之公告,固為行政程序中所為之行為,然其並非係對公法上「具體事件」所為之決定,亦未對外直接發生法律效果,自非行政處分[8]。

---

[4] 最高行政法院90年度判字第1535號判決指出,公務人員之任用固屬須經相對人同意之行政處分,惟同意係對是否接受任用而言,致於任用之審查,官等俸級之銓審定,悉依法令規定為之,難認應由同意所決定。

[5] 陳新民,前揭書,第287-288頁註10。

[6] 最高行政法院94年度裁字第2213號裁定。

[7] 最高行政法院102年度裁字第303號裁定。

[8] 最高行政法院106年度判字第51號判決。

　　惟隨著執行行政任務手段多元化，行政處分與法規命令間產生了模糊地帶，例如，交通號誌，紅綠燈規範之事項相當具體與行政處分相同，即紅燈停、綠燈行，但通過紅綠燈的人並非特定。行政處分係針對特定人，但紅綠燈所針對的卻是非特定之人；法律是一般、抽象規定，行政處分則是針對特定人、具體事項。從「人」的觀點來看，規範相對人特定者，行政行為為行政處分；屬不特定之多數人，則為行政規則、法規命令。但針對雖然無法特定，但亦非不特定多數人之情形，例如，警察機關命令在總統府前非法集會之人群解散，命令解散之事項具體，但是針對參與集會人之數量，並非特定亦非完全不特定，亦即解散處分之相對人為在場集會之人。此種情形稱之為可得確定之人，與特定人、不特定人有所不同。行政機關此類行為稱為一般處分。行政程序法第92條第2項規定，前項決定或措施之相對人雖非特定，而依一般性特徵[9]可得確定其範圍者，為一般處分，適用本法有關行政處分之規定。有關公物之設定、變更、廢止或其一般使用者，亦同。行政行為針對特定人、具體事項，則為行政程序法第92條第1項規定之行政處分；但針對具體事項、可得確定之人，則為對人一般處分；例如，依災害防救法規定要求特定地區人民，限時離開危險區域之命令；行政機關將在高速鐵路一定範圍內之水井封閉，如由一般性特徵可得確定其對象為特定人者，亦屬對人之一般處分[10]。對公物的設定、變更、廢止或一般使用行為，則為對物一般處分[11]，例如，指定單行道或劃設停車格。不論是對物或對人之一般處分，除法律另有規定外[12]，皆適用有關行政處分之規定。

（一）對人一般處分

　　對人之一般處分之相對人僅得依一般性特徵確定其範圍，因此其事實關係必係具體確定。判斷事實關係是否具體，原則上可以規範效力是具一次性或反覆性作為輔助判斷標準。凡規範效力屬一次性者，通常可認定事實關係具體；

---

[9]　一般性特徵須足以區隔可得確定之人與不特定多數人，亦即涉及之人可經由其與具體事實之關聯而自成一特定群體，並進而加以確定。

[10]　法務部民國99年12月21日法律決字第0999050901號。

[11]　我國對物一般處分以涉及公物為限，如所涉及之物非公物，僅係對物之處分，而非對物之一般處分，林錫堯，行政法要義，修訂4版，2016年8月，第255頁。

[12]　例如，送達方式，行政程序法第100條規定，書面之行政處分，應送達相對人及已知之利害關係人；書面以外之行政處分，應以其他適當方法通知或使其知悉。一般處分之送達，得以公告或刊登政府公報或新聞紙代替之。

屬反覆性者，則爲抽象事實關係。換言之，倘行政行爲所規範之事實關係並非具體，要求任何人只要進入其規範領域，就須遵守其指示決定行爲舉止，其規範效力具有反覆性者，則其規範者實係抽象事實關係，而非具體事實關係，則應以法律或法律具體授權的法規命令定之[13]。

1. 最高行政法院96年度判字第1926號判決（土地現值公告——對人一般處分）

土地現值經公告後，即成爲課稅與核定徵收補償地價之依據，將直接影響人民財產利益之負擔以及損失之塡補，可認爲其屬於發生具體法律效果之行政行爲。就此行政行爲作用之對象而言，雖非針對人民擁有之個別土地現值有所決定，而係就各該地價區段之土地現值決定之，但各該地價區段內個別地號土地歸屬何人所有，均可透過登記簿冊查得，是以其發生效力之範圍係由一般性特徵可得確定其範圍者，依行政程序法第92條第2項前段規定，土地現值公告之法律性質應爲行政處分中之一般處分[14]。

2. 最高行政法院96年度判字第43號判決（集中隔離）

有關醫院員工集中隔離管理之措施，係衛生局依據行政院召開之研商臺北市立和平醫院醫護人員感染SARS因應措施會議及地方主管機關臺北市政府召開之「防止SARS疫情擴大緊急應變小組會議」之決議辦理。該決議所爲之具體措施，係主管機關依行爲時傳染病防治法第37條第1項規定所爲之下命處分。雖其相對人並非特定，然依其決定或措施之內容可以確定應受管制之人員，性質上爲一般處分，經該主管機關以發布新聞代替通知，即對受管制人員發生效力。

3. 最高行政法院101年度判字第449號判決（強制搬遷公告）

學甲鎮公所本於零售市場管理條例主管機關之地位，爲改建系爭市場，就具體確定架設圍籬及應拆除建築物範圍公告，命在此範圍內之關係人應自行於特定時間內結束營業及搬遷，若拒未搬遷者，將受有強制執行之規制性，足見

---

[13] 法務部民國109年1月3日法律字第10803519350號。

[14] 土地現值公告之法律性質見解相當歧異，除採對人一般處分說外，最高行政法院100年度判字第808號判決認爲是行政規則；最高行政法院106年度判字第414號判決認爲是法規命令。有關此問題，蕭文生，土地現值公告之法律性質——最高行政法院106年度判字第414號判決評析，法令月刊，第69卷第2期，2018年2月，第1-22頁。

系爭公告之相對人雖非特定，而依一般性特徵可得確定其範圍，依行政程序法第92條第2項前段規定，爲一般處分。

4. 最高行政法院108年度判字第82號判決（都市計畫樁位圖及樁位座標表公告）

都市計畫樁位圖及樁位座標表經公告後，參照都市計畫法第23條第3項之規定，即成爲地政機關辦理地籍分割測量，並將道路及其他公共設施用地、土地使用分區之界線測繪於地籍圖上，供人民申請地籍圖謄本之用之依據，將直接影響人民之財產利益，依此可認其屬於發生具體法律效果之行政行爲。此行政行爲作用之對象，雖非針對人民擁有之個別土地有所決定，而係就各該地區土地決定之，各該地區內個別地號土地歸屬何人所有，均可透過登記簿冊查得，是以其發生效力之範圍係由一般性特徵可得確定其範圍，依據行政程序法第92條第2項前段規定，都市計畫樁位圖及樁位座標表公告之法律性質，應可定性爲行政處分中之一般處分。

（二）對物一般處分

1. 最高行政法院96年度裁字第01587號裁定（設置陸橋）

陸橋之設置係供不特定之公眾使用，包括因物之公法性質或公用關係而權利義務受影響之人，此種設定應屬行政程序法第92條第2項後段所定物之一般處分。

2. 最高行政法院97年度裁字第4905號裁定

行政機關就公法上具體事件所爲之決定或其他公權力措施而對可確定之多數相對人或物爲客體直接發生法律效果之單方行政行爲，例如，交通警察指揮交通及交通號誌（紅綠燈之指揮交通），爲對人之一般處分；劃設停車格、行人徒步區之劃定、斑馬線設置，爲對物之一般處分。

3. 最高行政法院106年度判字第431號判決（水道治理計畫線及堤防預定線）

經濟部99年公告之水道治理計畫線及堤防預定線，係依水利法第82條規定對物之性質及法律地位爲規制之公告，性質應屬對物之一般處分。

（三）交通禁制標線——對人或對物一般處分

交通標誌、標線可分爲警告、指示與禁制功能，警告與指示標誌或標線並不具規制效果，屬於行政事實行爲。禁制標誌或標線，例如，禁止停車標線，

課予用路人不作爲義務，具有規制性。有爭議的是，禁制標誌或標線究竟屬對人或對物一般處分。

1. 對人一般處分說

(1) 最高行政法院98年度裁字第622號裁定

道路交通管理處罰條例第3條第6款規定，標線：指管制道路交通，表示警告、禁制、指示，而在路面或其他設施上劃設之線條、圖形或文字。禁止停車標線或禁止臨時停車標線係屬禁制標線，其在對用路人之行止有所規制，課予用路人一定之不作爲義務，爲具有規制性之標線。禁制標線之規範客體雖是特定之道路（公物），然其並未對道路之性質設定或變更，仍是以人之行爲爲直接規範對象，亦與行政程序法第92條第2項後段所稱「公物之一般使用」，係指直接以公物作爲利用對象，非可等同論之。依行政程序法第92條第2項前段「對人之一般處分」，仍須針對「具體事件」爲規範，僅在規範對象（人）從寬認定。禁制標線之劃設，雖非針對特定人，然係以該標線效力所及即「行經該路段之用路人」爲規範對象，可謂「依一般性特徵」（特定路段之用路人）可得確定，並係針對「各該（無數之）用路事實」所爲之規範，從而可將之認定爲一種「對人之一般處分」。道路交通管理處罰條例第4條第1項規定，駕駛人駕駛車輛或行人在道路上，應遵守道路交通標誌、標線、號誌之指示、警告、禁制規定，並服從執行交通勤務之警察或依法令執行指揮交通及交通稽查任務人員之指揮。第2項規定，前項道路交通標誌、標線、號誌之指示、警告、禁制規定、樣式、標示方式、設置基準及設置地點等事項之規則，由交通部會同內政部定之。立法者將道路交通標誌、標線、號誌之指示、警告、禁制規定、樣式、標示方式、設置基準及設置地點等事項，授權交通部會同內政部以法規命令予以訂定。交通部目前發布有「道路交通標誌標線號誌設置規則」，對於各種標誌、標線、號誌之設置條件、地點、方式等詳爲規定，俾使交通主管機關據以執行。交通主管機關再依上開規則於各地點設置交通標誌、標線、號誌，由是乃形成「法律、法規命令、行政處分」層次分明之交通法規體系，足證禁制標線之性質非屬法規命令，而是行政處分。其既屬一般處分，依行政程序法第100條第2項、第110條第2項規定，一般處分之送達得以公告爲之，除公告另訂不同日期者外，自公告日起發生效力。就禁制標線而言，主管機關之「劃設行爲」，即屬一種「公告」措施，故具規制作用之禁制標誌於對外劃設完成時，即發生效力。人民對禁制標線之行政處分如有不服，得循序提起訴願及撤銷訴訟尋求救濟；人民於法定救濟期間經過後，亦得直接以新事實

（新的交通狀態及法規規定）依行政程序法第128條向主管機關請求撤銷或廢止（塗除）處分，如經否准，得循序提起訴願及課予義務訴訟以求救濟[15]。

(2) 最高行政法院105年度判字第13號判決

禁止臨時停車標線係屬禁制標線，其在對用路人行止有所規制，課予用路人一定之不作為義務，違反者，道路交通管理處罰條例第55條設有處罰規定，為具有規制性之標線，雖非針對特定人為之，然依其一般特徵仍可確定係以該標線效力所及之停車人為規範對象，其性質自屬行政程序法第92條第2項所定之一般處分。

最高行政法院111年度再字第21號判決另指出，禁止臨時停車標線之劃設行為即屬公告措施，故於該標線劃設完成，即發生效力。

2. 對物一般處分

(1) 臺北高等行政法院97年度訴更一字第112號裁定

劃設禁停紅線及消防通道標誌、標線之原處分，並非法規命令，而係對個別路段所為之物之行政處分，以作為用路人用路秩序之規範，為對物之一般行政處分，得對之提起訴願或行政訴訟。

「行經該路段之用路人」之範圍是否過廣，以至於喪失界分之功能呢？對人一般處分在作成當時，當事人範圍，整體而言，不得是完全開放而事後得任意擴增，換句話說，一般處分當事人之數量在客觀上尚未確定，但當事人可能之數量必須藉由「一般性特徵」能夠充分明確加以確定。「行經該路段之用路人」並無法作為一般性特徵來明確界定相對人之數量，蓋相對人之數量可以無限制擴增。

事實上對目前正受禁停紅線規範，以及未來可能受到禁停紅線規範之人而言，禁停紅線應是針對一般人所為之抽象規定，但立法者透過行政程序法第92條第2項規定，擴大行政處分之概念。對物一般處分雖無相對人，但人之權利義務，卻會因為物之法律地位或狀態改變而受影響。禁停紅線並未改變巷道公用性之性質，而係改變道路當初提供公用時之法律狀態，並因而影響不確定多數人（行經該路段之用路人）之權利義務。因此，其應屬於公物一般使用之決

---

[15] 最高法院97年裁字第4905號裁定亦指出，行政機關就公法上具體事件所為之決定或其他公權力措施而對可確定之多數相對人或物為客體直接發生法律效果之單方行政行為，如交通警察指揮交通及交通號誌（紅綠燈之指揮交通），為對人之一般處分；劃設停車格、行人徒步區之劃定、斑馬線設置，為對物之一般處分。

定，而非對人之一般處分。雖然禁停紅線之效力係反覆不斷適用於用路人，而非屬一次性規範，但此屬於對物一般處分之特性，並不妨害將禁停紅線之劃設定性爲對物之一般處分[16]。

（四）公告之法律性質──法規命令或一般處分

1. 臺中高等行政法院93年度訴字第612號裁定（法規命令）

廢棄物清理法第3條授權執行機關基於環境衛生需要，得予以公告指定清除地區，執行機關依此授權，於民國92年12月17日以彰環廢字第0920040527號公告「彰化縣全縣爲廢棄物清理法所稱指定清除地區」，上開公告性質上係屬依廢棄物清理法授權訂定之法規命令，乃抽象性規定，亦即明示執行機關應負之清除責任區域，及不特定人民於指定地區範圍內應配合而不得有廢棄物清理法第27條規定之反覆性、多次性規範，與針對具體事件所爲之決定或其他公權力措施之行政處分或一般處分之概念有別。

2. 最高行政法院104年度裁字第181號裁定（一般處分）

公告爲各機關對公眾有所宣布時用之公文（公文程式條例第2條第1項第5款參照）。行政機關對外就一般處分及法規命令之發布（行政程序法第95條、第157條），均得以公告形式爲之。因此，公告究爲一般處分或法規命令，應依其內容判斷之。

廢棄物清理法第3條指定清除地區之公告，核係對於「物之公法性質」爲規制之一般處分。經指定地區，一般廢棄物由執行機關清除之；執行機關得視其特性增訂一般廢棄物分類、貯存、排出之規定；縣（市）主管機關執行一般廢棄物之清除、處理，應依清除處理成本，向指定清除地區內家戶及其他非事業徵收費用；並禁止爲同法第27條各款行爲，違者依同法第50條第3款論處（廢棄物清理法第11、12、24、27條及第50條第3款參照）。此種處分雖非對「人」規定其權利義務，而係對「物」規定其法律地位，然此種對物之規制，係用以作爲人之權利義務之根據，因此亦間接及於人，而具有人之效力。由於此一規制所涉及者，爲與該特定物產生關聯，從而界定其範圍之「多數人」，故將之納爲一般處分概念。因此，因「指定清除地區」公告而權利受有影響之

---

[16] 有關交通禁制標線之法律性質，蕭文生，禁停紅線·一般處分·對物一般處分──評最高行政法院97年裁字第4905號裁定，行政事件裁判研究與評析，2015年3月，第133頁。

特定人，非不得以該公告爲行政處分，提起以此爲對象之撤銷訴訟[17]。

六、法效性——對外直接發生法律效果

行政處分爲具有對外直接發生法律效果的行政行爲，此構成要件係行政處分與事實行爲主要之區分標準。行政機關履行行政任務時，有多種選擇可能性，未必皆以行政處分完成。例如，爲使交通秩序順暢，拓寬道路、重新鋪上柏油，此種行爲爲事實行爲，對外並不產生法律效果。早期，本項構成要件另有一項限制，即產生之法律效果必須爲公法上法律效果。公法行爲是否僅能產生公法上法律效果，不無疑問。原則上，公法行爲產生公法效果，但許多公法行爲，尤其是行政處分，亦可能產生私法上法律效果[18]。例如，依土地登記規則所爲之登記具有移轉私法上所有權之法律效果，但准予登記與否，屬行政處分；民法第30條主管機關對私法人成立之核准，亦屬於產生私法效果之行政處分[19]。行政處分雖主要是產生公法上法律效果，但仍亦可能產生私法上之法律效果，因此行政程序法立法時將「公法上」刪除，僅要求行政處分產生對外直接法律效果，而不再限於僅生公法上之效果[20]。

---

[17] 惟最高行政法院104年度裁字第181號裁定同時指出，廢棄物清理法第27條第11款污染環境行爲之公告，則係主管機關基於法律授權，對不特定人民就一般事項所作抽象之對外法律效果之規定，乃爲法規命令性質，現行法制尚不容許以此爲對象而爭訟。惟是否定性爲「污染環境行爲」而應禁止，其範疇本須視行爲作成區域而定，是廢棄物清理法第27條各款所列舉應予禁止之行爲（包含第11款法規授權主管機關公告環境污染之行爲），均限定於「指定清除區內」發生者爲限，是「指定清除區域」之確立爲認定污染環境行爲之前提，前者公告爲行政處分，後者公告爲法規命令，非得混淆。

[18] 最高行政法院103年度判字第431號判決指出，教師與學校間係聘任契約關係，該學校如爲公立學校，該契約關係係公法關係；該學校如爲私立學校，該契約關係則爲私法關係。主管教育行政機關就私立學校報請對教師不續聘之核准，具有使該不續聘行爲發生法律效力之作用，性質上爲形成私法效果之行政處分。有關形成私法效果之行政處分，許宗力，論規制私法的行政處分——以公行政對私法行爲之核准爲中心，憲法與法治國行政，1999年3月，第313頁以下。

[19] 陳新民，前揭書，第288頁。

[20] 依勞資爭議處理法第23條規定，調解結果如爲成立，僅生該調解成立之內容，視爲爭議雙方當事人之契約；如調解不成立，則紛爭仍然存在，應由爭議當事人續循仲裁或司法等途徑解決，亦不生有確認勞資所爭議法律關係之效果；則調解人或調解委員所進行之調解及調解之結果，尚難認係行政機關就公法上具體事件所爲之決定或其他公

　　最高行政法院99年度判字第621號判決指出，對外法律效果的要件要求，因行政機關的表示，能擴充、限制或終局確認行政機關外部之自然人、法人的權利義務。法定空地之留設，非依規定不得分割、移轉，並不得重複使用，對於土地所有人行使對土地之使用權能，產生一定之限制，故建造執照中包括法定空地如何留設，乃行政機關對於公法上具體事件，所為直接對外發生效力之決定，係屬行政處分[21]。

　　行政處分乃是行政機關單方所為規制措施，所稱規制，係以設定法律效果為目的，具有法律拘束力之意思表示，而規制之法律效果，在於設定、變更或廢棄權利及義務，或對權利義務為有拘束力之確認。現有巷道存在與否之認定，乃建築線指定與建築執照核發之前提。建築基地因面臨具公用地役關係之巷道，得申請指定建築線而申請建築。此種具有公用地役關係之現有巷道，係因具備一定之條件而成立，其是否成立、寬度如何，直接影響相鄰土地所有權人對於使用土地建築之財產權行使及人民通行自由之保障，主管機關依實際情況所為之認定，乃是就已經存在的法律狀態，為拘束性確認，核屬確認性質之一般處分[22]。

　　警員對汽車駕駛人以酒精測試儀器實施酒測，所取得顯示酒測結果數值之單據，係作為判斷汽車駕駛人有無違反道交條例第35條第1項第1款規定之證據方法，並非行政機關就公法上具體事件所為決定，亦未對外直接發生何種法律效果，尚非行政處分[23]。

　　行政行為在何種情況下產生對外直接法律效果呢？由於行政行為態樣繁多，故不易找尋可以判斷行政行為為行政處分或事實行為之標準公式。針對此爭議，法學方法中有二種可能解決之方法：1.窮盡列舉於何種情況下行政行為會產生直接對外法律效果。惟窮盡列舉必有疏漏，無法全面涵蓋，故通常不採之。2.以負面表列之方式列出不具直接對外法律效果之行政行為，行政機關行為不屬於負面表列所列舉者，則認定其具有直接對外法律效果。負面表列方式在立法例中亦常出現，例如，民法對於動產與不動產之定義，民法第66條第1項規定，稱不動產者，謂土地及其定著物；動產則依民法第67條規定，為第66

權力措施而對外直接發生法律效果之單方行政行為。
[21] 最高行政法院109年度判字第239號判決。
[22] 最高行政法院107年度判字第354號判決。
[23] 最高行政法院108年度裁字第1798號裁定。

條規定不動產以外之物。

　　一般而言，欠缺對外直接發生法律效果之行政行為有下列幾種：

（一）行政機關內部行為

　　行政機關內部行為，包括同一行政機關以及不同行政機關間內部之行為。同一行政機關間之內部行為，例如，行政機關內部的會簽意見；行政機關作出行政處分前，透過各個內部單位對於行政處分是否以及如何作成所發表之各種不同看法，此些看法並無對外效力，最終仍必須由機關作出行政處分，行政機關內部會簽意見並未產生對外直接法律效果。不同機關間也可存在意見交換行為，例如，公平交易委員會認為臺塑與中油有聯合漲價情形，公平交易委員會向經濟部詢問國際油價價格、處理的費用、廠商合理之利潤等，透過這些資訊，公平交易委員會可判斷是否有聯合漲價行為；經濟部接到公平交易委員會詢問，經過調查後向公平交易委員會回覆國際油價、運費、廠商合理利潤等情形，此一回覆僅為不同機關間的意見交換，作為處分機關參考依據，並未發生直接對外法律效果。

　　凡行政機關之行為，而未對外發生法律效果者，均應排除於行政處分外，如機關內各單位間之會簽意見，或機關與機關間交換意見之行文，或行政官署就其主管事務對所屬機關所為指示處理之命令，係屬上級官署對下級官署，本於職權所行之指揮監督，既非對人民所為之行政行為，更不因而對人民發生具體的法律效果，自不能認為行政處分[24]。行政院對於前臺中縣政府就東勢鎮大甲溪粵新堤防工程所產生之河川浮覆地實測結果所為之准予核備，僅屬機關間職務上之核備性質，並未對外直接發生法律效果，自非屬行政處分[25]。學校性平會係學校設立之內部單位，學校性平會於完成校園性侵害、性騷擾或性霸凌案件調查後，應提出調查報告及處理建議，由學校或主管機關依據相關規定作成議處，並將處理結果通知申請人、檢舉人及行為人。學校或主管機關就校園性侵害、性騷擾或性霸凌事件，始為最終作成具體處置措施或決定之行政機關，學校性平會作成之調查報告及處理建議，為內部意見，非屬行政處分[26]。

　　擬具徵收計畫書圖清冊及報經目的事業主管機關許可，僅屬徵收程序之機

---

[24] 最高行政法院95年度裁字第404號裁定。

[25] 最高行政法院106年度判字第28號判決。

[26] 最高行政法院108年度裁字第62號裁定。

關間內部準備程序，亦即需用土地人須踐行土地徵收條例相關法定先行程序及擬具徵收計畫書圖清冊，及取得目的事業主管機關之許可，始向內政部申請辦理徵收之行政行為，其均為發動內政部作成徵收處分之內部行政行為，核屬事實行為，而非行政處分[27]。

（二）行政體系監督行為

上級機關對於下級機關的監督行為，亦即行政體系內部指示、指令，例如，行政院對內政部的監督行為，原則上並非行政處分。行政體系內的監督係基於行政一體原則而來，目的在使行政機關在行政一體下，貫徹上級機關命令，盡快履行任務，監督行為並非對外法律行為。上級機關依政府採購法第85條第2項規定[28]之核定行為，僅屬上級機關對下級機關監督權之行使，為行政內部行為，並未直接對外發生法律效果，即令該核定應以書面向廠商說明理由，並非行政處分[29]。

同一個行政主體內部之監督行為，並非行政處分，並無疑義。但地方自治發達後，中央機關對地方機關之監督，與傳統上級官對下級機關監督並不相同，監督行為發生於兩個法律上具有獨立人格之主體間，例如，行政院對臺北市政府之行政監督。不同行政主體間的行政監督行為是否為行政處分，無法一概而論，須依個案具體判斷。地方自治團體從事委辦事項而被監督時，亦即基於上級機關委辦履行任務者，此時與同一行政主體間內部的監督相同，故非行政處分。地方自治團體辦理自治事項時，監督機關所實施之監督行為，則屬行政處分。憲法賦予地方自治團體自治權，此為制度性保障，監督機關對自治事項行使監督權，係對於地方自治團體自治權之干涉，此類監督行為為行政處分。2000年修正的訴願法第1條第2項規定，各級地方自治團體或其他公法人對上級監督機關之行政處分，認為違法或不當，致損害其權利或利益者，亦同。

（三）觀念通知

觀念通知為事實行為並未產生直接對外法律效果，例如，行政機關利用特定的行為方式告知人民某一特定事實，並無讓特定法律效果產生的意思表示。

---

[27] 最高行政法院109年度判字第412號判決。

[28] 採購申訴審議委員會於審議判斷中建議招標機關處置方式，而招標機關不依建議辦理者，應於收受判斷之次日起十五日內報請上級機關核定，並由上級機關於收受之次日起十五日內，以書面向採購申訴審議委員會及廠商說明理由。

[29] 最高行政法院99年度裁字第3528號裁定。

最高行政法院51年判字第106號判例指出，官署之通知，係基於人民所陳法令上之疑義，表示其自己之見解以爲解釋，顯不發生具體的法律上之效果，不能謂其爲行政處分。行政機關對於人民所陳法令上之疑義而對法律疑義解釋的行爲本身，並未產生對外直接法律效果，而僅是讓人民了解法律規定內容爲何。

行政法院強調行政機關的行爲必須直接對人民自由權利產生影響，方可謂爲行政處分，但何謂有直接影響，該如何去認定，在實務上常產生困難，例如，申請獎學金，行政機關並未拒絕，卻告知人力不足，暫緩處理。「暫緩處理」之眞意究竟爲何？探討此問題實益在於，屬於拒絕意思表示，法律關係明確，對人民之自由權利產生立即之影響，故爲行政處分，人民對之可以提起行政爭訟。爲避免人民的自由權利存在強烈不確定性，最高行政法院在77年度判字第2054號判決指出，行政機關對於人民請求之事項，雖未爲具體准駁之表示，但由其敘述之事實及理由之說明內容，如已足認其有准駁之表示，而對人民發生法律上之效果者，自難謂非行政處分，即得爲行政爭訟之標的。

司法院釋字第423號解釋有更清楚之說明，行政機關行使公權力，就特定具體之公法事件所爲對外發生法律上效果之單方行政行爲，皆屬行政處分，不因其用語、形式以及是否有後續行爲或記載不得聲明不服之文字而有異。行政機關以通知書名義製作，直接影響人民權利義務關係，且實際上已對外發生效力者，如以仍有後續處分行爲，或載有不得提起訴願，而視其爲非行政處分，自與憲法保障人民訴願及訴訟權利之意旨不符。因此並非以形式、文字去判斷行政行爲是否爲行政處分，而是須以行爲之實質內容判斷是否爲行政處分。

中央或地方機關就當事人建議之事項，以函文向當事人敘述事實與解釋法律規定，並未損及當事人任何權益，則屬觀念通知，非行政處分，人民不得對之提起行政訴訟[30]。

行政機關就人民申請作成事實行爲，所爲答覆，或其他單純事實之敘述或理由之說明，既不因該項答覆、敘述或說明而生何法律上之效果者，自非行政處分，人民即不得對之提起撤銷訴訟或確認行政處分無效或違法訴訟。發給文書影印本，性質上乃事實行爲，並非含有效果意思及對外可以直接發生某種法律效果之行政處分，故被上訴人之答覆，無論是否發給該文書影印本，均無法直接發生某種法律效果而構成行政處分[31]。

---

[30] 最高行政法院96年度裁字第1398號裁定。
[31] 最高行政法院95年度判字第97號判決。

違建認定通知書之性質爲行政處分（違建認定通知書認定屬應予拆除之違章建築，並命相對人應於文到五日內自行拆除），人民因此負有拆除之義務。違章建築之拆除，性質上屬作成應予拆除違章建築之行政處分後，爲執行該行政處分之事實行爲。拆除通知單僅係通知人民應執行拆除日期之觀念通知，不另發生法律效果，非屬行政處分[32]。

義務人依定有履行期間之行政處分，負有公法上金錢給付義務，而逾期不履行，原處分機關本得依行政執行法第11條第1項第1款規定移送執行，則原處分機關在移送行政執行前，再以書面限期催告，促請義務人自動履行而免受行政執行，非法所不許，而此書面限期催告履行函之性質，僅係催繳之觀念通知，尚非行政處分[33]。

最高行政法院108年度裁字第1798號裁定指出，違反道路交通管理處罰條例第12條至第68條及第92條第7項、第8項規定之行爲，雖由交通勤務警察或依法令執行交通稽查任務人員執行道路交通管理之稽查、舉發，惟應由公路主管機關作成處罰之交通裁決，違章行爲人係以公路主管機關所爲具有行政罰性質之裁決處分爲程序標的，提起行政訴訟。舉發僅係對違規事實的舉報，乃舉發單位將稽查所得有關交通違規行爲時間、地點及事實等事項記載於舉發通知單，並告知被舉發者，屬處罰機關裁決前的行政行爲之一，性質上爲觀念通知，並非行政處分（最高行政法院94年度裁字第568號裁定、107年度判字第349號判決意旨參照）。

1. 爭議案例

(1) 行政機關對於人民檢舉的檢舉函覆──無檢舉獎金規定

a. 公平交易法

行政機關執行行政任務時，得依職權主動爲之，亦可基於人民申請或檢舉爲之，例如，SARS席捲臺灣時，許多人向公平交易委員會檢舉藥局以高價出售口罩；公平交易委會受理人民檢舉後，經調查並未發現哄抬口罩價格情事，因此回函當事人「查無相關事實，被檢舉人並未違反相關法律規定，因此不予處罰。」此一回函的法律性質爲何？有不同法律見解[34]，有主張事實行爲

---

[32] 最高行政法院109年度判字第643號判決。

[33] 最高行政法院108年度判字第563號判決。

[34] 有關此問題，蕭文生，檢舉獎金與主觀公權利─評最高行政法院97年度裁字第32287號裁定，行政事件裁判研究與評析，2015年3月，第98-103頁。

說，對於不法行為，人民皆可檢舉，檢舉人資格並無任何限制。行政機關所作成之回函對外並未產生任何法律效果，其僅是告知處理過程以及結果，屬於事實之陳述與說明，對人民的權利並無任何影響。有主張區分說，行政機關針對人民檢舉的回函是否為行政處分，應依涉及之法律規定為斷。被檢舉人違反之法律僅保護公共利益，與特定人利益無具體關聯時，檢舉函覆內容即不生任何法律效果；被檢舉人所違反的法律並非僅保護公共利益，同時亦有保護檢舉人利益時，主管機關之回函涉及檢舉人法律上受保護之利益，該回函屬於行政處分[35]。因此，檢舉回函是否具有法律效果，應視被檢舉人違反的法律規定而定。

最高行政法院的見解傾向認為檢舉回函並非行政處分，最高行政法院94年度裁字第2485號裁定指出，依公平交易法第26條規定，公平交易委員會對於違反公平交易法規定，危害公共利益之情事，得依檢舉或職權調查處理。尚非主管機關應依檢舉，以檢舉人與被檢舉人為處分對象，作成行政處分之規定。檢舉人依公平交易法第26條規定檢舉，主管機關經調查後所為不予處分之復函要非行政處分，且無應於法令所定期間內應作為而不作為，或對於檢舉人依法申請之案件予以駁回之情事。2010年6月15日最高行政法院99年度6月份庭長法官聯席會議（四）決議，公平會所為「檢舉不成立」之函文非屬行政處分，檢舉人如對之向行政法院提起撤銷訴訟者，行政法院得以不合法裁定駁回其訴。公平交易法第26條規定，乃明定任何人對於違反公平交易法規定，危害公共利益之情事，均得向公平會檢舉，公平交易委員會則有依檢舉而為調查處理行為之義務。對檢舉人依法檢舉事件，主管機關依該檢舉進行調查後，所為不予處分之復函，僅在通知檢舉人，主管機關就其檢舉事項所為調查之結果，其結果因個案檢舉事項不同而有不同，法律並未規定發生如何之法律效果。縱使主管機關所為不予處分之復函，可能影響檢舉人其他權利之行使，乃事實作用，而非法律作用。主管機關復函既未對外直接發生法律效果，自非行政處分。

b. 建築法

最高行政法院94年度裁字第1925號裁定指出，檢舉雖非人民義務，亦非人民權利，而只是密報之事實行為，其作用僅在促使行政機關注意執行職務，並非依法申請之案件，行政機關對人民檢舉事項所為之答覆，本無法發生准駁之效力。2004年1月15日南市工使字第09300021690號函覆意旨，僅係告知檢舉人

---

[35] 陳新民，前揭書，第289頁。

所檢舉成功路495號及497號不法違建,依臺南市政府執行違章建築取締措施規定得不納入優先拆除執行,及監察院要求相對人應檢討改進事項,業依調查意見逐項辦理檢討等情,核其內容,僅係單純事實之敘述及處理態度之說明,並未對檢舉人之權利或法律上利益發生具體法律上效果,自非行政處分。

最高行政法院106年度裁字第1965號裁定指出,違反建築法規之違章建築查報及拆除,係屬行政機關之職權,並未賦予人民申請行政機關作成拆除他人違章建築處分之公法上請求權,人民向主管機關檢舉違章建築,僅係促使主管機關得以發動查報及實施勘查之職權。系爭函內容分別係針對抗告人檢舉違章建築及就土地鑑界疑義等事項,就實際處理情形所為說明之函復,為單純之事實敘述及理由說明,並不因該項敘述與說明而生何法律上之效果,系爭函性質應為觀念通知,而非行政處分[36]。

(2) 行政機關對於人民檢舉的檢舉函覆——有檢舉獎金

a. 菸酒管理法

最高行政法院97年度裁字第2262號裁定指出[37],人民向主管機關檢舉他人有違法行為,應加以處罰,主管機關函復被檢舉人並無違法行為,是否為行政處分,檢舉人得否提起課予義務訴訟,請求行政法院判令主管機關對被檢舉人作成處罰,應視被檢舉違反之法令,是否賦與檢舉人向國家請求處罰被檢舉人之權利,或該法令所保護之法益是否及於檢舉人之私益即檢舉人因該法令規定有法律上利益而定。如檢舉人檢舉他人違反之法令,並未賦予檢舉人向國家請求處罰被檢舉人之權利,且該法令賦與主管機關處罰被檢舉人之職權,係在維護公益,檢舉人之私益並未在其保護範圍,檢舉人之檢舉僅是促使主管機關發動職權,主管機關之函復係將檢舉調查結果函知檢舉人,未對檢舉人之權利或法律上利益產生影響,不生法律效果,則該項檢舉非屬依法申請之案件。主管機關所為檢舉事項不成立之函復,僅屬事實通知,並非行政處分,檢舉人不得

---

[36] 最高行政法院111年度抗字第413號裁定亦指出,建築法並未賦予人民檢舉或陳情第三人違反建築法第30條、第79條規定時,得請求行政機關為特定作為(註記特定內容)之權利,人民之檢舉或陳情第三人違反上開規定,並非行政訴訟法第5條所謂「依法申請」之案件。人民就其陳情、檢舉、建議之事項,若法令並無賦予人民申請權,則中央或地方機關所為函復,並未因此發生任何法律效果,該函復性質上僅屬行政機關之單純事實敘述或理由說明,並非行政處分,人民自不得據以提起課予義務訴訟,否則其起訴亦應認不備要件。

[37] 最高行政法院97年度裁字第4291號裁定亦同。

提起課予義務訴訟。主管機關為獎勵人民檢舉他人違規行為，訂有發給檢舉或查獲違規案件獎勵辦法，檢舉人能否依該檢舉或查獲違規案件獎勵辦法獲得獎勵金，並非在檢舉違反之法令之保護範圍，檢舉人對主管機關檢舉事項不成立之函復，不得執該檢舉或查獲違規案件獎勵辦法提起課予義務訴訟。

檢舉人於民國95年10月17日下午1時許以電子郵件向行政機關提出檢舉，係以轄區內之「百家班活蝦店」戶外招牌「現釀大麥鮮啤金色三麥買一送一」相關資訊促銷廣告，未標示警語為檢舉內容，涉嫌違反菸酒管理法第37條規定，應予處罰。惟菸酒管理法第37條規定酒之廣告及或促銷，應標示「飲酒過量，有害健康」或其他警語，其目的乃在提醒社會大眾於飲酒時，應注意勿過量飲用，以免損及健康，所涉僅社會大眾普遍之公益，尚難依據該規定，推論其有保護個人如檢舉人之私益，此觀諸菸酒管理法第1條規定該法立法之目的乃為健全菸酒管理益明。行為時檢舉或查獲違規菸酒案件獎勵辦法係規範行政機關處理查獲違規菸酒如何分配獎勵金（查獲案件包括經檢舉而查獲及非經檢舉而查獲之違規菸酒案件，獎勵對象包括檢舉人及查緝機關）之規定，並無賦予檢舉人得向行政機關請求對被檢舉人作成裁罰行政處分之請求權。檢舉人因主管機關對檢舉事件之處理結果，得否依該獎勵辦法分配一定比例之獎勵金，並非菸酒管理法第37條所要保護之範圍，檢舉人自不得執該獎勵辦法而主張其因行政機關之函復，有權利或法律上利益受到損害[38]。

(3) 基於行政契約所為之意思表示

行政機關執行行政任務時享有形式選擇自由，但一經選定特定形式後，事後得否混用其他行為形式，特別是在簽訂行政契約後，行政機關得否再以行政處分貫徹其意志，備受爭議。最高行政法院97年度判字第121號判決指出，公立學校與其教師間為聘任關係，教師是否接受學校之聘任，得自由決定，教師接受聘任後享有一定之權利，並負有一定之義務，此由教師法第三章關於教師聘任之規定，及同法第四章關於教師權利義務之規定可推之。公立學校聘任教師係以達成教育學生公法上之目的，是以公立學校與教師間之聘任關係，應屬行政契約之關係。公立學校基於聘任契約而通知受聘教師解聘、停聘或不續聘，僅屬基於行政契約而為之意思通知，尚非行政處分。

最高行政法院98年7月份第1次庭長法官聯席會議（民國98年7月14日）改變見解認為，公立學校係各級政府依法令設置實施教育之機構，具有機關之地

---

[38] 最高行政法院97年度裁字第4291號裁定。

位（司法院釋字第382號解釋理由書第2段）。公立學校教師之聘任，為行政契約。惟在行政契約關係中，並不排除立法者就其中部分法律關係，以法律特別規定其要件、行為方式、程序或法律效果，俾限制行政契約當事人之部分契約自由而維護公益。公立學校教師於聘任後，如予解聘、停聘或不續聘者，不僅影響教師個人權益，同時亦影響學術自由之發展與學生受教育之基本權利，乃涉及重大公益事項。教師法第14條第1項規定，教師聘任後，除有該項各款法定事由之一者外，不得解聘、停聘或不續聘，乃為維護公益，而對公立學校是否終止、停止聘任教師之行政契約，以及是否繼續簽訂聘任教師之行政契約之自由與權利，所為公法上限制。除該項教師解聘、停聘或不續聘法定事由之限制外，該法另定有教師解聘、停聘或不續聘之法定程序限制（教師法第14條第2、3項、同法施行細則第16條各款）。公立學校教師因具有教師法第14條第1項各款事由之一，經該校教評會依法定組織（教師法第29條第2項）及法定程序決議通過予以解聘、停聘或不續聘，並由該公立學校依法定程序通知當事人者，應係該公立學校依法律明文規定之要件、程序及法定方式，立於機關之地位，就公法上具體事件，所為的對外發生法律效果之單方行政行為，具有行政處分之性質。延續最高行政法院98年7月份第1次庭長法官聯席會議之決議，最高行政法院108年3月份第1次庭長法官聯席會議亦指出，公立學校與所屬教師間雖屬行政契約關係，惟公立高中以下學校或主管機關對所屬（轄）教師所為之年終成績考核或平時考核獎懲，並非基於契約關係所為之意思表示，而係行政機關依公法上之強制規定[39]，就具體事件所為之公權力措施而對外直接發生法律效果之單方行政行為，核屬行政程序法第92條第1項所定之行政處分。公立高中以下學校對所屬教師年終成績考核考列為公立高級中等以下學校教師成績考核辦法第4條第1項第2款之決定，或依公立高級中等以下學校教師成績考核辦法第6條第1項第6款規定所為申誡之懲處，將對教師之考核獎金、名譽、

---

[39] 高級中等教育法第33條及國民教育法第18條第2項明定應對公立高級中等以下學校（下稱「公立高中以下學校」）教師辦理成績考核，並授權訂定公立高級中等以下學校教師成績考核辦法（下稱「教師成績考核辦法」），以資規範。公立高中以下學校應依該辦法第8條及第9條組成考核會，遵循同辦法第10條至第14條之法定程序，依據同辦法第4條第1項及第6條第1項之法定事由，辦理所屬教師之年終成績考核及平時考核獎懲，並報請主管機關依同辦法第15條第2項或第6項核定或視為核定，且直接發生教師得否晉級、給與多少考核獎金及獎懲之法律效果。與教師間無契約關係存在之主管機關，尚得依同辦法第15條第3項至第5項規定逕行核定或改核。

日後介聘或升遷調動等權利或法律上利益產生不利之影響，均屬侵害教師權益之具體措施。教師因學校上開具體措施認其權利或法律上利益受侵害，自得以公立高級中等以下學校教師成績考核辦法第16條第3項規定之考核機關為被告，依法向行政法院提起撤銷訴訟，以落實有權利即有救濟之憲法原則。

惟憲法法庭111年憲判字第11號判決認為，依2014年教師法第14條第1項第14款及第2項規定（現行教師法為第16條），大學就是否不續聘教師，須經學校教師評審委員會審議，以認定教師是否有不續聘原因，並報主管教育行政機關核准，予以不續聘；而此等規範內容，涉及各大學與教師於聘約期限屆至時，是否不再繼續成立新的聘約關係，且應為各大學與所聘教師間聘任契約之內容。各大學依據具此等規範內容之聘約約定，不續聘教師，其法效僅係使教師在原受聘學校不予聘任，性質核係單純基於聘任契約所為之意思表示，雖對教師之工作權益有重大影響，惟尚與大學為教師資格之審定，係受委託行使公權力，而為行政處分之性質（司法院釋字第462號解釋參照）有別。換句話說，公立大學對所屬教師之不續聘措施，其性質係公立大學單純立於聘約當事人地位所為之契約上意思表示。憲法法庭111年憲判字第11號判決改變自最高行政法院98年7月份第1次庭長法官聯席會議決議後之實務見解，造成重大衝擊。

最高行政法院111年度上字第607號判決依憲法法庭111年憲判字第11號判決見解認為，公立學校對其所屬教師所為解聘意思表示之性質，與不續聘教師意思表示之性質相同，倘教師對之不服，均屬基於聘任契約法律關係存否之爭執，應對該學校提起確認聘任法律關係存在之訴，以為救濟。

至於公立學校教師行為違反相關法令，經有關機關查證屬實，經教評會委員三分之二以上出席及出席委員三分之二以上之審議通過，被議決一年至四年不得聘任為教師（並報主管教育行政機關核准）之行為，究竟是基於契約之意思表示或行政處分呢？最高行政法院111年度上字第607號判決則指出，教師與學校間雖存在行政契約關係，但議決一年至四年不得聘任為教師，並報主管教育行政機關核准，係賦予主管教育行政機關對教評會之議決為實質審查作成最終決定之權責，且其法律效果係限制教師於一定期間內不得聘任為教師，具有剝奪教師受聘於全國其他各級學校之職業選擇自由而影響其工作權之效力，已非教師與原聘任學校間之聘任契約法律關係範圍內事項，核為單方具有規制效力之行政處分。主管教育行政機關依教師法第14條第2項規定，對公立學校教評會議決教師於一定期間不得聘任為教師之核准，始對該教師產生於一定期間

內不得聘任爲教師之規制效力，而屬主管教育行政機關之行政處分，教師如有不服，應以作成核准處分之主管教育行政機關爲被告，提起行政訴訟，請求救濟。

依最高行政法院之見解，如法律爭議屬於教師與原聘任學校間聘任契約法律關係範圍內事項，則應以行政契約爭議處理；如已非教師與原聘任學校間聘任契約法律關係範圍內事項，則依該行爲之性質，決定爭議處理之救濟方式。

多種行爲形式並存之情形，是否爲一般原則，或僅限於法律有特別規定，例如，教師法領域，最高行政法院101年度裁字第334號裁定認爲，行政處分之要素包含有行爲（行政機關公法上之意思表示）、行政機關、公權力、單方性、個別性及法效性等。行政機關所爲通知、單純事實之敘述、理由之說明、就法令或行政契約約定條款所爲釋示、重申及行政指導等，並未對外直接發生法律上效果，即非行政處分。行政機關倘非居於公權力之高權地位，而係基於行政契約當事人身分，基於契約約定所爲同意變更之意思表示所爲對外發生法律效果者，亦非屬行政處分。最高行政法院101年度判字第113號判決亦指出，行政機關爲達成其行政目的，原則上享有選擇其行爲形式之自由，此即行政行爲選擇自由理論。惟在行政行爲中，行政契約與行政處分係處於競爭關係，亦即行政機關如選擇與相對人締結行政契約，則在行政契約關係中，除非法律另有規定或當事人另有約定，行政機關即無再以行政處分作爲行使契約上權利之手段之餘地，此乃對行政機關行政行爲選擇自由之限制。本案上訴人與被上訴人入學成爲公費生間之關係，係行政契約關係，則對於被上訴人在學時因案遭退學，上訴人行使其契約上權利，即請求被上訴人賠償在學期間費用，便不容許以行政處分令被上訴人賠償。即使上訴人以書面向被上訴人求償，該書面亦非行政處分，其在學費用償還請求權之時效不因而中斷（行政程序法第131條第3項），該書面不得成爲行政執行之執行名義。

由上述見解來看，在行政契約關係中，僅在法律另有規定或當事人另有約定時，行政機關方能以行政處分作爲行使契約上權利之手段[40]。

---

[40] 有關此問題，蕭文生，行政契約、行政契約與行政處分併用禁止、行政契約無效事由─評最高行政法院102年度判字第113號判決，法令月刊，第66卷第12期，2015年12月，第5-10頁。

(4) 重複處分與第二次裁決

爲區分行政處分與事實行爲，學說[41]與司法實務發展出重複處分與第二次裁決之概念。臺北高等行政法院92年度訴字第2133號判決指出，行政處分中，與法效性要素有關，而涉及行政處分之認定者，乃所謂「重複處分」與「第二次裁決」之區別問題。凡行政機關以已有行政處分存在，不得任意變更或撤銷爲原因，明示或默示拒絕當事人之請求，甚至在拒絕之同時爲先前處分添加理由者，屬「重複處分」，不生任何法律效果，僅係單純事實敘述，非行政處分，不得對之提起行政爭訟。第二次裁決指行政機關重新爲實體上審查並有所處置，但並未變更第一次裁決之事實基礎及規制性結論，此等處置乃是一個新的行政處分，能夠獨立於第一次處分之外，作爲一個獨立的行政爭訟對象。

重複處分係本於現有法律及事實狀況，在原處分外，並無增加新的規制效果，重複處分不影響原處分之形式及實質存續力；第二次裁決係指原處分發生形式存續力後，雖以原處分之事實或法律狀況爲基礎，然再爲實體上之考量重新審查之謂，行政機關主動適用行政程序法第117條撤銷原處分之意思表示，即屬依職權之第二次裁決[42]。

行政機關對於同一事件作成處分後，因當事人重行提出申請，而以原處分並無違法或不當，不得任意撤銷或變更爲由，拒絕當事人之請求者，係屬重複處分，不發生任何新的法律效果，當事人自不得對該重複之處分，提起撤銷訴訟[43]。

第二次裁決縱未變更原行政處分之裁決結果，然若於裁決理由有變更或添加內容，而非完全引用第一次裁決之理由，則實質上爲另一新行政處分，相對人可提出不同之攻擊防禦方法，要非不得爲行政訴訟之標的[44]。國防部聯合後勤司令部歷經數月審查，期間並函請法務部、國防部人力司釋示，且數次函知被上訴人該案正在審查中，靜待審查結果，之後再就被上訴人所請之事項，予以認定事實、適用法律，明確於2002年12月19日書函中否准被上訴人所請，顯見非屬敘述單純事實及理由，原審認定該函係「第二次裁決處分」，應許被上

---

[41] 詳參，盛子龍、吳庚，行政法之理論與實用，增訂16版，2020年10月，第311-314頁。

[42] 臺北高等行政法院98年度訴字第1201號判決。

[43] 最高行政法院94年度判字第1118號判決。

[44] 最高行政法院108年度判字第301號判決；前後裁決理由之差異性將決定是否出現第二次裁決，有關此問題，陳新民，前揭書，第290頁，註20。

訴人提起行政救濟，洵無違誤[45]。

(5) 最高行政法院庭長法官聯席會議決議

行政行為是否為行政處分，有時判斷不易，更有不同判斷結果，最高行政法院庭長法官聯席會議有許多相關決議，僅提供部分決議供參考。

a. 最高行政法院95年7月份庭長法官聯席會議（二）

中央健康保險局對於與其有全民健康保險特約之醫事服務機構所為之停止特約，性質是否為行政處分？肯定見解認為，為健全保險醫事服務機構對於被保險人提供完善之醫療保健服務，全民健康保險法第55條第2項授權主管機關訂定「全民健康保險醫事服務機構特約及管理辦法」以為規範，為法規命令。「前項保險醫事服務機構之特約、管理辦法由主管機關定之。」、「本辦法依全民健康保險法第55條第2項規定訂定之」、「保險醫事服務機構於特約期間有下列情形之一者，保險人應予停止特約一至三個月，或就其違反規定部分之診療科別或服務項目停止特約一至三個月：……」、「保險醫事服務機構受停止或終止特約者，其負責醫事人員或負有行為責任之醫事人員，於停止特約期間或終止特約之日起一年內，對保險對象提供之醫療保健服務，不予支付。……」分別為全民健康保險法第55條第2項、全民健康保險醫事服務機構特約及管理辦法第1、66、70條所明定。保險醫事服務機構於特約期間，有特定情事者，保險人應予停止特約一定期間。此項公法上應處罰之強制規定有規範保險人及保險醫事服務機構之效力，非得以行政契約排除其適用，即使中央健康保險局與保險醫事服務機構間於合約中將之列入條款以示遵守，無非宣示之性質，乃僅係重申保險醫事服務機構如有上述違法情事時，中央健康保險局即應依前揭規定予以停止契約部分之旨，並無有使上開應罰之公法上強制規定作為兩造契約部分內容之效力，保險醫事服務機構一有該特定情事，保險人即應依上開規定予以停止特約之處置。保險人之所為，單方面認定保險醫事服務機構有無該特定情事，單方面宣告停止特約之效果，並無合約當事人間容許磋商之意味，乃基於其管理保險醫事服務機構之公權力而發，應認為行政處分，而非合約一方履行合約內容之意思表示。是以保險醫事服務機構如有不服，應循序提起撤銷訴訟以為救濟。此外，停止特約核定，受停止特約核定影響之人，除保險醫事服務機構外，亦有可能是負責醫事人員或負有行為責任之醫事人員，該等人員乃保險醫事服務機構之受僱醫事人員，並非與中央健康保險局

---

[45] 最高行政法院94年度判字第209號判決。

簽訂契約之當事人，中央健康保險局與保險醫事服務機構所訂定之合約僅能拘束中央健康保險局與保險醫事服務機構當事人間之約定，無法涵蓋全民健康保險醫事服務機構特約及管理辦法第70條對於該醫事人員於停止特約期間亦不予給付之範疇，該停止特約核定乃直接影響上揭醫事人員至其他醫事服務機構服務時，健保給付與否之問題。若非行政處分性質，何以中央健康保險局亦得就該等人員於停止特約期間，對保險對象提供之醫療保健服務不為給付。核此乃有剝奪保險醫事服務機構及負責醫事人員及負有行為責任醫事人員請求醫療保健服務給付之法律效果，屬不利益處分，應係就公法上具體事件所為之決定而對外直接發生法律效果之單方行使公權力之行為，自應為行政處分。停止特約期間乃為一至三個月，通常中央健康保險局與保險醫事服務機構間所訂定之合約內亦重述停止特約期間為一至三個月，然稽之上揭法條內及合約內對於究於何種情形下，中央健康保險局得予停止特約期間若干，並未予以明訂，而中央健康保險局最終決定該停止特約期間，乃係行政裁量之結果，此非合約具體規定結果，更可說明此為行政處分性質。

否定說認為，保險醫事服務機構與中央健康保險局訂有「全民健康保險特約醫事服務機構合約」，該合約係以人民公法上權益為契約內容，其約定條款多屬重複全民健康保險醫事服務機構特約及管理辦法之規定，並使中央健康保險局之一方顯然享較優勢之地位，甚至將法律所定之行政罰訂為違約之罰則，屬行政契約。行政機關既選擇行政契約作為行為方式，則後繼之效果亦應隨之，其履行問題應經由訴訟程序解決，亦即當事人應向法院提起該當類型之訴訟，不能再由行政機關單方面以行政處分之方式作為促使或強制他造履行行政契約之手段。有關特約管理案件之爭議，應循行政契約給付之訴訟程序尋求救濟。全民健康保險局根據合約內容規定通知停止特約關係，無非基於合約當事人之地位主張合約上之權利，而向他方當事人為意思表示，本質上屬行政契約公法權利之行使，與行政處分為單方行使公權力之行為，乃有不同。

最高行政法院95年7月份庭長法官聯席會議決議則採肯定說，自此之後最高行政法院採行政處分說，停止特約的處分，固具有剝奪保險醫事服務機構及醫事人員於停約期間，對全民健康保險對象提供醫療服務而向保險人請領醫療費用給付權利之法律效果，但其目的在排除因該保險醫事服務機構從事特定違規（即違約）行為所發生對於國民健康之危害或全民健康保險財務的風險，並防止該危害或風險之發生及擴大，故屬具有「保全性質」之措施，其性質屬管制性不利行政處分，而非對於違反行政法上義務而可歸責（故意或過失）之行

爲，所施予應報性處罰性質之行政罰[46]。

　　b. 最高行政法院103年9月份第1次庭長法官聯席會議[47]

　　公寓大廈管理委員會成立後依公寓大廈管理條例第28條第1項（或第26條第1項、第53條、第55條第1項）、公寓大廈管理條例施行細則第8條及公寓大廈管理組織申請報備處理原則第3點、第4點規定，向主管機關報備，其同意報備（發給同意報備證明）或不同意報備之行爲是否爲行政處分？肯定說認爲，公寓大廈管理委員會是否已依公寓大廈管理條例合法成立，固屬民事爭議，但是否獲得同意報備，將影響主管機關後續依據公寓大廈管理條例之監督管理措施（例如第6條第3項規定管理委員會得請求主管機關對住戶違反同條第1項之行爲爲必要之處置；第48條、第49條第1項第7款規範管理委員會之主任委員或管理委員因違反同法規定義務所應受之處罰）、其他行政上之補助獎勵權益，以及管理委員會在訴訟法或私法上之地位（例如是否有當事人能力、可否以管理委員會名義向金融機構申請開立存款帳戶等），難謂對該管理委員會、主任委員、管理委員或全體區分所有權人之權利義務或法律上利益，未直接發生法律效果。故主管機關於申辦文件齊備與其成立程序合於法令規定之情形下，函復以同意備查（發給同意報備證明），係對人民直接發生確認其所成立之管理委員會合法之法律效果，應屬行政處分；反之，如果認爲其所申報文件資料尚未齊備或其成立程序不合於法令規定，而不同意報備，即係對人民直接發生確認其所成立之管理委員會不合法之法律效果，亦屬行政處分。否定說認爲，公寓大廈管理委員會之成立，係經由召集區分所有權人會議，並依公寓大廈管理條例第31條所定人數及區分所有權比例之出席、同意而決議之內容，非依主管機關之單方行政行爲而使之發生法律上效力；主管機關之同意備查，僅係對管理委員會檢送之成立資料作形式審查後，所爲知悉區分所有權人決議事項之觀念通知，並非行政處分。主管機關所爲否准報備之通知，對於所報備事項亦未對外直接發生法律效果，仍非行政處分，不得對之提起撤銷訴訟，至於請求准予備查之給付訴訟部分，則屬其訴有無理由的問題。

---

[46] 最高行政法院102年度判字第184號判決。

[47] 類似案例，最高行政法院105年1月份第1次庭長法官聯席會議決議認爲，祭祀公業管理人選任係屬團體自治事項，行政權原則上不介入。管理人選任後雖應向主管機關申請備查，然綜覽祭祀公業條例，尚無以備查之介入，始令其對外發生一定法律上效果之規定或意旨。因此，新任管理人申請備查當僅係供主管機關事後監督之用，是否准予備查，因無法律效果，均非行政處分。

　　最高行政法院103年9月份第1次庭長法官聯席會議決議認爲，於人民向行政機關陳報之事項，如僅供行政機關事後監督之用，不以之爲該事項之效力要件者，爲備查，並未對受監督事項之效力產生影響，其性質應非行政處分。公寓大廈管理委員會之成立，係依公寓大廈管理條例第28條第1項（或第26條第1項、第53條、第55條第1項）規定，經由召集區分所有權人會議，並依同條例第31條所定人數及區分所有權比例之出席、同意而決議爲之，屬於私權行爲，其依公寓大廈管理條例施行細則第8條及公寓大廈管理組織申請報備處理原則第3點、第4點規定程序申請報備（報請備查），係爲使主管機關知悉，俾便於必要時得採行其他監督方法之行政管理措施，核與管理委員會是否合法成立無涉。故申請案件文件齊全者，由受理報備機關發給同意報備證明，僅係對管理委員會檢送之成立資料作形式審查後，所爲知悉區分所有權人會議決議事項之觀念通知，對該管理委員會之成立，未賦予任何法律效果，並非行政處分；主管機關所爲不予報備之通知，對於該管理委員會是否合法成立，亦不生任何影響，仍非行政處分。

　　c. 最高行政法院105年1月份第2次庭長法官聯席會議

　　人民團體中職員（理監事）透過會員選舉產生（人民團體法第17條參照），屬於私權行爲，並爲團體自治之核心事項。有所異動時，依人民團體法第54條應將職員簡歷冊報請主管機關「核備」，徵諸其立法意旨，係爲使主管機關確實掌握團體動態，並利主管機關建立資料，核與異動原因（選舉）是否因違法而無效或得撤銷無涉。故報請案件文件齊全者，經主管機關核備時，僅係對資料作形式審查後，所爲知悉送件之人民團體選任職員簡歷事項之觀念通知，對該等職員之選任，未賦予任何法律效果，並非行政處分。

第二節　行政處分之種類

第一項　依內容為區別

　　行政處分，依其內容可區分爲：命令處分、形成處分和確認處分[48]。此項

---

[48] 行政處分亦可能具有雙重性質，最高行政法院106年度判字第702號判決指出，觀光局或透過法規委託行使公權力之機場公司依機場服務費收費辦法作成之機場服務費繳款書，應屬具有具體確認其對機場服務費解繳人，依其審核及計算得出之機場服務費債

區分亦爲司法實務所採[49]，區分實益在於，依處分類型不同，其救濟程序以及所選擇的訴訟類型亦不盡相同。

一、命令處分

命令處分係指要求人民爲一定作爲、不作爲或忍受義務之行政處分，例如，科處罰鍰、徵兵處分、命拆除違建、命停止營業等。課稅行政處分爲命令處分，一旦生效即有執行力[50]，人民不遵守命令處分，行政機關得透過行政執行強制要求人民履行或使行政處分內容實現。針對命令處分，原則上得提起撤銷訴願及撤銷訴訟。

二、形成處分

形成處分係指處分一經作成即具有創設、變更或增減既有法律關係之效力，亦即此種行政處分不待相對人配合即能實現處分之要求。例如，行政機關對公務員免職處分、核准專利等，皆屬形成處分，一經核定發布、送達，免職處分之法律效果便發生[51]，不需要相對人任何配合，亦無需其同意。針對形成處分，原則上得提起撤銷訴願及撤銷訴訟。

登記機關就土地登記之申請，依法審查後登載於登記簿上，發生不動產物

權存在及其範圍並命給付之法律效果。此繳納機場服務費繳款書應爲行政機關行使公權力，就特定具體之公法事件，所爲對外發生法律效果之單方行政行爲，自爲行政程序法第92條第1項及訴願法第3條第1項規定之行政處分。最高行政法院107年7月份第1次庭長法官聯席會議決議指出，本件違章建築補辦手續通知單（下稱補辦通知單）僅係確認B所有之甲房屋爲程序違建及通知其補辦建造執照，並未命B拆除其所有之甲房屋，尚難以此作爲執行拆除之名義。而違章建築拆除通知單（下稱拆除通知單）雖係接續補辦通知單的行政行爲，但其內容既係認定B逾期未補辦申請建造執照手續，構成拆除要件，並表示「依違章建築處理辦法第5條規定應執行拆除」係屬違章建築之甲房屋，即含有命B自行拆除，否則逕爲強制執行之意思，自應認該拆除通知單屬於確認及下命性質之行政處分。

[49] 最高行政法院103年度判字第158號判決指出，行政處分之內容分爲下命處分、形成處分、確認處分，華僑身分證明書應爲確認處分，是指對人之地位在法律上具有重要意義事項之認定。

[50] 最高行政法院104年度判字第455號判決。

[51] 最高行政法院98年度判字第180號判決。

權創設、變動或消滅之效果，無須另爲執行之行爲，其性質爲形成處分，主張其因該行政處分而權利或法律上利益受有侵害者，應循訴願及撤銷訴訟之行政爭訟途徑以求救濟[52]。

大學退學處分規制內容，在於消滅學校與學生之間的在學法律關係，亦即喪失學生之身分，性質屬形成處分[53]。

行政處分兼具命令與形成處分者，主管機關所爲重劃土地分配結果公告及限期履行繳納差額地價之處分（市地重劃實施辦法第52條），因發生形成處分及下命處分之效力，使該土地所有權人之差額地價法律關係形成後，具體發生應於履行期限內爲特定內容之給付義務，並於該土地所有權人逾期不履行時，而得逕行移送行政執行署強制執行[54]。

三、確認處分

確認處分在確認法律關係、確認人、物或其他事項資格的存在或不存在。例如，地價評議委員會對公告地價的估定、役男兵役體位之判定等。戶籍登記依其性質有屬形成處分者，有屬確認處分者，前者具有創設、變更或廢棄具體法律關係之效果，後者則僅具報告、確認、證明之意義，在說明有關事項依法律規定原所應有之效力，但因其認定有法律拘束力，具有規制之性質，仍爲行政處分[55]。針對確認處分，原則上得提起確認訴訟。

當選公告係中選會依據公職人員選舉結果所爲，乃就選舉結果所爲事實上之確認，屬確認處分性質[56]。

主管機關對於既成道路之認定，乃對於過去已發生之事實加以確認之確認處分，並非變更土地之現存權利義務狀態，創設新的法律關係之下命或形成處分[57]。

---

[52] 最高行政法院105年度判字第133號判決。
[53] 最高行政法院109年度判字第35號判決。
[54] 最高行政法院104年度判字第216號判決。
[55] 法務部民國105年6月27日法律字第10503507570號。
[56] 法務部民國102年5月31日法律字第10203504240號。
[57] 最高行政法院106年度判字第2號判決。

第二項　依效果區分為授益處分及侵益處分

　　行政處分依其對相對人產生之法律效果，區分為授益處分及侵益處分。授益處分係指行政處分授予人民權利或法律上利益或對其權益加以確認之行為，例如，同意發給津貼、或補助；侵益處分，則指行政處分作成後，對人民之自由、權利，或地位、資格的認定產生不利影響。例如，對於公務員之免職、對人民之罰鍰處分、拒絕人民申請建築許可之處分，皆屬於侵益處分。

　　行政處分區分授益處分及侵益處分，在實體法上實益有二，法律保留原則適用範圍以及撤銷、廢止授益處分及侵益處分之規定不同。在訴訟法上，涉及訴訟類型之選擇，針對侵益處分，得以撤銷訴願、撤銷訴訟廢棄之；對授益處分之拒絕或未作成，得以課予義務訴願、課予義務訴訟請求作成之。

第三項　混合效力行政處分與第三人效力處分

　　混合效力處分係指行政處分所產生有利及不利之法律效果，同時歸屬於相對人，例如，法定疫苗注射、強迫入學等，強迫人民接受國家所提供之給付同時具有侵益與授益性質。

　　第三人效力行政處分係指行政處分不僅對相對人產生效力，對第三人之自由權益亦產生影響。例如，對相對人之侵益處分，同時產生對第三人授益之效果，或對相對人之授益處分，同時產生對第三人侵害之效果。前者第三人並無爭執之理由，後者，第三人雖非處分相對人，但其權利卻因行政處分受損，因此應給予提起撤銷行政處分之權，以保障自身利益[58]。行政實務中凸顯第三人效力行政處分主要出現在利害關係人撤銷訴訟，例如，建築法上之鄰人訴訟[59]、環保訴訟[60]以及專利商標事件訴訟[61]。

---

[58] 最高行政法院109年度上字第767號判決指出，行政訴訟法第4條第3項規定，行政處分相對人以外之利害關係第三人，認為行政處分違法，致其權利或法律上利益受損害者，亦得提起訴願及撤銷訴訟請求救濟。因此具第三人效力之行政處分，雖然係授予處分相對人利益，為授益處分，然對第三人卻造成權利或法律上利益之侵害，亦屬不利益行政處分。

[59] 最高行政法院99年度判字第504號判決、最高行政法院93年度判字第1398號判決、最高行政法院102年度判字第613號判決、最高行政法院104年度裁字第205號裁定。

[60] 最高行政法院100年度判字第1601號判決。

[61] 最高行政法院103年度判字第435號判決、最高行政法院103年度判字第111號判決。

　　行政處分之規制內容，有僅涉及處分相對人；有不僅對相對人產生受益之效力，亦同時對第三人之法律地位產生影響，前者僅涉及公行政及相對人間所謂「單面」之法律關係；後者則涉及公行政、第三人與相對人間所謂「多面」之法律關係。依行政執行法第26條規定準用強制執行法第97條及第98條規定，執行機關所為拍定宣示之效果，買受人繳交價金完畢，得取得系爭土地所有權；義務人雖得獲取價金以清償債務，然則喪失系爭土地之所有權，故拍定處分之性質上雖屬授益行政處分，然不僅對拍定人產生受益之效力，亦同時對義務人之法律地位產生影響，屬上述所稱涉及公行政、第三人與相對人間之「多面」法律關係。執行機關所為拍定行為，自已對外直接發生法律效果，並對義務人（即債務人）及拍定人產生規制效力，尚難謂非行政處分，自得為行政爭訟之標的[62]。

第四項　以行政處分效力之特性區分為一次性效力、持續性效力、暫時性行政處分及擬制性行政處分

　　一次性行政處分之效力內容，係指其內容效力於行政處分作成時，即已全部確定並實現，其效力不具延伸性，經一次作為或執行即歸完結，例如，撤銷營業許可、裁處罰鍰等。一次性效力行政處分之合法性，原則上取決於處分作成時之事實及法律狀態。具有持續效力之行政處分，係指行政處分之效力內容具有持續發生之情形，例如，營業許可、公物提供公用、核發月生活補助費等，即處分之效力對人民權利影響係自一特定時點向後延伸至另一特定或未定時點[63]。具有持續性效力之行政處分如涉及訴訟，其合法性原則上以言詞辯論終結時之法律狀況為判斷依據。行政程序法第128條第1項第1款規定即涉及「具有持續效力之行政處分」。2019年4月17日修正、2019年6月1日施行之道路交通管理處罰條例第37條第4項規定，計程車駕駛人利用職務上機會犯詐欺等罪，經法院判決有期徒刑逾 六個月確定而未受緩刑宣告者，廢止其執業登記，且三年內不得辦理，該廢止執業登記處分一經作成，其效力即已發生，原核准執業登記處分即屬消滅，該廢止處分核屬一次性行政處分[64]。

---

[62] 最高行政法院109年度裁字第140號裁定。
[63] 法務部民國108年10月7日法律字第10803515090號。
[64] 法務部民國108年10月7日法律字第10803515090號。

　　暫時性行政處分（Vorläufiger Verwaltungsakt）係由德國實務發展出之概念，對於公法上具體事件進行暫時性規制，保留嗣後再作成新的終局處分加以取代。亦即行政機關為行政處分前，就相關法律事實之調查尚未終局確定，但有製作終局決定之可能性時，若當事人提出申請，且存在合理之利益時，可製作暫時性行政處分，在行政機關做出終局決定時，可不受暫時性行政處分之拘束。法律明確或默示授權行政機關作成暫時性行政處分時，並無爭議。無此項授權時，行政機關是否得作成暫時性行政處分，見解不一。惟行政機關做出終局決定時，並不受暫時性行政處分之拘束，而可直接代替暫時性行政處分，而毋庸再另為使暫時性行政處分喪失效力之行為，當事人之信賴將受重大影響，基於要求法律安定性，無法律授權，應不容許行政機關作成暫時性行政處分[65]。

　　役男申請服替代役辦法第9條第1項第3款規定，主管機關對因宗教因素申請服替代役之審議案件認有疑義，不能決定准或駁時，得核定一定時間暫不徵集之觀察期，觀察期間最長不得逾一年。此項核定即屬暫時性行政處分[66]。由於對外貿易成長迅速，進口物資不斷增加，海關如仍照往例，採用逐批驗估後稅放，報關案件勢必造成積壓情事。為改善此現象，關稅法第18條第1項規定，為加速進口貨物通關，海關得按納稅義務人應申報之事項，先行徵稅驗放，事後再加審查；該進口貨物除其納稅義務人或關係人業經海關通知依第13條規定實施事後稽核者外，如有應退、應補稅款者，應於貨物放行之翌日起六個月內，通知納稅義務人，逾期視為業經核定。不經審查，先行徵稅驗放，僅具暫時性質，海關得於貨物放行之翌日起六個月內，事後審查而為新核定。

　　高等行政法院實務亦肯認員警開立舉發違反道路交通管理處罰條例通知單之法律性質為暫時性行政處分（臺北高等行政法院第92年度訴字第863號裁定、90年度簡字第7850號裁定、91年度簡字第659號裁定）[67]。

　　擬制性行政處分係指立法者將行政機關之不作為以法律規定擬制成為行政機關積極之許可或同意，例如，集會遊行法第12條第3項規定，對於室外集會遊行申請之許可，主管機關未在前兩項規定期限（三日或二十四小時）內通知負責人者，視為許可。臺灣地區與大陸地區人民關係條例第33條之3第1項規

---

[65] 陳敏，前揭書，第370頁；莊國榮，行政法，修訂9版，2023年9月，第114頁。

[66] 吳志光，行政法，修訂12版，2023年2月，第240頁。

[67] 法務部民國101年3月3日法律字第1000025570號。

定，臺灣地區各級學校與大陸地區學校締結聯盟或爲書面約定之合作行爲，應先向教育部申報，於教育部受理其提出完整申報之日起三十日內，不得爲該締結聯盟或書面約定之合作行爲；教育部未於三十日內決定者，視爲同意[68]。

第三節　行政處分之通知（送達）

第一項　行政處分生效之時間點

　　行政處分係行政機關所爲具有相對人之意思表示，必須爲相對人所知悉，或使其居於可知悉之狀態，始能對其發生效力。行政程序法第110條第1項規定，書面之行政處分自送達相對人及已知之利害關係人起[69]；書面以外之行政處分自以其他適當方法通知或使其知悉時起，依送達、通知或使知悉之內容對其發生效力[70]。一般處分，係針對可得確定的多數人，故無法對個別相對人送達，行政程序法第110條第2項規定，一般處分自公告日或刊登政府公報、新聞紙最後登載日起發生效力。但處分另訂不同日期者，從其規定。

　　召回和平醫院醫療人員及封院措施，屬行政程序法第92條第2項之一般處分，依行政程序法第100條第2項規定，其送達得以刊登政府公報或新聞紙爲之。臺北市衛生局民國92年4月24日舉行「防止SARS疫情擴大緊急應變小組會議」所決議「臺北市立和平醫院員工全數召回返院集中隔離」之命令，自同日起陸續發布新聞稿，並透過大眾傳播媒體公開呼籲等多種方式請該院員工立即返院接受隔離。且和平醫院爲執行會議結論，亦自同年4月24日下午起，責

---

[68] 有關擬制性行政處分，蕭文生，行政處分之變種與異形—擬制行政處分與形式行政處分，臺北大學法學論叢，第73期，2010年3月，第31-82頁。

[69] 法務部民國108年3月7日法律字第10803503040號指出，爲使各別義務人知悉或可得知悉行政處分，並維護其等不服行政處分時得提起行政爭訟之權利，行政機關作成多數義務人之單一行政處分，該行政處分仍應合法送達於數義務人，始分別對其發生效力。

[70] 由於行政程序法具有補充適用性質，其他法律如就行政處分之生效時點及方式有特別規定，則從其規定。最高行政法院106年度判字第686號判決指出，漁港法第17條第2項規定，沉船等物品之所有人如有不明時，得以公告方式代送達爲之，其係行政程序法第100條第1項及110條第1項書面行政處分應送達相對人及送達時生效之特別規定，主管機關於公告時即已發生處分之效力。

成各科室以電話聯繫方式下達員工全數召回集中隔離之命令。臺北市衛生局發布新聞稿，刊登新聞紙及口頭通知，即生送達之效力，其所爲公告僅係重申前令，僅具補強前開新聞稿之作用，而非另一新行政處分，其效力始自民國92年4月24日[71]。

第二項　送達方式

送達，依行政程序法第67條規定，除法規另有規定外，由行政機關依職權爲之。依行政程序法第68條第1項規定，送達一般分爲行政機關自行或交由郵政機關送達。行政機關之文書依法規以電報交換、電傳文件、傳眞或其他電子文件行之者，視爲自行送達（行政程序法第68條第2項）。文書由行政機關自行送達者，以承辦人員或辦理送達事務人員爲送達人。文書交郵政機關送達者，以郵務人員爲送達人（同法第68條第4項）。由郵政機關送達者，以一般郵遞方式爲之。但文書內容對人民權利義務有重大影響者，應爲掛號（同法第68條第3項）。

第三項　應受送達人

送達原則上向應受送達人本人送達。對於無行政程序之行爲能力人爲送達者，應向其法定代理人爲之。對於機關、法人或非法人之團體爲送達者，應向其代表人或管理人爲之。法定代理人、代表人或管理人有二人以上者，送達得僅向其中之一人爲之。

第四項　送達種類與送達處所

一、直接送達──行政程序法第72條

送達，於應受送達人之住居所、事務所或營業所爲之。但在行政機關辦公處所或他處會晤應受送達人時，得於會晤處所爲之。對於機關、法人、非法人之團體之代表人或管理人爲送達者，應向其機關所在地、事務所或營業所行之。但必要時亦得於會晤之處所或其住居所行之。應受送達人有就業處所者，

---

[71] 最高行政法院95年度判字第1651號判決（一般處分生效時點）。

亦得向該處所爲送達。

　　住居所與戶籍所在地在實際上常常不同，送達於應受送達人戶籍地爲之，是否符合行政程序法第72條規定，則有不同看法。最高行政法院100年度裁字第1523號裁定指出[72]，行政程序法第72條第1項前段規定，送達，於應受送達人之住居所、事務所或營業所爲之。依民法第20條規定，依一定事實，足認以久住之意思，住於一定之地域者，即爲設定其「住所」於該地；所謂「一定事實」，包括戶籍登記、居住情形等，尤以戶籍登記資料爲主要依據。故在實務上除當事人在申請書狀上明確記載住居所外，不論法院或行政機關在調查「住所」是否確實時，通常均以戶籍登記的住址爲認定標準。且依戶籍法第16條至第18條規定，中華民國人民於遷出、遷入、或於同一鄉（鎭、市、區）內變更住址三個月以上，應爲住址變更登記。其立法目的乃爲確認民衆之住所，故民衆若已長期搬離而定居他處，自應至戶政機關辦理住址變更登記，俾資適法。最高行政法院97年度裁字第2544號裁定更認爲，戶籍登記與住所之設立，雖然分屬不同之法律概念，但戶籍設定之客觀事實，卻不失爲認定「住所」之重要表面證據。因爲有關「住所」定義中，其主觀意思部分（即民法第20條所定「久住意思」），必須藉由外在行爲才能被清楚認知。設籍事實本身，依現今臺灣社會上之經驗法則，即是表徵「久住」意思之最有力事證。因此除非當事人能具體詳細說明，其設籍於非住所之特殊考量因素，並提出說明其事之堅強反證，不然即應認定其設籍地爲其住所地。

　　惟最高行政法院101年度判字第94號判決卻指出，我國民法關於住所之設定，兼採主觀主義及客觀主義之精神，必須主觀上有久住一定區域之意思，客觀上有住於一定區域之事實，該一定之區域始爲住所，並不以登記爲要件；戶籍法乃戶籍登記之行政管理規定，戶籍地址僅係依戶籍法所爲登記之事項，並非爲認定住所之唯一標準。

　　行政程序法第72條所稱「住居所」係民法上概念（民法第20條至第24條參照），指當事人依一定事實，足認以久住之意思，住於一定之地域者，即爲設定其住所於該地；至所謂「一定事實」，應依客觀居住情形等認定之，不以戶籍登記爲唯一認定依據。民衆通訊地址倘係塡列「郵政專用信箱」，因其非屬「住居所」或「就業處所」，應由行政機關將處分書寄送所知可能居住之地址，同時以明信片或平信寄送該郵政專用信箱，通知應受送達人前往該地址收

---

[72] 最高行政法院103年度裁字第1880號裁定亦同。

領文書[73]。

二、補充送達──行政程序法第73條

送達，理論上應送達於本人，惟本人不在送達處所時，行政程序法第73條第1項規定，於應送達處所不獲會晤應受送達人時，得將文書付與有辨別事理能力之同居人、受雇人或應送達處所之接收郵件人員[74]。例如，夫不在，可以付與妻；雇主不在，可以付與受雇人。代收人未及時將行政處分文書轉交給應受送達人，並不影響行政處分之送達與生效。

（一）辨別事理能力之認定

1.抽象理論

有辨別事理能力係指有普通常識而非幼童或精神病人，並以郵政機關送達人於送達時，就通常情形所得辨認者爲限，並不以有行爲能力人爲限[75]。

最高行政法院95年度裁字第1665號裁定指出，有辨別事理能力，依其人身心發展之狀態，在客觀上具有將所收領文書轉交應受送達人之知識者，即爲有辨別事理能力之人，與訴訟能力與當事人能力無涉。

2.具體個案

(1) 最高行政法院94年度裁字第584號裁定

上訴人父親雖爲雙目失明之人，惟其於郵局送達訴願決定書時，既能持其印章代收訴願決定書，則難謂非有辨別事理能力之人。

(2) 最高行政法院94年度裁字第1398號裁定

抗告人之父縱爲77歲之人，惟年長者並非必無辨別事理能力，且抗告人之父既知持其印章代收，似非無辨別事理能力者（原裁定亦係抗告人之父代爲收受），抗告人空言主張其父無辨別事理能力，尚無可採。

---

[73] 法務部民國108年9月4日法律字第10803513040號。

[74] 惟同居人、受雇人或應送達處所之接收郵件人員與應受送達人在該行政程序上利害關係相反者，依行政程序法第73條第2項規定，不適用第73條第1項規定。

[75] 法務部民國101年3月5日法律決字第10100017370號。法務部行政執行署民國93年4月16日93年度署聲議字第260號指出，所謂有辨別事理能力，係指有普通常識，能了解送達之作用及效果之人。

(3) 最高行政法院90年度裁字第971號裁定

原告主張其父母已年邁，身體精神狀況退化不佳，又不識字，無辨別事理能力等由，認原處分之送達不合法。但查原告之父爲1927年1月26日生，於收受送達時，不過71歲，縱然不識字，依當時通常社會生活情況，爲身心成熟之人，別無特殊情狀，難認其爲無辨別事理能力之人。

(4) 臺北高等行政法院91年度簡字第706號判決

代收人就讀高中二年級，依一般社會通念，應已有辨別事理能力（所謂辨別事理能力係指代收人知道其所收受者係何種文書，與訴訟能力或完全行爲能力有別，並不以代收人成年爲必要）。

（二）同居人之認定

同居人，係指與應受送達人居住在同一處共同爲生活者而言，不以具有親屬關係或以永久共同生活爲必要（最高行政法院97年度裁字第2140號判例）[76]。

（三）受雇人之認定

1. 最高行政法院98年度裁字第1239號裁定

一般公寓大廈爲謀全體住戶之方便，多設有管理處、管理服務中心或管理委員會等，以統一處理大廈內各種事務，並僱用管理員或委由專業保全公司負責大廈之安全事宜及代收文件等工作，該管理員或保全人員之性質，即與行政程序法第73條第1項所規定之受雇人相當；故應送達大廈內住戶之行政機關文書，如經大廈內管理員簽收，應認已發生合法送達於本人之效力，至應受送達之本人實際上於何時收到文書，並非所問。

2. 臺北高等行政法院91年度簡字第685號判決

應送達大廈內住戶之文書，倘僅經大廈管理員於送達證書上蓋上大廈管理委員會圖戳代收，並未一併由該管理員以受雇人之身分簽名或蓋其私章，不能認已交付受雇人，由其合法收受（參照司法院80廳民一字第0621號函解釋）。

3. 最高行政法院108年度判字第15號判決

雇主聘僱外國人從事家庭看護工作，因其工作內容依法規定爲「在家庭從事身心障礙者或病患之日常生活照顧相關事務工作」（就業服務法第46條第1

---

[76] 最高行政法院102年度裁字第546號裁定。

項第9款、外國人從事就業服務法第46條第1項第8款至第11款工作資格及審查標準第3條第4款規定參照），並不包括為雇主及與雇主同居一家之人接收郵件，尚非屬行政程序法第73條第1項所謂之受雇人。

（四）應送達處所之接收郵件人員之認定

1. 最高行政法院93年度裁字第539號裁定

接收郵件人員係指由事實上觀察，實際執行接收郵件職務之人員，此項人員與代收人之間是否直接訂立相關之僱傭契約，並非所問。送達處所如係位於公寓大廈內，公寓大廈之管理委員會是否依法組織；為公寓大廈管理委員會執行收受郵件之人員，係自行僱用人員或委任他人處理，亦非所問。

2. 最高行政法院98年度裁字第1162號裁定

一般公寓大廈（大樓）為謀全體住戶之方便，設有管理委員會，以統一處理大廈內各種事務，實務上多由該管理委員會僱傭之管理員接收住戶之郵件，為有權代為接收郵件之人。公寓大廈管理條例第29條第2項規定，管理委員會之主任委員，對外代表管理委員會，且管理服務人員之委任、僱傭及監督為管理委員會之職務（同條例第36條），則在無管理人員之情形下，有權委任監督管理人員之管理委員會主任委員，自亦得為大廈住戶代收文件，文書之送達不獲會晤應受送達人時，將之付與於所在大廈之管理委員會主任委員，即生合法送達效力。

（五）文書如何簽收

應受送達處所之同居人或受雇人等人員，究竟如何簽收文書，係屬事實認定問題（最高行政法院101年12月26日院田文字第1010000611號函之說明二參照）。送達證書為送達之證據方法，並非完成送達之行為，故送達未作送達證書，或其證書不合程式，不得即謂其無送達效力，未記載於送達證書之事項，亦得用其他證據為證（最高行政法院61年度裁字第156號判決、法務部100年2月23日法律字第1000001167號函參照）。公寓大廈管理委員會僱用之管理員收領文書之適法性，最高行政法院101年12月26日函釋後，司法實務上，多數認為送達證書上蓋有管理委員會戳章及管理員簽名（或蓋章）者，可認已生合法送達之效力（最高行政法院102年度裁字第1281號、105年度裁字第149號、105年度裁字第1277號、106年度裁字第2134號、108年度裁字第24號裁定參照）；亦有認為苟已以其他方法確實證明應受送達文書係由大廈管理委員會管理員代

收，則依行政程序法之規定已生送達之效力，即使送達證書無管理員之簽名或蓋章，亦不影響送達效力（最高行政法院104年度裁字第758號、第1516號裁定參照）；少數則認除於送達證書上蓋管理委員會圓戳代收外，並應一併由該管理員以受雇人身分簽名或蓋章，始能認係合法送達（高雄高等行政法院105年度訴字第434號判決參照）[77]。

三、留置送達 —— 行政程序法第73條第3項

行政程序法第73條第3項規定，應受送達人或其同居人、受雇人、接收郵件人員無正當理由拒絕收領文書時，得將文書留置於應送達處所，以為送達。

四、寄存送達 —— 行政程序法第74條

行政程序法第74條規定，送達，不能依第72、73條規定為之者，得將文書寄存送達地之地方自治或警察機關，並作送達通知書兩份，一份黏貼於應受送達人住居所、事務所、營業所或其就業處所門首，另一份交由鄰居轉交或置於該送達處所信箱或其他適當位置，以為送達。前項情形，由郵政機關為送達者，得將文書寄存於送達地之郵政機關。寄存機關自收受寄存文書之日起，應保存三個月。

行政程序法第74條第1項規定既稱「以為送達」，自應以寄存之日視為收受送達之日期，亦即於寄存送達完畢之時，即發生送達效力[78]。至於應受送達人究於何時前往領取應受送達之文書，抑或未前往領取該文書，於送達之效力均無影響。司法院釋字第797號解釋亦指出，行政程序法第74條關於寄存送達於依法送達完畢時即生送達效力之程序規範，尚屬正當，與憲法正當法律程序原則之要求無違。行政程序法第74條規定之寄存送達乃一般送達、補充送達或留置送達（同法第72條及第73條規定參照）均無法完成送達時之輔助、替代手

---

[77] 法務部民國109年3月17日法律字第10903505190號。

[78] 法務部民國97年1月23日法律決字第0970002463號。最高行政法院105年度裁字第548號裁定亦指出，立法者並無意一般行政程序中之寄存送達，給十日之生效緩衝期間（行政訴訟法第73條第3項規定，寄存送達，自寄存之日起，經十日發生效力）。依行政程序法第74條所定之送達方法為送達，亦即以送達人將行政機關之文書寄存送達地之自治、警察或郵政機關，並作成送達通知書兩份，黏貼於應受送達人門首及置於該送達處所信箱或適當位置時，即發生送達之效力。

段。而不問一般送達、補充送達或留置送達，均以使應受送達人可得知悉應受送達文書爲發生送達效力之要件，作爲前開送達方式之輔助、替代手段之寄存送達，亦使應受送達人處於可得知悉之地位，即爲已足。寄存送達先以送達通知書之黏貼與轉交、置放作爲送達方式，再將文書寄存於應送達處所之地方自治、警察機關或郵務機構，便利人民隨時就近前往領取，藉以實現送達目的。文書於上開機關（構）並須保存三個月，亦已兼顧文書安全、祕密與人民之受領可能。惟司法院釋字第797號解釋亦提醒，行政程序法第74條規定所設寄存送達之程序及方式，固符合憲法正當法律程序原則之要求，然爲求人民基本權利獲得更爲妥適、有效之保障，相關機關亦非不得參酌民事訴訟法第138條第2項及行政訴訟法第73條第3項等規定，就寄存送達之生效日或其救濟期間之起算另爲設計[79]。

所謂門首自應以應受送達人必經之門口爲前提，而以該門口附近應受送達人出入時較易知悉之適當區域爲黏貼之門首。考量現代住居所之建築物所設之門，可能非僅單一，如爲獨棟獨戶型態，僅有唯一之大門，則所稱門首之門，即爲該門口；如爲一棟數戶之型態，可能有建築物全體所有權人之公用大門或訂編繪製門牌之住戶個人之玄關門等，則全體所有權人公用進出之建築物大門或應受送達人（住戶）個人住宅出入之玄關門，均爲行政程序法所稱之「門首」之門；如爲社區住宅，有數棟每棟有數戶之型態，則無論係全體所有權人公用進出之建築物大門或應受送達人居住該棟梯廳之門或個人住宅出入之玄關門等，均可認符合行政程序法所稱門首之門之規定。惟送達實務上，囿於社區住宅保全管理限制，郵務人員可能僅能將郵件投交於地面樓層大門之信箱或管理員室或郵件收發處，無法至其他樓層之梯廳門或玄關門。此時，即得以該地面樓層之大門附近應受送達人出入時較易知悉之適當區域爲黏貼之門首，例如，門口旁之公告欄、信箱上等[80]。

第四節　行政處分合法性與違法效果

憲法第171條第1項規定，法律違反憲法無效；第172條規定，命令違反法

---

[79] 民事訴訟法第138條第2項規定，寄存送達，自寄存之日起，經十日發生效力。行政訴訟法第73條第3項規定，寄存送達，自寄存之日起，經十日發生效力。

[80] 法務部民國100年5月24日法律字第0999053975號。

律或憲法亦屬無效。惟憲法並未規定行政處分違反法律之效果爲何。憲法既無明文規定，則立法者具有立法裁量空間。從現行法律規定可知，行政處分違法的法律效果非常多樣化，並非僅有無效一種。

　　行政處分必須符合法秩序之所有要求，包括形式上合法（符合管轄權、程序及方式等規定）及實質上合法（包括處分內容及認定事實均須符合法之要求）。行政處分若不具形式或實質之合法要件，即爲瑕疵之行政處分，而屬違法之行政處分。行政處分違法之效果，如係違反實質上合法，原則上構成行政程序法第117條以下得撤銷之原因，未撤銷前該處分仍屬有效，例外於行政程序法第111條情形下始構成自始無效。違反形式上合法，亦以構成得撤銷之理由爲原則，無效爲例外；有時形式上違法之行政處分，在行政程序法第114條至第116條情形下，可補正或轉換爲合法之行政處分。至於行政處分如有誤寫、誤算或其他類此之顯然錯誤者，處分機關得依行政程序法第101條規定隨時或依申請更正之，於行政處分之效力不生影響[81]。

　　探討行政處分違法之法律效果前，須先判斷行政處分在何種情形下合法，何種情形違法。一般而言，判斷行政處分合法與違法，應由兩方面爲之，亦即行政處分形式上與實質上的合法性，且具有一定的判斷順序，不得任意爲之，基本上先形式後實質。

第一項　行政處分合法性判斷

一、形式合法性

（一）管轄權

　　管轄權須考量行政機關之地域管轄與事務管轄。例如，嘉義縣環保局之地域管轄爲嘉義縣境，事務管轄則是環保事務。嘉義縣環保局人員在嘉義縣境作出交通違規罰單，則違反事務管轄。

　　行政機關具備管轄權後，接下來判斷具體作成行政處分的公務員是否有迴避事由。應迴避而未迴避之公務員所爲之行政處分，屬違法行政處分。

　　行政程序之迴避制度，係以確保行政程序中行政機關能公正履行其作爲義務及保障公眾對於決策程序之信賴爲目的。公務員應迴避之情事，散見於各

---

[81] 法務部民國100年11月15日法律字第1000028486號。

法規之中，最基本之規定爲行政程序法第32條及第33條，適用對象爲公務員個人[82]。迴避事由的產生，可分爲絕對與相對事由，絕對事由之應迴避之人，自始即不得參與決定之程序，伴隨的是自行迴避、申請迴避及依職權命迴避之順序；相對事由，基本上屬於申請迴避，原則上由申請者舉證在無迴避下，程序之進行或結果將產生偏頗之虞，至是否有偏頗，應依一般社會通念，綜合判斷之[83]。

行政程序法第32條以下規定三種迴避類型，第一種爲自行迴避，行政程序法第32條規定，公務員在行政程序中，有下列各款情形之一者，應自行迴避：1.本人或其配偶[84]、前配偶、四親等內之血親或三親等內之姻親或曾有此關係者爲事件之當事人時。2.本人或其配偶、前配偶，就該事件與當事人有共同權利人或共同義務人之關係者。3.現爲或曾爲該事件當事人之代理人、輔佐人者。4.於該事件，曾爲證人、鑑定人者。

第二種申請迴避，行政程序法第33條第1項規定，公務員有下列各款情形之一者，當事人得申請迴避：1.有前條所定之情形而不自行迴避者。2.有具體事實，足認其執行職務有偏頗之虞者。申請人應舉其原因及事實，向該公務員所屬機關爲之，並應爲適當之釋明；被申請迴避之公務員，對於該申請得提出意見書。

「有具體事實，足認其執行職務有偏頗之虞」，係指凡能證實決策者確有偏頗，出現決策不公之結果時，即屬有偏頗之虞，諸如：個人敵意、個人情誼、專業及職業關係、僱傭關係、長官與部屬、觀點偏頗或強烈意識、意識型態偏頗等。惟如何據此事實，認定公務員「足認其執行職務有偏頗之虞」，尚須依個案情節及社會客觀事實判斷[85]。

第三種，命令迴避，行政程序法第33條第5項規定，公務員有前條所定情

---

[82] 最高行政法院109年度上字第468號判決。

[83] 最高行政法院108年度判字第367號判決。

[84] 已有婚約關係者，參酌德國聯邦行政程序法第20條第5項第1款規定，亦應包括在內。至於現代社會常見之「事實婚」，李惠宗，前揭書，第277頁認爲亦應類推適用之。

[85] 法務部民國101年8月14日法律字第10100144690號。最高行政法院109年度上字第468號判決另指出，於解釋及認定公務員執行職務有無偏頗之虞，除應有具體事實而非單純臆測外，並應本於行政程序法第1條之立法目的，基於維護行政決定之公正性及增進人民對行政信賴所必要，依具體個案事實，參酌一般社會通念判斷決策者有無偏頗而出現決策不公結果之可能。

形不自行迴避，而未經當事人申請迴避者，應由該公務員所屬機關依職權命其迴避。

行政程序法第32條及第33條公務員迴避制度之規定，其立法意旨乃為避免因利益衝突或預設立場，而違反公正作為之義務，迴避規定之公務員，應從最廣義解釋，凡依法令從事公務之人員皆有其適用[86]。

此外，應迴避之人只要參與行政程序中任一階段，不論是否參與作成最終決定之程序，該決定仍有程序瑕疵。就考績事件應自行迴避的考績委員，參與考績委員會之討論，即使於討論結束後未參與結果之表決，仍屬決定程序的參與，構成應迴避之考績委員參與考績初核決議之瑕疵，且此破壞程序公信之瑕疵無從補正，已違背正當法律程序[87]。

行政機關具有管轄權且人員無迴避問題，原則上管轄權即為合法。但必須注意的是，作成行政處分機關為合議制機關時，在管轄權形式要件判斷上尚須考慮是否經過合議的方式，例如，出席開會人數是否符合法令要求，決議之作成是否經過多數決。合議制機關未經合議而僅由主任委員自行決定者，即屬違反管轄權。

（二）法定程序

行政程序原則上採自由、非正式程序，但行政處分作成之程序亦有由法律明確規定者。最常見之程序要求出現於行政處分限制或侵害人民自由權利時，依行政程序法第102條規定，須給人民陳述意見的機會，行政機關未給予人民陳述意見，即作出限制或侵害人民自由權利之處分，則屬違法行政處分。其他法定程序，例如，土地徵收條例第10條以下規定之徵收程序，包括第10條之公聽會及第18條之公告程序。行政機關作成行政處分，除須遵守行政程序法所規範之一般行政程序外，尚包括各別行政法領域中所規定須踐行之特別行政程序，始符合正當行政程序之要求[88]。

行政程序法第103條規定例外得不給予陳述意見機會之情形，有下列各款情形之一者，行政機關得不給予陳述意見之機會：1.大量作成同種類之處分。2.情況急迫，如予陳述意見之機會，顯然違背公益者。3.受法定期間之限制，如予陳述意見之機會，顯然不能遵行者。4.行政強制執行時所採取之各種處

---

[86] 法務部民國96年8月7日法律字第0960024953號。
[87] 最高行政法院108年度判字第367號判決。
[88] 最高行政法院109年度判字第529號判決。

置。5.行政處分所根據之事實，客觀上明白足以確認者[89]。6.限制自由或權利之內容及程度，顯屬輕微，而無事先聽取相對人意見之必要者。7.相對人於提起訴願前依法律應向行政機關聲請再審查、異議、復查、重審或其他先行程序者。8.為避免處分相對人隱匿、移轉財產或潛逃出境，依法律所為保全或限制出境之處分。

　　行政程序法第103條第1款、第3款規定，有大量作成同種類之處分或受法定期間之限制，如給予陳述意見之機會，顯然不能遵行者，行政機關得不給予陳述意見之機會。考選部辦理國家考試試務，時間緊迫，不容絲毫延宕，倘若要求其對各項考試應考人所為不准報考之處分，均應給予陳述意見之機會，顯然無法如期舉辦各項國家考試，況查考選部辦理國家考試試務所為之各項處分，性質上多屬大量作成同種類之處分，依法考選部自得不給予應考人陳述意見之機會[90]。

　　上訴人未依科法所博士班修業規章第6條規定參加博士資格考試，所提出之論文復顯非發表於該所所務會議通過認可之學術性刊物，此事實客觀上明白足以確認，符合行政程序法第103條第5款無須給予相對人陳述意見之情形[91]。

　　行政程序法第103條第5款所謂事實客觀上明白足以確認者，應不僅指行政機關調查事實之明確，尚應包括事實涵攝法律適用之明確，此從行政程序法第105條規定之陳述，應包括事實上之陳述及法律上之陳述可知，僅是事實明確，法律適用仍不明確時，客觀上並非明白足以確認，仍應給予陳述意見之機會[92]。

　　行政程序法第103條第6款法條所謂顯屬輕微，係屬不確定之法律概念，不只行政機關有判斷之權，在行政訴訟中，行政法院更應加以審查。況以目前社會經濟觀念，就一般社會大眾而言，超過新臺幣3萬元之處分，確會使受處分人感覺財產權受損害，本件受罰金額為新臺幣6萬元，已超過新臺幣3萬元，即非所謂顯屬輕微。再考量被處分人之資力、生活狀態，所生之危險或損害程度，綜合判斷，本件行政處分所限制之財產權利之內容及程度，顯非屬輕微，

---

[89] 臺北高等行政法院92年度停字第92號判決指出，聲請人施用毒品之事實，有法院裁定可稽，自屬客觀上明白足以確認情形，依法得不給予其陳述意見之機會。

[90] 臺北高等行政法院99年度訴字第578號判決。

[91] 最高行政法院109年度判字第35號判決。

[92] 臺北高等行政法院91年度簡字第98號判決。

被告自有事先聽取原告意見之必要，而給予陳述意見之機會[93]。

（三）法定形式

　　行政處分作成形式基本上是自由的，屬非要式行為，口頭、書面或其他方式皆可。但法規亦有規定行政處分須符合一定的方式，例如，學生畢業證書並非得由學校任意為之，證書具有一定的規定及方式。此外，書面行政處分之內容亦規定於行政程序法第96條，行政程序法第96條規定，行政處分以書面為之者，應記載下列事項：1.處分相對人之姓名、出生年月日、性別、身分證統一號碼、住居所或其他足資辨別之特徵；如係法人或其他設有管理人或代表人之團體，其名稱、事務所或營業所，及管理人或代表人之姓名、出生年月日、性別、身分證統一號碼、住居所。2.主旨、事實、理由及其法令依據。3.有附款者，附款之內容。4.處分機關及其首長署名、蓋章，該機關有代理人或受任人者，須同時於其下簽名。但以自動機器作成之大量行政處分，得不經署名，以蓋章為之。5.發文字號及年、月、日。6.表明其為行政處分之意旨及不服行政處分之救濟方法、期間及其受理機關[94]。前項規定於依第95條第2項作成之書面，準用之。行政處分作成之方式違法，該行政處分屬違法。

　　依行政程序法第96條第1項第2款規定，行政處分以書面為之者，應記載主旨、事實、理由及其法令依據。此等記載之主要目的，乃為使人民得以了解行政機關作成行政處分之法規根據、事實認定及裁量之斟酌等因素，以資判斷行政處分是否合法妥當，及對其提起行政救濟可以獲得救濟之機會。書面行政處分關於事實及其法令依據等記載是否合法，即應自其記載是否已足使人民了解其受處分之原因事實及其依據之法令判定之，而非須將相關之法令及事實全部加以記載，始屬適法，以兼顧保障人民權益及行政效益之要件[95]。

　　行政程序法第96條第1項所規定之立法意旨為使處分相對人除知悉行政處分之內容外，亦可明瞭如不服該行政處分時之救濟途徑。倘由行政處分之內容

---

[93] 臺北高等行政法院91年度簡字第98號判決。

[94] 此一般稱為救濟教示，行政程序法第98條規定，處分機關告知之救濟期間有錯誤時，應由該機關以通知更正之，並自通知送達之翌日起算法定期間。處分機關告知之救濟期間較法定期間為長者，處分機關雖以通知更正，如相對人或利害關係人信賴原告知之救濟期間，致無法於法定期間內提起救濟，而於原告知之期間內為之者，視為於法定期間內所為。處分機關未告知救濟期間或告知錯誤未為更正，致相對人或利害關係人遲誤者，如自處分書送達後一年內聲明不服時，視為於法定期間內所為。

[95] 最高行政法院96年度判字第594號判決、最高行政法院110年度上字第389號判決。

或經由解釋，可以認定作成行政處分之行政機關，則尚非無法辨認作成之機關，則不影響行政處分之效力。原處分雖未經處分機關及其首長署名、蓋章，然已蓋有「內政部警政署保安警察第六總隊」即被上訴人機關條戳，足以辨認作成行政處分之機關，此項輕微瑕疵，自於效力並無影響[96]。

行政機關作成限制或剝奪人民自由或權利之行政處分，例如，行政罰，依行政程序法第96條第1項第2款規定之應記載事實，不僅指違規之行為，違規之時間、地點等與適用法令有關之事項，均應予認定並明確記載，否則即屬事實記載不完備，為有瑕疵之違法行政處分，而應予撤銷[97]。

理由是指行政機關獲致結論的原因，理由的說明所要表達的是行政機關作成決定之重要事實及法律原因。對於理由的敘述，不須鉅細靡遺，只須寫出使當事人得以知悉獲致結論的理由何在；相對人於行政程序中，如對系爭處分事件有所主張或陳述者，行政機關亦應於處分書中擇要說明採酌與否之理由；此外，行政機關若本於行政裁量權而作成行政處分者，尚應於處分書中說明其行使裁量權時所考量之事實與觀點，始為完備之理由敘明。惟行政處分之種類多樣，其所處理之事項亦有繁簡之差異，為免影響行政效率，行政程序法第97條特設有六款得不記明理由之例外規定，除符合該條所定各款例外情形外，行政處分依規定應記明理由者，如未經記明，即罹有程序瑕疵[98]。

行政程序法第97條規定，書面之行政處分有下列各款情形之一者，得不記明理由：1.未限制人民之權益者。2.處分相對人或利害關係人無待處分機關之說明已知悉或可知悉作成處分之理由者。3.大量作成之同種類行政處分或以自動機器作成之行政處分依其狀況無須說明理由者。4.一般處分經公告或刊登政府公報或新聞紙者。5.有關專門知識、技能或資格所為之考試、檢定或鑑定等程序。6.依法律規定無須記明理由者。

主管機關以會議紀錄之結論作為書面行政處分時，倘相對人於會議中並未對相關附款表示異議，會後亦遵照附款之要求而予履行者，屬第2款相對人或利害關係人無待處分機關之說明，即知悉或可知悉作成附款之理由之情形，機關毋庸具體載明作成附款之理由[99]。地方政府就其街頭藝人展演認證之審查，

[96] 最高行政法院95年度判字第1750號判決。
[97] 臺北高等行政法院91年度訴字第532號判決。
[98] 法務部民國107年1月24日法律字第10703500230號。
[99] 臺北高等行政法院104年度訴字第785號判決。

適用行政程序法第97條第5款有關專門知識、技能或資格所爲之考試、檢定或鑑定等程序之規定，主管機關就此認證所作成之書面行政處分，得不予記明理由[100]。

二、實質合法性

法律適用之步驟可分爲下列步驟：（一）確定個案中重要事實以及可能牽涉的法規。（二）以一般解釋法律方法闡明法律構成要件內容。（三）以涵攝方法判斷個案事實是否該當法律構成要件。（四）確定個案中具體的法律效果。換句話說，行政處分的作成必須基於正確之事實、適用正確之法條以及正確解釋法律條文內容、正確判斷個案事實是否符合法條構成要件以及選擇之法律效果合法適當。違反者皆屬違法之行政處分。

行政處分的內容須可能、明確，行政處分所要求的內容必須人民在法律及事實上客觀有實現的可能性，始爲合法。行政處分對人民的要求在事實上完全不可能實現時，即屬違法行政處分。例如，行政機關要求擁有違建的所有權人拆除違建，但該違建在三天前已拆除完畢，此時命拆除違建的行政處分客觀上不可能實現，因其已經拆除完畢，故該行政處分爲違法行政處分。

此外，行政處分的內容必須明確。例如，科處罰鍰，罰鍰數目一定要具體；要求限期拆違建卻未明定拆除期間，則爲不明確，不明確的行政處分則屬違法的行政處分。

第二項　違法行政處分之法律效果

一、行政處分違反管轄權規定

作成行政處分之機關必須屬於在地域管轄及事務管轄上之有權官署，原本無管轄權之機關所爲行爲，除非因委任或委託之關係，從上級或平行之機關獲得授權，否則即屬有瑕疵之處分行爲。法律上強制遵守機關之權限劃分，一方面是爲貫徹憲法上權力分立原則，另一方面係爲維護人民審級救濟之利益，蓋行政機關一旦違反管轄之劃分，則行政爭訟之審級救濟必陷於紊亂[101]。

[100] 最高行政法院106年度裁字第64號裁定。
[101] 最高行政法院109年度判字第196號判決。

（一）缺乏專屬管轄或事務權限

行政程序法第111條第6款規定，行政處分未經授權而違背法規有關專屬管轄之規定[102]或缺乏事務權限者，無效。

基於行政機關體制之複雜性及管轄權錯誤識別之困難性，及其立法意旨，為確保行政機能有效運作，維護法之安定性並保障人民之信賴，行政程序法第111條第6款規定欠缺事務權限當係指行政處分之瑕疵已達行政程序法第111條第7款所規定重大而明顯之程度，諸如違反權力分立或職權分配之情形[103]。除此之外，其他違反土地管轄或未經授權而缺乏事務權限，尚屬得撤銷而非無效，甚至如有行政程序法第115條規定之情形者原處分無須撤銷之[104]。

最高行政法院96年度判字第1236號判決亦認為，行政程序法第111條第6款規定並無擴大行政處分無效範圍之意，參酌行政程序法第111條第7款所定「行政處分具有重大明顯之瑕疵者，無效」之意旨，行政程序法第111條第6款所稱「缺乏事務權限」，係指「無事務權限」之機關所作成之行政處分為無效，不包括「逾越事務權限」作成之行政處分或「有事務權限之機關」適用法規錯誤而作成之行政處分在內。

對中低收入老人生活津貼補助之核定，係屬縣政府之職權，鄉鎮市公所僅有「調查及初審」之權限，鄉鎮市公所於完成「調查及初審」後，應報經縣政府核定，難認鄉鎮市公所有「最終核定」之權限（最高行政法院92年度判字第323號判決參照），本件原處分機關於完成「調查及初審」後，自應報由主管機關之本府依法核處，然原處分機關逕為處理，核屬無權處分，依法顯有未

---

[102] 陳敏，前揭書，第420頁指出，違背法規專屬管轄之規定主要係指對不動產或與地域相關聯之權利，所為之行政處分而欠缺土地管轄之情形。最高行政法院108年度判字第52號判決見解亦同。

[103] 最高行政法院108年度判字第52號判決更嚴格指出，缺乏事務權限係指欠缺事物管轄而言，依體系解釋之結果，應限縮於重大明顯之情事，諸如違背權力分立等憲法層次之權限劃分基本原則（由議會代替行政機關作成處分行為、由教育行政機關核發建築執照、由衛生行政機關發給駕駛執照），這類瑕疵「如同寫在額頭上」，任何人一望即知，已達重大明顯程度，方屬無效。最高行政法院109年度判字第437號判決則指出，如未達到重大明顯程度，欠缺事務管轄權限之行政處分，其違法之法律效果不外得撤銷而非無效，觀諸行政程序法第18條規定即可明瞭欠缺事務管轄權限尚可以補正，是以欠缺事務管轄權限並非當然無效。

[104] 最高行政法院96年度判字第76號判決。

合，原處分應予撤銷[105]。

（二）違反土地管轄權

行政程序法第115條規定，行政處分違反土地管轄之規定者，除依第111條第6款規定而無效外，有管轄權之機關如就該事件仍應為相同之處分時，原處分無須撤銷。例如，甲於臺北市工作而設戶籍於臺中市，其所得稅之主管稽徵機關為財政部中區國稅局，但甲卻向財政部臺北國稅局申報所得稅，經財政部臺北國稅局核定甲須補稅，如補稅處分內容合法正確，即無須撤銷。

臺中市環境保護局所為裁罰處分因違反土地管轄之規定，屬無權限之違法處分，惟審酌臺中市環境保護局為法定執行機關，所為之裁罰處分之違法程度尚未達「重大明顯」程度，應屬有效得撤銷之處分[106]。

行政程序法第115條規定係考量該原處分機關係具有作成相同處分職權之行政機關，並無專業不足之疑慮，僅因管轄地域配置不同之原因，而欠缺管轄權，基於行政經濟之考量，在「有管轄權之機關如就該事件仍應為相同之處分時」之條件下，就該處分賦予合法性，人民不得以違反土地管轄規定為由訴請撤銷。裁量處分之作成，須由行政機關依違章行為之個案情形，審酌各種影響因素，在法律授權範圍內之法律效果，自行決定是否使之發生，或選擇其一而為之，不同之行政機關不可能有相同之裁量權行使方法，足認行政程序法第115條規定所指「有管轄權之機關如就該事件仍應為相同之處分」，核與裁量處分之性質不相容。故關於裁量處分，應無行政程序法第115條之適用[107]。

（三）其他管轄權規定之違反

違反迴避規定[108]、依法應由合議作成之行政處分，合議機關之組成不合法、合議制機關違反法定開議人數及法定決議人數等，行政處分原則上為違法有效得撤銷[109]。最高行政法院108年度判字第367號判決指出，就考績事件應自行迴避的考績委員，參與考績委員會之討論，即使於討論結束後未參與結果之

---

[105] 雲林縣政府民國99年7月2日府行法字第0991000330號。

[106] 臺中高等行政法院92年度簡字第15號判決。

[107] 高雄高等行政法院108年度訴字第140號判決。

[108] 陳敏，前揭書，第398頁指出，違反迴避規定做成之行政處分，固然違法，除有重大明顯瑕疵外，例如，應迴避公務員本身即為當事人，而參與行政處分作成，基本上並未構成重大明顯瑕疵，而屬違法有效得撤銷之行政處分。

[109] 最高行政法院93年度判字第18號判決；吳志光，前揭書，第248頁。

表決，仍屬決定程序的參與，構成應迴避之考績委員參與考績初核決議之瑕疵，且此破壞程序公信之瑕疵無從補正，已違背正當法律程序。

二、違反程序或法定方式規定

（一）法律效果為無效

應以證書方式作成行政處分卻未給予證書（行政程序法第111條第2款），例如，師資培育法第11條第1項規定，符合下列各款資格者，由師資培育之大學造具名冊，送中央主管機關發給教師證書：1.取得學士以上學位。2.取得修畢師資職前教育證明書或證明。3.通過教師資格考試。4.修習教育實習成績及格。

（二）法律效果為得補正

依照行政程序法第114條第1項規定，違反程序或方式規定之行政處分，除依第111條規定而無效者外，因下列情形而補正：1.須經申請始得作成之行政處分，當事人已於事後提出者。2.必須記明之理由已於事後記明者[110]。3.應給予當事人陳述意見之機會已於事後給予者。4.應參與行政處分作成之委員會已於事後作成決議者。5.應參與行政處分作成之其他機關已於事後參與者[111]。第2款至第5款之補正行為，僅得於訴願程序終結前為之；得不經訴願程序者，僅得於向行政法院起訴前為之（行政程序法第114條第2項）。

行政程序法第114條第1項所定違法行政處分可補正之瑕疵，僅限於程序瑕疵，欠缺實質合法要件所生之實體上瑕疵，原則上不在補正之列，尤其不能使

---

[110] 最高行政法院106年度判字第558號判決指出，行政程序法第114條第1項第2款規定之「行政處分補記理由」，係指書面行政處分未附理由，包括完全欠缺理由或理由不完全（例如：未說明裁量之依據）之情形。「行政處分之補記理由」係用以治癒行政處分未附理由之形式要件瑕疵，此與行政處分於形式上已記明理由，惟並不充分，行政機關得於訴訟程序中就法律或事實之觀點予以補充或變更之「行政訴訟程序之追補理由」，核屬不同之概念。

[111] 法務部民國106年6月16日法律字第10603508250號指出，行政程序法第114條第1項第5款「應參與行政處分作成之其他機關已於事後參與者」係指行政處分作成前，依法須由其他行政機關在程序上應經其協力、核准或同意，惟其作成雖欠缺該等程序，但已經由應參與該行政處分作成之其他行政機關於訴願程序終結前或受處分相對人或其利害關係人向行政法院起訴前為協力、核准或同意者，該程序之欠缺，即獲得補正。

無效之處分補正成為有效[112]。行政程序法第114條第1項適用之前提在於，程序或方式之事後補正，例如，事後給予當事人陳述意見，不會影響原來行政處分內容時，始得補正。事後補正，影響原處分之內容時，則不適用補正規定。程序瑕疵尚未補正前，行政處分為違法有效得撤銷，經補正後始成為合法。

書面行政處分必須記載法令依據，作成時若有欠缺而得於嗣後補正亦應依程式補正至達於無瑕疵之程度始可，否則即屬違法。行政程序法又別無就此項瑕疵認不影響其效力之規定，自應認此項行政處分係得撤銷之行政處分[113]。

陳述意見之補正，只須在為處分之行政機關尚可得改正之階段中完成，即符合行政程序法第114條第1項規範本旨，而使原行政處分之程序瑕疵獲得治癒[114]。

（三）法律效果為違法有效得撤銷

行政程序法第114條第1項規定以外之其他違反程序或法定方式者，有認為此5款僅是例示規定，其他程序或法定方式之違法仍應適用補正規定[115]，但亦有認為此5款是列舉規定，其他程序或法定方式之違法應屬違法有效得撤銷的情形而不得補正[116]。

三、行政處分實質違法之法律效果

（一）無　效

行政程序法第111條第1、3、4款及第5款規定，不能由書面處分中得知處分機關者、內容對任何人均屬不能實現者、所要求或許可之行為構成犯罪者以及內容違背公共秩序、善良風俗者，行政處分無效。

不能由書面處分中得知處分機關者係指人民無法從書面行政處分所記載之內容，得知該處分從何而來，例如，處分書中未載明處分機關，惟若從行政處分之內容整體觀察或經由解釋，可以辨識作成行政處分之機關者，仍非無

---

[112] 法務部民國107年8月30日法律字第10703512840號。

[113] 最高行政法院94年度判字第1837號判決。

[114] 最高行政法院98年度判字第732號判決。

[115] 李惠宗，前揭書，第396頁指出，基於儘量使行政處分有效，以維持法秩序安定，補正不應以此五款為限。

[116] 蕭文生，程序瑕疵之法律效果，行政法爭議問題研究（上），台灣行政法學會主編，2000年12月，第599-624頁。

效[117]。

處分書處分機關僅記載臺北縣政府而無其首長之署名或簽章,固與行政程序法第96條第1項第4款規定不符而有瑕疵。惟由其記載臺北縣政府仍足以得知處分機關為臺北縣政府,與行政程序法第111條第1款所定行政處分無效之要件有間,依行政處分有效優先認定原則,此種瑕疵尚未構成行政程序法第111條第7款所稱「其他具有重大明顯之瑕疵」之無效原因[118]。

行政處分內容對任何人均屬不能實現者,例如,下令撲殺已死亡之狂犬、禁止工廠排放任何廢氣等[119]。

行政處分因其規制內容「違背公共秩序」而無效者,必須到達「不需經過事實認定與法律解釋間來回反覆之法律涵攝過程,單依社會一般人之常識,即可斷言特定處分之規制內容,與社會整體公共利益之形塑,或社會成員間互動模式之效率性造成威脅」之程度,方能認為滿足該構成要件[120]。

除具體無效原因外,行政程序法第111條第7款規定其他具有重大明顯之瑕疵者,亦為無效。最高行政法院96年度判字第1378號判決指出,行政程序法第111條第7款規定行政處分具有「其他具有重大明顯之瑕疵」之情形者無效,係以該款之概括規定,補充行政程序法第111條第1款至第6款所未及涵蓋之無效情形,所謂「其他具有重大明顯之瑕疵」,應指行政處分形式內容有明顯重大瑕疵者而言。

重大明顯係指其瑕疵之程度重大,倘瑕疵非重大明顯,尚須實質審查始能知悉者,則該行政處分並非無效,而係有效得撤銷[121]。最高行政法院100年度判字第1488號判決指出,無效行政處分係指行政行為具有行政處分之形式,但其內容有任何人一望即知之瑕疵,已達重大明顯程度,而自始、當然、確定不生效力。行政處分是否具有重大明顯之瑕疵罹於無效,並非依當事人之主觀見解,亦非依受法律專業訓練者之認識能力判斷,而係依一般具有合理判斷能力者之認識能力決定之,其簡易之標準即係普通社會一般人一望即知其瑕疵為判斷標準[122]。如一般人對行政處分違法性的存在與否猶存懷疑時(例如,須經調

---

[117] 法務部民國93年8月2日法律字第0930030453號。

[118] 最高行政法院99年度判字第444號判決。

[119] 陳敏,前揭書,第422頁。

[120] 最高行政法院106年度判字第411號判決。

[121] 最高行政法院100年度判字第1329號判決。

[122] 最高行政法院107年度判字第348號判決、最高行政法院108年度判字第52號判決;李

查始得判斷或尚須實質審查才能知悉者），則基於維持法安定性之必要，仍應承認該處分之效力繼續存在，僅屬是否得撤銷問題，並非屬當然無效[123]。

爭議案例：作為行政處分依據之法規，經大法官作成違憲之解釋，並宣告立即失效時，該行政處分是否無效？

最高行政法院107年度判字第348號判決指出，作為行政處分依據之法規，經大法官作成違憲之解釋，並宣告立即失效時，僅生行政機關不得以該法規作為行政處分依據之效果，行政處分有此情形，其作成如尚非社會一般人一望即知其瑕疵，即難認其內容具有明顯、嚴重瑕疵而自始、當然、確定不生效力。

如上所述，重大明顯瑕疵之承認應屬相當例外之情形，最高行政法院亦鮮少以此理由認定行政處分無效，惟判斷行政程序法第111條第7款之行政處分所具重大瑕疵是否明顯，應斟酌與行政處分有關之一切情形，予以合理判斷之。行政程序法第93條第1項但書規定之「為確保行政處分法定要件之履行而以該要件為附款內容」，係就授益行政處分而言，負擔處分不生「為確保行政處分法定要件之履行」而能「以該要件為附款內容」之問題。主管機關依道路交通管理處罰條例第65條第1項第2款作成「逾期不繳送駕駛執照者，吊扣及吊銷其駕駛執照」之處分係負擔處分，並無「為確保行政處分法定要件之履行」而能「以該要件為附款內容」問題，不得附以條件。本案易處處分違反行政程序法第93條及道交條例第65條第1項第2款之瑕疵，均屬重大。吊扣及吊銷駕駛執照處分，為具裁罰性之不利處分，為行政罰，涉及人民權利，處罰應明確。本案易處處分所附條件即使成就，亦明顯不能自該處分內容確定是否已合法發生其所意欲之加倍吊扣駕駛執照期間或吊銷駕駛執照效果（本案易處處分作成時前處罰處分何時始能確定未可知）。斟酌此等與本案易處處分相關情形，合理可認本案易處處分所具重大瑕疵明顯，依行政程序法第111條第7款，處分無效，不發生人民之駕駛執照遭吊銷之效力[124]。

行政處分無效，雖為自始、當然無效，但是否無效常有所爭議，為求定紛止爭，行政程序法第113條規定，行政處分之無效，行政機關得依職權確認

惠宗，前揭書，第392頁，具有「通常知識之人」一看即可辨之。

[123] 法務部民國107年2月14日法律字第10703502390號、法務部民國110年7月5日法律字第11003509500號。

[124] 最高行政法院106年度判字第633號判決。

之[125]。行政處分之相對人或利害關係人有正當理由請求確認行政處分無效時，處分機關應確認其爲有效或無效。此項請求權並無行使期間之限制。行政程序法第113條第1項之行政機關與第2項之處分機關應爲相同之解釋，即均指處分機關。

行政機關依行政程序法第113條規定確認其作成之行政處分無效者，該項確認爲行政處分（確認處分）。

行政處分無效爲例外情形，爲確保行政處分之效力，行政程序法第112條規定，行政處分一部分無效者，其他部分仍爲有效。但除去該無效部分，行政處分不能成立者，全部無效。

（二）違法有效得撤銷

除第111條所列無效原因外，其他實質違法的行政處分，原則上違法有效得撤銷。

四、更　正

行政程序法第101條規定，行政處分如有誤寫、誤算或其他類此之顯然錯誤者，處分機關得隨時或依申請更正之。誤寫誤算的行政處分亦屬於違法行政處分，例如，誤寫行政處分相對人之姓名，應納稅額計算錯誤，此類瑕疵具有特殊性，以更正方式治癒瑕疵。行政處分如因書寫錯誤、計算錯誤、疏略及自動化作業之錯誤等，致其所表現之內容與行政機關之意思不一致，不僅其錯誤在客觀上一望可知，即應如何始爲正確，亦十分明白，從而存在所謂之「顯然錯誤」時，行政機關予以改正，並不影響行政處分之規制內容，亦無損於相對人之信賴及法律安定，不論其結果有利或不利於相對人，對此種行政處分之瑕疵，應皆容許行政機關隨時更正，不同於一般之違法[126]。

更正係指對行政處分的記載事項，事後予以補充、刪除或作其他必要的變更，其目的是使處分書所載事項與處分外觀上可得而知的規制意旨相互一致，若逾此範圍，則屬行政處分的撤銷，而非僅是更正，以達更正規定之確保法的

---

[125] 最高行政法院98年度判字第1119號判決指出，建造執照允許建造之研習住宿設施位於陽明山國家公園內，係住宿設施，開發面積達3.56公頃，未經環境影響評估，主管機關依職權確認系爭建造執照無效，該確認處分（原處分）於法即無不合。

[126] 最高行政法院106年度判字第141號判決。

明確性，兼有程序經濟考量的立法目的。基此，所謂「更正」，其可適用者亦應僅限於「顯然錯誤」之情形。顯然係指相當明顯，其通常可從行政處分之外觀上或從所記載事項之前後脈絡明顯看出。判斷上除以文義予以判別外，尚可參酌該行政行為之目的，作整體觀察，而行政行為相對人對於其內容之理解程度，亦為判斷的重要指標，即行政行為相對人若從其內容或其他相關情況，可以發現該行政行為有誤，並可毫無困難地知悉行政機關原本所欲表示之意旨時，方屬顯然錯誤[127]。

　　高雄高等行政法院92年度簡字第272號判決指出，行政處分之更正與行政處分之撤銷，有所不同，撤銷係指行政機關將已生效之違法行政處分予以廢棄，使其失去效力；更正僅是改正明顯之錯誤，未影響行政處分原本之效力。行政處分有顯然錯誤，雖基於確保法之明確性及程序經濟之考量，固得由行政機關逕予更正，然為免有害法之安定性並損及人民之權益，顯然錯誤應係指行政處分所記載之事項，非行政機關所欲規制者，或行政處分漏載行政機關所欲規制之事項，倘屬行政機關於「意思形成」之過程中發生錯誤，例如，事實之認定與評價存有瑕疵，或法律之適用有所違誤，則非屬得予更正之顯有錯誤，應屬行政處分具有違法之原因，而應予撤銷。罰鍰處分書，發文字號固僅載年月而不具日，漏載日期，對於意思形成作成該處分之過程中並無影響，屬行政程序法第101條第1項所指之顯然錯誤，得隨時予以更正，該處分尚非因此而應撤銷或無效。

　　行政程序法第101條第1項所稱「誤寫、誤算或其他類此之顯然錯誤」，係指該等錯誤輕微，並不妨礙相對人理解行政處分之內容記載，而不影響行政處分所形成之行政法上權利義務關係，此時行政處分之效力繼續發生，不因該等錯誤而產生瑕疵，同項規定後段始謂處分機關得隨時或依申請更正之。反之，倘行政處分內容記載錯誤程度已使其原擬形成之行政法上權利義務關係難以確認時，該行政處分已屬違法，無法依行政程序法第101條第1項規定更正錯誤，必須將原處分撤銷、另為行政處分，始屬合法。復查決定書中將原告代表人「邵企遂」誤植為「邵企遜」，明顯屬於行政處分內容誤寫之情形，復查決定書之效力並不受此誤寫錯誤之影響。原復查決定書既已於2002年11月5日由原告收受，郵政回執上蓋有原告公司收件之章，已屬合法送達，原告自應受其拘

---

[127] 最高行政法院109年度判字第34號判決。

束，而不能片面主張對其不生效力[128]。

　　是否為誤寫、誤算或其他類此之顯然錯誤，判斷上除以文義予以判別外，尚可參酌該行政行為之目的，作整體觀察，行政行為相對人對於其內容之理解程度，亦為判斷的重要指標，行政行為相對人若從其內容或其他相關情況，可以發現該行政行為有誤，並可毫無困難地知悉行政機關原本所欲表示之意旨時，即屬顯然錯誤。行政處分若存有錯誤，須該錯誤乃顯然之錯誤，且該錯誤更正後亦不影響原處分之效力，該等錯誤始可更正之（法務部101年3月3日法律字第10000604960號函及97年9月17日法律字第0970030961號函）。行政機關在意思形成之過程中，對相對人、事實及應適用法規等影響決定內容之事項，有不正確之認識，因而產生之錯誤，雖表現於行政處分之外觀，並非得隨時更正之顯然錯誤，應依一般規定撤銷後另為處分[129]。

　　行政處分之更正，並非處分機關就事件之爭執重新為裁決，而是將行政處分中之誤寫、誤算或其他類此之顯然錯誤，加以更正，使行政處分所表示者與處分機關本來之意思相符，原行政處分之意旨並未因而變更。因此更正並非於第一次裁決發生形式存續力後，再就實體事項重為審查，但未改變第一次裁決之事實或法律狀況之第二次裁決。行政處分之更正應溯及於為原行政處分時發生效力[130]。惟得由行政機關逕予更正，主要係考量程序經濟並確保處分機關意思表示內容之明確，其屬於例外情形，應從嚴解釋，以免有害法安性與損及人民權益[131]。

第三項　行政處分違法效果之考量

　　行政處分違法的法律效果類型多元，其並未如同法律違憲、命令違法或違憲，僅有無效之法律效果。其考量主要理由為：

---

[128] 臺北高等行政法院92年度訴字第2676號判決。

[129] 法務部民國102年8月23日法律字第10203509120號；最高行政法院109年度判字第34號判決。

[130] 最高行政法院98年度判字第1332號判決。最高行政法院111年度上字第880號判決另指出，更正書函應溯及於為原處分時發生效力，對原處分訴願之不變期間，不因更正書函而受影響。

[131] 莊國榮，前揭書，第131頁。

一、行政處分合法性要件繁雜

行政處分個別合法性要件之重要性與目的不同，違反其中任一要件皆賦予無效法律效果並非適當，例如，行政處分僅是忘記附理由，其餘皆合法，在此種情形下，當然得認為其違法而無效。惟重新作成的行政處分，內容相同，僅是補充理由，重做行政處分是否必要？基於行政效率及行政經濟之考量，尤其是程序與方式要件之欠缺，瑕疵補正方式與規定其無效，何者適當，不言可喻。

二、行政處分無效的效力影響深遠

無效之法律效果為自始、當然、絕對無效，其具有溯及效力，行政處分內容對人民有利時，無效之法律效果對人民利益及法律秩序衝擊極大。無效之法律效果特別容易涉及人民對行政處分信賴問題，因此針對不同違法類型規定不同的法律效果，作為追求個案正義之手段，才是正確之途徑。

第五節　行政處分效力

行政處分效力以行政處分有效存在為前提，行政處分依行政程序法第111條規定為無效時，則無行政處分效力問題。探討行政處分效力，重點在行政處分是否有效，行政處分是否合法、違法並非重要。合法行政處分固然有效，違法行政處分在尚未喪失效力前亦屬有效。此外，尚未發生效力之行政處分，並非屬於有效之行政處分。未發生效力之行政處分與具瑕疵之行政處分不同；一般而言，行政處分發生效力之前提有三：（一）具備行政處分之要素。（二）使相對人知悉，即經合法告知、送達或公告程序。（三）須非當然無效之行政處分，未符合三前提者，即屬未發生效力之行政處分[132]。

一般而言，行政處分效力分為：存續力、構成要件效力及執行力。

---

[132] 最高行政法院92年度判字第638號判決、最高行政法院95年度判字第500號判決。

第一項　存續力

行政處分存續力為法律明文規定，行政程序法第110條第3項規定，行政處分未經撤銷、廢止，或未因其他事由而失效者，其效力繼續存在[133]。行政處分一但有效，不論其合法或違法，只要尚未經撤銷、廢止，或因其他事由喪失效力，行政處分之效力就會繼續存在。行政處分之失效，非僅限於經行政處分之撤銷、廢止，尚可能因其他事由而失效。其他事由，例如，因法律上重要事實之發生、因享受權利或負擔義務之主體不存在，或因新的法律行為致行政處分效力消失[134]。具繼續性效力之行政處分所依據之法律規定，如事後變更，致該行政處分不符合變更後之法律規定時，該行政處分即失其效力[135]。

行政處分存續力一般區分為形式存續力與實質存續力[136]。

一、形式存續力

行政處分不能以訴願或其他行政救濟方式加以變更或撤銷時，產生形式存續力。形式存續力主要是涉及人民提起行政爭訟問題，亦即人民無法再以訴願或訴訟方式使行政處分喪失效力時，行政處分具有形式存續力。一旦具有形式存續力，即使該行政處分違法，人民仍受行政處分拘束且無法再提起救濟，例如，訴願法第14條第1項規定，訴願之提起，應自行政處分達到或公告期滿之次日起三十日內為之。提起訴願之不變期間為三十天，人民於第四十天提起訴願，訴願期間已經過，行政處分產生形式存續力。

二、實質存續力

行政處分生效後，不僅對行政處分的相對人有效，原處分機關以及其他

---

[133] 行政程序法第110條第3項規定之立法理由係為確保國家行政機能之有效運作，維護公益及法之安定性，如行政處分未經撤銷、廢止，或因其他事由而消滅者，恆保持其效力。

[134] 法務部民國106年11月22日法律字第10603515590號。

[135] 最高行政法院97年度判字第137號判決。

[136] 最高行政法院96年度判字第1359號判決指出，行政處分如不能再以通常之救濟途徑（訴願及行政訴訟），加以變更或撤銷者，該處分即具有形式之存續力。其內容對相對人、關係人及原處分機關發生拘束之效力，發生實質之存續力。

利害關係人亦受拘束，換言之，形式存續力僅指人民不能再依法定方式提出救濟，形式存續力並未限制原處分機關主動使行政處分喪失效力或利害關係人依法定方式提出救濟。實質存續力係基於法律秩序安定性之考量，原處分機關亦受到其所爲行政處分的拘束，例如，學生申請獎學金，學校因爲本身疏忽，在申請人不符合條件下，仍爲獎學金的許可，許可爲違法行政處分，違法授益行政處分之相對人原則上不會提起救濟。事後即使行政機關知悉該處分違法，在行政處分尚未被撤銷前，其具有實質存續力，學校依然應繼續給予獎學金。學校撤銷給予獎學金之許可後，該許可喪失效力，學校始無繼續給予獎學金之義務。同意發給獎學金之行政處分是否喪失效力，涉及行政處分撤銷之問題。

第二項　行政處分構成要件效力

行政處分生效後，產生規制效力，其不僅對作成處分之行政機關本身具有拘束力，行政處分所產生的法律效果或所形成之法律關係，同時構成其他行政機關作另一行政處分或法院裁決時之基礎事實或先決要件時，先決行政處分對於他機關及行政法院之拘束力，成爲行政處分之構成要件效力；行政處分對他機關之拘束力，係基於行政機關內部之職務分工，管轄權分配而來[137]。

財政部依稅捐稽徵法第24條第3項規定函請內政部入出國及移民署限制個人或營利事業積欠一定應納稅款之個人或營利事業負責人出境，入出國及移民署依入出國及移民法第6條第1項第10款規定禁止該個人或營利事業負責人出國時，入出國及移民署應受財政部處分之拘束。

行政處分具有構成要件效力，有效行政處分（前行政處分）之存在及內容，成爲作成他行政處分之前提要件時，前行政處分作成後，他行政處分應以前行政處分爲其構成要件作爲決定之基礎，該他行政處分成爲行政訴訟之訴訟對象時，由於前行政處分並非訴訟對象，該他行政處分之受訴行政法院，並不能審查前行政處分之合法性，前行政處分之合法性應由以前行政處分爲程序對象或訴訟對象之訴願機關或行政法院審查之[138]。

---

[137] 最高行政法院95年度判字第2061號判決。

[138] 最高行政法院102年度判字第181號判決、最高行政法院109年度判字第374號判決；最高行政法院98年度判字第1366號判決亦指出，有效之先前行政處分成爲後行政處分之構成要件事實之一部分時，該先前之行政處分因其存續力而產生構成要件效力。當事人如以後行政處分爲訴訟客體，而非以有效之先前行政處分爲訴訟客體，提起行政訴

行政處分構成要件效力是否亦拘束法院,則有不同看法,有認為,基於權力分立原則,行政處分既然為擁有權限之行政機關所為之有效決定,法院應受拘束;若法院可任意撤銷之,權力分立將失其價值,行政機關陷於弱勢而法院獨大。亦有認為,基於司法機關監督行政機關之天職,法院如必須受行政處分構成要件效力拘束,則法院將無法發揮功能。法院應依法獨立審判,審查行政處分是否合法。有採折衷見解,法院是否受行政處分構成要件效力拘束,應視法院類型而定。我國採取司法二元化體制,法院設置的目的本來就是在審查行政機關行為者,例如,行政法院,當然不受行政處分構成要件效力拘束;法院設置目的在處理民事糾紛時,例如,民事法院,則應尊重行政機關作成的有效行政處分[139]。

最高行政法院認為法院應尊重行政機關作成的有效行政處分。行政院核定區段徵收之處分,早已因訴願期間經過而具有「形式存續力」,即不得再以通常之救濟途徑加以變更或撤銷,當事人於當時既未表示不服,且已無法再對該函以通常救濟途徑聲明不服;況其亦已有「構成要件效力」,法院本應加以尊重[140]。

最高行政法院95年度裁字第1193號裁定及最高行政法院95年度判字第797號判決亦指出,行政機關本於職權所為之行政處分,經成立及生效後,於未經依法變更或經有權機關予以撤銷前,應受其他國家機關尊重;行政處分若非行政法院審查對象之行政處分,行政法院原則上應予以尊重。行政法院針對稅捐稽徵機關依營業稅法第47條第1款規定所為處分提起之行政救濟事件,就主管稽徵機關對該營業人核定應使用統一發票之處分,本於行政處分之構成要件效力,於該處分未經依法變更或撤銷前,行政法院原則上即應予尊重[141]。

惟亦有認為應依個案情形認定行政處分構成要件效力之拘束力,行政處分

訟時,該先前行政處分之實質合法性,並非該受訴行政法院審理之範圍。最高行政法院103年度裁字第1615號裁定亦持相同見解。

[139] 吳志光,前揭書,第255頁;盛子龍、吳庚,前揭書,第352頁。

[140] 最高行政法院95年度判字第2199號判決。

[141] 最高行政法院109年度判字第374號判決亦指出,行政處分具有構成要件效力,即有效之行政處分,處分機關以外之國家機關,包括法院,除非是有權撤銷機關,應尊重該行政處分,並以之為行為之基礎。因而該行政處分成為行政訴訟之先決問題時,其非訴訟對象,受訴行政法院並不能審查其合法性。該處分之合法性應由以其為程序對象或訴訟對象之訴願機關或行政法院審查之。

構成要件效力非屬絕對概念，對應之效力內容亦具相對性，會視個案情節而有強弱之分，換句話說，其拘束效力之強度不可一概而論，而需有個案因素之考量。如果前處分之規制決定明顯違法，或者客觀上足以判定「前處分機關基於實證環境所形成之偏好或立場，足以影響執法傾向」時，前處分之構成要件效力即會受到削弱，行政法院仍得例外審查前處分之合法性[142]。

第三項　執行力

　　存續力及構成要件效力存在於各類型之行政處分，執行力則僅存在命令處分，形成處分及確認處分無執行力問題[143]。行政處分一經有效作成，行政處分要求之內容有的會自己實現，毋庸執行，例如，具形成處分性質之公務員免職處分。但有的行政處分，其內容是否實現，須視人民是否遵守行政處分之要求，例如，違規超速罰鍰之行政處分是否實現，須賴相對人是否願意繳納罰鍰。當相對人不願實現行政處分要求之內容時，則有兩種選擇，向一般民事法院聲請強制執行或特設行政執行制度。

　　我國採取後者，行政機關針對於人民不實現行政處分內容時，不用經過法院訴訟程序，在一定條件下，即得以行政處分為執行名義，對於不實現行政處分內容之人民予以強制執行，此稱為行政處分之執行力。人民不於期限內繳納罰鍰，在一定條件下，行政機關可以透過法務部行政執行署所屬行政執行分署強制執行。

　　行政處分不待確定，有其執行力，根據行政處分所為之執行行為應為該行政處分垂直效力所及，其係行政處分定義內之對外直接發生法律效果效力行為，非有另一行政處分之行為[144]。

　　行政處分執行力在許多情形下會面臨困境，特別是人民對行政處分已提出爭訟時。一方面，執行與否不待法院判決確定，有可能發生行政執行已完成，但事後行政機關敗訴之情形，此時雖可事後賠償人民損害，但對人民權益之保障並不周全，例如，建築主管機關認定人民頂樓加蓋屬違建，人民不服並對命

---

[142] 最高行政法院106年度判字第644號判決。
[143] 最高行政法院101年度判字第394號判決指出，下命處分始具執行力，至於確認處分及形成處分，其規制內容因隨行政處分之生效而當然產生法效力，自無執行之問題。
[144] 最高行政法院95年度判字第500號判決。

拆除處分提起訴願與行政訴訟，由於命拆除處分有執行力，因此在行政爭訟期間，主管機關執行拆除，但行政訴訟最後判決結果認定非屬違建時，即使事後給予金錢賠償，其損害亦已造成且無法回復原狀；但另一方面，行政爭訟期間通常相當冗長，如必須等待法院確定判決後始得執行，則容易發生事過境遷，公權力無法貫徹之缺失，例如，經過長期行政爭訟，納稅義務人已無任何財產可供執行。因此行政處分雖有執行力，但人民提起行政爭訟時，行政處分之執行是否繼續或暫時停止，則有不同的見解。自保障人民權益觀點來看，既然人民已提起行政救濟，表示該行政處分之合法性有爭議，故應等待法院作出最終決定後，再為執行。法院尚未作成最終決定前，不得強制執行，即使損害賠償有事後救濟效果，但損害賠償有時並不能達到賠償損害之目的。惟自貫徹公權力的觀點來看，人民提起行政爭訟，便必須停止執行，公權力將蕩然無存，因此不應停止行政處分的執行。事後如證明行政處分違法，得請求國家賠償；國家賠償無法達到目的時，得以其他方式來達成賠償損害之目的。

訴願法第93條第1項規定，原行政處分之執行，除法律另有規定外，不因提起訴願而停止；行政訴訟法第116條第1項規定，原處分或決定之執行，除法律另有規定外，不因提起行政訴訟而停止。從上述規定可知，我國法制採取原則上不停止執行之制度。惟訴願法第93條第2項規定，原行政處分之合法性顯有疑義者，或原行政處分之執行將發生難以回復之損害，且有急迫情事，並非為維護重大公共利益所必要者，受理訴願機關或原行政處分機關得依職權或依申請，就原行政處分之全部或一部，停止執行。行政訴訟法第116條第2項規定，行政訴訟繫屬中，行政法院認為原處分或決定之執行，將發生難於回復之損害，且有急迫情事者，得依職權或依聲請裁定停止執行。但於公益有重大影響，或原告之訴在法律上顯無理由者，不得為之。

雖然依訴願法第93條第2項及行政訴訟法第116條第2項規定，得例外允許停止行政處分之執行，但由於必須適用許多不確定法律概念，使得此項暫時性權利保護制度實際上適用之情形並不普遍。

聲請停止執行之要件，行政法院必須審查：一、原處分或決定之執行是否將發生難以回復之損害？二、是否有急迫情事？三、是否於公益無重大影響或原告之訴非顯無理由？如未符合上述要件，即應予駁回。難於回復之損害係指其損害不能回復原狀，或在一般社會通念上，如為執行可認達到回復困難之程度，以及不能以相當金錢賠償而回復損害。但也不應只以能否用金錢賠償損失當成唯一之判準，如果損失之填補可以金錢為之，而其金額過鉅，或者計算有

困難時，爲了避免將來國家負擔過重的金錢支出或延伸出耗費社會資源的不必要爭訟，仍應考慮此等後果是否有必要列爲難於回復損害之範圍。聲請人需對於處分或決定所停止執行之必要等事項盡釋明之責[145]。

　　暫時停止執行爲暫時權利保護制度之一環，其目的旨在確保向行政法院尋求權利保護之人民，能獲得有效之權利保護。由於停止執行程序係緊急程序，對於構成停止執行要件之事實證明程度，以釋明爲已足，不要求完全之證明。法院依兩造提出之證據資料，及法院可即時依職權調查所得，就停止執行要件事實之存在，得蓋然心證，即得准予停止執行[146]。

　　在停止執行的要件上，訴願法第93條第1項與行政訴訟法第116條第1項並不完全相同，訴願法第93條第2項規定，原行政處分之合法性顯有疑義者，或原行政處分之執行將發生難以回復之損害，且有急迫情事，並非爲維護重大公共利益所必要者，受理訴願機關或原行政處分機關得依職權或依申請，就原行政處分之全部或一部，停止執行。行政處分之合法性顯有疑義時，即不論該處分之執行，是否將發生難以回復之損害，有無急迫情事，是否爲維護重大公共利益所必要，受理訴願機關或原行政處分機關得依職權或依申請停止執行。此規定即表明合法性顯有疑義之行政處分，不具立即執行之公益，係法治國家之依法行政原則之具體化，而爲維護憲法原則之重大公益所要求。行政訴訟法第116條第2項雖無類此之明文規定，然而行政法是憲法之具體化，解釋運用行政訴訟法第116條第2項規定，自應顧及此項法治國家依法行政原則之精神。開發許可所據之審查結論既經判決撤銷，開發許可即因而溯及自始違法，其違法性明確甚於合法性顯有疑義，無立即執行公益，停止其執行自難謂於公益有重大影響。至於急迫情事係指原處分或決定已開始執行或隨時有開始執行之虞，且其急迫情事非因可歸責於聲請人之事由所造成而言[147]。

---

[145] 最高行政法院100年度裁字第1058號裁定。
[146] 最高行政法院99年度裁字第2032號裁定。
[147] 最高行政法院99年度裁字第1981號裁定。

—基礎理論與實務

停止執行

1. 最高行政法院91年度裁字第1461號裁定（非法居留）

　　抗告意旨雖謂聲請人負有出境之義務，其出境後可再申請簽證入境，難謂有難以回復之損害。聲請人係於1998年6月12日以依親名義申請入境，依規定原應於六十日內出境，惟迄今已逾數年，臺北市政府警察局始通知聲請人自2002年6月10日限令出境，其處理本案已顯有重大延誤，且聲請人育有幼子，基於人倫之常，應有繼續居留俾便照顧之必要，原處分苟予繼續執行勢將發生難以回復之損害，且有急迫之情事，依行政訴訟法第116條第2項前段規定，原裁定停止其執行，依法並無不合。

2. 最高行政法院92年度裁字第307號裁定

　　原裁定以臺中市政府欲拆除之美麗殿A棟至F棟建築物，係屬地上17層，地下1層。A棟共249戶、B棟共253戶、C棟共58戶、D棟共68戶、E棟共68戶、F棟共68戶受災戶，全棟共計801戶之巨型集合住宅，臺中市政府如執行拆除此6棟均高達17樓之巨型集合住宅，在社會一般通念上，應可認事後欲回復原狀已達回復困難之程度，且臺中市政府已完成發包作業，隨時得通知承包商開工拆除，有急迫情事，因認原處分之執行將發生難於回復之損害，且有急迫情事，而於公益並無重大影響，而准許停止執行，認事用法均妥適。

3. 臺北高等行政法院109年度停字第79號裁定、最高行政法院109年度裁字第201號裁定

　　自廢止政黨備案處分送達於聲請人時起，聲請人即喪失政黨資格，無法再以政黨名稱活動或推動其政黨宗旨與理念，自係急迫。原處分廢止聲請人備案，爾後不得再以相同名稱活動，並限期命聲請人申報選任清算人。原處分一旦執行，聲請人即必須進入清算程序，聲請人之法人格僅於清算之必要範圍內，視為存續，僅能為了結現務及便利清算目的之行為，其權利能力自受極大限制，清算程序之進行，將導致聲請人法人格消滅，清算程序完結後之賸餘財產，則歸屬於國庫，各該等法律效果及其以政黨參與經濟、社會及政治事務之效應，均屬即刻發生且有其不可回復性，也不可能透過金錢予以補償。

不停止執行

1. 最高行政法院96年度裁字第1942號裁定

行政訴訟法第116條第3項所謂難於回復之損害，係指其損害不能回復原狀，或不能以金錢賠償，或在一般社會通念上，如為執行可認達到回復困難程度。臨時建物縱經拆除，亦非不能以金錢為賠償，自無將發生難以回復損害之情事。

2. 最高行政法院106年度裁字第1376號裁定

刊登於政府採購公報列為拒絕往來廠商，依政府採購法第103條第1項規定，固於一定期間內不得參加政府採購投標或作為決標對象或分包廠商，惟並非撤銷廠商之營利事業登記，廠商仍得本其營利事業登記項目繼續經營業務，而對於已得標之工程，亦不影響其工程進行，故非一經刊登政府採購公報即無從營運，亦非必然即造成財務困難。抗告人主張停權三年無法參加投標政府機關採購案之營業收入損失暨公司商譽等財產權上之損害，在一般社會通念上，尚非不能以金錢賠償或回復，自難認抗告人將因原處分之執行而受有難以回復之損害。

3. 最高行政法院108年度裁字第335號裁定

原處分認定社團法人中國青年救國團為國民黨的附隨組織，係無待執行即可發生法律效果的確認處分，一旦本案訴訟認為原處分違法而判決撤銷確定，原處分的確認效力隨即消滅，並無不能回復的情形。

社團法人中國青年救國團雖經原處分認定為國民黨的附隨組織，但不當然發生確認社團法人中國青年救國團的現有財產，即是屬於黨產條例所稱不當取得之財產的法律效果，尚須符合黨產條例第5條第1項的要件，社團法人中國青年救國團的現有財產才會被推定為不當取得之財產，而依同條例第9條第1項前段規定，發生原則上禁止處分的法律效果，原處分亦無停止執行的急迫性。

第六節　行政處分之撤銷與廢止

第一項　撤銷與廢止之意義

　　行政程序法尚未公布施行前，行政實務上並未嚴格區分行政處分之撤銷與行政處分之廢止，雖然撤銷與廢止皆是事後排除有效行政處分效力之行為，但二者本質並不相同。二者均是針對有效行政處分；無效行政處分則係當然、自始、絕對無效，無從撤銷或廢止而屬於確認無效之問題。

　　欲使有效的行政處分喪失效力，基本上有兩種方式，一由人民提起訴願、行政訴訟來撤銷行政處分；另外亦可透過原處分機關、原處分機關之上級機關，撤銷或廢止行政處分。行政處分之撤銷或廢止是由行政機關主動為之，與人民提出訴願或行政訴訟來撤銷行政處分不同。

　　撤銷係指原處分機關或其上級機關，針對違法或不當行政處分，事後排除行政處分效力的行為。撤銷權的行使主體為原處分機關或其上級機關。廢止係指，原處分機關針對合法行政處分，事後排除其效力的行為。行使廢止權者，僅原處分機關，上級機關並無廢止權。作成行政處分之後，事後法律改變或是事實改變，若不廢止原行政處分將對公共利益造成妨害時，應將原屬合法的行政處分透過廢止使其喪失效力。

　　行政程序法第117條規定，違法行政處分於法定救濟期間經過後，原處分機關得依職權為全部或一部之撤銷；其上級機關[148]，亦得為之。撤銷權行使之方式法無明文，解釋上以客觀能顯現行政機關行使其撤銷權之意思即足當之，非必然以使用「撤銷」之字樣者為限。行政程序法第117條規定，僅是賦予行政機關就違法行政處分得自為撤銷之職權，並未賦與行政處分相對人或利害關係人請求原處分機關自為撤銷行政處分之全部或一部之公法上請求權[149]。換句話說，是否撤銷，原則上由行政機關依職權裁量之，並非必然須為撤銷或變

---

[148] 法務部民國111年10月18日法律字第11103512260號指出，行政程序法第117條所稱上級機關，宜指對原處分機關就該行政處分具有行政監督權限之行政機關，自不以有上下隸屬關係者為限，其就地方自治團體之機關所為之行政處分，中央目的事業主管機關如對之具有行政監督（事務監督與合法性監督）權限者，亦可認為此所稱上級機關。至中央目的事業主管機關對地方自治團體之行政監督權限範圍，則宜就具體個案，依地方制度法相關規定（例如第76條）為適法之判斷。

[149] 最高行政法院98年度判字第1427號判決。

更[150]。行政機關依行政程序法第117條規定撤銷違法行政處分，所行使者乃撤銷權，與行政程序法第131條規範之公法上請求權無涉，並無該條關於五年時效期間規定之適用。行政機關撤銷違法行政處分，其性質雖亦爲行政處分，然並非就違反行政法上義務之行爲，所爲罰鍰、沒入或其他裁罰性之不利處分，其撤銷權之行使期間，與行政罰法裁罰權時效期間之規定亦無涉[151]。

　　行政程序法第122條規定，非授予利益之合法行政處分，得由原處分機關依職權爲全部或一部之廢止。但廢止後仍應爲同一內容之處分或依法不得廢止者，不在此限[152]。行政程序法第123條規定，授予利益之合法行政處分，有下列各款情形之一者，得由原處分機關依職權爲全部或一部之廢止。

　　是否廢止，除法律另有規定或原處分機關裁量權減縮至零外，原則上屬行政裁量。行政機關廢止行政處分時，應基於合法之裁量，不得任意爲之，尤應就法律所保障之公益與利益妥爲衡量，並符合平等、比例等一般法律原則[153]。

　　撤銷或廢止對人民不利之行政處分，基本上爭議不大。撤銷或廢止授益處分則受到較多限制。行政處分之法律效果對於處分相對人同時有授予利益及負擔性質而不可分者，行政機關究應依職權撤銷或廢止整個行政處分，應一體適用關於授益行政處分之規定[154]。

---

[150] 最高行政法院95年度判字第1809號判決。

[151] 最高行政法院96年度判字第1402號判決。

[152] 法務部民國106年9月26日法律字第10603513030號指出，所謂「廢止後仍應爲同一內容之處分」係指倘若負擔處分經廢止後，依現存之事實與法令狀態，行政機關仍有義務再作成內容相同之處分而言。原處分爲羈束處分時，倘作成羈束處分之要件仍然存在，行政機關並無不作成處分之自由，自無許其廢止之理，否則廢止後反生違法之狀態。準此，負擔處分之廢止，原則上僅發生於裁量處分，但裁量處分如有裁量收縮之情形，行政機關已無不作爲之裁量空間，仍不得任意廢止。「依法不得廢止」，不以法律有明文禁止者爲限，尚包括依法理、基於法律規定之意義與目的、基於平等原則、基於習慣法、基於一般法律原則、基於處分之性質等不得廢止者皆屬之。

[153] 法務部民國100年3月17日法律字第1000002566號。

[154] 法務部民國100年3月18日法律決字第1000004990號。

第二項　撤銷與廢止之差異

一、標的不同

　　撤銷針對違法或不當行政處分，廢止則針對合法行政處分。行政處分合法與否並非以撤銷或廢止時之法律或事實情形而定，係以作成行政處分當時之法律及事實情況認定之。設立許可合法，事後因經營登記事項以外業務，而須排除許可之效力時，則屬廢止權之行使而非撤銷權。

二、法益衡量不同

　　行政程序法第117條規定，違法行政處分於法定救濟期間經過後，原處分機關得撤銷之。即使人民未提起救濟，該處分已具有形式存續力，仍賦予行政機關裁量權，撤銷違法行政處分。既然法定救濟期間已過，表示人民並無異議，為何還要賦與行政機關撤銷權？針對違法行政處分，人民於法定救濟期間內，得提起行政爭訟，行政機關亦得主動撤銷；即使經過法定救濟期間，行政機關仍得撤銷。依法行政係行政行為最基本的原則，人民有無提起救濟對依法行政之遵守並無影響。尤其行政處分對人民不利時，撤銷違法行政處分，可以保障人民權利並符合依法行政原則；撤銷授益處分，則涉及依法行政原則及信賴保護原則之衝突。

　　廢止合法行政處分，並未直接涉及依法行政爭議，然人民因信賴該行政處分而生之信賴利益及因該事實、法律改變若不廢止行政處分將對公益產生重大危害，而有廢止之必要者，則涉及信賴保護與公共利益之衡量。

三、原　因

　　撤銷與廢止侵益處分基本上爭議不大，並無原因限制；撤銷或廢止授益處分則有所不同。就廢止而言，因行政處分本屬合法，故除有法律特別規定外，不能事後廢止之。撤銷是否亦須有法律特別規定方能撤銷，則有不同見解：有認為撤銷與廢止相同，須法律有特別規定，方能撤銷之。惟多數說認為，違法情形原因繁多，無法一一列舉，依行政程序法第117條規定，違法行政處分即得撤銷，並未限制原因。

　　惟行政機關對於人民依法規之申請，雖定有處理期間，法規如未明定逾期處理之法律效果者，該期間僅係督促行政機關不得怠於作為之訓示規定，縱使

行政機關於處理時未能遵循，亦僅係妥適與否之問題，不生行政處分違法之效果[155]。

（一）撤銷原因

由於撤銷涉及依法行政與信賴保護原則之衝突，依行政程序法第117條規定，原則上以依法行政為優先，原處分機關得依職權為全部或一部之撤銷；其上級機關，亦得為之。原處分機關與上級機關得依職權裁量，是否撤銷之。但有兩個例外情形不得撤銷，撤銷對公益有重大危害或受益人無行政程序法第119條所列信賴不值得保護之情形，信賴授予利益之行政處分，其信賴利益顯大於撤銷所欲維護之公益者。

就行政程序法第117條結構觀之，行政機關發現違法行政處分時，思考步驟如下：

1. 行使裁量權判斷是否須撤銷。若違法輕微依職權認定不須撤銷者，則該行政處分繼續有效。
2. 認定行政處分應撤銷，則應視該行政處分是否存在行政程序法第117條規定之例外情形：(1)撤銷對公益有重大危害者。(2)受益人無第119條所列信賴不值得保護之情形，而信賴授予利益之行政處分，其信賴利益顯然大於撤銷所欲維護之公益者。若不存在例外情形則可撤銷；若存在例外情形，則不得撤銷。但第二個例外情形之認定常有爭議，須先確定信賴是否值得保護，再視其信賴利益與所欲維護之公益何者為大，信賴利益顯然大於撤銷所欲維護之公益時，則不得撤銷。公私法益之衡量，必須對信賴利益做量化處理，並對公益之具體內容作詳細論述，方能判斷信賴利益是否顯然大於公共利益[156]。

行政程序法第119條規定，受益人有下列各款情形之一者，其信賴不值得保護：1.以詐欺、脅迫或賄賂方法，使行政機關作成行政處分者。2.對重要事項提供不正確資料或為不完全陳述，致使行政機關依該資料或陳述而作成行政處分者。3.明知行政處分違法或因重大過失而不知者。

---

[155] 最高行政法院106年度判字第524號判決。
[156] 最高行政法院98年度判字第828號判決。

案 例

信賴利益顯然大於公共利益

▶最高行政法院98年度判字第125號判決

　　主管機關因未辨明公所出具之行文未記載系爭土地為公共設施保留地，而作出予免徵土地增值稅之違法行政處分。土地增值稅之徵免為土地買賣成交與否之考量重點，主管機關核定之免稅處分，已使買賣雙方有所信賴，而表現後續之買賣程序。主管機關於土地已辦竣過戶程序一年後，突然作成補徵金額各近約500萬元之處分，相較於受益人出售土地之所得價金僅有100餘萬元，不只造成受益人背負巨額之公法上債務，且將造成相關當事人間之輾轉求償，對於已然確定之法律關係發生巨變，本件信賴利益顯然大於主管機關撤銷處分所欲維護之公益，主管機關依法不得撤銷免徵土地增值稅之違法行政處分。

信賴利益未顯然大於公共利益

1. 最高行政法院99年度判字第213號判決

　　中紡科技實業股份有限公司之信賴利益為該商標移轉登記完成所生「得對抗第三人」之利益，撤銷原處分所欲維護之利益則涉及「法院禁止處分之公信力」及「商標登記之正確性」之公益，中紡科技實業股份有限公司之信賴利益尚不至顯然大於撤銷所欲維護之公益。

2. 最高行政法院106年度判字第159號判決

　　教師敘薪之核計，涉及教師敘薪核計公平性之公共利益，顯然大於教師個人之利益，故學校依職權撤銷違法之敘薪通知，自屬合法。

不值得信賴

1. 臺北高等行政法院93年度訴字第1442號判決（違法取得學位）

　　原告取得碩士學位當時之學位授予法雖未明文規定，各大學對其所授予之學位，如發現論文有抄襲情事，經調查屬實者，應予撤銷，但依當時學位授予法第4條規定之解釋，仍應有相同之結論。原告碩士論文既係抄襲而來，自屬以詐欺方法使被告作成授予學位之處分，其信賴自不值得保護

（行政程序法第119條第1款）。

2. 最高行政法院100年度判字第1192號判決

申請人於申請職業登記證時，對其是否曾有道路交通管理處罰條例第37條第1項規定之前科之重要事項為不完全陳述，致使主管機關依該資料或陳述而作成行政處分者，依行政程序法第119條第2款規定，其信賴不值得保護。

3. 最高行政法院99年度判字第19號判決

上訴人與福○公司等其他起造人共同提出該偽造之土地使用權同意書，以為申請之重要依據，自應查證並擔保其正確性。上訴人明知該土地使用權同意書為偽造，竟持以行使申請執照，自係對於重要事項提供不正確資料，原審認依行政程序法第119條第2款規定，上訴人之信賴不值得保護，於法自無違誤。

4. 最高行政法院96年度判字第651號判決

申請人未表明其有在行政院農業委員會桃園區農業改良場領取一次退職費之事實，而為本件敬老津貼之申請及領取，自有行政程序法第119條第2款所稱「對重要事項為不完全陳述」情事，是其對系爭敬老津貼之發給縱有信賴之表現，其信賴亦不值得保護。

5. 最高行政法院100年度判字第1911號判決

電子遊戲場因受停業處分而處於停業狀態，上訴人向原負責人頂讓該電子遊戲場業時，縱使未獲原負責人告知實情，但只要前往現場查看，稍向同業、鄰居或當地派出所打聽，或登上政府工商網站搜尋，即可輕易知悉；如果其未知悉，正顯示其未從事任何查詢動作，尚難謂無違反一般人之注意義務，而有重大過失。商號因涉及賭博而遭停業處分，甚至應廢止其登記者，依法既應禁止其繼續營業，衡諸常情，即難以期待其申請負責人變更登記以繼續營業會獲得主管機關之准許。上訴人檢具其與原負責人所簽訂之讓渡書，向臺北縣經發局申請核准將電子遊戲場商號負責人變更為上訴人及轉讓登記，對於上開核准係屬違法之行政處分，縱非明知，亦屬因重大過失而不知。上訴人雖引據該違法之核准處分作為其信賴基礎，但依行政程序法第119條第3款規定，其信賴仍不值得保護。

（二）廢止原因

　　廢止授益處分涉及人民信賴利益與公共利益之衡量，人民信賴利益原則上應優先保護，除行政程序法第123條所列舉之五款原因外，不得廢止之[157]。

1. 法規准許廢止者，因人民能預估行政處分之廢止因而無信賴保護問題，例如，水利法第19條規定、社會救助法第9條規定[158]。

　　最高行政法院108年度判字第38號判決指出，行政程序法第123條第1款之法規，係指法律（名為法、律、條例或通則）及各機關依其法定職權或基於法律授權訂定之命令（得依其性質，稱規程、規則、細則、辦法、綱要、標準或準則），亦即法律、職權命令及法規命令，而不包括行政規則，此觀中央法規標準法第2條、第3條、第4條、第7條、行政程序法第150條第1項、第159條、第161條規定自明。

　　法規就特定之授益行政處分，明文規定行政機關在一定情形得予以廢止者，應已就信賴保護及法律安定為抽象之立法裁量，原處分機關自得根據有關規定之授權，為具體之行政裁量，決定是否廢止有關之合法授益處分。申請農業用地作農業設施容許使用審查辦法（審查辦法）第33條第2項規定，直轄市或縣（市）主管機關應對取得容許使用之農業設施及其坐落之農業用地造冊列管，並視實際需要抽查是否依核定計畫內容使用；未依計畫內容使用者，原核定機關得廢止其許可，並通知區域計畫或都市計畫主管機關依相關規定處理。但配合政

---

[157] 法務部民國109年5月6日法律字第10903505840號指出，法律嚴格限制行政機關依職權廢止授益處分之原因，其立法意旨在於保護相對人之信賴。至於授益處分可否因受益人同意而廢止？學者有主張肯定說，亦有認為行政程序法第123條規定之法定廢止原因具排他性而主張否定說者。倘若受益人對行政處分之受益內容依法有處分權，且該處分之廢止不致妨礙公益，其既表示放棄權益，似無不許行政機關廢止該授益處分之理（法務部民國95年9月15日法律字第0950032284號函參照）。

[158] 水利法第19條規定，水源之水量不敷公共給水，並無法另得水源時，主管機關得停止或撤銷第18條第1項第1款以外之水權，或加使用上之限制。前項水權之停止、撤銷或限制，致使原用水人受有重大損害時，由主管機關按損害情形核定補償，責由公共給水機構負擔之。社會救助法第9條規定，直轄市、縣（市）主管機關為執行本法所規定之業務，申請人及其家戶成員有提供詳實資料之義務。受社會救助者有下列情形之一，主管機關應停止其社會救助，並得以書面行政處分命其返還所領取之補助：1.提供不實之資料者。2.隱匿或拒絕提供主管機關所要求之資料者。3.以詐欺或其他不正當方法取得本法所定之社會救助者。

策休耕、休養、停養者，不在此限。直轄市或縣（市）主管機關作成
核發農業用地作農業設施容許使用同意書之授益行政處分後，應對取
得容許使用之農業設施及其坐落之農業用地造冊列管，並視實際需要
抽查是否依核定計畫內容使用；未依計畫內容使用者，原核定機關得
廢止其許可，於此情形所爲之廢止處分，自合於行政程序法第123條第
1款之規定，且因審查辦法第33條第2項訂定當時，已就信賴保護及法
律安定爲抽象之立法裁量，依審查辦法第33條第2項規定所爲之廢止，
因係法規已規定廢止之原因，性質上爲受益人得以事前預估者，非屬
行政程序法第123條第4款及第5款之情形，受益人無從依行政程序法第
126條第1項規定主張信賴補償[159]。

2. 原處分機關保留行政處分之廢止權者，例如，行政機關允許於人行道
上設攤，但附記交通流量至一小時500臺車輛經過，每分鐘有20個行人
通行時，將廢止許可。電業經營屬特許事業，非得主管機關特許，不
得爲之，亦即主管機關對此具有裁量權。主管機關對於上訴人依電業
法第18條第1項規定，申請籌設發電廠（經營電業）所作核准備案之
行政處分，性質上爲授益行政處分，主管機關自得依行政程序法第93
條、第123條規定，於同意上訴人經營電業之核准備案函中，保留廢止
權之附款。……依核准備案函所載，上訴人應至遲於1998年1月31日後
之六個月內即1998年7月31日前提出環境影響評估核准文件。但上訴人
並未於上開期日前提出核准文件，且迄核准備案行政處分被廢止前，
均未提出，已違反該附款規定，主管機關廢止該核准備案，自屬有
據[160]。

3. 附負擔之行政處分，受益人未履行該負擔者。此係可歸責於受益人，
行政機關得廢止該行政處分。
依遺產及贈與稅法第30條規定，遺產稅應以現金繳納，必須現金繳納
確有困難時，始得申請以實物抵繳。稅捐稽徵機關核定准許抵繳之處
分，即發生延長繳納期限之效果，自屬授予利益且附有負擔之行政處
分。如納稅義務人未於稅捐稽徵機關所定期限辦理實物抵繳完畢，稅
捐稽徵機關依行政程序法第123條第3款及第125條規定，即得依職權爲

---

[159] 法務部民國111年2月9日法律字第11103502700號。
[160] 最高行政法院94年度判字第767號判決。

全部或一部之廢止，並溯及既往失其效力[161]。

4. 行政處分所依據之法規或事實事後發生變更，致不廢止該處分對公益
將有危害者。

事實事後發生變更係指作成行政處分之基礎事實，於行政處分作成後
有所改變者而言[162]，不包括行政機關對於事件狀況為不同於原先之
評估。本款之適用以事實或法規變更為前提，若係對法律規定解釋錯
誤，則屬違法行政處分，應適用撤銷規定。本款規定並非賦予行政機
關廢止之義務，而是應作利益衡量，不廢止行政處分是否對公益有危
害，衡量公共利益保護與信賴利益保護的大小。所謂有害公益，係指
廢止行政處分之公益超過維持行政處分之利益。惟其有害公益之程
度，尚不及於對公共福祉之重大不利益，否則當屬行政程序法第123條
第5款之廢止原因。一般而言，有事實狀況變更後，不得作成該行政
處分，或作成該行政處分至少有裁量瑕疵時，即為有害公益[163]。行政
程序法第126條第1項規定，原處分機關依第123條第4、5款規定廢止授
予利益之合法行政處分者，對受益人因信賴該處分致遭受財產上之損
失，應給予合理之補償。

國軍審酌是否准予官兵志願留營而為留營核定，係以留優汰弱為目
標，基於尊重官兵個人意願之前提下，以學經歷完整並具發展潛力者
優先甄選之。非具備上述留營入營甄選規則第3條第1項各款之情形，
固不得准予志願留營，雖具有各款情形者，主管機關亦有許可與否
之裁量餘地，此種留營核定之行政處分性質上屬裁量處分。留營核
定既為裁量處分，於處分後發生對核定具有重要性之新事實，如品德
不良、影響部隊安全、因案判刑及因傷病不適服現役等情事，與擇優
留營之目的有違，原處分機關於考量符合「不廢止該處分對公益將有
危害」之要件下，尚非不得據以依行政程序法第123條第4款規定，廢
止留營核定。上訴人於空軍通信航管資訊聯隊志願留營開始前，以空
軍通信航管資訊聯隊經地安鑑定綜合結論，認其擔任密碼通信士業管
機密資訊，保密習性欠佳，有肇致機密資訊外洩疑慮，且營外交往複

---

[161] 最高行政法院97年度判字第1081號判決。

[162] 法務部民國106年9月6日法律字第10603511800號。

[163] 最高行政法院107年度判字第308號判決。

雜，有影響軍譽之虞，鑑定等級為C級，具危安顧慮，以原處分註銷（即廢止）留營核定。可知，本件留營核定後，因有上開地安鑑定綜合結論，鑑定等級為C級，屬事後發生對留營核定具有重要性之新事實，上訴人基於該變更後之事實，認與擇優留營之目的有違，依原來之法律規定有權不作成留營核定，並以被上訴人業管機密資訊，保密習性既有危安顧慮，不廢止該處分對公益將有危害，是以原處分註銷（即廢止）留營核定，符合行政程序法第123條第4款規定，於法有據[164]。

自辦市地重劃區籌備會成立之核准（定）既為裁量處分，於處分後發生對核准（定）具有重要性之新事實，致與市地重劃之目的有違，原處分機關於考量符合「不廢止該處分對公益將有危害」之要件下，尚非不得依行政程序法第123條第4款規定，為全部或一部之廢止。高雄市政府基於其作成2006年核准處分後之事實變更，審酌防洪整治需求之必要與急迫性（加速整治時程及徹底解決仁武八卦寮地區水患，使上游草潭埤與下游北屋排水同步整治）、市民生命財產安全、保障參與重劃土地所有權人之分配權益（經高雄市政府初步評估公辦市地重劃平均負擔比率為37.53%，低於原自辦市地重劃平均負擔比率38%）、自辦市地重劃之繁複冗長程序（上訴人尚未獲准成立重劃會）、開發時限（六年開發期程，僅剩一年餘）、避免後續都市計畫程序不當財政浪費（如逾六年開發期程，應重新依都市計畫法定程序辦理檢討變更）等公共利益，依行政程序法第123條第4款規定，作成原處分，將2006年核准處分廢止，並駁回上訴人2017年3月17日核准成立重劃會之申請（按高雄市政府另就上述變更後之市地重劃範圍迅速啟動公辦市地重劃程序，並於開發期限屆至前之2020年5月間完成市地重劃計畫書之核定公告程序），適法有據[165]。

醫療機構開業執照之取得，即表彰醫療機構開業應具備條件已滿足醫療法前揭規定，而賦予其開業許可之意義（醫療法第15條第1項參照），具有授益行政處分之性質。醫療機構之開業應先取得開業執照，無非在使主管機關得以掌握轄區內醫療機構提供醫療服務之內

---

[164] 最高行政法院107年度判字第452號判決。
[165] 最高行政法院109年度上字第1151號判決。

容，俾以有效管理並整體合理分配醫療資源，使人民得以充分安全獲得其轄區內之醫療服務。對於取得開業執照之醫療機構，事後原登記事項發生改變，無法期待其繼續開業時，主管機關為重新規劃計算轄區內之醫療資源，避免發生人們接受醫療有不足或不便之情事，即有必要依醫療法第1條後段適用行政程序法第123條第4款規定，將表彰授予其開業資格之開業執照予以廢止[166]。

5. 其他為防止或除去對公益之重大危害者。

公益之重大危害，不以廢止具有公益性為已足，必須為防止或除去公益遭受脅迫性損失而有廢止之必要，亦即必須已有或將有具體危險之存在；但不以「公益之重大危害」係受益人所導致為必要，且不以廢止授益處分係「防止或除去對公益之重大危害」之唯一方法為限[167]。

行政程序法第126條第1項規定，原處分機關依第123條第4款、第5款規定廢止授予利益之合法行政處分者，對受益人因信賴該處分致遭受財產上之損失，應給予合理之補償。補償額度不得超過受益人因該處分存續可得之利益。關於補償之爭議及補償之金額，相對人有不服者，得向行政法院提起給付訴訟（行政程序法第126條第2項、第120條第2項、第3項）[168]。

四、行使時間限制

違法行政處分理論上應隨時得撤銷，但為維護法律安定性，行政程序法第121條規定，第117條之撤銷權，應自原處分機關或上級機關知有撤銷原因時起二年內為之。行政程序法第121條第1項規定之二年應屬除斥期間性質，旨在為

---

[166] 最高行政法院110年度上字第643號判決。

[167] 法務部民國107年2月26日法律字第10703502620號。

[168] 於撤銷違法行政處分時亦有類似補償之規定，行政程序法第120條規定，授予利益之違法行政處分經撤銷後，如受益人無前條所列信賴不值得保護之情形，其因信賴該處分致遭受財產上之損失者，為撤銷之機關應給予合理之補償。前項補償額度不得超過受益人因該處分存續可得之利益。關於補償之爭議及補償之金額，相對人有不服者，得向行政法院提起給付訴訟。最高行政法院111年度上字第670號判決指出，行政程序法第120條第1項所謂「因信賴該處分致遭受財產上之損失」，係指先前授予利益處分之受益人因信賴原處分機關之行為而展開具體之信賴行為（包括運用財產及其他處理行為），且信賴行為與信賴基礎間須有因果關係，因嗣後原處分機關之撤銷，致使受益人遭受不能預見之財產上損失，並不包括該違法處分原授予之不法利益本身。

撤銷形成權之行使設定期間之限制，以使法律關係早日確定，以維法秩序之安定，二年之除斥期間量設，更寓有使撤銷權責機關得以查明個案是否有行政程序法第117條但書所列二款情事，並妥爲合義務裁量之旨，此與消滅時效制度有意不提供怠惰行使請求權者權利保護，顯有不同[169]；知有撤銷原因應係指明知及確實知悉授益處分有違法情事，倘僅懷疑有違法情事而未經調查確實者，尚難謂知有撤銷原因[170]。

依行政程序法第121條第1項規定，知有撤銷原因爲撤銷權除斥期間之起算點。在授益行政處分之撤銷，且其撤銷純係因法律適用之瑕疵時，尚非僅以原處分機關或其上級機關可得知悉違法原因時，爲除斥期間之起算時點，仍應自有權撤銷之機關確實知曉原作成之授益行政處分有撤銷原因時，起算二年之除斥期間。因此，是否確實知曉有撤銷原因者，乃事實問題，自應具體審認[171]。廢止針對合法行政處分，爲保障人民權益，一有廢止原因即應立即廢止，行政程序法第124條規定，第123條之廢止，應自廢止原因發生後二年內爲之，二年內不行使，則不得廢止。

符合行政程序法第123條規定之法定情形時，原處分機關得依職權廢止原處分，若原處分並未限定負擔應履行之期限，則該負擔原則上隨著土地所有權之移轉而由後手繼受，現土地所有權人申請廢止處分時，即可推斷有不履行負擔之意，因此依行政程序法124條規定，自其申請不履行負擔時起二年內，處分機關自得本於職權廢止該處分[172]。

行政程序法第124條之除斥期間規定，實爲一種善後規定，乃是在確定情事變更對合法處分規制效力所帶來合法性或合目的性衝擊已經固定後，基於維繫既有法律狀態之考量，對廢止權行使期間所爲限制之規範。其期間起算點定爲廢止原因發生後之客觀時點，顯然是認爲廢止事由在性質上客觀、明確，認知上沒有困難。且事由一旦發生，即行終結，無需考量廢止事由之延續可能性。但若情事變更所導致之違反規範狀態衝擊，沒有固定下來，仍在延續中，並持續影響公益及第三人權利時，二年除斥期間之適用即非全然妥適。因此，

---

[169] 最高行政法院111年度上字第240號判決。

[170] 最高行政法院102年度判字第48號判決。如此一來，時效之起算取決於行政機關是否依職權調查，人民權利將因此項不確定因素可能長期處於不確定狀態，是否妥適，不無疑問。

[171] 最高行政法院102年度2月份第2次庭長法官聯席會議。

[172] 法務部民國97年7月18日法律決字第0970022392號。

亦有認為行政程序法第124條規定有其適用界限，並非全部授益處分之廢止均適用行政程序法第124條。本案原（廢止）處分所依據之法定廢止事由，既為水土保持計畫審核監督辦法第31條第1項第1款及第2項規定，該條規定之規範意旨，乃針對違反授益處分內含之誡命要求；且不予廢止，違反誡命要求所產生之危害，即無從終局排除之情形所為之特別規範，自不在行政程序法第124條所定二年除斥期間之適用範圍[173]。

五、撤銷與廢止之效力

（一）行政處分之效力

1. 溯及既往

行政程序法第118條規定，違法行政處分經撤銷後，溯及既往失其效力。但為維護公益或為避免受益人財產上之損失，為撤銷之機關得另定失其效力之日期。行政處分撤銷之效果，在使該處分自始失其效力。撤銷效果溯及既往，有時因破壞既成法律秩序，而有害公益或過度侵害當事人權益，為維護公益或避免受益人財產上損失，為撤銷機關得另定其失效日期；在例外情形，行政機關得依職權裁量指定行政處分於較後日期失其效力，例如，自未來某一特定時間起失效。違法行政處分撤銷效果是否溯及既往，宜視對社會秩序及當事人利益之影響而定，不宜過於機械，以兼顧既成法律秩序與當事人權益之衡平[174]。

2. 向後生效

行政程序法第125條規定，合法行政處分經廢止後，自廢止時或自廢止機關所指定較後之日時起，失其效力。但受益人未履行負擔致行政處分受廢止者，得溯及既往失其效力。

（二）不當得利之返還

1. 行使方式

舊行政程序法第127條規定，授予利益之行政處分，其內容係提供一次或連續之金錢或可分物之給付者，經撤銷、廢止或條件成就而有溯及既往失效之情形時，受益人應返還因該處分所受領之給付。其行政處分經確認無效者，亦

---

[173] 最高行政法院109年度判字第566號判決。

[174] 法務部民國101年11月1日法律字第10103108820號。

同。前項返還範圍準用民法有關不當得利之規定。行政機關如何要求返還不當得利，有不同看法。

最高行政法院一向認為應提起一般給付訴訟，作成授益處分機關撤銷授益處分，而依行政程序法第127條請求受益人返還（公法上）不當得利，得否以行政處分命返還呢？雖然國內學說引用部分德國判決及學說之「反面理論」（Kehrseite Theorie）（行政機關以行政處分為給付者，得以行政處分命返還）持肯定見解。惟此問題在德國學說上原屬相當有爭論之問題。反對見解認為，法律保留原則亦適用於行政行為之形式，行政機關對人民有請求權之實體法上依據，不能直接作為其有作成行政處分命給付之法律基礎。作成命給付之行政處分，因其為課人民以義務之處分，仍須法有明文，始得為之。嗣德國聯邦行政程序法於1996年修正，增訂第49條之1，於該條第1項規定，行政處分撤銷或廢止溯及既往發生效果，或因解除條件成就而失其效力者，已提供之給付應予返還。應返還之給付，以書面之行政處分核定之（本項前段相似規定原規定於同法第48條第1項）。該條項後段「應返還之給付，以書面之行政處分核定之」，即是賦與行政機關得以行政處分命人民為給付之法律基礎。是以作成授益處分機關撤銷授益處分，而請求受益人返還（公法上）不當得利，在法無明文情形下，得否以行政處分命返還，在德國非屬一致見解，最後係以法律規定解決之。我國行政程序法第127條繼受德國聯邦行政程序法第48條，並未有如該法第49條之1第1項後段規定，尚不能以受益人依行政程序法第127條負有返還所受領給付之義務，而認處分機關得以行政處分命其返還[175]。最高行政法院104年度6月份第1庭長法官聯席會議（一）亦決議，行政程序法第127條第1項規定，目的在使行政機關所為授益行政處分因違法經撤銷等原因而溯及失其效力，受益人應返還因該處分所受領之給付，其條文立法原係繼受德國聯邦行政程序法第48條，但並未有如該法第49條之1第1項後段之規定「應返還之給付，以書面之行政處分核定之」而賦與行政機關得以行政處分命人民為給付之法律基礎。

法務部則有不同看法，公法上不當得利請求返還，如原給付係依據行政處分之作成，於該行政處分自始無效、或經撤銷、廢止時，始得就基於該行政處分所為之給付，主張返還請求權。公法上不當得利請求返還之方式，得否由行政機關對於該請求權之行使以行政處分命其返還，法務部傾向採肯定見解，即

---

[175] 最高行政法院102年度判字第600號判決。

授予利益行政處分，經行政機關依法撤銷後，受益人受領利益之法律原因即於撤銷範圍內溯及失其效力，其自應負有返還該已無法律上原因之利益之義務，原授予利益之機關即有請求其返還該公法上不當得利之返還請求權，並基於經濟原則，撤銷授予利益處分自得以行政處分之方式命其返還該項不當得利[176]。惟法務部後來改變見解，最高行政法院104年度6月份第1次庭長法官聯席會議決議，顯現司法實務就該問題已統一法律見解。最高行政法院表示其適用法律見解之決議，原僅供院內法官辦案之參考，並無必然之拘束力，雖不能與判例等量齊觀，惟決議之製作既有法令依據（最高行政法院處務規程第28條），又代表最高行政法院之法律見解，如經法官於裁判上援用時，即有事實上之拘束力，即除法規規定已賦予行政機關有單方以行政處分裁量命人民返還不當得利之核定權（例如，老人福利法第12條第5項規定）外，於行政機關以函文通知受益人返還，仍不返還者，須另行提起給付訴訟，以取得執行名義（不得僅依據行政程序法第127條規定作成處分並移送執行）[177]。

　　學術見解則大都多主張適用反面理論，行政機關得以行政處分命人民返還不當得利[178]。為解決此項爭議，2015年12月30日公布施行之行政程序法第127條第3項規定，行政機關依前二項規定請求返還時，應以書面行政處分確認返還範圍，並限期命受益人返還之。惟考量受益人或有對命返還之處分不服而提起行政救濟之情形，為避免行政機關於上開處分未確定前，即移送行政執行，行政處分因救濟而被撤銷，致受益人權益遭受損害，行政程序法第127條第4項規定，第3項行政處分未確定前，不得移送行政執行。至於新法施行前已發生之公法上不當得利事實或法律關係應如何處理呢？行政程序法第127條規定修正施行後，如有行政程序法第127條第1項所定公法上不當得利之事實或法律關係存在，不論該事實或法律關係發生於新法施行前或施行後，於請求權時效期間內，原作成授益處分之行政機關，均得於行政程序法第127條第3項規定施行後直接作成書面行政處分確認返還範圍，並限期命受益人返還[179]。

---

[176] 法務部民國100年3月1日法律字第0990700766號。

[177] 法務部民國104年9月24日法律字第10403511430號。

[178] 有關論述，蕭文生，公法上不當得利返還請求權之實現，月旦法學雜誌，第119期，2005年4月，第191-201頁。

[179] 法務部民國105年8月17日法律字第10503512180號。

2. 不當得利返還範圍——附加利息之爭議

　　無法律原因而返還原受領之金錢或給付並無爭議，惟是否加計利息，則有不同看法。行政法上之公法上不當得利，例如，行政程序法第127條關於授益處分之受益人返還所受領之給付，稅捐稽徵法第28條關於納稅義務人申請退還溢繳稅款等規定屬之，無非就不同態樣為規定，尚無統一的不當得利法之明文。適用之際，法律有特別規定者，自當依其規定，法律未規定或規定不足者，固得類推適用民法相關規定；惟所謂「類推適用」應就性質相類似者為之，如二者事物之本質不同，自無類推適用餘地。公法上不當得利返還義務之範圍，應否類推適用民法第182條第2項規定，將受領時所得之利益或知無法律上之原因時所現存之利益，附加利息一併償還，有學者認為，公法之返還義務，如法律未有加計利息之規定，並不當然加計利息[180]。另有學者認為，公法上不當得利之返還客體，於行政程序法第127條第1項以外之公法上不當得利之情形，類推適用民法第181條之結果，其返還客體包括：1.所受利益。2.本於該利益更有所取得者。除非法律明文規定應計算利息，如實際上未有所取得者，即不列入返還客體；且通常可認為行政機關不當得利之金錢，無更取得利息，因國家之公法上收入，原則上並非在於獲利，而是在於公益上運用[181]。

　　司法實務似尚無統一之見解。最高行政法院92年度判字第1661號判決認為在公法上，並無金錢債務應由債務人加計利息之一般法律原則存在，因此，必須法律有明文規定，始應加計利息[182]。

3. 證書、物品之收回

　　行政程序法第130條規定，行政處分經撤銷或廢止確定，或因其他原因失其效力後，而有收回因該處分而發給之證書或物品之必要者，行政機關得命所有人或占有人返還之。前項情形，所有人或占有人得請求行政機關將該證書或物品作成註銷之標示後，再予發還。但依物之性質不能作成註銷標示，或註銷標示不能明顯而持續者，不在此限。證書或物品係指專利證書、汽車號碼牌等。

　　行政程序法第130條所規定之其他事由，包括當事人死亡或法人格消滅之情形。公司之權利能力原則上終於清算完結，公司清算完結後，其法人格消

180 陳敏，前揭書，第1271頁。
181 林錫堯，前揭書，第152頁。
182 法務部民國100年1月20日法律字第0990587470號。

滅，原以該公司為相對人之行政處分即因公司法人格消滅失其效力，主管機關並得依行政程序法第130條規定收回或註銷因該處分而發給之證書或物品[183]。

第三項　行政程序之重開

舊行政程序法第128條規定，行政處分於法定救濟期間經過後，具有下列各款情形之一者，相對人或利害關係人得向行政機關申請撤銷、廢止或變更之。但相對人或利害關係人因重大過失而未能在行政程序或救濟程序中主張其事由者，不在此限：一、具有持續效力之行政處分所依據之事實事後發生有利於相對人或利害關係人之變更者。二、發生新事實或發現新證據者。但以如經斟酌可受較有利益之處分者為限。三、其他具有相當於行政訴訟法所定再審事由且足以影響行政處分者。前項申請，應自法定救濟期間經過後三個月內為之；其事由發生在後或知悉在後者，自發生或知悉時起算。但自法定救濟期間經過後已逾五年者，不得申請。第1項之新證據，指處分作成前已存在或成立而未及調查斟酌，及處分作成後始存在或成立之證據。

行政程序法第128條係針對於法定救濟期間經過後，已發生形式確定力之行政處分，為保護相對人或利害關係人之權利及確保行政行為合法性所為之例外規定。行政處分提起行政救濟經行政法院實體判決確定者，因已生判決既判力，且行政訴訟法對行政法院確定判決另定有再審救濟程序，經行政法院實體確定判決維持之行政處分，當事人再為之爭執，若屬得循行政訴訟再審程序請求救濟者，則非屬得依行政程序法第128條規定申請重開行政程序之範疇。

行政程序法第128條所規定之程序重開乃係在一般行政救濟途徑以外，另設之特別救濟途徑，旨在調和法之安定性與合法性間之衝突，以保護相對人或利害關係人之權益，並確保行政處分之合法性。其既屬特別救濟途徑，本諸例外從嚴原則，所謂法定救濟期間經過後，自應認係指行政處分因法定救濟期間經過後，不能再以通常之救濟途徑，加以撤銷或變更，而發生形式確定力者。若當事人或利害關係人已依法提起行政救濟，無論在行政救濟程序中或已終結，均應依行政救濟之程序進行及定其效果，自無再許其另闢蹊徑申請程序重開，否則不但有違訴訟經濟原則，亦使行政處分存續力與法院判決既判力產生

---

[183] 法務部民國95年1月10日法律字第0940049588號。

衝突[184]。

　　此外，基於訴訟經濟及避免法院判決既判力與行政處分存續力產生衝突兩大原則，目前實務上多數見解，均將行政程序法第128條第1項所謂「法定救濟期間經過後」採限縮性解釋，限於「未於法定救濟期間提起救濟致處分確定之情形」，始得申請程序重開。此項見解與該項但書「未能在行政程序或救濟程序中主張其事由者」之文義未盡相符。惟爲防止濫訴及避免存續力與既判力衝突，日前實務上對該條之限縮性解釋，仍較文義性解釋更能符合程序重開之立法意旨及規範目的，並無違合目的性解釋原則[185]。

　　行政程序法第128條第1項第1款所謂行政處分所根據之事實或法律關係變更，指當事人所爭議者係原爲合法之行政處分，於作成之後，事實或法律狀況產生有利於己之改變；第2款所指新事實、新證據，應係客觀上發生足以改變舊事實之新事實，及足以認定原處分違法不當之從未斟酌之新證據[186]。重新開始行政程序之決定可分兩階段，第一階段爲作成准否重新開始行政程序之決定，第二階段爲准予重新開始行政程序後，作成撤銷、廢止或變更原處分或維持原處分之決定。行政機關於第一階段認爲行政處分相對人或利害關係人之申請不符重新開始行政程序之法定要件，作成否准重新開始行政程序之決定，即無第二階段作成撤銷、廢止或變更原處分抑或維持原處分之決定[187]。無論是第一階段或第二階段之決定，性質上皆爲新的處分，受不利處分之申請人或利害關係人自得依法提起行政爭訟。

　　依司法實務之見解，發生新事實乃係指對原決定據以作成之構成要件事實，有所變更，亦即行政處分作成後，事情的眞實情形在實際上有所改變始足當之；發現新證據則係指處分時已存在各種可據以證明事實之存否或眞僞之認

184 最高行政法院101年度判字第354號判決。最高行政法院108年度判字第585號判決指出，非經行政法院實體判決確定之行政處分，符合行政程序法第128條規定者，相對人或利害關係人自得申請重新進行行政程序；若經行政法院實體確定判決予以維持之行政處分，因得依再審程序謀求救濟，基於訴訟經濟（防止濫訴）及避免法院判決之既判力與行政處分之存續力產生衝突兩大原則，自不在依行政程序法第128條規定申請重新進行行政程序之列，惟如無從以行政訴訟法第273條第1項各款事由以再審程序謀求救濟者，因捨行政程序重開之外別無他途，解釋上，當應容許其申請重新進行行政程序，以求周延。

185 最高行政法院100年度判字第2163號判決。

186 最高行政法院109年度上字第843號判決。

187 最高行政法院100年度判字第2000號判決、最高行政法院108年度判字第585號判決。

識方法，為申請人所不知，且未經行政機關斟酌，現始知之者[188]。惟自行政程序法第128條第1項規定之文字來看，新證據是否必須限於「作成行政處分之時業已存在，惟未經斟酌之證據」，似有疑問。由於行政程序法第128條規定之立法目的係為加強對人民權利之保護，確保行政之合法性，因此，凡足以推翻或動搖原行政處分所據以作成事實基礎之證據，皆應屬於「發現新證據」之適用範圍，換句話說，於行政處分作成後始存在或成立之證據當然應包括在內，方符合行政程序法第128條規定之立法目的。2021年1月20日修正公布之行政程序法第128條新增第3項規定，明定「第一項之新證據，指處分作成前已存在或成立而未及調查斟酌，及處分作成後始存在或成立之證據」，以求杜絕爭議，確保人民權利之實現。

第七節　行政處分之轉換

對於違法之行政處分，行政機關得本於職權撤銷之，但若撤銷對公益有害或受益人之信賴值得保護時，則不得撤銷。除此之外，行政程序法第116條第1項規定，行政機關得將違法行政處分轉換為與原處分具有相同實質及程序要件之其他行政處分，此稱為行政處分之轉換[189]。換句話說，將違法之行政處分溯及既往地轉變成具有相同程序及實質要件之合法行政處分[190]，而可實現相同之公益或私益之目的[191]。行政處分轉換之法理基礎，在於使違法行政處分所包含之合法部分，繼續維持效力，以確保行政處分合法部分實效與安定，避免行政處分遭受撤銷而行政機關為達成行政目的必須另作成行政處分。行政處分之轉換法理，具有確保法安定性與程序經濟等意義。其要件如下：一、原處分違法。二、原處分包含新處分（指轉換後之行政處分）。三、新處分與原處分之目的相同。四、新處分本身必須形式上與實質上合法。五、新處分之法律效果較舊處分之法律效果，對當事人非更為不利。六、原處分係得依職權撤銷，

---

[188] 最高行政法院100年度判字第1559號判決。

[189] 所謂相同實質要件係指原來違法處分與轉換之新處分，具有同一原因為必要，最高行政法院102年度判字775號判決；行政處分轉換之案例，最高行政法院100年度判字第508號判決。

[190] 法務部民國97年3月17日法律決字第0970008640號。

[191] 最高行政法院100年度判字第118號判決。

如係依法不得依職權撤銷之行政處分，依法已容許其效力存續，自無轉換之必要。七、羈束處分不得轉換爲裁量處分[192]。

惟並非在任何情形下，皆得轉換，行政程序法第116條第1項但書規定，有下列情形之一者，不得轉換：一、違法行政處分，依第117條但書規定，不得撤銷者。二、轉換不符作成原行政處分之目的者。三、轉換法律效果對當事人更爲不利者。此外，行政程序法第116條第2項規定，羈束處分不得轉換爲裁量處分。

轉換行爲之性質，學理上素有爭論，有認屬單純之認知表示，惟多數見解認應屬行政處分[193]，且爲形成處分[194]。行政處分之轉換應由行政機關以行政處分之方式作成決定，行政機關自必須踐行作成處分之程序及對外送達其意思表示。行政機關僅於訴訟中以言詞、書狀提出爲防禦方法，而未作成轉換處分，難認合於行政處分轉換之效力[195]。

第八節　行政處分附款

行政處分附款係指對行政處分之主要規制內容加以限制、補充或修正的條款、附記等[196]。於行政實務上，行政機關於決定作成授益處分時，依其審查之結果，認爲雖已具備許可之構成要件要素，但仍有法律或事實上障礙，基於程序經濟之考量，如以添加附款方式作成授益處分，則可使行政決定富具彈性並兼顧人民之利益[197]，符合比例原則及個案正義要求。行政處分附款非謂行政機關必須在文字上表明其爲附款始足當之，亦即應適用對意思表示解釋法則，探求機關眞意而不拘泥所使用之字樣[198]。

---

[192] 法務部民國106年10月13日法律字第10603512620號。
[193] 法務部民國97年9月3日法律字第0970023161號。
[194] 最高行政法院98年度判字第700號判決。
[195] 最高行政法院98年度判字第514號判決、最高行政法院99年度判字第268號、第1280號判決、最高行政法院98年度判字第1033號判決皆採行政處分説。
[196] 對人民之申請內容或範圍加以限制時，則屬行政處分主要規制內容問題，非附款。
[197] 法務部民國106年5月18日法律字第10603506720號。
[198] 臺北高等行政法院99年度訴字第1654號判決。

第一項 得否添加附款

首先，應視個別法律有無規定而定，個別法律如有規定，即依該法律規定，例如，公平交易法第16條第1項規定，主管機關為前條之許可時，得附加條件或負擔。如法律無特別規定，行政程序法第93條第1項規定，行政機關作成行政處分有裁量權時，得為附款。無裁量權時，以法律有明文規定或為確保行政處分法定要件之履行而以該要件為附款內容者為限，始得為之。

此外，亦有認為應先排除特殊性質的行政處分，因其本質上禁止添加任何附款，即使法律無明文禁止規定，亦不能添加，例如，涉及人民身分、資格、能力的行政處分（國家考試及格與否、是否擁有國籍等），為使其得早日確定，故不得添加任何附款[199]。

倘法律另有明文禁止為附款，或依行政處分之性質，如關於考試、歸化、公務員任用及其他設定身分之行政處分，基於法律安定性之要求，法律雖無明文，亦應例外不得為附款[200]。惟此不排除立法者基於特殊考量，以法律明文規定許可為附款之條件。國籍歸化事件得否以附款作為追蹤、查核之手段，應視國籍法第9條但書規定，是否為立法者基於國籍歸化之特殊性，所為之相應特別設計。此應探究當初立法過程及立法目的審慎衡酌[201]。

一、裁量處分添加附款

法規規定之特定構成要件事實存在，行政機關即應為特定法律效果之行為，稱為羈束行政。特定構成要件事實雖然確定存在，但行政機關有權選擇作為或不作為，或選擇作成不同法律效果之行政處分，此稱為裁量處分。行政機關是否具有裁量權，請見第五章說明。

民間投資興建停車場之申請案，主辦機關應考量其財務計畫是否健全、停車場工程計畫是否完善周詳及符合公共建設之目的等，以作為評定為最優申請人之依據。主辦機關作成評定為最優申請人之行政處分自具有裁量權。該行政處分係給予優先投資權，性質上屬授益行政處分，自得附加條件及保留行政處

---

[199] 林錫堯，前揭書，第262頁。
[200] 莊國榮，前揭書，第164頁。
[201] 法務部民國99年1月19日法律字第0980053092號。

分廢止權[202]。

　　電業之經營屬特許事業，非得主管機關之特許，不得為之，亦即行政機關對此具有裁量權。行政機關對於上訴人依電業法第18條第1項規定，申請籌設發電廠（經營電業）所作核准備案之行政處分，性質上為授益行政處分，行政機關自得依行政程序法第93條、第123條規定，於同意上訴人經營電業之核准備案函中，保留廢止權之附款[203]。

　　土地稅法第18條第1項第5款所定「經行政院核定之土地」，係授權行政院對個案裁量是否按優惠稅率徵收地價稅之裁量權。行政院依法裁量所作成之決定，自得為附款。行政院核定此類土地以經當地直轄市、縣（市）政府同意為前提要件，准按千分之十稅率課徵地價稅，自無不合。行政院依法律規定核定何種土地是否適用優惠稅率，係行使法律所賦予之裁量權，縱另加上附款條件，亦屬其裁量權之範疇，顯與法律保留原則無涉[204]。

　　許可與特許尚有所不同，前者乃人民於憲法上所保障固有權利之回復，申請條件齊備，行政機關就應給予許可，無裁量權限，予以限制需合乎法律保留授權明確性；後者乃為公益目的，主管機關所創設賦予人民之權利，人民即使申請條件齊備，行政機關仍得裁量是否給予許可，擬予限制原則上只需法律概括授權即可。廣播電視法第4條第1項明定廣電事業使用之電波頻率為國家所有，由交通部會同主管機關規劃支配。規範媒體經營權之許可，乃至於廣播電視法第14條所規範之股權轉讓（其實即為經營權轉讓）「許可」，其法律上性質應為「特許」，而非單純的許可[205]。

　　衛星廣播電視法第5、6、11條規定，衛星廣播電視之經營，係採申請許可制，於許可營運後，在六年有效期限屆滿前，應為換照之申請，其許可並非一般性人民行為禁止之解除，而是給予申請人特別利益，主管機關並非原則上應予許可，而應依相關法律規定予以裁量決定是否許可申請。主管機關依衛星廣播電視法第18條第1項規定所為之換照許可處分，屬於裁量處分性質。主管機關於不違反行政處分之目的及具有正當合理關聯下，自得依其裁量權限於原換

---

[202] 臺北高等行政法院92年度訴字4829號判決。
[203] 最高行政法院94年度判字第767號判決。
[204] 最高行政法院98年度判字第1195號判決。
[205] 最高行政法院101年度判字第245號判決。

照許可處分附加條款[206]。

二、羈束處分添加附款

羈束處分原則上禁止添加附款，羈束處分係法規規定之特定構成要件事實存在，行政機關即應作成特定法律效果之處分，基於法律保留原則，羈束處分如為附款自須有法律明文規定，須基於便民或行政程序之簡化、快速，而以確保該處分法定要件之履行而以該法定要件為附款內容者，始得為之。如係確保行政處分法定要件之履行而為附款者，僅得以原規定之法定要件為限，不得增加法律所無之要件，否則將違反法律保留原則[207]。為確保行政處分法定要件之履行而以該要件為附款內容，係就授益行政處分而言，負擔處分並不生「為確保行政處分法定要件之履行」而能「以該要件為附款內容」之問題[208]。

民眾依姓名條例第6條至第9條至戶政事務所申請改姓、改名、更改姓名事件，姓名條例既未賦予戶政事務所裁量權限，亦未有得為附款之明文規定，當事人如無姓名條例第12條所列各款不得申請更改姓名情事之一或違反姓名條例其他相關規定者，應即准其申請。「一定期限內辦理姓名變更登記」之附款，並非為確保行政處分法定要件之履行，應不得為附款[209]。

菸酒管理法第10條第1項規定，申請設立菸酒製造業者，應填具申請書與生產及營運計畫表向中央主管機關申請設立許可，並於取得設立許可之日起算二年內，檢附工廠登記等證明文件，向中央主管機關申請核發許可執照，於領得許可執照後，始得產製及營業。主管機關依菸酒管理法規定核發酒製造業許可執照，並未賦予主管機關裁量權，應屬羈束處分。羈束處分，以法律有明文規定或為確保行政處分法定要件之履行而以該要件為附款內容者，始得附款。行政機關於作成持續效力之行政處分，為確保行政處分法定要件之持續具備，得以該要件為附款，以免作成處分後喪失法定要件。菸酒管理法第10條第1項

---

[206] 最高行政法院102年度判字第75號判決。

[207] 法務部民國105年4月25日法律字第10503507120號指出，依醫療法第15條第1項及醫療法施行細則第7條第3項規定，關於醫療機構開業執照之核發，倘申請人提出申請、備具法定文書資料，經主管機關審查符合法定要件時，主管機關即應發給開業執照，其性質應屬羈束處分。

[208] 最高行政法院106年度判字第633號判決。

[209] 法務部民國91年3月29日法律字第0910010996號。

所定「工廠登記證明文件」，如係核發酒製造業許可執照之法定要件，則主管機關爲確保工廠登記證明文件之持續存在，尚非不得以該要件爲附款，俾利法律目的之達成[210]。

第二項　附款類型

　　行政處分附款類型，如法律有明文規定，則依法律規定，例如，公平交易法第16條規定之條件、限制或負擔；若法律無規定，附款類型規定於行政程序法第93條第2項。行政程序法第93條第2項規定之五種類型，並非列舉，僅爲例示規定，行政機關可透過其他附款類型，亦可結合五種不同附款類型達成其行政目的。

　　在行政實務上，行政機關鮮少明確表示在行政處分中添加附款，行政機關之用語是否爲附款，固可自行政機關使用文字之外觀判斷，但常因用語不一致或不明確而無法分辨，因此，必須探求行政機關之眞意。例如，行政實務上常使用「切結書」一詞，其法律性質爲何？素有爭議，無法一概而論，必須依個案判斷。理論上切結書係相對人出於自願所爲之承諾，性質上與行政機關單方所爲之附款決定並不相同，因此基本上並非附款[211]。

　　惟亦有認爲切結書爲準附款者，最高行政法院101年度判字第421號判決指出，農委會爲號召全國民眾推行造林而訂定「獎勵造林實施要點」，且爲落實造林成果，農委會對經林業管理機關核准無償配撥或自備種苗，符合該要點規定之造林人則發給造林獎勵金，該項行爲屬授益行政處分。造林人領取造林獎勵金時，書立「同意接受林業主管機關之指導，善加管理經營造林木竹，使之長大成林，不可任其荒廢或擅自拔除毀損；如有違背，應加利息賠償已領取之獎勵金」之切結書，則屬準負擔之附款。最高行政法院100年度判字第227號判決另指出，造林獎勵金領取人，於領取獎勵金時，所書立內載：「同意接受林業主管機關之指導，善加管理經營造林木竹，使之長大成林，不可任其荒廢或

---

[210] 法務部民國101年10月31日法律字第10103108790號。

[211] 最高行政法院97年度裁字第3578號裁定指出，行政處分之附款，乃行政機關以條件、期限、負擔或保留廢止權等方式附加於行政處分之主要內容的意思表示，以補充或限制行政處分之效力。我國行政實務上常見由人民提出書面承諾或稱切結書，其後行政機關即作成授益處分，惟若該承諾內容並未載明於行政處分中，且因其亦非行政機關之意思表示，則其自非行政處分之附款。

擅自拔除毀損；如有違背，應加利息賠償已領取之獎勵金」，核屬準負擔附款之性質，於受益人未履行該負擔時，原行政處分機關自得依職權爲全部或一部之廢止。我國行政實務上，授益處分有時可能著眼於相對人出具切結書，承諾履行一定作爲或不作爲義務而後始決定作成，因此，授益處分的相對人對行政機關負有切結書所宣示之義務，可認係一種「負擔」，而其存在，也的確構成行政機關當初願意作成授益處分的關鍵考量因素。此於學說上，有稱之爲「準負擔」或「處分外負擔」（以下稱之爲「準負擔」），與行政程序法第93條規定之負擔雖不相同，但確實發揮與負擔相同的功能，且無信賴保護之顧慮。在相對人不履行該等準負擔時，行政機關應有權廢止原授益處分，惟廢止期限，爲期法律安定，必須於廢止原因發生後2年內爲之，原因如持續者，當然以原因終了時爲據[212]。

切結書內容十分多元[213]，部分在實際上係取代行政機關可能作出之附款內容，以避免強制性處分之作成，此時該切結書應認定爲附款。最高行政法院99年度判字第877號判決指出，相對人依高爾夫球管理規則第5條出具保證書，保證三年內完工，否則依高爾夫球管理規則第7條規定，主管機關得撤銷其許可。由此以觀，當時主管機關教育部所核准籌設球場之處分，顯然爲附廢止保留之授益處分，亦即上訴人於辦妥法人登記後三年內如未能完成高爾夫球場開發，主管機關即得廢止該核准處分。

一、期　限

行政處分附期限之目的，在影響行政處分生效或失效時點。理論上，行政處分一經送達即生效，但基於特殊考量會得對行政處分之生效或失效時間另作安排，此稱爲期限。期限分始期（何時開始生效）與終期（何時開始失效）。惟並非任何有關期限之記載，皆爲行政處分之附款，依法律規定期限已確定者，由於附款係具有補充、限制行政處分內容之效果，期限之註記無此種效果者，並非附款。

---

[212] 最高行政法院104年度判字第523號判決。最高行政法院111年度上字第157號判決亦指出，準負擔應係相對人對行政機關承諾額外之作爲、不作爲或爲一定之容忍，相對人不履行其承諾事項時，並不影響授益處分之效力，惟可以其不履行爲由廢止授益處分。

[213] 有關切結書之法律性質，莊國榮，前揭書，第166-168頁。

　　建造執照未能於建築期限內完工，未依規定申請展期，或已逾展期期限仍未完工者，其建造執照或雜項執照自規定得展期之期限屆滿之日起失其效力，並無應經通知註銷或廢止之規定。審酌建築法第53、54條立法意旨，尚無課以該管主管建築機關應對逾期之建造執照或雜項執照作成廢止該建造執照或雜項執照之行政處分之規定。故建造執照或雜項執照逾期尚無待主管建築機關作成廢止該建造執照或雜項執照之行政處分，自然失其效力[214]。

二、條　件

　　條件係指行政處分生效與否取決於未來不確定事實，期限與條件最大區別在於，期限一定會到來，條件則不一定成就。條件屬於客觀上未確定事實，不得以主觀意願作為條件。條件分為「停止條件」與「解除條件」二種。行政處分效力因條件成就而發生者，稱為停止條件；行政處分效力因條件成就而消滅者，稱為解除條件，例如，雇主死亡，外勞聘用許可失效。

三、負　擔

　　負擔與行政程序法第93條第2項第5款規定之保留負擔之事後附加或變更在本質上是相同的。最主要的差別僅在於，負擔是在作成行政處分當時已經附加；保留負擔之事後附加或變更則是作成行政處分當時，尚未有作成負擔的必要，行政機關在行政處分內說明，日後發生何種特定情形時，即會事後附加負擔；或雖已附加負擔，但記載事後特定情形發生時，會變更負擔內容。

　　負擔係指附加於授益處分（原則上都是在授益處分）之額外、附加的特定作為、不作為或忍受義務。在行政處分所依據之法律基本上並未明示負擔類型，如法律已有規定，則僅是提示法律已有之內容，並非負擔[215]。由於負擔要求相對人為一定作為、不作為或忍受之義務，負擔之內容應儘量具體明確，以便當事人能夠遵守。

---

[214] 臺北高等行政法院93年度訴字第1945號判決。

[215] 法務部民國99年12月7日法律決字第0999048529號指出，附負擔係指附加於授益處分之特定作為、不作為或忍受的義務。如本係受益人之法定義務，僅於行政處分時提示，則並非附負擔。法務部民國106年3月23日法律字第10603500360號指出，直轄市、縣（市）政府於核准臨時工廠登記處分時，於處分書重申未登記工廠補辦臨時工廠登記辦法第15條規定，並非附附款。

期限與條件影響行政處分生效或失效時間點，負擔則在行政處分以外，額外賦予行政處分相對人特定作為、不作為或忍受義務。例如，公務員出國進修，同意進修許可中，要求公務員進修完畢回國後，必須回到原單位繼續服務滿三年，始得調、離職。負擔並不會影響公務員出國進修之時間點，但出國進修完畢後必須回到原單位服務滿三年，賦予行政處分相對人附加的義務。

宏碁公司向臺北縣政府申請將其所有坐落於○○縣○○鄉○○○段一六六之六四等十四筆地號土地，由鄉村區丁種建築用地變更編定為鄉村區乙種建築用地。經臺北縣政府作成「核准宏碁公司申請，變更上開十四筆土地編定地目」之授益處分，同時在該授益處分中，作出負擔附款，宏碁公司應自行提出土地使用計畫書圖並配置必要之公共設施，其面積不得少於申請變更編定面積百分之十五、宏碁公司應將上開公共設施施作完成及宏碁公司應將上開公共設施用地捐贈予臺北縣政府，並完成所有權之移轉。此部分屬於附負擔之授益處分。如上訴人未履行上開負擔時，臺北縣政府依法得廢止該授益處分[216]。

經濟部工業局於2000年1月11日在核定興辦工業人所提報擴展計畫書，並發給工業用地證明書之核准函說明欄明載毗連用地「應確實依所提報擴展計畫書規劃及配置使用，不得移作他用，否則應予註銷並恢復其原來變更用地前之土地編定」等內容，其中前段「應確實依所提報擴展計畫書規劃及配置使用，不得移作他用」，雖是重申1999年12月31日修正公布之促進產業升級條例第53條第1項、第6項、第59條第1項前段、第61條第1項暨1996年5月23日修正發布之非都市土地使用管制規則第32條有關毗連用地「應按照核定計畫完成使用，不得違反使用或不依核定計畫使用」之規定，然後段「否則應予註銷並恢復其原來變更用地前之土地編定」，並非法令規定違反前段所舉法定義務之效果，而是經濟部工業局作成上開發給工業用地證明書核准函之授益處分，同時結合處分相對人「應按照核定計畫完成使用，不得違反使用或不依核定計畫使用」之作為及不作為義務，以之作為決定「核准增加使用毗連用地設置污染防治設施」之前提要件，在處分相對人違反此作為及不作為義務時，處分機關得廢止該授益處分，此授益處分應認為附負擔之行政處分[217]。

---

[216] 最高行政法院93年度判字第470號判決。
[217] 最高行政法院103年2月份第2次庭長法官聯席會議。

四、保留行政處分之廢止權

　　保留行政處分之廢止權，係指行政機關基於行政目的或斟酌情事變遷之可能，於作成行政處分時預先保留未來廢止行政處分之可能性。行政處分作成當時可能存在一些不確定因素、事後可能出現事前未預料的因素或已預料到，但目前還沒有出現的因素，在考量人民權益下，暫時性給予完整的行政處分，惟預告將來特定情事發生時，將廢止該處分。行政機關未雨綢繆，透過保留行政處分廢止權的附款，享有對於未來可能產生的變化作調整或適應的空間。以保留廢止權爲附款時，必須敘明將來得廢止行政處分之原因要件，廢止事由必須明確，至少應以可使相對人有預見可能性之一般方式表達其內容[218]。

　　由於行政機關廢止行政處分必須有法律明文規定始可，不得任意爲之；當事人如事先知道行政處分將來可能會被廢止，則無信賴利益保護可言，行政機關縱使事後行使廢止權，亦無補償的必要。

　　基隆市政府核准黃獅申請使用公有土地自費建橋而爲授益行政處分之同時，亦附加有「橋樑應提供爲公共使用，不得擁爲私有」之行政處分負擔及「使用土地如因水利工程設施需要及其他因公必要使用時，得隨時收回」之保留行政處分之廢止權二項行政處分之附款[219]。

　　依水利法第10條授權訂定之臺北市河川管理規則第15條規定，在臺北市河川區域設置碼頭使用者，必須向臺北市政府工務局申請許可始得爲之，是否許可，應考量公益私益間之衡平因素決之。臺北市政府工務局作成許可之行政處分自具有裁量權；該項許可之行政處分，性質上屬於授予利益行政處分，自得附加保留行政處分廢止權之附款。本件上訴人之所以得於淡水河大稻埕（即民生西路底淡水河畔）設置碼頭使用，係臺北市政府工務局以1989年12月23日北市工養字第78771號書函予以許可，該書函並載明將來淡水河如需整治或另有需要應無條件放棄配合拆除，且不得要求補償等。臺北市政府工務局1989年12月23日北市工養字第78771號書函，爲一保留行政處分廢止權之行政處分。臺北市政府工務局自得於「淡水河如需整治或另有需要」之附款成就時，依職權全部或一部廢止許可[220]。

---

[218] 法務部民國107年10月17日法律字第10703511730號。
[219] 最高行政法院95年度判字第500號判決。
[220] 臺北高等行政法院92年度訴字第1844號判決。

臺南市政府依米迦勒農業股份有限公司民國103年4月9日之申請，以米迦勒農業股份有限公司民國103年5月20日函檢送同意書，同意米迦勒農業股份有限公司於系爭土地設置農作產銷設施「菇類栽培場」之容許使用。臺南市政府民國103年5月20日函之說明二記載：「請確依核定計畫內容使用，並不得作為住宅、工廠及其他非農業使用。並依區域如有違規使用，原核定機關得廢止許可計畫法相關規定辦理……」另於系爭同意書之附註欄第2點記載：「請依核定計畫內容使用。未依計畫內容使用者，原核定機關得廢止許可，並依法處理」等語，足認被臺南市於核發系爭同意書之處分時，已保留該授益行政處分之廢止權[221]。

第三項　針對附款之救濟

針對附款應如何提出救濟，有不同之看法[222]，首先，依附款種類而定，期限、條件與負擔之救濟方式，並不相同。期限與條件附屬於行政處分，兩者命運相同，不得單獨對期限或條件提出救濟，應提起課予義務訴願、課予義務訴訟，請求無附加期限、條件之處分。負擔與原來行政處分的內容是獨立的，可以單獨主張撤銷負擔，亦即提起撤銷負擔之訴願與訴訟。保留行政處分之廢止權之處理原則上與期限、條件相同。

第二種見解主張依行政處分種類而定，視原處分為裁量處分或羈束處分而異，原處分為裁量處分時，不得單獨對附款提出救濟，僅得提出課予義務訴願與課予義務訴訟，請求無附款之行政處分。原處分為羈束處分時，得單獨對附款提出撤銷訴願與撤銷訴訟。最高行政法院110年度上字第461號判決指出，對行政處分附款的法律救濟，在羈束處分時，固得以撤銷訴訟請求撤銷違法之附款；惟對於裁量處分，於行政機關如知附款違法將為其他決定者，人民應提起課予義務訴訟，請求判決行政機關應作成無附款之相同處分或依法院之法律見解為新決定，不得以撤銷訴訟單獨請求撤銷附款，否則，無異剝奪行政機關之裁量權，強制其作成原來如無該附款即不須作成，或不欲作成之行政處分。

第三種看法認為應依附款與行政處分間可分或不可分而定，兩者可分則得單獨對附款提起撤銷訴願與撤銷訴訟；兩者不可分時，則僅能提出課予義務訴

---

[221] 最高行政法院109年度判字第3號判決。
[222] 莊國榮，前揭書，第168-169頁。

願、課予義務訴訟，請求無附款之行政處分。

第四項　添加附款之限制

　　除法律另有規定外，基本上在裁量處分時，行政機關始得添加附款。行政機關雖得添加附款，但非毫無限制。行政程序法第94條規定，第93條附款不得違背行政處分之目的，並應與該處分之目的有正當合理之關聯。例如，同意公務員出國進修，但進修回國後，必須在原單位繼續任職滿一定期間，此項附款基本上合乎行政處分的目的並與行政處分的目的亦有正當合理的關聯。惟如要求出國進修期間不准結婚，此項附款是否符合出國進修目的，與行政處分目的是否有正當合理關聯，則不無疑義。同意給予外國人觀光簽證，但是附加在臺期間不准打工或從事營業活動之負擔，此項附款合乎行政處分的目的，與行政處分的目的亦有正當合理的關聯。但於觀光簽證內附加，在臺期間必須住宿於五星級旅館之負擔，該項附款顯然與行政處分的目的並無正當合理的關聯。

　　行政機關作成裁量處分時，固得依裁量設定附款，但既係行使裁量權，即應為合義務之裁量，有關附款之選擇與其範圍之決定，除不得違背行政處分之目的，並應與該處分之目的具有正當合理之關聯外，亦應遵守一般法律原則，包括比例原則、平等原則及誠實信用原則等[223]。

　　依行政程序法第94條規定，行政處分之附款必須具合目的性，且不得有不正當之聯結。因行政處分是否添加附款，係行政機關裁量權之行使，此項裁量權之行使，不得有逾越權限及濫用權力情形（行政訴訟法第201條參照），應受一般法律原則（例如比例原則、平整原則等）之拘束。所謂「目的」，係指行政處分所依據之法規目的，而所謂「違背」，指阻礙或妨害目的之實現，是所謂「違背行政處分之目的」，即指全部或一部地破壞目的之實現或造成其重大困難[224]。國家通訊傳播委員會就上訴人（中國電視事業股份有限公司）申請許可與否，既然以股權轉讓視之，自有其裁量權限，法律性質上係屬裁量處分，以附加附款方式而為處分，乃行政程序法第93條第1條所容許。本件附款三要求上訴人的部門經理以上人員，不得兼任中天電視公司之職務；其廣告、業務部門與節目部門均須獨立，應獨自設立自有攝影棚，並不得與中天電視公

---

[223] 最高行政法院105年度判字第74號判決。
[224] 最高行政法院110年度上字第461號判決。

司有節目聯合招攬之情事。其處分理由略稱係爲保障同爲一法人股東控制下之上訴人與中天電視公司經營與內容（包括節目、新聞與言論）之多元，並爲防止混合結合之事業透過互惠、交換或搭售手段之交易方式，排除其他媒體交易機會等。其中節目多元化的要求，似係針對上訴人與中天電視公司有互播節目之情形而來，此與維護市場公平自由競爭的環境，均已溢出通訊傳播基本法與廣播電視法的立法目的。且現今國內通訊傳播事業（包括有線、無線及衛星廣播電視臺）琳瑯滿目，競爭激烈，其市場似已達飽和狀態，業者爲節省成本支出，乃採取彼此間節目互相播出之策略，單獨命上訴人設立自有攝影棚，節目部門須獨立，並不得與中天電視公司有節目聯合招攬之情事，勢將增加上訴人之營業成本，反有礙公平與自由競爭，亦無助於改善業界節目互播的現象（因爲將本求利乃營利事業的生存法則）；何況所謂應獨自設立自有攝影棚，僅涉及單純硬體設備之利用，與軟體即節目內容無關，利用同一攝影棚亦可製作不同之節目、播放不同的新聞與發表不同的言論，故該等附款何以會有助於提升多元文化？其間邏輯實難以理解。上訴意旨指摘系爭附款與原處分之目的，欠缺正當合理之關聯，與違反比例原則（採取之方法似無助於目的之達成），尚非無據[225]。

　　主管機關在處理有線廣播電視法換發執照之申請案件，裁量決定附加附款，以及選擇裁量附加某種附款時，應確認該附款之內容必須有履行可能性，此所指之可能性，非指民法上之客觀可能，而是指期待可能性。有線廣播電視法第21條第1項規定系統經營者之經營許可執照有效期間爲九年，於初次核發或換發並無不同之規定，系統經營者所獲換發之經營許可執照亦係附九年終期之授益行政處分，系爭廢止權保留之附款以「應自核准換照之日起三年內改正違反黨政軍條款情事」爲廢止事由，而該事由之實現對於被上訴人而言無期待可能性，則系爭換照處分已與附三年期限相去不遠，無異以系爭附款駁回被上訴人申請換發附九年終期之經營許可執照之申請，系爭附款難謂與換照行政處分之目的並無違背，從而不合於行政程序法第94條之合法性要求[226]。

---

[225] 最高行政法院101年度判字第245號判決。
[226] 最高行政法院110年度上字第461號判決。

第九節　公法上請求權之消滅時效

　　行政程序法第131條規定，公法上之請求權，於請求權人為行政機關時，除法律另有規定外，因五年間不行使而消滅；於請求權人為人民時，除法律另有規定外，因十年間不行使而消滅。公法上請求權，因時效完成而當然消滅。前項時效，因行政機關為實現該權利所作成之行政處分而中斷[227]。行政處分因撤銷、廢止或其他事由而溯及既往失效時，自該處分失效時起，已中斷之時效視為不中斷（行政程序法第132條）。因行政處分而中斷之時效，自行政處分不得訴請撤銷或因其他原因失其效力後，重行起算（同法第133條）。不得訴請撤銷係指逾越提起訴願或行政訴訟期限、行政訴訟已有確定判決等；因其他原因失其效力則指中斷時效之行政處分因被撤銷、廢止等原因而喪失效力。行政程序法第134條規定，因行政處分而中斷時效之請求權，於行政處分不得訴請撤銷後，其原有時效期間不滿五年者，因中斷而重行起算之時效期間為五年。

　　舊行政程序法第131條規定並未區分請求權人而一律規定請求權時效為五年，惟由於政府在公法上請求占有證據保全及公權力行使的優勢，人民往往因其訊息劣勢，常有請求權時效完成的情形發生，因此政府與人民對彼此之請求權行使適用同等的消滅時效期間，顯然未盡公允。由於政府相對於人民在公法請求占有優勢性，人民為請求權人時的消滅時效應長於政府為請求權人時，以保障人民行使公法上請求權時效之公平性，因此2013年修改行政程序法第131條之規定。

　　時效制度之目的，係在督促權利人儘早行使權利，以維護權益，並使法律關係及早確定，以維持法律狀態之安定性，同時因權利行使而可避免日後舉證上之困難。因此自時效制度之規範目的、主張權利之現實困難、訴訟正確性之確保及行政效能之增進等，行政法律關係中，財產性質之請求權，無論公行政對人民或人民對公行政所有者，應皆有消滅時效之適用，始符合法律安定性之要求（關於維護法律安定性部分，另可參照司法院釋字第747號解釋意旨理由）[228]。

---

[227] 有關公法上請求權消滅時效之詳細介紹，林錫堯，前揭書，第160-181頁。
[228] 最高行政法院大法庭109年度大字第4號裁定。

　　公法上請求權指公法上權利義務主體相互間，基於公法，一方得請求他方爲特定給付之權利。特定給付包括金錢或物之交付、行爲（作爲、不作爲或忍受；亦含作成行政處分在內）。惟並非任何公法上之請求權均適用公法上之消滅時效，通說認爲，原則上僅公法上財產請求權始適用消滅時效。公法上請求權之發生主要有依據憲法、依據法規明文、依據解釋法規規定、依據類推適用私法規定或法理、依據行政處分或行政契約等方式而發生。至於法規規定請求或申請之一定期限者，其性質是否爲請求權消滅時效，並非一概而論，例如，公務人員退休法第27條有關請領退休金之五年期限，係屬公法上請求權消滅時效之性質（司法院釋字第474號解釋）；2003年3月26日修正前之「輻射污染建築物事件防範及處理辦法」第20條第2項（現爲「放射性污染建築物事件防範及處理辦法」第11條）有關補助費之三年申請期限，實務見解認爲「……逾該三年之申請期限，即生失權效果，此並非時效規定[229]。」

　　政府採購法第31條第2項係規定機關得於招標文件中規定廠商有所列各款所定情形之一者，其所繳納之押標金不予發還，已發還者，並予追繳。法律明文規定機關得以單方之行政行爲追繳已發還之押標金，乃屬機關對於投標廠商行使公法上請求權，應有行政程序法第131條第1項關於公法上請求權消滅時效規定之適用[230]。依土地稅法第34條之1之規定，自用住宅用地稅率課徵土地增值稅之適用，須由土地所有權人提出申請，故土地所有權人所爲按自用住宅用地稅率課徵土地增值稅之權利，性質上核屬公法上之請求權。此公法上請求權之行使，除應受土地稅法第34條之1規定之期間限制外，仍應有一般公法上請求權時效期間之適用，以免此請求權之是否行使長久陷於不確定狀態，有礙法秩序之安定[231]。

　　請求權可行使時的認定，則自可合理期待權利人爲請求時起算消滅時效[232]。政府採購法規定以外之其他公法上請求權時效之起算點，多數實務見解似仍採客觀說，請求權可行使時，係指權利人得行使請求權之狀態，亦即其請求權之行使無法律上之障礙，並非以請求權人主觀認知爲斷，即客觀上無法

---

[229] 法務部民國100年4月21日法律字第1000008402號。

[230] 最高行政法院102年11月份第1次庭長法官聯席會議。

[231] 最高行政法院99年度判字第272號判決。

[232] 最高行政法院102年度判字第234號判決、最高行政法院104年度判字第671號判決及最高行政法院105年度判字第189號判決，司法實務此項見解主要均係針對政府採購法第31條第2項規定所爲之判決。

律上之障礙即可請求。至因權利人個人事實上之障礙不能行使請求權者，並不能阻止時效之進行（最高行政法院105年度判字第60號判決、104年度裁字第1469號裁定、104年度判字第473號判決、104年度判字第207號判決、104年度判字第184號判決、104年度判字第185號判決）[233]。

　　請求權時效之起算時點，學理及立法體例上，有採主觀標準及客觀標準者。前者，自請求權人知悉其得請求時起算（例如，藥害救濟法第14條）；後者，自請求權得行使時起算，權利人是否知悉其得行使，在所不問（例如，公路法第54條、鐵路法第54條、國家賠償法第8條第2項、刑事補償法第13條）。另有兼採主觀標準及客觀標準，以保護因不可歸責於自己而不知有權利可行使之權利人，並可兼顧義務人之時效利益，從而促成法律關係之安定（例如，生產事故救濟條例第14條、強制汽車責任保險法第14條第1項、傳染病防治法第30條第2項、國家賠償法第8條第1項、著作權法第89條之1、營業秘密法第12條第2項等規定）（司法院釋字第747號解釋，詹森林大法官協同意見書參照）[234]。

　　公法上請求權，因時效完成而當然消滅。公法上請求權消滅時效期間經過後，請求權消滅，並非僅產生抗辯權[235]。

---

[233] 法務部民國105年6月27日法律字第10503509850號。

[234] 法務部民國111年7月6日法律字第11103507660號。

[235] 最高行政法院95年8月份庭長法官聯席會議（二）指出，基於國家享有公權力，對人民居於優越地位之公法特性，為求公法法律關係之安定，及臻於明確起見，公行政對人民之公法上請求權因時效完成者，其公權利本身應消滅。

第十六章 | 行政罰

第一節 前　言

　　行政罰亦稱爲「行政秩序罰」，係針對於人民違反行政法上義務所科處的法律責任。廣義的行政罰概念可分爲二：行政秩序罰及行政刑罰，行政法的重點在行政秩序罰。早期法律規定的處罰主要是涉及倫理道德犯罪，例如，殺人、傷害、詐欺等，刑事犯是自然犯，無論在何處皆受到非難。然隨著時代進步，國家法律日益增加，尤其是行政法規數量愈來愈多，違反行政法規之行爲，主要係行政目的考量下，技術或程序上的錯誤，例如，道路交通管理處罰條例有關駕車時速之限制、營業法規登記義務之違反。

　　傳統上行政犯和刑事犯本質不同[1]，行政犯違反者僅是實現行政目的所創設的法規，與倫理道德關係不大，行政犯和刑事犯所適用的法律原則並不同，例如，刑事犯要求故意、過失、責任能力等，行政犯並不要求，兩者各有適用之體系。

　　但行爲本質之區分卻非如此單純，任意棄置廢棄物，早期認爲是違反行政法上之義務。但有害事業廢棄物，例如，具有毒性物質或污染物之醫療廢棄物，隨意棄置所造成之污染將導致廣大人民健康之危害，其應受倫理道德所非難[2]。換句話說，破壞維護共同生活秩序法規之行爲，究竟是刑事犯或行政犯，難有一定標準，違法行爲應以刑罰或行政罰制裁無法如同以往般可以清楚劃分。

　　此外，我國法制上雖規定許多類型之行政秩序罰，但卻缺乏如同刑法總則般可適用於刑法各論的一般性規定，造成適用上之紊亂。由於行政事務龐雜，

---

[1] 盛子龍、吳庚，行政法之理論與實用，增訂16版，2020年10月，第456-460頁；陳敏，行政法總論，10版，2019年11月，第721-722頁；莊國榮，行政法，修訂9版，2023年9月，第246-247頁。

[2] 廢棄物清理法第46條第1款規定，任意棄置有害事業廢棄物，處一年以上五年以下有期徒刑，得併科新臺幣1,500萬元以下罰金。

所欲達成之行政目的多元化，致行政法規繁多，對於違反行政法上義務者之處罰規定，散見於各行政法律及自治條例；且依處罰性質，可區分為行政刑罰與行政罰（行政秩序罰），其中屬於行政刑罰者，因其為刑事特別刑法，適用刑法總則有關規定，由司法機關依刑事訴訟程序追訴、審判及處罰，學術界及實務上並無疑義。但由行政機關裁處之行政罰，其處罰名稱、種類不一，裁處程序及標準互異，且因缺乏共通適用之法律，致得否類推適用刑法總則或其他刑事處罰法律規定，或引用其等之法理，理論不一，見解分歧。實務上雖賴司法院解釋、行政法院判例或判決及行政解釋作為依循，惟常因時空變遷或具體個案之考量，亦屢生爭議。行政罰之裁處如無共通適用之統一性、綜合性法律可資遵循，不但嚴重影響行政效能，斲傷政府威信，更有失公平正義，難以保障人民權益，故制定共通適用之行政罰法，以健全行政法體系，有迫切需要[3]。

行政院為建構完備之行政法體系，落實依法行政，勵行行政革新，保障人民權益，參考德國、奧地利等國立法例，並廣徵學者、專家及各界意見後，於2003年7月11日向立法院提出行政罰法草案，歷經一年多之審議通過，2005年2月5日總統公布行政罰法並依行政罰法第46條規定，於公布後一年施行，行政罰之體系因新法制定產生重大變化。行政罰法最近一次修正於2022年6月15日。

第二節　行政罰法地位及行政罰種類

第一項　行政罰法地位

行政罰法第1條規定，違反行政法上義務而受罰鍰、沒入或其他種類行政罰之處罰時，適用本法。但其他法律有特別規定者，從其規定。

行政罰法係行政罰之一般總則性規定，其他法律如就行政罰之責任要件、裁處程序及其他適用法則另有特別規定者，應優先適用各該法律之規定。其他法律應包括法律具體明確授權之法規命令。行政罰法係普通法，其他法律有特別規定者，不適用行政罰法之規定，故個別法律中考量其立法意旨及規範目的，認有對未滿14歲人之行為就各別具體情形規定，得處以具裁罰性之警告

3　行政院行政罰法草案總說明，立法院議案關係文書，院總第989號，政府提案第9218號，政15，2003年9月24日印發。

性處分者，仍得於個別法律中加以規範，優先適用各該特別規定[4]。

此外，非違反行政法上義務而被科處罰鍰者，例如，證人無正當理由拒絕具結或證言者，依刑事訴訟法第193條第1項規定，被處以新臺幣3萬元以下之罰鍰，不適用行政罰法[5]。

海關緝私條例第44條規定，違反海關緝私條例情事者，除依海關緝私條例有關規定處罰外，仍應追繳其所漏或沖退之稅款。但自其情事發生已滿五年者，不得再為追繳或處罰。海關緝私條例第44條規定，屬對違章行為裁罰時效之特別規定，應優先於行政罰法第27條第1項及第2項而為適用[6]。

公職人員財產申報法第15條規定依本法所為之罰鍰，其裁處權因5年內不行使而消滅。此為有關公職人員財產申報法之裁處權時效之特別規定，優先於行政罰法之適用。惟公職人員財產申報法並未就裁處權時效起算日定有明文，應適用行政罰法第27條第2項之規定[7]。

從行政罰法第1條規定可知，行政罰法所稱之行政罰，係指行政秩序罰，不包括行政刑罰及執行罰。懲戒罰與行政罰之性質有別，懲戒罰著重於某一職業內部秩序之維護，故行政罰之規定非全然適用於懲戒罰，從而行政罰法應無納入懲戒罰之必要。懲戒內容如兼具行政法上義務違反之制裁與內部秩序之維護目的，則是否具有行政秩序罰性質，而屬行政罰法第2條之範疇，應由其立法目的、淵源等分別考量。公務員之懲戒與行政罰法規範之性質不同，無法比擬適用[8]。

會計師法第11條所課予會計師執行業務事件，應分別依業務事件主管機關法令之規定辦理；受託查核簽證財務報告，應依主管機關所定之查核簽證規則辦理之義務，及會計師法第41條規定會計師執行業務不得有不正當行為或違反

---

[4] 法務部民國106年8月4日法律字第10603507990號指出，基於菸害防制法（2020年2月15日修正公布）第12條（現為第16條）係參照舊「少年福利法」第18條第1項及舊「兒童福利法」修正草案第24條之規定，明定未滿18（現為20）歲不得吸菸，以避免自兒童或少年時即開始吸菸，以減少吸菸人口，並延後開始吸菸年齡，則自菸害防制法第12條（現為第16條）及第28條（現為第42條）之立法意旨及規範目的觀之，主管機關命令接受戒菸教育之對象，亦應包含未滿14歲之吸菸行為人，屬行政罰法第9條第1項之特別規定，應優先適用該特別規定。

[5] 陳新民，行政法學總論，新10版，2020年7月，第377頁註2。

[6] 法務部民國103年2月11日法律字第10303501590號。

[7] 最高行政法院108年度上字第1069號判決。

[8] 行政罰法第1條之立法理由。

或廢弛其業務上應盡之義務，並非單純規範會計師職業團體內部之紀律事項，而已具有公法上外部管理規範性質，係屬行政法上義務，且依會計師法第62條第3款對於違反者所施予之不利處分，屬行政罰法第2條第4款之警告性處分（與告誡相類似之申誡處分），並具有非難性，自屬裁罰性不利行政處分，應有行政罰法有關裁處權時效規定之適用[9]。

藥師之懲戒罰，已於藥師法爲特別規定，本件原決議係以甲執行藥師業務，明知爲違反藥學倫理規範之事項，竟以贈送贈品之不當方式招徠民眾持處方箋至執業藥局調劑，其行爲違反藥師法第21條第6款規定，經移付懲戒，而依藥師法第21條之1第1項第3款，對甲爲停業一個月之懲戒處分，此懲戒罰之規範，要以內部秩序之維護及管制爲主要目的，無涉行政法上義務違反之制裁。依行政罰法第1條立法理由，甲懲戒權之行使，當無行政罰法規定之適用[10]。

第二項　行政罰之種類

行政罰法第1條規定，違反行政法上義務而受罰鍰、沒入或其他種類行政罰之處罰時，適用本法。行政罰以違反行政法上義務爲前提，分爲罰鍰、沒入及其他種類之行政罰。

一、罰　鍰

罰鍰與怠金雖皆是公法上金錢給付義務，但兩者性質並不相同，罰鍰係違反行政義務，對過去行爲科處之公法上金錢給付義務。怠金，學理上雖有稱執行罰，惟其性質並非處罰，而係以督促行爲人履行行政法上義務爲目的；換言之，乃係對違反行政法上不行爲義務或行爲義務者處以一定數額之金錢，使其心理上發生強制作用，間接督促其自動履行之強制執行手段，其目的在於促使義務人未來履行其義務，而非追究其過去違反義務行爲之責任。

惟兩者之區分並非毫無爭議，例如，土地法第73條第2項規定，第1項聲請，應於土地權利變更後一個月內爲之。其係繼承登記者，得自繼承開始之日起，六個月內爲之。聲請逾期者，每逾一個月得處應納登記費額一倍之罰鍰。

---

[9] 最高行政法院103年度判字第513號判決。
[10] 最高行政法院108年度上字第1116號判決。

但最高不得超過二十倍。此項罰鍰性質爲何？

　　土地法第73條第2項規定之罰鍰係就行爲人違反應於一定期限內爲聲請之義務（過去違反行政法上義務之行爲）所爲裁罰性不利處分，其本質應屬行政罰。惟倘地政機關認爲有督促行爲人履行土地變更登記之必要者，亦得依行政執行法第27條限定行爲人於相當期間履行變更登記義務，並載明行爲人不依限履行時將處以「怠金」之意旨，此亦可達到釐正地籍權屬之目的。因此本件定性爲行政罰，並無礙土地法第73條敦促利害關係人儘速申辦土地登記之本意[11]。依法務部見解，行政罰與怠金似乎可以並存，惟兩者本質、功能、目的不同，並無同時皆可適用之可能性[12]。

二、沒　入

　　沒入係剝奪所有權之強制行爲，得爲沒入之物，其性質、種類，依現行立法體例，係由相關行政法律或自治條例之罰則予以個別規定，其方式較符合實際需要。

三、其他種類行政罰

　　其他種類行政罰之用語係考量立法當時行政機關所爲不利處分中具有裁罰性之行政罰，其名稱種類有一百餘種之多，因此將之概稱爲「其他種類行政罰」。其他種類行政罰依行政罰法第2條規定，係指裁罰性之不利處分。其他種類行政罰之界定，攸關有無行政罰法之適用，爲期明確，除直接明定行政罰要件，即裁罰性及不利處分外，檢視現行各種法律中具有代表性且常用之裁罰性不利處分之名稱，依其性質分爲限制或禁止行爲之處分、剝奪或消滅資格、權利之處分、影響名譽之處分及警告性處分四種類型，分四款列舉之，並於每款就各類型之裁罰性不利處分爲例示及概括規定，以利適用。

（一）類　型

1. 限制或禁止行爲之處分：限制或停止營業、吊扣證照、命令停工或停

---

[11] 法務部民國98年11月27日法律字第0980046887號。
[12] 有關土地法第73條第2項規定之罰鍰性質，蕭文生，罰鍰？怠金？土地法第73條第2項規定之眞意——評高雄高等行政法院98簡字第138號判決及最高行政法院99裁字第32號裁定，法令月刊，第63卷第2期，2012年2月，第1-13頁。

止使用、禁止行駛、禁止出入港口、機場或特定場所、禁止製造、販賣、輸出入、禁止申請或其他限制或禁止為一定行為之處分。

2. 剝奪或消滅資格、權利之處分：命令歇業、命令解散、撤銷或廢止許可或登記、吊銷證照、強制拆除或其他剝奪或消滅一定資格或權利之處分。

3. 影響名譽之處分：公布姓名或名稱、公布照片或其他相類似之處分。透過公布姓名或名稱、公布照片等處罰，以避免或排除危險，或藉此協尋違反義務人或確認其身分[13]。勞動基準法第80條之1第1項規定，違反勞動基準法經主管機關處以罰鍰者，主管機關應公布其事業單位或事業主之名稱、負責人姓名，並限期令其改善；屆期未改善者，應按次處罰。行政機關基於提供人民消費資訊之目的，公布民眾應注意某些廠商商品品質之公告，並非此處影響名譽之處分。

4. 警告性處分：警告、告誡、記點、記次、講習、輔導教育或其他相類似之處分。例如，道路交通管理處罰條例第24條第1項規定，汽車駕駛人或汽車所有人違反本條例規定者，除依規定處罰外，並得令其或其他相關之人接受道路交通安全講習。

（二）不屬於其他種類行政罰者

1. 除去違法狀態或停止違法行為

其他種類行政罰，並非指所有不利處分，僅限於行政罰法第2條各款所定裁罰性之不利處分，並以違反行政法上之義務而應受裁罰性之不利處分為要件。如處分係命除去違法狀態或停止違法行為，因與行政罰之裁罰性不符，非屬裁罰性之不利處分，而無行政罰法之適用。

現行法規中所定不利處分，是否係對於違反行政法上義務之行為所為之制裁，宜從個別規定之實質內容及其立法意旨加以審認。消費者保護法第41條第1項第5款所定消費者保護之教育宣導、消費資訊之蒐集及提供及同條第2項所定消費者保護委員會（現為行政院）應將消費者保護之執行結果及有關資料定期公告。其立法意旨，第41條第1項第5款係為使消保會統籌整合消費者之教育宣導、消費資訊之蒐集及提供等事項而予明定（立法院第5屆第2會期第4次會議議案關係文書院總字第1450號政府提案第8677號第41條立法說明）；同條第2項則係為使消保會功能彰顯，因此明定消保會應將消費者保護之執行結果及

---

[13] 莊國榮，前揭書，第250頁。

有關資料定期公告（立法院公報第77卷第102期院會紀錄第40頁中第38條立法說明）。消保會依消保法第41條第1項第5款及同條第2項規定所為之公告，非對於違反行政法上義務之行為所為具有「裁罰性」之不利處分，亦即非屬行政罰法所定之行政罰[14]。

　　(1)單純命義務人除去違法狀態、停止違法行為或預防性之不利處分，因不具裁罰性，非屬行政罰。消費者保護法第36條後段規定，直轄市或縣（市）政府必要時並得命企業經營者立即停止該商品之設計、生產、製造、加工、輸入、經銷或服務之提供，或採取其他必要措施。係以企業經營者提供之商品或服務確有損害消費者生命、身體、健康或財產，或確有損害之「虞」者為要件，而非以企業經營者已違反行政法上義務之規定為要件。主管機關依消費者保護法第36條所為命停止為一定行為或採取其他措施，係防止商品或服務無從改善或繼續流入市場造成消費者損害之制止措施，性質上應屬命停止違法行為或預防性之不利處分（至「採取其他措施」，則須視其措施內容而定，或為不利處分，或屬事實行為等），因不具裁罰性，故非屬行政罰法所稱之行政罰[15]。

　　既存違章建築之命令拆除，如其處分之原因及適用之法規並不具制裁意義，而係為使行為人除去違法狀態或停止違法行為者，則非行政罰法之「裁罰性不利處分」，而無行政罰法之適用[16]。

　　廢棄物清理法第71條第1項就不依規定清除、處理廢棄物之清除處理義務，核其義務內容係以除去因違法所生危害狀態為目的，不具裁罰性，故非屬行政罰（最高行政法院104年度判字第663號判決參照）；清理義務人屆期不為清除處理時，得由主管機關或執行機關代為清除、處理，非屬裁罰性之行政處

---

[14] 法務部民國96年6月1日法律字第0960017588號。

[15] 法務部民國97年9月17日法律字第0970033708號；法務部民國108年5月15日法律字第10803502270號亦指出，天然放射性物質管理辦法第10條第1項、消保法第36條後段規定，係以「商品含天然放射性物質且有影響公眾安全之虞」、「企業經營者提供之商品或服務，確有損害消費者生命、身體、健康或財產，或確有損害之虞」為要件，而非以業者「已違反行政法上義務之規定」為要件；主管機關依上開規定所為命「自主管理、回收、改善、廢棄或為其他處理」、「限期改善、回收或銷燬……必要措施」，乃係基於避免天然放射性物質繼續影響公眾安全，防止商品或服務無從改善或繼續流入市場造成消費者損害之制止措施，性質上應屬命停止違法行為或預防性之不利處分，因不具裁罰性，故均非屬行政罰法所稱之行政罰。

[16] 法務部民國109年1月21日法律字第10903500560號。

分[17]。

(2)通知限期改善雖課予相對人一定義務屬不利處分，惟其不具裁罰性，非行政罰法所稱之行政罰（法務部民國95年6月20日法律字第0950012743號函）。自治條例第25條第1項所稱糾正並限期改善，其本質如係單純命違反義務人除去違法狀態或停止違法行為，則不具裁罰性，尚非行政罰法所稱之行政罰[18]。

建築法第91條第1項第2款規定之法律效果，首要為罰鍰，為對於行為人過去所為違法使用建築物、構造及設備安全之行為所為之制裁，而其中「限期改善或補辦手續」在性質上並非對於行為人所為之制裁，而係主管機關為防止危害繼續或擴大，命處分相對人除去違法狀態，係課予處分相對人一定之作為義務，本質上為單純之負擔處分。如處分相對人未依前述負擔處分之內容履行其義務者，依本項後段規定，其法律效果為連續處罰及行政執行法中所稱之直接強制。亦即，主管機關依此規定所為之「限期改善」，係就特定事項，科相對人以「限期改善」之行政法上義務，並以此作為未改善時科處罰鍰之要件，而非以行為人過去所為違法使用建築物、構造及設備安全之行為為處罰對象[19]。

(3)公平交易法第13條第1項（現為第39條第1項）規定，事業未申報或未依限期申報而為結合，或申報後經中央主管機關禁止其結合而為結合，或未履行對於結合所附加之負擔者，中央主管機關得禁止其結合、限期命其分設事業、處分全部或部分股份、轉讓部分營業、免除擔任職務或為其他必要之處分。各該處分是否為行政罰，依個別處分內容及性質分析如下[20]：

　　a. 中央主管機關因事業未履行公平交易法第12條第2項（現為第13條第2項）對於結合所附加之負擔，而為上開處分者，該處分係未履行負擔

---

[17] 法務部民國109年4月27日法律決字第10903507690號。

[18] 法務部民國97年10月15日法律字第0970024990號；法務部民國108年5月15日法律字第10803502270號亦指出，主管機關依天然放射性物質管理辦法第10條第1項、消費者保護法第36條後段規定所為命「自主管理、回收、改善、廢棄或為其他處理」、「限期改善、回收或銷燬……必要措施」，乃係基於避免天然放射性物質繼續影響公眾安全，防止商品或服務無從改善或繼續流入市場造成消費者損害之制止措施，性質上應屬命停止違法行為或預防性之不利處分，因不具裁罰性，故均非屬行政罰法所稱之行政罰。

[19] 最高行政法院104年度判字第121號判決、最高行政法院104年度判字第228號判決。

[20] 法務部民國102年7月19日法律字第10203507910號。

之法律效果（立法院公報第91卷第10期院會紀錄第357及358頁），並非行政罰。

b. 事業因違反公平交易法第11條第1、3項規定而為結合，或申報後經中央主管機關禁止其結合而為結合，而受公平交易法第13條第1項所定「禁止其結合、限期命其分設事業、處分全部或部分股份、轉讓部分營業」之處分者，參酌公平交易法80年2月4日制定時第13條之立法說明，該處分係命事業除去違法狀態或停止違法行為，因不具裁罰性，故無行政罰法之適用。

c. 公平交易法第13條第1項所定「免除擔任職務」之處分，如係主管機關基於法律明定管制目的所為之預防性不利處分，則無行政罰法之適用（最高行政法院102年度判字第117號、101年度判字第165號、101年度判字第499號判決）。

2. 撤銷或廢止

行為人違反行政法上義務，主管機關對於此種過去違反義務所為具有裁罰性之撤銷或廢止許可處分，性質上屬於行政罰。但行政機關對違法授益行政處分之撤銷及合法授益行政處分之廢止，是否屬行政罰法所規範之裁罰性之不利處分，而適用行政罰法，應視其撤銷或廢止原因及適用之法規而定，無法一概而論。例如，證券交易法第59條第1項規定，證券商自受領證券業務特許證照，或其分支機構經許可並登記後，於三個月內未開始營業，或雖已開業而自行停止營業連續三個月以上時，主管機關得撤銷其特許或許可。該撤銷不屬行政罰法之裁罰性不利處分。

醫師執業執照上其執業之醫療機構已無提供醫療之可能時，醫師自無從在原申請登記之醫療機構執行醫療行為，即屬其執業執照申請登記事項事後發生變更，主管機關得依行政程序法第123條第4款予以廢止，俾免影響主管機關管理醫師發生資訊錯誤之遺害。本案依行政程序法第123條第4款所作成之廢止處分，係屬管制性不利處分，非行政罰[21]。

臺中市演藝團體輔導管理自治條例第15條第2項規定，經書面通知糾正二次未於期限改善者，主管機關得註銷立案許可登記。註銷立案許可登記係對於義務人違反限期改善之行政法上義務所為之裁罰性不利處分，性質上屬行政

---

[21] 最高行政法院110年度上字第643號判決。

罰[22]。

3. 保全處分

　　依稅捐稽徵法第24條規定所爲限制納稅義務人之財產不得移轉或設定他項權利、限制其減資或註銷登記及限制出境之處分及依海洋污染防治法第38條規定所爲限制船舶及相關船員離境之處分，均屬保全措施，不具裁罰性，非屬裁罰性之不利處分，無行政罰法規定之適用。

　　保險業如因無法健全經營，而經主管機關依保險法第149條第3項規定派員接管時，爲落實公司治理制度，防止保險業負責人有違反忠實及善良管理人注意義務之情事時，藉由移轉財產或逃匿以規避其民、刑事責任，並保障股東、保戶及利害關係人之權益，法律乃賦予主管機關得對於保險業負責人禁止其財產爲移轉、交付、設定他項權利，並限制其出境等保全措施，以爲必要之行政管制，其處分之性質並非裁罰性不利處分。主管機關爲前述不利處分時，並不以該負責人有違反行政法上義務爲要件[23]。

4. 當然解任與解除其職務之規定是否爲行政罰[24]？

　　當然解任依其規定意旨，本無待主管機關作成行政處分，於規定事由發生時，依法當然發生解任之效果。如當事人對於其是否該當法定解任事由有爭議，主管機關自得依職權爲認定，此時主管機關對於當事人有無當然解任之事由所爲之確認，性質上爲確認行政處分，非屬行政裁罰（最高行政法院98年判字第581號判決），自無行政罰法之適用。

　　法規中規定解除其職務者，必待主管機關另外作成行政處分並以送達或其他適當方法，使相對人知悉時，始發生效力。該等解除職務行政處分如具有裁罰性，屬行政罰，有行政罰法之適用（最高行政法院94年判字第162號、臺北高等行政法院97年訴字第3221號判決）；如不具裁罰性，則無適用行政罰法餘地。

　　公司重整後，有關重整事項之監督係屬司法監督，重整人如有違反相關規定，法院所爲處置，其性質係屬司法權之作用（法務部民國94年4月20日法律字第0940011059號），與行政罰係針對違反行政法上義務所爲制裁有所不同。

---

[22] 法務部民國100年9月7日法律字第1000020263號。
[23] 最高行政法院108年度判字第328號判決。
[24] 法務部民國99年4月6日法律字第0999012572號。

公司法第290條第5項之解除其職務應非屬行政罰。

5. 管制性不利處分

裁罰性不利處分（即行政罰）與管制性不利處分雖均可能對人民之自由或權利加以限制，但二者本質不同。裁罰性不利處分係對違法行為予以法律上之譴責與非難，並以特定之不利益作為違法行為之代價，目的不外是給予警惕，避免再犯，故作用上係針對過去違法行為加以制裁；管制性不利處分則在於排除公共秩序安全之危害，回復秩序與安全，目的在危險防禦，而非處罰[25]。

證券交易法第66條第2款規定，證券商違反本法或依本法所發布之命令者，除依本法處罰外，主管機關並得視情節之輕重，命令該證券商解除其董事、監察人或經理人職務。其立法目的係為增強對證券商之管理，防止違規與不法情事之發生，而賦予主管機關於證券商違反法令時，除依該法處罰外，並得視其情節之輕重，採取適當之措施或處分（證券交易法第66條第2款立法理由）。其性質係為實現健全證券交易秩序，並保障投資之行政目的所為之行政管制措施，屬於管制性之不利處分，與行政罰法第2條所稱之裁罰性不利處分，係以違反行政法上義務而對於過去不法行為所為之行政制裁不同，非屬行政罰法所指之行政罰，自無行政罰法第27條第1項裁處時效三年規定之適用[26]。

2017年1月4日修正公布前公路法第77條第2項後段「……其非法營業之車輛牌照並得吊扣二個月至六個月，或吊銷之」規定，依其1984年1月23日增訂時「至於未經申請核准而經營公路經營業、汽車運輸業……除處以罰鍰並勒令停業外，並增訂吊扣非法營業之汽車牌照或吊銷汽車牌照之規定，以利執行」及2017年1月4日修正時「……為達到遏止非法之效果，復提高吊扣非法營業車輛牌照之期限，……」之立法理由，參諸條文內容亦未以所吊扣或吊銷之車輛牌照為同條項前段之違規行為人所有者為限。考其意旨當係基於「使該車輛無法再繼續供作違規使用」並利於主管機關執行健全公路營運制度之目的，賦與主管機關得為吊扣或吊銷車輛牌照之處分，故其性質應認屬管制性行政處分[27]。

---

[25] 最高行政法院111年度上字第724號裁定。

[26] 最高行政法院101年度判字第165號判決。

[27] 最高行政法院106年4月份庭長法官聯席會議決議；最高行政法院110年度上字第304號判決亦指出，依公路法第56條第2項授權訂定之計程車合作社管理辦法第18條規定意旨，社員自請退社者應註銷牌照，且101年牌照遞補審查要點第6點有關牌照逾期遞補

觀之發展觀光條例第37條第1項立法理由，立法者要求主管機關對觀光遊樂業經營者之經營管理、營業設施進行定期或不定期檢查之目的，係為加強維護公共場所安全，確實保障消費者權益，以落實保障民眾休閒遊憩活動安全。觀光遊樂業經營者據此負有對經營管理、營業設施維護安全之行政法上義務。是以檢查結果不合規定，違反公共安全情節重大者，主管機關依發展觀光條例第54條第1項規定得命其定期停止營業，以強制手段達成觀光遊樂業經營者之經營管理、營業設施符合安全之行政目的，該停止營業處分與所據之作成處分規範本身所要求之行政法上義務之實現密切相關，對於觀光遊樂業經營者之經營管理、營業設施安全不合格所可能導致之危險，屬直接排除危險並預防再發生危險之手段，其性質為管制性行政處分，而不是在追究業者過去違反行政法義務之行為並嚇阻其將來再度違法的處罰性行政處分[28]。

菸酒管理法第51條第3項所定主管機關所得為之限期改正處分，其目的顯然不是對行為人未於酒之廣告或促銷標示警語之違規行為加以制裁、非難，而是課予行為人停止違規行為及除去違法狀態之義務，以回復菸酒管理法第37條誡命規範所定之法律秩序（即標示警語），核其性質，應屬管制性不利處分，並非行政罰[29]。

6. 預防性不利處分

老人福利機構如未與入住者或其家屬訂定書面契約，主管機關所為限期改善之行政處分，僅命除去違法狀態，並不具裁罰性。令其限期改善期間，依老人福利法第49條第1項規定，當然發生於不得增加收容老人之法律效果。書面契約之訂定，主要係防止糾紛，並預防危險，故不許增加收容老人，乃預防危險擴大，並非制裁老人福利機構，該處分自未具有裁罰性[30]。

主管機關所為之限期整理管制處分，雖屬不利處分，但係主管機關基於協助人民團體自主發展之職權，為排除人民團體自治功能失調之危害，並防止此危害之擴大，所採取具有前瞻性、預防性之限制當事人結社自由之保全措施，

遂行註銷之性質，係高雄市政府交通局為達牌照管理所為之行政管制措施，屬於管制性不利處分，非在於違反行政法上義務之究責，不具有裁罰性，自無行政罰法之適用。

[28] 最高行政法院109年度判字第614號判決。

[29] 最高行政法院111年度上字第724號裁定。

[30] 最高行政法院102年度判字第615號判決要旨（老人福利法第38條、第46條及第49條）。

其目的不在對過往違反公法秩序之行爲予以處罰，非行政罰性質，原不以人民團體或其理、監事就理、監事之改選未果具有可歸責性爲要件[31]。

7. 有關政府採購法之爭議

(1) 押標金

依政府採購法第30條第1項前段及第31條第2項第8款（現爲第7款）規定，押標金乃擔保全體投標者均能遵照投標應行注意事項以踐行相關程序，除督促得標者應履行契約外，兼有防範投標人圍標或妨礙標售程序公正之作用，堪認投標廠商繳納押標金之目的，亦有確保投標公正之目的，此爲辦理招標機關所爲之管制，以避免不當或違法之行爲介入。法律規定廠商如有此類行爲者，辦理招標之政府機關即得對其所繳納之押標金不予發還，或予以追繳，其性質乃以公權力強制實現廠商參與投標時所爲之擔保，屬於管制性不利處分，與行政罰法所稱之裁罰性不利處分係以違反行政法上義務而對於過去不法行爲所爲之制裁不同。強制追繳押標金之處分，固爲不利之行政處分，但不屬於行政罰法所稱之行政罰處分，自無行政罰法第27條關於時效期間規定之適用[32]。

(2)停權處分

機關因廠商有政府採購法第101條第1項各款情形，依同法第102條第3項規定刊登政府採購公報，即生政府採購法第103條第1項所示於一定期間內不得參加投標或作爲決標對象或分包廠商之停權效果，爲不利之處分。其中第3款、第7款至第12款事由，縱屬違反契約義務之行爲，既與公法上不利處分相聯結，即被賦予公法上之意涵，如同其中第1款、第2款、第4款至第6款爲參與政府採購程序施用不正當手段，及其中第14款爲違反禁止歧視之原則一般，均係違反行政法上義務之行爲，予以不利處分，具有裁罰性，自屬行政罰，應適用行政罰法第27條第1項所定三年裁處權時效。其餘第13款事由，乃因特定事實予以管制之考量，無違反義務之行爲，其不利處分並無裁罰性，應類推適用行政罰裁處之三年時效期間[33]。

---

[31] 最高行政法院104年度判字第337號判決（人民團體法第58條第1項）。

[32] 最高行政法院100年度判字第1071號判決（最高行政法院102年度判字第100號判決亦同）。

[33] 最高行政法院101年度6月份第1次庭長法官聯席會議決議。

第三項　認定是否為行政罰法所稱行政罰之重要實益

　　對人民不利之處分視其性質可分為裁罰性與非裁罰性，裁罰性不利處分係對違法行為予以法律上之譴責與非難，並以特定之不利益作為違法行為之代價，目的不外是給予警惕，避免再犯，故作用上係針對過去違法行為加以制裁；管制性不利處分則在於排除公共秩序安全之危害，回復秩序與安全，目的在危險防禦，而非處罰，其法律效果具向未來延展之效力。裁罰性與非裁罰性（管制性）行政處分二者性質不同，不利處分究竟是否具有裁罰性，原則上應由立法意旨觀之，然因行政目的多元，而立法者又常以課予人民義務之方式達成，故不利處分究竟是否具有裁罰性，有時由條文並無法明確知悉，當無法明確判斷時，其定性可透過個別法規規範對象及探求立法目的之方式解析之，於個案具體判斷之際，可透過「法條文義及架構」、「法規之整體體系架構」（如：可透過解析規範法條置於法規範之章節及編排方式進行判斷）、「立法意旨、理由」、「解釋方式」、「行政效率」、「社會通念」等因素予以綜合判斷，以便適切探求立法意旨[34]。

　　區分裁罰性與非裁罰性不利處分有三大重要性：

一、是否適用故意或過失之要求

　　行政處罰為廣義不利益行政處分之一種，行政處罰與行政處罰以外之不利益行政處分，均可能對人民之自由或權利加以限制，惟二者本質不同。行政處罰為國家對違反行政法上義務之個人，所採取之「非難性」手段，以消滅其過去違規且有責行為之責任，而一般性預防將來違規行為發生。此一公權力之發動，以個人有故意或過失違反行政法上義務之行為為前提。此就行政機關維持行政秩序的各種合法手段而言，乃以要求人民不要破壞行政秩序的方式以間接達成行政目的之「消極」方法，其裁處適用「行政罰法」規定之程序。狹義不利益行政處分，係指行政處罰以外，行政機關為維持行政秩序，依法所得採行之其他限制人民自由或權利之規制手段。其特質在於以直接形成符合法律要求之行政秩序之方式，「積極」實現行政目的，雖應受法律拘束，但其發動不受制於是否存在一個有責之違反行政法上義務事件。其中具有法律效果者，即屬

---

[34] 臺北高等行政法院高等庭111年度訴字第1477號判決。

狹義之不利益行政處分，其作成應適用「行政程序法」規定。本質上並非作為
處罰方式之狹義不利益行政處分，如果借用為行政處罰，其結果自然不正確，
既無助於人民權利保障，更有害於公共秩序之維持[35]。

　　依稅法之規定，扣繳義務人負有義務從其應向納稅義務人給付金額中，扣
留納稅義務人應繳之稅款，然後為納稅義務人之計算，向稅捐機關繳納者（所
得稅法第7條第5項規定）。公司負責人即所得稅法第89條所稱之扣繳義務人，
應依所得稅法第88條第1項第2款規定於給付權利金時按規定之扣繳稅率扣取稅
款，違法不為扣繳者，稅捐機關依所得稅法第114條第1款前段規定命扣繳義務
人補繳應扣未扣稅款。其立法目的在於稅捐客體隱藏於扣繳義務人應向納稅義
務人給付之金額中，對於稅捐客體歸屬之人（納稅義務人）直接課徵，如不能
經濟有效達到掌握稅源，完成稽徵任務，便有藉助扣繳義務人對納稅義務人負
有給付義務之機會，採取就源徵收之必要，課對納稅義務人負有金錢給付義務
者扣繳稅捐之協力義務，扣繳義務人不為扣繳者，稅捐機關依所得稅法第114
條第1款前段規定命扣繳義務人補繳應扣未扣稅款之行政處分，係為落實所得
稅法規範就原徵收之目的，為執行符合法律要求之稅捐扣繳義務，並非行政裁
罰，故其發動並不受制於是否有一個故意或過失違反行政法上義務之行為人可
罰行為等偶發事件，本質上無從作為處罰方式。至於稅捐機關針對扣繳義務人
違反扣繳義務的行為，另依所得稅法第114條第1款中段規定，處以罰鍰處分，
即係對於違反扣繳義務且有故意過失者予以處罰[36]。

　　藥價基準第四章第1點及第5點規定，倘藥品供應商於調查時有第四章第7
點第1款規定之未申報贈藥量或交易金額未扣除折讓、或僅申報部分院所交易
資料、或其他足以影響調查結果正確性或完整性之情節等不實申報的情事，保
險人即無法查得藥品市場實際交易價格，而無從調整藥品支付價格，達成藥品
支付價格調整目標。此際即有管制該品項之必要，故而對於藥商部分，將該品
項不列入健保給付範圍，自發文日起次兩季第一月份1日生效。原判決認定該
品項不列入健保給付範圍之處分主要在於對物管制，以確保健保體系之正常運
作，而非以之作為對藥商之行政裁罰，該處分對藥商而言，雖為不利處分，但
非裁罰處分，原則上，不以藥商客觀上有未申報或不實申報之情事及主觀上有
故意或過失之責任條件為要件，縱係出於藥品供應商之未申報或不實申報，只

---

[35] 最高行政法院106年度判字第480號判決。
[36] 最高行政法院97年度判字第1016號判決。

要導致保險人無法查得藥品市場實際交易價格，而無從調整藥品支付價格，即有必要對該物管制，並不以該藥品供應商與藥商間有意思聯絡或法律基礎關係為要件，核無不合[37]。

全民健康保險醫事服務機構特約及管理辦法第40條第1項、第47條規定，保險醫事服務機構於特約期間，有特定情事者，保險人應予停止特約一定期間；此項公法上應為不利處置之強制規定有規範保險人及保險醫事服務機構之效力，並及於負責醫事人事或負有行為責任之醫事人員，具有剝奪保險醫事服務機構及負責醫事人員及負有行為責任醫事人員請求醫療保健服務給付之法律效果，固屬對醫事人員不利之行政處分。惟此項公法上應為不利處置之強制規定，旨在使保險人得以排除因保險醫事服務機構從事特定情事所生對於國民健康之危害，防止及避免該危害之發生與擴大，並有督促保險醫事服務機構及醫事人員未來確實履行義務之目的，為達成促進國民健康、增進公共利益之行政目的所為之必要管理措施，屬單純之不利處分，而非對於違法有責行為予以制裁之行政罰，因不具裁罰性質，原則上，無須已發生違法有責行為，亦無行政罰法相關規定之適用[38]。

二、是否以受處分人違反行政法上義務為前提

其他種類行政罰，並非指所有不利處分，僅限於行政罰法第2條各款所定裁罰性之不利處分，並以違反行政法上之義務而應受裁罰性之不利處分為要件。保險業如因無法健全經營，而經主管機關依保險法第149條第3項規定派員接管時，為落實公司治理制度，防止保險業負責人有違反忠實及善良管理人注意義務之情事時，藉由移轉財產或逃匿以規避其民、刑事責任，並保障股東、保戶及利害關係人之權益，法律乃賦予主管機關得對於保險業負責人禁止其財產為移轉、交付、設定他項權利，並限制其出境等保全措施，以為必要之行政管制，其處分之性質並非裁罰性不利處分，故主管機關為前述不利處分時，並不以該負責人有違反行政法上義務為要件[39]。

---

[37] 最高行政法院102年度判字第155號判決。
[38] 最高行政法院109年度上字第6號判決。
[39] 最高行政法院108年度判字第328號判決。

三、時效適用之期間

　　行政罰適用三年裁處期間規定，至於其他不利處分之裁處期間則依個別法律規定。惟個別法律未規定時，其時效為何？則有不同看法。有認為，其他不利處分非屬行政罰，因此不適用行政罰法第27條三年裁處期間之規定，而應適用適用五年公法上請求權消滅時效之期限[40]。

　　惟亦有主張，類推適用行政罰三年裁處期間。停止特約一年之行政處分係屬保全性質之單純不利處分，而非裁罰性之行政處分，惟其法律效果與行政罰法第2條第2款之裁罰性不利處分頗相類似，實質上具有行政罰之法律效果，法理上自應類推適用行政罰法第27條第1項有關裁處期間之規定，以免法律關係長期懸而未決，影響法律秩序之安定性[41]。

　　另有認為，教師法第14條第1項賦予公立學校於教師具有該項各款所列之情形者，得行使終止聘約權利，性質上並非對教師之違反特定義務行為予以制裁，而係因其違反義務行為所呈現之人格缺陷特質，顯示已不適任教師職務，為達成維護學生受教權之公共利益目的，所為不利管制性措施。依教師法所為之解聘處分，並無時效期間適用之意旨，與教師法第14條及現行教師法施行細則第7條第1項規定之旨趣無違背[42]。管制性不利處分並無行政罰法之適用，自無行政罰法第27條裁處權時效之適用，此外，亦無類推適用行政罰法第27條關於裁處權時效規定之餘地[43]。

第三節　行政罰處罰法定主義

　　行政罰法第4條規定，違反行政法上義務之處罰，以行為時之法律或自治

---

[40] 最高行政法院100年度判字第1071號判決指出，強制追繳押標金之處分，為管制性不利之處分，但不屬於行政罰法所稱之其他種類行政罰，自無行政罰法第27條關於時效期間規定之適用。最高行政法院102年11月份第1次庭長法官聯席會議決議則指出，法律條文明定機關得以單方之行政行為追繳已發還之押標金，乃屬機關對於投標廠商行使公法上請求權，應有行政程序法第131條第1項關於公法上請求權消滅時效規定之適用。

[41] 最高行政法院101年度判字第542號判決。

[42] 最高行政法院110年度上字第215號判決。

[43] 臺北高等行政法院高等庭111年度訴字第1477號判決。

條例有明文規定者為限。依法始得處罰，為民主法治國家基本原則之一，對於違反社會性程度輕微之行為，處以罰鍰、沒入或其他種類行政罰，雖較諸對侵害國家、社會法益等科以刑罰之行為情節輕微，惟本質上仍屬對於人民自由或權利之不利處分，其應適用處罰法定主義[44]。為使行為人對其行為有所認識，進而擔負其在法律上應有之責任，自應以其違反行政法上義務行為時之法律有明文規定者為限。

　　地方制度法施行後，自治條例得就違反屬於地方自治事項之行政義務者處以罰鍰或其他種類之行政罰（地方制度法第26條第2、3項），為確定違反行政法上義務規定之範圍，並解決自治條例中罰則之適用問題，因此將自治條例亦予以納入。

　　除立法院通過總統公布之法律外，依司法院釋字第313、394及402號等解釋意旨，對於違反行政法上義務之行為，法律得就其處罰構成要件或法律效果授權以法規命令訂之。因此經法律就處罰構成要件或法律效果為具體明確授權訂定之法規命令亦包含在內[45]。惟基於處罰法定原則係民主法治國家基本原則之一，且處罰規定應予明確，為符合明確性原則，因此，罰則規定不宜以「準用」之立法方式為規範[46]。

　　處罰法定主義為民主法治國家基本原則之一，沒入屬行政罰種類之一，自應符合該原則。至於在何種要件下應（得）對何物為沒入處罰，應依規定處罰之法律或自治條例而定，並非行政罰法所得統一規定。行政罰法第21條係規定沒入物原則上以屬於受處罰者所有為限，行政罰法第22條則規定沒入物非屬受處罰者所有，但因所有人之故意或重大過失，致使該物成為違反行政法上義務行為之工具；或所有人明知該物得沒入，為規避沒入之裁處而取得所有權者，仍得裁處沒入。惟不論沒入或擴大沒入，其前提均須該物依設處罰規定之法律或自治條例規定屬應（得）沒入之物。以車輛等交通工具設置儲油（氣）槽從事違法經營石油業務，依石油管理法或其他具體授權之法規命令並無應（得）

---

[44] 盛子龍、吳庚，前揭書，第463頁指出，處罰法定主義應涵蓋行政罰不得溯及既往、不適用類推解釋，尤其禁止擴張解釋，基本上不允許空白處罰條款，也不允許對尚未出現之違法行為採預防的處罰措施。

[45] 司法院釋字第638號解釋理由書亦指出，對於人民違反行政法上義務之裁罰，涉及人民權利之限制，其處罰之構成要件、法律效果，應以法律定之；以命令為之者，應有法律明確授權，始符合憲法第23條法律保留原則之意旨。

[46] 法務部民國106年6月2日法制字第10602509100號。

對該交通工具為沒入之規定者，自不得逕依行政罰法第21條、第22條規定裁處沒入或擴大沒入[47]。

違反同一行政法上義務者有多數人時，其歸責方式，以按其行為情節之輕重分別處罰為原則（行政罰法第14條第1項規定），若就其是否應負各平均分擔責任等歸責方式，有為不同於原則規定之必要者，涉及人民權利限制之程度，應另以法律或法律具體明確授權之法規命令為特別規定，始符合憲法第23條之法律保留原則。

舊行政罰法第5條規定，行為後法律或自治條例有變更者，適用行政機關最初裁處時之法律或自治條例。但裁處前之法律或自治條例有利於受處罰者，適用最有利於受處罰者之規定。行政罰法第5條明定法律或自治條例變更時之適用，係採「從新從輕」之處罰原則，即於行為後之法律或自治條例有變更者，原則上係「從新」，適用行政機關最初裁處時之法律或自治條例；僅於裁處前之法律或自治條例有利於受處罰者之規定[48]。法律或自治條例變更僅指實體法之於受處罰者，始例外「從輕」，適用最有利變更，程序法變更不屬之[49]；法規命令之變更則如同法律變更處理。

行政罰法第5條所謂「行為後法律或自治條例有變更」者，限於已公布或發布且施行之實體法規變更，變更前後新舊法規必須具有同一性，且為直接影響行政罰裁處義務或處罰規定；又法律或自治條例授權訂定法規命令或自治規則以補充義務規定或處罰規定一部分，此類規定變更如足以影響行政罰裁處，自亦屬法規變更；惟行政程序法第159條第2項第2款所稱裁量基準行政規則，縱有變更，既無變動相關法律規定，自不生法律變更而須比較適用新舊法問題，則無「從新從輕原則」適用[50]。

依舊條文規定，行為後法律或自治條例有變更，行政機關於第一次裁罰之後，因受處分人不服，提起行政救濟，經行政救濟機關撤銷原處分，則由原處分機關重為處分時，仍應以第一次處罰處分時之法律狀態為準。舊條文規定，應適用者是「行政機關『最初』裁處時」，而非「裁處時」之法律或自治

---

[47] 法務部民國94年8月23日法律字第0940030328號。

[48] 最高行政法院101年度判字第361號判決指出，行為時工廠管理輔導法第20條規定較修正後之工廠管理輔導法第20條規定有利於行為人，依行政罰法第5條但書規定，應適用行為時工廠管理輔導法規定。

[49] 盛子龍、吳庚，前揭書，第465頁。

[50] 法務部民國108年8月14日法律字第10803511720號。

條例，其理由雖在於避免受處罰者因為期待法規未來會做有利之變更，任意提起救濟，等到之後法規做出有利之變更時，可以適用較有利之新規定而改為較輕之處罰。惟從新從輕原則之法理在於當國家價值秩序有改變時，原則上自應依據新的價值作為衡量標準，則舊條文規定行為法律或自治條例作為適用，自與從新原則有所不符，且提起行政救濟係受處罰者之權利，自不宜避免受處罰者因為期待法規未來會做有利之變更，任意提起救濟為理由，而以「行政機關『最初』裁處時」之法律或自治條例作為適用，行為後法律或自治條例有變更者，原則上應適用行政機關「裁處或法院判決時」之法律或自治條例，但是如舊的價值秩序係有利於人民者，不應讓人民受到不可預見之損害，以維護法的安定性，因此，裁處或判決前之法律或自治條例有利於受處罰者，例外適用最有利受處罰者之規定[51]。2022年6月15日公布之行政罰法第5條規定修正為，行為後法律或自治條例有變更者，適用裁處時之法律或自治條例。但裁處前之法律或自治條例有利於受處罰者，適用最有利於受處罰者之規定。所謂裁處時，除行政機關第一次裁罰時，另包括訴願先行程序之決定、訴願決定、行政訴訟裁判，乃至於經上述決定或裁判發回原處分機關另為適當之處分等時點。

第四節　處罰對象

第一項　行為人

　　行政罰法規定有行為人規定之條文，例如，第15條第1項、第20條第1項、第2項、第29條第1項、第4項、第30條、第33條、第34條第1項及第35條，為避免適用疑義，行政罰法第3條規定，本法所稱行為人，係指實施違反行政法上義務行為之自然人、法人、設有代表人或管理人之非法人團體、中央或地方機關或其他組織。行為人之範圍，則依各該條文規範性質個別認定之[52]。行政罰法第3條所稱之「行為人」定義，僅適用於行政罰法，並非可適用於各個法律，個別行政法律所定行為人及處罰對象之範圍，仍應依各該法規之立法文義或意旨認定之。

---

[51] 立法院公報，第111卷第81期，2022年6月17日，第14-16頁。
[52] 行政罰法第3條之立法理由。

一、法律規定處罰對象為複數

行政機關於法律對於處罰對象得為適當裁量之情形，如須對行為人以外之人科處行政罰，自應具備充分、合理及適當之理由。建築主管機關如對行為人處罰，已足達成行政目的時，即不得對建築物所有權人處罰[53]。

都市計畫範圍內之建築物違規使用，依都市計畫法第79條之規定，受裁處之對象包括建築物所有權人、使用人或管理人，雖授權行政機關對於裁處對象得為選擇之裁量。惟行政機關行使裁量，如有逾越權限及濫用權力之情事，亦屬違法，依行政訴訟法第201條規定，行政法院自得予撤銷。建築主管機關究應對建築物所有權人或使用人處罰，應就其查獲建築物違規使用之實際情況，於符合建築法之立法目的為必要裁量，並非容許建築主管機關恣意選擇處罰之對象，擇一處罰，或兩者皆予處罰；行政罰係處罰行為人為原則，處罰行為人以外之人則屬例外，建築主管機關如對行為人處罰，已足達成行政目的時，即不得對建築物所有權人處罰[54]。

二、行為人實施違法行為後死亡之處罰對象

司法院釋字第621號解釋理由書指出，行政罰鍰係人民違反行政法上義務，經行政機關課予給付一定金錢之行政處分。行政罰鍰之科處，係對受處分人之違規行為加以處罰，若處分作成前，違規行為人死亡者，受處分之主體已不存在，喪失其負擔罰鍰義務之能力，且對已死亡者再作懲罰性處分，已無實質意義，自不應再行科處。

罰鍰處分後，義務人未繳納前死亡者，其罰鍰繳納義務具有一身專屬性，是否得對遺產執行，於法律有特別規定者，從其規定。國家以公權力對於人民違反行政法規範義務者科處罰鍰，其處罰事由必然與公共事務有關。處罰事由之公共事務性，使罰鍰本質上不再僅限於報應或矯正違規人民個人之行為，而同時兼具制裁違規行為對國家機能、行政效益及社會大眾所造成不利益之結果，以建立法治秩序與促進公共利益。行為人受行政罰鍰之處分後，於執行前死亡者，究應優先考量罰鍰報應或矯正違規人民個人行為之本質，而認罰

---

[53] 最高行政法院91年度判字第23號判決；最高行政法院95年1月份庭長法官聯席會議決議。

[54] 最高行政法院102年度判字第553號判決。

鍰之警惕作用已喪失，故不應執行；或應優先考量罰鍰制裁違規行爲外部結果之本質，而認罰鍰用以建立法治秩序與促進公共利益之作用，不因義務人死亡而喪失，故應繼續執行，立法者就以上二種考量，有其形成之空間。

第二項　行政機關或公法人之可罰性

行政罰法第17條規定，中央或地方機關或其他公法組織違反行政法上義務者，依各該法律或自治條例規定處罰之。

中央或地方機關或其他公法組織，如有違反行政法上義務之行爲時，因實務上肯定其有受罰能力而得成爲行政制裁之對象，因此行政罰法於第17條規定，中央或地方機關或其他公法組織違反行政法上義務者，依各該法律或自治條例規定處罰之，以明文宣示中央或地方機關或其他公法組織有行政罰之受罰能力。

中央或地方機關或其他公法組織究否會成爲受處罰對象，仍應視各該法律或自治條例是否明文將其列爲處罰對象而定。同一行政主體內不同行政機關間有無互爲裁罰之必要，宜由各該法律或自治條例於立法時依其立法目的分別予以考量（法務部民國96年2月6日法律字第0960700114號）[55]。

第三項　共同違法

因行政罰之不法內涵及非難評價與刑罰不同，且爲避免實務不易區分導致行政機關裁罰時徒生困擾，行政罰法不採刑法有關教唆犯、幫助犯之概念，行政罰法第14條規定，故意共同實施違反行政法上義務之行爲者，依其行爲情節之輕重[56]，分別處罰之。

臺北高等行政法院101年度訴字第930號判決指出，行政罰法第14條第1項規定主要目的在於宣示個別責任原則，共同違反義務之人，各依其情節分別處罰，換句話說，共同義務人彼此各自爲自己之過錯行爲負責，該原則源自法治國憲法上的自主原則，依據自主原則，每個人只爲自己的決定負責，因此只爲自己所爲的過錯行爲負責。未經許可在河川區域內採取或堆置土石，因土石採

---

[55] 法務部民國101年1月20日法律決字第10100511520號。
[56] 情節之輕重係指實施違反行政法上義務行爲其介入之程度及其行爲可非難性之高低等因素。

運費力耗時，且需一定資力，此類案件之參與者通常為多數人，所有參與違法行為之人，諸如土地所有權人、地上權人、承租人、業者公司負責人、會計、駕駛、把風者或集團首謀等，依行政罰法第14條第1項規定均為共同實施違反行政法上義務之行為者，倘裁處機關未審酌行為情節之輕重分別處罰之，一律依該集團所採取或堆置之土石體積裁罰，依本案情形而論，一人罰500萬元，二人共罰1,000萬元，若本件行為人有十人，豈非總罰鍰數額高達5,000萬元，非但不符比例原則，且使行為人超越自己的責任而承擔他人的責任，有違個別責任原則，一律科處相同罰鍰，其裁量即有怠惰，而構成裁量濫用，亦屬違法。

　　行政罰法第14條第1項所稱之「分別處罰」，係依共同行為者個別行為情節之輕重，分別處罰之，並非「分擔處罰」，亦非「平均處罰」，故除法定處罰金額上限外，本無一定罰鍰總額之限制。因此，若有數人故意共同實施違反行政法上義務之行為，則行政機關依行政罰法第14條第1項規定對共同行為人分別裁處之罰鍰，經合計之總額即有可能超過法定處罰金額上限或數倍以上，此乃適用法律之當然結果[57]。

　　行政罰法第14條係規定行為主體外部之共同實施，在二個以上自然人間，並無疑義。但以私法人作為處罰對象之情形，係指二個以上不同之私法人（處罰主體）共同實施違反行政法上義務之行為，或私法人與該私法人以外之第三人共同實施違反行政法上義務之行為。故僅係基於受處罰主體私法人之內部關係者（如私法人之機關或職員），並不在行政罰法第14條所規定之範圍內[58]。行政罰法第14條所稱之「共同實施」，係指義務主體與該義務主體以外之第三人共同違反行政法上之義務，並不包括義務主體與該義務主體內部之成員共同違反行政法上義務之情形。

　　個別行政作用法中對於共同違反行政法上義務行為之處罰，採由數行為人共同分擔，而非分別均處罰之規定，依行政罰法第1條但書之規定，應優先適

---

[57] 最高行政法院102年度判字第153號判決。

[58] 最高行政法院101年度判字第1116號判決指出，義務人所屬員工不應列入共犯之處罰對象，其理論依據係認為除義務人（例如企業）之決策人員外，其餘員工參與企業活動，係基於決策者之命令行之，實際上為企業經營者執行企業政策之手足，故其行為本非出於自己之意思決定，縱客觀上實現違法構成要件之結果，亦與處罰法上行為概念不合，自無法成為處罰法上評價之對象。故義務主體內部成員所為之行為，其法律效果應歸屬於該義務主體，自無將其內部成員與義務主體，視為共同違法之理。

用,而無須依第14條第1項之規定分別處罰之。例如,遺產及贈與稅法第47條規定,對於所處之罰鍰設有上限,足見於遺產稅之納稅義務人有多人共同繼承之場合,如有違反該法所課予之納稅義務而受罰鍰之處罰時,該法應係採由數個納稅義務人共同分擔之規定,而非對每個繼承人均分別處以漏稅額倍數之罰鍰,否則遺產及贈與稅法第47條之規定將形同具文。

行政罰法第14條第1項所稱之故意包括直接故意(對於構成違反行政法上義務之事實,明知並有意使其發生)及間接故意(對於構成違反行政法上義務之事實,預見其發生而其發生並不違背其本意);共同實施違反行政法上義務人間,一部分為直接故意,他部分人為間接故意,均屬之[59]。過失參與之情形則被排除。

故意共同實施係指違反行政法上義務構成要件之事實或結果係由二以上行為人故意共同完成者,主觀上以行為人出於故意為必要,即主觀上有互相利用他方行為作為己用之意;客觀上須有共同實施之行為,即義務主體與義務主體以外之第三人外部之共同完成違反行政法上義務行為,方足當之。網路平臺業者與刊售違法商品或違規廣告之人,須有行政罰法第14條第1項所稱故意共同實施違反行政法上義務之行為者,始得予分別處罰。如網路平臺業者未有違反行政法上義務行為之分擔,僅係單純不提供違規業者IP位址,尚難逕依行政罰法第14條規定論處[60]。

都市計畫法第79條規定係指個案中課予各所有權人負有拆除、改建、停止使用或恢復原狀行政法上義務,即各該所有權人(或共有人)因消極不作為而違反主管機關依該條所為勒令拆除、改建、停止使用或恢復原狀義務受罰,義務分別存於每一位共有人,主管機關自得分別處罰,無罰鍰分配問題[61]。

廣告代理商,若明知託播者是藥物廣告,依民法第535條規定,受任人處理委任事務,應依委任人之指示,並與處理自己事務為同一之注意。其受有報酬者,應以善良管理人之注意為之。廣告代理商對於其促成而欲宣播於電視頻道之藥物廣告,有無未經申請核准,當應有注意之義務。廣告代理商雖非藥商,但若違反藥事法第66條第1項前段規定,依行政罰法第14條第2項規定,應

---

[59] 法務部民國102年4月11日法律字第10100269850號。
[60] 法務部民國102年2月4日法律字第10203501280號。
[61] 法務部民國101年8月8日法律字第10100590680號。

與違規藥商分別接受處罰[62]。

　　文化資產保存法第28條規定，古蹟、歷史建築或紀念建築經主管機關審查認因管理不當致有滅失或減損價值之虞者，主管機關得通知所有人、使用人或管理人限期改善，屆期未改善者，主管機關得逕為管理維護、修復，並徵收代履行所需費用，或強制徵收古蹟、歷史建築或紀念建築及其所定著土地。文化資產保存法第106條第1項第3款規定，「有下列情事之一者，處新臺幣三十萬元以上二百萬元以下罰鍰：……三、古蹟、自然地景、自然紀念物之所有人、使用人或管理人經主管機關依第二十八條、第八十三條規定通知限期改善，屆期仍未改善。……」文化資產保存法上開規定似是課予古蹟之所有人、使用人或管理人負有一定行為（依主管機關通知限期改善）之行政法上義務，且該義務是對古蹟之所有人、使用人或管理人而個別存在，並非對古蹟而存在，古蹟之所有人、使用人或管理人於接獲主管機關通知後屆期仍未改善時，實已違反行政法上之義務。所有人、使用人或管理人係因消極不作為而違反主管機關所為限期改善之義務而受罰，亦即該限期改善義務係分別存在於每一位所有人（或共有人），故主管機關得依文化資產保存法第106條第1項第3款規定之罰鍰額度，對每一位違反義務之所有人（或共有人）分別處罰之，與行政罰法第14條第1項所定「故意共同實施違反行政法上義務之行為」之情形仍屬有別。倘認依文化資產保存法上開規定處罰每一共有人之作法有違比例原則，而應將罰鍰金額以持分比例分配至各共有人，則宜由主管機關考量於文資法中予以明文。於現行法下，各所有人是否均應處罰，仍應視具體個案情節各該所有人是否具備故意或過失之要件、責任能力等相關因素而為裁量認定[63]。

第四項　併同處罰

　　私法人亦得為行政法上義務主體，如發生義務違反情形，自得成為行政法上之處罰對象，且行政罰係以罰鍰、沒入或其他種類之行政罰為制裁手段，性質上亦得對私法人為裁處。私法人得為行政制裁之對象，在理論及實務運作殆無疑義。

---

[62] 臺北高等行政法院100年度簡字第305號判決。
[63] 法務部民國107年12月12日法律字第10703513950號。

一、私法人與董事或其他有代表權人之行為

為貫徹行政秩序之維護,健全私法人運作,並避免利用私法人違法以謀個人利益,對於違反行政法上義務之私法人加以處罰,以期能達到行政目的。民法第28條規定,該受處罰私法人之董事或其他有代表權之人,係實際上為私法人為行為或足資代表私法人之自然人,其可能為一人,亦可能係多數人,就個別行政法課予私法人之義務,自應負善良管理人注意義務。倘因其執行職務或為私法人之利益而為行為,致使私法人違反行政法上義務,除應對於私法人加以制裁外,該等自然人違反社會倫理意識,如係因故意或重大過失,致未遵守行政法所課予私法人之義務時,本身具有高度可非難性及可歸責性,自應就其行為與私法人並受同一規定罰鍰之處罰[64]。行政罰法第15條第1項規定,私法人之董事或其他有代表權之人,因執行其職務或為私法人之利益為行為,致使私法人違反行政法上義務應受處罰者,該行為人如有故意或重大過失時,除法律或自治條例另有規定外,應並受同一規定罰鍰之處罰。

所謂應並受同一規定罰鍰之處罰,係指應對實際行為之董事或其他代表權人處同一規定(指處罰私法人之同一規定)之罰鍰,而非確實受罰之罰鍰額度應相同[65]。

行政罰法第15條第1項規定採兩罰制(即併罰制),依該規定,私法人之代表權人之違法行為,在符合下述三個要件時,應併罰私法人及該私法人之代表人(自然人):代表權人乃執行職務或雖非執行職務但卻係為私法人之利益而為行為;代表權人有行為故意或重大過失時;私法人受罰鍰之處分。基於處罰法定原則,未對萬○公司裁罰,而直接對原告裁處罰鍰,其裁量權之行使,即有不合[66]。

專業爆竹煙火製造業者既得作為爆竹煙火管理條例第16條第3項規定之申報備查義務人,如其係公司組織而違反該行政法上之申報備查義務者,原則上自應以公司為處罰對象;如欲以其負責人為處罰對象,則必須符合行政罰法第15條第1項或第2項之規定,始得使其並受爆竹煙火管理條例第27條第1項第6款規定罰鍰之處罰[67]。

---

[64] 行政罰法第15條之立法理由。
[65] 法務部民國100年3月9日法律字第0999055693號。
[66] 高雄高等行政法院97年度訴字第686號判決。
[67] 最高行政法院102年度判字第345號判決。

二、私法人與董事或其他有代表權人之指揮監督疏失行為

　　私法人之董事或其他有代表權之人，對於私法人之職員、受僱人或從業人員，本有指揮監督之責，私法人之職員、受僱人或從業人員，因執行其職務或為私法人之利益為行為，致使私法人違反行政法上義務者，私法人之董事或其他有代表權之人，如對該行政法上義務之違反，因故意或重大過失，未盡其防止之義務時，乃為指揮監督之疏失，除非法律或自治條例有特別規定外，自應就其疏失擔負責任而與違反行政法上義務之私法人並受同一規定罰鍰之處罰。行政罰法第15條第2項規定，私法人之職員、受僱人或從業人員，因執行其職務或為私法人之利益為行為，致使私法人違反行政法上義務應受處罰者，私法人之董事或其他有代表權之人，如對該行政法上義務之違反，因故意或重大過失，未盡其防止義務時，除法律或自治條例另有規定外，應並受同一規定罰鍰之處罰。

　　私法人之董事或其他有代表權之人，對於行政法上義務違反究有無防止義務，其防止義務之範圍如何，則應依該私法人職務上之分工定之。故其處罰對象應視具體個案認定之。私法人之職員、受僱人或從業人員，除個別法律定有處罰規定外，並非當然依行政罰法第15條第2項規定處罰。

　　考量私法人之董事或其他有代表權之人雖因其本身之故意或重大過失，或因其故意或重大過失而未盡監督防止義務致依行政罰法第15條第1項或第2項規定並受罰鍰之處罰時，其個人資力有限，行政罰法第15條第3項規定，處罰之金額原則上不得逾新臺幣100萬元。惟如行為人因其本身之故意或重大過失，或因其故意或重大過失而未盡監督防止義務而因此受有財產上利益，且其所得利益逾新臺幣100萬元時，得於其所得利益之範圍內裁處之，以免形成法律漏洞。

第五項　狀態責任

　　行為責任係法令針對違反行政法義務行為所課予行為人之責任，行為責任起因於違法行為，因而與行為人密不可分[68]。廢棄物清理法第71條第1項之所以課予事業、受託清除處理廢棄物者、仲介非法清除處理廢棄物者應負清除處

---

[68] 最高行政法院103年度判字第666號判決。

理之責任，乃因渠等為構成該等「危險狀態」之「作為人」，易言之，事業廢棄物之傾倒及掩埋者，為直接構成危害之來源，應負作為之行為責任[69]。

狀態責任係指物之所有人或對物有事實管領力之人，基於對物之支配力，就物之狀態所產生之危害，負有防止、排除危害或回復安全之自己責任[70]。狀態責任人享有物之財產利益同時，亦應承擔物之使用造成之風險。

廢棄物清理法第71條第1項之所以課土地所有人、管理人或使用人因重大過失致廢棄物遭非法棄置於土地者，應負清除處理之責任，乃係考量土地資源之有限性及不可回復性，要求土地所有權人及事實上對土地有管理權之人，善盡一定之維護義務，以期能達到土地永續使用之環保目標，土地所有人、管理人或使用人等所負擔者即是狀態責任[71]。建築法第91條第1項規定，建築物所有權人、使用人之改善責任係因其未維護建築物合法使用或其構造及設備安全之狀態而成立，而不論渠等是否有為導致此危險狀態之行為，故該條之建築物所有權人、使用人是本於其為建築物所有權人、使用人之地位就建築物之危險狀態負其責任[72]，建築法第95條之3規定係以建築物為中心所課予之義務類型，屬狀態責任。建築物所有權人、土地所有權人對於設置招牌廣告或樹立廣告係以狀態責任承擔行政義務應對招牌廣告等工作物所生之違反建築法秩序與安全負起排除義務；倘若狀態責任之義務人符合行政罰法所定故意過失之處罰要件，即得由主管機關據以裁罰，以制裁行政法上義務違反之行為[73]。

行政罰係以違反行政法義務為前提，處罰對象應為違反行政法上義務之行為人，賦予物所有權人行政法上之防止或排除義務，必須符合憲法第23條之規定，而非由立法者任意依裁量為之，賦予物所有權人行政法上之防止或排除義務是否符合比例原則，是否對於物所有權人過於嚴苛，特別是必須考量是否

---

[69] 最高行政法院104年度判字第157號判決。

[70] 李惠宗，行政法要義，8版，2020年9月，第511頁指出，狀態責任之理論基礎應可溯自財產的社會義務性。陳新民，前揭書，第397頁亦指出，狀態責任係基於憲法位階的財產權社會義務性以及民事法的善良管理人的維持財產標的不至於產生社會侵害性。盛子龍、吳庚，前揭書，第485頁則指出，狀態責任指對自己行為以外原因，例如，因他人行為、自然災變或管領之事物及設施所生之違反秩序罰狀態而負之責任。

[71] 最高行政法院104年度判字第157號判決。

[72] 最高行政法院98年度判字第452號判決。

[73] 最高行政法院101年度判字第371號判決、最高行政法院106年度判字第685號判決。惟盛子龍、吳庚，前揭書，第485頁指出，狀態責任與行為責任兩者歸責性之最大不同，在於前者不問主觀要件只顧客觀事實，後者主觀及客觀要件均須具備。

逾越財產之社會義務性[74]。即使有必要引進狀態責任,基於行政行為有效性原則,應優先考量最快速、最有效排除危險者,且責任人之選定應符合比例原則;當行為責任人與狀態責任人同時存在時,原則上應先以行為責任人為採取措施之對象;同時兼具行為責任與狀態責任之人應優先於僅有一種責任之人被當作採取措施之對象[75]。

第五節　責任條件

第一項　有責原則

　　早期行政罰之科處並不要求故意或過失,司法院釋字第275號解釋指出,人民違反法律義務,而應受行政罰之行為,法律無特別規定時,雖不以出於故意為必要,仍須以過失為其責任條件。但應受行政罰之行為,僅須違反禁止規定或作為義務,推定為有過失。司法院釋字第275號解釋改變傳統見解,惟鑑於刑事犯與行政犯仍有不同,因此對於特定違反行政法上義務之行為採用推定過失制度,以減輕行政機關之負擔。在行政罰法立法過程中,責任要件之規定成為爭議焦點之一。將司法院釋字第275號解釋之意旨明定於行政罰法或採用與刑法相同規定之見解僵持不下,最終行政罰法第7條第1項規定,違反行政法上義務之行為非出於故意或過失者,不予處罰。換言之,不再有一般性推定過失制度,行政機關須證明人民有故意或過失才能處罰[76]。換句話說,違反行政法上義務之行為,乃行政罰之客觀構成要件;故意或過失則為行政罰之主觀構成要件,兩者分別存在而個別判斷,尚不能以行為人有違反行政法上義務之行為,即推論出該行為係出於故意或過失[77]。

　　現代國家基於有責任始有處罰之原則,對於違反行政法上義務之處罰,應以行為人主觀上有可非難性及可歸責性為前提,如行為人主觀上並非出於故意

---

[74] 有關狀態責任立法之考量,陳新民,前揭書,第398頁。

[75] 法務部民國102年4月11日法律字第10100269850號。

[76] 但個別法律如有特別規定,則優先於行政罰法第7條規定之適用,例如,道路交通管理處罰條例第85條第3項規定,依本條例規定逕行舉發或同時併處罰其他人之案件,推定受逕行舉發人或該其他人有過失。

[77] 最高行政法院106年度判字第269號判決。

或過失情形，而無可非難性及可歸責性，應不予處罰。惟如法律有特別規定，亦得僅處罰故意行為，公職人員財產申報法第12條第1項規定，有申報義務之人故意隱匿財產為不實之申報者，處新臺幣20萬元以上400萬元以下罰鍰。

故意係指對於違反行政法上義務之構成要件事實，明知並有意使其發生，或預見其發生而其發生並不違背其本意。其判斷標準係行為人之「明知」、「預見」等認識範圍，原則上均以「違反行政法上義務之構成要件事實」為準，至於有無違法性之認識，則非所問[78]。過失係指對於違反行政法上義務之構成要件事實之發生，雖非故意，但按其情節應注意、能注意而不注意，或雖預見其能發生而確信其不發生。其注意程序之判斷標準，原則上以社會通念認係謹慎且認真之人為準，但如依法行為人應具備特別知識或能力者，則相應地提高其注意標準；至其注意範圍，原則上以「違反行政法上義務之構成要件事實」為其範圍，此從相關法規明文規定可知。如欠缺相關法規明文規定，則可從預見可能性觀察，視該違反行政法上義務之構成要件事實，是否客觀上可得認識而定其應注意範圍[79]。

行政罰法上之故意與過失概念，是否與刑法上故意與過失之概念應作相同程度之要求呢？最高行政法院97年度判字第880號判決指出，行政罰責任之成立雖須具備故意或過失之主觀歸責要件，但鑑於行政罰之目標在維持行政秩序，樹立有效之行政管制，以維持公共利益。因此行政罰之「過失」內涵，並非如同刑事犯罪一般，單純建立在行為責任基礎下，而視個案情節及管制對象之不同，兼有民事法上監督義務之意涵。稅捐課徵對納稅義務人有重大利益，為截阻其將漏稅責任諉由無資力第三人承受之可能性，應認其對申報稅捐輔助人之誠實履行行為，負擔監督義務。在此情況下，上訴人應對其委請報稅之報關行人員之疏失，負擔監督不足之過失責任，不得主張免責。

依行政罰法第7條第1項規定，違反行政法上義務之行為，除法律別有規定外，不問行為人係出於故意或過失，均應處罰。基此，違反菸酒管理法第46條第1項前段規定所課予之行政法上義務，而應予處罰之運輸私菸行為，自不

---

[78] 最高行政法院107年度判字第440號判決指出，有關行為人之故意或過失之判斷，並不包括行為人是否知悉其行為有無違反行政法上義務之判斷，亦即此處所稱故意或過失之判斷，並不包括違法性認識之判斷，故行為人尚不能以其不知法規而否認其有故意或過失之責。

[79] 法務部民國96年1月12日法律決字第0950045522號。

限於故意運輸私菸之行爲，其因過失而運輸私菸之行爲，亦屬該規定處罰之列[80]。

第二項　法人之故意過失

　　法人、非法人團體、中央或地方機關或其他組織並非自然人，其故意過失之認定，依行政罰法第7條第2項規定，法人、設有代表人或管理人之非法人團體、中央或地方機關或其他組織違反行政法上義務者，其代表人、管理人、其他有代表權之人或實際行爲之職員、受僱人或從業人員之故意、過失，推定爲該等組織之故意、過失。最高行政法院100年度8月份第2次庭長法官聯席會議決議另指出，人民參與行政程序，就行政法上義務之履行，類於私法上債務關係之履行。人民由其使用人或委任代理人參與行政程序，擴大其活動領域，享受使用使用人或代理人之利益，亦應負擔使用人或代理人之參與行政程序行爲所致之不利益。人民以第三人爲使用人或委任其爲代理人參與行政程序，與行政罰法第7條第2項具有類似性，應類推適用行政罰法第7條第2項規定，即人民就該使用人或代理人之故意、過失負推定故意、過失責任。

　　事業在所提供以從事交易之商品種類繁多且規模龐大情形下，事業應以內部分工之方式委由其代表人或職員爲其善盡各項行政法上義務，系爭商品係由其商品部休閒用品課負責，上訴人非不得責由該部門實際行爲之職員就其廣告負起確保、檢查、監督及防止等注意義務。原審依上訴人之事業規模觀之，認其就系爭廣告之標示及其內容之正確性，非無確保、檢查及監督等之注意能力，然其應注意、能注意而不注意，自有過失，尚難以各門市陳設商品種類繁多，卸免其責[81]。

　　營業人應就代理其報稅之記帳業者之故意、過失負推定故意、過失責任；納稅義務人於選任代理人或使用人時本有注意義務，亦有監督其履行之權責，如疏於注意，致生違反納稅義務或漏稅之結果，於納稅義務人不能舉證證明自己無過失時，即應受罰[82]。

---

[80] 最高行政法院107年度判字第331號判決。
[81] 最高行政法院98年度判字第1219號判決。
[82] 最高行政法院102年度裁字第366號裁定。

第三項 不得因不知法規而免除行政處罰責任

　　行政罰法第8條規定，不得因不知法規而免除行政處罰責任。但按其情節，得減輕或免除其處罰。不知法規係指行為人不知法規所「禁止」或「要求應為」之行為或不行為義務為何，並非指違反行政法上義務行為人必須對自己的行為究係違反何法規之規定有所認知。行為人如已知悉法規所禁止或要求應為之行為義務，就該違反行政法上義務之行為而言，行為人即已具備不法意識（違法性認識），即無行政罰法第8條但書適用之餘地[83]。按其情節係指行為人不知法規之可責性高低而言，例如，依行為人之社會地位及個人能力，於可期待運用其認識能力，是否能意識到該行為係屬不法，並於對該行為之合法性產生懷疑時，負有查詢義務，應由行政機關本於職權依具體個案審酌衡量。換句話說，如以行為人本身之社會經驗及個人能力，仍無法期待其運用認識能力而意識到該行為之不法，抑或對其行為合法性有懷疑時，經其深入思考甚至必要時曾諮詢有權機關解釋，仍無法克服其錯誤時，始具有所謂無可避免性。倘行為人並非不知法規，縱屬初犯或欠缺經驗，仍無有關減輕或免除處罰規定之適用[84]。

第六節 責任能力

　　傳統行政罰理論並不考慮責任能力問題，惟行政罰法改變此項見解。未滿14歲之人，生理及心理發育尚未臻成熟健全，是非善惡之辨別能力尚有未足，行政罰法第9條第1項規定，未滿14歲人之行為，不予處罰。14歲以上未滿18歲之人，因涉世未深，辨識其行為違法與否之能力較低，思慮有欠周延，行政罰法第9條第2項規定，14歲以上未滿18歲人之行為，得減輕處罰。

　　此外，因精神狀態欠缺辨識能力者，行政罰法第9條第3項規定，行為時因精神障礙或其他心智缺陷，致不能辨識其行為違法或欠缺依其辨識而行為之能力者，不予處罰。行政罰法第9條第4項規定，行為時因第3項原因，致其辨識

---

[83] 法務部民國103年2月12日法律字第10303501730號；最高行政法院108年度上字第1017號判決。

[84] 法務部民國106年11月22日法律字第10603512750號、法務部民國109年4月8日法律字第10903506200號；最高行政法院107年度判字第440號判決。

行為違法或依其辨識而行為之能力，顯著減低者，得減輕處罰。

行為人如因自己之故意或過失，自陷於行政罰法第9條第3項、第4項情形而違反行政法上義務者，因其仍有可非難性，具可歸責事由，行政罰法第9條第5項規定，前二項規定，於因故意或過失自行招致者，不適用之，以免發生制裁上之漏洞。

行政罰法第9條係對於違反行政法上義務行為人處以行政罰時，應具備責任能力之一般規定。除其他個別行政法律對於違反行政法上義務行為之責任能力設有特別規定者，應依行政罰法第1條但書規定，優先適用特別規定外，自有行政罰法第9條之適用。行為包括違反行政法上作為義務之不作為及不作為義務之作為。契稅條例對於違反同條例第2條所定申報繳納契稅之納稅義務人並未設有責任能力之特別規定，契稅之納稅義務人如未滿14歲，因欠缺責任能力，依行政罰法第9條第1項規定，不予處罰[85]。

第七節　不作為之責任

行為人以消極不作為方式，達到發生與積極行為相同之結果，應科以與積極違反行政法上義務行為相同之處罰。行政罰法第10條第1項規定，對於違反行政法上義務事實之發生，依法有防止之義務，能防止而不防止者，與因積極行為發生事實者同。例如，依動物保護法第5條第2項規定，飼主對於所管領之動物，應提供適當之食物、飲水及充足之活動空間（防止動物致死之義務）。動物保護法第12條第1項規定，對於動物不得任意宰殺，違反者依第30條之1規定（現為第25條）處罰。飼主以消極不提供食物、飲水予管領之動物（能防止動物致死而不防止），而達到積極宰殺之目的，自應依該條款處罰[86]。

依法有防止之義務，不以法律有明文規定之義務為限，凡基於現行法令衍生之防止義務均屬之。因自己行為致有發生違反行政法上義務事實之危險者，負防止其發生之義務，係防止義務類型之一，因此行政罰法第10條第2項規定，因自己行為致有發生違反行政法上義務事實之危險者，負防止其發生之義務。

---

[85] 法務部民國96年6月7日法律字第0960700427號。
[86] 行政罰法第10條之立法理由。

　　適用行政罰法第10條之要件為：一、在行為人之不作為與違反行政法上義務事實之發生間，應有「假設性因果關係」，即假設行為人如採行依法應為之行為，依常理判斷，當可制止第三人實施違反行政法上義務事實之行為。二、需行為人有採取防止行為之可能。三、行為人應採取之防止行為，須屬必要之防止行為。四、對於行為人採取必要之防止行為，有「期待可能」。五、不作為必須相當於以作為方式實現構成要件。亦即，不作為與作為間具有「等價性」，其判斷應就個案具體情況，視法規規定之構成要件內容及其通常係以如何之作為方式實現，依社會通念判斷之，故如法規規定之處罰要件中，所處罰之積極行為係屬某種特殊作為方式者，則依法防止義務之人之不作為，必須與作為之違反行政法上義務「相當」（或「等價」），始得處罰[87]。

　　廢水係八八風災所殘留之廢水，惟既係原告工廠作業環境所產生含有污染物之廢水，原告自負有須依水污染防治法及相關規定，以經主管機關核准之放流口（D01）排放之義務，且原告亦有能力採取相關防範措施，卻在無水污染防治措施及檢測申報管理辦法第52條但書所謂之緊急狀況下，任該廢水由逕流廢水放流口（RD04）排放至場外地面水體。依行政罰法第10條規定，對於違反行政法上義務事實之發生，依法有防止之義務，能防止而不防止者，與因積極行為發生事實者同。本案屬繞流排放之行為，而無管理辦法第52條但書之適用；原告既係從事金屬表面處理業者，並領有被告核發之水污染防治許可證，自知悉其製造或作業環境所產生含有污染物之廢水，須經由主管機關核准之放流口排放之義務。原告既因八八風災影響，致廠房油漬外漏而產生廢水，原告即有注意該廢水不繞流排放至廠外地面水體之義務，並有注意之能力。原告仍任由該廢水經由RD04逕流廢水放流口旁繞流排放至廠外地面水體，縱無故意，亦難謂無過失，自應受罰[88]。

第八節　免責事由

　　行政罰法於第11條、第12條及第13條規定免責事由。行為如依據法令，雖違反行政法上義務，但具有阻卻違法之正當事由，行政罰法第11條第1項規

---

[87] 最高行政法院105年度判字第66號判決。
[88] 高雄高等行政法院100年度訴字第642號判決。

定，依法令之行為，不予處罰。法令係指法律、法規命令、行政規則等一般性、抽象性之規範，亦即包括內部法、外部法等有法拘束力者。

依所屬上級公務員職務命令之行為，係出於依從所屬長官之命令，乃克盡自己之職務，亦具有阻卻違法之正當事由。行政罰法第11條第2項規定，依所屬上級公務員職務命令之行為，不予處罰。公務員服務法第3條第1項規定，長官就其監督範圍以內所發命令，屬官有服從之義務。但屬官對於長官所發命令，如認為該命令違法，應負報告之義務。該管長官如認其命令並未違法，而以書面署名下達時，公務員即應服從；其因此所生之責任，由該長官負之。但其命令有違反刑事法律者，公務員無服從之義務。行政罰法第11條第2項但書規定，但明知職務命令違法，而未依法定程序向該上級公務員陳述意見者，不在此限。

正當防衛係阻卻違法之正當事由，行政罰法第12條規定，對於現在不法之侵害，而出於防衛自己或他人權利之行為，不予處罰。但防衛行為過當者，得減輕或免除其處罰。

緊急避難亦係阻卻違法之正當事由，行政罰法第13條規定，因避免自己或他人生命、身體、自由、名譽或財產之緊急危難而出於不得已之行為，不予處罰。但避難行為過當者，得減輕或免除其處罰。行政罰法第13條規定與刑法上緊急避難之差異，在於將「名譽」亦納入緊急避難之事由中，蓋因名譽有「人之第二生命」之稱，其對人之重要性並不亞於身體、自由及財產，倘為避免自己或他人之名譽遭受緊急危難，而出於不得已之行為且未過當者，如因而違反行政法上之義務，應具有阻卻違法之正當事由。

第九節　裁處權時效

第一項　期　間

行政罰裁處權之行使與否，不宜懸之過久，而使處罰關係處於不確定狀態，影響人民權益；惟亦不宜過短，以免對社會秩序之維護有所影響。行政罰法第27條規定，行政罰之裁處權，因三年期間之經過而消滅。裁處權係國家對違反行政法義務者得課處行政罰之權力，係屬形成權，非公法上請求權。裁處權時效並非公法上請求權消滅時效，行政程序法第131條之消滅時效規定與行政罰法第27條裁處權時效規定係屬二事。行政裁處確定後，則屬執行期間問

題，自當適用行政執行法有關執行期間之規定，與公法上請求權消滅時效問題無涉[89]。

第二項　期間起算

　　裁處期間之計算，行政罰法第27條第2項規定，自違反行政法上義務之行為終了時起算。但行為之結果發生在後者，自該結果發生時起算。屬於行政罰法第26條之情形者，依行政罰法第27條第3項規定，自不起訴處分、緩起訴處分確定或無罪、免訴、不受理、不付審理、不付保護處分、免刑、緩刑之裁判確定日起算。行政罰法第27條第4項規定，行政罰之裁處因訴願、行政訴訟或其他救濟程序經撤銷而須另為裁處者，期間自原裁處被撤銷確定之日起算[90]。

　　行政罰法第27條所稱「違反行政法上義務之行為終了時」或「結果發生時」如何認定，應視違反行政法上義務之行為為何而定；結果發生時乃指法定處罰要件之結果發生時，不包含法定處罰要件以外之結果發生在內，如法規不以發生某種結果為處罰要件時，縱實際上發生結果，其裁處權時效之起算日仍以行為終了時為準[91]。

　　行政罰裁罰權時效起算時點，依行為人違反行政法上義務之行為究屬行為之繼續或狀態之繼續而定。行為之繼續係指以持續之行為時間一次實現違反行政法上義務構成要件行為，行為之時間持續且在持續之時間內並未有重大改變，例如，超速行駛及無照營業，其時效於行為終了時起算。狀態之繼續係指行為完成構成要件後，繼續維持其事實上效果，例如，無照起造建築物，其時效於行為完成時起算。「繼續行為」與「狀態行為」雖皆具有違法結果持續存在之特徵，惟前者之構成要件之實現，仍由行為人在繼續行為中，而後者的構成要件之實現已結束，只是實際上違法之結果仍存在。至行為之結果發生在後者，係指行為終了，結果未立即發生，裁罰權時效係自該結果發生時起算[92]。

---

[89] 法務部民國95年5月24日法律字第0950017735號。

[90] 法務部民國108年2月13日法律字第10803500840號指出，行政程序法第117條所定之職權撤銷，與由行政處分之相對人或利害關係人所提起之訴願、行政訴訟或其他救濟程序並不相同，顯非屬行政罰法第27條第4項規定所稱「救濟程序」。

[91] 法務部民國111年10月5日法律字第11103511300號。

[92] 法務部民國101年2月2日法律字第1000028225號、法務部民國107年8月22日法律字第10703507560號。

　　醫師法第28條之4係處罰醫師之違法或不當醫療業務行為，醫師執行醫療業務行為，具有接續性，醫師多次出具與事實不符之診斷書之個別行為，如出於相同動機，具有時間、空間之密切關聯性，而侵害同一法益，在法律上應評價為一行為，依行政罰法第27條第2項規定，應自最後一次出具與事實不符之診斷書之行為終了時起算裁處時效[93]。

　　廠商偽造投標文件，參與採購行為，使公平採購程序受到破壞，此破壞公平採購程序係於開標時發生。廠商有政府採購法第101條第1項第4款情形，機關依政府採購法第102條第3項規定刊登政府採購公報，即生政府採購法第103條第1項所示一定期間內不得參加投標或作為決標對象或分包廠商之停權效果，為不利處分，具有裁罰性，其適用行政罰法第27條第1項所定之三年裁處權時效，除經機關於開標前發現不予開標之情形外，應自開標時起算[94]。

　　營造有限公司借用他人之營造業登記證書或承攬工程手冊投標，而為公共工程之得標廠商，則該公司於工程契約所訂保固期間屆滿前，依工程契約所應負擔之保固義務尚未消滅，仍須使用他人之名義及上開文件履行契約義務，故其違反營造業法第54條[95]之行為於保固期間屆滿時始終了，而開始起算裁處權時效[96]。

　　建築師法第46條各款規定之懲戒事由，非以內部紀律為規範目的，係屬行政法上之義務規範，其違反所為之懲戒處分，核屬行政罰。其裁處權時效，因建築師法未有特別規定，應適用行政罰法第27條規定。建築師辦理建築執照違反建築師法第17條或第18條[97]規定，如已領得使用執照，鑑於建築師承接建築

---

[93] 最高行政法院101年度判字第488號判決。

[94] 最高行政法院103年6月份第1次庭長法官聯席會議決議。

[95] 營造業法第54條規定，營造業有下列情事之一者，處新臺幣100萬元以上500萬元以下罰鍰，並廢止其許可：1.使用他人之營造業登記證書或承攬工程手冊經營營造業業務者。2.將營造業登記證書或承攬工程手冊交由他人使用經營營造業業務者。3.停業期間再行承攬工程者。前項營造業自廢止許可之日起五年內，其負責人不得重新申請營造業登記。

[96] 法務部民國106年5月15日法律字第10603506430號。

[97] 建築師法第17條規定，建築師受委託設計之圖樣、說明書及其他書件，應合於建築法及基於建築法所發布之建築技術規則、建築管理規則及其他有關法令之規定；其設計內容，應能使營造業及其他設備廠商，得以正確估價，按照施工。建築師法第18條規定，建築師受委託辦理建築物監造時，應遵守左列各款之規定：1.監督營造業依照前條設計之圖說施工。2.遵守建築法令所規定監造人應辦事項。3.查核建築材料之規格

執照設計、監造案件，受委託設計、監造行為及責任，持續至領得使用執照，其裁處權時效自領得使用執照之日起算[98]。

倘雇主有性別工作平等法第38條及第38條之1規定之拒絕請求、未給予公假、對受僱者為解僱、調職或其他不利處分；或有因求職者或受僱者之性別或性傾向而有差別待遇之行為，即已合致性別工作平等法第38條及第38條之1所定之處罰構成要件，至於受僱者或求職者向主管機關申訴，或主管機關之處理結果等，並非處罰之構成要件，故違反性別工作平等法第38條或第38條之1所列條文規定之裁處權時效，應自該等違反行政法上義務之行為終了時起算[99]。

比較有爭議的是，以不作為之方式違反行政法上之作為義務，其行政罰裁處權時效起算點究應如何認定？係自應作為而不作為時起算，抑或俟義務人履行作為義務時開始起算？104年度高等行政法院及地方法院行政訴訟庭法律座談會（提案五）決議，認如違反作為義務而不作為，且處於繼續之狀態（行為之繼續），其行為義務既未消滅，違法行為即尚未終了，裁處權時效無從起算，即以行為義務消滅之時為行為終了之時，採取自行為義務消滅時起算裁處權時效之見解。

第三項　裁處權之時效停止

裁罰權若懸之過久不予行使，將失去其制裁之警惕作用，亦影響人民權益，俾藉此督促行政機關及早行使公權力。惟如行政機關因天災、事變致事實上不能執行職務或法律另有規定之事由，無法開始或進行裁處時，因非屬行政機關懈怠，自宜停止時效進行。行政罰法第28條第1項規定，裁處權時效，因天災、事變或依法律規定不能開始或進行裁處時，停止其進行。

行政罰法不採時效中斷制度，因此裁處權時效停止原因消滅後，繼續進行之時效應與前已進行之時效合併計算，以符合時效規定之精神。行政罰法第28條第2項規定，第1項時效停止，自停止原因消滅之翌日起，與停止前已經過之期間一併計算。

監察院廉政委員會係依監察院各委員會組織法第2條第3項訂定之設置辦法

及品質。4.其他約定之監造事項。

[98] 內政部民國107年12月21日台內營字第1070820783號。

[99] 法務部民國107年12月6日法律字第10703518400號。

所設置，依該設置辦法第2條第4款規定，有關違反公職人員財產申報、公職人員利益衝突迴避及政治獻金法案件之處罰，應經該委員會審議。如處罰未經該委員會審議，其程序仍有瑕疵，自屬違法行政處分。監察院第4屆監察委員自2005年2月1日起未能依法產生，致無法組成廉政委員會正常行使罰鍰裁處權，應屬行政罰法第28條所稱之「依法律規定不能開始或進行」，其時效應停止進行[100]。

第十節　裁處罰鍰之審酌、加減及擴張

第一項　審酌要素

　　裁處罰鍰為裁量處分，為使裁量參考之因素不至於漫無邊際，行政罰法第18條第1項規定，裁處罰鍰，應審酌違反行政法上義務行為應受責難程度、所生影響及因違反行政法上義務所得之利益，並得考量受處罰者之資力。應受責難程度、所生影響、所得利益為應審酌事項，受處罰者資力為得審酌事項。

　　應受責難程度、所生影響、所得利益等，應視各該行政法義務之內容而定，「危害公共安全」、「明顯懸掛招牌非法從事業務，且有規避、妨礙或拒絕主管機關檢查之情形」等情事是否屬違反老人福利法第45條第1項規定之「所生影響」、「應受責難程度」，而成為對未申請設立許可或未於法定期限內辦理財團法人登記之老人福利機構裁處罰鍰時應考量之因素，需參酌老人福利法第45條相關規定意旨，本於權責審認。倘認為行為人有「明顯懸掛招牌非法從事業務，且有規避、妨礙或拒絕主管機關檢查之情形」，其可非難性程度較高，在罰鍰之最高法定額度內，予以較高額處罰，似無不可[101]。

　　依行政罰法第18條第1項規定意旨，可知對於違反行政法上義務之行為裁處罰鍰，不能僅著眼於行為人違規獲利及其資力情況，而忽略違規行為應受責難程度及所生影響，否則，即有輕重失衡，罰不當其責之情形，難以受嚇阻效果，無從達成規範目的。準此，非法容留（或聘僱）外籍勞工（或稱外籍移工）工作乃導致其逃逸之重要誘因，而外籍勞工一旦行蹤不明，不但影響社會治安，更潛藏國家安全隱憂。故非法容留外國人工作所生之危害，不只妨礙本

---

[100] 法務部民國96年6月13日法律字第0960700432號。
[101] 法務部民國99年2月25日法律字第0999000440號。

國人之就業機會、勞動條件，不利國民經濟發展及外籍勞工之管理外，更危害社會安定與國家安全，不能輕忽其嚴重性，而徒以查獲時可見之違規獲利及行為人資力，以為裁罰之基準，方符合平等原則與比例原則，而無悖離規範目的[102]。

稅務違章案件裁罰金額或倍數參考表關於營業稅法第51條第7款部分規定針對進口貨物逃漏營業稅，漏稅額逾20萬元，並於裁罰處分核定前已補繳稅款或同意以足額保證金抵繳者，一律處一倍之罰鍰之裁罰標準，固屬法定裁量範圍。惟倘進口貨物逃漏營業稅之違章行為人，其主觀上僅屬過失者，因其較諸故意行為應受責難程度為低，非不得依倍數參考表使用須知第4點，將裁罰倍數予以調低，以示有別，而符合法規授權裁量之意旨。倘逕處一倍之罰鍰，未具體說明審酌應處額度之情由，可認為不行使法規授與之裁量權，而有裁量怠惰之違法[103]。

換句話說，罰鍰之裁處，須審酌違反行政法上義務行為之應受責難程度，違反行政法上義務之行為人，其主觀責任條件有故意及過失之分，因故意或過失致有違反行政法上義務之行為，其受責難程度應屬有別。

違反行政法上義務所得之利益包括積極利益及消極利益。積極利益係指違反行政法上義務所獲得之收益。消極利益則是違反行政法上作為義務而不作為，因而減少支出：義務人為履行行政法上義務必須支出之費用，因違反該義務而未支出，而獲得之經濟上利益。違反行政法上義務所得之利益，非屬構成處罰之要件事實，僅是裁罰之酌量因素，該利益之數額得估算（推估）之，不以經完全證明為必要[104]。

第二項 不法利得

裁處罰鍰，除督促行為人注意其行政法上義務外，尚有警戒貪婪之作用，此對於經濟及財稅行為，尤其重要。故如因違反行政法上義務而獲有利益，且所得之利益超過法定罰鍰最高額者，為使行為人不能保有該不法利益，行政罰法第18條第2項規定，第1項所得之利益超過法定罰鍰最高額者，得於所

[102] 最高行政法院109年度上字第285號判決。
[103] 最高行政法院103年度判字第60號判決。
[104] 最高行政法院104年度判字第406號判決。

得利益之範圍內酌量加重，不受法定罰鍰最高額之限制[105]。

　　行政罰法第18條第2項規定加重者，即同條第1項之罰鍰，雖不受法定罰鍰最高額之限制，其行政罰本質並無更異，仍與單純之不法利得追繳有別（行政罰法第20條有關不當利得之追繳，本質上並非行政罰）。行政罰法第18條第2項規定得據以酌量加重之「前項所得之利益」，係指同條第1項規定之因違反行政法上義務所得之利益，顯見該所得利益與行為人違反之行政法上義務間，應具因果關係。若所得利益與行政法上義務違反之間並無因果關係，自無從適用行政罰法第18條第2項酌量加重罰鍰之規定。行政罰法第18條第2項係規定得於所得利益之範圍內酌量加重，對於加重與否及加重之罰鍰金額（以所得利益為上限），均有裁量空間，係採便宜原則，而非法定主義[106]。

　　行政機關於所得利益之範圍內裁處罰鍰時，仍應審酌違反行政法上義務行為於主觀及客觀上應受責難程度、所生影響，並宜考量受處罰者之資力，尚非一律須加重至所得利益之最上限。如果未考量違規情節之輕重，逕處以所得利益最上限之罰鍰，即構成裁量怠惰之違法；如果違規情節非屬重大卻處以法定最高額之罰鍰，即有違責罰相當之比例原則[107]。

　　行政罰法第18條第2項規定是否適用於行政機關之違法行為，頗有爭議[108]。從法律規定之文義上來看，行政罰法第18條第2項規定並未排除行政機關，但主張不適用者認為，行政罰法第18條規定因違反行政法上義務所得之利益，係裁處罰鍰應審酌之裁量因素，與行政罰法第20條規定於所受財產上利益價值範圍內酌予追繳之立法目的不同。行政機關係為履行公法上任務，以謀取公共利益為目的，其因怠於執行職務所生應支出而未支出之所得，須全數繳回國庫，與私人機構或自然人均納為私人所得之情形有異。就行政機關而言，行政罰法第18條規定之不法利得，應僅限於積極所得，不含應支出而未支出之消極所得。原處分機關以訴願人未善盡公務部門維護環境公益之責任，自始編列適當預算妥善處理污水，其依法應支出而未支出之費用應視為因違反行政法上義務所得之利益，另計算不法利得金額21,442,656元予以裁罰，於法未合[109]。

---

[105] 科處不法利得之案例，最高行政法院105年度判字第173號判決—和平電力股份有限公司案；最高行政法院105年度判字第118號判決—台灣中油股份有限公司案。

[106] 臺北高等行政法院101年度訴字第1982號判決。

[107] 最高行政法院104年度判字第669號判決；最高行政法院108年度判字第551號判決。

[108] 相關爭議，盛子龍、吳庚，前揭書，第489-491頁。

[109] 行政院民國102年8月14日院台訴字第1020143933號；相同見解，行政院民國102年8月14日院台訴字第1020143885號。

　　惟在科技部中部科學工業園區管理局被行政院環境保護署依環境影響評估法第23條第1項第1款及行政罰法第18條第2項規定，以民國102年5月6日環署督字第1020036925號裁處書處罰鍰新臺幣11,662,363元（不法利得11,576,015元加計孳息86,348元），並依環境教育法第23條第2款規定及環境教育法環境講習時數及罰鍰額度裁量基準裁處八小時環境講習一案，科技部中部科學工業園區管理局之主張，其係本於公共利益而存在之行政機關，無因違反行政法上義務而獲取利益可能，自無行政罰法第18條適用。臺北高等行政法院103年度訴字第120號判決指出，我國行政訴訟實務上，仍承認行政機關對不同行政機關作成不利之行政處分，該受不利處分之行政機關仍得提起訴願、行政訴訟等行政救濟程序之案例存在。於本件中，尤得以環境教育法第23條第2款對行政機關進行裁罰之規定可知。科技部中部科學工業園區管理局「被告要求追繳不法利得如同國家由左手支付右手」之主張，容係混淆行政程序法第15條第2項及各機關預算、經費相互獨立之機制，自不得以其為行政機關，而免除本件應遭裁罰之責。科技部中部科學工業園區管理局開發行為雖非環評細目認定標準第10條之土石採取，惟其確因開發行為受有因出售土石方價金抵扣其應支付工程款之事實，其確因違反環評法義務行為而受有利益。環境保護署審酌科技部中部科學工業園區管理局違反本件行政法上義務行為應受責難程度、所生影響及因違反行政法上義務所得之利益，以其所得利益逾環境影響評估法第23條第1項第1款所定罰鍰最高額，另考量環境保護署不法利得加重裁處之23件前案中即有10件裁處對象為行政機關，顯示行政機關違反環保法上義務而涉有不法利得之比例相當高，如不比照一般人民或法人予以加重裁罰或追繳，將無法促使其確實履行法律義務、編列環保預算並落實執行，乃依行政罰法第18條第1項、第2項規定，併予裁罰，揆諸首揭規定並無違誤，亦無裁量怠惰、裁量逾越或裁量濫用之違法情事，更與行政罰法第18條第1項、第2項之規定相符，均屬合法。最高行政法院104年度判字第200號判決亦贊同臺北高等行政法院103年度訴字第120號判決之見解。

　　對私人事業科處不法利得之案例，例如，最高行政法院106年度判字第191號判決指出，環保署為使各級主管機關對違反環境影響評估法案件之裁處罰鍰符合比例原則，特訂定違反環境影響評估法罰鍰額度裁量基準，其第2點規定，違反本法規定者，罰鍰額度除依附表所列情事計算外，另應審酌因違反本法義務所得之利益，並得考量受處罰者之資力，予以併計裁處。有關違反本法義務所得利益之計算及裁處，依環境影響評估監督及裁處不法利得作業要點辦

理。此項裁量基準符合行政罰法第18條規範意旨，亦未對人民增加法律所無之負擔，自得爲各級主管機關裁處罰鍰之準據。環境影響評估監督及裁處不法利得作業要點第7點第1項規定，所得利益之期間計算，應自主管機關監督查核其違反本法規定之日起，往前回溯計算至主管機關認定其違反本法規定之日止。第7點第2項規定，所得利益之計算，應包含設置應支出而未支出之設施成本、操作成本與其他應執行而未執行之事項等可得計算之經濟利益及前項所受利益之計算期間所生之孳息。設施成本得以設施總成本按公共財產之法定折舊年限或設計使用年限，攤提計算。悠活渡假事業股份有限公司未實施環境影響評估並經主管機關完成審查，即逕行於1999年底開始在原判決附件1至6區建物經營旅館（悠活渡假村），違反環境影響評估法第7條第1項規定，而該當同法第22條之違章行爲，且其繼續於1至6區經營旅館至2013年5月8日停止3至6區之營業止，其間並未間斷，而屬繼續性之違章行爲，則該公司於上開期間因違反環境影響評估法第7條第1項所定義務而1至6區經營旅館業所得之營業淨利，即屬悠活渡假事業股份有限公司直接「因違反行政法上義務」所得之利益。依原審依職權調查之結果，悠活渡假事業股份有限公司自2000至2002年度扣除營業成本及費用後之淨利依序分別爲-988萬8,000元、-2,137萬4,000元、-1,381萬8,000元、685萬1,000元、4,100萬7,000元、3,841萬6,000元、884萬元、177萬9,000元、662萬2,000元、2,025萬1,000元、3,818萬元、5,470萬7,000元及6,439萬2,000元（原審卷1第187至191頁），可知悠活渡假事業股份有限公司直接因違反環境影響評估法第7條第1項規定義務所得之利益至少爲2億3,596萬5,000元。屏東縣政府審酌悠活渡假事業股份有限公司應受責難程度係屬故意，於國家公園內違反環境影響評估法之影響非輕及其繼續性違章行爲十年內之不法利益等要件後，斟酌按「不法利得作業要點」規定，即悠活渡假事業股份有限公司所承諾維護環境生態應設置污染防治設備及措施之費用，亦即悠活渡假事業股份有限公司所提環說書中第九章9.2執行環境保護工作所需經費記載之「執行環保工作經費估算表」所列事項及金額，作爲認定悠活渡假事業股份有限公司「應實施環境影響評估而未實施期間」所得利益之計算基礎，而依行政罰法第18條第2項規定於其所得利益範圍內酌量加重據以裁罰，其項目包含：污水處理廠新增單元設置費107萬元（原判決植爲86萬元）、區外鄰近農林地設置人工濕地費用200萬元、營運期間人工溼地操作五年維護費用180萬元、營運期間環境監測五年費用487萬5,000元及委外製作環說書之經費300萬元，合計1,274萬5,000元，再加計郵局一年期1,000萬以上定期存款固定利率0.51%計算五年之

利息32萬4,998元，而裁處1,306萬9,998元，無逾越裁量權限之違法，且與行政罰法第18條規定尚無牴觸。

第三項　減輕與免除

行為人違反行政法上義務而應裁處罰鍰時，若有行政罰法所規定減輕或免除處罰之事由，其減輕之程度，宜有明文規定，以限制行政機關之裁量權，並符合行政罰法減輕或免除處罰之意旨。行政罰法第18條第3項規定，依本法規定減輕處罰時，裁處之罰鍰不得逾法定罰鍰最高額之二分之一，亦不得低於法定罰鍰最低額之二分之一；同時有免除處罰之規定者，不得逾法定罰鍰最高額之三分之一，亦不得低於法定罰鍰最低額之三分之一。但法律或自治條例另有規定者，不在此限。其他種類行政罰，其處罰定有期間者，依行政罰法第18條第4項規定，準用第3項之規定。

行政罰法第18條係針對裁處機關適用行政罰法定有減輕（例如，第9條第2項及第4項）或同時定有免除處罰之規定（例如，第8條但書、第12條但書及第13條但書規定）而予以減輕處罰時，為避免行政機關適用上述規定有恣意輕重之虞，所為統一減輕標準之規定。除其他法律另有明文排除行政罰法第8條或其他減輕或免除處罰規定者外，不論據以處罰之法律係一定罰鍰金額、一定罰鍰倍數或罰鍰有上下限額度者，均有行政罰法第18條第3項規定之適用[110]。

第十一節　不當得利之追繳

行為人為他人之利益所為之行為，致使他人違反行政法上義務應受處罰時，若行為人因該行為受有財產上利益，而無法對該行為人裁罰，即形成制裁漏洞。為填補制裁之漏洞，並防止脫法行為，行政罰法第20條第1項規定，為他人利益而實施行為，致使他人違反行政法上義務應受處罰者，該行為人因其行為受有財產上利益而未受處罰時，得於其所受財產上利益價值範圍內，酌予追繳。其目的在避免行為人違法取得不當利益，俾求得公平正義。行政罰法第20條第1項之追繳，旨在剝奪不當利得，並非行政罰，故不以行為有故意或過

---

[110] 法務部民國101年2月20日法律字第10000062270號。

失等責任能力或條件爲要件；但仍應符合：一、須行爲人實施違反行政法上義務之行爲。二、須行爲人係爲他人利益而實施行爲。三、須因行爲人實施之行爲致他人違反行政法上義務應受處罰，而行爲人未受處罰。四、須行爲人所受之財產上利益與該行爲具直接關聯性等要件，始足當之[111]。

此外，行爲人違反行政法上義務應受處罰，但未受處罰之他人卻因該行爲受有財產上利益時，如未剝奪該他人所得之利益，顯失公平正義，行政罰法第20條第2項規定，行爲人違反行政法上義務應受處罰，他人因該行爲受有財產上利益而未受處罰時，得於其所受財產上利益價值範圍內，酌予追繳。目的在避免他人因而取得不當利益，以防止脫法及塡補制裁漏洞。

是否追繳，依行政罰法第20條第3項規定，由爲裁處之主管機關以行政處分爲之。賦予主管機關裁量權，依個案情形裁處之，係基於實現公平正義等理念而設，性質上並非制裁，故與責任能力、責任條件等無關。此外，爲避免發生行政機關究應以行政處分追繳抑或以公法上給付訴訟方式追繳之疑義，明文規定追繳均應由爲裁處之主管機關以行政處分爲之，以資明確，並杜爭議。

追繳處分性質上並非制裁，非屬行政罰，故無行政罰法第27條裁處時效規定之適用。追繳依法須由主管行政機關作成行政處分始發生行政法上法律關係，因而使受處分人發生公法上義務。追繳之權限本身並非屬公法上請求權，應無行政程序法第131條公法上消滅時效之適用，但仍基於誠信原則而有失權之可能[112]。追繳處分目的旨在剝奪不法利益，並非行政罰，不以行爲是否惡意爲要件，只要其利益係屬不法，即得追繳[113]。

第十二節 職權不處罰

鑑於情節輕微之違反行政法上義務行爲，有以糾正或勸導較之罰鍰具有效果者，且刑事處罰基於微罪不舉之考量，亦採取職權不起訴，宥恕輕微犯罪行爲，行政罰法第19條規定，違反行政法上義務應受法定最高額新臺幣3,000元以下罰鍰之處罰，其情節輕微，認以不處罰爲適當者，得免予處罰。例如，道路交通管理處罰條例第41條規定，汽車駕駛人，按鳴喇叭不依規定，或按鳴喇

---

[111] 最高行政法院100年度判字第2245號判決。

[112] 法務部民國101年9月13日法律字第10103107570號。

[113] 最高行政法院102年度判字第304號判決。

叭超過規定音量者,處新臺幣300元以上600元以下罰鍰。

職權不處罰後,為發揮導正效果,行政機關得對違反行政法上義務者施以糾正或勸導,並作成紀錄,命其簽名。

行政罰法第19條係便宜主義明文化之規定,便宜主義之適用,應遵守合義務之裁量,且並非對違法事實之存否便宜行事,僅是對處罰措施之行使求其合理化,與刑事訴訟法上微罪不舉之政策相當。法定最高額於罰鍰規定並非定額之情形時,應以裁罰機關就具體個案調查認定所應受法定最高額之罰鍰金額為準[114]。

第十三節　沒入規定

沒入之物須屬於違反行政法上義務而受處罰者所有,始具有懲罰作用,行政罰法第21條規定,沒入之物,除本法或其他法律另有規定者外,以屬於受處罰者所有為限。行政罰法第21條僅係沒入之原則性規定,行政罰法第22條另設有擴張沒入之例外規定。個別行政法若基於達成行政目的之考量,而特別規定得就非屬於受處罰者所有之物裁處沒入,自應依其規定,例如,水利法第93條之5規定[115]。得為沒入之物,其性質、種類,依現行立法體例,係由相關法律或自治條例之罰則予以個別規定。

物之所有人因故意或重大過失[116],致其所有物成為他人違反行政法上義務行為之工具時,該所有人應為其故意或重大過失負責,行政罰法第22條第1項規定,不屬於受處罰者所有之物,因所有人之故意或重大過失,致使該物成為

---

[114] 法務部民國99年8月2日法律決字第0999026300號。

[115] 水利法第93條之5雖定有主管機關得沒入行為人使用之設施或機具,但該機具如非行為人所有,行政及司法實務仍以所有人是否具有本法第22條第1項所定故意或重大過失之要件,作為裁處沒入之依憑(經濟部沒入設施或機具作業要點第10點規定;臺北高等行政法院97年度訴字第145號、97年度訴字第902號、97年度訴字第1318號等判決及97年4月16日高等行政法院法律座談會法律問題六提案參照),法務部民國98年3月26日法律字第0970046921號。

[116] 最高行政法院110年度上字第376號判決指出,行政罰法第22條第1項所稱之重大過失,行政罰法並無定義規定,依學者通說及實務見解,係採民法之觀點,即以是否顯然欠缺普通人之注意為標準,與抽象輕過失,係欠缺善良管理人之注意;具體輕過失,係欠缺與處理自己事務為同一之注意,自有不同。

違反行政法上義務行為之工具者，仍得裁處沒入。

　　物之所有人對於其物之所有權，如明知該物因他人違反行政法上義務而得受行政機關沒入之情況下，企圖規避沒入而惡意取得者，該所有人亦具有可非難性，行政罰法第22條第2項規定，物之所有人明知該物得沒入，為規避沒入之裁處而取得所有權者，亦同。

　　依行政罰法第22條第1項規定，因他人違反行政法上義務行為，而物之所有人併受物之沒入處罰者，以具有故意或重大過失為要件。第三人未經許可在河川區域盜採砂石之行為，違反水利法第78條之1規定，其使用之機具得予沒入。未經許可不得採取土石之不作為義務，亦直接規範挖土機或土石貨車之駕駛或所有權人，因此，挖土機或貨車之所有權人，於出租或出借挖土機或貨車前，自應詳細確認採取土石之地點是否為法律完全禁止之區域[117]。

　　依行政罰法第21、22條規定應受沒入之裁處者，如為避免其物被沒入，而於受裁處沒入前，將得沒入之物予以處分、使用或以他法致全部或一部不能裁處沒入或致沒入物之價值減損時，將無法貫徹裁處沒入之行政目的，顯然未盡公平。行政罰法第23條第1項規定，得裁處沒入其物之價額；其致物之價值減損者，得裁處沒入其物及減損之差額。此外，受處罰者或行政罰法第22條物之所有人於受裁處沒入後，予以處分、使用或以他法致不能執行沒入者，行政罰法第23條第2項規定，得追徵其物之價額；其致物之價值減損者，得另追徵其減損之差額。

　　追徵之性質，非行政罰法所稱行政罰之裁處，為避免發生行政機關究應以行政處分追徵或以公法上給付訴訟方式追徵之疑義，行政罰法第23條第3項規定，追徵由為裁處之主管機關以行政處分為之。

第十四節　一行為不二罰

　　由於現代國家法律多而龐雜，人民行為同時受到不同法律規範之情形，屢見不鮮；由於各種法律規範目的不同，法律效果亦有差異，因此，人民同一行為違反不同法律規定時，應如何處理，成為極具爭議之難題。無論是同一行

---

[117] 臺北高等行政法院99年度訴字第2189號判決、最高行政法院100年度裁字第1412號裁定。

為違反數個行政法規或同一行為違反行政與刑事法規，我國傳統上採取併罰方式，在行政罰法立法過程，本項議題成為焦點之一。

第一項　一行為同時違反刑法和行政法規定

一、行政罰法第26條第1項

　　一行為同時觸犯刑事法律及違反行政法義務規定時，由於刑罰與行政罰同屬對不法行為之制裁，刑罰之懲罰作用較強，依刑事法律處罰，即足資警惕時，實無再處行政罰之必要。且刑事法律處罰，由法院依法定程序為之，較符合正當法律程序，應予優先適用。行政罰法第26條第1項規定，一行為同時觸犯刑事法律及違反行政法上義務規定者，依刑事法律處罰之。實務上最常見者為酒後駕車同時違反刑法[118]及道路交通管理處罰條例[119]規定。行政罰法第26條第1項規定係以「一行為同時觸犯刑事法律及違反行政法上義務規定」為要件，其重點在於「一行為」符合犯罪構成要件與行政罰構成要件時，使行政罰成為刑罰之補充，只要該行為之全部或一部構成犯罪行為之全部或一部，即有刑罰優先原則之適用，規範目的是否相同，在所不問[120]。

　　罰鍰以外之沒入或其他種類行政罰，因兼具維護公共秩序之作用，為達行政目的，行政罰法在第26條第1項但書規定，但其行為應處以其他種類行政罰或得沒入之物而未經法院宣告沒收者，亦得裁處之。例如，行政罰得處公布姓名，刑法無此項制裁，則可以處罰公布姓名。

　　有關違反刑法及行政法上義務規定之事實，究應評價為「一行為」抑或

---

[118] 刑法第185條之3第1項規定，駕駛動力交通工具而有下列情形之一者，處二年以下有期徒刑，得併科20萬元以下罰金：1.吐氣所含酒精濃度達每公升零點二五毫克或血液中酒精濃度達百分之零點零五以上。2.有前款以外之其他情事足認服用酒類或其他相類之物，致不能安全駕駛。3.服用毒品、麻醉藥品或其他相類之物，致不能安全駕駛。

[119] 道路交通管理處罰條例第35條第1項規定，汽車駕駛人，駕駛汽車經測試檢定有下列情形之一者，處新臺幣3萬元以上12萬元以下罰鍰，並當場移置保管該汽車及吊扣其駕駛執照一年至二年；附載未滿12歲兒童或因而肇事致人受傷者，並吊扣其駕駛執照二年至四年；致人重傷或死亡者，吊銷其駕駛執照，並不得再考領：1.酒精濃度超過規定標準。2.吸食毒品、迷幻藥、麻醉藥品及其相類似之管制藥品。

[120] 最高行政法院109年度判字第292號判決。

「數行為」乃個案判斷問題，並非僅就法規與法規間之關聯或抽象事實予以抽象判斷，必須就具體個案之事實情節依據行為人主觀犯意、構成要件之實現、受侵害法益及所侵害之法律效果，斟酌被違反行政法上義務條文之文義、立法意旨、制裁之意義、期待可能性與社會通念等因素綜合判斷決定之[121]。刑事法律與行政法規各有其規範目的，刑事判決與行政裁罰所考量之主、客觀因素亦有其差異。刑事判決所認定之事實，及其所持法律上之見解，並不能拘束行政法院；行政法院應本於調查所得，自為認定及裁判；行政罰與刑罰之構成要件有所不同，刑事判決與行政處分，亦可各自認定事實[122]。刑事法學學理對於集合犯之評價，其法學論據與行政法上是否為單一行為之論理本非相同，並無拘束行政機關乃至行政法院之理（臺北高等行政法院101年訴字第1777號判決）[123]。

　　司法院釋字第808號解釋指出，法治國一罪不二罰原則，禁止國家就人民之同一犯罪行為，重複予以追究及處罰，此乃法治國法安定性、信賴保護原則及比例原則之具體展現。上述重複追究及處罰，原則上固係指刑事追訴程序及科處刑罰而言，但其他法律所規定之行政裁罰，如綜觀其性質、目的及效果，等同或類似刑罰，亦有一罪不二罰原則之適用。社會秩序維護法第38條規定：「違反本法之行為，涉嫌違反刑事法律……者，應移送檢察官……依刑事法律……規定辦理。但其行為應處……罰鍰……之部分，仍依本法規定處罰。」其但書關於處罰鍰部分之規定，於行為人之同一行為已受刑事法律追訴並經有罪判決確定者，構成重複處罰，違反法治國一罪不二罰原則，於此範圍內，應自本解釋公布之日起，失其效力。

（一）一行為

　　行為人係基於同一概括之故意，於同一時間、同一地點一次購入違禁藥品、猥褻物品與未稅私菸等物品意圖販賣為警查獲，構成藥事法上販賣違禁藥品與刑法上販賣猥褻物品等罪名，係屬想像競合犯，為實質上一罪。本案私菸部分，法院認無證據可資認定為禁藥，雖不另為無罪判決之論知，惟行為人既係一行為而同時違反刑事法律（藥事法、刑法）與行政法規（菸酒管理法），

---

[121] 法務部民國99年7月13日法律字第0999026183號、法務部民國97年12月30日法律決字第0970021625號。

[122] 改制前行政法院44年判字第48號判例及75年判字第309號判例意旨。

[123] 法務部民國102年4月25日法律決字第10203504080號。

依行政罰法第26條第1項規定，就該販賣私菸部分不得再依菸酒管理法第47條規定裁處行政罰；本案因法院未就私菸宣告沒收，依行政罰法第26條第1項但書規定，行政機關仍得依菸酒管理法第58條規定裁處沒入該私菸[124]。

（二）非一行為

　　貪污治罪條例第6條之1與公職人員財產申報法第12條第2項規定，立法目的、行為主體及構成要件等均不同，應非屬一行為，無行政罰法第26條規定之適用。貪污治罪條例第6條之1規定係所謂公務員違反不明來源財產之說明義務罪，其立法目的係考量貪污案件具有隱密性，被發現時常已距犯罪時日甚久，證據可能已被湮滅，犯罪所得多被隱匿，查證頗為困難，影響打擊貪腐之成效，乃參酌聯合國反腐敗公約及相關立法例，增訂本罪，就公務員異常增加而來源不明之財產，負有真實說明財產來源之義務，若無正當理由未為說明、無法提出合理說明或說明不實而違反該義務者，處以刑罰制裁；本罪之行為主體必須是公務員犯有特定罪嫌，經檢察官於偵查中列為被告，而有違反誠實、廉潔義務時，始可命其說明可疑財產之來源；本罪構成要件為檢察官命公務員本人就來源可疑之財產，提出說明，無正當理由未為說明、無法提出合理說明或說明不實。公職人員財產申報法第12條第2項規定之前後年比對財產異常增加說明義務，係補強靜態財產狀況查核，就公職人員財產異常增加，可能涉及貪污或其他刑責之犯行，進行深入發掘及處罰，以落實財產申報制度之立法目的，此項規定之行為主體為具申報義務之公職人員，構成要件為其前後年財產經比對增加逾其本人、配偶、未成年子女全年薪資所得總額1倍以上經受理申報機關（構）通知其提出說明，無正當理由未為說明、無法提出合理說明或說明不實[125]。因此，公職人員財產申報義務人涉犯貪污治罪條例第6條之1罪嫌，經檢察官起訴在案，亦同時違反公職人員財產申報法第12條等處罰規定，應非一行為，無行政罰法第26條適用，仍得逕予裁處罰鍰[126]。

　　公職人員選舉罷免法（選罷法）第52條第1項前段規定係課予在其印發之宣傳品上簽名之行為義務，違反者處新臺幣10萬元以上100萬元以下罰鍰。選罷法第104條規定係課予不得散布謠言或傳播不實之事之不作為義務，違反者處五年以下有期徒刑，二者立法目的及處罰構成要件均不同。於違反前者部

[124] 法務部民國97年5月8日法律決字第0970700292號。
[125] 最高行政法院108年度上字第1069號判決。
[126] 法務部民國103年3月31日法授廉財字第10305009720號。

分，係以不作爲方式違反應親自簽名之行爲義務，至涉違反後者部分，則係以作爲之行爲方式違反不得散布謠言或傳播不實之事之不作爲義務，應屬數行爲，應分別處罰[127]。

二、行政罰法第26條第2項、第3項

行爲如經不起訴處分或爲無罪、免訴、不受理、不付審理之裁判確定者，行政罰之裁處即無一事二罰之疑慮，2005年2月4日公布之行政罰法第26條第2項規定，行政機關得依違反行政法上義務規定裁處之。

一行爲同時觸犯刑事法律及違反行政法上義務規定，已作成緩起訴處分，得否依違反行政法上義務規定裁處，產生極大爭議。緩起訴乃附條件的不起訴處分，亦即不起訴的一種，此觀諸刑事訴訟法第256條規定自明。既爲不起訴，即依不起訴處理。檢察官爲緩起訴處分時依刑事訴訟法第253條之2第1項規定對被告所爲之指示及課予之負擔，係一種特殊的處遇措施，並非刑罰。因此，刑事案件經檢察官爲緩起訴處分確定後（非緩起訴期間屆滿），宜視同不起訴處分確定，依行政罰法第26條第2項規定，得依違反行政法上義務規定裁處之[128]。

針對上述議題一直有許多不同看法，行政罰法第26條第2項規定於2011年11月23日修正，第1項行爲如經不起訴處分、緩起訴處分確定或爲無罪、免訴、不受理、不付審理、不付保護處分、免刑、緩刑之裁判確定者，行政機關得依違反行政法上義務規定裁處之。本次修正增加四種得依違反行政法上義務規定裁處之情形，其立法理由如下：

依刑事法律處罰係指由法院對違反刑事法律之行爲人，依刑事訴訟程序所爲之處罰，始足當之。緩起訴處分之性質，實屬附條件之便宜不起訴處分，檢察官爲緩起訴處分時，依刑事訴訟法第253條之2第1項規定，對被告所爲之措施及課予之負擔，係一種特殊之處遇措施，並非刑罰。故一行爲同時觸犯刑事法律及違反行政法上義務規定，經檢察官爲緩起訴處分確定後，行政機關自得依違反行政法上義務規定裁處，此爲現行條文第2項之當然解釋。惟因實務上有不同見解，因此增訂「緩起訴處分確定」之文字，以杜爭議。

---

[127] 法務部民國105年4月18日法律字第10503506120號。
[128] 法務部民國96年3月20日法律決字第0960008122號。

因行為人受有財產之負擔或為勞務之付出，為符比例原則，行政罰法第26條第3項規定，第1項行為經緩起訴處分或緩刑宣告確定且經命向公庫或指定之公益團體、地方自治團體、政府機關、政府機構、行政法人、社區或其他符合公益目的之機構或團體，支付一定之金額或提供義務勞務者，其所支付之金額或提供之勞務，應於依前項規定裁處之罰鍰內扣抵之。至於勞務扣抵罰鍰之金額，則按最初裁處時之每小時基本工資乘以義務勞務時數核算。

依少年事件處理法第41條規定，為不付保護處分之裁定確定，對當事人既未為刑事處罰，行政罰之裁處無一事二罰之疑慮，自得依違反行政法上義務規定裁處之，因此增列「不付保護處分」之文字。免刑或緩刑之裁判確定，因法院為免刑或緩刑宣告所斟酌者，係情節輕微、自首、難以苛責、行為人年紀尚輕而給予自新機會或維護親屬間家庭和諧關係等因素，毋庸斟酌行為人所違反行政法上義務規定之立法目的。故為兼顧該等法律立法目的之達成，並考量經免刑或緩刑裁判確定者，未依刑事法律予以處罰，與緩起訴處分確定者同，為求衡平，增訂「免刑、緩刑」之文字，俾資完備。

依行政罰法第26條第2項規定，命應履行負擔之緩起訴處分確定後，得再處罰鍰，是否違憲？司法院釋字第751號解釋理由書指出，緩起訴處分之制度係為發揮篩檢案件之功能，以作為刑事訴訟制度採行當事人進行主義應有之配套措施，並基於填補被害人之損害、發揮個別預防功能、鼓勵被告自新及復歸社會等目的而設。故緩起訴處分之本質，係法律授權檢察官為終結偵查所為之處分，其作用並非確認刑罰權之存在，反係終止刑罰權實現之程序性處理方式。緩起訴處分既屬對被告不予追訴之決定，亦以聲請再議及交付審判程序作為告訴人之救濟手段（刑事訴訟法第256條第1項、第258條之1參照），故實係附條件之便宜不起訴處分。檢察官依刑事訴訟法第253條之2第1項規定，作成緩起訴處分時，得命被告於一定期間內遵守或履行該條項各款所規定之事項，其中第4款規定，於一定期間內支付一定金額予國庫、公益團體或地方自治團體（2014年6月4日第4款修正為僅向公庫支付）；第5款規定向指定之政府機關、政府機構、行政法人、社區或其他符合公益目的之機構或團體提供一定時數之義務勞務（上開二款所規定內容即應履行之負擔）。應履行之負擔，並非刑法所定之刑罰種類，而係檢察官本於終結偵查之權限，為發揮個別預防功能、鼓勵被告自新及復歸社會等目的，審酌個案情節與公共利益之維護，經被告同意後，命其履行之事項，性質上究非審判機關依刑事審判程序所科處之刑罰。惟應履行之負擔，課予被告配合為一定之財產給付或勞務給付，致其財產

或人身自由將受拘束，對人民而言，均屬對其基本權之限制，具有類似處罰之不利益效果。從而國家對於人民一行為先後課以應履行之負擔及行政法之罰鍰，其對人民基本權造成不利益之整體效果，亦不應過度，以符比例原則之要求。行政罰法第26條第2項規定允許作成緩起訴處分並命被告履行負擔後，仍得依違反行政法上義務規定另裁處罰鍰，係立法者考量應履行之負擔，其目的及性質與刑罰不同，如逕予排除行政罰鍰之裁處，對應科處罰鍰之違法行為言，其應受責難之評價即有不足，為重建法治秩序及促進公共利益，允許另得裁處罰鍰，其目的洵屬正當。其所採另得裁處罰鍰之手段，連同應履行之負擔，就整體效果而言，對人民造成之不利益，尚非顯失均衡之過度評價，與目的間具合理關聯性，並未違反比例原則，亦不涉及一行為二罰之問題。

雖然行政罰法第26條第2項已經修正，但仍有部分爭議。

（一）保安處分是否屬於依刑事法律處罰[129]

我國實務及學說認為我國現行刑法採刑罰與保安處分之雙軌制，刑罰乃國家基於行為人過去之罪責對其所為之應報懲罰性、倫理非難性之刑事制裁，保安處分係對受處分人將來之危險性所為之預防性矯治處置，以達教化或治療之目的，兩者具有本質上之不同。我國刑法體例將「刑罰」與「保安處分」各設章次，足認我國刑法所稱之刑或刑罰，並不包括保安處分。保護管束乃將特定行為人交由特定機關或個人加以保護與約束之保安處分，依刑法第93條規定，係對受緩刑之宣告者及假釋出獄者為之。2005年增訂刑法第74條第2項附條件緩刑，係仿刑事訴訟法緩起訴制度，明定法院宣告緩刑時，得斟酌情形課予行為人特定之負擔或指示，此際所宣告之刑乃暫緩執行，尚不得謂行為人業依刑事法律處罰之。

法院依刑法第74條第2項第5款及第8款規定為附條件緩刑之宣告，復依刑法第93條第1項第2款規定宣告於緩刑期間付保護管束之保安處分，尚非行政罰法第26條第1項所稱已依刑事法律處罰之情形。受緩刑宣告且經命提供義務勞務部分，權責機關應依行政罰法第26條第2項至第4項規定辦理。

---

[129] 法務部民國102年9月11日法律字第10203509740號。

（二）酒後駕車經緩起訴處分確定，已接受法治教育三小時，嗣後就同一行為，依道路交通管理處罰條例第35條，另裁處應「接受道路交通安全講習」部分，是否有違反「一事不二罰原則」而應將此部分裁決予以撤銷[130]？

（甲說）否定說認為，接受法治教育教育三小時，似屬刑事訴訟法第253條之2第1項第8款預防再犯所為之必要命令，不具刑事制裁性質，亦不具執行力，主管機關如再依道路交通管理處罰條例第24條第1項第2款規定作成命接受道路交通安全講習之行政罰，與一行為不二罰之原則無違。

（乙說）肯定說認為，檢察官依刑事訴訟法第253條之2第1項第8款規定命履行預防再犯所為之必要命令，雖非刑罰，解釋上亦應屬「依刑事法律」而為具制裁性的不利處分。參酌行政罰法第24條第1、2項規定，種類相同之行政罰且從一重處罰已足以達成行政目的者，尚且不得重複裁處，則如檢察官所為緩起訴處分附帶條件之必要命令內容，係與行政罰法第2條第4款規定之講習、輔導教育或其他種類之行政罰相同，且已足以達成相同之行政目的，而謂就同一事實，可再依行政法規課處相同種類之行政罰，自與「一事不二罰」之原則有悖。因此，已經檢察官命其施以法治教育講習，而無論係檢察官所安排之法治教育三小時，或由交通主管機關主辦之道路安全講習，雖主辦機關不同，講習內容或有部分差異，但難分軒輊，其實質目的則無不同，依侵害最小原則，應無再重複負擔實施交通講習之必要，本件裁決就道路安全講習部分，違反一事不二罰原則，應予撤銷。

2023年5月3日修正公布之道路交通管理處罰條例第35條已無交通安全講習之規定。

第二項　一行為同時違反兩個以上的行政法規

一行為違反數行政法規時，由於個別行政法規目的不一，構成要件亦有差異，傳統上認為應予以併罰。惟司法院釋字第503號解釋認為，納稅義務人違

---

[130] 本問題係2013年9月9日102年度高等行政法院及地方法院行政訴訟庭法律座談會提案六所處理之爭議，在地方法院行政訴訟庭表決結果：實到29人，採甲說7人，採乙說8人。高等行政法院表決結果：實到43人，採甲說35人，採乙說1人，因此，決議採甲說。

反作爲義務而被處行爲罰，僅須其有違反作爲義務之行爲即應受處罰；逃漏稅捐之被處漏稅罰者，則須具有處罰法定要件之漏稅事實方得爲之。二者處罰目的及處罰要件雖不相同，惟其行爲如同時符合行爲罰及漏稅罰之處罰要件時，除處罰之性質與種類不同，必須採用不同之處罰方法或手段，以達行政目的所必要者外，不得重複處罰，乃現代民主法治國家之基本原則。違反作爲義務之行爲，同時構成漏稅行爲之一部或係漏稅行爲之方法而處罰種類相同者，如從其一重處罰已足達成行政目的時，即不得再就其他行爲併予處罰，始符憲法保障人民權利之意旨。司法院釋字第503號解釋改變傳統見解。

行政罰法第24條第1項規定，一行爲違反數個行政法上義務規定而應處罰鍰者，依法定罰鍰額最高之規定裁處。但裁處之額度，不得低於各該規定之罰鍰最低額。倘該數個應處罰之罰鍰中有法定罰鍰額並非定額時，應由該法之裁罰機關就具體個案調查認定依據該規定所應處罰鍰額爲基礎，再以之與其他行政法上義務規定之罰鍰額度爲比較，據以適用行政罰法第24條第1項規定[131]。

一行爲違反數個行政法上義務規定而應處罰鍰，例如，在防制區內之道路兩旁附近燃燒物品，產生明顯濃煙，足以妨礙行車視線者，除違反空氣污染防制法第31條（現爲第32條）第1項第1款規定，應依同法第60條（現爲第67條）第1項處以罰鍰外，同時亦符合道路交通管理處罰條例第82條第1項第2款或第3款應科處罰鍰之規定。因行爲單一，且違反數個規定之效果均爲罰鍰，處罰種類相同，從其一重處罰已足達成行政目的，故僅得裁處一個罰鍰[132]。

違反行政法上義務行爲，依所違反之規定，除罰鍰外，另有沒入或其他種類行政罰之處罰時，因處罰之種類不同，自得採用不同之處罰方法，以達行政目的，行政罰法第24條第2項規定，前項違反行政法上義務行爲，除應處罰鍰外，另有沒入或其他種類行政罰之處罰者，得依該規定併爲裁處。但其處罰種類相同，如從一重處罰已足以達成行政目的者，不得重複裁處。

社會秩序維護法總則章中就違反該法行爲之責任、時效、管轄及裁處等

---

[131] 法務部民國111年2月23日法律字第11103500440號指出，一行爲違反海關緝私條例第37條第3項及藥事法第92條規定而應處罰鍰者，似宜先參照行政罰法第24條第1項規定，就具體個案計算貨價並乘以3倍作爲法定罰鍰最高額，再與藥事法第92條規定之罰鍰最高額即新臺幣200萬元比較輕重後，先由法定罰鍰額最高之主管機關管轄及認定。倘法定罰鍰最高額之主管機關依所管法規認定無須裁處罰鍰，因其他主管機關並未因管轄競合喪失管轄權或裁處權，仍得依其所管法規裁處罰鍰。

[132] 行政罰法第24條之立法理由。

事項均有特別規定，依行政罰法第1條但書規定，自應從其規定，社會秩序維護法無特別規定者，固仍有行政罰法之適用。惟因依社會秩序維護法裁處之拘留，涉及人身自由之拘束，其裁處程序係由法院為之，與行政罰法所定之由行政機關裁罰者不同。因此，行政罰法所定之行政罰種類並未將拘留納入規範，致一行為違反社會秩序維護法及其他行政法上義務規定而應受處罰時，實務上究應如何裁處？確有發生競合疑義之可能，基於司法程序優先之原則，行政罰法第24條第3項規定，一行為違反社會秩序維護法及其他行政法上義務規定而應受處罰，如已裁處拘留者，不再受罰鍰之處罰。

　　適用行政罰法第24條規定，首先應先確認，所涉及者皆必須是行政法規定之行政罰，否則即無適用餘地。司法院釋字第638號解釋理由書指出，補足股份成數，係屬行政法上義務，不具裁罰性，與罰鍰為行政制裁之性質不同，相關法令如規定違反行政法上義務之人受處罰後，仍不能免除其義務之履行，尚不生違反一事不二罰原則問題。

　　適用行政罰法第24條最重要之關鍵在於，如何判斷違反數個行政法上義務之行為為「一行為」。「一行為不二罰」原則，乃現代民主法治國家之基本原則，避免因法律規定之錯綜複雜，致人民之同一行為，遭受數個不同法律之處罰，而承受過度不利之後果。倘行為人不同，或雖行為人相同但非屬同一行為，而係數行為違反同一或不同行政法上義務之規定者，則應分別處罰之（行政罰法第25條），不生是否牴觸「一行為不二罰」原則之問題。

　　違法之事實是否為「一行為」，乃個案判斷之問題，並非僅就法規與法規間之問題，或抽象事實予以抽象之判斷，而係必須就具體個案之事實情節，依據行為人主觀之犯意、構成要件之實現、受侵害法益及所侵害之法律效果，斟酌被違反行政法上義務條文之文義、立法意旨、制裁之意義、期待可能性與社會通念等因素綜合判斷決定之。如經判斷認係單一行為違反數個行政法上義務，則須進一步判斷有無法規競合之問題，包括特別關係、補充關係與吸收關係，如該二以上規定之間存有特別法與普通法關係者，於此情形，特別規定之構成要件必涵蓋普通規定之構成要件，從而，除法律別有規定外，應依特別法優先於普通法適用之原則，優先適用該特別規定，而不再適用本法第24條之「一行為不二罰」原則[133]。

　　菸酒管理法第6條規定，本法所稱私菸、私酒，指未經許可產製或輸入

---

[133] 法務部民國100年1月11日法律字第0999054953號。

之菸酒。第7條規定，本法所稱劣菸、劣酒，指菸酒有下列各款情形之一者：
一、……。二、不符衛生標準及有關規定之酒。就上開規定而言，私酒與劣酒
未必相同，就法律規範層面，並無邏輯上的特別包含關係。對於私（劣）菸酒
之產製、運輸、轉讓、意圖販賣而陳列或販賣等行為，菸酒管理法第46條（現
為第45條）第1項規定，產製私菸、私酒者，處新臺幣10萬元以上100萬元以下
罰鍰。但查獲物查獲時現值超過新臺幣100萬元者，處查獲物查獲時現值一倍
以上五倍以下罰鍰。菸酒管理法第48條（現為第47條）第1項規定，產製或輸
入劣菸、劣酒者，處新臺幣30萬元以上300萬元以下罰鍰。但查獲物查獲時現
值超過新臺幣300萬元者，處查獲物查獲時現值一倍以上五倍以下罰鍰。單就
產製私（劣）酒品之行為，均係以作為方式違反未經申請主管機關許可不得產
製酒品之行政法上義務，產製之標的（私酒或劣酒）雖有不同，但違反之行政
法上之義務並無不同，如於具體個案中行為人所產製的同一酒品，既是未經
申請許可而製造的私酒，且同時亦為不符衛生標準及有關規定之酒品（即劣
酒），似可認定屬於一行為，而有行政罰法第24條規定之適用[134]。

　　上述兩項函釋雖然提供重要之判斷標準，惟仍過於抽象，法務部最近之函
釋則認為，違反者同屬於作為或不作為義務時，則為一行為；違反者，若一為
作為義務，一為不作為義務，則認為屬數行為。

　　飲酒後駕車係以「作為」之方式違反禁止飲酒（超過特定標準）駕車之不
作為義務（道路交通安全規則第114條）；駕駛車輛需領有駕駛執照，未領有
駕駛執照駕駛車輛違反道路交通安全規則第50條第1項，依道路交通安全管理
處罰條例第21條第1項第1款予以處罰，係以「不作為」之行為方式違反作為義
務，二者應屬數行為，無「一行為不二罰」原則之適用[135]。

　　駕駛車輛行經測試檢定之處所後不停車接受（測試檢定）稽查，或停車

---

[134] 法務部民國96年3月19日法律字第0950045189號。法務部民國109年7月29日法律字第
10903511610號函亦指出，關於酒之販售，菸酒管理法參照菸害防制法第5條第1款規
定，於該法第30條第1項明定酒之販賣或轉讓，不得以自動販賣機、郵購、電子購物
或其他無法辨識購買者或受讓者年齡等方式為之（立法理由參照），而有關於「網路
販售私酒」之情形，依司法實務見解認為，係一行為違反菸酒管理法第46條第1項、
第55條第1項第3款、第30條第1項規定，依行政罰法第24條第1項規定，以一行為違反
數個行政法上義務，依法定罰鍰額最高之規定裁處（臺灣臺北地方法院106年度簡字
第262號行政判決、臺灣屏東地方法院107年度簡字第22號行政判決）。
[135] 法務部民國102年7月3日法律字第10203502330號。

後拒絕接受測試檢定，依道路交通管理處罰條例第35條第4項予以處罰，其係以「不作為」之行為方式違反接受測試檢定之作為義務；駕駛人（於逃逸後經攔停）接受測試檢定，如呼氣或血液中酒精濃度超過法定標準，而未達移送刑法公共危險罪嫌之標準，依道路交通安全規則第114條第2款及第3款及道路交通管理處罰條例第35條第1項第1款予以處罰，係以「作為」之方式違反禁止飲酒超過特定標準之不作為義務；拒絕接受測試檢定與酒後駕車二者違反之行政法上義務並不同，分屬數行為，應分別處罰，無「一行為不二罰」原則之適用[136]。

道路交通安全規則第84條第1項第1款至第7款、第4項之規定，車輛裝載液化石油氣之淨重逾60公斤，應遵守相關安全規定。道路交通安全規則第88條第1項第1款規定，重型機車載物不得超過80公斤，違者分別依道路交通管理處罰條例第29條第1項第3款及道路交通管理處罰條例第31條第5項規定予以處罰。重型機器腳踏車裝載液化石油氣未遵守裝載危險物品之有關規定，申請臨時通行證、懸掛標誌及標示牌等，係以「不作為」之行為方式違反應申請臨時通行證、懸掛危險標誌及標示等之行為義務；附載物品超過80公斤，則係以「作為」之方式違反禁止超載之不作為義務，應屬數行為[137]。

都市計畫法臺灣省施行細則第15條第1項第10款與第27條第1項規定，係規範不得「違法就住宅區建築物及土地之使用」、「違法就保護區之使用」，違反者，依都市計畫法第79條規定，處新臺幣6萬元以上30萬元以下罰鍰；基隆市攤販輔導管理自治條例第22條規定不得「未經許可擅自營業」，違反時，經限期改正，屆期未改正者，依該自治條例第27條規定，處新臺幣1萬元以上5萬元以下罰鍰。上開二規定均屬以行為違反不行為義務。有關擅於都市計畫住宅區或保護區土地設置攤販集中場營業行為，係一個違規營業行為而違反上開二個行政法上之不作為義務者，應依行政罰法第24條第1項規定，依法定罰鍰額最高之規定裁處[138]。

行政法院對於是否為一行為之判斷，例如，高雄高等行政法院96年度簡字第279號判決指出，於網路刊登酒類廣告未標示警語且建置網路販賣機制，核有刊登酒類廣告未標示警語之不作為，及建置網路酒類販賣機制之行為，核屬

---

[136] 法務部民國102年7月2日法律字第10203505020號。
[137] 法務部民國101年1月19日法律字第1000023096號。
[138] 法務部民國105年6月2日法律字第10503506300號。

二行爲，分別違反菸酒管理法第31條（現爲第30條）第1項及第37條之規定，應依菸酒管理法第55條第1項及第57條（現爲第51條）規定，分別處罰原告。法務部民國94年1月11日法律字第0930050277號函釋略謂：「……於網路刊登酒類廣告未標示警語且建置網路販賣機制，係分別違反菸酒管理法第37條有關警語標示規定之義務，以及同法第31條有關不得以電子郵購販賣酒品之義務；該二規範係基於不同之行政目的要求行爲人爲一定之作爲，得基於不同之行政目的認屬爲二行爲而分別處罰……」亦同此見解。

臺北高等行政法院100年度訴字第1328號判決指出，公路法第77條第2項規定，未依本法申請核准，而經營汽車或電車運輸業者，處新臺幣5萬元以上15萬元以下罰鍰，並勒令其停業，其非法營業之車輛牌照並得吊扣二個月至六個月，或吊銷之。行爲人與客人間，既達成合意成立運送契約，而合於以汽車經營客、貨運輸而受報酬之事業之要件，並已合致於行政罰應以有故意過失之要件。道路交通管理處罰條例第81條之1係以於鐵路公路車站或其他交通頻繁處所，違規攬客，妨害交通秩序者爲其構成要件，處罰行爲則爲妨害交通秩序之違規攬客行爲，公路法第77條第2項規定，係以未依公路法申請核准，而經營汽車或電車運輸業爲要件，二者規範內容不同。縱行爲人之行爲合於道路交通管理處罰條例第81條之1規定，惟同時違反公路法第77條第2項規定，依行政罰法第24條規定，依法定罰鍰額最高之公路法第77條第2項規定裁處罰鍰，另得併爲裁處吊扣車輛牌照[139]。

最高行政法院99年度裁字第2055號裁定指出，水污染防治法第7條第1項、第18條等規定，事業、污水下水道系統或建築物污水處理設施，排放廢污水於地面水體者，應符合放流水標準，事業並應採行水污染防治措施；水污染防治措施及檢測申報管理辦法第52條第1項本文也規定，事業或污水下水道系統應以核發機關許可之放流口排放。行爲人繞流排放不符合放流水標準之廢污水，則應依行政罰法第24條規定從一重依水污染防治法第40條第1項規定，分別裁處罰鍰。

事業如屬水污染防治法事業分類及定義公告之事業，未領有廢污水排放許可證或簡易排放許可文件，逕行排放廢污水於地面水體，且不符合放流水標準者，係一行爲違反水污染防治法第7條第1項之規定，應依水污染防治法第40條

---

[139] 本案中兩者一爲違反作爲義務，一爲違反不作爲義務，是否爲一行爲，仍有討論空間。

第1項規定處新臺幣6萬元以上2,000萬元以下罰鍰；又同時違反水污染防治法第14條第1項之規定，應依水污染防治法第45條第1項之規定，處新臺幣6萬元以上600萬元以下罰鍰。依行政罰法第24條第1項之規定，應從一重即第40條第1項之規定裁處罰鍰[140]。

在法務部持續以「違反者同屬於作為或不作為義務時，則為一行為；違反者，若一為作為義務，一為不作為義務，則認為屬數行為」作為判斷一行為之準則下，行政法院亦有採此標準者，高雄高等行政法院105年度訴字第395號判決指出，消防法與都市計畫法之立法目的係為改善居民生活環境，並促進市、鎮、鄉街有計畫之均衡發展，兩者所欲達成之管制目的並不相同；都市計畫法第79條第1項之處罰要件係都市計畫範圍內土地或建築物之使用，違反都市計畫土地使用管制規定，係以「作為」方式違反不作為義務；消防法第15條及第42條規定則係處罰未將公共危險物品及可燃性高壓氣體放置於合格之儲存場所之行為，係以「不作為」方式違反作為義務，足見兩者構成要件亦有不同。縱在符合使用分區之處所儲存液化石油氣，仍需符合消防法規定，故依都市計畫法第79條第1項所為之裁罰，與消防法第15條、第42條規定所為之處罰，因有不同之構成要件外，亦有各自達成之管制目的，此與行政罰法第24條第1項以行為單一而違反數個規定之效果均為罰鍰者，故從其一重處罰已足達成行政目的之情形不同。

第三項　特別法優先普通法原則與行政罰法第24條之關係

一行為違反二以上行政法上義務規定，而該二以上規定之間存有特別法與普通法關係者，於此情形，特別規定之構成要件必涵蓋普通規定之構成要件。因此，除法律別有規定外，應依特別法優先於普通法適用之原則，優先適用該特別規定，而不再適用一行為不二罰原則。特別法優先適用之原則，為更重要之法規適用原則，在法規適用之順序上，應更高於從一重處罰之原則，特別法中對於同一行為雖其法定罰鍰額較低，仍應優先適用該特別法並由該特別法之主管機關為裁罰之管轄機關[141]。

---

[140] 最高行政法院109年度判字第73號判決。
[141] 法務部民國102年10月25日法律字第10203511720號。

第四項　數行為分別處罰

行為人所為數個違反行政法上義務之行為，違反數個不同之規定，或數行為違反同一規定時，與單一行為情形不同，為貫徹個別行政法規制裁目的，自應分別處罰。行政罰法第25條規定，數行為違反同一或不同行政法上義務之規定者，分別處罰之。

依行政罰法第25條規定，行為人主觀上基於一個概括犯意，客觀上先後數行為，逐次實施，乃屬數個違章行為之連續犯，此情形在行政秩序罰之評價上，應成立數個違反行政法義務之行為，自應依行政罰法第25條規定，分別處罰之[142]。

原申請經營開設之租賃仲介行，經查獲其經營旅館業務，該行為係違反商業登記法第8條第3項及第33條第1項規定；該租賃仲介行另將建築物隔間裝潢改為套房，掛出套房出租招牌，並置有「敬請顧客先行付房租」告示，顯然已達變更建築物使用之程度，其行為另違反建築法第73條及第90條之規定。商業登記法第8條第3項及第33條第1項規定之處罰要件為經營商業登記範圍以外之業務，建築法第73條及第90條則以變更建築物使用執照之用途為構成處罰之要件，二者處罰之違法行為並非相同，故應分別依商業登記法第8條第3項、第33條第1項及建築法第73條、第90條規定予以處罰[143]。

海關緝私條例第39條第1項規定，旅客出入國境，攜帶應稅貨物或管制物品匿不申報或規避檢查者，沒入其貨物，並得依海關緝私條例第36條第1項論處。本條規定係課以旅客於出入國境時，對於所攜帶之應稅貨物或管制物品有申報並接受檢查之行為義務。藥事法第22條第1項規定，本法所稱禁藥，係指藥品有左列各款情形之一者：一、……。二、未經核准擅自輸入之藥品。但……。係課以民眾不得擅自輸入未經核准之藥品之不作為義務。旅客同次入境對於所攜帶之應稅貨物或管制物品，以「不作為」之行為方式違反申報並接受檢查之行為義務，且其中有未經核准之藥品，係以「作為」之行為方式違反禁止擅自輸入藥品之不作為義務，應屬數行為違反數行政法上義務，自應依行

---

[142] 最高行政法院100年度判字第1467號判決；臺北高等行政法院99年度訴字第1002號判決。

[143] 行政罰法第25條之立法理由參照。

政罰法第25條規定，分別處罰之[144]。

　　貨輪泊靠漁港裝貨或卸貨，係以「停靠次數」為計算基準，一旦裝貨或卸貨完成即離港，其泊靠行為即告完成，而為一行為。原判決業就其所確定之事實，論明上訴人所有系爭貨輪於105年5月18日至22日、24日至29日及31日未經准許擅自進入鎖港漁港泊靠之行為係屬數行為，澎湖縣政府得分別處罰，於法自無違誤[145]。

　　衛星廣播電視法第37條第1項第1款規定（2003年12月24日公布）係以違規播送行為為處罰對象，亦即每播送一次節目與廣告未區分之違法行為，即構成單一之違規行為，而違反一個行政法上義務，並非以「個別節目」數作為處罰之對象[146]。

　　惟最高行政法院105年10月份第1次庭長法官聯席會議決議指出，藥事法第65條規定，非藥商不得為藥物廣告，違反此規定者，應依同法第91條規定裁罰。因此，藥事法第65條係課非藥商不得為藥物廣告之行政法上不作為義務。藥事法第24條規定，本法所稱藥物廣告，係指利用傳播方法，宣傳醫療效能，以達招徠銷售為目的之行為。廣告乃集合性概念，一次或多次利用傳播方法為宣傳，以達招徠銷售為目的之行為，均屬之。非藥商多次重複地利用傳播方法，宣傳醫療效能，以達招徠銷售為目的之行為，如係出於違反藥事法第65條之不作為義務之單一意思，則為違反同一行政法上義務之接續犯。該多次違規行為在法律上應評價為一行為，於主管機關裁處後，始切斷違規行為之單一性。甲係出於同一招徠銷售「遠紅外線治療儀」之目的，在2014年2月11日至3月23日共41日期間，擅自刊播該藥物廣告達76次，核其時間密集、行為緊接，如無其他相反事證，應可認為是出於違反藥事法第65條行政法上義務之單一意思，該當於一個違反藥事法第65條行政法上義務之行為，為一行為而非數行為[147]。

---

[144] 法務部民國95年6月12日法律字第0950022324號。

[145] 最高行政法院107年度判字第27號判決。

[146] 最高行政法院102年度判字第555號判決。衛星廣播電視法第37條第1項第1款規定衛星廣播電視事業或境外衛星廣播電視事業有下列情形之一者，處新臺幣20萬元以上200萬元以下罰鍰，並通知限期改正，逾期不改正者，得按次連續處罰：1.一年內經處罰二次，再有前二條各款情形之一者。……

[147] 最高行政法院110年度上字第98號判決亦指出，如廠商基於違反化粧品衛生管理條例第24條第1項不得為虛偽誇大之化粧品廣告之行政法上義務之單一意思，多次重複利

關稅係對國外進口貨物所課徵之進口稅；貨物稅乃對國內產製或自國外進口之貨物，於貨物出廠或進口時課徵之稅捐；營業稅則為對國內銷售貨物或勞務，及進口貨物所課徵之稅捐，三者立法目的不同。依關稅法第16條第1項、貨物稅條例第23條第2項暨加值型及非加值型營業稅法（下稱營業稅法）第41條規定，進口稅、貨物稅及營業稅均採申報制，且貨物進口時，應徵之貨物稅及營業稅，由海關代徵。雖為稽徵之便，由進口人填具一份進口報單，再由海關一併依法課徵進口稅、貨物稅及營業稅。但進口人填具進口報單時，需分別填載進口稅、貨物稅及營業稅相關事項，向海關遞交，始完成進口稅、貨物稅及營業稅之申報，故實質上為3個申報行為，而非一行為。如未據實申報，致逃漏進口稅、貨物稅及營業稅，合於海關緝私條例第37條第1項第4款、貨物稅條例第32條第10款暨營業稅法第51條第7款規定者，應併合處罰，不生一行為不二罰之問題[148]。司法院釋字第754號解釋亦贊同此項見解，並指出，由納稅義務人填具一張申報單，於不同欄位申報三種稅捐，仍無礙其為三個申報行為之本質，其不實申報之行為自亦應屬數行為。但特別提醒，國家基於不同之租稅管制目的，分別制定法規以課徵進口稅、貨物稅及營業稅，於行為人進口貨物未據實申報時，固得依各該法律之規定併合處罰，以達成行政管制之目的，惟於個案併合處罰時，對人民造成之負擔亦不應過苛，以符合憲法第23條比例原則之精神。

第十五節　程序規定

第一項　管轄機關

行政罰法第29條第1項規定，違反行政法上義務之行為，由行為地、結果地、行為人之住所、居所或營業所、事務所或公務所所在地之主管機關管轄。依法律規定之違反行政法上義務之構成要件，可區分為行為違法與結果違法。

用相同傳播方法，登載或宣播虛偽誇大之同一品項之化粧品廣告，以達招徠銷售為目的之行為，應屬違反同一行政法上義務之接續犯。該多次違規行為在法律上應評價為一行為，於主管機關裁處後，始切斷違規行為之單一性。

[148] 最高行政法院100年度5月份第2次庭長法官聯席會議決議；最高行政法院100年度判字第1186號判決。

行為違法指只要有違反行政法上義務之行為，即完成法定構成要件；結果違法指除有違反行政法上義務之行為外，尚須發生與行為分離之外在結果，始完成法定構成要件，並應進一步證明「行為」與「結果」之間有因果關係。戶籍法第48條第1項規定，戶籍登記之申請，應於事件發生或確定後三十日內為之。義務人逾期未申請登記，即違反上開規定，應屬行為違法，非結果違法，故應無行政罰法第29條第1項結果地之問題[149]。

第二項　管轄競合

行政罰法第31條第1項規定，一行為違反同一行政法上義務，數機關均有管轄權者，由處理在先之機關管轄。不能分別處理之先後者，由各該機關協議定之；不能協議或有統一管轄之必要者，由其共同上級機關指定之。一行為違反數個行政法上義務而應處罰鍰，數機關均有管轄權者，由法定罰鍰額最高之主管機關管轄。法定罰鍰額相同者，依前項規定定其管轄（行政罰法第31條第2項）[150]。

行政罰法第31條第3項規定，一行為違反數個行政法上義務，應受沒入或其他種類行政罰者，由各該主管機關分別裁處。但其處罰種類相同者，如從一重處罰已足以達成行政目的者，不得重複裁處。

第1項及第2項情形，原有管轄權之其他機關於必要之情形時，應為必要之職務行為，並將有關資料移送為裁處之機關；為裁處之機關應於調查終結前，通知原有管轄權之其他機關（行政罰法第31條第4項）。

第三項　移送義務

行政罰法第26條規定，刑罰與罰鍰不得併為處罰，故遇有競合時，應將涉及刑事部分移送該管司法機關。行政罰法第32條第1項規定，一行為同時觸犯刑事法律及違反行政法上義務規定者，應將涉及刑事部分移送該管司法機關。

---

[149] 法務部民國100年2月11日法律字第0999041645號。

[150] 法務部民國111年2月22日法律字第11103502970號指出，一行為違反數個行政法上義務而應處罰鍰，數機關均有管轄權時，其管轄競合之處理方式，雖應由法定罰鍰額最高之主管機關管轄，惟並未剝奪各主管機關之管轄權及裁罰權（法務部民國107年9月5日法律字第10703513150號函及行政罰法第31條立法理由參照）。

　　惟司法機關就刑事案件爲不起訴處分、緩起訴處分確定或爲無罪、免訴、不受理、不付審理、不付保護處分、免刑、緩刑、撤銷緩刑之裁判確定，或撤銷緩起訴處分後經判決有罪確定者，應通知原移送之行政機關，俾得適時處理。

第四項　裁處程序

一、出示證明文件之義務

　　行政機關執行職務之人員於執行職務時，應向行爲人表明其爲執法人員，以避免行爲人之疑慮，進而引發不必要之爭執。行政罰法第33條規定，行政機關執行職務之人員，應向行爲人出示有關執行職務之證明文件或顯示足資辨別之標誌，並告知其所違反之法規。

　　執行職務證明文件，例如，公務人員之識別證、行政機關之公函等；顯示足資辨別之標誌，例如，警艇在海上查緝走私，攔阻船隻時，應在警艇上顯示足以辨別其爲行政機關之標誌。

二、即時處置

（一）即時處置之要件

　　爲防止現行違反行政法上義務行爲持續進行造成更嚴重之損害，行政機關對於現行違反行政法上義務之行爲，得視實際情況，即時制止之；爲利於行政裁罰等行政作爲之進行，有視其情況製作書面紀錄或爲保全證據措施或確認其身分之處置。行政罰法第34條第1項規定，行政機關對現行違反行政法上義務之行爲人，得爲下列之處置：1.即時制止其行爲。2.製作書面紀錄。3.爲保全證據之措施。遇有抗拒保全證據之行爲且情況急迫者，得使用強制力排除其抗拒。4.確認其身分。其拒絕或規避身分之查證，經勸導無效，致確實無法辨其身分且情況急迫者，得令其隨同到指定處所查證身分；其不隨同到指定處所接受身分查證者，得會同警察人員強制爲之。

　　爲避免行政機關之恣意強制行爲，造成人民權益之損害，強制處置不得逾越保全證據或確認身分目的之必要程度。俾能符合比例原則，保障人權。

（二）即時處置之救濟及處理

行政機關對於行為人所為之強制排除抗拒保全證據或強制到指定處所查證身分之處分，係對行為人人身自由之限制，對於行為人之權益影響甚鉅，故應給予行為人有當場陳述理由表示異議之機會。行政罰法第35條第1項規定，行為人對於行政機關依前條所為之強制排除抗拒保全證據或強制到指定處所查證身分不服者，得向該行政機關執行職務之人員，當場陳述理由表示異議。

行政機關執行職務之人員，認前項異議有理由者，應停止或變更強制排除抗拒保全證據或強制到指定處所查證身分之處置；認無理由者，得繼續執行。經行為人請求者，應將其異議要旨製作紀錄交付之（行政罰法第35條第2項）。

強制到指定處所之處置，具有即時性、短暫性之性質，故對異議結果，應無予以再救濟之必要。

三、物之扣留（行政罰法第36條至第41條）

（一）扣留之要件

為保全證據或沒入之執行，行政罰法第36條第1項規定，得沒入或可為證據之物，得扣留之。為保障人民權益，可為證據之物之扣留範圍及期間，以供檢查、檢驗、鑑定或其他為保全證據之目的所必要者為限。

無主私菸因實際上難以確定行為人，主管機關不得依菸酒管理法第58條（現為第57條）規定，予以沒入；於未查明系爭菸品之行為人或所有人前，仍得依行政罰法第36條第1項規定，扣留之[151]。

（二）扣留物之處理

行政罰法第39條規定，扣留物，應加封緘或其他標識，並為適當之處置；其不便搬運或保管者，得命人看守或交由所有人或其他適當之人保管。得沒入之物，有毀損之虞或不便保管者，得拍賣或變賣而保管其價金。易生危險之扣留物，得毀棄之。

（三）扣留物之發還

行政罰法第40條規定，扣留物於案件終結前無留存之必要，或案件為不

---

[151] 法務部民國99年12月6日法律決字第0999050170號。

予處罰或未爲沒入之裁處者，應發還之；其經依前條規定拍賣或變賣而保管其價金或毀棄者，發還或償還其價金。但應沒入或爲調查他案應留存者，不在此限。

扣留物之應受發還人所在不明，或因其他事故不能發還者，應公告之；自公告之日起滿六個月，無人申請發還者，以其物歸屬公庫。公庫係指公庫法第2條所定之國庫、市庫及縣庫。

（四）扣留之救濟及處理

扣留僅係裁處程序之中間決定或處置之性質，其救濟宜有較簡速之程序，以免延宕案件之進行並保障人民權益。行政罰法第41條規定，物之所有人、持有人、保管人或利害關係人對扣留不服者，得向扣留機關聲明異議。前項聲明異議，扣留機關認有理由者，應發還扣留物或變更扣留行爲；認無理由者，應加具意見，送直接上級機關決定之。對於直接上級機關之決定不服者，僅得於對裁處案件之實體決定聲明不服時一併聲明之。但第1項之人依法不得對裁處案件之實體決定聲明不服時，得單獨對第1項之扣留逕行提起行政訴訟。

四、陳述意見

行政機關於裁處前，應給予受處罰者陳述意見之機會，以避免行政機關之恣意專斷，並確保受處罰者之權益，行政罰法第42條規定，行政機關於裁處前，應給予受處罰者陳述意見之機會。惟基於行政效能之考量，下列情形得不給予陳述意見機會：（一）已依行政程序法第39條規定，通知受處罰者陳述意見。（二）已依職權或依第43條規定，舉行聽證。（三）大量作成同種類之裁處。此乃基於行政經濟之考慮。（四）情況急迫，如給予陳述意見之機會，顯然違背公益。（五）受法定期間之限制，如給予陳述意見之機會，顯然不能遵行。（六）裁處所根據之事實，客觀上明白足以確認。再聽取受處罰者之意見，顯然並無任何實益。（七）法律有特別規定。

五、聽證程序

行政機關爲行政罰法第2條第1款限制或禁止行爲之處分及同條第2款剝奪或消滅資格、權利之處分時，對於受處罰者之權益將有重大影響，爲避免行政機關恣意專斷之決定，損害受處罰者之權益，行政罰法第43條規定，行政機關

為第2條第1款及第2款之裁處前，應依受處罰者之申請，舉行聽證。但有下列情形之一者，不在此限：（一）有第42條但書各款情形之一。（二）影響自由或權利之內容及程度顯屬輕微。（三）經依行政程序法第104條規定，通知受處罰者陳述意見，而未於期限內陳述意見。

六、裁處書之製作及送達

　　行政機關為裁處時，應作成裁處書，以與其他行政處分區別，行政罰法第44條規定，行政機關裁處行政罰時，應作成裁處書，並為送達。裁決書如未經合法送達，對當事人自不發生效力。如當事人到案聲明不服，且未逾裁處權時效者，處分機關自得補正其送達程序，並自完成送達時發生效力，以保護當事人之救濟權益。倘到案時已逾裁處權時效者，自不得再行裁罰，當無重新作成處分之必要[152]。

---

[152] 法務部民國102年3月12日法律字第10100222140號。

第十七章 ｜ 行政契約

第一節　行政契約之發展、意義及案例

第一項　行政契約之發展

　　法規命令、行政規則、行政處分、行政罰與行政執行皆屬於行政機關單方作成的行政行為，此乃公權力典型特徵，也符合國家與人民間存在的上下不對等關係。但隨時代改變，人民跟國家間的不對等關係，慢慢出現改變，從不對等逐漸走入對等的想法，突顯於公法契約概念。公法契約的出現是公法與私法區分衍伸出的結果，公法契約可再細分成行政契約、憲法契約與國際法上之契約，行政法則以行政契約為中心。

　　行政契約在法制上發展階段[1]，一般分為：
1. 全面禁止階段：契約當事人間享有對等地位，契約成立必須基於合意。國家與人民間屬不對等關係，行政法上的權利義務係由國家單方片面決定，早期不承認國家與人民間有存在契約的可能性。
2. 授權說：隨著時代發展，一次世界大戰後，人民與國家間，除不對等關係外，在法律例外授權下，基於事實上必要，國家與人民可以締結行政契約。
3. 除外說：二次世界大戰後，國家單方面創設、變更行政法上權利義務固然有其必要，但如可以透過契約與人民取得合意，行政任務的履行將更加順利，因此，只要法律沒有禁止，國家與人民即可簽訂行政契約。

　　行政契約在我國行政實務上早已存在，司法院釋字第348號解釋認為公立醫學院醫學系公費生與學校間訂立行政契約，以規範彼此之權利義務關係。惟在法律上並未明確規定行政契約，行政契約概念、行政契約容許性等問題，

---

[1] 吳庚，行政法之理論與實用，增訂14版，2016年9月，第424-426頁。

均有所爭議。行政院所提行政程序法草案第119條規定行政契約在我國法制上之容許性，審查會中則改列第138條，三讀通過時，改列第135條，條號雖有修改，但條文之文字並未作修改。

第二項 行政契約之意義

行政程序法第135條規定，公法上法律關係得以契約設定、變更或消滅之。但依其性質或法規規定不得締約者，不在此限。本條立法理由有三[2]，首先，明確表示行政契約為現代民主法治國家內行政行為之一種方式，行政機關原則上得締結行政契約，並不以法律特別授權為必要。第二，行政契約以設定、變更、消滅公法上法律關係為內容，以與私法契約有別。最後，行政機關雖有訂定行政契約之自由，但如依事件性質（如考試決定）或依法規不得締結行政契約者，不在此限。基於法律優位原則，行政契約內容當然亦不得與法令相牴觸。

承認行政契約代表國家與人民間法律地位的重大改變，行政機關在處理與人民間的法律關係時，不再僅限於以片面單方作成的行政處分為之，而是得以行政契約為之，亦即透過雙方意思表示合致，產生拘束雙方之效力。透過行政契約，人民與行政機關能夠在一定範圍內，彼此合作，共同完成行政任務的履行，人民不再僅是公權力之客體，而是參與國家決定的對等夥伴[3]，而此正是行政程序法第1條所規定之立法目的，人民參與行政、行政保護人民利益，最佳的寫照。

惟行政程序法第三章有關行政契約之規定，並未有完整的體系架構，行政程序法僅是以最少的規定來說明行政契約之適用，其並未將所有可能出現的問題加以解決。民法相關規定的準用[4]以及個別行政法規的特別規定，則作為補充行政契約規定之用。此外，司法實務的見解，亦是建構完整行政契約法制不可或缺的一部分。

---

[2] 立法院議案關係文書，院總字第1584號，政府提案第5195，政131-132。

[3] 林明鏘、翁岳生編，行政法（上），2020年7月，第730-731頁；陳新民，行政法學總論，新10版，2020年7月，第333-334頁；此外，陳敏，行政法總論，10版，2019年11月，第577頁特別強調，行政契約使行政具有彈性，能適應非典型事件，解決複雜之行政問題。

[4] 行政程序法第149條規定，行政契約，本法未規定者，準用民法相關之規定。

　　雖然行政契約具有許多優點，但行政契約亦易使人產生行政給付商品化、價格化以及出賣公權力的印象，因此應避免產生行政機關賤售公權力或人民取得過當不利益的弊病，或行政機關運用公權力，以契約爲名，使人民承擔過當之不利益或義務[5]。爲防止此類危險產生，行政程序法中對於行政契約的形式及內容則有比民事契約更嚴格的要求，例如，第137條雙務契約內容之限制、第139條書面之強制要求等。

　　雖然行政契約日益重要，但在實務上之運用，仍遠不及行政處分普遍，最重要的原因在於，契約的締結，尤其是共識的取得必須花費大量的時間、精力與金錢，行政機關是否願意爲之，並非僅是主觀意願的問題；此外，行政程序法第137條有關締結雙務契約之要件，規定十分嚴格，即使行政機關認爲有其必要，締結行政契約的意願恐怕大打折扣；最後，無論是和解契約或雙務契約，皆容易帶給人民「不當」利益或官民掛勾的聯想，因而產生所謂「圖利」的錯誤印象，使得公務員或行政機關裹足不前。

第三項　行政契約之例子

　　雖然現行行政程序法的規定仍有不足，但在行政程序法施行後，行政契約的案例與日俱增，似乎成爲行政機關在行政處分外，處理具體個案的重要行爲方式，例如，在教育法領域，公立學校與教師間之聘任關係[6]，軍、警校公費生與教育部公費生之契約[7]；社會法領域，中央健保局與特約醫事服務機構間之特約[8]；租稅法中的和解契約[9]；公務員法中聘任人員之契約[10]，至於約僱人

[5]　江嘉琪，行政契約的概念，月旦法學教室，第52期，2007年2月，第56頁。李惠宗，行政法要義，8版，2020年9月，第437頁；李震山，行政法導論，修訂12版，2022年9月，第368頁；陳敏，前揭書，第577-578頁；莊國榮，行政法，修訂9版，2023年9月，第195頁。

[6]　最高行政法院97年度判字第121號判決。

[7]　最高行政法院94年度判字第205號判決、最高行政法院94年度判字第1824號判決、臺北高等行政法院93年度訴字第3899號判決亦指出，教育部與公費留學生所簽之備忘錄亦屬行政契約。

[8]　司法院釋字第533號解釋。

[9]　最高行政法院94年度判字第35號判決、臺北高等行政法院91年度訴字第1012號判決。

[10]　最高行政法院99年度判字第725號判決、最高行政法院95年度判字第19號判決、最高行政法院95年度裁字第190號裁定、最高行政法院95年度裁字第1522號裁定。

員契約則屬私法契約[11]；各種型式的開發契約與回饋契約[12]、委託私人行使公權力之契約[13]、土地徵收條例第11條第1項規定之協議價購[14]及其他[15]等。2010年2月3日公布的地方制度法第24條之1更明定行政契約作爲地方自治團體間合作的一種方式，且在第24條之2明定行政契約應載明事項。行政契約的重要性在許多行政領域內逐漸浮現。

行政契約受到社會普遍重視的案例，則是所謂的ETC案，針對ETC案中交通部與遠通公司所簽訂之契約性質，臺北高等行政法院94年度停字第122號裁定、臺北高等行政法院94年度訴字第752號判決及最高行政法院95年度判字第816號判決指出，高速公路電子收費系統建置及營運契約爲行政契約，其主要理由爲：

1. 依促參法成立之BOT案件，不論在招商、興建、營運、以迄營運期間

---

[11] 最高行政法院104年度裁字第1453號裁定。惟最高行政法院106年度判字第551號判決卻指出，測量助理乃依法令服務於地方自治團體所屬機關而具有法定職務權限，從事協助測量業務，其僱用雖未經公務人員考試，惟其僱用既係依據臺灣省各地政機關測量助理管理要點，經一定公開甄選，爲編制內協助辦理測量員額，則花蓮縣花蓮地政事務所僱用測量助理之行爲，性質上係行政契約。其契約關係之成立，本質上仍屬雙方間意思表示之合致。

[12] 最高行政法院94年度裁字第1512號裁定—大眾捷運系統聯合開發契約；最高行政法院95年度判字第299號判決—作爲回饋金或補償金準據之協議書；最高行政法院108年度判字第34號判決—合作開發光華工業區協議書。

[13] 最高行政法院96年度判字第909號判決、最高行政法院96年度判字第1106號判決。

[14] 最高行政法院106年度判字第142號判決指出，土地徵收條例第11條第1項規定之協議價購乃徵之法定先行且必經之程序，倘需用土地人依該條規定所爲之價購，係爲達成行政目的而在徵收前所爲之價購，則需用土地人與土地所有權人依土地徵收條例第11條第1項規定達成價購之協議時，核其性質應屬行政契約。最高行政法院106年度判字第502號判決更認爲其性質應屬替代徵收之行政契約。

[15] 例如，最高行政法院96年度裁字第1785號裁定（委託特約醫院辦理犬貓絕育）。此外，最高行政法院92年度判字第532號判決指出，兩造間經協議達成結論，雙方合意各負給付之義務，從其給付之形式，雖無從區辨究屬公法上契約，抑屬私法契約。然而從其合意過程，係由上訴人所屬嘉義工務段發開會通知，事由註記爲擬徵收出租土地上倉庫拆除協調會，除邀集被上訴人外，尚包括所在地地方政府，並列上訴人所屬人員爲主持人；合意拆除倉庫之對待給付所據，爲地方政府興辦公共設施拆除合法房屋查估補償辦法，全無考量兩造間原有土地租賃契約終止之歸責事由，被上訴人所受房屋拆除以外之損失等影響損害賠償範圍之因素，及合意之目的，在於拆除地上物，以興建政府機關之公共建築等情狀整體觀察，應認屬公法上契約。

屆滿由民間將建設移轉予政府前，政府均有高度參與與監督，係有公權力介入，促參法第五章特別明定政府對民間參與興建及營運交通建設之監督管理，其中促參法第52條及第53條更規定，民間機構於興建營運期間如有施工進度嚴重落後、工程品質重大違失、經營不善或其他重大情事發生時，主辦機關得命定期改善，中止其興建營運之全部或一部，情況緊急時，中央目的事業主管機關亦得令民間機構停止興建或營運之一部或全部，並採取適當措施維持該公共建設之營運，必要時並得強制接管興建或營運中之公共建設等等，上開制度與行政契約之契約調整之機制（行政程序法第146條、第147條）相當，若促參BOT案件屬私法契約，殊難想像此一單方變更契約內容之機制。

2. 依本案公告申請須知（第18頁及第19頁）第四章高速公路電子收費系統建置暨營運內容第4.1節（委辦方式）、第4.2節（委辦期間）、第4.4節（建置之管理監督）及第4.5節（營運之管理監督）規定，建置營運公司依促參法令及主管機關之規定建置營運電子收費系統，被告機關支付委辦服務費，俟二十年經營期限屆滿時，建置營運公司將電子收費系統及有關設施移轉予政府，且建置營運公司自簽約日起，對於建置營運事項接受高公局（即目的事業主管機關）管理監督。又由招商文件（附件H）所列建置營運契約條款亦明顯可見公權力之介入（如第三章有實施高速公路法規定之通行費收取、第四章有逃欠費追補繳違規處理、參與訂定電子收費配套措施等），高速公路電子收費系統建置及營運契約，應係行政契約。

第四項　非行政契約

行政機關與人民或行政機關相互間所簽訂之契約並非皆屬於行政契約，換句話說，契約雙方當事人均爲行政機關所簽訂者，並非皆屬行政契約，而仍應就契約整體綜合觀察，以發生公法上法律效果爲契約標的者，始屬行政契約。中央銀行與臺北縣政府間之黃金借用契約，契約雙方雖均爲行政機關，惟契約內容爲臺北縣政府向中央銀行商借黃金作爲臺北縣瑞芳黃金博物館展覽之用，非行使公權力之行爲，性質上非屬行政契約，無行政程序法之適用[16]。

---

[16] 法務部民國97年10月23日法律字第0970033804號。

　　臺中市政府與財團法人私立臺中市○○社會福利事業管理會簽訂「臺中市獎勵投資興辦公共設施合約書」，由該財團法人承租國有土地興辦臺中市私立第一花園公墓。依契約內容觀之，其並非以執行公法法規為目的，行政機關一方並未負有作成行政處分或其他公權力措施之義務，且約定之內容亦未涉及人民公法上之權利義務關係，顯與行政契約之要件未合[17]。

　　存保公司與要保機構間所訂立之存款保險契約內容觀之，係經當事人間合意為之，且存款保險契約過去為自願性契約，雖經改為強制性保險，就其契約性質而言，仍應屬私法契約[18]。

第五項　行政契約與私法契約區分之標準

　　行政契約與私法契約之區別，係以其發生公法或私法上權利義務變動之效果為斷。其判別標準原則上應以契約標的為準；契約標的則應由契約內容決定之。倘契約之給付義務本身具有中立性而較難判斷時，應由給付義務之目的及契約之全體特性判斷之[19]。都市計畫回饋措施協議書，自契約主體面觀察，係由地方自治機關與都市計畫區域內人民締結契約，自契約標的及契約目的觀察，係以執行都市計畫法第27條之1所定法規範內容，乃為達成增值回饋及成長付費之公益目的，性質上應屬行政契約[20]。

　　締約雙方主觀願望，並不能作為判別契約屬性之依據，行政行為性質屬客觀判斷之問題。最高行政法院109年度判字第287號判決指出，締約雙方主觀願望，並不能作為識別契約屬性之依據，因為行政機關在不違反依法行政之前提下，雖有選擇行為方式之自由，然一旦選定之後，行為究屬單方或雙方，適用公法或私法，則屬客觀判斷之問題，由此而衍生之審判權之歸屬事項，尤非當

---

[17] 法務部民國100年3月9日法律決字第1000005344號。

[18] 最高行政法院101年度判字第820號判決。有關此判決，蕭文生，存款保險契約—行政契約或公法契約？評最高行政法院101年度判字第820號判決，行政事件裁判研究與評析，2015年3月，第195-220頁。

[19] 最高行政法院92年度判字第84號判決；最高行政法院105年度判字第109號判決指出，契約之法律性質，究屬公法性質，抑或私法性質，應從客觀上契約之內容綜合予以判別，如契約係以公法上應予規範之事實為標的，特別是契約中所設定之義務或權利具有公法上之性質，即可認定係公法契約。

[20] 最高行政法院108年度上字第1060號判決。

事人之合意所能變更。

除此項抽象標準外，行政機關與私人締約，約定之內容有下列四者之一時，可認定為行政契約：一、因執行公法法規，行政機關本應作成行政處分，而以契約代替。二、約定之內容係行政機關負有作成行政處分或其他公權力措施之義務者。三、約定內容涉及人民公法上權益或義務者。四、約定事項中列有顯然偏袒行政機關一方或使其取得較人民一方優勢之地位者。若給付內容屬於「中性」，無從據此判斷契約之屬性時，則應就契約整體目的及給付之目的為斷，例如，行政機關所負之給付義務，目的在執行其法定職權，或人民之提供給付目的在於促使他造之行政機關承諾依法作成特定之職務上行為者，則屬於行政契約[21]。

第二節　締結行政契約之權限

行政程序法第135條規定，公法上法律關係得以契約設定、變更或消滅之。但依其性質或法規規定不得締約者，不在此限。行政程序法第135條使用「得」之用語，具有雙重意義，首先，允許行政機關以行政契約設定、變更、消滅行政法上的法律關係，行政程序法第135條作為授權利用行政契約的法律依據，無須另有其他法律之授權。另一方面，本規定作為授權規範賦予行政機關在個案中決定，是否訂定行政契約之權限。既是授權規範，則表示並非毫無限制的自由選擇，亦非得任意為之。行政機關雖有選擇行政契約或其他行政行為形式之自由，但在決定是否利用行政契約時，須依合義務性裁量決定之。特別是選擇行政契約替代行政處分時，人民於行政機關有恣意、其他違法裁量時，得請求法院介入。

行政契約建立在契約當事人雙方意思合致的基礎上，亦即必須具備要約與承諾之合致。要約與承諾係針對設定、變更、消滅行政法上之法律關係，換句話說，產生公法上權利義務變動之法律效果。行政機關以締結行政契約為目的

---

[21] 此四項標準由吳庚大法官於司法院釋字第533號解釋協同意見書中提出，後為法院及法務部所採用，例如，臺北高等行政法院92年度訴字第721號判決，最高行政法院100年度裁字第1121號裁定；法務部民國103年12月17日法律字第10303512060號，法務部民國102年4月11日法律字第10200043730號，法務部民國101年10月18日法律字第10103108140號。

所為之意思表示並非行政處分，並不直接發生法律效果，亦不具備單方下命性質。行政機關締結或不締結行政契約之決定，乃是一項單純的高權行為並非行政處分，當事人如認為有主觀公權利，得要求行政機關與之締約時，應提起一般給付訴訟而非課予義務之訴。

依法律關係之性質或法規有特別規定時，不得締結行政契約。此處主要涉及是否得以契約來設定、變更、消滅公法法律關係之問題。法規是否規定不得締結行政契約，取決於個別法律規定之意義及目的或相關規定之整體內容而定。此項禁止可能明確規定亦可能自法律規定中默示得出，亦即法律強制禁止使用契約形式或強制必須以行政處分或其他行為形式為之。惟此種情形僅在少數行政領域中出現，例如，任命公務員之行為、兵役之召集、決定公務員薪俸之行為[22]等。一般而言，並不存在一般性禁止締結行政契約之規定。因此，主張存在禁止締結行政契約者，必須有充分具體之理由，禁止乃是一項例外情形；法規僅規定行政機關以單方行為方式，特別是行政處分，履行公共任務，並不足以作為認定存在禁止締結行政契約之理由。有爭議時，由於我國對行政契約之締結採除外說，法律之沉默應作有利於許可締結行政契約之決定。

基於法律關係之性質不得締結行政契約之情形，主要在涉及能力、資格或其他類似性質的考試決定，包括考試程序、內容及結果[23]。至於課稅處分是否得以行政契約為之，基於依法行政原則及課稅公平考量，原則上課稅處分，不宜以行政契約代之[24]。

---

[22] 陳敏，前揭書，第600頁；李震山，前揭書，第369頁另指出，公務員懲戒、撫卹、薪俸及選舉事件，亦屬之。

[23] 林錫堯，行政法要義，修訂4版，2016年8月，第464頁；最高行政法院93年度判字第1058號判決指出，行政程序法第135條規定旨在揭示行政契約之容許性，行政機關原則上得締結行政契約，但如其事件之性質（例如考試決定）或依法規不得締結行政契約者，不在此限。本件係有關考試事件，依其性質不得締結行政契約，至為明顯。

[24] 法務部民國90年5月18日法律字第000257號函；林錫堯，前揭書，第465頁指出，課稅處分不得以行政契約代替之，但就課稅基礎事實，得達成協議。江彥佐，稅務行政上和解契約與稅務協談制度之研究—最高行政法院93年度判字第1024號判決評釋，財稅研究第39卷第3期，2007年5月，第141頁指出，課稅事實之認定應可締結行政契約。有關稅務案件是否可成立和解契約，張文郁，行政法上之和解契約，法治與現代行政法學，法治斌教授紀念論文集，2004年5月，第599-602頁有詳盡說明。

第三節　行政契約之類型

　　行政程序法並未詳盡列舉行政契約之類型，甚至在類型化行政契約時，亦採取不同的觀點，例如，和解契約以契約目的，雙務契約以契約內容爲主要依據。行政程序法中行政契約類型具有高度開放性，並不以此兩種類型爲限[25]。除行政程序法第136條之和解契約與第137條之雙務契約外，最常見的分類則爲隸屬與對等契約以及義務與處分契約。

　　行政契約之認定既然與契約標的有關，則並無要求行政契約之一方一定是行政機關之理。惟依我國行政程序法之規定，行政契約乃是由行政機關主導下的行政程序標的，因此行政契約的一方當事人一定是行政機關，至於另一方是行政機關或人民則無特別之限制[26]。但從我國行政程序法第136條及第137條規定之用語來看，我國行政程序法明文規定之契約類型似限於行政機關與人民之間，此在適用我國行政程序法行政契約規定時應特別注意。

　　依行政契約當事人之地位是否平等，可區分爲隸屬及對等契約。地位是否平等，從形式來看，人民與行政機關間所締結之行政契約皆屬隸屬契約，亦即兩者之間一般處於上下隸屬關係；行政機關與行政機關間（公法人與公法人間）所締結之契約稱爲對等契約[27]。惟屬於同一行政主體之行政機關間，並不能各自代表其所屬之同一行政主體締結行政契約。司法實務見解認爲，不能就同一主體內二個機關間認定成立行政契約而得提起一般給付訴訟，此爲當然之法理（臺北高等行政法院94年度訴字第453號判決；法務部105年5月3日法律字第10503507620號函參照）[28]。

---

[25] 最高行政法院100年度判字第838號判決指出，行政程序法第136條及第137條分別就和解契約及雙務契約有所規定，但並不能以此等規定而認行政契約僅能有和解契約及雙務契約。最高行政法院96年度判字第917號判決認爲，行政契約尚包括單務契約及其他非法律所禁止締結之行政契約在內。

[26] 人民與人民之間是否得締結行政契約，與行政契約概念之廣狹有關。人民間之行政契約雖不屬於行政程序法明定之行政契約類型，但行政契約並不以行政程序法所規定者爲限。惟此時，該類行政契約不能直接適用行政程序法有關行政契約之規定，陳敏，前揭書，第583頁。

[27] 在地位平等之當事人間，行政契約較片面單方作成之行政處分，更適宜處理彼此間之關係。

[28] 法務部民國109年1月2日法律字第10803519370號。

是否為隸屬契約，應取決於契約標的是否實質上存在上對下隸屬法律關係，而非當事人相互間是否存在一般性的上對下法律關係。人民與行政機關間得成立隸屬契約，例如，國立大學醫學院與公費生締結之行政契約；行政主體相互間亦可能締結隸屬契約，尤其是契約標的本即得由行政主體以行政處分作成時，例如，上級政府對地方政府都市計畫之核可，以締結行政契約代替行政處分之作成[29]。同樣地，行政機關與行政機關間（公法人與公法人間）得締結對等契約，例如，環境保護署與臺南市、高雄市、嘉義縣及新竹縣等四地方政府簽訂之「提升天然災害廢棄物應變能量設施計畫」行政契約[30]、公路修建、養護、管理及經費負擔之協議[31]。人民與行政機關間亦可能締結對等的行政契約[32]。

另外一種分類則為義務（負擔）契約與處分契約，區分標準為，契約標的是否具有直接產生法律關係變動之效力。義務契約係指，契約當事人一方或雙方負有特定之給付義務，他方享有請求履行該特定給付之權[33]，並不因締結契約，立即產生權利義務之變動，義務契約類似民法債權契約。例如，國立大學醫學院與公費生締結之行政契約或人民支付一定金額以換取免除設置停車空間之義務，行政機關因而核發建築許可之契約（停車場代金契約）[34]。處分契約係指，因該契約本身而得直接發生、變更、消滅法律關係之契約，其性質與民法物權契約類似，例如，具有移轉所有權合意之徵收契約[35]。

---

[29] 陳敏，前揭書，第588頁。

[30] 法務部民國106年11月29日法律字第10603515820號指出，行政院環境保護署為提升天然災害廢棄物應變處理量能，分別與臺南市、高雄市、嘉義縣及新竹縣等四地方政府約定補助辦理掩埋場活化再利用計畫，並由臺南市、高雄市、嘉義縣及新竹縣等四地方政府提供百分之四十之活化空間予行政院環境保護署使用，上開事項係屬公法上法律關係，自得依行政程序法規定，訂定行政契約。

[31] 公路法第31條規定，公路兼具渠道、堤堰、鐵路等公共工程之用時，其修建、養護、管理及經費之負擔，由公路主管機關與該項工程設施之主管機關協議定之，協議不成時，報請共同上級機關決定。

[32] 公權力行使委託契約屬對等契約，李惠宗，前揭書，第439頁。

[33] 江嘉琪，行政契約的類型，月旦法學教室，第54期，2007年4月，第47頁；李惠宗，前揭書，第444頁，分期繳納罰鍰之契約亦屬之；林錫堯，前揭書，第451頁。

[34] 陳敏，前揭書，第592頁；有關停車場代金契約，林明鏘，翁岳生編，前揭書，第718-719頁。

[35] 陳敏，前揭書，第592頁；莊國榮，前揭書，第200頁；林明鏘，翁岳生編，前揭書，第713、716-717頁。

第四節　和解契約

第一項　和解契約之意義

　　行政契約類型繁多，和解契約僅為其中之一，然和解契約在公法上易引起爭議，因此以法律明定其要件，實屬必要。行政院所提行政程序法草案第120條規定和解契約要件，審查會時則改列第130條，三讀通過時，則改到第136條，條號雖有修改，但條文文字並未作任何變動。

　　行政程序法規定之和解契約係隸屬關係契約之一種，以解決事實或法律關係不能確定為目的，亦即行政機關於作成行政處分前，本應依職權調查行政處分所依據之事實或法律關係，獲得確定後，始得據以作成行政處分。惟若經依職權調查仍不能確定者，不論係遲延不決或貿然決定，均有損人民權益與行政目的。於此情形，為有效達成行政目的，並解決爭執，容許行政機關與人民締結和解契約，於不牴觸法規規定之前提下，就不能確定事項達成約定，並締結行政契約，以代替行政處分。事實或法律狀態不確定時，行政機關應依職權調查原則調查證據及闡明事實。行政程序法第136條規定雖認可和解契約之存在，但主要目的在避免曠日廢時，所費不貲的行政程序，亦即基於程序經濟與程序成效之考量[36]，並非有意使和解契約成為行政機關免除、規避職權調查之藉口。

　　行政程序法第136條規定，行政機關對於行政處分所依據之事實或法律關係，經依職權調查仍不能確定者，為有效達成行政目的，並解決爭執，得與人民和解，締結行政契約，以代替行政處分。

　　和解契約之特性在於放寬依法行政原則之拘束，在行政程序法第136條規定要件下，契約當事人得訂立與客觀事實或法律情事不完全符合的和解契約，以代替行政處分。惟行政程序法第136條規定僅限適用於國家與人民間之隸屬契約，其他類型和解契約並不當然適用之。由於和解契約之締結隱含著與依法行政原則衝突之矛盾，因此行政程序法具體明確地規定和解契約締結、合法及無效的要件。和解契約並非擴大行政機關之權限，行政機關依法職權調查以及行使裁量權之法定義務並未消失。

---

[36] 林錫堯，前揭書，第453頁；莊國榮，前揭書，第201頁。

　　除法律所規定之無效事由外，和解契約透過行政機關與人民雙方讓步之機制，取得共識，替代行政機關必須在耗費大量時間與不適當費用下，可能以不確定之事實或法律情事作成行政處分的難題。因此，和解契約被認為係有助於程序經濟及符合比例原則之表現，乃是一項有效且具效率的行政行為方式[37]。在和解契約中，契約當事人享有一定形成空間，使得妥協成果能夠達成，藉此方式，契約當事人能共同合作解決爭議，創造法安定性，並避免不適當的調查費用及時間的消耗。和解契約具有雙重性質，一方面為行政程序行為，締結和解契約，終結特定行政程序之全部或一部；另一方面，和解契約在實體法上發生創設、改變或消滅締約當事人間法律關係之效果[38]。

　　行政機關在環保領域中，尤其是在清除責任的議題，常會面臨許多不確定之情形，蓋許多複雜長期存在且交互作用的事實，在事後常常無法明確釐清，如能藉由雙方合作，在考量所有當事人利益及公共利益下，取得一致同意的解決方案，不但能夠使法律關係早日安定，更有助於快速防禦危險以及實現法律目的[39]。

　　基於保障勞工生活之規範目的，辦理勞工保險業務之機關對於核准保險給付所依據之事實或法律關係，經依職權調查仍不能或難於確定者，為有效達成行政目的，並解決爭執，得與當事人和解，締結行政契約，以代替行政處分[40]。

　　人民列報之外銷佣金，超過出口貨物價款百分之五部分，何者屬有正當理由，依職權調查仍難以確定，人民與行政機關就此訂定行政契約，難謂無效[41]。

　　稅務協談所達成之結果，是否為行政契約，一向具有爭議，從主管機關制定之稅捐稽徵機關稅務案件協談作業要點的規定來看，協談結果對稽徵機關與

---

[37] 江嘉琪，前揭文，2007年4月，第48頁。

[38] 張文郁，前揭文，第598頁。

[39] 例如，土壤及地下水之污染多肇因於農、工、商之執業或營業行為，且大都年代久遠且因素複雜，如能透過和解契約使污染行為人之義務範圍早日確定，能更有效達成整治土壤及地下水污染，確保土地及地下水資源永續利用，改善生活環境，維護國民健康之立法目的。

[40] 臺北高等行政法院91年度訴字第2986號判決。

[41] 最高行政法院94年度判字第35號判決。

納稅義務人並無法律上之拘束力，僅供雙方參考[42]。若雙方當事人在協談前已有此共識，則協談結果應屬非正式協議而非行政契約[43]。

惟最高行政法院100年度判字第534號判決指出，協談若係因稽徵機關就行政處分所依據之事實或法律關係，依職權調查仍不能確定，為有效達成行政目的而為，且已經稽徵機關簽報核定或簽提復查委員會，並據以作成處分或復查決定者，則此協談結果，應認除有協談作業要點第13條但書規定[44]之兩款情形外，本於行政契約之拘束力及誠信原則，稽徵機關及納稅義務人均不得再為反於協談結果之主張。否則不僅有違協談作業要點係為減少爭議之規定目的；更因協談本具有徵納雙方就爭議互為讓步之本質，若就徵納雙方互為讓步而作成之行政處分，仍許一方即納稅義務人就其原讓步部分再為爭議（稽徵機關就其讓步部分本於行政救濟不利益變更禁止原則，原則上已無從再爭議），無異鼓勵納稅義務人藉由協談程序以圖僥倖，顯有違稅捐正義。

第二項　和解契約之要件

行政程序法第136條規定締結和解契約之要件，惟即使具備和解契約之要件，行政機關是否與人民締結和解契約，仍應依法妥為裁量，並將如不締結和解契約可能有的訴訟上風險、迅速作成決定對公益或私益之影響等因素納入考量。締結和解契約寓有修正依法行政原則之意，故必須限於特殊情況，不得濫用，締結和解契約於具體個案，仍應符合法定要件，例如，和解契約之內容應遵守比例原則及不當聯結禁止原則，亦不得違反本法或民法有關強制或禁止規

---

[42] 盛子龍、吳庚，行政法之理論與實用，增訂16版，2020年10月，第428頁。有關稅務協談法律性質之分析，盛子龍，租稅法上和解契約與非正式協商，中正法學集刊，第46期，2015年1月，第137頁以下。

[43] 江彥佐，前揭文，第136-154頁；陳櫻琴，稅務協談與行政契約—評行政法院89年度判字第3274號判決，財稅研究，第33卷第6期，2001年11月，第156-163頁。

[44] 財政部係為暢通納稅義務人申訴管道，增進徵納雙方意見溝通，以減少爭議，而訂定行為時協談作業要點，規定稅務案件有課稅事實認定或證據採認有協談必要或徵納雙方見解歧異等情事者，稽徵機關於審查或復查階段得與納稅義務人協談。協談作業要點第13條規定，依本要點達成協談結果，對稽徵機關及納稅義務人並無拘束力，僅供雙方參考。但經稽徵機關簽報核定或簽提復查委員會之協談案件，除有左列情形之一者外，稽徵機關應儘量遵照協談結果辦理：（一）協談之成立，係以詐術或其他不正當方法達成者。（二）協談成立，發現新事實或新證據，影響課稅之增減者。

定，且應受行政裁量一般法則之拘束[45]。

一、事實或法律關係經依職權調查仍不能確定

事實或法律關係不能確定係指，事實是否存在，是否及應如何適用法律，在當事人彼此認知中，存在不確定之謂[46]。不確定必須客觀真正存在，僅是假設或虛擬的不確定性並不足夠，和解契約並非規避或違反法律之工具[47]。是否存在不確定的法律或事實關係，並非基於當事人主觀之看法，而是以締約時的客觀觀察者，利用一般可期待的事實及知識後，是否得確定事實或法律關係為準[48]。契約當事人單方面的懷疑及不確定，尤其是行政機關，並不足夠。契約當事人必須知悉不確定之處為何，並且希望透過和解契約排除不確定性。此外，不確定與相互讓步之處必須是相同之點。

事實包括純粹的事實或當事人共同認為存在或發生過的事實，不確定係指事實不明且客觀上欠缺查明方法或繼續調查之結果為何，不明確且不符合比例原則，尤其是不相當鉅額的闡明費用或涉及事實十分複雜且溯及久遠，滿意的澄清將遭遇重大困難[49]。此外，從事實之意義及契約當事人之主觀評價認為，放棄繼續調查乃是合目的性的[50]。

法律關係不確定係指，契約當事人基於共同確認或無爭議的事實出發[51]，但應產生的法律效果不確定。例如，法律未明確規定系爭法律關係之處理或法院判決並未充分說明及解決系爭法律關係之爭議，包括最高審級法院並未就此作出最終決定或法院間就系爭爭議存在歧異的判決。闡明法律關係所聯結的訴訟風險及所產生的財政風險與時間損失與該法律關係的重要性不成正比時，

---

[45] 法務部民國107年8月15日法律字第10703505390號。

[46] 惟陳敏，前揭書，第594頁。

[47] 陳敏，前揭書，第594頁指出，僅當事人對有關事實或法律關係有所不明，第三人在客觀上為合理論斷，並無不明時，即非不明。

[48] 林錫堯，前揭書，第453頁。

[49] 陳敏，前揭書，第594頁。

[50] 由於和解契約有助於程序經濟，因此具有一定程度減輕行政機關依職權調查事實之義務。

[51] 劉建宏，從行政法上和解契約角度探討高速公路電子收費系統公益方案，軍法專刊，第52卷第6期，2006年12月，第116頁。

亦得認爲法律關係不確定[52]。此外，授權法規範是否合憲、究竟適用新法或舊法，皆屬於法律關係不確定之情形，應可透過和解契約排除爭議[53]。惟契約當事人錯誤地以存在或不存在的法律關係爲出發點，而非以法律關係不確定爲出發點者，則不符合此要件。

　　行政機關依行政程序法第36條規定，應依職權調查證據，不受當事人主張之拘束，對當事人有利及不利事項一律注意，換句話說，行政機關應依個案所適用之事實及法律情事，履行職權調查義務。惟此並非表示行政機關必須耗盡所有資源與可能性來調查事實與證據，亦即不須用盡所有可能之調查途徑，行政機關在客觀上已善用其所擁有之人員、知識與資源後，依其合理判斷仍無法確定事實或法律關係時，亦即並無違反調查義務時，即可認定是依職權調查不能確定。事實或法律關係依職權調查雖非不能確定，但必須耗費不相當之鉅額費用及大量時間時，亦可認爲符合依職權調查不能確定之要件[54]。

二、解決爭執，互相讓步

　　和解契約要求雙方當事人讓步，亦即每一和解契約當事人由於他方讓步，本身亦必須作讓步，換句話說，在結果上雙方取得妥協，僅是單方讓步並不足夠，僅有單方受益或單方犧牲，則缺少相互讓步[55]。雙方讓步並非要求一定等值，讓步係指契約當事人承受之自我犧牲，亦即對其有利結果之退讓，即使是微小的退讓，亦已足夠[56]。無論是實體法、程序法及訴訟法上法律地位的讓步，皆得成爲和解契約之內容[57]。行政機關之讓步，例如，承諾不作成某項行政處分、作成使相對人負擔較輕之行政處分等；相對人之讓步，例如，承認有過失或承諾負擔提供其他給付之義務等[58]。

---

[52] Bonk, in: Stelkens/Bonk/Sachs, VwvfG, 5. Aufl., 1998, §55, Rn. 45; Spieth, in: Bader/Ronellenfitsch, VwvfG, 2010, §55, Rn. 38.

[53] Spieth, in: Bader/Ronellenfitsch, VwvfG, 2010, §55, Rn. 39.

[54] 張文郁，前揭文，第605頁。

[55] 林錫堯，前揭書，第454頁；陳敏，前揭書，第594頁。

[56] 陳敏，前揭書，第594頁。

[57] 法務部民國104年12月18日法律字第10403516350號指出，行政和解契約如訂定人民拋棄其訴訟權約款，如就系爭事實不能確定而達成和解部分訂定人民不再爭執約款，似無不可。

[58] 法務部民國107年8月15日法律字第10703505390號。

是否存在犧牲，則依個人的觀點來判斷，因此客觀上可能具有爭議的犧牲，例如，放棄臆想的請求權，亦能成為讓步的內容。惟亦有認為，行政法上之和解讓步，必須雙方當事人確實對於法律上之權益讓步，是否讓步須合理客觀評價，當事人主觀之讓步仍有不足[59]。因此，當事人於和解契約中捨棄法院認定已不存在而為當事人所知之請求權，則不屬於讓步。

互相讓步必須能夠解決爭執，換句話說，在互相讓步下，事實或法律關係之不確定必須能夠排除，亦即讓步與不確定性間必須有所聯結。如讓步並非以解決事實或法律關係之不確定為目的，則不屬和解契約。

和解契約之目的既在排除法律或事實關係之不確定，行政機關不得以和解契約承擔違法的義務，尤其是法律不允許之給付。違法義務之承擔與排除事實或法律關係的不確定性並無任何關聯性[60]。不可否認的是，此項不確定性並非客觀上、真正終局的排除，其仍然存在，僅是在雙方讓步妥協下，合意認為不確定性已被排除。

三、有效達成行政目的

締結和解契約是否能夠有效達成行政目的，則屬行政機關之裁量判斷。尤其涉及是否已依職權調查仍不能確定事實或法律關係的判斷上，行政機關有較大的判斷空間。此外，在構成要件該當下，是否締結和解契約以及約定何種具體內容，則屬行政機關合義務性裁量的領域。一般而言，行政機關在決定法律效果時越受到拘束，關於和解契約合法性要求愈高；在決定法律效果時愈自由，和解契約的締結相對容易。非典型的、僅能藉由顯不相當花費才能闡明的事實，或基於重大公益或私人權益考量，必須闡明極度不確定的法律關係時，和解契約的締結是比較容易被承認的。

當然，在締結行政契約過程中，如能以書面確認所涉及之不確定之處為何，雙方為如何讓步，行政目的如何有效達成等，將可避免事後產生證明或解釋之爭議。

---

[59] 張文郁，前揭文，第608頁；劉建宏，從行政法上和解契約角度探討高速公路電子收費系統公益方案，軍法專刊，第52卷第6期，2006年12月，第117頁。

[60] 陳敏，前揭書，第594頁。

四、替代行政處分

行政程序法第136條所規定之和解契約僅限於隸屬契約，且以代替行政處分為目的。至於屬於何種行政處分，並無限制，包括授益與侵益處分。

第三項　和解契約案例

一、最高行政法院94年度判字第35號判決

行政機關與人民訂定行政契約，於行政程序法施行前即已為行政機關所採行，法亦無禁止規定，應屬法理所許，行政機關於行政程序法施行前，應可訂定行政契約。本件上訴人出具之同意書，被上訴人固未於其上簽章，惟其承辦人員於經被上訴人有權核可者核定後發生效力，即成立行政契約，對雙方發生拘束力，上訴人就同意剔除部分，不得再行爭執，被上訴人就超過同意剔除外銷佣金2,000,000元以外之外銷佣金，不得再行剔除，並無顯不公平情形。行政程序法第136條規定，以經依職權調查仍不能確定者，得與人民和解，締結行政契約，以代替行政處分。本件上訴人列報之外銷佣金，超過出口貨物價款百分之五部分，何者屬有正當理由，依職權調查仍難以確定，被上訴人與上訴人就此訂定行政契約，難謂無效。

二、臺北高等行政法院103年度訴字第1113號判決

全民健保特約醫療院所與保險人就健保計畫費用返還事宜簽訂同意書，表明願自行分期繳回醫療費用點數，保險人則願讓步不依相關規定向其究責，雙方間已就關於該公法健保契約爭執事項訂立和解契約，其彼此間之相關權利、義務，自應依該和解契約內容履行之。

三、臺中高等行政法院103年度訴更一字第24號判決

本件系爭場址有害事業廢棄物之重量，經環保署於估算後，約13.28萬公噸，係各該事業分別長期先後委託傾倒，致環保署無法分辨各該事業分別委託傾倒之部分，雙方因而產生爭執，環保署遂與各該事業分別協商締結和解契約以確定各該事業各自應負責處理之數量，以解決紛爭，並儘速清除系爭場址內之有害事業廢棄物。兩造間如已基於契約合意，而就各該事業對場址內全部有

害事業廢棄物應清除部分之責任「加以特定」者，其餘部分依法即免除清除之責任（民法第737條規定，和解有使當事人所拋棄之權利消滅及使當事人取得和解契約所訂明權利之效力）⁶¹。

<h1 style="text-align:center">第五節　雙務契約</h1>

第一項　雙務契約之意義

　　雙務契約乃最常見的行政契約，司法院釋字第348號解釋涉及的國立醫學院醫學系公費生與學校間之行政契約，即是一例。行政院所提行政程序法草案第121條規定了隸屬關係契約中雙務契約之要件，審查時改列第131條，三讀通過時，則改列第137條，條號雖有修正，條文文字幾乎未作任何變動。

　　行政程序法第137條之立法理由，首先係規定雙務契約之特別要件，雙務契約係行政機關與人民約定互負給付義務之行政契約。行政機關在不牴觸法規規定下，得與人民締結雙務契約，使雙方互負給付義務。惟為避免行政機關利用雙務契約損及公權力，或使居於劣勢地位之人民負擔不合理之義務，因此有制定本條文之必要。行政程序法第137條第1項及第3項規定，雙務契約所約定人民給付，必須於契約書中載明其特定用途及僅供該約定用途使用之意旨；人民之給付必須有助於行政機關執行其職務，人民之給付與行政機關之給付必須具有相當性而不失平衡，且基於禁止不當聯結（Kopplungsverbot）原則，二者之間必須有正當合理關聯，不致使公權力淪為商品，以獲取人民之給付，致影響公權力之威信。

　　此外，行政機關作成行政處分本無裁量權時，即行政機關依法本負有作成授益處分之義務，人民對之有請求權時，自不容行政機關任意締結行政契約以替代行政處分，使人民增加負擔給付之義務，避免人民因締結行政契約，反而立於比作為行政處分相對人更不利之地位。依行政程序法第137條第2項規定，行政機關此時僅能以契約要求人民負擔行政機關作成羈束處分時，得為附款內容，亦即僅在依法令特別規定或為確保法定要件履行為限。人民依法有權向行政機關請求之給付，行政機關不得要求人民額外承擔契約上的給付義務，作為

---

⁶¹ 臺中高等行政法院103年度訴更一字第24號判決。

實現給付之對價。

第二項 雙務契約之要件

行政程序法第137條第1項規定，行政機關與人民締結行政契約，互負給付義務者，應符合下列各款之規定：1.契約中應約定人民給付之特定用途。2.人民之給付有助於行政機關執行其職務。3.人民之給付與行政機關之給付應相當，並具有正當合理之關聯。

行政處分之作成，行政機關無裁量權時，代替該行政處分之行政契約所約定之人民給付，以依第93條第1項規定得為附款者為限（行政程序法第137條第2項）。

行政程序法第137條第3項規定，第1項契約應載明人民給付之特定用途及僅供該特定用途使用之意旨。

一、給付與對待給付之意義及內容

雙務契約一般涉及具有經濟價值的領域，亦即至少在當事人一方常常提供金錢上給付，但此並非絕對必要。給付係指任何一項具有義務或處分性質的法律或事實行為，依契約當事人主觀觀點，其具有經濟上或非物質上之利益者[62]。至於給付涉及係作為、不作為或忍受義務，並非重要。給付與對待給付並無必要一定發生於締約當事人間，藉由利他之雙務契約，提供給付給予第三人亦能成為雙務契約中的給付義務標的。

在行政機關方面的給付一般係作成行政處分，當然亦可能是行政機關不作成行政處分的承諾；此外，行政機關亦得提供其他對個案具有直接或間接效力的行政行為，包括提供土地、投資補助或允諾植樹造林等。其他的不作為形式，亦得成為行政機關之給付種類。人民的對待給付則相當多元，除給付一定數量金錢外，包括其他作為、不作為、忍受義務，例如，移轉土地、拆除房屋[63]、放棄提出行政救濟、返還受領之補助費用等。

---

[62] Bonk, in: Stelkens/Bonk/Sachs, VwvfG, 5. Aufl., 1998, §56, Rn. 22.
[63] 最高行政法院92年度判字第532號判決。

二、行政機關給付之規範

行政程序法第137條規定僅間接地在人民提供對待給付之關聯性上提及行政機關給付之問題。行政程序法第137條與第136條不同，行政機關的行為空間並未因行政程序法第137條規定而擴大。行政程序法第137條規定並非行政機關提供給付之法律依據，而是以之為前提。因此，應依一般法律規定判斷行政機關給付之合法性。換句話說，行政機關所提供之給付必須是具有管轄權以及依實體（作用）法規定有權提供者。行政機關不得透過雙務契約約定，提供不屬於其土地或事務管轄，以及不具權限的給付，以規避法律之約束。法律所未規定之給付，無法藉由契約當事人之同意而合法化，其並不具備突破依法行政原則拘束之效力。

三、雙務契約之特別要件──人民對待給付之合法性

人民對待給付之要求，依人民對於行政機關之給付是否享有給付請求權而要件不同。

（一）人民對行政機關提供之給付無請求權

行政程序法第137條第1項規定了三項要件，三項要件必須並存，不符合任一要件，依行政程序法第142條第4款規定，行政契約為無效[64]。行政機關與人民的契約自由在此範圍內受到限制，由於此項規定為強行規定，契約當事人不得以契約約定加以排除，即使人民係自願提供給付，亦不得排除此項規定之適用。

1. 契約中應約定人民給付之目的

人民對待給付所追求的目的必須在契約中明確約定。給付目的的確定有助於其他二項要件的審查，蓋在無法確知給付目的下，無法得知給付是否有助於行政機關執行其任務，亦無法判斷人民之給付與行政機關之給付是否相當，並具有正當合理之關係。因此目的必須充分具體特定，使得人民之對待給付與行政機關給付間的內在關聯性能夠彰顯。書面的目的約定是必要的，一般性、公式化的說明並不足夠，例如，改善基礎設施或排除污染[65]。目的並非以單一為

---

[64] 行政程序法第142條規定，代替行政處分之行政契約，有下列各款情形之一者，無效：……4.締結之雙務契約，未符合第137條之規定者。

[65] 林錫堯，前揭書，第457頁認為，人民給付之目的，未必要具體，但要特殊，如泛稱

限，亦得約定多數用途，惟人民對待給付之目的有助於多項目的，則有必要依種類、範圍、時間等，將人民的對待給付明確加以歸類[66]。此外，依行政程序法第137條第3項規定，人民給付之特定用途及僅供該特定用途使用之意旨應載明於契約中。

2. 人民之給付有助於行政機關執行其職務

有助於行政機關執行其職務的要求，一方面表明係屬行政機關管轄及權限範圍內職務之執行，至於所產生之利益，則不限於締約機關的部門利益而是更廣，至少同一行政主體之利益應包括在內[67]。另一方面，職務執行的形式並非所問，即使是行政私法上的任務，例如，興建市立停車場，亦包括在內。本項要求意涵著濫用禁止，蓋行政機關之行為必須與執行其職務有關，行政契約不得僅有助於與行政機關執行職務無關之事項[68]。此外，人民之給付亦不得用來支付行政機關一般行政之支出[69]。

3. 人民之給付與行政機關之給付應相當，並具有正當合理關係

給付與對待給付應相當之要求植基於比例原則及過當禁止的要求，從法條用語來看，本項規定之目的似僅在保護人民，亦即防止人民遭受國家不合法或不適當的無理要求，因此似乎僅針對人民給付審查其適當性。惟本項規定並未阻止行政機關在有利於人民下，約定人民提供（價值）較少（小）的對待給付。惟從國家財政觀點來看，國家亦不宜作散財童子，行政機關亦必須注意本身給付之適當性[70]。

相當性的要求，尤其是以經濟觀點出發時，必須注意給付與對待給付間在整體情勢下應維持一定程度的衡平，人民之對待給付與行政機關給付的重要性與經濟價值不得處於不成比例的關係，人民不得承受無法期待的財政負擔。但並非謂對待給付與給付間必須具有等價性。

人民的給付與行政機關的給付間並不用作完全詳盡的比較與衡量，一般而

人民給付某項金額以供行政機關內部作業之用，尚未達成特殊程度，即無特定目的可言。不以精細爲必要，尤其關於金錢給付之用途，如已表明一般觀念（如供學校設施之用），即可認其已特定。

[66] 林錫堯，前揭書，第457頁。

[67] 林錫堯，前揭書，第457頁。

[68] 林錫堯，前揭書，第457頁認爲，單純爲國庫收入之目的，並不足夠。

[69] 陳敏，前揭書，第597頁。

[70] 陳新民，前揭書，第354頁指出，行政機關不可犧牲國庫與全民利益，以圖利特定人民而爲過度與不相干之給付。

言，僅是禁止明確不成比例者，只要在結果上是客觀可接受的，一般而言，皆可認為契約當事人已善盡維護本身利益之責任[71]。此外，相當性亦必須基於契約當事人間的整體法律關係作判斷，例如，在其他法律關係內當事人雙方所為之約定，特別是雙方之權利義務，而非僅限於系爭雙務契約[72]。在考慮是否具備相當性時，除考慮客觀的金錢價值外，有時主觀因素亦可能成為重要因素。因此，個別的、非以金錢量化的價值，對於個人、團體或宗教的重要性，亦得考量[73]。

給付與對待給付間必須存在正當合理關聯，此乃法治國原則中（一般）不當聯結禁止的展現，換句話說，不得透過雙務契約聯結彼此間無內在實質關聯的給付；另一方面，行政機關所提供之給付，不得純粹取決於人民具經濟性之對待給付。是否存在正當合理關係，一般性的說明是不可能的，個別契約的內容及具體的整體締約情事，才能提供判斷的標準。惟當人民提供的對待給付與行政機關所提供或將提供的給付所欲達成之目的或將有助於的公共利益乃是截然不同時，例如，繳納所得稅與解除禁建，給付與對待給付間並不存在正當合理關係。

行政契約雙方當事人所負之給付義務，是否相當、合理，應自契約內容為判斷，而非以一方違約時之情形為判斷。行政機關與廠商簽訂雙務行政契約，約定由廠商提供土地開發，行政機關配合興修區外聯絡道路及相關公共設施，藉此獲取廠商捐贈土地及捐獻金；廠商藉此換取開發完成後之土地及建物之增值利潤，甚且得以申請優惠貸款（工商開發管理辦法第13條）等，雙方所負之給付並無不相當不合理之情事，二者間亦具有關聯性，且無不公平之情形[74]。

（二）人民對於行政機關作成行政處分享有請求權

人民對於行政機關作成行政處分享有請求權時，代替行政處分之行政契約所約定之人民給付，以依第93條第1項規定得為附款者為限，換句話說，僅在法律有明文規定或為確保行政處分法定要件之履行而以該要件為附款內容者為限。行政程序法第137條第2項乃是雙務契約的特別類型，其要件及合法性要求，相較於行政程序法第137條第1項之雙務契約，更加嚴格。人民有權請求行

---

[71] 林錫堯，前揭書，第458頁。
[72] 江嘉琪，前揭文，第51頁。
[73] Spieth, in: Bader/Ronellenfitsch, VwvfG, 2010, § 56, Rn. 55.
[74] 最高行政法院107年度判字第153號判決。

政機關作成行政處分時，除法律另有規定外，行政機關即應無條件滿足人民的請求，因此，如在契約中約定或以之爲前提的人民對待給付來限制人民請求權之行使，基本上是不允許的。此項結果不但是不當聯結禁止的展現，亦是保護人民，阻止國家利用人民在不熟悉法律規定下，利用契約使人民負擔對待給付來獲取國家作成行政處分，而該行政處分即使沒有人民對待給付亦必須作成，亦即防止行政機關利用行政契約，使人民承受其依法不用負擔之給付義務[75]。至於何時人民有權請求行政機關作成行政處分，則依一般保護規範理論，審查人民對該行政處分之作成是否享有公法上主觀公權利而定。

四、雙務契約之例子

（一）行政機關依法規規定將其權限委託民間團體或個人辦理，且雙方訂定契約者，該契約屬行政程序法所稱之行政契約

經濟部標準檢驗局爲執行度量衡量測儀器之追溯檢校業務，委託工業技術研究院以「國家度量衡標準實驗室」名義，執行追溯檢校業務，並出具相關檢校報告，似已涉及公權力行使之權限移轉，委託機關與受託人間所訂立之契約應屬行政契約[76]。

（二）最高行政法院99年度判字第330號判決

現行法令並無明文禁止行政程序法第137條第1項訂定行政契約之規定，雖獎勵土地所有權人辦理市地重劃辦法第49條第2項規定，自辦市地重劃區之相關地區公共設施，直轄市或縣（市）主管機關應協調有關機關於重劃完成後二年內優先興建。惟其僅規定直轄市或縣（市）主管機關有協調相關機關優先興建自辦市地重劃區之相關地區公共設施之義務，並未有禁止自辦市地重劃會就相關地區之公共設施，自行取得用地闢建道路之規定。依本件行政契約內容觀之，並無不得締約之性質，系爭行政契約並無違反法律優位原則。

本件行政契約係以上訴人同意就系爭計畫道路負有取得用地與開闢之義務，高雄縣政府始核定上訴人之重劃計畫書，爲契約之內容，該兩者之間係立於對待給付之關係，自屬雙務契約之性質，而有行政程序法第137條規定之適用。依系爭切結書內容，顯見係因系爭計畫道路非屬本件市地重劃範圍內，惟

---

[75] 陳敏，前揭書，第598頁。

[76] 法務部民國90年6月26日法律字第021847號。

為考量重劃完成後區域整體發展及道路系統之完善，兩造始約定上訴人就系爭計畫道路負有開闢及取得用地之義務。該切結書已在形式上載明，上訴人開闢系爭計畫道路之特定用途及僅該特定用途使用之意旨，符合行政程序法第137條第3項之規定。

系爭計畫道路固須以徵收方式取得，但因高雄縣政府所屬鳳山市公所財源拮据，無法以徵收方式取得，致系爭計畫道路無法於本件重劃區重劃完成後開闢完畢，使得系爭計畫道路兩側住宅區○○鄰○○○道路，無法直接建築使用。高雄縣政府基於公共利益之立場，要求上訴人於本件重劃案開發時一併履行系爭道路開闢義務，俾使系爭計畫道路兩側位於本件重劃區內之住宅區○○○○○道路。上訴人出具系爭切結書同意就系爭計畫道路負有取得用地及開闢之義務，與高雄縣政府於法定職權範圍內核可上訴人之重劃計畫書，兩者間係有正當合理之關聯。且系爭計畫道路主要係聯絡鳳山市○○路與大寮鄉○○路，以供本件重劃區內之居民使用，若開闢完成亦會促進該重劃區整體建設發展及提高其土地經濟價值，此亦為上訴人申辦本件市地重劃之目的，故上訴人取得用地開闢系爭計畫道路之給付，與高雄縣政府核可其本件重劃計畫書之給付，二者顯屬相當，亦未違反比例原則。本件行政契約顯已符合行政程序法第137條所定之特別要件而有效成立。

（三）最高行政法院108年度判字第34號判決

行政機關基於其法定職權，為達成特定之行政目的，於不違反法律規定之前提下，得與人民或公、私法人約定提供某種給付，並使接受給付者負合理之負擔或其他公法上對待給付之義務，而成立行政契約關係。

依合作開發光華工業區協議書所約定，台灣土地開發股份有限公司與花蓮縣政府適用獎勵投資條例規定簽訂該協議書，係花蓮縣政府為達成開發工業用地為工業區之目的，而與台灣土地開發股份有限公司合作辦理光華工業園區之開發，雙方合作模式為花蓮縣政府負責辦理光華工業園區之土地取得、地籍整理等工作；台灣土地開發股份有限公司負責籌措光華工業園區開發所需之土地取得及工程費等各項經費為本開發案債權債務之主體並負盈虧責任，其性質為行政契約。

五、非雙務契約

▶ 臺北高等行政法院93年度訴字第290號判決

　　無論是協議書第2條第2項第1款前段所規定之依公共設施用地使用性質變更編定為適當用地、其餘土地變更編定為甲種建築用地，或是協議書第7條第4項第2款前段所規定之委託專家學者主持文化遺址搶救發掘計畫，均係宜蘭縣政府所得行使之法定職權，並非因協議書所生之給付義務。綜觀該協議書內容，宜蘭縣政府並未因該協議書而負有任何給付義務，該協議書尚非雙務契約，即非行政程序法第137條第1項所規定之行政契約。

第六節　行政契約的特殊規定

第一項　書面要求

　　民法契約成立方式較為自由，除法令另有規定外，口頭、書面或其他方式皆可。惟行政程序法第139條規定，行政契約之締結，應以書面為之。但法規另有其他方式之規定者，依其規定。行政契約涉及公權力行使，並由公務員參與而締結，為求明確而杜爭議，以書面方式為必要。書面要求究竟係必須存在契約的單一性文件或只要契約當事人就公法上法律關係之設定、變更或消滅有達成合意即可，換句話說，以雙方往來的書信亦可成立行政契約，存在不同意見。書面之意義並不具有自我目的，應從行政契約之意義及其內容加以解釋及運用，法律明定行政契約之締結，應以書面為之之目的主要是具有證明、警告功能，因而從行政主體相互間之往來文件，已可查知就公法上法律關係之設定、變更或消滅，雙方確已達成具有拘束力以及表示知悉之意思表示之合意者，即可認已具備書面要件，故所稱書面，不以單一性文件為必要[77]。

　　行政契約的締結原則上應經書面方式為之。惟所稱書面，不以單一文件為必要，當事人雙方以書面往返達成合意，縱未在同一書面上共同簽名，仍符合書面方式，例如，公費生於受領公費前，填具志願書、保證書等，以保證其服務義務及應遵循事項的履行，亦應認該雙方當事人有訂定行政契約的合致意思

---

[77] 臺北高等行政法院93年度訴字第418號判決；最高行政法院92年度判字第1685號判決、最高行政法院101年度判字第1066號判決。李惠宗，前揭書，第446頁。

表示[78]。

第二項 公告締約資格

行政契約並未如同私法契約般享有完全契約自由，包括是否締約、與何者締約、何時締約、如何締約以及訂立何種內容契約之自由。行政程序法第138條規定，行政契約當事人之一方為人民，依法應以甄選或其他競爭方式決定該當事人時，行政機關應事先公告應具之資格及決定之程序。決定前，並應予參與競爭者表示意見之機會，此乃限制行政契約自由之規定。

依法就中央法規而言，包括法律、法律具體授權之法規命令、法律概括授權之法規命令及行政規則（如承認職權命令亦包括之），但行政規則部分以有明文規定者為限。行政程序法之規範範圍，係以行政機關行使公權力之行為為限，政府採購法則係以政府機關、公立學校、公營事業辦理工程之定作、財物之買受、定製、承租及勞務之委任或僱傭等私經濟行政為適用範圍，有關此等採購事項，應依政府採購法及其子法之規定判斷之，似不生行政程序法之適用問題，依法自不包括政府採購法[79]。

契約當事人一方為人民時，人民與行政機關相較，屬於較弱勢之地位，故依法應以甄選或其他競爭方式決定該當事人時，行政機關應事先公告應具之資格及決定之程序。決定前，並應予參與競爭者表示意見之機會，以資保護人民公平競爭之機會。教師甄選行政契約本質上為契約雙方當事人協商訂立之契約，原則上除違背公序良俗或法律強制規定外，應尊重當事人之約定，即優先適用契約約定，當事人未約定之事項，始有適用行政程序法相關規定之必要。行政機關依法事先公告應具之資格及決定之程序後，該條件自有拘束雙方當事人之效力，除有不可抗力等不可歸責當事人事由外，當事人自應遵守行政程序法規定之法律原則如比例原則、信賴原則等，對行政契約固非無適用之餘地，惟應加以限縮適用範圍[80]。

惟有認為，公立學校教師之聘任為行政契約，教師與學校訂定之書面聘

---

[78] 最高行政法院110年度上字第260號判決。

[79] 法務部民國90年12月28日法律字第044456號、法務部民國106年1月16日法律字第10503518100號。

[80] 最高行政法院94年度判字第1588號判決。

約，始爲其間權利義務之規範依據；至學校爲聘任教師而辦理公開甄選，製作之甄選簡章，係要約之引誘，其內所載事項，對學校及參加甄選者並無契約上之拘束力。

行政程序法第138條規定爲強制規定，行政契約違反第138條之規定者，依行政程序法第141條第2項規定爲無效。

▶ **行政實務**

發文單位：臺北市政府社會局

發文字號：北市社兒少字第10330473900號

發文日期：民國103年2月19日

要　　旨：臺北市政府社會局依據兒童及少年福利與權益保障法第23條等規定，公告委託私立兒童及少年福利機構、團體家庭收容安置計畫書及委託行政契約書。

主　　旨：公告本局委託私立兒童及少年福利機構、團體家庭收容安置計畫書及委託行政契約書。

依　　據：兒童及少年福利與權益保障法第23條、第56條、第62條及兒童及少年性交易防制條例第18條、少年事件處理法第29條、行政程序法第138條。

公告事項：（詳如附件，省略）

　　　　　一、符合委託資格之兒童及少年福利機構，有意願與本局簽訂旨揭契約書，請自本公告日起至103年3月7日下午6時止備齊相關文件，以郵寄掛號或親委送交方式送達本局兒童及少年福利科（地址同上）申請。

　　　　　二、對於旨揭行政契約書內容如有意見，得於即日起至103年2月21日下午4時前，以書面送達本局兒童及少年福利科（地址：臺北市信義區信義路5段15號5樓）。

　　　　　三、委託期限：103年1月1日起至104年12月31日止。

　　　　　四、委託安置費：依兒少安置所在地機關所定安置費用標準覈實支付，不足月採按日計算（安置費包括個人主副食、衣著及服飾用品費、國民教育學雜費、燃料及燈光費、衛生保健費「含健保部分負擔及掛號費用」、交通費及零用金等）」。

第三項　行政契約之特殊生效要件

一、第三人同意

　　行政程序法第140條第1項規定，行政契約依約定內容履行將侵害第三人之權利者，應經該第三人書面之同意，始生效力。本項規範目的乃在避免行政機關締結行政契約賤售公權力或濫用公權力致侵害第三人之權利。第三人之同意亦得在行政契約締約後為之。惟行政契約大部分均屬雙務契約，行政法律關係原則上常見多面法律關係而非單純雙面法律關係，則任何雙務契約之履行，倘解為均須相關第三人書面之同意，行政契約實際上將無從締結或發生效力。故該條之適用範圍應認僅限於處分契約（直接對第三人權利或法律上利益發生形成效果者）或第三人負擔契約（約定由第三人對他方為給付者）[81]。行政契約非為處分契約或第三人負擔契約，並非行政程序法第140條第1項之適用範疇[82]。

　　惟亦有認為，無論該契約為負擔契約或處分契約，亦不論約定之內容為作為或不作為義務，只要約定內容履行將侵害第三人之權利者，均然[83]。

　　行政程序法第140條第1項之規定須經原告同意始生效力，惟在原告未同意前，該契約亦僅對原告不生效力而已，並非無效，對被告間（臺北市政府與中泰賓館股份有限公司）仍屬有效。被告尚未對原告主張該契約對原告發生效力，自無原告若不尋求判決確認即將受到不利益之效果之情形，殊無所謂即受確認判決之法律上利益可言[84]。

二、其他機關同意

　　行政處分之作成，依法規之規定應經其他行政機關之核准、同意或會同辦理者，代替該行政處分而締結之行政契約，亦應經該行政機關之核准、同意

---

[81] 最高行政法院108年度上字第882號判決、最高行政法院111年度上字第163號判決。

[82] 最高行政法院98年度判字第1466號判決。有關此問題，蕭文生，應經第三人書面同意始生效力之行政契約—評最高行政法院96年度判字第1918號及98年度判字第1466號判決，行政事件裁判研究與評析，2015年3月，第221-228頁。陳敏，前揭書，第603頁亦認為，義務契約是否須經利益受干涉之第三人同意始能生效，非無疑問。

[83] 林錫堯，前揭書，第466-467頁。

[84] 臺北高等行政法院93年度訴字第4027號判決。

或會同辦理，始生效力（行政程序法第140條第2項）。其目的在避免行政機關利用締結行政契約規避法規之限制，並維護管轄權秩序[85]。未經核准、同意或會同辦理者，行政契約尚未生效[86]。經核准、同意或會同辦理者，行政契約效力，有認為應溯自契約成立時生效；有認為應自核准、同意或會同時生效。自行政程序法第140條第2項規定所使用之文字「始生效力」來看，應以後說為是[87]。

依行政程序法第140條第2項規定，該撤銷（廢止）徵收處分既未經內政部核准，代替徵收處分而締結之行政契約（上訴人同意無償設定永久地上權及無條件交付用地、被上訴人北市捷運局應依變更設計施工之行政契約）自不生效力[88]。

第四項　行政契約無效之原因

締結行政契約之行政機關，對該契約所規律之標的，於事物上、地域上、層級上均須有管轄權；其管轄權如有欠缺，行政契約即有違法，至其違法是否影響契約效力，則視違法原因是否為法律所規定之一般無效原因或特殊無效原因而定[89]。

一、一般無效原因

行政程序法第141條規定，行政契約準用民法規定之結果為無效者，無效[90]。行政契約違反行政程序法第135條但書或行政程序法第138條之規定者，無效。

行政機關與人民締結行政契約，違反行政程序法或民法上強制或禁止相關規定者，為違法或無效，行政程序法第136條至第143條、第149條定有明文。因此，行政機關與人民訂立行政契約，而彼此間之給付是否顯不相當，行政法

---

[85] 林錫堯，前揭書，第468頁。
[86] 陳新民，前揭書，第363頁。
[87] 有關此問題，林錫堯，前揭書，第468頁。
[88] 最高行政法院100年度判字第1554號判決。
[89] 最高行政法院109年判字第26號判決。
[90] 有關此問題，林錫堯，前揭書，第484-489頁有詳細之說明。

院自應予以審查[91]。

　　臺北高等行政法院103年度訴字第791號判決指出[92]，凡足以導致民法契約無效之原因者，如存在於行政契約時，行政契約原則上即因之無效。準用民法規定契約之一般無效事項應包括：契約違反強制或禁止規定者（民法第71條）、契約違背公序良俗者（民法第72條）、契約違反法定方式者（民法第73條）、以不能之給付爲契約標的者（民法第246條）、定型化契約按其情形顯失公平者（民法第247條之1）[93]。除上述規定外，無行爲能力人之意思表示，無效；雖非無行爲能力人，而其意思表示，係在無意識或精神錯亂中所爲者亦同（民法第75條）、表意人無欲爲其意思表示所拘束之意，而爲意思表示者，其意思表示，不因之無效。但其情形爲相對人所明知者，不在此限（民法第86條）以及表意人與相對人通謀而爲虛僞意思表示者，其意思表示無效。

　　行政契約與民法契約本質上有所不同，因此毫不保留完全準用民法規定於具公益性質之行政契約並不妥當。民法規定無效事由之範圍十分廣泛，如完全準用民法規定將很容易使得行政契約當事人辛苦締結的行政契約無效而回到原點，將對行政契約之安定與功能造成重大傷害。相較於人民，行政機關對於行政契約是否違反公法上強制或禁止規定應知之更詳，如其認爲行政契約雖違反公法上規定，但並非無效，因而與人民締結行政契約；但事後得以公法上規定爲強制或禁止規定主張契約無效時，將使得人民喪失利用行政契約之信心。民法與公法（憲法、行政法）之規定性質原則上不同，民法任意性規定較多，公法則大多數爲強制規定或禁止規定。因此，如完全準用民法第71條規定，則行政契約無效之案例將大幅增加，此項結果顯然違反立法者在行政程序法第141

---

[91] 最高行政法院98年度判字第351號判決。

[92] 本件訴訟因最高行政法院103年度裁字第1791號裁定駁回上訴而確定。

[93] 最高行政法院100年度判字第541號判決認爲，民法第247條之1係關於附合契約（定型化契約）之規定，其特徵在於該契約條款是契約當事人一方（通常是工商企業者）預先擬訂，提供與不特定多數相對人（通常是工商企業者或消費者）訂立契約之用者。是以即使契約之訂定，係依當事人一方以書面預定之條款所爲，如該當事人是爲與特定個人或特定人數訂約而擬訂該契約條款，該契約尚非屬民法第247條之1所要規範之附合契約（定型化契約）。高雄市立民生醫院約聘醫師選送訓練約定書（行政契約）顯屬高雄市立民生醫院與特定個人或特定人數訂約而擬訂其契約條款，依上述說明，實與民法第247條之1所要規範之附合契約（定型化契約）有間，自無準用該規定之餘地。

條及第142條就行政契約無效事由特別採取列舉式規定之規範意旨[94]。因此應限縮民法第71條規定之適用範圍，並非任何違反公法上強制或禁止規定皆會導致行政契約無效，僅是嚴重違法時，行政契約才會無效；普通違法時，不影響行政契約之效力[95]。

違章建築係不合建築法規之建物，經認定必須拆除者，即應拆除，行政機關並無容許暫緩拆除之裁量權，違章情形符合法條構成要件，行政機關即有拆除作為義務，若容許行政機關以行政契約代替，恐有出賣高權之嫌，且讓具有強勢地位之人民迫使或利誘行政機關給與其違法或不當之利益，或談判技巧優劣可能影響契約內容，造成社會不公平現象。本件之人行道若未打通，原告即可不自行拆除，臺中市政府亦因此約定而不能執行拆除公權力之不合理現象，對公益影響甚大，本件之違章建築拆除依其性質不得以契約約定停止條件，臺中市政府與原告之父所為之協議，依行政程序法第141條之規定係屬無效，原告自不得執為毋庸拆除之理由[96]。

二、代替行政處分之行政契約特別無效原因

行政程序法第142條規定，代替行政處分之行政契約，有下列各款情形之一者，無效：（一）與其內容相同之行政處分為無效者。（二）與其內容相同之行政處分，有得撤銷之違法原因，並為締約雙方所明知者[97]。（三）締結之

---

[94] 陳敏，前揭書，第609頁；莊國榮，前揭書，第211頁。

[95] 江嘉琪，行政契約的瑕疵及其法律效果，月旦法學教室，第61期，2007年11月，第38-39頁；陳新民，前揭書，第367-369頁；陳敏，前揭書，第609-610頁；許宗力，雙方行政行為—以非正式協商、協定與行政契約為中心，新世紀經濟法制之建構與挑戰：廖義男教授六秩誕辰祝壽論文集，2002年9月，第287-289頁。莊國榮，前揭書，第211頁。此亦為德國行政法院之見解，BVerwGE89, 7/10; BVerwGE 98, 58/63。有關此問題，蕭文生，行政契約、行政契約與行政處分併用禁止、行政契約無效事由—評最高行政法院102年度判字第113號判決，法令月刊，第66卷第12期，2015年12月，第1-22頁。

[96] 臺中高等行政法院91年度訴字第268號判決、最高行政法院93年度判字第142號判決。

[97] 最高行政法院105年度裁字第1173號裁定指出，具有行政契約屬性之協議書，其約定內容明顯牴觸高雄縣岡山鎮垃圾衛生掩埋場營運階段回饋金管理運用自治條例與高雄縣岡山鎮各里回饋金管理運用自治條例所定之「事前審查」強制規定，若約定內容以行政處分作成，則有得撤銷之違法原因，且為簽立行政契約時，簽約雙方所明知，依行政程序法第142條第2款之規定，該協議書無效。

和解契約，未符合行政程序法第136條之規定者。（四）締結之雙務契約，未符合行政程序法第137條之規定者。

三、無效之範圍

行政程序法第143條規定，行政契約之一部無效者，全部無效。但如可認爲欠缺該部分，締約雙方亦將締結契約者，其他部分仍爲有效。

第五項　行政契約之調整與終止權

一、行政機關單方之契約調整或終止權

行政程序法第146條規定，行政契約當事人之一方爲人民者，行政機關爲防止或除去對公益之重大危害，得於必要範圍內調整契約內容或終止契約。前項之調整或終止，非補償相對人因此所受之財產上損失，不得爲之。第1項之調整或終止及第2項補償之決定，應以書面敘明理由爲之。相對人對第1項之調整難爲履行者，得以書面敘明理由終止契約。相對人對第2項補償金額不同意時，得向行政法院提起給付訴訟。

行政程序法第146條之立法意旨，在使行政機關於公益之考量下，得片面調整或終止契約。於締約後得基於公益調整或終止契約，可推論行政機關於簽約前更得因公共利益考量，享有相當之猶豫期間，以「事先防止」契約締結後，對人民或他方當事人造成更大之損害。解釋上在猶豫期內，行政機關未爲任何調整或終止之行爲，人民自不得請求損失補償。因調整或終止前「無損失補償」之規定，非立法無意之疏漏，顯屬立法者有意省略，並無類推適用予以補充漏洞之餘地。類推適用行政程序法第146條第2項之規定請求損失補償之主張，並無可採[98]。

行政機關因舉辦公共事業等需要，依據與人民締結之行政契約約定終止該契約，並非「爲防止或除去對公益之重大危害」之情形，從而並無適用行政程序法第146條規定予以補償之需要[99]。

---

[98] 最高行政法院98年度判字第635號判決。
[99] 最高行政法院109年度判字第569號判決。

二、情事變更之契約調整或終止權

行政程序法第147條規定，行政契約締結後，因有情事重大變更，非當時所得預料，而依原約定顯失公平者，當事人之一方得請求他方適當調整契約內容。如不能調整，得終止契約[100]。前項情形，行政契約當事人之一方為人民時，行政機關為維護公益，得於補償相對人之損失後，命其繼續履行原約定之義務。第1項之請求調整或終止與第2項補償之決定，應以書面敘明理由為之。相對人對第2項補償金額不同意時，得向行政法院提起給付訴訟。

行政程序法第147條之情事變更原則係指契約成立後，其成立當時之環境或基礎有所變動，發生超出合理範圍以外之不可預測風險而言。又因情事變更而增、減其給付或變更其他原有之效果，應斟酌當事人因情事變更，一方所受不相當之損失，他方所得不預期之利益，及其他實際情形，為公平之裁量[101]。

本件獎勵建院計畫合約書締結後，因上訴人擅自變更申請人，致該同意補助函遭行政院衛生署廢止，使獎勵建院計畫合約書失所依據，而有情事重大變更，非當時所得預料，且依原約定由行政院衛生署繼續補助貸款利息顯失公平，復不能調整契約內容，行政院衛生署2010年12月13日函除有依法廢止該同意補助函之意，另有依法終止系爭獎勵建院計畫合約之意[102]。

契約締結後，契約所根據之事實或法律如有重大變更（情事變更是否重大，需依個別契約之具體情況，各自判斷之），不能期待一方當事人嚴守原契約給付內容，否則即有違誠實信用，此時即應允許契約當事人依行政程序法第147條規定請求調整契約內容。上訴人民國105年6月畢業於中央警察大學，畢業前夕，民國105年3月4日修正發布司法人員考試規則，監獄官考試增加體能測驗，且修正條文自發布日施行，並未有過渡條款，致上訴人於畢業後第一次參加監獄官考試（民國105年監獄官考試），未能通過體能測驗則為不及格。上訴人主張監獄官考試增加心肺耐力測驗1,200公尺跑走，男性應考人及格標準為5分50秒內，對本案契約當事人之特殊身心狀態而言（罹患先天性雙足足弓塌陷，雙足扁平足、罹患乙型海洋性貧血及支氣管氣喘），為行政契約締結後之重大改變（上訴人民國101年經錄取就讀中央警察大學，當年三等監獄官

---

[100] 行政程序法第147條所規定不能調整行政契約之案例，臺中高等行政法院93年度訴字第198號判決。

[101] 最高行政法院105年度判字第500號判決。

[102] 最高行政法院101年度判字第477號判決。

考試應試科目只有筆試及口試），屬重大情事變更，且非其締結行政契約時所得預見，自屬有據，得請求調整契約內容[103]。

第六項　契約強制執行之特別規定

行政契約當事人一方不履行契約者，不論係行政機關或人民，他方均須提起訴訟經判決取得執行名義，始得依法定程序強制執行，此與人民違反行政處分所定義務時，行政機關得依行政執行法予以強制執行者不同。惟為求迅速履行契約，早日實現公益，避免訴訟曠日廢時，行政程序法第148條第1項規定，行政契約約定自願接受執行時，債務人不為給付時，債權人得以該契約為強制執行之執行名義。換句話說，不經法院判決，即得強制執行。

行政程序法第148條規定之執行名義既係該行政契約，則契約內所約定執行之內容倘涉及金錢或可分物之給付者，其金額或數量自應確定或可得確定；倘係涉及其他給付者，亦應特定，俾便債務人得明確預見所應負擔之義務範圍，以及嗣後依據該契約為執行名義採取具體強制執行措施時，其執行之客體與數額得以具體明確，以利執行程序之迅速進行[104]。

為求慎重，行政程序法第148條第1項之約定，締約之一方為中央行政機關時，應經主管院、部或同等級機關之認可；締約之一方為地方自治團體之行政機關時，應經該地方自治團體行政首長之認可。契約內容涉及委辦事項者，並應經委辦機關之認可，始生效力（行政程序法第148條第2項）。行政院環境保護署與受補助之宜蘭縣、嘉義縣、臺南市、高雄市及屏東縣等五地方政府所訂有自願接受強制執行約定之6份「行政院環境保護署與地方政府『提升天然災害廢棄物應變處理能量設施計畫』行政契約書」，應經行政院之認可，始符行政程序法第148條第2項規定[105]。

未經主管部或同等級機關認可之行政契約自願接受執行條款之效力為何？例如，行政院勞工委員會職業訓練局所屬職業訓練中心與學員訂定如學員擅自退訓，應賠償相關之訓練費用，並自願接受強制執行之行政契約。上開自

---

[103] 最高行政法院110年度上字第352號判決。
[104] 法務部民國101年1月19日法律字第10103100510號。
[105] 法務部民國109年2月25日法律字第10903503120號。

願接受強制執行之行政契約如未經勞委會之認可，可否作為執行名義[106]？

有認為行政程序法第148條第2項既係規定「締約之一方」，而非「自願接受執行之一方」為行政機關，才須經認可，足見該項規定僅是以締約一方為中央或地方行政機關為區分，分別定其認可之權限機關，並無排除自願接受執行為人民時，應經認可之程序。不論自願接受執行者為行政機關或人民，只要行政契約有自願接受執行之約定，為求慎重，使締約雙方同受認可程序之保障，一律應經主管機關或首長之認可。

惟行政程序法第148條第1項規定意在使行政契約不經取得法院裁判，即可取得與行政處分類似之執行力。行政程序法雖未就行政契約為定義規定，惟依行政程序法第2條第1項規定，可知行政程序法有關行政契約之規定，係適用於行政機關締結之行政契約。締結自願接受執行之行政契約者，一方既可確定為行政機關，足見應經認可者，僅指自願接受強制執行為行政機關，並不包括人民自願接受強制執行在內，否則行政程序法第148條第2項無須再次強調締約之一方為行政機關時，應經主管機關或首長認可。行政程序法第148條第2項規範意旨，應係人民既係透過參與協商程序與行政機關締結行政契約，其地位較之由行政機關作成行政處分取得執行名義之情形，並未更為不利。惟如係行政機關締結自願接受強制執行之契約，人民可不經法院裁判逕以契約為執行名義聲請強制執行，行政機關如因此成為強制執行之對象，進而遭到查封、拍賣，將對公共利益產生不良影響，為求慎重，規定行政機關締結自願接受執行之約定時應經認可之程序。因此，如僅人民一方自願接受執行者，不生此等公共利益考量之問題，不在行政程序法第148條第2項規範之內，毋庸主管機關之認可。

依據自願接受執行之約定所為之強制執行，與經法院判決所為之強制執行，均以履行行政契約之義務為目的，行政程序法第148條第3項規定，第1項強制執行，準用行政訴訟法有關強制執行之規定。換句話說，依行政訴訟法規定向高等行政法院聲請強制執行。

第七節　行政契約之準用規定

由於行政契約發展時間較晚且私法契約規定相當完整，為免掛一漏萬，行

---

[106] 高等行政法院民國99年4月14日99年度法律座談會提案七。

政程序法第149條規定，行政契約，本法未規定者，準用民法相關之規定。其目的在使行政契約有關事項得以援用私法契約有關法律之規定。惟由於行政契約與民法契約仍有不同，因此所謂準用係指，性質相近可予援用者應適用之，性質不相近不能加以援用者，得免適用。性質是否相近則依個案判斷之。

準用之實例

1. 行政程序法就有關契約不履行應負損害賠償責任部分，未為規定，則於行政契約有不履行情事者，其損害賠償責任，即應準用民法相關規定定之[107]。

2. 行政程序法第149條及民法第153條第2項規定，以訂立契約為目的之要約、承諾，關於非必要之點雖非確須有意思一致，惟關於必要之點則必須有意思合致存在，契約始得成立；所謂必要之點，通常係指契約之要素，亦即契約內容必要之要件，例如，買賣之要素為約定移轉之財產權及支付之價金；關於行政契約是否存在之判斷上，即契約之內容為約定移轉之財產權及支付之價金有所確定而言，其行政契約始得成立生效[108]。

3. 行政程序法第149條及民法第98條規定，解釋行政契約，須探求當事人之真意，除非契約文字已明確表示當事人之真意而無須別事探求者，事實審法院即應依職權以過去之事實及其他一切證據資料為斷定之標準解釋契約，方不因拘泥於契約之文字，致失當事人之真意[109]。

4. 抵銷係指二人互負債務，而其給付種類相同，並均屆清償期者，各得以其債務，與他方之債務互為抵銷，民法第334條定有明文。民法抵銷法理，於公法事件亦得類推適用[110]。

5. 行政程序法就行政契約履行遲延責任之發生，及履行遲延之效果雖未為規定，民法第229條第1項所定給付有確定期限者，債務人自期限屆滿時起，負遲延責任以及民法第233條第1項所定遲延之債務，以支付金錢為標的者，債權人得請求依法定利率計算之遲延利息。但約定利率較高者，仍從其約定利

---

[107] 最高行政法院100年度判字第1235號判決。
[108] 最高行政法院99年度判字第1062號判決。
[109] 最高行政法院98年度判字第372號判決。
[110] 最高行政法院94年度判字第1296號判決。

率，應準用於行政契約[111]。

6. 行政契約，本法未規定者，準用民法相關之規定，行政程序法第149條定有明文。民法有關違約金之規定與行政契約不相牴觸，自得準用於行政契約[112]。

7. 在訂立行政契約之準備或商議程序中，雙方當事人建立特殊之信賴關係之情形，與訂立私法契約之情形無異，亦有本於誠實信用原則，要求準備或商議訂立行政契約之當事人遵守一定先契約義務之必要。民法第245條之1規定與行政契約之性質不相牴觸，應依行政程序法第149條規定，準用於行政契約。行政機關之行政契約締約上過失責任，與國家賠償責任各有其不同之規範依據，各規範目的及功能均不相同，不能以行政機關負國家賠償責任而否定其有準用民法第245條之1締約過失責任之適用[113]。

第八節　行政契約爭議之解決

司法院釋字第553號解釋指出，中央健康保險局依其組織法規係國家機關，為執行其法定之職權，就辦理全民健康保險醫療服務有關事項，與各醫事服務機構締結全民健康保險特約醫事服務機構合約，約定由特約醫事服務機構提供被保險人醫療保健服務，以達促進國民健康、增進公共利益之行政目的，故此項合約具有行政契約之性質。締約雙方如對契約內容發生爭議，屬於公法上爭訟事件，依行政訴訟法第2條及第8條第1項規定，應循行政訴訟途徑尋求救濟。行政訴訟法第8條第1項規定，人民與中央或地方機關間，因公法上原因發生財產上之給付或請求作成行政處分以外之其他非財產上之給付，得提起給

---

[111] 最高行政法院92年度判字第1685號判決。

[112] 最高行政法院106年3月份第1次庭長法官聯席會議決議。最高行政法院109年判字第26號判決另指出，民法有關違約金之規定與行政契約不相牴觸，包括民法第252條有關酌減違約金之規定：「約定之違約金額過高者，法院得減至相當之數額。」自得準用於行政契約。違約金有屬於損害賠償約定之性質者，有屬於懲罰性質者，效力各有不同。前者以違約金作為債務不履行所生損害之賠償總額；後者則以強制債務履行為目的，且於債務不履行時，債權人除得請求支付違約金外，並得請求履行債務，或不履行之損害賠償。準此，約定違約金額是否過高，前者係以債權人所受之損害為主要準據，後者則非以債權人所受損害為唯一審定標準，尤應參酌債務人違約之情狀而斷。

[113] 最高行法院105年度判字第284號判決。

付訴訟。因公法上契約發生之給付，亦同。因公法上契約發生給付爭議，應依行政訴訟法第8條第1項規定提起一般給付之訴。

惟行政契約關係中，法律另有規定得併用行政處分者，例如，公立高中以下學校或主管機關對所屬（轄）教師所為之年終成績考核或平時考核獎懲，並非基於契約關係所為之意思表示，而係行政機關依公法上之強制規定，就具體事件所為之公權力措施而對外直接發生法律效果之單方行政行為，核屬行政程序法第92條第1項所定之行政處分。教師因學校具體措施認其權利或法律上利益受侵害，自得以公立高級中等以下學校教師成績考核辦法辦法第16條第3項規定之考核機關為被告，依法向行政法院提起撤銷訴訟[114]。中央健康保險署單方面認定保險醫事服務機構有無該特定情事，單方面宣告停止1至3個月特約之效果，並無合約當事人間容許磋商之意味，乃基於其管理保險醫事服務機構之公權力而發，應認為行政處分，而非合約一方履行合約內容之意思表示。保險醫事服務機構如有不服，應循序提起撤銷訴訟以為救濟[115]。

至於依全民健康保險醫事服務機構特約及管理辦法第4條第7款規定：「申請特約之醫事機構或其負責醫事人員有下列情事之一者，不予特約：……」不予特約之法律性質亦有行政處分或拒為契約之承諾（公法上之意思表示）之不同見解，最高行政法院105年度判字第452號判決指出，不予特約處分，具有剝奪保險醫事服務機構及醫事人員於該不予特約期間，對全民健康保險對象提供醫療服務而向保險人請領醫療費用給付權利之法律效果，其目的在排除因該保險醫事服務機構從事特定違規（即違約）行為所發生對於國民健康之危害或全民健康保險財務的風險，並防止該危害或風險之發生及擴大，故屬具有「保全性質」之措施，其性質亦應認屬管制性不利行政處分。

---

[114] 最高行政法院108年3月份第1次庭長法官聯席會議。
[115] 最高行政法院95年7月份庭長法官聯席會議（二）。

第十八章 ｜ 行政執行

　　行政執行涉及命令處分內容之實現，要求行政處分相對人作爲、不作爲或忍受義務的命令處分，相對人遵守時，無後續執行之必要；但相對人不遵守時，應如何處理，理論上有兩種可能性：

　　一、國家與人民間的法律爭議如同人民與人民間的法律爭議，應由法院處理，待法院作出確定判決，取得強制執行名義再爲執行。

　　二、行政機關是公權力象徵，國家與人民間的爭議和人民與人民間的爭議有所不同。公權力追求公共利益之實現，人民與人民間之糾紛是基於私益，公共利益跟私益無法等量齊觀。行政機關可透過自己的力量，以行政處分爲執行名義，強制實現行政處分的內容，以貫徹公權力，無須等到法院作出確定判決。

第一節　行政執行法之沿革

　　我國早在1932年即已制定行政執行法，但條文本身並沒有隨時代演進作適當修正，一直到1998年才作了澈底的翻修，從原來的12個條文變成44個條文。爲配合2001年1月1日行政程序法實施，新行政執行法亦同步施行。行政執行法實施後，拘提、管收制度受到強烈質疑，拘提、管收涉及到憲法第8條人身自由的保障，司法院釋字第588號解釋認爲，行政執行法的拘提、管收部分規定逾越必要程度，違反憲法第23條規定，並不符合正當法律程序之要求，因此宣告相關規定違憲。2005年6月22日公布新修正的行政執行法第17條和第19條有關拘提管收的規定。之後行政執行法陸續有所修正，最近一次修正爲2010年。2021年4月29日行政院第3749次院會決議通過行政執行法修正草案，從現行44條條文變成92條條文，草案總說明指出，行政執行法（下稱本法）於1998年11月11日修正公布全文，自2001年1月1日施行，歷經六次修正，修正拘提、管收之事由與程序、增訂開始執行定義、明定不得限制住居及增訂核發禁止命令等規定。由於本法第二章「公法上金錢給付義務之執行」規定，攸關國家之財政，進而影響公共設施、社會福利等措施之建置，社會秩序之維護，關係公益

極為重大，惟因現行法容有缺漏，執行實務衍生諸多法律問題。2005年間配合司法院釋字第588號解釋意旨修正本法，已縮減有關聲請拘提、管收事由，對義務人或本法第24條所定得拘提、管收之人心理上之強制已甚為有限，實有必要參酌司法院釋字第588號解釋意見書所揭德國對義務人心理強制之「代宣誓之保證」等制度，增設相關規定，以補現行法之不足。本法第三章「行為或不行為義務之執行」及第四章「即時強制」之規定，乃行政機關執行公權力之重要依據，鑑於近年來國內經濟、社會環境大幅改變，貫徹國家公權力、強化行政效能復為各界所殷盼，該部分規定亦有配合修正之必要。

由於行政執行法修法草案仍待立法院審議，以下僅對草案與現行法重大不同或補充之重要內容作簡要說明。首先，將行政執行法從優先適用之法律改變為普通法，草案第1條規定，行政執行，依本法之規定。但其他法律有特別規定者，從其規定。第二，將原先第2條規定之公法上金錢給付義務修正為行政法上金錢給付義務，即不包括刑事法或其他非屬行政權作用所生之金錢給付義務。第三，草案第13條增訂義務人異議之訴。第四，草案第15條增訂行政機關為保全行政法上金錢債權，得向法院聲請假扣押，並得代表國家行使代位權、詐害行為撤銷權及信託行為詐害債權之撤銷權。第五，參考德國代宣誓保證規定，草案第25條及第26條增訂「真實切結」制度，以強化對於義務人之心理強制作用，並明定為真實切結之人，負有提出義務人財產清冊之義務。第六，草案第32條增訂第三人異議之訴。第七，草案第67條增訂實施「強制驅離、疏散或其他對義務人之暫時措施」作為直接強制方法。第八，草案第70條修正怠金之最低數額規定，避免與行政罰錢輕重失衡。第九，草案第80條增訂行政機關於有事實足認有對人造成危害或對財產造成重大損害之虞，情況急迫，得為必要之即時處置。第十，草案第87條增訂實施即時強制所生相關費用之負擔，及應負擔費用人不為繳納之處理，以及草案第88條增訂受執行人或利害關係人對行政機關實施強制措施認有違法侵害權益，得當場表示異議，以及實施強制人員認其異議有無理由之處理。

第二節　行政執行法之地位、範圍與基本規定

第一項　優先適用

行政執行法第1條規定，行政執行，依本法之規定；本法未規定者，適用

其他法律之規定。本條規定確立行政執行法優先適用的地位，行政執行必須優先適用行政執行法，行政執行法未規定者，才適用其他法律的規定[1]。

第二項 行政執行之範圍

行政執行之範圍可分為兩種，狹義行政執行係針對人民違反行政義務時，透過強制力強制人民履行義務，以求實現行政處分所要求的內容，以人民違法為前提。廣義行政執行，除人民違反義務之執行外，國家運用強制力執行一定任務之行為亦包括在內。行政執行法第2條規定，本法所稱行政執行，指公法上金錢給付義務、行為或不行為義務之強制執行及即時強制。我國行政執行法採取廣義行政執行概念。

得為行政執行之公法上金錢給付義務，係指人民對行政主體（國家、地方自治團體或其他公法人等）所負擔之公法上金錢給付義務，如非屬行政法關係金錢給付義務，則不屬於行政執行之範疇。例如，國人在國外因緊急困難事件向駐外館處借款，購買返臺機票及候機期間基本生活費用，係以書立「金錢借貸契約書」之方式為之，契約書第3點並載有「管轄約款：本契約如涉訟，甲乙雙方同意以臺灣臺北地方法院為第一審管轄法院。」急難救助之借款，係以私法契約規範借貸雙方之權利義務，性質上為私法上之金錢借貸關係，非屬行政執行之範疇，借用人如不依契約返還借款時，應循私法途徑解決[2]。

行政執行乃行政機關之自力執行，是行政權範疇，如非屬行政機關本於行政權而生之公法上金錢給付義務，非屬行政執行之範疇。依都市更新條例第30條（現為第51條）第1項及第31條（現為第52條）第5項規定應繳納之共同負擔或差額價金，參與權利變換之土地所有權人或權利變換關係人逾期不繳納者，屬私權紛爭，似應循民事訴訟程序救濟[3]。

---

[1] 最高行政法院104年度判字第165號判決指出，行政執行法性質上乃為基本法，行政執行法已有執行程序之規定，他法不得有其他規定，故本件差額地價請求權於修正行政執行法2001年1月1日施行後，應適用行政執行法有關公法上金錢給付義務之執行程序，即由主管機關依同法第11條之規定，以處分書、裁定書或書面限期義務人履行，如義務人逾期不履行，即移送行政執行處執行之（以往主管機關須另向法院聲請支付命令為執行名義始得聲請法院強制執行）。

[2] 法務部民國96年5月8日法律字第0960017021號。

[3] 法務部民國97年12月16日法律字第0970045682號。

依刑事判決宣告追徵犯罪所得之價額，係法院就刑事不法行為，基於司法權作用（裁判）所生之法律效果，本質上並非行政法上金錢給付義務，故應不屬行政執行法第4條第1項規定之「公法上金錢給付義務」[4]。

行政執行法第4條及第11條規定，執行分署所得受理執行，係逾期不履行之公法上金錢給付義務，且該義務為依法令或本於法令之行政處分或法院之裁定所生者為限，因外國稅收債權非屬上開公法上金錢給付義務之執行，倘無「囑託執行」之法令依據，原則上不得依行政執行法移送或囑託各執行分署執行[5]。

依規費法第10條規定所收取之規費，為行政執行法施行細則所稱「其他公法上應給付金錢之義務」，自得移送逾期未繳納者至行政執行處強制執行之[6]。

第三項　執行原則

行政執行固在強化行政權之功能，但其結果直接影響人民之財產、自由及名譽。為保障人民權益，使義務人或一般公眾所受之損害減至最低程度，行政執行法第3條規定，行政執行，應依公平合理之原則，兼顧公共利益與人民權益之維護，以適當之方法為之，不得逾達成執行目的之必要限度。

拘提、管收因涉及人身自由，於適用上自應審慎。就公法上金錢給付行政執行，拘提、管收應為最後不得已之執行方法，非有法定拘提、管收之要件，不得為之。縱有法定拘提、管收之原因，若依其他執行方法即足以達到執行目的者，殊無逕行對義務人實施拘提、管收之理，此即行政執行法第3條所揭示之比例原則[7]。

第四項　執行機關

人民不履行行政法上義務時，為貫徹行政法令，維護社會秩序與公益，國家本於行政權作用，自得以強制力逕為執行。由於原處分機關或該管行政機

---

[4] 法務部民國107年8月27日法律字第10703510290號。
[5] 法務部民國108年8月27日法律字第10803512730號。
[6] 法務部民國97年11月5日法律決字第0970040905號。
[7] 最高法院93年度台抗字第750號判決。

關，對其所主管之行政事件知之熟稔，能駕輕就熟於其管轄區域內迅速執行，不但可收事半功倍之效，且不致因集中專責機構執行而有鞭長莫及之感或拖延時日。行政執行法第4條規定，行政執行，由原處分機關或該管行政機關為之。原處分機關之認定以實施行政處分時之名義為準。但上級機關本於法定職權所為之行政處分，交由下級機關執行者，以該上級機關為原處分機關（行政執行法施行細則第4條）。該管行政機關，指相關法令之主管機關或依法得為即時強制之機關（行政執行法施行細則第5條）。

　　行政執行基本上由原處分機關或該管行政機關為之，例如，原處分機關命拆除違建，人民逾期未拆除時，得由原處分機關執行；戶籍法規定出生登記、死亡登記義務，只要法定事由發生，即有登記義務，並不以行政處分存在為前提，此時，該管行政機關為戶政事務所，因此由其執行。

　　以往公法上金錢給付義務在實務上移送法院強制執行，顯不合理，為期執行順利，並兼顧人民財產權益之維護，行政執行法第4條但書規定，公法上金錢給付義務逾期不履行者，由法務部行政執行署及其分署，統籌專業人員負責全國公法上金錢給付義務之強制執行業務。

　　參酌行政執行法第4條立法意旨，執行機關應視行政執行之種類而定。行政執行如係義務人依法令或因行政機關、法院本於法令為行政處分、裁定，負有公法上金錢給付義務而逾期不履行者，執行機關係指法務部行政執行署所屬行政執行分署；行政執行如係依據行政處分，即義務人係因行政機關依法令為行政處分而負有作為、不作為義務者，執行機關則指原作成行政處分之行政機關；行政執行如非依據行政處分，即義務人係直接依據法令規定而負有作為、不作為義務，或行政機關依行政執行法有關即時強制規定為執行者，執行機關係指主管各該法令之行政機關[8]。

第五項　執行時間之限制

　　行政執行法第5條第1項規定，行政執行不得於夜間、星期日或其他休息日為之。但執行機關認為情況急迫或徵得義務人同意者，不在此限。日間已開始執行者，得繼續至夜間。

---

[8]　法務部民國100年6月15日法律字第0999035803號。

第六項　執行期間

一、五年執行期間

　　為督促執行機關迅速執行，以免義務人之義務陷於永懸不決之狀態，行政執行法第7條第1項規定，行政執行，自處分、裁定確定之日或其他依法令負有義務經通知限期履行之文書所定期間屆滿之日起，五年內未經執行者，不再執行；其於五年期間屆滿前已開始執行者，仍得繼續執行。但自五年期間屆滿之日起已逾五年尚未執行終結者，不得再執行。

　　行政執行法第7條第2項規定，法律有特別規定者，不適用第1項之規定[9]。其立法理由指出，其他法律基於事件之特性，對於行政執行之時效期間或其起算日有特別規定者，例如稅捐稽徵法第23條……，宜依其規定，爰訂定第2項規定。換句話說，有關稅捐之行政執行期間，自應優先適用稅捐稽徵法第23條之規定[10]。

　　行政執行法第7條第3項規定，第1項所稱已開始執行，如已移送執行機關者，係指下列情形之一：（一）通知義務人到場或自動清繳應納金額、報告其財產狀況或為其他必要之陳述。（二）已開始調查程序。

　　行政執行，除法律有特別規定者外，自處分、裁定確定之日或其他依法令負有義務經通知限期履行之文書所定期間屆滿之日起，五年內已開始執行，經行政執行分署核發執行憑證交由行政機關收執者，不生執行程序終結之效果；行政機關自處分、裁定確定之日或其他依法令負有義務經通知限期履行之文書所定期間屆滿之日起十年內，得再移送執行。

二、執行期間之性質

　　行政執行法所規定之行政執行期間，其立法目的在求法律秩序之安定，此項期間之性質，宜認為係法定（不變）期間，其非時效，亦非除斥期間，而與消滅時效之本質有別。行政執行期間經過後，法律效果為不得再執行或免予執

---

[9] 例如，社會秩序維護法第32條第1項規定，違反本法行為之處罰，其為停止營業、沒入、申誡者，自裁處確定之日起，逾三個月未執行者，免予執行；為罰鍰者，自裁處確定之日起，逾三個月未移送行政執行者，免予移送；為拘留、勒令歇業者，自裁處確定之日起，逾六個月未執行者，免予執行。

[10] 最高行政法院107年度判字第461號判決。

行，並非公法上債權當然消滅，而謂其公法上債權不存在[11]。

　　行政執行法第7條第1項規定之執行期間乃法定期間，並非消滅時效，法務部行政執行署所屬行政執行分署（2012年1月1日改制前之行政執行處）核發執行憑證並無中斷執行期間之效果[12]。

　　但有不同看法，臺中高等行政法院95年度簡字第64號判決指出，行政執行法第7條第1項前段所規定之執行期間，其性質與私法請求權之消滅時效相同，督促權利人及時適當地行使權利之目的，使怠於行使權利者，因期間完成而不能再行使權利。

第七項　行政執行之終止

　　行政執行法第8條第1項規定，行政執行有下列情形之一者，執行機關應依職權或因義務人、利害關係人之申請終止執行：1.義務已全部履行或執行完畢者，換句話說，已達成執行目的。2.行政處分或裁定經撤銷或變更確定者。3.義務之履行經證明為不可能者，換句話說，無法達成執行目的，例如，高度屬人性之行政處分，義務人死亡或處分標的滅失等[13]。義務之履行經證明為不可能須就個案依法客觀認定之，必該行政法上義務客觀上不可能予以實現，始足當之。不得僅依義務人主觀認定之，例如，義務人現在雖無財產可供執行，尚非屬義務之履行經證明為不可能，蓋其將來可能有財產可供強制執行。公法上金錢給付義務，參酌最高法院20年上字第233號民事判例：「金錢債務不容有不能之觀念，即有不可抗力等危險，亦應由其負擔……」意旨，並無義務之履行不可能之觀念[14]。

　　行政執行法第8條第2項規定，行政處分或裁定經部分撤銷或變更確定者，執行機關應就原處分或裁定經撤銷或變更部分終止執行。

---

[11] 最高行政法院99年度判字第1138號判決。林錫堯，行政法要義，修訂4版，2016年8月，第415頁；莊國榮，行政法，修訂9版，2023年9月，第314頁。

[12] 法務部民國101年6月22日法令字第10103104950號。

[13] 莊國榮，前揭書，第314頁。

[14] 法務部行政執行署民國99年9月3日99年度署聲議字第737號。

第八項　行政執行之救濟

　　行政執行依行政機關作成之行政處分或法院裁定為之者，義務人對行政機關作成之行政處分不服應循訴願、行政訴訟程序請求救濟，對法院裁定不服應提起抗告。惟對於行政執行程序有關的事項有所不服時，行政執行法第9條規定，義務人或利害關係人對執行命令、執行方法、應遵守之程序或其他侵害利益之情事，得於執行程序終結前，向執行機關聲明異議。前項聲明異議，執行機關認其有理由者，應即停止執行，並撤銷或更正已為之執行行為；認其無理由者，應於十日內加具意見，送直接上級主管機關於三十日內決定之。直接上級主管機關係指「業務監督」之上級機關。行政執行，除法律另有規定外，不因聲明異議而停止執行。但執行機關因必要情形，得依職權或申請停止之。換句話說，作為執行名義之基礎處分本身是否違法之爭議，係由受處分人向行政法院提起撤銷訴訟，以為救濟，若經行政法院實體確定判決予以維持，該確定裁判僅得依再審程序予以廢棄改判，則非屬行政執行程序聲明異議之範圍[15]。所謂執行程序終結，應視聲請或聲明異議之內容，依執行程序進行程度分別定之。如係不動產之拍賣程序，則以拍定人依行政執行法準用強制執行法第97條、第98條規定繳足價金，領得執行機關所發給權利移轉證書而取得該不動產所有權，拍賣程序即已終結，執行機關無從撤銷拍定，以除去所有權移轉之效果[16]。

　　醫師懲戒辦法第21條規定懲戒決議之執行管轄機關，除依決議主文執行其揭示之「懲戒方式」外，尚須依同辦法第22條規定將執行命令及決議書刊登公報，副本並分送其所屬醫師公會。執行命令及決議書之刊登公報暨副本分送行為僅係將懲戒決議內容對外公告周知之事實行為，並非懲戒決議行為（自非行政處分），亦非執行懲戒決議內容之行為。公告及副知行為核屬事實行為，受懲戒人如對該執行行為有所不服，應循行政執行法第9條規定尋求救濟[17]。

　　如不動產實際狀況有毀損、滅失或其他足以影響交易之特殊情事及其應記明之事項，惟執行機關疏未依通常調查之方法為調查，或於調查後未於拍賣公告中載明，該執行程序自難謂無瑕疵。一旦執行程序有瑕疵，利害關係人

---

[15] 臺北高等行政法院109年度訴字第1431號判決。
[16] 最高行政法院109年度裁字第140號裁定。
[17] 最高行政法院100年度裁字第834號裁定。

即得依行政執行法第9條第1項規定，於執行程序終結前聲明異議，並不以其確實受有損害爲前提，亦與該等人員是否因可歸責而未能防範執行程序之瑕疵無涉[18]。

　　直接上級主管機關將聲明異議駁回時，義務人或利害關係人是否得再提起救濟，一向有爭議。針對直接上級主管機關駁回聲明異議之決定，最高行政法院裁判一開始認爲不得再提起救濟。行政執行貴在迅速有效，始能提高行政效率，故其救濟程序乃採簡易之聲明異議方式（行政執行法第9條立法理由第3項），如再允許異議人對駁回聲明異議所爲之決定提起訴願及行政訴訟，則無異聲明異議成爲不服執行行爲提起訴願及行政訴訟之前置程序，行政救濟程序多一層級，反有失行政執行救濟程序採取簡明之聲明異議方式之立法本旨。行政執行措施多屬事實行爲，不涉及行政實體法上之判斷，縱執行措施兼具行政處分之性質或爲另一行政處分，但執行程序貴在迅速終結，法律既明定聲明異議爲其特別救濟程序，就聲明異議有無理由，由執行機關之直接上級主管機關決定之。行政執行之執行名義既爲行政機關行政處分或法院裁定，可依通常之行政爭訟程序請求救濟以獲得保障，已符合司法院釋字第423號解釋就行政處分應保障人民訴願及訴訟權益之意旨。況且關於行政執行之聲明異議與涉及行政實體法上判斷之爭議不同，異議人如就執行名義實體法事項有所爭執，亦得提債務人異議之訴，由高等行政法院受理以資救濟（行政訴訟法第307條），期臻妥愼；但就執行程序事項有所爭執，由執行機關之直接上級機關爲救濟之最高機關設計，係基於行政執行程序爭訟非涉實體法判斷之特性，爲達訴訟經濟之立法目的，適用「效率」法律原則而採簡明之聲明異議制度設計，此一制度方式係基於不同立法目的，就不同法律原則間，經立法斟酌取捨後所據以採行，故亦不能指行政執行程序爭議之救濟以執行機關之直接上級主管機關爲救濟之最高機關，係有悖權力分立之法理[19]。

　　行政執行如依行政機關作成之行政處分或法院裁定爲之者，其聲明異議係對上述行政執行程序有關的事項有所不服請求救濟，與義務人對行政機關作成之行政處分不服應循訴願、行政訴訟程序請求救濟，或對法院裁定不服，應提抗告者，迥然不同。處理行政執行法第9條聲明異議之機關，最高層次只到執行機關之直接上級主管機關爲止。我國關於行政執行程序爭執係採聲明異議之

---

[18] 最高行政法院109年度裁字第140號裁定。
[19] 最高行政法院94年度判字第1754號判決。

特別救濟程序,而非採訴願、行政訴訟之一般救濟程序,故認對聲明異議之決定不得聲明不服,應符合立法之本旨,尚非限制或剝奪人民訴訟權利[20]。行政執行法第9條所定之聲明異議程序有別於一般行政救濟程序,應為法定之特別救濟程序。法律既明定聲明異議為其特別救濟程序,即不得再循行政處分之一般爭訟程序請求救濟[21]。

針對駁回聲明異議決定不得提出救濟之觀點,受到許多質疑,最高行政法院97年12月份第3次庭長法官聯席會議決議改變立場並認為,行政執行法第9條規定旨在明定義務人或利害關係人對於執行命令、執行方法、應遵守之程序或其他侵害利益之情事,如何向執行機關聲明異議,以及執行機關如何處理異議案件之程序,並無禁止義務人或利害關係人於聲明異議而未獲救濟後向法院聲明不服之明文規定,自不得以該條規定作為限制義務人或利害關係人訴訟權之法律依據。在法律明定行政執行行為之特別司法救濟程序之前,義務人或利害關係人如不服該直接上級主管機關所為異議決定者,仍得依法提起行政訴訟。至何種執行行為可以提起行政訴訟或提起何種類型之行政訴訟,應依執行行為之性質及行政訴訟法相關規定,個案認定。其具行政處分之性質者,應依法踐行訴願程序。

自此之後,最高行政法院改變原有見解,例如,最高行政法院98年度裁字第230號裁定指出,提起撤銷訴訟,以經合法訴願為要件,行政訴訟法第4條之規定即明。當事人未經合法訴願而提起行政訴訟,其起訴即屬不備其他要件,行政法院應依行政訴訟法第107條第1項第10款後段規定,以裁定駁回其訴。本件抗告人就相對人所為限制出境(海)之處分,於2008年4月23日聲明異議,經法務部行政執行署於2008年5月29日以97年度署聲議字第117號決定駁回,抗告人遂於2008年7月29日提起行政訴訟,經臺北高等行政法院於2008年10月28日以97年度訴字第634號裁定駁回,抗告人不服,提起抗告。抗告人於法務部行政執行署決定駁回其聲明異議後,並未依法踐行訴願程序,其在原審之訴即屬不備其他要件,原審法院應以裁定駁回之。

義務人或利害關係人不服執行機關依行政執行法第29條第2項規定命繳納代履行預估執行費,依行政執行法第9條規定聲明異議,倘經執行機關移送其直接上級主管機關決定,而遭駁回聲明異議,則應踐行訴願程序,由法定管轄

---

[20] 最高行政法院94年度裁字第1228號裁定、最高行政法院96年度裁字第1982號裁定。
[21] 最高行政法院97年度裁字第3571號裁定。

訴願機關作成訴願決定後，始得合法提起行政訴訟。亦即聲明異議程序，乃提起訴願之先行程序[22]。

　　最高行政法院107年4月份第1次庭長法官聯席會議決議改變最高行政法院97年12月份第3次庭長法官聯席會議決議部分見解，其指出，行政執行依其性質貴在迅速，如果對具行政處分性質之執行命令提起撤銷訴訟，必須依行政執行法第9條之聲明異議及訴願程序後始得爲之，則其救濟程序，反較對該執行命令所由之執行名義行政處分之救濟程序更加繁複，顯不合理。行政執行法第9條規定之聲明異議，並非向行政執行機關而是向其上級機關爲之，此已有由處分機關之上級機關進行行政內部自我省察之功能。是以立法者應無將行政執行法第9條所規定之聲明異議作爲訴願前置程序之意。就法律所規定之行政內部自我省察程序，是否解釋爲相當於訴願程序，並不以該行政內部自我省察程序之程序規定有如同訴願程序規定爲必要，仍應視事件性質而定。因此，對具行政處分性質之執行命令不服，經依行政執行法第9條之聲明異議程序，應認相當於已經訴願程序，聲明異議人可直接提起撤銷訴訟。換句話說，不用再踐行訴願程序。

　　最高行政法院107年度判字第250號判決因而指出，限制出境之性質屬剝奪人民行動自由之行政處分，同時具有執行命令及行政處分之性質。故處分內容爲限制出境之執行命令，屬具行政處分性質之行政行爲。如不服處分，依行政執行法第9條規定，向執行機關聲明異議，並經直接上級主管機關決定駁回後，毋庸再經訴願程序，即得提起行政訴訟救濟之。

　　最高行政法院108年度判字第68號判決亦指出，執行機關依行政執行法第29條第2項規定命義務人繳納代履行執行費用之預估金額，係執行機關在執行程序終結前所爲之執行行爲，且係執行機關依其公權力之意思決定而使義務人發生公法上金錢給付義務之單方行政行爲，並爲行政執行法第34條明定可據以移送強制執行，足認其同時具有執行命令及行政處分之性質。上訴人不服原處分，於依法聲明異議，經高雄市政府環境保護局之直接上級主管機關即高雄市政府決定駁回，應認相當於已經訴願程序，可直接提起行政訴訟。

---

[22] 最高行政法院106年度判字第106號判決。

第三節　公法上金錢給付義務之執行

行政執行法第11條規定，義務人依法令或本於法令之行政處分或法院之裁定，負有公法上金錢給付義務，逾期不履行，經主管機關移送者，由行政執行處就義務人之財產執行之。

行政執行法對於公法上金錢給付義務並未予以定義，行政執行法施行細則第2條規定，公法上金錢給付義務如下：一、稅款、滯納金、滯報費、利息、滯報金、怠報金及短估金。二、罰鍰及怠金。三、代履行費用。四、其他公法上應給付金錢之義務。前三款之意義與範圍十分明確，至於其他公法上應給付金錢之義務則有所爭議。

第一項　其他公法上應金錢給付義務之意義

行政執行法第11條第1項所稱公法上金錢給付義務，依行政執行法施行細則第2條所定，係指稅款、滯納金、滯報費、利息、滯報金、怠報金及短估金、罰鍰及怠金、代履行費用或其他公法上應給付金錢之義務。依行政執行法施行細則第2條規定所舉之稅款、滯納金、滯報費等，均屬可由行政機關依法單方裁量核定之金錢給付，可知行政執行法施行細則第2條所稱其他公法上應給付金錢之義務，係指可由行政機關依法單方裁量核定之金錢給付所生之義務。請求返還溢領補償費，係基於公法上之不當得利請求權，行政機關並無裁量核定之權，性質上非屬行政執行法第11條之公法上金錢給付義務[23]。惟2015年12月30日修正公布之行政程序法第127條第3項規定，賦予行政機關以書面行政處分確認返還範圍，並限期命受益人返還公法上不當得利之權。自此之後，基於行政程序法第127條第1項規定[24]所產生之公法上不當得利請求權，既然得由行政機關以行政處分要求返還之，則受益人所負之返還義務，自屬行政執行

---

[23] 最高行政法院92年度判字第784號判決、最高行政法院93年度判字第1595號判決、最高行政法院93年度判字第772（671）號判決、最高行政法院100年度判字1430號判決。

[24] 授予利益之行政處分，其內容係提供一次或連續之金錢或可分物之給付者，經撤銷、廢止或條件成就而有溯及既往失效之情形時，受益人應返還因該處分所受領之給付。其行政處分經確認無效者，亦同。

法第11條第1項所稱之公法上金錢給付義務。

　　主管機關依老人福利法第41條第3項規定，通知老人之扶養義務人於三十日（現為六十日）內償還安置費用（即公法債權），係就公法上具體事件所為對外直接發生法律效果之行政處分，受通知人如逾期不履行償還安置費用之義務，主管機關即得依行政執行法第4條第1項規定，以該通知書為執行名義，移送執行署所屬各分署強制執行[25]。

　　不當黨產處理委員會依政黨及其附隨組織不當取得財產處理條例（下稱黨產條例）第6條第1項規定為下命處分後，處分相對人所負者，乃將不當取得之財產，於一定期間內移轉為國有、地方自治團體或原所有權人所有之行為義務；黨產條例第6條第2項規定，前項財產移轉範圍，以移轉時之現存利益為限。但以不相當對價取得者，應扣除取得該財產之對價。處分相對人所負移轉財產之範圍，應視移轉時之現存利益而定，如係以不相當對價取得者，尚應扣除取得該財產之對價，其性質並非由不當黨產處理委員會依法單方裁量核定其數額之金錢給付義務，黨產條例第6條第1項之移轉財產義務非屬行政執行法之公法上金錢給付義務[26]。

　　行政執行法第4條及第11條規定，執行分署所得受理執行者，係逾期不履行之公法上金錢給付義務，且該義務為依法令或本於法令之行政處分或法院之裁定所生者為限，因外國稅收債權非屬上開公法上金錢給付義務之執行，倘無「囑託執行」之法令依據，原則上不得依行政執行法移送或囑託各執行分署執行[27]。

第二項　逾期不履行義務

　　是否得移送強制執行，以義務人逾期不履行義務為前提。是否逾期可分為三種情形：一、處分文書或裁定書定有履行期間或有法定履行期間者，期間經過即逾期。二、處分文書或裁定書未定履行期間，經以書面限期催告履行者，屆期未履行即為逾期。三、依法令負有義務，經以書面通知限期履行者，屆期未履行即為逾期。

---

[25] 法務部民國107年3月7日法律字第10703502490號。
[26] 法務部民國108年4月18日法律字第10803503950號。
[27] 法務部民國108年8月27日法律字第10803512730號。

　　行政執行處為發動行政執行法第二章所定之執行，須有一定之憑證，足以證明義務人負有公法上金錢給付義務而逾第11條第1項各款所定期限之一不履行者，始得據以執行。

第三項　移送文件

　　移送機關依行政執行法第13條規定，於移送行政執行處執行時，應檢附下列文件：一、移送書，移送書應載明義務人姓名、年齡、性別、職業、住居所，如係法人或其他設有管理人或代表人之團體，其名稱、事務所或營業所，及管理人或代表人之姓名、性別、年齡、職業、住居所；義務發生之原因及日期；應納金額。二、處分文書、裁定書或義務人依法令負有義務之證明文件。三、義務人之財產目錄。但移送機關不知悉義務人之財產者，免予檢附。四、義務人經限期履行而逾期仍不履行之證明文件。五、其他相關文件。

　　主管機關移送行政執行函文非行政處分，僅得為聲明異議之事由，人民不得提起債務人異議之訴[28]。

第四項　行政執行時義務人之協力義務

　　行政執行法第14條規定，行政執行分署為辦理執行事件，得通知義務人到場或自動清繳應納金額、報告其財產狀況或為其他必要之陳述[29]。公司負責人依行政執行法第14條、第17條第1項第5款、第6款、第24條第4款、第26條、強制執行法第25條第2項第4款規定而負有報告財產及履行債務等義務，但非執行名義上之債務人，不能對其本身之財產執行。此因公司之負責人，對公司債務

---

[28] 最高行政法院101年度10月份第1次庭長法官聯席會議（一）決議。

[29] 法務部民國107年2月12日法律字第10703500080號指出，當義務人等遷離戶籍地，甚至戶籍遭逕遷至戶政事務所，或向義務人等已知之住居所送達文件，均遭遷移不明退回，義務人等處於住居所不明之狀態，致分署無法順利進行執行程序，亦無法將相關執行文書合法送達義務人等，俾渠等得以到場陳述意見，或是對於執行名義或執行方法等提出異議，以保障其等合法權益時，分署必須依職權透過各種管道查明義務人等之聯絡方式（行政執行法第26條、強制執行法第19條第1項、行政程序法第40條規定參照）。於執行實務上，蒐集義務人等就醫時留存之聯絡方式作為踐行執行程序及送達執行文書等之參考資料，乃係基於執行之最後性與必要情況，才得以為之，就執行方法與資料查詢面而言，亦具有正當合理關聯性。

之履行，有直接或間接之決定權，並有以公司之財產爲公司清償債務之權責，乃公司履行義務之實際負責人，爲使債權人之合法權益，獲得充分之保障，公司負責人自應遵守義務人履行債務有關規定。股份有限公司於解散後未經合法完結清算之前，其法人人格並未消滅，負責人仍依法負有前開相關義務[30]。

第五項　逕對遺產行政執行

　　行政執行法第15條規定，義務人死亡遺有財產者，行政執行分署得逕對其遺產強制執行。係就負有公法上金錢給付義務之人死亡後，行政執行處應如何強制執行，所爲之特別規定。

　　司法院釋字第621號解釋理由書指出，行政罰鍰之科處，係對受處分人之違規行爲加以處罰，若處分作成前，違規行爲人死亡者，受處分之主體已不存在，喪失其負擔罰鍰義務之能力，且對已死亡者再作懲罰性處分，已無實質意義，自不應再行科處。罰鍰處分後，義務人未繳納前死亡者，其罰鍰繳納義務具有一身專屬性，至是否得對遺產執行，於法律有特別規定者，從其規定。蓋國家以公權力對於人民違反行政法規範義務者科處罰鍰，其處罰事由必然與公共事務有關。而處罰事由之公共事務性，使罰鍰本質上不再僅限於報應或矯正違規人民個人之行爲，而同時兼具制裁違規行爲對國家機能、行政效益及社會大眾所造成不利益之結果，以建立法治秩序與促進公共利益。行爲人受行政罰鍰之處分後，於執行前死亡者，究應優先考量罰鍰報應或矯正違規人民個人行爲之本質，而認罰鍰之警惕作用已喪失，故不應執行；或應優先考量罰鍰制裁違規行爲外部結果之本質，而認罰鍰用以建立法治秩序與促進公共利益之作用，不因義務人死亡而喪失，故應繼續執行，立法者就以上二種考量，有其形成之空間。罰鍰乃公法上金錢給付義務之一種，公法上金錢給付之能否實現，攸關行政目的之貫徹與迅速執行。依行政程序法第15條規定，罰鍰之處分作成而具執行力後，義務人死亡並遺有財產者，該基於罰鍰處分所發生之公法上金錢給付義務，得爲強制執行，其執行標的限於義務人之遺產。

　　受稅捐罰鍰處分之人已依相關稅捐罰鍰規定裁處罰鍰後，其於未繳納前死亡者，該罰鍰繳納義務雖不得繼承，惟得依行政執行法第15條規定，對義務人

[30] 法務部民國99年5月31日法律字第0999023336號。

之遺產強制執行[31]。

　　義務人在罰鍰處分送達後，移送執行前死亡，已無執行當事人能力。因此，移送機關移送執行時，應以義務人之繼承人為執行義務人（如有遺產管理人或遺囑執行人，則以遺產管理人或遺囑執行人為執行義務人），並註明僅對義務人之遺產執行（即不得對繼承人之固有財產執行）[32]。

第六項　行政執行之方法

一、查　封

　　義務人之財產為其全體債權人之共同擔保，基於公平原則，公法上金錢給付義務之執行宜與民事上之強制執行同，採不再查封主義，不採優先清償主義。行政執行法第16條規定，執行人員於查封前，發見義務人之財產業經其他機關查封者，不得再行查封。行政執行處已查封之財產，其他機關亦不得再行查封。

二、命其提供相當擔保，限期履行，並得限制其住居

　　行政執行法第17條第1項規定，義務人有下列情形之一者，行政執行分署得命其提供相當擔保，限期履行，並得限制其住居：（一）顯有履行義務之可能，故不履行。（二）顯有逃匿之虞。（三）就應供強制執行之財產有隱匿或處分之情事。（四）於調查執行標的物時，對於執行人員拒絕陳述。（五）經命其報告財產狀況，不為報告或為虛偽之報告。（六）經合法通知，無正當理由而不到場。義務人有下列情形之一者，不得限制住居：（一）滯欠金額合計未達新臺幣10萬元。但義務人已出境達二次者，不在此限。（二）已按其法定應繼分繳納遺產稅款、罰鍰及加徵之滯納金、利息。但其繼承所得遺產超過法定應繼分，而未按所得遺產比例繳納者，不在此限。

三、拘　提

　　行政執行法第17條第3項規定，義務人經行政執行分署依第1項規定命其提

---

[31] 法務部民國109年6月3日法律字第10903508430號。

[32] 法務部民國99年12月10日法律字第0999051445號。

供相當擔保，限期履行，屆期不履行亦未提供相當擔保，有下列情形之一，而有強制其到場之必要者，行政執行分署得聲請法院裁定拘提之：（一）顯有逃匿之虞。（二）經合法通知，無正當理由而不到場。

拘提之聲請，依行政執行法第17條第8項規定，應向行政執行分署所在地之地方法院為之。法院對於拘提聲請，應於五日內裁定；其情況急迫者，應即時裁定（行政執行法第17條第4項）。行政執行法第19條第1項規定，法院為拘提之裁定後，應將拘票交由行政執行分署派執行員執行拘提。義務人經拘提到場，行政執行官應即訊問其人有無錯誤，並應命義務人據實報告其財產狀況或為其他必要調查（同法第17條第5項）。

行政執行分署或義務人不服法院關於拘提之裁定者，依行政執行法第17條第10項規定，得於十日內提起抗告；其程序準用民事訴訟法有關抗告程序之規定。

抗告不停止拘提之執行。但准拘提之原裁定經抗告法院裁定廢棄者，其執行應即停止，並將被拘提人釋放（行政執行法第17條第11項規定）。

拘提後，有下列情形之一者，依行政執行法第19條第2項規定，行政執行分署應即釋放義務人：（一）義務已全部履行。（二）義務人就義務之履行已提供相當擔保。（三）不符合聲請管收之要件。

四、管　收

（一）管收要件

行政執行法第17條第6項規定，行政執行官訊問義務人後，認有下列各款情形之一，而有管收必要者，行政執行分署應自拘提時起二十四小時內，聲請法院裁定管收之：1.顯有履行義務之可能，故不履行。2.顯有逃匿之虞。3.就應供強制執行之財產有隱匿或處分之情事。4.已發見之義務人財產不足清償其所負義務，於審酌義務人整體收入、財產狀況及工作能力，認有履行義務之可能，別無其他執行方法，而拒絕報告其財產狀況或為虛偽之報告。

行政執行法第17條第7項規定，義務人經通知或自行到場，經行政執行官訊問後，認有前項各款情形之一，而有聲請管收必要者，行政執行分署得將義務人暫予留置；其訊問及暫予留置時間合計不得逾二十四小時。

行政執行法第17條第8項規定管收之聲請，應向行政執行分署所在地之地方法院為之。為使義務人到場為程序之參與，使其得有防禦之機會，提出有利

之抗辯以供法院調查,符合憲法正當法律程序之要求,行政執行法第17條第9項規定法院受理管收之聲請後,應即訊問義務人並為裁定,必要時得通知行政執行分署指派執行人員到場為一定之陳述或補正。

　　拘提管收,乃採對人執行之方法,以遂執行目的,必以有效之執行名義存在為前提,法院於裁定准否拘提管收前,就是否具有符合法律規定之執行名義加以審查。行政執行分署向法院聲請拘提管收,須提出合於拘提管收(包括對義務人有無執行名義)之相當證據資料,以供審酌。法院對於聲請拘提管收事件,有權審查移送機關是否具備相當之執行名義,非謂一經執行機關敘明有合於法律規定之情事,法院僅能就義務人是否符合行政執行法第17條所定拘提管收之要件予以審查,不得對於執行名義有效成立與否加以過問,否則當失保障人權之立法本旨[33]。

　　公法上金錢給付義務執行事件之管收,以促使義務人或其他依法得管收之人自動履行義務為目的,為兼顧義務人或其他依法得管收之人一家生計,行政執行法第21條第1款規定,義務人或其他依法得管收之人,因管收而其一家生計有難以維持之虞者,不得管收;其情形發生於管收後者,行政執行分署應以書面通知管收所停止管收。惟如義務人或其他依法得管收之人雖被管收,但另有其他人負擔其一家生計,或其他情形足認未影響其一家生計者,尚難認因其被管收而其一家生計難以維持,而得停止管收[34]。此外,基於人道考量,義務人或其他依法得管收之人懷胎五月以上或生產後二月未滿者或現罹疾病,恐因管收而不能治療者,亦作相同處理。

　　法院為管收之裁定後,應將管收票交由行政執行分署派執行員將被管收人送交管收所;法院核發管收票時義務人不在場者,行政執行分署得派執行員持管收票強制義務人同行並送交管收所(行政執行法第19條第3項規定)。

　　行政執行分署或義務人不服法院關於管收之裁定者,依行政執行法第17條第10項規定,得於十日內提起抗告;其程序準用民事訴訟法有關抗告程序之規定。

　　行政執行法第17條第11項規定,抗告不停止拘提或管收之執行。但准拘提或管收之原裁定經抗告法院裁定廢棄者,其執行應即停止,並將被拘提或管收人釋放。

---

[33] 最高法院93年度台抗字第652號判決。
[34] 法務部行政執行署民國93年2月10日,93年度署聲議字第132號。

　　管收僅是強制義務人履行義務之手段，因此義務已全部履行或執行完畢或義務人就義務之履行已提供確實之擔保時，即無再管收之必要，依行政執行法第22條規定，行政執行分署即以書面通知管收所釋放被管收人。此外，行政處分或裁定經撤銷或變更確定致不得繼續執行或管收期限屆滿者，亦無須或無法再執行管收，因此亦應釋放被管收人。

（二）準用規定

　　拘提、管收，除本法另有規定外，行政執行法第17條第12項規定，準用強制執行法、管收條例及刑事訴訟法有關訊問、拘提、羈押之規定。

　　拘提、管收既準用刑事訴訟法有關拘提、羈押規定，應準用刑事訴訟法第101條第1項規定，就是否有「非予拘提、管收，顯難進行行政執行」之情事加以審酌。拘提、管收要件，既未為充分之說明，板橋地院准許為拘提並逕予管收，顯有瑕疵不當，爰裁定將板橋地院所為准於民國93年5月13日24時前拘提相對人，並自拘提時起管收之裁定廢棄，由板橋地院更為裁定[35]。

（三）管收期間

　　行政執行法第19條第4項規定，管收期限，自管收之日起算，不得逾3個月。有管收新原因發生或停止管收原因消滅時，行政執行處仍得聲請該管法院裁定再行管收。但以一次為限。

（四）管收之效果

　　管收僅係程序上強制義務人履行義務之手段，並不會影響實體法上之義務，行政執行法第19條第5項規定，義務人所負公法上金錢給付義務，不因管收而免除。

（五）管收拘提義務人之範圍

　　行政執行法第24條規定，關於義務人拘提管收及應負義務之規定，於下列各款之人亦適用之：1.義務人為未成年人或受監護宣告之人者，其法定代理人。2.商號之經理人或清算人；合夥之執行業務合夥人。3.非法人團體之代表人或管理人。4.公司或其他法人之負責人[36]。5.義務人死亡者，其繼承人、遺

---

[35] 最高法院93年度台抗字第750號判決。

[36] 由於社會上常有利用公司名義為義務人，於公司負有公法上金錢給付義務後，逾期不履行或隱匿、處分公司應供強制執行之財產，致該公法上金錢債權無法獲得充分實

產管理人或遺囑執行人。

公司之負責人依行政執行法第14條、第17條第1項第5款、第6款、第24條第4款、第26條、強制執行法第25條第2項第4款規定而負有報告財產及履行債務等義務，但非執行名義上之債務人，不能對其本身之財產執行。此因公司之負責人，對公司債務之履行，有直接或間接之決定權，並有以公司之財產為公司清償債務之權責，乃公司履行義務之實際負責人，為使債權人之合法權益，獲得充分之保障，公司負責人自應遵守義務人履行債務有關規定。股份有限公司於解散後未經合法完結清算之前，法人人格並未消滅，負責人仍依法負有相關義務[37]。

五、禁奢條款

義務人如欠繳達相當金額之公法上金錢債務，且已發現之財產不足清償其所負義務，卻仍享受奢華生活，對於大多數守法履行義務之民眾極不公平。為維護公平正義，提升執行效能，行政執行法第17條之1第1項規定，義務人為自然人，其滯欠合計達一定金額，已發現之財產不足清償其所負義務，且生活逾越一般人通常程度者，行政執行分署得依職權或利害關係人之申請對其核發下列各款之禁止命令，並通知應予配合之第三人：1.禁止購買、租賃或使用一定金額以上之商品或服務。2.禁止搭乘特定之交通工具。3.禁止為特定之投資。4.禁止進入特定之高消費場所消費。5.禁止贈與或借貸他人一定金額以上之財物。6.禁止每月生活費用超過一定金額。7.其他必要之禁止命令[38]。

現，為防止此種狡詐行為，規定行政執行法第24條第4款，以加強行政執行功能。最高行政法院109年度上字第408號判決指出，公司負責人，應依公司法第8條第1項、第2項規定為認定，係因公司之登記負責人原則上即為公司之實質負責人，惟如於具體事件經實際調查發現，義務人公司登記負責人並非實質為義務人公司管理事務或執行業務之人，而依相關事證所審認之實際負責人，其對義務人公司清償公法上金錢給付義務具實質影響力，應認其亦屬行政執行法第24條第4款所稱公司之負責人，俾符該款規定落實公法上金錢債權實現之本旨。

[37] 法務部民國99年5月31日法律字第0999023336號。

[38] 法務部行政執行署民國106年6月9日行執案字第10600531690號指出，保險業推出之儲蓄險，泛指生存給付成分較高之人壽保險，除身故保險金及完全殘廢保險金外，此類保險商品於契約約定期限屆至後通常會提供保戶定期或一筆之生存保險金，因有可領回之儲蓄性質，倘義務人欠繳公法上金錢債務，卻購買此類儲蓄險，顯屬有履行義務之可能而故不履行，恐有規避執行之虞，應有以禁止命令禁止之必要。

　　奢華生活無論係義務人自身之財產支應或由第三人提供者，均在禁止之列。考量禁止命令係限制義務人之財產管理處分權，爲符合比例原則，適用範圍不宜太廣，適用禁奢條款須具備「其滯欠合計達一定金額」、「已發現之財產不足清償其所負義務」、「生活逾越一般人通常程度」等要件，執行機關始得依職權或利害關係人之申請對義務人核發禁止命令。一定金額，依行政執行法第17條之1第2項規定，由法務部定之，俾便因應社會情況，彈性調整[39]。行政執行分署核發之禁止命令，僅限制義務人不得爲特定活動，對通知應予配合之第三人並無拘束力，義務人與第三人間法律行爲之效力，仍應依民法等相關法律認定，不受禁止命令影響；又義務人或利害關係人認禁止命令有侵害利益之情事者，得依行政執行法第9條聲明異議，以爲救濟。

　　基於行政執行分署對義務人生活程度之限制，涉及憲法人民基本權利之限制，自應符合正當法律程序，行政執行法第17條之1第3項規定，行政執行分署依行政執行法第17條之1第1項規定核發禁止命令前，應以書面通知義務人到場陳述意見。義務人經合法通知，無正當理由而不到場者，行政執行分署關於本條之調查及審核程序不受影響。

　　義務人生活是否逾越一般人通常程度而核發行政執行法第17條之1第1項之禁止命令，依行政執行法第17條之1第4項規定，應考量其滯欠原因、滯欠金額、清償狀況、移送機關之意見、利害關係人申請事由及其他情事，爲適當之決定[40]。

---

[39] 行政執行法第17條之1第1項之一定金額（民國104年1月15日生效）：
  1. 行政執行法第17條之1（下稱本條）第1項本文所稱滯欠合計達「一定金額」，係指義務人滯欠各類公法上金錢給付義務執行事件之金額合計達新臺幣1,000萬元。
  2. 本條第1項第1款所稱禁止購買、租賃或使用「一定金額」以上之商品或服務，係指單筆新臺幣2,000元之消費。
  3. 本條第1項第5款所稱禁止贈與或借貸他人「一定金額」以上之財物，係指單筆價值新臺幣2,000元之贈與或借貸。
  4. 本條第1項第6款所稱禁止每月生活費用超過「一定金額」，依義務人之住居所或戶籍所在地如下：(1)北區（含臺北市、新北市、基隆市、桃園縣、新竹市、新竹縣）：新臺幣2萬4,000元。(2)中區（含苗栗縣、臺中市、南投縣、彰化縣、雲林縣）：新臺幣1萬8,500元。(3)南區（含嘉義市、嘉義縣、臺南市、高雄市、屏東縣）：新臺幣1萬8,000元。(4)東區（含宜蘭縣、花蓮縣、臺東縣）：新臺幣1萬6,000千元。(5)離（外）島區（含澎湖縣、金門縣、連江縣）：新臺幣1萬4,000元。
[40] 法務部行政執行署民國101年8月20日，101年度署聲議字第128號認爲，異議人滯納鉅

　　義務人無正當理由違反行政執行法第17條之1第1項之禁止命令者，爲期發揮規範功能，行政執行法第17條之1第6項規定，行政執行分署得限期命其清償適當之金額，或命其報告一定期間之財產狀況、收入及資金運用情形；義務人不爲清償、不爲報告或爲虛僞之報告者，視爲其顯有履行義務之可能而故不履行，行政執行分署得依行政執行法第17條規定處理。

六、費用負擔

　　行政執行法第25條規定，有關本章之執行，不徵收執行費。但因強制執行所支出之必要費用，由義務人負擔之。必要費用，例如，強制執行程序進行中，拍賣、鑑價、估價、登報、送達相關文書等所支出之必要費用[41]。

七、準用規定

　　公法上金錢給付義務之執行，以實現公法上金錢債權爲目的，雖與民事上之強制執行，係爲實現人民私法上之金錢債權不同。惟公法上金錢給付義務係以義務人之財產爲執行標的物，此與民事上強制執行係以債務人之財產爲執行標的物，並無不同；且行政執行法兼具維護義務人財產權益之目的，此與強制執行法亦無不同，行政執行法第26條規定，關於本章之執行，除本法另有規定外，準用強制執行法之規定。

第四節　行為或不行為義務的行政執行

　　除違反金錢給付義務外，其他違反行政法義務的情形屬於行爲或不行爲義務之違反，例如，參加交通安全講習之行爲義務、未經申請主管機關許可不得產製酒品之不作爲義務。針對此類義務之行政執行，行政執行法第27條規定，依法令或本於法令之行政處分，負有行爲或不行爲義務，經於處分書或另以書面限定相當期間履行，逾期仍不履行者，由執行機關依間接強制或直接強制方

　　額之稅捐罰鍰不繳，又所發現之財產不足以清償所負義務，理應簡樸度日，將收入等財產優先償還欠款，且出國之費用支出並非爲維持一般人基本生活所必要，異議人卻於破產終結後頻繁入出境，顯然已逾越一般人通常程度。

[41] 法務部行政執行署民國91年10月25日，91年度署聲議字第702號。

法執行之。前項文書，應載明不依限履行時將予強制執行之意旨，此稱爲告戒程序。告戒之法律性質爲何，有所爭議，有採事實行爲說、行政處分說與準行政處分說。行政執行前之告戒並非行政處分，自不得對之提起行政訴訟爭[42]。告戒係獨立之行政處分，其對於是否執行以及如何執行具有拘束性之確認效力，得爲撤銷訴訟之標的[43]；有認爲書面告戒本質上並非如行政處分擬以直接對外發生法律效果爲目標，亦非完全不發生法律效果之事實行爲，而係作爲間接強制與直接強制前提之意思表示，具有類似行政處分之性質[44]。

最高行政法院109年度上字第1176號判決指出，告誡係指義務人不履行基礎處分所課予之義務時，執行機關爲使其知所惕勵，並期自動履行，而告以如未於限定期限內履行，將採取的強制方法。由於告誡處分限定義務人履行義務的期限，並爲執行機關後續採行強制方法的前提，對義務人而言，已產生規制性的法律效果，而屬行政處分。

人民受有公法上行爲或不行爲義務者，通常係由行政機關依法以行政處分設定之，此即行政執行法第27條所謂「本於法令之行政處分」而負有義務，該行政處分即爲行政執行之執行名義，一般稱之爲基礎處分，應與執行行爲具處分性之執行處分，二者嚴予區辨。義務人雖得對告戒或執行方法之選擇等事項爲爭議，但不得就該基礎處分表彰之實體事項爲主張，否則執行義務人若於執行階段再重覆爭執基礎處分之違法性或其表彰之內容，行政處分存續力將盪然無存，將有礙行政處分所形成法律秩序之安定性[45]。

汽車燃料使用費採公告開徵方式辦理，非以繳納通知書送達爲要件，汽車所有人當無不知應依規定繳納汽車燃料使用費之理，應認於主管機關公告各該年度汽車燃料使用費開徵之繳納期限屆滿翌日起三十日內，因汽車所有人未依

---

[42] 最高行政法院91年度裁字第1393號裁定。惟最高行政法院99年度判字第1379號判決指出，在行政執行程序中，執行機關就具體強制執行方法之告戒或執行方法所爲之選擇（如行政機關選擇採行政執行法第28條第2項之直接強制等），其具有行政處分性質，自得依行政執行法相關規定爲不服，並循序提起行政訴訟，但僅得就於執行命令、執行方法、應遵守之程序或其他侵害利益之情事不服。
[43] 李建良，論行政強制執行之權利救濟體系與保障內涵—以行爲、不行爲或忍受義務之執行爲探討中心，中研院法學期刊，第14期，2014年3月，第53頁。莊國榮，前揭書，第329頁。
[44] 李惠宗，行政法要義，8版，2020年9月，第602頁。
[45] 最高行政法院99年度判字第1379號判決。

法提起訴願即告確定。主管機關事後查得汽車所有人未依繳納通知書所定期限繳納汽車燃料使用費,而另行開立汽車燃料使用費催繳繳納通知書,應屬移送執行前之限期履行通知,受通知人若未依限履行,即得移送行政執行處強制執行。該催繳通知書之性質,係屬意思通知,非行政處分,受通知人無從訴請行政法院撤銷該催繳繳納通知書[46]。

　　行為或不行為義務之執行方法,分為直接強制和間接強制,行政執行法第28條規定,間接強制方法如下:一、代履行。二、怠金。直接強制方法如下:一、扣留、收取交付、解除占有、處置、使用或限制使用動產、不動產。二、進入、封閉、拆除住宅、建築物或其他處所。三、收繳、註銷證照。四、斷絕營業所必須之自來水、電力或其他能源。五、其他以實力直接實現與履行義務同一內容狀態之。

第一項　間接強制方法

一、代履行

　　行政執行法第29條第1項規定,依法令或本於法令之行政處分,負有行為義務而不為,其行為能由他人代為履行者,執行機關得委託第三人或指定人員代履行之。依法令負有行為義務係指該義務直接來自法律之規定,廢棄物清理法第11條第2款規定,與土地或建築物相連接之騎樓或人行道,由該土地或建築物所有人、管理人或使用人清除一般廢棄物[47]。

　　文化資產保存法第28條規定,古蹟、歷史建築或紀念建築經主管機關審查認因管理不當致有滅失或減損價值之虞者,主管機關得通知所有人、使用人或管理人限期改善,屆期未改善者,主管機關得逕為管理維護、修復,並徵收代履行所需費用,或強制徵收古蹟、歷史建築或紀念建築及其所定著土地。本條立法意旨在於古蹟保存具公共利益性,針對其管理需要,增列主管機關得逕為管理維護、修復等規範,所定「逕為管理維護、修復,並徵收代履行所需費用」屬行政執行法有關「代履行」之特別規定,為間接強制方法之一,倘若主管機關依文化資產保存法第28條規定作成命所有人、使用人或管理人限期改善之行政處分,如屆期未改善,主管機關即得逕為管理維護、修復,並向義務人

[46] 最高行政法院93年度判字第743號判決。
[47] 陳敏,行政法總論,10版,2019年11月,第888頁。

徵收代履行所需費用[48]。

代履行係針對行為義務之違反，該行為須能夠由他人代為履行，換句話說，該行為義務，不一定要由義務人親自為之，他人為之亦可達成目的，例如，命拆除違建之行為義務，義務人不拆除時，行政機關得透過代履行請他人拆除[49]。

（一）行為義務適合代履行

土地係屬河川區域公有地，行為人向政府機關承租土地期間，雖得種植低莖作物，但不得種植高莖作物。若無法提出承租期間經政府機關許可種植高莖作物之證明文件，行為人在河川區域內種植未經主管機關許可之植物，主管機關限期行為人自行除去，逾期不履行，將代為履行（僱請民間承包商）[50]。

汽車駕駛人違規停車後離去，因該車妨害交通，執行勤務警察使用民間車輛，依道路交通管理處罰條例第56條第2項將該車移置適當處所，並對駕駛人收取移置費、保管費，屬行政執行法所稱之「代履行」（間接強制執行之方法）[51]。

（二）行為義務不適合代履行

作為義務亦有不適合他人代履行者，例如，參加道路交通安全講習之義務，此種行為義務具有專屬性質，無法由他人代替。

公寓大廈管理條例第25條第3項規定，得為區分所有權人會議之召集權人，僅限於具區分所有權人身分之管理負責人、管理委員會主任委員或管理委員；無管理負責人或管理委員會，或無區分所有權人擔任管理負責人、主任委員或管理委員時，始得由區分所有權人互推一人為召集人。主管機關得否依據行政執行法規定代履行呢？區分所有權人會議召集權人之召集行為，性質上屬

---

[48] 法務部民國108年9月25日法律字第10803513950號。行政執行法第1條規定，行政執行，依本法之規定；本法未規定者，適用其他法律之規定。文化資產保存法第28條規定之「逕為管理維護、修復，並徵收代履行所需費用」，是否屬行政執行法有關「代履行」之特別規定，不無疑問。

[49] 惟如由主管建築機關之人員自行為之，則屬直接強制，非代履行。

[50] 最高行政法院100年度判字第1469號判決。

[51] 高雄高等行政法院90年度簡字第3878號裁定、最高行政法院91年度裁字第1420號裁定。

不可代替之行為義務，不得以代履行之方法強制執行[52]。

公司清算人向法院聲報就任，屬不可代為履行之行為義務，倘行政罰之原處分機關或該管行政機關依公司法第83條第4項裁罰後，認為有督促公司清算人履行聲報就任義務之必要者，仍得依行政執行法第27條規定限定行為人於相當期間履行聲報就任義務，並載明行為人逾期不履行時，將處以怠金之意旨；經處以怠金仍不履行義務者，尚得依行政執行法第31條規定連續處以怠金[53]。

（三）委託第三人或指定人員代履行

行政執行法所稱代履行，為間接強制方法之一，強制執行，如係由執行機關指定機關內人員履行者，係屬直接強制，而非屬代履行[54]。故行政執行法第29條第1項所稱指定人員，除其他法律對於行為義務之執行另有規定得由執行機關內人員代為履行者外，原則上不包含執行機關內之人員[55]。

行政機關委託第三人代履行時，例如，主管機關委託民間業者將違規車輛移置適當處所，行政機關與第三人間之法律關係為何？向有爭議。有認為兩者間係私法契約（行政輔助行為），契約履行之際，行政機關透過執行人員監督之，第三人之地位猶如行政上之助手[56]。第三人原則上得自由決定是否接受委託。義務人與第三人間並未發生直接法律關係，義務人基於公法，必須忍受第三人之代履行行為[57]。

（四）代履行費用

為避免執行機關代為履行後，義務人無力繳納或拒不繳納費用而失去代履行之目的，執行機關代履行前，行政執行法第29條第2項規定，代履行之費用，由執行機關估計其數額，命義務人繳納；其繳納數額與實支不一致時，退還其餘額或追繳其差額。行政執行法第29條第2項代履行費用既規定由行政機關「估計」其數額，自無從要求此估計之數額與日後代履行完畢後實際支出之費用完全相符，且依行政執行法第29條第2項之立法目的，如可提出具有關聯

---

[52] 法務部民國101年12月20日法律字第10100216630號。
[53] 法務部民國108年9月17日法律字第10803513930號。
[54] 法務部民國109年1月21日法制字第10902501150號。
[55] 法務部民國107年11月8日法制字第10702525730號。
[56] 吳志光，行政法，修訂12版，2023年2月，第484頁；陳敏，前揭書，第889頁認為是私法上之承攬或僱傭契約。
[57] 陳敏，前揭書，第889頁。

性及合理性之執行方法再行估計，代履行估計數額並不以一次為限[58]。

文化資產保存法第28條規定，古蹟、歷史建築或紀念建築經主管機關審查認因管理不當致有滅失或減損價值之虞者，主管機關得通知所有人、使用人或管理人限期改善，屆期未改善者，主管機關得逕為管理維護、修復，並徵收代履行所需費用，或強制徵收古蹟、歷史建築或紀念建築及其所定著土地。司法實務見解有對於執行機關將人事費用納入估計代履行費用之個案，認為人事費用與執行相關法令之目的間具有必要性及關聯性，且其確係依其執行個案之工時予以估算者，執行機關得命義務人繳納該等人事之代履行費用（臺中高等行政法院107年度訴字第87號判決參照）[59]。

二、怠 金

怠金係對義務人處以一定數額之金錢，使其心理上產生強制作用，間接促其自動履行之強制執行手段，其數額之多寡，宜由執行機關依義務人違反義務情節之輕重酌情裁量，始能發揮執行之效果。行政執行法第30條規定，依法令或本於法令之行政處分，負有行為義務而不為，其行為不能由他人代為履行者，依其情節輕重處新臺幣5,000元以上30萬元以下怠金。依法令或本於法令之行政處分，負有不行為義務而為之者，亦同。

（一）適用怠金的情形

1. 違反行為義務，該行為義務無法由他人代為履行，例如，參加道路交通安全講習之義務，此項義務無法代履行，義務人未參加時，得科處怠金。公司清算人向法院聲報就任，屬不可代為履行之行為義務，倘行政罰之原處分機關或該管行政機關依公司法第83條第4項裁罰後，認為有督促公司清算人履行聲報就任義務之必要者，仍得依行政執行法第27條規定限定行為人於相當期間履行聲報就任義務，並載明行為人逾期不履行時，將處以怠金之意旨；經處以怠金仍不履行義務者，尚得依行政執行法第31條規定連續處以怠金[60]。

2. 違反不作為的義務，不作為義務無法代履行，因此以怠金的方式來強制人民履行不作為義務，例如，未經申請主管機關許可不得產製酒品之不作為

---

[58] 最高行政法院109年度判字第429號判決。
[59] 法務部民國110年5月18日法律字第11003506720號。
[60] 法務部民國108年9月17日法律字第10803513930號。

義務。營業人倘於主管稽徵機關依加值型及非加值型營業稅法第52條第2項規定爲停業處分後仍繼續營業，即屬違反負有不行爲義務行政處分之情形，主管稽徵機關如已於停業處分書或另以書面限定相當期間履行，並載明不依限期履行時將予強制執行之旨，而義務人逾期仍不履行者，主管稽徵機關即得依行政執行法第30條規定處以怠金[61]。

（二）罰鍰與怠金之差異

罰鍰係針對義務人過去違反行政法上義務所爲之處罰，在學理上又稱爲秩序罰；怠金在學理上又稱爲執行罰，性質上係對違反行政法上行爲或不行爲義務者處以一定數額之金錢，使其心理上發生強制作用，間接督促其自動履行之強制執行手段，其目的在於促使義務人未來履行其義務[62]，非追究其過去違反義務行爲之責任，本質上並非處罰，屬於間接強制方之一，故兩者之性質不同，無一行爲不二罰原則之適用，理論上可併行之[63]。

（三）罰鍰或怠金之爭議

戶籍法第53條（現改爲第79條）規定，無正當理由不於法定期間爲登記之申請者，處新臺幣300元以下罰鍰（處新臺幣300元以上900元以下罰鍰）；經催告而仍不爲申請者，處新臺幣600元以下罰鍰（處新臺幣900元罰鍰），上述法律規定之罰鍰性質爲何？

1. 法務部民國89年12月5日法律字第042412號函

戶籍法第53條規定後段處以罰鍰（實爲怠金）之作用乃在促使負有行政義務之義務人將來履行其義務，而非對行爲人過去義務違反之處罰，屬執行罰之性質，如經催告而仍不履行其義務者，依法科處罰鍰（實爲怠金）後，義務人仍不履行義務，自得再予處罰，並無一事不再罰原則之適用（行政執行法第31條規定）。

2. 法務部民國95年7月3日法律字第950018795號函

行爲人經主管機關依戶籍法第53條前段或後段規定處罰鍰，並催告其爲登

---

[61] 法務部民國109年2月19日法律字第10903502930號。

[62] 法務部民國109年2月19日法律字第10903502930號指出，倘義務人已履行其義務，或義務之履行爲不可能，處以怠金之目的即不存在，不得對之處以怠金；已處怠金者，亦不得再爲追繳或徵收。

[63] 法務部民國97年11月10日法律字第0970033949號。

記之申請而仍不為之者，該處分送達後所為之違反行政法上義務行為，屬另一行為，自得再為處罰，且因係違反戶籍法之申請義務，故該處罰之性質應為行政罰。戶籍法第53條後段處罰鍰部分，應屬秩序罰。法務部民國89年12月5日法律字第042412號函，應即停止適用。

（四）連續科處怠金

怠金僅係促使義務人自動履行之間接強制執行手段，非就義務人違反其義務所為之處罰，故不發生一行為不二罰問題。因此，只要義務尚未履行，可以連續科處怠金，至人民履行義務為止。行政執行法第31條第1項規定，經依第30條規定處以怠金，仍不履行其義務者，執行機關得連續處以怠金。行政執行法第31條第2項規定，依前項規定，連續處以怠金前，仍應依第27條規定以書面限期履行。但法律另有特別規定者，不在此限。

1. 按日連續處罰之性質

行政法規中常見按日連續處罰之規定，例如，票券金融管理法第71條規定，票券商經依本章規定處罰後，於規定期限內仍不改正者，得對其同一事實或行為依原處罰鍰按日連續處罰，至依規定改正為止；其情節重大者，並得責令限期撤換負責人或廢止其許可。漁港法第20條規定，有第18條第1項第1款或第2款情形者[64]，處行為人或其雇用人新臺幣10萬元以上50萬元以下罰鍰，並令其限期清除或除去其危害或妨礙；屆期未辦理者，按日連續處罰。有關按日連續處罰之性質為何，眾說紛紜，有認為秩序罰者，有認為執行罰者，亦有認為兼具兩種性質者。

針對此問題，法務部民國95年6月20日法律字第0950012743號指出，按日連續處罰之性質何屬，容有下列不同見解：(1)行政罰說，行政罰係對於過去違反行政法上義務所為之裁罰性不利處分，執行罰（或稱怠金）係以督促義務人將來履行義務為目的之一種行政強制執行方法，義務人經告戒仍不履行義務，執行機關本得連續處以怠金（行政執行法第31條第1項規定），無待法律規定。若各行政法規明定有此種連續處罰條文，其性質應屬行政罰而非執行罰；有關義務人違反「限期改善」之義務，對此種違反過去義務所為之連續處罰，性質上即屬行政罰。(2)行政上強制執行方法（執行罰）說，連續處罰之

---

[64] 漁港法第18條第1款及第2款規定，在漁港區域內，不得為下列行為：1.危害安全及妨礙船舶航行行為。2.排放有毒物質、有害物質、廢油。

目的在督促行為人排除因其違規行為所造成污染環境之現狀，以便將來實現履行義務之合法狀態，係促使行為人完成改善之手段，類似強制執行之一種手段，具有行政執行罰性質。(3)行政罰兼具執行罰說，連續處罰性質上是併用行政罰及執行罰，尤其是在第二次處分以後都利用行政罰的外衣，達到執行罰之效果，其乃著眼於連續處罰具有濃厚的逼迫性，正屬於執行罰，而非行政罰的特色[65]。法務部則傾向採行政罰說。水污染防治法第52條規定之按日連續處罰（現已改為按次處罰），並非係因行為人違反同法第30條第1項各款情形之一或第31條第1項規定，而係違反主管機關依法律所課予之限期改善義務，此亦屬一種行政法上義務，且其處罰法定額度與違反原來行政法義務（同法第30條第1項各款情形之一或第31條第1項規定）相同。每次主管機關依法律所課予之限期改善義務，均屬一項獨立義務，對違反義務者，均得單獨裁處行政罰；法律規定「按日連續處罰」，當係指主管機關得每日課予限期改善義務並就違反義務之行為處罰而言。水污染防治法第52條規定之按日連續處罰係行政罰，而非行政執行之方法（執行罰）。惟法務部另指出，針對個案事實之認事用法，法務部尊重司法機關之見解。

最高行政法院對按日連續處罰性質之看法，則與法務部見解不同。

空氣污染防制法第56條第2項規定按日連續處罰（現已改為按次處罰）之目的，旨在藉由不斷的處罰，迫使行為人履行其公法上義務，例如，改善空氣污染物的排放，故其重點應非在過去義務違反之制裁，而是針對將來義務履行所採取之督促方法。就此而言，按日連續處罰規定在性質上較接近「執行罰」，一般稱為「怠金」。惟在規範方式上，按日連續處罰通常與行政秩序罰併合規範，以空氣污染防制法第56條規定為例，主管機關於查獲事業違反空氣污染物排放標準排放空氣污染物，依此規定所為之第一次罰鍰處分，係就事業「過去」違反義務行為（違反空氣污染物排放標準）所科處之罰鍰，在性質上屬於「秩序罰」。其後，主管機關施以按日連續處罰，此為督促其履行此項改善義務之「執行罰」。按日連續處罰之實施，係對義務人反覆科處一定數額之金錢，使其心理上發生強制作用，以間接促其自動履行義務之強制方法，故主管機關應先課予人民一定之義務，並告以「不依限履行時將予強制執行之意旨」。主管機關在查獲事業有違法排放空氣污染物之事實時，除予以處罰

[65] 林明鏘，行政法講義，修訂4版，2018年4月，第285頁；陳新民，行政法學總論，新10版，2020年7月，第425頁。

外，並應先通知其限期改善，且應載明「不依限履行時將予按日連續處罰之意旨」，而於義務人未依限完成改善時，始得按日連續處罰[66]。

廢棄物清理法第52條第1項規定，事業貯存、清除、處理或再利用一般事業廢棄物，違反第28條第1項、第36條第1項規定者，處新臺幣6,000元以上3萬元以下罰鍰，經限期改善，屆期仍未完成改善者，按日連續處罰。第52條後段所稱按日連續處罰，其立法目的，在課行為人應於期限內改善之義務，對不遵行期限改善，即按日連續處罰至遵行改善為止，係作為督促行為人完善改善之手段，形式上雖為處罰，實質上乃行政執行罰之性質，並非秩序罰[67]。

由於按日連續處罰被認為屬執行罰，其目的旨在警惕督促行為人履行義務，改善違規情事，維護附近居民健康；處分機關對於行為人予以按日連續處罰，須依循執行準則規定，踐行告戒程序，且法條既明定為「按日」，除應證明處罰之日確有違規事實存在外，且處分書開具應依未完成改善之日逐日作成，並「按日」送達舉發通知書或處分書，用符連續處罰促使行為人及早改善違規行為，維護國民健康之立法目的[68]。主管機關對於行為人施予按日連續處罰，除應證明處罰之日確有違規事實存在外，其處分書應依未完成改善之日儘速作成，並即時送達相對人，用符連續處罰促使行為人及早改善違規行為，維護國民健康之立法目的。桃園縣政府累積多達八份處分書一次送達，且於上訴人完成改善之後始送達，其作成已違背正當法律程序，難謂合法[69]。

行政機關對於按日連續處罰之數個（每日）違法事實，除法律明定視為有違法事實存在者外，均應依職權調查證據，並憑證據逐一認定，不能僅憑其中一次（日）之違法事實，作為處罰其他數個（數日）違法事實之基礎[70]。

---

[66] 最高行政法院96年度判字第141號判決、最高行政法院100年度判字第986號判決、最高行政法院101年度判字第236號判決。

[67] 最高行政法院98年度判字第1473號判決。義務人不遵行主管機關令其改善之行政法上義務，予以裁罰，其性質應屬行政秩序罰而非執行罰；又主管機關對其有無違反行政法上義務，應逐次依職權調查事實及證據，以作為裁罰之基礎，而非按日予以處罰。2017年1月18日修正公布之廢棄物清理第52條修正為，貯存、清除、處理或再利用一般事業廢棄物，違反第28條第1項、第31條第1項、第5項、第34條、第36條第1項、第39條規定或依第29條第2項、第39條之1第2項所定管理辦法者，處新臺幣6,000元以上300萬元以下罰鍰。經限期改善，屆期仍未完成改善者，按次處罰。

[68] 最高行政法院97年度判字第361號判決、最高行政法院94年度判字第1770號判決。

[69] 最高行政法院99年度判字第1072號判決。

[70] 最高行政法院90年度判字第2448號判決。最高行政法院95年度判字第1172號判決亦指

　　惟最高行政法院108年4月份第2次庭長法官聯席會議決議對於按日連續處罰之性質似乎出現不同看法，其認爲，處分相對人受廢棄物清理法第50條或廢棄物清理法第51條第2項限期改善處分發生依期完成改善之單一行政法上義務，在其完成改善前，此違反行政法上義務狀態持續中，於處分機關處罰後（處分書送達後）始切斷其單一性，之後如仍未完成改善者，方構成另一違反行政法上義務行爲。廢棄物清理法第50條或廢棄物清理法第51條第2項規定屆期仍未完成改善者，得按日連續處罰之目的，係督促處分相對人依期改善，處分機關以處分相對人未完成改善而處罰之，如果不即時送達處分書，使其知悉連續處罰之壓力而儘速改善，反而便宜行事，僅按日裁罰合併送達，即無法達到督促處分相對人完成改善之目的，與按日連續處罰之立法目的有違。處分機關必須於處分書送達後始得再爲處罰。

2. 按次連續處罰之性質

　　除按日連續處罰規定外，行政法規中亦可見按次連續處罰之規定，例如，總統副總統選舉罷免法第96條第6項規定，違反第50條規定者，處新臺幣50萬元以上500萬元以下罰鍰；經制止不聽者，按次連續處罰[71]。公路法第72條第1項規定，擅自使用、破壞公路用地或損壞公路設施者，處新臺幣3萬元以上15萬元以下罰鍰；公路主管機關並應責令其回復原狀、償還修復費用或賠償。管線機構或其他工程主辦機關（構）使用公路用地設置管線或其他公共設施時，未依申請許可檢附之工程計畫書維持交通、辦理修復者，處新臺幣3萬元以上15萬元以下罰鍰，並得繼續限期改善；屆期仍未改善者，按次連續處罰

出，「按日」處罰容許行政機關得以「日」爲單位對行爲人爲處罰，惟行爲人究有無違規事實，似宜依證據逐一認定以證明處罰之日確有違規事實存在，以作爲裁罰之基礎。得否僅憑行爲人因一次違規及其後經查檢未改善之事實，即得據爲作爲處罰行爲人自第一次違規後至上訴人於改善期限屆至時查驗仍未改善，即就該期間內逐日連續處罰之依據，非無斟酌餘地。

[71] 總統副總統選舉罷免法第50條規定，政黨及任何人，不得有下列情事：1.於競選活動期間之每日上午七時前或下午十時後，從事公開競選、助選或罷免活動。但不妨礙居民生活或社會安寧之活動，不在此限。2.於投票日從事競選、助選或罷免活動。3.妨害其他政黨或候選人競選活動；妨害其他政黨或其他人從事罷免活動。4.邀請外國人民、大陸地區人民或香港、澳門居民爲第43條各款之行爲。但受邀者爲候選人、被罷免人之配偶，其爲第43條第2款之站台、亮相造勢及第7款之遊行、拜票而未助講者，不在此限。

之。郵政法第41條規定，違反第7條規定者，處新臺幣2萬元以上10萬元以下罰鍰，並令其限期改善；屆期不改善者，得按次連續處罰[72]。

有關按次連續處罰之性質，最高行政法院認爲，立法者對於違規事實一直存在之行爲，如考量該違規事實之存在對公益或公共秩序確有影響，除使主管機關得以強制執行之方法及時除去該違規事實外，並得藉裁處罰鍰之次數，作爲認定其違規行爲之次數，即每裁處罰鍰一次，即認定有一次違反行政法上義務之行爲發生而有　次違規行爲，因而對於違規事實持續之行爲，爲按次連續處罰者，即認定有多次違反行政法上義務之行爲發生而有多次違規行爲，從而對此多次違規行爲得予以多次處罰，並不生一行爲二罰之問題，與法治國家一行爲不二罰之原則，並無牴觸。惟以按次連續處罰之方式，對違規事實持續之違規行爲，評價及計算其法律上之違規次數，並予以多次處罰，其每次處罰既然各別構成一次違規行爲，則按次連續處罰之間隔期間是否過密，以致多次處罰是否過密，仍須審酌是否符合憲法上之比例原則，司法院釋字第604號解釋足資參照。按次連續處罰既以違規事實持續存在爲前提，而使行政機關每處罰一次即各別構成一次違規行爲，顯以合理且必要之行政管制行爲，作爲區隔違規行爲次數之標準，除法律將按次連續處罰之條件及前後處罰之間隔及期間爲明確之特別規定，或違規事實改變而非持續存在之情形者外，則前次處罰後之持續違規行爲，即爲下次處罰之違規事實，始符所謂「按次連續處罰」之本旨[73]。行政機關如適用按次連續處罰之規定，而於罰鍰處分書僅記載裁處前任意部分時段之違規行爲，使「時段」在行政機關具體實施之管制行爲外，構成另一種任意區隔連續違規行爲次數之標準，致行政機關「按次連續」裁處罰鍰之處分書未記載部分時段之裁處前違規行爲，可能成爲另一次罰鍰處分之違規事實，而行爲人則在法律以行政機關之具體裁處行爲所區隔之一次違規行爲之範圍內，有受重複處罰之虞，此即與按次連續處罰之立法本旨不符而於法有違[74]。

運彩條例第24條第1款（現爲第22條第1項）規定，發行機構如有違反依運

---

[72] 郵政法第7條規定，除中華郵政公司或經其同意者外，任何人不得使用與郵政、郵局（含中文及外文）相同之文字、圖形、記號或其聯合式，表彰其營業名稱、服務或產品。

[73] 最高行政法院98年11月份第2次庭長法官聯席會議決議；最高行政法院102年度判字第797號判決。

[74] 最高行政法院105年度判字第290號判決。

彩條例第5條授權訂定之運彩辦法有關發行、銷售、促銷、兌獎或管理規定之行為，主管機關應令其限期改善，屆期仍未改善者，即應處3萬元以上15萬元以下罰鍰，並得按次處罰。立法者對於違規事實一直存在之行為，如考量該違規事實之存在對公益或公共秩序確有影響，除使主管機關得以強制執行之方法及時除去該違規事實外，並得藉裁處罰鍰之次數，作為認定其違規行為之次數，即每裁處罰鍰一次，即認定有一次違反行政法上義務之行為發生而有一次違規行為，因而對於違規事實持續之行為，為按次連續處罰者，即認定有多次違反行政法上義務之行為發生而有多次違規行為，從而對此多次違規行為得予以多次處罰，並不生一行為二罰之問題，與法治國家一行為不二罰之原則並無牴觸[75]。

　　按次連續處罰之性質依最高行政法院見解應為行政罰，惟按次連續處罰之用語與按日連續處罰過於類似，易生疑義，為避免無謂爭議，後來法律用語改為按次處罰，例如，運動彩券發行條例第24條第1項第1款規定有下列情事之一者，處新臺幣3萬元以上15萬元以下罰鍰，並令其限期改善，屆期未改善者，得按次處罰：發行機構違反第9條規定，未依限申報書表。都市計畫法第79條第1項規定，都市計畫範圍內土地或建築物之使用，或從事建造、採取土石、變更地形，違反本法或內政部、直轄市、縣（市）政府依本法所發布之命令者，當地地方政府或鄉、鎮、縣轄市公所得處其土地或建築物所有權人、使用人或管理人新臺幣6萬元以上30萬元以下罰鍰，並勒令拆除、改建、停止使用或恢復原狀。不拆除、改建、停止使用或恢復原狀者，得按次處罰，並停止供水、供電、封閉、強制拆除或採取其他恢復原狀之措施，其費用由土地或建築物所有權人、使用人或管理人負擔。金融控股公司法第67條規定，金融控股公司或受罰人經依本章規定處以罰鍰後，於主管機關規定期限內仍不予改善者，主管機關得按次處罰；其情節重大者，並得解除負責人職務或廢止其許可。

　　按次處罰並不生一行為二罰之問題，惟如何決定按次處罰之間隔期間呢？司法院釋字第604號解釋理由書指出，違規停車，在禁止停車之處所停車，行為一經完成，即實現違規停車之構成要件，在車輛未離開該禁止停車之處所以前，其違規事實一直存在。立法者對於違規事實一直存在之行為，如考量該違規事實之存在對公益或公共秩序確有影響，除使主管機關得以強制執行

---

[75] 最高行政法院102年度判字第639號判決。2014年6月18日公布修正之運動彩券發行條例第26條刪除原條文第1款規定。

之方法及時除去該違規事實外，並得藉舉發其違規事實之次數，作為認定其違規行為之次數，即每舉發一次，即認定有一次違反行政法上義務之行為發生而有一次違規行為，因而對於違規事實繼續之行為，為連續舉發者，即認定有多次違反行政法上義務之行為發生而有多次違規行為，從而對此多次違規行為得予以多次處罰，並不生一行為二罰之問題，故與法治國家一行為不二罰之原則，並無牴觸。惟每次舉發既然各別構成一次違規行為，則連續舉發之間隔期間是否過密，以致多次處罰是否過當，仍須審酌是否符合憲法上之比例原則，且鑑於交通違規之動態與特性，進行舉發並不以違規行為人在場者為限，則立法者欲藉連續舉發以警惕及遏阻違規行為人任由違規事實繼續存在者，自得授權主管機關考量道路交通安全等相關因素，將連續舉發之條件及前後舉發之間隔及期間以命令為明確之規範。2002年7月3日修正公布之道路交通管理處罰條例第85條之1第2項第2款規定，逕行舉發汽車有第56條第1項規定之情形，而駕駛人不在場或未能將車輛移置每逾二小時者，得連續舉發，此項規定固屬明確，惟鑑於交通壅塞路段或交通尖峰時刻，違規停車狀態縱不逾二小時亦有嚴重影響交通秩序者，立法者將連續舉發之間隔期間明定於法律之同時，宜在符合授權明確性之原則下，容許主管機關得因地制宜，縮短連續舉發之法定間隔期間，避免因該法定間隔期間之僵化，而影響交通秩序之維護。

第二項　直接強制方法

直接強制係義務人不履行其行為或不行為義務時，執行機關對義務人之身體、財產「直接」施以實力，強迫人民履行義務或實現與履行義務同一內容狀態之手段。例如，註銷證照、扣留等。行政執行法第28條第2項規定，第27條所稱之直接強制方法如下：一、扣留、收取交付、解除占有、處置、使用或限制使用動產[76]、不動產。二、進入、封閉、拆除住宅、建築物或其他處所。三、收繳、註銷證照[77]。四、斷絕營業所必須之自來水、電力或其他能源。

---

[76] 法務部民國105年9月7日法律字第10503513460號指出，自助洗衣坊就其「不得使用動力機械操作」之義務不履行，經間接強制不能達成執行目的時，執行機關得採取「限制使用動產」之直接強制方法。

[77] 最高行政法院96年度判字第368號判決指出，中國文化大學於92年9月23日以校教字第0920002183號函及92年10月24日以校教第0920002540號函，二次通知上訴人於92年10月31日繳回其學位證書，惟因上訴人迄未將碩士學位證書繳回，則依行政執行法第28

五、其他以實力直接實現與履行義務同一內容狀態之方法。

　　民法第1059條之規定，子女僅能從父姓或母姓，子女如已從父姓，父姓有所變更時，子女及從該姓之直系血親卑親屬之姓氏亦應隨父姓而變動，此為法理上當然解釋。戶籍法第21條規定，戶籍登記事項有變更時，應為變更之登記。倘父親依法變更姓氏時，原從父姓之子女自應向戶政機關申請變更姓氏登記；如未申請者，戶政機關可限期命其申請變更登記，逾期仍不為申請，戶政機關得依行政執行法第27條第1項、第28條第1項及第30條規定，處以怠金促其履行；經處以怠金仍不能達成目的之時，可直接由戶政機關為變更登記（行政執行法第28條第2項第5款規定）[78]。

第三項　直接強制與間接強制之關係

　　為充分保障義務人之權益，行為或不行為義務之執行，應遵守間接強制優先於直接強制之原則。惟若其轉換執行之要件過於嚴格，不但有礙執行，且嚴重影響執行效能。行政執行法第32條規定，經間接強制不能達成執行目的，或因情況急迫，如不及時執行，顯難達成執行目的時，執行機關得依直接強制方法執行之。行政機關應先透過間接強制的方法，例如，對於違規營業之情形，科處罰鍰後，再科處怠金要求改善。如未為改善以致於不能達成目的的時候，才能開始直接強制，例如，斷水、斷電。經間接強制不能達成執行目的，係指在客觀上可預見之期間內，無法期待義務人經由間接強制達到執行目的[79]。客觀上可預見之期間內，是否可期待義務人經由間接強制達到執行目的，應對義務人資力、技術能力及履行誠意等進行預估，以作為直接強制之依據[80]。

　　條第2項第3款規定，中國文化大學公告註銷上訴人之學位證書並予以作廢，亦屬合法。該公告註銷學位證書並予作廢，係上訴人依撤銷學位處分負有繳回學位證書之行為義務，並經中國文化大學以書面限定相當期間履行，惟上訴人逾期仍未履行，則中國文化大學依行政執行法第28條第2項第3款之直接強制方法，上訴人對該執行方法如認有侵害利益之情事，應依行政執行法第9條規定聲明異議。

[78] 法務部民國99年7月13日法律字第0999019924號。

[79] 法務部民國103年7月31日法律字第10303508880號指出，經間接強制不能達成執行目的，係指執行機關已優先採行間接強制執行方法，惟義務人仍拒不配合代履行，或課以怠金，仍不履行原有行為或不行為義務，致間接強制顯然不能達成執行目的時，執行機關即可斟酌實際情況轉換為直接強制。

[80] 李惠宗，前揭書，第607頁指出，對於經營不善之造紙廠違法排放大量廢水，如無法期待其於短期間內改善生產設備，可逕行直接強制，予以停工。

　　臺中市政府都市發展局就上訴人建物逾期補辦或未能補辦申領執照手續，本即可依違章建築處理辦法第5條規定執行拆除程序，臺中市政府都市發展局考量減緩影響相關從業人員之生計，並基於處怠金之間接強制方法不能達執行目的。為維護公共安全及年節將近，營業場所人潮湧入將使市民生命財產安全疑慮升高之重大公益，乃以斷絕營業所必須之自來水、電力或其他能源之直接強制方法，主張符合行政執行法第32條所規定倘經間接強制不能達成執行目的或因情況急迫，如不即時執行，顯難達成行政目的，執行機關得依直接強制方法執行之要件。惟臺中市政府都市發展局尚未採取應先採取對上訴人權益損害最小之間接方式（如怠金）作為執行手段，即以符合行政執行法第32條所謂因情況急迫，如不即時執行，顯難達成行政目的，而依直接強制方法執行，雖難謂為全然無理，但本件實際臺中市政府都市發展局並未於108年10月3日，而延至109年6月1日始執行斷水斷電完畢，距臺中市政府都市發展局108年9月30日函所表示本件將於108年10月3日後函請自來水公司、台電公司辦理停止供水供電事宜，長達約八個月之久，顯見與臺中市政府都市發展局原先所稱符合行政執行法第32條所謂因情況急迫，如不即時執行，顯難達成行政目的，而須依直接強制方法執行等情，大相逕庭，臺中市政府都市發展局所主張本件有情況急迫應予直接強制方法執行，自難採信[81]。

　　未登記工廠經主管機關令其停工後仍數次查獲違法從事製造加工行為，因情節重大，主管機關遂依工廠管理輔導法第35條第1項規定執行斷電措施，惟該未登記工廠租用自用發電設備，持續違法從事製造加工行為，顯見非採取直接強制措施不能達成執行目的，故主管機關除得依工廠管理輔導法第30條規定按次連續處罰鍰至停工為止外，倘經預為告戒其不依限履行時將予強制執行之意旨（行政執行法第27條第2項），逾期仍不履行，必要時自得再斷絕營業所必需之自來水、電力或其他能源（工廠管理輔導法第35條及行政執行法第28條第2項第4款）或選擇其他以實力直接實現與履行義務同一內容狀態之方法（行政執行法第28條第2項第5款），例如：協請警察機關會同至廠區限制使用相關設備[82]。

　　司法院釋字第112號解釋指出，行政官署對於違反行政執行法第4條所定行為或不行為義務者，經依該法規定，反覆科處罰鍰，而仍不履行其義務時，尚

[81] 最高行政法院109年度上字第900號判決。
[82] 法務部民國106年3月23日法律字第10603500370號。

非該法第11條所稱不能行間接強制處分，自難據以逕行直接強制處分。

第五節　即時強制

第一項　即時強制之意義

　　即時強制不以人民違反行政義務為前提，亦非強制義務之履行，係行政機關為阻止犯罪、危害之發生或避免急迫危險，有即時處置之必要時，無須經過限期履行之程序，得即時為強制；即時強制並不以人民違反行政法上義務為前提，此亦為即時強制與行政上強制執行（包括公法上金錢給付義務之強制執行、行為或不行為義務之強制執行及物之交付義務之強制執行）主要區別所在。即時強制之機關必須就該事項有法定職權，並不得逾越其權限範圍而實施；選擇強制方法之種類與強制之範圍或程序，均當符合比例原則。由於即時強制之方法對人民權益影響較大，除必須具備上開所述之緊急性與必要性之一般要件外，行政執行法第37條至第40條更規定須具備特別要件，始得實施[83]。

　　依行政執行法第36條規定，行政機關為阻止犯罪、危害之發生或避免急迫危險，而有即時處置之必要時，得為即時強制。即時強制方法如下：一、對於人之管束。二、對於物之扣留、使用、處置或限制其使用。三、對於住宅、建築物或其他處所之進入。四、其他依法定職權所為之必要處置[84]。

　　行政機關係指相關法令之主管機關或依法得為即時強制之機關（行政執行法施行細則第5條）。航政主管機關依船舶法立法目的，為強化船舶航安管理，對於船舶超載等情形，如認符合前開發動即時強制之要件者，自得本於法

---

[83] 法務部101年10月1日法律字第10103108070號。

[84] 例如，災害防救法第24條第1項規定，為保護人民生命、財產安全或防止災害擴大，直轄市、縣（市）政府、鄉（鎮、市、區）、山地原住民區公所於災害發生或有發生之虞時，應勸告或強制其撤離，並作適當之安置。傳染病防治法第37條第1項規定，地方主管機關於傳染病發生或有發生之虞時，應視實際需要，會同有關機關（構），採行下列措施：1.管制上課、集會、宴會或其他團體活動。2.管制特定場所之出入及容納人數。3.管制特定區域之交通。4.撤離特定場所或區域之人員。5.限制或禁止傳染病或疑似傳染病病人搭乘大眾運輸工具或出入特定場所。6.其他經各級政府機關公告之防疫措施。

定職權爲即時強制而制止其航行[85]。

依調查事證結果，認定行爲人目前仍有繼續虐待動物之行爲時，爲阻止違反動物保護法行爲之危害發生，而有即時處置之必要時，應得於合乎比例原則之前提下，依行政執行法第36條，強行進入住宅，爲必要之處置[86]。

避免急迫危險，係指危險迫在眉睫應及時介入，在程度上似乎比阻止危害之發生的危險度更高，且在時間上更急迫，危險即將發生或已開始發生，不及時處理，恐釀成更大危害。即時強制僅爲事實行爲中之一類型，兒童及少年福利法第36條第1款（現爲兒童及少年福利與權益保障法第56條）所定應爲緊急保護、安置或爲其他必要處置之各款情形急迫性不一，是否已達上開即時強制之急迫性，而屬即時強制之性質，宜請內政部就具體情形，本於職權自行審認之[87]。

第二項　即時強制之方法

一、對人管束

行政執行法第37條規定，對於人之管束，以合於下列情形之一者爲限：（一）瘋狂或酗酒泥醉，非管束不能救護其生命、身體之危險，及預防他人生命、身體之危險者。（二）意圖自殺，非管束不能救護其生命者。（三）暴行或鬥毆，非管束不能預防其傷害者。（四）其他認爲必須救護或有害公共安全之虞，非管束不能救護或不能預防危害者。前項管束，不得逾二十四小時。

二、對物扣留

行政執行法第38條規定，軍器、凶器及其他危險物，爲預防危害之必要，得扣留之。扣留之物，除依法應沒收、沒入、毀棄或應變價發還者外，其扣留期間不得逾三十日。但扣留之原因未消失時，得延長之，延長期間不得逾二個月。扣留之物無繼續扣留必要者，應即發還；於一年內無人領取或無法發還者，其所有權歸屬國庫；其應變價發還者，亦同。

---

[85] 法務部民國97年3月10日法律字第0970000979號。
[86] 臺北市政府法規委員會民國95年8月14日北市法二字第09532082600號。
[87] 法務部民國95年4月13日法律字第0950009894號。

即時強制之方法對人民權益影響較大，除必須具備行政執行法第36條所定緊急性與必要性之一般要件外，對於得扣留之物，行政執行法第38條更規定須具備特別要件，即以軍器、凶器及其他危險物為限，始得實施。上開規定係即時強制之一般性規定，僅在規範即時強制之目的、方法態樣、實施程序，至於個別即時強制措施之要件，仍應由各該行政領域之法律規範[88]。

行政執行法第38條第1項規定，所稱「對於物之扣留」，屬即時強制方法之一，除須具備該法第36條第1項所規定緊急性與必要性之一般要件外，並須具備該法第38條第1項規定之特別要件。故依行政執行法第36條及第38條規定得扣留之物，以軍器、凶器及其他危險物為限[89]。船舶如僅載運一般油品，而非毒性化學原料，性質上似與行政執行法第38條第1項規定之危險物有別，而不得作為扣留之標的[90]。

水利法第93條規定，違反本法或主管機關依法所發有關水利管理命令，而擅行或妨礙取水、用水或排水者，處4,000元以上2萬元以下罰鍰；因而損害他人權益者，處三年以下有期徒刑、拘役或科或併科4,000元以上2萬元以下罰金。前項擅行或妨礙取水、用水或排水所使用之機件、工具，主管機關得先行扣留之。第2項所稱「先行扣留」，當係同條第1項處罰前所為之證據保全行為，核與即時強制方法之「扣留」，二者要件顯有不同。主管機關依水利法第93條第2項規定先行扣留之機件、工具，應不具備行政執行法有關即時強制扣留之要件，其處理方式，無行政執行法第38條規定之適用。

三、使用或處置其土地、住宅、建築物、物品或限制其使用

行政執行法第39條規定，遇有天災、事變或交通上、衛生上或公共安全上有危害情形，非使用或處置其土地、住宅、建築物、物品或限制其使用，不能達防護之目的時，得使用、處置或限制其使用。消防法第19條第1項亦規定，消防人員對火災處所及其周邊之土地、建築物、車輛及其他物品，非使用、損壞或限制其使用，不能達搶救之目的時，得使用、損壞或限制其使用。

---

[88] 法務部民國112年2月15日法律字第11203502140號。
[89] 法務部民國91年11月29日法律字第0910045555號。
[90] 法務部民國107年2月14日法律字第10703502330號。

四、對於住宅、建築物或其他處所之進入

　　行政執行法第40條規定，對於住宅、建築物或其他處所之進入，以人民之生命、身體、財產有迫切之危害，非進入不能救護者爲限。

　　行政機關爲因應登革熱緊急防疫需要，可否依據行政執行法第36條規定，對不在戶之空屋、空地孳生源執行清除，請該管機關就個案之具體情形，本於職權自行審認之；如認符合行政執行法所定要件，自得爲之[91]。如僅爲查緝賭博，尚不足以作爲對於住宅、建築物或其他處所之進入之理由[92]。

第六節　補償規定

　　行政上之損失補償，乃行政機關基於公益之目的，合法實施行政權所爲之補償，與國家賠償係針對違法之侵害行爲不同。人民對於國家社會原負有相當的社會義務，行政機關基於公共利益，合法的實施即時強制，致人民之生命、身體或財產遭受損失時，如係在其社會義務範圍內者，負有忍受之義務，不予補償；必須超過其應盡之社會義務範圍，始應就其個別所遭受之特別損失或特別犧牲，酌予公平合理之補償，惟以其損失非可歸責於該人民之事由者爲限。行政執行法第41條規定，人民因執行機關依法實施即時強制，致其生命、身體或財產遭受特別損失時，得請求補償。但因可歸責於該人民之事由者，不在此限。前項損失補償，應以金錢爲之，並以補償實際所受之特別損失爲限。對於執行機關所爲損失補償之決定不服者，得依法提起訴願及行政訴訟。損失補償，應於知有損失後，二年內向執行機關請求之。但自損失發生後，經過五年者，不得爲之。

　　行政機關因實施即時強制造成人民財產受有特別損失，所核定之補償，是指人民因即時強制所受財產損失之金額，與行政機關於核定補償金額後，因遲延給付該金額而發生應給付之遲延利息，二者有別，遲延利息於金錢債務之給付發生遲延責任後，係依法律規定當然發生（參民法第233條），無須行政機關另以行政處分予以規制[93]。

---

[91] 法務部民國91年10月8日法律字第0910039713號。
[92] 李惠宗，前揭書，第613頁。
[93] 最高行政法院109年度判字第228號判決。

　　水、旱災之防救爲經濟部水利署之職掌，爲執行上開職掌，經濟部水利署成立淡水河流域防洪指揮中心，該中心於颱風侵襲期間，爲維護河岸居民安全，避免緊急危險，引水進入尚未完工之分洪隧道，係其法定職權之行使，此一即時強制措施符合行政執行法第36條之規定，其因而致人民財產發生特別損失，行政執行法第41條規定應亦得爲請求補償之基礎[94]。

---

[94] 最高行政法院99年度判字第641號判決。

第十九章 | 事實行爲

第一節 事實行爲之概念

　　事實行爲係指行政機關所爲直接發生事實效果，而非法律效果之行爲；事實行爲與行政機關之法律行爲（例如行政處分或行政契約）不同之處在於：法律行爲以發生法律效果及具意思表示爲其要素；事實行爲缺乏典型之規制（Regelung）性質。事實行爲並不限於具體個案，亦非必須以單方行爲爲之。

　　由於事實行爲並未產生法律效果，從法律觀點來看，傳統上並未受到重視。但事實行爲在法律上並非毫無意義，其仍必須符合法令規定，違法時，亦可能產生排除侵害、損害賠償等請求權。

　　從法律上評價事實行爲，首先，必須先區分事實行爲屬於公法或私法事實行爲；此項判斷以事實行爲所植基之法規範爲依據，法規爲公法，即爲公法上事實行爲；若無此項法規範，則依行爲整體情況綜合判斷之。行政法所討論的是行政法上之事實行爲，亦即行政機關居於公權力主體地位所爲之事實行爲，其屬於公權力行政之一環，例如，興建陸橋、提供天氣資訊等。

第二節 事實行為之分類

　　事實行爲應如何分類，各家論述不一[1]，一般可區分爲：

一、事實上之作業行為

　　事實上之作業行爲包括打預防針、駕駛公務車、清掃街道；興建各類公共設施之行爲，例如興建陸橋等。

---

[1] 吳志光，行政法，修訂12版，2023年2月，第397-401頁；盛子龍、吳庚，行政法之理論與實用，增訂16版，2020年10月，第439-442頁；陳新民，行政法學總論，新10版，2020年7月，第441-443頁。

公物之興建，本身為事實行為，並非將興建完成之公物為提供公用之表示，亦非對人民發生法律效果之行政處分[2]。

行政機關關於清運垃圾路線之決定或變更，為公法上事實行為，人民請求主管機關變更（回復原來）清運垃圾路線，係對行政機關要求為行政實施行為，請求行政機關為公法上事實行為，如遭拒絕，該拒絕僅係就公法上事實行為處理之回覆，並非行政處分，其向行政法院尋求訴訟救濟之方式，應提起行政訴訟法第8條第1項之一般給付訴訟[3]。

道路之修築及維護，係行政機關基於便利公眾通行及維護交通安全之公共利益所為之行政事實行為，現行法令亦未賦予人民有請求行政機關修築或維持特定道路之公法上權利[4]。

對營建工程施加列管之行政行為，僅係主管機關於所掌作業簿冊上註記受損戶遭受建方施工損害之事實，法律並未規定發生如何之法律效果，該註記既未能對外直接發生法律效果，自非行政處分。主管機關拒絕建商申請撤銷對其所為損鄰事件之列管要求，屬拒絕作成事實行為之要求，該拒絕行為非行政處分；人民如不服，應提起一般給付訴訟請求救濟[5]。

二、認知表示或觀念通知之行為

認知表示或觀念通知之行為，則如提供各種資訊，包括氣象、景氣、疫情等，以及勸說、建議、發布各種檢驗報告、機關內部行為等。

外交部發布之「國外旅遊重要參考資訊」僅係提供重要之國外旅遊資訊供國人出國旅遊之參考，其對象為不特定之多數人。該行為為公法上事實行為，應屬於國家賠償法第2條第2項所稱「行使公權力」行為[6]。

補發建築執照，僅依原有之許可發給建築執照之行政處分內容，補行製作書面而發給，並不另生補發執照內容之法律上效果，自屬事實行為。人民申請

2　最高行政法院95年度裁字第2542號裁定。
3　最高行政法院96年度判字第813號判決。
4　最高行政法院100年度判字第433號判決。最高行政法院109年度判字第241號判決亦指出，道路之養護管理，係行政機關基於維護公眾通行及交通安全之公共利益所為之行政事實行為，並未賦予人民有請求行政機關排除特定道路通行障礙之公法上權利。
5　最高行政法院106年度判字第283號判決。
6　法務部民國83年7月18日法律字第15163號。

建築主管機關補發建築執照，係請求作成事實行為，建築主管機關在補發建築執照前，應就申請人之是否適格、有無領得建築執照及遺失已否登報作廢等要件加以審查，無非事實行為遵循合法規範所必需。建築主管機關縱為拒絕之答覆，僅屬不作事實行為之告知，並不生何法律上效果，仍屬事實行為[7]。

　　行政機關所為告知其處理經過為事實敘述及理由說明，並不因之生何法律效果，非行政處分。行政機關依據行政處分形成之法律關係所為之事實上之註記，不因而對人民直接發生具體的法律上效果者，為行政上事實行為，亦非行政處分[8]。

　　註記為非關土地及建築改良物之所有權與他項權利之登記事項，註記不生不動產取得、設定、喪失及變更之效力；登記機關於土地登記簿上所為之註記，究為行政處分或為事實行為，端視作成註記之原因事實是否足以使註記發生法律效果而定[9]。地政事務所在土地登記簿標示部其他登記事項欄註記：「本土地涉及違法地目變更，土地使用管制仍應受原『田』地目之限制」，法律並未規定發生如何之法律效果。該註記既未對外直接發生法律效果，自非行政處分。地政事務所拒絕土地所有權人註銷該註記之要求，係拒絕作成事實行為之要求，該拒絕行為非行政處分[10]。地政事務所於土地登記簿所為「有三七五租約」之註記，係行政機關依地政事務所審查三七五租約耕地出賣或出典案件與鄉（鎮、市、區）公所檢查聯繫作業要點規定提供資訊之事實行為，並非行政處分[11]。

　　介紹就業僅為介紹於各機關學校社團等機構之協助，各機關學校社團等是否聘用或僱用退除役官兵，行政院國軍退除役官兵輔導委員會並無義務亦無權干涉。該介紹就業之行為，並不直接發生法律上效果，僅係公法上之事實行為，上訴人請求行政院國軍退除役官兵輔導委員會給予上訴人輔導安置就業之非財產上之給付義務，自應提起一般給付訴訟[12]。

　　查估或複估之行為屬事實行為，查估或複估結果之通知，應屬觀念通

---

[7]　最高行政法院94年度判字第719號判決。
[8]　最高行政法院96年度裁字第982號裁定。
[9]　最高行政法院109年度抗字第401號裁定。
[10]　最高行政法院102年度判字第476號判決。
[11]　最高行政法院109年度抗字第429號裁定。
[12]　最高行政法院96年度判字第814號判決。

知[13]。違章建築拆除通知單僅係通知人民應執行拆除日期之觀念通知，不另發生法律效果，非屬行政處分[14]。

　　主管機關為促進交通安全，於道路視距或交叉路口視線不良處設置反射鏡之輔助標誌，僅用以促使車輛駕駛人瞭解有無來車或行人之道路狀況，尚無命令或禁止之內涵，其法律性質為觀念通知，並非對外發生法律規制效力之行政處分[15]。

三、強制執行（措施）之行為

　　行政機關運用物理之強制力實現行政處分內容或逕行執行法令之行為，包括銷毀、拖吊、強制驅離、保管車輛、拆除違建等。

　　違章建築之拆除，性質上屬作成應予拆除違章建築之行政處分後，為執行該行政處分之事實行為[16]。

　　交通違規汽車之移置（即拖吊）及移置費之法律性質，學者多認為係行政強制執行，即汽車駕駛人違規停車後離去，因該車輛嚴重妨礙交通，執行勤務警察依道路交通管理處罰條例第56條第2項（現為第57條第2項），將車移置適當處所，並對駕駛人收取移置費，應為代履行或直接強制；該行為為一強制措施性質之事實行為[17]。

四、實施或執行行政處分或其他行政行為內容之行為

　　行政機關並未以物理上之強制力實施或執行行政處分或其他行政行為內容，例如收受稅款、豎立地界標誌、辦理測量、蒐集資訊等。

---

[13] 最高行政法院95年度判字第1066號判決。

[14] 最高行政法院109年度判字第643號判決。

[15] 最高行政法院109年度判字第237號判決。臺北高等行政法院106年度訴字第1404號判決則認為，主管機關於道路視距或交叉路口視線不良處所，考量公眾車輛之行駛安全所為反射鏡之設置，僅在使往來車輛得以確認他車或行人，並未對外發生任何規制之法律效力，屬事實行為，並非行政處分。

[16] 最高行政法院99年度裁字第1356號裁定、最高行政法院107年度裁字第1411號裁定、最高行政法院109年度判字第643號判決。

[17] 高雄高等行政法院89年度訴字第1269號判決、最高行政法院91年度判字第1548號判決。

　　土地複丈為地政機關基於職權，提供土地測量技術上之服務，其依申請及規定之程序複丈完竣後，發給申請人土地複丈成果圖或他項權利位置圖，屬地政機關行政事實行為，並未對外直接發生法律效果，自非行政處分[18]。但地政機關駁回複丈或更正複丈成果圖等之申請者，該駁回之意思表示已對外發生法律效果，應認屬行政處分[19]，得提起撤銷訴訟救濟[19]。鑑界、再鑑界等複丈成果，僅係鑑定性質之事實行為，並未因此對人民發生任何法律效果，並非行政處分[20]。

　　建物測量成果圖，係地政機關基於職權，提供土地及建物測量技術上之服務，其完成測繪之建物測量成果圖，屬地政機關所為行政事實行為，並非行政處分[21]。重新實施地籍測量之土地，在尚未公告重測結果前，地政機關於重測程序中辦理之測量服務，僅係事實行為，並無增減人民私權之效力，亦未直接對權利人發生規制法律效果，並非終局之重測結果[22]。

五、行政準備行為

　　行政機關於作成完全及終局決定前，為推動行政程序之進行，所為之指示或要求，學理上稱之為準備行為。準備行為未設定有拘束力之法律效果者，因欠缺規制之性質，並非行政處分；如具有規制之性質，亦因其並非完全、終局之規制，為程序經濟之考量，原則上不得對其單獨進行行政爭訟，而應與其後之終局決定，一併聲明不服[23]。

　　面談僅屬發給居留證前之程序事項，屬事實行為；辦理面談一事，亦屬准否團聚、居留或定居處分之準備行為一部分（臺灣地區與大陸地區人民關係條例第10條之1），尚非屬行政程序法第92條第1項所稱行政處分[24]。

　　擬具徵收計畫書圖清冊及報經目的事業主管機關許可，僅屬徵收程序之

---

[18] 最高行政法院102年度裁字第841號裁定、最高行政法院107年度裁字第1554號裁定。

[19] 最高行政法院101年度判字第615號判決。

[20] 最高行政法院96年度裁字第1822號裁定。

[21] 最高行政法院108年度上字第633號判決。

[22] 最高行政法院110年度抗字第333號裁定。最高行政法院109年度上字第588號判決亦指出，依土地法第46條之1至第46條之3之規定所為地籍圖重測，純為地政機關基於職權提供土地測量技術上之服務，僅係事實行為。

[23] 最高行政法院111年度抗字第97號裁定。

[24] 最高行政法院102年度裁字第955號裁定。

機關間內部準備程序，亦即需用土地人須踐行法定先行程序及擬具徵收計畫書圖清冊，及取得目的事業主管機關之許可，始向內政部申請辦理徵收之行政行為，其均為發動內政部作成徵收處分之內部行政行為，核屬事實行為，而非行政處分[25]。

第三節　合法性之要求

事實行為必須合乎現行法令之要求，此與法律行為相同，但事實行為不一定有法律依據，因此，處理上較為複雜，僅能依具體個案決定。

合法性可區分為形式合法性，包括管轄權、程序與方式等之要求；實質合法性，行為內容明確、可能與是否符合法律規定之構成要件。

行政行為必須遵守法律優位原則，法律行為與事實行為皆然；是否適用法律保留原則，則依是否侵害人民自由權利為判斷標準[26]，行政機關運用物理之強制力實現行政處分內容或逕行執行法令之事實行為，則應適用法律保留原則。

為達成特定之目的而作成事實行為，尤其在該事實行為干涉人民之自由權利時，應符合比例原則，不得逾越必要限度，此一要求為一般法律原則，行政程序法第7條定有明文[27]。

第四節　事實行為之救濟

因違法事實行為而權益受損之人民享有回復原狀、排除侵害請求權；亦可能產生損害賠償或損失補償請求權。

---

[25] 最高行政法院109年度判字第412號判決。

[26] 林錫堯，行政法要義，修訂4版，2016年8月，第513頁；人民自由權利是否受到不利益，不應僅限於法律上之不利益，事實上之不利益如屬明顯重大，則應有法律依據。請參陳新民，前揭書，第444頁。

[27] 最高行政法院107年度判字第698號判決。

一、行政救濟上之權利保護

（一）特別法優先適用

例如，行政執行法第9條之聲明異議及警察職權行使法第29條之異議。行政執行法上之執行措施，性質上多屬事實行為，依行政執行法第9條第1項、第2項之規定，係採聲明異議之特別程序予以救濟[28]。

（二）一般給付訴訟

針對事實行為並無先提起訴願之必要，而係依行政訴訟法第8條規定提起一般給付訴訟，其得要求行政機關為一定作為或不作為義務，或要求行政機關排除事實行為造成之侵害。

國家之侵害行為如屬行政事實行為，此項侵害事實即屬行政訴訟法第8條第1項所稱之公法上原因，受害人民得主張該行政事實行為違法，損害其權益，依行政訴訟法第8條第1項規定提起一般給付訴訟，請求行政機關作成行政處分以外之其他非財產上給付，以排除該侵害行為。惟因此提起之排除侵害訴訟，在實體上有理由之要件有二：一是行政機關之事實行為違法，二是人民權利因行政機關之違法事實行為受到侵害。基於人性尊嚴理念，維護個人主體性及人格自由發展，免受侵害之身體權屬於憲法第22條所保障之基本權利（司法院釋字第689號解釋理由書）。當行政事實行為對人民之基本權利已造成侵害，且未來有重覆發生可能時，人民依據行政訴訟法第8條第1項提起一般給付訴訟，請求為行政事實行為之行政機關停止該侵害行為，以排除侵害，此項訴訟為不作為訴訟（參見最高行政法院107年度判字第676號判決）[29]。

就人民鑑界之申請予以否准，是對於請求為事實行為為拒絕之答覆，在目前行政訴訟法已有一般給付訴訟（行政訴訟法第8條第1項）之規定下，自應認該否准鑑界之答覆並非行政處分，即非可提起撤銷訴訟或課以義務訴訟以為救濟[30]。

（三）國家賠償訴訟

公法上事實行為，亦屬於國家賠償法第2條第2項所稱行使公權力之行為，

---

[28] 最高行政法院95年度判字第1147號判決。

[29] 最高行政法院107年度判字第698號判決、最高行政法院109年度判字第218號判決。

[30] 最高行政法院91年度裁字第728號裁定。

公務員以事實行為執行職務行使公權力時，因故意或過失不法侵害人民自由或權利者，國家應負損害賠償責任[31]。

第五節　特殊之事實行為類型

一、行政指導

（一）行政指導之意義

　　行政程序法第165條規定，行政指導，謂行政機關在其職權或所掌事務範圍內，為實現一定之行政目的，以輔導、協助、勸告、建議或其他不具法律上強制力之方法，促請特定人為一定作為或不作為之行為。行政指導因不具法律上強制力，故不發生法律效果，屬於事實行為。行政機關在實施行政指導中，與相對人作成非正式約定時，並不具有法律上拘束力[32]。行政指導係針對特定人，如係對人民為一般政策宣示、提供資訊，則非行政指導[33]。

　　主管機關於2006年4月6日以金管銀（五）字第0955000120號函予金融機構，其性質為要求金融機構遵守法令之行政指導，仍屬事實行為。係就其職權範圍之事項，對特定之金融機構，以非強制手段指導其為一定之作為或不作為，屬行政指導，因其不具有法律上之拘束力，仍為單純之事實行為[34]。

　　96年函除於說明（一）、（二）質疑上訴人未來發展定位與財務狀況外，說明（三）更載明：「綜上，本案建請先行暫擱處理，倘未來貴校發展方向確定後，認為仍有興建觀光科學生實習工場之必要，則建議應就現有財務狀況，考量是否以目前校內基金12億，自行整修校舍或興建單純之學生實習場所，不引入外資，以平衡預算穩健之方式逐年改建校舍。」從文義上觀之，臺北市政府係以建議方式，促請上訴人於日後確定發展定位後，就現有財務狀況，以不引進外資方式逐年改建校舍，且未附有救濟期間之教示，性質上尚與行政處分

---

[31] 法務部民國97年8月7日法律決字第0970027507號指出，國家賠償法上所稱公權力行使，不問其性質為干涉行政或給付行政，其表現之型態為事實行為或行政處分，均屬之。行政指導屬行政上之事實行為，其屬國家賠償法上所稱之行使公權力，自無疑義。

[32] 法務部民國105年9月29日法律字第10503514710號。

[33] 林錫堯，前揭書，第520頁；陳敏，行政法總論，10版，2019年11月，第643頁。

[34] 最高行政法院95年度裁字第2083號裁定。

之要件有間，上訴人主張該96年函應屬行政指導，亦非全然無據[35]。

南投縣政府2014年11月10日函之內容載明：「應於2015年4月30日前完成植生覆蓋達百分之九十，及做好水土保持維護與處理，本府屆時再派員檢查」等語，核其真意，乃在督促抗告人實施水土保持處理與維護，並非依水土保持法第23條第1項所為之限期改正，其作用無非係行政指導，對抗告人並不發生不利之法律效果，自不符行政程序法第92條行政處分之要件[36]。

農委會本於主管機關職權範圍內，為落實前處分及農會法施行細則第20條第1項規定，以110年8月4日農輔字第1100231241號函（請斗南鎮農會於110年8月6日前，依法發給遞補理事當選證書，完成理事遞補，……。倘再有違法施延情事，農委會將依農會法第46條規定，處分相關人等，絕不寬貸。本案仍請雲林縣政府加強督導辦理），促請斗南鎮農會應依規定辦理候補理事遞補，並諭知如屆期未辦理，農委會將依農會法第46條規定續為處理，核屬行政指導性質[37]。

行政指導係屬行政機關在其職權或所掌事務範圍內所為之事實行為，如非行政機關在其職權或所掌事務範圍內所為，則非行政指導。最高行政法院103年度判字第80號判決認為，依民法第42條第1項規定，法人之清算，屬於法院監督。法院得隨時為監督上必要之檢查及處分。法人清算事務並非臺東縣政府主管監督之事務，故臺東縣政府系爭三函所述請上訴人依法辦理清算部分，僅屬促請上訴人注意法律規定之行政指導，尚不生法律規制效力，難認屬於行政處分，亦非具有法律強制效力之行政上之事實行為。此項見解並不符合行政程序法第165條對行政指導之定義。

由於行政指導不具強制性，人民並無接受行政指導之義務，行政程序法第166條第2項規定，相對人明確拒絕指導時，行政機關應即停止，並不得據此對相對人為不利之處置。

---

[35] 最高行政法院100年度判字第1741號判決；最高行政法院99年度判字第343號判決亦指出，臺北縣政府民國93年11月19日北府農山字第0930772686號函內容乃請上訴人依水土保持法第8條規定實施水土保持處理與維護，並限於2005年2月10日前實施完成報府憑辦，屆期未完成者，將依同法第33條第1項規定處分。核其真意，乃在督促上訴人實施水土保持處理與維護以避免地表裸露而沖蝕，其作用無非係行政指導，而對上訴人並不發生不利之法律效果。

[36] 最高行政法院105年度裁字第417號裁定。

[37] 最高行政法院110年度抗字第307號裁定。

行政指導雖不具有法律上拘束力，人民聽從行政指導而為一定作為或不作為之行為，而發生權益受損時，由於行政指導亦屬於國家賠償法第2條規定之公權力，因此，如符合其他國家賠償要件，自得要求國家賠償[38]。

（二）行政指導原則

行政程序法第166條第1項規定，行政機關為行政指導時，應注意有關法規規定之目的，不得濫用。行政指導本為行政機關為補充法律所規定行政手段之不足，且為靈活處理行政事務所採之非正式手段，乃任意性之事實行為，而非行政處分或其他公權力措施。一般認為，行政指導不需有法律明文規定即可行之，亦即縱法律對行政機關能否為行政指導並無明文規定，行政機關尚非不得依其組織法上所規定之一般權限自行裁量而為妥適之行政指導[39]。惟行政機關僅得在其職權或所掌事務範圍內從事行政指導；不屬行政機關職權或所掌事務範圍者，行政機關無權為行政指導。

此外，行政機關為行政指導時，除應特別注意行政程序法第166條及第167條規定外，由於其仍屬行政行為，應受法律及一般法律原則之拘束，包括平等原則、比例原則、誠實信用原則及信賴保護原則等[40]。

（三）行政指導之方式

為使當事人能了解本身的權利及行政指導方針，以避免因行政指導錯誤造成相對人損害的求償無門，行政程序法第167條規定，行政機關對相對人為行政指導時，應明示行政指導之目的、內容及負責指導者等事項。前項明示，得以書面、言詞或其他方式為之。如相對人請求交付文書時，除行政上有特別困難外，應以書面為之。

二、行政檢（調）查

行政調查行為在行政實務中常常出現，方式及措施相當多元化，行政調查

---

[38] 陳敏，前揭書，第645頁；莊國榮，行政法，修訂9版，2023年9月，第231-232頁。

[39] 法務部民國89年11月16日法律字第041289號。林錫堯，前揭書，第523頁；吳志光，前揭書，第394頁，一般而言，行政指導並無法律保留原則之適用。

[40] 法務部民國100年4月13日法律字第1000007942號指出，不論行政機關所為係行政處分或行政指導行為，依行政程序法第4條規定，均應受法律及一般法律原則之拘束，自亦包含禁止不當聯結之原則。林錫堯，前揭書，第524頁。

行爲之意義、範圍及性質爲何，具有極大爭議性。行政調查一般係指，行政機關爲達成行政目的，依法令規定對人、處所或物件所爲之訪視、查詢、查察或檢驗等行爲之總稱[41]。

行政調查之目的通常可區分爲[42]：（一）蒐集資訊供施政參考，例如，戶口普查、農漁業調查。（二）預防違法行爲或狀態發生，例如，勞動場所之安全檢查。（三）作成行政處分，尤其是行政罰前之準備行爲，例如，違法行爲之調查及蒐證[43]。

對入出境及婚姻移民之管理，乃國家應有安全防衛之能力與權力，外籍配偶經許可入境後，其是否爲眞實婚姻之目的而共同生活，或僅以結婚作爲入境目的之手段，以達到其他目的，基於公共安全及社會利益，政府有調查清楚之必要，大陸地區人民在臺灣地區依親居留長期居留或定居許可辦法第8條規定，依親居留、長期居留或定居之申請人，應依相關法規及移民署之通知，接受面（訪）談。申請人之配偶及其他親屬，移民署認有面（訪）談之必要者，亦同。即以面談作爲蒐集資料之行政調查方法之一，以查證是否與入境目的眞實相符，除公益上的發現眞實、取締不法外，對婚姻移民雙方亦具保護效果，兼具維護公益及私益[44]。

行政機關爲達成行政上目的，依法令規定對人、處所或物件實施訪視、查

---

[41] 盛子龍、吳庚，前揭書，第441頁；最高法院105年度台上字第411號刑事判決亦指出，行政檢查（或稱行政調查），係指行政機關爲達成行政上之目的，依法令規定對人、處所或物件所爲之訪視、查詢、勘驗、查察或檢驗等行爲。李震山，行政法導論，修訂12版，2022年9月，第490頁另加上「因調查資料或證據之必要」爲其要件。

[42] 盛子龍、吳庚，前揭書，第441頁；有關行政調查，李震山，前揭書，第489-520頁；洪文玲，行政調查制度之研究，警察法學，第4期，2005年12月，第403-455頁；洪家殷，論行政調查之證據及調查方法——以行政程序法相關規定爲中心，東海大學法學研究，第35期，2011年12月，第1-52頁；從台灣食品安全法制論行政調查之實施，月旦醫事法報告，第47期，2020年9月，第7-20頁；蔡秀卿，行政檢查，東吳法律學報，第18卷第2期，2006年12月，第43-74頁。

[43] 惟最高行政法院109年度上字第722號判決指出，勞動檢查係主管機關爲貫徹勞動法令之執行，維護勞雇雙方權益之行政調查措施，後續雖有勞動檢查結果之說明及異議、告知事業單位違反法規事項及提供遵守勞動法令之意見、通知事業單位立即改正或限期改善等程序規定。惟勞動檢查之情形各異，爲避免影響行政效能，勞動基準法並未規定須經勞動檢查之說明、告知、限期命改善等程序後，始得對事業單位裁罰，亦未以勞動檢查之異議程序作爲裁罰之前置程序。

[44] 最高行政法院111年度抗字第21號裁定、最高行政法院111年度抗字第39號裁定。

詢、檢驗等，以預防違法行為或狀態之發生，即所謂之行政檢查或行政調查，核屬事實行為之一種，自應依事實行為行政救濟法則為之。行政院勞工委員會南區勞動檢查所對系爭T105儲氣槽所實施之「內部檢查」或「其他檢查方式替代內部檢查」，均係對高壓氣體特定設備實施定期檢查之方式，核屬勞工安全衛生法第8條之檢查項目之一，且該檢查之目的係為防治職業災害暨保障勞工安全與健康，其性質乃為「行政檢查」之態樣之一，故屬行政機關所為不以發生法律效果為目的之事實行為。行政院勞工委員會南區勞動檢查所民國90年7月23日台90南檢機字第505920號函既係通知中油公司應實施「內部檢查」，則該函即屬行政院勞工委員會南區勞動檢查所為發動內部檢查此一事實行為所作成之預告性文書，此種預告性文書不能認作係行政處分[45]。

　　行政調查或檢查所採取之措施雖大多為事實行為，但不能否認亦可能出現具有行政處分性質之措施，尤其是具有強制性性質之行政行為。例如，稅捐稽徵法第30條第1項規定，稅捐稽徵機關或財政部賦稅署指定之調查人員，為調查課稅資料，得向有關機關、團體或個人進行調查，要求提示帳簿、文據或其他有關文件，或通知納稅義務人，到達其辦公處所備詢，被調查者不得拒絕。拒絕稅捐稽徵機關或財政部賦稅署指定之調查人員調查，或拒不提示有關課稅資料、文件者，依稅捐稽徵法第46條第1項規定，處新臺幣3,000元以上3萬元以下罰鍰。納稅義務人經稅捐稽徵機關或財政部賦稅署指定之調查人員通知到達備詢，納稅義務人本人或受委任之合法代理人，如無正當理由而拒不到達備詢者，依稅捐稽徵法第46條第2項規定，處新臺幣3,000元以下罰鍰。

　　行政調查或檢查難免對於人民之生活領域有所干擾，對於人民之自由權利有所限制，行政機關為行政檢查時仍應遵守比例原則，倘若於具體個案不至妨礙或影響行政檢查目的，宜選擇對人民權益損害最小之方法為之；執行時並應踐行正當行政程序，例如：執行職務之人員，應向行為人出示有關執行職務之證明文件或顯示足資辨別之標誌等（行政罰法第33條規定）。行政機關調查事實及證據，必要時得據實製作書面紀錄（行政程序法第38條規定），以利查考，並供上級監督機關或司法機關事後予以審查[46]。

　　由於行政檢查態樣繁多，其實施要件及需踐行程序之要求各異，我國目前並無統一之行政檢查法，而由個別行政法規依業務性質及需求分別予以規

---

[45] 最高行政法院93年度裁字第1130號裁定。
[46] 法務部民國103年10月28日法律字第10303512080號。

範[47]。

　　行政檢查有時在時間上、程序上會成爲發動刑事程序之先行程序，行政檢查所得之資料，是否得供刑事程序所用，向有爭議[48]。最高法院105年度台上字第411號刑事判決指出，行政機關所爲之行政檢查，具有法令上依據，且其實施之過程及手段合於目的性與正當性，其將行政檢查結果及所取得之相關資料，提供予偵查機關作爲偵辦之證據資料，該等證據資料自屬合法取得之證據。行政機關得選定適當之人爲鑑定，爲行政程序法第41條第1項所明定，因實施行政檢查之必要而爲之鑑定（或稱檢驗、鑑驗），核屬行政檢查之一環，殊無因係行政機關基於行政檢查而委託發動者即謂該鑑定報告無證據適格之理。

---

[47] 行政調查議題牽涉十分廣泛，常常成爲注目之焦點，重要之研討會，當事人協力義務／行政調查／國家賠償，財團法人台灣行政法學會，2006年11月；行政調查之建制與人權保障／行政訴訟之前置救濟方法與程序，社團法人台灣行政法學會，2009年11月。

[48] 有關此問題，洪家殷，行政調查與刑事偵查之界限，警察法學，第17期，2018年7月，第1-64頁。

第二十章 │ 資訊公開

第一節　資訊公開概說

　　爲促進行政程序之民主化與透明化，並滿足人民知的權利，以適時維護權益，舊行政程序法第44條規定，行政機關持有及保管之資訊，以公開爲原則，限制爲例外；其公開及限制，除本法規定者外，另以法律定之。前項所稱資訊，係指行政機關所持有或保管之文書、圖片、紀錄、照片、錄影（音）、微縮片、電腦處理資料等，可供聽、讀、閱覽或藉助科技得以閱讀或理解之文書或物品。有關行政機關資訊公開及其限制之法律，應於行政程序法公布二年內完成立法。於完成立法前，行政院應會同有關機關訂定辦法實施之。

　　行政程序法將資訊公開分爲主動公開與申請公開。舊行政程序法第45條規定，行政機關持有或保管之下列資訊，應主動公開。但涉及國家機密者，不在此限：一、法規命令。二、行政指導有關文書。三、許（認）可條件之有關規定。四、施政計畫、業務統計及研究報告。五、預算、決算書。六、公共工程及採購契約、對外關係文書。七、接受及支付補助金。八、合議制機關之會議紀錄。前項各款資訊之主動公開，應以刊載政府公報或其他適當之方式，適時公布。

　　行政程序法第46條規定，當事人或利害關係人得向行政機關申請閱覽、抄寫、複印或攝影有關資料或卷宗。但以主張或維護其法律上利益有必要者爲限。行政機關對前項之申請，除有下列情形之一者外，不得拒絕：一、行政決定前之擬稿或其他準備作業文件。二、涉及國防、軍事、外交及一般公務機密，依法規規定有保密之必要者。三、涉及個人隱私、職業秘密、營業秘密，依法規規定有保密之必要者。四、有侵害第三人權利之虞者。五、有嚴重妨礙有關社會治安、公共安全或其他公共利益之職務正常進行之虞者。前項第2款及第3款無保密必要之部分，仍應准許閱覽。當事人就第1項資料或卷宗內容關於自身之記載有錯誤者，得檢具事實證明，請求相關機關更正。

　　爲完成行政程序法第44條第3項之委託，行政院與考試院於2001年2月21日

會衘發布施行「行政資訊公開辦法」作爲政府資訊公開法制尚未建立前之過渡性法規命令。行政院於1999年5月將政府資訊公開法草案函送立法院審議，政府資訊公開法於2005年12月28日公布施行，同時修正廢止舊行政程序法第44條及第45條規定。除行政程序法及政府資訊公開法外，檔案法第17條規定，申請閱覽、抄錄或複製檔案，應以書面敘明理由爲之，各機關非有法律依據不得拒絕。

行政程序法第46條係規範特定之行政程序中當事人或利害關係人爲主張或維護其法律上利益之必要，向行政機關申請閱覽卷宗之程序規定，並應於行政程序進行中及行政程序終結後法定救濟期間經過前爲之。非行政程序進行中之申請閱覽卷宗，不適用行政程序法第46條規定，而應視所申請之政府資訊是否爲檔案，適用檔案法或政府資訊公開法。因此人民申請閱覽或複印資訊者，應視其是否爲行政程序進行中之案卷而適用不同規定。行政機關應視具體個案情況分別依行政程序法第46條、檔案法第18條或政府資訊公開法第18條等相關規定決定是否提供。換句話說，人民可依不同情形，依據不同法律規定向國家請求提供資訊。

第二節　行政程序法

第一項　資訊請求權

行政程序法第46條規定申請閱覽卷宗請求權，爲行政程序中當事人或利害關係人之個案資訊公開，與政府資訊公開法基於人民有知的權利規定之一般性資訊公開不同。由於人民與政府間存在極大之資訊落差，爲能使人民了解行政程序進行之情形，掌握相關資料，適時主張或維護其法律上利益，人民有向行政機關申請閱覽、抄寫、複印或攝影有關資料或卷宗之權利，此爲行政程序上武器平等原則之落實，以便能適度平衡人民與政府間之資訊地位[1]。

依行政程序法第46條第1項規定，當事人或利害關係人就其主張或爲維護其法律上利益之必要事項，得向行政機關申請閱覽、抄寫、複印或攝影有關資料或卷宗。行政程序法第46條適用之對象並非一般人，當事人係指行政程序法

---

[1]　陳敏，行政法總論，10版，2019年11月，第829頁。

第20條規定所列之人；利害關係人係指因行政程序進行之結果，其權利或法律上利益將受影響而未參與為當事人之第三人。得申請之期間，係指行政程序進行中及行政程序終結後的法定救濟（包括依行政程序法第128條規定申請行政程序重新進行者）期間經過前而言[2]。行政程序法第46條規定係規範特定行政程序中之資訊請求權，並不適用非行政程序進行中之申請閱覽卷宗。行政機關以外人員對於機關學校會計月報公告事項產生疑義申請閱覽原始憑證等資料，並非行政程序進行中之申請閱覽卷宗，不適用行政程序法第46條規定[3]。

行政程序法第46條第1項規定之請求權人以當事人或利害關係人為限，故以行政程序開始進行為前提，係一種「行政程序中之個案資訊公開」，屬程序權利，行政機關若於行政程序中有所決定者，即屬行政程序法第174條所稱之程序行為[4]。政府資訊公開法施行後，保障人民知的權利，承認人民有向政府機關請求提供政府資訊的一般性資訊請求權，凡無須主動公開之政府資訊，於受請求時應被動公開。惟人民申請提供政府資訊之情形，倘係發生於行政事件進行中，當事人或利害關係人向該管行政機關申請閱覽卷宗者，應優先適用行政程序法第46條規定。此際，行政程序法第46條規定屬政府資訊公開法之特別規定[5]。

適用行政程序法第46條規定必須先存在行政程序，申請人符合行政程序法第20條規定之身分或屬利害關係人，始具備申請之資格。苟無一先行之行政程序存在，僅為訴訟之需，不得依行政程序法第46條規定，申請閱覽、抄寫、複印或攝影有關資料或卷宗[6]。

第二項 限制公開

當事人依行政程序法第46條第1項規定雖享有資訊請求權，然與當事人權益無直接關聯、有侵害第三人權益之虞、依法規或事件之性質而有保密之必要者、有妨礙行政程序正常運作之虞、對於未經核定之擬稿或內部準備作業之文件，則有必要加以限制，以避免侵害他人權益或影響行政程序之正常運作。

---

[2] 法務部民國98年4月7日法律決字第0980013381號。
[3] 法務部民國96年8月10日法律決字第0960028101號。
[4] 陳敏，前揭書，第834頁。
[5] 最高行政法院102年度判字第807號判決。
[6] 最高行政法院99年度判字第476號判決。

行政程序法第46條第2項規定,行政機關對前項之申請,除有下列情形之一者外,不得拒絕:一、行政決定前之擬稿或其他準備作業文件。二、涉及國防、軍事、外交及一般公務機密,依法規規定有保密之必要者。三、涉及個人隱私、職業秘密、營業秘密,依法規規定有保密之必要者。四、有侵害第三人權利之虞者。五、有嚴重妨礙有關社會治安、公共安全或其他公共利益之虞。

　　行政決定前之擬稿或其他準備作業文件不予提供之目的,乃在保障機關作成決定得為詳實之思考辯論,俾參與之人員能暢所欲言、無所瞻顧,故該等決策過程之內部意見溝通材料豁免公開。但如為意思決定之基礎事實而無涉洩漏決策過程之內部意見溝通或思辨材料,仍應公開之,蓋其公開非但不影響機關意思之形成,甚且有助於民眾檢視及監督政府決策之合理性(最高行政法院99年度判字第579號判決及法務部民國90年12月4日法律字第000743號)。一般檢驗報告若有屬作成意思決定之基礎事實部分,即非屬「擬稿或其他準備作業文件」,而不得不予提供[7]。

　　法官評鑑委員會審查小組之審查過程、紀錄及意見等之相關文件僅為向所屬法院建議是否有進行法官評鑑必要之內部其他準備作業文件,依行政程序法第46條第2項第1款規定,不在得公開之範圍[8]。

　　涉及國防、軍事、外交及一般公務機密,依法規規定有保密之必要者,涉及個人隱私、職業秘密、營業秘密,依法規規定有保密之必要者,其中無保密必要之部分,應准許當事人申請閱覽(行政程序法第46條第3項)。

第三項　資訊更正權

　　當事人對其自身相關事項之記載,發現有誤,為免該錯誤影響行政機關之判斷,而致受不利益,行政程序法第46條第4項規定賦予更正請求權,惟應檢具相關事實證明之。

第四項　救　濟

　　行政程序法第46條規定之閱覽權屬程序權利,如當事人或利害關係人提出

---

[7] 法務部民國101年7月9日法律字第10103105590號。

[8] 最高行政法院98年度判字第404號判決。

請求遭行政機關拒絕時，依行政程序法第174條規定，原則上僅得於對實體決定聲明不服時一併聲明之，不得單獨提起訴願。

第三節 政府資訊公開法

　　隨著社會急速變遷與資訊時代來臨，人民無論參與公共政策、監督政府施政、投資商業行為、個人消費等，均有賴大量且正確之資訊。政府乃是資訊最大擁有者，為便利人民共享及公平合理利用政府資訊，資訊公開成為重要議題。此外，政府施政之公開與透明，乃國家邁向民主化與現代化的指標之一，政府資訊公開法第1條規定，為建立政府資訊公開制度，便利人民共享及公平利用政府資訊，保障人民知的權利，增進人民對公共事務之了解、信賴及監督，並促進民主參與，特制定本法。基於國民主權，人民應是公共事務最終決定者。人民僅在充分享有正確資訊下，才能做出正確且完整的決定並有效監督政府施政。因此，人民對政府享有資訊請求權。

第一項 政府資訊公開法之地位

　　現行法律中並不缺乏有關政府資訊公開之規定，例如：公司法第393條第2項規定，下列事項，主管機關應予公開，任何人得向主管機關申請查閱、抄錄或複製。惟並無一般性規定，政府資訊公開法第2條規定，政府資訊之公開，依本法之規定。但其他法律另有規定者，依其規定。政府資訊公開法為資訊公開領域內之普通法。檔案法規範之檔案及行政程序法第46條關於閱覽卷宗之規定等，乃實務上最常見之特別規定。

　　政府資訊公開法所定義之政府資訊，其涵蓋範圍較檔案法所定義之檔案為廣，檔案屬政府資訊之一部分，故人民申請閱覽或複製之政府資訊，如屬業經歸檔管理之檔案，應優先適用檔案法之規定處理[9]。

　　政府資訊公開法第2條規定立法理由提及刑事訴訟法第33條及第38條閱卷規定為政府資訊公開法之特別規定，應優先適用。政府資訊公開法定位為普通法，其他法律對於政府資訊之公開另有規定者，應優先適用。然於刑事訴訟法

---

[9] 法務部民國99年2月26日法律決字第0999007302號。

無規定時，由於政府資訊公開法立於基本法地位，本身就有補充其他法律欠缺之作用，政府資訊公開法或檔案法自然填補其空缺[10]。

第二項　適用標的

政府資訊指政府機關於職權範圍內作成或取得而存在於文書、圖畫、照片、磁碟、磁帶、光碟片、微縮片、積體電路晶片等媒介物及其他得以讀、看、聽或以技術、輔助方法理解之任何紀錄內之訊息（政府資訊公開法第3條）。於職權範圍內取得，係指政府機關依其組織法或作用法行使職權所取得，有關宗教團體函送臺中市政府備查之組織章程，依臺中市政府來函所述係依據監督寺廟條例、辦理寺廟登記須知等規定辦理所管寺廟登記事項業務之文件，屬政府機關於職權範圍內取得之資訊[11]。

政府資訊不分政府機關係基於公權力行政或私經濟行政而作成或取得，然須係政府機關職權範圍內已作成或取得，而以政府資訊公開法第3條規定之方式存在者，始屬政府資訊公開法規範之對象。因此雖屬政府機關職權範圍內業務，然機關未有以政府資訊公開法第3條所規定之形式存在之資訊時，政府資訊公開法並未賦與人民得請求政府機關作成之權利，政府機關亦無應其要求作成政府資訊之義務[12]。

水土保持計畫格式（含水土保持規劃書）之內容除水土保持處理與維護事項外，亦包含審查委員會歷次審查會紀錄、水土保持義務人基本資料（姓名、身分證或營利事業統一編號、住居或營業所在地址）、簽證技師證照（執業執照、技師證書）及開發所在地籍資料等個人資訊，應為政府資訊公開法第3條所規定「政府機關於職權範圍內作成或取得而存在於文書內之訊息」之「政府資訊」，並包含個人資料保護法第2條第1款所規定之個人資料[13]。

地方觀光主管機關所取得轄內未合法登記之旅館及民宿業者名稱、地址等資訊，係屬政府資訊，如無政府資訊公開法第18條第1項各款所列應限制公開

或不予提供之情形，自得依政府資訊公開法相關規定以公告方式公開之[14]。

依促進民間參與公共建設法簽訂之書面投資契約，既與公共工程有關（促進民間參與公共建設法第8條），而屬政府資訊公開法第3條所定政府資訊之範疇，依政府資訊公開法第7條規定原則上應主動公開[15]。

衛生福利部受司法或檢察機關委託鑑定醫療糾紛，而由所屬醫審會審議作成之鑑定書，乃衛生福利部於其法定職權範圍內作成而存在於文書之訊息，核屬政府資訊公開法第3條所稱之政府資訊[16]。

第三項　適用機關之範圍

為建立政府資訊公開制度，貫徹政府資訊公開法之立法目的，政府資訊公開法第4條第1項規定，政府機關指中央、地方各級機關及其設立之實（試）驗、研究、文教、醫療及特種基金管理等機構。中央、地方各級機關包括行政院及其所屬各級機關、總統府及其所屬機關、立法院、司法院及其所屬機關、考試院及其所屬機關、監察院及其所屬機關及各級地方自治團體之機關。預算法第4條第2款規定，歲入供特殊用途者，為特種基金，特種基金來自人民之納稅，則其運作及保管等事項亦有對民眾公開之必要。公立醫院屬於政府機關為醫療業務所設之醫療機構。行政法人依行政法人法第38條第1項規定應適用政府資訊公開法。

此外，受政府機關委託行使公權力之個人、法人或團體，於政府資訊公開法適用範圍內，就其受託事務視同政府機關（政府資訊公開法第4條第2項規定）。政府資訊公開法立法當時，鑑於政府已積極推動公營事業民營化政策，並逐期解除其政策性任務負擔，使其回歸企業化經營，與民營企業在公司法、商業會計法、民法、政府行政法規等同一基礎之法律環境下營運、公平競爭，故未將公營事業機構納入政府資訊公開法第4條第1項所定政府機關之適用範圍[17]。此外，政府捐助之財團法人亦非屬政府資訊公開法規定之政府機關[18]。

[14] 法務部民國97年1月7日法律字第0960042827號。
[15] 法務部民國95年4月24日法律字第0950013917號。
[16] 最高行政法院109年度上字第95號判決、最高行政法院109年度上字第876號判決。
[17] 法務部民國109年7月2日法律字第10903508730號。
[18] 法務部民國109年9月30日法律字第10903512480號指出，台灣電力股份有限公司非政府資訊公開法第4條規定之政府機關，自不適用同法第6條、第18條有關資訊公開規

惟如有受政府機關依法規委託行使公權力之情形,就其受託事務範圍內視同政府機關,而有政府資訊公開法之適用。

第四項　公開方式

政府資訊公開法第5條規定,政府資訊應依本法主動公開或應人民申請提供之。政府資訊公開法第5條規定賦予人民向政府機關請求公開其持有資訊之權利(資訊公開請求權)。人民依政府資訊公開法向政府機關請求公開其持有資訊,政府機關未於申請起十五日內或延長之期間內,為准駁之決定時,該政府機關即處於行政訴訟法第5條第1項所稱,對於人民依法申請之案件,於法令所定期間內應作為而不作為之狀態,人民得提起行政訴訟[19]。

第五項　政府資訊之主動公開

與人民權益攸關之施政、措施及其他有關之政府資訊,因對人民之影響至深且鉅,依政府資訊公開法第6條規定,以主動公開為原則。且為使人民得以適時掌握資訊,避免資訊過時,並應適時為之。

一、應主動公開政府資訊之範圍

政府資訊公開法第7條第1項規定,應主動公開之政府資訊有十款:(一)條約、對外關係文書、法律、緊急命令、中央法規標準法所定之命令、法規命令及地方自治法規。(二)政府機關為協助下級機關或屬官統一解釋法令、認定事實、及行使裁量權,而訂頒之解釋性規定及裁量基準。(三)政府機關之組織、職掌、地址、電話、傳真、網址及電子郵件信箱帳號。(四)行政指導有關文書。(五)施政計畫、業務統計及研究報告。(六)預算及決算書。(七)請願之處理結果及訴願之決定。(八)書面之公共工程及採購契約。(九)支付或接受之補助。(十)合議制機關之會議紀錄。

研究報告專指由政府機關編列預算委託專家、學者進行之報告或派赴國

定。有關公營事業機構之相關資料是否於相關專業法規增訂資訊公開,宜由公營事業機構之相關主管機關予以評估審酌。

[19] 最高行政法院97年度裁字第4335號裁定。

外從事考察、進修、研究或實習人員所提出之報告（政府資訊公開法第7條第2項）。

教育部所蒐集之大專校院新生註冊率，屬政府資訊，如其為教育部業務上之統計資料，自為政府資訊公開法第7條第1項第5款所稱之「業務統計」。得否主動公開，除經當事人同意者外，應就「公開資訊欲增進之公益」與「不公開資訊所保護該個人、法人或團體之權利、競爭地位或其他正當利益」間，予以個案比較衡量判斷之。如經衡量判斷「公開資訊欲增進之公益」大於「該個人、法人或團體之權利、競爭地位或其他正當利益」者，自得公開之[20]。

政府資訊公開法第7條第1項第7款規定之訴願決定，係指訴願審議委員會依訴願法第53條規定決議後，依訴願法第89條規定所製作之訴願決定書而言。最高行政法院107年4月份第1次庭長法官聯席會議決議固認為，對具有行政處分性質執行命令不服，經依行政執行法第9條聲明異議程序，應認相當於已經訴願程序。惟法務部行政執行署就此所作成之聲明異議決定書，仍非訴願之決定，非屬政府資訊公開法第7條第1項第7款規定應主動公開之政府資訊[21]。

補助金係由政府以預算補助下級機關或人民，涉及到公共資源的分配及平等原則的問題，故為應主動公開之資訊。各中央行政機關公開支付補助金額之種類或有不同，惟仍應視其性質是否屬補助下級機關或人民之行為而定。本件慰問金、獎勵金，輔導（補助）金或檢舉獎金，應屬支付之補助，除依政府資訊公開法第18條規定政府資訊屬限制公開或不予提供者外，原則上應主動公開「補助者」、「接受單位」、「接受日期」、「接受金額」及「目的或用途」等資訊[22]。

合議制機關指由依法獨立行使職權之成員組成之決策性機關，例如，公平交易委員會、中央選舉委員會、國家通訊傳播委員會。其應主動公開之內容，包括所審議議案之案由、議程、決議內容及出席會議成員名單，均應主動公開（政府資訊公開法第7條第2、3項）。醫事審議委員會對於審議或討論之案件雖屬合議制（衛生署醫事審議委員會組織規程第6條第3項），但屬機關內部為審議醫療技術之改進、醫療技術、人體試驗等有關醫事審議之任務編組，因非

[20] 法務部民國103年1月17日法律字第10203514710號。
[21] 法務部民國107年8月27日法律字第10703510310號。
[22] 法務部民國98年8月26日法律字第0980024475號。

屬機關組織型態,並不屬此處所稱之合議制機關[23]。

內政部土地徵收審議委員會性質屬機關內部任務編組之組織,縱屬合議制之決策階層,但非為機關組織型態,內政部土地徵收審議委員會非所謂之合議制機關。該委員會之會議紀錄亦非政府資訊公開法第7條規定之合議制機關之會議紀錄,無主動公開原則之適用[24]。

中央或地方各級機關所設立之學校,其所召開之各項會議(校務會議、行政會議、導師會議、主管會議等),並非合議制機關範疇,其會議紀錄,不適用政府資訊公開法第7條第1項第10款規定[25]。

主動公開之範圍,僅限於案由、議程、決議內容及出席會議成員名單(政府資訊公開法第7條第3項),而非決策過程。蓋合議制機關決策過程,係依法獨立行使職權之成員(各委員)表達不同意見而形成多數共識之過程。多元社會之意見整合需要凝聚更多共識之機關,採取合議制而非首長決策制,即取向獨立行使職權成員間,多元意見之整合,乃社會多元價值觀之交換與融合,係合議制行政機關作成意思決定前之內部準備作業,為合議制機關設計之精華,應非提供予不同價值觀者為批判之空間(同法第18條第1項第3款立法理由),故政府資訊公開法第18條第1項第3款乃將之列為應限制公開或不予提供之例外[26]。

二、政府資訊主動公開之方式

政府資訊公開法第8條第1項規定,政府資訊之主動公開,除法律另有規定外,應斟酌公開技術之可行性,選擇其適當之下列方式行之:(一)刊載於政府機關公報或其他出版品。(二)利用電信網路傳送或其他方式供公眾線上查詢。(三)提供公開閱覽、抄錄、影印、錄音、錄影或攝影。(四)舉行記者會、說明會。(五)其他足以使公眾得知之方式。

---

[23] 法務部民國94年10月3日法律字第0940035791號。

[24] 高雄高等行政法院101年度訴字第289號判決;最高行政法院102年度判字第570號判決亦指出,內政部土地徵收審議委員會,依其組織規程規定可知,其性質係屬機關內部任務編組之組織,其會議所為之決議僅供機關決策之參考,非屬所謂之合議制機關。

[25] 法務部民國95年7月12日法律決字第0950026112號。

[26] 高雄高等行政法院101年度訴字第289號判決。

第六項　申請提供政府資訊

一、申請人之範圍

政府資訊公開法第9條第1項規定，具有中華民國國籍並在中華民國設籍之國民及其所設立之本國法人、團體，得依本法規定申請政府機關提供政府資訊。持有中華民國護照僑居國外之國民，亦同。

公開政府資訊本身即具有公益性，不問人民要求政府公開資訊之動機及目的為何，即得依該法請求政府公開資訊（人民之資訊公開請求權），而與行政程序法第46條所規定行政程序中資訊公開請求權（申請閱覽、抄寫、複印或攝影行政機關所持之資料或卷宗權利），以當事人或利害關係人，並以主張或維護其法律上利益有必要者為限，有所不同，此乃現代民主國家建立透明政府及公眾監督政府所必要之機制[27]。換句話說，凡具有中華民國國籍並在中華民國設籍之國民及其所設立之本國法人、團體，或持有中華民國護照僑居國外之國民，均得為申請政府機關提供政府資訊之主體，不以申請者與申請提供之政府資訊間具有利害關係為要件。

政府機關之間並無適用政府資訊公開法問題，如需其他機關提供資訊，應適用行政程序法第19條有關職務協助之規定。

立法委員國會辦公室洽請機關提供政府資訊部分，因立法院職權行使法並無規範立法委員個人向行政機關索取資料等規定。立法委員個人雖係基於問政之需要，以個人或國會辦公室名義請政府機關提供資訊，除其他法律另有規定外，有政府資訊公開法之適用[28]。

為便於資訊之跨國流通，同時兼顧我國國民權益，政府資訊公開法採平等互惠原則，政府資訊公開法第9條第2項規定，外國人，以其本國法令未限制中華民國國民申請提供其政府資訊者為限，亦得依本法申請之。

二、申請程序

資訊提供之申請採要式主義，政府資訊公開法第10條第1項規定，申請提供政府資訊者，應填具申請書，載明申請人姓名、出生年月日、國民身分證統

---

[27] 最高行政法院109年度上字第1017號判決。
[28] 法務部民國101年11月12日法律字第10100215680號。

一編號及設籍或通訊地址及聯絡電話法定代理人等相關基本資料，申請之政府資訊內容要旨及件數、申請政府資訊之用途及申請日期等事項。申請政府資訊之用途若未填寫，僅是無法判斷是否符合本法第22條有關學術研究或公益用途之減免收費規定，仍不影響該申請案件之處理。

三、處理程序

（一）處理期間

為提升行政效率，政府資訊公開法第12條第1項規定，政府機關應於受理申請提供政府資訊之日起十五日內，為准駁之決定；必要時，得予延長，延長之期間不得逾十五日。

（二）涉及第三者權益資訊之特別處理程序

人民雖得向政府機關申請提供政府資訊，惟該資訊之內容可能涉及特定個人、法人或團體之權益，例如，隱私或營業秘密、職業秘密等。基於利益衡量原則，應給予該利害關係人表示意見之機會。政府資訊公開法第12條第2項規定，政府資訊涉及特定個人、法人或團體之權益者，應先以書面通知該特定個人、法人或團體於十日內表示意見。但該特定個人、法人或團體已表示同意公開或提供者，不在此限。個人、法人或團體未於十日內表示意見者，政府機關得逕為准駁之決定（政府資訊公開法第12條第4項）。

（三）准駁之書面通知

核准提供、更正或補充政府資訊之申請時，除當場繳費取件外，應以書面通知申請人提供之方式、時間、費用及繳納方法或更正、補充之結果（政府資訊公開法第16條第1項）。全部或部分駁回提供、更正或補充政府資訊之申請時，應以書面記明理由通知申請人（同法第16條第3項）。

四、更正或補充資訊之申請

政府機關保有之資訊如不正確或不完整時，應准許人民申請更正或補充，政府資訊公開法第14條第1項規定，政府資訊內容關於個人、法人或團體之資料有錯誤或不完整者，該個人、法人或團體得申請政府機關依法更正或補充之。

第七項　政府資訊公開之限制

　　資訊公開與限制公開之範圍互爲消長，如不公開之範圍過於擴大，勢將失去政府資訊公開法制定之意義；惟公開之範圍亦不宜影響國家整體利益、公務之執行及個人之隱私等，政府資訊公開法第18條第1項列舉政府資訊限制公開或提供之範圍，以資明確。

一、限制公開之範圍

　　政府資訊公開法第18條第1項規定九款應限制公開或不予提供之政府資訊，依其性質可分爲：

（一）依法應保密資訊

　　第18條第1項第1款規定，經依法核定爲國家機密或其他法律、法規命令規定應秘密事項或限制、禁止公開者。最高行政法院108年度判字第509號判決指出，土地法第47條規定，地籍測量實施之作業方法、程序與土地複丈、建物測量之申請程序及應備文件等事項之規則，由中央地政機關定之。內政部依該授權而修正發布地籍測量實施規則第222條第1項規定[29]，司法機關囑託之複丈案件，應依司法機關所囑託事項辦理，對土地所有權人不得發給土地複丈成果圖。該實施規則爲授權命令，屬廣義性質之法律，其中第222條第1項對於地政機關發給土地複丈成果圖之限制，應屬政府資訊公開法第18條第1項第1款所指「其他法律、法規命令規定應秘密事項或限制、禁止公開者」之情形。因此，各種土地複丈案件，既爲司法機關所囑託，地政機關自應將複丈結果回覆該囑託之司法機關，對複丈結果，即應由該囑託之司法機關負責後續處理，而非任由受囑託複丈之地政機關決定；且其既不得發給土地複丈成果圖，自應包括該地政機關執行及完成複丈成果之相關資訊，均在限制之列。此項限制公開規定，與司法機關係依何原因而囑託該土地複丈案件無涉，法院囑託土地複丈縱源自訴訟當事人之聲請或分割共有物事件之請求，其既經法院決定，即屬法院行爲，已與該決定之原因分離，地政機關並不得將該土地複丈成果圖及相關資

---

[29] 2023年1月13日修正公布之地籍測量實施規則第222條規定，各級法院、檢察機關或行政執行分署囑託之複丈案件，受囑託機關應依受囑託事項辦理，其土地複丈成果僅提供囑託機關。

訊逕發給土地所有權人，即便實際上因法院訴訟程序或製成裁判書附圖而使土地所有權人輾轉知悉，地政機關對該資訊之維護義務亦不因此改變[30]。

（二）執法資訊

1. 公開或提供有礙犯罪之偵查、追訴、執行或足以妨害刑事被告受公正之裁判或有危害他人生命、身體、自由、財產者（政府資訊公開法第18條第1項第2款）。

2. 政府機關為實施監督、管理、檢（調）查、取締等業務，而取得或製作監督、管理、檢（調）查、取締對象之相關資料，其公開或提供將對實施目的造成困難或妨害者（政府資訊公開法第18條第1項第4款）。

全民健康保險事故係由被保險人自行認定，由保險醫事服務機構先行提出給付，於給付提出時，尚不待保險人核定。為免醫療院所提供不必要之醫療服務，於眾多醫療費用申請案件中採取抽樣方式進行專業審查，以符合行政效率。若公布免抽查診所名單，勢將影響主管機關抽查醫療費用是否浮濫作業之進行，拒絕公開此類資訊，於法有據[31]。

（三）其他公務資訊

1. 政府機關作成意思決定前，內部單位之擬稿或其他準備作業。但對公益有必要者，得公開或提供之（政府資訊公開法第18條第1項第3款）。

政府資訊公開法第18條第1項第3款規定「政府機關作成意思決定前，內部單位之擬稿或其他準備作業」得不予提供，乃因政府內部單位之擬稿、準備作業，於未正式作成意思決定前，均非屬確定事項，故不宜公開或提供，以避免行政機關於作成決定前遭受干擾，有礙最後決定之作成，或於決定作成後，因之前內部討論意見之披露，致不同意見之人遭受攻訐而生困擾（法務部民國104年8月24日法律字第10403510530號函、最高行政法院100年度判字第2222號判決參照）。「意思決定前內部單位之擬稿或其他準備作業」文件，係指函稿、簽呈或會辦意見等行政機關內部作業等文件，且必須是作成決定前之意見溝通或文件[32]；機關內部之擬稿或其他準備作業，常為事實行為，並以敘述事實之方式呈現，而構成思辨過程中之溝通意見及討論文件；某項資訊是否為政

---

[30] 最高行政法院108年度判字第509號判決。
[31] 臺北高等行政法院100年訴字第662號判決。
[32] 最高行政法院109年度判字第159號判決。

府機關作成意思決定前，內部單位之擬稿或其他準備作業，應就個別事件整體觀察，難謂凡屬事實敘述者，即與思辨過程無涉；惟如為意思決定之基礎事實而無涉洩漏決策過程之內部意見溝通或思辨材料，仍應公開之，蓋其公開非但不影響機關意思之形成，甚且有助於民眾檢視及監督政府決策之合理性[33]。

機關為查驗所為之檢驗報告，若有屬作成意思決定之基礎事實部分，即非屬「擬稿或其他準備作業文件」，而不得不予提供[34]。

土地再鑑界現況展點套圖資料，係地政機關測量人員經實地測量後所測繪，屬於繪製「土地複丈原圖」資料之一部分，亦屬於複丈成果決定前之準備作業資料，核屬「政府機關作成意思決定前，內部單位之擬稿或其他準備作業」之資料[35]。

監察院在調查案件過程中，製作及取得之調查報告（稿）、內部簽辦作業文稿、函請他機關說明之函稿、調查委員之工作底稿、詢問筆錄、委員會簽稿、他機關復函等資料，其中涉及調查案件思辨過程之相關擬稿，似可認為屬政府資訊公開法第18條第1項第3款所定「政府機關作成意思決定前，內部單位之擬稿或其他準備作業」之政府資訊。至於詢問筆錄、他機關復函等如屬事實敘述者，應就其公開是否影響決策過程之意見溝通及意思形成，依具體個案事實審認之[36]。

機關內部意見或與其他機關間之意見交換等政府資訊，如予公開或提供，因有礙該機關之最後決定之作成及易茲生後遺症，例如，對有不同意見之

---

[33] 法務部民國105年10月5日法律字第10503515120號。最高行政法院109年度判字第158號判決亦指出，意思決定前內部單位之擬稿或其他準備作業文件，係指函稿、簽呈或會辦意見等行政機關內部作業等文件；倘屬關於行政機關意思決定作成之基礎事實或僅係機關內部單位為擬稿或其他準備作業所蒐集、參考之相關資訊文件，因該基礎事實或資訊文件並非（或等同）函稿或簽呈意見本身，而無涉洩漏決策過程之內部意見溝通或思辨資訊，仍應公開之，以保障人民知的權利，增進人民對公共事務之瞭解、信賴及監督，並促進民主參與。依政府資訊公開法第18條第1項第3款豁免之資訊，必須是「作成決定前之意見溝通或文件」，且即使為此類文件，苟公開對於公益乃屬必要者，亦應公開。惟倘非屬此類文件，即無依本款但書規定為權衡「申請人資訊公開權」與「主張排除公開利益」法益輕重之必要。

[34] 法務部民國103年3月4日法律字第10303500500號。

[35] 高雄高等行政法院97年度訴字第575號判決、最高行政法院97年度裁字第5421號裁定。

[36] 法務部民國105年10月5日法律字第10503515120號。

人加以攻訐，自應限制公開或提供。該類資訊係政府機關作成意思決定前之擬稿或準備作業，於政府機關作成意思決定後，仍有政府資訊公開法第18條第1項第3款規定之適用[37]。

公益係指社會不特定之多數人可以分享之利益[38]，政府資訊公開法第18條第1項第3款規定之「對公益有必要」係不確定法律概念。「政府機關作成意思決定前，內部單位之擬稿或其他準備作業」是否因「對公益有必要」而予公開或提供，應由主管機關就「公開『內部單位之擬稿或其他準備作業』所欲增進之公共利益」與「不公開『內部單位之擬稿或其他準備作業』所欲保障決策過程中之參與人員能暢所欲言，無所瞻顧，避免干擾最後決定之作成」間比較衡量判斷之。如經衡量判斷符合「公開『內部單位之擬稿或其他準備作業』所欲增進之公共利益」，大於「提供相資訊所侵害之決策過程中參與人員言論表達之法益」，自應公開之。民眾向交通部申請中華電信公司資產經營管理及民營化推動情形之報告、會議紀錄及內部簽稿等相關文件，即令認為上開「會議決議」尚非機關決策，而屬各該機關諮詢單位之意見，乃為機關決策過程之顯示，應屬政府資訊公開法第18條第1項第3款所謂政府機關作成意思決定前之內部單位準備作業；然衡諸上開會議召開迄民眾申請時已近十年，公開其內容，並不妨礙機關決策，對機關諮詢單位成員言論究責可能性不高，且有助於民眾檢視機關之決定是否參酌諮詢單位提供之資訊，其判斷是否合理，兩相權衡，可認申請人之資訊公開權之法益高於機關主張排除公開之法益（臺北高等行政法院101年度訴字第303號判決）[39]。

2. 有關專門知識、技能或資格所為之考試、檢定或鑑定等有關資料，其公開或提供將影響其公正效率之執行者（政府資訊公開法第18條第1項第5款）。

3. 為保存文化資產必須特別管理，而公開或提供有滅失或減損其價值之虞者（政府資訊公開法第18條第1項第8款）。

4. 公營事業機構經營之有關資料，其公開或提供將妨害其經營上之正當利益者。但對公益有必要者，得公開或提供之（政府資訊公開法第18條第1項第9款）。

---

[37] 最高行政法院101年度判字第171號判決。
[38] 最高行政法院100年度判字第1350號判決。
[39] 法務部民國103年3月4日法律字第10303500500號。

　　法務部民國109年1月3日法律字第10803517330號指出，本款規定係指政府機關於職權範圍內作成或取得公營事業機構經營之有關資料時，始有適用，並非謂公營事業機構係政府資訊公開法第4條規範之政府機關。

（四）私密資訊

　　1. 公開或提供有侵害個人隱私、職業上秘密或著作權人之公開發表權者。但對公益有必要或爲保護人民生命、身體、健康有必要或經當事人同意者，不在此限（政府資訊公開法第18條第1項第6款）。

　　政府資訊公開法第18條第1項第6款規定之個人隱私資訊，究何所指呢？隱私權係不讓他人無端地干預其個人私領域的權利。隱私權包含個人自主控制其個人資料之資訊隱私權，政府資訊公開法第18條第1項第6款所稱「個人隱私」，即係指資訊隱私。司法院釋字第603號解釋指出，資訊隱私權係指保障人民決定是否揭露其個人資料、及在何種範圍內、於何時、以何種方式、向何人揭露之決定權，並保障人民對其個人資料之使用有知悉與控制權及資料記載錯誤之更正權。

　　上訴人係爲追究車輛車主之賠償責任所需，而向交通部公路總局臺北區監理所申請提供車輛車主名稱等資料，車輛之車主資料，事涉該車主個人隱私或職業上秘密，屬政府資訊公開法第18條第1項第6款規定豁免公開之範圍，況公開或提供該車主資料並非公益所必要，亦未經該車主同意，上訴人請求之目的在於追究財產所受損害，而非保護上訴人生命、身體、健康所必要[40]。

　　2. 個人、法人或團體營業上秘密或經營事業有關之資訊，其公開或提供有侵害該個人、法人或團體之權利、競爭地位或其他正當利益者。但對公益有必要或爲保護人民生命、身體、健康有必要或經當事人同意者，不在此限（政府資訊公開法第18條第1項第7款）。

　　政府資訊公開法第18條第1項第7款規定之立法理由明揭「個人、法人或團體營業上秘密或其經營事業有關之資訊，該等資訊之公開或提供有侵害該個人、法人或團體之權利、競爭地位或其他正當利益時，爲保護當事人之權益，該等政府資訊亦應限制公開或不予提供；惟如對公益有必要或爲保護人民生命、身體、健康有必要或經當事人同意者，自不在限制範圍。」權利應指依法所保護之各種權利，競爭地位係指公平競爭關係下之地位，其他正當利益係指

---

[40] 最高行政法院100年度裁字第2697號裁定。

個人、法人或團體經營事業所產生之重要知識、信用等正當利益[41]。

個人、法人或團體營業上秘密或其經營事業有關之資訊之公開，是否明顯不當地侵害該個人、法人或團體之權利、競爭地位或其他正當利益或合理預期將對該個人、法人或團體之權利、競爭地位或其他正當利益構成侵害，應考量「被請求公開的資料中是否存在值得保護的個人、法人或團體營業上秘密或其經營事業有關之資訊」、「被請求公開的資訊，是否能促進公共利益」、「不公開資訊與公開資訊所增進的公共利益，二者間的比較衡量」等情[42]。

公布免抽查診所名單，將形同公布其他醫療院所申報醫療費用件數、成長率、單價等執業、營業秘密，顯然侵害免抽查醫療院所之營業秘密，為法所不許[43]。

政府資訊公開法相關規定，以政府資訊公開為原則，不公開為例外。基於政府資訊公開之目的及「例外解釋從嚴」之法解釋原則，政府資訊公開法第18條第1項所列限制公開或不予提供之例外事由，應從嚴解釋。公開政府資訊公益性之大小，恆以該政府資訊涉及公益程度，及其應受人民監督必要性之高低有關[44]。

二、分離原則

政府資訊公開法第18條第2項規定，政府資訊含有前項各款限制公開或不予提供之事項者，應僅就其他部分公開或提供之。政府資訊可得分割時，其中若含有限制公開或不予提供之部分，並非該資訊之全部內容者，應將限制公開或不予提供之部分除去後，僅公開或提供其餘部分，此即所謂之「分離原則」。

政府資訊公開法第18條所列禁止或限制公開之資訊係指各獨立單元之資訊，非謂同一宗案卷內有部分資訊具該條所列之情形，即得全部限制公開或不予提供，仍應視可否割裂處理，而為妥適之處置。政府資訊含有限制公開或不予提供之事項者，若可將該部分予以區隔，施以防免揭露處置，已足以達到保

---

[41] 法務部民國101年4月2日法律字第10100548840號；法務部民國108年12月4日法律決字第10803518220號。

[42] 最高行政法院109年度上字第817號判決。

[43] 臺北高等行政法院100年度訴字第662號判決。

[44] 最高行政法院102年度判字第147號判決。

密效果者，即應就其他部分公開或提供之[45]。

　　民眾申請閱覽、抄錄及複製山坡地土地可利用限度查定案件之資料中，經政府資訊保有機關認定有屬政府資訊公開法第18條第1項第3款所稱之內部單位之擬稿或其他準備作業文件者（包括會勘單位人員姓名、申請人或申請機關意見及其他機關意見等），則其就山坡地土地可利用限度查定案件中之現場勘查紀錄，依政府資訊公開法第18條第2項規定除去其中應限制公開或不予提供之部分後，其餘土地資料（位置、面積、座標）、檢核項目（查定範圍確認方式、有無原地形地貌改變及老舊平臺、土地利用現況概述）及量測項目（坡度、土壤有效深度、土壤沖蝕程度及母岩性質）等部分欄位之紀錄內容，僅屬意思決定之基礎事實而無涉洩漏決策過程之內部意見溝通或思辨資訊時，則保有資訊機關就無涉洩漏決策過程之內部意見溝通或思辨部分之資訊內容，自應公開或提供之[46]。

第八項　救　濟

　　政府機關就申請提供、更正或補充政府資訊所為之決定，屬行政處分，對於處分不服者自得提起行政爭訟。政府資訊公開法第20條規定，申請人對於政府機關就其申請提供、更正或補充政府資訊所為之決定不服者，得依法提起行政救濟。

　　政府資訊公開法之立法目的，係滿足人民知的權利、便利人民共享及公平利用政府資訊、增進人民對公共事務之了解、信賴及監督，並促進民主參與，其公開之對象為一般人民，係屬一般性之資訊公開。依政府資訊公開法規定申請行政機關提供、更正或補充政府資訊之權利，屬實體權利。政府機關就人民申請提供、更正或補充政府資訊所為之決定，乃係機關就公法上具體事件所為之決定而對外直接發生法律效果之單方行政行為，屬就實體事項所為之行政處分。申請人因不服政府機關就其申請提供、更正或補充政府資訊所為之決定（即行政處分），依法得提起行政救濟。

　　人民依據政府資訊公開法或檔案法規定，向政府機關申請提供資訊，或申請抄錄、複製政府機關檔案，而應先經政府機關准駁者，自應依行政訴訟法第

---

[45] 法務部民國102年11月1日法律字第10203511730號。
[46] 法務部民國106年2月13日法律字第10603502090號。

5條規定，提起請求應為行政處分之課予義務訴訟，而非提起非財產上一般給付訴訟[47]。

---

[47] 最高行政法院101年裁字第2087號裁定。

第四篇

行政救濟

行政救濟一般分爲國家責任、訴願與行政訴訟。國家責任可區分爲國家損害賠償責任與國家損失補償責任，損害賠償責任以不法行爲爲前提，性質上爲公法侵權行爲。憲法第24條規定，凡公務員違法侵害人民自由或權利者，除依法律受懲戒外，應負刑事及民事責任。被害人民就其所受損害，並得依法律向國家請求賠償。依據憲法第24條規定制定之國家賠償法則是國家損害賠償責任最重要之依據[1]。國家損失補償責任係指國家基於公益需要，依法行使公權力，致特定人財產上利益受到特別犧牲，國家給予相當補償，以彌補相對人損失之責任。我國目前有關損失補償之規定，散見於各法律中，傳統上最重要的損失補償類型爲土地徵收，其原規定於土地法，後規定於土地徵收條例。合法行使公權力致使人民財產發生特別犧牲時，憲法並未如同損害賠償般有憲法第24條作爲一般原則以及國家賠償法作爲具體依據，應採取何種補償方式、補償應如何計算，基本上由立法者依立法裁量決定之。

除傳統之國家損害賠償責任與國家損失補償責任外，隨著國家任務之擴張，國家履行任務方式多元化以及不確定風險不斷增加，國家責任類型亦有擴大趨勢，例如，自德國法制引進具有徵收效力侵害之補償、類似（準）徵收侵害之補償、公益犧牲補償等[2]。惟目前而言，國家損害賠償責任與國家損失補償責任仍是國家責任之核心。

雖然損害賠償與損失補償爲截然不同之制度，但在部分制度卻將之混同，司法院釋字第670號解釋理由書指出，冤獄賠償法第1條第1項規定之國家賠償，並非以行使公權力執行職務之公務員有故意或過失之不法侵害行爲爲要件。冤獄賠償法於形式上爲國家賠償法之特別法，然本條項所規

---

[1] 國家不法行使公權力所生之責任，歷經演變，從國家無責任、國家代位責任，進化至國家自己責任，相關論述，陳敏，行政法總論，10版，2019年11月，第1158-1160頁；廖義男，國家賠償法，增訂版，1993年7月，第8-14頁。

[2] 法務部民國91年4月8日法律字第0910012419號指出，對於國家之合法或違法行爲所生人民財產權之損失或損害，分別有損失補償及國家賠償之制度予以規範。人民如因國家之行爲所生事實上之「附隨效果」而致財產權受有損害，例如，因修築道路或地下鐵工程而對遴近商家之營業造成損失，應予以補償，此乃所謂「徵收性質之侵害」理論。

定之國家賠償，實係國家因實現刑罰權或爲實施教化、矯治之公共利益，對特定人民爲羈押、收容、留置、刑或保安處分之執行，致其憲法保障之自由權利，受有超越一般應容忍程度之限制，構成其個人之特別犧牲時，依法律之規定，以金錢予以填補之刑事補償。爲配合司法院釋字第670號解釋，冤獄賠償法於2011年7月6日經總統公布修正名稱爲刑事補償法，刑事補償法第1條規定[3]之立法理由指出，依司法院釋字第670號解釋意旨修正本條，明定國家因實現刑罰權或實施教化、矯治之公共利益致人民基本權利受有特別犧牲而符合刑事補償法所定要件者，受害人得依刑事補償法請求國家補償。

我國憲法第16條規定，人民有請願、訴願及訴訟之權，訴願乃憲法上保障的人民基本權利。訴願係針對行政機關違法或不當行爲，透過行政體系內部的審查機制來達成救濟的目的。我國昔日將訴願程序視爲行政訴訟的先行程序，惟行政訴訟引進新的訴訟類型後，提起訴願不再是提起行政訴必要的先行程序。

行政訴訟係人民對於行政機關違法行使公權力，損害其權利或法律上利益之救濟途徑，用來保障人民權益，確保國家行政權之合法行使。1998年10月28日公布、2000年7月1日施行之行政訴訟法爲我國行政訴訟制度帶來重大改變，行政訴訟法條文增爲308條，行政訴訟之審級，由一審終結，改採二級二審制度；增加行政訴訟範圍及擴充訴訟類型，除原有撤銷訴訟外，增加確認訴訟及給付訴訟等；強化訴訟參加制度及暫時權利

---

[3] 依刑事訴訟法、軍事審判法或少年事件處理法受理之案件，具有下列情形之一者，受害人得依本法請求國家補償：1.因行爲不罰或犯罪嫌疑不足而經不起訴處分或撤回起訴、受駁回起訴裁定或無罪之判決確定前，曾受羈押、鑑定留置或收容。2.依再審、非常上訴或重新審理程序裁判無罪、撤銷保安處分或駁回保安處分聲請確定前，曾受羈押、鑑定留置、收容、刑罰或拘束人身自由保安處分之執行。3.因無付保護處分之原因而經不付審理或不付保護處分之裁定確定前，曾受鑑定留置或收容。4.因無付保護處分之原因而依重新審理程序裁定不付保護處分確定前，曾受鑑定留置、收容或感化教育之執行。5.羈押、鑑定留置或收容期間，或刑罰之執行逾有罪確定裁判所定之刑。6.羈押、鑑定留置或收容期間、刑罰或拘束人身自由保安處分之執行逾依再審或非常上訴程序確定判決所定之刑罰或保安處分期間。7.非依法律受羈押、鑑定留置、收容、刑罰或拘束人身自由保安處分之執行。

保護規定並強化訴訟審理程序並增設簡易訴訟程序等，自此，我國行政訴訟制度逐漸完整。

第二十一章 | 國家損害賠償責任──
國家賠償法

　　憲法第24條規定，凡公務員違法侵害人民自由或權利者，除依法律受懲戒外，應負刑事及民事責任。被害人民就其所受損害，並得依法律向國家請求賠償。本條規定以憲法委託方式，賦予立法者制定國家賠償相關法律之義務[4]。1980年7月2日總統公布國家賠償法並自1981年7月1日施行。國家賠償法最近一次於2019年12月18日修正公布第3、8及9條。

第一節　制定依據及性質

第一項　制定依據

　　國家賠償法第1條規定，本法依中華民國憲法第24條制定之。司法院釋字第469號解釋理由書指出，憲法第24條規定公務員違法侵害人民之自由或權利，人民得依法律向國家請求賠償，係對國家損害賠償義務所作原則性之揭示，立法機關應本此意旨對國家責任制定適當之法律，且在法律規範之前提下，行政機關並得因職能擴大，為因應伴隨高度工業化或過度開發而產生對環境或衛生等之危害，以及科技設施所引發之危險，而採取危險防止或危險管理之措施，以增進國民生活之安全保障。倘國家責任成立之要件，從法律規定中已堪認定，則適用法律時不應限縮解釋，以免人民依法應享有之權利無從實現。

　　憲法第24條雖僅規定公務員不法侵害人民自由權利之國家賠償責任，但立法者不受該範圍之限制，仍可增加國家賠償之類型。國家賠償法第3條規定

---

[4] 司法院釋字第487號解釋指出，依憲法第24條規定，立法機關有制定有關國家賠償法律之義務，而此等法律對人民請求各類國家賠償要件之規定，並應符合憲法上之比例原則。

之（公有）公共設施之國家賠償責任，即是考量給付行政發達後，國家任務改變，人民利用國家所提供之公共設施造成權益損害時，國家所應承擔之責任。

第二項　普通法性質──補充適用

國家賠償法第6條規定，國家損害賠償，本法及民法以外其他法律有特別規定者，適用其他法律。立法理由指出，國家之損害賠償，目前已有若干法律予以特別規定，例如土地法第68條、第71條，舊警械使用條例第10條[5]，及核子損害賠償法等是。此等規定，多以公務員之特定行為侵害人民之權利或特定事故所發生損害，為應負損害賠償責任之要件，且各有其特殊之立法意旨，為貫徹各該特別法之立法意旨，自應優先於國家賠償法而適用。換句話說，國家賠償法為國家賠償之普通法，其他法律就國家賠償有特別規定者，應優先適用。

一、特別法優先

土地法第68條規定，因登記錯誤、遺漏或虛偽致受損害者，由該地政機關負損害賠償責任。但該地政機關證明其原因應歸責於受害人時，不在此限。前項損害賠償，不得超過受損害時之價值。

土地法第68條第1項之規定，係就職司土地登記事務之公務員因故意或過失不法侵害人民權利，而由該公務員所屬地政機關負損害賠償責任之規定，屬國家賠償法之特別規定。土地法第68條第1項之規定，係為保護不動產真正權利人之權利而設，故於虛偽登記受損害之情形，應係指地政人員明知或可得而知登記原因文件為不實仍為登記，致真正權利人之權利因而受損害者[6]。受害人因地政機關登記錯誤遺漏或虛偽致生損害，固得依土地法第68條第1項規定為請求，以貫徹土地登記之公信力，並保護權利人之權利與維護交易之安全，惟基於損害賠償在填補損害之本旨，即「有損害斯有賠償」之原理，應以請求人實際所受之損害為準。倘請求人因地政機關登記錯誤遺漏或虛偽所生之損害，得自他人處獲得財產權填補時，即應將該項得以填補之財產權扣除，以計

---

[5] 2022年10月19日修正公布之警械使用條例第11條第1項規定，警察人員執行職務違反本條例規定使用警械，致侵害人民自由或權利時，依國家賠償法規定辦理。

[6] 最高法院96年度台上字第1938號民事判決。

算其實際所受之損害。蓋地政機關依土地法第68條第1項規定賠償後，並無法再向他人求償，自不能置請求人得自他人取得填補之財產權於不顧，而據以認定請求人實際所受損害之數額，轉使該原應負償還之他人得以免責，而有失其平[7]。

土地法第68條第1項前段規定，因登記錯誤遺漏或虛偽致受損害者，由該地政機關負損害賠償責任，乃以貫徹土地登記之公示性及公信力，並保護權利人之權利與維持交易安全為規範目的。該規定文義既未明示以登記人員之故意或過失為要件，原則上自應由地政機關就登記不實之結果，負無過失之賠償責任，且不以該不實登記是否因受害人以外之第三人行為所致，而有不同[8]。

二、特別法無相關規定時，補充適用國家賠償法

土地法第68條第1項規定係國家賠償法之特別規定。惟土地法就該賠償請求權既未規定其消滅時效期間，即應依國家賠償法第8條第1項規定，賠償請求權，自請求權人知有損害時起，因二年間不行使而消滅；自損害發生時起，逾五年者亦同之規定，據以判斷損害賠償請求權是否已罹於時效而消滅[9]。

第二節　國家賠償類型

依國家賠償法第2條及第3條規定，我國國家賠償類型區分為公務員不法行為產生之國家賠償以及因（公有）公共設施設置或管理欠缺所產生之國家賠償。

第一項　公務員不法行為產生之國家賠償

國家賠償法第2條第2項規定，公務員於執行職務行使公權力時，因故意或過失不法侵害人民自由或權利者，國家應負損害賠償責任。公務員怠於執行職務，致人民自由或權利遭受損害者亦同。前段規定為國家積極侵害行為，後段

---

[7] 最高法院111年度台上字第558號民事判決。
[8] 最高法院民事大法庭110年度台上大字第3017號裁定。
[9] 民國98年7月7日最高法院98年度第6次民事庭會議（一）。

則是國家消極不作為，致人民自由或權利遭受損害之賠償責任。

國家賠償法第2條第2項規定之「人民」，當指對稱於國家以外，而得為權利義務主體之人，亦即居於國家主權作用之一般統治關係，受國家公權力支配者均屬之。行政機關所歸屬之行政主體如係立於與一般人民相同之財產權主體地位，該行政機關亦得為國家賠償之請求權人[10]。

憲法第24條原規定，凡公務員違法侵害人民自由或權利者，除依法律受懲戒外，應負刑事及民事責任。被害人民就其所受損害，並得依法律向國家請求賠償。惟透過憲法委託方式，賦予立法者制定國家賠償法義務後，立法者將憲法原「公務員違法」之用語改變成國家賠償法「公務員因故意或過失不法侵害」之文字。國家賠償法第2條立法理由指出，本條第2項係本憲法第24條國家賠償之旨，規定國家對公務員之違法行為負擔損害賠償之要件。即須係公務員於執行職務行使公權力之行為，公務員於辦理不屬於行使公權力之職務行為，係屬一般私權關係事件，不在國家賠償法賠償之列。須係故意或過失之行為，凡因災禍等不可抗力所致之損害，衡諸一般立法例，由於所採體制不同，或定為免責事由，或定為非屬賠償之範圍，均不在國家賠償之列。而此類事件應屬社會救助之範圍。須行為違法，至適法行為，縱有損失，亦不發生依國家賠償法請求賠償責任問題。須侵害人民之自由或權利，此項自由及權利，係指法律所維護及保障之一切自由及權利而言。立法理由與條文所使用之文字並不相同。惟立法理由隨後卻復指出，公務員在執行職務行使公權力時，因故意或過失不法侵害人民之自由權利，此種行為可包括積極的作為與消極的不作為。

從立法理由將違法與不法混用之情形來看，立法者並未嚴格區分違法與不法，而是將之視為相同用語而混用，惟違法與不法在法律上之意義與內容相差甚大，立法者是否改變立憲者之真意，不無疑問。

一、積極侵害行為（第2條第2項前段）

公務員不法侵害人民自由權利成立國家賠償責任之要件有六：

（一）公務員

國家賠償法第2條第1項規定，本法所稱公務員者，謂依法令從事於公務之人員。此項公務員定義是採最廣義的意義，不論公務員是由於選舉、派用、

任用、聘用、或是僱用；是不是編制內的人員都在所不問；且不以行政機關的人員為限，只要是依法令從事於公務，即為該法的公務員。例如：各級民意代表[11]、各機關的雇員、工友、司機等，也是國家賠償法所稱的公務員。

1. 公立學校教師為國家賠償法之公務員

公立學校教師之教學活動，係代表國家為保育活動，屬給付行政之一種，亦屬行使公權力之行為。國民中學之教學活動，應屬公務員執行職務行使公權力之行為，有國家賠償法之適用，公立學校教師係依法令從事於公務之人員[12]。

2. 公辦民營學校之教師

公辦民營學校，其提供教學以達成國家完成義務教育之任務，如其所屬之教職員於執行職務，行使公權力時，因故意或過失不侵害人民自由或權利者，國家仍須負損害賠償責任，即有國家賠償法之適用[13]。

3. 視同公務員

國家賠償法第4條規定，受委託行使公權力之團體，其執行職務之人於行使公權力時，視同委託機關之公務員。受委託行使公權力之個人，於執行職務行使公權力時亦同。例如，某商業銀行受國庫主管機關財政部委託，代辦國庫業務，該銀行職員於執行職務，即代辦國庫業務時，應視為財政部之公務員。

公務機關委託私人公司蒐集、處理或利用高速公路電子收費系統行車紀錄資料，於個人資料保護法適用範圍，該公司行為視同公務機關，公司於委託關係消滅後應將交還資料庫，並將持有資料刪除，若該公司於處理該資料違反個人資料保護法，應由公務機關負國家賠償責任[14]。

國家賠償法第4條第1項所指視同委託機關之公務員之受委託行使公權力之團體（執行職務之人）或個人，原非國家賠償法第2條第1項所稱之公務員。惟因國家機關根據法律或基於法律授權，簽訂行政契約或作成行政處分，委託該

---

[11] 陳敏，前揭書，第1165頁；廖義男，前揭書，第26頁；盛子龍、吳庚，行政法之理論與實用，增訂16版，2020年10月，第735頁指出，立法機關之成員並非國家賠償法之公務員。

[12] 臺灣高等法院101年度上國易字第4號民事判決、臺灣高等法院109年度上國易字第10號民事判決。

[13] 臺灣高等法院104年度重上國字第9號民事判決。

[14] 法務部民國104年10月23日法律字第10403513240號。

私人或私法團體，以其自己名義對外行使個別特定之公權力，而完成國家特定之任務，其性質相當於國家機關自行執行公權力。因而在特定職務範圍內，該私人或私法團體職員於執行職務行使公權力時視同委託機關之公務員，並於其不法侵害人民自由或權利或因怠於執行職務，致人民自由或權利遭受損害者，始認國家應負損害賠償責任。欲使該私人或私法團體職員成為視同委託機關之公務員，必須根據法律之規定（例如，船員法第59條賦予船長緊急處分權、私立大學依據大學法及學位授予法規定，授予學生學位）或由國家機關基於法律之授權，依行政處分或行政契約（公法契約）為之。法律規定必須有授與該私人或私法團體公權力之意思及賦予其本於自主意思決定准駁獨立性者，始足當之[15]。

　　行政助手之行為在法律上被認為行政機關手足之延長，行政助手行為之法律效果直接歸屬於行政機關，行政助手之行為視為行政機關之行為，因此行政助手行為所造成之損害，人民可向利用行政助手的行政機關提出國家賠償。但行政機關因人力、機具不足時，將任務執行之技術性工作，例如，拆除違建、拖吊違規車輛等，交由私人為之（行政機關依據私法契約羅致之私人）。以私法契約羅致之私人在協助執行行政任務時，就其執行行為享有獨立自主決定之空間，其並非行政機關手足之延長，因此其行為之效果並不歸屬於行政機關，只要行政機關在選任、監督私人時，並無其他義務違反，則行政機關與人民間並不會因為該私人之行為產生國家賠償責任。人民如因為拆除違建或拖吊違停車輛而受損時，應依民法相關規定向該私人提出損害賠償請求。換句話說，此種協助行政任務執行之行為，由於私人並非受委託獨立以自己名義全程行使公權力，亦即並未包括是否違規之認定，一般認為其並非行政程序法第16條之受委託行使公權力之人，國家賠償法第4條第1項之規定並無法適用。

　　惟國家與私人拖吊公司間所簽訂者雖為私法契約，但重點在於拖吊行為是否屬於執行職務行使公權力，私人拖吊公司在從事拖吊行為時，是否享有獨立對外決定之自由，或必須接受行政機關完全指揮監督並非所問。重點在於，私法契約羅致之私人所從事任務之性質、受託行為與行政任務間之緊密關係以及私人融入行政機關職務領域之強度，來判斷其是否為執行職務行使公權力之人。任務性質之高權特徵愈明顯、受託行為與機關應履行行政任務間之關係愈密切、私人拖吊公司自我決定空間愈有限時，則愈能將私人公司視為國家賠

---

[15] 最高法院100年度台上字第1484號民事判決。

償法上之公務員。特別是在干預行政領域，國家就協助執行職務之人之不法行為，不得因為國家透過私法契約引進私人執行國家所作成之措施，而得以免責。拖吊違停車輛無疑是極具高權性質之行為，對人民而言，與國家親為並無不同。私人公司拖吊行為之目的有助於行政機關指令之執行，其自由決定之空間並不影響任務之執行。拖吊行為之性質不應取決於，國家親為、行政助手為之或透過私法契約引進私人執行而有所不同。拖吊行為之法律性質係實現公法上權利義務內容之事實行為，拖離違停車輛之行為係屬公務，係法律所規定（道路交通管理處罰條例），民間拖吊業者應屬依法令從事於公務之人員[16]。

（二）執行職務行使公權力

執行職務係指公務員行使其職務上之權力、履行職務上之義務，與其所職掌之公務有關者。目前一般所採見解，並不以公務員主觀上有執行職務意思為必要，只要客觀上、外觀上依一般社會觀念認為是執行職務即可[17]。例如：警察以調查犯罪為名，強取人民財物，雖然該警察主觀上沒有執行調查犯罪職務的意思，但從社會一般通念來看，如與一般警察執行職務的外觀沒有兩樣時，此時國家仍應負賠償責任。換句話說，行為與職務間在外觀上、時間上或處所上有相關聯，且行為之目的與職務之作用間，內部上存有密切之關聯即可[18]。但欠缺職務關聯，而屬利用職務上機會作成之行為，則非執行職務之行為[19]。

行使公權力指公務員居於國家機關之地位，行使統治權作用之行為，包括運用命令及強制等手段干預人民自由及權利之行為，以及提供給付、服務、救濟照顧等方法增進公共社會成員之利益，以達成國家任務之行為。且不問其性質為干涉行政或給付行政，其表現之型態為事實行為或行政處分，均有適

---

[16] 有關此問題，蕭文生，拖吊違停車輛產生之損害賠償責任，台灣法學雜誌，第270期，2015年4月，第85-90頁。黃源銘，行政法25講，修訂7版，2015年10月，第221頁亦指出，執行拖吊業務致損害他人車輛時，仍具有國家賠償法上公務員之地位。

[17] 李惠宗，行政法要義，8版，2020年9月，第721頁；吳志光，行政法，修訂12版，2023年2月，第664頁；盛子龍、吳庚，前揭書，第736頁；陳新民，行政法學總論，新10版，2020年7月，第468頁；陳敏，前揭書，第1168頁。

[18] 臺灣高等法院97年度上國字第17號民事判決、臺灣高等法院98年度上國字第31號民事判決。

[19] 陳敏，前揭書，第1167-1168頁。廖義男，前揭書，第30頁指出，利用公家汽車為私人性質之郊遊不能認為是執行職務。

用[20]。行政指導屬行政上之事實行為，亦屬於國家賠償法之行使公權力行為。垃圾車司機定時駕駛垃圾車至各指定地點蒐集垃圾，民眾亦須依規定於定時定點放置垃圾，不得任意棄置，此為國家福利行政（給付行政）範圍，為公務員行使公權力之行為[21]。

公務員執行職務行使公權力並不包括準立法行為，亦即不適用於非屬特定人民權利受損害之行政行為（最高法院87年度台上字第1450號判決及臺灣高等法院88年度上國字第18號民事判決）[22]。國家法律之制定及修正，無可認為係特定公務員之特定職務行為，亦無可認為特定個人對立法機關就法律之制定，有公法上請求權存在，且法律之制定並非以個人為對象，與國家賠償法係就受損害之特定個人彌補損失者，性質不同。特定個人尚不得因立法機關所制定之法律規定及適用結果，對其有反射之不利益，主張其權利受侵害，而依國賠法請求國家賠償[23]。

國家機關立於私法主體地位，從事一般行政補助行為，例如，購置行政業務所需之物品或處理行政業務相關物品，或其他私經濟行為與公權力行使有別，不適用國家賠償法[24]。

爭議案例

1.公立學校老師體罰學生造成傷害，是否可向學校提出國家賠償請求？

國民中學之教學活動（化學實驗），屬公務員執行職務行使公權力之行

---

[20] 法務部民國98年1月10日法律決字第0970046840號。

[21] 最高法院93年度台上字第255號民事判決。

[22] 法務部民國99年7月19日法律字第0999031053號。法務部民國109年3月12日法律字第10903505030號函亦指出，行政機關所為抽象性規範之準立法行為，係行政機關就不特定對象及不特定事項所為之行政行為，如未對特定人民之權利義務直接產生拘束力並侵害其權利者，難認國家應負損害賠償責任，即與國家賠償法第2條第2項之公務員執行職務行使公權力之要件不合。林錫堯，行政法要義，修訂4版，2016年8月，第644頁認為，公權力行為不以行政行為為限，立法、司法、監察等國家權力作用均屬之。

[23] 法務部民國107年1月18日法律字第10703500980號。

[24] 最高法院96年度台上字第1287號民事判決，國家賠償法第2條第2項所稱之「行使公權力」，係指公務員居於國家機關之地位，行使統治權作用之公法行為。此項公法行為固可廣及於提供給付、服務、救濟、照顧等方法以達成國家任務之行為，但國家機關如僅立於私法主體之地位，從事一般行政之補助行為者，即與行使公權力有間，不生國家賠償法適用之問題。

爲，有國家賠償法之適用[25]。憲兵司令部所屬勵德班代理值星官孔○○上士，於執行管教職務時，不當體罰陳○○致死，委可認定。依國家賠償法第2條規定，憲兵司令部應負國家賠償責任[26]。

2. 學校教師性侵學生是否適用國家賠償法？

公立學校教師係依法令從事於公務之人員，公權力之範圍宜採廣義之解釋，公立學校教師之教學活動，屬給付行政之一種，亦屬行使公權力之行爲。惟執行職務與「職務予以機會之行爲」應加區別，亦即侵權行爲之目的須與職務之作用間內部上存有密切之關聯，如僅屬「職務予以機會之行爲」，即不符合國家賠償責任之要件，學校教師性侵學生是否僅屬職務予以機會之行爲，屬事實認定問題，仍請賠償義務機關本於權責審認[27]。

3. 公立醫院

醫療（事）機構對於傳染病之預防、治療及防範於醫療（事）機構內感染發生等法定義務之執行，屬立於國家機關之地位，以提供給付、服務、救濟、照顧等方法，增進公共及社會成員之利益，以達成國家任務之行政行爲[28]。公立醫院以執行國家醫事政策之行爲爲限，始負有一定公共事務之處理權限，構成行使公權力之行爲，例如，依醫師法第15條、傳染病防治法第14條等所爲之傳染病防治；依醫師法第24條所爲之天災事變之救治；依醫療法第77條接受政府委託協助辦理公共衛生等有關醫療服務事宜。公立醫院醫事人員爲執行疫政，落實傳染病的防治工作，實施強制隔離治療等行爲，屬於公權力的行使範疇，有國家賠償法之適用。

惟政府機關依法所設立之公立醫院與病患間所成立之醫療關係，乃政府機關立於私法主體地位所從事之私經濟行爲，與其立於統治權行政主體所爲公權力之行使不同，公立醫院與病患間之醫療關係，屬一般私法契約關係[29]。公立醫院醫師之醫療行爲，亦即一般的門診或住院醫護行爲，非屬公權力行使之意涵，爲私經濟作用之私法行爲。其於醫療過程中，因過失而侵害他人之健康權

---

[25] 法務部民國95年9月14日法律字第0950170449號。
[26] 臺灣高等法院84年度上國字第18號民事判決。
[27] 法務部民國98年7月29日法律字第0980020644號。惟兩者之明確區分並非易事。
[28] 臺灣高等法院94年度重上國字第10號民事判決。
[29] 最高法院93年度台上字第1486號民事判決。

及生命權，屬私法上侵權行為，應依民法侵權行為規定，負損害賠償責任[30]。

（三）不法行為

1. 不法之意義

　　一般認為不法不僅指違反法律或命令，凡客觀上欠缺正當性，違背公序良俗、誠信原則、法理或習慣等，都屬於不法。至於違反機關內部自行訂定的行政規則，如係對於同一性質的事件，本有依此規則而為相同處理的義務，卻未依規定作相同的處理，即屬職務義務的違反，即屬於「不法」。

　　不法行為包括違背職務之行為，公務員執行職務有其一定之權限、範圍及應遵行之注意義務，並應要求其行為合法、正確與適當。如公務員執行職務逾越其權限或濫用其權力或違背對於第三人應執行之職務而使第三人受害者，即屬違背其職務而構成不法。執行職務應遵行之注意義務，除公務員於裁量時不得逾越或濫用其權限外，對於人民亦有給予正確情報及教示之義務。蓋公務員執行職務及為人民提供服務時，應使人民儘量避免因情報資料之錯誤而遭受損害之危險[31]。

2. 行政處分違法或不當與國家賠償法不法之關係

　　國家賠償法不法之用語係沿襲民法侵權行為之概念，與行政法院審查違法行政行為之概念是否有別，有所爭議，最高法院向來見解認為兩者並不相同。

　　行政機關所為行政處分，如其公務員於處分時確有故意或過失之不法行為，固有國家賠償法之適用。惟行政處分之作成常涉及對事證之證據價值判斷及相關法令之解釋，均具主觀性，若無違常之顯然錯誤或其他不法行為存在，雖嗣後因受處分人循行政爭訟程序聲明不服，經上級機關或行政法院為相異認定而推翻，亦不能因此遽認為行政處分之公務員有故意或過失之不法行為，而應負國家賠償責任。國家依國家賠償法第2條第2項前段規定所負損害賠償責任，係就公務員職務上侵權行為所負之間接責任，必先有特定之公務員於執行職務行使公權力時，因故意或過失不法侵害人民之自由或權利，該特定公務員之行為已構成職務上之侵權行為時，國家始應對該受損害之人民負賠償之責任。行政處分當否，與承辦之公務員是否構成職務上之侵權行為，原屬兩事，行政處分縱令不當，其為此處分或執行此處分之公務員未必構成職務上之侵權

---

[30] 臺北市政府法規委員會民國96年3月5日。
[31] 臺灣高等法院94年度重上國字第10號民事判決。

行為。公務員適用「不確定之法律概念」於具體之事實，難免產生「法律拘束相對性」之結果，是其本於專業智識判斷，對妨害風化觀念作較嚴格之認定，應為法所容許。縱令嗣後其判斷經行政法院撤銷，亦不能因此即認定該公務員有過失[32]。

　　行政處分當否，與承辦之公務員是否構成職務上之侵權行為，原屬兩事，行政處分縱令不當，其為此處分或執行此處分之公務員未必構成職務上之侵權行為。行政處分之作成如因涉及對事證之證據價值判斷及相關法令之解釋，雖經受處分人循行政爭訟程序聲明不服，經上級機關或行政法院為相異認定而推翻者，固不能遽認為行政處分之公務員有故意或過失之不法行為，而應負國家賠償責任；然若行政機關之公務員為行政處分時，確有違常之顯然錯誤或其他不法行為存在，即難免其故意或過失之責任[33]。

　　於人民主張因違法行政處分而發生國家賠償訴訟時，倘該行政處分是否違法，業經行政法院裁判確定，基於違法性一元論，普通法院就行政處分違法性之判斷，原則上固應受行政法院確定裁判之拘束，惟非謂行政處分違法，作成處分之公務員即當然構成職務上侵權行為，普通法院仍應檢視審查公務人員執行職務是否具備國家賠償之要件[34]。

（四）故意、過失

　　憲法第24條規定並未限制公務員不法行為必須具故意或過失始負賠償責任。惟國家賠償法第2條第2項卻以之為賠償構成要件，立法者是否不當限縮了憲法第24條規定，或故意或過失本就屬於（公法）侵權行為責任之要求，有所爭議[35]。

　　故意係指從事加害行為的公務員對於侵害行為的事實，明知並有意使其發生，或預見其發生，而其發生並不違背其本意。過失係指造成加害行為的公務員雖非故意，但按其情節應注意並能注意而不注意者，或對於侵害行為的事實，雖預見其能發生而確信其不發生者。過失有無，應依每個人對一件事情所

---

[32] 最高法院92年度台上字第556號民事判決、最高法院96年度台上字第1527號民事判決。

[33] 最高法院104年度台上字第1987號民事判決。

[34] 最高法院109年度台上字第2437號民事判決、最高法院112年度台上字第1617號民事判決。

[35] 詳見，司法院釋字第670號葉百修大法官協同意見書。

應注意的程度來判斷，公務員對於其職務因各有專業的認識，所以其注意程度除應較普通人爲高外，也因其職務所需知識、能力的不同而有差異。國家賠償法第2條第2項前段規定之所謂過失，應以善良管理人之注意義務標準，實際執行職務者未達到基於一個忠於職守之標準公務員所作成的行爲規範，即構成過失。有無過失之認定，應以執行職務之人爲對象[36]。

惟故意過失之認定涉及舉證責任分配，爲減輕人民負擔，司法實務採用各種不同方法減輕人民舉證責任之負擔。

1. 推定故意或過失

國家執行職務行使公權力，基於依法行政原則，須以依從法規爲前提，本負有應維持公權力行使之合法性及正當性之責任與義務。公務員應忠心努力，依法律命令所定執行其職務，爲公務員服務法第1條所明定。且行政本具有積極主動處理公共事務，形成社會生活，從而實現國家目的之功能，對於公共事務之處理，主管機關之人力、預算如不足以因應法定職務所需，係屬機關內部如何逐步調度、編列之問題，不能據爲對外主張免責之事由。如公務員有違背其職務義務之行爲存在，即可推定其具有故意過失。主張成立國家賠償責任之人，只須證明公務員有違背其職務義務之行爲而造成其損害即可，國家機關必須提出其所屬公務員違背職務義務之行爲有不可歸責事由之證明，始可免責[37]。

2. 適用舉證責任之例外但書

國家賠償法第2條第2項所定之國家賠償責任，固採過失責任主義，且得依過失客觀化及違法推定過失法則，以界定過失責任之有無。然於事件具體個案，衡酌訴訟類型特性與待證事實之性質、當事人間能力、財力之不平等、證據偏在一方、蒐證之困難、因果關係證明之困難及法律本身之不備等因素，倘人民已主張國家機關有違反作爲義務之違法致其受有損害，並就該損害爲適當之證明時，揆之民事訴訟法第277條但書規定，自應先由國家機關證明其有依法行政之行爲，而無不作爲之違法，始得謂爲無過失，並與該條但書所揭依誠實信用及公平正義原則定其舉證責任之本旨無悖[38]。

---

[36] 最高法院95年度台上字第1445號民事判決。

[37] 臺灣高等法院97年度上國字第17號民事判決；臺灣高等法院臺南分院93年度上國字第3號民事判決。

[38] 最高法院99年度台上字第836號民事判決、最高法院106年度台上字第947號民事判

（五）侵害人民自由、權利

　　人民指國家以外，而得爲權利義務主體之人，亦即居於國家主權作用之一般統治關係，受國家公權力支配者均屬之。行政機關所歸屬之行政主體如係立於與一般人民相同之財產權主體地位，因受不同行政主體所屬行政機關之違法行使公權力或公有公共設施設置或管理有欠缺所造成之侵害，並符合國家賠償法規定之要件時，亦得爲國家賠償之請求權人[39]。有服從特別權力關係義務之人，例如，軍人，亦爲人民，其執行公務時，受其他執行公務，行使公權力之公務員故意或過失不法之侵害，當亦得依國家賠償法之規定請求國家賠償[40]。自由包括憲法上所規定的一切自由在內，如身體自由、居住遷徙自由、集會結社自由、言論出版自由等皆是。凡財產權、生命權、身體權、名譽權及健康權等皆屬權利。純粹經濟上損失或純粹財產上損害，不屬於國家賠償法第2條第2項關於國家應負損害賠償責任所保護之法益，純粹經濟上損失或純粹財產上損害，係指其經濟上之損失爲純粹的，而未與其他有體損害如人身損害或財產損害相結合者而言[41]。

　　最高法院民事大法庭111年度台上大字第1706號裁定就國家賠償法保護之法益則採取較廣義之解釋，其認爲，國家賠償法第2條第2項前段所保護之法益，不以民法第184條第1項前段所定之權利爲限；公務員因故意違背對於第三人應執行之職務，或執行職務行使公權力時，故意以背於善良風俗之方法，侵害人民之利益，人民得依該規定請求國家賠償。國家賠償法既係依憲法第24條規定所制定，則該法第2條第2項前段所保護之法益，即應本於憲法保障人民權益之意旨及國家賠償法之立法精神而爲解釋。國家賠償法既係爲提供人民較民法更爲周全之保障所設，從個人、僱用人或公務員與國家所負損害賠償責任內涵及風險承受能力之差異，依舉輕以明重之法理，國家依國家賠償法對人民所負賠償責任，自不應劣於上開個人、僱用人或公務員依民法侵權行爲相關規定所負賠償責任。職是，公務員因故意違背對於第三人應執行之職務，或執行職

決。民事訴訟法第277條規定，當事人主張有利於己之事實者，就其事實有舉證之責任。但法律別有規定，或依其情形顯失公平者，不在此限。有關本項判決，蕭文生，國家賠償責任之歸責原則——最高法院99年度台上字第836號判決，月旦裁判時報，第21期，2013年6月，第87-95頁。

[39] 法務部民國100年2月21日法律字第1000700110號。

[40] 最高法院93年度台上字第920號民事判決。

[41] 最高法院111年度台上字第631號民事判決。

務行使公權力時，故意以背於善良風俗之方法，侵害人民之利益，國家自不得以非侵害權利爲由，解免其責。

最高法院民事大法庭111年度台上大字第1706號裁定之主要論據爲民法第184條第1項規定，其認爲，民法第184條第1項前段所稱之權利，係指既存法律體系所明認之權利，有別於同項後段之侵權行爲客體，除上開權利外，另包含利益在內。民法第184條第1項依被害人受侵害者爲「權利」或「利益」，而分別適用前段或後段之規定，係考量利益之範圍過於廣泛，其被害人及賠償範圍，難以預見，爲合理衡平個人的行爲自由與權益保護，避免賠償範圍漫無邊際，使加害人負擔過重之賠償責任，基於法律政策上之價值判斷與利益衡量而爲差別性規範。限縮民法第184條第1項前段所指權利之範圍，僅係爲了限制加害人侵權行爲責任範圍，非用以排除侵權行爲法對於利益之保護，易言之，利益雖不屬於民法第184條第1項前段所指權利，仍爲同條第1項後段保護之客體。權利與利益之區別，係用以界定民法第184條第1項前、後段之規範功能，而國家賠償法第2條第2項既未如民法第184條將侵權行爲態樣、保護之法益予以分類，倘仍採相同之解釋，將利益完全排除於其保護之客體之外，反而使人民於利益受損時，完全無法獲得國家賠償，顯與國家賠償法之立法精神有違。

解釋國家賠償法第2條規定之自由或權利，並非以民法第184條規定爲出發點，而是憲法第24條。憲法第24條規定，凡公務員違法侵害人民之自由或權利者，除依法律受懲戒外，應負刑事及民事責任。被害人民就其所受損害，並得依法律向國家請求賠償。憲法第24條既規定於憲法第二章人民之權利義務內，其所規定之自由或權利應係指憲法第7條至第18條、第21條以及第22條之自由權利，憲法所指之自由權利是否包含利益，不無疑問。

此外，我國國家賠償法基本上係採國家自己責任，而非代位責任，最高法院民事大法庭111年度台上大字第1706號裁定認爲，國家賠償法不應劣於個人、僱用人或公務員依民法侵權行爲相關規定所負之賠償責任，顯然係將我國國家賠償法定位爲國家代位責任，方能得出此項結論，此與憲法第24條規定之立法精神似有所違背。

（六）因果關係

損害的發生與公務員不法行爲間必須具有「相當因果關係」，才能成立國家賠償責任。相當因果關係是指「無此行爲，雖必不生此損害；有此行爲，通常即足生此種損害，是爲有因果關係。無此行爲，必不生此種損害；有此行

為，通常亦不生此種損害，即無因果關係。」（最高法院23年上字第107號、33年上字第769號、48年台上字第481號判例）。有無因果關係，應綜合具體情事客觀判斷之。一般而言，因果關係是屬於事實問題，由賠償義務機關本於職權依法認定；當事人如已提起國家賠償訴訟，則由法院認定。

警察執行勤務時，本於客觀合理判斷發現易生危害之車輛，並指示駕駛人停車受檢時，應認為駕駛人負有自動停車配合受檢之協力義務，以預防酒後駕車所造成之社會危害，並兼顧駕駛人交通自由權之保護。警察駕駛警車尾隨取締酒後駕車之行為，通常不會造成駕駛人高速逃逸致翻車死亡結果，應認為員警尾追查緝，與當事人之死亡結果間，並無相當因果關係[42]。

損害與違法怠於執行職務之行為間只須具有相當因果關係為已足，不以該違法怠於執行職務之行為係發生損害之唯一原因為必要，縱另有其他原因（如第三人之加害或被害人自身之非行等）併生損害，亦無礙於相當因果關係之成立。公務員怠於執行職務，不必為損害發生之唯一原因，如與自然事實如地震、颱風、大雨、洪水等相結合而發生損害之結果者，亦具有相當因果關係，應負國家損害賠償責任，不得以天災不可抗力主張免責[43]。

二、（消極）怠於執行職務致人民權利受損

國家賠償法第2條第2項後段所定之國家賠償責任，雖以公務員故意或過失，消極不履行法規課予行政機關一定之職務義務為構成要件，惟本條項規定仍屬國家自己責任，不以公務員成立民法侵權行為為先決條件，有獨立責任成立要件。

由於並不存在外顯的積極侵害行為，公務員是否怠於執行職務之認定，極易產生爭議。最高法院72年台上字第704號判例指出，國家賠償法第2條第2項後段所謂公務員怠於執行職務，係指公務員對於被害人有應執行之職務而怠於執行者而言。換言之，被害人對於公務員為特定職務行為，有公法上請求權存在，經請求其執行而怠於執行，致自由或權利遭受損害者，始得依上開規定，請求國家負損害賠償責任。公務員對於職務之執行，雖可使一般人民享有反射利益，人民對於公務員仍不得請求為該職務之行為者，縱公務員怠於執行該職

---

[42] 臺灣高等法院104年度上國字第7號民事判決、最高法院107年度台上字第574號民事判決。

[43] 臺灣高等法院臺中分院101年度國再字第2號民事判決。

務,人民尚無公法上請求權可資行使,以保護其利益,自不得依國家賠償法第2條第2項後段規定請求國家賠償損害。

由於現行法律極少有明確承認公法上請求權之具體規定,怠於執行如僅指公務員對人民有執行義務且人民對之有積極請求執行的權利,且人民已請求而公務員未執行時,才產生國家賠償責任,此項判例重大限縮國家賠償法第2條第2項後段規定適用之可能性。

司法院釋字第469號解釋認為最高法院72年台上字第704號判例之見解並非完全妥適,因而有修正之必要。司法院釋字第469號解釋理由書指出,公務員職務上之行為符合:行使公權力、有故意或過失、行為違法、特定人自由或權利所受損害與違法行為間具相當因果關係之要件,而非純屬天然災害或其他不可抗力所致者,被害人即得分就積極作為或消極不作為,依國家賠償法第2條第2項前段或後段規定請求國家賠償,該條規定之意旨甚為明顯,並不以被害人對於公務員怠於執行之職務行為有公法上請求權存在,經請求其執行而怠於執行為必要。惟法律之種類繁多,其規範之目的亦各有不同,有僅屬賦予主管機關推行公共事務之權限者,亦有賦予主管機關作為或不作為之裁量權限者,對於上述各類法律之規定,該管機關之公務員縱有怠於執行職務之行為,或尚難認為人民之權利因而遭受直接之損害,或性質上仍屬適當與否之行政裁量問題,既未達違法之程度,亦無在個別事件中因各種情況之考量,例如:斟酌人民權益所受侵害之危險迫切程度、公務員對於損害之發生是否可得預見、侵害之防止是否須仰賴公權力之行使始可達成目的而非個人之努力可能避免等因素,已致無可裁量之情事者,自無成立國家賠償之餘地。倘法律規範之目的係為保障人民生命、身體及財產等法益,且對主管機關應執行職務行使公權力之事項規定明確,該管機關公務員依此規定對可得特定之人負有作為義務已無不作為之裁量空間,猶因故意或過失怠於執行職務或拒不為職務上應為之行為,致特定人之自由或權利遭受損害,被害人自得向國家請求損害賠償。

法律規範保障目的之探求,應就具體個案而定,如法律明確規定特定人得享有權利,或對符合法定條件而可得特定之人,授予向行政主體或國家機關為一定作為之請求權者,其規範目的在於保障個人權益,固無疑義;如法律雖係為公共利益或一般國民福祉而設之規定,但就法律之整體結構、適用對象、所欲產生之規範效果及社會發展因素等綜合判斷,可得知亦有保障特定人之意旨時,則個人主張其權益因公務員怠於執行職務而受損害者,即應許其依法請求救濟。

從司法院釋字第469號解釋可以得出：

（一）人民有公法上請求權，經人民請求，行政機關仍不作為時，屬於怠於執行職務，並無疑義。

（二）司法院釋字第469號解釋以保護規範理論為依據，認為即使人民無公法上請求權，但依法律結構、法律行為效果、社會發展等因素，可以認為法律規定亦兼有保護人民利益，且對主管機關應執行職務行使公權力之事項規定明確，該管機關公務員依此規定對可得特定之人負有作為義務已無不作為之裁量空間，機關仍不作為時，此時亦屬怠於執行職務之情形[44]。

司法院釋字第469號解釋在最高法院裁判中亦獲得支持。國家賠償法第2條第2項後段所稱之公務員怠於執行職務之消極不作為國家賠償責任，自保護規範理論擴大對人民保障而言，凡國家制定法律之規範，不啻授與推行公共政策之權限，而係為保障人民生命、身體及財產等法益，且該法律對主管機關應執行職務之作為義務有明確規定，並未賦予作為或不作為之裁量餘地，如該管機關公務員怠於執行職務行使公權力，復因具有違法性、歸責性及相當因果關係，致特定人之自由或權利遭受損害者，即應負消極不作為之國家賠償責任[45]。

（一）否認有怠於執行職務之案例

1. 最高法院95年度台上字第301號民事判決

依動物保護法規定之結構、適用對象、所欲產生之規範效果及社會發展因素為綜合判斷，受害人之被繼承人黃陳○○，是否為動物保護法第32條第1款規定所保護之「特定人」或「可得特定之人」，而得以司法院釋字第469號解釋為有利於被上訴人之認定，即非無疑。遭人棄養之野狗具有流動性，捕捉本有相當程度之不確定性，防止其突發性的侵害，當難全仰賴公權力之行使，個人之防護措施仍係防止野狗突發侵害之有效之道。動物保護法第32條第1款，既僅規定主管機關對於違反動物保護法第5條第3項規定棄養之動物，「得」逕行沒入，則主管機關對於遭人棄養之野狗，究竟沒入與否？當視能否掌握該野狗之動態及捕捉之可能性而定，足見主管機關對此仍有相當之裁量空間，而非

---

[44] 怠於執行職務可分為完全不作為或不完全作為兩種類型，惟此種分類僅具有敘述說明方便之意義，對是否構成國家賠償責任並無影響。

[45] 最高法院92年度台上字第69號民事裁定。

已無裁量之餘地。主管機關若未能捕捉沒入遭人棄養之野狗，是否即可認為人民之權利因而遭受直接損害，而得請求國家賠償？亦非無再詳為審酌之餘地[46]。

2. 臺灣高等法院高雄分院103年度重上國字第2號民事判決（八八風災小林村案）

行政機關在土石流潛勢區內是否採取勸告以及強制撤離的行動，與居民實際上疏散避難行為息息相關。人民於決定是否採取疏散避難行為，首先，應取決於災害消息之可信度，及參照「過去經驗」、「過去面對災害的經驗」、「生活花費」、「環境徵兆」等情況，再考量避難所之環境而定，因此國家機關面臨災害，真正的作為義務，應該在於提高災害消息的可信度，健全避難所的環境，適當警示災害的嚴重程度等等，以使人民可以正確地採取疏散避難行為。災害防救法第24條第1項及據此而制訂之疏散作業規定並非授與地方機關遇有任何災難，即可任意實施勸告疏散之行政指導，或隨意強制遷離人民的權力。地方機關於水保局發布警訊時，仍有視現地狀況或為勸告或強制撤離等行政作為之裁量權限。高雄市政府所屬公務員依前揭規定，對可得特定之人所負作為義務是否已達無不作為之裁量空間（已否達裁量收縮至零程度，不作為即為違法），致行政機關應負國家賠償責任，仍然必須依照司法院釋字第469號解釋內容所列之要件而定。上訴人主張高雄市政府所屬公務員應依疏散作業規定於雨量達一定標準且經水保局發布黃色、紅色警戒時，即照SOP標準流程採取勸告或強制撤離之作為，並無擇取不勸告也不強制撤離之不作為裁量權，尚難憑採。

肇致系爭事故發生之獻肚山崩塌（及嗣後因崩塌形成之堰塞湖潰決），無論於實際發生前或發生後，專家學者或權責機構均無法預測會有崩塌災情發生。高雄市政府所屬公務員當時能掌握之資料，僅有氣象局發布之實際雨量及未來降雨量預測，且其等之「過去經驗」、「過去面對災害的經驗」、「環境徵兆」等，及國內所有之相關機關評估、研判經驗亦均係針對土石流災害為

---

[46] 動物保護法第1條第1項規定，為尊重動物生命及保護動物、增加動物福利，特制定本法。動物保護法第5條第3項規定，飼主飼養之動物，除得交送動物收容處所或直轄市、縣（市）主管機關指定之場所收容處理外，不得棄養。動物保護法第32條第1項第2款規定規定，有下列情事之一者，直轄市或縣（市）主管機關得逕行沒入飼主之動物：……2.違反第5條第3項規定經飼主棄養之動物。

之。然系爭事故並非單純之土石流所肇致，而係該地區地型利於蓄水，且具備順向坡、坡度傾角超過30度、斷層、地層破碎等脆弱的地質環境特性，加上高降雨強度以及過長降雨延時所累積破紀錄的雨量等複合性原因所致。依高雄市政府所屬公務員當時所掌握之資訊及科技，實難認其等會有獻肚山發生崩塌之預見可能性，並在單純僅有高強度降雨預測，但事實上現地雨量不大，且未發生任何土石流災情時，即決定依災害防救法第24條規定，發動勸告並強制撤離全村民眾行為之期待可能性。上訴人雖提出有其他村落因預先撤離而保全民眾之情況。然各村落現地狀況、過往防災及災害經驗並不相同，尚難逕以其他區域之處置情況及事後結果，而為本件公務員當時裁量有無疏失之認定依據。此外，高雄市政府所屬公務員既無相關資料可預見獻肚山大規模山崩之發生，自不能苛求彼等為避免獻肚山大規模山崩對人民所生之損害，而依災害防救法第24條規定預先勸告並強制撤離全村民眾。

但最高法院民事判決106年度台上字第1077號指出，附表一編號八、九、十、三七、四三所示上訴人之被繼承人住戶，係高雄市政府依規定造具表冊列管之土石流潛勢溪流影響範圍保全住戶；高雄市政府於8月8日12時50分收受中央災害應變中心傳真參字第021號通報，就小林村南北二側之高縣DF006、DF007溪流之高危險潛勢地區發布土石流紅色警戒，指示應就上述住戶執行疏散撤離作為，高雄市政府及其所屬公務員即應服從該命令，而無再行裁量之空間。高雄市政府於同日13時將上開指示轉知甲仙區公所後，甲仙區公所無何作為；高雄市政府輪值人員A嗣於同日15時12分越過甲仙區公所直接聯繫小林村村長，告以利用白天視線良好，儘速撤離後，為小林村村長明示拒絕服從該撤離命令，已違反公務員應服從其監督長官命令之法定義務。高雄市政府復未依土石流災害通報及應變規定第肆點第三、(一)、4款前段規定，主動派員協助，進行相關即時強制之作為，亦有違反作為義務之疏失，乃原審所確定之事實。似認依社會一般觀念及經驗法則觀察，高雄市政府上述怠於執行職務與上訴人之被繼承人死亡間，有相當因果關係。因此認為原判決關於駁回上訴人王○玲、王○鳳、王○惠、王○柱、潘○娟之上訴暨該訴訟費用部分廢棄，發回台灣高等法院高雄分院。臺灣高等法院高雄分院106年度重上國更（一）字第2號民事判決（2019年3月27日）判決高雄市政府應給付上訴人王○玲、王○鳳、王○惠、王○柱各新臺幣300萬元、給付上訴人潘○娟新臺幣150萬元，及均自民國100年8月6日起至清償日止，按年息百分之五計算之利息。高雄市政府則不再上訴，纏訟十年終於落幕。

3. 最高法院107年度台上字第972號民事判決、臺灣高等法院104年度上國字第000014號民事判決（南投縣政府消防局與登山客救援）

消防法等相關規定係賦予山難事件救災地方主管機關即直轄市、縣（市）消防局，於山難事件發生時，應先派員救援因登山意外事故急待救護者，並指派適當人員負責指揮工作，再指派適當幹部擔任指揮官，接任指揮、調度之權責，規定之內容除授予國家機關推行公共事務之權限外，其目的確係為保護人民生命、身體、健康等法益。該山難事件發生地點在南投縣政府消防局轄區內，南投縣政府消防局就該山難，負有施予緊急救護之作為義務，而無不予救援之不作為決定裁量餘地。

國家保護義務之目的在於緊急救援山難事件以減少傷亡，並非因此即完全排除人民登山可能致生命、身體、健康受損害之任何風險，人民對國家並無享有登山零風險之請求權。南投縣政府消防局就該山難之事故發生地點之研判，及如何進行搜救，並非無選擇裁量之餘地，南投縣政府消防局所為事故發生地點研判及如何進行搜救是否適當，性質上僅屬適當與否之行政裁量問題。

山難救助固屬南投縣政府消防局職務，惟亦須在不危害搜救人員自己生命、身體安全情形下為之，否則亦僅係徒增搜救風險，搜救人員雖為準備登山所需物資、裝備而未立即上山，惟仍在接獲報案後72小時內之2011年3月1日中午已上山執行搜救，並非完全不作為，縱當時研判事故地點與最後尋獲人民大體地點相距甚遠，亦難逕指為有過失，且南投縣政府消防局就研判事故地點既有行政裁量權，於係考量搜救當時所得知悉之資訊與協助救災機關或團體討論後而為研判，尚難認南投縣政府消防局所為行政裁量有瑕疵。

南投縣政府消防局所屬人員在依法執行該事故救援時，無裁量瑕疵，搜救人員已盡力積極搜救而不可得，並無過失不法加害行為或怠於執行職務之情形，亦與人民死亡間無相當因果關係。

（二）承認有怠於執行職務之案例

1. 最高法院92年度台上字第69號民事裁定、臺灣高等法院臺中分院86年度重上國字第3號民事判決（威爾康餐廳案）

建築法、消防法中有關建築物之公共安全、違規使用及消防安全設備之檢查、取締、執行等規定，係屬法定「危險防止或危險管理」之行政職務，用以增進國民生活之安全保障。由法律規範保障目的以觀，其雖係為公共利益或一般國民福祉而設之規定，但就法律之整體結構、適用對象、所欲產生之規範

效果及社會發展因素等綜合判斷，可得知其亦寓有保障建築物使用者之生命、身體及財產安全之意旨。危險防止或危險管理之行政職務顯具有「第三者關聯性」，非僅屬賦予行政機關推行公共政策之權限，則該管機關公務員依此規定對可得特定之人即負有作為義務，其執行該職務與否，就可得特定之人言，不能謂僅係反射利益是否受有影響。不論其曾否請求執行，如有主張其權益因公務員怠於執行職務而受損害者，仍應許其依法請求國家賠償。

法規雖明定行政機關負有職務義務，惟同時賦予主管機關作為或不作為之裁量權限者，基於便宜原則，該管機關之公務員對決定是否執行及如何執行職務，固享有裁量之餘地，然如經斟酌人民權益所受侵害之危險迫切程度、公務員對於損害之發生是否可得預見、侵害之防止是否須仰賴公權力之行使始可達成目的而非個人之努力可能避免等因素後，已致無可裁量之情事者，因裁量權已收縮至零，行政機關即負有為一定職務行為之義務，如仍怠於執行，則屬違法。

建築及消防法規中，就主管機關應對供公眾使用之建築物為公共安全及消防安全設備之檢查等事項規定至為明確，且係規定「應」定期檢查，而非「得」定期檢查，既未賦予主管機關作為或不作為之裁量權限，主管機關即無選擇檢查或不檢查之裁量餘地。修正前建築法第90條有關建築物違規使用之處罰規定，雖未明定凡建築物有違規使用之情形者，主管機關均應一律科處行政秩序罰。惟法律既賦予行政機關此一權限，即表示該職務之執行，對公共利益或保護可得特定之人民，具有一定之重要性，且該項職務係屬「危險防止或危險管理」之行政職務，如不執行，將使可得特定之個人或公共利益之危險累積，一旦發生火災，即無法阻止危害之擴大，且此種侵害之防止須仰賴公權力之行使始可達成目的而非個人之努力可能避免。工務局經查報結果明知衛爾康餐廳等建築物具「有礙防火避難設施事項」之事實，難謂對於損害之發生不可預見，應認其裁量權已收縮至零，主管機關就衛爾康餐廳之違規使用，有依修正前之建築法第90條規定課予行政秩序罰之義務，乃竟僅通知業者限期改善，且於期限經過後，既未予複查，亦未依法施以罰鍰、勒令停止使用或強制拆除等處分，任令該餐廳繼續違規使用，其怠於執行職務之行為自屬違法。

2. 最高法院96年度台上字第802號民事判決（教師指導監督義務）

工藝、美勞等課程，使用具有危險性的器具時，老師有在場指導、說明、監督之義務，舉輕明重，於協助教師完成懸掛布幔行政工作之高度危險之活動中，老師具有更高之保護義務，自應有足夠老師在場指導以防止危險之發

生。本件係綁運動會布幔之工作，係由老師商請幾位同學幫忙綁布幔，並非全體學生一起出動，若老師人數不足，自應由主其事之老師商請其他老師一同在場監督、指導，尚難以老師人數不足，即認本件之發生係屬無法避免之情形。行政機關所屬公務員事前怠未向學生說明注意安全之義務，事中亦未在場督導，致甲○○因而受有傷害，則行政機關所屬公務員怠於執行職務，與甲○○受傷自有相當因果關係，自應負損害賠償之責任。

　　有關教師在教學活過程中是否有怠行職務之問題，臺灣高等法院高雄分院108年度上國易字第1號民事判決指出，（舊）教師法第17條第1項規定[47]固基於公益考量而課予教師實施教學活動時之一定義務，參以該規定將學生之適性發展及健全人格之培養，列為教師輔導管教之重要考量事項，可推知其除有保障自我保護能力薄弱之國小學生生命、身體等個人法益之目的外，更有培養學生健全人格發展，提高國家整體教育水準之公益功能。但教師法並未明定教師在何種情形下，必須在場監督學生安全，亦無其他法令為相關規定，該職務義務規範顯然欠缺明確性。因此，除應以客觀上相關法令規範有無課以教師該項義務外，自係應依據個案，審酌班級學生平日表現狀況、活動場所、活動本身危害之程度、教師工作屬性及負擔之可能性等，具體衡量是否應負在場之作為義務，尚難僅以擔任國中之學生導師即應於打掃期間當然負有在場之作為義務。教師根據各項客觀事實評估學生活動之危險性高低後，決定是否全程在場，乃其裁量權之行使，若謂教師應隨時隨地監督所有學生在校期間內之活動，並認學校就學生在表定課程內所發生之一切損害均應負賠償義務，顯然課予學校過重之義務。教師對於打掃活動是否在場之決定，本得綜合學童之年齡、辨識能力及教學活動潛在之危險性高低等因素而為裁量決定。學生於外掃區域之清潔打掃本非屬於具有潛在、直接危險性之活動，此與依其性質容易引起意外而有潛在危險性之游泳、機械操作、化學實驗等活動，應課予教師較高之注意義務者有別。

---

[47] 教師除應遵守法令履行聘約外，並負有下列義務：1.遵守聘約規定，維護校譽。2.積極維護學生受教之權益。3.依有關法令及學校安排之課程，實施適性教學活動。4.輔導或管教學生，導引其適性發展，並培養其健全人格。5.從事與教學有關之研究、進修。6.嚴守職分，本於良知，發揚師道及專業精神。7.依有關法令參與學校學術、行政工作及社會教育活動。8.非依法律規定不得洩漏學生個人或其家庭資料。9.擔任導師。10.其他依本法或其他法律規定應盡之義務。

3. 最高法院99年度台上字第431號民事判決（雲林斗六市中山國寶及觀邸大樓因九二一地震震毀案）

　　地方主管建築機關，於中山國寶二期及觀邸大樓尚在建築之過程中，依1993年間有效施行，以保障人民生命、身體及財產等法益為規範目的之建築法第56、58條規定[48]，仍負有隨時勘驗；及於發現有危害公共安全或主要構造，或位置或高度或面積與核定工程圖樣及說明書不符之情形，應以書面通知承造人或起造人或監造人，勒令停工或修改；必要時，並得強制拆除之作為義務，且無不作為之裁量空間。地方主管建築機所屬建管人員於各該大樓施工時，竟從未至建築物現場勘驗。各該大樓之倒塌龜裂，除有混凝土強度嚴重不足，混凝土品管控制不佳，鋼筋強度未符合規定等原因，業經臺灣省結構工程技師公會鑑定明確外，另有為便於輸送，於壓送混凝土至各樓層灌漿時加水，及為搶建進度，灌漿後之混凝土養護時間不足等情。足認公務員確有怠於職務執行之情事。倘其所屬公務員確實依當時之建築法第56、58條規定，隨時到場勘驗，應可輕易發現上情，即得依相關法律規定處理，以避免憾事之發生，卻怠於應執行之職務，終致系爭大樓於九二一大地震時遭震毀之結果[49]。

4. 最高法院103年度台上字第711號民事判決（金帥旅社倒塌——搶險義務）

　　依水利法第78條之2、河川管理辦法第2條、第3條第9款及第6條第11款等規定，臺東縣政府負有就其轄區內之河道於天然災害時進行搶險之義務，除藉

---

[48] 建築法第56條規定，建築工程中必須勘驗部分，應由直轄市、縣（市）主管建築機關於核定建築計畫時，指定由承造人會同監造人按時申報後，方得繼續施工，主管建築機關得隨時勘驗之（第1項）。前項建築工程必須勘驗部分、勘驗項目、勘驗方式、勘驗紀錄保存年限、申報規定及起造人、承造人、監造人應配合事項，於建築管理規則中定之（第2項）。
建築法第58條規定，建築物在施工中，直轄市、縣（市）（局）主管建築機關認有必要時，得隨時加以勘驗，發現左列情事之一者，應以書面通知承造人或起造人或監造人，勒令停工或修改；必要時，得強制拆除：1.妨礙都市計畫者。2.妨礙區域計畫者。3.危害公共安全者。4.妨礙公共交通者。5.妨礙公共衛生者。6.主要構造或位置或高度或面積與核定工程圖樣及說明書不符者。7.違反本法其他規定或基於本法所發布之命令者。
[49] 最高法院100年度台上字第2141號民事判決（豐原聯合大樓九二一地震倒塌案）亦持相同見解。

以保障人民生命財產安全外，並兼有保障特定人免因河道水患而遭受損害之意旨。臺東縣政府對人民不作為之裁量空間因而萎縮至零，自有積極作為之義務。河防建造物何時發生險象而有搶險之必要，臺東縣政府雖有判斷餘地，惟仍不得違反法令或悖於一般公認之價值標準。知本溪右岸前之綠帶及消波塊設置旨在保護知本溪河床安全，自屬廣義之河防建造物無疑，若必俟堤防本身受溪水沖擊始可認為河防建造物發生險象，勢必錯失搶險良機。臺東縣政府辯稱知本溪右岸前之綠帶及消波塊非屬河防建造物，當日溪水沖擊消波塊時，尚無搶險之必要，即非可取。監察院就莫拉克颱風之調查報告，亦認：知本溪右岸堤防位處水流直衝攻擊面，較之左岸更易致災，莫拉克颱風引發洪流，卑南鄉公所搶救左岸堤防，卻疏忽右岸堤基淘刷之潛在危險，致失防災搶險機先，難辭疏失之咎。益見搶險人員未適時就洪流直衝之右岸進行搶險，應有怠於執行職務之疏失。

公務員怠於執行職務，不必為損害發生之唯一原因，如與自然事實如地震、颱風、大雨、洪水等相結合而發生損害之結果者，亦具有相當因果關係，應負國家損害賠償責任，不得以天災不可抗力主張免責。金帥旅社之倒塌係臺東縣政府所屬公務員就已發生險象之右岸堤防，怠於執行搶險之職務所致，依國家賠償法第2條第2項後段規定，被上訴人自得請求臺東縣政府賠償所受損害。

5. 最高法院108年度台上字第1057號民事判決（急救設備設置義務）

內政部依警察教育條例第12條訂定警察常年訓練辦法，其第2條規定：警察機關為維護警察紀律、鍛鍊員警體能及充實其實務知能，應實施常年訓練，以因應社會環境及工作需求，有效遂行警察職務。基隆港務總隊舉辦跑步測驗，要求在職員警除身體狀況不適外，必須參加該測驗，係居於國家地位，強制警察參加常年訓練，以達成國家任務，屬執行職務行使公權力之行為。內政部警政署訂定注意事項（警察常年訓練跑步測驗注意事項），其中第6點明訂：測驗時，請協調醫療院所調派醫護人員及救護車到場，並預置氧氣瓶及急救箱等器材。係為避免員警於訓練或測驗中發生傷亡，乃為保護員警之生命、身體及健康權利所訂立之規定，非僅是無涉及人民（員警）權利之一般事務性處理規範，應視為強制規定，各警察機關應予遵守之義務，有內政部警政署103年2月26日警署教字第1030063633號函在卷可稽。該注意事項為強行規定，基隆港務總隊自有確實遵循注意事項辦理系爭跑步測驗之義務。基隆港務總隊於2011年9月19日辦理跑步測驗時，現場未備有醫護人員及救護車等，顯未盡

其備置救護車、醫護人員、氧氣瓶及急救箱之義務，違反注意事項第6點，而有怠於執行職務之情事。基隆港務總隊抗辯：因無經費租用民間救護車，且內政部消防署基隆港務消防隊拒絕伊之申請，致未備置醫護人員及救護車，並無怠於執行職務，尚無可取。

6. 最高法院111年度台上字第1733號民事判決（虎頭蜂窩拆除或處置義務）

國家公務員怠於執行職務，及是否屬本法所指應履行之法定職務、不法性有無，其判斷標準，包括憲法及各個具體法規命令所定之職務在內。又因其亦有民事損害賠償性格，除牴觸憲法或性質不相容情形，否則，有關侵權行為民事賠償責任相關規定、法理，如損害填補原理、風險分配原理，仍有適用。國家賠償法第2條第2項國家責任，亦為民事損害賠償責任法體系一環，損害賠償責任建構在風險分配基礎上，包括在科技社會中之電力設備。風險社會，風險源一部分來自於各種自然環境，即如各種蛇類或蜂類等野生動物，亦為現代社會生活風險源之一。保障人民安全係國家存在的意義及目的，尤其是保障人身自由、生存權、工作權、財產權及其他自由等基本權利，憲法已將之課予國家（參照憲法第8條以下），由此可見因該風險造成人民自由權利等損害者，風險源責任分配，當先分配予國家。

行政院內政部消防署於107年1月30日訂定之消防機關協助執行捕蜂捉蛇為民服務處理原則已具體化憲法保障人民生命、自由、財產權意旨，自非僅係內部行政業務作業之行政規則，人民自得據此請求國家應為一定作為義務。處理原則第5點第4項第8款之規定雖賦予主管機關得審酌蜂巢所在位置，是否屬於高風險或有無作業困難等實際狀況，具有專業判斷餘地。惟行政法規有關不確定法律概念，係立法者依據依法行政原則，賦予主管機關根據客觀事實、專業與執行技術等事務之判斷餘地，如國家機關之作為義務已由法規命令明確之，或已極度限縮時，其不為一定作為者，即具不法性（違法性），屬違法之不執行職務，司法審判法院就其合法性得予審查，且就專業判斷餘地，是否顯然欠缺妥當性，亦非不得介入審查。虎頭蜂窩位於戶外空曠處所，旁有道路，附近有零星民宅，未斷電處理虎頭蜂窩，對於處理人員有生命危險，惟雖無法立即處理，但依社會一般經驗，黑腹虎頭蜂屬可預見有攻擊往來人群之危險性，並有造成生命身體之傷害疑慮，高壓電未斷電前，客觀上雖無法摘除，然於摘除前，行政機關對於虎頭蜂窩之可能危險，應對可得特定之人（包括可能行經之

人、附近住家與作業人員），採取適當必要警示。虎頭蜂窩摘除前，行政機關未對該蜂窩爲警示之行爲，其所屬公務員有否怠於執行職務，均待釐清。

以最高法院111年度台上字第1733號民事判決爲基礎，臺灣高等法院112年度上國更一字第1號民事判決認爲，消防機關協助執行捕蜂捉蛇爲民服務處理原則已具體化憲法保障人民生命、自由、財產權意旨，自非僅係內部行政業務作業之行政規則，人民自得據此請求國家應爲一定作爲義務。本案虎頭蜂窩坐落位置附近有蜂巢危險可得特定之人，行政機關爲保障人民生命權，即負有摘除該蜂巢之義務，已無不作爲之行政判斷餘地及裁量空間。行政機關既未摘除該蜂巢，亦未設置警示標誌，以警告民眾注意蜂巢存在之危險，堪認行政機關公務員怠於執行職務。

（三）因果關係

國家賠償法第2條第2項之國家賠償責任，係國家憲法義務違反時責任之具體規範，性質上非純屬民事損害賠償責任而有公法性格，乃特殊侵權行爲法。公務員怠於執行職務與人民自由或權利受有損害間因果關係之存否，應按個案具體呈現之各種客觀事實，依一般人智識經驗爲判斷。公務員怠於執行職務之結果，係導致人民置身於文明社會中所不應存在危險之關鍵因素，或因此大幅增加人民自由或權利有受侵害之危險，該危險終竟轉爲實害者，應認該怠於執行職務與損害間有相當因果關係。並不以該公務員怠於執行職務爲損害發生之唯一原因，縱有自然災害、被害人自己或第三人之行爲介入而爲損害發生之共同原因，亦不影響該因果關係的存在，僅生是否減免賠償責任而已[50]。

第二項　因公共設施設置、管理有欠缺而生之損害賠償

舊國家賠償法第3條第1項規定，公有公共設施因設置或管理有欠缺，致人民生命、身體或財產受損害者，國家應負損害賠償責任。其立法理由指出，本項係規定國家就公有之公共設施之設置或管理有欠缺，致人民之生命、身體、財產受損害者，所負賠償責任之要件：一、須爲公有之公共設施，如道路、河川之類；凡非政府所設置或管理者，不在其內。二、須設置或管理上有欠缺，諸如設計錯誤、建築不良、怠於修護屬之。如純係因天災、地變等不可抗力之

---

[50] 最高法院111年度台上字第1619號民事判決。

事由或第三人之行為所造成之損害，既非設置或管理上有欠缺，國家自不負損害賠償責任。三、須因而致人民之生命、身體或財產受損害；即須人民之生命、身體或財產等損害之發生與公共設施之設置或管理有欠缺具有因果關係。

　　國家賠償法第3條第1項所規定之國家賠償責任，係採無過失主義，不以故意或過失為責任要件，只須公有公共設施因設置或管理有欠缺，致人民生命、身體或財產受損害，國家或其他公法人即應負賠償責任。對該設置或管理之欠缺有無故意或過失，或於防止損害之發生已否善盡其注意義務，均非所問[51]。

　　2019年12月18日修正公布之國家賠償法第3條從原有2項規定增至5項規定，可說是國家賠償法將近四十年來最大之修正。修正後之國家賠償法第3條規定，公共設施因設置或管理有欠缺，致人民生命、身體、人身自由或財產受損害者，國家應負損害賠償責任。前項設施委託民間團體或個人管理時，因管理欠缺致人民生命、身體、人身自由或財產受損害者，國家應負損害賠償責任。前二項情形，於開放之山域、水域等自然公物，經管理機關、受委託管理之民間團體或個人已就使用該公物為適當之警告或標示，而人民仍從事冒險或具危險性活動，國家不負損害賠償責任。第1項及第2項情形，於開放之山域、水域等自然公物內之設施，經管理機關、受委託管理之民間團體或個人已就使用該設施為適當之警告或標示，而人民仍從事冒險或具危險性活動，得減輕或免除國家應負之損害賠償責任。第1項、第2項及前項情形，就損害原因有應負責任之人時，賠償義務機關對之有求償權。

　　國家賠償法第3條第1項規定立法例，採國家自己責任制，性質上屬危險責任，有社會保險效果，在現今風險社會中，可以彌補過失責任填補功能之不足。而保障人民安全係國家存在的意義及目的，因該風險造成人民自由權利等損害時，風險責任當優先分配予國家。是以國家機關應否依本條項負國家賠償責任，在於公共設施有無設置或管理欠缺之不法結果發生，不以設置或管理者主觀上有故意或過失為必要。其主張因不可抗力或第三人行為之介入而免除責任，仍以該公共設施具備通常所應有之安全性為前提。至於被害人之行為倘為損害發生之共同原因者，基於公平與損害分配原則，賠償義務機關得主張過失相抵以減輕或免除賠償金額，但不影響國家賠償責任之成立[52]。

---

[51] 最高法院91年度台上字第2232號民事判決。
[52] 最高法院111年度台上字第1715號民事判決。

一、公共設施

　　舊規定所指之公有公共設施係指由國家、地方自治團體或其他公法人所有，以供公共或公務目的使用之有體物或其他物之設備，例如，道路、橋梁、水溝、下水道、公立學校校舍、醫療機構等[53]。設施必須已經開始供公共使用，如果僅是在施工建造中，尚未完成而未提供公務或公眾使用，則不屬於公共設施[54]。公共設施需符合「有體物」、「公開性」、「供用性」、「完工並開始使用」等特徵，公共設施須可感覺查知其存在，且以完成公行政之目的，任何人或可得確定之人或某特定團體可使用，以及國家機關將設施提供公眾為公共目的使用之意思或行為，並且該公共設施需完工並開始使用，始足當之。河道並不符合「供用性」、「完工並開始使用」等公共設施之特徵，且非屬水利法第13條規範之水利事業，亦即以人為方法控馭或利用地面水；亦非屬水利法第五章、第七章規範之水利建造物或水道建造物，故非屬國家賠償法第3條第1項所稱之公共設施[55]。

　　公共設施屬於營造物之設備者，利用人與該公共設施間之利用關係不論為公法或私法性質，均有國家賠償責任之適用[56]。

（一）是否為公共設施有爭議之案例

　　事故地點距離所管理之龍頭山遊憩區域有相當距離，該事故地點既為天然之河岸及河川，進入之路徑又為未經開墾、路旁長滿芒草，通行不易之石頭路，即非屬國家、地方自治團體或其他公法人所有或設置、管理，供公共目的使用之有體物或其他物之設備，自非公有公共設施[57]。

　　茂林風景區係國家機關利用天然山川、地形，設置景點供社會大眾休閒遊憩之場所，系爭事故地點立有「水深危險，禁止游泳」之標誌，進入系爭事

---

[53] 臺灣高等法院104年度上國易字第1號民事判決指出，公共設施，原則上需為供公共使用為目的之公物，始足當之，如性質上並非供公共使用之目的，而係供機關內部使用之設備、器具等公物，除非該公物具有對外之開放性，並有造成不特定之人民受到侵害之危險，已產生對外之公共性質，始例外認為亦屬公共設施以外，單純供機關內部使用之公物，自非屬於公有公共設施之範圍。

[54] 陳敏，前揭書，第1181頁。

[55] 臺灣臺北地方法院100年度國簡上字第4號民事判決。

[56] 法務部民國83年2月4日法律字第02716號。

[57] 臺灣高等法院高雄分院93年度重上國字第3號民事判決。

故地點之路徑寬僅一點五公尺，兩旁長有高一點五公尺至二公尺之芒草，通行不易。主管機關既自陳當地為國家風景管理區，整個區域均為遊樂區，且其僅立有「水深危險，禁止游泳」，並無「此非遊憩區禁止進入」之標誌，證人林○○復證稱其承辦此次活動，事前曾至現場探路二次，看到多人在當地烤肉，始帶同學前往等語，則人民主張系爭事故地點係位於茂林風景區遊憩場所內，主管機關之設置及管理有欠缺，是否全然無據？非無研酌之餘地。原審未詳加調查細究，逕認系爭事故地點為未開放遊憩之區域，非公有公共設施，而人民敗訴之判決，自嫌疏率速斷，尚屬難昭折服[58]。

（二）否認為公共設施

公共設施係指直接供公之目的使用之道路、橋梁、港埠等，阿里山小火車並非直接供公之目的使用之公共設施，而係基於私經濟目的使用之交通工具，與公有公共設施之要件不符[59]。

臺北市公共自行車租賃系統，係由臺北市政府交通局依政府採購法辦理，由得標廠商依約規劃、設計、建置、營運、管理與維護，且依契約書第8條之（二十）係以廠商之名義對外為法律行為，提供民眾使用，且依契約所建置公共自行車租賃站及其相關設備所有權於營運期間歸屬於廠商。使用該公共自行車之民眾，依使用時間之長短給付租金情事觀之，經營業者與使用人之間成立私法上的租賃契約關係。該公共自行車係基於私經濟目的使用之交通工具，而非直接供公之目的使用之公共設施。因公共自行車瑕疵造成使用之民眾之損害，相關賠償責任，應依私法法律關係解決，無國家賠償法第3條第1項規定之適用[60]。

公營之公用事業，如為公司組織者，因僅其股份為公用財產，該公營事業所使用之財產，則屬於私法人組織之公司所有，而非國（公）有之公用財產。此等財產如因設置或管理欠缺致發生損害事件時，雖其為公共設施，惟非屬公有，故無國家賠償法之適用[61]。台灣省自來水股份有限公司為依公司法組織而成之私法人，僅其股份為公用財產，其所使用之財產，則屬於公司，而非

---

[58] 最高法院95年度台上字第2229號民事判決。
[59] 法務部民國92年4月22日法律字第0920012472號。
[60] 法務部民國105年6月29日法律字第10503510290號。
[61] 法務部民國72年10月19日法律字第12892號。

國（公）有之公用財產，自無國家賠償法之適用[62]。公法組織之國營事業，例如，臺灣鐵路局，鐵路利用關係雖爲私法關係，但月台硬體設備、平交道柵欄等則屬於（公有）公共設施，而適用國家賠償法[63]。

公共設施必須是「直接」供公共目的使用（例如：道路、橋梁）或供公務目的使用（例如：辦公大樓）之物。若係「間接」供公共或公務目的使用之物，例如：公務員宿舍，非屬國家賠償法所稱之（公有）公共設施〔臺灣臺中地方法院95年度國字第19號判決及臺灣臺北地方法院100年度國字第14號判決認爲宿舍係供配住宿舍者居住及使用，尙非屬（公有）公共設施〕[64]。

（三）承認為公共設施

水防道路係專供防汛、搶險運輸使用，在未完成移交接管前，本不得作爲一般道路使用。該水防道路一直爲當地里民前往醒靈宮之必經道路及通往二林鎮外竹里、二林鎮市區、竹塘鄉民靖村及竹塘鄉市區等地之便捷道路，鎮民平日出入該道路未曾經人警告或阻止而有不得進入之情形，且彰化縣政府亦未設置任何禁止車輛通行之標誌或標線；現場雖設置有系爭防汛道路警示牌，惟其上亦僅標示本排水之水防道路，專供維護管理及防汛、搶險使用。除專爲維護管理及防汛、搶險使用外，禁止進入，違者自負其責等情。彰化縣政府設置系爭水防道路，並於其上舖設柏油地面，雖其原定之使用目的在於供防汛、搶險之用，惟其並未於其上設置任何禁止任何車輛通行之標誌或標線，任憑公眾及車輛通行多年，再就其於設置之初即充分考量攸關人民生命及財產安全之因素，即設置一公尺以上寬之護欄之措施，並於○○清金跌落處附近原設置有夜間反光之方向指示標誌。本案事發地點之道路，平日確實均有民眾行駛汽車或機車通行於上，足認系爭「水防道路」實際上業已供公眾通行作爲交通運輸往來之用，應視爲一般道路之使用，自屬公共設施[65]。

---

[62] 花蓮地方法院95年度國字第8號民事判決。盛子龍、吳庚，前揭書，第742-743頁；陳敏，前揭書，第1182頁；廖義男，前揭書，第71頁亦指出，私法人性質之公營事業所有之設施，例如，台灣電力公司之變電所、輸電設施，非公有公共設施，其損害賠償應適用民法之規定。

[63] 陳敏，前揭書，第1182頁；莊國榮，行政法，修訂8版，2022年9月，第406頁。

[64] 法務部民國105年11月25日法律字第10503516860號；林錫堯，前揭書，第652頁。

[65] 臺灣高等法院臺中分院102年度上國字第1號民事判決；最高法院102年度台上字第2183號民事裁定。

（四）個案判斷

　　行政機關自身所利用之設備、器具等公物，是否得認爲是公共設施，應以其是否直接供公務使用爲斷。若係直接供公務使用者，其爲公共設施並無疑問，但如非直接供公務使用者，仍不得遽認爲公共設施。公務員宿舍如非供執行公務之需要而提供使用（例如：值夜室），而僅係供公務員住宿之用時，其性質爲私法上使用借貸之關係（最高法院91年台上字第1926號判例）。主管機關配住眷舍予眷戶，此配住關係亦屬私法關係（最高行政法院102年10月份第2次庭長法官聯席會議決議），均非直接供公務之用，故不得認爲公共設施。國軍營區內供官兵膳宿之建築物，是否屬「公有公共設施」，應視該建築物有無對外之開放性並有造成公眾受到侵害之危險，而已產生對外之公共性質？或是否直接供官兵執行公務之需要（例如：基於軍事任務或服役執勤需要）而提供膳宿使用，並與執行公務不可分而判斷之[66]。

　　公共設施不論是供公共使用或供公務使用，均具有某種公共行政目的，且與人民生活密切相關，倘設置或管理有瑕疵，均屬國家職務義務之違反，並招致人民生活空間損害風險，自須課予國家相當之風險管控義務，以國家賠償法公共設施瑕疵責任承擔因該設置或管理所帶來之公共風險，並藉此督促其積極採取防範措施，而不應受各該設施之功能、目的之侷限；即使專供行政機關公務使用、平時不對外開放供一般人民使用之設施，如人民獲允許合法進入該設施者，於當時公物之性質、狀態，已逾原始之功能、目的，而有公共設施性質，自應將之納入國家賠償法第3條第1項規定適用範圍。會議室及系爭電線均係彰化縣政府所屬特教中心內部辦理公務而設置之公物，宋○○係受其雇主甲公司指派，前往特教中心施作維修投影機設備與安裝控制盒等工程，經特教中心人員交付系爭會議室鑰匙入內施工，爲原審所認定。宋○○係爲履行其雇主甲公司與乙國小間之承攬契約，經特教中心人員允許合法進入系爭會議室，因系爭會議室內部系爭電線設備未妥善保管或其他情事發生瑕疵而怠於適時修護所生之公共風險，自當依國家賠償法公共設施瑕疵國賠責任承接，而不該僅因系爭會議室或系爭電線係供特教中心內部辦理公務之用，排除國家賠償責任[67]。

---

[66] 法務部民國105年6月29日法律字第10503509690號。
[67] 最高法院111年度台上字第1348號民事判決。

（五）何時成為公共設施？

國家賠償法第3條第1項所謂公共設施，係指已設置完成並開始供公眾使用之設施，施工中之建築物或工作物，固非此之公共設施。然施工中不能認為公共設施者，應係指新建工程尚未完工開放供一般民眾使用，或舊有之公共設施因修繕或擴建暫時封閉不供公眾使用之情形。如舊有公共設施並未封閉，一面修繕或擴建，一面仍供使用者，則仍有國家賠償法之適用。系爭道路早經設置供公眾使用，既未因本件改善及拓寬工程而封閉，其工程縱未完工，仍屬公共設施，而有國家賠償法之適用[68]。

公共設施之結構基礎如已完工，且實際上已開放供公眾使用，縱尚未正式驗收，仍應認有國家賠償法第3條之適用，方足以保護大眾之利益[69]。

（六）原規定中公有之意義

早期認為公有係指國家或地方自治團體享有公共設施之所有權，此項論點本無錯誤。惟隨著私有公物之承認，產生極度爭議之結果。私有公物之所有權雖然仍屬私人所有，但私人之管理權幾乎受到剝奪，例如，既成道路管理有欠缺以至於造成利用民眾損害時，由於私有公物並非國家或地方自治團體所有，因此並不適用國家賠償法。要求管理權幾乎受到剝奪的私人所有人負責，則顯失公平。因此法院開始放寬對公有之解釋，既成道路之土地雖屬私人所有，但既供公眾通行多年，已因時效完成而有公用地役關係之存在，此項道路之土地，即已成為他有公物中之公共用物[70]。倘因設置或管理的欠缺而造成人民的損害，即有國家賠償法第3條的適用。

凡供公共使用或供公務使用之設施，國家或地方自治團體事實上處於管理狀態者，均有國家賠償法第3條之適用，並不以國家或地方自治團體所有為限，以符合國家賠償法之立法本旨。雄鎮北門砲臺旁既設置鐵扶梯供民眾攀爬至砲臺，並可自系爭鐵欄杆方向遠眺西子灣海景，已對一般民眾開放，實際上該古蹟已與該景點結合，而成為一個整體的臨海之砲臺景觀。依該地理形勢，前往參觀古蹟之民眾，為明瞭砲臺之防禦功能，必沿砲臺方向遠眺，鐵欄杆所在位置乃構成一個界線，民眾倚靠鐵欄杆遠眺，以助明瞭砲臺之地理位置，成

---

[68] 最高法院96年度台上字第434號民事裁定。

[69] 最高法院91年度台上字第1092號民事判決、最高法院108年度台上字第2454號民事判決。

[70] 最高法院91年度台上字第858號民事裁定。

為雄鎮北門砲臺景點公共設施之一部分，系爭鐵欄杆之設置又係為便利高雄市政府對雄鎮北門砲臺景點之管理利用，則該鐵欄杆既已構成雄鎮北門砲臺景點之一部分，高雄市政府負責管理雄鎮北門砲臺景點，已處於事實上之管理狀態，乃竟疏於注意，因附連之鐵欄杆上所裝置電線漏電，致○○○遭電殛成傷，原判決認高雄市政府應負國家賠償責任，難謂有何違背法令[71]。

臺北市政府商業處委託易展公司籌辦活動，為避免活動所用電纜線散亂，維護行經該處人車安全，易展公司另委由昶戎企業有限公司舖設系爭保護槽。雖系爭保護槽並非屬臺北市政府所有之物，惟臺北市政府基於維護系爭活動期間之公眾通行安全，所舖設供公眾通行使用之物，臺北市政府既有管理權責，系爭保護槽自屬國家賠償法第3條第1項所稱公有公共設施[72]。

河川、湖泊等自然公物，倘有納入主管機關管理之事實，或有將之納入管理範圍之必要者，即屬該條項所稱之公共設施；主管機關如對該自然公物欠缺通常應有之保護或管理，致人民生命、身體或財產受損害者，即構成國家賠償責任。原審既認臺南水保局就拉庫斯溪有水土保持規劃、治理之責任，就有無疏濬所致之國家賠償事件，為拉庫斯溪之管理機關，竟又以拉庫斯溪並非國家所設置，非屬公有公共設施為由，遽認臺南水保局就拉庫斯溪所生系爭災害不負國家賠償法第3條規定之賠償責任，自有可議，並有判決理由矛盾之違背法令[73]。

由於現行司法實務將公有公共設施，包括由國家設置且管理，或雖非其設置，但事實上由其管理，且直接供公共或公務目的使用者，即有國家賠償法之適用。2019年12月18日修正之國家賠償法第3條第1項規定刪除公有兩字。

（七）公共設施委託民間團體或個人管理時之國家賠償責任

行政機關將行政任務委由私人執行，同時移轉公有公共設施之實際管理權給私人，人民因使用該公有公共設施而產生損害時，是否得向委託機關主張國家賠償責任，一向有爭議。蓋此時國家僅是名義上之所有權人，實際上並未經營且未從事任何管理措施，要求國家負責，並不公允。但另一方面，亦不允許國家任意將公有公共設施委託私人經營，目的僅是將國家應負責任透過私法外衣移轉給私人，對受損害人民而言，由國家或私人負責，至少在資力與故意過

---

[71] 最高法院94年台上字第2327號判例。
[72] 臺灣高等法院102年度上國易字第1號民事判決。
[73] 最高法院108年度台上字第2454號民事判決。

失之要求差異頗大。因此有主張依公有公共設施與人民日常生活具有密切關係與否作為區分標準，公共設施為國家照顧人民生活基本所需者，亦即此項需求基本上由國家提供且基本上無可替代性者，例如，道路、橋梁等，即使國家委託私人經營，國家仍應就其設置或管理有欠缺，負國家賠償責任。至於其他公有公共設施，特別是基於給付行政所提供者，例如，醫院、體育館、博物館、停車場等，由於此類利用關係可能為公法關係或私法關係，如國家選擇公法形式，則適用國家賠償法第3條規定。如國家選擇私法形式規範其與利用人之關係，則不適用國家賠償法第3條規定[74]。

為解決此項爭議，2019年12月18日修正之國家賠償法第3條第2項規定，公共設施委託民間團體或個人管理時，因管理欠缺致人民生命、身體、人身自由或財產受損害者，國家應負損害賠償責任。換句話說，國家如將公共設施委託民間團體或個人管理，涉及權限（即公物管理權）之移轉，雖非由國家直接支配或管理，惟該等設施仍係供公共或公務目的使用，如因管理欠缺致人民生命、身體、人身自由或財產受損害者，國家仍應負損害賠償責任。惟本項規定損害之發生，乃直接肇因於民間團體或個人之管理欠缺所致，人民對該受委託之民間團體或個人依其他法律關係之損害賠償請求權，與國家賠償法第3條之國家賠償請求權，構成請求權競合，除所受損害已獲得填補外，自不因國家負損害賠償責任而受影響。損害之發生既然直接肇因於民間團體或個人之管理欠缺所致，倘因國家賠償之後，民間團體或個人即可免責，亦非事理之平。因此，賠償義務機關於對人民為賠償後，自應依法向應負責任之民間團體或個人求償。

至於由民間興建公共設施，在一段經營期間後，再將公共設施移轉給國家（BOT方式），國家既未享有公共設施之所有權，亦無實際管理權限，移轉給國家前，該公共設施並非國家賠償法第3條之公有公共設施[75]，當然不適用國家賠償法第3條第2項之規定。

（八）自然公物與自然公物內設施之國家賠償責任

2019年12月18日國家賠償法修正中最大之變革則屬國家賠償法第3條第3項及第3條第4項之規定。修正之基本觀點在於就自然公物與人工公物之國家賠償

---

[74] 有關討論，董保城、湛中樂，國家責任法──兼論大陸地區行政補償與行政賠償，2005年7月，第168-172頁。

[75] 陳敏，前揭書，第1183頁。

責任加以區別。國家賠償法第3條第3項規定立法理由指出，由國家設置或管理，直接供公共或公務目的使用之公共設施，其範圍包括自然公物，例如，開放之山域或水域等。利用大自然山域、水域等從事野外活動，本質上即具有多樣及相當程度危險性，人民親近大自然，本應知悉從事該等活動之危險性，且無法苛求全無風險、萬無一失。就人民利用山域、水域等自行從事之危險活動，在國家賠償責任上應有不同之考量與限制。山域、水域等自然公物，各主管機關之管理目的多係以維持原有生態、地形與地貌為管理原則，故無法全面性地設置安全輔助設施，亦不宜或難以人為創造或改正除去風險，此與一般人工設置之公共設施（例如，公園、道路、學校、建物等），係由國家等設計、施作或管理，以供人民為該特定目的使用者，性質上仍有差異。因此，對此二類公共設施之課責程度亦應有所不同。

國家賠償法第3條第3項規定，前二項情形，於開放之山域、水域等自然公物，經管理機關、受委託管理之民間團體或個人已就使用該公物為適當之警告或標示，而人民仍從事冒險或具危險性活動，國家不負損害賠償責任。管理機關、受委託管理之民間團體或個人應以何種方式為警告或標示，立法理由指出，考量各開放之山域、水域等所在場域位置之天候、地理條件各有不同，人民可能從事之活動，亦有差異，故所為之警告或標示，並不以實體方式（例如，標示牌、遊園須知告示、門票、入園申請書、登山入口處等適當處所警告或標示）為限，宜進一步考量景觀維持、環境保護、警告或標示之有效性、後續警告或標示維護等因素，綜合決定採用一種或數種方式，或於管理機關之網站為警告或標示，亦無不可。惟僅於管理機關之網站為警告或標示是否可以達成警告或標示之目的，令人懷疑，因此，仍以實體方式為宜，至於依何種實體方式，則由實際管理者綜合考量各種因素後決定之。至於何謂從事冒險或具危險性活動，鑑於人民進入之地區、場域，所從事之活動、時間、天候狀況、環境條件，個人從事活動所需具備之專業知識、基本體能、技術、攜帶之器材裝備等情事，皆有不同，因而其行為是否具冒險或危險性，宜就具體事實，依一般社會通念及生活經驗等綜合判斷之。

開放之山域、水域等自然公物區域範圍內，亦有可能設置其他直接供公眾使用之人工設施，例如：人工棧道、階梯、護欄、吊橋、觀景台、涼亭、遊客中心、停車場等。惟因該等設施坐落於開放之山域、水域內，使用該設施之風險未必皆能由管理機關等予以完全掌握控制。國家賠償法第3條第4項規定，第1項及第2項情形，於開放之山域、水域等自然公物內之設施，經管理機關、受

委託管理之民間團體或個人已就使用該設施為適當之警告或標示，而人民仍從事冒險或具危險性活動，得減輕或免除國家應負之損害賠償責任。蓋此時損害之發生，不能完全歸責於國家，因此得減輕或免除國家應負之損害賠償責任。

二、設置或管理有欠缺

設置有欠缺係指公共設施設計或建造時存有瑕疵，例如，由於防洪設備設計不完備、材料粗糙、偷工減料、設計或建造錯誤，以致洪水決堤。管理有欠缺係指公共設施建造後未妥善保管維護，以致發生瑕疵，例如，因水利主管機關不當許可建築商在河川行水區內採取砂石，以致堤防遭洪水沖毀。欠缺指公共設施缺乏本來應具備的安全性的狀態，亦即不具備能防止通常可以預料發生的外力事故的安全性。故對於超出通常可以預料的外力，例如，超級大豪雨、地震、海水倒灌等所引起的災害，即使該公共設施未具備防止此等災害的安全性，亦不存在欠缺。例如，海岸計畫堤防高度的決定以及堤防的設計均為妥當，築堤之後也勤於補修管理，但因發生修築當時所難以預料的超大浪潮而造成決口，此時不能認為是堤防的設置或管理有欠缺[76]。惟最高法院107年度台上字第1501號民事判決指出，於因人力所無從抵抗之自然力等不可抗力因素介入，造成該設施未具備通常應有之狀態、作用或功能時，亦須客觀上國家無法及時予以修護或採取應變且必要之具體措施時，始得主張免責，非謂凡係因不可抗力造成公有公共設施欠缺，致生損害時，國家均不負賠償責任。

欠缺的有無，應綜合考慮公共設施之構造、用法、場所的環境及利用狀況等各種情事，客觀、具體、個別決定之。例如，國家設置公路供公眾通行使用，即應保持暢通無阻，無往來之危險。

國家賠償法第3條規定之公共設施設置或管理欠缺所生國家賠償責任，旨在使政府對於提供人民使用之公共設施，負有維護通常安全狀態之義務，重在

---

[76] 臺灣高等法院高雄分院106年度重上國字第4號民事判決指出，人民請求國家賠償時，須人民之生命、身體或財產所受之損害，與（公有）公共設施之設置或管理之欠缺，具有相當因果關係，始足當之。當事人騎乘機車雖遭折斷之樹木枝幹擊中，然樹木斷折之原因，係肇因於不堪遭強風吹襲所致（事故發生時之風力強度已達蒲福風級9級，並遠高於8級風力所示足以吹折樹枝之強度，再佐以事故現場照片所示樹木斷折處外觀，亦確係自樹幹處撕折而倒臥橫跨兩車道），應為人力無法抗拒之天然災害，非（公有）公共設施之設置或管理欠缺所致，故不得請求國家賠償。

公共設施不具通常應有之安全狀態或功能時，其設置或管理機關是否積極並及時有效為足以防止危險或損害發生之具體行為。倘其設置或管理機關對於防止損害之發生，已為及時且必要之具體措施，即應認其管理並無欠缺，不生國家賠償責任[77]。此外，公共設施設置或管理有無缺失，係以有無維護通常安全狀態為判斷基準。特定事故發生後，管理機關為進一步防免公共設施使用者本身輕忽所釀事故，因而提高其設置標準者，乃事所常見，非得據以推認提高設置標準前之公共設施即係設置或管理欠缺[78]。

公共設施依其物之性質，原有一定之使用目的及使用方法，對於公共設置所負之設置管理責任係預期使用人在使用目的合理、合法而為使用。使用人逾越使用目的之冒險行為，所致之危險，即非所應預防。對於公共設施之設置管理責任僅係「期待該設施具備通常應有之狀態、作用、功能」，不負「違反使用目的之冒險行為」之防止義務[79]。生態池步道並非跑道，生態池步道依其物之性質及使用目的，乃供師生行走，非供跑步之用，人民於事件發生時係在生態池步道奔跑，此有監視光碟在卷可憑，並為人民所不爭執，則人民違反生態池步道使用目的及使用方法之個人冒險行為所生之損害，難令行政機關負賠償責任[80]。

市政府管理之路段既留有坑洞未能及時修補，又未設置警告標誌，足以影響行車之安全，已不具備通常應有之狀態及功能，即係公共設施管理之欠缺[81]。道路既有圍籬、坑洞，而未能及時拆除及修補，足以影響車輛之通行及行車安全，已不具備通常應有之狀態及功能。鎮公所受檢舉及縣政府通知後，未積極有效為足以防止危險或損害發生之具體行為，堪認其就系爭道路之管理有欠缺[82]。

惟（公有）公共設施之種類繁多，利用之情形各不相同，通常應有之安全狀態或功能屬高度抽象之不確定法律概念，自應由法院於審理具體個案中形成其內容，從而在判斷（公有）公共設施設置或管理是否有欠缺，應就各該公有公共設施之目的、構造、用法、時間、地點、周圍環境，及其利用狀況等諸般

---

[77] 最高法院104年度台上字第1515號民事判決。
[78] 臺灣高等法院108年度上國字第8號民事判決。
[79] 臺灣高等法院96年度上國易字第7號民事判決。
[80] 臺灣高等法院105年度重上國字第3號民事判決。
[81] 最高法院73年台上字第3938號民事判例。
[82] 最高法院97年度台上字第717號民事判決。

事宜綜合考量判斷之。通常安全性具有以下之幾項特性，即：（一）關聯性：判斷（公有）公共設施是否已備通常應有之安全性，應注意該設施之通常用法與週邊環境。（二）時間性：（公有）公共設施通常所應具有之安全性，須隨科學技術與社會環境而隨時調整。（公有）公共設施設置或管理時，雖已依當時之工程科學技術為之，但嗣因社會環境變遷、或科學技術之進步，致該設施之設置或管理已不符應具備之安全標準時，國家應為適時之調整，使之無欠缺。（公有）公共設施是否已具備通常應有之安全性，應以發生事故當時之狀況定之。（三）整體性：指（公有）公共設施是否具有通常應具備之安全性，應就與該設施之安全性有影響關係之客觀情事，一併整體斟酌判斷。（四）不受法規限制性：法規明定設置或管理機關對（公有）公共設施應為如何之設置或管理，僅係判斷設施是否有欠缺之大體指針，不得作為絕對基準，否則國家將可藉口已履行法規所定之設置或管理行為而要求免責，致國家賠償法第3條之立法精神落空[83]。

交通標誌標線號誌之設置目的，係公權力之行政措施，雖不屬保護規範性質，未賦予人民有請求主管機關劃設交通標誌之公法上權利。惟其設置或管理仍應遵守相關法規之形式要求，並須具實質妥適性。如主管機關於設置或管理欠缺妥適性，致人民受有損害，即應負國家賠償責任，不得以其設置或管理具備合法性，而主張免責[84]。

三、侵害法益

原國家賠償法第3條第1項規定，人民生命、身體、財產受到損害時，國家負損害賠償責任。原國家賠償法第3條第1項特別規定保護之客體為「生命、身體或財產」，與國家賠償法第2條第2項泛稱「自由或權利」者不同，顯係列舉規定，故生命、身體或財產以外之自由或權利受害，自無國家賠償法第3條第1項之適用[85]。例如：搭乘行政機關電梯，因電梯故障受困，雖失去「自由」一

---

[83] 臺灣高等法院臺中分院105年度上國易字第2號民事判決。

[84] 最高法院111年度台上字第1715號民事判決。

[85] 民國72年11月21日臺灣高等法院暨所屬法院72年度法律座談會刑事類第26號：有認為屬於例示說，廖義男，前揭書，第80頁；李震山，行政法導論，修訂12版，2022年9月，第600頁質疑，國家賠償法第3條之限制是否有別於第2條，是否與憲法第24條揭示之自由或權利之意旨有差距，似值探討；陳新民，前揭書，第474頁雖認為從文意

定期間，如無生命、身體、財產受到損害，則無法請求國家賠償。惟考量公共設施設置或管理之欠缺亦可能使人民之人身自由受到損害，因此，2019年12月18日修正之國家賠償法第3條第1項將保護客體擴及至人身自由。惟本項之修正亦僅是增加人身自由之保護法益，仍屬列舉規定，其他法益，例如，信用、名譽等人格法益，並不包括在內[86]。

四、因果關係

公共設施設置或管理有欠缺與人民生命、身體或財產損害間必須具有相當因果關係。（公有）公共設施因設置或管理有欠缺之情況下，依客觀之觀察，通常會發生損害者，即為有因果關係；如必不生該等損害或通常亦不生該等損害者，則不具有因果關係[87]。

公共設施依其物之性質，原有一定之使用目的及使用方法，如個人擅自進入具有危險性且設有警告標誌之公共設施，致生傷亡，此項違反使用目的及使用方法之個人冒險行為，所生損害，難令國家負賠償責任。系爭攔砂壩並不在林務局臺東林區管理處所轄知本森林遊樂區範圍內，往攔砂壩必經之擋土牆牆面上之「嬉水危險區」、「請勿涉水」、「勿上下」等警告標誌，於本件事故發生前即已設置。攔砂壩既非遊樂設施，亦非供人戲水之處，僅屬具有特定攔砂防洪目的之水利設施。當事人竟仍無視於醒目之警告標誌，復費力攀爬天然阻絕通往該攔砂壩頂之巨石，再自該壩頂下水而遭排水管造成之漩渦吸住，終於滅頂溺斃，其自肇危險而生損害，與攔砂壩之設置或管理無關[88]。

人民之受傷，非因其依籃球架及籃球網之設置方法及目的正常使用所肇致。臺北縣立頂溪國民小學平日於系爭籃球架之主架上，即設有警示標語，則人民之受傷與學校之管理行為間並無相當因果關係存在，自難令學校負賠償責任[89]。

上來看應僅限三種法益，但條文過窄之解釋，可透過對財產權概念之擴大解釋來補救，一切具有財產價值及可轉易為財產價值之權利皆屬之，人民其他權利之侵害，如得以財產論其價值，即可請求國家賠償。

[86] 李惠宗，前揭書，第729頁。
[87] 最高法院95年度台上字第923號民事判決。
[88] 最高法院85年度台上字第2227號民事判決。
[89] 臺灣高等法院94年度上國字第18號民事判決。

第三節　賠償方法與賠償範圍

民法上的損害賠償以回復原狀為原則，但國家賠償法第7條規定，國家負損害賠償責任者，應以金錢為之。但以回復原狀為適當者，得依請求，回復損害發生前原狀。所謂以回復原狀為適當，例如，名譽受侵害時，可以請求採取使名譽回復的適當措施，如採取登報公開道歉等方式。

國家賠償法並未明定賠償範圍，依國家賠償法第5條規定，適用民法第216條第1項規定，包括所受損害及所失利益[90]。

第四節　時　效

國家賠償法第8條規定，賠償請求權，自請求權人知有損害時起，因二年間不行使而消滅；自損害發生時起，逾五年者亦同。國家賠償法施行細則第3條之1規定，知有損害，須知有損害事實及國家賠償責任之原因事實。知有國家賠償責任之原因事實，係指知悉所受損害，係由於公務員於執行職務行使公權力時，因故意或過失不法行為，或怠於執行職務，或由於公共設施因設置或管理有欠缺所致。於人民因違法之行政處分而受損害之情形，賠償請求權之消滅時效，應以請求權人實際知悉損害及其損害係由於違法之行政處分所致時起算。被害人縱已知有損害之事實，如尚不知有應負國家賠償責任之原因事實，其對國家機關請求損害賠償之請求權時效自無從進行[91]。

第五節　賠償義務機關

賠償義務機關係指民眾請求國家賠償時，依其所主張之事實，受理其請求而應開啟行政程序之機關[92]。該被指定或確定之機關是否就原因事實所致生之損害，負國家賠償責任，仍應視其所主張之事實是否符合國家賠償法第2條第2

---

[90] 民法第216條第2項規定，依通常情形，或依已定之計畫、設備或其他特別情事，可得預期之利益，視為所失利益。

[91] 最高法院96年度台上第1926號民事判決；最高法院94年度台上字第1350號民事判決。

[92] 法務部民國109年8月7日法律字第10903512210號。

項或第3條規定之要件爲斷。

　　賠償義務機關依適用法條不同而有差異，國家賠償法第9條第1項規定，依第2條第2項請求損害賠償者，以該公務員所屬機關爲賠償義務機關。公務員所屬機關係指將行使公權力之職務託付該公務員執行之機關，亦即該公務員任職及支領俸給或薪資之機關。楊○○爲臺北市政府警察局派駐監察院處之駐衛警察隊駐衛小隊長，有派令、考成通知書、服務證、人員動態紀錄卡可察，足見其任職機關爲臺北市政府警察局，監察院並非其所屬機關，即非依國家賠償法應負賠償義務之機關[93]。

　　國家賠償法第9條第2項規定，依第3條第1項請求損害賠償者，以該公共設施之設置或管理機關爲賠償義務機關；依第3條第2項請求損害賠償者，以委託機關爲賠償義務機關。管理機關係指法律所定之管理機關或依法律代爲管理之機關。如無法律所定之管理機關或依法律代爲管理之機關時，則由事實上之管理機關爲賠償義務機關[94]。倘亦無事實上之管理機關，則由公共設施坐落土地之管理機關爲賠償義務機關[95]。

　　事故發生地爲高雄縣路竹鄉○○路668號前之道路，係村里道路。依臺灣省市區道路管理規則第3條規定，係由高雄縣路竹鄉公所管理。另依上開規則第4條第5項第2、3點規定，有關鄉、鎮、縣轄市市區道路之修築、改善及養護計畫之核訂與執行事項、管理事項，係屬鄉、鎮、縣轄市公所之權責。高雄縣路竹鄉公所爲系爭道路之設置及管理機關，應堪認定[96]。

　　凡公共設施由國家或地方自治團體設置或事實上處於管理狀態，即有國家賠償法之適用。既成道路之土地雖屬私人所有，但既供公眾通行多年，已因時效完成而有公用地役關係之存在，此項道路之土地，即已成爲他有公物中之公共用物（行政法院45年判字第8號判例）。本件肇事地點之產業道路雖屬行政院農業委員會林務局花蓮林區管理處（下稱花蓮林管處）所有，但該道路原爲古道，拓寬供花蓮縣秀林鄉梅園、竹村等鄉○○○○道路，由花蓮縣秀林鄉公所（下稱秀林鄉公所）負責管理與養護，行政院國軍退除役官兵輔導委員會花蓮農場（下稱花蓮農場）僅服務於西寶之生產事業單位之榮民通行該道路，則

---

[93] 最高法院91年度台上字第713號民事判決。
[94] 法務部民國98年3月30日法律字第0980700230號。
[95] 法務部民國109年8月7日法律字第10903512210號。
[96] 最高法院91年度台上字第2559號民事判決。

該道路為秀林鄉公所負責管理與養護，該公所亦因公用地役關係之存在而取得該道路之管理權。原審因而認定本件賠償義務機關為秀林鄉公所，並非該土地所有權人花蓮林管處及使用該道路之花蓮農場，並無不合[97]。

依國家賠償法第3、9條、市區道路條例第1、2、4、9條、建築法第25條規定，校園外圍退縮無遮簷人行道，係學校配合法規退縮留設供市民、公眾通行者，則似係所有人於建築之初即負有供公眾通行義務，利用行為原則上不得有礙於通行，但所有權人並不因此完全喪失管理、使用、收益、處分權能，從而，似仍應由學校本於所有權人立場為該無遮簷人行道之管理機關[98]。

國家賠償法第9條第3項規定，前二項賠償義務機關經裁撤或改組者，以承受其業務之機關為賠償義務機關。無承受其業務之機關者，以其上級機關為賠償義務機關。最高法院84年度台上字第2336號民事判決指出，國家賠償法第9條第3項所謂賠償義務機關經改組者，應包括各級政府因業務量之增加而成立新機關，並重新劃分轄區業務之情形在內。

如無法依前三項確定賠償義務機關，或於賠償義務機關有爭議時，依國家賠償法第9條第4項規定，得請求其上級機關確定之。其上級機關自被請求之日起逾二十日不為確定者，得逕以該上級機關為賠償義務機關。本項立法目的在於請求權人不能確定賠償義務機關或於賠償義務機關有爭議時，為便於民眾能迅速明瞭請求賠償之對象，得請求其上級機關確定之，俾使請求權人仍有救濟之途。依國家賠償法第9條第4項請求確定賠償義務機關者，應限於國家賠償請求權人及其代理人（含法定代理人及訴訟代理人），不包括政府機關[99]。

第六節　協議先行主義

國家賠償法第10條規定，依本法請求損害賠償時，應先以書面向賠償義務機關請求之。賠償義務機關對於前項請求，應即與請求權人協議。協議成立時，應作成協議書，該項協議書得為執行名義。

國家賠償法第10條規定係國家賠償請求權，在程序上所設的特別規定，目的在於便利人民，並使賠償義務機關有機會先作處理，簡化賠償程序，避免訟

---

[97] 最高法院91年度台上字第858號民事裁定。
[98] 法務部民國102年10月17日法律字第10203510200號。
[99] 法務部民國102年3月8日法律字第10203502070號。

累，而疏減訟源。請求權人未先進行此一程序，逕向法院提起損害賠償訴訟，法院將依民事訴訟法第249條第1項第6款規定，以其訴為不合法，予以裁定駁回[100]。

第七節 訴訟之提起與訴訟途徑

一、何時得提起訴訟？

國家賠償法第11條第1項規定，賠償義務機關拒絕賠償，或自提出請求之日起逾三十日不開始協議，或自開始協議之日起逾六十日協議不成立時，請求權人得提起損害賠償之訴。但已依行政訴訟法規定，附帶請求損害賠償者，就同一原事實，不得更行起訴。

此外，國家賠償法第11條第2項規定，依本法請求損害賠償時，法院得依聲請為假處分，命賠償義務機關暫先支付醫療費或喪葬費。其立法目的在考量醫療費及喪葬費之支出，往往刻不容緩，為避免判決確定後始支付緩不濟急之虞，特制定此定暫時狀態假處分之規定。假處分有臨時救急之性質，得依上開規定聲請對賠償義務機關為假處分者，自應以權利人係依國家賠償法規定求償，且賠償義務機關應暫先支付之項目，屬權利人因賠償事故所生有即刻支付必要之「醫療費」及「喪葬費」為限。權利人所請求之損害，並非因賠償事故所生之緊急性負擔，即無類推適用之餘地[101]。

二、訴訟途徑

國家賠償法第12條規定，損害賠償之訴，除依本法規定外，適用民事訴訟法之規定。國家賠償事件雖屬公法上爭議，然因國家賠償法特別規定應向民事法院起訴，此即為行政訴訟法第2條所指之法律別有規定者，自不得提起行政訴訟，行政法院就此並無審判權。

---

[100] 最高法院96年度台上字第365號民事判決、最高法院95年度台上字第1673號民事判決。

[101] 最高法院99年度台抗字第952號民事裁定。

第八節　特殊公務員之特別規定

國家賠償法第13條規定，有審判或追訴職務之公務員，因執行職務侵害人民自由或權利，就其參與審判或追訴案件犯職務上之罪，經判決有罪確定者，適用本法規定。國家賠償法第13條規定之適用前提：一、須為審判或追訴職務之公務員。二、須因執行審判或追訴職務侵害人民自由或權利。三、須就其參與審判或追訴案件犯職務上之罪，例如，枉法裁判或濫權追訴罪等。四、須經判決有罪確定。

國家賠償法第13條係基於審判及追訴職務之特性所為之特別規定，以維護審判獨立及追訴不受外界干擾。本條規定既係以偵審之特別事由為基礎，所稱「有審判或追訴職務之公務員」，應指從事「審判或追訴職務」之法官或檢察官（包括依軍事審判法從事「審判或追訴職務」之軍事審判官或軍事檢察官）[102]。

至於區分一般公務員與特殊職公務員是否違反平等原則？

司法院釋字第228號解釋理由書指出，依現行訴訟制度，有審判或追訴職務之公務員，其執行職務，基於審理或偵查所得之證據及其他資料，為事實及法律上之判斷，係依其心證及自己確信之見解為之。各級有審判或追訴職務之公務員，就同一案件所形成之心證或見解，難免彼此有所不同，倘有心證或見解上之差誤，訴訟制度本身已有糾正機能。關於刑事案件，復有冤獄賠償制度，予以賠償。為維護審判獨立及追訴不受外界干擾，以實現公平正義，上述難於避免之差誤，在合理範圍內，應予容忍。不宜任由當事人逕行指為不法侵害人民之自由或權利，而請求國家賠償。唯其如此，執行審判或追訴職務之公務員方能無須瞻顧，保持超然立場，使審判及追訴之結果，臻於客觀公正，人民之合法權益，亦賴以確保。至若執行此等職務之公務員，因參與審判或追訴案件犯職務上之罪，經判決有罪確定時，則其不法侵害人民自由或權利之事實，已甚明確，非僅心證或見解上之差誤而已，於此情形，國家自當予以賠償，方符憲法第24條規定之本旨。

憲法所定平等之原則，並不禁止法律因國家機關功能之差別，而對國家賠償責任為合理之不同規定。國家賠償法針對審判及追訴職務之特性，而為第13

條之特別規定，爲維護審判獨立及追訴不受外界干擾所必要，尚未逾越立法裁量範圍，與憲法第7、16、23條及第24條並無牴觸。

由於國家賠償法第13條規定十分嚴格，實務上幾乎無適用之餘地，2021年9月2日行政院院會通過之國家賠償法修正草案第5條規定，法官、檢察官因執行審判或追訴職務，侵害人民自由或權利，就其參與審判或追訴案件有下列情形之一者，國家應負損害賠償責任：一、犯刑事上之罪經判決有罪確定。二、受免除職務或撤職之懲戒處分確定。前項所稱審判職務，指審理民事、刑事、行政訴訟、公務員懲戒、少年、家事及其他法律所定案件。第1項所稱追訴職務，指實施偵查、提起公訴、上訴、非常上訴、實行公訴、協助自訴、擔當自訴及其他依法令參與審判程序之行爲。法官、檢察官，除包括法官法第2條及第86條所稱之法官、檢察官外，尚包括其他執行審判或追訴職務之法官、檢察官，例如，國民法官法之國民法官及職務法庭之參審員。惟法官辦理民事強制執行，該事務性質既非屬審判職務，即無本條之適用。非屬追訴職務之行爲，例如，指揮刑事裁判之執行，亦應不包括在內。修正草案增加國家應負賠償責任之事由，亦即受免除職務或撤職之懲戒處分確定，主要係考量法官法對於法官、檢察官之司法倫理及監督已設有完整之規範可循，倘法官、檢察官因執行審判或追訴職務，就其參與審判或追訴案件侵害人民自由或權利，已經懲戒法院職務法庭審理並受「免除職務」或「撤職」等懲戒處分確定者，其行爲縱未構成刑事上之犯罪，亦難謂其違失行爲之情節輕微，爲保障人民權益，亦應許人民得請求國家賠償。

第九節　求償權

求償權係指執行職務行使公權力的公務員或受委託行使公權力的團體或個人，其執行職務之人，因故意或重大過失不法侵害人民自由或權利，及公共設施因設置或管理有欠缺，致人民受損害，就損害原因有應負責任之人時，賠償義務機關於賠償人民的損害後，得要求應負責任之人，償還賠償金額。換句話說，國家於賠償被害人損害後，得向應眞正負責者求償，如此才符合公平正義原則。

第一項　求償原因

求償權之行使，依發生原因不同，分為下三種情形：

一、依國家賠償法第2條第3項規定，必須該公務員執行職務行使公權力，有故意或重大過失時，才能以該公務員為求償行使的對象。

賠償義務機關與求償對象之機關如係屬同一行政主體，因其權利義務皆歸屬於同一行政主體，為免造成該行政主體所屬機關間「自我求償」，此種情形似不宜行使求償權。反之，如賠償義務機關與求償對象之機關係分屬不同之行政主體（例如，分屬國家與縣市等地方自治團體），則因權利義務之歸屬主體互異，並非同一行政主體所屬機關間「自我求償」，自得行使求償權（法務部民國89年4月24日法律字第007220號函）[103]。

二、依國家賠償法第3條第5項規定，公共設施造成損害的原因有應負責任之人時，賠償義務機關對之有求償權。所謂就損害原因應負責任的人，係指造成公共設施的設置或管理有欠缺，對於被害人應負一般侵權行為責任的第三人。此外，就損害原因應負責任的人，如果是公共設施設置或管理機關的公務員時，固也可作為賠償義務機關行使求償的對象，但解釋上應當以該公務員有故意或重大過失者為限。

國家賠償法第3條之立法目的在於以國家之財力，就公共設施之設置或管理欠缺所造成人民之損害，給予賠償，原不以國家機關有可歸責之原因為必要。僅於另有應負責任之人，賦予國家機關對之有求償權。因此，若國家機關對於損害之發生，同屬應負責任之人，在其應負責任範圍內，即應自負其責，尚不得藉由契約之約定轉嫁己責於他人，以規避國家機關應負之賠償責任[104]。

國家賠償法第3條第2項規定之有應負責任之人者，應解為依法令、協議，或直接、間接對於損害原因有應負責者，賠償義務機關對之均有求償權。舉凡公共設施設計人、施工承攬人、驗收人、管理人或其他使用人俱應包括在內。台灣電力股份有限公司臺北西區營業處因執行「231052工程」之需，申請挖掘系爭道路，未於完工後依規定舖設簡易瀝青路面，致歐○○發生車禍受傷而有過失。台灣電力股份有限公司臺北西區營業處未責由其承攬人依規定舖設簡易瀝青路面，顯然未善盡其定作人即驗收人之責任，自屬國家賠償法第3條第2項

---

[103] 法務部民國98年2月12日法律字第0980003511號。
[104] 最高法院96年度台上字第2495號民事判決。

所定就損害原因而「應負責任之人」。臺北縣三重市公所對之當有求償權,台灣電力股份有限公司臺北西區營業處應不得以其已將工程委由他人承攬而解免責任[105]。

　　三、依國家賠償法第4條第2項規定,必須受委託行使公權力之團體或個人,其執行職務之人於行使公權力時,有故意或重大過失時,賠償義務機關對受委託之團體或個人有求償權。

第二項　求償範圍

　　賠償義務機關求償權之範圍,原則上應解為全部求償,即以對被害人民實際上所支付損害賠償額之全部,均得請求償還,並得請求自支付時起至償還時止依法定利率計算之利息。惟賠償義務機關於確定求償額之範圍時,就公務員對於客觀上損害之造成,主觀上具有之可歸責性為故意或重大過失、對於損害之發生是否有預見可能性及防止可能性、公務員個人之資力等,應依具體個案之不同,綜合審慎考量之,並不以全部求償為限,故應由行使求償之機關依實際個案決定求償額度[106]。

第三項　求償權之消滅時效

　　為使法律關係之早日確定,求償權之行使,亦宜有消滅時效之適用,國家賠償法第8條第2項規定,第2條第3項、第3條第5項及第4條第2項之求償權,自支付賠償金或回復原狀之日起,因二年間不行使而消滅。

第十節　國家賠償訴訟與行政訴訟之關係

　　國家賠償法關於國家賠償請求程序係採雙軌制(國家賠償法第11條第1項規定),人民得依國家賠償法規定向民事法院訴請外,亦得依行政訴訟法第7條規定,於提起其他行政訴訟時合併請求,二者為不同之救濟途徑,各有其程序規定。因此,人民依國家賠償法請求損害賠償而提起民事訴訟時,法院即依

---

[105] 最高法院93年度台上字第2246號民事判決。
[106] 法務部民國93年8月23日法律決字第0930033739號。

民事訴訟法第一編第三章第二節規定徵收裁判費；若係依行政訴訟法第7條規定請求損害賠償時，自依行政訴訟法規定程序爲之，法院並依行政訴訟法第一編第四章第五節規定徵收裁判費，二者裁判費之徵收有所不同[107]。

人民因國家違法行爲，特別是行政處分，權益受到侵害時，是否應先提起行政訴訟排除違法行政處分（稱爲第一次權利保護），如行政訴訟無法達成救濟目的，始能提起國家賠償訴訟（稱爲第二次權利保護）；或可直接提起國家賠償訴訟，看法分歧[108]。

最高行政法院93年判字第494號判例指出，人民因國家之行政處分而受有損害，請求損害賠償時，現行法制，得依國家賠償法規定向民事法院訴請賠償外，亦得依行政訴訟法第7條規定，於提起其他行政訴訟時合併請求。二者爲不同之救濟途徑，各有其程序規定。人民若選擇依國家賠償法請求損害賠償時，應依國家賠償法規定程序爲之。若選擇依行政訴訟法第7條規定請求損害賠償時，自僅依行政訴訟法規定程序辦理即可。行政訴訟法既未規定依該法第7條規定合併請求損害賠償時，應準用國家賠償法規定，自無須踐行國家賠償法第10條規定以書面向賠償義務機關請求賠償及協議之程序。

最高法院96年度台上字第1595號民事判決指出[109]，人民對於公務員爲（或不爲）行政處分而執行職務、行使公權力時，認有違法不當者，除得依行政爭訟程序尋求救濟外，當然亦得依國家賠償法請求賠償，且二者併行不悖，應無先後次序之限制，始符法律保障人民權利之本旨。行政訴訟法第12條規定，民事或刑事訴訟之裁判，以行政處分是否無效或違法爲據者，應依行政爭訟程序確定之。前項行政爭訟程序已經開始者，於其程序確定前，民事或刑事法院應停止其審判程序。其立法目的係爲防止對於同一基礎事實所衍生之民、刑事訴訟及行政訴訟，由於不同法院對事實認定歧異，致生裁判結果互相牴觸之情形而設，並非因此剝奪人民之民事或刑事訴訟權。故民事之裁判，如以行政處分是否無效或違法爲據者，苟行政爭訟程序尚未開始，民事法院審判長即應依民事訴訟法第199條第2項規定行使闡明權，曉諭當事人就行政處分是否無效或違法，先依行政爭訟程序確定之。若當事人已表明不循行政爭訟程序請求救濟，或捨棄該行政程序救濟之途，而選擇逕行提起民事訴訟請求國家賠償者，民事

---

[107] 法務部民國99年12月3日法律字第0999049356號。
[108] 有關此議題，林錫堯，前揭書，第673-675頁。
[109] 本判決將臺灣高等法院94年度重上國字第9號民事判決加以廢棄。

法院固不能否認該行政處分之效力，然究非不得就公務員為該行政處分行使公權力時，有無故意或過失不法侵害人民權利之情事，自行審查認定。

當事人主張因行政機關之違法行政行為受有損害，循序向行政法院提起行政訴訟，並得依行政訴訟法第7條規定於同一程序中，合併依國家賠償法規定請求損害賠償（最高行政法院98年6月份第2次庭長法官聯席會議（二）決議）。足見人民主張因行政機關之違法行政處分受有損害者，非必須俟對該行政處分之行政爭訟確定後，始得據以請求國家賠償。行政訴訟法第12條之規定，係要求以行政處分是否無效或違法為據之民事或刑事訴訟，訴訟中如確定行政處分無效或違法之行政爭訟程序已經開始者，於該程序確定前，民事或刑事法院應停止其審判程序。該規定不得據以解為人民主張因行政機關之違法行政處分受有損害時，必須俟對該行政處分之行政爭訟確定後，始得據以請求國家賠償[110]。惟最高行政法院105年度判字第201號判決卻又指出，人民因行政機關之負擔處分，或申請作成授益處分予以駁回或未為准駁（不作成授益處分），而侵害其權利或法律上利益者，得依行政訴訟法第4、5條規定，提起撤銷訴訟或課予義務訴訟，以排除行政機關之負擔處分或不作成授益處分之侵害。如果行政機關之負擔處分或不作成授益處分侵害人民之權利或法律上利益，而發生損害，則依國家賠償法第2條第2項規定，人民得請求國家賠償。學說上稱前者為人民受到公權力侵害之「第一次權利保護」，稱後者為「第二次權利保護」。第一次權利保護之目的在「排除侵害」，第二次權利保護之目的則在「填補損害」。對行政機關之負擔處分或不作成授益處分之侵害，得以撤銷訴訟或課予義務訴訟排除時，此時之侵害既可除去，則此侵害對人民造成之不利益尚未確定，不能認已發生「損害」。行政機關之負擔處分或不作成授益處分對人民之權利或法律上不利益之侵害，無法以撤銷訴訟或課予義務訴訟排除時，此侵害對人民造成不利益已屬確定，始可謂發生損害，自人民知悉或損害發生時，起算二年或五年之請求權時效。

臺灣高等法院95年度重上國字第18號民事判決則持不同意見，人民主張其權利受公權力積極或消極侵害，得訴請行政法院審查公權力行為是否合法，如不合法，則由行政法院撤銷之，或由行政法院課予行政機關作為之義務，行政機關之違法行為經行政法院撤銷或命為作為後，人民仍受有損害，始得依國家賠償法相關規定提起國家賠償訴訟。故人民主張因行政機關之行政處分遭受侵

---

[110] 最高行政法院105年度判字第201號判決。

害，如得訴請行政法院審查公權力行為是否合法，因故意或過失怠於請求，不得訴請國家賠償。臺灣高等法院94年度重上國字第9號民事判決更指出，人民主張因行政機關之行政處分遭受侵害，如得請求第一次權利保護，因故意過失怠於請求，應不得再行請求第二次權利保護。否則，違法行政處分之受害人，不經行政爭訟救濟程序，均得於國家賠償法第8條所定二年或五年消滅時效期間內，請求國家賠償，則提起行政爭訟期間之限制將形同虛設，且勢必迫使民事法院審查行政處分之違法性，而有侵越行政法院審判權之虞。

即使認為國家賠償訴訟與行政訴訟，為不同之救濟途徑，兩者併行不悖，於人民主張因違法行政處分而發生國家賠償訴訟時，倘該行政處分之是否違法，業經行政法院裁判確定，基於違法性一元論，普通法院就行政處分違法性之判斷，原則上固應受行政法院確定裁判之拘束。惟普通法院仍應審查該事件是否具備其他國家賠償要件，非謂行政處分一旦違法，即當然構成國家賠償[111]。

普通民事法院審理國家賠償事件，為判斷原告之請求有無理由，對損害賠償請求權之先決問題，即該公共設施設置或管理是否符合相關法規程序及實體之規定，暨其是否具備實質之妥適性，均得介入審查，僅因基於審判權劃分，對於不法或欠缺妥適性之行政處分無權予以撤銷，而屬行政法院權限範圍。至於主管機關設置交通標誌時，對於交通工程規範中所包含之不確定法律概念如「適當」判讀距離、「足夠」反應時間、使駕駛人能有「足夠」應變時間、「必要時」得以其他標誌標線預告等之適用，是否有「判斷逾越」、「判斷濫用」或「判斷怠惰」等「判斷瑕疵」等事項，因涉及國家機關對公共設施之設置及管理是否有欠缺，應否負國家賠償責任之判斷，普通民事法院，則有予以審查權限與必要[112]。

[111] 最高法院109年度台上字第2437號民事判決。
[112] 最高法院111年度台上字第1715號民事判決。

第二十二章 ｜ 國家損失補償責任

　　憲法第15條規定，人民之財產權應予保障。對於國家合法或違法行為所生人民財產權之損失或損害，分別以損失補償或國家賠償制度予以規範。一般而言，損失補償成立要件為：一、屬於行使公權力之合法行為。二、對財產或其他權利產生侵害。三、侵害須達嚴重程度或已構成特別犧牲。四、相對人或利害關係人有值得保護之利益。五、基於公益之必要性。六、補償義務須有法規依據始得請求[1]。

第一節　徵收補償

　　國家損失補償類型眾多，相較於國家賠償法得作為國家賠償責任之一般性法律，國家損失補償責任並無一般性法律依據，土地徵收是最常見的國家損失補償類型。

第一項　憲法依據

　　憲法第108條第1項第14款規定，左列事項，由中央立法並執行之，或交由省縣執行之：……，十四、公用徵收。此外，憲法第143條第1項規定，中華民國領土內之土地屬於國民全體。人民依法取得之土地所有權，應受法律之保障與限制。私有土地應照價納稅，政府並得照價收買。

　　司法院釋字第409號解釋指出，人民之財產權應受國家保障，惟國家因公用需要得依法限制人民土地所有權或取得人民之土地，此觀憲法第23條及第143條第1項之規定自明。徵收私有土地，給予相當補償，即為達成公用需要手段之一種，而徵收土地之要件及程序，憲法並未規定，係委由法律予以規範，

---

[1] 法務部民國102年10月22日法律字第10203505550號、法務部民國108年1月25日法制字第10802501540號。有關損失補償，葉百修，損失補償法，修訂1版，2018年10月，就我國、日本與德國制度有非常詳盡之介紹。

此亦有憲法第108條第1項第14款可資依據。

第二項　徵收概念之演變——從公用徵收到公益徵收

　　古典徵收概念為公用徵收，亦即國家或其他公權力主體為達成特定公用之目的，經由一定的程序對人民財產權（主要係土地）或具有財產價值之其他權利予以剝奪。現代概念的徵收，並不侷限於公用目的，徵收私人之財產權有助於公益時，雖未將被徵收財產作為公用，仍屬公益徵收[2]。

　　司法院釋字第732號解釋理由書指出，徵收人民土地除應對土地所有權人依法給予合理及迅速之補償外，自應符合公用或其他公益目的之必要，始無違於憲法第23條規定。……國家以徵收方式剝奪人民土地所有權，甚而影響土地上合法居住者之居住自由，如非為公用，則須符合其他公益之正當目的。徵收捷運交通事業所必須之土地，屬為興辦交通事業公用之目的；主管機關辦理毗鄰地區土地之開發，係在有效利用土地資源、促進地區發展並利於大眾捷運系統建設經費之取得，固有其公益上之目的。

　　徵收概念從公用徵收轉變成公益徵收，主要涉及徵收目的之界定，至於其他徵收要件並未改變，司法院釋字第732號解釋理由書亦指出，國家為利用土地資源、促進地區發展並利建設經費之取得等目的，依法報請徵收交通事業所必須者以外之毗鄰地區土地，將使土地資源之利益重新分配或移轉予國家或其他私人享有，造成原土地所有權人遭受土地損失之特別犧牲。另為達利用土地資源、促進地區發展並利建設經費之取得等目的，非不得以適當優惠方式與土地所有權人合作進行聯合或共同開發、以市地重劃之方式使原土地所有權人於土地重新整理後仍分配土地、以區段徵收使原土地所有權人取回與原土地同價值之土地、或以其他適當且對土地所有權侵害較小之方式達成。2001年捷運法第7條第4項規定、1988年捷運法第7條第3項規定、開發辦法第9條第1項規定以使土地所有權人遭受特別犧牲之方式，徵收交通事業所必須者以外之毗鄰地區土地進行開發，並非達成土地資源有效利用、地區發展並利國家建設經費之取

---

[2] 土地法第208條規定，國家因左列公共事業之需要，得依本法之規定，徵收私有土地。土地徵收條例第3條規定，國家因公益需要，興辦下列各款事業，得徵收私有土地。從上述兩種不同年代制定之法律所使用之文字，即可發現此項差異。有關徵收概念之擴張，陳新民，行政法學總論，新10版，2020年7月，第490-492頁。

得目的所不得不採之必要手段，且非侵害最小之方式。上述規定許可主管機關為土地開發之目的，依法報請徵收非交通事業所必須之土地，於此範圍內，不符憲法第23條之比例原則，與憲法保障人民財產權及居住自由之意旨有違，應自本解釋公布之日起不予適用。

此外，徵收目的之公益乃是特定的，不能僅是空泛的公共利益，更不得任意擴張，司法院釋字第743號解釋認為，1988年7月1日制定公布之大眾捷運法第6條規定，大眾捷運系統需用之土地，得依法徵收……之。大眾捷運法第7條第1項規定，為有效利用土地資源，促進地區發展，地方主管機關得自行開發或與私人、團體聯合開發大眾捷運系統場、站與路線之土地及毗鄰地區之土地。大眾捷運法第6條規定要求主管機關就大眾捷運系統需用之土地，依相關法律徵收，作興建捷運系統之特定目的使用，非以追求商業利益為考量。大眾捷運法第7條第1項規定之目的，則在有效利用土地資源，促進地區發展並利大眾捷運系統建設經費之取得，故聯合開發係為有效利用土地資源，並因此涉及商業利益之分享及風險之分擔。主管機關依大眾捷運法第6條，按相關法律徵收人民土地，雖因而取得土地所有權人之地位，然其與一般土地所有權人得自由使用、收益、處分及行使其他土地權利者並不全然相同。其徵收既係基於興建捷運系統之特定目的，主管機關自不得於同一計畫，持該徵收之土地，依大眾捷運法第7條第1項規定辦理聯合開發，而為經濟利用。故自亦無由主管機關將該徵收之土地所有權移轉予第三人之餘地。如因情事變更，主管機關擬依後續計畫辦理聯合開發，應依其時相關法律辦理[3]。

因徵收概念由公用轉換成公益，為公益目的侵害人民財產權，剝奪所有權並非唯一手段。僅對人民財產權之使用、收益、處分加以限制，即可達成公益目的時，則無剝奪所有權之必要。惟此時卻另外產生一項棘手問題，何者屬於對一般財產內容之限制而不用補償，何者係需補償之財產權利用限制。例如，同屬限建問題，基於土地本身性質，例如，山坡地、地質敏感區等，與基於飛航安全需要之限建，何者可認為須補償之財產權限制呢？

---

[3] 司法院釋字第743號解釋另指出，主管機關為公用或公益之目的而以徵收方式剝奪人民財產權後，如續將原屬人民之財產移轉為第三人所有，易使徵收權力遭濫用及使人民產生圖利特定第三人之疑慮。如因情事變更，主管機關有依其時相關法律規定，將循大眾捷運法第6條所徵收大眾捷運系統需用之土地，納入後續計畫，辦理聯合開發之情形，仍應有法律明確規定主管機關得將之移轉予第三人所有，始得為之，以符憲法保障人民財產權之意旨。

一、須補償的財產權限制

司法院釋字第400號解釋指出，憲法第15條關於人民財產權應予保障之規定，旨在確保個人依財產之存續狀態行使其自由使用、收益及處分之權能，並免於遭受公權力或第三人之侵害，俾能實現個人自由、發展人格及維護尊嚴。惟個人行使財產權仍應依法受社會責任及環境生態責任之限制，其因此類責任使財產之利用有所限制，而形成個人利益之特別犧牲，社會公眾並因而受益者，應享有相當補償之權利。如因公用或其他公益目的之必要，例如，國家因興辦公共事業或因實施國家經濟政策，雖得依法律規定徵收私有土地（參照土地法第208、209條），但應給予相當之補償，方符憲法保障財產權之意旨。既成道路符合一定要件而成立公用地役關係者，其所有權人對土地既已無從自由使用收益，形成因公益而特別犧牲其財產上之利益，國家自應依法律之規定辦理徵收給予補償。

司法院釋字第440號解釋指出，國家機關依法行使公權力致人民之財產遭受損失，若逾其社會責任所應忍受之範圍，形成個人之特別犧牲者，國家應予合理補償。主管機關對於既成道路或都市計畫道路用地，在依法徵收或價購以前埋設地下設施物妨礙土地權利人對其權利之行使，致生損失，形成其個人特別之犧牲，自應享有受相當補償之權利。從司法院釋字第400號解釋及第440號解釋來看[4]，特別犧牲乃是國家損失補償之重要關鍵[5]。司法院釋字第813號解釋指出，憲法上財產權保障之範圍，不限於人民對財產之所有權遭國家剝奪之情形。國家雖未剝奪人民之土地所有權，但限制其使用、收益或處分已逾其社

---

[4] 司法院釋字第652號解釋理由書亦指出，國家因公用或其他公益目的之必要，雖得依法徵收人民之財產，但應給予合理之補償。此項補償乃因財產之徵收，對被徵收財產之所有權人而言，係為公共利益所受之特別犧牲，國家自應予以補償，以填補其財產權被剝奪或其權能受限制之損失。

[5] 除財產權外，司法院釋字第670號解釋亦指出，特定人民身體之自由，因公共利益受公權力之合法限制，諸如羈押、收容或留置等，而有特別情形致超越人民一般情況下所應容忍之程度，構成其個人之特別犧牲者，自應有依法向國家請求合理補償之權利。……冤獄賠償法於形式上為國家賠償法之特別法，然冤獄賠償法第1條第1項所規定之國家賠償，實係國家因實現刑罰權或為實施教化、矯治之公共利益，對特定人民為羈押、收容、留置、刑或保安處分之執行，致其憲法保障之自由權利，受有超越一般應忍程度之限制，構成其個人之特別犧牲時，依法律之規定，以金錢予以填補之刑事補償。

會責任所應忍受之範圍，形成個人之特別犧牲者，國家亦應予土地所有人相當之補償，始符合憲法保障人民財產權之意旨。歷史建築又不能離其所定著之土地而存在，歷史建築所定著之土地為第三人所有之情形，依文資法相關規定，土地所有人即同受有相應承擔，因歷史建築登錄所生不能自由利用、不能對歷史建築所有人行使民法第767條規定之物上請求權等財產權能之社會責任及限制。對土地所有人財產權之限制，就歷史建築登錄所欲達成之充實國民精神生活、發揚多元文化之目的言，自屬必要，不因土地所有人是否同意而有不同。就歷史建築所定著之土地為第三人所有之情形，未以得土地所有人同意為要件，尚難即認與憲法第15條保障人民財產權之意旨有違。定著於第三人所有土地上之建造物及附屬設施，經登錄為歷史建築後，該第三人使用、管理、處分該土地之權能因文資法相關規定受限制（文資法第34條第1項、第42條及第106條第1項第7款等規定參照），已逾其所應忍受之社會責任範圍，而形成其財產權之特別犧牲者，歷史建築所定著之土地所有人自應享有受相當補償之權利，始符憲法第15條保障人民財產權之意旨。至以金錢或其他適當方式給予上開土地所有人相當之補償，立法者自有形成自由。

憲法法庭111年憲判字第15號判決指出，國家將人民所有之土地設定為公物，要求所有權人須容忍其土地供公共使用，致人民就該土地無從自由使用收益，基於法治國家之要求，應具備設定公物關係之權源，若欠缺權源，因其已形成個人之特別犧牲，即應依法徵收，並給予相當之補償，始符憲法第15條保障人民財產權之意旨。照舊使用之土地具公物性質，如屬人民所有者，該人民須容忍其土地供農田水利所需使用，不得為妨礙灌溉之行為（農田水利法第8條、第16條、第27條及第30條規定），對該土地已無從自由使用收益，致其財產權遭受嚴重限制。依法治國家之要求，就人民之土地設定為供農田水利照舊使用之公物，應具備設定公物關係之權源。為供農田水利設施照舊使用之土地如原已具備設定公物關係權源，自不生問題，否則即應以租用、協議價購或其他方式取得權源（農田水利法第9條及第26條規定參照）。若未能取得權源，因其已形成個人之特別犧牲，即應依法徵收，給予相當之補償。

平均地權條例第62條之1第2項規定所指之補償，係對於重劃區內應行拆遷之土地改良物或墳墓之所有權人，因市地重劃應行拆遷，而受有財產權之特別犧牲所為，性質為法定補償[6]。漁港法第10條規定乃賦予主管機關於漁港區域

6　最高行政法院105年度判字第332號判決。

內依漁港計畫為建設時，得對有嚴重妨礙之合法建築物或障礙物之所有人或使用人請求改建、遷移或拆除之權利，並以該所有人或使用人因此所生直接損失，為因公共利益受有特別犧牲，應給予相當之補償[7]。行政機關基於公益考量，撥用公（國）有土地與需地機關，致公（國）有土地管理機關依法終止其與人民間所訂定之非公用財產之租約者，宜認屬依法行使公權力造成特別犧牲之損失補償之一種態樣[8]。耕地承租人之租賃權，係對他人所有耕地耕作、收益之權利，屬憲法上保障之財產權，於耕地被徵收時隨同所有權而消滅，乃耕地承租人為公共利益而受之財產權特別犧牲，國家亦應予耕地承租人合理補償[9]。

國家為達到維護水資源涵養與保育之公益目的，將人民所有之土地劃定為水質水量保護區之範圍內，依自來水法第11條規定，人民對其土地所有權能之使用、收益及處分之行使，必須向主管機關申請核准始得為之，其權利受到限制而無法任意行使，形同對人民權利之剝奪。居住於水質水量保護區內之居民，因水源保育之公益目的，而形成個人土地利用權利之特別犧牲，相較於一般土地所有人對其所有之土地得自由處分，其所受之干預程度顯然逾越社會責任所應忍受之範圍，國家乃以自來水法第12條之2第1項徵收所得之水源保育與回饋費，依自來水法第12條之2第3項所列之支用項目予水質水量保護區內之居民合理之補償，其性質自屬人民因特別犧牲所受之犧牲補償[10]。

二、無須補償之財產權限制

司法院釋字第564號解釋理由書指出，人民之財產權應予保障，憲法第15條設有明文。惟基於增進公共利益之必要，對人民依法取得之土地所有權，國家並非不得以法律為合理之限制，此項限制究至何種程度始逾人民財產權所應忍受之範圍，應就行為之目的與限制手段及其所造成之結果予以衡量，如手段對於目的而言尚屬適當，且限制對土地之利用至為輕微，則屬人民享受財產權同時所應負擔之社會義務，國家以法律所為之合理限制即與憲法保障人民財產權之本旨不相牴觸。騎樓通道建造係為供公眾通行之用者，所有人雖不因此完

---

[7] 最高行政法院105年度判字第169號判決。
[8] 最高行政法院101年度判字第848號判決。
[9] 最高行政法院100年度判字第311號判決。
[10] 臺北高等行政法院105年度簡上字第26號判決。

全喪失管理、使用、收益、處分之權能，但其利用行為原則上不得有礙於通行，道路交通管理處罰條例第3條第1款即本此而將騎樓納入道路管制措施之適用範圍。道路交通管理處罰條例第82條第1項第10款規定在公告禁止設攤之處擺設攤位者，主管機關除責令行為人即時停止並消除障礙外，並處行為人或其雇主新臺幣1,200元以上2,400元以下罰鍰；又依道路交通管理處罰條例第83條第2款，未經許可在道路擺設攤位不聽勸阻者，處所有人新臺幣300元以上600元以下罰鍰，並責令撤除。上述規定均以限制騎樓設攤，維護道路暢通為目的，尚屬適當。主管機關依道路交通管理處罰條例第82條第1項第10款之規定公告禁止在特定路段設攤，係以提高罰鍰以加強交通管理，雖皆非為限制人民財產權而設，然適用於具體個案則有造成限制人民財產權之結果。故於衡酌其限制之適當性外，並應考量所造成損害之程度。上開規定所限制者為所有權人未經許可之設攤行為，所有權人尚非不能依法申請准予設攤或對該土地為其他形式之利用。再鑑於騎樓所有人既為公益負有社會義務，國家則提供不同形式之優惠如賦稅減免等，以減輕其負擔。從而人民財產權因此所受之限制，尚屬輕微，自無悖於憲法第23條比例原則之要求，亦未逾其社會責任所應忍受之範圍，更未構成個人之特別犧牲，難謂國家對其有何補償責任存在，與憲法保障人民財產權之規定並無違背。

違章建築改良物，依建築法令規定，本不許存在，應予拆除，該建築改良物之所有權人就建築改良物本身，並無正當之繼續存在利益，並非憲法第15條保障之財產權，縱因土地之徵收致該建築改良物須拆除，只是回復其本然之狀態，無特別犧牲可言，本不得請求拆遷補償費，而補償機關縱對該違章建築改良物之所有權人不予拆遷補償費，並不違反憲法第15條保障財產權之意旨[11]。

第三項　徵收（用）標的

公益徵收標的從不動產擴及至所有具有財產價值之物或權利[12]，例如，民防法第12條規定，主管機關因民防工作之必需，於戰時或事變時，因情況緊急，如遲延使用土地、土地改良物或搶修、運輸工具及其操作人員，公共利益有受到重大危害之虞者，得簽發徵用命令，徵用供架設防空器材、傷患救護

---

[11] 最高行政法院103年度判字第706號判決、最高行政法院98年度判字第433號判決。

[12] 李建良，損失補償，翁岳生編，行政法（下），4版，2020年7月，第729頁。

及臨時災害收容場所之土地、土地改良物，與供疏散避難、防救災害、運送物資等用途之搶修、運輸工具及其必要之操作人員。傳染病防治法第54條第1項規定，中央流行疫情指揮中心成立期間，各級政府機關得依指揮官之指示，徵用或調用民間土地、工作物、建築物、防疫器具、設備、藥品、醫療器材、污染處理設施、運輸工具及其他經中央主管機關公告指定之防疫物資，並給予適當之補償。專利法第90條第1項規定，為協助無製藥能力或製藥能力不足之國家，取得治療愛滋病、肺結核、瘧疾或其他傳染病所需醫藥品，專利專責機關得依申請，強制授權申請人實施專利權，以供應該國家進口所需醫藥品。專利法第91條第3項規定，強制授權之被授權人應支付專利權人適當之補償金；補償金之數額，由專利專責機關就與所需醫藥品相關之醫藥品專利權於進口國之經濟價值，並參考聯合國所發布之人力發展指標核定之。

第四項　徵收要件

一、法律依據

徵收侵害人民財產權，須有法律依據。法律係指形式意義法律，且徵收要件的規定須符合法律明確性原則，徵收程序亦須符合正當法律程序要求。

（一）大法官解釋並非徵收法律

司法院釋字第400號解釋旨在闡釋既成道路之所有權人對土地既已無從自由使用收益，國家自應依「法律」規定辦理徵收給予補償，並非賦予所有權人得依該解釋作為向國家請求土地徵收之法律基礎。人民亦無從基於憲法第7條及第15條規定，於立法機關未制定相關法律前，創設所有權人有向國家請求土地徵收之權利[13]。

惟司法院釋字第747號解釋指出，土地徵收條例第11條及第57條第1項規定未就土地所有權人得請求需用土地人向主管機關申請徵收地上權有所規定，與上開意旨不符。有關機關應自本解釋公布之日起一年內，基於本解釋意旨，修正土地徵收條例妥為規定。逾期未完成修法，土地所有權人得依本解釋意旨，請求需用土地人向主管機關申請徵收地上權。換句話說，立法機關如未於期限

---

[13] 最高行政法院95年度判字第763號判決；最高行政法院96年度判字第1705號判決亦指出，司法院釋字第400號非國家所制定之法律，無從執為徵收之依據。

內完成修法，土地所有權人即得以司法院釋字第747號解釋爲請求權基礎，向主管機關申請徵收地上權。

司法院釋字第747號解釋所涉及之最高行政法院101年度判字第465號判決並未觸及司法院釋字第400號解釋，因此並無法就司法院釋字第400號解釋聲請補充或變更解釋。換句話說，司法院釋字第400號解釋並未變更，既成道路之徵收仍須由法律定之，並無法以司法院釋字作爲請求權基礎，向主管機關申請徵收土地。

（二）人民無徵收請求權

土地徵收係基於興辦有利於公益之公共事業需要，國家依法律所定程序爲之。徵收係對財產權具目的性侵害，並非國家純粹取得財產權之工具，更非調整私益衝突之手段，而是爲實現公益需要之不得已措施。由於徵收是侵害財產權之最後不得已手段，因而公用徵收須符比例原則，有無實施公用徵收之必要，依我國現行法制，需由需用土地人於踐行法定程序（諸如：舉辦公聽會、徵收前之協議，申請目的事業主管機關之許可等）公平衡量公益與私益之重要性，斟酌決定後再擬具詳細之徵收計畫書，報請主管機關核准之。是否實施公用徵收，相關機關具有行政裁量權，一般人民並不具有請求國家實施公用徵收，而用以侵害自己所受保障財產權之權利[14]。

公用徵收僅有國家始爲徵收權之主體，一般人民並無公用徵收之公法上請求權。人民向國家請求徵收其所有土地之行爲，除法律另有規定外，其性質純屬促請國家發動徵收權之行使，人民對國家並未享有公用徵收之公法上請求權[15]。

惟司法院釋字第747號解釋理由書指出，徵收原則上固由需用土地人向主管機關申請，然國家因公益必要所興辦事業之設施如已實際穿越私人土地之上空或地下，致逾越所有權人社會責任所應忍受範圍，形成個人之特別犧牲，卻未予補償，屬對人民財產權之既成侵害，自應賦予人民主動請求徵收以獲補償之權利。需用土地人因興辦土地徵收條例第3條規定之事業，穿越私有土地之上空或地下，致逾越所有權人社會責任所應忍受範圍，形成個人之特別犧牲，而不依徵收規定向主管機關申請徵收地上權者，土地所有權人得請求需用土地

---

[14] 最高行政法院96年度判字第1350號判決、最高行政法院96年度判字第1705號判決。
[15] 最高行政法院95年度判字第714號判決。

人向主管機關申請徵收地上權。

在機關漏未徵收之情形，部分高等行政法院認為，系爭土地周邊相鄰的其他土地均經徵收補償完竣，始拓寬闢為道路使用，唯獨系爭土地因可歸責於行政機關的原因，漏未徵收。倘繼續維持系爭土地長期作為道路使用的現況，卻毋庸辦理徵收補償，顯與平等原則相違，而與司法院釋字第400號解釋第4段關於違反平等原則所述情節，具有相當的類似性。在原告為公益受有特別犧牲，不予彌補顯失公平的情況下，應認原告享有補償請求權。換句話說，應承認原告享有因公益而特別犧牲的補償請求權，並參照司法院釋字第400號解釋第4段關於平等原則及第747號解釋意旨，類推適用土地徵收條例相關規定，以訴請被告報請主管機關核准徵收的方式實現其權利[16]。

二、徵收以公益上必要為限

司法院釋字第534號解釋指出，土地徵收係國家因公共事業之需要，對人民受憲法保障之財產權，經由法定程序予以強制取得，相關法律所規定之徵收要件及程序，應符合憲法第23條所定必要性之原則。

國家對興辦公共事業所需之土地，必須用盡所有法律之手段，均不可得，最後始得以徵收方式為之。需用土地機關倘有適當公有土地足供所需興辦公共事業需求時，需用土地機關自應優先利用其公有土地，不得任意讓公有土地閒置，再假借徵收手段，以取得公共事業所需之私有土地，否則即有違比例原則之要求[17]。

土地徵收條例第11條第1項規定，需用土地人申請徵收土地或土地改良物前，除國防、交通或水利事業，因公共安全急需使用土地未及與所有權人協議者外，應先與所有權人協議價購或以其他方式取得；所有權人拒絕參與協議或經開會未能達成協議且無法以其他方式取得者，始得依本條例申請徵收[18]。此即為必要性原則之具體規定。

土地徵收條例第11條第1項規定之意旨即在盡溫和手段以取得公共事業所

---

[16] 臺北高等行政法院107年度訴字第1009號判決、臺中高等行政法院110年度訴字第38號判決、高雄高等行政法院111年度訴字第245號判決。

[17] 最高行政法院96年度判字第1442號判決。

[18] 協議不成並非可立即發動徵收程序，仍須考慮以其他方式取得土地之可能性，例如，聯合開發、設定地上權等。

需之土地，避免強制剝奪人民之財產權，達成最少損害之原則。因此，需用土地人於辦理協議價購或以其他方式取得公共事業所需土地時，自應確實踐行該條所定協議之精神，不得徒以形式上開會協議，而無實質之協議內容[19]。

三、徵收須予以合理補償

司法院釋字第440號解釋指出，國家機關依法行使公權力致人民之財產遭受損失，若逾其社會責任所應忍受之範圍，形成個人之特別犧牲者，國家應予合理補償。徵收補償為公用徵收合法要件之一，規定公用徵收之法律，除須規定公用徵收之條件外，尚須規定徵收補償之金額，才屬於合憲之法律。此種徵收法律之要求，學理上稱為「結合條款」（Junktimklausel）。結合條款除具有「確保基本權功能」（指對憲法所保障之財產權之侵害，必須以法治國家中合法程序為之）外，並具有「警告功能」（指立法機關於制定侵害財產權之法律時，須仔細考慮該法律有無補償義務，是否該當於公用徵收之法律，並決定何種補償及其金額），財產權人依該結合條款之保障，可以得到合乎憲法之保障。財產權人只有在立法機關已明定補償之種類與範圍，作為侵害之條件下，始有忍受公用徵收之義務。在公用徵收之法律中，應同時規定公用徵收條件與徵收補償金額，此為立法機關之獨占權限，有關公用徵收之法律欠缺補償規定時，行政機關不得假藉法律位階以下之法規，加以補充；司法機關亦不能依法官權限自行導出承認公用徵收並給予補償之推定，遂以裁判賦予人民立法機關所未賦予人民之請求權[20]。

（一）補償費發給

司法院釋字第425號解釋指出，土地徵收對被徵收土地之所有權人而言，係為公共利益所受特別犧牲，是補償費之發給不宜遲延過久。司法院釋字第516號解釋理由書亦指出，補償不僅需相當，為減少財產所有人之損害，更應儘速發給，方符憲法上開保障人民財產權之意旨。

（二）補償範圍──相當（合理）補償

司法院釋字第579號解釋指出，國家依法徵收土地時，對該土地之所有權人及該土地之其他財產權人均應予以合理補償。惟其補償方式，立法機關有一

---

[19] 最高行政法院102年度判字第371號判決。
[20] 最高行政法院96年度判字第1705號判決。

定之自由形成空間。司法院釋字第731號解釋理由書亦認為，國家因公用或其他公益目的之必要，雖得依法徵收人民之財產，但應盡速給予合理、相當之補償，方符憲法保障財產權之意旨。

徵收土地應給與之補償，應遵循之原則乃「合理補償」，而非「盡量補償」或「較優補償」；立法機關制定法律規定徵收土地應依公告土地現值為補償，此項規定復未經認定為違憲，應認已達「合理補償」之要求[21]。

（三）未予補償之法律效果

國家依法徵收私有土地後，未給予補償，其徵收行為之法效果為何，各國法制不一，參酌司法院33年院字第2704號、釋字第110號解釋以及現行土地徵收條例第20條第3項等規定意旨，應認為徵收失效[22]。

第五項　主要徵收法律

一、土地徵收條例

以往土地徵收主要依土地法第208條至第247條規定，目前土地徵收則依土地徵收條例為之，以下僅簡介部分重要條文。土地徵收條例第1條規定，為規範土地徵收，確保土地合理利用，並保障私人財產，增進公共利益，特制定本條例。土地徵收，依本條例之規定，本條例未規定者，適用其他法律之規定。其他法律有關徵收程序、徵收補償標準與本條例牴觸者，優先適用本條例。從土地徵收條例第1條規定來看，土地徵收應優先適用土地徵收條例。

土地徵收條例第3條規定，國家因公益需要，興辦下列各款事業，得徵收私有土地；徵收之範圍，應以其事業所必須者為限：（一）國防事業。（二）交通事業。（三）公用事業。（四）水利事業。（五）公共衛生及環境保護事業。（六）政府機關、地方自治機關及其他公共建築。（七）教育、學術及文化事業。（八）社會福利事業。（九）國營事業。（十）其他依法得徵收土地之事業。

第1款至第9款規定較為明確且爭議較少；其他依法得徵收土地之事業，例

---

[21] 最高行政法院97年度判字第1099號判決。

[22] 最高行政法院96年度判字第1350號判決。有關此問題之討論，葉百修，前揭書，第164-166頁，其主張徵收無補償，應為違憲無效，始能達到財產權保障之目的。

如，依科學工業園區設置管理條例徵收園區內私有土地、依加工出口區設置管理條例徵收加工出口區內私有土地、依發展觀光條例徵收對於發展觀光事業建設所需之公共設施用地、依文化資產保存法徵收古蹟所定著之土地及依墳墓設置管理條例徵收公墓及其對外通道等。

土地徵收並非政府機關興辦公共事業，取得土地之唯一方法，而是最後不得已之手段，各目的事業主管機關於核定興辦事業時，應審慎衡酌其所需用地以徵收方式取得之必要性及公益性[23]。

由於公益概念十分廣泛，為確保人民財產權，土地徵收條例第3條之1規定，需用土地人興辦公益事業，應按事業性質及實際需要，勘選適當用地及範圍，並應儘量避免耕地及優先使用無使用計畫之公有土地或國營事業土地（第1項）。特定農業區農牧用地，除零星夾雜難以避免者外，不得徵收。但國防、交通、水利事業、公用事業供輸電線路使用者所必須或經行政院核定之重大建設所需者，不在此限（第4項）；土地徵收條例第3條之2規定，需用土地人興辦事業徵收土地時，應依下列因素評估興辦事業之公益性及必要性，並為綜合評估分析：（一）社會因素：包括徵收所影響人口之多寡、年齡結構及徵收計畫對周圍社會現況、弱勢族群生活型態及健康風險之影響程度。（二）經濟因素：包括徵收計畫對稅收、糧食安全、增減就業或轉業人口、徵收費用、各級政府配合興辦公共設施與政府財務支出及負擔情形、農林漁牧產業鏈及土地利用完整性。（三）文化及生態因素：包括因徵收計畫而導致城鄉自然風貌、文化古蹟、生活條件或模式發生改變及對該地區生態環境、周邊居民或社會整體之影響。（四）永續發展因素：包括國家永續發展政策、永續指標及國土計畫。（五）其他：依徵收計畫個別情形，認為適當或應加以評估參考之事項。

舊土地徵收條例第30條規定，被徵收之土地，應按照徵收當期之公告土地現值，補償其地價。在都市計畫區內之公共設施保留地，應按毗鄰非公共設施保留地之平均公告土地現值，補償其地價。前項徵收補償地價，必要時得加成補償；其加成補償成數，由直轄市或縣（市）主管機關比照一般正常交易價格，提交地價評議委員會於評議當年期公告土地現值時評定之。惟公告土地現值常遠低於市價，易引起抗爭，新修正的土地徵收條例第30條規定，被徵收之土地，應按照徵收當期之市價補償其地價。在都市計畫區內之公共設施保

---

[23] 內政部民國99年7月26日台內地字第0990152284號。

留地，應按毗鄰非公共設施保留地之平均市價補償其地價。前項市價，由直轄市、縣（市）主管機關提交地價評議委員會評定之。各直轄市、縣（市）主管機關應經常調查轄區地價動態，每六個月提交地價評議委員會評定被徵收土地市價變動幅度，作為調整徵收補償地價之依據。前三項查估市價之地價調查估計程序、方法及應遵行事項等辦法，由中央主管機關定之。依現行土地徵收條例第30條規定，徵收補償額度已不再是合理或相當補償，而是接近損害賠償中所受損害之賠償。

市價補償使被徵收人取得與被徵收標的物相同交易價值之補償，得以重新交易取得相同條件之物，更能公平彌補其所受之特別犧牲，臻於憲法第15條保障人民財產權之旨。都市計畫區內土地經劃定為公共設施保留地（下稱公設保留地）者，在用地未經國家取得以興建公共設施之前，依都市計畫法第51條之規定，其土地使用權能已為此公用目的之必要，受有更高之限制，加諸於土地所有權人就土地利用價值減損之不利益，因保留時間延長而遞增，可能已超過社會責任所應忍受範圍，而形成違背平等原則之特別犧牲（司法院釋字第336號解釋理由），為免徵收時逕依其地價為補償，使保留地之所有權人仍蒙受過度之損失，背離徵收補償設制之旨，故採按毗鄰非公設保留地平均地價補償之原則。土地徵收條例第30條2012年9月1日修正施行後，雖以「使被徵收土地所有權人得以在同一地段買回性質相同及面積之土地」為宗旨，而改採市價補償原則。所謂市價之意涵，仍係植基於憲法對財產權之保障，對於財產既存權利因徵收計畫無法續為存續保障所受特別犧牲之損失應予公平合理補償的規範觀點，以被徵收土地市場正常交易，即通常商業交易之價格為判準。徵收補償僅在對財產既存權利因徵收所受特別犧牲損失之公平補償，並無賠償土地所有權人因土地被徵收而無從享有開發利用之損失利益的功能[24]。

二、其他土地徵收規定

大眾捷運法第19條規定，大眾捷運系統因工程上之必要，得穿越公、私有土地及其土地改良物之上空或地下。但應擇其對土地及其土地改良物之所有人、占有人或使用人損害最少之處所及方法為之，並應支付相當之補償。前項須穿越私有土地及其土地改良物之上空或地下之情形，主管機關得就其需用之

---

[24] 最高行政法院111年度上字第60號判決。

空間範圍，在施工前，於土地登記簿註記，或與土地所有權人協議設定地上權，協議不成時，準用土地徵收條例規定徵收取得地上權。前二項土地及其土地改良物因大眾捷運系統之穿越，致不能爲相當之使用時，土地及其土地改良物所有人得自施工之日起至完工後一年內，請求徵收土地及其土地改良物，主管機關不得拒絕。土地及其土地改良物所有人原依前二項規定取得之對價，應在徵收土地及其土地改良物補償金額內扣除之。

　　捷運系統因路線工程上之必要穿越公、私有土地之上空或地下者，不論大眾捷運系統主管機關就需用之空間有無取得地上權，均有支付相當補償之義務。……此之補償義務既爲法定義務，自不得謂係主管機關之給付行政措施，進而謂行政機關有整體性考量之自由形成空間。依大眾捷運法第19條規定所爲之補償，乃補償大眾捷運系統因路線工程必要穿越時造成土地所有權人之損失，則補償之對象應爲自工程開始施工穿越土地時起至施工完畢結束穿越之狀態時止之土地所有權人。大眾捷運系統施工期間，被穿越土地之所有權人變更者，則其補償對象自應變更。惟因大眾捷運系統之興建，其所穿越土地爲數眾多，被穿越土地之所有權人變更者亦不鮮，則於爲補償對象之確定時，必困難叢生，主管機關爲求明確認定補償對象，可於法律授權下訂定相關法規命令，以施工之始之土地所有權人爲補償對象，給付全部施工期間之損失補償，並就該土地之損失已受補償之結果使其後受讓土地之所有權人知悉，並使損失已受補償之效果及於補償後受讓土地之新所有權人，即可以便捷之方法完成補償作業，惟須於法律或法律授權下訂定相關法規命令規定始可[25]。

第二節　　其他損失補償規定

　　除土地徵收補償外，其他損失補償規定則相當多元，一般性規定，例如，行政執行法第41條規定，人民因執行機關依法實施即時強制，致其生命、身體或財產遭受特別損失時，得請求補償。但因可歸責於該人民之事由者，不在此限。前項損失補償，應以金錢爲之，並以補償實際所受之特別損失爲限。行政程序法第126條第1項規定，原處分機關依第123條第4款、第5款規定廢止授予利益之合法行政處分者，對受益人因信賴該處分致遭受財產上之損失，應

---

[25] 最高行政法院94年度判字第1836號判決。

給予合理之補償。

特別規定，例如，發展觀光條例第16條規定，主管機關爲勘定風景特定區範圍，得派員進入公私有土地實施勘查或測量。但應先以書面通知土地所有權人或其使用人。爲前項之勘查或測量，如使土地所有權人或使用人之農作物、竹木或其他地上物受損時，應予補償。文化資產保存法第20條第4項規定，建造物經列爲暫定古蹟，致權利人之財產受有損失者，主管機關應給與合理補償；其補償金額，以協議定之。

傳染病防治法第24條規定，第23條之飲食物品、動物或病死動物屍體，經依規定予以銷毀、掩埋或爲其他必要之處置時，除其媒介傳染病之原因係由於所有人、管理人之違法行爲或所有人、管理人未立即配合處理者不予補償外，地方主管機關應評定其價格，酌給補償費；前項補償之申請資格、程序、認定、補償方式及其他應遵行事項之辦法，由中央主管機關定之。傳染病防治法第30條第1項規定，因預防接種而受害者，得請求救濟補償。預防接種受害者救濟補償制度之設計原因，乃鑑於符合法令標準製造或輸入之疫苗仍有現今科學技術無法預測或發現的副作用或風險，民眾因相信行政機關實施防疫之公共衛生政策而接受施打疫苗，致發生無法預期之損害，即屬特別犧牲，自不能由其單獨承擔，故應使各疫苗製造或輸入商成立基金以分擔此一難以避免之風險，並藉由私益受害的補償以實現監測並改良預防接種副作用的公益目的[26]。

嚴重特殊傳染性肺炎防治及紓困振興特別條例第3條第1項規定，各級衛生主管機關認定應接受居家隔離、居家檢疫、集中隔離或集中檢疫者，及爲照顧生活不能自理之受隔離者、檢疫者而請假或無法從事工作之家屬，經衛生主管機關認定接受隔離者、檢疫者未違反隔離或檢疫相關規定，就接受隔離或檢疫之日起至結束之日止期間，得申請防疫補償。但有支領薪資或依其他法令規定性質相同之補助者，不得重複領取。第9條第2項規定，醫療機構因配合中央流行疫情指揮中心防疫需要而停診者，政府應予適當補償。

公路法第48條規定，遇有非常災害時，公路主管機關爲應付緊急需要，得調用轄區內之汽車、修護設備及必要人員，汽車運輸業不得拒絕。因而受有損失者，得申請補償。

此外，推行社會政策或處理政治事件時，亦有損失補償之規定[27]，例如，

---

[26] 最高行政法院104年度判字第81號判決。

[27] 李惠宗，前揭書，第704頁以下稱爲「社會衡平之補償」；陳新民，前揭書，第509頁

戰士授田憑據處理條例第2條第1項規定，領有戰士授田憑據人員，應依本條例規定，申請登記發給補償金，經核發補償金後，收回戰士授田憑據，不再授田；其在申請登記前死亡者，由戰士之家屬申請登記。犯罪被害人保護法第1條規定，為保護因犯罪行為被害而死亡者之遺屬、受重傷者及性侵害犯罪行為被害人，以保障人民權益，促進社會安全，特制定本法。其立法理由為，對於因犯罪行為被害而死亡者之遺屬或受重傷者所損失之補償，我國相關規定尚欠周全，有失平衡。為保障人民權益，促進社會安全，對於因他人之犯罪行為被害而死亡者之遺屬或受重傷者所受之損失，自有制定專法，規定國家予以補償之必要。

　　是否為賠償或補償涉及對國家行為合法性之爭議，原二二八事件處理及補償條例第1條規定，為處理二二八事件補償事宜，並使國民了解事件真相，撫平歷史傷痛，促進族群融合，特制定本條例。惟2007年3月21日修正公布二二八事件處理及賠償條例，並於第1條規定，為處理二二八事件賠償事宜，落實歷史教育，釐清相關責任歸屬，使國民了解事件真相，撫平歷史傷痛，促進族群融合，特制定本條例。

第三節　其他國家責任類型

　　除典型的國家損害賠償與損失補償責任外，另有兩種新型態的國家責任類型[28]。

第一項　不法無責之類似（準）徵收侵害之損失補償

　　傳統國家責任制度以公務員之主觀上過失及客觀上之違法為基礎，區分成損害賠償及損失補償，前者以不法行為為前提，乃公法上之侵權行為；後者係對適法之行為而生之補償。惟在國家生活中，常有因公益而犧牲，與出於不法行為之損害賠償及合法行為之徵收性質均屬有間，例如，軍隊演習，戰車撞毀民房或實彈射擊毀壞人民財物等，其原因行為通常具有違法性，稱為類似徵

稱為「社會補償」。

[28] 此兩種新型態之國家責任係由德國聯邦普通最高法院判決發展而成，有關我國與德國國家責任之類型，請參考，司法院釋字第670號解釋葉百修大法官協同意見書。

收之侵害[29]。換句話說，國家行爲雖不法，但無故意、過失，卻仍直接侵害人民自由權利，此時並不適用國家損害賠償責任，蓋並無故意或過失；另一方面亦無法適用傳統之損失補償，誤射絕非合法國家行爲。不法行爲，無故意過失者，以類似（準）徵收概念（Enteignungsgleicher Eingriff）來處理，並類推適用徵收補償法理，而非賠償[30]。

第二項　合法無責之具有徵收效力侵害之損失補償

　　國家行爲合法，且無故意或過失，但造成人民權益無可期待之損失時，例如，捷運興建工程在完工前，許多商店因捷運施工而遭受營業上損失，此種損失無法求償，其乃作爲社會一份子之人民必須承擔之風險。惟若工程延宕，遠超過預定完工期間因而造成不可預期的，超過一般客觀合理期待之損害時，換句話說，合法行爲所產生之附隨效果帶給人民特別犧牲時，將產生具有徵收效力的侵害（Enteigenender Eingriff）[31]。由於所涉及的乃是國家合法行爲，因此不用賠償而用補償方式處理。此種國家合法行爲所產生附隨效果致人民權益受損之情形，在部分法律已有所規定，例如，土地法第216條規定，徵收之土地，因其使用影響於接連土地，致不能爲從來之利用，或減低其從來利用之效能時，該接連土地所有權人，得要求需用土地人爲相當補償。前項補償金，以不超過接連地因受徵收地使用影響而低減之地價額爲準。

　　國家賠償訴訟依國家賠償法規定由民事法院審理；徵收則視法律有無特別規定，法律有特別規定，則依照法律的規定；法律無特別規定時，由行政法院審理。類似（準）徵收以及具有徵收效力侵害之補償爭議，因屬於公法上爭議，除法律另有規定外，原則上由行政法院審理。

---

[29] 法務部民國93年5月14日法律字第0930016250號。

[30] 有關類似（準）徵收補償之要件，陳新民，前揭書，第504-506頁；葉百修，前揭書，第17-19頁。惟臺北高等行政法院90年度訴字第4461號判決與最高行政法院93年度判字第1013號皆認爲，類似徵收之侵害，於我國尚無適用餘地。

[31] 有關具有徵收效力損失補償之要件，葉百修，前揭書，第20頁；除因公共工程施工所形成之損失外，其他主要類型，例如，因國家公害行爲所生之損失、因交通噪音所生之損失，李建良，前揭書，第809-810頁；莊國榮，行政法，修訂9版，2023年9月，第432頁。

第二十三章 │ 訴　願

第一節　訴願之意義及功能

第一項　訴願之意義

　　我國憲法第16條規定，人民有請願、訴願及訴訟之權，訴願乃憲法上保障的人民基本權利。訴願係針對行政機關違法或不當行為，透過行政體系內部的審查機制來達成救濟的目的[1]。我國憲法將請願、訴願及訴訟權三項權利規定於同一條文中，三項權利彼此間之關係為何，是否有先後順序或重要性大小的不同，自憲法條文中並無法知悉。由憲法第16條字面規定觀之，人民之請願、訴願及訴訟權應係相互獨立之權利，亦即其本身各有存在的根源及目的，立法者並應依據權利性質的不同，制定適當的程序法規，使人民能夠真正實現其所享有的權利。

　　司法院釋字第295號解釋理由指出，憲法保障人民之訴願權，其目的在使為行政處分之機關或其上級機關自行矯正其違法或不當處分，以維護人民之權益，若法律規定之其他行政救濟途徑，已足達此目的者，則在實質上即與訴願程序相當，自無須再踐行訴願程序。

　　訴願程序係透過行政內部監督審查程序來保障人民權利並維護依法行政原則的貫徹。自外在的程序過程與組織來看，訴願程序屬於行政程序的一環[2]。訴願程序係由人民向行政機關提出訴願書而展開，其過程為事實說明、陳述意見（必要時言詞辯論）、調查證據等如同一般行政程序般進行，其目的在作全

---

[1] 司法院釋字第295號解釋理由書指出，憲法保障人民之訴願權，其目的在使為行政處分之機關或其上級機關自行矯正其違法或不當處分，以維護人民之權益。

[2] 訴願程序係行政程序，因此受理訴願機關係程序之主導者，即使訴願期間已過，其仍可為實質判斷。行政院及各級行政機關訴願審議委員會審議規則第25條規定，提起訴願因逾法定期間應為不受理決定，而原行政處分顯屬違法或不當者，受理訴願機關得於決定理由中指明應由原行政處分機關撤銷或變更之。

面性的法律及目的性監督並在程序結束時作出訴願決定。訴願決定並非判決或
類似判決的決定，而係行政處分。訴願機關與訴願程序並非基於外在監督與權
力分立所設立的法院保護與監督，而係行政一體與內在控制。

我國昔日將訴願程序視為行政訴訟的前置程序，但此並非訴願程序唯一的
性質與功能。訴願程序固然與行政訴訟有功能上緊密的關聯，兩者亦擁有部分
共同的許可要件以及法律上審查的標準，例如，訴願程序並非一般民眾用來審
查行政機關行為的方法，而係僅能由具有訴願權限之人提起，此與行政訴訟禁
止公眾訴訟原則相同。兩者皆有助於監督行政的合法性以及消除人民與行政機
關間衝突的共同目標。雖然如此，訴願程序仍是行政程序的一環，理論上行政
程序法規定得於訴願程序中補充適用。在設計訴願程序時，直接或類推適用行
政訴訟法規定，可能導致行政程序不當轉換成不純正法院程序的危險。

第二項　訴願功能

在國家行政內部自我監督及控制體系內，訴願程序的價值與重要性則依其
係被認為僅是訴訟程序之前置程序或獨立自主的行政程序而定，訴願程序之功
能亦隨著上述的認定而相對改變，一般而言，訴願程序共有三項功能：

一、權利保護功能

訴願程序係國家行政內部體系所提供的救濟管道，具有保護人民權利不
受違法或不當行政處分侵害之功能；惟此項權利保護功能不得與法院所提供的
權利保護相混淆。訴願係依合法及合目的性的觀點對行政決定再一次全面地審
查。訴願程序之目的並非替代法院的監督審查，而係提供人民針對一項違法或
不當行政處分額外的保護可能性。訴願機關必須利用其專業及法律上賦予的行
政監督來做全面審查，除在自治事項及極少數特定具有高度專業判斷的決定
外，訴願機關原則上皆可做合法性及合目的性審查。訴願程序乃是對於行政處
分合目的性最後審查的機會。

二、行政自我審查功能

自我審查係指原處分機關與受理訴願機關在訴願程序中審查行政決定所依
據之事實及法律基礎並且修正違法或不當之行政決定。自我審查功能係訴願程

序最原始的功能[3]。現代社會中，行政機關的行政行為除大量化外，亦日趨專業化與複雜化，為講求效率，可能無法避免迅速作成決定或作成標準化決定，因而違反法律規定或法律賦予行政機關追求個案正義、做出適當決定的任務。訴願程序使原處分機關或受理訴願機關能夠享有重新再度審查其行政行為合法性及合目的性的機會，確保依法行政原則能獲得貫徹。此項行政自我審查功能具有行政訴訟所無之重要功能：審查行政處分之當否。基於權力分立原理，法院僅從事法的監督，以免過度介入行政權之行使；反之，受理訴願機關對於行政處分除可作合法性審查外，並可及於合目的性。合目的性不限於手段、方法之選擇裁量，尚包括是否符合政策方針、經濟效益、資源分配之優先順序及公眾對政府機關或決策人員之觀瞻等全面性考量，以確保行政處分之合法性及妥當性[4]。

行政自我審查的功能在實務上僅獲得有限之發揮，其原因不僅是實際上訴願成功機率不高[5]，而係存在結構上原因。在現代大量行政活動中，作成行政處分所依據之事實，一般而言，係以標準化的方式來查明並以格式化方式來處理，因此並未完全考量不同個案間之差異，在訴願程序中常常原封不動引用此種事實基礎，尤其是在行政決定需要耗費大量時間、金錢或極具爭議時，受理訴願機關常基於時間、專業及預算上理由無法親自調查事實以及行政機關相互間被錯誤理解的一體性，將有爭議的行政決定盡量加以維持而將決定權交給行政法院。人民對行政體系內部自我控制的期望並不是很高，受理訴願機關亦僅是相同龐大政府機器中較高一層的機關；唯有行政法院才可能有效地審查行政機關之行為。

訴願法於1998年全盤修正，2000年7月施行，迄今已超過二十年，僅於

---

[3] 為發揮訴願程序賦予原處分機關重新反省審查原處分之合法妥當性的功能，並便於就近調查事證，以提高行政效率，訴願法第58條第2項規定，原行政處分機關對於前項訴願應先行重新審查原處分是否合法妥當，其認訴願為有理由者，得自行撤銷或變更原行政處分，並陳報訴願管轄機關。

[4] 最高行政法院106年度判字第381號判決、最高行政法院108年度上字第1132號判決。

[5] 例如，早期再訴願案件自中央到地方各機關1993年度共有6,001件，1994年度共有6,402件，1995年度共有6,299件，再訴願獲得成功者，1993年為644件，1994年為706件，1995年為744件，成功的比率為10.73%至12.29%，行政院訴願委員會主任委員林鉅鋃於立法院法制委員會審議訴願法修正草案時之說明，立法院公報，第85卷第46期，第141頁。

2000年及2012年修正第4、9、41、90條少數條文。且其間行政程序法、政府資訊公開法、中央行政機關組織基準法陸續公布施行，行政院組織法、地方制度法、行政訴訟法亦經修正，前揭法律就行政行為應遵循之程序、書面行政處分之教示事項、資訊公開、中央機關組織、地方自治團體組織、行政訴訟救濟程序等事項，已為更詳盡之規範，訴願法容有配合修正之必要。為強化訴願制度功能，周延保障人民救濟權利，並促進行政效能，行政院於2022年5月19日第3803次院會決議通過訴願法修正草案，並函送立法院審議。

以2011至2015年五年資料來看，針對行政院及其所屬各機關行政處分提起訴願，勝率介於8.5%～9.97%，平均為9.31%；針對地方機關行政處分提起訴願，勝率介8.4%～12.69%，平均為9.538%。以2016至2020年五年資料來看，針對行政院及其所屬各機關行政處分提起訴願，勝率介6.31%～7.6%，平均為7.032%；針對地方機關行政處分提起訴願，勝率介8.9%～10.7%，平均為9.794%。行政院及其所屬機關2021年度共作成9,998件訴願決定，其中不受理2,102件，駁回7,069件，撤銷827件（勝率8.2%）；地方機關作成7,487件訴願決定，其中不受理2,318件，駁回4,512件，撤銷657件（勝率8.7%）；行政院及其所屬機關2022年度共作成9,753件訴願決定，其中不受理2,188件，駁回6,961件，撤銷604件（勝率6.2%）；地方機關作成6,715件訴願決定，其中不受理2,068件，駁回4,080件，撤銷567件（勝率8.4%）[6]。

三、減輕行政法院負擔之功能

在訴願程序中，受理訴願機關得全面性審查原處分機關的決定，因此，可以擴大調查構成要件事實、補充法律上的考量點、考慮訴願人意見、整理訴願案件所有爭點，並且在符合一定條件下，撤銷原處分機關錯誤的決定，使人民立即獲得救濟，而免除人民利用行政訴訟來主張權利的必要。即使受理訴願機關未撤銷原處分，但透過此項程序可以使所有爭點重新接受審查及評斷，對於將來行政法院的審理亦有一定程度的幫助。基於此項過濾功能，訴願程序實為減輕行政法院負擔不可缺少的制度[7]。惟減輕行政法院負擔之功能在實際上並

---

6 勝率由作者整理所得，詳細數字，行政院網站，資訊與服務＞訴願服務＞行政院及各級行政機關訴願業務統計，最後瀏覽日：2024年5月30日。

7 李惠宗，行政法要義，8版，2020年9月，第630-631頁。針對行政院及其所屬機關2019年度作成之8,566件駁回決定與2,174件不受理決定（其中有506件不受理之原因為原處

不如理論上所描述的有效，蓋早期再訴願成功的比率在行政院僅有11.25%，在中央與地方平均約為12%[8]，再加上行政訴訟法採行職權進行主義以及全面審查原則，迫使行政法院對於行政決定不僅廣泛審查其法律觀點的正確與否，在行政程序中事實說明不夠完整時，仍必須透過本身的調查行為來補充。在此情況下，行政法院甚且在減輕行政機關的負擔，而非行政機關在減輕行政法院的負擔。因此僅有在行政機關具有強大意願真正自我審查時，訴願程序才有可能發揮減輕行政法院負擔的功能。

第二節　提起訴願之要件

第一項　訴願主體

一、人　民

　　訴願法第1條第1項規定，人民對於中央或地方機關之行政處分，認為違法或不當，致損害其權利或利益者，得依本法提起訴願。但法律另有規定者，從其規定。訴願程序乃行政程序之一種，係行政體系內部自省之救濟程序，原處分機關為訴願程序之相對機關，並非訴願法第1條第1項所稱之人民，亦非訴願法第1條第2項所規定之處分相對人之自治團體或公法人[9]。

　　訴願主體不以自然人為限，訴願法第18條規定，自然人、法人、非法人之團體[10]或其他受行政處分之相對人及利害關係人得提起訴願。行政處分相對人

分機關自撤或變更處分），有1,456件提出行政訴訟，約占14%。2020年度作成之7,118件駁回決定與1,917件不受理決定（其中有553件不受理之原因為原處分機關自撤或變更處分），有1,428件提出行政訴訟，約占14.60%。2021年有1,397件提出行政訴訟，約占15.23%。2021年有1,356件提出行政訴訟，約占13.9%。詳細數字，行政院網站，資訊與服務＞訴願服務＞行政院及各級行政機關訴願業務統計，最後瀏覽日：2024年5月30日。

[8]　林鉅鋃，立法院公報，第85卷第46期，第141、145頁。

[9]　最高行政法院107年度判字第89號判決。最高行政法院112年度抗字第222號裁定另指出，訴願法第18條之利害關係人，亦不包括為訴願相對機關之原處分機關在內。

[10]　吳庚、張文郁，行政爭訟法論，9版，2018年9月，第69頁指出，非法人團體須具備：1.設有代表人或管理人。2.有一定組織、名稱、事務所或營業所。3.有獨立財產。4.有一定目的並有繼續性質。例如：公司籌備處、同鄉會、宗教團體等。

之意義基本上並無爭議，利害關係人之範圍則有待說明。

（一）利害關係人

　　利害關係指法律之利害關係，不包括事實上利害關係。法律利害關係之判斷，則以保護規範理論為界定利害關係第三人範圍之基準。如法律已明確規定特定人得享有權利，或對符合法定條件而可得確定之人，授予向行政主體或國家機關為一定作為之請求權者，其規範目的在於保障個人權益；如法律雖係為公共利益或一般國民福祉而設之規定，但就法律之整體結構、適用對象、所欲產生之規範效果及社會發展因素等綜合判斷，可得知亦有保障特定人之意旨時，即應許其依法請求救濟[11]。藉由保護規範理論判斷第三人係相關聯法規範所保護權利或法律上利益之歸屬主體，其權利或法律上利益因行政機關之處分而受損害，即可認為具有訴訟權能；若非權利或法律上利益，而僅係單純政治、經濟、感情上等反射利益受損害，自無訴訟權能。

　　利害關係人，其利害關係自係指權利或法律上之利益受侵害之利害關係。當事人適格，乃指當事人就特定訴訟標的有實施訴訟之權能，只須主張自己為權利人，而對其主張之義務人提起，即為當事人適格，亦即當事人是否適格，應依原告起訴主張之事實定之，而非依審判之結果定之[12]。

　　利害關係人係指法律上有利害關係者，如行政機關對第三人為撤銷或廢止行政處分之結果，將遭致本人違反法律之規定而受罰鍰之處分者，難謂本人非屬利害關係人[13]。

（二）否定利害關係之案例

　　加油站設置管理規則第8條第1項第2、4款規定：「申請於都市計畫地區及非都市土地甲、乙、丙種建築用地、遊憩用地及特定目的事業用地（加油站）設置加油站者，其申請基地應符合下列規定：……二、可供使用之整塊土地總面積三百平方公尺以上。……四、與所面臨道路上之鐵路平交道、隧道口、同側高速公路交流道匝道漸變端點、小學、中學及當地直轄市、縣（市）政府認定需保持交通安全之公共設施等應有一百公尺以上之距離。……」該規定係鑑於進出加油站之車輛眾多且車流頻繁，乃規定設置加油站之基地可供使用之土

---

[11] 最高行政法院101年度判字第1002號判決。
[12] 最高行政法院99年度判字第923號判決。
[13] 最高行政法院92年度判字第334號判決。

地，應達一定之面積，俾利車輛之進出；並限制其與一般交通流量大之公共設施間之距離，以維交通安全，其規範目的均在於保護公共利益，尚無保護私人利益之意圖，即難認第三人之權利或法律上利益，因行政處分違反加油站設置管理規則第1項第2、4款規定而受有損害[14]。

　　勞工安全衛生法之立法意旨，係為防止職業災害，保障勞工安全與健康。勞工安全衛生法第2條第4項規定，職業災害，謂勞工就職業場所之建築物、設備、原料、化學物品、氣體、蒸氣、粉塵等或作業活動及其他職業上原因引起之勞工疾病、傷害、殘廢或死亡。行為時勞工安全衛生法第6條第2項規定，雇主對於經中央主管機關指定具有危險性之機械或設備，非經檢查機構或中央主管機關指定之代行檢查機構檢查合格，不得使用；其使用超過規定期間者，非經再檢查合格，不得繼續使用。其目的旨在，對於具有危險性之機械或設備，切實管制，防止危害，用以落實勞工安全衛生之保障。上述規定係為保障勞工之法益，而課予雇主非經檢查合格不得使用之義務。依勞工安全衛生法之整體結構、適用對象、所欲產生之規範效果及社會發展因素等綜合判斷，各該機械或設備不論檢查合格或不合格，不可能導出兼具保障勞工及雇主以外第三人利益之意旨。對雇主以外承攬建造之第三人，僅存有減少或喪失承攬報酬之反射利益，尚難認有勞工安全法上訴訟權能之存在，第三人就該行政處分僅能認具有經濟上、事實上之利害關係，尚難認為承攬人之權利或法律上利益直接受有損害，自不得以利害關係人之身分提起訴願或行政訴訟[15]。

　　外籍配偶申請居留簽證經主管機關駁回，本國配偶主張此事實，不可能因主管機關否准而有權利或法律上利益受損害之情形，其提起課予義務訴訟，行政法院應駁回其訴[16]。惟此項見解並未充分考量依司法院釋字第242號、第362號、第552號解釋等所發展出對家庭婚姻之制度性保障，外籍配偶申請居留簽

[14] 最高行政法院94年度裁字第349號判決。

[15] 最高行政法院93年度判字第1641號判決。

[16] 最高行政法院103年8月份第1次庭長法官聯席會議。利害關係人係指違法行政處分之結果致其權利或法律上之利益受影響者，若僅具經濟上、情感上或其他事實上之利害關係者則不屬之。夫妻各自為權利義務之主體，配偶之一方因行政機關作成違法或不當之行政處分，致其權利或法律上之利益受有損害，他方配偶非當然為上開規定之利害關係人。居留簽證之申請人既係外籍配偶，對本國配偶不存有駁回處分，其亦未因該駁回處分而有權利或法律上利益直接受損害，則本國配偶對駁回居留簽證申請之處分，自無提起行政訴訟之適格。

證經主管機關駁回者，將受強制出境處分，本國配偶依憲法第22條所享有之家庭婚姻保障將直接受到侵害，因此，本國配偶應屬利害關係人[17]。憲法法庭111年憲判字第20號判決則指出，有關機關之拒發簽證予其外籍配偶之否准處分，就本國（籍）配偶之憲法上權利而言，自已具侵害其權利或法律上利益之不利處分之性質，本國（籍）配偶就此等不利處分，自非不得對之例外依法提起訴願及撤銷訴訟，以保障其訴訟權。

上訴人為系爭土地之鄰地所有人，雖因行政機關執行土地徵收之結果，而得通行被徵收之系爭土地，惟此僅係行政機關執行公法結果之反射利益，該經濟上、情感上或事實上之利害關係，並非法律上之利害關係。又行政機關嗣依職權撤銷徵收系爭土地，縱使上訴人不得再自由通行系爭土地，惟上訴人原得通行系爭土地之事實上利益，既僅為反射利益，並非來自於法規賦予之主觀公權利或法律上利益，則該撤銷徵收系爭土地之原處分，自不影響其原享有之法律上權益[18]。

（三）肯定利害關係之案例

行政處分對相對人授益之同時，對第三人產生負擔之結果者，學理上稱為第三人效力處分。該第三人雖非行政處分之受處分人，但既主張其權利或法律上之利益因該處分而受侵害，為法律上之利害關係人，自得依訴願法第1條第1項，提起訴願，並因不服訴願結果，續依行政訴訟法第4條第1項規定，提起撤銷訴訟。上訴人主張，臺北市政府都市發展局核發給參加人之系爭建造執照，將其房屋出入口封死，危害其安全，顯屬違法，即屬對他人之授益處分主張自己權利或法律上利益受侵害，依法律規定，自得提起訴願及撤銷訴訟，以資救濟[19]。

判斷第三人訴訟之原告是否具有訴訟權能，首應確認原告主張違法之行政處分所引據之法令規定，即原告原則上須具體指摘行政處分違反何法令規定；接著解釋其引據之法令規定是否具有保護規範性質，亦即該法規的規範目的，除保護公共利益外，尚兼及保護特定範圍或可得特定範圍之個人的利益；再判斷原告是否為該法規保護之對象，倘其引據之法規具有保護規範性質，且原告為該保護規範所及，則原告具有訴訟權能，為適格當事人。依廢改道作業要點

---

[17] 相同見解，陳清秀，行政訴訟法，10版，2021年3月，第68-69頁。
[18] 最高行政法院106年度裁字第1857號裁定。
[19] 最高行政法院99年度判字第212號判決。

整體結構可知，土地所有權人在符合一定情形下，得申請巷道廢止或改道，以達推廣都市建設、改善都市景觀及居住環境、提高土地利用之公益目的外，亦兼及保護特定範圍之個人利益。因此，規定申請巷道廢止或改道須由擬廢止巷道及臨接巷道兩側全部土地及建物所有權人出具同意書，於單向出口巷道自底端逐段廢止者，同意書範圍應包含巷道底端，廢改道作業要點規定渠等必須出具同意書，乃因渠等之人與擬廢改之巷道有緊密關係，故以出具同意書的方式保障其權益。至於單純通行之不特定人、擬廢止巷道及臨接巷道兩側住戶但非土地及建物所有權人等，則非屬廢改道作業要點保護所及[20]。

二、公法人

　　訴願法第1條第2項規定，各級地方自治團體或其他公法人對上級監督機關之行政處分，認為違法或不當，致損害其權利或利益者，亦同。換句話說，自治監督機關違法行使監督權限，以致侵害地方自治團體之自主權限時，必須透過行政救濟始能回復地方自治團體之自主性，並藉以確定行政責任之歸屬。此時實體法賦予之權利能力即轉化為救濟法上之訴訟（願）能力，循適當之救濟途徑加以彌補[21]。本項立法目的賦予地方自治團體或其他公法人提起訴願權利，以貫徹依法行政，並保障其權利。地方自治團體或其他公法人基於與人民同一之地位而受之行政處分，自得對原處分及復查決定提起訴願及行政訴訟[22]。

　　訴願法第1條第2項規定之行政處分，應指上級監督機關依法對地方自治團體進行業務監督時，所為之具體處置。例如，上級自治監督機關依地方制度法第75條規定，對地方自治團體辦理自治事項違背憲法、法律或基於法律授權之法規者，予以撤銷、變更、廢止或停止其執行，地方自治團體對上級自治監督機關上開處置不服時，即得依訴願法第1條第2項規定，提起訴願。司法院釋字第553號解釋指出，行政院撤銷臺北市政府延期辦理里長選舉之決定，涉及中央法規適用在地方自治事項時具體個案之事實認定、法律解釋，屬於有法效性之意思表示，係行政處分，臺北市政府有所不服，乃屬與中央監督機關間公法上之爭議。惟既屬行政處分是否違法之審理問題，為確保地方自治團體之自治

---

[20] 最高行政法院109年度判字第344號判決。
[21] 臺北高等行政法院91年度訴字第3174號判決。
[22] 最高行政法院92年度判字第571號判決。

功能，該爭議之解決，自應循行政爭訟程序處理。臺北市如認行政院之撤銷處分侵害其公法人之自治權或其他公法上之利益，自得由該地方自治團體，依訴願法第1條第2項、行政訴訟法第4條提起救濟請求撤銷，並由訴願受理機關及行政法院就上開監督機關所為處分之適法性問題為終局之判斷。

三、行政機關

　　行政機關雖非人民或公法人，是否得提起訴願，向有爭議[23]。惟實務上以行政機關為行政罰對象者不乏其例[24]，訴願法修正時，行政院所提草案第18條第2項規定，行政機關亦得提出訴願，立法院審查時，將之刪除。雖然如此，一般實務上仍持肯定見解，空氣污染防制法第23條第2項授權訂定之營建工程空氣污染防制設施管理辦法，該辦法第5條至第16條規定之義務人為營建業主，如營建業主為政府機關，其未依規定盡其行政法上義務者，即得以其違反空氣污染防制法第23條第2項，而依空氣污染防制法第56條規定處分。訴願法第1條第1項規定，人民對於中央或地方機關之行政處分，認為違法或不當，致損害其權利或利益者，得依本法提起訴願。但法律另有規定者，從其規定。嘉義縣政府因違反空氣污染防制法規定，係立於與一般人民之相同地位而被課處罰鍰，自非不得提起訴願[25]。

第二項　訴願客體——行政處分

　　訴願法第3條規定，本法所稱行政處分，係指中央或地方機關就公法上具體事件所為之決定或其他公權力措施而對外直接發生法律效果之單方行政行為（第1項）。

　　前項決定或措施之相對人雖非特定，而依一般性特徵可得確定其範圍者，亦為行政處分。有關公物之設定、變更、廢止或一般使用者，亦同（第2項）。

　　有關行政處分之說明，詳見第十五章，於此不再贅述。

---

[23] 蔡志芳，訴願制度，翁岳生主編，行政法（下），4版，2020年7月，第302頁。
[24] 例如，行政法院78年度判字第1409號判決、行政法院78年度判字第2222號判決等。
[25] 法務部民國101年6月13日法律字第10100536040號。

第三項　訴願類型

依行政機關以作為或不作為方式侵害人民自由權利，可將訴願類型區分為撤銷訴願與課予義務訴願。

一、撤銷訴願

訴願法第1條第1項規定，人民對於中央或地方機關之行政處分，認為違法或不當，致損害其權利或利益者，得依本法提起訴願。人民提起撤銷訴願的目的在於排除違法或不當行政處分之效力。

二、課予義務訴願

（一）針對怠於處分之課予義務訴願

訴願法第2條規定，人民因中央或地方機關對其依法申請之案件，於法定期間內應作為而不作為，認為損害其權利或利益者，亦得提起訴願。前項期間，法令未規定者，自機關受理申請之日起為二個月。

依法申請之案件係指人民依據法令之規定，有向機關請求就某一特定具體之事件，為一定處分之公法權利者；應作為而不作為係指行政機關對於人民之申請負有法定作為義務，卻違反此一作為義務。法令如僅係規定行政機關之職權行使，因其並非賦予人民有公法上請求行政機關為行政處分之權利，人民之請求行政機關作成行政處分，性質上僅是促使行政機關發動職權，乃屬建議、舉發之陳情性質，並非屬於依法申請之案件。刑事訴訟法第241條規定，公務員因執行職務知有犯罪嫌疑者，應為告發。本規定乃係基於公益之考量，要求公務員於執行職務中，明知他人有犯罪嫌疑者，負有舉發犯罪之義務，促使國家追訴機關發動偵查。惟此非僅憑有利害關係之一方任意指陳即有告發義務，且並未賦予人民有請求公務員對犯罪嫌疑人告發之公法上權利。人民之請求，應僅在促使相對人注意發動告發之職權，並非屬行政訴訟法第5條所稱之依法申請之案件[26]。

水土保持法亦係為公共利益及一般國民福祉而立，僅係課予水土保持義務人，於山坡地或其他道路等行為時，應先擬具水土保持計畫，送請主管機關核

---

[26] 最高行政法院102年度裁字第266號裁定。

定，且應依水土保持技術規範實施水土保持之處理與維護，並未規定第三人有向主管機關申請作成命水土保持義務人遵照水土保持技術規範實施水土保持之處理與維護之權利，亦未規定主管機關對於該修建道路附近可得特定之人負有何種作為義務。就水土保持法之整體結構、適用對象及所欲產生之規範效果等綜合判斷，其尚無賦予第三人就修建道路之水土保持事項，有申請主管機關為一定作為之權利[27]。

（二）針對拒絕（否准）處分之課予義務訴願

　　訴願法僅針對怠於處分規定提起課予義務訴願，人民依法申請案件，行政機關積極拒絕時，撤銷該拒絕處分並無法滿足申請人之利益。訴願法漏未規定針對拒絕處分之課予義務訴願，究竟是有意排除或屬於應填補之漏洞呢？按行政訴訟法第5條、訴願法第1條、第2條第1項、第81條第1項前段及第82條第1項規定可知，行政訴訟法第5條規定課予義務訴訟有第1項怠為處分類型及第2項否准處分類型；現行訴願法關於課予義務訴願，僅有第2條第1項規定怠為處分類型，而未有否准處分類型之明文，惟以訴願作為課予義務訴訟之前置程序而言，自無否認否准處分類型課予義務訴願存在之理，實務上雖採訴願法第1條規定方式處理，但課予義務訴願作為人民依法申請作成處分案件之救濟類型，仍應與撤銷訴願有所區別[28]。

　　現行司法實務則承認此項類型，人民申請金錢給付，須由行政機關先行審核，依法裁量，作成核准處分者，於行政機關拒絕申請時，申請人須先循序提起課予義務訴願及課予義務訴訟，請求判令行政機關作成核准處分，而不得直接提起給付訴訟[29]。

第四項　受理訴願機關

　　為發揮訴願程序賦予原處分機關重新反省、審查原處分之合法適當性的功能，並便於就近調查事證，以提高行政效率，原處分機關對於訴願案件，應先行重新審查原處分之合法性及妥當性；如認為訴願為有理由，即得給予救濟。

---

[27] 最高行政法院100年度判字第2124號判決。
[28] 最高行政法院109年度裁字第1490號裁定。
[29] 臺中高等行政法院95年度訴字第00213號裁定；高雄高等行政法院93年度簡字第357號簡易判決；臺中高等行政法院92年度訴字第247號判決。

如認無理由，始附具答辯書將訴願案件移送訴願管轄機關審理。訴願法第58條規定，訴願人應繕具訴願書經由原行政處分機關向訴願管轄機關提起訴願。原行政處分機關對於前項訴願應先行重新審查原處分是否合法妥當，其認訴願為有理由者，得自行撤銷或變更原行政處分，並陳報訴願管轄機關。原行政處分機關不依訴願人之請求撤銷或變更原行政處分者，應儘速附具答辯書，並將必要之關係文件，送於訴願管轄機關。原行政處分機關檢卷答辯時，應將前項答辯書抄送訴願人。

此外，為確保訴願人利益，訴願法第61條規定，訴願人誤向訴願管轄機關或原行政處分機關以外之機關作不服原行政處分之表示者，視為自始向訴願管轄機關提起訴願。前項收受之機關應於十日內將該事件移送於原行政處分機關，並通知訴願人。

第五項　其他要件

一、法定書面

依訴願法第56條規定，提起訴願應具訴願書並載明法律明定之事項；惟基於便民考量，訴願法第57條規定，訴願人在第14條第1項所定期間向訴願管轄機關或原行政處分機關作不服原行政處分之表示者，視為已在法定期間內提起訴願。但應於三十日內補送訴願書。

二、訴願先行程序之履行

提起訴願前，依現行法律規定應先經先行程序者不在少數，於此類事件，人民應先利用先行程序所提供之救濟途徑，如仍有不服時，始得提起訴願。提起訴願未經先行程序，訴願審理機關應予駁回。法律規定之先行程序，例如，稅捐稽徵法第35條之復查[30]、貿易法第32條第1項之聲明異議、專利法第48條之申請再審查、藥事法第99條第1項之申請復核等。

---

[30] 稅捐案件申請復查係訴願先行程序，其性質屬行政救濟程序之一環，法務部民國104年4月17日法律字第10403504360號指出，最高行政法院62年判字第96號判例指出，納稅義務人對於稽徵機關調查核定之應納稅額，應依規定程序於法定期限內申請復查，對於復查決定稅額仍有不服時，始得依法提起訴願及行政訴訟。復查為提起訴願以前必先踐行之特定程序，若不經過復查而逕為行政爭訟，即非法之所許。

　　土地權利關係人對都市計畫樁位圖及樁位座標再複測之結果，仍有不服，得以樁位測定錯誤，致其權利或法律上利益受損害，對樁位測定公告循序提起行政訴訟。惟提起此行政訴訟既以經複測、再複測之結果未獲救濟為前提，則複測、再複測程序之踐行乃土地權利關係人對於樁位測定公告結果不服，提起行政救濟應踐行之法定先行程序[31]。

　　惟先行程序之受理機關基本上為原處分機關，現行訴願法第58條復規定，原處分機關對於訴願案件，應先行重新審查原處分之合法性及妥當性，兩者似有重複。

三、須不屬於應循其他取代訴願途徑救濟之事件

　　不服行政處分基本上應依訴願法提起訴願，惟基於特別考量，法律另規定特殊救濟途徑取代訴願程序，例如，公務人員保障法規定之復審程序。公務員對免職處分應依公務人員保障法規定提起復審，而非依訴願法提起訴願。

第三節　訴願管轄與訴願期間

第一項　訴願管轄

　　訴願程序為行政程序，基於行政一體之運作，訴願管轄機關應為原處分機關之上級機關。惟行政任務之履行方式十分多元，因此訴願管轄之種類亦相當繁雜，可分為：

一、一般管轄

　　訴願法第4條規定，訴願之管轄如下：（一）不服鄉（鎮、市）公所之行政處分者，向縣（市）政府提起訴願。（二）不服縣（市）政府所屬各級機關之行政處分者，向縣（市）政府提起訴願。（三）不服縣（市）政府之行政處分者，向中央主管部、會、行、處、局、署提起訴願。（四）不服直轄市政府所屬各級機關之行政處分者，向直轄市政府提起訴願。（五）不服直轄市政府

---

[31] 最高行政法院108年度判字第82號判決。

之行政處分者，向中央主管部、會、行、處、局、署提起訴願。（六）不服中央各部、會、行、處、局、署所屬機關之行政處分者，向各部、會、行、處、局、署提起訴願。（七）不服中央各部、會、行、處、局、署之行政處分者，向主管院提起訴願。（八）不服中央各院之行政處分者，向原院提起訴願。換句話說，基本上由原處分機關之上級機關管轄，如原處分機關已屬一級機關時，則以該機關為管轄機關。

　　人民不服通訊傳播委員會作成之行政處分提起訴願時，因通訊傳播委員會組織法及其他法規就其訴願管轄並無特別規定，通訊傳播委員會係行政院所屬行政機關，其層級相當於部會之二級機關，應依訴願法第4條第7款規定，由行政院管轄之[32]。惟依據獨立機關建制原則，獨立機關所為決策不受行政院或其他行政機關之適當性及適法性之監督。對獨立機關所為行政處分不服者，應直接提起行政訴訟，2018年6月13日修正公布之廣播電視法新增第50條之2第1項規定，對主管機關（國家通訊傳播委員會）依本法所為之行政處分不服者，直接適用行政訴訟程序；對主管機關依其他法律所為之處分不服者，亦同[33]。

二、比照管轄

　　訴願法第5條第1項規定，人民對於前條以外之中央或地方機關之行政處分提起訴願時，應按其管轄等級，比照前條之規定為之。

　　縣政府與鄉（鎮、市）民代表會雖分別為地方行政機關與立法機關，但不具上下級隸屬關係，惟其仍具有上對下之層級監督關係，不服鄉（鎮、市）民代表會作成之行政處分，應依訴願法第5條第1項規定定其訴願管轄機關[34]。

　　訴願管轄原則上依機關隸屬關係定之，惟訴願法第5條第2項規定，訴願管轄，法律另有規定依其業務監督定之者，從其規定。訴願制度旨在使行政機關得以自我審查，糾正違法失當之行政處分，俾減省不必要之行政訴訟，並非

---

[32] 最高行政法院97年12月份第3次庭長法官聯席會議（一）。

[33] 有線廣播電視法第75條之1第1項、衛星廣播電視法第66條之1第1項規定亦同。公平交易法第48條第1項亦規定，對主管機關（公平交易委員會）依本法所為之處分或決定不服者，直接適用行政訴訟程序。

[34] 行政院民國93年9月21日院台規字第0930043003號。換句話說，鄉（鎮、市）民代表對鄉（鎮、市）民代表會之行政處分不服時，依訴願法第5條及第4條規定，得向縣政府訴願會提起訴願。

以層級管轄為必要。故立法者斟酌專門職業人員懲戒事件之特殊性，對於其懲戒處分之作成及行政救濟（訴願）制度，特別立法規定於同一中央機關內設置不同審級之審議委員會獨立審議決議行之，自享立法形成之自由，本於權力分立原則，行政法院應予以尊重。技師之懲戒及其覆審，技師法既已特別規定由中央主管機關派兼或聘兼委員組成技師懲戒委員會及技師懲戒覆審委員會行使之，自應排除訴願法第4條規定之適用[35]。

三、共同處分之管轄

訴願法第6條規定，對於二以上不同隸屬或不同層級之機關共為之行政處分，應向其共同之上級機關提起訴願。

四、委託事件之管轄

訴願法第7條規定，無隸屬關係之機關辦理受託事件所為之行政處分，視為委託機關之行政處分，其訴願之管轄，比照第4條之規定，向原委託機關或其直接上級機關提起訴願。

政府採購法第40條第1項明定，政府機關之採購得洽其他具有專業能力之機關代辦。政府機關、公立學校、公營事業辦理採購案，依政府採購法第40條第1項規定，委託臺灣銀行或受臺灣銀行合併前之中央信託局辦理採購業務，因彼此無隸屬關係，臺灣銀行或中央信託局乃受委託而為行政處分，應視為委託機關之行政處分。如對該處理結果，有所不服，應以委託之機關為原處分機關（最高行政法院100年度判字第2120號判決）。

老年農民福利津貼之核發，目的為照顧老年農民生活，增進農民福祉，其業務性質為給付行政。關於其業務之執行，依老年農民福利津貼申領及核發辦法第5條規定，就津貼之核發及溢領催繳業務，由中央主管機關行政院農業委員會委託勞工保險局辦理。勞工保險局接受不相隸屬機關行政院農業委員會就該部分權限之委託而執行其業務，其所為之行政處分，應視為委託機關行政院農業委員會之行政處分，故應以行政院農業委員會為被告機關。至於農民健康保險，依農民健康保險條例第4條第1項規定，賦予勞工保險局保險人之法律地位，即概括授與其為保險人之權限，並非由內政部授權賦予保險人之法律地

---

[35] 最高行政法院109年度上字第657號判決。

位。其以保險人之法律地位而爲行政處分,實即原處分機關[36]。

五、委任事件之管轄

訴願法第8條規定,有隸屬關係之下級機關依法辦理上級機關委任事件所爲之行政處分,爲受委任機關之行政處分,其訴願之管轄,比照第4條之規定,向受委任機關或其直接上級機關提起訴願。

汽車燃料使用費之徵收,依公路法第3條及第27條規定中央主管機關爲交通部,交通部依據公路法第27條、行政程序法第15條、汽車燃料使用費徵收及分配辦法規定,公告委任其所屬公路總局辦理汽車燃料使用費徵收事項。交通部公路總局爲辦理該徵收委任事項,以交通部公路總局名義爲徵收機關,製作汽車燃料使用費繳款書(通知),並蓋用徵收機關長官,即交通部公路總局局長之印章,依行政程序法第96條第1項第4款、訴願法第13條、第8條、第4條第6款規定意旨,原行政處分機關之認定,應以實施行政處分時之名義爲準,亦即應以受委任機關交通部公路總局爲行政處分機關,其上級機關交通部爲訴願管轄機關[37]。

六、委辦事項之管轄

訴願法第9條規定,直轄市政府、縣(市)政府或其所屬機關及鄉(鎮、市)公所依法辦理上級政府或其所屬機關委辦事件所爲之行政處分,爲受委辦機關之行政處分,其訴願之管轄,比照第4條之規定,向受委辦機關之直接上級機關提起訴願。

經濟部依2001年11月12日修正公布之公司法第5條第2項規定,委辦臺北市政府辦理其轄內實收資本額未達新臺幣一億元之公司登記事項,臺北市轄內A公司不服臺北市政府撤銷其公司章程變更登記之處分,提起訴願,其訴願管轄機關爲行政院或經濟部?訴願法第9條後段規定,不服受委辦機關之行政處分,其訴願之管轄,應比照第4條之規定,向受委辦機關之直接上級機關提起訴願;不服直轄市政府之行政處分者,應向中央主管部、會、行、處、局、署提起訴願,亦爲訴願法第4條第5款所明定。臺北市政府辦理經濟部委辦之前開

---

[36] 最高行政法院94年3月份庭長法官聯席會議決議。
[37] 最高行政法院94年10月份庭長法官聯席會議決議。

公司登記事項所爲之行政處分，其訴願管轄機關，應比照訴願法第4條第5款規定，向中央主管部即經濟部提起訴願[38]。

七、受委託行使公權力之管轄

依法受中央或地方機關委託行使公權力之團體或個人於授權範圍內，具有中央或地方機關之地位，其以自己名義而爲行政處分時，自宜由委託機關就其委託事件負選任監督之責。訴願法第10條規定，依法受中央或地方機關委託行使公權力之團體或個人，以其團體或個人名義所爲之行政處分，其訴願之管轄，向原委託機關提起訴願。

大學爲辦理招生（或考試）所組成之大學招生委員會或聯合會，乃依據大學法直接授權，行使（執行）有關大學招生（包括考試）事項，於處理關於大學招生（包括考試）事項時，具有與機關相當之地位；大學招生委員會或聯合會並得基於法律（大學法第24條第2項）之規定，就考試相關業務，以契約（大學施行細則第19條第3項）委託學術團體或財團法人辦理，該學術團體或財團法人就受委託行使相關考試業務之特定事項，同具有與機關相當之地位，就該公法上特定事項所作成而對外直接發生法律效果之單方行爲，不問其用語、形式，皆屬行政處分，受處分之相對人認爲該行政處分違法或不當，自得對之提起行政訴訟（最高行政法院101年度判字第862號判決）。招聯會係以契約之方式，將考試相關業務「委託」財團法人大學入學考試中心基金會辦理，則財團法人大學入學考試中心基金會自亦具有與機關相當之地位，得對外作成行政處分。本件原告認爲101學年度指定科目考試數學甲非選擇題第一大題第一、二、三小題試題與解答有疑義，提起訴願時，本應向招聯會爲之。然教育部爲大學法規定之中央主管機關，對大學招生（包括考試）事項，依法有輔導及監督之權責；系爭處分既經教育部自爲訴願決定，與由招聯會訴願決定效力應相同，基於程序經濟原則，亦毋庸再由招聯會重爲訴願決定（最高行政法院101年度判字第862號判決）[39]。

---

[38] 各級行政法院93年度法律座談會法律問題第4則。
[39] 臺北高等行政法院102年度訴字第8號判決。

第二項　管轄爭議

　　訴願法第12條第1、2項規定，數機關於管轄權有爭議或因管轄不明致不能辦明有管轄權之機關者，由其共同之直接上級機關確定之。無管轄權之機關就訴願所為決定，其上級機關應依職權或依申請撤銷之，並命移送於有管轄權之機關。

第三項　原處分機關之認定

　　訴願法第13條規定，原行政處分機關之認定，以實施行政處分時之名義為準。但上級機關本於法定職權所為之行政處分，交由下級機關執行者，以該上級機關為原行政處分機關。

　　依訴願法第4條及第13條規定之規範意旨，有關訴願之管轄，應以顯名主義為原則，受處分人向名義上作成處分機關之上級機關提起訴願者，其訴願之提起即屬有效；本件訴願標的（即原處分）係由性質上屬機關之雲林縣衛生局所作成，訴願人向名義上作成處分機關之上級機關（即雲林縣政府）提起訴願，符合顯名主義原則，雲林縣政府即應受理[40]。

　　縣（市）政府依地方制度法第19條第6款第1目及都市計畫法第13、18條規定，有擬定、審議都市計畫主要計畫之權限。然依都市計畫法第21條規定須經內政部核定，始得發布實施。主要計畫之變更依都市計畫法第28條規定應依照擬定主要計畫之程序辦理，即須經內政部核定始得實施。縣（市）政府據都市計畫法第27條第1項第4款「為配合中央、直轄市或縣（市）興建之重要設施」所為主要計畫之變更，依都市計畫法第27條第2項規定，內政部得指示變更，必要時得逕為變更；依都市計畫法第27、82條規定，縣（市）政府對於內政部之核定申請復議，經內政部復議仍維持原核定時，縣（市）政府應即發布實施。內政部對於縣（市）政府主要計畫之個案變更得予以修正，有決定權，為主要計畫個案變更之處分機關。縣（市）政府予以公告實施僅為執行行為，人民不服主要計畫個案變更循序提起撤銷訴訟，應以內政部為被告[41]。

　　依土地法第219條第1項規定，原土地所有權人請求買回被徵收土地，應向

---

[40] 行政院秘書長民國94年3月17日院台規字第0940008005號。
[41] 最高行政法院102年12月份第2次庭長法官聯席會議決議。

該管直轄市或縣（市）地政機關聲請。該管直轄市或縣（市）地政機關既為法定受理聲請之機關，對於是否合於照徵收價額收回其土地之要件，非無審查之餘地。如經初步審查結果，認與規定不合，而作成否准之決定時，即屬就特定具體之公法事件所為對外發生法律上效果之單方行政行為，自應以該直轄市或縣（市）地政機關為處分機關。依土地法第219條第2項規定，該管直轄市或縣（市）地政機關經查明合於照徵收價額收回其土地之要件，並層報原核准徵收機關作成准、駁之決定，而函復該管直轄市或縣（市）地政機關通知原土地所有權人時，依訴願法第13條但書規定，即應以該作成准、駁決定之原核准徵收機關為處分機關[42]。

地方法院及其分院檢察署所設犯罪被害人補償審議委員會屬依法得代表國家表示意思，掌理補償之決定及其他有關事務之行政機關。本件原處分係由「臺灣臺北地方法院檢察署犯罪被害人補償審議委員會」之名義作成，自應以實施行政處分時之名義即臺灣臺北地方法院檢察署犯罪被害人補償審議委員會為「原行政處分之機關」及「被告」[43]。

土地徵收案係由法定核准徵收機關決定徵收之具體內容，再將該決定交由市、縣地政機關公告及通知土地權利利害關係人，核准徵收之權責機關始為土地徵收之處分機關，其所為核准之徵收函，方係發生徵收效力之行政處分；市、縣地政機關並無決定是否徵收土地或變更核准徵收機關所為徵收處分內容之權力，其僅係依照核准徵收之內容為通知及公告，以執行上級機關所為徵收土地之行政處分，該公告及通知自非市、縣地政機關之另一行政處分[44]。

農地重劃土地面積有無計算錯誤應否重行測量、更正登記，係由縣政府決定，上開函內容既係上級機關彰化縣政府本於法定職權所為之行政處分，交由下級機關彰化溪湖地政事務所執行，應以彰化縣政府為原處分機關[45]。

核准退伍及註銷退伍核定之處分，係國防部參謀本部依其職權，以國防部之名義所為，交由下級機關軍醫局執行者，並非軍醫局之權責範圍。不服上開行政處分提起行政訴訟，自應以權責機構國防部為被告[46]。

---

[42] 最高行政法院91年10月份庭長法官聯席會議決議。

[43] 最高行政法院93年度判字第1501號判決。

[44] 最高行政法院92年度判字第1442號判決。

[45] 最高行政法院92年度判字第359號判決。

[46] 最高行政法院88年度判字第2401號判決。

　　撤銷資格及吊銷證書之行政處分，係考試院依法為之，雖交考選部執行，仍應以考試院為處分機關[47]。

第四項　訴願期間──法定不變期間

　　提起訴願應遵守法定不變期間，訴願期間之計算依訴願類型不同而異其計算方式。

一、撤銷訴願與拒絕處分之課予義務訴願

　　撤銷訴願規定於訴願法第14條，訴願之提起，應自行政處分達到或公告期滿之次日起三十日內為之。利害關係人提起訴願者，前項期間自知悉時起算。但自行政處分達到或公告期滿後，已逾三年者，不得提起。訴願期間之計算自行政處分達到或公告期滿之次日起算，而不論行政處分是以正本或副本送達而有區別；行政處分之相對人及利害關係人得提起訴願，並不論收受行政處分者是正本或副本收文者。因此，行政處分以正本或副本送達受行政處分之相對人及利害關係人均屬送達，訴願期間之計算自行政處分達到或公告期滿之次日起算[48]。

　　訴願之提起，以原行政處分機關或受理訴願機關收受訴願書之日期為準。訴願人誤向原行政處分機關或受理訴願機關以外之機關提起訴願者，以該機關收受之日，視為提起訴願之日。

　　提起訴願有期間之限制，提起行政訴訟時亦有起訴期間之限制，以求行政機關所為行政處分之安定性。有關訴願、起訴期間之限制，無非係出於法律關係安定之一項基本要求，與憲法有關人民訴訟權之保障並無牴觸[49]。

　　訴願之提起，應自行政處分達到或公告期滿之次日起三十日內為之；處分機關未告知救濟期間或告知錯誤未為更正，致相對人或利害關係人遲誤者，如自處分書送達後一年內聲明不服時，視為於法定期間內所為[50]。

　　無論訴願法或行政訴訟法均無準用民法之規定，提起訴願或行政訴訟法定

---

[47] 最高行政法院75年度判字第2233號判決。
[48] 最高行政法院109年度裁字第1534號裁定。
[49] 最高行政法院94年度裁字第462號裁定。
[50] 最高行政法院102年度裁字第279號裁定。

不變期間之規定，並非私法請求權之行使，不適用民法第129條時效中斷之規定[51]。

訴願法第57條規定，訴願人在第14條第1項所定期間向訴願管轄機關或原行政處分機關作不服原行政處分之表示者，視爲已在法定期間內提起訴願。但應於三十日內補送訴願書。訴願法第57條規定之立法意旨乃在保護訴願人之訴願權利，並非在縮短行政程序法第98條第3項所定之視爲於法定期間內提起訴願之期間。原行政處分如未依行政程序法第96條第1項第6款規定教示救濟期間等事項，致訴願人雖遲誤訴願法第14條第1項所定之訴願期間，惟已於行政程序法第98條第3項所定之視爲於法定期間內提起訴願之期間內提起訴願者，若仍要求訴願人應依訴願法第57條但書規定於三十日內補送訴願書，否則爲訴願不受理之決定，不啻縮短行政程序法第98條第3項所定之視爲於法定期間內提起訴願之期間，而與訴願法第57條規定係爲保護訴願人之訴願權利之立法意旨相悖[52]。

訴願人曾向訴願管轄機關或原處分機關作不服原行政處分之表示，雖未於三十日內補送訴願書，但原行政處分並未記載救濟期間，若訴願人於法定訴願期間內或得視爲於法定期間內提起訴願，訴願管轄機關即不得以訴願人未於訴願法第57條但書所定不變期間內補送訴願書爲由，而爲不受理之決定，否則有違訴願法第57條規定保護當事人之訴願權利之立法意旨。

有關訴願法第57條但書三十日內補送訴願書規定之性質爲何呢？訴願法第57條但書所規定之應於三十日內補送訴願書之期間，係屬訓示規定，並非法定不變期間，縱有逾越該三十日之期間，並不生失權效果。訴願機關以訴願逾期，而從程序上予以不受理之決定，即有未洽[53]。

二、課予義務訴願──怠於處分

人民依法申請之案件，行政機關逾法定期間仍不作爲者，人民得隨時提起訴願，無另訂訴願期間之必要。何時得提起課予義務訴願？依訴願法第2條規定係主管機關應作爲之期限，該期限自人民依法申請之案件到達主管機關之日起算，算至法定期間屆滿。法令未規定者，自機關受理申請之日起爲二個月。

---

[51] 最高行政法院93年度裁字第1112號裁定。
[52] 最高行政法院99年度判字第1162號判決；最高行政法院97年度裁字第4908號裁定。
[53] 最高行政法院91年度判字第2271號判決。

第四節　訴願人

第一項　訴願當事人

　　訴願當事人指具有作為訴願主體之資格，訴願法第18條規定，自然人、法人、非法人之團體或其他受行政處分之相對人及利害關係人得提起訴願。得為訴願當事人者包括自然人、法人及非法人之團體。

　　自然人係指有權利能力之人，依民法第6條規定，人之權利能力，始於出生，終於死亡。已死亡之人自無提起訴願之能力，訴願期間訴願人死亡，應由法定繼承人承受訴訟後始能為決定[54]。

　　訴願法第18條後段之利害關係人得提起訴願，係對行政處分相對人以外之利害關係人，明定得提起訴願之規定。依此規定，自須行政處分對外所發生之法律效果，致第三人之權利或利益直接受有損害者，該第三人始得以利害關係人之身分提起訴願[55]。利害關係乃係法律上之利害關係而言，不包括事實上之利害關係，亦即其權利或法律上利益因行政處分而直接受有損害者，若僅具經濟上、情感上或其他事實上之利害關係者，即非所謂法律上之利害關係。法律上利害關係之判斷，則以「新保護規範理論」作為界定利害關係第三人範圍之基準[56]。

　　承認為利害關係人者，例如，現有巷道原為供公眾通行之道路，現有巷道及其兩側土地所有權人及地上權人於該巷道之利用上，本具相當程度之依賴關係，此與利用該巷道通行而僅具反射利益之一般不特定用路人有別，應認現有巷道及其兩側土地所有權人及地上權人具有通行現有巷道之法律上利益[57]。

　　大陸地區人民A與臺灣地區人民B在大陸地區結婚，嗣A申請來臺團聚，經原處分機關進行訪談認定不予許可，其配偶B有無法律上利害關係，得否提起訴願及行政訴訟呢？A既以B之配偶身分，欲進入臺灣地區與B團聚，但原處分機關予以否准，且否准之理由實質上是懷疑婚姻之真實性。本件原處分是否合法，已影響到B受憲法保障之婚姻關係及從此延伸出之夫妻同居生活關

---

[54] 最高行政法院93年度判字第670號判決。
[55] 最高行政法院93年度判字第927號判決。
[56] 最高行政法院107年度判字第516號判決。
[57] 臺北高等行政法院高等庭112年度訴字第194號判決。

係，故B應屬原處分之利害關係人[58]。夫妻各自爲自然人，各自爲權利義務之主體。配偶之一方因行政機關作成違法或不當之行政處分，致其權利或法律上之利益受有損害；他方配偶並非當然爲訴願法第18條規定之利害關係人[59]。

　　最高行政法院103年8月份第1次庭長法官聯席會議決議亦指出，本國人民與外國人民在國外結婚後，該外籍配偶以依親爲由，向我國駐外使領館、代表處、辦事處、其他外交部授權機構申請居留簽證遭駁回，外籍配偶申請居留簽證經主管機關駁回，本國配偶主張此事實，不可能因主管機關否准而有權利或法律上利益受損害之情形，其提起課予義務訴訟，行政法院應駁回其訴。憲法法庭111年憲判字第20號判決則指出，有關機關之拒發簽證予其外籍配偶之否准處分，就本國（籍）配偶之憲法上權利而言，自已具侵害其權利或法律上利益之不利處分之性質，本國（籍）配偶就此等不利處分，自非不得對之例外依法提起訴願及撤銷訴訟，以保障其訴訟權。

第二項　訴願能力

　　雖有訴願主體資格，但仍須具備訴願能力，其行爲始能在訴願程序發生法律效果。訴願法第19條規定，能獨立以法律行爲負義務者，有訴願能力。依民法規定具有行爲能力者，自亦有訴願能力。爲保護無訴願能力人權利之行使，訴願法第20條第1項規定，無訴願能力人應由其法定代理人代爲訴願行爲。地方自治團體、法人或非法人之團體，均不能自爲訴願行爲，訴願法第20條第2項規定，地方自治團體、法人、非法人之團體應由其代表人或管理人爲訴願行爲。

第三項　共同訴願

　　爲達訴願經濟目的，訴願法第21條第1項規定，二人以上得對於同一原因事實之行政處分，共同提起訴願。共同訴願實質上爲數訴願事件之合併。爲利審議程序之進行，訴願法第21條第2項規定，共同訴願之提起，以同一機關管轄者爲限。共同提起訴願，依訴願法第22條第1項規定，得選定其中一人至三

---

[58] 高等行政法院96年度法律座談會紀錄法律問題七。
[59] 最高行政法院96年度判字第838號判決。

人爲代表人。選定代表人應於最初爲訴願行爲時，向受理訴願機關提出文書證明（訴願法第22條第2項）。未選定代表人者，受理訴願機關依訴願法第23條規定，得限期通知其選定；逾期不選定者，得依職權指定之。受理訴願機關指定後，應通知全體共同訴願人，始生指定之效力。

代表人經選定或指定後，由其代表全體訴願人爲訴願行爲，依訴願法第26條規定，代表人有二人以上者，均得單獨代表共同訴願人爲訴願行爲。惟撤回訴願，非經全體訴願人書面同意，不得爲之（訴願法第24條但書）。代表人經選定或指定後，仍得更換或增減之；惟爲使訴願程序順利進行，代表人之更換或增減，非以書面通知受理訴願機關，不生效力（訴願法第25條）。此外，訴願法第27條規定，代表人之代表權不因其他共同訴願人死亡、喪失行爲能力或法定代理變更而消滅。

第四項　訴願參加

訴願參加可分爲利害參加與必要參加。

一、利害參加

爲保障利害關係人權益，使利害關係人於訴願決定前得參加訴願，訴願法第28條第1項規定，與訴願人利害關係相同之人，經受理訴願機關允許，得爲訴願人之利益參加訴願。受理訴願機關認有必要時，亦得通知其參加訴願。

二、必要參加

行政機關之行政處分，可能係根據人民之申請所作成，此時如因第三人不服原處分提起訴願，原申請人反成爲訴願程序當事人以外之第三人，如訴願決定撤銷或變更原處分時，勢必影響該原申請人之權益，爲免該原申請人（第三人）因訴願決定撤銷或變更原處分致遭受不測之損害，訴願法第28條第2項規定，訴願決定因撤銷或變更原處分，足以影響第三人權益者，受理訴願機關應於作成訴願決定之前，通知其參加訴願程序，表示意見，以協助發見眞實，作成正確決定，並維護第三人權益。

三、訴願參加之效力

訴願法第31條規定，訴願決定對於參加人亦有效力。經受理訴願機關通知其參加或允許其參加而未參加者，亦同。

第五項　訴願代理人及輔佐人

一、訴願代理人

訴願法第32條規定，訴願人或參加人得委任代理人進行訴願。每一訴願人或參加人委任之訴願代理人不得超過三人。訴願法並未採行律師強制代理制度，除律師外，依法令取得與訴願事件有關之代理人資格者、具有該訴願事件之專業知識者、因業務或職務關係為訴願人之代理人者以及與訴願人有親屬關係者，亦得為訴願代理人（訴願法第33條）。

訴願法第33條第1項第3款規定之具有該訴願事件之專業知識，係指對於該訴願事件所涉法令或訴願標的有關事項，具有專業之研究或一定程度之認知。例如學者、專家。是否具相關專業知識之認定，應由受理訴願機關本於權責，就相關人員之學、經歷及背景認定之[60]。

為證明受委任，訴願代理人應於最初為訴願行為時，向受理訴願機關提出委任書（訴願法第34條）。訴願委任之解除，應由訴願人、參加人或訴願代理人以書面通知受理訴願機關（訴願法第39條）。

訴願代理人就其受委任之事件，得為一切訴願行為。但撤回訴願，非受特別委任不得為之（訴願法第35條）。訴願代理人有二人以上者，均得單獨代理訴願人。違反前項規定而為委任者，其訴願代理人仍得單獨代理（訴願法第36條）。訴願代理人除第35條但書規定情形外，得為一切訴願行為，包括法律上與事實上之陳述。惟訴願法第37條規定，訴願代理人事實上之陳述，經到場之訴願人本人即時撤銷或更正者，不生效力。基於委任關係法理，訴願法第38條規定，訴願代理權不因訴願人本人死亡、破產或喪失訴願能力而消滅。法定代理有變更、機關經裁撤、改組或公司、團體經解散、變更組織者，亦同。

---

[60] 行政院民國91年4月15日院台規字第0910017114號。

二、輔佐人

　　訴願事件錯綜複雜，有非訴願人本人所能承擔者，因此，規定訴願輔佐人制度，以輔佐訴願人之不及。訴願法第41條第1、2項規定，訴願人、參加人或訴願代理人經受理訴願機關之許可，得於期日偕同輔佐人到場。受理訴願機關認為必要時，亦得命訴願人、參加人或訴願代理人偕同輔佐人到場。訴願法並未規定輔佐人應具備之資格或輔佐人到場應如何陳述，基本上委由受理訴願機關決之，訴願法第41條第3項規定，受理訴願機關認為輔佐人不適當時，得廢止其許可或禁止其續為輔佐。輔佐人到場所為之陳述，訴願人、參加人或訴願代理人不即時撤銷或更正者，視為其所自為（訴願法第42條）。

第五節　訴願審議委員會

第一項　委員會之組成與性質

　　為保障人民之訴願能獲得公平、公正的審議，提高訴願決定之公信力，訴願審議委員會委員扮演決定性之作用，訴願審議委員會委員之資格則是關鍵因素。訴願法早期對於訴願委員之資格並未有具體明確之要求，且基本上以機關內部成員為主，舊訴願法規定，各機關辦理訴願事件，應設訴願審議委員會，組成人員以熟諳法令者為原則。1995年訴願法修正，訴願法第26條第1項規定，各機關辦理訴願事件，應設訴願審議委員會，組成人員以熟諳法令者為原則，其中社會公正人士、學者、專家不得少於訴願審議委員會成員三分之一。1998年大幅修正訴願法，舊訴願法第26條改列為第52條，對於委員資格有進一步明確要求，並提高外聘委員之比例。訴願法第52條第1項規定，各機關辦理訴願事件，應設訴願審議委員會，組成人員以具有法制專長者為原則。訴願法第52條第2項規定，訴願審議委員會委員，由本機關高級職員及遴聘社會公正人士、學者、專家擔任之；其中社會公正人士、學者、專家人數不得少於二分之一。

　　訴願審議委員會為機關辦理訴願事件所設置之委員會，依行政院及各級行政機關訴願審議委員會組織規程第3條規定，各機關應依其業務需要訂定訴願會編組表，列明職稱、職等、員額，報經行政院核定後實施。前項編組所需專責人員，於本機關預算員額內勻用。行政院及各級行政機關訴願審議委員會組

織規程第4條第2項規定，訴願會所需承辦人員，由機關首長就本機關職員中具
法制專長者調派之，並得指定一人為執行秘書。

　　訴願法第26條第1項所稱之專家（現行訴願法第52條），係指具備專業知
識經驗，能俾利訴願決定臻於客觀公正，以免訴願審議委員會之成員均為行政
機關之人員而流於形式，致無法發揮行政救濟自我省察之功能，而損害人民權
益[61]。

　　訴願審議委員會並不具有機關地位，其並無單獨對外行文能力。惟基於訴
願程序應有之功能設計，受理訴願機關首長對於訴願審議委員會並無指揮監督
權，無論是針對訴願審議委員會委員個人，包括原屬該機關之委員及社會公正
人士、學者、專家，或是針對訴願具體個案，機關首長皆不應影響委員之獨立
判斷。不可否認的是，訴願法並未賦予訴願審議委員會委員獨立行使職權之保
障，畢竟訴願審議程序之本質仍為行政程序，而非司法程序。訴願決定亦是行
政處分，基本上必須以機關名義做成，以機關為名所做成之行政處分，機關首
長完全沒有任何影響力，似乎不符合機關首長為機關所有行為負責之要求，因
此機關首長與訴願決定之關係，可參酌總統公布立法院三讀通過法律之情形，
原則上總統有公布之義務，僅在極端例外情形，亦即形式上明顯違法時，例
如，根本未進行三讀程序，總統得拒絕公布。同樣道理，機關首長亦必須依法
行政，原則上應充分尊重訴願審議委員會之決定，僅在極端例外情形，特別是
訴願決定形式上明顯違法時，例如，未召開訴願會即作成訴願決定或訴願決定
未依法定人數作成時，機關首長始得拒絕以機關名義作成訴願決定。

第二項　委員會之決議

　　訴願審議委員會不具行政機關地位，其決議方式則採用合議制原則，訴願
法第53條規定，訴願決定應經訴願審議委員會會議之決議，其決議以委員過半
數之出席，出席委員過半數之同意行之。至於可否同數時，依一般會議慣例，
則由會議主席決定之。

　　訴願法第52條第2項規定訴願審議委員會委員，其中二分之一以上應為社
會公正人士、學者、專家之立法理由，係以提高訴願決定之公信力；訴願法第
53條規定，係指訴願審議委員會會議之決議方式，兩條規定不宜混淆。各機關

[61] 法務部民國84年6月7日法律決字第13079號。

訴願審議委員會之組成，如其委員中社會公正人士、學者、專家未少於二分之一，其組織即符合訴願法第52條第2項規定。但並非出席訴願審議委員會會議之委員，或同意委員之半數需包含社會公正人士、學者、專家不得少於二分之一[62]。為確實達成外聘委員參與之目的，出席訴願審議委員會會議之委員，或同意委員之半數應包含社會公正人士、學者、專家不得少於二分之一，現行法制亦朝此方向發展，例如，依促進民間參與公共建設法第44條第3項規定與民間參與公共建設甄審委員會組織及評審辦法第8條第2項及第3項規定，甄審會會議應有委員總額二分之一以上，且至少五人以上之出席，始得開會；其決議以出席委員過半數之同意行之。甄審案件屬促進民間參與公共建設法第3條第2項所稱之重大公共建設者，出席委員不得少於七人。第2項會議之出席委員，其中外聘專家、學者人數，不得少於出席委員人數之二分之一。

為確保訴願審議委員會委員皆能獨立行使其職權並呈現多元意見，訴願法第54條第1項規定，訴願審議委員會審議訴願事件，應指定人員製作審議紀錄附卷。委員於審議中所持與決議不同之意見，經其請求者，應列入紀錄。

此外，為確保訴願審議委員會之客觀公正，訴願法第55條規定，訴願審議委員會主任委員或委員對於訴願事件有利害關係者，應自行迴避，不得參與審議。何謂利害關係，訴願法並未規定。

利害關係範圍如何，於適用上既有不明確之處，則依行政程序法第3條第1項規定，訴願法未規定者，應適用行政程序法第32、33條有關公務員在行政程序中之迴避規定。行政程序法第32、33條，係分別規定行政程序中公務員應自行迴避及申請迴避事由；行政程序法第32條因僅明列四款應自行迴避之事由，惟其規範目的既在使行政程序之進行力求公正、公平，從而公務員處理行政事務時有可能使行政程序「發生偏頗之虞」時，即應自行迴避，故行政程序法第33條第1項第2款有關「有具體事實，足認其執行職務有偏頗之虞者」，當事人得「申請迴避」之規定，於實務執行上，宜認係公務員自行迴避之事由之一，俾達確保當事人權益之立法意旨。訴願委員會委員對於訴願事件是否有利害關係，就個案認定是否有行政程序法第32條各款及第33條第1項第2款之具體事實足認其於執行職務有偏頗之虞而定[63]。

惟訴願程序屬於行政救濟之一環，適用性質與訴願程序相同之救濟程序相

[62] 最高行政法院93年度判字第280判決。
[63] 行政院民國93年5月18日院台規字第0930000835號。

關規定，例如，公務人員保障法第7條規定，較為妥適。至於其他參與人員，則適用行政程序法有關迴避之相關規定。有利害關係，訴願法雖未明文列舉，參考民事訴訟法第32條、第33條第1項第2款及刑事訴訟法第17條、第18條第2款之規定，可知凡對於訴願事件具有法律上、倫理上、情感上、職務上及經濟上之利害關係，足認執行職務有偏頗之虞者，均應自行迴避。依法令應迴避之委員參與訴願決定，其踐行之審議程序即有重大瑕疵，所作成之訴願決定自難予以維持[64]。

第六節　訴願程序

第一項　訴願之提起

訴願之提起應具訴願書，由訴願人或代理人簽名或蓋章。依訴願法第56條第1項規定，訴願書記載之內容包括：一、訴願人之姓名、出生年月日、住、居所、身分證明文件字號。如係法人或其他設有管理人或代表人之團體，其名稱、事務所或營業所及管理人或代表人之姓名、出生年月日、住、居所。二、有訴願代理人者，其姓名、出生年月日、住、居所、身分證明文件字號。三、原行政處分機關。四、訴願請求事項。五、訴願之事實及理由。六、收受或知悉行政處分之年、月、日。七、受理訴願之機關。八、證據。其為文書者，應添具繕本或影本。九、年、月、日。此外，訴願應附原行政處分書影本（訴願法第56條第2項）。

提起課予義務訴願，依訴願法第56條第3項規定，第56條第1項第3、6款所列事項，載明應為行政處分之機關、提出申請之年、月、日，並附原申請書之影本及受理申請機關收受證明。

訴願法第56條第1、2項規定應記載原行政處分機關及附原行政處分書影本，無非在於確定不服之對象。如依訴願書之記載內容，已足以確定其所不服之原行政處分，縱未記載原行政處分機關發文日期、文號或附具原行政處分書影本，仍不能以其訴願不合法定程式，從程序上駁回不予受理[65]。

為方便訴願人提出訴願，避免訴願管轄無謂之爭議，訴願法第58條第1項

---

[64] 最高行政法院92年度判字第550號判決。
[65] 最高行政法院92年度裁字第1627號裁定。

規定，訴願人應繕具訴願書經由原行政處分機關向訴願管轄機關提起訴願。此外，為發揮訴願程序賦予原處分機關重新反省審查原處分之合法妥當性的功能，並便於就近調查事證，以提高行政效率，訴願法第58條第2項規定，原行政處分機關對於前項訴願應先行重新審查原處分是否合法妥當，其認訴願為有理由者，得自行撤銷或變更原行政處分，並陳報訴願管轄機關。原行政處分機關不依訴願人之請求撤銷或變更原行政處分者，應儘速附具答辯書，並將必要之關係文件（例如，作成原處分相關之卷宗），送於訴願管轄機關（訴願法第58條第3項）。原行政處分機關檢卷答辯時，應將前項答辯書抄送訴願人（同法第58條第4項）。

　　訴願人提出訴願，原處分機關仍有審查原處分是否合法妥當之機會，訴願屬行政機關自我審查階段，除有特別規定外，訴願人非不得主張新事實或新證據[66]。

　　訴願人如逕向受理訴願機關提起訴願，為使原處分機關仍能有自我審查機會，訴願法第59條規定，受理訴願機關應將訴願書影本或副本送交原行政處分機關依第58條第2項至第4項規定辦理。

　　訴願人經由原行政處分機關向訴願管轄機關提起訴願者，其三個月訴願決定期間，應自原行政處分機關收受訴願書之次日起算；訴願人逕向受理訴願機關提起訴願者，則其三個月訴願決定期間，應自受理訴願機關收受訴願書之次日起算。受理訴願機關於收受訴願書後將訴願書影本或副本送交原處分機關，依訴願法第59條規定，是為使原行政處分機關踐行同法第58條第2項至第4項所定之程序，並不影響訴願決定期間之起算時間[67]。

　　依訴願法第58條第1項規定，訴願人係經由原處分機關向訴願管轄機關提起訴願，理論上不應出現訴願管轄之爭議；況且書面行政處分均有救濟教示之記載，訴願人基本上應能正確提起訴願。惟為避免掛一漏萬，且我國行政機關繁多，系統又不明晰，其錯誤亦有不能責諸人民者。為保障人民訴願權，訴願法第61條規定，訴願人誤向訴願管轄機關或原行政處分機關以外之機關作不服原行政處分之表示者，視為自始向訴願管轄機關提起訴願。前項收受之機關應於十日內將該事件移送於原行政處分機關，並通知訴願人。

　　訴願管轄機關或原行政處分機關以外之機關並不包括審理行政訴訟之高等

---

[66] 最高行政法院92年度判字第1746號判決。
[67] 行政院民國92年1月23日院台規字第0920003626號。

行政法院及審理民事訴訟之地方法院。不服主管機關核發建築執照及使用執照處分,依法應向中央主管機關即內政部提起訴願,其縱向高等行政法院或地方法院表示不服,並無訴願法第61條第1項之適用[68]。

　　訴願書不合法定程式,其情形可補正者,依訴願法第62條規定,受理訴願機關應通知訴願人於二十日內補正。二十日為不變期間,訴願人逾期不補正者,依訴願法第77條第1款規定,應為不受理之決定。

　　是否提起訴願,基本上由訴願人自行決定,訴願提起後是否繼續進行亦屬訴願人自由。訴願法第60條前段規定,訴願提起後,於決定書送達前,訴願人得撤回之。惟為避免法律關係懸而未決,訴願法第60條後段規定,訴願經撤回後,不得復提起同一之訴願。

第二項　訴願之審議

一、書面審理、陳述意見與言詞辯論

　　依舊訴願法(1970年)第19條規定,訴願就書面審查決定之,必要時,得為言詞辯論,基本上採取書面審議程序。1998年修正訴願法時,修法理由指出,行政院暨所屬各級機關受理訴願及行政訴訟案件,1992年1月至12月計28,802件;1993年1月至12月計26,662件,每一案件實施言詞辯論,殆無可能。惟為確保訴願程序之有效性,參照日本行政不服審查法第25條規定,明定應予訴願人、參加人或利害關係人到場陳述意見之機會。訴願法第63條規定,訴願就書面審查決定之。受理訴願機關必要時得通知訴願人、參加人或利害關係人到達指定處所陳述意見。訴願人或參加人請求陳述意見而有正當理由者,應予到達指定處所陳述意見之機會。為有助於訴願案件之審議,訴願法第64條規定,訴願審議委員會主任委員得指定委員聽取訴願人、參加人或利害關係人到場之陳述,以貫徹直接審理之要求。

　　除書面審理、陳述意見外,為確實發現真實、釐清爭點,並保障當事人權益,訴願法第65條規定,受理訴願機關應依訴願人、參加人之申請或於必要時,得依職權通知訴願人、參加人或其代表人、訴願代理人、輔佐人及原行政處分機關派員於指定期日到達指定處所言詞辯論。言詞辯論之舉行,得由受理

---

[68] 最高行政法院102年度裁字第304號裁定。

訴願機關依職權定之，或由訴願人、參加人申請之。有爭議的是，是否只要訴願人、參加人申請，受理訴願機關即應舉行言詞辯論。有關陳述意見，依訴願法第63條第3項規定，必須是有正當理由，才提供訴願人機會，是否有正當理由應經訴願受理機關審查，而非訴願人提出申請，即應予提供。訴願法第65條雖未有訴願法第63條相同文字規定，但應有相同之適用[69]，亦即行政機關得依職權審酌後，再通知言詞辯論[70]。訴願法第63條第2項及第65條僅係規定訴願機關「得」給予當事人陳述及言詞辯論之機會，而非「應」給予當事人到場陳述及言詞辯論之機會，訴願機關依其合義務裁量，認訴願人或原處分機關一方之書面陳述意旨已臻明確，他方書面意旨未明，僅通知該他方到場陳述意見，其程序尚非違法[71]。

　　惟亦有認為本條性質上應屬義務規定，但在特定情形下，為減輕訴願審理負擔，即使人民申請，亦得不舉行言詞辯論，例如，提起訴願已逾訴願期間、欠缺當事人能力等[72]。

　　舉行言詞辯論之目的係讓有關之人就事實上及法律上有盡情陳述意見之機會，惟應有其遵循之程序，以利言詞辯論之進行。訴願法第66條規定，言詞辯論之程序如下：（一）受理訴願機關陳述事件要旨。（二）訴願人、參加人或訴願代理人就事件為事實上及法律上之陳述。（三）原行政處分機關就事件為事實上及法律上之陳述。（四）訴願或原行政處分機關對他方之陳述或答辯，為再答辯。（五）受理訴願機關對訴願人及原行政處分機關提出詢問。前項辯論未完備者，得再為辯論。

二、調查證據

　　訴願法第67條至第74條規定訴願中之證據調查程序。由於行政處分具專門性、複雜性及技術性，其中亦不乏涉及公務機密，何項證據應予調查？何種物件應付檢驗？何處所及有關物體應實施勘驗？受理訴願機關適用職權調查原則。訴願法第67條第1項規定，受理訴願機關應依職權或囑託有關機關或人

---

[69] 吳志光，行政法，修訂12版，2023年2月，第518頁；莊國榮，行政法，修訂9版，2023年9月，第447頁皆指出，訴願法第65條應屬訓示規定。
[70] 蔡志方，前揭書，第338頁。
[71] 最高行政法院109年度判字第83號判決。
[72] 陳清秀，前揭書，第104-105頁。

員，實施調查、檢驗或勘驗，不受訴願人主張之拘束。惟爲促進事實眞相之發現，並維護訴願當事人之程序上權利，訴願法第67條第2項規定，受理訴願機關應依訴願人或參加人之申請，調查證據。但就其申請調查之證據中認爲不必要者，不在此限。

爲維護人性尊嚴，避免訴願人或參加人遭受突襲性之不利決定，訴願法第67條第3項規定，受理訴願機關依職權或依申請調查證據之結果，非經賦予訴願人及參加人表示意見之機會，不得採爲對之不利之訴願決定之基礎。

受理訴願機關非爲原行政處分機關者，未必知悉其作成原行政處分之理由，訴願法第75條第1項規定，原行政處分機關應將據以處分之證據資料提出於受理訴願機關。爲維護訴願人及參加人之權益，訴願法第75條第2項規定，對於第1項之證據資料，訴願人、參加人或訴願代理人得請求閱覽、抄錄或影印之。受理訴願機關非有正當理由，不得拒絕。

訴願人或參加人得提出有利於己之證據書類或證物以供受理訴願機關審酌，惟爲免延誤訴願審議期間，受理訴願機關自得酌定期限命其提出（訴願法第68條）。如文書、其他物件非屬訴願人持有，受理訴願機關依訴願法第73條第1項規定，得依職權或依訴願人、參加人之申請，命文書或其他物件之持有人提出該物件，並得留置之。公務員或機關掌管之文書或其他物件，受理訴願機關得調取之（同法第73條第2項）。惟其有妨害國家機密者，持有機關得拒絕之（同法第73條第3項）。

訴願事件涉及專門性及技術性問題時，有時僅憑行政機關人員之智識經驗，尙無法作公平判斷，爲利訴願審議進行，訴願法第69條第1項規定，受理訴願機關得依職權或依訴願人、參加人之申請，囑託有關機關、學校、團體或有專門知識經驗者爲鑑定。是否交付鑑定，以受理訴願機關認有必要者爲限。依訴願法第72條第1項規定，鑑定所需費用由受理訴願機關負擔，並得依鑑定人之請求預行酌給之。訴願人或參加人願自行負擔費用，請求鑑定，受理訴願機關非有正當理由，不應予以拒絕（訴願法第69條第2項）。但爲避免流弊發生，鑑定人由受理訴願機關指定之，而非由訴願人或參加人決定（同法第69條第3項）。鑑定之結果爲有利於訴願人或參加人之決定或裁判者，依訴願法第72條第2項規定，訴願人或參加人得於訴願或行政訴訟確定後三十日內，請求受理訴願機關償還必要之鑑定費用。

鑑定所需資料在原行政處分機關或受理訴願機關者，受理訴願機關應告知鑑定人准其利用。惟爲維護國家機密及公益，受理訴願機關或原行政處分機

關得酌予限制利用之範圍及方法（訴願法第71條第1項）。鑑定人爲鑑定，須參酌其他相關資料，依訴願法第71條第2項規定，得請求受理訴願機關調查證據。

　　鑑定之經過及其結果，應由鑑定人以書面提出報告，訴願法第70條規定，鑑定人應具鑑定書陳述意見。必要時，受理訴願機關得請鑑定人到達指定處所說明。所謂指定處所係指與闡明鑑定結果有關之處所。鑑定人不只一人時，其鑑定應由數鑑定人共同爲之，意見不同者，受理訴願機關應命其分別陳述不同之意見，以供審酌（訴願法第69條第4項）。

　　實施勘驗，有利於事實之認定，訴願法第74條第1項規定，受理訴願機關得依職權或依訴願人、參加人之申請，就必要之物件或處所實施勘驗。受理訴願機關依前項規定實施勘驗時，應將日、時、處所通知訴願人、參加人及有關人員到場（訴願法第74條第2項）。有關人員係指物件持有人或保管人及處所住管人、看守人或可爲其代表之人等。

　　訴願人、參加人對訴願程序之進行，有不同意見時，原得聲明異議，以供受理訴願機關審酌。爲避免聲明異議影響訴願程序之進行，訴願法第76條規定，訴願人或參加人對受理訴願機關於訴願程序進行中所爲之程序上處置不服者，應併同訴願決定提起行政訴訟。

三、審查權限

　　提起訴願後，除依訴願法第58條第2項規定，由原處分機關自行撤銷或變更原行政處分外，受理訴願機關應就訴願事件是否違法或不當加以審查，而非僅限於合法性。此外，審查程序一般遵循先程序後實體之原則，換句話說，先審查訴願之提起是否合法，接著審查訴願是否有理由。

　　我國憲法保障地方自治，爲避免訴願制度侵害地方自治團體之自治權，訴願法第79條第3項規定，訴願事件涉及地方自治團體之地方自治事務者，其受理訴願之上級機關僅就原行政處分之合法性進行審查決定。換句話說，原處分之適當性或合目的性，並不在審查範圍。此外，爲確保地方自治團體之自治權，訴願事件涉及地方自治團體之地方自治事務者，除法律另有規定外，受理訴願機關應僅有撤銷違法處分之權，撤銷後如有重爲處分之必要時，受理訴願機關不得自行決定，僅能發回原處分機關，由其另爲適法處分。

　　地方制度法第14條規定，地方自治團體依地方制度法辦理自治事項，並執

行上級政府委辦事項。訴願法第79條第3項規定僅適用於地方自治團體辦理自治事項時。地方制度法第2條第2款規定，自治事項係指地方自治團體依憲法或地方制度法規定，得自為立法並執行，或法律規定應由該團體辦理之事務，而負其政策規劃及行政執行責任之事項。依憲法得自為立法並執行者，例如，憲法第110條規定，由縣立法並執行之事項；依地方制度法規定，得自為立法並執行者，例如，地方制度法第18、19、20條有關直轄市、縣（市）及鄉（鎮、市）之自治事項。法律規定應由該團體辦理之事務，而負其政策規劃及行政執行責任之事項，則必須依個別法律規定認定之。地方自治團體執行上級政府委辦事項所為之行政處分並不適用訴願法第79條第3項規定。委辦事項係指地方自治團體依法律、上級法規或規章規定，在上級政府指揮監督下，執行上級政府交付辦理之非屬該團體事務，而負其行政執行責任之事項（地方制度法第2條第3款）。既受上級政府指揮監督，自應受合法性及適當性之審查。

四、不利益變更之禁止

訴願法第81條第1項規定，訴願有理由者，受理訴願機關應以決定撤銷原行政處分之全部或一部，並得視事件之情節，逕為變更之決定或發回原行政處分機關另為處分。但於訴願人表示不服之範圍內，不得為更不利益之變更或處分。訴願法第81條第1項但書稱為「不利益變更禁止」條款，換句話說，不得使訴願人處於較原處分更為不利之地位，否則將有害於訴願人提出訴願之意願。是否受有不利地位，基本上除以訴願決定主文判斷依據外，亦應參酌決定理由之說明。

不利益變更禁止原則，係指受理行政救濟之機關或法院，就行政救濟案件為變更原處分之決定或判決時，不得較原處分更不利於復查申請人或訴願人或原告，其立論在於行政救濟如許為不利益之變更，則與行政救濟之本旨不符。至於變更或處分如非在行政救濟程序內所為，由於並未涉及行政救濟之問題，自非不得為更不利之變更或處分，而無行政救濟不利益變更禁止原則違反之可言。如係發回原處分機關另為處分，原處分機關依發回意旨重為處分時，即無不利益變更禁止原則之適用餘地[73]。

惟最高行政法院103年度判字第575號判決指出，受理訴願機關決定發回原

---

[73] 臺北高等行政法院102年度簡上字第100號判決。

處分機關另為處分時，原處分機關不得於訴願人表示不服之範圍內，為更不利益之變更或處分。受不利處分之人提起行政救濟，旨在請求除去對其不利之處分，受理行政救濟之行政機關（包括作成原處分之機關）如就原處分加以變更，但其結果較原處分對其更為不利，則有失受處分人提起行政救濟之本意，因此應加以禁止。此外，訴願法第81條第1項後段及行政訴訟法第195條第2項之規定，均無類似刑事訴訟法第370條但書對於「適用法條不當而撤銷」，則無適用不利益變更禁止原則之規定。換言之，原行政處分係適用法規不當而予變更時，並無得排除適用「不利益變更禁止原則」之規定[74]。

　　原處分經救濟機關撤銷後，如原處分機關在同一事實基礎上重為處分時，不得為較原來處分更不利之處分，但如原處分被撤銷後，原處分機關基於不同之事實基礎重為處分時，因事實基礎已不同，則不受「禁止不利益變更原則」之限制[75]。

　　不利益變更禁止原則如此寬鬆之適用，受到極大批評，最高行政法院105年8月份第1次庭長法官聯席會議變更向來之見解，其認為，訴願法第81條第1項規定係規範受理訴願機關於訴願有理由時，應為如何之決定。其但書明文規定「於訴願人表示不服之範圍內」，顯係限制依本文所作成之訴願決定，不得為更不利益之變更或處分，自是以受理訴願機關為規範對象，不及於原處分機關。在法無明文時，尚不得以訴願法第81條第1項之立法理由所載文字，限制原行政處分機關於行政處分經撤銷發回後重為處分時，於正確認事用法後，作成較原行政處分不利於處分相對人之行政處分，否則不符依法行政原則。因此，原行政處分經訴願決定撤銷，原行政處分機關重為更不利處分，並不違反訴願法第81條第1項但書之規定。惟原行政處分非因裁量濫用或逾越裁量權限而為有利於處分相對人之裁量者，原行政處分機關重為處分時，不得為較原行政處分不利於處分相對人之裁量，否則有違行政行為禁止恣意原則。

第三項　訴願決定

一、決定期限

　　訴願事件是否能早日終結，影響訴願人或參加人權益重大，訴願法第85

---

[74] 最高行政法院103年度判字第575號判決、最高行政法院103年度判字第562號判決。
[75] 最高行政法院103年度判字第562號判決。

條第1項規定,訴願之決定,自收受訴願書之次日起,應於三個月內爲之;必要時,得予延長,並通知訴願人及參加人。延長以一次爲限,最長不得逾二個月。期間之計算,訴願法第85條第2項規定,第1項期間,於依第57條但書規定補送訴願書者,自補送之次日起算,未爲補送者,自補送期間屆滿之次日起算;其依第62條規定通知補正者,自補正之次日起算;未爲補正者,自補正期間屆滿之次日起算。是否有必要延長,由受理訴願機關依客觀情事及實際需要,本於職權自行衡酌認定;訴願法並未明定受理訴願機關應將延長決定期限之理由通知訴願人,且該項通知僅爲單純之事實陳述,受理訴願機關縱未敘明延期之理由,尚難遽指該延長通知爲違法[76]。

訴願法第85條第1項規定實務上認爲係屬訓示規定,而非強行規定,其規定之期間並非法定不變期間,訴願機關逾期決定雖有違訴願程序迅速性原則,仍屬有效,不因逾期即應撤銷訴願決定[77]。訴願法第85條第1項規定係爲促令訴願機關迅速執行職務,其違反之法律效果是行政訴訟法第4條所稱提起訴願逾3個月不爲決定,或延長訴願決定期間逾2個月不爲決定者,得向行政法院提起撤銷訴訟。人民既然得以訴願逾期不爲決定,逕行提起行政訴訟,訴願機關逾期決定雖有違訴願程序迅速性原則,惟並不損及訴願人行政救濟之權利。逾期所爲訴願決定並非無效,逾期之訴願決定亦非不合法[78]。

二、合併審議

訴願事件原則上係逐案審議、逐案決定,惟爲符合程序經濟原則,訴願法第78條規定,分別提起之數宗訴願係基於同一或同種類之事實上或法律上之原因者,受理訴願機關得合併審議,並得合併決定。是否合併審議及合併決定,則由受理訴願機關斟酌決定之。

原處分機關係以2013年10月9日府消預字第10238025100號裁處書同時裁處小神通華廈區分所有權人等十三人,訴願人七人不服該裁處書,分別提起訴願,因其訴願標的及事實理由均同一,依訴願法第78條規定,得合併審議並作決定[79]。

---

[76] 行政院民國88年6月15日台規字第23425號。
[77] 臺北高等行政法院107年度簡上字第32號判決。
[78] 最高行政法院109年度判字第204號判決。
[79] 內政部民國103年1月22日台內訴字第1020380240號。

三、訴願決定種類

　　法院裁判依其內容可分為程序與實體裁判，程序裁判通常涉及訴訟程序之爭點，以裁定為之；實體裁判涉及實體之爭點，通常以判決為之。訴願決定雖可從其所涉及之爭議，判斷為程序或實體事項，惟其與法院裁判不同，並未區分裁定及判決，而通稱訴願決定。一般以訴願決定內容區分訴願決定種類。此外，行政院及各級行政機關訴願審議委員會審議規則第8條規定，對於訴願事件，應先為程序上審查，其無應不受理情形者，再進而為實體上審查。因此，以下說明自不受理決定開始。

（一）訴願不受理（決定）

　　訴願不受理決定主要係指訴願之提起不合法，應從程序上駁回而不進入實體審查。訴願法第77條規定，訴願事件有下列各款情形之一者，應為不受理之決定：

1. 訴願書不合法定程式（訴願法第56條）不能補正或經通知補正逾期不補正者（同法第62條）。

2. 提起訴願逾法定期間或未於訴願法第57條但書所定期間內補送訴願書者。訴願法第14條第2項明定之三年期限，係提起訴願之最後期限，縱利害關係人知悉時，迄其提起訴願，未逾三十日，如已逾行政處分送達後三年，仍不得提起，俾得維持法秩序之安定。訴願事件，其提起訴願逾法定期間者，應為不受理之決定[80]。惟訴願法第80條第1項規定，提起訴願因逾法定期間而為不受理決定時，原行政處分顯屬違法或不當者，原行政處分機關或其上級機關得依職權撤銷或變更之。但有下列情形之一者，不得為之：(1)其撤銷或變更對公益有重大危害者。(2)行政處分受益人之信賴利益顯然較行政處分撤銷或變更所欲維護之公益更值得保護者。蓋原行政處分有違法或不當之情形，如仍任其存在，顯與依法行政之原則有違，原行政處分機關或其上級機關自得依職權撤銷或變更之，以糾正其缺失。

3. 訴願人不符合訴願法第18條之規定者。
   提起訴願，不具訴願主體地位者，應為不受理之決定。公寓大廈管理委員會係由區分所有權人選任住戶為管理委員所設立之組織，與公寓

---

[80] 高雄高等行政法院90年度訴字第1592號裁定。

大廈管理委員會之主任委員係分屬不同之權利義務主體，原處分機關
上開函既非處分訴願人（主任委員），而係以大廈二期管理委員會爲
處分對象，則訴願人之權利或利益，並不因原處分機關上開函處分而
受有直接損害，訴願人非受處分之相對人或利害關係人，逕自以其名
義提起訴願，顯非適格之當事人。本件訴願爲不合法，依訴願法第77
條第3款規定應不予受理[81]。

4. 訴願人無訴願能力而未由法定代理人代爲訴願行爲，經通知補正逾期
   不補正者。
5. 地方自治團體、法人、非法人之團體，未由代表人或管理人爲訴願行
   爲，經通知補正逾期不補正者。
6. 行政處分已不存在者。
   行政處分經原處分機關或上級機關依職權撤銷而不復存在，則無許對
   之提起訴願及行政訴訟之必要。訴願機關應依訴願法第77條第6款規定
   爲不受理之決定，行政法院則應依行政訴訟法第107條第1項第10款之
   規定駁回原告之起訴[82]。行政處分已不存在係指原行政處分經撤銷之情
   形。限縮解釋之目的在於，避免將行政處分已因期間屆滿、執行終了
   或其他事由失效，均視爲行政處分不存在，蓋在上述情形行政處分雖
   已不存在，訴願上尚有可回復之法律上利益時，仍應許其提起或續行
   訴願或行政訴訟[83]。
7. 對已決定或已撤回之訴願事件重行提起訴願者。
   本規定係基於一事不再理原則及避免當事人濫訴之目的，訴願事件是
   否同一，則應就訴願人、原處分機關及訴願標的綜合判斷。
8. 對於非行政處分或其他依法不屬訴願救濟範圍內之事項提起訴願者。

　　非行政處分包括事實行爲、公法契約、行政規則等，其雖屬公權力行
使，但並非訴願對象。其他依法不屬訴願救濟範圍內之事項，包括非屬公法爭
議者以及雖屬公法上爭議但有其他代替訴願救濟途徑者，例如，公務人員保障
法之復審制度。

---

[81] 內政部民國102年7月19日台內訴字第1020000530號。
[82] 最高行政法院100年度裁字第1252號裁定。
[83] 吳庚、張文郁，前揭書，第152頁。

　　矯正機關依監獄行刑法，對於罹患疾病之受刑人，視其健康狀況所爲之各種醫治處遇，係屬刑事執行之一環，爲廣義之司法行政處分，非行政程序法及訴願法所規範之行政處分。矯正機關是否准許受刑人爲保外醫治之決定，屬刑事執行之一環，爲廣義之司法行政處分，並非屬訴願救濟之範圍，訴願人對之提起訴願，於法不合，依訴願法第77條第8款規定應不受理[84]。

　　實務上比較有爭議的是如何處理訴願無實益（欠缺權利保護必要）之問題。

　　有認爲應以不符合程序要件，以不受理決定爲之，訴願人既已獲榜示及格，其提起訴願，並無法律上實益，欠缺權利保護之必要性，非屬訴願救濟範圍內事項，應爲不受理之決定[85]。臨檢之實施，僅係單純查證身分，核其性質屬事實行爲，並非行政處分，且該行政行爲亦已執行完畢而不存在，訴願人之權利或利益尚無從藉由訴願程序救濟之。因此，訴願爲程序不合，依訴願法第77條第8款規定爲不受理決定[86]。

　　司法院釋字第546號解釋指出，司法院院字第2810號解釋認爲，「依考試法舉行之考試，對於應考資格體格試驗，或檢覈經決定不及格者，此項決定，自屬行政處分。其處分違法或不當者，依訴願法第1條之規定，應考人得提起訴願。惟爲訴願決定時，已屬無法補救者，其訴願爲無實益，依訴願法第7條應予駁回。」其目的在闡釋提起行政爭訟，須其爭訟有權利保護必要，即具有爭訟之利益爲前提，倘對於當事人被侵害之權利或法律上利益，縱經審議或審判之結果，亦無從補救，或無法回復其法律上之地位或其他利益者，即無進行爭訟而爲實質審查之實益[87]。

---

[84] 法務部民國103年2月19日法訴字第10313500840號；最高行政法院104年度裁字第1430號裁定亦指出，對於犯妨害性自主罪之受刑人，監獄在徒刑執行中給予強制身心治療或輔導教育之處分，受刑人若有不服時，應循內部申訴管道，經典獄長決定處理結果後送監督機關，由監督機關爲最後之決定，尚不得循一般行政救濟程序提起訴願及行政訴訟。

[85] 考試院106考臺訴決字第109號訴願決定書。

[86] 新北市政府民國102年7月2日北府訴決字第1021878545號。

[87] 惟司法院釋字第546號解釋理由書另指出，被侵害之權利或利益，經審議或審判結果，無從補救或無法回復者，並不包括依國家制度設計，性質上屬於重複發生之權利或法律上利益，諸如參加選舉、考試等，人民因參與或分享，得反覆行使之情形。當事人所提出之爭訟事件，縱因時間之經過，無從回復權利被侵害前之狀態，然基於合理之期待，未來仍有同類情事發生之可能時，即非無權利保護必要，自應予以救濟，

　　惟亦有認為，有無訴願實益係屬實體要件審查事項，非屬程序要件，如有所欠缺，應依訴願法第79條規定，以無理由駁回之[88]。

　　2023年8月15日施行之行政訴訟法第107條第3項第1款規定，欠缺權利保護必要者，行政法院得不經言詞辯論，逕以判決駁回之。訴願法是否比照辦理，有待訴願實務之發展。

　　訴願法第77條所列八款皆屬具體不受理事由，並無概括條款，是否能涵蓋所有可能之不受理事由，不無疑問，例如，法律規定提起訴願應先經先行程序時，訴願人未經先行程序即提起訴願者，亦應屬不受理決定[89]。訴願法第77條

以保障其權益。人民申請為公職人員選舉候選人，因主管機關認其資格與規定不合而予核駁處分，申請人不服而提起行政爭訟時，雖選舉已辦理完畢，但其經由選舉而擔任公職乃憲法所保障之權利，且性質上得反覆行使，除非該項選舉已不復存在，則審議或審判結果對其參與另次選舉成為候選人資格之權利仍具實益，並非無權利保護必要者可比。受理爭訟之該管機關或法院，仍應為實質審查，若原處分對申請人參選資格認定有違法或不當情事，應撤銷原處分或訴願決定，俾其後申請為同類選舉時，不致再遭核駁處分。

[88] 法務部法訴字第10613504810號訴願決定指出，人民提行政救濟者，須具備權利保護要件，即有爭訟之利益為前提，請求者須有以行政救濟程序實現之必要性及實效性，如無值得權利保護之利益存在，即已欠缺權利保護必要，應認其訴願為無理由，訴願人所申請之資訊業向法務部矯正署桃園監獄申請，該監業以2017年8月7日桃監戒字第10607003800號書函及同年2月16日桃監戒字第10607003940號書函同意提供，則訴願人之請求已獲滿足，從而其提起本訴願即欠缺權利保護必要，應認本件訴願為無理由。

[89] 陳敏，行政法總論，10版，2019年11月，第1373頁。惟最高行政法院98年6月份第1次庭長法官聯席會議（一）指出，土地徵收條例第22條第1、2項規定之異議、復議程序，乃立法者為土地權利關係人對於徵收補償價額不服時，在依通常救濟程序提起訴願前所增設之救濟程序。由於各該程序皆有法定期間之限制，且由土地徵收條例第22條第2項後段規定可知，土地權利關係人不服復議結果者，得依法提起行政救濟。於此情形，如解釋為土地權利關係人對於徵收補償價額不服時，得隨意進行其他救濟程序，譬如於異議、復議程序終結前，尚得先行或同時進行訴願及行政訴訟程序，將造成同一事件之法律救濟途徑重疊、併行甚至結果歧異；如解釋為土地權利關係人「選擇」一種救濟程序後排除其他救濟途徑者，不僅法無明文而且「選擇」並無法定期間、次數之限制，亦可能造成同一事件之法律救濟途徑，無止境的中斷與接續，凡此皆顯然違反程序明確、程序安定與有效法律保護之法治國家基本原則。是土地權利關係人對於徵收補償價額不服時，依土地徵收條例第22條第1、2項規定，必須於公告期間內提出異議，並經復議程序，始得提起行政救濟，該異議、復議程序自屬土地權利關係人對於徵收補償價額不服時，提起行政救濟前之必要先行程序。惟為符合憲法保

所規定之八款事由應僅具例示性質而非列舉規定[90]。

（二）訴願無理由（決定）

訴願法第79條第1項規定，訴願無理由者，受理訴願機關應以決定駁回之。無理由係指指摘行政處分違法或不當在法律上並不成立。駁回訴願之理由，並不以原處分機關所依據之理由為限，訴願法第79條第2項規定，原行政處分所憑理由雖屬不當，但依其他理由認為正當者，應以訴願為無理由[91]。

訴願人非土地與建物之所有權人，亦非興建建物之行為人，原處分機關（新竹縣政府）以訴願人未經申請許可興建建物之行為人，雖有未當，然訴願人以土地及建物作○○○休閒園區使用，其使用行為仍未符合該土地編定管制使用之規定。原處分機關依區域計畫法第15條第1項、第21條規定及「新竹縣政府違反區域計畫法案件罰鍰裁量基準表」違反使用面積2,500至5,000平方公尺以下裁量基準，以2016年5月2日府地用字第1050047503號處分書處訴願人12萬元罰鍰、限於2016年8月10日前完成指定改正事項（刨除水泥鋪面、拆除地上物及恢復原編定使用），原處分仍應予維持。本件訴願無理由，依訴願法第79條第2項規定，決定如主文（訴願駁回）[92]。

（三）訴願有理由（決定）

1. 撤銷訴願

訴願法第81條第1項規定，訴願有理由者，受理訴願機關應以決定撤銷原行政處分之全部或一部，並得視事件之情節，逕為變更之決定或發回原行政處

障人民訴願與行政訴訟權利之意旨，儘量避免使多層次先行程序構成人民行使其救濟權利之程序障礙，故土地權利關係人對徵收補償價額不服而已依法提起訴願者，應視為依法提出異議，由受理異議機關查處之。

[90] 吳庚、張文郁，前揭書，第153-154頁；陳敏，前揭書，第1371頁；莊國榮，前揭書，第445頁。

[91] 高雄高等行政法院101年度訴更一字第11號判決指出，原處分雖仍以中國石油化學工業開發股份有限公司原提出之整治計畫執行期程為依據，而以中國石油化學工業開發股份有限公司未於99年第2季（即99年6月30日）完成污染面積減量百分之二十之整治目標，作為裁處之理由，該處分所憑上述裁處之理由雖屬不當，然因中國石油化學工業開發股份有限公司仍未於99年7月9日期限內完成污染面積縮減百分之二十之階段目標，臺南市政府對中國石油化學工業開發股份有限公司所為裁罰處分，尚無違法，揆諸訴願法第79條第2項規定意旨，上開處分仍不得予以撤銷。

[92] 內政部民國105年8月23日內政部訴願決定書台內訴字第1050053202號。

分機關另爲處分。

依本項規定，受理訴願機關審酌事證後，認訴願爲有理由者，受理訴願機關之處理方法有三：(1)單純撤銷原行政處分之全部或一部。(2)撤銷原行政處分並發回原行政處分機關另爲處分。(3)撤銷原行政處分並逕爲變更之決定。

(1)單純撤銷原行政處分之全部或一部

原行政處分欠缺實質合法要件者，尤其是構成要件不該當時，受理訴願機關得以決定撤銷原行政處分之全部或一部。例如，原發證機關雖於新北市政府社會福利管理資訊系統，將系爭停車位識別證登錄註銷日期爲2012年4月19日，然未依行政程序法規定，將該註銷之行政處分以書面送達於訴願人，或以其他適當方法通知或使其知悉，自不能生註銷之效力，原處分機關據以向訴願人追繳上開期間停車費及催繳通知工本費用，自有違誤，原處分實難予以維持，將原處分撤銷，以資妥適[93]。

環境保護主管機關之移置行爲，仍須以車輛所有人有移置車輛之義務爲前提。本件機車是否屬廢棄車輛尚有斟酌之餘地，若機車非屬廢棄車輛，訴願人即無遷移車輛之義務。原處分機關未善盡查明義務遽爲查報認定系爭機車爲廢棄車輛並將系爭車輛移置保管，即有違誤，不應維持，將原處分撤銷[94]。

原處分機關既未確實查得訴願人開挖整地行爲於何時終了，即難認定其裁處權是否已逾行政罰法第27條第1項所定三年之裁處權時效。原處分機關逕以系爭土地上現存有工廠，即認定訴願人違反水土保持法第12條第1項第4款規定而予以裁處，似嫌率斷，將原處分撤銷[95]。

繳交山坡地開發利用回饋金事件，應爲縣（市）政府之權限，原處分機關雖爲臺北縣政府所屬一級行政機關，惟未經其上級機關即臺北縣政府依行政程序法等相關規定，將該辦法規定之有關臺北縣政府權限事項委任原處分機關執行之前，原處分機關尚無權限以自己之名義爲行政處分。行政處分係一無權限機關所爲之行政處分，顯非法之所許，爰予撤銷，以符法制[96]。

原處分機關僅以訴願人囿於網頁選項，勾選「按摩治療師」一詞，即逕認定訴願人刊登醫療廣告，而未審酌訴願人刊登之廣告內容有無涉及醫療效能或

---

[93] 新北市政府民國102年8月7日北府訴決字第1021666385號。
[94] 新北市政府民國102年6月24日北府訴決字第1021838679號。
[95] 行政院農業委員會民國102年6月14日農訴字第1020706206號。
[96] 新北市政府民國100年2月24日北府訴決字第0990913934號。

醫療業務即逕行處罰，顯屬率斷。爲求原處分之正確並維護訴願人之權益，爰將原處分撤銷，以符法制[97]。

(2)撤銷原行政處分並發回原行政處分機關另爲處分

原行政處分所依據之事實或法律關係尚有疑義，須原處分機關重新調查，始能決定是否及如何作成處分時，受理訴願機關得撤銷原行政處分並發回原行政處分機關另爲處分。鑑於行政處分係攸關民眾之權益，故其經撤銷後，如原處分機關怠於重爲行政處分，將使民眾之權益懸而不決或遭受損害，故有限期命其重爲行政處分之必要。訴願法第81條第2項規定，前項訴願決定撤銷原行政處分，發回原行政處分機關另爲處分時，應指定相當期間命其爲之。

2013年5月2日府地用字第1020133223號裁處書事實欄二載「○○鎮溝皀段685、686地號土地（編定爲特定農業區農牧用地），違規搭建鐵皮屋作工廠使用（違規約略面積爲4,329平方公尺）。」裁處書所載違規事實，顯與彰化縣○○鎮非都市土地違規使用案件處理查報表、原處分機關101年5月31日府地用字第101015019號書函請土地所有權人提出陳述意見及訴願答辯書答辯內容所指稱違規事實爲資源回收場使用均不相符。本件裁處書記載事實與查獲之違規事實不一致。原處分應由內政部予以撤銷，由原處分機關於一個月內另爲適法之處分[98]。

行政處分之內容，並未具體記載否准訴願人申請之理由及法令依據，致無法判斷其是否已正確認定事實及適用法律，與行政程序法第96條所定書面行政處分應記載之法定程式不合，難謂妥適。將原處分撤銷，由原處分機關於二個月內查明事實另爲適法之處分[99]。

原處分機關並非系爭土地公共設施完竣認定之權責機關，亦未說明何以得逕依前揭臺中市政府都市發展局107年函文及臺中市中興地政事務所107年造具之清冊，即可逕行認定系爭土地自102年起公共設施已完竣，而得以補徵102年至106年按一般用地稅率核課之地價稅？而非自次年即108年起按一般用地稅率核課地價稅？因事涉訴願人利益及課稅公平原則，容有再查明之必要。從而，爲求原處分之正確及維護訴願人之權益，應將原處分撤銷，由原處分機關於決定書送達次日起六十日內另爲處分[100]。

---

[97] 臺中市政府民國108年1月31日府授法訴字第1070260790號。
[98] 內政部民國102年7月22日台內訴字第1020246387號。
[99] 行政院農業委員會民國101年8月23日農訴字第1010099617號。
[100] 臺中市政府民國107年12月21日府授法訴字第1070196926號。

(3)撤銷原行政處分並逕為變更之決定

當原處分之事實關係已臻明確，未涉及權限分工，行政作業上亦不生困難時，受理訴願機關得撤銷原行政處分並逕為變更之決定[101]。本件事證已臻明確，為求原處分之正確及維護訴願人之權益，應將原處分撤銷，原處分機關應准予訴願人更正之申請[102]。

2. 課予義務訴願

課予義務訴願有理由時，依訴願法第82條第1項規定，受理訴願機關應指定相當期間，命應作為之機關速為一定之處分。

原處分機關就訴願人之申請案，迄今未作成准否之行政處分，自與規定有違。訴願人主張原處分機關對於人民依法申請之案件，應作為而不作為，非無理由，命原處分機關於決定書送達之次日起六十日內速為准否之處分，以符法制[103]。

人民申請案件之處理期限，未訂定處理期間者，其處理期間為二個月，此為行政程序法第51條第1、2項所明定。訴願人之申請，原處分機關僅於答辯書陳述其主張為無理由，就訴願人申請案，迄未作成准駁之行政處分，自與前揭規定期限有違。訴願人主張原處分機關對於人民依法申請之案件，應作為而不作為，非無理由，命原處分機關於決定書送達之次日起六十日內速為准駁之行政處分，以符法制[104]。

行政機關依法應受訴願決定之拘束，遵守訴願決定之意旨，於訴願決定所指定之法定期間，有作為之義務。行政機關未依訴願決定限期作為處分之意旨，再有怠為處分之情形，依訴願法第82條第1項之規定，僅能定期命應作為之機關速為一定之處分，未如同行政訴訟法第200條第3、4款之規定，得判命行政機關作成訴願人所申請內容之行政處分，或尚有涉及行政機關之行政裁量決定之情形，判命行政機關遵照其判決之法律見解對於原告作成決定，訴願機關自不得判命行政機關作成訴願人所申請內容之行政處分。此時人民自無須再依訴願法第2條第1項之規定，向訴願機關提起訴願，應認為人民對於行政機關怠為處分其依法申請案件之情形，業已踐行訴願程序，自得依行政訴訟法第5

---

[101] 吳庚、張文郁，前揭書，第136頁。

[102] 臺中市政府民國105年1月19日府授法訴字第1040289989號。

[103] 新北市政府民國102年8月16日北府訴決字第1021956471號。

[104] 新北市政府民國101年3月22日北府訴決字第1001818848號。

條第1項之規定，向行政法院提起課予義務訴訟，再由行政法院依行政訴訟法第200條各款之規定，為適法之裁判[105]。

　　受理訴願機關未為訴願法第82條第1項決定前，應作為之機關已為行政處分者，應作為而不作為之情形已不復存在，訴願無實益，訴願法第82條第2項規定，受理訴願機關應認訴願為無理由，以決定駁回之。自程序之保障及訴訟經濟之觀點，訴願法第82條第2項所謂「應作為之機關已為行政處分」，係指有利於訴願人之處分，全部或部分拒絕當事人申請之處分，應不包括在內。故於訴願決定作成前，應作為之處分機關已作成之行政處分非全部有利於訴願人時，無須要求訴願人對於該處分重為訴願，訴願機關應續行訴願程序，對嗣後所為之行政處分併為實體審查，如逕依訴願法第82條第2項規定駁回，並非適法[106]。

（四）命原處分機關依職權撤銷或變更原處分

　　訴願人提起訴願逾法定期間者，應為不受理之決定，此時行政處分即具有形式存續力。惟原行政處分有違法或不當之情形，如仍任其存在，顯與依法行政之原則有違。原處分機關或其上級機關發現原行政處分有違法或不當時，本於行政監督功能依法得依職權加以撤銷（行政程序法第117條以下）。然並非謂有違法或不當情形，均無條件將其撤銷或變更。訴願法第80條第1項規定，提起訴願因逾法定期間而為不受理決定時，原行政處分顯屬違法或不當者，原行政處分機關或其上級機關得依職權撤銷或變更之。但有左列情形之一者，不得為之：1.其撤銷或變更對公益有重大危害者。2.行政處分受益人之信賴利益顯然較行政處分撤銷或變更所欲維護之公益更值得保護者。

　　行政院及各級行政機關訴願審議委員會審議規則第25條規定，提起訴願因逾法定期間應為不受理決定，而原行政處分顯屬違法或不當，受理訴願機關得於決定理由中指明應由原行政處分機關撤銷或變更之。換句話說，訴願決定仍為不受理決定，但在決定理由中要求原行政處分機關撤銷或變更違法之行政處分。例如，17件裁處書提起訴願之三十日法定期間，至遲已於2011年11月11日屆滿。然訴願人遲至2012年3月15日始提起訴願，訴願之提起已逾三十日之法定不變期間。原處分業已確定，訴願人逾法定期間提起訴願，自非法之所許。原處分機關對於訴願人第3次以後違規行為之加重裁處，亦有違誤，宜由原處

---

[105] 臺中高等行政法院102年度訴字第27號判決。
[106] 最高行政法院101年度2月份庭長法官聯席會議決議。

分機關本於職權撤銷對於訴願人第2次至第17次違規行為之罰鍰處分後,再另為適法處分[107]。

(五)情況決定

現代國家施政,多以公共福祉為依歸,原行政處分縱屬違法或不當,如其撤銷或變更於公益顯有重大損害時,則仍應予以維護,不因訴願人之受有損害而遽予變更。訴願法第83條第1項規定,受理訴願機關發現原行政處分雖屬違法或不當,但其撤銷或變更於公益有重大損害,經斟酌訴願人所受損害、賠償程度、防止方法及其他一切情事,認原行政處分之撤銷或變更顯與公益相違背時,得駁回其訴願。訴願法第83條第1項規定之立法目的在於維護公私利益之平衡發展。惟為促進行政權之合法行使,並加強行政機關人員之警覺,訴願法第83條第2項規定,前項情形,應於決定主文中載明原行政處分違法或不當。

訴願人因訴願法第83條規定受有損害時,訴願法第84條規定,受理訴願機關為第83條決定時,得斟酌訴願人因違法或不當處分所受損害,於決定理由中載明由原行政處分機關與訴願人進行協議。前項協議,與國家賠償法之協議有同一效力。

訴願法第83條之情況決定與行政訴訟法第198條之情況判決同在避免撤銷原屬違法之行政處分後,將對公益造成損害所致,蓋因違法之行政處分除非有無效之情形,否則在未被職權撤銷或爭訟撤銷前,仍受有效推定,此時縱令提起撤銷爭訟,在訴願及行政處分均不停止執行前提下,法律關係將會不斷累積成長,終至使既成事實的保護成為必要的課題。違法行政處分經受處分人訴請撤銷者,訴願決定機關及法院本應予以撤銷,否則依法行政原則無以貫徹;惟如因撤銷行政處分會對既成事實造成衝擊,嚴重損及公共利益,則例外使該違法之行政處分存續,並由國家之賠償作為替代救濟措施。情況決定所欲保護的既成事實係由行政機關違法行政處分所造成,其不利益卻是犧牲法治原則,將不利益歸由處分相對人或利害關係人負擔,此對於違法行政處分所造成之既成事實及隨之而至之公共利益所為之讓步,應屬法治原則之例外,自應謹慎利用[108]。

訴願決定[109]斟酌參加人已以「蔡○母」名義參加本案之權利變換分配,原

---

[107] 新北市政府民國101年7月24日北府訴決字第1011541432號。

[108] 高雄高等行政法院98年度訴更二字第21號判決。

[109] 內政部民國100年2月23日台內訴字第1000031449號訴願決定。

告等縱因系爭處分而受有損害，較之系爭處分若予撤銷，將使參加本案都市更新之其他權利人蒙受損失，且在社會經濟層面上，亦存在因撤銷原處分，相關存在事實需除去之顯著困難，且此除去涉及保護整體都市機能之公共性，於公共利益有重大影響，而於公共利益有所違背等情狀相較，而認本件應依訴願法第83條第1項規定爲情況決定，且臺北市政府應依訴願法第84條規定與原告協議，尚無不合[110]。

原告不服受理訴願機關依訴願法第83條第1項所爲之訴願決定，提起行政訴訟，聲明撤銷訴願決定及原處分，究應以原處分機關爲被告，抑以訴願機關爲被告？有認爲因訴願機關已認定原處分不當，應視同原處分已撤銷或變更，原告不服訴願決定，應以訴願機關爲被告，方爲適格。另有認爲，原告不服訴願決定，依行政訴訟法第24條第1款規定，應以原處分機關爲被告機關方爲適格。針對此項問題，2005年6月21日各級行政法院94年度行政訴訟法律座談會提案第13號決議認爲，應以原處分機關爲被告機關方爲適格。

四、訴願決定書

訴願決定書依訴願法第89條第1項規定，應載明下列事項：（一）訴願人姓名、出生年月日、住、居所、身分證明文件字號。如係法人或其他設有管理人或代表人之團體，其名稱、事務所或營業所，管理人或代表人之姓名、出生年月日、住、居所、身分證明文件字號。（二）有法定代理人或訴願代理人者，其姓名、出生年月日、住、居所、身分證明文件字號。（三）主文、事實及理由。其係不受理決定者，得不記載事實。（四）決定機關及其首長。（五）年、月、日。除此之外，訴願決定書依訴願法第90條規定，應附記，如不服決定，得於決定書送達之次日起二個月內向行政法院提起行政訴訟。

訴願決定書之正本，應於決定後十五日內送達訴願人、參加人及原行政處分機關。爲確保訴願人訴訟權，訴願法第91條第1項規定，對於得提起行政訴訟之訴願決定，因訴願決定機關附記錯誤，向非管轄機關提起行政訴訟，該機關應於十日內將行政訴訟書狀連同有關資料移送管轄行政法院，並即通知原提起行政訴訟之人。依錯誤之教示所爲之行爲，依訴願法第91條第2項規定，視爲自始向有管轄權之行政法院提起行政訴訟。

---

[110] 臺北高等行政法院100年度訴字第667號判決；最高行政法院101年度判字第394號判決。

　　為保障行政訴訟人之權益，訴願法第92條規定，訴願決定機關附記提起行政訴訟期間錯誤時，應由訴願決定機關以通知更正之，並自更正通知送達之日起，計算法定期間。訴願決定機關未依第90條規定為附記，或附記錯誤而未依前項規定通知更正，致原提起行政訴訟之人遲誤行政訴訟期間者，如自訴願決定書送達之日起一年內提起行政訴訟，視為於法定期間內提起。

五、訴願決定之效力

　　訴願法第95條規定，訴願決定確定後，就其事件，有拘束各關係機關之效力。原處分機關縱認訴願決定違法，亦不允許其對於訴願決定提起撤銷訴訟。亦即原處分機關對上級機關之訴願決定，應受訴願決定之拘束（訴願法第95條前段），不得再為不服之表示，以符行政一體性原則之適用[111]。

　　人民不服原處分提起訴願，經訴願機關為訴願決定後，即應受訴願決定意旨之拘束。訴願決定確定後，原處分機關對於已確定之訴願決定亦不得提起再審[112]。訴願法第95條乃規範訴願決定確定之效力，並非禁止或限制行政機關自我審查，不得解為原處分機關於自行發現或經上級機關指明原處分有違法情形，仍不得撤銷或變更之[113]。訴願決定確定後，發現錯誤或有其他情形，倘撤銷原處分另為新處分，於訴願人之權益不生損害者，原處分機關得本於其職權另為處置，不在應受拘束之範圍[114]。

　　訴願決定確定後就其事件有拘束各關係機關之效力，原行政處分經撤銷後須重為處分者，原處分機關應依訴願決定意旨為之。訴願決定指摘原處分適用法律之見解有違誤者，原處分機關應受訴願決定意旨之拘束，訴願法第95條前段、第96條規定自明[115]。基於行政一體性原則，上級機關就具體個案本得對下

---

[111] 最高行政法院112年度抗字第222號裁定。公立大學所為不通過教師升等之處分，經教育部以訴願決定撤銷，因公立大學就此公權力行使事項，本受教育部之業務監督，在業務監督範圍內，具有上下之服從關係，對於訴願決定撤銷原處分，應服從其業務監督，自無從對外表示不服而提起撤銷訴訟，請求撤銷訴願決定。若竟提起撤銷訴訟，乃不備撤銷訴訟之要件，又不能補正，應依行政訴訟法第107條第1項第10款裁定駁回之。

[112] 臺中高等行政法院90年度訴字第706號裁定。

[113] 最高行政法院100年度判字第2152號判決。

[114] 法務部民國107年9月5日法律字第10703513200號。

[115] 臺南市政府民國102年5月10日府法濟字第1020405669號。

級機關為必要之監督指示，下級機關對於訴願決定意旨，原不待訴願決定確定
即有服從，並據以處理之義務[116]。

　　訴願決定既已指出原處分機關於本案之違失，原處分機關重為處分時自應
受其拘束，然其並未斟酌訴願決定意旨，究明相關疑義，而重為相同內容之處
分，自與訴願法第95條前段及第96條規定不符。本件原處分機關未審酌前述各
項理由，仍維持經本府訴願決定撤銷之原處分相同見解而重為相同處分，於法
自有未合，將原處分撤銷，以符法制[117]。

　　訴願法第96條規定，原行政處分經撤銷後，原處分機關須重為處分者，應
依訴願決定意旨為之，並將處理情形以書面告知受理訴願機關。原處分經訴願
決定撤銷，要求其重為處分時，依司法院釋字第368號解釋意旨，原則上除非
涉及事證調查，發現新事證得為維持與原處分相同之處分外，否則應受訴願決
定之拘束，不得重為相同內容之處分[118]。

　　訴願決定撤銷原處分之理由，倘係以事件之事實未臻明確，應由原處分機
關調查事證後另為適法之處分者，原處分機關自應依訴願決定意旨調查事證，
如依調查結果認定之事實，認前處分適用法規並無錯誤，仍得維持經撤銷之前
處分見解；倘係以原處分機關適用法律之見解有違誤者，原處分機關應即受訴
願決定之法律見解拘束[119]。換句話說，在訴願決定撤銷原處分（含稅務行政救
濟中復查前置程序所為之復查決定），將該事件發回重為處分時，原處分機關
原則上即應以訴願決定所為撤銷理由之法律上判斷為其處分基礎[120]。

　　訴願程序係特殊行政程序，僅係訴願機關本於行政權之作用，對原處分機
關所為行政處分之妥當性及違法性作行政自我審查與行政法院之違法性司法審
查不同。訴願法第95條關於拘束力之規定與行政法院確定判決之既判力並不相
同，確定之訴願決定自無拘束從事司法審查之後案行政法院[121]。

---

[116] 最高行政法院100年度判字第2152號判決。
[117] 新北市政府民國102年3月5日北府訴決字第1012968530號。
[118] 臺北市政府法規委員會民國90年4月3日。
[119] 行政院民國92年4月23日院台訴字第0920015210號。
[120] 最高行政法院102年度判字第128號判決。
[121] 最高行政法院95年度判字第1465號判決。

六、訴願之停止與承受

（一）訴願之停止

訴願經合法提起且受理訴願機關已進行審議，除有法定原因外，不得任意停止程序之進行。為避免訴願決定與其他機關決定分歧，訴願法第86條第1項規定，訴願之決定以他法律關係是否成立為準據，而該法律關係在訴訟或行政救濟程序進行中者，於該法律關係確定前，受理訴願機關得停止訴願程序之進行，並即通知訴願人及參加人。所謂訴訟指民刑訴訟，行政救濟程序指訴願（訴願前之先行程序亦包括在內）及行政訴訟。

訴願法第86條規定，受理訴願機關得停止訴願程序之進行，係受理訴願機關之權限，法律並未賦予訴願人得「依法申請」之權。訴願人申請停止訴願程序之進行，與訴願法第86條第1項規定要件不合，不應准許[122]。

訴願程序經停止者，其訴願決定期間非受理訴願機關所能掌握，訴願法第86條第2項規定，受理訴願機關依前項規定停止訴願程序之進行者，第85條所定訴願決定期間，自該法律關係確定之日起，重行起算。

（二）訴願之承受

訴願程序中發生訴願人死亡或法人合併而消滅情形者，其訴願人能力即有欠缺，為使訴願程序得以續行，訴願法第87條第1項規定，訴願人死亡者，由其繼承人或其他依法得繼受原行政處分所涉權利或利益之人，承受其訴願。訴願法第87條第2項規定，法人因合併而消滅者，由因合併而另立或合併後存續之法人，承受其訴願。為能確實證明承受訴願之必要，訴願法第87條第3項規定，依前二項規定承受訴願者，應於事實發生之日起三十日內，向受理訴願機關檢送因死亡繼受權利或合併事實之證明文件。

訴願法對訴願人死亡者，其效力如何及應如何續行訴願，除承受聲明部分已為規定者外，其餘則未為規定，應參照行政訴訟程序中當事人死亡時，訴訟程序當然停止之法律規定（行政訴訟法第179條至第182條及第186條準用民事訴訟法相關規定）。基於同一之法律上理由，訴願程序亦應發生當然停止之效果，訴願機關於有繼承人承受訴願前，不得作成訴願決定，縱作成訴願決定，亦不發生終結之效果[123]。

---

[122] 內政部民國101年11月26日台內訴字第1010227789號。
[123] 臺北高等行政法院97年度訴字第2619號判決。

　　訴願法第87條第3項規定，係屬注意規定，因訴願人有無當事人能力，應由訴願機關依職權查明，不因依法應承受訴願之人怠於陳報而受影響[124]。

　　訴願人之繼承人迄未聲明承受訴願，本件訴願既未由訴願人之繼承人承受訴願，自無續行訴願之必要，原以訴願人之名義提起之訴願，依訴願法第18、77、87條之規定，程序自有未合，應不予受理[125]。

　　訴願程序進行中，有關行政處分所涉權利或利益移轉於第三人者，並不當然發生訴願承受之效果。惟訴願決定之結果對受讓人之利害關係較為密切，訴願法第88條規定，受讓原行政處分所涉權利或利益之人，得檢具受讓證明文件，向受理訴願機關申請許其承受訴願，其目的在使第三人能夠維護其權益。

第四項　訴願程序與行政處分之執行

　　訴願法第93條第1項規定，原行政處分之執行，除法律另有規定外，不因提起訴願而停止。行政處分不因人民提起行政救濟而停止執行，此乃我國法制之傳統，法律規定因提起訴願而停止執行之例外規定，例如，銀行法第134條第3項規定，前二項罰鍰之受罰人不服者，得依訴願及行政訴訟程序，請求救濟。在訴願及行政訴訟期間，得命提供適額保證，停止執行。

　　惟為兼顧私益，訴願法第93條第2項規定，原行政處分之合法性顯有疑義者，或原行政處分之執行將發生難以回復之損害，且有急迫情事，並非為維護重大公共利益所必要者，受理訴願機關或原行政處分機關得依職權或依申請，就原行政處分之全部或一部，停止執行。

　　原處分或決定之執行，將發生難以回復之損害，且有急迫情事，係指須有避免難以回復損害之急迫必要性，難以回復之損害係指其損害不能回復原狀，或不能以金錢賠償，或在一般社會通念上，如為執行可認達到回復困難之程度[126]。

　　訴願人請求停止原處分之執行，經核原處分之合法性非顯有疑義，且金錢罰鍰及停止違規使用處分之執行，並不發生難以回復之損害，訴願人所請求與訴願法第93條第2項規定不符，不准予停止原處分之執行[127]。

---

[124] 最高行政法院93年度判字第670號判決。
[125] 交通部民國96年3月6日交訴字第0960002500號。
[126] 最高行政法院91年度裁字第344號裁定。
[127] 內政部民國102年9月23日台內訴字第1020297262號。

　　訴願法第93條第2、3項及行政訴訟法第116條第3項規定之立法目的，乃因行政機關之處分或決定，在依法撤銷或變更前，具有執行力，原則上不因提起行政救濟而停止執行。於行政訴訟起訴前，如原處分或決定之執行將發生難於回復之損害，且有急迫情事者，自應賦予行政法院依受處分人或訴願人之聲請，裁定停止執行，俾兼顧受處分人或訴願人之利益。抗告人既已向原處分機關以有急迫情形請求停止原處分之執行，原處分機關逾時已久，迄今仍不予處理，致抗告人等無從依停止執行制度向原處分機關聲請而受到應有之保護，於此急迫情形下，非即時由行政法院予以處理，則難以救濟，自應許抗告人等直接向行政法院聲請對原處分之停止執行。原裁定僅以原處分機關尚未對該聲請處理前，聲請人並無逕向原審法院聲請停止系爭行政處分執行之必要，據以駁回抗告人等之聲請，而未審酌抗告人等已依法向相對人聲請，相對人未依法妥適儘速處理，使抗告人等權益無法受到合理保護等情事，自嫌速斷[128]。

　　撤銷聲請人廢棄物清除許可證及處理許可證之行政處分，其合法性為有疑義；撤銷聲請人廢棄物清除許可證及廢棄物處理場（廠）操作許可證之行政處分，造成聲請人停止營業之損失，日後聲請人本案縱獲得勝訴，雖非不得以金錢予以補償；惟聲請人另指原處分之執行將影響其所建立之商譽及全廠員工無法生存部分，如待本案終局之救濟，將使聲請人日後營運造成困難，且使該公司員工及其家屬陷於生活之困境，均屬難於回復之損害，且有急迫之情形。聲請人係合法成立之環保公司，領有廢棄物清除許可證及廢棄物處理場（廠）操作許可證，本件停止原處分之執行，由聲請人再繼續廢棄物清除、處理工作，於公益尚無重大影響。原處分之合法性尚有疑義，如執行將發生難於回復之損害，且有急迫情事，而於公益並無重大影響，聲請人聲請停止執行，為有理由，應予准許[129]。

第七節　再審程序

　　訴願決定確定後，如發現有類似民事訴訟法第496條第1項及行政訴訟法第273條第1項所定再審事由時，允許訴願人或其他利害關係人聲請再審以資救

---

[128] 最高行政法院92年度裁字第154號裁定。
[129] 高雄高等行政法院89年度停字第8號裁定、最高行政法院90年度裁字第185號裁定。

濟。訴願法第97條第1項規定，於有下列各款情形之一者，訴願人、參加人或其他利害關係人得對於確定訴願決定，向原訴願決定機關申請再審。但訴願人、參加人或其他利害關係人已依行政訴訟主張其事由或知其事由而不爲主張者，不在此限：一、適用法規顯有錯誤者。二、決定理由與主文顯有矛盾者。三、決定機關之組織不合法者。四、依法令應迴避之委員參與決定者。五、參與決定之委員關於該訴願違背職務，犯刑事上之罪者。六、訴願之代理人，關於該訴願有刑事上應罰之行爲，影響於決定者。七、爲決定基礎之證物，係僞造或變造者。八、證人、鑑定人或通譯就爲決定基礎之證言、鑑定爲虛僞陳述者。九、爲決定基礎之民事、刑事或行政訴訟判決或行政處分已變更者。十、發見未經斟酌之證物或得使用該證物者。

　　聲請再審，應於三十日內提起，三十日期間，自訴願決定確定時起算。但再審之事由發生在後或知悉在後者，自知悉時起算（訴願法第97條第2、3項）。當事人就確定之訴願決定申請再審，乃行使訴願法上得除去確定訴願決定效力之權利。訴願再審決定依現行訴願法亦無救濟程序規定之情況下，難認當事人得就訴願再審決定提起行政訴訟救濟；訴願法上之再審，既係在通常救濟程序之外所提供之非常手段，係以已確定且不得再提起行政訴訟之訴願決定爲標的，有別於通常之訴願決定，自不宜再成爲行政訴訟之對象[130]。

　　訴願程序之本質爲行政程序，並非訴訟程序，訴願決定本身亦屬行政處分，訴願係機關之自我審查及上級機關行政監督權之行使，並非最終之救濟程序；於訴願程序後，如不服該訴願決定，得向行政法院提起行政訴訟，以爲救濟。訴訟程序之再審係對於已經確定之判決以適用法規顯有錯誤等法定理由，請求原審法院重爲審判，而撤銷或變更原判決之救濟程序，係窮盡程序後另給予補救程序，現行訴願之再審程序與之迥然有別，況行政程序法第128條第1項已有申請程序再開之規定，可資依循；另亦恐人民不循司法審查程序，反而一再提起訴願之再審，耗費行政成本，並延宕其請求救濟時日，究屬不妥，訴願程序中實無訂定再審程序之必要，行政院2022年5月19日第3803次院會通過之訴願法修正草案已將再審規定刪除。

---

[130] 最高行政法院97年度裁字第3842號裁定。

第二十四章 ┃ 行政訴訟

第一節　行政訴訟概論

第一項　行政訴訟之概念及意義

　　行政訴訟係人民對於行政機關違法行使公權力，損害其權利或法律上利益之救濟途徑，用來保障人民權益，確保國家行政權之合法行使，基本上係以具體公法上爭議事件為審判對象。

　　行政訴訟制度發展初始，分為兩大發展方向，以依法行政之維護為主要目的，因此，只要行政行為違法，人民即得請求行政法院除去此項違法行為或其所造成之違法狀態，並不以提起訴訟之人民之權益因該行政行為受有損害為前提，亦即注重行政行為客觀之違法。另外一種觀點則以人民權益保障為主要目的，行政訴訟並非維持依法行政之手段，人民必須因為行政行為違法以致於自己權益受損時，方有權利要求行政法院提供救濟，亦即注重人民主觀權利之面相。

　　行政訴訟法第1條規定，行政訴訟以保障人民權益，確保國家行政權之合法行使，增進司法功能為宗旨。雖然行政訴訟法第1條明定三種行政訴訟之目的，保障人民權益、確保國家行政權之合法行使及增進司法功能[1]。但我國行政訴訟制度原則上以保護人民主觀權利為目的，以落實憲法第16條保障之人民訴訟權，使人民於權利受侵害時，均得依法定程序提起訴訟接受公平審判，僅在例外情形承認客觀違法之排除，例如，行政訴訟法第9條規定，人民為維護公益，就無關自己權利及法律上利益之事項，對於行政機關之違法行為，得提起行政訴訟。惟為避免濫訴，提起公益訴訟，以法律有特別規定者為限。

---

[1] 有關此三種功能之說明，林騰鷂，行政訴訟法，修訂6版，2014年9月，第55-63頁。

第二項　行政訴訟制度之演變

　　我國行政訴訟法制，始於1914年北京政府設立之平政院，當時平政院除受理行政訴訟之審判外，尚設有肅政史，負責糾彈官吏違法事件[2]。國民政府1932年11月17日公布行政法院組織法及行政訴訟法，兩法於1933年6月23日施行。司法院亦於1933年6月24日公布行政法院處務規程，1933年9月1日行政法院正式成立。行政訴訟法公布之初僅27條，期間歷經5次小幅度修正，條文增至34條。行政訴訟採一級一審制，事件經行政法院裁判即告確定，不得上訴或抗告。早年人民權利意識不高，對行政訴訟制度缺乏了解，提起行政爭訟之情形並不多見。惟由於政經環境快速發展，社會結構變遷，教育水準日高，權利意識增強，致使行政訴訟案件大量增加[3]。行政訴訟採一審終結制，行政法院集事實審與法律審、初審與終審於一身，無法發揮審級救濟之功能，對當事人權益之保護相當不足。

　　有鑑於此，司法院於1981年成立行政訴訟制度研究修正委員會，致力於行政訴訟制度之研究，先後歷經十一年始完成行政訴訟法及行政法院組織法修正草案。1998年10月28日公布、2000年7月1日施行之行政訴訟法條文增為308條，行政訴訟之審級，由一審終結，改採二級二審制度。增加行政訴訟範圍及擴充訴訟類型，除原有撤銷訴訟外，增加確認訴訟及給付訴訟等。強化訴訟參加制度及暫時權利保護規定並強化訴訟審理程序並增設簡易訴訟程序等。1999年2月3日修正公布、2000年7月1日施行之行政法院組織法採二級二審制，依管轄區域設有臺北、臺中、高雄三所高等行政法院，掌理行政訴訟之初審及事實審，原行政法院改制為最高行政法院，掌理行政訴訟之法律審及終審審判，自此我國行政訴訟制度逐漸完整。行政訴訟法之後為適應時代需求與配合其他法律之修改，歷經11次修正，最近一次則於2022年6月22日修正公布。

　　2022年6月22日修正公布行政訴訟法第3-1、19、57、58、66、104、104-1、107、114-1、125、125-1、131～134、146、150、157、175、176、178-1、194-1、219、227、228、229、230、232、234、237-2～237-4、237-6、237-

---

[2] 有關平政院之介紹，劉宗德，行政法院裁判實務與行政訴訟制度改革研究報告，2003年7月31日，第4-6頁。

[3] 行政法院1950年在臺復院辦公後，當時全年新收案件僅23件，至1991年，全年新收案件已激增為3,809件，四十一年間增加達165倍。劉宗德，前揭文，第11頁。

9、237-11、237-16、237-26、238、244、249、253、254、256-1、259、263、266、272、273、275～277、294、300、305～307條條文及第二編第一章章名、第二章章名；增訂第15-3、49-1～49-3、98-8、122-1、125-2、143-1、228-1～228-6、253-1、259-1、261-1、263-1～263-5條條文及第二編第一章第八節節名、第三編第一章章名、第三編第二章章名；並刪除第235、235-1、236-1、236-2、241-1條條文；2022年6月24日司法院院台廳行一字第1110018286號令發布定自2023年8月15日施行。此次修正範圍爲歷來之最，爲我國行政訴訟制度立下新的里程碑，將提供民眾更專業、即時、有效的權利救濟。行政訴訟新制是爲落實司法改革國是會議決議，建構現代合理而有效率的行政訴訟制度，透過審級分工將事件分流，以第一審行政法院爲事實審中心，最高行政法院爲法律審，專注於重要的法律解釋、適用及統一法律見解。原分散於各地方法院之行政訴訟庭將改於高等行政法院增設地方行政訴訟庭。在訴訟法上，地方行政訴訟庭即相當於「地方行政法院」的審級。連同行政法院組織法、法院組織法、法官法配套修正，行政法院法官之選任、養成及專業將更完整健全，營造更有利於提升裁判品質的環境。並搭配漸進逐步擴大強制律師代理、保障人民應訴便利性、強化促進訴訟程序及替代裁判之紛爭解決機制，採行便利原住民或部落接近使用行政法院、專業委員參與、行政訴訟之調解、防杜濫訴等配套制度。

　　此次修法重點爲：一、於高等行政法院增設地方行政訴訟庭，集中受理原由各地方法院行政訴訟庭審理之事件[4]，並透過「巡迴法庭」、「線上起訴」、「遠距審理」等配套措施，兼顧人民訴訟便利性。二、調整通常訴訟程序管轄範圍，將訴訟標的金（價）額新臺幣150萬元以下之稅捐、罰鍰或其附

---

[4] 行政訴訟法第3條之1規定，本法所稱高等行政法院，指高等行政法院高等行政訴訟庭；所稱地方行政法院，指高等行政法院地方行政訴訟庭。其立法理由爲：爲堅實第一審行政訴訟、強化行政法院法官專業並提升裁判品質，以達到專業、即時、有效之權利救濟。並考量員額、案件成長與國家財政等因素，配合行政法院組織法修正，於成立地方行政法院前，司法院得善用高等行政法院既有的軟硬體資源，於該法院內分設高等行政訴訟庭及地方行政訴訟庭，以符實際需求。設立地方行政訴訟庭後，原地方法院行政訴訟庭已無設立必要。訴訟法上，地方行政訴訟庭即相當於地方行政法院，和高等行政訴訟庭的關係爲不同審級之法院。地方行政訴訟庭集中辦理第104條之1第1項但書規定之第一審通常訴訟程序、簡易訴訟程序、交通裁決事件訴訟程序、收容聲請事件程序及其他法律規定之事件，提供人民均質的司法給付，並預爲將來成立地方行政法院之準備。

帶之裁罰性、管制性不利處分、其他公法上財產關係訴訟，以地方行政訴訟庭
為第一審管轄法院，高等行政法院「高等行政訴訟庭」審理是類事件之上訴抗
告事件。三、強化最高行政法院法律審功能，搭配漸進擴大強制律師代理、採
行促進訴訟程序及替代裁判之紛爭解決機制、便利原住民或部落接近使用行政
法院、弱勢兒少及身心障礙者近用司法權益、防杜濫訴等配套制度。

第二節　行政法院之審判權與管轄權

　　審判權與管轄權屬於不同層次之概念，由於我國採公私法二元化體系，審
判權係指不同種類審判機關間之權限劃分，民事事件歸民事法院審判，行政事
件歸行政法院審判。司法院釋字第695號解釋理由書指出，我國關於民事訴訟
與行政訴訟之審判，依現行法律之規定，分由不同性質之法院審理。除法律別
有規定外，關於因私法關係所生之爭執，由普通法院審判；因公法關係所生之
爭議，則由行政法院審判之（司法院釋字第448、466號解釋）。

　　管轄權則指同種類審判機關內部之權限劃分，基本上可分為土地管轄及事
務管轄。

第一項　行政法院之審判權

一、行政訴訟法第2條

　　行政訴訟法第2條規定，公法上之爭議，除法律別有規定外，得依行政訴
訟法提起行政訴訟。本條為行政法院審判權之概括條款，除宣示行政法院之一
般審判權外，亦在避免產生公法上爭議沒有法院審理之漏洞，符合有權利即有
救濟之憲法原則。此外，法院所審理者為法律爭議，得受行政法院審判者，必
須是法律上之爭議，若非法律上爭議，自非屬得依行政訴訟法規定提起行政訴
訟之事項，例如，統治行為、赦免行為[5]。由於我國行政訴訟屬於保障人民主

---

[5] 最高行政法院103年度裁字第254號裁定指出，總統是否為憲法第40條所規範減刑、特
　赦等專屬職權之行使，屬與政治問題類似之概念，尚非法律爭議，非屬應受司法審判
　之事項。有關此問題：林明昕，行政訴訟法逐條釋義，翁岳生主編，3版，2021年10
　月，第31頁。

觀權益之救濟程序，則除法律有特別規定而例外開放之公益訴訟外，行政訴訟法上其他訴訟種類，均以原告有主觀公權利受損害爲前提，方有提起訴訟而利用此程序救濟其權利之訴訟權能[6]。

　　公法上爭議必須是司法得裁決事項，行政法院方有審判權。政治問題或類似之概念（如統治行爲或政府行爲）所指涉之問題，應由憲法上之政治部門（包括行政及立法部門）作政治之判斷，非屬可供司法裁決之事項，司法院釋字第419號解釋已有所闡明。地方政府及地方議會分別爲地方自治團體權力分立原則下之行政部門及立法部門。地方議會乃由議員（代表）組成，依地方制度法等相關法規，以合議方式行使地方自治立法權（含審議地方政府預算）及法律或上級法規賦予之職權（地方制度法第25條、第35條至第37條）。地方議會就地方政府提出之預算案所爲議決，乃該地方議會以合議方式行使其立法權所爲決定，縱有窒礙難行等疑義，地方制度法第39條已規定應由各級地方政府（行政部門）向各級地方議會（立法部門）提請覆議解決；個別議員（代表）對於地方議會所爲議決，縱有意見，屬地方議會內部自律問題，應循其內部自律機制（例如，本件臺東縣綠島鄉民代表會依該會組織自治條例第23條第2項規定，訂有臺東縣綠島鄉民代表會議事規則，就議案之開會、討論、表決、復議等內部自律事項予以規範）解決，不該當於法律上之爭議，不得提起訴訟[7]。

　　行政訴訟法第2條規定之公法上爭議，係指當事人間有具體公法上法律關係或法律上利益之爭議；如僅爲抽象法令之審查，例如，單純就法令效力或其涵義有所爭執，則非屬行政法院之權限，不得依行政訴訟法提起行政訴訟，以爲救濟[8]。是否爲公法上之爭議，應以當事人主張之訴訟標的爲斷[9]。

（一）肯定爲公法上爭議

　　行政院勞工委員會職業訓練局基於就業安定基金管理機關之地位，對於1996年9月15日關廠歇業之聯福公司失業勞工，撥給國家所給與之有因性補償給付（無論要不要償還），既係基於社會國精神、就業服務法、就業安定基金收支保管及運用辦法、貸款實施要點等公法規範而來，則其權利義務關係自應

6　最高行政法院109年度判字第299號判決、最高行政法院111年度上字第278號判決。
7　最高行政法院106年度裁字第1614號裁定。
8　臺中高等行政法院101年度訴字第108號裁定。
9　最高行政法院100年度判字第1940號判決。

受此等公法之規範，行政院勞工委員會職業訓練局於撥款前，要求失業勞工等簽立的契約當亦屬公法契約而無疑。因上開撥款而生之爭議，自屬公法上之爭議，臺北高等行政法院對之有審判權[10]。

（二）否定為公法上爭議

依存保公司與要保機構間所訂立之存款保險契約內容觀之，係經當事人間合意為之，且存款保險契約過去為自願性契約，雖經改為強制性保險，然就其契約性質而言，仍應屬私法契約。是關於存款保險契約性質應屬民事契約性質[11]。

未依公務人員考試法考試、訓練及格後分發任用，或非具有公務人員保障法第102條各款規定之人員，而僅係各行政機關依行政規則等自行辦理考試進用之人員，僅能與行政機關間成立私法上之僱傭（或勞動契約）關係。行政機關與該等考試人員間就是否應予「錄取」僱用及如何僱用等爭議，核屬私權爭議，而非行政爭訟範圍[12]。

參照司法院釋字第305號解釋意旨，公營事業依公司法規定設立者為私法人，除係依公司法第27條經國家或其他公法人指派在公司代表其執行職務者，或依其他法律逕由主管機關任用、定有官等，在公司服務之人員，與其指派或任用機關間仍為公法關係外，該公營事業與其人員間係屬私法上之契約關係；並因任職關係配住房屋，係屬使用借貸性質之私法關係，因配住非國有眷舍之搬遷而與公營事業發生之補助費爭議，自屬私權爭議，而非行政法院權限之事件[13]。

申租公有土地事件，係行政機關在不妨礙公有土地依法管理使用原則下，基於私法契約自由，出租予特定人使用收益，其乃純屬私法關係，其並非行政機關基於公權力，為公共利益所執行之給付行政[14]。

二、審判權之例外規定

雖屬公法上爭議，但法律別有規定時，行政法院並無審判權，例如，憲法

---

[10] 臺北高等行政法院102年度訴字第1635號判決。
[11] 最高行政法院101年度判字第820號判決。
[12] 最高行政法院101年度裁字第2138號裁定。
[13] 最高行政法院96年度裁字第971號裁定。
[14] 最高行政法院95年度裁字第372號裁定、最高行政法院94年度裁字第669號裁定。

爭議事件由司法院憲法法庭依憲法訴訟法審理；公務員懲戒事件由懲戒法院審理；選舉罷免訴訟由各級民事法院審判等。

　　應否給予國家賠償之爭執，雖屬公法上之爭議。惟依國家賠償法第12條規定，提起國家損害賠償之訴，應適用民事訴訟法規定，向民事法院起訴。此即行政訴訟法第2條所示法律別有規定之情形，應依其規定，不得依行政訴訟法規定提起行政訴訟請求賠償。國家賠償事件不屬行政法院之權限[15]。

　　地政機關辦理土地所有權第一次登記所為之公告，土地法第59條[16]已明定其救濟程序，此即行政訴訟法第2條所示法律別有規定之情形，不得依據行政訴訟法規定提起行政訴訟，請求撤銷該公告[17]。

　　法官之懲戒本質上雖為公法事件，但立法者已明定由懲戒法院職務法庭審判之，即非行政法院所得審判之事項。法官評鑑委員會對法官為個案評鑑，係對法官行使懲戒權之前置程序，屬於整個法官懲戒程序之一環，而依現行法官法第47條第1項第1款規定，法官懲戒之事項應由懲戒法院設職務法庭審理之。關於法官懲戒之公法上爭議，立法者本諸自由形成之立法裁量權，已制定法官法，將審判權歸屬於其他審判法院（懲戒法院），自不得再依行政訴訟程序尋求救濟[18]。

三、審判權恆定原則

　　法院組織法2021年12月8日新增第7條之1，其規定，本法規範之法院及其他審判權法院間審判權爭議之處理，適用本章之規定。其立法目的係為利統合普通法院與各專業法院間應遵循之審判權爭議解決規範，參酌德國立法例，採取將審判權爭議解決之相關規範訂於法院組織法，其他各專業法院則藉其所屬組織法準用本法規定（行政法院組織法第47條、懲戒法院組織法第26條、智慧財產及商業法院組織法第44條、少年及家事法院組織法第50條）準用之。法院

[15] 最高行政法院94年度裁字第669號裁定。
[16] 土地法第59條規定，土地權利關係人，在第58條公告期間內，如有異議，得向該管直轄市或縣（市）地政機關以書面提出，並應附具證明文件。因前項異議而生土地權利爭執時，應由該管直轄市或縣（市）地政機關予以調處，不服調處者，應於接到調處通知後十五日內，向司法機關訴請處理，逾期不起訴者，依原調處結果辦理之。
[17] 臺中高等行政法院95年度訴字第332號裁定、最高行政法院96年度裁字第1415號裁定。
[18] 最高行政法院111年度抗字第284號裁定。

組織法係以普通法院爲規範主體，而第一章新增第7條之2至第7條之11規定，則涉及其他審判權法院之規範事項，新增第7條之1規定，一方面明揭法院組織法關於審判權爭議處理之規範對象及於不同審判權法院，另一方面亦明示對於其他審判權法院之規範，僅限於第一章之規定。

基於訴訟經濟及程序安定性之考量，受訴法院於起訴時有審判權者，不應因訴訟繫屬後事實及法律狀態變更而變成無審判權，法院組織法第7條之2第1項規定，起訴時法院有受理訴訟權限者，不因訴訟繫屬後事實及法律狀態變更而受影響。當事人就同一事件，已經向任一法院提起訴訟時，爲尊重該法院之處理情形，以及避免裁判分歧，法院組織法第7條之2第2項規定，訴訟已繫屬於法院者，當事人不得就同一事件向其他不同審判權之法院更行起訴。爲儘速確定審判權，法院組織法第7條之2第3項規定，法院認其有審判權而爲裁判經確定者，其他法院受該裁判關於審判權認定之羈束。

四、審判權之衝突與移送

爲避免訴訟審判權歸屬認定困難之不利益由當事人負擔，法院組織法第7條之3第1項規定，法院認其無審判權者，應依職權以裁定將訴訟移送至有審判權之管轄法院。但其他法律另有規定者，不在此限。其他法律另有規定者，例如，刑事法院就無審判權之案件依刑事訴訟法第303條第6款規定得逕爲不受理之判決；或犯罪被害人以法官爲被告，向行政法院訴請作成懲戒處分之判決，行政法院對該訴訟無審判權，亦無從移送予有移送職務法庭權限之機關，依行政訴訟法第107條第1項第1款規定裁定駁回。有審判權之管轄法院有數個，而原告有所指定時，應移送至原告所指定之法院（法院組織法第7條之3第2項）。爲使法院有無審判權能儘速確定，法院組織法第7條之3第3項規定，當事人就法院之審判權有爭執者，法院應先爲裁定。

訴訟移送之裁定確定後，如受移送法院亦認其有審判權，訴訟由其審判固無問題。惟如受移送法院認其無審判權，則不得移回原法院或第三審判權之法院，應由其以裁定停止訴訟程序，並向其所屬審判權之終審法院請求指定有審判權之管轄法院以確定終局審判權之歸屬（法院組織法第7條之4第1項）。但於原法院所屬審判權之終審法院已認定原法院無審判權時（如民事法院將訴訟移送至行政法院，該移送裁定經抗告、再抗告後，最高法院認民事法院就該訴訟確無審判權，予以維持），因該審判權爭議已經終審法院之判斷，爲避免交

由不同審判權終審法院重複審查造成司法資源之浪費，並基於法院間之相互尊重，受移送法院即應受該移送裁定之羈束，受移送法院不得再行請求指定有審判權之法院。此外，民事法院（包含少年及家事法院或地方法院家事庭）受理由行政法院移送之訴訟，如當事人合意由民事法院（包含少年及家事法院或地方法院家事庭）為裁判，該法院不得再提出指定請求。

　　法院組織法第7條之5第1項規定，第7條之4第1項之終審法院認受移送法院有審判權，應以裁定駁回之；認受移送法院無審判權，應以裁定指定其他有審判權之管轄法院。受移送法院認其無審判權，向所屬審判權之終審法院請求指定有審判權之管轄法院，其請求如經駁回，因請求法院及終審法院均屬同一審判權，並具有上下審級之關係，請求法院固應受該裁定之羈束；惟若受指定者為不同審判權之法院，該指定裁定是否發生羈束受指定法院之效力，即生疑義，法院組織法第7條之5第2項規定，受指定法院應受指定裁定關於審判權認定之羈束，亦即受指定法院不得再行移送至其他審判權之法院。

第二項　管轄權規定

一、管轄種類

　　行政訴訟之管轄權係指行政法院具審判權之事件，依行政法院內部分工，決定由何法院受理之權限。管轄權規定一般可分為事務管轄及土地管轄。事務管轄係指行政法院間之審級管轄，目前我國行政訴訟為三級二審，行政法院區分為最高行政法院、高等行政法院及地方行政法院。適用通常訴訟程序之事件，以高等行政法院為第一審管轄法院，對於高等行政法院之裁判，除行政訴訟法或其他法律別有規定外，得上訴於最高行政法院。適用簡易訴訟程序、交通裁決事件訴訟程序，以地方行政法院為第一審管轄法院，對於簡易訴訟程序、交通裁決事件訴訟程序之裁判不服者，除行政訴訟法別有規定外，得上訴或抗告於管轄之高等行政法院。

　　土地管轄指具有相同事務管轄權之法院相互間之權限劃分，一般而言，以行政區作為劃分標準，例如，臺北高等行政法院之土地管轄為臺北市、新北市、桃園市、新竹市、新竹縣、基隆市、宜蘭縣、花蓮縣、金門縣、連江縣。管轄之下級審法院有臺北、新北、士林、桃園、新竹、基隆、宜蘭、花蓮、福建金門和福建連江等十所地方行政法院。

二、審判籍

　　行政訴訟法有關審判籍之規定，基本上採取以原就被之原則，區分為普通審判籍與特別審判籍。

（一）普通審判籍

　　為保護被告之利益，行政訴訟法就行政法院之土地管轄採取以原就被之原則，以防止原告濫訴。

　　行政訴訟法第13條第1項規定，對於公法人之訴訟，由其公務所所在地之行政法院管轄。以公法人之機關為被告時，由該機關所在地之行政法院管轄。公務所係指公法人處理公務之處所。

　　行政訴訟法第13條第2項規定，對於私法人或其他得為訴訟當事人之團體之訴訟，由其主事務所或主營業所所在地之行政法院管轄。

　　針對自然人之訴訟，行政訴訟法第14條第1項規定，由被告住所地之行政法院管轄，其住所地之行政法院不能行使職權者，由其居所地之行政法院管轄。被告在中華民國現無住所或住所不明者，以其在中華民國之居所，視為其住所；無居所或居所不明者，以其在中華民國最後之住所，視為其住所；無最後住所者，以中央政府所在地，視為其最後住所地（行政訴訟法第14條第2項）。訴訟事實發生於被告居所地者，得由其居所地之行政法院管轄（行政訴訟法第14條第3項）。

（二）特別審判籍

　　特別審判籍係指被告就特種之訴，得受或應受某行政法院審判之權利義務[19]。特別審判籍主要有下列幾種：

1. 不動產

　　行政訴訟法第15條規定，因不動產徵收、徵用或撥用之訴訟，專屬不動產所在地之行政法院管轄。除前項情形外，其他有關不動產之公法上權利或法律關係涉訟者，為調查證據之方便，得由不動產所在地之行政法院管轄[20]。

---

[19] 林騰鷂，前揭書，第235-237頁。

[20] 最高行政法院94年7月份庭長法官聯席會議決議另指出，依據國有財產法第39條規定，對不動產土地撤銷撥用，專屬不動產所在地之行政法院管轄。

2. 公務員職務關係

行政訴訟法第15條之1規定，關於公務員職務關係之訴訟，得由公務員職務所在地之行政法院管轄。公務員職務關係之訴訟，依行政訴訟法第15條之1立法理由，包括公務員職務關係是否發生及因職務關係所生之訴訟。

公務員職務關係係指公務員之身分關係，亦即於其所服務之機關內，因身分、官職等級、俸給、工作條件、管理措施等有關權益涉訟者（公務人員保障法第2條）；職務關係是否發生及因職務關係所生之訴訟，指身分關係發生與否，或因該職務關係所生權益保障事項發生爭議。公職人員因假借職務上之權力、機會或方法，圖其本人或關係人之利益，違反公職人員利益衝突迴避法第7條規定，經主管機關依公職人員利益衝突迴避法第14條規定予以處罰，乃屬公職人員因假借職務違反行政法上義務而受罰鍰，當事人不服該罰鍰處分提起行政訴訟，非屬因公務員職務關係是否發生或因職務關係所生之訴訟，無行政訴訟法第15條之1規定之適用[21]。

軍職人員為公務員之一種（參見司法院釋字第455號解釋），且士官之任官，係依據陸海空軍軍官士官任官條例第16條第2項規定，由主官編階為少將以上之機關（構）、部隊、學校審定，依隸屬系統報國防部或各司令部任之，其因考績、退伍等有關權益涉訟，自屬關於公務員職務關係之訴訟，而有行政訴訟法第15條之1規定之適用[22]。

3. 公法上保險事件

公教人員保險、勞工保險、農民健康保險及全民健康保險等公法上保險事件，具有社會安全功能，此種公法上保險事件涉訟者，為便利人民就近尋求行政法院之權利保護，行政訴訟法第15條之2第1項規定，因公法上保險事件涉訟者，得由為原告之被保險人、受益人之住居所地或被保險人從事職業活動所在地之行政法院管轄。惟公法上保險事件，大部分係涉及請領保險給付及取消被保險人資格、退保、變更投保薪資（金額）、罰鍰處分等，可能起訴者為被保險人、受益人及投保單位。行政訴訟法第15條之2第2項規定，第1項訴訟事件於投保單位為原告時，得由其主事務所或主營業所所在地之行政法院管轄。

保險醫事服務機構並非公法上保險事件之被保險人、受益人或投保單

---

[21] 高雄高等行政法院100年度簡字第55號裁定、最高行政法院100年度裁字第2139號裁定。
[22] 最高行政法院110年度抗字第155號裁定。

位，有關全民健康保險爭議事件之管轄法院應依行政訴訟法第13條第1項後段規定，以公法人之機關為被告時，由該機關所在地之行政法院管轄，定其管轄法院[23]。

4.其 他

行政訴訟法第18條規定，民事訴訟法第3、6、15、17條及第20條至第22條之規定，於本節準用之。例如，因登記涉訟者，得由登記地之行政法院管轄（行政訴訟法第18條準用民事訴訟法第17條規定）。

（三）指定管轄

行政訴訟法第16條規定，有下列各款情形之一者，直接上級行政法院應依當事人之聲請或受訴行政法院之請求，指定管轄：1.有管轄權之行政法院因法律或事實不能行審判權者。2.因管轄區域境界不明，致不能辨別有管轄權之行政法院者。3.因特別情形由有管轄權之行政法院審判，恐影響公安或難期公平者。前項聲請得向受訴行政法院或直接上級行政法院為之。

三、管轄恆定原則

為維持訴訟程序之安定，避免法院管轄因事後情事變更，導致行政法院及當事人徒勞無益之程序而延滯其訴訟，行政訴訟法第17條規定，定行政法院之管轄以起訴時為準。行政訴訟法第17條規定乃所謂管轄權恆定原則，行政法院受理訴訟是否有管轄權，以原告起訴時主張之法律關係，而非以法院判決審理之結果為斷[24]。

第三節　訴訟類型與實體判決要件

行政訴訟法規定之訴訟類型與民事訴訟法規定不同，區分為撤銷訴訟、課予義務訴訟、確認訴訟、一般給付訴訟、合併請求損害賠償訴訟及公益訴訟。

---

[23] 司法院秘書長民國100年1月4日秘台廳行一字第1000000170號。
[24] 最高行政法院100年度判字第1940號判決。

一、訴訟類型之選擇

　　我國行政訴訟制度，旨在保障人民權益遭受不法侵害時，有權訴請司法機關予以救濟，並採行多種訴訟種類，以達有效權利保護之目的。行政訴訟法所規定各種訴訟種類之選擇與適用，與行政行為方式及當事人請求法院保護之目的，息息相關；且每種訴訟種類各有其不同之要件，訴訟種類之選擇並無法依一般生活經驗判斷，為使法院有限訴訟資源不致浪費，並保護人民權益，自不得於人民在法定期間內提起行政訴訟，僅因誤用訴訟類型，而使其喪失依法請求救濟之機會，造成人民利用權利救濟途徑之程序障礙。因此，人民提起行政訴訟時，所提出事實上聲明或法律關係，如有不足或不明時，依規定審判長、受命法官或陪席法官於必要時，應闡明訴訟關係，協助人民基於其事實上聲明，選擇正確訴訟種類，進行事實上及法律上適當完全之辯論，並記明言詞辯論筆錄，且於判決中敘明，以符合行政訴訟法第125條規定之本旨。苟未為之，即屬違背法令，且不應以訴訟當事人是否具有法律專業而為差別待遇[25]。

　　行政機關對人民依法申請之案件，未作成處分或作成否准授益之行政處分時，原則上，人民應依行政訴訟法第5條規定，提起請求該行政機關應為行政處分或應為特定內容行政處分之訴訟（課予義務訴訟）。倘其提起確認訴訟，即屬有誤。行政訴訟法第125條規定，原審法院即應依職權向當事人發問或告知，否則其指揮訴訟程序即有瑕疵[26]。

二、實體判決要件

　　實體判決要件係指行政法院做出實體判決之要件，法院並無義務針對當事人所提出之所有訴訟做出實體判決，欠缺實體判決要件且無法補正時，行政法院得以程序裁定駁回人民之訴訟。

　　實體判決要件可區分為一般及特別實體判決要件，一般實體判決要件係指所有訴訟類型訴訟程序進行均須具備之要件；特別實體判決要件係指不同訴訟類型應各自具備之要件。一般實體判決要件通常包括行政法院之審判權、管轄權，當事人之當事人能力、訴訟能力，起訴須符合法定程式及其他要件等，主要規定於行政訴訟法第107條。

---

[25] 最高行政法院103年度判字第612號判決。
[26] 最高行政法院100年度判字第2144號判決。

　　比較有爭議的是欠缺權利保護要件應如何處理，換句話說，提起訴訟必須有值得保護之利益，一般稱爲訴之利益。提起任何種類之行政訴訟（包括公益訴訟），必須以訴訟方式請求法院裁判始能達到當事人訴求目的時，始符合訴訟上權利保護之要件。如毋庸以訴訟方式請求法院裁判，即能達到其目的時，自無權利保護之必要，法院應以該訴爲無理由，判決駁回其訴[27]。提起訴訟請求法院裁判，應以有權利保護必要爲前提，亦即尋求權利保護者，得以經由向法院請求裁判之方式，以實現其由法律所保護之利益，此乃基於誠實信用原則，主要在維護法院訴訟功能不被濫用。請求人之請求於法律上並無實益時，其訴即無值得保護之利益，而屬欠缺權利保護之必要，無再請求法院裁判之必要。權利保護必要屬於一般實體裁判要件，其具備與否，行政法院不問訴訟進行至何階段，均應依職權調查，如有欠缺，即應予駁回[28]。

　　欠缺當事人適格[29]、權利保護必要之要件，屬於狹義訴之利益之欠缺[30]，此等要件是否欠缺，常須審酌當事人之實體上法律關係始能判斷，自以判決方式爲之，較能對當事人之訴訟程序權爲周全之保障（最高行政法院90年6月份庭長法官聯席會議決議意旨）[31]。

第一項　撤銷訴訟之實體判決要件

　　行政訴訟法第4條第1項規定，人民因中央或地方機關之違法行政處分，認爲損害其權利或法律上之利益，經依訴願法提起訴願而不服其決定，或提起訴願逾三個月不爲決定，或延長訴願決定期間逾二個月不爲決定者，得向行政法院提起撤銷訴訟。訴願人以外之利害關係人，認爲第1項訴願決定，損害其權利或法律上之利益者，得向行政法院提起撤銷訴訟（行政訴訟法第4條第3項）。

---

[27] 最高行政法院95年度判字第73號判決。

[28] 最高行政法院110年度上字第590號判決。

[29] 最高行政法院109年度判字第299號判決指出，在具體之訴訟事件中，具有訴訟實施權，得以自己名義爲原告或被告，而受本案判決之資格，此即行政訴訟上所謂「當事人適格」。

[30] 欠缺訴之利益類型多元，詳見，吳庚、張文郁，行政爭訟法論，9版，2018年9月，第288-294頁。

[31] 臺北高等行政法院101年度訴字第1414號判決。

　　撤銷訴訟之實體判決要件可細分為：一、須有行政處分存在。二、原告須主張行政處分違法並損害其權利或法律上之利益。三、經依訴願法提起訴願而不服其決定。四、須於法定期間內提起訴訟。

　　撤銷訴訟乃人民認為中央或地方機關之行政處分違法，致損害其權利或法律上利益，經依訴願之前置程序後，未獲救濟，向行政法院起訴，請求撤銷該違法行政處分之訴訟。提起行政爭訟，須其爭訟有權利保護必要，即具有爭訟之利益為前提，當事人提起撤銷訴訟，若該行政處分於訴訟期間經自行撤銷，且又無提起確認之訴之實益時，即應認所提撤銷訴訟欠缺保護必要，其訴自為無理由，而應為敗訴之判決。權利保護必要要件為行政法院應依職權調查之事項，縱於高等行政法院最後言詞辯論終結時，具備權利保護必要要件。惟向最高行政法院提起上訴後，最高行政法院依職權調查結果，如發現已欠缺權利保護必要要件者，其訴即無值得權利保護之利益存在，仍應認其訴為無理由，而為敗訴之判決[32]。

　　對於行政處分提起撤銷訴訟之目的，在於解除行政處分的規制效力。若行政處分之規制效力仍然存在，原則上即有提起撤銷訴訟之實益。行政處分之執行與其規制效力存續係屬二事，已執行完畢之行政處分，如果其規制效力仍然存在，且有回復原狀之可能者，行政法院仍應准原告提起撤銷訴訟以為救濟。除非行政處分已執行，且無回復原狀之可能，或行政處分之規制效力已因法律上或事實上之原因而消滅，始認其欠缺提起撤銷訴訟之實益，而於原告有即受確認判決之法律上利益時，許其依法提起確認該行政處分違法訴訟[33]。

　　撤銷訴訟旨在讓人民得以除去不利其權利之違法行政處分，基於憲法保障人民基本權之防禦功能，人民對於違法且侵害其權利之公權力行為，原本即享有排除侵害之公法上權利。人民為不利行政處分之直接相對人者，原則上具備訴訟權能，若非行政處分之直接相對人，則該第三人提起撤銷訴訟是否具備訴訟權能，則藉由保護規範理論，探求其主張行政處分違反之法規範目的，除保護公共利益外，是否兼及保護特定範圍或可得特定範圍內之個人的利益，且該第三人為該保護規範範圍所及[34]。

---

[32] 最高行政法院103年度判字第117號判決。
[33] 最高行政法院101年度判字第216號判決。
[34] 最高行政法院108年度上字第894號判決。

一、須有行政處分存在

提起撤銷訴訟以客觀上存在行政處分為前提，行政處分是否存在，依行政程序法第92條規定判斷之。提起撤銷訴訟或確認行政處分無效訴訟，均以有行政處分之存在為前提，倘無行政處分存在而提起撤銷訴訟或確認行政處分無效訴訟，其起訴即屬不備其他要件，行政法院應以裁定駁回其訴[35]。

稅捐事件之行政爭訟，訴願程序係採申請復查之前置程序，僅於經復查決定後，仍不服者，始對稅捐稽徵機關之復查決定提起訴願，並非不服該機關之原核定處分。現行司法實務，在稅捐行政事件，經復查程序提起之行政爭訟程序中所稱之「原處分」，除非有特別說明者外，通常係指復查決定，而非稅捐稽徵機關之原核課處分[36]。

（一）不屬於行政處分

行政院衛生署所轄醫事審議委員會依普通法院囑託所作之有關醫療鑑定報告書，係屬鑑定性質，與行政機關就公法上具體事件所為之決定或其他公權力措施而對外直接發生法律效果之單方行政行為，迥然不同。利害關係人不得主張該醫療鑑定報告書之內容不正確，而訴請將該鑑定報告撤銷。鑑定報告書之意見是否可採，純屬囑託鑑定之法院證據取捨、認定事實之職權行使事項，尚難因囑託法院不利於當事人或利害關係人之認定，遽認該鑑定報告為行政處分[37]。

管收固屬行政機關就公法上具體事件所為公權力措施，惟其係依法院所核發之管收票，執行法院裁決之命令，其執行內容、執行處所、抗告救濟方法，均明載於管收票上，法務部行政執行署高雄分署並無公權力的意思表示。管收執行行為僅發生剝奪原告人身自由之事實結果，對於原告之權利、義務、法律上地位，未發生變動性，亦即並無發生法效果。管收執行行為性質上係屬事實行為，並非就具體事件所為發生公法上法律效果之單方行政行為，非屬行政處分[38]。

水利署所為通知僅係為執行水利署公告所為回復原狀、拆除、清除處分之

行為，該通知之目的在於勸諭原告自行拆除違章建築部分，其僅屬實施強制執行前之勸導行為，性質上為觀念通知，並非基於職權，就具體事件所為發生公法上法律效果之單方行政行為，非行政處分。對非行政處分提起撤銷訴訟，即有未合，應予駁回[39]。

（二）屬行政處分

行政機關所為裁併學校之決定，雖涉兩學校間行政組織暨行政事項之多項變更，惟該裁併決定已影響及變更該等學校所有學生與學校間之受教權益關係，尚非僅單純行政組織之變更。裁併學校之行政組織行為，應認已對外即對學生發生法律效果，而為行政處分，且因裁併決定係對該校所有在學學生發生法律效果[40]。

二、原告須主張行政處分違法並損害其權利或法律上之利益

撤銷訴訟之訴訟標的為違法損害原告權利或法律上利益之行政處分，原告一方面須主張行政處分在客觀上違法；另一方面在主觀上亦必須主張其權利或法律上利益受損。原告應為如何主張，則有不同看法。惟原告之主張僅是法院審查判斷時之參考因素之一，並非僅以其主張或聲明為依歸。

（一）行政處分違法

違法係指行政處分或訴願決定之作成不符合法規要求，其不僅指法律適用錯誤或不當，認定事實違背經驗及論理法則亦屬之。在撤銷訴訟中，行政法院係基於事後審查之地位，判斷行政處分是否於作成時即屬違法，使其溯及既往地失效，故原則上應以「行政處分作成時」之事實或法律狀態，作為行政處分違法與否之判斷基準時點[41]。權利及法律上利益是否受到損害，則依個案判斷之。權利或法律上利益是否存在，除法律有明文規定外，則依司法院釋字第469號解釋所採用之保護規範理論判斷之。

此外，行政訴訟法第201條規定，行政機關依裁量權所為之行政處分，以其作為或不作為逾越權限或濫用權力者為限，行政法院得予撤銷。行政訴訟法第201條所謂「裁量逾越」或「裁量濫用」之違法，應包括依法應加裁量而怠

---

[39] 高雄高等行政法院101年度訴字第437號裁定。
[40] 最高行政法院100年度判字第899號判決。
[41] 最高行政法院111年度上字第455號判決。

於裁量之情形在內。主管機關於裁處時，固有其裁量之權限，惟就不同之違法事實裁處罰鍰，若未分辨其不同情節，自不符合法律授權裁量之旨意，其裁量權之行使，即出於恣意而屬裁量怠惰，所為處分即屬違法。立法機關制定罰鍰額度之上下限，授權行政機關裁量權者，行政機關固得於該罰鍰之上下限內選擇適當之額度，惟應依受處罰之違規事實情節，考量立法授權目的為之。否則縱其裁處之罰鍰並未逾越法律規定之上限額度，亦損及立法授權行政機關裁量權之行使。行政機關裁量權之行使，未審酌各該案件之違法情節給予相對應的裁罰數額，對於其中可能違法情節較為輕微的案件而言，該手段不無有逾越必要限度而違反比例原則。亦即行政機關對於違反同一行政法之多數案件，苟未分辨其不同情節，一律處以定額之罰鍰，行政機關除了有未審酌各該案件之違法情節而有消極不行使立法者所賦予其裁量之裁量怠惰外，亦含有對於違反情節較輕微之案件處以過重之處罰而造成違反比例原則，應構成裁量濫用[42]。

緩起訴處分所命支付一定金錢之負擔，既屬受緩起訴處分者應遵守或履行之內容，且屬對受緩起訴處分者所有財產之拘束，則因同一行為受緩起訴處分而附隨有支付金錢負擔之受罰者，此支付金錢之負擔即難謂與該受罰者另受行政罰時之資力無直接關聯，則依行政罰法第18條第1項規定，裁處罰鍰，應審酌違反行政法上義務行為應受責難程度、所生影響及因違反行政法上義務所得之利益，並得考量受處罰者之資力，暨行政罰法第18條係為「求處罰允當」之立法理由，並參酌行政罰法之主管機關法務部曾以民國98年12月1日法律決字第0980049815號函，就裁處罰鍰時得否減除行為人因緩起訴處分之支付金錢負擔一節，所為得斟酌行政罰法第18條第1項規定，於法定罰鍰金額範圍內裁量減輕罰鍰額度等語之見解，應認就同一行為已受緩起訴處分而附有支付金錢負擔之受罰者，另為行政罰之裁處時，關於該受罰者是否因緩起訴處分所應履行之金錢支付而影響其資力，屬裁處罰鍰時應予審酌之事項，即裁罰機關應就此情狀予以審酌之裁量權已減縮至零，始符行政罰法第18條第1項之規定意旨。至該受罰者之資力是否已因此受影響致應酌減罰鍰額度，則屬個案裁量結果是否妥當或適法之問題，且此項裁量應由處罰機關為之，非得由行政法院代為。財政部中區國稅局未慮及上訴人有否因本件違章之同一行為所受緩起訴處分而支付之金錢負擔致影響其資力，即逕依稅務違章案件裁罰金額及倍數參考表，按所漏稅額處以一倍罰鍰，依上述規定及說明，其裁量即有怠惰，而構成裁量

---

[42] 臺灣新北地方法院102年度簡字第25號判決。

濫用權力之違法[43]。

　　老人福利機構之評鑑，設有優等、甲等、乙等、丙等、丁等等級別，倘改善結果經複評為更高等，因其可非難裁罰性較低，不應仍以最高期限停辦一年為之處分，倘主管機關逕以裁處，卻未具體說明，則認其有不行使法規授與之裁量權，而屬裁量怠惰[44]。

　　限期改善所定期限，須視個案具體情形，合理審酌。亦即就該案情形，其所定期限，衡諸一般經驗法則，屆期有實現改善之可能者，方符本案立法意旨。倘其所定之期限，非屬可改善完成之相當期間者，則以該裁量為基礎之行政處分即難謂非行政訴訟法第201條之違法。廢棄物共有9,240公噸，臺中市政府環境保護局於2011年8月18日發函，命受處分人於收文三日內提出清除處置計畫書，並於2011年9月2日以前完成改善，惟未指明傾倒位置、清理方式之處分，衡諸一般經驗法則，屆期顯難有實現改善之可能[45]。

（二）權利或法律上之利益受損

　　權利或法律上利益係指權利主體所感受的各式各樣主觀利益中以法規範力量，加以保障或提供實現手段（權利）的特定範圍利益；利害關係人係指違法行政處分之結果致其現已存在之權利或法律上之利益受影響者，若僅具經濟上、情感上或其他事實上之利害關係者，則不屬之[46]。法律上之利害關係，應指因行政處分致其權利或法律上利益直接受損害者[47]。

　　一般不特定民眾僅係利用具公用地役關係之巷道通行關係，僅係反射利益之結果，當然不具權利保護之必要。但若因既有公用地役關係經行政機關撤銷變更，而該撤銷或變更既成巷道致利害關係人其自己之權利或法律上利益受到侵害者，該所謂權利或利益包括因所有權之土地之任何公私法上權利，因該撤銷或變更既成巷道行政行為而受有侵害者，則該利害關係人即非一般不特定民眾僅係利用具公用地役關係之巷道通行關係，自應認行政機關撤銷關於既成巷道之認定時，自己之權利或法律上利益受到侵害之利害關係人，當有公法上權

[43] 最高行政法院102年度判字第58號判決。
[44] 高雄高等行政法院102年度訴字第273號判決。
[45] 臺中高等行政法院102年度訴更一字第2號判決、最高行政法院102年度判字第611號判決。
[46] 最高行政法院101年度裁字第178號裁定。
[47] 最高行政法院102年度判字第133號判決。

利而具有訴訟權能，得對該撤銷決定提起行政訴訟法第4條之撤銷訴訟[48]。

　　主管機關作成建造物列為暫定古蹟之行政處分，發生該等建造物之移轉及管理，應受文化資產保存法所規定之限制之法律效果，所有人、使用人或管理人之權利或法律上利益將因而受影響，故依法應予通知，使得以提起行政救濟；如權利人之財產因此受有損失者尚得請求補償。抵押權人並非該等建造物之所有人、使用人或管理人，依文化資產保存法第17條第2項規定亦非列為暫定古蹟行政處分法定應受通知人，其抵押權所擔保之債權是否獲得清償，更非主管機關作成列為暫定古蹟之行政處分時即屬確定，尚須視債務人履行清償情形及實行抵押權之結果而定。抵押權人並不因建造物列為暫定古蹟之行政處分所生該等建造物之移轉及管理應受文化資產保存法所規定之限制之法律效果，致其權利或法律上利益因此受侵害，自不具有法律上之利害關係，其提起撤銷訴訟，欠缺訴訟權能，原告當事人不適格[49]。

　　都市計畫法之立法目的（參第1條及第3條規定）係為改善居民生活環境，並促進市、鎮○○街有計畫之均衡發展而設，故針對一定地區內有關都市生活之經濟、交通、衛生、保安、國防、文教、康樂等重要措施，做有計畫之發展及合理規劃土地。都市計畫法第19條第1項雖定有任何公民或團體對於都市計畫之主要計畫擬定後之公開展覽期間，得以書面向該管政府提出意見，由該管政府都市計畫委員會予以參考審議，連同審議結果及主要計畫一併報請內政部核定之規定。此項公民或團體參與程序之規定，無非在提供主管機關訂定主要計畫之參考、擴大民眾參與之機制，並無承認特定公民或團體有對國家機關為請求之權利或法律上之利益。都市計畫法第34條有關住宅區土地及建築物使用之管制，與都市計畫法第39條對於都市計畫各使用區及特定專用區內土地及建築物之使用、基地面積或基地內應保留空地之比率、容積率、基地內前後側院之深度及寬度、停車場及建築物之高度，以及有關交通、景觀或防火等事項，內政部或直轄市政府得依據地方實際情況，於都市計畫法施行細則中作必要之規定，其目的均在於落實都市土地使用分區管制，用以維護整體都市居民生活環境之寧靜、安全及衛生之公益，亦非在保護特定個人之利益[50]。

---

[48] 最高行政法院109年度判字第381號判決。

[49] 最高行政法院99年度判字第648號判決。

[50] 最高行政法院103年度判字第114號判決。2020年修正公布施行之行政訴訟法第237條之18第1項規定，人民、地方自治團體或其他公法人認為行政機關依都市計畫法發布

　　土地所有權人之土地被認定爲既成道路且經他人申請指定建築線據以向建築管理機關申請核發建造執照，土地所有權人對於渠土地被認定爲既成道路及被指定爲建築線之處分，如認受有損害，固得循序提起行政訴訟；惟如以渠所有之土地被認定爲既成道路且經指定爲建築線，權益受有損害爲由，對於建築管理機關核發之建造執照提起行政訴訟，因建築法規關於建造執照核發規範之保護範圍，並不及於他人之土地被認定爲既成道路，且經申請指定建築線。因此，土地所有權人如以此等理由，認渠權益受有損害，對他人申請建築管理機關核發建造執照之處分提起行政訴訟，尚難認有權利保護之必要，而非建造執照處分之法律上利害關係人[51]。

　　有限公司的股東，對於主管機關准予章程變更登記的處分，是否具備提起撤銷訴訟的權能，應視其於具體個案情形，是否爲原處分的利害關係人而定：主管機關對於有限公司章程變更登記的申請，經過審查後予以核准，是對於有限公司所爲的授益性行政處分，公司股東雖非該行政處分授益的相對人，但如果依個案具體情形，可認爲其權利或法律上利益有因原處分的授益效力而受侵害的可能，即可認其爲原處分的法律上利害關係人，而具備提起撤銷訴訟的權能[52]。

　　一般而言，事實上利益並不在保護範圍，惟最高行政法院102年度判字第270號判決指出，公權力大量介入私經濟領域，早就有形成私法關係之行政處分類型出現，何況任何私法性質之權利，諸如與職業活動或財產收益有關者，一旦提升層次則屬憲法上之工作權及財產權範圍，已非單純私權爭執問題。傳統上權利與反射利益二分法，作爲辨別撤銷訴訟之訴訟權能，有其簡便之處，但對個人權益保障則有欠周延，而且與權利思潮之發展相悖。法律上利益宜採廣義解釋，依事件型態合理衡量，除根據法律規定或一般法律原則，應予承認值得保護之事實上利益外，亦應包括經濟上正當利益，以及私法上利益在內，俾能擴大紛爭解決管道，以符參加訴訟之立法目的。依公司法第12條規定，公司之登記雖非生效要件，卻爲對抗第三人之要件，公司辦理增資於董事會決議

之都市計畫違法，而直接損害、因適用而損害或在可預見之時間內將損害其權利或法律上利益者，得依本章規定，以核定都市計畫之行政機關爲被告，逕向管轄之高等行政法院提起訴訟，請求宣告該都市計畫無效。

[51] 最高行政法院107年度判字第516號判決。
[52] 最高行政法院112年度上字第463號判決。

發行新股之日，即已生效，如登記之內容與事實明顯不符，除滋生股東之困擾及訟源外，且易損及主管機關登記之公信力。原處分依據○○○「刑事確定判決」所認定「太流公司91年9月21日股東臨時會及董事會議事錄係偽造文書」之犯罪事實撤銷相關登記事項，乃對外直接發生公法上法律效果之單方行政處分，該處分在價值判斷上非為檢察署之刑事執行行為，屬行政訴訟審判範圍[53]。

行政訴訟法第4條第3項規定所指利害關係，乃係法律上之利害關係，不包括事實上之利害關係，亦即其權利或法律上利益因行政處分而直接受有損害者，若僅具經濟上、情感上或其他事實上之利害關係者，即非所謂法律上之利害關係。大學自訂之校長遴選辦法已明定以「學生代表」為參與遴選之成員，則參與校長遴選程序之權限主體，自以「學生代表」為限，尚不及於一般學生，亦即一般學生既非代表，自非遴選辦法規定保護效力所及之人，自難認一般學生與主管機關同意學校聘任依遴選辦法選出之校長之行政處分有何法律上利害關係[54]。

三、須經訴願程序提起訴願而不服其決定

法律規定人民提起行政訴訟，以經訴願作為前提要件，是對人民訴訟權之限制。此限制之必要性在於：給予行政體系內部自我審查之機會，同時經由行政體系之自我糾正，減少進入行政法院之案件，節省司法資源之公共利益之增進。苟人民提起訴願之結果，未能有上述公共利益之達成，而強要人民一再訴願，仍無法提起行政訴訟，則反而剝奪人民之訴訟權，與憲法保障人民訴訟權之意旨不符[55]。

經訴願程序不以訴願法上之程序為限，相當訴願程序者，例如，公務人員保障法之復審程序，亦屬之。當事人未經合法訴願而提起行政訴訟，其起訴即屬不備其他要件，行政法院應依行政訴訟法第107條第1項第10款後段規定，以裁定駁回其訴。相對人或利害關係人於法定救濟期間屆滿時尚未提起訴願者，原行政處分即告確定，逾法定救濟期間始提起訴願，即非合法，其復提起撤銷或課予義務訴訟，自屬不備須經合法訴願程序之要件，且不能補正，應以裁定

[53] 最高行政法院102年度判字第270號判決。
[54] 最高行政法院106年度判字第183號判決。
[55] 最高行政法院109年度裁字第1490號裁定。

駁回之[56]。

對於稅捐稽徵機關之核定稅額及裁罰處分不服，須先申請復查，始得提起訴願。申請復查逾法定期間，即非合法，復提起訴願，亦非合法；嗣提起撤銷訴訟，自屬起訴不備其他要件，應以裁定駁回之[57]。

在例外情形，亦有規定提起行政訴訟前得免除訴願者，例如，依行政程序法第109條規定，不服經聽證程序之行政處分，其行政救濟程序，免除訴願及其先行程序。

四、須於法定期間內提起訴訟

除行政訴訟法另有規定外，行政訴訟法第106條第1項規定，撤銷訴訟之提起，應於訴願決定書送達後二個月之不變期間內為之。但訴願人以外之利害關係人知悉在後者，自知悉時起算。自訴願決定書送達後，已逾三年者，不論基於任何理由，均不得再提起（行政訴訟法第106條第2項）。不經訴願程序即得提起撤銷訴訟者，應於行政處分達到或公告後二個月之不變期間內為之（同法第106條第3項）。

經訴願程序後，提起行政訴訟時亦有起訴期間之限制，以求行政機關所為行政處分之安定性。有關訴願、起訴期間之限制，無非係出於法律關係安定之一項基本要求，與憲法有關人民訴訟權之保障並無牴觸[58]。

訴願決定書，依抗告人訴願書所載地址郵務送達，未獲會晤應受送達人本人或依法得代為收受之同居人或受雇人，乃以寄存送達方式，將文書寄存於送達地附近之郵政機關，並依法作送達通知書黏貼及放置，自已生送達效力，二個月不變期間便已起算[59]。雖於起訴期間內付郵，而到達行政法院時已逾起訴期間者，不生於起訴期間內起訴之效力[60]。

---

[56] 最高行政法院102年度裁字第279號裁定。
[57] 最高行政法院101年度判字第1023號判決。
[58] 最高行政法院94年度裁字第462裁定。
[59] 最高行政法院96年度裁字第173號裁定。
[60] 最高行政法院97年裁字第2500號判例。

第二項　課予義務訴訟

　　課予義務訴訟規定於行政訴訟法第5條，其可再細分為第1項之怠於處分與第2項之拒絕處分訴訟。課予義務訴訟之訴訟標的，依行政訴訟法第5條規定，應為「原告關於其權利或法律上利益，因行政機關違法駁回其依法申請之案件，或對其依法申請之案件不作為致受損害，並請求法院判命被告應為決定或應為特定內容行政處分之主張」，原告依該規定提起課予義務訴訟，除應為請求法院判決撤銷原處分及訴願決定之聲明外，同時亦應聲明請求法院判命行政機關作成其所申請內容之行政處分，始為完足。否則，即使法院認原處分應予撤銷，但因撤銷行政機關否准其申請內容之行政處分，並不相當於命行政機關作成其所申請內容之行政處分，則原告請求法院保護其權利之目的，即無法在一次訴訟中實現[61]。

　　提起行政訴訟法第5條規定之課予義務訴訟，須行政機關就人民之申請有為否准處分或怠為處分情事，且須經訴願之前置程序，否則即屬起訴不備要件。惟憲法係保障人民之訴願權，而非課人民以訴願之義務。法律規定人民提起行政訴訟，以經訴願作為前提要件，係屬對人民訴訟權之限制。此限制之必要性在於：給予行政體系內部自我審查之機會，同時經由行政體系之自我糾正，減少進入行政法院之案件，節省司法資源之公共利益之增進。苟人民提起訴願之結果，未能有上述公共利益之達成，而強要人民一再訴願，仍無法提起行政訴訟，則反而剝奪人民之訴訟權，與憲法保障人民訴訟權之意旨不符[62]。

　　行政訴訟法第5條規定之課予義務訴訟，目的在對人民依法向行政機關申請作成行政處分而未獲准許之事件提供救濟。課予義務訴訟聲明中關於請求撤銷訴願決定及原處分（如係怠為處分者，則僅請求撤銷訴願決定）部分，與請求作成行政處分部分間，必是本於同一事由之申請。若僅是聲明之外觀上具有撤銷及作成行政處分兩部分，然二聲明間並非本於同一事由之請求者，即無從

[61] 最高行政法院101年度判字第918號判決。
[62] 最高行政法院109年度裁字第1490號裁定。因此訴願人若是請求訴願機關命該機關為一定內容之處分，然訴願決定僅命其自為准駁之處分，因未完全滿足其訴願請求，此際應可認訴願人就其依法申請之案件，經訴願程序未獲救濟，已符合行政訴訟法第5條第1項或第2項課予義務訴訟之起訴要件。否則，如其仍不得提起行政訴訟，將造成人民依法申請作成處分之案件，雖循訴願程序救濟，仍來回擺盪於原處分機關與訴願機關之間，無從提起行政訴訟，自與憲法第16條保障人民訴訟權之意旨不符。

謂此二聲明係屬一課予義務訴訟之請求[63]。

　　行政程序重開係對於行政處分已經確定之事件，允許相對人或利害關係人於具有一定事由時，重啓已終結之行政程序，促使行政機關改變原已確定之處分，以調和法之安定性與合法性間之衝突。發動此一程序後，行政機關之第一階段爲就重開請求作成准否之決定；如爲准許，始有第二階段就原事件重爲審查作成撤銷、廢止、變更原處分或維持原處分之結果。故於訴訟上之請求，應以課予義務之訴請求作成准予重開之處分，並准了作成變更處分，始爲正確之訴訟類型[64]。

（一）判斷基準點

　　課予義務訴訟事件，行政法院係針對「法院裁判時原告之請求權是否成立、行政機關有無行爲義務」之爭議，亦即原告在實體法上是否存在請求權作成法律上判斷。在人民提起課予義務訴訟請求救濟之過程中，因法律狀態嗣後變更，足以影響訴訟之結果，基於法治國家依法行政原則之要求，除實體法上有特別規定外，法院判斷公法上請求權是否存在、行政機關有無行爲義務之基準時點，非僅以作成處分時之事實及法律狀態爲準，事實審法院言詞辯論終結前之事實狀態的變更，法律審法院裁判前之法律狀態的變更，均應加以考量（最高行政法院100年度判字第1924號判決）[65]。換句話說，課予義務訴訟之目的，在於裁判時判斷原告之請求有無理由，而非事後審查行政處分是否違法，自應以事實審法院言詞辯論終結時之事實狀態及法律審之法律狀態爲準，而非以過去存在之事實或法規爲依據[66]。

　　課予義務訴訟，屬給付訴訟類型之一，人民因容積移轉申請遭否准所提行政訴訟屬課予義務訴訟，旨在請求法院命主管機關作成許可其申請之行政處分，行政法院審查申請人之請求權是否存在，主管機關有無該行爲義務，自係以事實審言詞辯論終結時之法令及事實狀態，爲判斷基準時[67]。

---

[63] 最高行政法院101年度裁字第2219號裁定。

[64] 最高行政法院101年度判字第452號判決。

[65] 臺北高等行政法院101年度訴字第1409號判決、最高行政法院109年度判字第654號判決。

[66] 最高行政法院109年度判字第296號判決。

[67] 最高行政法院100年度判字第2030號判決。

（二）課予義務訴訟與一般給付訴訟之關係

行政訴訟之給付訴訟，係原告對被告主張一定請求權而訴請法院判命被告爲一定給付之訴訟。人民對行政機關提起之給付訴訟，則因請求行政機關作成行政行爲之類型，係請求作成行政處分或特定內容之行政處分，抑或係請求財產上給付或處分以外之非財產上給付，而區分爲課予義務訴訟及一般給付訴訟[68]。

一般給付訴訟與行政訴訟法第5條課予義務訴訟之共通點，乃是二者皆爲實現公法上給付請求權而設。二者區別在於，一般給付訴訟之適用範圍，限於課予義務訴訟所未包括之領域，亦即公法上非屬行政處分之公權力行政行爲。一般給付訴訟對於課予義務訴訟而言，具有補充性。爭議事件如可直接作爲課予義務訴訟之訴訟對象者，換句話說，人民對於系爭案件如能透過課予義務訴訟而獲得救濟者，即不得提起一般給付訴訟。提起一般給付訴訟，須以該訴訟直接行使給付請求權者爲限，如依據實體法規定，向須先經行政機關核定給付請求權者，則於提起一般給付訴訟之前，應先提起課予義務訴訟，請求作成該核定之行政處分[69]。

行政訴訟法第8條一般給付之訴中之「非財產上給付訴訟」部分，固包括作爲與不作爲，但人民如依據政府資訊公開法或檔案法規定，向政府機關申請提供資訊，或申請抄錄、複製政府機關檔案，而應先經政府機關准駁者，自應依行政訴訟法第5條規定，提起請求應爲行政處分之課予義務訴訟，而非提起非財產上一般給付訴訟[70]。當事人請求稅捐機關退稅，究應提起一般給付訴訟或課予義務訴訟，須視其主張而定；若主張在公法之法律關係內，對無法律上原因而受領給付者，成立返還該給付之請求權，以調整不當之財產移轉，應認係公法上原因發生之給付請求權，得依行政訴訟法第8條第1項規定提起一般公法上給付之訴。若係納稅義務人對於因適用法令錯誤或計算錯誤溢繳之稅款，依稅捐稽徵法第28條規定向稅捐機關申請作成退還溢繳稅款之處分，自應依行

---

[68] 最高行政法院110年度抗字第238號裁定。

[69] 最高行政法院94年度判字第465號判決。換句話說，財產上之給付，若須以行政處分先爲決定者，其須依法申請而行政機關於法令所定期間內應作爲而不作爲，或申請被駁回，認爲其權利或法律上利益受損害者，經依訴願程序後，得向行政法院先提起課予義務之訴，尚不得逕行直接提起一般給付訴訟。

[70] 最高行政法院101年度裁字第2087號裁定。

政訴訟法第5條規定提起課予義務訴訟[71]。

一、怠於處分之訴

行政訴訟法第5條第1項規定，人民因中央或地方機關對其依法申請之案件，於法令所定期間內應作為而不作為，認為其權利或法律上利益受損害者，經依訴願程序後，得向行政法院提起請求該機關應為行政處分或應為特定內容之行政處分之訴訟。

（一）依法申請之內容為作成行政處分或特定內容之行政處分

人民請求行政機關為一定行為時，行政機關應為之行為，可能係法律行為，也可能係事實行為。若係法律行為，可能為行政處分，亦可能為行政處分以外之其他法律行為。如人民請求行政機關為行政處分者，應依行政訴訟法第5條規定，提起課予義務訴訟[72]。

（二）依法申請

人民向行政機關依法申請作成特定內容之行政處分所衍生之公法上爭議事件，固得提起行政訴訟。但須屬於人民依法申請之案件，行政機關始負有作成特定內容行政處分之義務，行政法院始得命行政機關履行，否則，即難認其請求於法有據。依法申請之案件係指人民依據法令有請求行政機關作成特定內容之行政處分之公法上權利，而行政機關對其申請有作成准駁決定之義務者[73]。法令對於任何人民均未賦予提出申請之公法上請求權者，人民即不得依該法令向行政機關提出申請，即非屬依法申請之案件，行政機關依法本不負有作成處分之義務[74]。行政訴訟法第5條規定所稱之「法」，除法律或法規命令外，尚包括因行政慣行及平等原則作用，而有外部效力之行政規則。本件分配作業規定及1994年分配作業補充規定，雖屬行政規則，然權責機關長期基於該等規

---

[71] 最高行政法院101年度判字第279號判決。

[72] 最高行政法院102年度裁字第396號裁定。

[73] 最高行政法院106年度判字第742號判決指出，法令係指申請時現存有效之法令，申請人依業已廢止之規定提出申請，即難認屬「依法」申請之案件。申請人就非屬人民「依法申請之案件」提起課予義務訴訟，乃不符合法定要件，且其情形無從補正，即應予以駁回之。

[74] 臺中高等行政法院101年度訴字第493號判決。

定,配售眷宅於相關人,基於行政慣行及平等原則,已產生外部效力,符合該分配作業規定所訂得申請配售眷宅資格要件者,對權責機關有申請配售眷宅請求權,其所爲之申請,乃屬依法申請之案件[75]。

不屬依法申請者之案例,例如:法令如僅係規定行政機關之職權行使,因其並非賦予人民有公法上請求行政機關爲行政處分之權利,人民請求行政機關作成行政處分,性質上僅是促使行政機關發動職權,乃屬建議、舉發之陳情性質,並非屬於依法申請之案件。

在此情形,人民以行政機關對其請求,於法定期間內應作爲而不作爲,或予以駁回而提起課予義務訴訟,因無依法申請之案件存在,其訴訟即不備起訴要件,而不合法,應依行政訴訟法第107條第1項第10款予以駁回[76]。

依社會救助法第18條第1項、第20條、縣(市)醫療補助辦法第2條第1項第1款、第5條、臺南市醫療補助辦法第3條第1項第1款、第6條等規定之意旨,有關低收入戶之醫療補助,須由申請者檢附相關單據提出申請補助,非由法律賦予人民有請求就醫簽帳醫療補助之公法上權利,非屬行政訴訟法第5條所稱依法申請之案件[77]。

(三)於法定期間應作為而不作為

應作爲而不作爲係指行政機關對於人民之申請負有法定作爲義務,卻違反此一作爲義務(最高行政法院100年度裁字第1479號裁定)[78]。人民依政府資訊公開法向政府機關請求公開其持有資訊,政府機關未於申請起十五日內或延長之期間內,爲准駁之決定時,該政府機關即處於行政訴訟法第5條第1項所稱,對於人民依法申請之案件,於法令所定期間內應作爲而不作爲之狀態,人民得隨時提起行政訴訟[79]。

(四)經訴願程序

提起行政訴訟法第5條之課予義務訴訟,須先經合法之前置救濟程序,倘未經合法之前置救濟程序,依程序優於實體原則,行政法院自不得爲案件之實

---

[75] 最高行政法院102年度判字第687號判決。
[76] 最高行政法院102年度裁字第266號裁定。
[77] 最高行政法院102年度裁字第311號裁定。
[78] 臺北高等行政法院101年度訴字第1955號裁定。
[79] 最高行政法院97年度裁字第4335號裁定。

體審理[80]。行政訴訟法第5條規定課予義務訴訟制度之設計，旨在對於人民依法向行政機關申請而未獲核准之案件提供救濟之管道，其著重者並非行政機關是否已就該申請案作成否准之行政處分（其差別僅在於究係行政訴訟法第5條第1項或第2項而已），其所著重者，在於人民就其依法申請案件最終是否能獲准許，而達到權利保護之功能。易言之，就一因人民依法申請而開始行政程序之案件，無論行政機關係根本未予置理、或係作成否准行政處分、或係不斷的以退件或命補正或其他方式而未直接表示准駁，在行政訴訟上，只要其已依法提起訴願而未獲救濟，均得向行政法院請求救濟。依法申請應指原告就其請求行政機關作成之處分，曾經由行政程序向行政機關提出，至於在該具體個案中，原告有無實體法上之申請權或有無請求權，甚至其依法有無任何程序上之申請權，此均為本案有無理由之問題（最高行政法院99年度裁字第895號裁定）。

行政機關依法自應受訴願決定之拘束，而遵守訴願決定之意旨，於訴願決定所指定之法定期間，有作為之義務。如行政機關有未依訴願決定限期作為處分，而再有怠為處分之情形，因訴願機關不得判命行政機關作成訴願人所申請內容之行政處分。此時人民自無須再依訴願法第2條第1項之規定，向訴願機關提起訴願，而得依行政訴訟法第5條第1項之規定，向行政法院提起課予義務訴訟，再由行政法院依行政訴訟法第200條各款之規定，為適法之裁判[81]。

（五）權利或利益受損

權利或法律上利益係指權利主體所感受的各式各樣主觀利益中以法規範之力量，來加以保障或提供實現手段（權利）的特定範圍利益；如法規之目的在於保障公共利益而非個人私益，僅因法規有此規定，個人亦生一種附隨之利益，即「反射利益」時，則非屬之。一般可藉由保護規範理論判斷其係相關聯法規範所保護權利或法律上利益之歸屬主體，其權利或法律上利益因行政機關之處分而受損害，即可認為具有訴訟權能；反之，若非權利或法律上利益，而僅係單純政治、經濟、感情上等反射利益受損害，自無訴訟權能[82]。

[80] 最高行政法院100年度判字第176號判決。
[81] 臺中高等行政法院102年度訴字第27號判決。
[82] 最高行政法院101年度判字第1002號判決。

（六）未逾起訴期間

行政訴訟法第106條規定，第5條訴訟之提起，除行政訴訟法別有規定外，應於訴願決定書送達後二個月之不變期間內為之。但訴願人以外之利害關係人知悉在後者，自知悉時起算。

行政訴訟法第5條之訴訟，自訴願決定書送達後，已逾三年者，不得提起。不經訴願程序即得提起行政訴訟法第5條第2項之訴訟者，應於行政處分達到或公告後二個月之不變期間內為之。不經訴願程序即得提起行政訴訟法第5條第1項之訴訟者，於應作為期間屆滿後，始得為之。但於期間屆滿後，已逾三年者，不得提起。

二、拒絕（否准）處分之訴

行政訴訟法第5條第2項規定，人民因中央或地方機關對其依法申請之案件，予以駁回，認為其權利或法律上利益受違法損害者，經依訴願程序後，得向行政法院提起請求該機關應為行政處分或應為特定內容之行政處分之訴訟。

人民就土地權利變更登記事項所為申請，屬行政訴訟法第5條第2項依法申請之案件。登記機關依土地登記規則第57條第1項第4款規定，駁回申請人登記之聲請。申請人不服，就土地權利變更登記事項所為申請，自有依行政訴訟法第5條第2項提起課予義務訴訟之權能[83]。被徵收土地所有權人對徵收補償價額不服，依土地徵收條例第22條第2項規定以書面提出異議，經主管機關為維持原補償價額之查處，如有不服，循序提起行政訴訟，其訴訟種類應為行政訴訟法第5條第2項規定之課予義務訴訟[84]。惟人民對行政機關請求國家賠償之行為，固係公法上之事實行為，然行政機關所為拒絕國家賠償之決定，僅屬意思通知性質，人民如有不服，應依國家賠償法規定提起損害賠償之訴，尚不得提起課予義務訴訟[85]。

拒絕處分之訴與怠於處分之訴之實體判決要件大部分相同，所不同者主要是行政機關積極拒絕或駁回之行政處分。中央或地方機關駁回人民依法申請之案件，性質上為行政處分者，經依訴願程序後，可提起行政訴訟法第5條第2

---

[83] 最高行政法院100年度判字第1953號判決。
[84] 最高行政法院大法庭109年度大字第1號裁定。
[85] 最高行政法院108年度判字第572號判決。

項之課予義務訴訟。中央或地方機關對於人民依法申請為行政處分之案件所作之函覆，究屬駁回之行政處分，抑或係屬事實敘述或理由說明而為觀念通知，則應從實質上是否拒絕而認定，非以形式上有無駁回之諭示而判斷[86]。被徵收土地所有權人對徵收補償價額不服，依土地徵收條例第22條第2項規定以書面提出異議，經主管機關為維持原補償價額之查處，如有不服，循序提起行政訴訟，其訴訟種類應為行政訴訟法第5條第2項規定之課予義務訴訟[87]。

此外，訴願法第82條第1項規定，課予義務訴願所指受理人民依法申請案件之機關應為「一定之處分」，並不限於「作成處分」，尚包括「作成特定內容之處分」，故訴願人若是請求訴願機關命該機關為一定內容之處分，訴願決定僅命其自為准駁之處分，因未完全滿足其訴願請求，此際應可認訴願人就其依法申請之案件，經訴願程序未獲救濟，已符合行政訴訟法第5條第1項或第2項課予義務訴訟之起訴要件。否則，如其仍不得提起行政訴訟，將造成人民依法申請作成處分之案件，雖循訴願程序救濟，仍來回擺盪於原處分機關與訴願機關之間，無從提起行政訴訟，自與憲法第16條保障人民訴訟權之意旨不符[88]。

第三項　確認訴訟之實體判決要件

行政訴訟法所規定之確認訴訟，係人民就特定之公法上法律關係之存在與否以及公法上法律關係之內容請求行政法院予以確認之訴訟，其種類依行政訴訟法第6條第1項之規定，包含確認行政處分無效、確認公法上法律關係成立或不成立、確認已執行完畢或其他事由而消滅之行政處分為違法等三種。人民提起行政訴訟之確認訴訟，並非請求確認特定之行政處分無效、特定之公法上法律關係成立或不成立或特定之已消滅之行政處分為違法，而係請求確認抽象之某類型行政行為是否成立某類型之公法上法律關係，或某類型行政行為是否為成立某類型公法上法律關係之原因事實，換句話說，就抽象之法律問題求為確認，與確認訴訟之要件並不合[89]。

---

[86] 最高行政法院100年度判字第18號判決。
[87] 最高行政法院109年度大字第1號裁定。
[88] 最高行政法院109年度裁字第1490號裁定。
[89] 最高行政法院93年度判字第1063號判決。

一、確認行政處分無效之訴

(一) 確認對象為無效之行政處分

提起確認行政處分無效訴訟，以行政處分存在為前提，倘無行政處分存在或以非行政處分為對象，訴請確認無效，其起訴即屬不備其他要件，行政法院應以裁定駁回其訴[90]。

(二) 須先經前置程序

行政訴訟法第6條第2項規定，確認行政處分無效之訴訟，須已向原處分機關請求確認其無效未被允許，或經請求後於三十日內不為確答者，始得提起之。確認行政處分無效之訴訟，並不以經訴願程序為必要[91]。

當事人提起確認行政處分無效之訴訟，應先踐行向原處分機關請求確認其行政處分無效之前置程序[92]，如當事人未事先向原處分機關請求確認，逕行提起確認該處分無效之訴，則法院以其起訴有不備其他要件之違法而予以裁定駁回[93]。

行政訴訟法第6條第2項規定之目的在於先由原處分機關自行審查及自行確認其行政處分是否無效。此種行政程序之踐行，並無嚴格遵守請求確認、未被允許或不為確答等流程之必要，而以行政處分經原處分機關為實質審查確認並非無效為已足[94]。例如，經訴願程序為實體審理後，提起確認訴訟，或提起撤銷訴訟後變更為確認訴訟，即不能認為欠缺行政程序。起訴欠缺行政程序，並非原告一己所能補正，法院毋庸定期命補正，得認起訴不備法定要件，為不合法而逕行裁定駁回之。然在裁定駁回前，如行政處分已經原處分機關為實質審查確認並非無效，應認為行政程序之欠缺因而補正[95]。上訴人以函請求行政機關撤銷原處分，既為行政機關自行審認無違法而未獲准許，顯然行政機關更不可能認原處分有何違法程度猶較撤銷為重之無效事由存在，是應認上訴人已踐

---

[90] 最高行政法院102年度裁字第282號裁定、最高行政法院109年度裁字第1584號裁定。
[91] 最高行政法院99年度判字第488號判決。
[92] 行政程序法第113條規定，行政處分之無效，行政機關得依職權確認之。行政處分之相對人或利害關係人有正當理由請求確認行政處分無效時，處分機關應確認其為有效或無效。
[93] 最高行政法院99年度裁字第2217號裁定。
[94] 最高行政法院105年度判字第543號判決、最高行政法院109年度判字第183號判決。
[95] 最高行政法院94年度判字第199號判決。

行行政訴訟法第6條第2項規定之程序[96]。

（三）須有即受確認判決之法律上利益

　　即受確認判決之法律上利益乃確認訴訟提起之權利保護要件，原告對於法院之確認判決，不僅須有法律上利益，且在「時間上」有即受判決之利益，此不確定之法律狀態必須現已存在或立即到來，凡過去或未來之受害或有受害之虞者，皆不與焉。此項要求在避免行政法院淪為對法律問題提供資訊或鑑定意見者之地位。對於行政處分之無效、違法、或對於法律關係之成立與否、必須有不明或不確定之狀態，也就是兩造堅持立場，原告必須依據該法律狀況，以從事行為或經濟活動，或避免當前或即將發生之刑罰或行政罰，其訴訟始有合法利益[97]。

二、確認行政處分違法之訴

　　人民對於尚不具有形式存續力之違法行政處分之救濟，固應提起撤銷訴訟，且須遵守撤銷訴訟之提起期間，然如行政處分在人民提起撤銷訴訟之前已執行完畢而無回復原狀可能者，提起撤銷訴訟即無實益及必要。此際倘人民具有即受確認判決之法律上利益，為貫徹人民依憲法第16條規定享有之訴訟權，得依行政訴訟法第6條第1項後段規定直接獨立提起確認行政處分違法訴訟（其確認已執行而無回復原狀可能之行政處分或已消滅之行政處分為違法之訴訟，亦同）[98]。

（一）確認對象為違法行政處分

　　行政處分之執行與其規制效力之存續係屬二事，已執行完畢之行政處分，如果其規制效力仍然存在，且有回復原狀之可能者，行政法院仍應准原告提起撤銷訴訟以為救濟（行政訴訟法第196條規定），除非行政處分已執行，且無回復原狀之可能，或行政處分之規制效力已因法律上或事實上之原因而消滅，始認其欠缺提起撤銷訴訟之實益，而於原告有即受確認判決之法律上利益時，許其依法提起確認該行政處分違法訴訟[99]。

---

[96] 最高行政法院108年度判字第459號判決。
[97] 臺北高等行政法院97年度訴字第903號判決、最高行政法院99年度判字第937號判決。
[98] 最高行政法院101年度判字第760號判決。
[99] 最高行政法院101年度判字第216號判決。

已執行之行政處分應僅限於下命處分，因下命處分始具執行力。確認處分及形成處分，其規制內容因隨行政處分之生效而當然產生法效力，自無執行之問題[100]。確認處分及形成處分除其規制效力已因法律上或事實上之原因而消滅外，人民應循序提起撤銷訴訟，以資救濟[101]。

（二）需有即受確認判決之法律上利益

有即受確認判決之法律上利益，係指原告目前所處之不確定法律狀態，若不起訴請求判決予以確認，即將受不利益之效果，且得以確認判決除去者而言[102]。即受確認判決之法律上利益，亦指權利或法律上利益（法律上地位）受否認之危險，得以確認判決予以除去。換言之，提起行政處分違法確認訴訟者，苟其權利或法律上利益（法律上地位）受否認之危險，無法以確認判決予以除去，此項訴訟屬無用之訴訟，即難認有受確認判決之法律上利益[103]。就已執行完畢而消滅之行政處分，若有必要確認處分是否違法，以利其請求損害賠償或其他財產上給付，即屬有訴訟上之確認利益[104]。

（三）須已不得提起其他訴訟

行政訴訟法第6條第3項規定，確認訴訟，於原告得提起或可得提起撤銷訴訟、課予義務訴訟或一般給付訴訟者，不得提起之。但確認行政處分無效之訴訟，不在此限。當事人如得提起撤銷訴訟、課予義務訴訟或一般給付訴訟作為行政救濟，卻逕行提起確認訴訟者，或因得提起其他訴訟而怠於為之致已無法於法定期限內提起時，始提起確認訴訟者，均不得再行提起確認訴訟。對於爭執之行政處分主張違法者，原則上應以撤銷訴訟請求撤銷該違法之行政處分，尚不得提起確認訴訟，此即所謂確認訴訟之補充性原則[105]。

法律關係因行政處分發生者，若當事人對於行政處分之適法性存有爭議，本得提起撤銷訴訟請求救濟而怠於提起，聽任行政處分確定，再以無起訴期間限制之確認訴訟，主張因行政處分而生之法律關係成立或不成立（包括存在或不存在），將使行政處分之效力永遠處於不確定之狀態，不為訴願及撤銷

---

[100] 最高行政法院101年度判字第394號判決。
[101] 最高行政法院109年度上字第508號判決。
[102] 最高行政法院107年度判字第257號判決、最高行政法院109年度判字第581號判決。
[103] 最高行政法院100年度判字第840號判決。
[104] 臺中高等行政法院100年度訴字第18號判決。
[105] 最高行政法院101年度判字第64號判決。

訴訟成為多餘，且有害法律秩序之安定。當事人可得提起撤銷訴訟而不提起，卻提起確認之訴者，應認其訴欠缺確認利益，無保護必要[106]。

　　現有巷道存在與否之認定，乃建築線指定與建築執照核發之前提。建築基地因面臨具公用地役關係之巷道，得申請指定建築線而申請建築。此種具有公用地役關係之現有巷道，係因具備一定之條件而成立，其是否成立、寬度如何，直接影響相鄰土地所有權人對於使用土地建築之財產權行使及人民通行自由之保障，主管機關依實際情況所為之認定，乃是就已經存在的法律狀態，為拘束性確認，核屬確認性質之一般處分。土地所有權人如有不服，原則上應提起撤銷訴訟以為救濟，基於確認訴訟之補充性原則應不許逕行提起公用地役關係不存在確認訴訟[107]。

三、確認公法上法律關係成立或不成立之訴

　　行政處分無效與行政處分失其效力不同，行政處分無效，係指行政處分具有重大明顯瑕疵，自始、當然、確定之不生效力；行政處分失其效力，則指行政處分作成時已發生效力，嗣後因特定事由，而使其效力向將來喪失效力。因此，如認徵收處分無效，應依行政訴訟法第6條第1項提起確認行政處分無效之訴；徵收處分失其效力者，應依行政訴訟法第6條第1項提起確認徵收法律關係不存在訴訟（最高行政法院100年1月份第1次庭長法官聯席會議決議）[108]。

　　確認公法上法律關係成立或不成立之訴訟，若係由所確認之公法上法律關係之一方提起者，應以他方為被告，當事人始有適格；若由對公法上法律關係有即受確認判決法律上利益之第三人提起者，應以形成或確認公法上法律關係之行政機關為被告，當事人方為適格。公用地役關係為行政法上行政主體基於行政目的，依法對私人財產賦予限制之關係，公用地役關係是存在於形成或確認公用地役關係之行政機關（公物主管機關）與供役地所有權人間之法律關係[109]。

---

[106] 臺中高等行政法院97年度訴字第509號判決。
[107] 最高行政法院107年度判字第354號判決。
[108] 最高行政法院101年度判字第39號判決。
[109] 最高行政法院93年度判字第1251號判決。

（一）確認對象為公法上法律關係成立或不成立

公法上之法律關係之成立有直接基於法律規定者，亦有因行政處分、行政契約或事實行為而發生者。公法上法律關係，係指公法上主體之一方與他方間就具體事件之公法上權利義務關係，或權利主體基於物之利用所產生之公法上權利義務關係；法規、行政事實行為及事實均非法律關係之本身，故皆不得以其存否為確認訴訟之標的[110]。只要當事人有即受確認之法律上利益時，對一法律關係之整體，或對法律關係中可以獨立之個別權利、義務或法律效果，皆可請求判決確認是否存在[111]。一個人是否具備某一公法上團體社員身分、資格之所謂身分權，因可認其為一綑權利和（或）義務之簡縮稱呼，為真正法律關係，得為確認訴訟之對象[112]。

（二）須有即受確認判決之法律上利益

即受確認判決之法律上利益係指法律關係之存否，因當事人間有爭執致不明確，原告主觀上認其在法律上之地位有不安之狀態存在，且此種不安狀態，若不尋求確認判決，將受到不利之效果，且能以確認判決將之除去者。若縱經法院判決確認，亦不能除去其不安之狀態者，即難認有受確認判決之法律上利益[113]。

（三）須已不得提起其他訴訟

確認公法上法律關係成立或不成立之訴訟，於原告得提起撤銷訴訟者，不得提起之，為行政訴訟法第6條第3項所規定。該項規定係因確認訴訟具有補充性所加以規定，當事人如已對同事件提起撤銷訴訟，經行政法院認為非屬行政處分而從程序上予以駁回，當事人對同一事件始依行政法院之見解而提起確認訴訟，行政法院統一見解認為此種事件仍應提起撤銷訴訟救濟。此種因當事人曾以撤銷訴訟提起救濟不為行政法院准許後，始提起確認訴訟，尚難認其提起確認訴訟有違確認訴訟補充性原則，而不予允許。換句話說，不得將行政法院見解不一致之不利益，加諸於當事人，而使當事人喪失行政訴訟救濟之途徑[114]。

---

[110] 最高行政法院109年度裁字第1127號裁定、最高行政法院109年度裁字第2389號裁定。

[111] 最高行政法院109年度裁字第88號裁定。

[112] 高雄高等行政法院100年度訴字第501號判決。

[113] 最高行政法院99年度判字第566號判決、最高行政法院100年度判字第159號判決。

[114] 最高行政法院100年度判字第1194號判決。

四、移送義務

　　行政訴訟法第6條第4項規定，應提起撤銷訴訟誤為提起確認行政處分無效之訴訟，其未經訴願程序者，高等行政法院應以裁定將該事件移送於訴願管轄機關，並以行政法院收受訴狀之時，視為提起訴願。

　　行政訴訟法第6條第4項規定之意旨，在於行政處分無效或得撤銷之救濟途徑不同，在具體個案，行政處分之違法，究導致無效或得撤銷，其區辨非人民所易知，如人民應提起撤銷訴訟誤為提起確認行政處分無效之訴訟，之後欲重行救濟，其未經訴願程序者，恐已遲誤提起訴願期間而不可得，因此高等行政法院應以裁定將該事件移送於訴願管轄機關，並以行政法院收受訴狀之時，視為提起訴願之時，以維其權益。行政法院受理確認行政處分無效之訴訟，應先審查有無應提起撤銷訴之情形，如有此情形，法律既已明定應移送訴願管轄機關受理，即不作確認行政處分無效訴訟處理[115]。

第四項　一般給付訴訟

　　行政訴訟法第8條第1項規定，人民與中央或地方機關間，因公法上原因發生財產上之給付或請求作成行政處分以外之其他非財產上之給付，得提起給付訴訟。因公法上契約發生之給付，亦同。人民因公法上原因發生財產上之給付，而得依行政訴訟法第8條第1項提起給付訴訟者，係指基於法律規定而生之請求（例如，公保、勞保給付、公務員俸給或退休金請求、損失補償請求），或基於公法契約、不當得利、無因管理等公法上原因而生之請求而言。至於因國家機關不法行為所生之侵權損害賠償請求，除得依行政訴訟法第7條提起合併訴訟，或依國家賠償法規定向普通法院為請求外，應無獨立提起行政訴訟之餘地[116]。

　　依行政訴訟法第8條第1項規定，為請求行政機關作成行政處分以外之其他非財產上之給付，人民固得提起給付訴訟；惟依此規定提起之一般給付訴訟，須原告有請求被告機關為其所主張事實行為之公法上請求權存在，始有認其所提起之一般給付訴訟有理由之可能，倘依原告之主張不能認其有據以請求之公法上請求權存在，則其訴為無理由（最高行政法院107年度判字第754號判決參

---

[115] 最高行政法院100年度判字第454號判決、最高行政法院109年度裁字第2025號裁定。
[116] 最高行政法院106年度裁字第1940號裁定。

照）。且人民對行政機關職務之執行，如僅是享有反射利益，則人民對行政機關此職務之執行即無公法上之請求權存在。依照傳染病防治法相關規定的整體結構、適用對象、所欲產生的規範效果及社會發展因素等綜合判斷，明顯是爲公共利益而爲規定，並未賦予人民申請主管機關購買疫苗及疫苗預防接種的公法上權利。人民並無向主管機關訴請購買疫苗及疫苗預防接種的法律上依據，主管機關未購買疫苗及未爲人民預防接種，人民僅是反射利益受有影響而已，難謂權利或法律上利益受有損害[117]。

一、一般給付訴訟與課予義務訴訟之關係──補充性

一般給付訴訟與行政訴訟法第5條課予義務訴訟之共通點，在於二者皆爲實現公法上給付請求權而設。二者之區別在於一般給付訴訟之適用範圍，限於給付訴訟中，課予義務訴訟所未包括之領域，亦即公法上非屬行政處分之公權力行政行爲。一般給付訴訟對於課予義務訴訟而言，具有補充性。爭議事件如可直接作爲課予義務訴訟之訴訟對象者，即不得提起一般給付訴訟。人民對於系爭案件如能透過課予義務訴訟而獲得救濟者，即不得提起一般給付訴訟，亦即提起一般給付訴訟，須以該訴訟直接行使給付請求權者爲限，亦即，應限於請求金額已獲准許可或已保證確定之金錢支付或返還。如其所依據實體法上之規定，尚須先經行政機關核定其給付請求權者，則於提起一般給付訴訟之前，應先提起課予義務訴訟，請求作成該核定之行政處分[118]。換句話說，提起給付訴訟乃以行政機關之給付已經明確者爲限。苟人民依法所請求之金額，尚須經行政機關審核始得確定者，則不得以該條之給付訴訟爲請求，而應依行政訴訟法第5條規定，提起課予義務訴訟。一般給付訴訟與課予義務訴訟均屬給付訴訟，僅其間存有「請求是否須先經行政機關審查作成行政處分」之差別[119]。

二、一般給付訴訟之實體判決要件可分爲

（一）因公法上原因發生之財產給付

公法上原因包括基於法令規定、行政契約約定或因事實行爲而生者。人民

---

[117] 臺北高等行政法院110年度訴字第623號判決。
[118] 最高行政法院94年度判字第465號判決。
[119] 最高行政法院107年度判字第365號判決。

因公法上原因發生財產上之給付，而得依行政訴訟法第8條第1項提起給付訴訟者，係指基於法律規定而生之請求（例如，公保、勞保給付、公務員俸給或退休金請求、損失補償請求），或基於公法契約、不當得利[120]、無因管理等公法上原因而生之請求。國家機關不法行為所生之侵權損害賠償請求除得依行政訴訟法第7條提起合併訴訟，或依國家賠償法規定向普通法院為請求外，應無獨立提起行政訴訟之餘地[121]。

憲法所保障之人民基本權利，具有防禦權功能，人民於其基本權利受到國家侵害時，得請求國家排除侵害行為。國家侵害行為如屬行政事實行為，此項侵害事實即屬行政訴訟法第8條第1項所稱之「公法上原因」，受害人民得主張該行政事實行為違法，損害其權益，依行政訴訟法第8條第1項規定提起一般給付訴訟，請求行政機關作成行政處分以外之其他非財產上給付，以排除該侵害行為[122]。

學校教職員之退休案須先經主管機關加以審定，退休案經審定後，退休教職員之退休金給付請求權即已確定，審定機關應通知支給機關核轉退休教職員之原服務學校，依法定日期發給退休金。退休教職員於審定退休後，如因退休金發給、執行等爭議涉訟，本於退休金給付請求權對相關主管機關有所請求時，因其請求權業經審定確定，即得逕依行政訴訟法第8條第1項規定提起一般給付訴訟，毋庸提起課予義務訴訟，請求相關主管機關作成核定之行政處分[123]。

（二）屬於財產上之給付或請求作成行政處分以外之其他非財產上之給付

提起訴訟係請求行政法院判命被告機關為某種事實行為或單純之行政行為，諸如人民請求締結公法契約、請求有關機關提供資訊、服務紀錄之塗銷、忠誠資料之塗銷等，均係請求行政機關作成行政處分以外之其他非財產上之給付，應依行政訴訟法第8條之規定提起一般給付訴訟之方式為之[124]。

---

[120] 一般稱之為公法上之不當得利，最高行政法院107年度判字第439號判決指出，公法上不當得利乃指在公法關係中，無法律上之原因（包含「雖有法律上之原因，而其後已不存在」之情形）而取得財產變動，致他方受有損害者而言。若受領財產變動之原因仍存在，縱使其與當初受領之原因不同，亦非屬不當得利之範疇。

[121] 最高行政法院93年度裁字第523號裁定。

[122] 最高行政法院101年度判字第420號判決、最高行政法院108年度上字第633號判決。

[123] 最高行政法院98年度判字第147號判決。

[124] 高雄高等行政法院98年度訴字第609號判決、最高行政法院99年度裁字第919號裁定。

　　行政協助係指基於行政一體之機能，機關於執行本身之職務時，得向其他機關請求提供行政上之協助。機關並非執行本身職務，而係請求他機關依法為特定內容之行為，因受請求機關為拒絕之意思表示，得依行政訴訟法第8條之規定，逕行提起給付訴訟[125]。

　　認定違章建築應屬確認性行政處分，當事人對之不服，固應提起訴願及撤銷訴訟，請求救濟；惟拆除違章建築乃事實行為，第三人請求行政機關拆除他人所有之違章建築，性質上乃請求行政機關作成行政處分以外之其他非財產上給付，行政機關如拒絕拆除並通知當事人時，縱該通知並非行政處分，當事人對之提起訴願亦未經受理，但仍非不得依行政訴訟法第8條第1項規定，逕向行政法院提起一般給付訴訟，以謀救濟[126]。

　　國家之侵害行為如屬行政事實行為，此項侵害事實即屬行政訴訟法第8條第1項所稱之「公法上原因」，受害人民得主張該行政事實行為違法，損害其權益，依行政訴訟法第8條第1項規定提起一般給付訴訟，請求行政機關作成行政處分以外之其他非財產上給付，以排除該侵害行為[127]。

（三）給付義務之違反損害人民權利

　　給付訴訟，須原告主張因被告違反給付義務損害原告之權利，始得提起。原告之權利受損，如非因被告違反給付義務所致，自不允許原告提起本項訴訟[128]。

　　人民以財產權受侵害，提起行政訴訟，須國家之行為，有對人民之財產權造成損害之可能，始有賦與人民救濟權利之必要；苟若國家之行政行為客觀上不能造成人民財產權之損害，即無於訴訟法上賦與人民對之為權利救濟必要。地政事務所為之註記，若事實上已影響其土地所有權之圓滿狀態，致侵害土地所有權人之所有權者，依最高行政法院99年度3月份第1次庭長法官聯席會議決議，許土地所有權人以註記違法，向行政法院提起一般給付訴訟，請求排除侵害行為即除去註記。惟該決議所謂影響其所在土地所有權之圓滿狀態，係指地政事務所在土地登記簿標示部其他登記事項欄註記：「本土地涉及違法地目變更，土地使用管制仍應受原『田』地目之限制」，已使土地所有權人，無法依

---

[125] 最高行政法院93年度裁字第747號裁定。
[126] 最高行政法院91年度裁字第1094號裁定。
[127] 最高行政法院106年度判字第674號判決。
[128] 最高行政法院93年度判字第1122號判決。

登記地目爲土地使用而言。地政事務所所爲之註記，若未對於所有權人對於土地之使用，加以限制，僅係單純之資訊揭露，則無「事實上影響其所在土地所有權之圓滿狀態，侵害土地所有權人之所有權」情事，與最高行政法院庭長法官聯席會議決議所涉爭議之事實有別，尚無援引最高行政法院庭長法官聯席會議決議，作爲得提起一般給付訴訟請求對之除去之適用依據[129]。

（四）不屬於得在撤銷訴訟中併爲請求之給付

行政訴訟法第8條第2項規定，前項給付訴訟之裁判，以行政處分應否撤銷爲據者，應於依第4條第1項或第3項提起撤銷訴訟時，併爲請求。原告未爲請求者，審判長應告以得爲請求。

三、特殊類型之一般給付訴訟

（一）結果除去請求權

結果除去請求權，係對於違法行政行爲所造成之結果，請求行政法院判決予以除去，以回復未受侵害前狀態之請求權，乃德國實務上准許之一訴訟類型。我國行政訴訟法未有明文規定，得否援引，尚有爭議。最高行政法院94年度判字第1708號、最高行政法院109年度上字第900號判決指出，結果除去請求權可作爲公法上一般給付訴訟之請求權，應具備下列要件：1.須被告機關之行政行爲（包括行政處分或其他高權行爲）違法，或行爲時合法，嗣因法律變更而成爲違法者。2.直接侵害人民之權益。3.該侵害之狀態繼續存在，且有除去回復至行政行爲前狀態之可能[130]。4.被害人對於損害之發生無重大過失[131]。

（二）預防性不作爲訴訟

不作爲訴訟係對權利有受到侵害之危險，而請求爲權利保護之訴訟。其對已發生，而有重複可能之權利侵害，所提起之不作爲訴訟，係單純不作爲訴訟。而對於尚未發生但有權利侵害之虞，所提起之不作爲訴訟，則稱「預防性不作爲訴訟」。任何訴訟提供人民之權利保護，均以有權利保護必要爲要件。

---

[129] 最高行政法院106年度判字第674號判決。

[130] 最高行政法院107年度判字第698號判決指出，高雄市政府環境保護局過去清運垃圾持續以擴音設備播放音樂，該音樂已消逝，無可除去之結果，不生結果除去請求權之問題。

[131] 最高行政法院98年度判字第334號判決。

人民就對己之侵益處分，或對第三人授益卻對己侵益之具雙重效力之授益處分，本得於處分作成後提起訴願及撤銷訴訟救濟。蓋在處分未作成前，人民並不會因處分而有權利或法律上利益受損害。除非個案情形特殊，如不許人民提起預防性不作為訴訟，人民權利無從及時受到保護外，人民並無就行政處分提起預防性不作為訴訟之權利保護必要[132]。

惟基於憲法保障人民之訴訟權，行政訴訟法第2條容認公法上爭議除法律別有規定外，均容許得提起行政訴訟等觀點，預防性不作為訴訟並非自始應被排除。故對行政機關請求法院判命不得為一定行為，具有法律上利益，如不許人民提起預防性訴訟，人民權利無從及時保護時，亦得依行政訴訟法第8條規定，提起預防性不作為訴訟[133]。

惟提起此種訴訟，須以因行政機關之作為有對其發生重大損害之虞時，始認具有權利保護必要，但對損害之發生，得期待以其他適當方法避免者，不在此限[134]。即便新竹市政府命上訴人開放汽、機車通行於系爭開放空間，上訴人僅泛稱將造成人車爭道之危險，尚難可證對於新竹市政府因開放汽、機車通行於系爭開放空間，將如何發生上訴人重大損害之虞，況倘新竹市為此行政處分，上訴人亦非不得以提起撤銷之訴或請求停止執行以救濟之，因而上訴人提起此預防性不作為訴訟，顯無權利保護之必要，應予駁回[135]。

第五項　合併請求損害賠償訴訟

行政訴訟法第7條規定，提起行政訴訟，得於同一程序中，合併請求損害賠償或其他財產上給付。行政訴訟法第7條得合併請求損害賠償或其他財產上給付之規定，乃是此等請求與其所合併提起之行政訴訟間，有一定之前提或因果關係，基於訴訟資料之共通，為避免二裁判之衝突及訴訟手續重複之勞費而為之規範。故於當事人有依行政訴訟法第7條規定併為請求時，必其所據以合併之行政訴訟，已經行政法院實體審究且為勝訴之判決，行政法院始得就該當事人依行政訴訟法第7條所為請求，為實體審究並為勝訴之判決[136]。

---

[132] 最高行政法院109年度上字第261號判決。

[133] 最高行政法院107年度判字第676號判決。

[134] 最高行政法院96年度裁字第2183號裁定、最高行政法院107年度判字第634號判決。

[135] 最高行政法院107年度判字第634號判決。

[136] 最高行政法院97年度判字第988號判決、最高行政法院103年度判字第673號判決。

　　依行政訴訟法第7條立法意旨，因行政機關之違法處分，致人民權利或法律上利益受損害者，經提起行政訴訟後，其損害有能除去者，有不能除去者。其不能除去者，自應准許人民於提起行政訴訟之際，合併請求損害賠償或其他財產上之給付，以保護人民權利，並省訴訟手續重複之繁。人民對於違法之行政處分，除依國家賠償法直接向民事法院請求國家賠償外，亦得利用對於違法行政處分之行政訴訟程序，合併請求國家賠償。在行政訴訟程序中合併提起損害賠償訴訟，既以提起其他之行政訴訟為前提，此一其他行政訴訟須以合法為必要[137]。尤其是連結行政訴訟與國家賠償訴訟審判權，以達訴訟經濟。換句話說，合併請求損害賠償或其他財產上給付，在訴訟法上的意義，應包含當事人於提起行政訴訟時，就同一原因事實請求的國家賠償事件，得適用行政訴訟程序「附帶」提起損害賠償或其他財產給付訴訟，行政法院於此情形取得國家賠償訴訟的審判權。此與國家賠償法第11條第1項但書「但已依行政訴訟法規定，『附帶』請求損害賠償者，就同一原因事實，不得更行起訴」的規定，可相互配合適用。當事人主張因行政機關的違法行政行為受有損害，循序向行政法院提起行政訴訟，並依行政訴訟法第7條規定於同一程序中，合併依國家賠償法規定請求損害賠償者，行政法院就國家賠償部分，自當事人依法「附帶」提起國家賠償時起始取得審判權（最高行政法院98年6月份第1次庭長法官聯席會議(二)決議參照）[138]。

　　行政訴訟並不限於撤銷訴訟及課予義務訴訟，尚包括一般給付訴訟。惟該合併提起之損害賠償如係國家賠償訴訟，則必須是基於與該行政訴訟同一原因事實，始得提起[139]。

　　人民因國家之行政處分受有損害，請求損害賠償時，現行法制，得依國家賠償法規定向民事法院訴請外，亦得依行政訴訟法第7條規定，於提起其他行政訴訟時合併請求。二者為不同之救濟途徑，各有其程序規定。人民選擇依國家賠償法請求損害賠償時，應依國家賠償法規定程序為之。選擇依行政訴訟法第7條規定請求損害賠償時，依行政訴訟法規定程序辦理。行政訴訟法既未規定依該法第7條規定合併請求損害賠償時，應準用國家賠償法規定，自無須踐行國家賠償法第10條規定以書面向賠償義務機關請求賠償及協議之程序。國家

---

[137] 臺北高等行政法院103年度訴字第233號判決、最高行政法院103年度判字第673號判決。

[138] 最高行政法院108年度判字第572號判決。

[139] 最高行政法院98年度判字第1213號判決。

賠償法第10條規定須先以書面請求及協議，係予行政機關對其所爲是否違法有
自省機會，減少不必要之訴訟。如人民對行政機關之違法處分，已提起行政救
濟（異議、復查、訴願等），行政機關認其處分並無違法而駁回其訴願等，受
處分人不服該決定而提起行政訴訟，且合併請求請求損害賠償，若要求其亦應
踐行國家賠償法之先議程序，行政機關既認其處分無違誤，協議結果，必拒絕
賠償，起訴前之先行協議顯無實益。依行政訴訟法第7條合併提起損害賠償之
訴，其請求內容縱屬國家賠償範圍，亦無準用國家賠償法，踐行國家賠償法第
10條規定程序之理[140]。

第六項　公益訴訟

　　行政訴訟法第9條規定，人民爲維護公益，就無關自己權利及法律上利益
之事項，對於行政機關之違法行爲，得提起行政訴訟。但以法律有特別規定者
爲限。依傳統訴訟利益理論，須因自己權利及法律上利益因公權力受有損害，
始得提起行政訴訟。惟在確保行政之客觀合法性，以維護公益，在特定情形
下，亦應允許與自己權利及法律上利益之無直接關係之人民，得就行政機關之
違法行爲，提起行政訴訟。惟此應屬例外，不宜過度擴張，應以法律有特別規
定者爲限[141]。環境品質攸關國民健康與福祉，爲追求永續發展，須維護環境資
源，推動環境保護，是爲督促政府能徹底執行環境保護工作，環境基本法第34
條第1項規定，各級政府疏於執行時，人民或公益團體得依法律規定以主管機
關爲被告，向行政法院提起訴訟。即重申藉公益訴訟督促各級政府執行環保法
令之目的。

　　環境影響評估法第23條第8項規定，開發單位違反本法或依本法授權訂定
之相關命令而主管機關疏於執行時，受害人民或公益團體得敘明疏於執行之具
體內容，以書面告知主管機關。主管機關於書面告知送達之日起60日內仍未依
法執行者，環境影響評估法第23條第9項規定，人民或公益團體得以該主管機
關爲被告，對其怠於執行職務之行爲，直接向行政法院提起訴訟，請求判令其

---

[140] 最高行政法院93年判字第494號判例。

[141] 公益訴訟在我國乃屬新引進之制度，有關討論，吳秦雯，公益訴訟事件十年來行政法
院裁判見解之解析，行政訴訟二級二審制實施十週年回顧論文集，司法院，2011年，
第253-290頁。張文郁，淺論行政訴訟之公益訴訟──兼評最高行政法院101年度判字第
980號判決，月旦裁判時報，第25期，2014年2月，第14-37頁。

執行。上述規定係賦予受害人民或公益團體得以主管機關為被告，對主管機關怠於執行職務之行為，直接向行政法院提起訴訟之權能，屬行政訴訟法第9條所稱「法律有特別規定者」之情形，自得提起公益訴訟[142]。

　　除此之外，法律有明文規定者，例如，水污染防治法第72條第1項規定，事業、污水下水道系統違反本法或依本法授權訂定之相關命令而主管機關疏於執行時，受害人民或公益團體得敘明疏於執行之具體內容，以書面告知主管機關。主管機關於書面告知送達之日起六十日內仍未依法執行者，受害人民或公益團體得以該主管機關為被告，對其怠忽執行職務之行為，直接向高等行政法院提起訴訟，請求判令其執行。空氣污染防制法第93條第1項規定，公私場所違反本法或依本法授權訂定之相關命令而各級主管機關疏於執行時，受害人民或公益團體得敘明疏於執行之具體內容，以書面告知主管機關。主管機關於書面告知送達之日起六十日內仍未依法執行者，受害人民或公益團體得以該主管機關為被告，對其怠於執行職務之行為，直接向行政法院提起訴訟，請求判令其執行。

　　提起任何種類之行政訴訟（包括公益訴訟），必須以訴訟方式請求法院裁判始能達到當事人訴求目的時，始符合訴訟上權利保護之要件，如毋庸以訴訟方式請求法院裁判，即能達到其目的時，自無權利保護之必要，法院應以該訴為無理由，判決駁回其訴。公益訴訟固不以原告本身之權利或利益受損害為要件，惟提起公益訴訟仍必須以提起訴訟始能達其目的時，即必須有權利保護必要時，法院始能進一步為實體上審酌[143]。

　　行政訴訟法第9條規定係得提起公益訴訟之一般性規定，至於應提起何種行政訴訟類型，則與訴訟主張有關。最高行政法院106年11月份第1次庭長法官聯席會議決議指出，廢棄物清理法第72條第1項規定，受害人民或公益團體先以書面敘明主管機關疏於執行法令之「具體內容」告知主管機關，且主管機關於該書面送達之日起六十日內仍怠於執行該具體職務行為時，得直接訴請行政

---

[142] 最高行政法院101年度判字第980號判決。最高行政法院111年度上字第716號判決指出，環評法第23條第8項、第9項雖係補傳統訴訟利益理論之窮所設計之公益訴訟，惟此種訴訟究屬例外，不宜過度擴張，除限制起訴者須先行公民告知程序外，並將起訴適格限縮於「受害」人民及「公益」團體。凡自然人提起此項訴訟者，仍必須係就與自己權利或法律上利益有關事項始得為之；而法人或非法人團體，雖得就本身之權利或法律上利益無關之事項為此公益訴訟，但該團體並非任意，而必須為「公益團體」，始得為之。

[143] 最高行政法院95年度判字第73號判決。

法院判命其執行該具體之職務行為，乃行政訴訟法第9條所稱法律特別規定之公益訴訟。而其訴訟類型之選擇，應與受害人民或公益團體所申請主管機關疏於執行之具體內容相互對應，亦即視其所申請主管機關應為具體措施之法律性質究屬行政處分（例如限期清除處理、命令停工、停業或歇業、撤銷操作許可證等）或事實行為（例如實施檢查或鑑定、代為清除處理之措施或進入公私場所採樣或檢測等），而分別提起「課予義務訴訟」或「一般給付訴訟」，始符合系爭規定要求受害人民或公益團體須先以書面告知主管機關疏於執行法令之「具體內容」的立法本意。

第七項　選舉罷免訴訟

行政訴訟法第10條規定，選舉罷免事件之爭議，除法律別有規定外，得依本法提起行政訴訟。

依法辦理之選舉罷免事件所生之法律上爭議，本質上為公法上爭議，於有以司法救濟途徑保障人民之權利或法律利益必要時，法院應擔負司法審查之責任，至於劃歸民事法院或行政法院審理權限，則屬立法裁量。行政訴訟法第10條及第11條規定選舉罷免事件之爭議，除法律別有規定外，得依行政訴訟法提起行政訴訟，依其性質，準用撤銷、確認或給付訴訟有關之規定[144]。

法律別有規定者，例如，公職人員選舉罷免法第126條規定，選舉、罷免訴訟之管轄法院，依下列之規定：一、第一審選舉、罷免訴訟，由選舉、罷免行為地之該管地方法院或其分院管轄，其行為地跨連或散在數地方法院或分院管轄區域內者，各該管地方法院或分院俱有管轄權。二、不服地方法院或分院第一審判決而上訴之選舉、罷免訴訟事件，由該管高等法院或其分院管轄。

第四節　訴訟當事人

第一項　當事人

行政訴訟法第23條規定，訴訟當事人謂原告、被告及依行政訴訟法第41條與第42條參加訴訟之人。

---

[144] 最高行政法院109年度裁字第2025號裁定。

行政訴訟法第24條規定，經訴願程序之行政訴訟，其被告爲下列機關：一、駁回訴願時之原處分機關[145]。二、撤銷或變更原處分時，爲撤銷或變更之機關。行政訴訟之撤銷訴訟及課予義務訴訟均應經訴願前置程序，故經訴願決定維持原處分者，第一次對人民權益造成侵害者係原處分，故提起訴訟時，應依行政訴訟法第24條第1款規定以原處分機關爲被告。如訴願決定撤銷或變更原處分時，應由主張因此訴願決定而受侵害之人，以第一次造成侵害之訴願決定作成機關即訴願機關爲被告提起訴訟；基於不利益變更禁止原則，訴願機關所爲變更、撤銷原處分之訴願決定，應不致較原處分更爲不利，解釋上原處分相對人不致因此訴願決定而受侵害。於現行法制下，適用行政訴訟法第24條第2款之情形，應係指因訴願決定而第一次權利受侵害之第三人[146]。

行政訴訟法第25條規定，人民與受委託行使公權力之團體或個人，因受託事件涉訟者，以受託之團體或個人爲被告。

原處分機關依行政訴訟法第24條第1款規定爲被告，原處分機關縱認訴願決定違法時，亦不允許其對於訴願機關提起撤銷訴訟。亦即原處分機關對上級之訴願決定，本即應受訴願決定之拘束（訴願法第95條前段），自不得再爲不服之表示，以符行政一體性原則之適用[147]。

第二項　當事人能力與當事人適格

一、當事人能力

當事人能力係指成爲訴訟當事人之一般資格，行政訴訟法第22條規定，自然人、法人、中央及地方機關、非法人之團體，有當事人能力。當事人能力之有無，法院應依職權調查之。無當事人能力者所提出之行政訴訟，行政法院應以不合法駁回之[148]；行政訴訟法規定之當事人能力類型較民事訴訟法來得廣泛。

自然人依行政訴訟法第22條規定，雖有當事人能力，惟其於死亡後喪失權

---

[145] 最高行政法院92年度判字第1494號判決指出，人民以提起訴願逾3個月不爲決定而提起行政訴訟者，應以原處分機關爲被告。

[146] 最高行政法院100年度判字第1925號判決。

[147] 最高行政法院107年度判字第89號判決。

[148] 吳庚、張文郁，前揭書，第202頁。

利能力,自不得再爲行政訴訟之當事人[149]。

非法人團體設有代表人或管理人者,依行政訴訟法第22條規定,有當事人能力。惟以非法人團體地位提起訴訟者,即應就其符合具有一定名稱及事務所或營業所、一定之目的、獨立之財產,以及設有代表人或管理人等非法人團體之必備要件,負舉證之責[150]。

非法人團體係指由多數人所組成,有一定之組織、名稱及目的,且有一定之事務所或營業所爲其活動中心,並有獨立之財產,而設有代表人或管理人對外代表團體及爲法律行爲者始屬之。佛祖廟暨忠義祠鄉親管理委員會既無獨立之財產,及得以團體名義對外爲法律行爲,自非屬非法人團體,無當事人能力[151]。

法人之董事會爲法人之內部機關,無當事人能力。桃園縣私立永○高級職業學校第九屆董事會,並非法人或非法人之團體,自無行政訴訟當事人之能力[152]。

財政部國有財產局臺灣中區辦事處南投分處僅屬行政機關之內部單位,並非中央或地方機關,亦非所謂自然人、法人或非法人之團體,自無行政訴訟之當事人能力[153]。

觀諸醫師懲戒辦法第6條及第24條等規定意旨可知,醫師懲戒覆審委員會並無獨立編制、預算,其係設置於中央主管機關行政院衛生署內部,屬任務編組性質,屬行政院衛生署之內部單位,並不具行政訴訟上當事人能力[154]。

依公司法組成之公營事業機構,非行政程序法第2條第2項所稱行政機關。惟依司法院釋字第269號解釋意旨,依法設立之團體,如經政府機關就特定事項依法授與公權力者,以行使該公權力爲行政處分之特定事件爲限,有行政訴訟之被告當事人能力(最高行政法院97年度判字第153號判決)。台灣電力股份有限公司如經政府就特定事項依法授與公權力者,以行使該公權力爲行政處分之特定事件爲限,有行政訴訟之被告當事人能力[155]。

---

[149] 最高行政法院92年度判字第732號判決。
[150] 最高行政法院101年度裁字第502號裁定。
[151] 最高行政法院94年度裁字第637號裁定。
[152] 最高行政法院93年度裁字第1229號裁定。
[153] 最高行政法院100年度判字第412號判決。
[154] 最高行政法院99年度判字第5號判決。
[155] 法務部民國99年8月3日法律字第0999027871號。

二、當事人適格

具有當事人能力者在具體訴訟個案中，符合依法應有之權利義務主體地位，則屬適格之當事人。當事人適格與否乃實體判決要件，其欠缺與否，應屬訴訟有無理由之問題。但亦有認為，當事人適格之欠缺，仍應視為起訴不合法，法院應以裁定駁回之[156]。

第三項　訴訟能力

訴訟能力係指得為有效訴訟行為之能力，行政訴訟法第27條第1項規定，能獨立以法律行為負義務者，有訴訟能力。行政訴訟法第27條第2項規定，法人、中央及地方機關、非法人之團體，應由其代表人或管理人為訴訟行為。

第四項　訴訟代理人與輔佐人

一、訴訟代理人

（一）代理人資格

行政訴訟法第49條第1項規定，當事人得委任代理人為訴訟行為。但每一當事人委任之訴訟代理人不得逾三人。訴訟代理人有二人以上者，均得單獨代理當事人（行政訴訟法第52條第1項）。

行政訴訟法第49條第2項規定，行政訴訟應以律師為訴訟代理人。非律師具有下列情形之一者，亦得為訴訟代理人：1.稅務行政事件，具備會計師資格者。2.專利行政事件，具備專利師資格或依法得為專利代理人者。3.當事人為公法人、中央或地方機關、公法上之非法人團體時，其所屬專任人員辦理法制、法務、訴願業務或與訴訟事件相關業務者[157]。4.交通裁決事件，原告為自

---

[156] 吳庚、張文郁，前揭書，第203頁。

[157] 最高行政法院109年度上字第1165號判決指出，依行政訴訟法第49條第2項第3款規定，訴訟代理人資格之範圍為「所屬」專任人員辦理法制、法務、訴願業務或與訴訟事件相關業務。惟我國機關組織態樣眾多，並非所有機關均有專任之法制或相關人員，則是否為合法代理之規定，仍應以對訴訟事件內容之熟悉性及考量當事人之利益為判斷準據。就業務上而言，學校老師之成績考核，須經上級機關核定，上級機關有監督審查之權限，上級機關就因而衍生之訴訟事件內容，自當熟悉。學校如未配置辦

然人時，其配偶、三親等內之血親或二親等內之姻親；原告為法人或非法人團體時，其所屬人員辦理與訴訟事件相關業務[158]。

非律師為訴訟代理人時，為確保訴訟代理人有足夠之專業知識，以保障當事人權益，行政訴訟法第49條第3項規定，委任非律師為訴訟代理人者，應得審判長許可。審判長許可非律師為訴訟代理人，原應以裁定為之，如審判長已許其為本案訴訟行為，應視為已得許可（行政訴訟法第49條第4項）。非律師為訴訟代理人，雖經審判長許可，如其不適任，或不宜為訴訟行為，行政訴訟法第49條第5項規定，審判長自得隨時以裁定撤銷之。此項裁定亦應送達於為訴訟委任之人，俾利委任人另行委任適當之訴訟代理人。

（二）代理人之權限

行政訴訟法第51條第1項規定，訴訟代理人就其受委任之事件，有為一切訴訟行為之權。但捨棄、認諾、撤回、和解、提起反訴、上訴或再審之訴及選任代理人，非受特別委任不得為之。所謂一切訴訟行為係指所有具有促進或推動訴訟程序進行為目的的行為，除直接與該訴訟相關之訴訟行為外，例如，起訴、提出準備書狀、提出攻擊防禦方法、收受送達等行為，甚至與該訴訟相牽連之他訴訟行為，例如，他造為訴之變更、聲請假扣押或假處分等，訴訟代理人不必另有委任，得於該程序中為訴訟行為[159]。

委任訴訟代理權應於每一審級為之，受特別委任之訴訟代理人雖可提起上訴或再審之訴，但提起上訴或再審之訴後，其代理權限即因任務結束而消滅。如希望於上訴審或再審程序代理為訴訟行為，仍須另受委任始得為之。

（三）代理人之委任與終止

行政訴訟法第50條規定，訴訟代理人應於最初為訴訟行為時提出委任書。但由當事人以言詞委任經行政法院書記官記明筆錄者，不在此限。

委任訴訟代理人，乃當事人授與訴訟代理人代理權，使其代為或代受訴訟行為之謂。行政訴訟法第50條所定之委任書，係證明當事人授與訴訟代理權之

理法制、法務、訴願業務等相關人員，其上級機關辦理法制人員應得成為其訴訟代理人。

[158] 此四類例外應屬列舉規定，蕭文生、翁岳生主編，行政訴訟法逐條釋義，4版，2023年10月，第259頁。

[159] 徐瑞晃，行政訴訟法，增訂5版，2020年3月，第242頁；陳計男，行政訴訟法釋論，2000年，第135頁。

文書；當事人作成委任書，僅須表明授與代理權之意旨及所授權限之範圍爲已足。行政訴訟法第50條之委任書，爲書證之一種，而非書狀，本可不拘形式。當事人爲機關之案件，該機關委任訴訟代理人之委任書，如已蓋用機關印信及機關首長職章，依公文程式條例第3條規定，已得認機關首長有代表機關爲該委任行爲之意思，故雖未由機關首長簽名或蓋用私章，其程式應爲合法[160]。

訴訟代理權有欠缺而可以補正者，關於補正訴訟代理權欠缺之時期，依行政訴訟法第56條準用民事訴訟法第75條規定，並未設何限制，在同一審級之訴訟程序中，得補正此項欠缺；於上級審之訴訟程序中，得補正下級審代理權之欠缺，一經補正，其效力及於無代理權人前此代爲及代受訴訟行爲之全部（最高法院28年上字第1131號、62年台上字第600號判例）[161]。

行政訴訟法第54條規定，訴訟委任之終止，應以書狀提出於行政法院[162]，由行政法院送達於他造。由訴訟代理人終止委任者，自爲終止之意思表示之日起十五日內，仍應爲防衛本人權利所必要之行爲。除此之外，訴訟代理權亦得基於下列情形而消滅：1.委任事件終了，代理客體不存在，訴訟代理權當然消滅，例如訴訟案件已終結，訴訟繫屬已消滅。2.訴訟代理人死亡或喪失訴訟能力。3.經行政法院依行政訴訟法第49條第3項規定，以裁定禁止其代理者，訴訟代理權亦消滅。4.委任之當事人脫離訴訟時，例如，行政訴訟法第110條，此時委任人已脫離訴訟，由其所委任之訴訟代理人，代理權隨之消滅。

行政訴訟法第53條規定，訴訟代理權不因本人死亡、破產或訴訟能力喪失而消滅。法定代理有變更或機關經裁撤、改組者，亦同。

（四）強制代理

爲落實司法改革國是會議有關金字塔型訴訟結構、漸進逐步擴大採行強制律師代理制度等決議，以及保護當事人權益，並促進訴訟，參酌德國行政法院法第67條規定，酌爲擴大律師強制代理事件的範圍。行政訴訟法第49條之1第

---

[160] 最高行政法院108年度判字第367號判決。

[161] 最高行政法院94年度判字第579號判決。

[162] 最高行政法院106年度判字第594號判決指出，向法院委任訴訟代理人的行爲或終止委任的行爲，屬訴訟法上的單方行爲，終止訴訟委任的表示，一到達法院即應生效，行政訴訟法第54條第1項即規定，訴訟委任之終止，應以書狀提出於行政法院，並無委任終止之效力溯及發生的問題。律師代理權既有欠缺，核屬當事人於訴訟未經合法代理之情形，原審於此情形下所爲之原判決，自有行政訴訟法第243條第2項第4款所定判決當然違背法令之事由。

1項規定，下列各款事件及其程序進行中所生之其他事件，當事人應委任律師為訴訟代理人：1.高等行政法院管轄之環境保護、土地爭議之第一審通常訴訟程序事件及都市計畫審查程序事件[163]。2.高等行政法院管轄之通常訴訟程序上訴事件。3.向最高行政法院提起之事件。4.適用通常訴訟程序或都市計畫審查程序之再審事件。5.適用通常訴訟程序或都市計畫審查程序之聲請重新審理及其再審事件。當事人或其代表人、管理人、法定代理人具備一定資格者，得不委任律師為訴訟代理人，行政訴訟法第49條之1第3項規定，第1項情形，符合下列各款之一者，當事人得不委任律師為訴訟代理人：1.當事人或其代表人、管理人、法定代理人具備法官、檢察官、律師資格或為教育部審定合格之大學或獨立學院公法學教授、副教授。2.稅務行政事件，當事人或其代表人、管理人、法定代理人具備前條第2項第1款規定之資格。3.專利行政事件，當事人或其代表人、管理人、法定代理人具備前條第2項第2款規定之資格。此外，行政訴訟法第49條之1第4項規定，第1項各款事件，非律師具有下列情形之一，經本案之行政法院[164]認為適當者，亦得為訴訟代理人：1.當事人之配偶、三親等內之血親、二親等內之姻親具備律師資格。2.符合前條第2項第1款、第2款或第3款規定。

律師強制代理事件，雖應由訴訟代理人為訴訟行為，惟其得偕同當事人本人於期日到場，且經審判長許可後，當事人亦得以言詞為陳述。行政訴訟法第49條之2第1項規定，前條第1項事件，訴訟代理人得偕同當事人於期日到場，經審判長許可後，當事人得以言詞為陳述。為尊重當事人就事實處分及程序終結之意思自主，訴訟代理人偕同當事人於期日到場時，當事人依行政訴訟法第49條之2第2項規定，得自為自認、成立和解或調解、撤回起訴或聲請、撤回上訴或抗告等訴訟行為。

---

[163] 司法院依行政訴訟法第49條之1第2項規定授權訂定行政訴訟法第49條之1第1項第1款強制律師代理事件適用範圍辦法。辦法第2條具體列舉應委任律師為訴訟代理人之環境保護法律之訴訟事件，辦法第3條規定應委任律師為訴訟代理人之土地爭議之訴訟事件。

[164] 本案之行政法院，於通常訴訟程序事件之上訴、抗告，係指受理上訴、抗告之上級審行政法院；於再審事件，係指受理再審事件之行政法院。

二、輔佐人

　　輔佐人制度設置之目的乃在希望藉助輔佐人提供專業知識，澄清訴訟上的疑點，以及輔佐當事人為訴訟行為，尤其是當事人陳述能力不足時。行政訴訟所涉及的案件有時會涉及複雜的科技知識，除可藉助鑑定人外，輔佐人於期日到場陳述，亦可提供相當幫助。行政訴訟法第55條第1項規定，當事人或訴訟代理人經審判長之許可，得於期日偕同輔佐人到場。但人數不得逾二人。審判長認為必要時亦得命當事人或訴訟代理人偕同輔佐人到場（行政訴訟法第55條第2項）。

　　輔佐人之資格並未如同法定代理人設有限制，但以自然人為限，且必須享有訴訟能力，蓋輔佐人為輔助當事人或訴訟代理人為訴訟行為之人，如輔佐人無訴訟能力，如何達到輔助目的，誠有疑問。

第五節　共同訴訟及訴訟參加

第一項　共同訴訟

　　原告或被告之一方或雙方有兩人以上存在之訴訟為共同訴訟，基於訴訟程序經濟及避免判決歧異之考量，得使當事人為共同訴訟程序。共同訴訟一般區分為通常共同訴訟與必要共同訴訟，通常共同訴訟係指共同訴訟之多數人對於訴訟標的，法律上並不要求合一確定，各有獨立實施訴訟之權能，惟其並未分別進行訴訟，而是一同起訴或一同應訴者。必要共同訴訟係指訴訟標的對於共同訴訟人全體必須合一確定，亦即訴訟標的之法律關係必須同時處理，法院將多數當事人視為一體，不得分別審理，更不得為歧異之判決。

一、通常共同訴訟

（一）要　件

　　行政訴訟法第37條第1項規定，二人以上於下列各款情形，得為共同訴訟人，一同起訴或一同被訴：1.為訴訟標的之行政處分係二以上機關共同為之者。2.為訴訟標的之權利、義務或法律上利益，為其所共同者。例如，多數繼承人對遺產有共同權利義務關係，行政機關對遺產課徵遺產稅時，繼承人得成

為共同原告。3.為訴訟標的之權利、義務或法律上利益，於事實上或法律上有同一或同種類之原因者。例如，多數私有土地所有權人要求撤銷土地重劃之共同訴訟；多數人申請核發國外出差旅費遭拒之共同訴訟。惟由於本款涵蓋範圍較廣，共同訴訟人間之訴訟標的關係較為疏遠，為避免因管轄法院之不同，導致共同訴訟人四處奔波，行政訴訟法第37條第2項規定，依同種類之事實上或法律上原因行共同訴訟者，以被告之住居所、公務所、機關、主事務所或主營業所所在地在同一行政法院管轄區域內者為限。

（二）通常共同訴訟之效力

行政訴訟法第38條規定，共同訴訟中，一人之行為或他造對於共同訴訟人中一人之行為及關於其一人所生之事項，除別有規定外，其利害不及於他共同訴訟人。通常共同訴訟主要基於訴訟經濟之考量，將實質上原屬不同之訴訟合併於一訴中進行，各當事人間之訴訟關係仍是相互獨立，各共同訴訟人之行為並不影響其他共同訴訟人，例如，共同訴訟人一人所為之訴之變更，係獨立生效，並不影響其他共同訴訟人。

二、必要共同訴訟

（一）要　件

訴訟標的對於共同訴訟之各人，必須合一確定者，為必要共同訴訟。法院必須視多數當事人為一體，不能分別審理，更不能為相異之裁判。

繼承人有數人時，在分割遺產前，各繼承人對於遺產全部為公同共有人之權利，及於公同共有物之全部，故各共有人並無應有部分。應繼分係各繼承人對於遺產上之一切權利義務所得繼承之比例，並非對於個別遺產之權利比例，此由民法第1151條之規定自明。上訴人並未證明本件被繼承人之遺產已經分割，或者其餘繼承人拋棄繼承，各繼承人如起訴請求，該訴訟標的之法律關係對於各繼承人有合一確定之必要，為固有必要共同訴訟[165]。

（二）效　力

訴訟標的在必要共同訴訟中必須合一確定，以避免判決結果歧異，因此共同訴訟人中一人所為之訴訟行為對於全體當事人之效力為何，至關重要。行政

---

[165] 最高行政法院100年度判字第1078號判決。

訴訟法第39條規定，訴訟標的對於共同訴訟之各人，必須合一確定者，適用下
列各款之規定：1.共同訴訟人中一人之行為有利益於共同訴訟人者，其效力及
於全體；不利益者，對於全體不生效力。本款主要目的在保護其他共同訴訟人
之利益。2.他造對於共同訴訟人中一人之行為，其效力及於全體。3.共同訴訟
人中之一人，生有訴訟當然停止或裁定停止之原因者，其當然停止或裁定停止
之效力及於全體。

　　共同訴訟人中一人之行為，有利益於共同訴訟人或不利益於共同訴訟
人，係指於行為當時就形式上觀之，有利或不利於共同訴訟人，非指經法院審
理結果有利者其效力及於共同訴訟人，不利者其效力不及於共同訴訟人。共同
訴訟人中之一人，對於下級法院之判決聲明不服提起上訴，在上訴審法院未就
其內容為審判前，難謂其提起上訴之行為對於他共同訴訟人不利，其效力應及
於共同訴訟人全體，即應視其上訴為共同訴訟人全體所為[166]。

　　我國遺產稅係採以被繼承人所遺留財產總額按規定稅率計稅之總遺產稅
制，是以繼承人對於遺產稅之債務，須就整體給付負擔義務，屬公法上之連帶
債務。依民法第273條第1項及第275條之規範意旨，各連帶債務人雖有獨立實
施訴訟之權能，惟其中一人受確定判決，而其判決非基於該債務人之個人關係
者，為他債務人之利益，亦生效力，故涉及連帶債務之訴訟，屬類似必要共同
訴訟，非固有必要共同訴訟；雖不以全體連帶債務人起訴或應訴為必要，然如
一同起訴或應訴後，即有行政訴訟法第39條規定之適用（惟起訴行為本身並無
此規定之適用）[167]。

第二項　訴訟參加

　　訴訟參加係指原告或被告以外之第三人，參與他人間已繫屬之訴訟[168]，無
論係法院基於職權或依當事人聲請以裁定命參加皆屬之。參加人基本上係基於
其法律上利益或權利將受到本案訴訟裁判所影響，參與他人訴訟程序。行政訴
訟法上之訴訟參加並不限於輔助原告或被告，故與民事訴訟上之主參加或從參

---

[166] 最高行政法院101年度判字第942號判決。

[167] 最高行政法院103年度判字第197號判決。

[168] 吳庚、張文郁，前揭書，第216頁指出，行政法院依聲請或職權以裁定命第三人，參
　　與他人間已繫屬之訴訟，謂之訴訟參加；蔡志方，論行政訴訟上之訴訟參加，行政救
　　濟與行政法學（三），1998年，第409頁。

加有別，參加人得爲自己的利益支持或對抗他人利益，其並無支持特定原告或被告之義務。

訴訟參加在行政訴訟法規範體系下係緊接共同訴訟而來，其與共同訴訟有相當密切的關係，最明顯的是行政訴訟法第46條規定，行政訴訟法第41條之訴訟參加準用第39條有關共同訴訟之規定。參加人與共同訴訟人最大的不同點在於，後者爲訴訟程序的當事人（原、被告），參加人係以第三人身分參與他人訴訟[169]。

一、訴訟參加之功能

行政訴訟法透過訴訟參加此項特別的訴訟方式來履行民事訴訟法中相關制度，例如主參加、從參加或訴訟告知等的任務，並使法院擁有使第三人參與訴訟程序的權限。

一般而言，訴訟參加之功能有三：

（一）維護參加人利益

第三人參加訴訟最主要的原因係基於參加人法律上利益或權利將受到他人訴訟裁判的影響，因此訴訟參加制度使第三人──縱非原告或被告也有能力以自己的意志來影響訴訟程序之進行。亦即參與訴訟程序，獨立提出攻擊與防禦方法，以防止該項裁判對其法律地位產生不利的後果，訴訟參加係有助於維護第三人之利益[170]，訴訟參加制度追求個人權利保護及權利之有效實現。

（二）全面澄清爭訟事實

訴訟參加另外一項功能則在於全面澄清爭訟事實[171]。行政法院基於職權

---

[169] 有關訴訟參加與共同訴訟之區別，蔡志方，行政訴訟經濟制度之研究，收錄於：行政救濟與行政法學（二），1993年，第352頁以下。

[170] 陳清秀，行政訴訟法，10版，2021年3月，第353頁；Bier, Schoh/Schneider/Bier, Verwaltungsgerichtsordnung, 2016, §65, Rdnr. 4; Schmidt, in: Eyermann, Verwaltungsgerichtsordnung, 11. Aufl., 2000, §65, Rdnr. 1; T.Würtnberger, Verwaltungsprozeßrecht, 1998, Rdnr. 223。除此之外，原告基於有效保護其權利的觀點，亦要求第三人參與訴訟程序，例如，在建築起造人提起發給建築許可的課予義務訴訟時，若有異議的鄰人未參加訴訟，則縱使起造人獲得勝訴判決，該判決並不拘束鄰人，鄰人仍可請求撤銷建築許可。

[171] 城仲模，司法院行政訴訟制度研究修正資料彙編（一），司法院編印，1985年，第

主義原則全面探求系爭法律關係，因此有必要將其他受系爭訴訟事件影響之人納入，並希望第三人在法院探求眞實以及作成正確裁判時，提供適當協助以確保依法行政原則能夠獲得貫徹[172]。本項功能係基於公共利益考量，亦係採行職權主義的結果，因此，法院如認爲事證明確，自可依職權認定無訴訟參加之必要[173]。

（三）訴訟經濟與既判力擴張

透過對原告與被告所爲判決的既判力擴及至第三人，訴訟參加有助於達成訴訟經濟的要求。將訴訟程序集中化且快速化（一次紛爭一次解決），避免法院對於相同的訴訟標的作出相互矛盾的判決，以維護法安定性[174]。

訴訟參加所追求的不同功能間重要性並非相同，基於公共利益所追求的全面澄清爭訟事實，相對於參加人利益之維護與既判力擴張處於較低位階。僅是基於調查事實證據之考量，不得強制第三人進入他人訴訟，澄清爭訟事實之目的僅在爲維護第三人利益及擴張既判力而爲訴訟參加時，始能爲之[175]。

二、訴訟參加之種類

我國行政訴訟法上有關訴訟參加之制度係參照德國與日本法相關規定所制定。有學者主張我國訴訟參加之類型係模仿日本法例，分爲兩大類型，即第三人之參加與行政機關之參加，而在第三人參加訴訟則仿德國法例，分爲必要共同訴訟之獨立參加，利害關係人之獨立參加以及利害關係人之輔助參加三種[176]。惟另有學者主張，我國行政訴訟法規定之訴訟參加有三類，亦即必要參加、獨立參加或普通參加以及輔助參加，前兩者與德國法規定相同，而輔助參

783頁；蔡志方，行政救濟法新論，2000年1月，第149頁。

[172] Bier, a. a. o., Rdnr. 5.

[173] 此點與由當事人進行主義建構的民事訴訟法上從參加與告知參加有基本上的不同，最高行政法院89年度判字第3401號判決。

[174] Bier, a. a. o., Rdnr. 6; Schmidt, a. a. o., Rdnr. 1; T.Würtenberger, a. a. o., Rdnr. 222；劉建宏，訴訟參加制度在我國行政訴訟法上之適用—普通參加與輔助參加，行政訴訟制度相關論文彙編，第7輯，司法院，2010年9月，第194頁。

[175] Bier, a. a. o., Rdnr. 7.

[176] 陳計男，行政訴訟法修正草案關於訴訟參加之評釋，法令月刊，第49卷第4期，1998年4月，第11頁；蔡志方，前揭文，第428頁。

加爲德國行政法院法所無，其係基於公益考量及受日本行政事件訴訟法影響之故[177]。依照條文規定先後則得將行政訴訟法上的訴訟參加區分爲必要共同訴訟之獨立參加、利害關係人之獨立參加以及輔助參加。

（一）必要共同訴訟之獨立參加

行政訴訟法第41條規定，訴訟標的對於第三人及當事人一造必須合一確定者，行政法院應以裁定命該第三人參加訴訟，此爲必要共同訴訟之獨立參加，本條係參考德國行政法院法第65條第2項之必要訴訟參加而來[178]。例如，起造人向主管機關申請核發建照獲准，鄰人以核發建照違法侵害其權益，以主管機關爲被告向行政法院提起撤銷訴訟，請求撤銷建照，起造人即爲必要共同訴訟參加人[179]。

最高行政法院101年度裁字第2052號裁定指出，訴訟標的對於數人必須合一確定，係指爲訴訟標的之法律關係爲數人所共有，不能分割，其訴訟之實施必須由全體成員共同參與始爲合法，法院也必須對全體成員爲相同之判決者而言。故行政處分之內容如係命數人爲相同或同一行爲，且該行爲義務關聯共同、不能分割或一旦分割即無法實現行政處分之目的者，其撤銷訴訟標的對於全體行政處分之相對人即屬必須合一確定。

訴訟標的對於第三人及當事人一造必須合一確定者，應一同起訴，或藉由命第三人訴訟參加，以補正在固有必要共同訴訟，非全體共同訴訟人一同起訴或被訴有當事人不適格之瑕疵。因此，事實審法院就訴訟標的是否對於第三人及當事人一造必須合一確定，應依職權查明。繼承人有數人時，在分割遺產前，各繼承人對於遺產全部爲公同共有。訴訟標的於全體繼承人亦必須合一確定[180]。

必要參加係指於當事人起訴後必要參加之第三人須爲參加，其訴訟始爲合法。類似必要共同訴訟，因不以共同訴訟人全體一同起訴或被訴爲必要，行政

---

[177] 吳庚、張文郁，前揭書，第216頁，有關日本法行政訴訟訴訟參加之規定，陳計男，行政訴訟法釋論，2000年1月，第97-106頁；張瓊文，行政訴訟參加之研究，司法院，2000年，第6-40頁。

[178] 有關德國法上訴訟參加之規定，林麗眞，德國行政法院法上之訴訟參加，行政訴訟論文彙論，第2輯，司法院，1999年，第217-232頁；陳計男，前揭書，第92-97頁；張瓊文，前揭書，第40-61頁。

[179] 林騰鷂，前揭書，第299-300頁。

[180] 最高行政法院104年度判字第754號判決。

法院自無依職權命未起訴或被訴之第三人參加訴訟之必要，是其並非行政訴訟法第41條所規範必要參加範疇。遺產稅之納稅義務人，依遺產及贈與稅法第6條規定，每一繼承人對同一遺產稅債務係各負全部之繳納義務，即成立連帶債務，遺產稅納稅義務之任何一人對關於遺產稅之處分，係各有獨立實施訴訟之權能，並無須一同起訴或一同被訴，不符合行政訴訟法第41條規定之訴訟標的對於第三人及當事人一造必須合一確定[181]。

（二）利害關係人之獨立參加

行政訴訟法第42條規定，行政法院認為撤銷訴訟之結果，第三人之權利或法律上利益將受損者，得依職權命其獨立參加訴訟，並得因第三人之聲請，裁定允許其參加（第1項）。前項參加，準用行政訴訟法第39條第3款之規定。參加人並得提出獨立之攻擊或防禦方法（第2項）。前二項規定，於其他訴訟準用之（第3項）。訴願人已向行政法院提起撤銷訴訟，利害關係人就同一事件再行起訴者，視為第1項之參加，此為針對利害關係人獨立參加之規定。本類型之參加（第4項），參加人並無義務輔助任何一造，而係獨立參加。

獨立訴訟參加制度之承認，乃是對行政處置公共性格所生規範需求之法制回應。因為行政是以管理公共事務為目標，所以單一行政作為往往會同時對複數之權利主體造成法律上或事實上之影響，而與在私法自治原則之要求下，私法行為僅會對為行為之人（包括為合意之二造）發生影響之情形大不相同。如果影響多數人之特定行政作為，在本質上具有利害對立之雙面性，則其一旦作成，即會同時造成特定主體或群組之得利與另一主體或群組之受損。該等具雙面性格之行政作為，其合法性如生爭議，爭議之判斷過程，即須讓利害對立之二方均有參與機會。可以爭議當事人之身分，獨立於作成行政作為之行政機關外，自主為爭訟攻防，此即學理上所稱之「鄰人爭訟」制度。而行政訴訟法第42條第1項「獨立訴訟參加」之規定，正是「鄰人爭訟」制度在行政訴訟法制上之全面落實[182]。

最高行政法院102年度裁聲字第26號裁定指出，獨立參加訴訟之目的，不在輔助當事人一造訴訟，而係在保護自己之權利或法律上利益，自以當事人以外之第三人，因該訴訟之結果，其自己之權利或法律上利益將受損害者，該第

[181] 最高行政法院101年度判字第796號判決。
[182] 最高行政法院105年度裁字第401號裁定。

三人始得以利害關係人之身分獨立參加訴訟。此種獨立參加類型，主要是指「參加人對訴訟結果之利害與行政訴訟原告相反」之情形[183]，是否也包括訴訟原告與獨立參加人利害一致情形，在學理上有所爭議。

系爭事業計畫之實施者雖為上訴人立偕公司，惟上訴人臺北市政府業於110年12月21日以府都新字第11060188553號函核定聲請人（昇陽建設企業股份有限公司）擔任實施者擬具之「變更臺北市○○區○○段○小段○○○號等17筆土地都市更新事業計畫及權利變換計畫案」（下稱變更實施者處分）。聲請人雖向本院聲請代立偕公司承當訴訟，惟因立偕公司向本院具狀表示不同意，依行政訴訟法第110條規定，聲請人尚不得代立偕公司承當訴訟。立偕公司對於上開變更實施者處分，以其係受聲請人之詐欺簽訂變更實施者之協議書，並已依民法第92條第1項規定撤銷簽立協議書之意思表示為由，對之提起訴願，業經訴願決定駁回確定，有訴願決定書及本院公務電話紀錄可憑。本院110年度上字第241號審理之結果，將影響系爭事業計畫及聲請人植基於該計畫所擬具之後續計畫得否繼續進行，聲請人自屬法律上之利害關係人，而有參加訴訟之必要，故其聲請參加訴訟為有理由，應予准許[184]。

集管團體（著作權集體管理團體）使用報酬率審議案件，在利用人不服審議結果提起行政訴訟者，行政法院即應依職權或聲請裁定集管團體為參加人，始得充分保障集管團體的程序上利益。於此情形，行政訴訟法第42條第1項前段有關行政法院「得」依職權命獨立參加訴訟之規定，應解釋為行政法院為尊重人民訴訟上防禦權，避免人民權益於他人提起之訴訟程序中未有陳述意見之機會即逕受裁判，致違反憲法上正當法律程序之要求（司法院釋字第396、636、663號解釋參照），行政法院並無裁量之餘地，其法定裁量權已限縮為

---

[183] 最高行政法院109年度上字第834號判決指出，蓋依訴訟之法律關係，原告與其所請求撤銷或變更之行政處分之相對人（第三人）利害關係相反，該第三人因該行政處分而取得之權利或法律上利益，成為裁判對象，該行政處分經判決撤銷或變更者，對該第三人亦有效力（行政訴訟法第215條），其權利或法律上利益因撤銷或變更判決而消滅或變更。為保障該第三人之訴訟防禦權，以踐行正當法律程序（憲法第16條），行政法院得依職權，並得因第三人之聲請，命該第三人獨立參加訴訟。

[184] 最高行政法院112年度聲字第234號裁定。臺北高等行政法院高等庭110年度訴字第1122號裁定亦命街口證券投資信託股份有限公司應獨立參加金融監督管理委員會與原告胡○嘉之訴訟。其理由為，本件訴訟之審理結果，如認為原告之訴為有理由，將對參加人之權利或法律上利益造成影響，為維護參加人之程序參與權並保障其實體權利或法律上利益，應有使參加人獨立參加訴訟之必要。

零，行政法院如怠為命集管團體獨立參加訴訟者，其訴訟程序即有重大瑕疵，而屬違背法令[185]。

（三）輔助參加

行政訴訟法第44條規定，行政法院認其他行政機關有輔助一造之必要者，得命其參加訴訟。前項行政機關或有利害關係之第三人亦得聲請參加，不論係機關參加或利害關係人之參加均係輔助參加，輔助參加與民事訴訟法上的從參加性質相當。行政訴訟法第44條輔助參加之立法理由指出，行政機關有輔助一造之必要者，或一般有法律上利害關係之第三人，雖不合行政訴訟法第41條或第42條訴訟參加之要件，但為徹底發揮訴訟參加制度之功能，亦宜給予參加訴訟之機會，因此規定輔助參加，俾有依據。輔助訴訟參加，相對於獨立訴訟參加，具有補充或備位功能[186]。

機關參加輔助的對象有主張限於被告之行政機關以避免行政意志的分裂[187]。惟為貫徹參加訴訟全面澄清爭訟事實之功能，行政機關輔助參加之對象應不限於對被告機關，蓋不同行政機關可能分屬不同的行政主體，因此並無行政意思分裂之情形，彼此在法律上係相互獨立，僅在不同行政機關屬於同一行政主體時，才有限制其輔助對象之必要[188]。

行政院農業委員會本於農田灌溉之權責主管機關，承行政法院之命參加訴訟，所屬農業實驗所針對本件涉及之卓蘭圳灌區環境條件下水稻、甘蔗、葡萄、梨、柑橘、楊桃等作物灌溉需水量，提出水權狀有關農作物灌溉需水量研究調查報告，協助原審法院認定事實，以判斷原處分之合法性，性質上為行政訴訟法第44條第1項之輔助參加[189]。

本件涉及戶籍法第51條第1項、第52條及國民身分證管理辦法第8條、第9條應如何適用之法律上爭議，因內政部為戶籍法之中央主管機關，復依戶籍法第52條規定之授權訂定國民身分證管理辦法，文山戶政僅係執法機關，自有命

[185] 最高行政法院102年度判字第441號判決。
[186] 最高行政法院109年度上字第834號判決。
[187] 陳計男，前揭書，第123頁；蔡志方，前揭書，第430頁；但亦有認為第44條僅規定有輔助一造為必要，並未僅限於輔助被告之行政機關，陳清秀，前揭書，第378頁。
[188] 蕭文生，翁岳生主編，行政訴訟法逐條釋義，4版，2023年10月，第242頁。
[189] 最高行政法院104年度判字第44號判決。

內政部輔助文山戶政進行訴訟之必要[190]。

行政訴訟法第44條第2項所指之「利害關係之第三人」輔助參加，則以其與訴訟結果具有法律上利害關係爲已足，不以參加人之權利或法律上利益將因訴訟結果（原告勝訴）受到損害爲要件。法律上利害關係則指第三人之法律地位，因當事人一造之敗訴，依該判決之內容，包括判決主文及判決理由，對於某項事實或法律關係存否之判斷，將直接或間接受不利者。法律上利害關係包括公法及私法上的利害關係[191]。

三、參加人之法律地位與權限

（一）參加人之法律地位

參加人透過命參加之裁定取得訴訟當事人之地位（行政訴訟法第23條），但其非原告或被告，仍是他人訴訟中的第三人[192]。參加人訴訟法上的關係於參加裁定送達所有當事人後發生；於參加裁定廢止、訴訟案件終結或撤回訴訟而消滅。參加人在主張其本身法律上之利益時，獨立於其他訴訟當事人之外，亦即其並無義務贊同或反對當事人的一方，甚至可代表第三種不同的立場[193]。作爲訴訟當事人，參加人有權參與訴訟程序，法院必須請其於期日到場、其得參與事實調查、閱覽卷宗等，所有於其參加訴訟期間所爲之裁判必須對之送達。參加人雖受原告所確定的訴訟標的所拘束，亦即必須承擔在其參加時所存在的訴訟標的及已進行的訴訟程序，但其在事實或法律上皆可提出與原告或被告不同的觀點。

（二）參加人訴訟上之權限

參加人並非共同訴訟人，除輔助參加人外，係代表本身利益而非原告或被告利益，因此其係以自己名義從事訴訟行爲；參加人亦爲訴訟當事人，因此除行政訴訟法另有規定外，基本上參加人享有訴訟當事人應享有的權限，亦即

---

[190] 最高行政法院111年度上字第602號裁定。

[191] 蕭文生，翁岳生主編，行政訴訟法逐條釋義，4版，2023年10月，第243頁。

[192] 必要共同訴訟之獨立參加人雖與原告或被告的地位在許多地方相似，其亦能自主地進行程序，其仍爲第三人。

[193] 但一般而言，參加人法律上的利益或權利常與當事人一方的利益相互一致，因此會支持特定的當事人。此外輔助參加人有不同規定，其行爲不得與其所輔助當事人行爲牴觸。

參加人所採取的訴訟行為涉及其作為參加人的法律地位時，並不受到限制，其可獨立提出攻擊防禦方法，詢問當事人、選任代理人，亦得提出獨立的程序聲請，例如聲請調查證據或聲請鑑定等[194]。

參加人雖為訴訟當事人，但仍非原告或被告，因此若參加人的行為涉及到原告或被告的法律（訴訟）爭議時，則受到限制，例如，其不得代理遲到的原告或被告[195]。參加人亦必須承認原告或被告對於訴訟標的之處分，其無法阻止當事人一方違背其利益撤回訴訟[196]或撤回上訴或以訴訟上和解來終結訴訟，法律並未規定此類行為必須獲得參加人之同意[197]。參加人並未享有處分訴訟標的以及涉及訴訟程度之權，其不得變更或撤回訴訟或原告所提出的上訴[198]。

（三）既判力之擴張

由於訴訟參加人亦為訴訟當事人，因此本案判決對於參加人亦有效力，亦即為判決既判力拘束力所及。此項既判力擴張包括第41條之必要共同訴訟之獨立參加人與第42條之利害關係之獨立參加人[199]。既判力擴張之前提則為有效的訴訟參加，如於既判力生效後始參加訴訟者，則不受判決之拘束。參加人只要具有主動參與訴訟之機會並保障其訴訟權利時，則足以使其受裁判拘束，而不論其實際上是否真正參與訴訟[200]，拘束力則自判決既判力生效開始。參加人在實體法上並未參與爭訟的法律關係，因此既判力對其之拘束力在於參加人嗣後不得再爭執該判決之正確性。該項判決不論對參加人有利或不利皆被視為正

---

[194] 參加人為訴訟當事人，故不得將其作為證人加以詢問。

[195] Schmidt, a. a. o., Rdnr. 3.

[196] 有關撤回訴訟對於訴訟參加之影響，陳計男，行政訴訟上（訴之撤回）之諸問題，法令月刊，第51卷第10期，2000年10月，第216-219頁；蔡志方，論撤回行政訴訟對參加之影響，全國律師，第4卷第6期，2000年6月，第46-53頁。

[197] 訴訟和解係一項訴訟行為，亦屬公法（行政法）契約，因此其締結不僅是終結訴訟程序亦涉及當事人實體法上的權利，因此訴訟上的和解效力取決於參加人實體法上的權限，若和解內容涉及參加人實體法上之權利時，則其必須參與和解契約的締結，否則對其不生效力。有關訴訟和解，行政訴訟法第219條以下有詳細規定。

[198] 陳清秀，前揭書，第373頁。

[199] 行政訴訟法第214條第1項規定確定判決對當事人有效，當事人依第23條規定包括依第41、42條參加訴訟之人。

[200] 行政訴訟法第47條規定，判決對於行政法院依第41、42條規定，裁定命其參加或許其參加而未為參加者亦有效力。

確,且前訴訟程序中任一當事人皆可對於參加人加以主張[201]。至於輔助參加人則準用民事訴訟法第63條之規定,於他案件訴訟程序中對其所輔助之當事人,不得主張本訴訟之裁判不當。

四、未為訴訟參加之法律效果

訴訟參加並非實體判決要件,未為訴訟參加並不會造成行政訴訟不合法,但訴訟參加的問題卻必須與實體判決要件共同討論,蓋經由訴訟參加,第三人取得當事人之地位且法院於訴訟程序進行中亦必須說明,何者應作為其他當事人而必須參與訴訟程序。在利害關係人之獨立參加與輔助參加,第三人並無法律上請求參加之權,而是由法院依合義務性裁量來決定是否作出命參加或允許參加之裁定,因此法院得基於訴訟上合目的性的考量來決定是否進行參加訴訟,此觀諸行政訴訟法第42條與第44條規定行政法院得依職權或得命其參加之用語自明。第三人若未參加訴訟,無論係第三人未聲請或法院未依合目的性裁量命或允許參加時,一般而言,並不存在程序上的瑕疵[202]。第三人利益並不會因而受到損害,蓋依行政訴訟法第47條規定,本案判決效力並不及於第三人,因此未為合法且訴訟上值得採取的利害關係人獨立參加與輔助參加,並無訴訟上不利的效果[203]。

在必要共同訴訟之獨立參加,第三人有法律上的請求權要求參加訴訟,同時法院亦有義務命第三人參加訴訟,此觀諸行政訴訟法第41條規定,行政法院應以裁定命參加之用語自明。蓋此時法院判決不僅係影響第三人法律上的利益,更係直接決定或損害其法律地位,因此未為必要共同訴訟之獨立參加乃程

---

[201] Schmidt, a. a. o., Rdnr. 8。具有既判力拘束力者包括主文、該判決所依據的確信及法律上判斷,以及受裁判的法律關係。蓋若非如此,則參加人在事後進行的訴訟程序中得對於判決所依據的基礎有所爭執,則既判力的效力將被掏空。

[202] Bier, a. a. o., Rdnr. 38.

[203] BVerwG NJW 1982, S. 299; BVerwGE 67, 341/343; Bier, a. a. o., Rdnr. 31; T.Würtenberger, a. a. o., Rdnr. 230:為避免法院違反合義務性裁量而做成錯誤決定,行政訴訟參考手冊初稿,2000年,第22頁指出,行政法院對於兩造間訴訟標的之判決,基於法律上原因,對於第三人亦有直接之法律效果者,行政法院應依職權命該第三人參加,但依卷內資料無從知悉第三人之存在者,不在此限。惟其所舉類型,例如建築法上之相鄰人訴訟或商標或專利法規定之異議或評定事件,究竟為第41條之必要共同訴訟獨立參加或第42條之利害關係人獨立參加,有再審酌之必要。

序上的重大瑕疵，在法院判決產生既判力前，上訴審法院應依職權廢棄該判決並將該事件駁回原審法院[204]。

　　比較有問題的是，該項程序瑕疵在上訴審並未排除時，判決效力將受到何種影響。針對此問題共有三種不同之處理方式，首先，該判決對於原告、被告以及第三人完全有效，縱使第三人未為訴訟參加。此項看法事實上貶抑了必要共同訴訟獨立參加此項法律制度，且違反了法律上使第三人能夠維護其本身利益之目的，因此並不可採[205]。第二種看法認為，該項違法判決對於所有訴訟當事人皆不生效力。通說基本上採取此種看法，但以判決種類作為取決法律效果的依據，形成判決應是絕對無效[206]，其他判決則具有形式上而非實質上的既判力，亦即對於參加人以及所有當事人在實質上並無效力[207]。第三種看法認為，通說的見解太過於一般化且違反了訴訟經濟的目的，其區分[208]：（一）在課予義務訴訟中常發生必要共同訴訟之獨立參加，雖然本案判決對於未參與的第三人既不會產生既判力亦不會（嚴格訴訟法上的意義）發生形成效力。但本案判決在原告與被告間無論在形式上及實質上皆有既判力且是完全有效的，且並不違反第三人的利益。例如行政法院基於鄰人提起的課予義務訴訟賦予建築主管機關針對土地所有權人為建築法上不利措施而未命所有人參加時，所有人可針對課予義務判決之執行提出撤銷訴訟，蓋第三人（所有人）並未參與前訴訟，因此不受前訴訟判決之拘束。（二）在判決具有形成效力時，尤其是撤銷訴訟勝訴的判決，則與（一）不同，在此種情形，基於保護第三人利益，該判決應是無效。

　　我國行政訴訟法第284條第1項規定，因撤銷或變更原處分或決定之判決，而權利受損害之第三人，如非可歸責於己之事由，未參加訴訟，致不能提出足以影響判決結果之攻擊或防禦方法者，得對於確定終局判決聲請重新審理，因此

[204] BVerwGE 18, 124; 51, 6/11; BVerwG, NVwZ 1984, S. 507; BVerwGE 67, 137. Bier, a. a. o., Rdnr. 39; S. Glaeser, Verwaltungsprozeßrecht, 11. Aufl., 1992, S. 62; Schmidt, a. a. o., Rdnr. 19.
[205] Bettermann, Anmerkung zu BVerwG, Urteil vom 22. September 1966-ⅢC7/64-, MDR 1967, S. 952.
[206] Kopp, Verwaltungsgerichtsordnung, 10. Aufl., 1994, Rdnr. 43; Redeker/von Oertzen, Verwaltungsgerichtsordnung, 10. Aufl., 1991, §65, Rdnr. 22.
[207] BVerwGE 18, 124; Schmidt, a. a. o., Rdnr. 19.
[208] Bier, a. a. o., Rdnr. 40; Nottbusch, Die Beiladung im Verwaltungsprozeβ, 1995, S. 120 ff.

該判決仍為有效，但賦予未參加訴訟之人聲請重新審理之機會以救濟其權利。

第六節　第一審程序

第一項　起訴及書狀

　　行政訴訟法第104條之1第1項規定，適用通常訴訟程序之事件，以高等行政法院為第一審管轄法院。但下列事件，以地方行政法院為第一審管轄法院：一、關於稅捐課徵事件涉訟，所核課之稅額在新臺幣150萬元以下者。二、因不服行政機關所為新臺幣150萬元以下之罰鍰或其附帶之其他裁罰性、管制性不利處分而涉訟者[209]。三、其他關於公法上財產關係之訴訟，其標的之金額或價額在新臺幣150萬元以下者。四、其他依法律規定或經司法院指定由地方行政法院管轄之事件。為配合社會經濟之發展，適時合理分配行政法院之案件負擔，避免動輒修法，行政訴訟法第104條之1第2項規定，前項所定數額，司法院得因情勢需要，以命令增至新臺幣1,000萬元。

　　由於各種訴訟類型之要件不同，為利法律秩序之安定，應規定起訴期間之限期。行政訴訟法第106條規定，行政訴訟法第4條及第5條訴訟之提起，除本法別有規定外，應於訴願決定書送達後二個月之不變期間內為之。但訴願人以外之利害關係人知悉在後者，自知悉時起算。行政訴訟法第4條及第5條之訴訟，自訴願決定書送達後，已逾三年者，不得提起。不經訴願程序即得提起行政訴訟法第4條或第5條第2項之訴訟者，應於行政處分達到或公告後二個月之不變期間內為之。不經訴願程序即得提起行政訴訟法第5條第1項之訴訟者，於應作為期間屆滿後，始得為之。但於期間屆滿後，已逾三年者，不得提起。

　　行政訴訟法第105條第1項規定，起訴應以訴狀提出於行政法院為之。當事人在行政法院以外之處所所為之準備行為，不能認為已為起訴行為。訴狀僅於

---

[209] 本款規定包括兩種情形：一為不服行政機關單獨裁處新臺幣150萬元以下罰鍰；二為不服行政機關以同一處分書裁處上開金額罰鍰及附帶之其他裁罰性或管制性不利處分（原告如僅爭執其中之罰鍰或附帶處分亦同）。地方行政法院就上開兩種情形取得通常訴訟程序事件之第一審管轄權。所謂其他裁罰性不利處分，係指行政罰法第1條規定之沒入或第2條各款規定之其他種類行政罰；所謂管制性不利處分，則包括限期改善或限期拆除（下命應負一定作為義務之處分）等情形。

起訴期間內付郵，到達行政法院時已逾起訴期間者，不生於起訴期間內起訴之效力[210]。

　　至於起訴，依行政訴訟法第105條第1項規定，應以訴狀表明當事人、起訴之聲明及訴訟標的及其原因事實，提出於行政法院為之[211]。訴訟標的及其原因事實係指當事人起訴請求行政法院為裁判所主張之請求或法律關係及其原因事實。起訴狀至少應記載當事人、起訴之聲明、訴訟標的及其原因事實，方符規定。漏未記載者，雖屬可以補正事項，惟經原審審判長裁定命當事人補正，當事人仍未依規定補正者，其起訴即屬不合程式[212]。

第二項　起訴不合法之處理

　　當事人合法起訴後，發生訴訟繫屬之效力，法院應即進行後續之程序，以利作成實體判決。起訴不合法者，應以裁定駁回之。行政訴訟法第107條第1項規定，原告之訴，有下列各款情形之一者，行政法院應以裁定駁回之。但其情形可以補正者，審判長應定期間先命補正：一、訴訟事件不屬行政訴訟審判權，不能依法移送。二、訴訟事件不屬受訴行政法院管轄而不能請求指定管轄，亦不能為移送訴訟之裁定。三、原告或被告無當事人能力。原告或被告於起訴時有當事人能力，於起訴後死亡，喪失當事人能力，如有得承受訴訟者，依行政訴訟法第186條準用民事訴訟法第168、173條規定，其訴訟當然停止，但有訴訟代理人時，不當然停止，而由法院酌量裁定停止。如訴訟標的之法律關係係專屬當事人一身而不得作為繼承之對象，其繼承人即無從承受其訴訟，屬無從補正之事項，行政法院應以裁定駁回原告之訴[213]。四、原告或被告未由合法之法定代理人、代表人或管理人為訴訟行為。五、由訴訟代理人起訴，而其代理權有欠缺。六、起訴逾越法定期限。七、當事人就已向行政法院或其他審判權之法院起訴之事件，於訴訟繫屬中就同一事件更行起訴。八、本案經終局判決後撤回其訴，復提起同一之訴。九、訴訟標的為確定判決、和解或調解之效力所及。十、起訴不合程式或不備其他要件。十一、起訴基於惡意、不當

---

[210] 最高行政法院97年裁字第2500號判例。
[211] 此三項為應表明之事項，適用程序上有關事項、證據方法及其他準備言詞辯論之事項；其經訴願程序者，並附具決定書，則為宜記載事項。
[212] 最高行政法院93年度裁字第553號裁定。
[213] 最高行政法院98年度裁字第2315號裁定。

或其他濫用訴訟程序之目的或有重大過失，且事實上或法律上之主張欠缺合理依據[214]。行政訴訟法第107條第6項規定，行政法院依第1項第11款規定駁回原告之訴者，得各處原告、代表人或管理人、代理人新臺幣12萬元以下之罰鍰。

當事人適格及權利保護必要，均屬訴訟要件。原告之訴欠缺該要件者，除第2項所定情形外，實務上雖認其訴爲無理由，以判決駁回之，惟其性質爲訴訟判決，與本案請求無理由之實體判決有別，行政訴訟法第107條第3項規定，原告之訴，有下列各款情形之一者，行政法院得不經言詞辯論，逕以判決駁回之。但其情形可以補正者，審判長應先定期間命補正：一、除第2項[215]以外之當事人不適格或欠缺權利保護必要。二、依其所訴之事實，在法律上顯無理由。

提起撤銷訴訟或確認行政處分無效訴訟，均以有行政處分之存在爲前提，倘無行政處分存在而提起前開訴訟，其起訴即屬不備其他要件，行政法院應以裁定駁回其訴。行政機關對當事人單純之事實敘述或觀念通知，並非作出行政處分者，自無從爲撤銷或確認無效之對象，並適用行政訴訟法第107條第1項第10款規定[216]。當事人未經合法訴願而提起行政訴訟，其起訴即屬不備其他要件，行政法院應依行政訴訟法第107條第1項第10款後段規定，以裁定駁回其訴。訴願之提起，應自行政處分達到或公告期滿之次日起三十日內爲之；處分機關未告知救濟期間或告知錯誤未爲更正，致相對人或利害關係人遲誤者，如自處分書送達後一年內聲明不服時，視爲於法定期間內所爲。訴願法第14條第1項及行政程序法第98條第3項分別定有明文。相對人或利害關係人於法定救濟期間屆滿時尚未提起訴願者，原行政處分即告確定，逾法定救濟期間始提起訴願，即非合法，其復提起撤銷或課予義務訴訟，自屬不備須經合法訴願程序之

---

[214] 原告起訴所主張之事實或法律關係，倘於客觀上無合理依據，且其主觀上係基於惡意、不當或其他濫用訴訟程序之目的，例如，爲騷擾法院或藉興訟延滯、阻礙被告機關行使公權力；抑或一般人施以普通注意即可知其所訴無據，而有重大過失，類此情形，堪認係屬濫訴。現行規定對於上述濫訴仍須以判決駁回，徒增被告機關訟累，亦造成行政法院無益負擔，浪費有限司法資源外，更排擠其他眞正需要司法救濟之人，且恐拖延正當行政行爲之行使，而不利於公共利益，故爲維護公共利益及合理利用司法資源，應將不得濫訴列爲訴訟要件。

[215] 行政訴訟法第107條第2項規定，撤銷訴訟及課予義務訴訟，原告於訴狀誤列被告機關者，準用第1項之規定。

[216] 最高行政法院102年度裁字第282號裁定。

要件，且不能補正，應以裁定駁回之[217]。

　　國家公園計畫經依國家公園法第7條規定核定後公告實施，或依國家公園法施行細則第6條第1項本文定期通盤檢討所作必要之變更，固有拘束國家公園區域內有關之開發或建設計畫、都市計畫及非都市土地使用編定之法規效力。惟因國家公園計畫並非係就個別具體事件之處理，而係對於一定區域內各項重要設施以及土地使用所爲之整體規劃，其並未直接限制該一定區域內人民之權利、利益或增加其負擔，其並非行政處分而係屬「法規」性質，人民即不得對之提起撤銷訴訟（司法院釋字第156號解釋理由書參照）。如提起撤銷訴訟，其起訴即屬欠缺訴訟要件，應依行政訴訟法第107條第1項第10款所規定，裁定駁回其訴[218]。

　　至於欠缺權利保護必要則應以無理由而爲敗訴之判決，最高行政法院103年度判字第117號判決指出，提起行政爭訟，須其爭訟有權利保護必要，即具有爭訟之利益爲前提，當事人提起撤銷訴訟，若該行政處分於訴訟期間經自行撤銷，且又無提起確認之訴之實益時，即應認所提撤銷訴訟欠缺保護必要，其訴自爲無理由，而應爲敗訴之判決。權利保護必要要件爲行政法院應依職權調查之事項，縱於高等行政法院最後言詞辯論終結時具備權利保護必要要件，惟向最高行政法院提起上訴後，最高行政法院依職權調查結果，如發現已欠缺權利保護必要要件者，其訴即無值得權利保護之利益存在，仍應認其訴爲無理由，而爲敗訴之判決。

　　停止執行係以具有執行效力之行政處分爲對象，始能達保護原告之權利或法律上利益之目的。……內政部依地方制度法及都市計畫法等規定，對縣（市）政府所擬之主要計畫變更雖有核定權。惟內政部之核定僅爲預防性之監督，以防止縣（市）政府都市計畫擬定時有不法行爲並確保審查之可能性，並非藉此取代縣（市）政府對於縣（市）都市計畫之擬定、發布及實施之權能。縣（市）轄區內之一般人民，因縣（市）政府都市計畫之擬定、發布或實施與否，財產事實有所損益，應對爲發布實施之主管機關縣（市）政府之行政處分，提起行政救濟，始有對之聲請停止執行之必要。故本件縣政府擬定科學園區基地暨周邊地區特定區主要計畫案，雖經內政部以系爭處分核定，如以內政

217 最高行政法院102年度裁字第279號裁定。
218 最高行政法院102年度裁字第303號裁定。

部之核定處分為標的而提起撤銷訴訟，即屬欠缺權利保護必要要件[219]。此外，行政訴訟法第107條第2項規定，撤銷訴訟及課予義務訴訟，原告於訴狀誤列被告機關者，準用第1項之規定。

　　訴之客觀合併，目的在使相同當事人間就其間紛爭，利用同一訴訟程序辯論裁判，以節省當事人及法院勞費，並使相關聯之訴訟事件，受同一裁判，避免發生矛盾，以達訴訟經濟及統一解決紛爭目的。如無害於公益，基於當事人訴訟上處分權，對當事人所提起之客觀合併之型態、方式及內容，儘量予以承認，而不因所提起訴之類型，不符合學說或實務上分類之模式，即認為起訴不合法。本件上訴人係基於其向交通部民用航空局金門航空站申請因交通部民用航空局金門航空站實施即時強制使用系爭設備所受之損失補償，不服交通部民用航空局金門航空站民國104年5月7日函於核定補償損失40萬2,749元之同時，所為抵銷而無須給付之表示，提起行政訴訟。其備位聲明的第1項內容與先位聲明第1項相同，備位聲明第2項係請求為核定處分，先位聲明第2項則係核定處分後之請求給付，二者核非相互排斥而不能併存，應解為上訴人係提起一般訴之客觀合併，即撤銷訴訟、給付訴訟及課予義務訴訟之合併[220]。

第三項　停止執行

一、要　件

　　提起行政訴訟是否當然停止原處分或原決定之執行，各國規定不同。基於維護行政效率與貫徹公權力之考量，行政訴訟法第116條第1項規定，原處分或決定之執行，除法律另有規定外，不因提起行政訴訟而停止。惟為保護當事人權益，行政訴訟法第116條第2項及第3項規定，行政訴訟繫屬中，行政法院認為原處分或決定之執行，將發生難於回復之損害，且有急迫情事者，得依職權或依聲請裁定停止執行。但於公益有重大影響，或原告之訴在法律上顯無理由者，不得為之。於行政訴訟起訴前，如原處分或決定之執行將發生難於回復之損害，且有急迫情事者，行政法院亦得依受處分人或訴願人之聲請，裁定停止執行。但於公益有重大影響者，不在此限。聲請裁定停止執行者，須為原處分或決定之執行，至於事實行為之執行則不包括在內。

---

[219] 最高行政法院99年度裁字第1346號裁定。
[220] 最高行政法院109年度判字第228號判決。

　　停止執行之目的，在於停止原處分或決定之效力、處分或決定之執行或程序之續行，自僅得對原處分或決定為停止執行之標的，且須對聲請人之權利、利益之保全、防止損害之發生或擴大有直接助益者，方得為之。聲請停止執行必須有權利保護利益，始有權利保護之必要，行政法院始得准許之。苟行政機關表明將不會對行政處分加以執行，處分相對人已無請求法院保護之必要時，即欠缺權利保護利益。處分相對人如仍提出停止執行之聲請，即屬欠缺權利保護之必要[221]。人民因行政機關對其依法申請之案件予以駁回之處分，縱經停止執行，僅回復至原未否准前之狀態，即難認有聲請停止執行之利益[222]。行政處分如已經執行完畢者，就當事人而言，顯已無停止執行之實益，則當事人嗣後始聲請停止執行，與行政訴訟法第116條第2項前段規定之停止執行要件不合，法院自應予以駁回[223]。

　　行政訴訟法第116條第2項雖規定停止執行之要件，惟其適用卻充滿不確定性，最高行政法院100年度裁字第1058號裁定指出，聲請停止執行之要件，行政法院必須審查：（一）原處分或決定之執行是否將發生難以回復之損害？（二）是否有急迫情事？（三）是否於公益無重大影響或原告之訴非顯無理由？如未符合上述要件，即應予駁回。難於回復之損害係指其損害不能回復原狀，或在一般社會通念上，如為執行可認達到回復困難之程度，以及不能以相當金錢賠償而回復損害而言。但也不應只以「能否用金錢賠償損失」當成唯一之判準，如果損失之填補可以金錢為之，而其金額過鉅，或者計算有困難時，為了避免將來國家負擔過重的金錢支出或延伸出耗費社會資源的不必要爭訟，仍應考慮此等後果是否有必要列為「難於回復損害」之範圍。聲請人需對於處分或決定所停止執行之必要等事項盡釋明之責。至原處分是否違法應予撤銷，乃其本案訴訟是否有理之範疇，非審理停止執行之事件所得置喙。

　　但最高行政法院95年度裁字第2380號裁定認為，所有暫時權利保護制度（包括「停止執行」及「假扣押」或「假處分」等），其審理程序之共同特徵，均是要求法院在有時間壓力之情況下，以較為簡略之調查程序，按當事人提出之有限證據資料，權宜性地、暫時性地決定、是否要先給予當事人適當之法律保護（以免將來的保護緩不濟急）。行政訴訟法第116條第2項規定構成要件之詮釋，或許不宜過於拘泥於條文，而謂一定要先審查「行政處分之執行結

---

[221] 最高行政法院107年度裁字第1086號裁定。
[222] 最高行政法院97年度裁字第3473號裁定。
[223] 最高行政法院99年度裁字第390號裁定。

果是否將立即發生難於回復之損害」，而在有確認有此等難以回復之損害將立即發生後，才去審查「停止原處分之執行是否於公益有重大影響」或「本案請求在法律上是否顯無理由」，因為這樣的審查方式似乎過於形式化。比較穩當的觀點或許是把「保全之急迫性」與「本案請求勝訴之蓋然率」當成是否允許停止執行之二個衡量因素，而且彼此間有互補功能，當本案請求勝訴機率甚大時，保全急迫性之標準即可降低一些；當保全急迫性之情況很明顯，本案請求勝訴機率或許可以降低一些。

除行政訴訟法第116條規定之情形外，訴願法第93條第2項另規定在原行政處分之合法性顯有疑義者，得停止執行。行政訴訟是否得適用訴願法第93條第2項規定呢？行政處分之合法性顯有疑義[224]時，即不論該處分之執行，是否將發生難以回復之損害，有無急迫情事，是否為維護重大公共利益所必要，受理訴願機關或原行政處分機關得依職權或依申請停止執行。訴願法第93條第2項規定即表明合法性顯有疑義之行政處分，不具立即執行之公益，係法治國家之依法行政原則之具體化，而為維護憲法原則之重大公益所要求。行政訴訟法第116條第2項雖無類此之明文規定，然而行政法是憲法之具體化，解釋運用行政訴訟法第116條第2項規定，自應顧及此項法治國家依法行政原則之精神。開發許可所據之系爭審查結論既經判決撤銷，開發許可即因而溯及自始違法，其違法性明確甚於合法性顯有疑義，無立即執行公益，停止其執行自難謂於公益有重大影響[225]。

行政訴訟法第116條第4項規定，行政法院為前二項裁定前，應先徵詢當事人之意見。如原處分或決定機關已依職權或依聲請停止執行者，應為駁回聲請之裁定。依本條項之整體文義，應認本項所定之「應先徵詢當事人之意見」，主要係在使相對人即行政機關有對應否停止執行為陳述及釋明之機會，尤其聲請停止執行事件，事屬急迫，故此所稱「應先徵詢當事人之意見」，應屬訓示性規定，即行政法院得就事件之整體情形斟酌之。惟行政法院如依聲請人書面陳述及其提出釋明之相關證據審理結果，已初步獲得其聲請符合停止執行要件之高度可能性，為妥善權衡對公益及私益之影響，仍宜於裁定前，徵詢相對人即行政機關之意見[226]。

---

[224] 最高行政法院107年度裁字第1086號裁定指出，行政處分之合法性顯有疑義，係指行政處分有毋庸經調查即顯然得見之違法。

[225] 最高行政法院99年度裁字第2032號裁定。

[226] 最高行政法院107年度裁字第1767號裁定。

二、效　力

　　停止執行裁定之效力，依行政訴訟法第116條第5項規定，得停止原處分或決定之效力、處分或決定之執行或程序之續行之全部或部分。停止執行之裁定係屬形成裁判，一旦裁定停止執行，將使因原處分或決定所生之法律關係，發生回復如未爲處分或決定前之狀態，此項形成力原則上僅能向將來發生效力；處分或決定之執行或程序之續行，一經裁定停止，其實施執行之事實行爲或應續行之程序自當隨之停止。停止執行之裁定既具有形成力之效力，原處分或決定經裁定停止執行後，即生其法律上之效力，毋庸向法院聲請強制執行[227]。

　　行政訴訟法第118條規定，停止執行之原因消滅，或有其他情事變更之情形，行政法院得依職權或依聲請撤銷停止執行之裁定。情事變更不僅指事實或法律狀態之變更，尚包括停止執行裁定之前提要件判斷上重要之點之任何變更在內。惟情事變更應指停止裁定以後所發生者，此對照法條所稱停止執行之原因消滅，或有其他情事變更之情形，足見其他情事變更之情形，應係指與前面所言原因消滅相當之其他情形所爲之概括規定；原因消滅，係指裁定時存在而嗣後（裁定之後）發生消滅者[228]。

第四項　訴之變更、追加、撤回及反訴

一、訴之變更、追加

　　訴之追加，係指於起訴後，提起新訴以合併於原有之訴，即於起訴之當事人、訴訟標的及訴之聲明之外，另增加當事人、訴訟標的及訴之聲明之謂。而追加之訴，除有行政訴訟法第111條第3項各款規定情事，或經對造同意，或行政法院認爲適當，否則其追加之訴即不應准許[229]。

　　行政訴訟法第111條第1項規定，訴狀送達後，原告不得將原訴變更或追加他訴。但經被告同意或行政法院認爲適當者，不在此限。被告於訴之變更或追加無異議，而爲本案之言詞辯論者，視爲同意變更或追加（行政訴訟法第111條第2項）。行政訴訟法第111條第3項規定，有下列情形之一者，訴之變更或

[227] 臺北高等行政法院99年度執字第57號裁定、最高行政法院99年度裁字第2779號裁定。
[228] 臺中高等行政法院90年度聲字第1號裁定。
[229] 最高行政法院110年度抗字第329號裁定。

追加，應予准許：（一）訴訟標的對於數人必須合一確定，追加其原非當事人之人為當事人。（二）訴訟標的之請求雖有變更，但其請求之基礎不變。（三）因情事變更而以他項聲明代最初之聲明。（四）應提起確認訴訟，誤為提起撤銷訴訟。（五）依第197條或其他法律之規定，應許為訴之變更或追加。訴訟標的對於共同訴訟之各人必須合一確定者，應數人一同起訴或數人一同被訴，其當事人之適格始無欠缺，此為民事訴訟之法理，而於行政訴訟中訴訟標的有必須合一確定之情形時，當有其準用。訴之追加案例，例如：遺產稅事件關於罰鍰部分訴訟標的對於原告之各人，有必須合一確定之情形，追加其原非當事人之原告林○○為當事人，自非不可[230]。

訴之變更或追加，無論係變更或追加之新訴，理論上均為另一獨立之訴，故該變更或追加後之新訴本身所應具備之合法要件，原則亦應具備，自屬當然[231]。

二、訴之撤回

行政訴訟之目的並非僅以保障人民權益為限，確保國家行政權之合法行使亦在其中。換句話說，在行政訴訟程序設計上，人民主觀權利之保護與客觀法秩序之維持應併為考量。因此，當事人對訴訟進行之處分權如有礙於客觀法秩序之維持時，仍應受到相當限制。行政訴訟法第113條第1項規定，原告於判決確定前得撤回訴之全部或一部。但於公益之維護有礙者，不在此限。惟被告已為本案之言詞辯論時，撤回訴訟，應得其同意（行政訴訟法第113條第2項）。

訴之撤回係原告之單方行為，只須原告向法院以意思表示為之，即生撤回之效力。行政訴訟事件，若經原告向行政法院為撤回起訴之意思表示，且其撤回符合行政訴訟法第113條規定之要件者，即生撤回之效力。法院審查原告撤回訴訟是否有礙於公益之維護，應以訴之撤回是否妨礙客觀法秩序之維持作為判斷基準，一般行政訴訟既以救濟人民主觀公權利或法律上之利益為目的，則其訴之撤回，原則上無礙於公益之維護；至於公益訴訟及選舉訴訟，既以客觀法秩序之維持為目的，其訴之撤回即有礙於公益之維護，而不應准許[232]。

原告撤回訴訟是否符合法定要件，應由法院加以審查，如認撤回有礙於

---

[230] 最高行政法院89年度判字第213號判決。
[231] 最高行政法院107年度上字第207號判決、最高行政法院109年度抗字第310號裁定。
[232] 最高行政法院109年度裁字第244號裁定。

公益之維護者，則不生撤回效力，訴訟繫屬並未消滅。此項審查判斷，涉及訴訟狀態之明確性，因此宜以裁定宣示法院判斷結果，以免訴訟處於不安定之狀態。行政訴訟法第114條第1項規定，行政法院就前條訴之撤回認有礙公益之維護者，應以裁定不予准許。此項裁定不得抗告（行政訴訟法第114條第2項）。

　　公益須參考個案為人民之當事人，與國家機關間的權利義務及對於公眾利益的影響，具體判斷之。訴之撤回有礙公益維護之案例，例如：本件訴訟在確立勞工族群的被告對於系爭給付究竟有無公法上的權利應值保護，更與國家機關的原告究竟有無深諳並遵守依法行政原則的客觀法秩序有關，尤與我國是否如何實踐社會福利國家原則，落實憲法基本國策對於保護勞工權利的要求息息相關。其訴之撤回，實有礙公益之維護，而難准許[233]。

三、反　訴

　　行政訴訟法第112條第1項規定，被告於言詞辯論終結前，得在本訴繫屬之行政法院提起反訴。惟被告意圖延滯訴訟而提起反訴者，行政法院得駁回之（行政訴訟法第112條第4項）。原告對於反訴，不得復行提起反訴（行政訴訟法第112條第2項）。對於撤銷訴訟及課予義務訴訟，則不得提起反訴（行政訴訟法第112條第1項但書）。反訴之請求如專屬他行政法院管轄，或與本訴之請求或其防禦方法不相牽連者，不得提起（行政訴訟法第112條第3項）。

第五項　言詞辯論與證據調查

一、言詞辯論與程序進行

　　行政訴訟採言詞辯論主義，除行政訴訟法另有規定外，第一審行政法院必須踐行言詞辯論程序，非本於言詞辯論，行政法院不得作成裁判（行政訴訟法第188條第1項）。言詞辯論包括在期日內法院、當事人、其他訴訟關係人所為一切行為，例如，當事人之聲明、攻擊防禦方法等；法院之指揮訴訟、證據調查等；證人、鑑定人之陳述或鑑定報告等。有關行政訴訟言詞辯論之事項，主要規定於行政訴訟法第120條至第130條之1，其餘則準用民事訴訟法之規定。

　　為充實準備程序，行政訴訟法第120條規定，原告因準備言詞辯論之必

---

[233] 臺灣桃園地方法院102年度簡字第116號行政裁定。

要,應提出準備書狀。被告因準備言詞辯論,宜於未逾就審期間二分之一以前,提出答辯狀。行政訴訟法第122條規定,言詞辯論,以當事人聲明起訴之事項為始。當事人應就訴訟關係為事實上及法律上之陳述。當事人不得引用文件以代言詞陳述。但以舉文件之辭句為必要時,得朗讀其必要之部分。依行政訴訟法第124條第1項規定,言詞辯論之開始、指揮及終結由審判長為之。審判長對於不服從言詞辯論之指揮者,得禁止發言(行政訴訟法第124條第2項)。

行政訴訟基本上採職權進行主義,行政訴訟法第125條第1項規定,行政法院應依職權調查事實關係,不受當事人事實主張及證據聲明之拘束[234]。不受當事人證據聲明之拘束,係指行政法院依職權調查證據,不以當事人所聲明證據之範圍為限,且依行政訴訟法第176條準用民事訴訟法第286條規定,就當事人聲明之證據,行政法院應為調查,僅就其聲明之證據中認為不必要者,始不予調查,並應於判決中說明其理由。行政訴訟之審理雖以職權調查為原則。然爭訟事實發生在當事人間,當事人有時較行政法院更能掌握正確之資料。基於誠實信用原則,並促進訴訟之成熟,當事人有與行政法院合作,協力探求、發現事實真相的必要,行政訴訟法第125條第2項規定,第1項調查,當事人應協力為之。此為當事人之協力義務,當事人應參與事實及訴訟資料之蒐集,以利訴訟程序之順利進行。

審判長應注意使當事人得為事實上及法律上適當完全之辯論(行政訴訟法第125條第3項)。審判長應向當事人發問或告知,令其陳述事實、聲明證據,或為其他必要之聲明及陳述;其所聲明、陳述或訴訟類型有不明瞭或不完足者,應令其敘明或補充之(行政訴訟法第125條第4項)[235]。陪席法官告明審判

---

[234] 最高行政法院106年度判字第45號判決指出,行政法院對有利於當事人之事實或證據,如果有應調查而未予調查之情形,或認定事實徒憑臆測而不憑證據者,即構成判決不備理由之違法。認定事實雖為事實審之職權,如事實審法院認定事實違反經驗法則、論理法則或證據法則,其判決亦屬違背法令。

[235] 最高行政法院111年度抗字第282號裁定指出,行政訴訟法關於訴訟種類之設計,具技術性,非憑生活經驗即可曉得運用,其目的在因應行政行為的多樣性,便利訴訟之審理,不是在阻礙訴訟當事人尋求行政法院為權利保護。因此,在同一事實關係,於不逾行政訴訟原告尋求行政法院權利保護之目的範圍,審判長或受命法官闡明原告選擇正確訴訟種類,為適當之訴之聲明,進行事實上及法律上適當完全之辯論,屬行政訴訟法第125條第2項、第3項審判長及受命法官之闡明義務範圍,如未盡闡明之責,逕行裁判,即難認適法。行政訴訟法第125條第4項立法理由指出,當事人之聲明包括訴訟類型之選擇,基於保障人民接近使用法院的權利及法官知法原則,訴訟類型之選

長後，得向當事人發問或告知（行政訴訟法第125條第5項）。

行政訴訟法第125條之2第1項規定，行政法院爲使訴訟關係明確，必要時得命司法事務官（具有財經、稅務或會計專業）就事實上及法律上之事項，基於專業知識對當事人爲說明。惟司法事務官所爲說明並非證據資料，當事人不得逕行引用司法事務官之說明爲證據，司法事務官亦不受當事人之詢問。依行政法院組織法第10條之2第1項第1款規定，司法事務官辦理行政訴訟事件之資料蒐集、分析及提供稅務、財經、金融、會計專業意見。司法事務官蒐集、分析資料後，提供予法官之財稅會計專業意見，並非證據方法，僅是法院內部之法官輔助人。惟行政法院因司法事務官提供而獲知之特殊專業知識，如係兩造當事人攻擊防禦所未曾提出者，常爲訴訟關係人所不知，如法官未於裁判前對當事人爲適當之揭露，使當事人有表示意見之機會，將對當事人造成突襲性裁判，行政訴訟法第125條之2第2項規定，行政法院因司法事務官提供而獲知之特殊專業知識，應予當事人辯論之機會，始得採爲裁判之基礎。

行政訴訟之第一審屬事實審，行政訴訟通常事件之第一審爲高等行政法院，故關於通常行政訴訟事件之事實認定及證據調查事項，應由高等行政法院依職權爲之。縱原處分機關之事實認定及證據調查有不足或違法情事，除個案具有由原處分機關再爲調查係更有利於事實之釐清、或較有利於人民或另涉及原處分機關之裁量權等例外情事外，原則上自仍應由事實審之高等行政法院爲該個案之事實認定及證據調查，並憑以適用法令。高等行政法院基於其事實審地位，應依職權調查證據、認定事實及適用法律予以判斷之事項，卻未依職權爲之，復未說明何以本其職權無從予以調查認定，而應由行政機關調查認定之具體理由，且未就訴訟當事人之有利證據爲何不採納亦未說明理由者，逕作出

擇，攸關人民得否在一次訴訟中達到請求法院保護其權利之目的。故遇有當事人於事實及法律上之陳述未明瞭或不完足之處，或訴訟類型選擇錯誤時，均應由審判長行使闡明權，協助當事人選擇適宜其權利保護的訴訟類型，且不因當事人是否有法律專業或有無委任律師爲其訴訟代理人而有異，現行實務即採此見解（最高行政法院106年度判字第283號判決、106年度裁字第1827號裁定、108年度裁字第1687號裁定、109年度判字第550號判決意旨參照），明定第4項規定，以資明確。但如當事人受闡明後仍執意維持原訴訟類型，所產生之訴訟上不利益即由當事人自行負擔。至於變更之新訴，應踐行訴願程序而未踐行；或雖經訴願程序，但已逾起訴期間；或變更之確認行政處分無效訴訟，未向原處分機關請求確認無效等情形，縱經被告同意或法院准許爲訴之變更，其變更之訴仍不合法。此種訴之變更無實益的情形，自不宜闡明原告變更訴訟類型，附此敘明。

對當事人不利之判決者，即有判決不適用法規及理由不備之違法[236]。

　　行政訴訟之第一審屬事實審，而行政訴訟通常事件之第一審為高等行政法院，故關於通常行政訴訟事件之事實認定及證據調查事項，應由高等行政法院依職權（包含行使闡明權促使兩造當事人主張事實及提出證據）查明後，依卷證資料為裁判基礎之事實關係為認定，以作成實體裁判，並將得心證之理由記明於判決。如未調查、審酌、未依卷證資料認定事實，亦未說明理由，即有不適用行政訴訟法第125條第1項、第133條之應依職權調查等規定，及判決不備理由之違背法令[237]。

　　我國行政訴訟區分事實審及法律審，並採取職權調查原則，其具體內涵包括事實審法院有促使案件成熟，即使案件達於可為實體裁判程度之義務，以確保向行政法院尋求權利保護者能得到有效之權利保護。事實審法院原則上應依職權查明為裁判基礎之事實關係，以作成實體裁判。在課予義務訴訟，即使行政機關有未盡其職權調查義務之情事，如非行政機關故意就系爭請求權之主要事證未予調查認定（此在避免行政機關過於怠為事實調查及行政法院淪為行政機關），事實審法院即不能以此為由，單純撤銷否准處分，不查明申請人之請求權要件事實是否存在，而責令行政機關查明[238]。

　　在撤銷訴訟，行政機關如就行政處分要件事實之主要事證已予調查認定（行政機關不得怠為事實調查），事實審法院原則上應依職權（包含行使闡明權促使兩造當事人主張事實及提出證據）查明為裁判基礎之事實關係，以作成實體裁判，不得不確定事實，僅指出行政機關調查事實有如何缺失，而撤銷行政處分，要求行政機關自行查明事實（即「不為本案決定之撤銷行政處分」）[239]。

二、證據調查

（一）職權進行主義

　　行政訴訟採職權進行主義，行政訴訟法第133條規定，行政法院應依職權

---

[236] 最高行政法院103年度判字第403號判決。
[237] 最高行政法院105年度判字第711號判決。
[238] 最高行政法院103年度判字第252號判決。
[239] 最高行政法院102年度判字第473號判決。

調查證據[240]。行政訴訟法第125條第1項雖然課予行政法院職權調查義務，但並非更強烈之職權探知義務，因此法院仍需在有跡證、途徑而對「與法律適用有關待證事實之存在或細節」產生懷疑時，才有發動職權調查之義務，如果一項獨立之攻擊防禦方法（指單單該事實主張如果被證明爲眞正，即可獨立造成判決結果之改變，而不需要與其他事實連結者），當事人事前完全沒有提出，事實審法院之職權調查義務根本無從發生，也無職權調查義務之違反可言[241]。

行政訴訟法第133條規定法院於撤銷訴訟應依職權調查證據，此係因撤銷訴訟之當事人，分別爲公權力主體之政府機關及人民，兩造間存在不對等之權力關係，且政府機關之行政行爲恆具專門性、複雜性或科技性，難爲人民所了解，且常涉公務機密，人民取得相關資料常屬不易，爲免人民因無從舉證而負擔不利之效果，而有行政訴訟法第133條規定；於撤銷訴訟，證據之提出非當事人責任，法院依職權調查得代當事人提出，當事人固無所謂主觀之舉證責任。然職權調查證據有其限度，仍不免有要件不明之情形，故當事人仍有客觀之舉證責任。民事訴訟法第277條前段規定，當事人主張有利於己之事實者，就其事實有舉證之責任，於上述範圍依行政訴訟法第136條規定，仍爲撤銷訴訟所準用[242]。

基於行政訴訟之職權調查原則，法院必須充分調查爲裁判基礎之事證以形成心證，法院在對全辯論意旨及調查證據之結果爲評價時，應遵守兩項要求，一是「訴訟資料之完整性」，二是「訴訟資料之正確掌握」。前者乃所有與待證事實有關之訴訟資料，無論有利或不利於訴訟當事人之任何一造，都必須用於心證之形成而不能有所選擇，法院負有審酌與待證事實有關訴訟資料之義務，如未審酌亦未說明理由，即有不適用行政訴訟法第125條第1項、第133條之應依職權調查規定，及判決不備理由之違背法令[243]。

爲貫徹職權進行主義，當事人主張之事實，雖經他造自認，行政法院仍應調查其他必要之證據（行政訴訟法第134條）。當事人主張之事實，經他造自

---

[240] 舊行政訴訟法第133條規定，行政法院於撤銷訴訟，應依職權調查證據；於其他訴訟，爲維護公益者，亦同。惟行政訴訟之目的在於保護人民權利及行政權之合法行使，皆與公益密切相關，現行條文將使人誤會行政訴訟有與公益無關者，爰予修正，俾使行政法院職權調查原則更加具體明確。

[241] 最高行政法院101年度判字第629號判決。

[242] 最高行政法院100年度判字第1789號判決。

[243] 最高行政法院97年度判字第682號判決。

認，而行政法院依職權調查其他證據相符合者，自得認定他造之自認為真實，據以判決[244]。如自認之內容與事實不符，自不得逕依該自認而為裁判。訴訟上之自認，尚需調查其他必要證據，當事人於訴訟外自承之事項，更應調查其他必要之證據，以判斷其真實性[245]。

惟行政法院於審判上之職權調查權限，除法律有特別規定者外，乃在確保行政機關依法行政之前提下，就行政機關所應（得）適用法令之構成要件事實之調查與認定是否合法之爭議（訴訟標的）範圍內，依職權調查事實、證據，行政法院於審判時，原則上並無就個案一切相關原因事實，具有排除行政機關於行政程序及行政救濟程序所應（得）適用法令之授權與限制之廣泛職權調查權限，俾免混淆行政法院與行政機關之功能，以符憲法上權力分立原則[246]。

（二）舉證責任分配

行政訴訟種類眾多，其舉證責任自應視訴訟種類是否與公益有關而異。舉證責任，可分主觀舉證責任與客觀舉證責任。主觀舉證責任指當事人一方，為免於敗訴，就有爭執之事實，有向法院提出證據之行為責任；客觀舉證責任指法院於審理最後階段，要件事實存否仍屬不明時，法院假定其事實存在或不存在，所生對當事人不利益之結果責任。行政訴訟法於撤銷訴訟或其他維護公益之訴訟，明定法院應依職權調查證據，故當事人並無主觀舉證責任。然職權調查證據有其限度，仍不免有要件事實不明之情形，故仍有客觀之舉證責任。其餘訴訟，當事人仍有提出證據之主觀舉證責任。行政訴訟法第136條規定，除本法有規定者外，民事訴訟法第277條之規定於本節準用之。民事訴訟法第277條規定，當事人主張有利於己之事實者，就其事實有舉證之責任。但法律別有規定，或依其情形顯失公平者，不在此限。

從上述規定可知，判定行政訴訟是否有舉證責任問題，以訴訟類型是否涉及公益為斷，例如，撤銷訴訟或其他維護公益訴訟，因有公益色彩，法律乃明文規定法院負有調查證據的職責，故當事人並無主觀的舉證責任（按其定義係指證據提出責任），應由法院依職權調查可以證明訟爭事實的證據。不具有公益性質，例如，與民事訴訟法相同的確認及給付訴訟，則仍有證據提出責任。惟不管是否為有關公益性質的訴訟，亦無論是否採行職權調查主義，其證據的

---

[244] 最高行政法院94年度判字第1254號判決。
[245] 最高行政法院92年度判字第1577號判決。
[246] 最高行政法院98年12月份第2次庭長法官聯席會議。

調查不免有窮盡之時，而發生要件事實存否不明的情形，故需有客觀的舉證責任，在範圍內仍應準用民事訴訟法第277條之規定（最高行政法院99年度判字第1355號判決參照）[247]。當事人起訴請求確認其配偶具有我國國籍，該請求因非屬撤銷訴訟，且事關私益，當事人自應就其父母具有我國國籍此一有利事實負舉證責任，無由要求行政法院依職權調查證據。

　　確認法律關係不存在之訴，如被告主張其法律關係存在時，固應由被告負舉證責任，然所謂「證據」，並不以直接證據為限，尚包括間接證據。是否已盡舉證責任，應視各別事件情形之不同而為具體之認定。上訴人提起本件確認徵收法律關係不存在之訴訟，距66年間徵收當時，已時隔四十年之久。徵收機關於徵收執行達四十年後，徵收時之資料多逾檔案保存期限而已銷燬，或因保存不易而佚失，當時辦理徵收之人員及當事人亦難以通知到場作證，要求徵收機關於四十年後，舉證其當時已合法踐行徵收及補償程序，在客觀上舉證有其困難。對於此種年代久遠之訴訟，若以嚴格之採證標準，則許多無資料可查之徵收處分，勢將被認定無效或失效，就「公益」與「被徵收人民所為特別犧牲」二者加以權衡，就徵收機關有關徵收程序、補償方式適法等待證事實，所為之舉證，不宜採過於嚴格之認定標準，以避免過度認定徵收無效或失效，有害及公益。當事人雖無法提出直接證據以資證明待證事實，然由其他間接證據，於不違反經驗及論理法則下，足認有此事實存在時，於證據法則亦非有違[248]。

　　依行政訴訟法第136條準用民事訴訟法第277條前段規定，當事人主張有利於己之事實者，就其事實有舉證之責任。保險醫事服務機構依與健保局訂定之全民健康保險特約醫事服務機構合約請求健保局為醫療服務費用之給付，自應就請求權發生之事實負舉證責任。對於保險醫事服務機構先行提供醫療及藥品之給付過程，健保局無法於事前掌控其給付是否符合「必要」、「合目的」及「不浪費」之經濟原則，因此在健保制度設計上，即須透過對保險醫事服務機構之監督、及對醫療服務之審查，以健全健保局之財務及營運，並發揮健保制度之效能。就直接提供健保給付之醫事服務機構，必須經過健保局嚴格縝密之標準審查，否則現實上健保制度無以運作。醫事服務機構就醫療行為確有必

---

[247] 臺北高等行政法院98年度訴字第2793號判決、最高行政法院101年度裁字第71號裁定。

[248] 最高行政法院106年度判字第358號判決。

要、並非無效或過度治療等給付要件即應負舉證責任[249]。

稅捐課徵涉及許多事實及證據調查，其舉證責任分配相當複雜，以下僅舉幾例法院判決說明之。

稅捐之稽徵乃科人民以義務，課稅事實之存在自應依證據認定之，無證據自不得以擬制推測之方法，推定課稅事實之存在。當事人否認課稅事實所持之辯解，縱屬不能成立，亦不能因此即反推必有課稅事實，仍非有證據不得遽為課稅事實之認定。基於依法行政原則，課稅要件事實應由稽徵機關負舉證責任，其所提證據必須使法院之心證達到確信之程度，始可謂其已盡舉證之責，僅使事實關係陷於真偽不明之狀態，法院仍應認定該課稅要件事實為不存在，而將其不利益歸於稽徵機關。人民因否認本證之證明力所提出之反證，因其目的在於推翻或削弱本證之證明力，防止法院對於本證達到確信之程度，故僅使本證之待證事項陷於真偽不明之狀態，即可達到其舉證之目的。在此情形下，其不利益應由稽徵機關承擔。依遺產及贈與稅法第3條第1項、第4條第2項規定，贈與稅的課徵，既以財產給予與收受雙方有贈與合意為要件，稽徵機關對此課稅要件事實，負有舉證責任；財產所有人將其財產移轉予他人的原因多端，未必係贈與行為，尤其非親屬間以贈與為原因之財產移轉，乃特殊事實（非常規事實），稽徵機關必須提出相當積極證據加以證明，不能徒憑財產移轉之事實即推定其必屬贈與行為[250]。

課徵遺產稅之要件事實為權利發生要件事實，應由稅捐稽徵機關負舉證責任。惟如被繼承人死亡前未償之債務，屬於權利障礙事實，依行為時遺產及贈與稅法第1條第1項及第17條第1項第9款規定，以具有確實證明者，始得自遺產總額中扣除，免徵遺產稅，主張有該事實者，應負舉證責任[251]。

負擔處分之要件事實，基於依法行政原則，為原則事實者，如所得稅有關計算課稅基礎之所得，應由行政機關負舉證責任；限制、減免處分內容，如為所得總額減項之扣除額、免稅額等要件事實，乃例外事實，併由證據掌控或利益歸屬之觀點，則應由人民負舉證責任[252]。

當事人之舉證責任並不能因法院採職權調查證據而免除，稅捐法律關

[249] 最高行政法院100年度判字第1265號判決。
[250] 最高行政法院101年度判字第641號判決。
[251] 最高行政法院94年度判字第527號判決。
[252] 最高行政法院100年度判字第1789號判決。

係，乃是依稅捐法之規定，大量且反覆成立之關係，具有其特殊性，稅捐稽徵機關並未直接參與當事人間私經濟活動，其能掌握之資料自不若當事人，稅捐稽徵機關如已提出相當事證，客觀上已足能證明當事人之經濟活動，即難謂未盡舉證責任[253]。

（三）證據方法

1. 人　證（行政訴訟法第142～155條）

行政訴訟法第142條規定，除法律別有規定外，不問何人，於他人之行政訴訟有為證人之義務。法律別有規定，例如，行政訴訟法第145條[254]及第146條[255]規定得拒絕證言之情形。證人受合法之通知，無正當理由而不到場者，行政法院得以裁定處新臺幣3萬元以下罰鍰（行政訴訟法第143條第1項）。行政訴訟法第143條第2項規定，證人已受前項裁定，經再次通知仍不到場者，得再處新臺幣6萬元以下罰鍰，並得拘提之。

2. 鑑　定（行政訴訟法第156～161條）

鑑定亦屬證據方法之一，行政訴訟法第156條規定，鑑定，除別有規定外，準用本法關於人證之規定。行政訴訟法157條第1項規定，從事於鑑定所需之學術、技藝或職業，或經機關委任有鑑定職務者，於他人之行政訴訟有為鑑定人之義務。鑑定人拒絕鑑定，雖其理由不合於行政訴訟法關於拒絕證言之規定，如行政法院認為正當者，亦得免除其鑑定義務（行政訴訟法159條）。行政訴訟法161條規定，行政法院依第138條之規定，囑託機關、學校或團體陳述鑑定意見或審查之者，準用第160條及民事訴訟法第225條至第337條之規定。

---

[253] 最高行政法院93年度判字第1607號判決。

[254] 行政訴訟法第145條規定，證人恐因陳述致自己或下列之人受刑事訴追或蒙恥辱者，得拒絕證言：1.證人之配偶、前配偶或四親等內之血親、三親等內之姻親或曾有此親屬關係或與證人訂有婚約者。2.證人之監護人或受監護人。

[255] 行政訴訟法第146條規定，證人有下列各款情形之一者，得拒絕證言：1.證人有第144條之情形。2.證人為醫師、藥師、藥商、心理師、助產士、宗教師、律師、會計師或其他從事相類業務之人或其業務上佐理人或曾任此等職務之人，就其因業務所知悉有關他人秘密之事項受訊問。3.關於技術上或職業上之秘密受訊問。前項規定，於證人秘密之責任已經免除者，不適用之。行政訴訟法第144條規定，以公務員、中央民意代表或曾為公務員、中央民意代表之人為證人，而就其職務上應守秘密之事項訊問者，應得該監督長官或民意機關之同意。前項同意，除有妨害國家高度機密者外，不得拒絕。以受公務機關委託承辦公務之人為證人者，準用前二項之規定。

其鑑定書之說明，由該機關、學校或團體所指定之人爲之。

地下水污染物是否超過管制標準，以及其污染來源之判別，事涉專業；如有必要，主管機關、法院可分別依行政程序法、行政訴訟法之規定選定客觀公正具專業能力之人爲鑑定，此觀行政程序法第41條、行政訴訟法第156條至第161條之規定自明。當事人於裁判外自行送請私營公司就地下水污染事實提出調查報告書，此種私鑑定文書因欠缺行政訴訟法有關具結、拒卻等程序，無鑑定人所具有之調取證物、訊問證人及當事人之權限，亦無虛僞鑑定刑事處罰之適用，其中立性及專門知識之妥當性皆有疑問。縱認調查報告書係書證之一種，其證據之信用性仍值得懷疑[256]。

除一般鑑定規定外，行政訴訟法第162條規定，行政法院認有必要時，得就訴訟事件之專業法律問題徵詢從事該學術研究之人，以書面或於審判期日到場陳述其法律上意見。前項意見，於裁判前應告知當事人使爲辯論。第1項陳述意見之人，準用鑑定人之規定。但不得令其具結。行政訴訟法第162條第1項規定之立法意旨，無非於行政法院受理涉及專業或高深複雜之科技或專業領域之爭訟時，經由借重學術人士之專業意見，俾能作成正確、公允的判決。行政訴訟法第133條規定，行政法院於撤銷訴訟，應依職權調查證據，要求行政法院詳細調查證據；惟就所涉具體訴訟事件之專業法律問題，是否徵詢學術研究人員意見，仍授予行政法院裁量權，得視個案狀況裁量決定。行政法院未准訴訟當事人徵詢專家或送請鑑定，尚非當然構成判決不適用法規之違法[257]。

3. 書 證（行政訴訟法第163～173條）

行政訴訟法第163條規定，下列各款文書，當事人有提出之義務：(1)該當事人於訴訟程序中曾經引用者。(2)他造依法律規定，得請求交付或閱覽者。(3)爲他造之利益而作者。(4)就與本件訴訟關係有關之事項所作者。(5)商業帳簿。

公務員或機關掌管之文書，依行政訴訟法第163條規定，行政法院得調取之。如該機關爲當事人時，並有提出之義務。當事人無正當理由不從提出文書之命者，行政法院得審酌情形認他造關於該文書之主張或依該文書應證之事實爲眞實（行政訴訟法第165條第1項）。但於裁判前應令當事人有辯論之機會。

行政法院是否認爲他造關於文書之主張爲眞實，仍有審酌裁量之權，非謂

---

[256] 最高行政法院105年度判字第213號判決。
[257] 最高行政法院94年度判字第17號判決。

當事人不從提出文書之命，即應認他造關於該文書之主張爲眞實。行政機關雖未從法院之命提出之行政契約，惟綜合相關事實及證據資料，認他方確有簽立之行政契約，原判決之認定並無違論理及經驗法則[258]。

4. 勘　驗（行政訴訟法第174條）

勘驗係由法院、審判長、受命法官透過感官知覺之運用，觀察現時存在之物體（包含人之身體）狀態、或場所之一切情狀，就其接觸觀察所得之過程，依其認知，藉以發見證據，屬於判斷待證事實之調查證據方法。行政訴訟法第174條規定，第164條至第170條之規定，於勘驗準用之。

勘驗本身非可作爲判斷依據之證據資料，仍應依行政訴訟法176條準用民事訴訟法第366條之規定，將勘驗結果製成筆錄，形成書證，以完成證據調查程序，方屬適法。倘未經勘驗程序製作勘驗筆錄，並經合法調查程序，逕於判決書內敘明就其查驗之結果，作爲認定違章事實之基礎，除違反直接審理主義之精神外，亦有應調查之證據未予調查之違背法令[259]。

第六項　訴訟程序之停止

訴訟程序之停止係指行政訴訟審理程序進行中，因法定事由發生致停止審理之意，訴訟程序之停止可分爲裁定停止、當然停止及合意停止。

一、裁定停止

裁定停止可再細分爲應裁定停止與得裁定停止：

（一）應裁定停止

1. 行政訴訟法第177條第1項

行政訴訟之裁判須以民事法律關係是否成立爲準據，而該法律關係已經訴訟繫屬尚未終結者，行政法院應以裁定停止訴訟程序。如有行政訴訟法第177條第1項規定之停止事由存在者，行政法院對於應否停止訴訟程序無裁量權，應即爲停止訴訟程序之裁定[260]。以他法律關係爲據者，係指該法律關係之存

---

[258] 最高行政法院101年度判字第607號判決。

[259] 臺中高等行政法院102年度交上字第18號判決。

[260] 行政訴訟法第12條亦規定，民事或刑事訴訟之裁判，以行政處分是否無效或違法爲據

否，對於本訴訟之法律關係或在訴訟所主張之抗辯，為其先決問題者。行政機關以上訴人與其配偶兩願離婚致喪失依親原因而廢止上訴人依親居留許可，該兩願離婚是否發生離婚效力，對於上訴人於訴訟之法律關係所為主張或行政機關所為之抗辯，即為其先決問題[261]。

2. 行政訴訟法第178條之1

行政法院就其受理事件，對所適用之法律位階法規範，聲請憲法法庭判決宣告違憲者，應裁定停止訴訟程序。司法院釋字第711號解釋理由書指出，本件係因一、楊○○等五人分別對附表所示之確定終局判決所適用之藥師法第11條及所援用之改制前之行政院衛生署中華民國100年4月1日衛署醫字第1000007247號函，認有違憲疑義，聲請解釋憲法；二、臺灣桃園地方法院行政訴訟庭法官錢○○於審理該院101年度簡字第45號藥事法事件時，對於應適用藥師法第11條規定，依其合理之確信，認有牴觸憲法之疑義，依本院釋字第371號、第572號、第590號解釋意旨及行政訴訟法第178條之1規定，聲請解釋。

（二）得裁定停止

1. 行政訴訟法第177條第2項

除行政訴訟法第177條第1項情形外，有民事、刑事或其他行政爭訟牽涉行政訴訟之裁判者，行政法院在該民事、刑事或其他行政爭訟終結前，得以裁定停止訴訟程序。是否停止訴訟程序，行政法院得依職權審酌之。

證券交易法第56條規定，主管機關發現證券商之董事、監察人及受僱人，有違背本法或其他有關法令之行為，足以影響證券業務之正常執行者，除得隨時命令該證券商停止其一年以下業務之執行或解除其職務外，並得視其情節之輕重，對證券商處以第66條所定之處分。行為人是否確有證券交易法第56條規定之證券商之董事有違背其他有關法令之行為，足以影響證券業務之正常執行者之情形，而有解除職務之必要，仍應就行為人所涉全部過程加以觀察研求，

者，應依行政爭訟程序確定之。第1項行政爭訟程序已經開始者，於其程序確定前，民事或刑事法院應停止其審判程序。行政訴訟法第12條及第177條規定皆係因採行司法二元化制度之結果，有關此項問題，劉宗德，翁岳生主編，行政訴訟法逐條釋義，4版，2023年10月，第118-142頁、第490-495頁有詳盡說明。

[261] 最高行政法院101年度判字第476號判決。

或審究行為人洗錢行為之犯罪成立與否,是否為本件行政訴訟之先決問題,在刑事案件未獲最終之審判結果,是否有行政訴訟法第177條第2項停止訴訟適用問題[262]。

2. 行政訴訟法第180條

第179條之規定,於有訴訟代理人時不適用之。但行政法院得酌量情形裁定停止其訴訟程序。

二、當然停止

行政訴訟法第179條規定,本於一定資格,以自己名義為他人任訴訟當事人之人,喪失其資格或死亡者,訴訟程序在有同一資格之人承受其訴訟以前當然停止。依行政訴訟法第29條規定,選定或指定為訴訟當事人之人全體喪失其資格者,訴訟程序在該有共同利益人全體或新選定或指定為訴訟當事人之人承受其訴訟以前當然停止。訴訟程序當然停止後,依法律所定之承受訴訟之人,於得為承受時,應即為承受之聲明。他造當事人亦得聲明承受訴訟(行政訴訟法第181條)。

行政訴訟法第182條規定,訴訟程序當然或裁定停止間,行政法院及當事人不得為關於本案之訴訟行為。但於言詞辯論終結後當然停止者,本於其辯論之裁判得宣示之。訴訟程序當然或裁定停止者,期間停止進行;自停止終竣時起,其期間更始進行。

依行政訴訟法第186條準用民事訴訟法第170條規定,當事人死亡,訴訟程序當然停止。行政訴訟法第182條第1項規定,訴訟程序當然停止或裁定停止間,行政法院及當事人不得為關於本案之訴訟行為。但於言詞辯論終結後當然停止者,本於其辯論之裁判得宣示之。關於上訴審(即最高行政法院)得不經言詞辯論而為裁判者,固無所謂言詞辯論終結可言,若當事人對於裁判前應為之訴訟行為已完畢,即與言詞辯論之終結無異,故當然停止事由發生於當事人應為之訴訟行為完畢之後者,自得本於其行為而為判決。復查程序中類推適用前開行政訴訟法停止訴訟程序規定之結果,因復查決定並無須經言詞辯論即得為之,復查申請人如於申請復查,提出復查書等後死亡,如無其餘應為之行為,稽徵機關即得本於其行為而為決定[263]。

---

[262] 最高行政法院100年度判字第1777號判決。
[263] 最高行政法院94年度判字第1460號判決。

三、合意停止

行政訴訟法第183條第1項規定，當事人得以合意停止訴訟程序。但於公益之維護有礙者，不在此限。爲避免訴訟長久處於是否停止之不明確狀態，行政訴訟法第183條第3項規定，行政法院認第1項之合意有礙公益之維護者，應於兩造陳明後，一個月內裁定續行訴訟。爲避免遲滯訴訟，該裁定不得聲明不服。

行政訴訟法第185條第1項規定，當事人兩造無正當理由遲誤言詞辯論期日，除有礙公益之維護者外，視爲合意停止訴訟程序。如於4個月內不續行訴訟者，視爲撤回其訴。但行政法院認有必要時，得依職權續行訴訟。

除法院依行政訴訟法第183條第3項規定作出續行訴訟之裁定外，合意停止訴訟程序之當事人，自陳明合意停止時起，如於四個月內不續行訴訟者，視爲撤回其訴；續行訴訟而再以合意停止訴訟程序者，以一次爲限。如再次陳明合意停止訴訟程序，視爲撤回其訴（行政訴訟法第184條）。

第七項　裁　判

裁判係法院就爭訟事件所爲之判斷，裁判指裁定與判決，判決由行政法院爲之，原則上應經言詞辯論且係針對實體爭點爲決定，並依法定方式作成判決書對外宣示；裁定除行政法院外，審判長、受命法官亦得爲之，裁定得不經言詞辯論且通常涉及程序爭點，裁定並無一定格式且不必宣示，批示、通知等均屬裁定之一種[264]。行政訴訟法第187條規定，裁判，除依本法應用判決者外，以裁定行之。行政訴訟法第188條第1項規定，行政訴訟除別有規定外，應本於言詞辯論而爲裁判；法官非參與裁判基礎之辯論者，不得參與裁判（行政訴訟法第188條第2項）[265]。

行政訴訟法第188條第3項規定，裁定得不經言詞辯論爲之。裁定前不行言詞辯論者，除別有規定外，得命關係人以書狀或言詞爲陳述（行政訴訟法第

---

[264] 吳庚、張文郁，前揭書，第413頁。

[265] 最高行政法院105年度判字第534號判決指出，本於言詞辯論而爲者，法官參與言詞辯論，爲組成判決法院所必要，屬判決法院組織合法之要件。其由未經參與言詞辯論之法官參與判決者，即不備判決法院組織合法之要件，有行政訴訟法第243條第2項第1款規定之「判決法院之組織不合法」之情形，其判決當然違背法令。

188條第4項）。

　　行政訴訟係採言詞審理原則，除法律另有規定外，須經言詞辯論，始得為本案判決。依法應行言詞辯論，而未為之者，行政法院之判決即屬違法。所謂言詞辯論主義，凡當事人所為之聲明及陳述，以提供裁判之資料為目的者，除別有規定外，應於言詞辯論期日以言詞為之，否則不得作為裁判之基礎[266]。

一、裁判基礎

　　行政訴訟法第189條規定，行政法院為裁判時，應斟酌全辯論意旨及調查證據之結果，依論理及經驗法則判斷事實之真偽。但別有規定者，不在此限。當事人已證明受有損害而不能證明其數額或證明顯有重大困難者，法院應審酌一切情況，依所得心證定其數額。得心證之理由，應記明於判決。

　　論理法則係指依立法意旨或法規之社會機能就法律事實所為價值判斷之法則；經驗法則，指由社會包括累積的經驗所得之法則。個案事實認定乃事實審法院之職權，苟已斟酌全辯論意旨及調查證據之結果，而未違背論理及經驗法則，即不得任意指摘其違法。事實應依證據認定之，證據係指直接、間接足以證明事實之一切人證、物證。認定事實所依憑之證據，並不以直接證據為限，間接證據亦包括在內；間接證據，雖非直接證明事實本身，惟透過間接證據證明他項事實之存在，再藉由他項事實存在之證明，本於合理經驗法則之推理作用，藉以認定事實，其推理及認定過程，即與論理及經驗法則無違[267]。

　　行政法院依論理法則及經驗法則判斷「事實之真偽」，行政訴訟程序上要證明者乃事實之真實。事實應證明至何種程度，始可認為真實，屬於證明度之問題。證明度之設定，係法律規定之適用問題，判決對證明度之設定錯誤，屬於判決適用法規不當。鑑於行政訴訟目的在於保障人民權利及確保行政合法性，證明度要求愈高，愈能確保裁判上所認定之事實之正確性，而達到行政訴訟之目的。基於職權調查原則，法院必須充分調查為裁判基礎之事證以形成心證，法院在對全辯論意旨及調查證據之結果為評價時，應遵守兩項要求，一是「訴訟資料之完整性」，二是「訴訟資料之正確掌握」。前者乃所有與待證事實有關之訴訟資料，都必須用於心證之形成而不能有所選擇，亦即法院負有審

---

[266] 最高行政法院106年度判字第29號判決。
[267] 最高行政法院102年度判字第9號判決。

酌與待證事實有關之訴訟資料之義務[268]。

當事人提出之攻擊或防禦方法，行政法院應斟酌全辯論意旨及調查證據之結果，依論理及經驗法則判斷其真偽，而將得心證之理由記明於判決。如對於當事人提出之攻擊或防禦方法未加以調查，並將其判斷之理由記明於判決，或認定事實徒憑臆測而不憑證據者，即構成行政訴訟法第243條第2項第6款判決不備理由之當然違背法令；如認定事實與所憑證據內容不符者，則屬同款判決理由矛盾[269]。

行政法院就行政爭訟事件應自行認定事實，並不受刑事判決所認定事實之拘束。檢察官起訴書所認定之犯罪事實，更無從拘束行政法院。雖行政法院得斟酌刑事法院或檢察官調查之證據而為事實之認定，但依行政訴訟法第189條規定，應將依前開證據並斟酌全辯論意旨之得心證理由，記明於判決。僅以刑事判決或檢察官起訴書為證據，逕以刑事判決或起訴書所認定之事實採為行政訴訟判決之事實，即與行政訴訟法第189條規定及最高行政法院判例有違，且屬判決不備理由[270]。

判斷真偽所依據全辯論意旨及調查證據之結果，包括辯論之重要內容、證據能力之有無、證據能力之強弱以及證據之取捨等。鑑定人係依其特別之知識經驗，陳述對於特定事務之判斷意見之人，同為證據方法之一。法院就鑑定人之意見可採與否，仍應依據全辯論意旨及調查證據之結果，依倫理及經驗法則決定取捨，並將取捨判斷而得心證之理由，記明於判決，否則即屬行政訴訟法第243條第2項第6款判決不備理由之違法[271]。

二、裁判種類

（一）終局判決、一部之終局判決、中間判決

行政訴訟法第190條規定，行政訴訟達於可為裁判之程度者，行政法院應為終局判決。行政法院應為終局判決之情形，乃以達於可為裁判之程度者，亦即法院有於案件調查已趨成熟，使案件達於可為實體裁判程度之義務，以確保

---

[268] 最高行政法院100年判字第2118號判決。
[269] 最高行政法院102年度判字第716號判決。
[270] 最高行政法院102年度判字第179號判決。
[271] 最高行政法院94年度判字第456號判決。

向行政法院尋求權利保護者能得到有效之權利保護[272]。

行政訴訟法第191條規定，訴訟標的之一部，或以一訴主張之數項標的，其一達於可為裁判之程度者，行政法院得為一部之終局判決。前項規定，於命合併辯論之數宗訴訟，其一達於可為裁判之程度者，準用之。

行政訴訟法第192條規定，各種獨立之攻擊或防禦方法，達於可為裁判之程度者，行政法院得為中間判決；請求之原因及數額俱有爭執時，行政法院以其原因為正當者，亦同。

（二）自為判決、情況判決、情勢變更判決

1. 自為判決

行政訴訟法第197條規定，撤銷訴訟，其訴訟標的之行政處分涉及金錢或其他代替物之給付或確認者，行政法院得以確定不同金額之給付或以不同之確認代替之。行政訴訟法第197條規定係基於訴訟經濟之考量，賦予行政法院對於撤銷訴訟得為自行確定金額之判決。原告提起撤銷訴訟為有理由者，如原行政處分違法情形只涉及金額或數量時，應許行政法院在原告聲明之範圍內自行判決加以糾正，不必撤銷原處分而發回原處分機關重為處分，以免原處分機關或有拖延不結，甚至置諸不理之情形。法院以確定不同之替代判決，取代原行政處分，應限於當事人對金錢或替代物之行政處分並無爭執，僅係聲明爭執其額度；且須其本質上行政機關已無裁量權限或判斷餘地或其裁量權已限縮到零者，行政法院方得自行判決，否則即有不當取代行政裁量權之違法[273]。

自為判決時，亦應注意禁止不利益變更原則，行政訴訟法第195條第2項規定，撤銷訴訟之判決，如係變更原處分或決定者，不得為較原處分或決定不利於原告之判決。此稱之為禁止不利益變更原則[274]。受不利處分之人提起行政救濟，旨在請求除去對其不利之處分，受理行政救濟之行政機關（包括作成原處分之機關）如就原處分加以變更，但其結果較原處分對其更為不利，則有失受處分人提起行政救濟之本意，因此應加以禁止。行政訴訟法第195條第2項規定，撤銷訴訟之判決，如係變更原處分或決定者，不得為較原處分或決定不利

---

[272] 最高行政法院100年度判字第2118號判決。
[273] 最高行政法院94年度判字第18號判決。
[274] 最高行政法院90年度判字第1514號判決指出：禁止不利益變更原則，僅適用於行政救濟程序，並不適用於行政程序。

於原告之判決。其並無類似刑事訴訟法第370條但書對於「適用法條不當而撤銷」，則無適用禁止不利益變更原則之規定。換言之，原行政處分係適用法規不當而予變更時，並無得排除適用「禁止不利益變更原則」之規定[275]。

2. 情況判決

行政訴訟法第198條規定，行政法院受理撤銷訴訟，發現原處分或決定雖屬違法，但其撤銷或變更於公益有重大損害，經斟酌原告所受損害、賠償程度、防止方法及其他一切情事，認原處分或決定之撤銷或變更顯與公益相違背時，得駁回原告之訴。前項情形，應於判決主文中諭知原處分或決定違法。

撤銷或變更違法原處分，是否於公益有重大損害，事實審行政法院應依職權查明認定。如經查明確有此情形，即應依行政訴訟法第198條規定辦理，庶能維護公益。情況判決屬例外規定，宜審慎為之，如違法之行政處分之撤銷，尚未達與公益相違，自不宜作成情況判決，以符法制。本件若判決撤銷原處分再重新辦理徵收，固然將需一定時間辦理，惟本案張○○等人所共有系爭土地上所建之電塔，參加人已取得該土地分管人張○○等人1990年12月間之切結書及土地使用同意書，經彼等同意進入系爭土地施工，1991年6月間興建電塔完成，迄今作供電之使用已達十餘年，即便內政部為重新徵收，何以對供電之使用發生影響，又該電塔設立處是否即無取代處所，所造成對公益是否重大？原審泛稱對於大臺中地區民生及工業用電，有莫大利益，此為眾所周知之事實云云，惟未見其詳述得心證之理由，此攸關本件是否符合情況判決之適用，尚待查明。張○○等人指摘原判決有不備理由之違法，為有理由[276]。

情況判決常見於土地徵收訴訟案件，例如，最高行政法院99年度判字第200號判決指出，本件原處分關於核准徵收上訴人等所有上開系爭土地，雖屬違法，惟需地機關為辦理中部科學工業園區○○道路中71清泉路拓寬工程，業已完工通車。原審認該道路工程，業經徵收土地及拆除地上物，施工完畢，並已通車一段期間，若判決撤銷原處分，再重新辦理徵收程序，將延宕時日，對於公共利益有重大損害，如撤銷上訴人對系爭土地之核准徵收處分，將與公益相違背，因認上訴人訴請撤銷該部分之原處分及訴願決定，為無理由，而予以駁回，並諭知原處分關於核准徵收上訴人所有系爭土地之部分為違法，依法自

---

[275] 最高行政法院96年度判字第1236號判決。
[276] 最高行政法院99年度判字第1276號判決。

無違誤[277]。

　　情況判決之設乃在於避免撤銷原屬違法之行政處分後，將對公益造成損害所致。從而為情況判決所應審酌者，則在於若上訴人收回系爭徵收之土地，應考量將對公益有何重大損害，並就人民所受損害、賠償程度、防止方法及其他等一切情事，綜合衡量比較公私利益，而為判斷[278]。

　　情況判決之設在於避免撤銷原屬違法之行政處分後，將對公益造成損害所致。蓋因違法之行政處分除非有無效情形，否則在未被撤銷前，仍受有效推定，此時縱令提起撤銷爭訟，在訴願及行政處分均不停止執行的前提下，法律關係將會不斷累積成長，終至使既成事實的保護成為必要的課題。違法行政處分經受處分人訴請撤銷者，行政法院本應予以撤銷，否則依法行政原則無以貫徹；惟如因撤銷行政處分會對既成事實造成衝擊，嚴重損及公共利益，則例外使該違法之行政處分存續。雖情況判決僅規定於撤銷訴訟始有其適用，惟於聲請收回被徵收土地被拒而提起之課予義務訴訟，為兼顧公益維護及人民財產權之保障，有類推適用情況判決之餘地[279]。

　　情況判決之規定，雖僅規定於撤銷訴訟始有其適用，惟對於拒為行政處分所提起之課予義務訴訟，係針對中央或地方機關對人民依法申請之案件，予以駁回而設計，且須經訴願程序始得提起，是此性質與撤銷訴訟並無不同。另參以土地法及都市計畫法賦予人民收回被徵收土地之請求權，人民如符合法律規定，行政機關依法應准其照價收回被徵收之土地，但若被徵收之土地嗣後已闢為公用財產而為不融通物者，倘其收回於公益有重大損害時，參酌司法院釋字第534號解釋：「……本件聲請人據以聲請解釋涉及之土地經徵收後，如依本解釋意旨，得聲請收回其土地時，若在本解釋公布前，其土地已開始使用，闢為公用財產而為不融通物者，倘其收回於公益有重大損害，原土地所有權人即不得聲請收回土地，惟得比照開始使用時之徵收價額，依法請求補償相當之金額」意旨，應認收回被徵收土地有類推適用情況判決之必要，以兼顧公益維護及人民財產權之保障[280]。」

---

[277] 其他判決，最高行政法院104年度判字第85號判決、最高行政法院104年度判字第437號判決。

[278] 最高行政法院103年度判字第274號判決。

[279] 最高行政法院101年度判字第940號判決。

[280] 最高行政法院101年度判字第102號判決。

行政法院爲第198條判決時，應依原告之聲明，將其因違法處分或決定所受之損害，於判決內命被告機關賠償。原告未爲前項聲明者，得於前條判決確定後一年內，向行政法院訴請賠償（行政訴訟法第199條）。

經原審法院認定本件徵收處分未踐行合法之價購程序而爲違法，惟基於公益之考量，依行政訴訟法第198條規定駁回上訴人之訴，並論知該徵收處分違法。上訴人於判決確定後，依行政訴訟法第199條第2項規定，起訴請求賠償，此種情況判決之替代救濟措施，既係基於行政處分違法而來，自屬國家賠償之性質。原審判決認本件情況判決之替代救濟措施，既具有國家賠償之性質，在國家賠償法所未規定之事項，應適用民法之規定，關於損害賠償之範圍，自應適用民法之相關規定[281]。

3.情事變更判決

情事變更原則固爲私法上之原則，但公法上契約成立後，如發生情事變更，非訂約當時所得預料，而依其原有效果顯失公平者，爲維持契約兩造當事人實質之公平，亦應有情事變更原則之適用。行政訴訟法第203條第1項規定，公法上契約成立後，情事變更，非當時所得預料，而依其原有效果顯失公平者，行政法院得依當事人聲請，爲增、減給付或變更、消滅其他原有效果之判決。公法契約與私法契約主要不同，在於行政機關負有維護公益之使命，公法上契約成立後，爲防止或免除公益上顯然重大之損害，行政訴訟法第203條第2項規定，爲當事人之行政機關，因防止或免除公益上顯然重大之損害，亦得爲第1項之聲請。依行政訴訟法第8條規定，給付訴訟包括因公法上契約發生之給付與因公法上其他原因發生之財產上給付二者。情事變更原則固以適用於公法上契約發生之給付爲多，惟因公法上其他原因發生之財產上給付，於發生類此情事時，爲維持公平，應亦有解決之道，行政訴訟法第203條第3項規定，前二項規定，於因公法上其他原因發生之財產上給付，準用之。

行政訴訟法第203條規定所稱「情事變更」，須發生於法律關係成立後，且情事變更之發生，須當事人於爲公法上之契約時所未預見，始有適用。排水山溝於兩造締約當時即已存在，上訴人就該排水山溝改道可能發生之風險，本應有所預料，核與情事變更要件不符[282]。

行政訴訟法第203條規定之情事變更原則，乃指原來法律行爲成立時，爲

---

[281] 最高行政法院99年度判字第675號判決。
[282] 最高行政法院96年度判字第840號判決。

其基礎或環境客觀情事發生重大變動，非當時所得預料，亦即在客觀上無預見可能性，依誠信原則觀之，對於當事人而言，按原有法律關係履行債務或受領債權已無期待可能性。行政訴訟法第203條規定與行政訴訟法第8條第1項規定相呼應，足見此規定係適用於一般給付訴訟之情形，行政訴訟法第5條之課予義務訴訟則不在適用範圍[283]。

三、行政訴訟事實及法律狀態之裁判基準時

行政法院審查行政處分是否合法、公法上請求權是否存在、公法上法律關係是否成立，應依據何時之事實及法律狀態爲判斷基準，常見爭議。行政爭訟事件所涉及之事實及法律狀態，常隨時間經過而有所變動，不同事實及法律狀態可能得出不同之裁判結果。爲維持法安定性並保護訴訟當事人權益，行政法院裁判所依據事實及法律狀態之時點應有明確之依循。

（一）撤銷訴訟

1. 以原處分作成時之事實及法律狀態爲基準

行政訴訟法第4條之撤銷訴訟，旨在撤銷行政機關之違法行政處分，藉以排除其對人民之權利或法律上之利益所造成之損害。行政機關作成行政處分後，其所根據之事實縱發生變更，因非行政機關作成行政處分時事實認定錯誤，行政法院不得據以認該處分有違法之瑕疵而予撤銷（最高行政法院92年12月份第2次庭長法官聯席會議決議）。另一方面，行政處分原屬違法，亦不因嗣後事實及法律狀態變更，而治癒轉爲合法。當事人不服行政處分，提起撤銷訴訟，行政法院之裁判基準時，原則上應以原處分作成時之事實狀態爲準[284]。

撤銷訴訟固以原處分作成時的事實狀態爲裁判基準，惟所謂事實狀態，乃專指原處分作成時已經發生的事實；證據則爲證明事實之方法，並非事實本身，高等行政法院爲審查原處分認定事實有無違誤，自得斟酌一切證據方法，不受原處分作成時所呈現的證據之限制。且由於行政訴訟法第133條前段規定，行政法院於撤銷訴訟，應依職權調查證據，故當事人於事實審言詞辯論終結前得提出一切足以證明原處分作成時事實狀態的證據供法院調查審酌，非謂

---

[283] 最高行政法院100年度判字第2205號判決。

[284] 最高行政法院99年度判字第1161號判決。林騰鷂，前揭書，第491頁認爲，以行政處分對外發布時之事實及法規狀態爲準。

高等行政法院應以原處分作成時呈現的證據狀態爲裁判基準[285]。

2.具有持續效力之行政處分

例如，限制出境處分，則應以事實審言詞辯論終結時之事實及法律狀態爲基準。

限制出境處分之效力具有持續性，此種持續性之行政處分所需之法定構成要件不應限於處分作成時具備，也應於其效力存續期間保持符合之狀態，法院在判斷限制出境處分違法與否時，其判斷之基準時自不以處分作成時爲已足，尚應包括事實審言詞辯論終結時[286]。

（二）課予義務訴訟

1. 課予義務訴訟，原則上以事實審行政法院言詞辯論終結時之事實及法律狀態爲判決之基準[287]。

2. 惟不經言詞辯論者，以行政法院裁判時之事實及法律狀態，作爲判斷之基礎。

課予義務訴訟於事實審行政法院言詞辯論終結時，其應適用之法規若有變更，即應適用修正後之新規定。行政訴訟程序新舊法規更迭之情形，並無如行政處理程序，有中央法規標準法第18條之明文規定，且所謂「行政決定基準時點」與「行政訴訟判斷基準時點」，乃分屬不同概念，以課予義務訴訟而言，行政法院須於判決中宣示被上訴人是否有爲某一行政處分之義務，此項宣示並非針對「上訴人之申請於行政機關當初審查時是否應予核准」，而係針對「於法院判決時上訴人之請求權是否成立、行政機關有無行爲義務」之問題，自應綜合考量事實審言詞辯論終結時之法律及事實狀態，以爲判斷。言詞辯論終結時，聲請事項已遭新法規完全廢除或禁止，法院自不得再依循舊法規許可上訴人之請求，否則，將有執行不能之問題[288]。

（三）給付訴訟

給付訴訟並非針對過去存在之事實及法律狀態要求給付，而是要求法院以

---

[285] 最高行政法院98年度判字第53號判決、最高行政法院103年度判字第483號判決。

[286] 最高行政法院102年度判字第288號判決、最高行政法院102年度判字第298號判決。

[287] 最高行政法院94年度判字第588號判決、最高行政法院102年度判字第746號判決。

[288] 臺北高等行政法院97年度訴字第935號判決；最高行政法院99年度判字第1118號判決。

裁判時之事實及法律狀態爲判斷依據。給付判決（包括課予義務訴訟及一般給付訴訟或併爲給付請求訴訟之判決在內）原則上以事實審行政法院言詞辯論終結時之事實狀態爲裁判基準點[289]。

（四）確認訴訟

請求確認法律關係存在或不存在，原則上以事實審行政法院言詞辯論終結時之事實狀態爲裁判基準點。惟如請求確認者爲過去某一時點之法律關係存在與否，則以該時點之事實狀態爲裁判爲準。

四、裁判內容

（一）形成判決

判決產生創設、變更或撤銷等形塑行政法法律關係者，稱爲形成判決。由於撤銷訴訟之目的在撤銷違法之行政處分，行政訴訟法第195條第1項規定，行政法院認原告之訴爲有理由者，除別有規定外，應爲其勝訴之判決；認爲無理由者，應以判決駁回之。

原告勝訴之判決態樣可區分爲：

1. 單純之撤銷判決

單純之撤銷判決係將違法之行政處分與訴願決定撤銷，例如，臺中高等行政法院99年度訴字第217號判決指出，行政機關裁處原告罰鍰100萬元，有採證及適用法令之違誤，訴願決定予以維持，亦有未合，原告請求撤銷原處分及訴願決定，爲有理由，應由本院將之均予撤銷，以維法制。臺北高等行政法院99年度簡字第33號判決指出，本件尚乏證據足以證明原告係故意申報不實，原處分依公職人員財產申報法第11條第1項之規定予以處罰，認事用法自有違誤，訴願決定未予糾正，亦有不合，原告訴請撤銷，爲有理由，應予准許，訴願決定及原處分均撤銷。臺北高等行政法院109年度訴字第1408號判決指出，國家通訊傳播委員會民國109年第3次諮詢會議的組成違反諮詢會議設置要點第7點規定，該次諮詢會議作成的處理建議即不具參考價值。國家通訊傳播委員會在多元意見尚未蒐整齊備的情況下作成原處分，自有判斷上的遺漏。原處分應予撤銷。

---

[289] 最高行政法院100年度判字第1551號判決。

2. 撤銷原處分及原決定後，發回機關另為適法處分

此乃最常見之判決方式。臺中高等行政法院99年度訴字第330號判決指出，行政機關裁處人民行政罰，未依客觀證據法則認定事實之違誤，訴願決定予以維持，即有未合，原告請求撤銷原處分及訴願決定，為有理由，應由本院將之均予撤銷。由被告依實際違章者，為適法之處分，以維法制。臺北高等行政法院98年度簡字第805號判決指出，原處分所認定之違規事實與裁罰所依據之法令既有不一致之情形，難謂已合法行使裁量權，自屬違法，訴願決定未予糾正，仍予維持，亦有未合。原告訴請撤銷為有理由，應予准許，訴願決定及原處分撤銷，由被告另為適法處分。

3. 撤銷原處分及原決定後，由行政法院自為判決

行政訴訟法第197條規定，撤銷訴訟，其訴訟標的之行政處分涉及金錢或其他代替物之給付或確認者，行政法院得以確定不同金額之給付或以不同之確認代替之。其他代替物係指在通常交易上得以種類、質量相同之物代替者，例如，米糧、布帛等[290]。是否自為判決無待原告聲請，由行政法院依職權為之。行政訴訟法第197條立法目的，旨在「原告提起撤銷訴訟為有理由者，如原行政處分違法情形只涉及金額或數量時，應許行政法院在原告聲明之範圍內自行判決加以糾正，不必撤銷原處分而發回原處分機關重為處分，以免原處分機關或有拖延不結，甚至置諸不理之情形。」因此，法院以確定不同之替代判決，取代原行政處分，應限於當事人對金錢或替代物之行政處分並無爭執，僅係聲明爭執其額度；且須其本質上行政機關已無裁量權限或判斷餘地或其裁量權已限縮到零者，行政法院方得自行判決，否則即有不當取代行政裁量權之違法[291]。

撤銷原處分及原決定後，由行政法院自為判決者，例如，臺北高等行政法院100年度訴字第1249號判決主文：「被告行政院體育委員會中華民國99年9月7日體委綜字第09900217071號函之行政處分及該部分訴願決定均撤銷。被告中華民國99年9月7日體委綜字第09900217072號函之行政處分關於核定原告中華民國98年保證盈餘金額及該部分訴願決定應予變更，確定保證盈餘金額為新臺幣20億9,064萬8,520元。被告應給付原告新臺幣1億5,485萬1,480元。原告其餘

---

[290] 徐瑞晃，行政訴訟法，增訂5版，2020年3月，第505頁。
[291] 最高行政法院94年度判字第18號判決。

之訴駁回。訴訟費用由被告負擔四分之三，餘由原告負擔。」

4. 撤銷原處分並命行政機關為回復原狀之必要處置

行政訴訟法第196條第1項規定，行政處分已執行者，行政法院為撤銷行政處分判決時，經原告聲請，並認為適當者，得於判決中命行政機關為回復原狀之必要處置。行政處分已執行係指已踐行行政處分所要求之內容，該內容是否已完全實現，並非重要。此外，行政處分必須在言詞辯論終結前已執行[292]。行政法院為撤銷判決時，須經原告聲請，並認為適當者，始得為命回復原狀之判決，不得依職權為之。此項聲請由原告於提起撤銷訴訟時同時提出，或於訴訟過程中追加，皆可。何者為回復原狀之必要處置，行政法院應依具體個案決定，並不受原告主張之拘束。最高行政法院106度判字第31號判決主文：「原判決廢棄。訴願決定及原處分均撤銷。被上訴人（財政部北區國稅局）應返還上訴人面額新臺幣貳佰捌拾壹萬伍仟玖佰貳拾肆元定期存款存單（聯邦商業銀行存單號碼UA00000000號）壹紙。第一審及上訴審訴訟費用均由被上訴人負擔。」

5. 駁回撤銷原處分之請求並依聲請確認該行政處分為違法

行政訴訟法第196條第2項規定，撤銷訴訟進行中，原處分已執行而無回復原狀可能或已消滅者，於原告有即受確認判決之法律上利益時，行政法院得依聲請，確認該行政處分為違法。臺北高等行政法院102年度訴更一字第154號、102年度訴更二字第155號判決主文：「確認原處分1（臺北市政府99年7月20日府都新字第09930856300號函）、原處分2（臺北市政府100年2月8日府都新字第10030048300號函）及內政部100年8月23日台內訴字第1000119923號訴願決定違法。原告其餘之訴駁回。第一審及發回前第二審訴訟費用均由被告負擔三分之二，餘由原告負擔。」判決理由：原處分1、2所據之釐正圖冊既有不合法情形，自有違法，訴願決定未予糾正，仍予維持亦有違法。原告先位聲明訴請撤銷原處分1、2及訴願決定，因本件都市更新案已於民國99年11月間已完成權利變換產權登記，多數參與地主及建物所有權人已依原處分1釐正之結果，將所登記、分配之房地轉售予第三人。原告提起本件撤銷訴訟，對於業已出售之所有權移轉登記形成之權利狀態，依土地法第43條規定（登記對世效力），並無改變回復之可能，其撤銷訴訟即無訴訟實益，並無權利保護必要，為無

---

[292] 徐瑞晃，前揭書，第503頁。

理由，應予駁回。至其追加之後位聲明，訴請確認原處分1、2及本案訴願決定（維持原處分2）違法之訴訟，因原處分1、2及本案訴願決定確有違法情事，則其據以訴請確認其違法（本案訴願決定維持原處分2，因原處分1、2尚未確定，故一併確認訴願決定違法），即屬有理由。

（二）給付判決

給付判決係命被告對原告爲一定之給付行爲之判決，包括作爲、不作爲及忍受義務。可再區分爲：課予義務訴訟及一般給付訴訟。

1. 課予義務訴訟

行政訴訟法第200條規定，行政法院對於人民依第5條規定請求應爲行政處分或應爲特定內容之行政處分之訴訟，應爲下列方式之裁判：(1)原告之訴不合法者，應以裁定駁回之。(2)原告之訴無理由者，應以判決駁回之。課予義務訴訟乃以原告對於行政機關享有請求作成行政處分之公法上請求權爲前提，否則其提起課予義務訴訟即因欠缺公法上之請求權基礎，而不應准許。原告所提起本件課予義務訴訟，既無公法上請求權，爲無理由，應予駁回[293]。(3)原告之訴有理由，且案件事證明確者，應判命行政機關作成原告所申請內容之行政處分。例如，國防部應對原告2011年10月16日申請，就已故退除軍官李谷餘額退伍金作成准予按民法第1144條第1款所定配偶、直系血親卑親屬應繼分比例發給原告之行政處分[294]。經濟部智慧財產局就參加人富○電梯股份有限公司註冊第114837號「富士Fuji」商標之註冊應作成廢止之處分[295]。基於憲法保障人性尊嚴、人格自由發展、人格權及性別自主決定權的意旨，就應認定原告性別已由出生時依外部性徵判別之男性，變更爲女性，在此性別身分應已變更的前提下，桃園市大溪區戶政事務掌有原告出生登記的性別原登記爲男性之公務機關紀錄，與憲政法秩序維護上述基本權所應落實的性別歸屬正確情況，已有不符，自然得依旨在落實資訊隱私權，而由戶籍法第21條、第46條規定所賦予之戶籍登記個人資料（含出生登記性別在內）變更請求權，毋庸施行變性手術提出相關證明，就得請求桃園市大溪區戶政事務依申請意旨，應作成將原告性

---

[293] 臺北高等行政法院103年度訴字第548號判決。
[294] 臺北高等行政法院101年度訴字第676號判決主文。
[295] 智慧財產法院97年度行商訴字第14號判決主文。

別登記變更為女性的行政處分[296]。(4)原告之訴雖有理由，惟案件事證尚未臻明確或涉及行政機關之行政裁量決定者，應判命行政機關遵照其判決之法律見解對於原告作成決定。例如，耕地三七五減租條例第19條第1項規定出租人如有不能自任耕作者，仍不得收回，臺中市大肚區公所稱原告本身有工作，尚未審查該要件，原告該部分請求（其2009年2月5日收回系爭土地之申請案，應作成准予收回之行政處分部分），尚須由被告實質審核後，始可決定是否達於可准予收回系爭土地自耕之行政處分。原告提起該部分課予義務訴訟，尚未達全部有理由之程度，依行政訴訟法第200條第4款之規定，判命被告對於原告該申請事件，應依本判決之法律見解作成決定（判決主文：被告對於原告民國98年2月5日收回坐落臺中市○○區○○段103、104地號土地之申請案，應依本判決所示之法律見解，作成決定）[297]。

行政院衛生署既未以合法組成之審議小組就申請為審查，本件事證尚未臻明確，原告所提起之課予義務訴訟，尚未達全部有理由之程度，判命行政院衛生署應依本判決之法律見解，重新依法組成審議小組進行審議，並充分考量本件疫苗接種與產生癲癇發作之相關性（原初步鑑定結果之一認無法排除），對於原告之申請作成決定（判決主文：被告（行政院衛生署）應遵照本判決之法律見解對於原告2011年10月13日之申請作成決定）[298]。

原處分否准原告之本件申請，於法有違，是經濟部認事用法，有所違誤，訴願決定遞予維持，均有未合，原告訴請撤銷，自無不合，應予准許。惟就聲明第2項請求判命經濟部就原告本件礦業用地申請案，應作成准予對原告必須使用系爭土地為核定之行政處分，因尚未達全部有理由之程度，是本件原告於請求命經濟部遵照本院判決之法律見解對其作成決定部分為有理由，應予准許[299]。

2. 一般給付訴訟

一般給付訴訟之裁判可分為下列三種：

---

[296] 臺北高等行政法院109年度訴字第275號判決。

[297] 臺中高等行政法院102年度訴字第106號判決。

[298] 臺北高等行政法院101年度訴字第1036號判決。

[299] 臺北高等行政法院107年度訴字第1649號判決、最高行政法院109年度判字第213號判決。

(1)裁定駁回

行政訴訟法第8條一般給付之訴中之「非財產上給付訴訟」部分,固包括作為與不作為,但人民如依據政府資訊公開法或檔案法規定,向政府機關申請提供資訊,或申請抄錄、複製政府機關檔案,而應先經政府機關准駁者,自應依行政訴訟法第5條規定,提起請求應為行政處分之課予義務訴訟,而非提起非財產上一般給付訴訟,如逕自提起一般給付訴訟,其訴為不合法應以裁定駁回[300]。

(2)無理由判決駁回

提起公法上一般給付訴訟,須因公法上原因發生財產上之給付或請求作成行政處分以外之其他非財產上之給付,自以人民在公法上有該給付之請求權存在為其前提要件。例如,原告請求被告(法務部矯正署)應將其移至高雄監獄,係請求被告作成行政處分以外之其他非財產上之給付,原告必須在公法上有給付請求權存在。基於獄政管理之考量,視監獄收容實際情形,對符合監獄受刑人移監作業要點第2點規定情形之受刑人進行適當之移監調度,屬被告或各矯正機關職權之正當行使,受刑人並無請求將其移至指定監獄之請求權存在。原告提起本件訴訟並無公法上請求權基礎存在,其請求被告應將其移至高雄監獄,洵屬無據。本件訴訟依原告所訴之事實,在法律上為顯無理由,爰不經言詞辯論,逕以判決駁回之[301]。

(3)有理由──原告勝訴判決

例如,原告請求被告(臺中市政府)應給付原告及選定人如附表所列之補償費合計492,438元,為有理由,應予准許,逾此部分,則為無理由,應予駁回。判決主文:被告應給付原告如附表所示之金額新臺幣492,438元,及自2012年5月26日起至清償日止,按年息百分之五計算之利息[302]。

公費醫學系學生既已填具醫學院醫學系公費學生志願書,承諾願於學成後,志願依照規定服務六年,並因而享受公費待遇,即應盡契約之約定年數,如未盡契約之約定年數,衛生機關自得請求返還未服務年數之公費。判決主文:被告應連帶給付原告(行政院衛生署)新臺幣670,738元及自2012年9月15

---

[300] 最高行政法院101年度裁字第2087號裁定。

[301] 臺北高等行政法院102年度訴字第1511號判決。

[302] 臺中高等行政法院101年度訴字第187號判決、最高行政法院103年度判字第45號判決。

日起至清償日止，按年息百分之五計算之利息[303]。

3. 合併請求給付訴訟

行政訴訟法第7條規定，提起行政訴訟，得於同一程序中，合併請求損害賠償或其他財產上給付。行政訴訟法第8條第2項規定，第1項給付訴訟之裁判，以行政處分應否撤銷為據者，應於依第4條第1項或第3項提起撤銷訴訟時，併為請求。原告未為請求者，審判長應告以得為請求。

在行政訴訟程序中合併提起損害賠償訴訟，既以提起其他行政訴訟為前提，此一其他行政訴訟須以合法為必要（最高行政法院98年6月份第1次庭長法官聯席會議）。行政訴訟法第7條規定得合併請求損害賠償或其他財產上給付，係因此等請求與其所合併提起之行政訴訟間，有一定之前提或因果關係，基於訴訟資料之共通，為避免二裁判之衝突及訴訟手續重複之勞費而為之規範。故於當事人有依行政訴訟法第7條規定併為請求時，必其所據以合併之行政訴訟，已經行政法院實體審究且為勝訴之判決，行政法院始得就該當事人依行政訴訟法第7條所為請求，為實體審究並為勝訴之判決[304]。

原告訴請確認原處分違法，為無理由，應予駁回；至於原告請求被告（新北市政府違章建築拆除大隊）違法執行之國家賠償部分，經核原告之主張於5,000元之範圍內為有理由，應予准許，逾此範圍之請求，則屬無據，應予駁回。本件原告之訴為一部有理由、一部無理由。主文：被告應給付原告新臺幣5,000元。原告其餘之訴駁回。訴訟費用由原告負擔[305]。

4. 命回復原狀

行政訴訟法第196條第1項規定，行政處分已執行者，行政法院為撤銷行政處分判決時，經原告聲請，並認為適當者，得於判決中命行政機關為回復原狀之必要處置。行政訴訟法第196條規定之已執行之行政處分應僅限於下命處分，因下命處分始具執行力，至於確認處分及形成處分，其規制內容因隨行政處分之生效而當然產生法效力，自無執行之問題。原處分係實施都市更新事業計畫及權利變換計畫之核定，核其性質為形成處分，無行政處分是否執行完畢

---

[303] 臺北高等行政法院101年度訴字第1211號判決、最高行政法院102年度裁字第938號裁定。

[304] 最高行政法院103年度判字第673號判決。

[305] 臺北高等行政法院98年度訴字第63號判決、最高行政法院100年度裁字第1572號裁定。

之問題[306]。

　　行政處分已執行完畢，行政法院為撤銷行政處分判決時，經原告聲請，並認為適當者，得於判決中命行政機關為回復原狀之必要處置，行政訴訟法第196條定有明文。原告已繳納原處分之罰鍰240萬元，此有罰鍰繳納收據八紙在本院卷可憑，被告（臺中市政府環境保護局）對此亦不爭執，本件被告原處分，業經行政法院予以撤銷。原告請求被告回復原狀返還240萬元，行政法院認為適當，亦應准許。判決主文：訴願決定及原處分均撤銷。被告應返還原告新臺幣240萬元。本審及發回前上訴審訴訟費用均由被告負擔[307]。

　　原告以被告（彰化縣政府）所為廢止工業用地證明書違法，自屬有據，訴願決定未予糾正，亦有未合，請求均予撤銷，為有理由。又因被告為廢止上開工業用地證明書之處分後，已函請彰化縣和美地政事務所將原告所有系爭土地變更為農牧用地，就廢止工業用地證明書產生之此部分效力，雖已執行完畢，然其執行結果狀態仍然存在，且此執行結果之狀態，如經除去，尚屬能回復。被告固非地政登記機關無法自行將系爭土地之土地登記簿標示部所記載之使用地類別，回復為丁種建築用地，然得以工業用地證明書尚未廢止通知地政主管機關為丁種建築用地之登記，故原告依行政訴訟法第196條之規定，請求被告應通知彰化縣和美地政事務所，將上開2筆土地登記簿標示部所記載之使用地類別，均為丁種建築用地，自屬回復原狀之必要處置，亦有理由，應予准許。判決主文：訴願決定及原處分均撤銷。被告應通知彰化縣和美地政事務所，將坐落彰化縣○○鎮○○段○○○之○土地，及坐落彰化縣○○鎮○○段○○○之○土地之使用地類別均變更為丁種建築用地[308]。

　　原告於繳清代管費而辦理土地或建築改良物繼承登記完畢後，於法定期間內，對於被告（臺北縣新店地政事務所）命繳納代管費之處分不服，循序提起行政訴訟，經本院審理結果，撤銷本件已執行完畢之原處分，原告聲請返還已繳交之代管費，為有理由，應予准許，判決被告應返還原告已繳納之代管費。判決主文：再訴願決定、訴願決定及原處分關於代管費部分均撤銷。被告應返

---

306 最高行政法院101年度判字第394號判決。

307 臺中高等行政法院102年度訴更一字第2號判決、最高行政法院102年度判字第611號判決。

308 臺中高等行政法院98年度訴字第95號判決，本判決事後遭最高行政法院100年度判字第1119號判決廢棄。

還原告已繳納之代管費新臺幣205,006元。原告其餘之訴駁回。訴訟費用由兩造各自負擔[309]。

（三）確認判決

確認判決可分為下列三種：

1. 確認行政處分無效

本件原處分撤銷不存在之行政處分，依個別情形判斷，其處分內容不明確，顯具重大明顯之瑕疵，該當於行政程序法第111條第7款之規定。原告訴請確認原處分無效，洵屬有據，應予准許。判決主文：確認被告臺北市政府地政處中華民國93年3月10日北市地四字第09330415700號函及第00000000001號函（行政處分）無效[310]。

2. 確認公法上法律關係成立或不成立

原告所有土地雖因農路通過而為公用，惟系爭土地究為原告所有，且其尚未達到「供不特定之公眾通行所必要」及「經歷年代久遠」之程度，核與司法院釋字第400號解釋所闡釋私有土地成立公用地役關係之要件不合，自難認系爭土地具有公用地役關係存在。原告訴請確認系爭土地公用地役權之法律關係不存在，為有理由，應予准許。判決主文：確認原告所有坐落宜蘭縣○○鄉○○○段○○○○段129之26地號土地上經農路通過面積約30平方公尺範圍之公用地役權法律關係不存在[311]。

對過去之公法上法律關係存在或不存在，如有即受確認判決之法律上利益，除法律另有限制規定外，亦得依行政訴訟法第6條第1項提起確認訴訟。原告係因被告（臺北市大同區延平國民小學）未依約及依法給予原告到校授課之機會而未授課，應認原告有即受確認判決之法律上利益，是原告對被告訴請確認兩造間自2003年1月15日起至2005年7月28日止聘任關係存在，為有理由，應予准許。判決主文：確認原告與被告間自民國92年1月15日起至民國94年7月28日止之聘任關係存在[312]。

---

[309] 最高行政法院91年度判字第1878號判決。

[310] 臺北高等行政法院98年度訴更一字第123號判決，本判決事後遭最高行政法院100年度判字第1133號判決廢棄。

[311] 臺北高等行政法院101年訴字第988號判決。

[312] 臺北高等行政法院98年度訴更一字第115號判決。

3. 確認該行政處分為違法

行政訴訟法第6條第1項後段規定，其確認已執行而無回復原狀可能之行政處分或已消滅之行政處分為違法之訴訟，亦同。行政訴訟法第196條第2項規定，撤銷訴訟進行中，原處分已執行而無回復原狀可能或已消滅者，於原告有即受確認判決之法律上利益時，行政法院得依聲請，確認該行政處分為違法。

共有土地之所有權應有部分，遭其他共有人依土地法第34條之1規定移轉予他人，嗣再移轉予善意第三人。主張第一次移轉登記處分違法並侵害其權益之土地共有人，如未遲誤法定救濟期間，惟提起撤銷訴訟已無回復原狀之可能者，得依行政訴訟法第6條第1項後段，以地政事務所為被告提起確認行政處分違法之訴訟[313]。

原告業於2012年9月20日經國防部以國人管理字第1010012495號函核定退伍，自2012年10月1日生效，原告已不具軍人身分，不得再任軍訓教官（或主任），因此縱撤銷原處分，亦無從使原告回任其受調職令前之原職務──○○市教育局軍訓室主任。原告先位訴訟請求判決撤銷訴願決定及原處分，即欠缺提起本件撤銷訴訟之權利保護要件，應以原告提起此部分先位撤銷訴訟為無理由，予以駁回。原處分是否適法，尚牽涉被告就國防部高等軍事法院高雄分院檢察署軍事檢察官100年偵字第019號不起訴處分之聲請再議結果，及被告依監察院之糾舉案文，對原告核予記大過2次之懲處救濟結果，暨原告之退除給與究應以軍訓主任或大學一般教官之身分計算給與等爭議：從而原告仍有依行政訴訟法第6條第1項、第196條第2項之規定，提起備位確認處分違法之法律上利益。本件原處分雖因被告欠缺管轄權限而違法，但尚不至重大明顯應歸於無效之程度，仍應認原處分有欠缺管轄權限之違法，是原告備位訴訟請求確認原處分違法，即為有理由。判決主文：確認被告（教育部）民國100年5月12日台軍（一）字第1000069907號令之處分違法。原告其餘之訴駁回。訴訟費用由原告負擔二分之一，餘由被告負擔[314]。

---

[313] 最高行政法院99年10月份第1次庭長法官聯席會議決議。

[314] 臺北高等行政法院101年度訴字第70號判決，事後最高行政法院102年度判字第564號判決認定教育部上訴有理由，判決主文為：原判決除確定部分外廢棄。廢棄部分被上訴人在第一審之訴駁回。廢棄部分第一審及上訴審訴訟費用均由被上訴人負擔。

五、裁判效力

（一）裁定效力

行政訴訟法第208條規定，裁定經宣示後，為該裁定之行政法院、審判長、受命法官或受託法官受其羈束；不宣示者，經公告或送達後受其羈束。但關於指揮訴訟或別有規定者，不在此限。未經宣示之裁定，若經公告者，於公告時即生裁定之拘束力。法院所酌定命補正繳納抗告裁判費之期間，屬裁定期間，並非不變期間，故為抗告裁判費之補正，雖未於該裁定期間屆至前為之，仍應在行政法院駁回其抗告前補正，否則其抗告仍屬不合法。法院收受司法文書係以到達法院時始生效力，採到達主義而不採發信主義[315]。

（二）判決效力

行政訴訟法第206條規定，判決經宣示後，為該判決之行政法院受其羈束；其不宣示者，經公告主文後，亦同。行政訴訟法第212條規定，判決，於上訴期間屆滿時確定。但於上訴期間內有合法之上訴者，阻其確定。不得上訴之判決，於宣示時確定；不宣示者，於公告主文時確定。

對於原判決提起上訴，經以上訴為不合法裁定駁回者，因不合法上訴，不阻斷判決確定，從而原判決應於上訴期間屆滿時確定[316]。

（三）確定力

行政訴訟法第213條規定，訴訟標的於確定之終局判決中經裁判者，有確定力。當事人不得以該確定判決事件終結前所提出或得提出而未提出之其他攻擊防禦方法，於新訴訟為與該確定判決意旨相反之主張，法院亦不得為反於該確定判決意旨之裁判[317]。換句話說，經法院實體審理後所為之確定判決，對於訴訟當事人就同一訴訟標的具有實質上確定力（既判力）；法院於判決理由中所判斷之其他爭點，則非既判力之效力所及。法院於確定判決理由中，就訴訟標的以外當事人所主張之重要爭點，本於辯論結果所為之判斷，除有顯然違背法令，或當事人另提新訴訟資料足以推翻原判斷之情形外，於相同當事人間就與該重要爭點相關之其他訴訟，不得再為相反之主張，法院亦不得作相反之判

---

[315] 最高行政法院103年度裁字第929號裁定。
[316] 最高行政法院100年度判字第385號判決。
[317] 最高行政法院105年度判字第408號判決。

斷，以符訴訟法上之誠信原則，此即學理上所謂之「爭點效」[318]。

為訴訟標的之法律關係於確定終局判決中經裁判，該確定終局判決中有關訴訟標的之判斷，即成為規範當事人間法律關係之基準，嗣後同一事項於訴訟中再起爭執時，當事人即不得為與該確定判決意旨相反之主張，法院亦不得為與該確定判決意旨相反之判斷，其積極作用在避免先後矛盾之判斷，消極作用則在禁止重複起訴[319]。

訴訟標的於確定終局判決中經裁判，嗣後當事人即不得為與該確定判決意旨相反之主張，法院亦不得為與該確定判決意旨相反之判斷（最高行政法院72年判字第336號判例）。本件納稅義務人依稅捐稽徵法第28條規定請求退稅被駁回，而提起行政訴訟，其主張核課處分適用法令錯誤或計算錯誤之部分屬原確定判決意旨範圍，納稅義務人自不得為相反主張而請求退稅，行政法院亦不得為相反之裁判，故納稅義務人以與原確定判決確定力範圍相反之理由，請求退稅為無理由，高等行政法院應判決駁回[320]。

課予義務訴訟之訴訟標的，依行政訴訟法第5條規定，應為「原告關於其權利或法律上利益，因行政機關違法駁回其依法申請之案件，或對其依法申請之案件不作為致受損害，並請求法院判命被告應為決定或應為特定內容行政處分之主張」。依行政訴訟法第213條規定，課予義務訴訟之訴訟標的，於確定之終局判決中經裁判者，有確定力。原告提起課予義務訴訟如經判決駁回確定者，該判決之確定力（既判力）不僅及於確認「原告對於請求作成其所申請行政處分依法並無請求權」，且及於「被告機關原不作為或否准處分為合法」、「不作為或否准處分並未侵害原告之權利或法律上利益」之確認；行政法院依行政訴訟法第200條第3款規定判決原告勝訴確定者，該判決之既判力，不僅及於確認原告對被告依法有作成所請求行政處分之權利，及命令被告機關作成特定內容之行政處分，且及於被告機關之否准處分為違法並侵害原告之權利或法律上利益之確認；行政法院依行政訴訟法第200條第4款規定判決原告勝訴確定者，該判決就原告對被告是否有依法作成所請求行政處分之權利雖未加以確認，亦未命令被告機關作成特定內容之行政處分，惟該判決之既判力，仍及於

---

[318] 最高行政法院105年度判字第163號判決。
[319] 最高行政法院93年度判字第782號判決。
[320] 最高行政法院95年2月份庭長法官聯席會議（一）。

系爭否准處分或不作爲爲違法並侵害原告之權利或法律上利益之確認[321]。

（四）人之範圍

1. 一般範圍

行政訴訟法第214條規定，確定判決，除當事人外，對於訴訟繫屬後爲當事人之繼受人者及爲當事人或其繼受人占有請求之標的物者，亦有效力。對於爲他人而爲原告或被告者之確定判決，對於該他人亦有效力。該他人與當事人具有同等地位，例如，破產管理人爲破產人而爲原告。

2. 撤銷或變更原處分或決定之判決

行政訴訟法第215條規定，撤銷或變更原處分或決定之判決，對第三人亦有效力。撤銷訴訟，一經勝訴確定，即爲具有對世效力之形成判決，原處分溯及失效，當事人及其他利害關係人均受其拘束[322]。

行政訴訟法第216條規定，撤銷或變更原處分或決定之判決，就其事件有拘束各關係機關之效力。原處分或決定經判決撤銷後，機關須重爲處分或決定者，應依判決意旨爲之。前二項判決，如係指摘機關適用法律之見解有違誤時，該機關即應受判決之拘束，不得爲相左或歧異之決定或處分。前三項之規定，於其他訴訟準用之。

行政訴訟法第216條規定之立法意旨在於，課予原處分機關尊重判決內容之義務，以防杜原機關依同一違法之理由，對同一人爲同一處分或決定。原處分或決定經判決撤銷後，原機關有須重爲處分或決定者，亦應依判決之意旨爲之，藉以督促機關有依判決意旨作爲之義務。

第八項　和　解

訴訟上和解指訴訟雙方當事人於訴訟繫屬中就訴訟標的所涉及之權利義務關係，在行政法院前，相互讓步達成合意，以終結行政訴訟程序。和解區分爲當事人和解與第三人參加和解。

---

[321] 最高行政法院97年12月份第3次庭長法官聯席會議（二）。
[322] 最高行政法院102年度判字第270號判決。

一、當事人和解

　　行政訴訟法第219條第1項規定,當事人就訴訟標的具有處分權且其和解無礙公益之維護者,行政法院不問訴訟程度如何,得隨時試行和解[323]。必要時,得就訴訟標的以外之事項,併予和解[324]。受命法官或受託法官,亦得為前項之和解(行政訴訟法第219條第2項)。和解必須雙方當事人讓步,僅單方讓步並非和解。要求當事人就訴訟標的具有處分權,乃在避免未來和解內容無法執行[325]。

　　行政院公共工程委員會民國100年12月8日工程企字第10000424060號函指出,政府採購法第101條之立法意旨係為杜不良廠商之違法、違約行為,以避免其再危害其他機關,並利建立廠商間之良性競爭環境。廠商有政府採購法第101條第1項各款所列情形之一,而經刊登政府採購公報,非僅與本案招標機關有關,亦與其他機關日後辦理採購業務等公益有關,認其得成立訴訟上和解,難謂與公益無違。故此一訴訟上和解,應與行政訴訟法第219條之規定意旨不符。

　　行政訴訟法第220條規定,因試行和解,得命當事人、法定代理人、代表人或管理人本人到場。試行和解而成立者,應作成和解筆錄(行政訴訟法第221條第1項)。和解筆錄應於和解成立之日起十日內,以正本送達於當事人及參加和解之第三人(同法第221條第3項)。和解成立者,依行政訴訟法第222條規定,訴訟標的具有確定力;和解除當事人外,對於訴訟繫屬後為當事人之繼受人者及為當事人或其繼受人占有請求之標的物者,亦有效力。和解就其事件有拘束各關係機關之效力,各機關應依和解內容意旨處理。

　　和解有無效或得撤銷之原因者,依行政訴訟法第223條規定,當事人得請

---

[323] 最高行政法院101年度裁字第1828號裁定指出,抗告程序規定於行政訴訟法第四編;和解則規定在行政訴訟法第二編「高等行政法院第一審訴訟程序」第一章「通常訴訟程序」第七節,該和解程序依同法第272條規定並未準用於「抗告程序」,抗告人依據行政訴訟法第219條聲請最高行政法院於本件抗告程序「試行和解」,尚屬無據。

[324] 當事人就訴訟標的以外之事項所成立之和解,如嗣後發生爭執時,因其非原訴訟範圍,故當事人不得依第223條請求繼續審判,僅得另依適當之訴訟方式處理,例如,訴請確認和解所成立之法律關係不存在,或請求返還已依和解內容所為之給付。

[325] 最高行政法院94年度判字第01192號判決指出,本件實體法上涉及營利事業所得稅之稽徵,上訴人應依法律所定之納稅方法計算其應納稅額,而被上訴人財政部臺北市國稅局本於稽徵機關之立場亦應依法律規定核課,尚非兩造當事人得自由處分之事項。

求繼續審判。請求繼續審判，應於三十日之不變期間內爲之。期間之計算，自和解成立時起算。但無效或得撤銷之原因知悉在後者，自知悉時起算。和解成立後經過三年者，不得請求繼續審判。但當事人主張代理權有欠缺者，不在此限（行政訴訟法第224條）。具有無效原因者，例如，和解內容違背強制或禁止規定、和解當事人欠缺當事人適格；具有得撤銷原因，例如，當事人因被詐欺而成立和解。

二、第三人參加和解

行政訴訟法第219條第3項規定，第三人經行政法院之許可，得參加和解。行政法院認爲必要時，得通知第三人參加。當事人與第三人間之和解，有無效或得撤銷之原因者，得向原行政法院提起宣告和解無效或撤銷和解之訴（行政訴訟法第227條第1項）。第1項情形，當事人得請求就原訴訟事件合併裁判（行政訴訟法第227條第2項）。

第九項　調　解

爲協助行政訴訟之當事人相互讓步，達到紓解訟源，減輕法官工作負擔之效果，有擴張裁判外紛爭解決機制之必要，增訂調解制度。行政訴訟攸關公益，調解程序除須經當事人合意外，亦應在當事人就訴訟標的具有處分權且無礙公益維護之前提下進行。行政訴訟法第228條之2第1項規定，當事人就訴訟標的具有處分權且其調解無礙公益之維護者，行政法院得於訴訟繫屬中，經當事人合意將事件移付調解。爲使當事人之紛爭有效解決，行政訴訟法第228條之2第3項規定，必要時，經行政法院許可者，得就訴訟標的以外之事項，併予調解。第三人經行政法院之許可，得參加調解。行政法院認爲必要時，得依聲請或依職權通知第三人參加調解（行政訴訟法第228條之2第4項）。

訴訟繫屬中經當事人合意移付調解事件，原承審法官對案情知之最詳，由其依事件類型選任適當之調解委員行調解，有助於促成調解，行政訴訟法第228條之3第1項規定，調解由原行政法院、受命法官或受託法官選任調解委員一人至三人先行調解，俟至相當程度有成立之望或其他必要情形時，再報請法官到場。但法官認爲適當時，亦得逕由法官行之。爲引進外部輔助人力，便利法官選任調解委員先行調解，行政訴訟法第228條之4第1項規定，行政法院應將適於爲調解委員之人選列冊，以供選任；其資格、任期、聘任、解任、應

揭露資訊、日費、旅費及報酬等事項，由司法院定之。法官於調解事件認有必要時，亦得選任第1項名冊以外之人爲調解委員（行政訴訟法第228條之4第2項）。

2023年8月15日行政訴訟法引進調解新制以來，首件行政訴訟上訴事件（112年度上字第406號綜合所得稅事件）於2024年5月27日調解成立，暨立替代裁判紛爭解決新制的重要里程碑。本件調解成立的是所得稅事件，上訴人遭補稅加裁罰上千萬元，雖然倍感委屈，被上訴人財政部北區國稅局則秉持依法課稅的立場，雙方僵持不下，受命法官充分聽取雙方意見後，爲消弭行政機關的疑慮，分析在國家稅收及罰鍰債權已獲得足額擔保的前提下，可參考過去足額清償的裁罰案例，在被上訴人裁量權行使的範圍內，創造調解空間，並提出建議調解方案供兩造各自回去研議，2024年5月27日雙方相互讓步達成共識，順利成立調解[326]。

第七節　其他訴訟程序

第一項　簡易訴訟程序

行政訴訟建立簡易訴訟程序之目的，主要是基於迅速處理訴訟案件、訴訟經濟及節省當事人之勞費。此外，法院訴訟案件量負擔過重，訴訟程序進行遲緩，無法滿足人民對於法院有效法律保護之期待，簡易訴訟程序可成爲提高司法效能之方法。

惟針對行政訴訟是否宜引進簡易訴訟程序亦有不同看法，特別是簡易案件之認定主要以金額爲準，此與民事訴訟相近。但行政行爲是否違法，是否合乎依法行政原則之要求，與金額多寡並無關聯；行政訴訟在保護人民權益不受行政機關違法之侵害，因此重點應是合法與違法，而非金額大小。金額多寡乃相對性概念，當事人不同，意義可能就有所差異，無視此差異而採取相同程序，恐無法完全滿足對當事人訴訟權之保障。惟司法資源有限乃是不爭之事實，無限制擴充司法人員與設備並不可行，因此在考量司法經濟與有效運用現有司

[326] 首件行政訴訟上訴事件調解成立──最高行政法院：公法上替代裁判之紛爭解決新里程，https://www.judicial.gov.tw/tw/cp-1888-1096674-dc967-1.html，最後瀏覽日：2024年6月1日。

法資源考量下，即使有上述質疑，2000年行政訴訟制度仍實施簡易訴訟程序。2012年所實施之行政訴訟三級二審制仍保留簡易訴訟程序，並對之作更符合時代需求之修正，例如，適用言詞辯論程序、針對簡易訴訟程序之裁判得提出上訴或抗告等，以確保當事人之訴訟權益。行政訴訟採簡易訴訟為我國獨創，並無其他國家法制可供參考。

　　簡易訴訟程序事件，以地方行政法院為第一審管轄法院（行政訴訟法第229條第1項）。對於簡易訴訟程序之裁判不服者，除行政訴訟法別有規定外，得上訴或抗告於管轄之高等行政法院（同法第235條第1項）。簡易訴訟程序之第二審為法律審，故其上訴或抗告，須以違背法令為理由（同法第235條第2項）。簡易訴訟事件係二審終結，故對於簡易訴訟程序之第二審裁判，不得上訴或抗告（同法第235條第3項）。

一、適用簡易訴訟之事件

　　行政訴訟法第229條第2項規定，下列各款行政訴訟事件，除本法別有規定外，適用本章所定之簡易程序：（一）關於稅捐課徵事件涉訟，所核課之稅額在新臺幣50萬元[327]以下者。（二）因不服行政機關所為新臺幣50萬元以下罰鍰處分而涉訟者。（三）其他關於公法上財產關係之訴訟，其標的之金額或價額在新臺幣50萬元以下者。（四）因不服行政機關所為告誡、警告、記點、記次、講習、輔導教育或其他相類之輕微處分而涉訟者。（五）關於內政部移民署之行政收容事件涉訟，或合併請求損害賠償或其他財產上給付者[328]。（六）依法律之規定應適用簡易訴訟程序者。

　　環境教育法第23條規定之環境講習在於使違規污染者加強環境保護意識，充分了解環境問題，體認環境倫理及責任，避免再度違法受罰，僅具教育及警告作用，此與剝奪人民現有權益相較，其性質尚屬輕微，屬行政訴訟法第229條第2項第4款概括規定所稱其他相類之輕微處分。處分機關依環境教育法第23條各款規定命相關人員接受環境講習1至8小時之處分，受處分人如有不服而循

---

[327] 行政訴訟法第229條第3項規定，司法院得因情事需要，以命令減為新臺幣25萬元或增至新臺幣75萬元。

[328] 依行政訴訟法第229條第4項規定，此類事件，由受收容人受收容或曾受收容所在地之地方行政法院管轄，不適用行政訴訟法第13條之規定。但未曾受收容者，由被告機關所在地之地方行政法院管轄。

序提起行政訴訟，應適用簡易訴訟程序[329]。

　　行政收容事件係指：（一）不服內政部移民署關於具保、定期報告生活動態、限制住居、定期接受訪視及提供聯絡方式等收容替代處分涉訟。（二）除收容替代處分外，其他關於因入出國及移民法、臺灣地區與大陸地區人民關係條例及香港澳門關係條例之收容所生而涉訟（例如：受收容人向移民署提出作成收容替代處分之申請，因移民署應作為而不作為或駁回其申請，而提起之行政訴訟；或不服移民署以違反收容替代處分所為沒入保證金之處分等）。（三）提起前開行政訴訟，合併請求損害賠償或其他財產上給付者。因上述事件與第237條之10以下所定收容聲請事件相關，且收容聲請事件已明定由地方行政法院審理，為調查證據之便利，踐行較為簡便之訴訟程序以利終結，俾符訴訟經濟，上述事件應由地方行政法院依簡易訴訟程序審理。行政收容事件涉訟與收容聲請事件之事物管轄法院，宜為同一，其訴訟標的如涉及金額或價額，不論是否逾新臺幣40萬元，均屬第5款之事件，依簡易訴訟程序審理。

二、簡易程序之特別規定

　　行政訴訟法第236條規定，簡易訴訟程序除本章別有規定外，仍適用通常訴訟程序之規定。特別規定主要係行政訴訟法第231至235條規定。包括，起訴及其他期日外之聲明或陳述，概得以言詞為之。以言詞起訴者，應將筆錄送達於他造（行政訴訟法第231條）。簡易訴訟程序在獨任法官前行之（同法第232條第1項）。為保障人民起訴、應訴之便利性，行政訴訟法第232條第2項規定，簡易訴訟程序之審理，當事人一造之住居所、公務所、機關、主事務所或主營業所所在地位於與法院相距過遠之地區者，行政法院應徵詢其意見，以遠距審理、巡迴法庭或其他便利之方式行之。判決書內之事實、理由，得不分項記載，並得僅記載其要領（同法第234條第1項）。地方行政法院亦得於宣示判決時，命將判決主文及其事實、理由之要領，記載於言詞辯論筆錄或宣示判決筆錄，不另作判決書（同法第234條第2項）。

　　因簡易訴訟程序之上訴或抗告，原則上與第三編或第四編規定相同，體例上回歸各編適用即可，無再自為規定之必要，行政訴訟法第235條規定因而刪

---

[329] 最高行政法院102年度8月份第2次庭長法官聯席會議。有關此決議之評析，蕭文生，不服環境講習之救濟途徑，台灣法學雜誌，第245期，2014年4月，第136-141頁。

除。關於簡易訴訟程序之上訴，其上訴理由應表明之事項與通常訴訟程序之上訴一致，依行政訴訟法第263條之5準用第244條規定即爲已足。簡易訴訟程序之抗告與通常訴訟程序之抗告規定一致，依第四編抗告程序處理即可。因此，刪除行政訴訟法第236條之1規定。

爲堅實第一審行政訴訟，使原由高等行政法管轄並適用通常訴訟程序之事件，部分改由地方行政法院管轄，高等行政法院則爲該事件之上訴審終審法院。適用通常訴訟程序之事件，亦有確保裁判見解統一之必要，第263條之4業已增訂相關規範，並一體適用於簡易訴訟、交通裁決訴訟程序之事件。因而刪除行政訴訟法第235條之1規定。

第二項　交通裁決事件訴訟程序

交通裁決本質爲行政處分，其因質輕量多，過去考量行政法院未能普設，爲顧及民眾訴訟便利，並兼顧行政法院負荷，立法規定其救濟程序由普通法院交通法庭依聲明異議方式，準用刑事訴訟法審理。設置地方行政訴訟庭後，此類事件之救濟程序，改依行政救濟程序處理。

一、事件範圍

行政訴訟法第237條之1第1項規定，行政訴訟法所稱交通裁決事件如下：（一）不服道路交通管理處罰條例第8條及第37條第6項之裁決，而提起之撤銷訴訟、確認訴訟。（二）合併請求返還與前款裁決相關之已繳納罰鍰或已繳送之駕駛執照、計程車駕駛人執業登記證、汽車牌照。

爲免提起前開訴訟並合併請求致使訴訟過於複雜（例如：合併請求損害賠償；或合併請求行政機關爲某種事實行爲；或合併請求撤銷與裁決無關之其他行政處分），行政訴訟法第237條之1第2項規定，合併提起第1項以外之訴訟者，應適用簡易訴訟程序或通常訴訟程序之規定。

二、管轄法院

實務上，部分辦理交通裁決業務者（例如監理站），並不具機關資格，而無行政訴訟之當事人能力，但因原告（受處分人）提起訴訟，須以具有機關資格者爲被告（例如監理所），若貫徹以原就被之訴訟原則，將使民眾訴訟不

便，行政訴訟法第237條之2規定特別審判籍，交通裁決事件，亦得由原告住所地、居所地、所在地或違規行為地之地方行政法院管轄。

三、訴訟程序

行政訴訟法第237條之3第1項規定，交通裁決事件訴訟之提起，應以原處分機關為被告，逕向管轄之地方行政法院為之。換句話說，免除訴願或其他先行程序，直接向管轄之地方行政法院起訴。

交通裁決事件因質輕量多，而免除訴願前置程序，為使法律關係及早確定，並參酌一般須經訴願程序提起之撤銷訴訟，受處分人須於行政處分達到或公告期滿之次日起三十日內提起訴願，方能獲得法律救濟，行政訴訟法第237條之3第2項規定，交通裁決事件中撤銷訴訟之提起，應於裁決書送達後三十日之不變期間內為之。

交通裁決事件裁罰金額普遍不高，如卷內事證已臻明確，尚須通知兩造到庭辯論，無異增加當事人之訟累，行政訴訟法第237條之7規定，交通裁決事件之裁判，得不經言詞辯論為之。

行政訴訟法第237條之9規定，交通裁決事件，除本章別有規定外，準用簡易訴訟程序之規定。

第三項　收容聲請事件程序

一、事件範圍

基於憲法保障人身自由之正當法律程序之要求，行政訴訟法第237條之10規定，本法所稱收容聲請事件如下：（一）依入出國及移民法、臺灣地區與大陸地區人民關係條例及香港澳門關係條例提起收容異議、聲請續予收容及延長收容事件。（二）依本法聲請停止收容事件。

二、管轄法院

行政訴訟法第237條之11規定，收容聲請事件，以地方行政法院為第一審管轄法院。前項事件，由受收容人所在地之地方行政法院管轄，不適用第13條規定之訴訟程序。

三、訴訟程序

　　為使受收容人能提出有利主張供法院審酌，行政訴訟法第237條之12第1項規定，行政法院審理收容異議、續予收容及延長收容之聲請事件，應訊問受收容人；移民署並應到場陳述。

　　收容決定係嚴重剝奪人身自由之強制措施，應審慎為之。如因具有收容事由，以致不能儘速使其出國，應考量有無比收容緩和之方法，可確保在預定期間內強制其出國（境）；亦即如有對於受收容人權益損害較少之替代方法，即不得選擇對其權益損害較大之收容，以符憲法第23條及行政程序法第7條所定比例原則之要求。行政訴訟法第237條之12第2項規定，行政法院審理前項聲請事件時，得徵詢移民署為其他收容替代處分之可能，以供審酌收容之必要性。例如，辦理具保、定期報告生活動態、限制住居、定期接受訪視及提供聯絡方式等。

　　行政訴訟法第237條之16第1項及第2項規定，聲請人、受裁定人或移民署對地方行政法院所為收容聲請事件之裁定不服者，應於裁定送達後五日內抗告於管轄之高等行政法院。對於抗告法院之裁定，不得再為抗告。

　　行政訴訟法第237條之17第2項規定，收容聲請事件，除本章別有規定外，準用簡易訴訟程序之規定。

第四項　都市計畫審查程序

　　實務向來認為都市計畫（含定期通盤檢討之變更）因屬法規性質，並非行政處分，人民縱認都市計畫違法且損害其權利或法律上之利益，仍須俟後續行政處分作成後，始得依行政訴訟法提起撤銷訴訟。惟司法院釋字第742號解釋理由書指出，都市計畫核定發布後，都市計畫範圍內土地之使用將受限制（都市計畫法第6條及第三章至第六章等相關限制規定參照），影響區內人民權益甚鉅，且其內容與行政處分往往難以明確區隔。為使人民財產權及訴訟權受及時、有效、完整之保障，於其財產權因都市計畫而受有侵害時，得及時提起訴訟請求救濟，並藉以督促主管機關擬定、核定與發布都市計畫時，遵守法律規範，立法機關應於本解釋公布之日（2016年12月9日）起二年內增訂相關規定，使人民得就違法之都市計畫，認為損害其權利或法律上利益者，提起訴訟以資救濟。如逾期未增訂，自本解釋公布之日年起二年後發布之都市計畫之救濟，應準用訴願法及行政訴訟法有關違法行政處分之救濟規定。2020年1月15

日修正、增訂公布、2020年7月1日施行之行政訴訟法第98條之5、第237條之18至第237條之31及第263條規定即是回應司法院釋字第742號解釋之要求。

由於我國都市化快速發展，都市計畫之擬定、核定與發布不僅影響土地資源分配與城市風貌，更涉及人民財產權、居住自由等權利，為能兼顧國家經濟、社會發展及人民基本權利保障，於人民權益因都市計畫而受有侵害時，得及時提起訴訟請求救濟，並藉以督促主管機關遵守法律規範，行政訴訟法因而增訂都市計畫審查程序專章。鑑於依都市計畫法發布之都市計畫（如都市計畫之訂定、變更等），內容多樣，且法律性質不一，可能是法規，亦可能是行政處分（一般處分）或其他行政行為，而於個別判斷時，往往難以明確區隔（司法院釋字第742號解釋理由書），為求人民之訴訟便利及司法審查之程序經濟與效率，行政訴訟法將依都市計畫法所定程序發布之各種都市計畫，均納入適用範圍，都市計畫審查程序專章施行後發布之都市計畫不再適用訴願法及行政訴訟法有關違法行政處分之救濟規定。都市計畫審查程序具有客觀訴訟性質，審查都市計畫之合法性、貫徹依法行政原則，為其終局目的，但另一方面亦同時兼顧保人民權利之保障。都市計畫審查程序開啟我國行政訴訟法規範審查之先河[330]。

一、事件範圍

行政訴訟法第237條之18第1項規定，人民、地方自治團體或其他公法人認為行政機關依都市計畫法發布之都市計畫違法，而直接損害、因適用而損害或在可預見之時間內將損害其權利或法律上利益者，得依本章規定，以核定都市計畫之行政機關為被告，逕向管轄之高等行政法院提起訴訟，請求宣告該都市計畫無效。本項規定都市計畫審查訴訟之原告資格、被告資格、訴訟客體、訴訟要件、訴訟請求及第一審管轄法院。

都市計畫審查程序仍採原告與被告兩造對審之方式進行訴訟，凡權利或法律上之利益受都市計畫侵害或將受侵害之人民、地方自治團體或其他公法人，均得提起行政訴訟。地方自治團體或其他公法人可能因其自治權遭受侵害而具

---

[330] 有關行政訴訟法之都市計畫審查程序，林明昕，論行政訴訟法上之都市計畫審查，月旦法學雜誌，第308期，2021年1月，第44-46頁；陳立夫，都市計畫司法審查相關法律議題，月旦法學雜誌，第302期，2020年7月，第22-43頁；陳清秀，都市計畫之審查訴訟問題探討，月旦法學雜誌，第302期，2020年7月，第55-82頁。

有原告資格。依都市計畫法之規定，都市計畫之訂定或變更，原則上均會歷經擬定（訂定）、審議、核定、備案及發布等程序，且都市計畫發布實施之前提均須經核定，核定機關對於都市計畫之修正有決定權，且為都市計畫法之主管機關，因此都市計畫審查程序之被告則為核定都市計畫之行政機關。惟如都市計畫法未明文規定核定機關者，例如，都市計畫法第14條、第20條第1項第5款規定「由內政部訂定，報行政院備案」，此種例外情形，因行政院僅「備案」，內政部之「訂定」具有與「核定」實質相同之功能，自當以內政部為核定該都市計畫之行政機關而為被告。

都市計畫審查程序，係以已發布實施之各種都市計畫為對象，而不包括草擬階段之都市計畫，此可避免行政法院過早介入行政機關之決策。都市計畫發布後，因已對外公示，可為審查客體，不以已施行為必要。

人民、地方自治團體或其他公法人須主張都市計畫違法而直接損害、因適用而損害或在可預見之時間內將損害其之權利或法律上利益，且其主張具有可能性。換句話說，限於能具體主張權益受害者，始享有訴訟實施權。一方面可使權益受侵害者獲得救濟之機會，同時也可避免因採行民眾訴訟或公益訴訟而發生濫訴之缺失。違法之都市計畫可能損害原告權益之型態，可分為：直接損害、因適用而損害或在可預見之時間內將損害，此係參酌德國行政法院法第47條規定而來。無論何種型態，損害均係因主張違法之都市計畫所致，惟因都市計畫內容多樣，其造成損害，有由發布之都市計畫內容即可直接認定者；有須經適用都市計畫後始發現其內容係造成損害之原因者；亦有依客觀觀察具體情況，足認在可預見之時間內將會造成損害，而無變更之期待可能者。有無權利或法律上利益受損害，應依個案事實，參酌保護規範理論具體判斷（司法院釋字第774、469號解釋意旨參照），且人民所受損害不限於憲法上權利，而包括法律上之權利及利益，例如，日照權（建築技術規則建築設計施工編第39條之1第1項本文參照），但不包括僅具反射利益或事實上之利害關係。

至於原告之請求則為宣告（確認）該都市計畫無效。都市計畫審查程序之第一審管轄法院則為高等行政法院。

由於都市計畫審查程序乃新增之訴訟程序，關於訴訟之管轄、提起、參加、保全等訴訟程序較諸其他訴訟，均有特別之規定，若許與非行第五章程序之其他訴訟得合併提起，因程序各異，徒增煩累，仍不得達訴之合併目的，行政訴訟法第237條之18第2項規定，第1項情形，不得與非行第五章程序之其他訴訟合併提起。此外，如訴訟當事人於起訴後為訴之追加、提起反訴等，而

其提起之新訴係「非行第五章程序之其他訴訟」者，因程序各異，基於同一法理，自亦不得爲之。

二、管轄法院

　　行政訴訟法第237條之19規定，行政訴訟法第237條之18訴訟，專屬都市計畫區所在地之高等行政法院管轄。本條規定係基於便利民眾參與訴訟，並使法院易於就近調查相關事證等因素之考量，參酌行政訴訟法第15條第1項規定而設。都市計畫區所在地如有跨連數個高等行政法院管轄區域之情況時，則應依行政訴訟法第18條準用民事訴訟法第21條管轄競合之規定處理。

三、訴訟程序

（一）提起訴訟期間

　　都市計畫發布後，即發生效力，並已廣泛實施，有待積極執行以迅速實現其行政目的，故爲確保法秩序之安定，都市計畫審查訴訟之起訴期間，宜有適度限制。再考量都市計畫審查程序僅係審查都市計畫是否合法之訴訟程序，當事人如因都市計畫執行或適用另受個別處分，或與行政機關間發生具體爭執，於都市計畫審查訴訟之起訴期間內或期間經過後，仍得依法提起撤銷訴訟或其他訴訟，由法院於該等訴訟中附帶審查都市計畫是否違法，並不影響當事人權利之其他救濟途徑[331]。行政訴訟法第237條之20規定，第五章訴訟，應於都市計畫發布後一年之不變期間內提起。惟都市計畫發布後始發生違法之原因者，例如，都市計畫發布後，對該都市計畫有規範效力之上位規範修正公布，而該都市計畫未爲相應之修正、變更，致生違法之情事時，此一年之起訴期間應自原因發生時起算。

---

[331] 惟於法院附帶審查都市計畫是否違法之訴訟中，法院已就當事人爭執之都市計畫是否違法之爭點爲言詞辯論，本於當事人完足舉證及辯論之結果作成之實質判斷，於無顯然違背法令，當事人未提出新訴訟資料足以推翻原判斷，且原判斷無顯失公平之情形下，對於其後同一當事人就與該重要爭點有關所提起之其他行政訴訟事件，即可能生「爭點效」之問題。例如，於當事人請求撤銷區段徵收處分之訴訟中，法院已就當事人爭執之都市計畫是否違法之爭點爲言詞辯論，則作成之實質判斷，於前述情形下，對於其後同一當事人就與該重要爭點有關所提起之其他行政訴訟事件，即可能生「爭點效」。

（二）都市計畫核定機關自為救濟

　　行政訴訟法修正施行後發布之都市計畫不再適用訴願法及行政訴訟法有關違法行政處分之救濟規定，為使原都市計畫核定機關有先為自我審查之機會，行政訴訟法第237條之21第1項規定，高等行政法院收受起訴狀後，應將起訴狀繕本送達被告。被告於接獲起訴狀繕本後，應於二個月內重新檢討原都市計畫是否合法，並向管轄之行政法院陳報處置之結果，俾利後續訴訟之進行。被告於重新檢討後，如發現原都市計畫違反程序規定，例如，違反都市計畫之擬定、公開展覽、審議、核定或發布實施等相關程序規定，而得補正者，應予補正，並陳報行政法院；如發現原都市計畫確有違法之情事時，自應將違法之情形陳報行政法院，並得為必要之處置，以回復至合法狀態，例如，依法辦理原都市計畫之變更等；如認都市計畫並無違法，則應說明其理由（行政訴訟法第237條之21第2項）。此外，因都市計畫審查程序具客觀訴訟之性質，行政法院審查及裁判之範圍，不受原告訴之聲明之拘束，尚及於與原告請求宣告無效之部分具不可分關係之都市計畫（行政訴訟法第237條之28），故如有與原告請求宣告無效之都市計畫具不可分關係之都市計畫者，被告應一併敘明並陳報行政法院，以供法院審酌（行政訴訟法第237條之21第3項）。

（三）訴訟參加之特別規定

　　都市計畫審查程序旨在維護客觀法秩序，故有關法律上具利害關係之第三人或涉及其權限之行政機關參與訴訟之法制，應斟酌其客觀訴訟之性質，以及都市計畫之作成過程與可能造成之實際影響等因素，另行妥為建立。不僅應基於權利保護目的而使法律上具利害關係之第三人有參與訴訟之機會，且為使法院得以有效審查都市計畫之合法性，除被告機關外，亦當責成參與都市計畫作成與因都市計畫發布而權限行使受影響之其他行政機關，負擔一定之協力義務。一般行政訴訟多以具體之行政行為為對象，所牽涉具法律上利害關係之第三人較具體特定，不同於都市計畫審查程序之訴訟，因都市計畫所牽涉利害關係之對象往往難以特定，自不宜逕行適用以權利救濟目的（主觀訴訟）為基礎之行政訴訟法第一編（總則編）第三章第四節訴訟參加之規定。為求明確而為後續規定建制之基礎。行政訴訟法第237條之22規定，高等行政法院受理都市計畫審查程序事件，不適用第一編第三章第四節訴訟參加之規定。

　　原告提起都市計畫審查訴訟，法院如宣告都市計畫無效、失效或違法，其判決具對世效力，可能使原都市計畫所欲保障之第三人權利或法律上利益，

直接遭受損害。於此情形，該第三人與原告之利害關係相反者，自應使其有參與訴訟以維護自己權益之機會；且若能妥適利用第三人參與訴訟，到庭陳述意見，獨立提供法律意見、相關資料或調查事證之方法，將更能增進法院發現真實，並使法院了解都市計畫所涉之利益狀態，就相關法規之解釋與適用更為周全，而有助於審查結果之客觀性及正確性，行政訴訟法第237條之23第1項規定，高等行政法院認為都市計畫如宣告無效、失效或違法，第三人之權利或法律上利益將直接受損害者，得依職權命其參加訴訟，並得因該第三人之聲請，裁定允許其參加。依本項規定參加訴訟之第三人享有訴訟當事人之地位，得依法行使訴訟當事人之程序上權利（行政訴訟法第237條之23第3項）。

原告提起都市計畫審查訴訟，法院如以判決駁回原告之訴，其判決雖僅於當事人間發生拘束力，但為維護行政訴訟法第237條之23條以外具法律上利害關係之第三人之權益，並使法院更了解都市計畫所涉之利益狀態，於判決前得為更周延之思慮，以符客觀訴訟之性質，行政訴訟法第237條之24第1項規定，都市計畫審查程序事件，高等行政法院認為具利害關係之第三人有輔助一造之必要者，得命其參加訴訟。有利害關係之第三人亦得聲請參加。具利害關係之第三人應包括機關代表國家或地方政府權利主體地位，立於與人民同一之地位而受都市計畫影響之情形。

（四）審理結果

1. 駁回原告之訴

行政訴訟法第237條之27規定，高等行政法院認都市計畫未違法者，應以判決駁回原告之訴。都市計畫僅違反作成之程序規定，而已於第一審言詞辯論終結前合法補正者，亦同。

如原告因該都市計畫另受個別處分，或與行政機關間另發生具體爭執時，雖仍得依法提起撤銷訴訟或其他訴訟。惟駁回原告之訴之判決既對原告有拘束力，則於此等訴訟程序，不得以相同都市計畫係違法為由，請求附帶審查。

駁回原告之訴之判決，僅於當事人間有拘束力，當事人固不得另案起訴或以請求附帶審查之方式，主張相同都市計畫係違法。惟第三人仍得就相同都市計畫，依第五章規定之程序提起都市計畫審查訴訟，且第三人因該都市計畫另受個別處分，或與行政機關間另發生具體爭執時，亦得提起撤銷訴訟或其他訴訟，並主張都市計畫違法而請求附帶審查。

2. 宣告都市計畫無效或違法

　　高等法院於實體審查時，主要著眼於維護法秩序之客觀功能，如認原告請求宣告無效之都市計畫確有違法原因，例如，違反作成之程序規定未經合法補正、牴觸較高位階之法規範（含不成文法）、有裁量瑕疵或利益衡量瑕疵等，即應以判決宣告該都市計畫無效（行政訴訟法第237條之28第1項前段）[332]。都市計畫是否違法之判斷，法院不受原告主張理由之拘束而應依法自行審認。此外，都市計畫審查程序事件，具客觀訴訟之性質，行政法院審查及裁判之範圍，不限於原告訴之聲明，行政訴訟法第237條之28第1項後段規定，同一都市計畫中未經原告請求，而與原告請求宣告無效之部分具不可分關係，經法院審查認定違法者，併宣告無效。

　　如都市計畫違法原因於發布後始發生者，例如，都市計畫發布後，對該都市計畫有規範效力之法律始行公布施行，依法應即時變更該都市計畫而未變更，此時法院自無從宣告該都市計畫自始無效，行政訴訟法第237條之28第2項規定，都市計畫發布後始發生違法原因者，法院應宣告自違法原因發生時起失效。在此情形，法院應依職權查明違法原因係於何時發生。

　　都市計畫經法院審查認定有違法，原則上應宣告無效或失效。惟在特殊情形下，依都市計畫違法原因僅得為違法之宣告，始符合法秩序之要求者，例如，都市計畫將甲、乙、丙、丁的土地納入特定使用分區，未將毗鄰之戊的土地納入，原告戊起訴主張平等納入特定使用分區，法院如宣告該都市計畫無效或失效，既不能滿足原告，又使其他原受益者喪失其受益，自不符合法秩序要

---

[332] 臺北高等行政法院111年度都訴字第2號判決之主文為：宣告「變更土城都市計畫（第三次通盤檢討）（第二階段）都市計畫案」無效。其指出，新北市政府未詳予探究61年都市計畫在變更土城都市計畫（第三次通盤檢討）（第二階段）都市計畫案（系爭都市計畫）道路末端劃設囊底路供車輛迴轉之緣由，又依其到庭陳述意見，可知維持編號Ⅳ-13計畫道路（系爭計畫道路）迴車之功能為系爭都市計畫變更之重要理由之一，卻未針對系爭計畫道路之車輛迴轉需求進行妥適之調查與評估前，逕決定依原計畫道路範圍向東拓寬，使變更後之計畫道路由15公尺漸變成36.5公尺，且此道路寬度已遠超越系爭都市計畫範圍內所有主要道路及次要道路之路寬，顯難認屬侵害人民權益最小之方式；另為達成系爭計畫道路順接承天路，及兼顧鄰地所有權人已依原計畫道路邊界指定建築線權益目的，亦非無其他侵害較小之方案可供選擇。因此，難認新北市政府於擬定系爭都市計畫時，已權衡受到計畫影響之各方利益，使各種公益、私益均受到妥適之考量，而有利益衡量之瑕疵，內政部未予詳為衡酌逕予核定，即有違誤，原告起訴請求宣告系爭都市計畫無效，為有理由，應予准許。

求行政行為應符合平等原則之意旨，此時法院僅得宣告該都市計畫未將部分人或事充分納入受益係違法，相關機關依判決意旨為必要之處置即可。行政訴訟法第237條之28第3項規定，都市計畫違法，而依法僅得為違法之宣告者，應宣告其違法。

都市計畫審查程序具有客觀訴訟性質以及維護法秩序功能，法院確定判決宣告無效、自違法原因發生時起失效或違法，均應賦與對世效力，以儘早確認法秩序，避免在不同人及個案間發生見解歧異，並期紛爭能一次解決，行政訴訟法第237條之28第4項規定，前三項確定判決，對第三人亦有效力。

都市計畫經宣告無效或失效確定後，法律上雖具對世效力，惟該都市計畫原已經發布而形式上存在，為去除該形式上存在之都市計畫，行政訴訟法第237條之29第1項規定，都市計畫經判決宣告無效、失效或違法確定者，判決正本應送達原發布機關，由原發布機關依都市計畫發布方式公告判決主文。例如，比照都市計畫法第21條規定，將判決主文公告。僅宣告都市計畫違法，並不影響原都市計畫之效力，惟為有利相關機關依判決意旨為後續必要之處置，亦做相同處理。

基於法律安定之考量，都市計畫經行政法院判決宣告無效或失效者，法院基於該都市計畫所為其他確定裁判之效力，應不受影響；亦不允許當事人以該都市計畫經行政法院判決宣告無效或失效為由，對其他確定裁判提起再審之訴。惟考量其他確定裁判如為給付判決，可能未經執行或尚未執行完畢，如為實現此等裁判之內容，再由公權力予以強制執行，則無異置行政法院判決宣告都市計畫無效或失效之效力於不顧，而過度貶抑都市計畫審查程序維護法秩序之功能，行政訴訟法第237條之29第3項規定，第2項以外之確定裁判[333]，其效力不受影響。但該裁判尚未執行或執行未完畢，自宣告都市計畫無效或失效之判決確定之日起，於無效或失效之範圍內不得強制執行。

都市計畫經行政法院確定判決宣告無效或失效者，如確定判決前已適用該都市計畫作成行政處分，而該行政處分因法定救濟期間經過而告確定或已判決確定者，關於行政法院確定判決對該行政處分之效力與後續執行，宜與對其他確定裁判之效力相同，行政訴訟法第237條之29第4項規定，適用第1項受無效

---

[333] 行政訴訟法第237條之29第2項規定，因第1項判決致刑事確定裁判違背法令者，得依刑事訴訟法規定提起非常上訴。由於刑事確定裁判攸關被告之人身自由、名譽或財產等重要權利，刑事確定裁判違背法令者，應得依刑事訴訟法非常上訴之規定救濟。

或失效宣告之都市計畫作成之行政處分確定者，其效力與後續執行準用第3項之規定。

行政法院對違法之都市計畫僅為違法之宣告者，該確定判決亦具對世效力，基於依法行政原則，相關機關負有依判決意旨使都市計畫回復至合法狀態之義務，行政訴訟法第237條之29第5項規定，依第237條之28第3項宣告都市計畫違法確定者，相關機關應依判決意旨為必要之處置。

（五）保全程序之特別規定

行政訴訟法第七編保全程序之規定，與都市計畫審查程序之客觀訴訟性質、維護法秩序功能與法規結構未盡相符，尤其都市計畫審查程序上之保全措施，僅以都市計畫為對象，究應為如何之保全，宜有較明確之規定，且於個案之判斷上宜考量都市計畫審查程序之特徵，為免爭議，實不宜悉予適用或準用行政訴訟法第七編保全程序之規定。此外，考量都市計畫之適用或執行，可能對人民、地方自治團體或其他公法人之權利或公益造成重大之損害或急迫之危險，行政法院審理都市計畫審查程序事件未必能即時以本案判決予以防止，在權衡相關利益結果下，可能有必要於本案判決前，暫時停止適用或執行都市計畫，或為其他必要之處置，以防止發生重大之損害或避免急迫之危險，行政訴訟法第237條之30第1項規定，於爭執之都市計畫，為防止發生重大之損害或避免急迫之危險而有必要時，得聲請管轄本案之行政法院暫時停止適用或執行，或為其他必要之處置[334]。至於聲請人則應限於得提起本案訴訟，具原告適格之人民、地方自治團體或其他公法人。

都市計畫保全程序制度之目的，既在為防止發生重大之損害或避免急迫之危險而有必要時，定本案訴訟終結前之暫時狀態，則行政法院對聲請事件的事實為概括審查，認大致可信後，應自法律觀點，就本案勝訴可能性予以審查。如審查結果預期本案為不合法或無理由時，即無許假處分之必要；反之，如審

---

[334] 最高行政法院110年度抗字第318號裁定指出，依行政訴訟法第237條之30第2項規定準用同法第295條至第297條、第298條第3項、第4項、第301條及第303條之規定可知，此一專門適用於都市計畫之保全程序，性質上屬定暫時狀態之假處分，且依所準用之第301條規定（關於假處分之請求及原因，非有特別情事，不得命供擔保以代釋明）可知，聲請人就其所為之請求（即爭執之都市計畫）及原因（即為防止發生重大之損害或避免急迫之危險而有定暫時狀態之必要），必須提出可供法院即時調查之證據以為釋明。如未能加以釋明，其聲請自難准許。

查結果預期本案為合法且有理由時，即本案勝訴之可能性較高，且有假處分之原因時，為顧及有利於聲請人之本案裁判之效力及可實現性，而暫時之規制已不可拖延時，即得作成定暫時狀態之處分。但如個案之特別原因，例如必須經過繁瑣的證據調查，始得認定與聲請事件相關之本案勝訴可能性時，則准許假處分所致生之利益與該利益之輕重程度之間的利益衡量，即為重要考量因素，此際應比較未作成假處分但本案可能勝訴之結果，及作成假處分但本案可能敗訴之不利益，作成假處分之理由應明顯超越不作成假處分之利益時，始得作成假處分[335]。

行政訴訟法第七編保全程序規定中，仍有部分規定，經審慎審查其是否與都市計畫審查程序之特徵及第二篇第五章之法規結構相容後，行政訴訟法第237條之30第2項規定，第1項情形，準用第295條至第297條、第298條第3項、第4項、第301條及第303條之規定。法院得視個案情形準用相關規定，以補充行政訴訟法第237條之30第1項規定之不足。

法院如裁定准許暫時停止適用或執行爭執之都市計畫，或為其他必要之處置，該裁定不待確定，已具一般拘束力，為期周知，應將裁定正本送達原發布機關，依都市計畫發布方式公告裁定主文。行政訴訟法第237條之30第3項規定，行政法院裁定准許第1項之聲請者，準用行政訴訟法第237條之29條第1項規定。

（六）準用規定

行政訴訟法第237條之31規定，都市計畫審查程序，除第五章別有規定外，準用第二編第一章之規定。換句話說，準用通常訴訟程序之規定。至於是否以及如何準用，則應斟酌都市計畫審查程序之特徵及第五章之法規結構而定。

第八節　上訴程序

審級制度為訴訟程序之一環，有糾正下級審裁判之功能，乃司法救濟制度之內部監督機制，其應經若干之審級，得由立法機關衡量訴訟案件之性質及訴訟制度之功能等因素定之。我國行政訴訟法採審級救濟制度，以三級二審制為

---

[335] 最高行政法院110年度抗字第215號裁定。

建構原則。爲配合第104條之1第1項區分高等行政法院及地方行政法院適用之通常訴訟程序事件，行政訴訟法第三編上訴編亦應配合區分二章，第一章爲最高行政法院上訴審程序（第238條至第263條），第二章爲高等行政法院上訴審程序（第263條之1至第263條之5）。

第一項　最高行政法院上訴審程序

一、上訴要件

（一）須以得上訴之裁判爲對象

行政訴訟法第238條第1項規定，對於高等行政法院之終局判決，除本法或其他法律別有規定外，得上訴於最高行政法院。例外不得上訴情形，例如，行政訴訟法第263條之1第2項規定，對於高等行政法院之第二審判決，不得上訴。

行政訴訟法第238條第2項規定，於上訴審程序不得爲訴之變更、追加或提起反訴。最高行政法院受理上訴後所得審究之範圍應以經高等行政法院爲終局判決之部分爲限。

終局判決前之裁判，例如，中間判決，通常不得單獨上訴。惟行政訴訟法第239條規定，終局判決前之裁判，牽涉該判決者，並受最高行政法院之審判。但依本法不得聲明不服或得以抗告聲明不服者，不在此限。例如，行政訴訟法第111條第5項規定，對於行政法院以訴爲非變更追加，或許訴之變更追加之裁判，不得聲明不服。

（二）上訴權人未喪失上訴權

第一審判決後，具有上訴權人得自由決定是否提起上訴。行政訴訟法第240條規定，當事人於高等行政法院判決宣示、公告或送達後，得捨棄上訴權。當事人於宣示判決時，以言詞捨棄上訴權者，應記載於言詞辯論筆錄；如他造不在場，應將筆錄送達。當事人捨棄上訴權時，喪失上訴權。此外，當事人提起上訴後，於最高行政法院終局判決宣示或公告前，撤回上訴，依行政訴訟法第262條第2項規定，亦喪失上訴權。

（三）須對原判決不服

原告之訴受全部或一部駁回時，自得對該判決表示不服。原判決僅對原

告備位聲明做出決定，對先位聲明漏未裁判時，原告亦得聲明不服；對被告而言，除全部或一部敗訴得提出上訴外，原告之訴應以無理由駁回，原判決卻以不合法駁回時，亦得聲明不服。

（四）須未逾上訴期間

行政訴訟法第241條規定，提起上訴，應於高等行政法院判決送達後20日之不變期間內為之。但宣示或公告後送達前之上訴，亦有效力。行政訴訟法第210條第3項規定，對於判決得為上訴者，應於送達當事人之正本內告知其期間及提出上訴狀之行政法院。告知期間有錯誤時，告知期間較法定期間為短者，以法定期間為準；告知期間較法定期間為長者，應由行政法院書記官於判決正本送達後二十日內，以通知更正之，並自更正通知送達之日起計算法定期間（行政訴訟法第210條第4項規定）。

行政法院未為告知，或告知錯誤未更正，致當事人遲誤上訴期間者，視為不應歸責於己之事由，得自判決送達之日起一年內，適用行政訴訟法第91條之規定，聲請回復原狀（行政訴訟法第210條第5項規定）。

（五）委任律師或法定人員為訴訟代理人

行政訴訟之上訴審為法律審，上訴理由必須具體指摘高等行政法院判決有如何違背法令之情形，此須有專業法律素養者，始能勝任。因應於總則編擴大強制律師代理之範圍，行政訴訟法第241條之1業於修正條文第49條之3、第66條第2項及第3項、第98條之8規定，不再準用民事訴訟法相關之規定，因此刪除行政訴訟法第241條之1規定。

（六）須合乎上訴程式

提起上訴，不得以言詞為之，應以上訴狀提出於原高等行政法院。上訴狀之內容依行政訴訟法第244條第1項規定包括：1.當事人。2.高等行政法院判決，及對於該判決上訴之陳述。3.對於高等行政法院判決不服之程度，及應如何廢棄或變更之聲明[336]。4.上訴理由。第1項上訴理由應表明下列各款事項：

---

[336] 行政訴訟法第250條規定，上訴之聲明不得變更或擴張之。最高行政法院110年度上字第307號判決指出，上訴之聲明不得變更，固為行政訴訟法第250條所明定，惟當事人就上訴聲明將撤銷訴訟轉換為續行確認訴訟，既非增加訴訟之請求，亦無增加事實認定或調查證據之問題，本於同一行政處分，並無妨礙雙方之攻擊防禦，及訴訟程序之進行，屬於上訴聲明之減縮，而不屬行政訴訟法第250條規定所指上訴聲明之變更。

1.原判決所違背之法令及其具體內容。2.依訴訟資料合於該違背法令之具體事實（行政訴訟法第244條第2項規定）。

上訴狀內未表明上訴理由者，上訴人應於提起上訴後二十日內提出理由書於原高等行政法院；未提出者，毋庸命其補正，由原高等行政法院以裁定駁回之（行政訴訟法第245條第1項規定）。表明上訴理由，指表明原判決所違背之法令及其具體內容暨依訴訟資料合於該違背法令之具體事實。上訴狀內未表明上訴理由，又未於提起上訴二十日內提出理由書，經高等行政法院送交卷宗於最高行政法院者，最高行政法院應以其上訴為不合法，毋庸命補正，逕以裁定駁回之[337]。

當事人提起上訴，如以原審判決有行政訴訟法第243條第1項不適用法規或適用不當為理由時，其上訴狀應有具體之指摘，並揭示該法規之條項或其內容；如以原審判決有第243條第2項所列各款情形之當然違背法令為理由時，其上訴狀應揭示合於該款之事實。如上訴狀未依此項方法表明，即難認為已對原審判決之違背法令有具體之指摘，其上訴自難認為合法[338]。

上訴聲明除應如何廢棄或變更判決內容之聲明外，由於最高行政法院於行政訴訟法第259條規定情形下，就該事件亦得自為判決，因此原告亦得聲明上訴審法院應就如何之內容為判決。惟上訴聲明一經提出，則不得變更或擴張之（行政訴訟法第250條）。

上訴聲明係指上訴人求為判決如何廢棄或變更高等行政法院之聲明，並不得逾越各當事人在高等行政法院言詞辯論終結時所為聲明之限度。最高行政法院為法律審，應以高等行政法院判決確定之事實為判決基礎，不得斟酌當事人提出之新事實或新證據，而自為事實上之判斷。當事人如利用上訴審程序，為訴之變更或追加，自為法所不許[339]。

（七）須以原判決違背法令為理由

行政訴訟法第242條規定，對於高等行政法院判決之上訴，非以其違背法令為理由，不得為之。

判決未以外國判決先例之見解，作為判決之論述依據，並非屬行政訴訟法第242條規定所指之違背法令，不得以之作為高等行政法院判決違背法令之理

最高行政法院100年度裁字第697號裁定。
[338] 最高行政法院97年度裁字第2304號裁定。
[339] 最高行政法院100年度判字第910號判決。

由[340]。行政法院遇有多種獨立理由足以支持判決成立時，只採用其中一種或一部分理由，作爲支持主文成立之理由，雖有簡略之嫌，惟尚非構成理由不備之瑕疵。上訴人提起行政訴訟，主張多項法律爭議，原審僅論述其中一部分，已足以判決成立，未就上訴人主張逐項論列，尚非構成判決違法[341]。

行政訴訟法第243條規定相對上訴及絕對上訴理由兩種類型，當事人對於高等行政法院判決上訴，如依行政訴訟法第243條第1項規定，以高等行政法院判決有不適用法規或適用不當爲理由時，其上訴狀或理由書應有具體之指摘，並揭示該法規之條項或其內容；若係成文法以外之法則，應揭示該法則之旨趣；倘爲司法院解釋或最高行政法院之判例，則應揭示該判解之字號或其內容。如以行政訴訟法第243條第2項所列各款情形爲理由時，其上訴狀或理由書，應揭示合於該條項各款之事實。上訴狀或理由書如未依此項方法表明者，即難認爲已對高等行政法院判決之違背法令有具體之指摘，其上訴自難認爲合法[342]。

1. 相對上訴理由

行政訴訟法第243條第1項規定，判決不適用法規或適用不當者，爲違背法令。就依法確定之事實是否合致於法規範所定之要件之涵攝，例如故意、過失或違規行爲數所表示之見解，係就事實在法律上所作之評價判斷，應屬法律見解表示，而非事實之判斷。事實審基於調查而得之事實判斷處罰之違規行爲數以及行爲屬故意或過失，如該判斷錯誤，即屬判決適用法規不當，依行政訴訟法第243條第1項規定，自屬違背法令[343]。

原判決認系爭議事辦法第3條第2項並非訓示規定，與最高法院70年台上字第3410號判例有所牴觸，顯屬判決違背法令[344]。上訴狀或理由書如僅係就原審取捨證據、認定事實之職權行使，指摘其爲不當，並就原審已論斷者，泛言未論斷，或就原審所爲論斷，泛言其論斷矛盾，而非具體表明合於不適用法規、適用法規不當，難認對該判決之如何違背法令已有具體之指摘，應認其上訴爲

---

[340] 最高行政法院102年度判字第748號判決。
[341] 最高行政法院92年度判字第1462號判決、最高行政法院92年度判字第337號判決。
[342] 最高行政法院97年裁字第934號判例。
[343] 最高行政法院109年度判字第71號判決。
[344] 最高行政法院98年度裁字第2388號裁定。

不合法[345]。

　　證據之取捨與當事人所希冀者不同，致其事實之認定異於該當事人之主張者，不得謂為原判決有違背法令之情形。證據之證明力如何或如何調查事實，事實審法院有衡情斟酌之權，苟已斟酌全辯論意旨及調查證據之結果，而未違背論理法則或經驗法則，自不得遽指為違法[346]。

2. 絕對上訴理由

　　行政訴訟法第243條第2項規定，有下列各款情形之一者，其判決當然違背法令：(1)判決法院之組織不合法。(2)依法律或裁判應迴避之法官參與裁判。(3)行政法院於審判權之有無辨別不當或違背專屬管轄之規定。但其他法律別有規定者，從其規定。(4)當事人於訴訟未經合法代理或代表。(5)違背言詞辯論公開之規定。(6)判決不備理由或理由矛盾。

　　行政訴訟法第243條第2項各款係針對判決當然違背法令之情況為規定，諸如判決不備理由或理由矛盾、違背言詞辯論公開之規定等均屬之。上訴人之上訴理由，僅針對法律見解之歧異而為指摘者，且非有具體說明有何不適用法規或適用法規不當之情形者，若同時無該規定所列之情況者，自非屬合法之上訴程式[347]。

　　法官曾參與訴訟事件相牽涉之民刑事裁判者，應自行迴避，不得執行職務，行政訴訟法第19條第3款定有明文。相牽涉之民刑事裁判係指同一事件因管轄原因之不同，而民刑事法院各享有該事件審判權。法官有應自行迴避原因而不自行迴避者，其所參與之訴訟程序違法，行政訴訟法第243條第2款亦定有明文。上訴人因涉嫌貪瀆案，始生復職與請求給付久任金之爭議，則本案請求給付久任金之行政爭訟事件與上訴人所涉刑事職案件，應屬相牽涉之事件。原審法官參與臺灣高等法院88年度上更字第652號刑事判決，有該刑事判決乙份在卷足稽，該名法官理應自行迴避本案之審理，但卻未迴避而執行職務，原審本件判決應屬違法，上訴人聲明廢棄，為有理由[348]。

　　行政訴訟法第243條第2項第4款所規定之當事人於訴訟未經合法代理者，係指當事人無訴訟能力，未由法定代理人代理或其法定代理人無代理權或未

---

[345] 最高行政法院102年度裁字第1356號裁定。
[346] 最高行政法院102年度裁字第332號裁定。
[347] 最高行政法院102年度裁字第32號裁定。
[348] 最高行政法院93年度判字第745號判決。

受必要之允許，或訴訟代理人之代理權有欠缺。律師受委任有違反律師法第26條第1項第1款或律師倫理規範第30條第4款規定情事，核屬應否依律師法第39條規定付懲戒問題，尚非訴訟代理人之代理權有欠缺。縱有上述違反律師法情事，亦不構成行政訴訟法第243條第2項第4款規定之當然違背法令[349]。

上訴人已於1997年11月7日變更住所為現址，原審疏未查明依法送達起訴狀繕本，致上訴人無從答辯，揆諸行政訴訟法第243條第2項第4款規定，尚有未合。上訴意旨執此指摘原判決違法，為有理由[350]。

上訴人代表人已於原審訴訟繫屬中之2012年4月16日變更，此有上訴人公司變更登記事項表影本在卷可稽，但未依行政訴訟法第181條規定承受訴訟，亦未委任訴訟代理人，而由原代表人為訴訟行為，則原判決未命合法代表人承受訴訟，而於2012年7月5日言詞辯論終結，並於2012年7月19日宣判，有違行政訴訟法第243條第2項第4款規定而當然違背法令，應予廢棄[351]。

行政法院對於當事人提出之攻擊或防禦方法未加以調查，並將其判斷之理由記明於判決，或認定事實徒憑臆測而不憑證據者，即構成行政訴訟法第243條第2項第6款所謂判決不備理由之當然違背法令；如認定事實與所憑證據內容不符者，則屬同款所謂判決理由矛盾[352]。行政法院未說明所憑證據足供證明事實之心證理由，或就當事人提出之證據摒棄不採，又未說明不採之理由，其判決即屬同法第243條第2項第6款之判決不備理由，當然違背法令[353]。

原判決既認為民眾可以申請更改門牌編釘，卻又認以門牌之編釘專屬被上訴人之職權，上訴人並無要求編釘特定門牌之權利，現行法令亦無上訴人得申請被上訴人更正門牌編釘之規定。則原判決有判決理由矛盾之違法[354]。

鑑定人係依其特別之知識經驗，陳述對於特定事務之判斷意見之人，同為證據方法之一，是法院就鑑定人之意見可採與否，仍應依據全辯論意旨及調

---

[349] 最高行政法院98年度判字第1185號判決。
[350] 最高行政法院93年度判字第1243號判決。
[351] 最高行政法院102年度判字第204號判決。
[352] 最高行政法院102年度判字第716號判決。最高行政法院109年度上字第468號判決亦指出，行政法院對有利於當事人之事實或證據，如有應調查而未予調查之情形，或不予調查或採納，卻未說明其理由者，即構成行政訴訟法第243條第2項第6款所謂判決不備理由之當然違背法令。
[353] 最高行政法院100年度判字第2118號判決。
[354] 最高行政法院99年度判字第1130號判決。

查證據之結果，依論理及經驗法則決定取捨，並將取捨判斷而得心證之理由，記明於判決，否則即屬行政訴訟法第243條第2項第6款所謂判決不備理由之違法[355]。

職權調查主義最主要目的在於實質真實之發現，排除行政行為合法性之審查受當事人行為牽制之可能性，行政法院基於其職權調查義務，應就作成判決所須之必要事實，於可期待之能力範圍內，窮盡一切可能，以可期待且適當之方法，查明真相，縱使當事人就此事實並未主張，或未指出其證明方法，亦同。構成行政法院判斷事實真偽之證據評價基礎，乃全辯論意旨及調查證據之結果，基於行政訴訟之職權調查原則，法院必須充分調查為裁判基礎之事證以形成心證，在對全辯論意旨及調查證據之結果為評價時，應遵守訴訟資料之完整性及正確掌握二項要求，前者乃所有與待證事實有關之訴訟資料，不論有利或不利於訴訟當事人，都必須用於心證之形成而不能有所選擇，亦即法院負有審酌與待證事實有關之訴訟資料之義務，如未審酌，亦未說明理由，即有不適用行政訴訟法第125條第1項、第133條之應依職權調查規定，及判決不備理由之違背法令。行政法院應本於調查所得，自行認定事實，不受刑事判決認定事實之拘束。行政法院雖得審酌刑事法院或檢察官調查所得之證據為事實認定，惟依行政訴訟法第189條第3項規定，仍應將審酌前開證據而得心證之理由，記明於判決，若逕以刑事判決或檢察官起訴書所記載之事證採為行政訴訟判決認定事實之依據，即屬判決理由不備[356]。

二、上訴之審理及裁判

（一）原高等行政法院之審理

提起上訴，應以上訴狀提出於原高等行政法院。上訴不合法而其情形不能補正者，原高等行政法院應以裁定駁回之（行政訴訟法第246條第1項）；此外，上訴狀內未表明上訴理由者，上訴人應於提起上訴後二十日內提出理由書於原高等行政法院；未提出者，毋庸命其補正，由原高等行政法院以裁定駁回之（同法第245條第1項）。

上訴不合法而其情形可以補正者，原高等行政法院應定期間命其補正；

---

[355] 最高行政法院94年度判字第456號判決、最高行政法院94年度判字第93號判決。
[356] 最高行政法院109年度判字第379號判決。

如不於期間內補正，原高等行政法院應以裁定駁回之（行政訴訟法第246條第2項）。上訴未經高等行政法院依法駁回者，高等行政法院應速將上訴狀送達被上訴人。被上訴人得於上訴狀或第245條第1項理由書送達後十五日內，提出答辯狀於原高等行政法院。高等行政法院送交訴訟卷宗於最高行政法院，應於收到答辯狀或前項期間已滿，及各當事人之上訴期間已滿後為之（同法第247條第1、2項）。

（二）最高行政法院之審理

1. 上訴合法性審查

行政訴訟法第249條第1項規定，上訴不合法者，最高行政法院應以裁定駁回之。但其情形可以補正者，審判長應先定期間命補正。

上訴狀所載內容，或重述其在原審業經主張而為原判決摒棄不採之陳詞，或就原審取捨證據、認定事實之職權行使事項，指摘其為不當，或就原審所為論斷或駁斥其主張之理由，泛言原判決有不備理由之違法，而未具體表明原判決究竟有如何合於不適用法規或適用不當、或有行政訴訟法第243條第2項所列各款之情形，尚難認為已對原判決之如何違背法令有具體之指摘。應認其上訴為不合法，應予駁回[357]。

為防止濫行上訴造成司法資源之浪費，行政訴訟法第249條第3項規定，最高行政法院認上訴人之上訴基於惡意、不當或其他濫用訴訟程序之目的或有重大過失，且事實上或法律上之主張欠缺合理依據，應以裁定駁回之。但其情形可以補正者，審判長應先定期間命補正。為有效嚇阻濫行上訴，行政訴訟法第249條第4項規定，最高行政法院依第3項規定駁回上訴者，得各處上訴人、代表人或管理人、代理人新臺幣12萬元以下之罰鍰。

2. 審理方式

於法律關係複雜或法律見解分歧、涉及專門知識或特殊經驗法則、涉及公益或影響當事人權利義務重大，有行言詞辯論之必要者，最高行政法院即應行言詞辯論，以維護聽審權，並貫徹正當法律程序，行政訴訟法第253條第1項規定，最高行政法院之判決，有下列情形之一者，應行言詞辯論：(1)法律關係複雜或法律見解分歧，有以言詞辯明之必要。(2)涉及專門知識或特殊經驗法則，有以言詞說明之必要。(3)涉及公益或影響當事人權利義務重大，有行言

---

[357] 最高行政法院100年度裁字第1156號裁定。

詞辯論之必要。

　　兩造間相類商標異議爭訟事件數起，經原法院判決結果顯有歧異，均上訴最高行政法院。事涉商標表彰商品之其他製售人及消費大眾正確認知之公益，並影響兩造當事人間之權利義務重大，行政法院依職權行言詞辯論，就調查辯論結果而自爲判決[358]。

　　行政訴訟法第253條之1第1項規定，言詞辯論應於上訴聲明之範圍內爲之。言詞辯論期日，被上訴人、依第41條、第42條參加訴訟之人未委任訴訟代理人，或當事人一造之訴訟代理人無正當理由未到場者，得依職權由到場之訴訟代理人辯論而爲判決。當事人之訴訟代理人無正當理由均未到場者，得不行言詞辯論，逕爲判決（行政訴訟法第253條之1第2項）。

3. 審理範圍

　　最高行政法院基本上爲法律審，行政訴訟法第254條第1項規定，除別有規定外，最高行政法院應以高等行政法院判決確定之事實爲判決基礎。

　　最高行政法院爲法律審，應以高等行政法院判決確定之事實爲判決基礎，不得斟酌當事人提出之新事實或新證據，而自爲事實上之判斷。當事人利用上訴審程序，爲訴之變更或追加，自爲法所不許。再審之訴，實質上爲前訴訟程序之再開或續行，受不利於己確定終局判決之當事人，更不得藉由對最高行政法院確定判決再審之訴訟程序，爲訴之變更或追加[359]。

　　關於實體裁判要件是否具備，包括訴訟權能、保護必要、一般實體裁判要件，及各種訴訟種類之特別實體裁判要件，均爲法律審得依職權查明之事項，若經當事人提起合法上訴，不問上訴理由是否指摘，法律審均應職權調查之。權利保護必要要件爲行政法院應依職權調查之事項，縱於高等行政法院最後言詞辯論終結時具備權利保護必要要件，惟向最高行政法院提起上訴後，依職權調查結果，如發現已欠缺權利保護必要要件者，其訴即無值得權利保護之利益存在，仍應認其訴爲無理由，而爲敗訴之判決[360]。

　　於高等行政法院判決後不得主張新事實或提出新證據方法作爲上訴之理由。本件上訴人於原審宣判後始委託財團法人臺灣經濟發展研究院就系爭案與引證案構成是否實質相同進行鑑定分析，再於上訴時提出鑑定報告書作爲證據

---

[358] 最高行政法院92年度判字第155號判決。
[359] 最高行政法院100年度判字第910號判決。
[360] 最高行政法院103年度判字第117號判決。

方法，此部分自非適法之上訴理由，最高行政法院尚難加以審酌[361]。

起訴是否合法，上訴審應依職權調查，不受行政訴訟法第254條第1項規定之限制。本件原第一審法院未認上訴人之起訴不合法，而從實體上為駁回上訴人第一審起訴之判決，經上訴審法院依職權調查之結果，認定原審起訴為不合法，原審未依法以裁定駁回，而從實體上為駁回之判決，於法未合者，自應廢棄原判決，並依法自為裁判[362]。

惟行政訴訟法第254條第2項規定兩項例外之情形，以違背訴訟程序之規定為上訴理由時，所舉違背之事實，及以違背法令確定事實或遺漏事實為上訴理由時，所舉之該事實，最高行政法院得斟酌之。此外，行言詞辯論所得闡明或補充訴訟關係之資料，最高行政法院亦得斟酌之（行政訴訟法第254條第3項）。

即使有調查之必要，依行政訴訟法第251條第1項規定，最高行政法院應於上訴聲明之範圍內調查之。惟於調查高等行政法院判決有無違背法令時，最高行政法院不受上訴理由之拘束（行政訴訟法第251條第2項）。

4. 上訴審之裁判

(1) 裁定駁回上訴

行政訴訟法第249條規定，上訴不合法者，最高行政法院應以裁定駁回之。常見之文字為「上訴人上訴理由，無非係重述其在原審提出而為原審所不採之主張，或重申其一己之法律見解，並就原審取捨證據、認定事實之職權行使，指摘其為不當，並就原審已論斷者，泛言未論斷，或就原審所為論斷，泛言其論斷矛盾，而非具體表明合於不適用法規、適用法規不當、或行政訴訟法第243條第2項所列各款之情形，難認對該判決之如何違背法令已有具體之指摘，應認其上訴為不合法[363]。」

(2) 判決駁回上訴

行政訴訟法第255條規定，最高行政法院認上訴為無理由者，應為駁回之判決。原判決依其理由雖屬不當，而依其他理由認為正當者，應以上訴為無理由。

上訴人請求確認之對象，並非特定之行政處分或特定之公法上法律關

361 最高行政法院94年度判字第772號判決。
362 最高行政法院91年度判字第2195號判決。
363 最高行政法院105年度裁字第1117號裁定。

係，而為抽象之法律問題，上訴人此部分之訴並非合法，原審以上訴人此部分之訴為無理由予以駁回，雖有違誤，惟其結論則無不合，仍應予維持，上訴意旨求為廢棄，為無理由，應予駁回[364]。

(3)廢棄原判決

A.行政訴訟法第256條規定，最高行政法院認上訴為有理由者，就該部分應廢棄原判決。因違背訴訟程序之規定廢棄原判決者，其違背之訴訟程序部分，視為亦經廢棄。

常見之文字為「上訴意旨執此指摘原判決違背法令，為有理由，應將原判決廢棄，並撤銷訴願決定及原處分，由原處分機關另為適法之處分。本件上訴為有理由。依行政訴訟法第256條第1項、第259條第1款、第98條第1項前段，判決如主文：原判決廢棄。訴願決定及原處分均撤銷。第一審及上訴審訴訟費用均由被上訴人負擔[365]。」或「上訴意旨據以指摘原判決違法，求為廢棄，為有理由。訴願決定及原處分未及適用修正之裁罰標準，亦難以維持，且對稅捐違章之裁罰裁量係屬稅捐機關權責，故應由本院本於原審確定之事實，將原判決廢棄，並撤銷訴願決定及原處分（復查決定），由原處分機關依本判決意旨重為適法之處分。本件上訴為有理由。依行政訴訟法第256條第1項、第259條第1款、第98條第1項前段，判決如主文：原判決廢棄。訴願決定及原處分（復查決定）均撤銷。第一審及上訴審訴訟費用均由被上訴人負擔[366]。」

上訴一部有理由一部無理由者，常見之文字為「上訴意旨雖未執此指摘原判決關於罰鍰倍數部分違法，惟此部分乃本院依職權應予審酌部分，本院自應審酌之；又因裁罰倍數涉及被上訴人之裁量權，原判決關於罰鍰部分應由本院將之廢棄，並將訴願決定及原處分（復查決定）均撤銷，由被上訴人另為適法之處分。」

本件上訴為一部分有理由，一部分無理由。依行政訴訟法第255條第1項、第256條第1項、第259條第1款、第98條第1項前段，判決如主文：「原判決關

---

[364] 最高行政法院93年度判字第1063號判決。

[365] 最高行政法院103年度判字第302號判決。

[366] 最高行政法院103年度判字第127號判決；最高行政法院106年度判字第170號判決指出，原判決有適用法規不當之違背法令事由，為上訴意旨所指摘，是上訴人求予廢棄，為有理由。應由本院本於原審確定之事實，將原判決廢棄，並撤銷訴願決定及原處分。判決主文：原判決廢棄。訴願決定及原處分均撤銷。第一審及上訴審訴訟費用均由被上訴人負擔。

於罰鍰及該訴訟費用部分均廢棄。廢棄部分訴願決定及原處分（復查決定）均撤銷。其餘上訴駁回。廢棄部分第一審及上訴審訴訟費用由被上訴人負擔，駁回部分上訴審訴訟費用由上訴人負擔[367]。」

本件上訴為一部有理由、一部無理由。爰依智慧財產案件審理法第1條、行政訴訟法第255條第1項、第256條第1項、第260條第1項、第98條第1項前段、第104條、民事訴訟法第85條第1項前段，判決如主文：「原判決除撤銷訴願決定及原處分就如附圖一系爭商標指定於『蛋糕』商品部分暨該部分訴訟費用外，均廢棄，發回智慧財產法院。其餘（即指定商品蛋糕部分）上訴駁回。駁回部分之上訴審訴訟費用由上訴人負擔[368]。」

　　B.在下述情形時，最高行政法院不得廢棄原判決

　　　(A) 最高行政法院不得以高等行政法院無管轄權而廢棄原判決。但違背專屬管轄之規定者，不在此限（行政訴訟法第257條第1項）；

　　　(B) 除第243條第2項第1款至第5款之情形外，高等行政法院判決違背法令而不影響裁判之結果者，不得廢棄原判決（行政訴訟法第258條）。

　　C.最高行政法院廢棄原判決時，得同時發回高等行政法院更審或自為判決

　　　(A) 發回更審

　　　　行政訴訟法第260條規定，除別有規定外，經廢棄原判決者，最高行政法院應將該事件發回原高等行政法院或發交其他高等行政法院。前項發回或發交判決，就高等行政法院應調查之事項，應詳予指示。受發回或發交之高等行政法院，應以最高行政法院所為廢棄理由之法律上判斷為其判決基礎。

　　　　例如，「原判決既有如上所述之適用法規不當及理由不備之違法，且足以影響判決之結果，上訴論旨據以指摘原判決違背法令，求予廢棄，即為有理由。惟本件事證尚有未明，有由原審法院再為調查之必要，本院尚無從自為裁判，爰將原判決廢棄，發回原審法院再為調查後，另為適法之裁判。本件上訴為有理由。依行政訴訟法第256條第1項、第260條第1項，判決如主文：原判決廢棄，發回臺北

---

[367] 最高行政法院100年度判字第1276號判決。
[368] 最高行政法院108年度判字第133號判決。

高等行政法院[369]。」

「財政部臺灣省北區國稅局本應就系爭贈與稅的成立要件即贈與行為的存在負舉證責任，其所提證據必須使法院之心證達到確信之程度，始可謂其已盡舉證之責，若僅使事實關係陷於眞僞不明之狀態，法院仍應認定該課稅要件事實爲不存在，而將其不利益歸於稽徵機關。被上訴人既未能就系爭贈與稅要件事實的存在，克盡其提出本證的舉證責任，原判決徒以上訴人及陳○○並不能就所稱相關借款資金支付及借貸關係確實存在等主張事實，提供相關證據供斟酌，自不能認其主張爲眞實等情爲由，而維持被上訴人所爲系爭土地之移轉是基於贈與原因的認定，無異令上訴人就系爭贈與行爲的不存在負擔舉證責任，恐有違前揭課稅要件事實的舉證責任分配法則。綜上所述，原判決認事用法既有前述可議之處，且影響裁判之結果，上訴人聲明將之廢棄，爲有理由，爰將原判決廢棄，發回原審法院更爲審理。本件上訴爲有理由。依行政訴訟法第256條第1項、第260條第1項，判決如主文：原判決廢棄，發回臺北高等行政法院[370]。」

「原審未予調查遽認周○○係譯霖公司之勞工，准予納入參與勞工退休準備金分配資遣費，顯有應予調查之證據未予調查之情事。上訴意旨指摘原判決違誤，求予廢棄，爲有理由，爰將原判決廢棄，發回原審法院更審。本件上訴爲有理由。依行政訴訟法第256條第1項、第260條第1項，判決如主文：原判決廢棄，發回臺北高等行政法院[371]。」

「原判決認參加人未依核准計畫期限使用，固無不合，然未斟酌本件有無情況判決之適用，遽予判決上訴人應作成同意被上訴人照原徵收價額收回如原審判決附表所示徵收土地之行政處分，尚嫌速斷，上訴人據以指摘原判決此部分違誤，爲有理由，惟因有無情況判決之適用，事涉事實調查認定，此部分既未經原審法院斟酌審認，本院尙難據卷內相關事證予以判斷，爰將原判決廢棄，發回原

[369] 最高行政法院102年度判字第617號判決。
[370] 最高行政法院101年度判字第641號判決。
[371] 最高行政法院100年度判字第1412號判決。

審法院詳爲調查後再爲妥適之判決。本件上訴爲有理由。依行政訴訟法第256條第1項、第260條第1項，判決如主文：原判決廢棄，發回臺北高等行政法院[372]。」

「教評會在104年6月18日所據以討論，認定上訴人合致不適任要件之具體事實的範圍，未見原審闡明釐清，此因涉及教評會關於不適任之判斷，是否出於錯誤之事實認定或不完全之資訊，或涵攝是否明顯錯誤，原判決亦有判決不備理由、判決不適用行政訴訟法第125條規定之違誤。原判決有不適用法規、不備理由之違背法令，上訴意旨指摘原判決違背法令，求予廢棄，爲有理由。本件事證尚有未明，有由原審再爲查明之必要，故將原判決廢棄，發回原審調查審認，更爲適法之裁判[373]。」

(B) 自爲判決

行政訴訟法第259條規定，經廢棄原判決而有下列各款情形之一者，最高行政法院應就該事件自爲判決：a.因基於確定之事實或依法得斟酌之事實，不適用法規或適用不當廢棄原判決，而事件已可依該事實爲裁判。b.原判決就欠缺實體判決要件之事件誤爲實體判決。第一種事由係指，該事實爲第一審行政法院已確定之事實，或上訴審行政法院依法得斟酌之事實（例如，第254條第2項、第3項之情形），由上訴審行政法院本於該事實而自爲判決，無違法律審之本質，且能直接終結訴訟解決紛爭，無再發回或發交之必要。第一種事由，已可含括上訴審行政法院行言詞辯論後，斟酌其所得闡明或補充訴訟關係之資料，足認事實明確，而自爲判決之情形。第二種事由之依據在於，起訴合法性之審查係屬行政法院應依職權調查之事項，例如，行政訴訟審判權、起訴之法定期間、訴訟權能、權利保護必要等實體判決要件有欠缺且無從補正者，上訴審行政法院廢棄原判決時，即得自爲判決移送至有審判權之管轄法院（例如，最高行政法院108年度上字第730號判決）或駁回原告之訴，無再發回或發交第一審行政法院之必要。

「原判決既有適用法規不當及理由不備之違法，其違法又將影響判

---

[372] 最高行政法院100年度判字第1277號判決。
[373] 最高行政法院108年度判字第67號判決。

決結論，上訴意旨指摘原判決違法，求予廢棄，即屬有理由；因本件事實已經明確，故將原判決廢棄，並由本院自為判決，駁回被上訴人在第一審之訴。本件上訴為有理由。依行政訴訟法第256條第1項、第259條第1款、第98條第1項前段、第104條、民事訴訟法第85條第1項前段，判決如主文：原判決廢棄。被上訴人在第一審之訴駁回。第一審及上訴審訴訟費用均由被上訴人負擔[374]。」

「原處分所認定上訴人違章事實不存在，作成原處分之基礎事實變更，上訴人於原處分作成時，廢（污）水排放量即在准許範圍內，原處分予以裁罰即有違誤，訴願決定及原判決遞予維持，均自有適用法規不當之違法。原判決既有適用法規不當之違法，其違法又將影響判決結論，上訴意旨指摘原判決違法，求予廢棄，即有理由；因本件事實已臻明確，爰由本院自為判決，將原判決廢棄，並將訴願決定及原處分一併撤銷，以昭折服。本件上訴為有理由，依行政訴訟法第256條第1項、第259條第1款、第98條第1項前段，判決如主文：原判決廢棄。訴願決定及原處分均撤銷。第一審及上訴審訴訟費用均由被上訴人負擔[375]。」

「原判決未就上訴人應納遺產稅額，於其不服範圍內定其數額，亦有所誤。上訴意旨，指摘原判決違背法令，求予廢棄，為有理由，且依原審確定之事實，本院已可自為判決，爰將原判決廢棄，並將訴願決定及原處分（即復查決定）不利上訴人部分均予撤銷。案經判決後，由被上訴人重行核算應納稅額，另為適法之課稅處分[376]。」

5. 裁判書公開

最高行政法院所為終審確定裁判具有統一法律見解之功能，參與評議之法官對該裁判所表達之法律上意見，無論是多數或少數意見均有參考價值，如參與評議之法官對於裁判主文或理由之法律上意見與多數意見不同（包括贊成裁判之主文，而對其理由有補充或不同法律意見，或對於裁判之主文表示一部或全部不同法律意見），已於評議時提出，經記明於評議簿，並於評議決定後

---

[374] 最高行政法院100年度判字第433號判決。
[375] 最高行政法院100年度判字第314號判決。
[376] 最高行政法院108年度判字第117號判決。

三日內補具書面者，得於裁判書附記公開該不同意見。行政訴訟法第259條之1第1項規定，最高行政法院駁回上訴或廢棄原判決自為裁判時，法官對於裁判之主文或理由，已於評議時提出與多數意見不同之法律上意見，經記明於評議簿，並於評決後三日內補具書面者，得於裁判附記之；逾期提出者，不予附記。最高行政法院之裁判，因案情不同，可能以裁定（例如，上訴不合法）或判決（例如，上訴無理由）駁回上訴；廢棄原判決自為裁判；將案件發回原審法院、發交與原審法院或原第一審行政法院同級之他法院等情形。行政訴訟法第259條之1第1項規定僅適用於最高行政法院駁回上訴或廢棄原判決自為裁判之終審確定裁判。裁判書是否公開不同意見並非強制規定，為免逾時提出得否附記可能產生之爭議，逾期提出者，則不予附記。

第二項　高等行政法院上訴審程序

為堅實第一審行政訴訟，地方行政法院為第一審管轄法院之事件（包含部分通常訴訟程序事件、簡易訴訟程序事件及交通裁決事件），均以高等行政法院為上訴審終審法院。地方行政法院為第一審判決之行政法院，高等行政法院為上訴審終審法院，上訴高等行政法院應適用之程序與本編第一章最高行政法院上訴審程序及前編第一章通常訴訟程序不乏相同之處，為免重複，行政訴訟法第259條之5規定，除第259條之1及本章別有規定外，本編第一章及前編第一章之規定，於高等行政法院上訴審程序準用之；交通裁決事件之上訴，並準用第237條之8規定[377]。

概括準用之範圍，包含準用行政訴訟法第253條第2項規定，故高等行政法院行言詞辯論時，亦準用最高行政法院訂定之言詞辯論實施辦法。適用簡易訴訟程序或交通裁決訴訟程序之事件及其上訴，依行政訴訟法第49條之1規定，本不適用律師強制代理，故其上訴審程序（包括行政法院有行言詞辯論之必要時），亦無強制當事人應委任訴訟代理人之必要；也不適用行政訴訟法第253條之1第2項有關訴訟代理人未到場者，得依職權由到場之訴訟代理人辯論而為判決。當事人之訴訟代理人均未到場者，得不行言詞辯論逕為判決之規定。

---

[377] 交通裁決事件關於訴訟費用額之規定，於第237條之8有特別規定，應於上訴審程序準用之。

一、上訴要件

行政訴訟法第263條之1第1項規定，對於地方行政法院之終局判決，除法律別有規定外，得依本章規定上訴於管轄之高等行政法院。地方行政法院之終局判決包括適用通常訴訟程序、簡易訴訟程序及交通裁決事件訴訟程序。地方行政法院為第一審管轄法院之事件，均以高等行政法院為上訴審終審法院，行政訴訟法第263條之1第2項規定，對於高等行政法院之第二審判決，不得上訴。

二、上訴審裁判

（一）誤用通常訴訟程序或簡易訴訟程序

應行簡易訴訟程序或交通裁決事件之訴訟程序，地方行政法院誤行通常訴訟程序；或應行交通裁決事件之訴訟程序，地方行政法院誤行簡易訴訟程序，因適用之通常或簡易訴訟程序較嚴謹周密，對於當事人之程序保障並無欠缺，故受理上訴之高等行政法院並無將第一審判決廢棄之必要，以免增加當事人及法院不必要之勞費。行政訴訟法第263條之2第1項與第2項規定，應適用簡易訴訟程序或交通裁決訴訟程序之事件，高等行政法院不得以地方行政法院行通常訴訟程序而廢棄原判決。應適用交通裁決訴訟程序之事件，高等行政法院不得以地方行政法院行簡易訴訟程序而廢棄原判決。

地方行政法院雖將簡易訴訟程序事件或交通裁決事件誤為通常訴訟程序事件，而依通常訴訟程序審判；或將交通裁決事件誤為簡易訴訟程序事件，而依簡易訴訟程序審判，並不因此改變其為簡易訴訟程序事件或交通裁決事件之性質，故受理上訴之高等行政法院仍應適用簡易訴訟程序事件或交通裁決事件之上訴審程序規定為裁判，行政訴訟法第263條之2第3項規定，前二項情形，高等行政法院應依該事件所應適用之上訴審程序規定為裁判。高等行政法院審理後，以其他事由將原判決廢棄發回或發交，則應由管轄之地方行政法院依簡易訴訟程序或交通裁決事件訴訟程序審理，以符簡易訴訟制度或交通裁決訴訟制度之立法意旨。

（二）誤用簡易訴訟程序或交通裁決事件訴訟程序

行政訴訟法第263條之3第1項規定，地方行政法院就其應適用通常訴訟程序之事件，而誤用簡易訴訟程序或交通裁決事件訴訟程序審判；或應適用簡易

訴訟程序之事件，而誤用交通裁決事件訴訟程序審判者，受理上訴之高等行政法院應廢棄原判決，將該事件發回或發交管轄地方行政法院。

由於地方行政法院與高等行政法院管轄適用通常訴訟程序事件之分工，如發生管轄錯誤，行政訴訟法第263條之3第2項規定，以高等行政法院為第一審管轄法院之事件，誤由地方行政法院審判者，受理上訴之高等行政法院應廢棄原判決，逕依通常訴訟程序為第一審判決。

訴訟當事人對訴訟程序誤用或管轄錯誤並無異議時，究竟應如何處理，應予明定。行政訴訟法第263條之3第3項規定，當事人對於第1項程序誤用或第3項管轄錯誤已表示無異議，或明知或可得而知並無異議而就本案有所聲明或陳述者，高等行政法院應依原程序之上訴審規定為裁判，不適用前二項規定。當事人是否明知或可得而知程序誤用或管轄錯誤，基本上依個案判斷，但法院認定上應有較明確的事證可資判斷，以免浮濫。例如，當事人於簡易訴訟或通常訴訟程序，行言詞辯論時；於交通裁決事件訴訟程序，依行政訴訟法第237條之4規定收受重新審查之答辯時，應可認當事人明知或可得而知。高等行政法院應依原程序之上訴審規定為裁判，係指地方行政法院應適用通常訴訟程序之事件，誤用簡易訴訟程序時，高等行政法院應依簡易訴訟程序之上訴審規定為裁判；地方行政法院應適用通常訴訟程序之事件，誤用交通裁決事件訴訟程序時，高等行政法院應依交通裁決事件訴訟程序之上訴審規定為裁判；地方行政法院應適用簡易訴訟程序之事件，誤用交通裁決事件訴訟程序時，高等行政法院應依交通裁決事件訴訟程序之上訴審規定為裁判；以高等行政法院為第一審管轄法院之事件，誤由地方行政法院審判者，受理上訴之高等行政法院應依第二章通常訴訟程序之上訴審規定為裁判。

三、裁判見解歧異之處理

行政訴訟法第263條之4第1項規定，高等行政法院受理上訴事件，認有確保裁判見解統一之必要者，應以裁定敘明理由移送最高行政法院裁判之。高等行政法院受理上訴事件，因先前裁判已有複數分歧見解之積極歧異（包括最高行政法院未經統一之裁判相互間、相同或不同高等行政法院第二審裁判相互間或最高行政法院未經統一之先前裁判與高等行政法院第二審裁判間有法律見解歧異），而有確保裁判見解統一之必要，即應以裁定移送最高行政法院裁判。

鑑於當事人為訴訟程序之主體，為周全對當事人程序參與權之保障，應

使當事人得促請受理上訴事件之高等行政法院行使第1項裁定移送最高行政法院之職權。行政訴訟法第263條之4第2項規定，高等行政法院審理上訴事件期間，當事人認為足以影響裁判結果之法律見解，先前裁判之法律見解已產生歧異，得向受理本案之高等行政法院聲請以裁定敘明理由移送最高行政法院裁判之。其程序準用行政法院組織法第15條之4規定[378]。程序準用行政法院組織法第15條之4規定主要在避免當事人聲請浮濫，過度增加高等行政法院負擔。

因移送裁定對當事人並無不利，而駁回聲請移送之裁定則屬於程序中處置，且均為終審法院之裁定，行政訴訟法第263條之4第3項規定，前二項之移送裁定及駁回聲請之裁定，均不得聲明不服。

最高行政法院如認高等行政法院裁定移送之上訴事件，未涉及裁判見解統一之必要時（例如，並無上訴審裁判法律見解歧異存在或受理時雖有上訴審裁判法律見解歧異存在但於裁定時見解已經統一），依行政訴訟法第263條之4第4項規定，應以裁定發回。為避免受發回之法院又檢具其他事證再次裁定移送最高行政法院，使事件來回擺盪影響當事人訴訟權益，受發回之高等行政法院，不得再將上訴事件裁定移送最高行政法院。

由於高等行政法院此時作為該事件之上訴審終審法院，經評議後既出現歧異裁判之可能性，即具有開啟大法庭統一見解之類似性，因此，應由最高行政法院先以徵詢書表明該庭意見並徵詢其他庭之意見，其程序依行政訴訟法第263條之4第5項規定，準用行政法院組織法第15條之1、第15條之2、第15條之5至第15條之11規定。

第九節　抗告、再審與重新審理

第一項　抗告程序

抗告係針對法院或審判長所為之裁定不服，聲請上級審法院廢棄或變更

---

[378] 行政法院組織法第15條之4第1項規定，最高行政法院各庭審理事件期間，當事人認為足以影響裁判結果之法律見解，先前裁判之法律見解已產生歧異，或具有原則重要性，得以書狀表明下列各款事項，向受理事件庭聲請以裁定提案予大法庭裁判：1.涉及之法令。2.法律見解歧異之裁判，或法律見解具有原則重要性之具體內容。3.該歧異見解或具有原則重要性見解對於裁判結果之影響。4.所持法律見解及理由。

之謂。行政訴訟法第264條規定，對於裁定得為抗告。但別有不許抗告之規定者，不在此限。得抗告之裁定，例如，駁回迴避聲請之裁定或假處分聲請之裁定。別有不許抗告之規定，例如，行政訴訟法第265條規定，訴訟程序進行中所為之裁定，除別有規定外，不得抗告。行政訴訟法第266條第1項規定，受命法官或受託法官之裁定，不得抗告。但其裁定如係受訴行政法院所為而依法得為抗告者，得向受訴行政法院提出異議。

行政訴訟法並未規定基於何種理由得提出抗告，最高行政法院93年度判字第1359號判決指出，依行政訴訟法第264條規定，對於裁定，除別有不得抗告之規定外，得為抗告，並不以主張裁定違背法令為要件；此與依行政訴訟法第242條規定，對於高等行政法院判決之上訴，非以其違背法令為理由，不得為之者，不同。

提起抗告，依行政訴訟法第268條規定，應於裁定送達後十日之不變期間內為之。但送達前之抗告亦有效力。行政訴訟法第269條第1項規定，提起抗告，應向為裁定之原行政法院或原審判長所屬行政法院提出抗告狀為之。

當事人對於得提起抗告之裁定，於抗告期間內合法之抗告者，發生阻斷裁定確定之效力，且抗告期間為法定不變期間，抗告人不在原裁定法院所在地住居者，且無訴訟代理人住居原裁定法院所在地，得為期間內應為之訴訟行為者，行政訴訟法第89條規定應扣除其在途期間，其在途期間之標準，因行政訴訟法第269條第1項規定提起抗告，應向為原裁定之高等行政法院或原審判長所屬高等行政法院提出抗告狀為之，自應以為原裁定之高等行政法院或原審判長所屬高等行政法院所在地為準，而非以抗告法院所在地為準[379]。

抗告由直接上級行政法院裁定。對於抗告法院之裁定，不得再為抗告（行政訴訟法第267條）。抗告法院對於抗告聲請之審查，最高行政法院100年度10月份第1次庭長法官聯席會議決議指出，抗告程序，依行政訴訟法第272條準用民事訴訟法第495條之1第1項規定，係準用民事訴訟法第三編第一章關於上訴審程序之第二審程序，且行政訴訟法並無於抗告程序不得自行認定事實之規定，最高行政法院審理抗告事件，得自行認定事實，而與上訴程序有別。

除第四編抗告程序別有規定外（例如，程序中裁定原則不得抗告、抗告期間等），關於上訴審濫訴罰及簡化裁定書、原行政法院誤用訴訟程序所為判決之上訴審行政法院處理方式、簡化判決書之製作及確保裁判見解統一之移送等

---

[379] 最高行政法院99年度裁字第3540號裁定。

規定，於抗告程序亦有準用之必要，行政訴訟法第272條第1項規定，除本編別有規定外，第249條第3項至第5項、第256條之1、第261條之1、第263條之2至第263條之4規定，於抗告程序準用之。此外，行政訴訟法第272條第3項規定，民事訴訟法第490條至第492條及第三編第一章之規定，於本編準用之。

第二項　再審程序

再審係針對確定終局裁判聲明不服之非常救濟方法，再審之目的主要在糾正確定裁判程序上之重大瑕疵以及考量確定裁判所依據之基本事實已發生變化以致於原裁判之正確性難以繼續維持，爲確保當事人權益，所提供之特別救濟方法。再審相對於上訴之審級救濟乃屬例外情形，行政訴訟法第273條第1項但書規定，當事人已依上訴主張其事由經判決爲無理由，或知其事由而不爲上訴主張者，不得以再審之訴對於確定終局判決聲明不服。當事人已依上訴主張其事由經判決爲無理由係指對於下級審行政法院之判決，已依上訴程序主張其事由者而言。上級審行政法院判決適用法規顯有錯誤之事由，既不可能由當事人以上訴主張，自難謂有當事人已依上訴主張其事由經判決爲無理由之情形存在。當事人提起上訴，其上訴因不合法而經上級審行政法院以裁定駁回者，因未受實體審理，自應容許其以相同事由提起再審之訴。當事人知其事由而不循上訴程序爲主張，包括未曾提起上訴、逾上訴期間始提起上訴或未繳納上訴裁判費而遭不合法駁回等情形。

再審之訴，係針對於確定判決，確定判決係指已具有形式上確定力及實質上確定力之終結訴訟之確定判決。發回更審之判決，既尚須由受發回之法院更爲判決，即非具有實質上確定力之終結訴訟之確定判決，自不得對之提起再審之訴[380]。

一、再審事由

依行政訴訟法第273條規定，再審事由區分爲三種：

（一）行政訴訟法第273條第1項

共有14款再審事由：1.適用法規顯有錯誤。2.判決理由與主文顯有矛盾。

---

[380] 最高行政法院97年度裁字第3739號裁定。

3.判決法院之組織不合法。4.依法律或裁判應迴避之法官參與裁判。5.當事人於訴訟未經合法代理或代表。但當事人知訴訟代理權有欠缺而未於該訴訟言詞辯論終結前爭執者,不在此限[381]。6.當事人知他造應為送達之處所,指為所在不明而與涉訟。但他造已承認其訴訟程序者,不在此限。7.參與裁判之法官關於該訴訟違背職務,犯刑事上之罪已經證明,或關於該訴訟違背職務受懲戒處分,足以影響原判決。8.當事人之代理人、代表人、管理人或他造或其代理人、代表人、管理人關於該訴訟有刑事上應罰之行為,影響於判決。9.為判決基礎之證物係偽造或變造。10.證人、鑑定人或通譯就為判決基礎之證言、鑑定或通譯為虛偽陳述。11.為判決基礎之民事或刑事判決及其他裁判或行政處分,依其後之確定裁判或行政處分已變更。12.當事人發現就同一訴訟標的在前已有確定判決、和解或調解或得使用該判決、和解或調解。13.當事人發現未經斟酌之證物或得使用該證物。但以如經斟酌可受較有利益之判決為限。14.原判決就足以影響於判決之重要證物漏未斟酌。

　　從行政訴訟法第273條第1項之立法體例言之,該條項第2款至第14款,已就違反特定具體程序法或具體證據法則之違法情事定為再審事由。行政訴訟法第273條第1項第1款另制定概括性、通案性之「適用法規顯有錯誤」再審事由。若此時將「適用法規顯有錯誤」解為再審對象之原確定判決只要一有法規適用上之爭議,即該當該再審要件,一則同條第1項第2款至第14條之再審事由規定即形同虛設;另外法院之確定判決,也會因為再審門檻過低,以致毫無裁判之實質規範作用。行政訴訟法第273條第1項第1款規定「適用法規顯有錯誤」之再審事由,必須原確定判決適用法規之錯誤情節,清楚、明確,而且重大。若有關個案法律意見之採擇,僅是司法實務與學說意見有所不同,自無從使法院「對確定之裁判結果與現行規範秩序有明顯、直接且立即之衝突」一事形成強烈確信,亦難謂「適用法規『顯』有錯誤」可言[382]。

　　行政訴訟法第273條第1項第1款所稱適用法規顯有錯誤者,係指確定判決所適用之法規顯然不合於法律規定,或與司法院現尚有效之解釋,或最高行政法院尚有效之判例顯然違反者[383]。若在學說上諸說併存尚無法規判解可據者,

---

[381] 惟如係法定代理權有欠缺時,因本人不具備完全訴訟能力,並無本款但書規定之適用。

[382] 最高行政法院98年度判字第37號判決。

[383] 最高行政法院97年判字第360號判例。由於判例制度相關規定已遭刪除,臺北高等行

不得指爲適用法規顯有錯誤[384]。事實認定錯誤或法律上見解歧異，不得謂爲適用法規顯有錯誤，而據爲再審之理由[385]。

　　判決理由與主文顯有矛盾，係指判決依據當事人主張之事實，認定其請求或對造抗辯爲有理由或無理由，而於主文爲相反之諭示，且其矛盾爲顯然者。若確定判決於理由項下，認定再審原告之上訴，爲無理由，而於主文諭示駁回再審原告之上訴，即無判決理由與主文顯有矛盾之情形，自亦不得據爲再審之理由[386]。

　　爲判決基礎之證物係僞造或變造者，係指其僞造或變造構成刑事上之犯罪者，且此種僞造或變造之行爲，應以宣告有罪之判決已確定，或其刑事訴訟不能開始或續行，非因證據不足者爲限[387]。

　　行政訴訟法第273條第1項第11款規定之爲判決基礎之民事或刑事判決及其他裁判或行政處分，依其後之確定裁判或行政處分已變更者，係指確定之本案裁判，係以他訴訟之民事判決或刑事判決及其他裁判或行政處分，爲裁判基礎，而該民、刑事判決、其他裁判或行政處分，已因其後之確定裁判或行政處分而有所變更，致使原確定裁判之基礎發生動搖而言。如確定之終局裁判，並非以其他事件之民、刑事判決、其他裁判或行政處分爲基礎者，自不得依該款規定提起再審[388]。

　　爲判決基礎之行政處分，依其後行政處分已變更者，係指該行政處分於判決後爲另一行政處分所變更者而言；若該行政處分爲另一行政處分所變更之事實於判決時即已存在，並經當事人提出主張，經原審斟酌而不採者，即非屬該款規定之再審事由；至於原行政處分確定後法令之修正變更，則並非確定裁判或行政處分之變更，亦爲當然[389]。

政法院109年度再字第1號判決、最高行政法院109年度再字第16號判決皆指出，適用法規顯有錯誤係指確定判決就事實審法院所確定之事實而爲之法律上判斷，有適用法規錯誤之情形。即確定判決所適用之法規有顯然不合於法律規定，或與司法院現尚有效之解釋顯然違反者。

[384] 最高行政法院97年判字第395號判例。
[385] 最高行政法院103年度判字第58號判決。
[386] 最高行政法院98年度判字第1372號判決。
[387] 最高行政法院76年判字第1451號判例。
[388] 最高行政法院109年度抗字第395號裁定。
[389] 臺北高等行政法院98年度再字第151號判決、最高行政法院100年度裁字第1826號裁定。

　　當事人發見就同一訴訟標的在前已有確定判決或得使用該判決者，係指在前已有確定判決，與本件原判決兩者之事件標的乃屬同一而言；「當事人發見未經斟酌之證物或得使用該證物者」，係指該證物在前訴訟程序中即已存在而當事人不知其存在，或雖知有此，而不能使用，現始發現或得使用者而言，並以如經斟酌可受較有利益之裁判者為限，若前訴訟程序終結後始作成之文件，或當事人於前訴訟程序中即知其存在，均非現始發見之證物，不得據以提起再審之訴。「原判決就足以影響於判決之重要證物漏未斟酌者」，係指當事人在前訴訟程序已經提出，而前確定判決漏未於理由中斟酌者而言，申言之，該項證物如經斟酌，原裁判將不致為如此之論斷，若縱經斟酌亦不足影響原裁判之內容，或原裁判曾於理由中說明其為不必要之證據者，均與得提起再審之要件不符[390]。

　　證物乃指可據以證明事實之存否或真偽之認識方法；若當事人提出者為主管機關討論法令規範意旨之會議資料、解釋法令規範意旨之令函或抽象之法律、行政命令，及就具體個案所為行政處分或決定，或法院之裁判意旨，充其量僅是認定事實或適用法律之過程或結論，並非認定事實之證據本身，均非行政訴訟法第273條第1項各款所謂證物[391]。

　　發見未經斟酌之重要證物者，係指該項證物在前訴訟程序中即已存在，而當事人不知其存在，並以如經斟酌可受較有利益之裁判者為限[392]。「原判決就足以影響於判決之重要證物漏未斟酌者」，係指當事人在前訴訟程序中已提出於事實審法院之證物，事實審法院漏未加以斟酌，且該證物為足以影響判決結果之重要證物者而言。若非前訴訟程序事實審法院漏未斟酌其所提出之證物，或縱經斟酌亦不足以影響原判決之內容，或原判決曾於理由中已說明其為不必要之證據者，則均不能認為具備本款規定之再審事由[393]。

（二）行政訴訟法第273條第2項

　　確定終局判決所適用之法規範，經憲法法庭判決宣告違憲，或適用法規範所表示之見解，與憲法法庭統一見解之裁判有異者，其聲請人亦得提起再審之訴。憲法法庭如依同法第62條規定宣告該確定終局裁判違憲，並廢棄之，發回

---

[390] 臺北高等行政法院96年度再字第56號裁定、最高行政法院97年度裁字第2115號裁定。
[391] 最高行政法院112年度抗字第22號裁定。
[392] 最高行政法院69年判字第736號判例。
[393] 最高行政法院102年度判字第624號判決。

管轄法院時，自無提起再審之訴之必要。統一解釋法律及命令案件部分，依司法院釋字第188號解釋意旨及憲法訴訟法第88條規定，經司法院解釋或憲法法庭裁判爲違背法令之本旨時，即屬適用法規顯有錯誤，應許當事人據以爲再審之理由，依法定程序請求救濟。憲法法庭統一見解之裁判，包括判決及應附具理由之實體裁定（憲法訴訟法第41條參照），聲請人之範圍，亦包括司法院釋字第686號、第725號及第741號等解釋所指之聲請人。

（三）行政訴訟法第273條第3項

第1項第7款至第10款情形之證明，以經判決確定，或其刑事、懲戒訴訟不能開始、續行或判決不受理、免議非因證據不足者爲限，得提起再審之訴。

（四）行政訴訟法第273條第4項

行政訴訟法第273條第4項規定，第1項第13款情形，以當事人非因可歸責於己之事由，不能於該訴訟言詞辯論終結前提出者爲限，得提起再審之訴。當事人發現未經斟酌之證物或得使用該證物者，係指該證物在前訴訟程序事實審言詞辯論終結前業已存在而爲當事人所不知，或雖知有此證物之存在，因故不能使用，致未經斟酌，今始知悉或得予使用者而言，且如經斟酌可受較有利益之判決者，即構成再審事由。考量當事人於訴訟中應適時提出證據，以促進訴訟，故如有可歸責於己之事由，未於言詞辯論終結前提出證物者，即不得以發現未經斟酌之證物或得使用該證物爲由，提起再審之訴。

二、再審管轄

行政訴訟法第275條規定，再審之訴專屬爲判決之原行政法院管轄。對於審級不同之行政法院就同一事件所爲之判決提起再審之訴者，專屬上級行政法院合併管轄之。對於上訴審行政法院之判決，本於第273條第1項第9款至第14款事由聲明不服者，雖有前二項之情形，仍專屬原第一審行政法院管轄。

最高行政法院95年8月份庭長法官聯席會議（一）指出，對於同一事件之高等行政法院及最高行政法院所爲「判決」同時本於行政訴訟法第273條第1項第9款至第14款以外之法定事由提起再審之訴者，由最高行政法院合併管轄；但對於高等行政法院判決提起上訴，而經最高行政法院認上訴爲不合法以裁定駁回，對於該高等行政法院判決提起再審之訴者，無論本於何種法定再審事由，仍應專屬原高等行政法院管轄。當事人向最高行政法院提起上訴，是否合法，係屬最高行政法院應依職權調查裁判之事項，聲請人對最高行政法院以其

上訴為不合法而駁回之裁定，以發見未經斟酌之證物為由聲請再審，依行政訴訟法第283條準用同法第275條第1項之規定，專屬最高行政法院管轄，不在同條第3項規定之列。

對於高等行政法院判決提起上訴，而經最高行政法院認上訴為不合法以裁定駁回，對於該高等行政法院判決提起再審之訴者，無論本於何種法定再審事由，仍應專屬原高等行政法院管轄。當事人向最高行政法院提起上訴，是否合法，係屬最高行政法院應依職權調查裁判之事項，聲請人對最高行政法院以其上訴為不合法而駁回之裁定，以發見未經斟酌之證物為由聲請再審，依行政訴訟法第283條準用第275條第1項之規定，應專屬最高行政法院管轄，行政訴訟法第275條第3項規定不在準用之列[394]。

對於最高行政法院駁回抗告之裁定聲請再審者，無論本於何種法定再審事由，依行政訴訟法第283條準用第275條第1項規定，應專屬最高行政法院管轄[395]。

三、提起再審期間

行政訴訟法第276條第1項及第2項規定，再審之訴應於三十日之不變期間內提起。第1項期間自判決確定時起算，判決於送達前確定者，自送達時起算；其再審之事由發生或知悉在後者，均自知悉時起算。再審之目的，固在匡正確定終局判決之不當，以保障當事人之權益。惟確定判決之安定性亦應兼顧，行政訴訟法第276條第4項規定，再審之訴自判決確定時起，如已逾五年者，不得提起。但以第273條第1項第5款、第6款或第12款情形為再審事由者，不在此限。

第三項　重新審理

行政訴訟法第284條第1項規定，因撤銷或變更原處分或決定之判決，而權利受損害之第三人，如非可歸責於己之事由，未參加訴訟，致不能提出足以影響判決結果之攻擊或防禦方法者，得對於確定終局判決聲請重新審理。非因撤銷或變更原處分或決定之判決而權利受損害之第三人、前訴訟程序確定終局裁

---

[394] 最高行政法院95年度裁字第1167號裁定。
[395] 最高行政法院100年度10月份第1次庭長法官聯席會議。

判之當事人，皆不得聲請重新審理。重新審理聲請，應於知悉確定判決之日起三十日之不變期間內為之。但自判決確定之日起已逾一年者，不得聲請（行政訴訟法第284條第2項）。重新審理之聲請係第三人對確定判決聲明不服之方法，其管轄則準用再審管轄法院之規定（行政訴訟法第285條）。

重新審理制度之目的主要係給予非可歸責於己之事由，未參加訴訟之第三人，公允救濟之機會。因此，訴訟當事人並無提起重新審理之權。第三人之權利或法律上利益（包括公法上或私法上的權利或法律上利益）必須因撤銷判決之形成力直接受到損害；且受損害者既限於權利及法律上利益，則純粹經濟上、文化上、精神上或其他事實上之利益（反射利益）並不包括在內。非可歸責於己之事由，未參加訴訟，係指聲請人就該確定判決之行政訴訟事件，未依行政訴訟法第41條、第42條參加訴訟，且其未參加訴訟，就具體個案依社會通念判斷，欠缺可歸責於己之事由。足以影響判決結果之攻擊或防禦方法，係指該攻擊或防禦方法如在原訴訟程序提出，則原判決結果會對第三人作有利之變更；若其於原訴訟程序提出，判決結果仍不會變更，即不符合聲請重新審理之理由[396]。

惟聲請重新審理無停止原確定判決執行之效力。但行政法院認有必要時，得命停止執行（行政訴訟法第291條）。且重新審理之判決，對第三人因信賴確定終局判決以善意取得之權利無影響。但顯於公益有重大妨害者，不在此限（同法第292條）。

第十節　暫時性權利保護

由於行政訴訟程序之進行可能十分冗長，為確保行政訴訟當事人權益能夠獲得有效保護，行政訴訟法規定行政訴訟程序確定終結前之暫時性權利保護制度，包括行政處分停止執行程序、保全程序之假處分以及假扣押程序。

所有暫時權利保護制度（包括「停止執行」及「假扣押」或「假處分」等），其審理程序之共同特徵，均是要求法院在有時間壓力情況下，以較為簡略之調查程序，依當事人提出之有限證據資料，權宜性地、暫時性地決定，是

---

[396] 最高行政法院104年度裁字第954號裁定。

否要先給予當事人適當之法律保護（以免將來的保護緩不濟急）[397]。

第一項　停止原處分之執行

　　提起行政訴訟是否當然停止原處分或原決定之執行，各國規定不同。為確保公權力措施（行政機關的處分或決定）在依法遭撤銷或變更前仍具有執行力，並防杜以訴訟途徑阻礙原定行政處分之執行措施，影響重大公共利益，亦即基於維護行政效率與貫徹公權力之考量，行政訴訟法第116條第1項規定，原處分或決定之執行，除法律另有規定外，不因提起行政訴訟而停止。惟為保護當事人權益，行政訴訟法第116條第2項及第3項規定，行政訴訟繫屬中，行政法院認為原處分或決定之執行，將發生難於回復之損害，且有急迫情事者，得依職權或依聲請裁定停止執行。但於公益有重大影響，或原告之訴在法律上顯無理由者，不得為之。於行政訴訟起訴前，如原處分或決定之執行將發生難於回復之損害，且有急迫情事者，行政法院亦得依受處分人或訴願人之聲請，裁定停止執行。但於公益有重大影響者，不在此限。聲請裁定停止執行者，須為原處分或決定之執行，至於事實行為之執行則不包括在內。

一、要　件

　　依行政訴訟法第116條第2項規定，允許停止執行必須具備四個要件：

（一）原處分或決定之執行將發生難以回復之損害

　　最高行政法院99年度裁字第1981號裁定指出，行政訴訟法第116條第2項規定之立法目的在避免原告於日後縱使獲得勝訴判決，其因原處分或決定之執行所生損害，亦已難以回復。聲請停止執行者必須是主張其自己之權利或法律上利益，因原處分或決定之執行，將發生難以回復之損害；如係他人的損害，則難謂對之有聲請停止執行之利益。原則上僅有處分相對人或利害關係人始有聲請之資格。

　　停止執行之目的，在於停止原行政處分之效力、處分之執行或程序之續行，自須該行政處分尚未執行完畢，始得認其有聲請之利益。行政處分如已經執行完畢者，就當事人而言，顯已無停止執行之實益，則當事人嗣後始聲請停

---

[397] 最高行政法院95年度裁字第2380號裁定、最高行政法院97年度裁字第1134號裁定。

止執行，與行政訴訟法第116條第2項前段規定之停止執行要件不合，法院自應予以駁回[398]。

難以回復之損害係屬不確定法律概念，最高行政法院100年度裁字第1058號裁定指出，「難於回復之損害」，係指其損害不能回復原狀，或在一般社會通念上，如為執行可認達到回復困難之程度，以及不能以相當金錢賠償而回復損害而言。但也不應只以「能否用金錢賠償損失」當成唯一之判準，如果損失之填補得以金錢為之，而其金額過鉅，或者計算有困難時，為了避免將來國家負擔過重的金錢支出或延伸出耗費社會資源的不必要爭訟，仍應考慮此等後果是否有必要列為「難於回復損害」之範圍。

命停業二個月及二年內接受三十小時繼續教育處分之執行，雖將使得受處分人無法取得報酬受有損害，但受處分人治療病患，依一般社會通念，係取得金錢為報酬，尚非無法以金錢賠償；受處分人縱因原處分之執行，致其名譽、信譽受有損害，尚非不得依民法有關回復人格權之方法或透過有關手段回復原狀。受處分人診所之員工或病患縱因原處分之執行，致其生計或回診、就醫等相關權益受有損害，惟渠等損害賠償之請求，亦非不能以金錢賠償獲得救濟或以他法回復原狀。故原處分縱嗣後被撤銷，仍難謂將對受處分人、其診所之員工或病患發生難於回復之損害[399]。

環境權與文化權均具濃厚之公益色彩，於停止執行聲請要件之審查時，所謂難以回復之損害，抗告人仍應釋明其權益究因原處分之執行而具體受有如何之損害且難以回復，始得認其聲請為有理由，尚非如訴權爭議層次僅以達到可能性說標準已足。抗告人雖提出若干論文、新聞稿、臉書回應意見等資料為據，惟仍未能舉出實際數據或因果機轉之具體解釋，以釐清本件開發行為對於藻礁生態系之影響程度及範圍，是否將造成永久且不可逆之摧毀（或滅絕），釋明尚有未足，遑論所指其環境權、文化權究具體受有如何之損害且難以回復[400]。

最高行政法院91年度裁字第1461號裁定指出，聲請人育有幼子，基於人倫之常，應有繼續居留照顧之必要，因此若原處分（限令出境）繼續執行，將發生難以回復之損害。

---

[398] 最高行政法院99年度裁字第390號裁定。
[399] 最高行政法院101年度裁字第1127號裁定。
[400] 最高行政法院110年度抗字第69號裁定。

解散與進行清算程序之法律效果，將對聲請人以政黨參與經濟、社會及政治事務之效應，產生即刻發生且有其不可回復性之損害，也不可能透過金錢予以補償。聲請人係基於憲法保障之結社自由，所成立之政治性團體（政黨），並經內政部依人民團體法許可立案，其會員透過結社而溝通理念，凝聚群體能量，經由公共參與經濟、社會及政治事務，而發揚其價值之可能，將因原處分之執行而無從實現。聲請人日後縱使獲得本案勝訴判決，也顯然無可回復因時間經過所流失之群眾能量，以及匯聚理念而成為公共政策之契機。原處分之執行確實符合執行將發生難於回復之損害之條件[401]。

系爭開發計畫沒有進行原住民族基本法第21條諮商參與同意程序，已侵害原住民族的文化權、自決權及部落族人精神上完滿與文化認同的人格尊嚴保障，非金錢所能輕易填補。原處分如不停止執行，此等權利侵害將持續並隨時間經過，土地利用範圍持續擴大，而有難於回復原狀的情形[402]。

（二）有急迫情事

是否存在急迫情事，並無法一概而論，而是取決於個案之情形。急迫情事，係指原處分或決定已開始執行或隨時有開始執行之虞，且其急迫情事非因可歸責於聲請人之事由所造成。最高行政法院92年度裁字第307號裁定指出，臺中市政府已完成發包作業（拆除巨型集合住宅），隨時得通知承包商開工拆除，因此認定有急迫情事。惟處分或決定已開始執行，再由相對人向法院聲請停止執行，是否緩不濟急，行政法院是否有辦法即時處理，令人質疑。此時，最好的辦法或許是依行政執行法第9條規定，並以行政執行法第3條規定為理由，針對執行命令，向執行機關提出聲明異議，在時效上較為可行。

（三）停止執行對公共利益並無重大影響

對於公共利益是否有重大影響，必須衡量當事人利益與原處分或決定執行將產生的公共利益之間的輕重。蓋停止執行雖有助於兼顧原告或利害關係人之利益，但如停止執行之結果，對公共利益發生重大之影響，自不得停止執行。最高行政法院92年度裁字第307號裁定認為停止執行拆除處分，有急迫情事，而於公益並無重大影響，因此准予停止執行。雖已提及此要件，但未說明理由

---

[401] 臺北高等行政法院109年度停字第79號裁定、最高行政法院109年度裁字第201號裁定。

[402] 臺北高等行政法院110年度停字第79號裁定。

為何，殊為可惜。

（四）原告之訴在法律上非顯無理由

　　暫時停止執行之目的在避免原告於日後縱使獲得勝訴判決，其因原處分或決定之執行所生之損害，亦已難以回復。因此若原告之訴在法律上毫無勝算或顯無理由時，並無適用此類暫時性權利保護制度之必要。將原告之訴在法律上顯無理由列為消極要件之一，無非是因行政處分如顯然合法，本案訴訟無勝訴之望，此時即不應許其停止執行之聲請，以符合停止執行制度原則上乃在對得獲撤銷訴訟之勝訴判決者，提供及時有效權利保護之基本精神。因此，若經概括審查而認聲請人之本案訴訟在法律上顯無理由，自應駁回其停止執行之聲請[403]。是否為非顯無理由，除可考量行政訴訟法第107條第1項規定之裁定駁回事由外，亦可參酌行政訴訟法第107條第3項規定之討論，亦即依原告所訴之事實，在法律上顯無理由者，行政法院得不經言詞辯論，逕以判決駁回之。此外，常被提及者，係得仿日本法，將聲明之主張明顯不當、主張之事實欠缺釋明理由或處分之合法性業經被告機關充分釋明者，認定屬顯無理由之情形。

（五）四項要件審查之程序

　　行政訴訟法第116條第2項規定的四項要件，無論是前二項的積極要件或後二項的消極要件，皆屬於行政法院決定是否以裁定停止行政處分的考量因素。由於停止執行之聲請，常是在極短時間內要求法院依當事人所提出之資料，暫時性決定是否給予當事人適當的權利保護，而其核心在於原告（包括利害關係人）的利益與行政處分或決定所追求的公益間的利益衡量。因此四項要件的詮釋，不宜過於拘泥條文之文字規定，換句話說，不宜公式化地先審查「原處分或決定之執行，將發生難以回復之損害」是否存在；肯認後，再審查有無急迫情事；符合兩項積極要件後，再審查是否對公益有重大影響及原告之訴是否在法律上顯無理由二項消極要件。

　　暫時停止執行之目的在避免原告於日後縱使獲得勝訴判決，其因原處分或決定之執行所生之損害，無法或難以回復，因此適用本項制度之重點應在於原告之訴在訴訟上勝訴之機率為何以及是否存在保全之急迫性。兩者之間的關係乃是互動且互為補充的，換句話說，原告之訴在訴訟上勝訴機率明顯時，則保全急迫性的要求可適度降低；當保全急迫性之情況明顯時，則勝訴機率之要求可適度降低。換句話說，不應僵化地、機械式地適用行政訴訟法第116條第2項

---

[403] 最高行政法院110年度抗字第69號裁定。

規定的要件，而完全不衡量每個個案中私益與公共利益的輕重問題。類似的利益衡量審查方式，亦出現在德國，其發展出二階段的利益衡量，第一階段為概括審查，針對的乃是原告在本案中之勝訴機率為何、行政處分或決定瑕疵之情形；第二階段為衡量當事人間彼此之利益，亦即處分之執行將造成何種不可回復之損害以及停止執行將對公益造成何種影響等[404]。

　　行政訴訟法第116條第2項所定構成要件之詮釋，或許不宜過於拘泥於條文，而謂一定要先審查「行政處分之執行結果是否將立即發生難於回復之損害」，而在有確認有此等難以回復之損害將立即發生後，才去審查「停止原處分之執行是否於公益有重大影響」或「本案請求在法律上是否顯無理由」，因為這樣的審查方式似乎過於形式化。比較穩當的觀點或許是把「保全之急迫性」與「本案請求勝訴之蓋然率」當成是否允許停止執行之二個衡量因素，而且彼此間有互補功能，當本案請求勝訴機率甚大時，保全急迫性之標準即可降低一些；當保全急迫性之情況很明顯，本案請求勝訴機率值或許可以降低一些。另外「難以回復之損害」，固然要考慮將來可否以金錢賠償，但也不應只以「能否用金錢賠償損失」當成唯一之判準。如果損失之填補可以金錢為之，但其金額過鉅時，或者計算有困難時，為了避免將來國家負擔過重的金錢支出或延伸出耗費社會資源的不必要爭訟，仍應考慮此等後果是否有必要列為「難以回復損害」之範圍[405]。

　　行政訴訟法對行政處分停止執行之規定，為行政訴訟暫時權利保護制度之一環。旨在確保向行政法院尋求權利保護之人民，能獲得有效之權利保護。由於停止執行程序係緊急程序，對於構成停止執行要件之事實證明程度，以釋明為已足，不要求完全之證明。換言之，法院依兩造提出之證據資料，及法院可即時依職權調查所得，就停止執行要件事實之存在，得蓋然心證，即得准予停止執行。訴願法第93條第2項規定，原行政處分之合法性顯有疑義者，即不論該處分之執行，是否將發生難以回復之損害，有無急迫情事，是否為維護重大公共利益所必要，受理訴願機關或原行政處分機關得依職權或依申請停止執行。此規定即表明合法性顯有疑義之行政處分，不具立即執行之公益，係法

---

[404] 林明鏘，翁岳生主編，行政訴訟法逐條釋義，4版，2023年10月，第384頁；陳清秀，行政訴訟上的暫時權利保護，行政訴訟論文彙編，第2輯，司法院，1999年，第290-291頁。

[405] 最高行政法院95年度裁字第2380號裁定。

治國家之依法行政原則之具體化，而爲維護憲法原則之重大公益所要求。行政訴訟法第116條第2項雖無類此之明文規定，然而行政法是憲法之具體化，解釋運用行政訴訟法第116條第2項規定，自應顧及此項法治國家依法行政原則之精神。系爭開發許可所據之系爭審查結論既經判決撤銷，系爭開發許可即因而溯及自始違法，其違法性明確甚於合法性顯有疑義，無立即執行公益之必要，停止其執行自難謂於公益有重大影響[406]。

二、效　力

停止執行裁定之效力，依行政訴訟法第116條第5項規定，得停止原處分或決定之效力、處分或決定之執行或程序之續行之全部或部分。停止執行之裁定係屬形成裁判，即一旦裁定停止執行，將使因原處分或決定所生之法律關係，發生回復如未爲處分或決定前之狀態，此項形成力原則上僅能向將來發生效力；處分或決定之執行或程序之續行，一經裁定停止，其實施執行之事實行爲或應續行之程序自當隨之停止。停止執行之裁定既具有形成力之效力，原處分或決定經裁定停止執行後，即生其法律上之效力，毋庸向法院聲請強制執行[407]。

三、撤銷停止執行

行政訴訟法第118條規定，停止執行之原因消滅，或有其他情事變更之情形，行政法院得依職權或依聲請撤銷停止執行之裁定。情事變更不僅指事實或法律狀態之變更，尚包括停止執行裁定之前提要件判斷上重要之點之任何變更在內。惟情事變更應指停止裁定以後所發生者而言，此對照法條所稱「停止執行之『原因消滅』，或有『其他情事變更』之情形」，足見「其他情事變更」之情形，應係指與前面所言「原因消滅」相當之「其他情形」所爲之概括規定；原因消滅，係指裁定時存在而嗣後（裁定之後）發生消滅者[408]。

---

[406] 最高行政法院99年度裁字第2032號裁定。
[407] 最高行政法院99年度裁字第2779號裁定。
[408] 臺中高等行政法院90年度聲字第1號裁定。

第二項　保全程序

一、假扣押

行政訴訟法規定之假扣押，係債權人為保全其因公法上關係而生之金錢請求將來得以強制執行為目的，聲請管轄行政法院裁定暫時查封債務人之財產或權利，而禁止其（債務人）處分之程序[409]。

行政訴訟法第七編所規定之假扣押，乃附屬於債權人對於債務人所提起之本案訴訟，係為確保本案訴訟之強制執行為目的而存在；且由行政訴訟法第295條規定假扣押裁定後，尚未提起給付之訴者，應於裁定送達後十日內提起；逾期未起訴者，行政法院應依聲請撤銷假扣押裁定觀之，行政訴訟法之假扣押與本案訴訟之關係，具有附屬性的連結[410]。

（一）聲請假扣押之要件

行政訴訟法第293條規定，為保全公法上金錢給付之強制執行，得聲請假扣押。前項聲請，就未到履行期之給付，亦得為之。行政訴訟法第297條準用民事訴訟法第523條規定，假扣押，非有日後不能強制執行或甚難執行之虞者，不得為之。應在外國為強制執行者，視為有日後甚難執行之虞。

假扣押制度乃為保全債權人將來之強制執行，並得命其供擔保以兼顧債務人權益之保障，所設暫時而迅速之簡易執行程序，是民事訴訟法第523條第1項所稱「有日後不能強制執行或甚難執行之虞」之「假扣押之原因」者，本不以債務人浪費財產、增加負擔或將其財產為不利益之處分，致達於無資力之狀態，或債務人移住遠方、逃匿無蹤或隱匿財產等積極作為之情形為限，只須合於該條項「有日後不能強制執行或甚難執行之虞」之條件，即足當之。倘債務人對債權人應給付之金錢或得易為金錢請求之債權，經催告後仍斷然堅決拒絕給付，且債務人現存之既有財產，已瀕臨成為無資力之情形，或與債權人之債權相差懸殊，將無法或不足清償滿足該債權，在一般社會之通念上，可認其將來有不能強制執行或甚難執行之虞之情事時，亦應涵攝在內[411]。

「日後甚難執行之虞」，除指如債務人將移住遠方、逃匿或應在外國為強

---

[409] 最高行政法院102年度裁字第1106號裁定。

[410] 最高行政法院103年9月份第2次庭長法官聯席會議。

[411] 最高法院98年度台抗字第746號民事裁定。

制執行之類者外，尚應包括債務人將其財產外移至爲我國現時司法權效力所不及之大陸地區，致其在我國之財產有不足爲強制執行之虞等情形在內[412]。

（二）管轄法院

行政訴訟法第294條規定，假扣押之聲請，由管轄本案之行政法院或假扣押標的所在地之地方行政法院管轄。管轄本案之行政法院爲訴訟已繫屬或應繫屬之第一審法院。假扣押之標的如係債權，以債務人住所或擔保之標的所在地，爲假扣押標的所在地。

二、假處分

（一）意 義

行政訴訟法第298條規定，公法上之權利因現狀變更，有不能實現或甚難實現之虞者，爲保全強制執行，得聲請假處分。於爭執之公法上法律關係，爲防止發生重大之損害或避免急迫之危險而有必要時，得聲請爲定暫時狀態之處分。前項處分，得命先爲一定之給付。行政法院爲假處分裁定前，得訊問當事人、關係人或爲其他必要之調查。

行政訴訟法第298條第1項爲具保全功能之假處分，即以假處分消極地保持現狀防止其變更，特徵爲現狀之維持，以免公法上之權利有不能實現或甚難實現之虞。第2項則屬具暫時止爭功能之假處分，其特徵爲現狀之改變，係於爭執之公法上法律關係尚未經確定終局裁判前，作成暫時擴張聲請人法律地位之措施，與第1項純爲保全將來執行之一般假處分，並不相同。換句話說，聲請人於准許定暫時狀態之假處分裁定後，在本案執行前，可依該裁定所定暫時狀態實現其權利，相對人亦應暫時履行其義務（行政訴訟法第298條第3項規定：「前項處分，得命先爲一定之給付。」）以防止發生重大之損害或避免急迫之危險[413]。

最高行政法院95年度裁字第2083號裁定指出，行政訴訟法第298條第1項所定之假處分係保全強制執行方法一種，原爲在本案請求尚未經判決確定前，預防將來債權人勝訴後因現狀變更，有日後不能實現或甚難實現之虞者而設，故債權人聲請假處分，必以自己對於債務人，現在或將來有訴訟繫屬之本案請求

---

[412] 臺灣高等法院98年度抗字第104號民事裁定。
[413] 最高行政法院112年度抗字第65號裁定。

為前提要件，亦即其須有欲保全之公法上之權利為要件。行政訴訟法第298條第2項所定之定暫時狀態處分，其最終目的亦在保全將來判決內容之實現，聲請人於得有定暫時狀態之處分裁定後，在本案執行前，可依該裁定所定暫時狀態實現其權利，是其以有爭執之公法上法律關係，亦即公法上金錢請求以外，適於為行政訴訟標的，而有繼續性者，為防止發生重大之損害或避免急迫之危險而有必要時，始足當之。如聲請人主張者並非公法上之權利，或無繼續性之公法上法律關係者，即無據以聲請假處分可言。

（二）假處分之功能

假處分依其功能為下述之分類，一為具保全功能之假處分；一為具暫時止爭功能之假處分[414]，茲就此二種功能分述如下：

1. 具保全功能之假處分

此即行政訴訟法第298條第1項所定「公法上之權利因現狀變更，有不能實現或甚難實現之虞者，為保全強制執行，得聲請假處分」之情形。其聲請人請求法院作成之假處分內容，特徵為「現狀之維持」（例如「主張徵收無效，發還徵收土地」之聲請人聲請「禁止行政機關對該被徵收之土地為事實上或法律上處分行為」之假處分，以便將來獲得勝訴判決後能夠取回該筆土地）。

假處分乃以保全將來之強制執行為目的，故債權人聲請假處分，必以自己對於債務人，現在或將來有訴訟繫屬之本案公法上請求權為前提要件，否則即無欲保全之公法上權利，自不符合假處分之要件。至於就他人間尚未具體發生公法上之權利，縱使自己有利害關係，亦無保全之必要，仍不得聲請假處分[415]。公法上之權利因現狀變更，係指請求標的從前存在之狀態現在已有變更或即將有所變更，因恐本案判決確定時，有不能實現或甚難實現之虞者，始得聲請假處分[416]。

2. 具暫時止爭功能之假處分

即行政訴訟法第298條第2項所定「於爭執之公法上法律關係，為防止發生重大之損害或避免急迫之危險而有必要時，得聲請為定暫時狀態之處分」之情形。定暫時狀態之處分，係為防止發生重大之損害或避免急迫之危險而有必要

---

[414] 最高行政法院98年度裁字第952號裁定。
[415] 最高行政法院91年度裁字第457號裁定。
[416] 最高行政法院89年度裁字第1260號裁定。

時，於爭執之公法上法律關係尚未經確定終局裁判前，作成暫時擴張聲請人法律地位之措施，俾聲請人於裁定准許定暫時狀態之處分後，在本案判決確定前，可依該裁定所定暫時狀態實現其權利，相對人亦應依該裁定所定暫時狀態履行其義務，而在一定範圍內會造成達到本案勝訴判決之相同結果，形同喪失其對本案訴訟原有之附隨性、暫定性等本質，實現如本案訴訟勝訴判決之內容，發揮類似於本案訴訟之效力。基於其影響之重大性，並平衡當事人雙方之利害關係，以及訴訟程序之充分性及完整性等考量因素，是定暫時狀態處分之聲請，必須其本案權利存在之蓋然性較高時，始得謂有准許之必要性[417]。所謂爭執之公法上法律關係，係指為假處分所保全之本案行政爭訟標的之公法上法律關係而言，不包括與該法律關係相牽涉之其他公法上法律關係在內[418]。

聲請人請求法院作成之假處分內容，特徵為「現狀之改變」（例如「請領社會救濟金遭拒」之聲請人，以目前生活困難，如果不立即取得當月份之救濟金，其生活即可能陷入絕境，而聲請「命發給機關暫為當月份給付」之假處分，如果將來聲請人本案訴訟敗訴確定，則須將已領得之救濟金返還予發給機關。

權利保全制度所保全者正是本案權利，因此沒有本案權利存在，即無予以保全之正當性。此與本案權利存在，不予保全（包括定暫時狀態），抽象存在之權利在實證上會因此實踐困難而落空之情況不同，是以本案正如原裁定所言，抗告人在本案權利尚不存在之情況下，提起本件「定暫時狀態」假處分之聲請。其請求難謂符合「定暫時狀態」假處分之許可要件。

保全假處分之手段固無限制，但其仍屬保全本案權利之手段，不能用此程序取得大於本案權利之保全內容。保全手段是由法院依職權來決定，不受當事人聲明之拘束，但保全法院仍不可將本案權利之保全委由非本案權利之義務人行之。

行政訴訟法第298條第2項規定之規範意旨，無非因公法上權利之爭執，常因訴訟之進行曠日廢時，即使權利人事後已取得勝訴判決，往往因損害已經發生或公法上權利狀態有所變更，導致權利無從實現，故有給予暫時性保護之必要。定暫時狀態之處分係於爭執之公法上法律關係尚未經確定終局裁判前，作成暫時擴張聲請人法律地位之措施。聲請人於准許定暫時狀態之處分裁定後，

[417] 最高行政法院113年度抗字第41號裁定。
[418] 最高行政法院106年度裁字第78號裁定。

在本案執行前,可依該裁定所定暫時狀態實現其權利,相對人亦應暫時履行其義務。惟聲請定暫時狀態之處分,須以有本案請求為前提,且定暫時狀態之處分,本即在一定範圍內會造成達到本案勝訴判決之相同結果,因而依行政訴訟法第298條第2項規定聲請為定暫時狀態之處分,必聲請人有爭執之公法上法律關係,而有防止發生重大之損害或避免急迫之危險之必要時,始得為之[419]。

定暫時狀態之假處分,其目的並非全然保護當事人日後之強制執行,亦在保護一般之利益、防止發生重大之損害或避免急迫之危險,故行政法院定暫時狀態,如有暫時實現本案請求之必要者,得命先為一定之給付;聲請人得有定暫時狀態之處分裁定後,在本案執行前,可依該裁定所定之暫時狀態實現其權利,相對人亦應暫時履行其義務[420]。

行政訴訟法第298條第2項規定所謂「為防止發生重大之損害」,限於該項重大損害係非聲請人所能預料者,並且該損害非因自己之遲延、錯估等過咎行為所造成。如為聲請人所能預料者,其原能採取防範措施,即無急迫可言,如其不採取防範措施而致損害發生,該損害之發生為其過咎所致,而因自己過咎行為發生損害,如得要求為定暫時狀態之假處分,無異鼓勵過咎行為,亦與公平正義原則有違[421]。至於損害或危險,在主觀訴訟係指聲請人自身直接的損害或危險而言。

重大之損害係指損害難以回復者,重大之損害應綜合情形判斷是否對聲請人造成異常難以回復之損害,急迫之危險係指危險刻不容緩,無法循行政爭訟程序處理者[422]。行政訴訟法第298條第2項規定之暫時狀態假處分之發動條件,係限於為防止發生重大損害或避免急迫危險而有必要時,本件抗告人所請求之禁止拆除建物部分,已因該建物經拆除完畢而無申請暫時狀態假處分之實益,又對於停止興建工程部分,雖然損鄰鑑定報告書認定,機廠鄰近民宅之損害與機廠新建工程有關,然尚未確認工程所造成之損害重大而無法彌補,而有應立即停工以避免急迫危險之必要,故尚難認定假處分聲請有理由[423]。

自移民法第16條第4項之2次修法提案及在立法院討論之內容,藏人之處境

---

[419] 最高行政法院92年度裁字第571號裁定、最高行政法院109年度裁字第2220號裁定。
[420] 最高行政法院99年度裁字第2029號裁定。
[421] 最高行政法院109年度裁字第2220號裁定。
[422] 最高行政法院99年度裁字第3324號裁定、最高行政法院112年度抗字第314號裁定。
[423] 最高行政法院99年度裁字第843號裁定要旨。

爲國際社會所公知，其事實於法院已顯著，依法毋庸舉證（行政訴訟法第176條準用民事訴訟法第278條），抗告人如確係無尼泊爾國籍之人，縱使可以送回尼泊爾，則其亦因係無國籍之人，尼泊爾政府不會對其施以公民之保護，可能會被遣送回西藏或其他地區，抗告人主張此將對其發生重大之損害，有請求暫時居留假處分之必要，自屬有據[424]。

（三）限　制

行政訴訟法第299條規定，得依第116條請求停止原處分或決定之執行者，不得聲請爲前條之假處分。行政訴訟法第299條立法意旨在於假處分將阻礙行政機關之行政處分或其他公權力之行使，而行政訴訟法第116條已就行政處分之停止執行設有規定，該項規定可謂假處分之代替制度。是就行政機關之行政處分，自無適用假處分程序之餘地。而此規定於人民在行政機關作成行政處分前，預先聲請假處分，應亦適用之。蓋人民可等到行政處分作成後，始依法請求救濟，若允許其提起預防性之假處分，將成爲行政法院以假處分方式代替行政機關之行政處分，顯有違權力分立之憲法設計，自爲法之所不許[425]。

（四）管轄法院

行政訴訟法第300條規定，假處分之聲請，由管轄本案之行政法院管轄。但有急迫情形時，得由請求標的所在地之地方行政法院管轄。

第十一節　強制執行

第一項　撤銷判決之強制執行

行政訴訟法第304條規定，撤銷判決確定者，關係機關應即爲實現判決內容之必要處置。實現判決內容之必要處置，例如，重爲處分、除去違法行政處分所造成之違法狀態等。

行政訴訟法第304條規定，並無如同法第305條第1項所定得向高等行政法院聲請強制執行之規定。撤銷原處分之判決係屬形成判決，行政處分經判決撤銷確定後，溯及失其效力，原不生強制執行問題。本件抗告人據以聲請強制執

---

[424] 最高行政法院109年度裁字第786號裁定。
[425] 最高行政法院99年度裁字第3324號裁定。

行之本院91年度判字第2318號判決，由其主文載明「原判決廢棄。訴願決定及原處分均撤銷」，可知僅係將相對人原處分撤銷，並未命相對人對抗告人爲一定之給付，爲撤銷判決，已使原違法登記處分溯及失其效力，本毋庸向高等行政法院聲請強制執行[426]。

第二項　給付裁判之執行

給付裁判之執行名義主要爲給付判決，行政訴訟法第305條第1項及第2項規定，行政訴訟之裁判命債務人爲一定之給付，經裁判確定後，債務人不爲給付者，債權人得以之爲執行名義，聲請地方行政法院強制執行。地方行政法院應先定相當期間通知債務人履行；逾期不履行者，強制執行。

行政法院爲「被告對於原告之申請，應依本院之法律見解另爲適法之處分」之判決，爲課予義務訴訟判決，然亦屬給付判決之一種，所爲「命行政機關爲處分」之內容，該當「命債務人爲一定之給付」，且非不能確定，自得聲請法院爲強制執行。惟作成行政處分乃行使行政權，法院或第三人無從代替行政機關爲之，行政機關怠於履行時，無法採取直接強制或代履行之執行手段，執行法院得依行政訴訟法第306條第2項準用強制執行法第128條第1項規定，對行政機關課處怠金及再處怠金，以促使其履行作成處分之給付義務[427]。

除給付判決外，行政訴訟法第305條第4項規定，依行政訴訟法成立之和解或調解，及其他依行政訴訟法所爲之裁定得爲強制執行者，以及依行政訴訟法科處罰鍰之裁定，均得爲執行名義。

第三項　強制執行機關

行政訴訟法第306條第1項規定，地方行政法院爲辦理行政訴訟強制執行事務，得囑託地方法院民事執行處或行政機關代爲執行。本項規定並不排除地方行政法院自行辦理強制執行事務。執行程序，除行政訴訟法別有規定外，應視執行機關爲法院或行政機關而分別準用強制執行法或行政執行法之規定（行政訴訟法第306條第2項）。

---

[426] 最高行政法院94年度裁字第317號裁定。
[427] 最高行政法院106年1月份第1次庭長法官聯席會議。

第四項　強制執行之救濟途徑

一、債務人聲明異議

行政訴訟法第306條第3項規定，債務人對第1項囑託代為執行之執行名義有異議者，由地方行政法院裁定之。行政訴訟法第306條第2項準用強制執行法第12條或行政執行法第9條規定亦得提出聲明異議。

二、債務人異議之訴

債務人異議之訴係對於執行名義所示之實體請求權有所爭執，行政訴訟法第307條規定，債務人異議之訴，依作成執行名義之第一審行政法院，分別由地方行政法院或高等行政法院受理；其餘有關強制執行之訴訟，由普通法院受理。對行政處分之執行名義提起之債務人異議訴訟，既係針對「執行名義成立後之消滅或妨礙債權人請求之事由」為之，是此類型之債務人異議訴訟，其認定事實及適用法律之基準時點原則上應為事實審言詞辯論終結時[428]。

債務人異議之訴係債務人主張執行名義所示請求權之存在與內容，在執行名義成立後有消滅或妨礙債權人請求之事由發生，致實體法上之權利狀態已不一致，請求法院判決不許強制執行，以排除執行名義執行力為目的之訴訟，其訴訟標的為請求排除不當執行之異議權，故提起債務人異議之訴，應以執行名義所示之債務人、債權人為原告、被告，始屬適格之當事人。執行名義無論係依行政訴訟法由法院判令債務人為一定給付之裁判、和解筆錄、科處罰鍰裁定、其他依法得為強制執行裁定或行政機關作成之行政處分均屬之。債務人異議之訴，係以排除執行名義之執行力為目的，應限於執行法院業據債權人之聲請實施強制執行，且在執行程序終結前提起，始得為之。倘債權人未聲請強制執行而無執行程序之發動，或執行程序業已終結，已無阻止強制執行之實益，即無從提起債務人異議之訴[429]。

---

[428] 最高行政法院102年度判字第404號判決要旨。
[429] 臺北高等行政法院101年度訴字第835號判決。

附件一 ┃ 人事行政行為一覽表

人事行政行為一覽表

公務人員保障暨培訓委員會109年9月22日第12次委員會議通過

機關行政行為類型			定性
壹、考試分發	一、報到	核定延期報到	行政處分
貳、任免銓審遷調	一、試用	（一）核定免予試用	行政處分
		（二）評定試用成績不及格	
		（三）試用成績及格日期	
	二、提敘	銓敘部銓審結果—申請年資部分採計／不採計	行政處分
	三、借調	（一）他機關借調本機關現職人員，占他機關職缺工作	改認行政處分
		（二）他機關借調本機關現職人員，占本機關職缺工作	管理措施
	四、兼職	（一）本機關指派現職人員兼任他機關職務或工作	管理措施
		（二）本機關現職人員申請兼任他機關職務或工作	行政處分
	五、留職停薪	核定留職停薪	行政處分
	六、復職	核定復職	行政處分
	七、陞遷—內陞	（一）依積分高低順序或資格條件造列名冊	內部準備程序
		（二）排定陞遷候選人員之名次或遴用順序	
		（三）圈定人選	

機關行政行為類型			定性
		（四）發布人事命令	行政處分
		（五）銓敘審定	
	八、陞遷─外補	（一）公開甄選	內部準備程序
		（二）依積分高低順序或資格條件造列名冊	
		（三）圈定人選	
		（四）核定指名商調	改認行政處分
		（五）新機關發布人事命令	行政處分
		（六）銓敘審定	
	九、陞遷─遷調相當職務	（一）發布人事命令	管理措施
		（二）銓敘審定	行政處分
	十、調任	（一）將主管人員調任同官等、官階（職等）及同一陞遷序列之非主管職務	管理措施
		（二）將所屬人員調任不同官等、官階（職等）或不同陞遷序列之職務	行政處分
		（三）銓敘審定	
參、組織編制職務管理	一、組織修編─重新審查任用資格及俸級	（一）發布人事命令	行政處分
		（二）銓敘審定	
	二、職務歸系變更─重新檢討調整歸系	（一）發布人事命令	行政處分
		（二）銓敘審定	
	三、工作指派	（一）工作項目／地點異動	管理措施
		（二）職責程度異動	
肆、訓練進修	一、在職訓練	薦派或遴選參訓人員	管理措施
	二、升官等訓練	（一）召開甄審會審核資歷	內部準備程序

機關行政行為類型			定性
		（二）機關報送遴選結果	行政處分
		（三）本會核定參訓人選	
		（四）評定訓練結果不合格	
	三、進修	（一）核定現職人員之進修（全時／公餘／部分辦公時間）	管理措施
		（二）全時進修—通知限期繳納應賠償金額（進修期間所領俸薪給、補助）	行政處分
伍、服務差勤	一、值日管理	（一）編排值班（勤、日、夜）表	管理措施
		（二）核定值班（勤、日、夜）費	行政處分
	二、請假	核定請假	管理措施
	三、國內出差審核登記及差旅費核發	（一）核定出差	管理措施
		（二）核定差旅費	行政處分
	四、公出登記管理	核定公出	管理措施
	五、強制休假補助費核發	（一）核定休假日數	行政處分
		（二）核定休假補助費	
	六、未休假加班費	核定未休假加班費	行政處分
	七、休假保留日數	核定保留尚未休畢休假日數	行政處分
	八、曠職	（一）曠職通知書	內部準備程序
		（二）曠職核定／登記	改認行政處分
陸、考核獎懲	一、平時成績紀錄	記錄平時考核優劣事蹟	管理措施

機關行政行為類型			定性
二、平時考核懲處	（一）口頭警告		如有法律或法律授權規範為據者，改認行政處分；其餘維持管理措施
	（二）書面警告		
	（三）申誡以上之懲處		改認行政處分
三、平時考核敘獎	（一）嘉獎以上之獎勵		改認行政處分
	（二）不予敘獎		
四、年終（另予）考績（成）	（一）考列甲等／乙等──核發考績（成）通知書／檢察官職務評定良好通知書		改認行政處分
	（二）考列丙等／丁等──核發考績（成）通知書／檢察官職務評定未達良好通知書／丁等免職令		行政處分
	（三）核發考績（成）獎金		
	（四）核發年終工作獎金──減發／不發獎金		
	（五）銓敘審定		
五、專案考績（成）	（一）一次記二大功──核發獎勵令／專案考績（成）通知書		改認行政處分
	（二）一次記二大過──核發免職令／專案考績（成）通知書		行政處分
	（三）銓敘審定		
六、懲戒	（一）核定職務當然停止		行政處分
	（二）核定先行停職		
七、因考績／懲戒規定復職	補發停職期間未發之本俸（年功俸）		行政處分

機關行政行為類型			定性
柒、待遇保險	一、按月核發俸給	核發俸給	行政處分
	二、核定兼職費	（一）同意／不同意支給兼職費	行政處分
		（二）向兼職人員追繳兼職費超過標準部分	
	三、核定結婚、生育、喪葬、子女教育補助	（一）核定補助	行政處分
		（二）追繳補助	
	四、核定加班與費用	（一）核定加班	管理措施
		（二）核定加班費	行政處分
	五、因公傷病補助及慰問金	（一）核定醫療補助	行政處分
		（二）核定慰問金	
捌、退休撫卹	一、公務人員退休	（一）審核不予受理退休案情形—核定自願退休	行政處分
		（二）審核不予受理退休案情形—核定命令退休	
		（三）採計及取捨退撫新制實施前、後年資；併計年資	
		（四）核定不符辦理優惠存款要件（請領公保養老給付）	
		（五）審定退休	
		（六）停發／追繳退休金	
	二、公務人員撫卹	（一）核定撫卹	行政處分
		（二）核定延長給卹	
	三、退休公務人員遺屬一次金與遺屬年金	核定遺族提出遺屬一次金及遺屬年金之申請	行政處分

機關行政行為類型			定性
四、公務人員資遣	（一）認定不符資遣條件		行政處分
	（二）審定資遣年資及給與		
五、退休人員及撫卹遺族照護事項	三節慰問金─停發		行政處分
玖、服務保障	一、核定因公涉訟輔助	（一）核定輔助費	行政處分
		（二）請當事人限期繳還輔助費用	
	二、離職	核發離職／服務證明書	行政處分
拾、其他	一、性別工作平等	機關組成性騷擾處理委員會作成性騷擾成立與否之決定	行政處分
	二、職場霸凌	機關依員工職場霸凌防治及處理作業規定作成申訴成立與否之決定	管理措施
註：「內部準備程序」係指尚在機關內部準備作業，仍不得為救濟之標的。			

索引 | **INDEX**

國家圖書館出版品預行編目資料

行政法：基礎理論與實務／蕭文生著. -- 七
版. -- 臺北市：五南圖書出版股份有限公
司, 2024.08
　　面；　　公分.
　　ISBN 978-626-393-477-1（平裝）

1.CST: 行政法

588   113008885

1RA3

行政法──基礎理論與實務

作　　者 ─ 蕭文生（392.2）

企劃主編 ─ 劉靜芬

責任編輯 ─ 呂伊真、林佳瑩

封面設計 ─ 姚孝慈

出 版 者 ─ 五南圖書出版股份有限公司

發 行 人 ─ 楊榮川

總 經 理 ─ 楊士清

總 編 輯 ─ 楊秀麗

地　　址：106台北市大安區和平東路二段339號4樓

電　　話：(02)2705-5066

網　　址：https://www.wunan.com.tw

電子郵件：wunan@wunan.com.tw

劃撥帳號：01068953

戶　　名：五南圖書出版股份有限公司

法律顧問　林勝安律師

出版日期　2017 年 9 月初版一刷
　　　　　2019 年 7 月二版一刷（共二刷）
　　　　　2020 年 8 月三版一刷（共二刷）
　　　　　2021 年 8 月四版一刷
　　　　　2022 年 8 月五版一刷
　　　　　2023 年 8 月六版一刷（共二刷）
　　　　　2024 年 8 月七版一刷

定　　價　新臺幣950元

經典永恆・名著常在

五十週年的獻禮——經典名著文庫

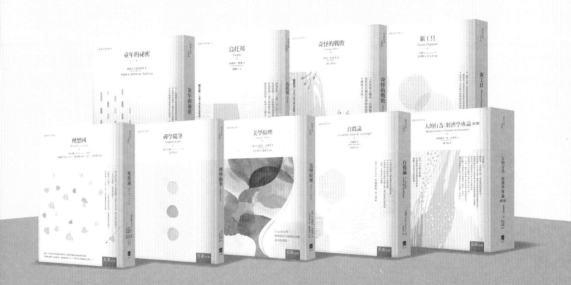

五南，五十年了，半個世紀，人生旅程的一大半，走過來了。
思索著，邁向百年的未來歷程，能為知識界、文化學術界作些什麼？
在速食文化的生態下，有什麼值得讓人雋永品味的？

歷代經典・當今名著，經過時間的洗禮，千錘百鍊，流傳至今，光芒耀人；
不僅使我們能領悟前人的智慧，同時也增深加廣我們思考的深度與視野。
我們決心投入巨資，有計畫的系統梳選，成立「經典名著文庫」，
希望收入古今中外思想性的、充滿睿智與獨見的經典、名著。
這是一項理想性的、永續性的巨大出版工程。
不在意讀者的眾寡，只考慮它的學術價值，力求完整展現先哲思想的軌跡；
為知識界開啟一片智慧之窗，營造一座百花綻放的世界文明公園，
任君遨遊、取菁吸蜜、嘉惠學子！